浙江纪事（2013）

程雷生 主编

下

浙江工商大学出版社
ZHEJIANG GONGSHANG UNIVERSITY PRESS

图书在版编目(CIP)数据

浙江纪事. 2013 : 全2册 / 程雷生主编. — 杭州 : 浙江工商大学出版社, 2013.9

ISBN 978-7-5178-0022-4

Ⅰ. ①浙… Ⅱ. ①程… Ⅲ. ①浙江省－地方史－大事记－2012 Ⅳ. ①K295.5

中国版本图书馆CIP数据核字(2013)第239878号

浙江纪事（2013）下

程雷生 主编

责任编辑 谭娟娟 郑 建
封面设计 詹建利
责任印制 汪 俊
出版发行 浙江工商大学出版社
（杭州市教工路198号 邮政编码 310012）
（E-mail：zjsuperess@163.com）
（网址：http://www.zjsupress.com）
电话：0571-88904980，88831806（传真）
排　　版 杭州元法编辑服务部（13336013193）
印　　刷 杭州嘉业印务有限公司
开　　本 889mm×1194mm 1/16
印　　张 84.25
字　　数 2612千
版　　次 2013年9月第1版 2013年9月第1次印刷
书　　号 ISBN 978-7-5178-0022-4
定　　价 498.00元（全2册）

浙江工商大学出版社营销部邮购电话 0571-88804228

《浙江纪事》(2013)编辑说明

一、《浙江纪事》(2013)是浙江省以省及各地市、县区市、乡镇街道为板块，将2012年每一日或几日中发生的较重大事件记录下来的有浙江特色的大型纪实年刊。

二、本纪事以省级各部门、大型企业、各地市、县区市及乡镇街道为单位记述。

三、本纪事所载的文字内容由省级各部门、大型企业、各地市、县区市、乡镇街道提供，部分资料由编委会收集、整理、编辑。

四、本纪事涉及范围广、编辑工作量大，加上编辑人手紧张、水平有限，难免有错漏之处，敬请读者批评指正。

《浙江纪事》编委会

乡镇、街道

杭州

2012年西湖区北山街道办事处大事记

1月9日，北山街道残联和各社区组成7个慰问组，带着党和政府的关怀，带着残疾人工作者的深情厚谊，陆续上门入户，分赴全街道74户困难残疾人家庭进行走访慰问，向他们致以新春的祝福，并送上慰问品。

1月17日，街道文化站召开北山街道2011年度文体工作总结表彰会。街道文化站向与会人员汇报一年来街道文化站所开展的各项工作及所获成绩。

2月3日，北山街道三副班子主要领导等一行顶着冬日的寒冷，驱车近4个小时专程到区县(街镇)协作结对单位淳安县枫树岭镇进行慰问和调研，送去新春的温暖，，共谋区县(街镇)协作工作。

3月13日，北山街道的区级挂牌督办单位顺利通过区安监局的验收。

3月21日，北山街道召开安全生产专项行动会议，贯彻落实西湖区安全生产大会会议精神，在全面落实“四个基础”社会消防安全“防火墙”工程建设的基础上，通过“三个强化”进一步落实安全生产主体责任。

3月23日，北山街道召开2012年综治维稳工作会议。街道领导和相关职能部门的负责人参加会议。街道党工委委员、办事处副主任袁长华对2011年街道综治、维稳、信访、司法工作的先进集体、先进个人进行通报表彰。

4月25日，北山街道总工会主席马成忠一行和7个社区劳模代表举行劳模座谈会，马主席向劳模送上慰问品并向劳模转达街道党工委、办事处对他们的节日问候。

4月28日，北山街道举行2012年度社区义务消防队消防技能大比武。此次比武，较全面地检阅街道义务消防队的业务水平，提高义务消防队操作技能和灭火战斗水平，促进义务消防队伍的建设。

5月14日至18日，北山街道接受“省级卫生街道”复评迎检。

5月18日，北山街道举办2012年人力资源招聘大会。免费为辖区内应往届毕业生、失业人员提供现场招聘、就业指导、创业政策咨询及大学生创业咨询等。

6月25日，北山街道成立新时期工人歌曲创作组。成立工人歌曲创作组类似的组织在西湖区还是首例，将进一步发扬新时期工人阶级的主人翁精神。

7月11日，北山街道以“世界人口日”为契机，结合街道实际情况和世界人口日宣传活动主题，开展一系列丰富多彩的宣传和服务活动。

7月25日，北山街道召开半年度工作会议。虞泉华书记在讲话中肯定街道各科室、各社区上半年所做的工作和取得的成绩。

8月7日，北山街道召开防台紧急会议，布置落实防台工作。街道工作人员全部到社区和相关单位进行巡查，协助社区做好居民的宣传和危房人员的安置工作。

8月10日，北山街道召开2012年半年度计生工作会议。街道领导和相关职能部门负责人参加会议。

9月4日，北山街道文体中心开展文化大讲堂，浙江省非物质文化遗产项目“杭画装裱”传承人王载烈老师应邀走进文化大讲堂。

9月20日，北山街道总工会邀请辖区内70余名老劳模在花中城友谊厅举办“迎十八大，迎国庆”劳模联谊会。

9月25日，北山街道企业退休人员组成的舞蹈队参加在浙江大学紫金港校区举行的“美丽西湖共享幸福——西湖区企业退休人员喜迎党的十八大舞蹈大赛”。

10月13日，北山街道分管领导以及各社区主要负责人在西湖博览会开幕式现场指挥安全稳控工作，辖区的治安状况得到较好的管控。

10月24日至26日，北山街道举办“喜迎十八大•美丽幸福北山”书画摄影展，讴歌党的丰功伟绩，展示街道各项事业发展的成就和居民安居乐业的生活风貌。

11月29日，北山司法所组织所辖社区矫正人员学习党的“十八大”会议精神。北山司法所所长解读“十八大”报告的核心观点，并结合报告，对社区矫正人员提出新的要求。

12月18日，北山街道政协工委组织开展委员交流座谈会。街道党工委副书记高扬汇报街道2012年工作总结和2013年工作思路，广泛征集意见建议，做好调研工作。

2012年西湖区翠苑街道办事处大事记

1月29日，翠苑街道党工委书记王黎，街道党工委副书记、办事处主任高翔，街道人大工委副主任徐麟，街道党工委副书记孟宝龙带领相关人员分头走访辖区社区、合作社，在新年上班的第一天给广大干部职工送上新春慰问。

2月13日，翠苑街道劳动保障站举办人力资源交流大会。大会联系组织22家各类企业参加，提供767个工作岗位、27个工种供应聘者选择。

2月28日，翠苑街道开始对九莲社区农居点九莲庄及营盘地两个城中村进行安全大检查活动。

3月21日，翠苑街道党工委书记带领机关部门科室领导一行人到黄姑山大社区开展走访、调研活动。听取社区2011年基层组织建设和社区经济社会各项事业发展情况的汇报和2012年社区工作的打算及社区当前存在的问题和困难。

3月30日，翠苑街道消安办在华星时代广场楼宇党委会议室，组织9个社区消防协管员召开一次工作例会，就进一步完善消防安全网格化管理工作进行工作的再落实。

4月6日，翠苑街道召开爱国卫生月动员大会，各社区书记、主任、卫生委员，辖区内各相关部门、物业公司人员、环卫所负责人等参加此次会议。会议由城管科张科长主持。区爱卫办余主任发表动员讲话。

4月14日，翠苑街道婆媳大讲堂正式开讲，社区讲师团的丁老师给60多位婆媳就如何教育孩子并促进青少年健康成长上生动的一课。

5月24日，翠苑街道保障站举办一期翠苑辖区企业退休人员自管小组长的社会化管理政策培训，特别邀请杭州市劳动局王科长及区劳动局包主任讲课，各社区自管小组长、自管骨干成员及相关工作人员共141人一同参加此次培训。

6月10日，翠苑街道组织街道、社区和辖区单位的工作人员，参加西湖区主办的省市区“安全生产月”宣传咨询日活动，并在现场以展板的形式广泛宣传翠苑街道楼宇安全生产管理工作，全面推广翠苑街道楼宇安全综合管理的经验。

6月18日，翠苑街道召开专题会议传达学习省第十三次党代会精神和区委常委会(扩大)会议精神。街道全体机关、社区主要领导参加会议。会上，街道党工委书记王黎同志就王立华书记4个方面的落实和8个紧盯不放松要求进行传达，并且要求街道全体工作人员按照省党代会和区委常委扩大会议精神，结合街道自身实际做好下阶段的工作。

6月28日，翠苑街道召开庆祝建党91周年暨创先争优活动总结表彰大会。街道全体机关工作人员和多方代表参加会议。会议总结街道自2010年5月以来开展创先争优活动的情况，肯定两年来街道在党建、经济和社会事业各方面取得的显著成绩，表彰活动中涌现的先进单位和个人，并提出下半年街道的工作重心。

7月3日，翠苑街道党工委副书记李文辉主持召开翠苑街道城中村违建情况自查督查工作会议，街道分管领导郑兴建、办公室主任林玥、城管科科长张建国和各个合作社的负责人以及9个社区书记参加会议。街道党工委李副书记就辖区内城中村干部违建情况进行布置和落实，与会领导对城中村干部自查督查工作提出意见。

8月7日，翠苑街道总工会刘部长来到翠苑二区社区看望困难员工楼美华，对她表示亲切慰问，并代表工会向其发放慰问金。

9月21日，翠苑街道召开“重规范、树形象、优服务”社区工作者作风建设大会。街道全体社区工作者参与此次大会。街道办事处副主任分析翠苑街道社工队伍的现状及存在的主要问题，并提出下一步的改进措施。

10月23日，翠苑街道总工会、街道民政科和浙江南都电源动力股份有限公司工会委员会班子成员组成慰问团深入社区开展慰问活动。

10月24日，翠苑街道综合文化站“喜迎十八大•翠苑展风采”书画展隆重开幕。街道相关领导出席开幕式，西泠印社老领导、青年专修学院艺术中心教师等知名书画家作为嘉宾光临指导。

10月29日，翠苑街道企业退休人员体检工作正式启动。

11月30日，翠苑街道党工委举办“12·4法律宣传日”宣传活动。街道领导发表重点讲话。

2012年西湖区古荡街道办事处大事记

1月16日，古荡街道禁毒办在辖区内各小区中分发禁毒宣传资料，向群众宣传毒品的危害和禁毒知识。

1月20日，街道民政科组织开展一系列的为老服务活动，让老人们感受着冬日里的暖阳。

3月2日，古荡街道老年电大在街道副楼2楼多功能厅举行2012年春季开学典礼。

3月7日，古荡街道杭州数字娱乐产业园党委结合“走村入企”大行动，走进园区企业，在西湖云计算平台举行一场“回望历史，创先争优”纪念学习活动。

3月20日，古荡街道团工委邀请杭州市十大杰出青年、杭州市道德模范章碧珍女士开展魅力古荡大讲堂——创业经历和公益之路讲座，章碧珍律师用朴素的语言向青年们讲述她的亲身经历，鼓励青年们艰苦奋斗创业，用爱心奉献社会。

4月5日，古荡街道召开重点项目建设工作会议。街道班子成员、科室长、社区、股份经济合作社、各相关部门负责人和各个重点项目的负责人参加会议。会议解各项工程的进度和其中的困难，与会人员一起研究解决对策，并当场进行各科室、职能部门和项目负责人之间的对接。

4月25日，古荡街道残联组织辖区残疾人参加免费体检活动。

4月27日，古荡街道残联再次组织辖区残疾人参加免费体检活动。

5月10日，古荡街道妇联举办第三届婆媳文化节。

6月28日，古荡街道莲花商务圈党委召开纪念建党91周年庆祝表彰大会暨创先争优主题党课。古荡街道党工委委员、莲花商务圈党委书记杨俊玲，古荡街道资产办主任、莲花商务圈党委副书记章俊、古荡科技园联合支部书记张国瑞参加会议。

8月6日和7日，街道防汛办两次召开科室、社区、股份经济合作社、驻街职能部门防台会议，全面部署抗台各项准备工作。

8月15日，古荡街道莲花商务圈联合杭州雷锋纪念馆开展纪念雷锋牺牲五十周年活动，并以此为契机正式启动莲花商务圈爱莲铭心践行志愿者服务团队的志愿者招募工作。

10月10日，古荡街道开展征兵初检工作。

10月11日，古荡街道联合西湖区拆违办、古荡派出所、行政执法中队、文新工商所、卫生监督所、益乐村委对益乐南村进行拆违整治专项行动。

11月13日，古荡街道工作人员对上山观看烟花的游客进行安全宣传，全力保障烟花大会期间安全秩序。

2012年西湖区蒋村街道办事处大事记

1月9日，蒋村街道新招聘的8名社区专职宣传文化员在蒋村街道党工委委员谷晓虹和文化站站长邵富瑛的带领下，前往各社区进行工作对接并正式上岗。

1月12日，街道办事处主任袁长渭、副主任郑国槐，在社会事务管理科科长陈凤花的陪同下，对蒋村街道仁爱工疗站进行慰问，参加新春团拜会。

1月19日，蒋村环卫所召开紧急会议，就“抗雪防冻”应急工作进行紧急部署，准备器具，全面进入抗雪防冻应急准备状态。

2月14日，蒋村街道在街道二楼会议室举行“重视消防，从我做起”大型消防知识讲座。

2月16日，蒋村街道综治办会同派出所对辖区校园周边的安全保卫工作进行一次全面安全检查指导。

3月1日，蒋村街道举办以“减少噪声，保护听力”为爱耳日主题的爱耳知识讲座，特别邀请杭州市中医院耳鼻喉科主任医师陈志凌先生主讲。

3月14日，蒋村街道召开安全生产工作会议，贯彻落实区安全生产工作会议精神。会上，袁长渭主任指出，要贯彻和落实区安全生产工作会议的重要指示。

3月31日，蒋村街道召开文化体育工作会议。街道党工委委员、办事处副主任郑国槐出席会议并讲话，综合文化站站长邵富瑛主持会议。

4月27日，“2012年蒋村街道计生服务进工地”活动走进西溪诚园工地，为在蒋村工作、生活的新杭州人带去形式多样的计生服务。

5月2日，蒋村街道爱卫会召开创建省级卫生街道工作会议。会议就创建省级卫生街道工作具体事项及台账工作进行详细部署。

5月16日，街道考察小组展开竞渡社区规模整合工作“回头看”活动。街道党工委副书记夏蓓、党政办主任陈国柱、人武部部长汪立民、社区书记孙关根、副书记贝丽虹出席此次测评会。

5月25日，蒋村街道召开省级卫生街道创建工作台账交流会议。

6月12日，蒋村街道禁毒办选派禁毒社工到西溪实验学校组织开展“禁毒知识进课堂”活动，给全体七年级学生上一堂生动活泼的毒品预防知识课。

6月19日，蒋村街道妇联举办以“家庭和谐与心理健康”为主题的妇女素质教育培训班。

6月29日，蒋村街道举办“百姓小广场”竞渡社区站惠民服务活动。

7月10日，蒋村街道召开社区干部跨社区竞争上岗民主推荐大会。街道党工委委员谷晓红负责主持大会。

8月13日，蒋村街道召开建筑（装饰）企业规范劳动用工管理专项会议。街道劳动保障站沈站长、劳动监察工作人员和辖区建筑（装饰）企业项目经理、劳资干部参加该会议。

9月10日，蒋村街道领导一行前往辖区校园，亲切看望师生员工，并代表街道党工委、办事处向广大教师和教育工作者送上慰问金和祝福。

10月24日，蒋村街道司法所邵建利所长带着所里同志登门走访辖区内的矫正对象，用真情感化他们。

11月1日，蒋村街道劳动保障站召开街道迎接创建充分就业考核动员会议。劳动保障站沈站长对各社区创建充分就业工作提出要求。

11月12日，蒋村环卫所在城西医院为全所环卫职工提供为期3天的免费体检活动，解答环卫工人的健康咨询并为他们建立健康档案。

11月26日，蒋村街道城管科会同蒋村行政执法中队、环卫站、相关社区，对辖区范围内经常性出现的几个点进行实地察看，现场解决问题。

12月5日，街道城管科组织召集辖区公安、行政执法、两大花园物业、各社区单位及科室召开专题工作会议，布置落实下一步如何实施好渣土偷倒等问题的举报查处和奖励金额的确认发放。

2012年西湖区灵隐街道办事处大事记

2月28日，街道综治科、城管科、灵隐执法中队、物业、空调厂家以及部分居民代表共同参加“空调外机噪音解决办法协调会”，共同商讨切实可行的解决方案。

3月9日，杭州市政府召开全市统计调查工作会议。会上，对全市统计调查工作先进乡镇（街道）进行表彰，灵隐街道榜上有名，街道办事处副主任胡杰上台接受表彰。

3月21日，灵隐街道组织辖区内近50名失业人员积极参加中式面点职业资格培训。街道专门聘请杭州师范大学钱江学院的专业老师为大家授课。

3月31日，灵隐街道召开组织纪检暨深化作风建设大会，总结2011年街道组织纪检工作，部署2012年各项工作目标任务。街道区管干部，机关工作人员，各社区、股份经济合作社主要负责人及部分行风监督员参加会议。会议由街道党工委副书记、办事处主任马柏法主持。

4月18日，灵隐街道劳动保障站和劳动监察中队在街道便民服务中心组织以“如何完善规章制度”为主题的劳资干部座谈会，现场参与会议的有40家企业合计42位企业代表。

4月19日，《钱塘论坛》栏目组邀请浙江工商大学副校长陈寿灿来到灵隐街道，与30余名社区居民共同探讨“感恩”。

5月7日至13日，灵隐街道按照上级有关精神，开展以“弘扬防灾减灾文化，提高防灾减灾意识”为主题的一系列防灾减灾宣传周活动。

5月29日，灵隐街道组织仁爱家园的30余名残疾人到中天竺进行游玩。

6月11日，灵隐街道劳动保障管理站组织充分就业考评小组，开始对灵隐街道7个社区2012年第二季度以来的就业工作进行走访考评。

6月26日，灵隐街道在便民服务中心举办“庆七一•唱支山歌给党听”歌咏比赛。整个歌咏大赛热情讴歌中国共产党91年来走过的奋斗历程和取得的光辉业绩。

7月13日，灵隐街道在街道服务中心为辖区自管小组组长举行一场自管组长会议。街道办事处副主任王建利和街道劳动保障站站长高君主持会议，到会的还有各社区推荐参加的百余名企退自管小组长代表。

7月31日，灵隐街道举办一场别开生面的新老社工交流会。街道党工委副书记姜宁与社区大学生社工们一起参加座谈，在祝贺曙光社区党委书记万凌霄考上公务员的同时，也邀请他与大学生社工们分享工作经验和学习心得。

8月5日至6日，接到防汛预警后，街道分管领导和城管科工作人员第一时间到岗，传达贯彻省、市、区主要领导对此次抗台任务的批示精神，并对抗台各项准备工作进行部署和落实。

8月6日，灵隐街道机关干部竞聘上岗和双向选择动员大会在街道便民服务中心顺利召开，街道全体区管干部、全体机关工作人员参加会议。会议由街道办事处主任马柏法主持。

8月7日，街道组织召开全体机关干部会议，详细传达市、区防汛抗台文件精神。对抗台各项准备工作进行部署和落实。

8月23日，灵隐街道人大代表及所辖社区的书记、主任、文体干部、文体骨干们聚在街道便民服务中心偌大的会议室里，认真听取杭州市文广新局群文处的叶勤老师讲解的群文事业管理、政策法规、群文活动的开展等相关知识。

9月6日，灵隐街道召开由全体区管干部、各科室长以及经济线上的工作人员参加的协税护税工作会议，传达贯彻区会议精神，明确下一步街道协税护税工作任务。会议由街道党工委书记谢作珍主持。

11月8日，灵隐街道积极组织街道全体机关干部，社区、非公企业党员群众共计700余人观看十八大开幕式电视直播。认真听取和学习胡锦涛同志代表第十七届中央委员会向大会所作的报告。

11月26日，灵隐街道黄龙商务中心红色讲师团的首场宣讲会正式开讲，原为中宇建设集团党委书记、温州红色CEO的施红光作为讲师团首讲讲师作题为《立足企业自身解读党的十八大》专题讲座。他深入解读党的“十八大”报告，并将党的“十八大”精神结合企业实际，谈切身的体会。

12月4日，灵隐街道司法所联合东山弄社区、街道民政办、禁毒办等部门在东山弄小广场开展主题为“弘扬宪法精神，服务科学发展”的法制宣传教育活动。

2012年西湖区西溪街道办事处大事记

1月10日，西溪街道在文华大酒店举行新春联欢会，街道全体工作人员欢聚一堂，共贺新春。

1月12日，西溪街道工疗站召开工疗员及工疗员家属迎新春座谈会。市精卫办、街道办事处领导、家属50多位人员参加此次会议。

2月10日，西溪街道综治办副主任傅福林、西溪派出所副所长马剑强带领综治办工作人员与社区民警一同对辖区内中小学、幼儿园等单位进行校园安保工作检查。

2月16日，西溪街道召开“提升楼宇品质”经济工作座谈会。浙江省浙商研究会会长杨秩清接受聘书，正式出任西溪街道特聘经济发展顾问。西湖区委副书记、代区长朱党其，区委常委、副区长黄幼钧，区委常委谭飞，副区长干新卫，以及区相关职能部门、街道班子成员、浙江建工房地产开发集团有限公司等重点企业负责人应邀出席座谈会。

3月6日，街道召开“西溪先锋”表彰大会，为前期推选的奋战在不同岗位、各具特色的14位“西溪先锋”表彰授奖。

同日，街道召开2012年度工作会议，总结成绩、分析问题、部署措施，推进2012年各项工作再上新台阶。街道党工委书记李建群作总结部署讲话。

3月21日，西溪街道2012年首场社工大讲堂——法律专场正式开讲。本次活动由西溪街道民政科和西溪司法所共同筹办。

4月12日，西溪街道民政科组织召开民政业务线工作培训会，就民政工作进行业务培训，做好近期工作布置衔接。

4月13日，西溪街道组织辖区内的残疾人参加“2012年杭州市残疾人人力资源交流会”。

5月9日，西溪街道开展庆“五一”表彰大会暨企业文化建设知识讲座。特别邀请市总工会的陆明老师以“发挥工会在企业中的作用”为主题开展一堂生动的讲座。

5月17日，西溪街道禁毒办开展“不让毒品进校园”活动。这次活动的开展切实增强同学们识毒、防毒、拒毒的意识和能力，得到学校的积极配合与支持，使辖区禁毒工作得到进一步提升。

5月26日，西溪街道劳动保障站举办“2012西溪街道人力资源招聘大会”。

6月15日，西溪街道召开半年度宣传工作在行媒体记者对接会。街道宣传工作负责领导殷建萍对街道上半年宣传工作作了简要的总结。

6月26日，西溪街道召开“七一”表彰大会暨“我们的价值观”主题报告会。街道全体工作人员参加大会。党工委副书记宣读表彰决定。

7月11日，西溪街道组织12个社区50多名社工前往小白菜文化园拓展训练基地进行野外拓展训练。

8月16日，西溪劳动监察中队联合街道综治科、司法所、派出所，组织召开辖区内餐饮、宾馆等服务型企业的联合座谈会。本次座谈共有25家单位参加，座谈内容围绕企业规范用工展开，并对企业当前遇到的真实案例进行大讨论。

8月22日，西溪街道召开党员远程教育工作培训会。会议由街道远教A岗管理员郑林霞主持。

9月26日至27日，西溪街道与西湖区安监局、西湖区质监局、西湖区消防大队、西溪派出所开展联合检查、整治、执法行动。

10月10日，西溪街道精卫办在街道办事处、党工委的支持与指导下，隆重举行“世界精神卫生日”的联谊活动，参加此次活动的有街道副主任王颖梅、民政科长李晓红、社区精防干部及社区精神疾病患者代表、全体工疗员及工疗员家属。

10月30日，西溪街道残疾人联合会第七次代表大会顺利召开，本次会议的主要内容为听取和审议街道残联第六届主席团工作报告，选举产生第七届残联主席团成员和出席区残联第六次代表大会代表名单。

11月8日，西溪街道党工委组织辖区内的党员收看党的“十八大”开幕式直播。

11月18日，西溪街道总工会、欧美中心楼宇集群工会组织50余名优秀青年职工开展为期一天的“西溪街道总工会优秀青年职工拓展联谊会”。

12月4日，西溪街道团工委在马塍广场开展以“展示邻里关爱，践行志愿精神”为主题的志愿服务活动。

12月17日，西湖区第三届老年人运动会圆满落幕。西溪街道荣获西湖区老年人运动会第一名。

2012年西湖区转塘街道办事处大事记

1月4日，转塘街道组织召开综治、调解业务培训班暨2011年度年终总结会，街道43个村（社区）的调解治保主任、街道综治科、司法所全体工作人员参加本次培训班。

1月5日，转塘街道“两新”党委到长埭村检查“两新”组织工作情况。街道“两新”党委领导现场察看工作站后，充分肯定村党支部对于“两新”组织的工作成效。

1月11日，转塘街道劳动和社会保障管理站顺利举办2011年度企退自管小组组长新春团拜会。

2月10日，转塘街道总工会荣获西湖区工会工作优秀单位称号。

2月13日，转塘街道召开2011年村级财务清理工作会议。农发科、账务中心相关工作人员及38个村（社区）的会计参加会议。

2月24日，转塘街道举办2012年首场招聘会。街道农贸市场和江口大厦两个招聘会点迎来大批求职人员。

2月27日，转塘街道专题召开基层计生干部政策法规知识培训会。

3月28日，转塘街道总工会成功组织召开地税代征培训会。来自辖区的112家独立建会单位的工会主席和会计参加本次培训。区总工会副主席陆一清出席会议。

4月1日，转塘街道机关党总支组织全体机关干部到浙江革命烈士纪念馆参加清明节扫墓悼念活动。

4月8日，转塘街道召开协税护税工作专题研讨座谈会。会议由街道党工委书记章洪根主持。之江度假区各分管部门及转塘科技园的主要负责人参加会议。

5月11日，转塘街道妇联特别组织各村社和企业女干部积极参加“与美丽牵手”讲师团讲座活动。

5月17日，转塘街道首届宣传员业务知识专题培训班顺利开班。《五彩转塘》全体编辑、街道科室信息员和村社信息员参加培训。

同日，转塘街道召开创建全国村务公开民主管理示范动员大会，会议由街道办事处副主任袁伟良主持，党工委副书记金华出席会议并讲话。

6月19日，街道召开2012年度少儿医保参(续)保工作布置会。街道劳动保障站技术员杜晓临和工商银行延中支行专家对全体工作人员进行少儿医保参(续)保工作业务培训。

6月29日，转塘街道举办纪念建党91周年暨“绿叶之星”先进事迹报告会。

7月10日，转塘街道就天然气铺设工程进展情况召开例会。杭州市天然气有限公司、转塘街道、评估公司及相关的8个村社负责人参加会议。会议就目前管道铺设进展情况作汇报。

7月10日至11日，转塘街道总工会召开2011年半年度工作会议暨劳动合同与工资协商及职工互助医疗保险培训会。街道总工会班子等相关成员参加会议。市总工会保障部部长钱惠英、区总工会副主席陆一清、常委俞树培出席会议。

7月17日，转塘街道召开老年电视大学教学工作会议。会议全面总结2012年度春季教学工作，明确秋季教学工作重点。

8月6日、7日、14日和15日，转塘街道分4次召开“转塘街道加强小微企业和谐劳动关系会议”。转塘街道办事处袁副主任出席会议并讲话，副中队长李孝华和首席监察员徐俊杰讲解目前企业用工中存在的问题，并邀请市支队案审科科长史边疆指导工作，辖区内282家小微企业的负责人或者劳资干部参加会议。

9月15日至21日，转塘街道在辖区广泛宣传科普知识，传播科普理念，动员辖区职工群众争做科学、健康、环保理念的引导者、宣传者和实践者。

9月20日，转塘街道召开干部大会。街道中层以上干部、村社党组织、村(居)委会、董事会三副班子主要负责人等参加会议。会议由党工委负责人主持。

10月10日，转塘街道物管办召开农居小区物业管理硬件设施建设、提升推进会。

10月29日，转塘街道专门召开重点税源企业座谈会，辖区内50余家重点税源企业负责人参加座谈。

10月31日，转塘街道残疾人联合会第二次代表大会胜利闭幕。大会回顾总结转塘街道残疾人联合会第一次代表大会以来的工作，客观地分析街道残疾人事业取得的成绩和不足，明确今后5年街道残联工作的目标任务。

11月8日，街道积极组织全体党员干部和群众代表收看“十八大”开幕仪式，认真聆听胡锦涛同志的报告。

2012年西湖区双浦镇人民政府大事记

1月15日，双浦镇第二届人民代表大会第一次会议隆重开幕。来自镇各行各业的76名人大代表齐聚一堂，履行宪法和法律赋予的神圣职责，共商双浦今后5年经济社会发展大计。

2月3日，双浦镇召开机关中层以上干部会议，认真传达贯彻区委王书记重要讲话精神，并紧密结合双浦实际，狠抓各项工作的落实。

2月9日，双浦镇召开全体区管干部和涉及经济线中层以上干部会议，迅速传达贯彻会议精神，并重点在5个方面狠抓工作的落实。

3月13日，双浦镇总工会举办一场“揽西山情怀，展职工风采”登山活动，来自该镇30余家企业的50多名“新杭州人”参加比赛。

3月31日，双浦镇召开党建和组织工作会议，传达贯彻区组织工作会议精神，部署2012年党建和组织工作要点。

4月6日，双浦镇第二届人民代表大会第二次会议顺利召开。大会接受胡志刚同志辞去双浦镇人民政府镇长职务，同时选举孔利华同志为双浦镇人民政府镇长。

4月19日，双浦镇召开干部作风建设义务监督员座谈会。镇党委书记亲自为15名由机关退休干部、退休教师、“两代表一委员”和群众代表组成的义务监督员发聘书。

5月8日，双浦镇人大主席团组织代表视察全镇2012年防汛工作。

5月30日，双浦镇组织举办与阿克苏实习生联谊活动。

6月13日，双浦镇召开全体机关干部和村社党组织书记会议，迅速传达学习省第十三次党代会精神。并紧密结合双浦实际，努力在建设物质富裕、精神富有的现代化浙江中争当忠实的践行者，以优异成绩迎接党的“十八大”胜利召开。

6月20日，双浦镇召开村社书记和新上任村级后备干部上岗培训会议，对村级后备干部提出工作要求并进行上岗培训。

7月17日，双浦镇总工会联合镇社管办召开2012年度“春风助学”工作布置会议，全面部署助学援助工作。各村（社区）工会主席、工会联络员和帮扶救助工作人员参加会议。

7月19日，双浦镇召开由各村（社区）党组织书记、主任，各规模以上企业、辖区单位负责人和机关中层以上干部参加的半年度工作会议，回顾总结上半年工作，全面部署下半年工作任务。

8月2日，双浦镇党建工作督查工作组对基层10个党组织进行上半年党建工作集中督查。参加会议的有督查工作组全体成员、被抽查单位基层党组织书记和组织委员。

8月15日，双浦镇组织全体区代表召开以“文体事业发展”为主题的“代表活动周”座谈会。区人大常委会副主任黄幼钧、区妇联主席赵梨萍出席座谈会。

8月16日，双浦镇召开各村社分管领导、农业企业、农资经营单位和有关职能部门负责人会议，全面部署农产品质量安全监管暨农产品质量安全大整治百日行动。区农业局、区农技推广中心有关领导应邀到会并作重要讲话。

9月28日，双浦镇召开村级后备干部工作交流会。镇党委副书记出席会议并作重要讲话。

10月22日，双浦镇召开各村书记、主任、副书记、会计和村监会主任会议，全面部署村级集体“三资”管理清产核资工作。区纪委副书记胡为、区农业局副局长沈坚华应邀到会指导。

10月29日，双浦镇召开全体机关事业单位工作人员会议，全面部署机关（事业单位）中层干部竞争上岗工作。镇党委副书记主持会议并作动员讲话。

10月31日，双浦镇残疾人联合会第二次代表大会隆重召开。来自该镇各行各业的36名残疾人代表肩负着重托，共商双浦残疾人事业发展大计。

11月8日，双浦镇组织全体机关工作人员收看党的“十八大”开幕式实况。

11月30日，双浦镇召开全体区管干部务虚会，回顾总结2012年特色、亮点工作，研究部署贯彻落实党的“十八大”精神，认真谋划2013年工作思路。

12月19日，双浦镇召开各村社主要领导、土管员和拆违办全体人员会议，全面部署“卫片整治”专项行动。

12月26日，双浦镇召开组织工作会议。认真学习贯彻党的“十八大”精神，布置民主双评工作。各村社组织委员和企事业单位党组织书记参加会议。

2012年上城区湖滨街道办事处大事记

1月6日，召开2012年第一次理论中心组学习会。街道党工委副书记傅伟奋概括党代会过去5年的主要工作六大成绩和五大经验，提出未来5年的奋斗目标和主要任务。

2月9日，召开2011年度人口与计划生育工作年终总结及表彰会议，对街道2011年的人口和计划生育工作作总结，并且展望来年，对新的一年的工作提出新的目标与要求。

2月27日，召开贯彻落实区“两会”精神暨2012年度工作推进会。街道人大工委副主任方仁然和街道党工委副书记傅伟奋分别传达区十四届人大一次会议和区政协四届一次会议精神，街道经济科、民政科和东坡路社区分别就做好2012年工作作表态发言。

3月21日，召开“两会”信访维稳工作总结专题会。街道党工委副书记王岩华总结评价街道“两会”期间信访维稳工作，布置街道和社区对信访维稳工作的下一步工作，为迎接“十八大”做好相关工作。

3月28日，召开综治工作年度总结表彰暨签约大会。街道党工委副书记王岩华在会上总结2011年度综治工作，布置2012年综治工作计划。

4月5日，召开申报“国际休闲创新奖”工作座谈会。

6月12日，街道党工委书记毛素云主持召开扩大会议，研究街道庆祝建党91周年暨喜迎“十八大”文艺工作的方案，审议街道社会服务管理中心的装修和设置方案。

6月13日，街道党工委委员、人武部部长黄文明主持召开2012年征兵工作会议。各社区书记、主任和福利委员参加会议。

6月18日，街道党工委书记毛素云和办事处副主任叶军清到东平巷社区走访调研，重点围绕社区工作者队伍建设和社区创先争优工作，解情况，进行指导。

7月19日，召开党的“十八大”消防安全保卫战工作部署会，总结上半年安全生产（消防）工作情况，汇总湖滨地区重大消防安全隐患排查情况，部署下半年工作。

7月23日，召开街道“公述民评”活动动员大会，贯彻落实区委关于学习贯彻省第十三次党代会精神、深化作风建设、开展中层干部“公述民评”、推进事业单位改革等方面要求。

8月3日，召开中层干部“公述民评”大会，街道全体在编人员以及社区“两委”以上人员参加。大会总结回顾工作中的成绩、做法和不足，对今后的工作提出设想。

8月17日，组织召开防汛抗台工作会议，全面总结、分析防御台风“海葵”工作情况，并就今后防汛抗台工作进行部署。办事处副主任王学荣总结本次防御台风“海葵”工作情况。

同日，召开2012年半年度重点工作专题会，街道党工委副书记傅伟奋对2011年来的信息工作进行总结。

10月15日，召开残疾人联合会第六届代表大会。区残联理事长金水根、街道党工委书记毛素云、街道办事处副主任叶军清、湖滨派出所教导员施强强、街道办事处社会事务科科长吾莺、街道妇联主席金海燕等领导参加。

10月17日，召开理论学习中心组法律学习暨“居民公约”拟定会议。会议由街道党工委副书记王岩华主持。综合治理科科长计胜荣讲述创建“民主与法治街道”的具体要求。

10月18日，街道综治委联合辖区单位举办湖滨街道社会服务管理工作座谈会，王岩华副书记针对2012年社会治安更名社会管理后出现的情况说一些看法。

11月5日，召开党委扩大会议，就维稳、经济责任审计等工作进行部署，街道领导班子、中层干部、社区书记主任参加会议。

11月8日，街道党工委书记毛素云、办事处主任孔兴桥等街道主要领导齐聚街道会议室收看“十八大”开幕盛况。

11月27日，喜获全国社区睦邻文化建设工程十大品牌示范街道荣誉，为浙江省唯一获此殊荣的街道。

12月10日，召开辖区内重点单位、重点部位安全生产（消防安全）地毯式检查动员会。街道党工委副书记王岩华传达省、市今冬明春消防工作电视电话会议精神和区政府关于安全生产（消防安全）季度工作会议的精神。

12月20日，召开湖滨代表小组座谈会，评选区政府2013年为民办实事项目和2012年度优秀代表议案。方仁然代表街道人大工委作2012年工作总结报告。

2012年上城区清波街道办事处大事记

1月12日，举行劳动路社区居民事务中心揭牌仪式暨劳动路社区“123”养老服务圈启动仪式。街道办事处主任陈勇在讲话中提出，街道将以劳动路社区为试点，全面打造“123”养老服务圈。

1月20日，街道党工委副书记、办事处主任陈勇率街道消防安全办公室工作人员，赴街道各烟花爆竹特许经营点检查消防安全工作。

1月29日，街道办事处主任陈勇等全体班子成员一行，来到辖区各社区对工作在一线的“小巷总理”们进行走访慰问，感谢所有社区工作者一年来的辛勤劳动和无私付出，并向他们致以新春的祝福。

2月3日，举办以“红红火火闹元宵，开开心心猜灯谜”为主题的元宵节有奖猜灯谜活动。

2月25日，街道社区党委组织党员群众观看杭州市第十一次党代会开幕式。

2月28日，举行“贯彻区‘两会’精神暨两级理论中心组学习会”，对区“两会”精神进行传达，总结发展经验。

3月5日，与上城区公安分局合作，推出“上城区清波街道‘弘扬雷锋精神’志愿服务活动”，开展便民服务。

3月20日，街道工委组织新一届人大代表开展第一次代表接待选民活动，区委副书记袁建祥、街道人大工委主任陈勇、副主任舒国云参与接待活动。

4月1日，召开贯彻落实会议，旨在贯彻省改善发展环境电视电话会议精神。街道班子领导、科室长、社区书记、主任参加会议。会议由街道党工委书记陈勇主持。

5月10日，举行创先争优暨基层组织建设年推进大会，街道党工委书记陈勇还在会上作完成“双过半”任务的动员讲话。

5月25日，组织党员居民参加“西湖文史讲堂”第四次宣讲会。

5月29日，举办幸福家庭创建活动研讨会暨幸福•家揭牌仪式。仪式由街道办事处主任倪受南主持。

6月19日，召开肢残人第二次代表大会。大会顺利选举产生新一届的领导班子。上城区残联理事长金水根作大会重要讲话。

7月23日，召开安全生产专题扩大会议。陈勇书记传达区委书记陈红英、区长缪承潮关于进一步加强安全生产工作的会议精神。

7月25日，召开城市文明程度指数测评迎检会议，统筹部署创建工作，浓厚城市文明氛围。

8月10日，举行庆祝中国人民解放军第85个建军节暨清波街道荣获全国“军民共建社会主义精神文明先进单位”表彰大会。

8月30日，街道城管科开始为迎检做准备，街道城管科成立由城管主任牵头，全体科员积极参与的迎检队伍，并联合社区全力以赴做好迎检工作。

8月31日，街道党工委书记陈勇、副书记陈兴义到清波派出所亲切慰问派出所的干警们，并为他们送去慰问金。

9月8日，召开2012年度上半年信息工作会议，街道各科室、各社区信息宣传员参加会议。会议对上半年的信息工作进行通报。

9月29日，召开“双节居民会”。社区工作者向居民们介绍各自的工作情况，并向他们致以节日的祝贺并送上慰问品，使其感受到社区对他们的关爱，从而使居民与社区能更紧密地联系在一起。

10月24日，召开“公述民评”大会，并仔细选择党代表、人大代表、政协委员、效能与行风监督员、社区居民等代表参加评议。街道党工委副书记林系州、组织委员童邵恩参加会议。

10月29日，召开三季度经济工作会议。会上科室负责人就2012年街道经济指标任务及三季度科室招商引资的基本情况向科室成员进行通报。

11月7日，召开2012年和谐社区建设推进动员大会。各个社区对各自前三季度的工作进行总结汇报，提出第四季度的工作计划，并详述本年度社区民生实事项目的实施情况及年底十佳社区社会组织工作的进展情况。

11月8日，组织广大党员群众认真收看中国共产党第十八次全国代表大会盛况，聆听胡锦涛总书记代表中共第十七届中央委员会向大会所作报告。

11月13日，召开街道科级干部公开述职、民主评议、民主推荐大会。来自街道党政办、民政科、综治科、计生科、经济科和城管科等科室负责人依次上台向各位与会代表进行公开述职。

2012年上城区小营街道办事处大事记

2月1日，召开打造浙江省一流养老服务中心的工作会议。上城区缪区长、小营街道党工委书记任平等同志出席会议。区、街道、社区以及各条线的负责人就具体情况作汇报。

2月9日，街道人大代表进社区，关注民生助“两会”。街道第七人大接待站的代表和工作人员就近几天的走访情况进行汇总和交流，各位代表纷纷就自己解和掌握的情况进行阐述。

3月28日，街道办事处副主任陆建华、计生科科长任虹霞在紫金社区党委书记梁冬之的陪同下，走家串户，听民生，解民忧。

3月31日，召开城管工作会议暨举行“垃圾分类大讲堂”启动仪式。

4月17日，街道人大代表挂钩领导方主任和周主任在马市街社区王书记的陪同下到马市街社区进行调研走访活动。通过走访活动，拉近政府与老百姓的距离，强化为民服务意识，提高为民服务水平，提升居民满意度。

4月19日，街道马市街社区残协、劳动保障去医院慰问马市街社区退休残疾老人陈梅英。

5月21日，街道第七人大接待站的7位代表早早地来到紫金社区三楼会议室，开始服务选民，解决疑难杂症。

6月20日，联合辖区内各社区综治委员在人流密集的城站举办禁毒宣传月大型活动。这次活动主要通过互动的方式，供南来北往的乘客咨询关于毒品的问题。

7月16日，街道办事处主任丛培龙，危旧房改善办公室现场负责人刘有民，小营街道办事处副主任金志惠等一行人到社区江城路734号调研情况。从主任强调危改工作要体现公开、公平、公正的原则，积极与广大群众加强联系和沟通，充分听取他们的诉求，能让街道更清晰解此项工作，取得社会和广大危改居民的理解和支持。

8月8日，街道丛主任、金主任以及城管科长徐晓峰一行人到紫金社区，看望奋战在一线防汛的社区工作人员，并对下一步的“抗台”工作作出进一步指示。

8月14日，街道爱卫办召开“食品安全百日行动进社区”会议。会议由爱卫办主任陶悦敏主持。陶主任向大家介绍当前小营街道食品安全形势。

9月19日，街道办事处主任丛培龙、副主任李敏，民政科长宋菊华到姚园寺巷社区进行实地调研。从主任与社区工作者亲切交流，社区工作人员分别提出工作意见和建议、存在的难点和困惑，从主任耐心听取大家的意见和建议后对大家的工作进行肯定的同时也提出几点要求。

10月10日，街道社区卫生服务中心积极响应主题为“精神健康伴老龄，安乐幸福享晚年”的活动，利用悬挂横幅、心理咨询、电子屏等形式，宣传精神卫生重点工作。

10月30日，街道红十字会组织葵巷社区开展红十字会救护员培训工作。通过此次培训，充分起到向广大市民宣传自救互救应急知识，为保护人的生命和健康、发扬人道主义精神、促进和平进步事业起到积极的推动作用。

11月5日，街道危改办和房管站的领导和工作人员一行人特地到宗文弄4号进行实地查看，对危旧房的破损程度，整改方位等等作仔细记录，并向该处所住的居民进行调研询问，针对居民提出的意见、建议对上次的危旧房整改方案进行进一步调整、完善。

11月13日，邀请杭州市红十字救护培训中心的宋老师为社区的辖区单位人员与社工进行一堂救护培训课。通过这次救护培训，辖区单位员工与社工们学习到实用的救护知识。

12月11日，与上城区红十字会共同组织开展社区工作者现场救护培训。此次培训效果显著，学员们纷纷表示此类的生存技能培训非常值得普及推广。

同日，街道领导和紫金社区梁书记一行人到皮市巷103号、105号，宗文弄4号，通过定期走访危旧房改造补助对象，督促、引导危旧房改造，把好危旧房鉴定关。

2012年上城区南星街道办事处大事记

1月18日，街道计生协会联同海月桥社区计生协会利用寒假期间组织辖区内的青少年在海月桥社区会议室开展主题为“如何向青春期迈进”的青少年青春期健康知识讲座。

2月6日，街道计生协会特别联合以文化为特色的水澄桥社区计生协会，开展“龙年元宵　温暖常驻”主题活动，让大家一起品元宵。

2月25日，街道计生协会联合玉皇山社区计生协会组织青少年集聚在玉皇山社区人口学校，开展“读经典　品书香　长知识”读书交流活动。

2月29日，街道计生协会联合水澄桥计生协会在民安苑中心花园开展“传承雷锋精神　谱写志愿之歌”活动。

3月6日，举行文化支部成立仪式暨南星先锋文化艺术节开幕式。南星街道办事处与社区文化团队签订文化惠民服务协议。

3月7日，和南星工商所联合主办南星地区第一届为民企服务座谈会。会议邀请市工商局、区工商联、区工商局的有关领导出席。

4月1日，组织召开全体机关工作人员会议，传达贯彻全省改善发展环境电视电话会议精神。南星街道党工委书记鲁军主持会议。会议结合街道工作实际，就贯彻落实上级会议精神提出具体要求。

4月5日，召开2011年度人口和计划生育工作会议，会议由街道党工委副书记李光勋主持，南星街道党工委书记鲁军、街道办事处副主任翁正伟出席会议。

4月13日，街道文化党委特邀上城区委常委、宣传部长麻承荣亲临山南学堂讲课，就上城区第九次党代会精神进行深入讲解。

5月22日，街道计生协会联合海月桥社区计生协会组织计生协会会员及社区居民共同开展“大手小手　描绘未来”主题活动。同时广泛开展各类宣传活动，将新型婚育文化传播到千家万户。

5月31日，街道计生协会携手海月桥社区计生协会与行知幼儿园闸口园区在幼儿园共同开展“培养祖国的花朵　抚育人类的未来”六一儿童节主题活动，争取让辖区的小朋友过一个快乐的儿童节。

6月11日，街道计生协会和玉皇山社区计生协会组织辖区内20多位爸爸妈妈和孩子们到南宋官窑博物馆开展亲子活动。

6月14日，街道计生协会、水澄桥社区计生协会特邀请社区卫生站陈医师走进人口学校，讲解如何通过中医养生来防控慢性病。

7月12日，街道计生协会和海月桥社区计生协会一起邀请社区卫生服务中心的周医生在社区人口学校为青少年做“非常青春　非常自信”青春期健康主题讲座。

7月19日，街道计生协会组织辖区内各单位计生干部开展业务培训，让各计生干部能进一步熟悉计生相关的政策法规，全面的服务于企业员工。

8月10日，街道计生协会联合玉皇山社区计生协会举办一场青少年“远离毒品　珍爱生命”禁毒宣传讲座。

8月16日，街道计生协会和复兴街社区共5名工作人员对沿街店面开展一次流动人口稽查行动。

8月28日，召集辖区内派出所、环卫所等以及街道各科室、8个社区负责人召开文明创建工作会议。街道党工委书记鲁军强调明确工作任务及工作要求，全面提高辖区内的文明素质。

9月4日，街道计生协会、馒头山社区计生协会组织“以食会友——环保节能健康至上”为主题的健康宣传活动。

9月21日，街道“幸福伊甸园”楼宇计生协会在太和广场2号楼17楼会议室开展“健康进楼宇，幸福伴身边”健康知识讲座。

9月27日，街道办事处主任杨东在计生协会工作人员和社区计生干部的陪同下，带着月饼、超市卡，捎着祝福，走访辖区内失独家庭，给他们送去一份礼物、一份问候、一份温馨。

10月12日，街道计生协会、紫花埠社区计生协会依托辖区的医疗资源优势，特邀上城区中西医结合医院医生在太和广场8号楼一楼，针对商务楼的男性开展免费医疗服务活动。

10月28日，街道计生协会和紫花埠社区计生协会结合实际情况，积极开展以“关注男性健康，创建幸福家庭”为主题的活动。

11月30日，街道计生协会联合复兴街社区计生协会组织会员在人口学校举办“艾滋病防治知识讲座”。讲座邀请杭州市疾控中心的沈老师主讲，计生协会会员认真聆听讲座。

2012年下城区武林街道办事处大事记

1月16日，武林街道举行迎新春社区工作者团拜会。街道党工委领导班子成员作新春致辞。

2月13日，人大武林代表团召开第一次全体代表会议。武林人大工委主任吴国营主持会议。武林街道党工委书记俞朔传达区委书记项永丹在召集人会议上的讲话。

3月27日，街道党工委书记张晓烨在街道副书记金浪陪同下，到长寿社区进行走访调研。

4月13日，武林街道党工委副书记金浪主持召开中心组学习（扩大）会议。街道领导班子成员等相关部门负责人参加会议。街道人大工委主任吴国营结合人大工作及学习体会作讲话。街道党工委书记张晓烨就学习贯彻"下城精神"作重要讲话。

4月27日，武林街道党工委副书记、办事处主任皇甫伟成主持召开全体机关工作人员大会。街道全体机关干部成员，社区书记、主任参加会议。皇甫主任介绍街道新上任的两位领导——街道党工委副书记李一崇与人武部部长孟永谦，并就"五一"节前工作进行部署。

5月15日，武林街道党工委书记张晓烨、办事处主任皇甫伟成，带领有关科室负责人到武林派出所进行调研。

5月25日，人大武林街道工委认真组织代表视察公安下城分局。街道党工委书记张晓烨参加这次活动，人大工委主任吴国营主持视察活动。

6月8日，武林街道举行四届政协委员武林活动小组首次活动。区政协副主席任雁鸣、区政协秘书长郑绮娟、区政协城建和人口资源环境委员会主任高建梁、武林街道党工委书记张晓烨、办事处主任皇甫伟成等领导出席本次活动。区政协副主席任雁鸣在会上作讲话。

6月29日，武林街道召开庆祝建党91周年暨"创先争优"表彰大会。来自武林地区各条战线80多名党员参加大会。街道党工委书记张晓烨在会上作重要讲话。

7月20日，共青团下城区武林街道召开代表会议。会议选举产生王伟等12名同志为共青团下城区第十三次代表大会武林街道选区代表。

7月27日，武林街道办事处副主任高坚荣主持召开2012年半年度经济形势分析会。街道财经科对上半年经济工作作总结汇报。

8月7日，武林街道办事处主任皇甫伟成主持召开传达区委九届二次全体（扩大）会议精神专题会议。会议概括上半年街道所取得的成绩，全面部署下半年工作。

8月16日，武林街道党工委副书记李一崇主持召开2012年上半年人口和计划生育工作分析会。办事处副主任徐静通报街道2012年上半年人口计生工作完成情况并部署下半年工作重点。

9月14日，武林街道综治科科长梁勇主持召开9月份综治例会，街道党工委副书记李一崇，司法所所长胡红、武林派出所副所长高志新，综治科全体人员等参加会议。

9月26日，武林街道党工委副书记金浪主持召开全体机关干部大会。武林街道全体机关工作人员及相关部门负责人参加会议。街道党工委书记张晓烨作工作报告。

10月29日，武林街道召开党的十八大维稳工作暨信访积案化解小结会，传达贯彻区委会议精神。武林街道党工委张晓烨书记、党工委李一崇副书记、派出所陈伟波所长、综治科、各社区书记、主任、治保干部参加会议。

11月5日，武林街道召开信访维稳工作专题督查会，传达贯彻区信访维稳工作专题督查会会议精神。武林街道党工委书记张晓烨，党工委副书记李一崇等相关部门负责人参加会议。

11月23日，武林街道召开全体机关工作人员大会，学习贯彻党的"十八大"精神。武林街道党工委书记张晓烨传达党的"十八大"精神学习提纲和区委贯彻"十八大"精神的具体要求。

12月13日，武林商会副会长、秘书长高坚荣主持召开2012年度总结交流大会。区工商联、武林街道主要领导及街道商会领导出席会议。此次商会总结一年来商会的各项工作，并对下一年的工作重点作部署。

12月31日，武林街道召开楼道支部书记党的"十八大"精神宣讲会。本次宣讲会由武林街道党工委书记张晓烨主讲。

2012年下城区潮鸣街道办事处大事记

1月16日，潮鸣街道召开年度工作会议，领导班子成员等参加会议。办事处主任黄伟结合潮鸣街道实际情况，对节日期间安全生产工作作出重点部署。

1月31日，潮鸣街道召开贯彻区领导干部作风建设大会精神专题会议，街道全体公务员和事业编制工作人员参加会议。街道党工委书记徐嘉骅传达区委书记项永丹在全区领导干部思想作风建设大会上的重要讲话。

2月21日，潮鸣街道召开2012年重点企业工作会议，传达区“两会”精神，总结回顾过去一年的经济工作，并与辖区企业共同谋划新一年发展大计。

2月25日，潮鸣街道远教站点积极组织党员通过远教平台收看杭州市第十一次党代会直播视频。

同日，潮鸣街道召开信息工作会议，对新一年的信息宣传工作进行研讨部署。街道党工委书记徐嘉骅、副书记吕洪良、组织员蔡萍出席会议。

3月12日，潮鸣街道召开统计工作会议，会议由办事处副主任刘建平主持，财经科相关人员及全体统计人员参加。

3月30日，潮鸣街道总工会召开一届二次扩大会议。区总工会主席马德华，潮鸣街道人大工委主任、总工会主席吕洪良等出席会议。会上，表彰2011年度街道基层工会先进集体和先进个人，总结2011年工作，部署2012年重点工作。

4月10日，潮鸣街道召开2012年街道统计调查工作会议。会上，财经科相关负责人分别对2011年街道统计调查工作及市统计调查工作先进街道创建情况进行总结汇报。

5月10日，潮鸣街道召开掩蔽防护演练工作会议，街道办事处主任周国江等参加会议，会议由街道人武部部长方彤主持。方彤部长对整个掩蔽防护演练方案作安排部署。

5月29日，潮鸣街道在东河畔隆重举行“5•29计生协会日”活动暨城市人口文化园改建竣工仪式。省计生委副主任胡玉璋、市计生委主任姚雅仙、下城区政协副主席任雁鸣、街道党工委书记邵伟华、办事处主任周国江等领导参加此次竣工仪式。

6月5日，潮鸣街道禁毒办联合潮鸣派出所，潮鸣街道司法所等相关单位举办以“减少毒品危害，建设品质下城”为主题的大型禁毒宣传活动。潮鸣街道党工委副书记包志明、区禁毒办副主任公安局禁毒大队大队长王伟、副大队长俞林、街道综治科科长姚森苗到现场参加此次宣传活动。

6月28日，潮鸣街道举行纪念建党91周年暨“七一”表彰大会。区委常委、公安局长郑洪彪，街道全体领导班子成员出席会议。会议由街道党工委副书记、办事处主任周国江主持。街道党工委书记邵伟华作重要讲话。

7月5日，潮鸣街道召开半年度经济工作大会。街道党工委书记邵伟华、办事处主任周国江、办事处副主任祝华、调研员刘建平出席会议。财经科人员汇报各自上半年的工作情况和下半年工作思路。

7月24日，潮鸣街道团工委召开团员代表会议。团下城区委副书记凌智、潮鸣街道党工委副处级组织员张喆出席会议。会议以差额选举的方式选举产生街道出席区十三次团代会代表。

8月13日，潮鸣街道召开筹建工作对接会。街道班子相关领导及相关职能部门参加。街道办事处主任周国江在听取与会人员的意见后从3个方面对数字中心建设提出要求。

9月5日，潮鸣街道召开招商引资专题会议。街道党工委书记邵伟华、办事处主任周国江、人大工委主任吕洪良等领导出席会议。

9月13日，潮鸣街道召开潮鸣街道、临安潜川镇城乡统筹工作推进会，进一步深化镇街对接，打通两地在经济发展等领域融合与拓展的渠道。街道党工委书记邵伟华在会上表示，城乡统筹发展给临安潜川镇和潮鸣街道带来巨大的发展空间和机遇。

10月11日，潮鸣街道召开重点税源企业财务会议，办事处主任周国江、调研员刘建平、办事处副主任祝华、财经科相关人员等参加会议。

11月8日，潮鸣街道积极组织广大党员、机关工作人员和离退休老同志观看党的“十八大”开幕式，聆听胡总书记的报告。

12月18日，街道召开志愿者工作会议。街道办事处主任周国江、党工委副书记汪玉纯参加会议。会议表彰2012年度志愿者工作先进个人，各社区则对明年志愿者工作提出想法和建议。

2012年下城区朝晖街道办事处大事记

1月5日，朝晖街道党工委副书记、办事处主任何政祥主持召开朝晖地区党建共建委员会工作会议。区委常委、组织部长李志龙和区委常委、宣传部长周澍以及街道领导、党建共建委员会成员单位代表等参加会议。朝晖街道党工委书记张鑫良全面介绍2011年街道经济社会发展总体情况。

1月17日，朝晖街道人大工委组织10余名人大代表召开“两会”议案、建议和意见的准备工作会议，会议由街道人大工委主任吴建中主持，人大工委副主任柳祥法参加会议。

2月9日，朝晖街道召开2012年社区保洁保序及垃圾分类工作动员大会。街道办事处副主任毛明武出席会议并作动员讲话。

同日，朝晖街道召开信访维稳工作“百日攻坚”动员大会。街道党工委副书记王胜苗、街道综治科科长陈清华、朝晖派出所副所长时国强等出席会议。

3月7日，朝晖街道召开2012年度综治计生工作会议。区人大常委会副主任、朝晖街道党工委书记张鑫良，街道党工委副书记、办事处主任何政祥，街道人大工委主任吴建中，街道党工委副书记胡汶冰、王胜苗，办事处副主任王卉，朝晖派出所所长叶英以及辖区相关工作人员参加会议。会议由街道党工委副书记、办事处主任何政祥主持。此次大会对2011年工作进行总结，并对2012年工作进行部署。

4月25日，朝晖街道举办食品药品安全咨询暨“食安卫士”志愿者送服务进社区主题活动。

5月22日，朝晖街道邀请市反邪教协会秘书长张正浩为全体社区治保主任、维稳员和社区中部分巡逻队员作反邪教知识讲座。

6月7日，朝晖街道召开“365城管直通车”相关职能部门商讨会。街道副主任傅朝霞出席会议并讲话，会议由街道城管科科长王康炼主持。

6月28日，朝晖街道召开纪念建党91周年暨创先争优总结表彰会。街道领导等相关成员参加会议，会议由街道党工委副书记、办事处主任孙丽萍主持。人大朝晖街道工委吴建中主任宣读表彰决定，对各类先进进行表彰。

7月12日，朝晖街道召开综治、维稳工作研讨会议。街道党工委副书记王胜苗、办事处副主任毛明武出席会议。

7月18日，朝晖街道召开由全体社区书记、主任及治保主任、维稳员参加的综治工作研讨会，街道党工委副书记王胜苗、朝晖派出所所长叶英、街道综治科科长陈清华出席会议。区政法委副书记江向东到会并对工作作指导。

8月9日，朝晖街道召开全国城市文明程度指数测评迎检工作部署会。街道党政领导出席会议，会议由街道党工委副书记胡汶冰主持。

8月15日，朝晖街道举行“365城管直通车”服务体系启动仪式。副区长陈治、区住建局局长赵慧明、朝晖街道党工委副书记、办事处主任孙丽萍出席仪式。街道办事处副主任傅朝霞主持会议。

9月21日，朝晖街道召开食品安全工作会议。区食品药品监督管理局、区环保分局、朝晖工商所、区卫生监督所、朝晖行政执法中队的负责人参加会议。会上，各部门就《朝晖街道“食品安全365”工作机制实施方案》进行讨论和交流。

10月9日，朝晖街道和朝晖派出所召集辖区内高层建筑单位负责人召开烟花大会安全防范动员大会。此次会议对第十四届西湖博览会开幕式暨西湖烟花大会的安全工作进行部署。

11月5日，朝晖街道召开党的“十八大”期间维稳工作大会。街道领导何政祥、孙丽萍、吴建中等出席会议。会议由办事处主任孙丽萍主持。王胜苗副书记就“十八大”召开期间的维稳工作进行具体的布置，何书记对维稳工作提出明确的要求。

11月8日，朝晖街道领导班子和广大干部群众集中收看中国共产党第十八次全国代表大会的开幕盛况。

11月29日，朝晖街道举办“十八大”精神学习宣讲会。区“十八大”精神宣讲团成员、街道人大工委主任吴建中出席会议并作宣讲。街道党工委副书记、办事处主任孙丽萍主持会议。街道党工委委员、组织员哈军礼出席会议并宣读表彰决定。

12月19日，朝晖街道召开2012年度“满意社区”评选工作部署会议。会上对2012年度“满意社区”评选办法、名额分配、奖励要求等作具体说明和要求。

2012年下城区长庆街道办事处大事记

1月6日，长庆街道召开“2011年度工作总结暨经济工作表彰大会”，区人大常委会副主任陈合达、区政协副主席薛志英参加此次会议。会议由长庆街道党工委副书记汪玉纯主持。

1月9日，长庆街道党工委书记方昱主持召开2011年度党风廉政建设责任制考核民主测评会。下城区委组织部常务副部长施金良和街道相关领导成员等参加会议。

1月11日，长庆地区党建共建委员2011年年会隆重召开，党建共建单位负责人、街道领导班子成员等参加会议，街道党工委副书记汪玉纯主持会议。

2月25日，长庆街道党工委组织辖区相关领导成员收看中共杭州市第十一次代表大会开幕式的现场直播。

3月31日，长庆街道组织班子成员、街道党员收看全区党建工作暨街道书记履行基层党建工作责任制述职会议。

4月13日，长庆街道召开“和事佬”工作座谈会暨调解业务培训会，辖区6个社区“和事佬”协会代表参加此次会议。

5月2日，长庆街道经济部门召开全体工作人员例会，会议由街道经济主任赵斌主持，街道党工委书记樊峥列席会议。

5月22日，长庆街道召开平安巡防工作形势分析会。长庆街道综治科和派出所相关人员等参加此次会议，街道党工委副书记祝志晓出席会议并讲话。

6月1日，长庆街道召开信访工作形势分析会。街道全体班子成员等参加会议。街道党工委副书记祝志晓通报街道1—5月份信访工作情况，布置下一阶段工作任务。

6月29日，长庆街道组织街道党员干部群众收看下城区庆祝中国共产党成立91周年暨胡锦涛总书记视察王马社区5周年纪念大会。会后，党员群众进行集中学习讨论。

7月10日，长庆街道办事处主任朱杰主持召开纪念胡锦涛总书记视察王马社区5周年暨创先争优总结表彰大会。

7月23日，长庆街道妇联在七楼会议室召开妇联执委扩大会，街道妇联执委和各社区妇联干部参加会议。街道妇联主席通报上半年妇联工作情况及下半年工作设想，并对近期工作进行部署。

8月3日，长庆街道召开2012年半年度工作务虚会及相关工作部署会。街道党工委、人大工委等参加会议。街道党工委书记樊峥对上半年工作作充分肯定，并提出几点希望。

8月21日，长庆街道召开全国城市文明程度指数测评工作推进会。街道全体班子成员等参加会议。

9月15日，长庆街道召开专题会议，迅速落实区消防安全工作紧急会议精神。街道班子成员等参加会议。街道办事处朱杰主任传达区消防安全工作紧急会议精神。

9月26日，长庆街道劳动保障站工作人员参加由杭州市医疗保险管理服务局举办的城乡居民医疗保险参续保业务培训，更好地落实医疗惠民政策。

9月29日，长庆街道召开节前工作部署会。街道全体班子人员等参加会议。街道党工委樊峥书记对假期的工作作部署。

10月24日，长庆街道开展“喜迎十八大 清洁下城大行动”暨长庆街道环境卫生集中整治活动。

11月8日，长庆街道认真组织全体工作人员、辖区单位代表等在街道七楼会议室认真收看“十八大”开幕式盛况。

11月19日至20日，长庆街道召开学习党的“十八大”精神暨工作务虚会，街道班子全体成员等参加会议。会议传达区委贯彻党的“十八大”精神提出的具体要求。

12月7日，长庆街道召开长庆地区平安创建暨综治工作会议。区综治委副书记江向东、长庆街道党工委副书记祝志晓出席会议。长庆街道综治科和派出所相关人员等参加此次会议。街道综治科科长平衡对2012年街道综治工作进行总结，对存在的问题作剖析，对明年工作进行部署。

12月11日，长庆街道召开2012年度下城区满意单位评价大会。区直机关工委副书记、纪工委书记叶英，区纪委案件审理室主任王忠权，长庆街道党工委副书记王卉出席会议。街道党工委副书记王卉对与会代表作长庆街道年度工作总结及动员。

12月12日，长庆街道党工委副书记王卉主持召开学习“十八大”精神社区后备干部座谈会。长庆街道党工委书记樊峥，副书记王卉，办事处副主任沈宏宇出席会议。各社区后备干部结合“十八大”精神学习，详细的谈如何做好自己的本职工作。

2012年下城区东新街道办事处大事记

2月23日，东新街道召开区域化党建论坛暨2月份社区、经合社党务工作者例会，街道党工委副书记魏爱琴、组织员陈向锋出席会议。

2月24日，东新街道基联会召开基层工会主席工作会议。区总工会主席马德华、副主席夏亚林、东新街道党工委副书记魏爱琴出席会议。街道基联会负责人孙忆贤对2012年街道工会的工作思路及重点工作进行部署。

2月29日，东新街道紧急召开消防安全安全生产专题会议，通报29日凌晨发生的乐购超市火灾事故处理情况，总结经验教训，全面部署工作。街道党工委书记王守全、副书记蒋毅出席会议并讲话，街道办事处副主任孔奇主持会议。

3月26日，东新街道召开创先争优基层组织建设年工作部署会，会议由街道办事处副主任于颖华主持，街道党工委书记黄飞、党工委委员组织员陈向锋出席会议。

4月19日，街道召开2012年第一季度信访维稳工作会议，会议总结通报第一季度信访维稳工作情况，并布置下阶段工作任务。街道党工委副书记蒋毅等参加会议。

4月28日，东新街道召开灯塔农居回迁安置工作动员大会。区委常委、副区长、区农居回迁领导小组副组长何伟，东新街道农居回迁安置工作指挥部成员、灯塔分指挥部成员等参加会议。

5月3日，东新街道灯塔农居回迁安置工作分指挥部召开工作部署会。街道指挥部领导、分指挥部全体成员等参加会议。孙史萍指挥长对此次回迁安置工作的日程，所有工作人员的分工进行安排。

5月8日，东新街道召开劳动保障工作会议。街道办事处副主任杨小兰出席会议。保障站站长杨丽娟对劳动保障各项工作结合实际进行总结，着重分析存在的问题并下达各社区的目标任务。

5月11日，东新街道组织15个社区召开杭州市创建全国环保模范城市复评工作布置会。

6月29日，街道召开综治工作例会，街道党工委副书记蒋毅、派出所副所长陈继远等参加会议。蒋毅副书记布置下阶段综治各项工作任务。

6月30日，东新街道举行庆祝中国共产党成立91周年暨创先争优总结表彰大会。东新街道党工委书记黄飞对创先争优活动开展以来取得的成效以及街道上半年整体工作推进情况进行回顾总结。

7月19日，东新街道召开半年度计生协会理事会议。会议听取各位理事对下半年协会工作的意见和建议，确定协会下半年工作方向，调整并通过杨小兰同志为街道计生协会会长，并对工作进行交接。

7月26日，东新街道召开2012年上半年度工作汇报会。办事处主任王振霄向代表们汇报街道上半年工作情况及下一步发展思路。

8月24日，东新街道召开2012年半年度人口形势分析会。街道办事处副主任杨小兰出席会议。杨小兰副主任通报街道半年工作检查情况，布置下半年的工作任务。

9月14日，东新街道总工会召开一届“两委”全体工作会议暨重点工作部署推进会，街道党工委副书记、总工会主席孔奇等出席会议。孔奇主席对街道总工会的工作给予充分肯定和高度评价，同时对今后的工作提出新的要求。

9月27日，东新街道召开社区建设工作会议，东新街道班子全体成员出席。蒋毅副书记、孔奇副书记和杨小兰副主任对下阶段社区重点工作进行强调和部署。

10月18日，东新街道召开2012年工作推进会议，街道班子成员等参加会议。黄飞书记对前三季度街道各项工作中的成绩给予充分肯定，对街道、经合社的辛勤工作表示衷心的感谢。

11月8日，东新街道组织街道机关全体党员干部集体收看党的“十八大”现场直播。

11月19日，街道党工委召开中心组学习会，传达学习党的“十八大”精神，研究部署学习贯彻各项工作。街道领导班子成员参加学习会，党工委书记黄飞主持会议并讲话。

12月11日，东新街道统计办召开统计工作会议。街道统计办主任陈如英对2012年社会消费品零售企业经营情况进行通报，并对下一步社零统计工作进行安排。

12月27日，东新街道召开2012年统计年报暨统计工作总结表彰会。会议对2012年街道财务管理和统计先进个人进行表彰，统计办主任陈如英就2012年统计工作及明年工作思路进行汇报。

2012年下城区石桥街道办事处大事记

1月10日，石桥街道召集辖区内的社区矫正人员，开展“迎新春、保平安”集中教育活动。会上，司法所组织社区矫正人员学习社区矫正的纪律制度。

1月19日，石桥街道召开2011年度总结表彰大会。街道全体机关干部等参加会议。区政府洪明副区长应邀出席会议。洪明副区长对街道2011年的工作给予高度肯定，并提出对下一步工作要进一步强化。

2月8日，石桥街道牵头协调区拆违办、区执法局、区政府投资管理中心等职能部门联合行动，街道城管科组织拆房队员及工作人员对东新路851号违章建筑进行助拆，打响今年防违、控违、拆违“第一炮”。

3月19日，街道综治委召开各社区综治科长会议，部署年度基础大排查工作，会议由街道党工委副书记陈东明主持。派出所所长孔立勇部署2012年街道基础大排查工作，通报辖区近期治安形势。

4月10日，石桥街道召开“弘扬下城精神——我们的价值观”大讨论活动动员大会，全体机关干部等相关成员参会。街道办事处主任陈东明传达动员大会精神和石桥街道开展大讨论的活动方案。

5月15日，石桥街道召开“5•15”消防安全工作会，孙毅副书记阐述现阶段消防和安全生产街道班子分管负责人。

5月23日，石桥街道新市民之家联合计生协会召开第一次会员代表大会，会议通过石桥新市民之家计划生育联合协会章程，选举产生第一届理事会。

6月19日，石桥街道召开区工程运输安全创新体系建设联席会议。各监管部门通报交流开展工程运输企业排查治理“打非治违”进程和安全创新体系建设计划方案。

6月28日，石桥街道隆重举行庆祝建党91周年暨创先争优表彰大会，全面总结创先争优活动经验。区委常委、纪委书记富永伟、区检察院检察长潘松萍到会指导。

7月4日，石桥街道城管科组织各社区、辖区单位主要负责人召开城管专题会议。城管科科长俞紫阳对上半年数字城管、道路保洁、河道养护等工作进行总结，对存在的问题及遇到的困难进行分析。

7月27日，石桥街道召开城市文明程度指数测评迎检会议。街道组织委员马冬萍传达近期区里关于做好城市文明程度指数测评迎检的工作要求，并详细布置近期的主要工作。

8月9日，人大石桥街道工委召开人大代表审议2011年街道财政决算情况和2012年上半年街道财政预算执行情况的汇报会。区人大常委会副区级巡视员莫永耀、区人大财经工委主任陈先荣以及街道人大工委成员、街道人大财经工作小组成员参加。街道办事处主任陈东明汇报2011年街道财政决算情况和2012年街道财政预算执行情况。

9月19日，石桥街道召开节前消防安全工作专题部署会。会议由街道党工委副书记、办事处主任陈东明主持，街道党工委副书记孙毅部署开展国庆、中秋、十八大前安全生产大检查的方案。

9月26日，石桥街道综治委召开“十八大”信访维稳安全工作部署会。会议由街道综治委副书记孙毅主持，街道综治科等相关职能部门参加会议。街道综治科科长赵云彬就“十八大”维稳工作总体方案进行部署。

10月15日，石桥街道综治委召开石桥地区综治队伍规范化建设三年成果汇报暨第四届消防运动会部署会。街道综治科科长赵云彬就石桥地区综治队伍规范化建设三年成果展示暨第四届消防运动会方案进行部署，明确工作要求。

11月8日，街道党工委书记周国强和街道办主任陈东明等街道领导和广大党员们观看十八大的开幕式，认真聆听胡锦涛总书记代表中共中央所作的工作报告。

11月29日，石桥街道牵头组织工商、卫生、行政执法等职能部门和石桥社区对仍在进行违法经营的无证小蔬菜门店开展联合整治，确保居民群众食品安全。

12月7日，石桥街道举行新兵欢送会。街道党工委书记周国强、办事处主任陈东明等班子成员，区人武部副部长汪雷军，各社区负责人、民兵连长和新兵家长出席欢送会。

12月14日，石桥街道召开2012年度下城区满意单位评价大会。区直机关党工委副书记叶英，石桥街道党工委副书记孙毅出席会议。区直机关工委副书记、纪工委书记叶英就评选工作细则作细致的讲解。街道党工委副书记孙毅对与会代表作动员。

2012年下城区天水街道办事处大事记

1月6日，天水街道社区志愿服务中心召开年度工作会议。中心负责人及各社区专职志愿者参加会议。各社区专职志愿者交流2011年度特色工作和2012年度工作设想。

1月16日，天水街道召开年度宣传信息工作会议。会议主要通报2010年宣传信息统计结果，回顾总结2011年街道宣传信息工作情况及存在问题，并对今年工作提出具体要求。

1月20日，天水街道召开防雪抗冻工作部署会议。街道班子成员等参加会议。会议主要传达市、区两级关于防雪抗冻的会议精神，并对进一步做好雨雪冰冻天气的应对工作提出要求。

2月2日，天水街道召开思想作风建设大会。街道全体机关在编人员、社区书记和副书记等参加会议。街道党工委书记张毅敏作动员讲话。会议由街道办事处主任龚巍主持。

2月15日，天水街道综治中心在街道三楼大会议室召开2012年度综治工作务虚会暨“平安综治双月宣传活动”工作动员会议。街道党工委副书记史粱、综治科负责人王选中、天水派出所教导员陈群伟等参加会议。

2月24日，天水街道团工委书记鲁韵主持召开科普工作年会。街道党工委副书记吴俊出席会议并讲话。

3月15日至25日，天水地区爱卫会按照上级要求，在辖区机关、学校和企事业单位以及各社区广泛开展“除四害”活动。

3月27日，天水街道召开辖区重点税源企业财务座谈会。天水街道办事处主任吴俊、区财政局副局长陈琴箫、国税下城分局副局长陈燕文、街道办事处副主任王学红等出席会议。

4月19日，天水街道统战办公室副主任、侨联秘书长王选中主持召开统战人士踏青联谊暨2011年度统战人士表彰活动。区委统战部副部长、侨联主席刘苏生，天水街道党工委书记王秀清，党工委委员、副处级组织员奚倩雯等出席活动。

同日，天水街道党工委副书记史粱主持召开全体干部大会。街道全体班子成员、机关工作人员及社区工作者参加会议。

4月20日，天水街道运用远程教育平台，认真组织机关、社区党员干部群众收看市委召开2011年度区、县（市）委书记履行基层党建工作责任制述职会议。

5月9日，天水街道召开2012年和谐社区建设大会。下城区民政局局长姜利民、街道班子成员出席会议。街道全体机关工作人员等相关工作人员参加会议。街道党工委书记王秀清作重要讲话。

5月11日，天水街道召开法律援助工作座谈会暨业务培训会。会议上，大家对如何深化法律援助工作进行交流。

5月17日，天水街道劳动保障站站长张蓉晖主持召开企业劳资干部联席会。辖区企业人事部门负责人、经办人员及保障站工作人员参加会议。

6月13日，天水街道举行禁毒宣传月启动仪式暨大型广场禁毒宣传活动。

6月21日，天水街道召开干部大会。街道办事处主任吴俊在会上传达省第十三次党代会精神，并要求切实将省第十三次党代会精神落到实处。

6月18日，天水街道办事处主任吴俊主持召开党代表、政协委员政情通报会。区政协副主席周钢、区政协三届主席赵洁生及区党代表、区政协委员应邀出席会议。街道领导王秀清、吴俊、唐国宏等参加会议。

7月2日，天水街道社会工作党委召开纪念中国共产党诞生91周年暨创先争优先进表彰会。社工委班子全体成员出席大会。会议表彰先进基层党组织、优秀共产党员和优秀党务工作者。

7月13日，天水街道社区志愿服务指导中心召开半年度工作会议，中心负责人、社区专职志愿者等参加会议。

7月26日，天水街道主任吴俊主持会议召开2012年半年度工作会议。此次会议对上半年各项工作所取得的成绩予以肯定，并对下半年的工作提出新的要求。

8月13日，天水街道党工委副书记唐国宏主持召开2012年上半年人口形势分析会议。下城区计生局副局长严瑛，天水街道党工委副书记、办事处主任吴俊，天水街道党工委副书记唐国宏等相关负责人参加会议。

8月20日，天水街道办事处主任吴俊主持召开全国城市文明程度指数测评工作推进会。街道全体班子领导参加会议。

8月24日，天水街道召开2012年度暑期青少儿校外教育工作总结表彰会。区工委副主任陈洁秋、区社教中心副主任王李青、街道党工委副书记唐国宏出席会议。

9月10日，天水街道机关党总支委员会召开换届选举党员大会。通过选举，产生以张永兵为总支书记，楼旭霞、程军、鲁韵、王选中为委员的新一届总支班子。

9月15日，天水街道召开消防安全检查紧急部署会，街道班子成员等参加部署会。街道办事处主任吴俊传达区委关于做好消防安全工作紧急会议的精神及工作部署，并提出工作要求。

10月22日，天水街道禁毒办开展禁毒宣传活动。活动进一步提高群众的识毒、拒毒、防毒意识和自我保护意识。

10月30日，天水街道举办科级干部竞争上岗演讲答辩会。

11月1日，天水街道组织召开2012年度街道财务辅导网座谈会。街道相关单位的财务人员及财经科全体人员参加座谈会。

11月8日，天水街道积极组织机关干部、社区和非公企业党员收看“十八大”开幕式，聆听胡锦涛总书记代表党的十七届中央委员会所作报告。

11月16日，天水街道党工委副书记史梁主持召开科级干部竞争上岗和一般干部双向选择工作总结暨“十八大”精神学习部署会。街道班子成员等相关负责人参加会议。街道党工委书记王秀清传达党的“十八大”报告精神，并对下一步学习贯彻工作进行部署。

12月5日，天水街道召开年度街道整体工作专题通报会议，辖区区级党代表、人大代表、政协委员参加会议。区委副书记杨国琴、副区长陈治、区政协三届主席赵洁生等区领导应邀出席会议。

12月19日，街道总工会召开2012年度基层工会财务年报培训会议。辖区59家重点骨干企业工会和新建工会的财务负责人参加会议。

12月24日，天水街道党工委副书记唐国宏主持召开年度工作务虚会。街道班子领导等相关部门负责人参加会议。街道党工委书记王秀清在讲话中指出，街道的各项事业取得喜人的成绩，但是还要进一步把握发展主题。

2012年下城区文晖街道办事处大事记

1月29日，文晖街道班子成员分别走访慰问辖区8个社区的社区工作者，给广大社区干部带去新春的慰问和祝福。

2月28日，文晖街道召开全体机关干部大会学习贯彻区“两会”精神，街道班子成员等相关部门负责人参加会议。街道办事处主任傅丽华主持会议。街道党工委书记、人大街道工委主任杨兆麟传达区“两会”精神。

3月13日，文晖街道召开专题学习会，贯彻落实纪委全会精神。街道班子成员等相关部门负责人参加会议。

同日，文晖街道召开重点税源企业负责人会议。市金属材料、凤凰卫视、农都、巨化控股等22家重点税源企业负责人参加会议，各重点单位交流一季度企业运行、销售情况以及2012年企业经营发展思路，同时提出企业在经营中遇到的一些困难。

4月1日，文晖街道党工委书记、人大街道工委主任杨兆麟走访胜利经合社，解经合社大项目推进情况和存在的困难，对胜利经合社项目推进提出相关要求。

4月18日，文晖街道邀请市规划局用地处、下城区教育局等相关部门负责人上门联合为企业提供服务，召开中烟仓库地块项目建设专题协调会，市、区、街道三级部门现场办公共同商讨问题解决方案。

5月7日至13日，文晖街道积极开展“防灾减灾日”宣传周系列活动，倡导每个公民开展“四个一”活动。通过一系列的宣传活动，提高居民防灾减灾意识，增强居民实际应对、处置突发事故能力，提高街道、社区防灾减灾综合能力。

6月5日，文晖街道在星都嘉苑广场组织开展“6•5世界环境日”宣传活动。

6月15日，文晖举办安全生产知识讲座。街道党工委副书记王晋波参加讲座并讲话。

6月27日，文晖街道召开纪念中国共产党成立91周年暨文晖街道2010—2012创先争优表彰大会，街道机关全体党员、直属党组织、各社区、经合社和辖区非公企业党组织代表参加大会。党工委书记杨兆麟作专题工作报告。

7月10日，文晖街道召开计生工作领导小组会议暨人口形势分析会，区人口与计生局局长崔青、街道人口与计生领导小组成员及辖区各单位、社区负责人等参加会议。街道党工委书记杨兆麟就下一步计生工作也提出4方面要求。

7月23日，文晖街道举行“电梯半月宝”启动仪式。王翀副区长及市质监局、区政府办、区质监局、区安监局有关领导和街道领导杨兆麟、王晋波等出席仪式。王翀副区长为“电梯半月宝”启动揭牌。街道党工委书记杨兆麟致辞。

8月3日，文晖街道召开2012年上半年度工作会议，街道班子成员、全体中层干部、经合社主要负责人参加会议。区四套班子联系领导程华民、鲁奋出席会议并讲话。

8月22日，文晖街道召开迎接全国文明指数测评迎检攻坚会议。会议通报市测评组对下城区文明指数测评的相关情况，重点对迎检工作进行专题部署。

10月24日，街道班子领导成员、机关干部及和平苑社区干部及志愿者开展“喜迎十八大　清洁下城大行动”活动。

10月30日，街道请市环保宣教育中心有关专家进行一场“全民环保健康、食品安全”的知识讲座。街道机关干部和各社区书记、主任及卫生委员参加这次讲座。

11月2日，文晖街道召开党的“十八大”维稳工作专题会议，街道班子成员等相关部门负责人参加。会议由街道党工委副书记王晋波主持。王晋波书记传达区委、区政府有关党的“十八大”维稳工作专题会议精神，就街道“十八大”期间维稳各项工作进行具体的安排和部署。

11月24日，文晖街道召开“818”邻里互助站推进会。杭州市社建办副主任张建涛、区政府副区长沈凯波、市民政局有关处室、区政府办、区民政局等有关部门领导出席会议。街道班子成员等参加会议。与会领导为社区“818”邻里互助站授牌，宣告社区“818”邻里互助推广工作正式启动。

11月30日，文晖街道城管科会同辖区派出所、街道综治科、和平苑社区，组织五里塘苑、打铁关新村准物业工作人员召开治安防控工作会议。针对近期盗窃案件多发，工作人员工作纪律松散等问题进行剖析。

2012年拱墅区米市巷街道办事处大事记

1月29日，街道党工委书记黄仁和街道党工委副书记葛建军一行走访半道红、大塘巷和沈塘桥社区。

1月30日，召开开门工作会议。办事处主任王跃文主持会议。

2月16日，举行综合工作会议。街道党工委副书记葛建军主持会议，党工委书记黄仁作重要讲话。

2月20日，召开贯彻落实区政府全体（扩大）会议精神会议。街道办事处主任等相关负责人参加会议。

2月29日，召开"我们的价值观"大讨论活动部署动员大会，街道党工委副书记葛建军，党政办主任黄琴琴、街道总工会副主席胡年宝、团工委副书记许海峰等参加会议。

3月9日，召开平安巡防工作会议。米市巷派出所所长安康、综治办专职副主任何坚新、派出所副所长应航等相关单位负责人参加会议。

3月22日，召开2012年街道重点工作推进会，会议由街道党工委副书记葛建军主持，街道领导班子成员参加会议。

4月24日，召开党建综治工作会议，部署近期党建综治重点工作。会议由街道党工委副书记张路红主持。

6月4日，召开"省党代会"期间的维稳工作专题会议。街道党工委副书记张路红就目前街道的维稳形势进行分析，并就街道做好"省党代会"期间的维稳工作进行统一部署。

同日，召开安全生产会议，街道党工委领导班子、各科室负责人及社区书记、主任参加会议。

6月29日，召开庆祝建党91周年暨创先争优活动表彰大会。区委组织部部长李炜应邀出席会议并作重要讲话。

7月12日，召开党的"十八大"消防安全保卫战动员会议，拱墅区消防大队、米市巷派出所相关负责人、街道消安办全体成员、各社区消防专管员及部分辖区单位参加会议。

7月20日，召开半年度工作会议。街道党工委书记黄仁在会上作重要讲话，街道办事处主任林林向大会作工作报告。

8月13日，召开文明城市复评动员大会。街道办事处副主任姜晓通报当前迎接全国文明城市复评工作的基本情况和形势，并部署下一阶段街道迎检工作的具体任务。

8月14日，街道城管科组织召开文明创建迎检工作部署会议。街道城管科科长陈建强传达街道文明城市复评动员会议精神，并通报街道对社区检查情况。

8月24日，召开安全生产工作会议。街道党工委书记黄仁、街道办事处主任林林、街道办事处副主任黄国兴及相关科室负责人等参加会议。

9月12日，街道人大代表团在人大代表接待站开展人大代表接待日活动。与会代表认真听取居民们的各种意见建议，并就部分问题直接进行现场回复。

9月27日，街道团工委组织召开会议，学习团省委"双网互动"工作讲话精神，就街道如何开展"双网互动"工作进行讨论，机关和各社区团支部书记、企业团支部书记等参加会议。

10月9日，召开2012年"公述民评"大会。街道经展科、城管科等7个部门的相关负责人、中层副职作为评议对象参加报告会。会议由街道党工委副书记张路红主持。

10月11日，街道安监站杨其峰副站长主持召开烟花大会的安全工作会议，办事处主任林林对烟花大会期间的安全工作进行明确分工，任务部署。

同日，街道计生办召开四季度计生工作形势分析会。米市巷街道办事处副主任姜晓、计划生育科科长詹颖，以及街道所属7个社区的计生专管员参加会议。

11月1日，组织街道党政办成员、社区党委书记、党务工作者召开党建工作务虚会，对近期街道党建工作进行交流，探讨明年党建工作思路。

11月8日，组织全体机关工作人员收看中国共产党第十八次全国代表大会开幕式现场直播。

12月4日，街道禁毒办联合司法所开展禁毒法制宣传活动。

12月10日，街道城管科召开城管台账迎检专题会议，区城管局督查协调科台账负责人许招根、街道城管科科长陈建强、街道城管台账制作负责人、各社区城管服务室负责人、台账资料员参加会议。

12月26日，组织召开人社政策进社入企"4S"流动服务会议，区劳动局潘局长和相关科室领导参加会议。

2012年拱墅区湖墅街道办事处大事记

1月17日，街道召集科室长、社区书记召开会议，专题研究部署新春佛教文化活动工作。

同日，组织机关全体工作人员等相关单位工作人员开展清洁大行动，对辖区卫生进行全面的清理。

2月23日，召开安全生产“隐患排查整治月”安全生产工作会议，街道安全办、消安办和各社区安全管理员参加会议。

3月1日，召开2012年度综合管理会议。会议由街道人大工委副主任黄志平主持。

3月12日，召开2012年招商引资工作会议。街道党工委书记陆珊溢作重要讲话，副主任张加宾布置招商引资工作重点。

3月27日，召开文化工作会议，专题研究“人文湖墅”建设工作，街道副主任宋健铭主持会议。

4月17日，召开党工委扩大会议，传达贯彻落实“践行共同价值观 建设东方品质城”大讨论活动会议精神，街道党工委书记陆珊溢作重要讲话。

4月19日，召开“五一”节前安全生产、消防工作会议。街道安全生产办（消安办）工作人员、商街管委会负责人、社区公共安全管理员参加会议。

4月20日，召开街道一季度经济分析会，班子全体、各科室长、各社区书记参加会议。会议由党工委书记陆珊溢主持。

5月2日，召开食品药品安全工作专题会议，各社区主任、二街区一物业负责人、综治科、城管科相关工作人员参加会议。

5月3日，召开“基层组织建设年”活动、“践行共同价值观、建设东方品质城”大讨论活动推进会暨满意社区创建活动动员大会，办事处主任郑国庆主持会议。

5月25日，召开2012年信息宣传工作会议。会议由党工委委员黄群主持。

6月7日，街道党工委书记陆珊溢、党工委副书记蔡儒杰前往霞湾巷社区调研工作，听取社区2012年上半年工作情况汇报。

6月12日，街道党工委副书记蔡儒杰到卖鱼桥社区调研基层组织建设年和创先争优工作。

6月29日，街道安监站牵头联合湖墅派出所召开辖区安全管理人员工作会议。

7月11日，召开运河拱墅段码头河埠文化普查座谈会。区文广新局局长黄玲、区文化馆馆长阮利平、区政协委员安峰、湖墅街道党工委委员黄群等出席座谈会。

7月24日，召开文明创建迎检工作布置会，党工委副书记蔡儒杰、办事处副主任谭建明、党工委委员黄群、有关科室负责人及社区书记参加会议。

7月27日，召开文明测评迎检动员大会，会议由党工委副书记蔡儒杰主持。

8月6日，召开防台工作紧急会议。城管科、经发科、执法中队等相关职能部门的主要负责人参加会议。

8月23日，召开2012年度政情报告会，区人大常委会副主任邱建伟，街道党工委书记、人大工委主任陆珊溢等相关工作人员参加会议并对街道经济及发展情况提出意见和建议。

8月28日，召开基层组织建设年推进会，深入贯彻落实区委关于基层组织建设年的安排部署，全面推进街道基层组织建设年工作。

9月11日，召开拆迁“百日攻坚”部署会，会议由党工委书记陆珊溢主持。

9月12日，召开“精彩湖墅”市井文化艺术节工作会议，街道党工委书记陆珊溢、党工委委员黄群、各科室及社区负责人、文化专干参加会议。会议由街道党工委委员黄群主持。

9月21日，召开国庆节前安全生产工作会议，对国庆节、西博会期间的安全生产检查工作进行部署。

10月15日，召开辖区信访维稳工作会议，办事处主任郑国庆、委员黄群、派出所所长蒯骏、综治科科长王彩凤出席会议。

10月23日，召开2012“公述民评”大会。街道各领导和相关工作人员参加会议。

10月30日，召开街道残疾人联合会第六次代表大会，会议选出新一届残联主席团成员，换届选举工作圆满结束。

11月13日，街道食安办召集双荡弄社区和仓基新村社区主任、药品安全协管员召开药品示范创建工作推进会。

11月26日，召开党工委（扩大）会议暨党的“十八大”精神读书会，街道党工委书记陆珊溢主持会议。

12月4日，街道围绕“学习十八大精神，弘扬宪法精神，服务科学发展”这一活动主题深入开展法制宣传活动。

2012年拱墅区拱宸桥街道办事处大事记

1月13日，召开2012年统战各界人士迎春茶话会。

1月19日，召开2011年度社会治安志愿者服务大队年终总结表彰会。街道分管副书记、综治办等有关负责人参加会议。

2月21日，召开辖区内重点单位安全生产、消防隐患工作推进会。街道安全办、派出所、重点企业负责人参加大会。

2月23日，召开文明创建座谈会。街道领导班子全体成员参加座谈。

2月27日，组织召开2012年街道经济工作恳谈会。街道全体班子领导、经发科负责人和企业代表参加会议。

3月1日，开展外来流动人口大排查活动。

3月8日，街道禁毒办积极组织召开一季度禁毒工作例会。会议由街道党工委副书记金承华主持，拱宸桥派出所所长管建弟、基础副所长王强和各社区治保主任以及街道禁毒办两名禁毒社工参与会议。

4月9日，召开以“抓防范，促和谐”为主题的治安工作会议。

4月26日，拱宸桥司法所召开普法宣传工作会议，拱宸桥司法所全体工作人员等参加会议，会议由拱宸桥司法所所长张高红主持。

4月28日，街道团工委组织开展“燃烧青春之激情，焕发青春之活力”为主题的大型志愿服务活动。

5月21日，街道禁毒社工将首批禁毒宣传资料带进拱宸中学，开展“不让毒品进校园”活动。

5月30日，召开“网格化管理、组团式服务、片组户联系”工作部署会议。街道办事处主任徐旭勇、党工委副书记汤炜渊、副主任张琪及机关科室和7个社区主要负责人等参加会议。

6月4日，召开街道禁毒宣传月工作专题会议。会议由街道禁毒办主任张高红主持。

同日，街道综治办组织科室内全体工作人员召开科室工作会议，会议由综治办专职副主任张高红主持。

6月26日，街道禁毒办联合派出所组织辖区内重点娱乐场所“天姿国色”全体从业人员召开毒品危害知识培训讲座。

7月31日，参加拱墅区2012年下半年第一期招商培训会暨2012年拱墅区开放型经济专业知识培训会。

8月6日，召开防汛抗台工作会议，街道副主任，机关各科室，执法中队，辖区重点单位负责人，社区主任，分管副主任参加会议。

8月23日，拱宸桥代表小组在街道人大工委主任罗敏的带领下对区商务局进行定向视察。

8月29日，街道安监办工作人员组成检查组，采取听、查、看等方式对辖区老年安置房消防安全进行专项检查，确保消防安全管理工作落到实处。

10月18日，街道党工委召开“民情服务区”方案实施部署工作，街道党工委委员倪黎玮同志、各社区书记、经济发展科负责人及街道党务工作人员参加会议。

10月30日，街道综治办组织召开“十八大”安保维稳工作会议，街道副书记、街道综治办和社会事务科负责人、各社区书记和治保主任以及派出所所长等参加会议。

同日，召开街道残联第六次代表大会，会议由街道社会事务科科长余晓光主持，会议选举张琪为街道残联第六届主席团主席，选举余晓光、朱健为主席团副主席，选举郑茵、陆铭、詹金平、季国荣、陈洁、周国祥为主席团委员。

11月8日，街道党工委组织街道全体工作人员收看党的“十八大”开幕盛况。

11月16日，召开学习会，学习胡锦涛同志在中国共产党第十八次全国代表大会上作的报告。街道全体领导班子成员参加学习。

11月27日，召开安保维稳工作总结会议，街道党工委副书记汤炜渊、区信访局副局长蒋皓、综治科长张高红、信访干部范建法、综治办全体工作人员以及各个社区分管书记、治保主任和综治维稳专管员参加会议。

12月11日至12日，召开读书会暨2013年工作思路座谈会。街道全体领导班子成员、机关各科室和社区主要负责人参加会议。

12月17日至21日，开展圣诞和元旦前消防隐患排查工作。

12月21日，共青团拱宸桥街道2012年志愿服务工作先进表彰会顺利召开。街道党工委委员倪黎炜到会并为优秀志愿服务和优秀志愿者颁奖，街道团工委成员、社区团组织书记等到会参加。大会由街道团委书记顾建峰书记主持。

2012年拱墅区康桥街道办事处大事记

1月5日，街道城管科科长张诚忠主持召开监管员工作会议，各社区的监管员及城管科全体工作人员参加此次会议。

1月10日，街道计生科召开工作会议，会议由计生科科长蒋叶花主持。

1月17日，街道综治办召开2011年度综治维稳、信访及平安创建年终工作会议。

2月14日，街道社区服务中心召开街道民生工作会议。

2月18日，召开主任办公（扩大）会议。街道办事处主任吴永军主持会议，街道领导缪承武、陈伟、冯天松、罗灼清、盛军红及各科室负责人参加会议。

2月29日，召开开展基层组织建设年暨“入户进企”服务基层大走访活动动员大会。

3月16日，召开组织工作例会暨大走访活动联络员会议，街道党工委副书记施玲花，各社区分管党建工作负责人、“入户进企”大走访活动联络员参加会议。

3月27日，街道办事处主任吴永军主持召开2012年度人口和计划生育工作会议。

4月13日，街道爱卫会组织开展主题为“爱国卫生人人参与，健康生活人人享有”的爱国卫生运动60周年纪念暨第24个爱国卫生月宣传活动。

4月17日，街道办事处副主任汪小含走访康桥社区，实地调研社区便民服务大厅，与工作人员亲切交谈。

4月22日至23日，召开一季度经济工作会议。街道领导班子成员等相关部门主要负责人参加会议。

5月18日，康桥人大专题视察运河新城、城中村拆迁安置工作。

5月24日，街道党工委副书记唐卫峰主持召开街道党工委理论学习中心组（扩大）学习会议。

6月1日，街道党工委书记卢伟组织召开街道推进和谐社区建设分析会。

6月11日，召开基层组织建设年整改提高工作推进会，街道党工委委员、办事处副主任汪小含等参加会议。

6月27日，组织机关全体党员收看拱墅区庆祝中国共产党成立91周年暨创先争优活动表彰大会。

7月10日，街道党工委副书记唐卫峰主持召开党工委理论学习中心组（扩大）学习会。

7月19日，召开食品药品安全工作例会，街道分管副主任汪小含、各社区分管领导和食品药品协管员参加会议。

7月27日，街道妇联召开半年度工作会议。妇联主席王莉君总结回顾全街道上半年妇联工作情况，并对下半年工作进行全面部署。

8月3日至5日，召开2012年半年度工作会议，各分管领导对各条线工作进行点评和讨论，卢伟书记作重要讲话。

8月30日，街道综治办召集各社区治保主任和综治（维稳）社工召开8月综治工作会议。会议由综治办副主任屠卫东主持。

9月5日，街道党工委委员、办事处副主任缪承武主持召开2012年人口计生半年度工作会议。

9月26日，街道残联专职委员和社区残协工作者一起开展走访慰问工作。

9月27日，街道社会事务科科长张诚忠主持召开城市管理工作会议，社会事务科全体成员参加会议。

10月12日，召开项目建设推进会。区发改局副局长卢淑娟到会指导。

10月18日，召开社区书记会议，部署当前有关工作。

10月25日，街道团工委举行助老助残志愿服务点（六）揭牌仪式。

11月2日，街道副书记唐卫峰主持召开2012年第三季度工作会议。街道领导班子成员等相关单位主要负责人参加会议。

11月8日，组织全体机关党员干部集中收看党的“十八大”开幕式盛况，认真聆听胡锦涛总书记在大会上作的工作报告。

11月9日，召开街道残联第六次代表大会换届选举会议。会议选举产生街道第六届残联主席团委员和出席区残联第六次代表大会的代表。

12月3日，街道机关党总支组织全体机关党员认真学习党的“十八大”报告精神。

12月4日，召开党工委理论学习中心组（扩大）学习会，专题开展党的“十八大”精神辅导。

12月14日，街道安监站邀请区安监局科长陶长庆和消防拱墅大队副队长金越锋对社区安全员和安监站全体人员进行安全生产、消防安全业务知识培训。

2012年拱墅区半山街道办事处大事记

1月20日，召开紧急会议，部署应对雨雪冰冻天气工作，街道办事处主任余荣升、各科室负责人、社区负责人等参加会议。

2月17日，街道综治委组织协调综治、公安、计生、消防安全、劳动保障等部门开展流动人口宣传服务活动。

同日，召开“半山街道2012年第一期劳动力交流会”。

3月14日，街道办事处副主任方海林主持召开2012年度城市管理工作会议。街道办主任应巧华、街道城管科全体人员等相关工作人员参加会议。

3月15日，组织召开麻疹及春季传染病防控工作会议，会议部署街道麻疹及春季传染病防控工作，办事处副主任杨玲玲到会并讲话。

3月22日，举办老年人心理健康知识讲座，推广老年人心理健康知识。

4月1日，召开近期重点统计工作部署会议，街道统计科及9个社区的统计员参加会议。

4月10日至20日，街道计生生殖健康“惠民工程”圆满结束。本次服务活动的开展，增强已婚育龄妇女自我保健意识，也提升自我生殖健康知识，更好地体现育龄妇女享受计划生育免费基本技术服务项目和优质服务，也是人口计划生育工作坚持以人为本的理念、让计生优质成果惠及广大育龄群众的具体体现。

4月20日，街道办事处主任应巧华专门召集桃源新区召开拆迁现场工作专题研究会。

5月3日，召开机关党员学习会。学习会由半山街道党工委书记余荣升同志授课，全体机关党员参加学习会。

5月4日，街道和9个社区，利用远程教育网络，组织党员干部群众收看拱墅区2011年度街道党工委书记基层党建工作责任制述职会议直播。

5月21日，召开拆迁工作专题会议。街道党工委书记余荣升主持会议并讲话，街道党工委领导班子及拆迁工作相关科室参加会议。

5月30日，组织召开社区统计工作会议，街道统计科及辖区9个社区统计工作者参加会议。

6月4日，召开6月份中层干部工作例会，街道三套班子成员、各科室负责人出席会议，会议由党工委书记余荣升主持。

7月2日，举行庆祝中国共产党成立91周年暨创先争优活动表彰大会。街道党工委书记余荣升出席会议并作重要讲话。街道领导班子成员，街道机关党员、入党积极分子，社区书记、副书记，受表彰的党员出席大会。

7月12日，召开专题会议，第一时间学习传达区政府重点工作半年度推进会暨经济形势半年度分析会议精神，研究部署下阶段工作。街道经济线职能科室负责人参加会议。

7月24日，召开2012年召开组宣工作半年度工作会议。街道党工委副书记徐长荣主持会议。各社区党委副书记交流汇报上半年社区党建和宣传特色亮点工作及下半年工作计划。

9月10日，街道劳动保障站召开关于机关工作人员作风和效能问责会议。会议以“创新服务、提能增效、狠抓落实”为重点，主要是提升窗口服务水平。

9月29日，街道办事处主任应巧华、副主任潘倪敏会同卫生、工商等单位在辖区内开展食品安全大检查。

10月31日，举办主题为“秋风秋韵、情满半山”金秋文化节开幕式。区文广新局局长黄玲、区委宣传部副部长钟鸣出席开幕式。半山街道党工委副书记徐长荣，街道党工委委员、办事处副主任杨玲玲和相关单位代表参加开幕式。

11月8日，组织辖区广大党员干部群众认真收看党的“十八大”开幕盛况，聆听胡锦涛总书记代表十七届中央委员会向大会所作的报告。

同日，街道办事处副主任吴一先、潘倪敏率街道农经工作人员以及4个撤村建居社区会计赴祥符街道学习社账街管经验。双方召开座谈学习会。

11月9日，街道拆违办会同区拆违办、国土资源二所、行政执法局、半山派出所等相关职能部门工作人员，对半山社区汤某户私自搭建的钢棚进行强拆。

12月10日，街道人口计生工作年度考核工作结束。街道办事处副主任杨玲玲就2012年计生工作进行汇报，对于完成的几项街道特色的工作进行详细阐述，对网组片协会管理模式发挥的作用进行经验介绍。同时对于现阶段半山街道计生工作面临的挑战进行分析。

2012年江干区采荷街道办事处大事记

1月5日，街道党工委副书记、办事处主任周红星主持召开党工委中心组学习（扩大）会议。街道相关领导参加会议。

1月20日，召开专题会议布置抗雪防冻工作。

1月29日，街道领导班子成员和机关干部对15个社区和部分辖区单位进行走访，与工作人员亲切交谈并送上新春的祝福。

2月3日，街道办事处主任周红星主持召开街道作风建设大会。会上，街道党工委副书记王弘传达区机关作风建设大会精神，并通报街道廉政情况。

2月22日，街道党工委副书记王弘主持召开党代表工作室工作例会。江干区党代表采荷代表组成员共19人参会。

3月9日，政协采荷街道委员活动小组组织全体政协委员开展委员日活动，区政协副主席刘秋敏、提案委员会主任王雁参加视察。

4月13日，街道党工委书记于广滨主持召开第一季度社区书记、科室长工作例会。街道相关领导参加会议。

4月20日，赴南郊监狱（浙江省法纪教育基地）开展反腐倡廉及法纪警示教育主题参观活动。街道班子领导、机关全体科室长、街道机关各支部书记等参加活动。

4月25日，街道办事处副主任戚连芬主持召开生活垃圾分类工作会议。区城管局副局长胡耀文应邀出席会议。

5月8日，街道党工委副书记、纪工委书记王弘主持举办“深化作风建设年”专题报告会，区纪委常委、监察局副局长金辉作专题讲座。

5月29日，组织地区人大代表开展小组视察活动。区人大常委会党组书记、主任蔡仲光，区人大常委会正区级巡视员沈健等参加活动。

6月6日，街道党工委书记于广滨和人大办公室主任徐晓钧来到人民社区开展季度调研工作。

6月26日，组织代表开展“双月代表活动”，专题视察街道城建城管工作。街道办事处副主任戚连芬参加活动。

6月27日，召开第二届社区党建共建工作代表会议第三次全体会议暨创先争优表彰大会。

7月13日至14日，召开2012年半年度工作会议。街道相关领导成员参加会议。

7月25日，街道党工委书记于广滨、办事处主任周红星分别走访慰问绿茗社区、洁莲社区的困难家庭，为他们送上一丝夏季的清凉。

8月7日，街道办事处主任周红星主持召开防汛抗台紧急会议。街道相关领导成员参加会议，部署落实防台抗台工作。

8月10日，街道办事处主任周红星主持召开城市文明指数测评迎检工作暨浙江省文明街道创建工作部署会议。

8月26日，召开城市文明程度指数测评迎检工作会议，街道相关领导成员参加会议。

9月4日至5日，街道主任周红星先后走访所辖社区，对劳动保障工作进行深入的调研。

9月11日，召开本年度“公述民评”活动集中评议会。

同日，召开“效能亮剑”专项行动动员会，街道相关领导成员参加会议。

10月11日，街道办事处主任周红星主持召开第三季度工作例会，街道相关领导成员参加会议。

10月28日，举办2012年度采荷地区全民健身运动会暨社区文化艺术节开幕式。杭州市体育局局长赵荣福在开幕式上致辞。

10月31日，组织开展地区“两代表一委员”联合视察活动。采荷地区20余名区党代表、人大代表、政协委员对采荷地区的优质教育资源单位进行联合视察。

11月12日，街道党工委副书记王弘主持召开创先争优总结会。街道相关领导成员参加会议，区委组织部副部长赵阳应邀参加会议。

11月15日，召开“采荷街道党务公开工作推进会”。街道相关领导成员参加会议。

11月26日，召开杭州市城市文明指数测评迎检动员会。街道党工委书记于广滨、办事处副主任戚连芬、党工委委员毕晓芳、各科室长及社区书记参加动员会。

12月4日，举行“12•4”法制宣传活动。

12月18日，召开人大代表述职大会。

12月27日，召开“非法营运、非法上路车辆”综合整治工作专题部署会议。采荷街道办事处主任周红星、街道党工委副书记张天宝、办事处副主任戚连芬、副主任张振义和相关科室和各社区负责人参加会议。

2012年江干区闸弄口街道办事处大事记

1月6日，街道党工委召开工作务虚会，贯彻学习区第九次党代会精神，总结街道2011年工作，提出2012年思路。

1月13日，街道党工委召开新代表学习座谈会。街道党工委书记陈柏林参加会议。

1月31日，召开节后首次工作会议，街道主任胡春久对各方面工作提出新要求。

2月2日，街道办事处主任胡春久主持召开作风建设大会，并对贯彻落实大会精神提出具体要求。

2月22日，街道党工委副书记、纪工委书记邵艳主持召开第二十次居民代表大会。街道党工委书记陈柏林在大会上作讲话。

2月29日，召开社区文教干部工作会议。街道党工委委员陈海红总结会议内容并提出今年的工作要求。

3月5日，街道禁毒办联合司法、妇联等部门开展一系列宣传活动和学习雷锋活动。

3月12日，召开宣传文化工作会议。党工委委员陈海红发表重要讲话。

3月13日，街道办事处主任胡春久主持召开“进户入企服务基层”大走访活动动员会，党工委书记陈柏林进行动员讲话，对此次大走访活动提出具体要求。

4月12日，街道办事处主任胡春久亲自带队对辖区重点场所进行专项检查和整治。

5月8日，街道计生协会、禁毒办联合开展禁毒教育讲座。

6月26日，街道禁毒办联合安监站、司法所、妇联等部门开展禁毒宣传活动。

6月27日，街道办事处主任胡春久、副主任项波一行，对辖区重点地方逐一检查，彻底排查各类隐患，并对辖区下一步的防汛抗台工作提出具体要求。

7月3日，召开地区第六届全民健身运动会表彰大会，党工委委员陈海红作总结讲话。

7月24日，街道总工会召开第一届委员会第三次全体委员会议。会议选举产生张有平、沈佳岚为闸弄口街道总工会第一届委员会委员，沈佳岚为闸弄口街道总工会常委，张有平为闸弄口街道总工会常委、副主席。

7月26日，召开浙江省城市文明指数测评动员部署会，街道党工委委员陈海红，党工委委员、副主任项波等主要负责人参加会议。

8月10日，街道党工委副书记高旭平主持召开全国城市文明指数测评迎检动员部署会，陈柏林书记作重要讲话，对迎检工作提出具体要求。

8月20日，召开全国城市文明指数测评紧急会议，陈柏林书记针对上周市文明办督查的情况进行通报，指出10个方面存在的问题，对共性问题和个别问题分别作具体的分析。

8月28日，召开全国城市文明测评指数迎检紧急会议，街道相关领导成员参加会议。

9月3日，街道举办社区宣传文教干部培训暨文体工作半年度会议。

9月7日，召开“效能亮剑”专项督查行动动员部署大会。街道领导班子成员、各科室长、各社区书记（主任）参加会议。

10月19日，举行“先锋社团”招募启动仪式。党工委书记陈柏林，党工委副书记、纪工委书记陈海红，党工委委员马力骏出席此次招募活动启动仪式。

10月23日，召开地区人大代表述职大会。街道工委主任李瑞华，副主任吴寅、张洪河等参加会议。

10月31日，街道党工委书记陈柏林、办事处主任胡春久、副主任项波对“小巷总理”服务中心架构组建问题进行调研。街道城管科及社区主要负责人参加调研会。

11月7日，街道党工委副书记陈海红主持召开残疾人联合会第六次代表大会。党委书记陈柏林、办事处主任胡春久、副书记陈海红、副主任张文娟、组织委员马力骏等参加会议。

11月8日，组织全体领导干部和机关工作人员收看胡锦涛总书记在中国共产党第十八次全国代表大会上的报告。

12月14日，组织召开社区宣传文教干部工作交流会。街道党工委委员马力骏总结此次会议。

12月21日，举行“喜迎十八大•和谐闸弄口”大型书画展表彰会。街道党工委委员马力骏向获奖者颁发奖品及奖状。

12月26日，召开非法营运、非法上路车辆综合整治工作动员部署会，副主任项波传达22日全区“两非”车辆综合整治工作动员大会的精神，并对街道“两非”车辆综合整治工作方案进行部署。

2012年江干区凯旋街道办事处大事记

1月10日，街道党工委副书记朱君主持召开2011年度经济工作会议。街道相关领导成员参加会议。

1月13日，街道人大工委副主任朱云祥主持召开人大代表换届选举工作总结大会。街道人大工委副主任陶仁荣作换届选举工作总结。

1月20日，召开抗雪防冻工作紧急会议。街道党工委副书记李国强、办事处副主任孙强、党工委委员施海燕参加会议。

2月23日，街道党工委副书记李静峰主持召开第十一次居民代表大会。街道人大工委主任余娟英和党工委副书记李国强分别传达区“两会”精神。

3月23日，举行主题为“十年佳绩闪亮回顾 和谐计生再续篇章”的人口和计划生育工作表彰大会。街道党工委书记朱君、人大工委主任余娟英、党工委副书记李国强出席会议。

3月26日，街道社会组织服务中心——凯益荟召开与上海屋里厢社区服务中心咨询服务项目合作洽谈会。

4月11日至12日，开展以“科学发展、成就辉煌”和党的十七届六中全会精神为主题的宣讲活动，街道党工委委员施海燕主持宣讲会。

4月20日，街道人大工委副主任朱云祥主持召开凯旋街道人大工委“双服务活动”暨2012年专项工作评议动员大会。

4月27日，召开纪念建团90周年暨“五四”表彰大会。

5月9日，街道党工委书记朱君主持开展“科学发展 成就辉煌”主题和党的十七届六中全会精神宣讲活动。

5月18日，街道人大工委开展“人大代表选民和群众接待日”活动。

6月25日，举办以“禁毒嘉年华”为主题的禁毒宣传活动。此次活动通过展示毒品的形式，提醒社区居民要认清毒品，远离毒品，争创平安家庭。

6月29日，街道党工委委员施海燕主持召开庆祝建党91周年暨推进精神文明建设大会。街道相关领导成员参加大会。

7月20日至21日，召开经济社会发展专题研究会暨2012年半年度工作座谈会。街道相关领导成员参加会议。街道党工委书记朱君传达区委九届二次全会精神。

7月29日，召开迎接2012年城市文明程度指数测评工作推进会。街道相关领导成员和有关部门负责人参加会议。

8月9日，街道办事处主任金炜竑主持召开城市文明指数测评迎检工作科室负责人会议，简要回顾总结街道前期的“防台抗台”工作，同时对下一步测评迎检工作提出3点要求。

8月13日，召开城市文明指数测评迎检工作现场会。

8月27日，街道党工委副书记李国强主持召开城市文明程度指数测评迎检工作推进会。街道相关领导成员和有关单位负责人参加会议。

9月5日，街道党工委书记朱君、办事处主任金炜竑、党工委副书记李静峰、人大工委副主任陶仁荣一行前往辖区向广大教育工作者致以节日的问候和崇高的敬意。

9月13日，召开2012年度征兵工作会议，办事处主任金炜竑、人武部部长王志良和各社区书记参加会议。

9月19日至20日，街道人大工委积极开展人大代表进选区接待日活动。

10月19日，街道党工委委员、人武部部长王志良主持召开残疾人联合会第六次代表大会。街道相关领导成员参加会议。沈燕俊副区长出席会议并发表讲话。

10月22日，街道综合服务中心召开机关作风和效能建设工作会议，中心全体工作人员参加。

10月25日，街道党工委副书记李国强主持举行干部业余学校成立仪式。街道党工委书记朱君、副书记李国强、办事处副主任朱冬英等出席仪式。

11月8日，组织全体机关干部、党员和居民群众观看“十八大”现场直播。

12月20日，街道人大工委召开2012年专项工作评议大会，对街道2012年重点工作——社区物业管理差异化提升专项工作开展评议。街道相关领导成员参加会议。

12月25日，街道党工委副书记、办事处主任金炜竑主持召开非法营运、非法上路车辆综合整治工作动员会。街道相关部门负责人和各社区书记参加。

12月31日，街道党工委委员施海燕主持举办党的“十八大”精神报告会。凯旋街道三套班子领导及机关全体工作人员、社区正副职参加报告会。

2012年江干区丁桥镇人民政府大事记

1月6日，举行“丁桥杯”中青年干部知识竞赛。团区委领导陈轶聃、戴春莲等参加活动。

1月20日，召开抗雪防冻工作紧急会议，传达上级领导对此次抗雪防冻工作的指示精神。

2月3日，镇帮扶救助站召开2012年第一次工作例会，对近期的各项帮扶救助工作作具体部署。

2月10日，镇长范国良主持召开2012年思想作风建设暨先进表彰大会，表彰2011年度先进集体和个人。

2月16日，镇综合服务中心召开2012年作风建设专题会议。书记赵文斌向中心全体工作人员传达丁桥镇2012年思想作风建设大会的会议精神。

3月7日，召开各村（社区）企业退休人员管理工作会议。

3月15日，召开2011年度宣传思想文化工作总结表彰暨业务培训会。镇党委副书记瞿伟对宣传文化工作提出要求。

3月19日，召开回迁安置房联席会议暨前期物业筹备工作会议。

4月11日，举行丁桥弘通·丁兰商业中心主力店签约暨招商推介会。

4月20日至21日，举办主题为“做学习型干部、创活力型丁桥”的党员干部培训班，镇相关领导成员参加此次培训。

5月2日，镇团委书记陈朗安主持召开建团90周年暨“五四”表彰大会。团区委副书记余梅芳，镇党委副书记瞿伟、镇团委副书记叶虹彬参加大会。

5月14日，副镇长高建明主持召开“创模”复检迎检工作部署会议。

5月16日，副镇长于国光主持召开农居安置房办证工作推进会议。丁桥新城指挥部、丁桥派出所、各回迁安置社区相关工作人员参加会议。

6月29日，召开2012年气象灾害防御暨防汛防台工作会议。镇相关领导成员出席会议。

7月14日，镇长范国良主持召开半年度工作会议。镇党委书记胡秋腾作重要讲话。

7月26日，召开食品安全大整治“百日行动”动员会暨创建市级药品安全示范镇推进会。

7月31日，镇党委副书记瞿伟、镇党委委员毛晓黎一行到沿山村、皋城村专题调研农村宣传文化工作。

8月7日，召开会议部署抗台防台工作。镇党委副书记、镇长范国良作重要动员讲话。

8月10日，镇妇联召开半年度工作会议。镇妇联主席潘水芳主持会议并对上半年工作进行总结。

8月14日，召开城市文明程度指数测评工作推进会。各级领导对前期工作的完成情况作汇报，并对下一步工作进行部署。

9月13日，丁桥镇“皋亭荟”艺协举行成立仪式。成立仪式由丁桥镇党委副书记、镇长范国良主持。

9月24日，组织召开“人大代表接待、听取选民代表意见及建议”座谈会。会议邀请区、镇代表、选民代表及镇政府相关领导参加。会议由皋城村书记林云彪主持。座谈会主要围绕选民代表提出的意见和建议展开讨论。

10月25日，镇党委副书记瞿伟主持召开残疾人联合会第六次代表大会，选举产生新一届主席团和执行理事会，聘请镇党委书记胡秋腾为主席团名誉主席。

同日，镇党委副书记、纪委书记瞿伟主持召开创先争优活动总结交流大会。丁桥镇党委书记胡秋腾作重要讲话。

11月8日，组织全体机关干部和工作人员收看胡锦涛总书记在中国共产党第十八次全国代表大会上的报告。

11月20日，镇人大召开物业管理调研报告评审会。

11月23日，召开“学习贯彻十八大，吹响先锋集结号”镇管正职后备干部述职汇报会。

12月17日，召开全镇冬至扫墓安全管理会议。副镇长于国光对2012年森林消防工作及冬至扫墓安全管理方案作详细的汇报。

12月19日，召开“学习贯彻十八大，吹响先锋集结号”镇管正职后备干部述职演讲会。

12月27日，召开第十次代表大会第三次会议。省委组织部组织一处副处长阮明江，市委组织部组织处副调研员祝泽忠，区委常委、组织部长江小华，区委组织部副部长郑国良，区纪委常委金辉出席会议并在主席台就坐。

2012年江干区笕桥镇人民政府大事记

1月6日，召开第十一届人民代表大会第一次会议，回顾总结笕桥镇过去5年以及2011年各项工作，明确今后5年的总体思路和奋斗目标。

1月14日，镇综合服务中心党总支书记项炳泉主持召开2011年度工作总结会。

1月20日，召开全镇抗雪防冻紧急会议，深入传达19日下午全省应对雨雪冰冻天气工作电视电话会议精神，全面布置21—22日的抗雪防冻各项工作。

2月7日，镇党委书记张玮主持召开党建群团暨作风建设大会。镇党委副书记范朝辉发表讲话。

2月10日，召开“六五”普法动员大会。

3月6日，召开会议，学习贯彻落实区纪委九届二次全体会议精神。

3月22日，副镇长吴莉英主持召开计生协会第六届会员大会，选举产生笕桥镇计生协会第六届理事会领导班子。

3月30日，镇长徐文明主持召开2012年第一季度工作会议，全面总结回顾第一季度工作，并对第二季度各项工作进行部署。

4月22日，召开党建工作会议。镇党委副书记、纪委书记王栋，镇党委委员、人武部长周连泽，镇党委委员徐旭升、胡文进等参加会议。

4月26日，召开计划生育工作分析培训会。

4月28日，镇纪委对新上任干部进行廉政谈话。

5月8日，镇党委委员徐旭升同志主持召开新党员集中教育暨入党宣誓会。

5月16日，组织无证行医整治专项行动。

5月29日，镇人大开展“代表接待选民日”活动。

6月28日，召开2012青少年暑期校外教育工作专题会议。

6月29日，召开庆祝中国共产党建党91周年暨创先争优活动总结表彰大会，表彰在创先争优活动开展过程中涌现出来的先进集体和先进个人，部署下半年的党建工作重点。

7月6日，召开党委中心组学习（扩大）会暨贯彻落实区委九届二次全会精神会议。

7月12日，镇弄口指挥部总指挥、镇长徐文明主持召开弄口回迁安置工作培训会暨再动员会议。

7月13日，召开深化“网组片”建设暨创新社会服务管理工作动员大会。镇党委副书记王栋就深化“网组片”建设作具体部署。

8月7日，召开紧急会议部署抗台防台工作，做好正面抗击台风的全方位准备。

8月24日，召开新进社工分配和原社工岗位调整会议。

9月4日，召开人口计生工作会议。副镇长吴莉英对开展计生工作提出具体要求。

9月23日，镇长徐文明主持召开2012年第三季度工作例会。镇党委书记范朝辉作重要讲话。

9月29日，镇党委委员周连泽主持召开机关工会会员选举大会，选举产生新一届镇机关工会委员会。

10月10日，召开民政、残联第三季度工作总结及第四季度工作布置会议。

10月19日，召开深化“效能亮剑”专项行动部署会。

10月29日，镇党委委员徐旭升主持召开残疾人联合会第六届代表大会，选举产生徐文明等12位同志当选为笕桥镇残疾人联合会第六届主席团委员。

11月8日，组织全镇党员干部收看中国共产党第十八次全国代表大会开幕式现场直播。

11月28日，召开文明指数测评迎检工作部署会，镇党委委员胡文进作文明指数测评迎检工作部署。

11月30日，召开镇党委中心组“十八大”精神专题学习会，镇党委书记范朝辉作“十八大”精神宣讲。

12月20日，镇安监站以及笕新社区相关负责人到笕桥社区耶稣教堂进行安全检查。一行人重点检查教堂的消防安全管理情况并对安全防范工作提出相关的建议。

12月25日，开展“公述民评”活动，笕桥镇党委副书记、纪委书记王栋作总结发言。

12月27日，镇党委副书记、纪委书记王栋主持召开第四季度工作例会，总结前三季度工作特色亮点，谋划2013年工作思路。

2012年江干区九堡镇人民政府大事记

1月7日，镇党委副书记、镇长候选人李作钦主持召开党委（扩大）会议暨2012年工作务虚会。镇党委书记干海和在会上作讲话。

1月11日，召开人口计生工作考核通报会，总结、分析2011年人口计生工作，并对年前的工作进行安排部署。

同日，镇妇联主席龚玉香主持召开镇妇联妇女工作年会，总结回顾镇妇联2011年工作，研究部署2012年工作思路。

2月9日，镇党委委员、副镇长叶勤，副镇长戚福水等一行对辖区各民办幼儿园的开学工作进行检查。

2月24日，镇党委副书记曹林标主持召开2011年经济工作会议。镇党委书记干海和作重要讲话。

2月29日，召开贯彻市第十一次党代会精神领导班子专题学习会。

3月19日，召开杭州东城农贸市场开业运营推进会。

3月20日，镇人大开展单月代表接待选民活动。

4月12日，召开人口和计划生育第一季度工作会议。

4月27日，召开纪念建团90周年暨“五四”运动93周年先进表彰大会，镇领导曹林标作讲话。

5月17日，召开经济工作专题分析会。镇领导干海和、李作钦、孙程斌、沈泽民出席会议。

5月26日，镇经发办主任施宏伟主持召开协税护税专题分析会暨工办主任例会，副镇长孙程斌作讲话，强调协税护税工作的重要性。

5月31日，召开全镇深化“网组片”建设工作布置会议。镇领导干海和、曹林标、沈雪仪、姚燕丽、沈洪亮、戚福水参加会议。

6月28日，召开商会半年度工作会议，镇领导通报九堡镇上半年经济运行情况并对下一步工作提出新的要求。

6月29日，镇长李作钦主持召开庆祝中国共产党成立91周年暨创先争优表彰大会。镇党委书记干海和作讲话。

7月11日，镇长李作钦主持召开上半年经济形势分析暨项目推进会。镇领导干海和、李作钦、孙程斌、沈泽民出席会议。

7月19日，召开宣传思想文体工作半年度会议暨省级体育强镇复评业务培训会。镇党委委员沈洪亮对下半年九堡镇的宣传思想文体工作进行全面部署。

8月17日，镇党委副书记、镇长李作钦主持召开重点房地产、建筑业企业座谈会。镇党委书记干海和作讲话。

8月28日，镇党委书记干海和、党委副书记杨霞、党委委员沈洪亮等镇领导，带队前往辖区重点部位，实地督查文明迎检工作情况。

9月5日，召开村社综合考核评价工作征求意见会，镇党委副书记曹林标认真听取与会同志意见建议。

9月27日，镇党委书记干海和带队到三卫村实地检查服装加工厂安全生产工作。镇领导沈琦、厉凡彬、叶勤、戚福水等参加检查。

10月23日，副镇长孙程斌主持召开协税护税工作推进会，镇党委副书记、纪委书记曹林标作重要讲话。

10月24日，召开主要负责人述廉大会，镇党委书记干海和和镇长李作钦在会上作报告。

10月30日，召开残疾人联合会第六次代表大会，镇相关领导成员参加会议。会议选举产生九堡镇残疾人联合会第六届主席团主席、副主席及委员，推举通过执行理事会成员。

11月8日，镇各级党组织以不同的方式认真组织广大党员干部群众集中收看收听胡锦涛同志代表中央十七届委员会所作的报告。

11月28日，组织党员积极分子开展一场“阅读红色经典，学习十八大精神”读书会，品读红色经典，传承革命精神，从而坚定大家爱国爱党的理想信念。

12月3日，镇党委委员姚燕丽主持召开区管副处级后备干部民主推荐会并布置工作，镇相关领导成员参加民主推荐。镇党委书记干海和、党委副书记曹林标作动员讲话。

12月12日，举办镇党委理论中心组学习（扩大）会暨党的“十八大”精神专题讲座。

12月18日，镇综治办、九堡派出所、九堡学前教育管理办公室组成联合检查组，对辖区的中小学幼儿园的校园安保情况进行检查。

2012年江干区彭埠镇人民政府大事记

1月10日，副镇长邹波主持召开第五次春风行动动员会议，各社区分管民政、残联、劳动保障工作的负责人参加会议。

1月13日，召开第十五届人民代表大会第一次会议。虞建宏当选为彭埠镇人大主席，寿美娟当选为彭埠镇人大副主席，施红星当选为彭埠镇人民政府镇长，邹波、周建明、孙黎明、卢红军、陈国梁当选为彭埠镇人民政府副镇长。

1月20日，副镇长孙黎明主持召开防雪抗冻紧急会议。施红星镇长要求各社区按照防雪抗冻预案的要求抓好各项工作。

2月9日，召开信息宣传工作培训会。镇党委委员曹国富作重要讲话。

2月15日，镇妇联主席王文英带领三个社区妇女组长在丁桥镇妇联主席的陪同下，前往丁桥镇后珠社区参观回迁工作。

3月3日，召开庆祝“三八”国际劳动妇女节102周年暨表彰大会。镇党委副书记叶更生作重要讲话。

3月14日至15日，镇人大主席虞建宏带领第三小组一行4人走访杭州城东橡塑金属件厂和红五月社区10户居民户，并与企业负责人和10户居民户进行座谈。

3月16日，镇党委书记王跃强开展“进户入企，服务基层”大走访活动，在社区工作人员的陪同下，走访拆迁回迁的杭祖兴户和王才虎等户。

4月7日，镇党委副书记、纪委书记叶更生主持召开季度工作例会，镇党委副书记、镇长施红星分析当前形势，指出第一季度工作中存在的问题，并对第二季度重点工作作部署。

4月18日，召开一季度社区经发办主任工作会议，副镇长卢红军出席并作讲话。

4月19日，副镇长孙黎明主持召开城管第一季度工作例会。孙黎明副镇长对彭埠镇第一季度城管工作取得的成效给予肯定，并对彭埠镇第二季度工作进行布置。

5月4日，镇党委副书记、纪委书记叶更生主持召开基层组织建设年暨深化作风建设年活动动员大会。镇党委委员、纪委副书记孙运宝围绕深化作风建设年活动作动员部署。

5月15日，召开“三合一”场所整治推进会议，顾友良副书记针对下一步整治工作提出5点要求。

5月25日，召开为老年人服务工作现场会。镇老龄委主任梁小明总结5个月来的老龄工作，布置下一步的工作目标任务。

6月16日，镇总工会召开工会组建工作推进会，镇总工会主席传达学习省第十三次党代会会议精神并布置下一阶段工会组建任务。

6月25日，镇党委副书记、镇长施红星主持召开纪念建党91周年暨创先争优总结表彰大会，镇党委书记王跃强作重要讲话。

7月5日，镇人大主席团召开半年度工作例会。会议由镇人大副主席寿美娟主持。会议进一步回顾总结上半年工作，研究部署下半年工作。

7月7日，镇党委副书记叶更生主持召开全镇半年度工作会议，镇党委书记王跃强对上半年工作进行简单评价，重点围绕下半年工作提出要求。

7月25日，召开半年度经济工作会议。此次会议进一步明确下半年工作任务。

8月1日，召开社区公共卫生半年度工作会议，孙黎明副镇长对彭卫中心上半年的卫生工作和取得的喜人成绩给予充分肯定和赞赏，同时也对下半年社区卫生工作提出4点要求。

8月9日，镇党委副书记、纪委书记叶更生主持召开城市文明程度指数测评工作迎检部署会，镇党委书记王跃强作重要讲话，党委副书记顾友良、党委委员曹国富、副镇长孙黎明等参加会议。

同日，召开安全生产工作紧急会议。副镇长陈国梁、镇综治办相关负责人等参加会议。

9月16日，镇人大主席团召开季度工作例会。镇人大主席虞建宏简要传达区人大工作读书会暨半年工作交流会精神，系统回顾第三季度开展的各项工作，对第四季度重点工作进行全面部署。

9月17日至21日，开展居家养老服务工作评估，居家养老服务评估工作领导小组一行，对彭埠社区70周岁以上的残疾、失能、低保、独居空巢的老年人进行重新评估鉴定。

9月27日，开展安全生产、消防安全工作大检查行动。

11月8日，组织机关全体人员收看胡锦涛同志在中国共产党第十八次全国代表大会上的报告。

2012年高新区（滨江）西兴街道办事处大事记

1月17日，召开2011年度总结表彰会。党工委副书记胡志明宣读表彰决定，对街道2011年度先进集体、先进个人进行表彰。党工委书记汤伟平作2011年度工作总结报告。

同日，召开干部大会，区委宣布对西兴街道三套班子主要领导调整的决定。区委副书记俞少平到会讲话。区委常委、组织部长叶泽宣读有关文件。区领导兰斌以及调整的几位街道领导汤伟平、景金木、胡志明、丁钊根作表态发言。

3月12日，召开专题会议，布置2012年综治信访、计生、文明创建以及“进村入企、服务基层”大走访工作。

3月22日，召开“迎动漫、创示范”工作动员专题会议。街道党工委书记汤伟平出席会议并讲话。

3月30日，街道人大工委召开年度第一次工作会议，人大工委主任景金木主持会议，全体工委委员参加会议。

4月10日，召开第一季度工作例会，对第一季度征迁工作情况进行点评。街道党工委书记汤伟平指出，街道通过开展大讨论统一思想认识，出台进一步加大征迁工作力度的意见，启动实质性征迁。

4月13日，街道党工委书记汤伟平，街道办事处主任胡志明带领城管科、执法中队和创建办有关同志再次检查“迎动漫”环境整治工作。

4月20日，举行干部迎送会。胡也静、林文、孙忠香、陈贤忠、应国洪、费建如、彭虹、俞炜忠等新老街道领导班子成员分别作发言。街道党工委书记汤伟平在会上讲话。

5月8日，召开建团90周年表彰大会，表彰2011年度街道优秀团组织、优秀志愿服务集体和优秀团员、优秀团干、优秀志愿者、优秀信息报道员。

5月25日，召开专题会议布置在街道范围内组织开展全面的消防安全大排查大整治。街道办事处主任胡志明，街道党工委委员蒋锡明等相关职能部门的负责人参加会议。

5月29日，街道党工委委员、办事处副主任俞炜忠主持召开征迁工作月度例会，分析5月份征迁情况，安排部署6月份征迁工作。

6月1日，召开“三网合一”及基层组织建设年工作会议。街道党工委书记汤伟平作会议讲话，街道党工委委员蒋锡明、林文分别部署相关工作。

6月12日，召开党工委理论中心组（扩大）学习会。街道领导成员参加学习会，认真听取街道党工委精心安排的两场报告会。

6月29日，街道人大工委召开本年度第二次工作会议，专题听取街道城管科、建管中心、综治（司法）科工作情况汇报。

7月1日，街道党工委召开纪念建党91周年暨创先争优先进表彰大会，街道党工委书记汤伟平发表讲话。

7月14日，召开半年总结暨百日征迁攻坚战动员大会。区委常委、区党工委副书记楼杏元应邀莅临指导并作重要讲话。

7月17日，召开党的“十八大”消防安全保卫战动员大会。街道党工委副书记、办事处主任胡志明到会讲话，街道党工委委员、人武部长蒋锡明，街道党工委委员、派出所所长王敏铖出席会议。

8月2日，召开城市管理暨文明创建工作会议，传达贯彻全区城管工作会议精神，就争创省级文明示范城区、提升城市管理水平进行再动员再部署。

8月15日，召开政情报告会。街道办事处主任胡志明向人大代表报告上半年工作情况和下半年重点工作安排。

8月17日，召开区委四届二次全会及区政情报告会精神学习会，传达区两个会议精神。

9月6日，召开经济形势分析座谈会。街道办事处副主任费建伟就2012以来经济工作形势与下步工作重点作报告。

9月13日，街道班子领导在党工委书记汤伟平、办事处主任胡志明的带领下，走访区地铁办。

11月8日，组织辖区广大党员群众认真收看“十八大”开幕式，学习胡锦涛同志作的《坚定不移沿着中国特色社会主义道路前进，为全面建成小康社会而奋斗》的报告。

11月9日，街道党工委组织召开学习“十八大”精神座谈会，街道领导等相关职能部门的负责人参加座谈会。

12月20日，组织街道三套班子成员、街道中层干部和村（社区）书记、主任，前往浙江省法纪教育基地——南郊监狱进行反腐败警示教育。

2012年余杭区良渚街道办事处大事记

1月6日，召开科普工作座谈会。会议由经发科何兴培同志主持，何兴培总结回顾良渚街道2011年科普工作开展的有关情况，部署2012年的工作计划及思路。

1月8日，召开老龄工作年终会议，会议由老龄委秘书长高军相主持。老龄委会长高文土对全年的老龄工作作总结，对2012年有关工作作部署。

1月14日，召开防违控违形势通报会。会议由良渚街道办事处主任黄德伟主持。

2月2日，街道社会管理综治科召开2012年春节后第一次工作会议，回顾总结综治科2011年的工作成效，部署2012年信访维稳等工作任务。

2月7日，街道城建城管和环境保护科召开科室工作会议。科长张建峰对2011年的各项工作进行回顾和总结，提出2012年规划、环保、建房以及重点工程等方面的工作思路。

2月9日，街道劳动保障和民政科召开科室工作会议，会议由良渚街道劳动保障民政科科长黄强主持。黄科长对2011年的工作进行回顾总结，并对民政、劳保、残联等各线的近期工作任务进行布置。

3月6日，召开成人教育工作会议，对2011年良渚街道的成人教育工作进行回顾总结，并布置2012年的各项工作任务。

3月13日，街道党工委书记杨金有先后走访新港村的农户和蔬菜种植基地，解民情，为企业、农户排忧解难。

3月22日，召开2012年第一季度重点项目工作例会，布置落实项目推进工作有关事宜。

4月17日，街道文体服务中心召开全街道各村（社区）文体干部会议，会议由文体中心主任胡伟全主持。

4月20日，召开2012年度生态建设与环境保护工作会议，总结回顾2011年生态建设与环境保护的主要工作及取得的成绩，明确2012年生态建设与环境保护工作重点及工作要求。

4月27日，组织召开产业项目专题例会，分析研究当前各产业项目推进存在的问题，协调落实下一步工作。

5月4日，街道社会管理综合科召开工作布置会，会议由科长邵建富主持。邵建富回顾总结2012年1月至4月的各项工作情况，并就下一步工作进行布置。

5月10日，召开信息工作会议，通报2011年街道信息工作的整体情况，部署下一阶段的工作任务。

同日，召开村（社区）助理会计会议。农业科农经工作人员就目前农村经营管理及农村财务管理有关工作作布置。

7月4日，组织召开无证幼儿园关停协调会议，通报当前街道无证幼儿园的现状，讨论开展无证幼儿园关停工作的实施步骤。街道办事处主任叶维军主持会议并提出工作要求。

10月25日，召开杭州市蔬菜病虫害监测预警技术培训班及绿色防控示范现场会。

11月2日，参加由世界大学网络（Worldwide University Network）和浙江大学联合主办的世界大学网络2012年大学与理念国际研讨会。

同日，举办党员远程教育管理员培训班，对远教管理员队伍进行调整和补充，对新上岗的同志及时进行培训。

11月12日，街道妇联召开“品质良渚、幸福生活”和谐家庭创建活动总结表彰会，总结2012年度“品质良渚、幸福生活”和谐家庭创建活动情况以及2012年度街道妇女工作情况。街道党工委副书记仲昕向大家通报良渚街道近年来的发展情况以及下一步工作重点。

12月11日，街道城建环保科召开办公室工作会议。会议学习党的“十八大”会议精神，回顾2012年工作中取得的成绩以及存在的问题，对城建环保科2013年的工作内容提出要求。

12月20日，召开2012年度农经统计年报工作会议，农业科工作人员对2012年度农经工作进行总结，并传达余杭区年报会议精神，就农村经营管理年报各项指标作详细解释。

12月27日，街道党工委副书记应世明主持召开防违控违紧急会议。街道党工委副书记应世明传达12月26日区政府召开的存量违建处置工作的会议精神，明确工作任务，开展整治行动。

2012年余杭区余杭街道办事处大事记

1月5日至6日，街道妇联分城南、社区、城北三片召开2011年度妇女工作会议，对妇女工作进行年度考核，总结重点工作并提出2012年工作思路。

1月10日，街道党工委副书记殷国忠主持召开2012年度1月份综治工作例会。会议总结2011年度余杭街道综治、信访、司法行政工作，提出2012年工作目标并部署新一年工作。

1月20日，召开降雪天气应急工作紧急会议，布置降雪及冰冻灾害防御应对工作。

2月3日，街道党工委副书记、办事处主任鲍顺国，党工委委员、办事处副主任阮晓东一行走访慰问辖区内部分重点企业，送去新春的祝福。

2月8日，召开年后第一次机关干部大会，会议由街道党工委副书记廖洪星主持。

2月28日，召开庆祝“三八”国际劳动妇女节102周年纪念表彰大会，表彰先进集体和个人，回顾总结2011年工作，部署2012年妇女工作。

3月7日，召集在辖区范围进行项目开发的房产企业负责人，召开房地产企业维稳协调会。

3月13日，召集城管执法、国土资源、交警、路政以及公安等职能部门召开渣土管理及整治专题会议。

3月28日，召开村助理会计、专职出纳、中心会计财务会议。会议由农经总站站长倪咬岐主持。

4月11日，街道党工委副书记、办事处主任鲍顺国，党工委副书记殷国忠，到下陡门村和华坞村，走访违建户，并就“一户多宅”下一阶段整治工作作出部署。

4月16日，召开2012年度宣传文化工作会议，贯彻落实党的“十七大”和十七届六中全会精神，加强全街道宣传文化工作，提高余杭街道基层宣传文化骨干队伍建设。

4月24日，召开村级组织工作例会。会议就迎检和督查布置相关工作，反馈近期村级组织常规性工作的日常考核情况。

5月4日，召开2012年村（社区）远教管理员工作会议，总结回顾2011年余杭街道远程教育整体工作，安排和部署2012年街道远程教育工作。

5月7日，街道教育卫生科组织召开城乡居民基本医疗保险工作会议，介绍和布置医疗保险相关工作。

5月10日，街道劳动保障和民政科组织相关社区工作人员召开2012年廉租房专题工作会议，布置2012年廉租房申请申报工作。

5月11日，组织召开创建“市级药品安全示范街道”动员大会，会议由街道党工委副书记殷国忠主持。

6月27日，街道党工委书记沈友忠一行到义桥村，看望已有50年以上党龄的倪玉祥老人，并送上慰问金和慰问品。

8月31日，召开安全生产大检查大整治动员大会，安排部署辖区内重点行业领域的大检查工作。

9月12日，街道党工委副书记、办事处主任鲍顺国和党工委委员、办事处副主任阮晓东带队安全生产检查组一行，对自8月31日大检查以来发现的安全隐患整改情况进行复查。

10月31日，街道司法所举行“李华调解工作室”挂牌仪式，标志着余杭街道首个调解工作室宣告成立。

11月8日，组织全体党员干部等收看党的“十八大”开幕式盛况，聆听胡锦涛同志作的工作报告。

11月15日，举办项目建设管理培训班，规范项目建设管理，有效提升项目管理水平，教大家怎样做一名合格的项目建设管理者。

11月29日，街道老龄委组织各村、社区的老年协会会长到南苑街道参观学习，加深对加强和创新老龄工作管理的认识和解，为开展好各村（社区）的老龄工作发挥积极作用。

12月4日，街道党工委副书记、办事处主任鲍顺国主持召开征地拆迁工作会议。大会贯彻落实11月30日区征迁扫尾工作会议精神，推动街道征迁工作，谋划2013年征地及出让工作。

12月19日，街道老龄委召集各村（社区）老年协会会长召开2013年老龄工作恳谈会，回顾2012年老龄工作，明确2013年老龄工作思路。会议由街道老龄委专职主任赵增良主持。

12月26日，召开各村（社区）巡查员年终考评会。会议对2012年防违控违工作进行总结，对2013年的防违控违工作进行部署。

2012年余杭区运河街道办事处大事记

1月4日，召开2011年农村“双证制”教育培训工作总结表彰会，表彰部分2011年度农村“双证制”先进个人。街道办事处副主任戴群超宣读表彰决定。

1月12日，举行余杭区妇女消费维权学校运河分校成立大会。

1月19日，街道全体机关干部参加2012年运河街道迎新春联欢会。

2月2日，召开运河中学项目建设工作推进会，运河中学项目建设领导小组全体成员及项目代建单位代表等共同参加会议。

2月7日，召开全体机关干部“收心会”，部署2012年的重点工作和近期主要工作，传达区纪委十三届二次（全体）扩大会议精神。

2月15日，召开专题工作会议，通过情况分析，研判形势，对街道2011年土地卫片执法检查整改进行再动员、再部署。

2月28日，召开2012年度工作暨产业发展大会，街道办事处主任陆永林主持会议。会议对各类先进进行现场颁奖。

3月6日，街道妇联召开庆祝“三八”国际劳动妇女节102周年总结表彰大会，街道妇联主席张杏英同志作2011年工作报告并布署2012年工作思路，大会宣读2011年度各项表彰文件，并进行大会颁奖。

3月22日，街道财统支部召开支部大会，积极开展新一轮创先争优公开承诺活动，会议由财统支部书记王哲鸣主持。

3月31日，街道总工会召开工会工作大会，街道党工委委员杨加栋出席会议，会议由街道总工会副主席叶寿良主持。

4月5日，召开2011年度领导班子和领导干部述职测评会议，街道领导班子集体、在职区管领导干部等结合一年来工作情况，分别以书面形式进行述职。

4月10日，街道劳保民政科召开劳保民政第二季度工作暨作风建设会议，分管劳保民政的领导陶国富同志发表重要讲话。

4月11日，召开2012年“统计基础提升活动”动员会，认真部署2012年度街道统计基础提升活动。

5月9日，召开城乡居民养老保险扩面工作各村（社区）书记会议，街道党工委书记张志法同志和劳动保障分管领导陶国富同志出席会议并作重要讲话。

5月17日，共青团运河街道工作委员会召开述职评议大会，街道党工委书记张志法、副书记汪越春、党工委委员杨加栋以及团区委副书记李亮亮，团组织部长沈丽芬到会指导工作。

5月18日，召开第三届妇女代表大会第一次会议，大会选举产生运河街道妇联第三届执行委员会和正、副主席。

6月12日，召开“党建月”暨“双争双评”活动动员会，街道党工委书记张志法要求各基层党组织要把开展这项活动作为推动街道基层组织建设的总抓手。

同日，组织召开动员大会，向全街道人民发出题为《捐资助校、功德千秋》的倡议书。

6月19日，举行“运河中学”捐资建校助学仪式。

7月3日，举行余杭区运河中学开工典礼。

7月13日，街道党工委委员杨加栋分别来到东新村、螺蛳桥村村邮站，慰问工作在一线的村邮员，并送去饮料、毛巾等防暑用品。

10月18日，组织街道机关、巡防大队、派出所、城管、供电等部门精干力量对辖区内的3处新增违法建筑实施强制拆除，贯彻落实全区防违控违推进会精神。

11月20日，余杭区法律援助中心驻运河街道外来人口工作站正式揭牌成立，这是余杭区迄今为止在基层乡镇街道建立的第一个法律援助工作站所。

12月5日，召开入伍新兵欢送会，人武部部长杨建强对2012年冬季征兵工作进行总结，同时着重强调入伍前以及入伍后各种注意事项。

12月19日，召开2012年农经统计年报工作会议，街道农经统计负责人、各村相关农经统计人员参加会议。

12月26日，街道人大工委联合街道总工会对企业民主管理工作开展情况进行座谈调研。街道辖区部分人大代表、工会代表参加活动。

2012年余杭区黄湖镇人民政府大事记

1月5日，组织各行政村、社区劳动保障工作人员赴临平参加全区劳动保障专职工作人员会议，听取会议对2011年度全区劳动保障工作的全面总结和对2012年度全区劳动保障工作的部署谋划。

1月10日，召开第十六届人民代表大会第一次会议。与会代表听取和审议《政府工作报告》《人大主席团工作报告》和《关于2011年镇财政预算执行情况和2012年镇财政预算（草案）的报告》表决通过各项决议，选举产生黄湖镇第十六届人民代表大会主席团主席、副主席和镇长、副镇长。

1月30日，镇党委书记沈标华，镇长姜有松，人大主席付月仁等班子成员分别对企业开展调研走访活动，与相关负责人进行座谈，解企业奋斗目标，听取企业发展诉求。

2月14日，镇财政统计审计办组织相关工作人员召开年初工作会议，会议由财政统计审计办主任徐燕铭主持。徐主任对黄湖镇2011年度的财政统计、审计工作开展情况进行总结，对2012年工作进行布置。

2月22日，召开争创杭州市统计调查先进乡镇专题会议，镇财政统计办主任徐燕铭对黄湖镇争创工作进行细致的分析及主要工作的部署。

2月24日，镇文体服务中心主任徐萍主持召开2012年度信息工作会议，通报2011年度全镇信息工作情况，布置2012年度信息工作任务。

3月6日，镇人口计生办召开人口计生工作专题会议，安排部署2012年计生工作任务，会议由黄湖镇人口计生办主任陈敏娜主持。

3月26日，镇长姜有松、纪委书记沈红华、副镇长姚华海携城建办、农办、劳保办等部门负责人到黄湖镇王位山村开展下访约访工作。

3月31日，召开全镇工作会议，贯彻落实区党建群团工作会议、区经济工作会议等各项会议精神，对2011年的工作进行总结表彰，对2012年的工作进行动员部署。

4月1日，召开2012年工业经济工作会议，表彰2011年度黄湖镇工业经济发展各项先进，下达2012年全镇工业经济工作目标任务书。会议由镇党委副书记、镇长姜有松主持。

4月10日，召开2012年基本单位名录库维护工作会议，加强统计名录库管理，提高单位名录库的完整性和准确性。

4月27日，召开残疾人联合会第六次代表大会，听取和审议黄湖镇残联第五届主席团工作报告，确定今后5年的工作目标和任务，选举产生新一届镇残联主席团委员。

5月2日，召开劳动保障和民政工作例会，镇劳动保障和民政办主任马小平总结上阶段劳动保障和民政工作，对下一步工作任务开展进行部署。

5月7日，召开村（社区）安全生产工作例会，副镇长蒋民作重要讲话，要求全镇做好安全生产工作。

5月15日，召开镇总工会换届选举工作部署会，部署镇总工会换届选举工作具体流程。

6月5日，镇人大主席团组织开展饮水安全保障工作专题视察，推进饮用水安全保障工作。

10月10日，召开创建充分就业城乡社区工作会议，总结回顾前一阶段的各村、社区创建工作，部署下一阶段的创建工作。

11月22日，召开2012—2013年度脊灰疫苗强化免疫动员会。

11月28日，对2013年度低保户、困难家庭开展评审工作，加强低保户和困难家庭工作动态管理。

12月11日，召开关于开展农民工工资支付情况专项检查会议，保障农民工的合法权益，维护社会和谐稳定，确保2013年元旦和春节前农民工工资按时足额发放。

12月12日，镇人大主席团组织召开由镇人大主席团成员和代表小组组长参加的人大代表小组联评会议。大会贯彻上级有关会议精神，总结2012年黄湖镇人大代表工作，征求2013年人大工作思路意见。

2012年余杭区塘栖镇人民政府大事记

1月5日，镇总工会许兰珍主席先后到今胜集团公司、宏金印染公司、巨峰丝艺公司对9名困难职工进行走访和慰问。

1月12日，镇长俞建新同志，带领镇经安办、镇安全监察中队等部门对镇属危化、铸造企业进行节前安全生产大检查。

1月13日，召开第十六届人民代表大会第一次会议，镇长俞建新代表镇人民政府向大会作工作报告。大会审议通过《政府工作报告》，选举出新一届人大、政府领导班子。

2月9日，镇农业三产办联合塘栖工商部门、卫生监督部门、环保部门、消防中队、塘栖镇教育卫生办举办第四届中国杭州梅花节餐饮（农家乐）培训，全力以赴作好食品安全保障工作。

2月13日，开启2012年度防汛安全大检查，消除塘栖镇水利安全隐患，确保防汛工作顺利进行。

2月24日，镇残疾人联合会召开第六届第四次主席团会议，塘栖镇残联主席范海荣主持会议。理事长张华余对塘栖镇“十一五”期间残疾人工作情况进行汇报。

3月6日，召开人口和计划生育工作会议，会议回顾总结2011年人口和计划生育工作，客观剖析存在的问题和薄弱环节，全面部署2012年人口和计划生育工作重点。

3月9日，镇综治信访司法办组织召开平安综治维稳工作会议，俞红杰主持会议，会议主要布置2012年综治信访司法工作目标任务。

3月15日，召开2012年度工会工作暨创业创新表彰会议，会议传达贯彻区总十届八次会议、区创业创新动员大会精神，对先进集体和个人进行表彰奖励。

4月13日，镇残联开展白内障集中筛查活动。

4月25日至26日，召开会议对24日晚央视节目曝光部分蜜饯生产厂家生产的产品存在质量不合格的问题进行专题研究，按照区政府要求对镇区内所有蜜饯企业进行全面排查，约谈相关涉及企业。

4月28日，镇农业三产办副主任孙武荣带领农业三产办、综治办、塘栖消防中队等相关人员，深入镇区各大商场、超市及人员密集场所开展消防安全大检查。

5月8日，召开社会管理创新暨“两网合一”工作推进会，积极探索社会服务管理的新方法、新途径。

5月16日，召开统计调查工作暨规范化企业表彰会议，会议回顾总结2011年全镇统计工作情况，部署2012年全镇统计调查工作任务。

5月18日，召开社会管理创新暨“两网合一”工作布置会议，会议由镇党委委员俞红杰主持。

8月7日，镇党委书记、良管委副主任李敏华组织开展防台工作。

8月17日，召开小城市培育试点推进工作会议，良管委副主任、塘栖镇党委书记李敏华出席汇报会。

8月29日，镇长俞建新带队，联合公安、综治等相关部门对镇区范围内出租房、旅馆、网吧等消防重点单位进行安全大检查。

9月28日，举行2012年新运河展示月开幕暨塘栖水南等历史街区开街仪式，原省委书记薛驹宣布2012年新运河展示月开幕。

10月28日，组织计生工作者和医务人员在思敬广场开展“关注男性健康 创建幸福家庭”为主题的“10•28”男性健康日大型宣传咨询活动。

11月8日，组织全体干部职工观看中国共产党第十八次全国代表大会电视直播，认真学习领会党的“十八大”精神。

11月21日，良渚遗址管委会召开党员大会，传达学习党的“十八大”精神，结合良渚遗址申遗实际，安排部署管委会贯彻落实工作。

11月27日，镇人大组织主席团成员和代表小组正、副组长等对塘栖镇城市管理工作进行专项视察。

2012年萧山区城厢街道办事处大事记

1月10日至11日，街道班子领导带队分路对辖区重点单位进行安全大检查，督促各单位抓好春节期间的安全工作。

1月12日，街道党工委、办事处分路对辖区困难群体及百岁老人进行慰问。

1月13日，组织机关、社区干部、巡防人员、派出所干警等力量对辖区内复杂路段、沿街店面、出租房等开展一次治安大清查。

2月3日，召开2011年度总结表彰暨经济工作会议，会议表彰各类先进，总结2011年工作，明确2012年目标，总结经验，分析形势，凝聚合力，共谋发展。

2月21日，召开机关会议，专门传达贯彻区“两会”精神。街道党工委副书记、办事处主任王钊荣就当前工作作出部署。

2月22日，召开党工委班子会议，积极传达贯彻区“项目推进年”动员大会的有关精神，认真部署“进基层，强服务，促发展”大走访活动。

3月5日，召开机关学习会，认真学习贯彻市第十一次党代会及区纪委第十四届二次全体（扩大）会议精神。

3月23日，街道总工会正式成立并召开第二次代表大会，大会选举产生第一届城厢街道总工会委员会委员、主席、副主席及第一届经费审查委员会委员、主任。

3月30日，政协城厢工委组织召开城厢委员小组全体成员会议，会议讨论通过政协城厢工委2012年度工作计划，推选产生委员小组副组长。

4月9日，组织召开机关干部学习会，街道党工委书记叶阿洪出席会议并作重要讲话。

4月17日，召开第十八次妇女代表大会，大会选举产生城厢街道第十八届妇女联合会执行委员会委员，其中周建华当选为新一届妇联主席。

4月20日，组织全体机关干部及社区的党员干部通过远程教育平台组织收看“2011年度区、县（市）委书记履行基层党建工作责任制述职”会议，街道党工委就下阶段基层党建工作作部署。

5月17日，召开计划生育协会第三次会员代表大会，选举产生17名第三届理事会理事。

5月18日，召开2012年深化平安创建暨2011年综治工作总结表彰大会，会议表彰2011年在综治工作中涌现出来的各类先进集体和个人，并对2012年街道的平安创建工作作部署。

6月8日，召开村务华数公开工作动员会议，王钊荣主任对做好村务华数公开工作进行强调。

6月15日，召开残疾人联合会第三次代表大会，选举产生城厢街道残疾人联合会第三届主席团主席、副主席、理事长、委员等共9名成员。

6月28日，召开纪念中国共产党成立91周年及贯彻落实省第十三次党代会精神大会，党工委副书记施科琦。

7月17日，召开主持会议“双重双送合力发展”百日活动工作动员会，传达学习区“双重双送、合力发展”百日活动动员会精神，对街道开展“双重双送，合力发展”百日活动进行部署。

7月26日，街道领导班子成员分路对辖区内困难家庭等进行慰问，为他们送上鼓励和慰问金。

8月6日，启动刑事发案“三降”创建暨夏季治安整治行动。

8月24日，召开街道商会换届选举暨第三届全体会员大会，大会选举产生城厢街道商会第三届理事会理事。

9月25日，街道联合城管、公安开展一次社区环境专项整治行动，对位于湖头陈社区东西主干道旁边的几个非法废品收购站依法进行取缔。

9月26日，学习传达区中片镇街书记会议上关于“四个进一步”的精神。

12月9日，联合区卫生、工商、城管等部门，组成综合执法小组，对湖头陈、东湘两个社区范围内的无证经营、占道经营等违法行为开展综合治理行动。

12月21日，联合公安、城管、国土、卫生等部门，对位于湖头陈社区、东湘社区的3处违章建筑进行依法拆除。

2012年萧山区靖江街道办事处大事记

1月13日，走访慰问街道困难家庭、残疾人及敬老院老人，为其送上慰问金和新春的祝福。

1月30日，召开全体机关干部会议，联村、联企干部对春节工作进行汇报和总结。

2月2日，召开2011年度总结表彰大会，回顾总结过去一年各项工作中取得的成绩，部署安排2012年街道的各项工作。

2月27日，召开专题会议，部署落实“进村入企强服务、优化环境促发展”大走访活动，各科办负责人参加会议。

2月28日，召开综合工作会议，传达区政府扩大会议和两会精神，对街道各条线工作进行布置。

3月28日，街道总工会正式成立并召开第二次代表大会，大会选举产生第一届靖江街道总工会委员会委员、主席、副主席及第一届经费审查委员会委员、主任。

4月1日，对一违法占用0.8亩土地的废品堆放点进行强制整改及复耕。

4月23日，召开第十七次妇女代表大会，大会选举产生靖江街道妇联第十七届执行委员会委员。

5月14日，街道计划生育协会召开第七次会员代表大会，大会总结第六届理事会的工作，确定今后的奋斗目标和工作任务，并选举产生街道计生协会第七届理事会领导班子。

5月31日，走访慰问辖区内的6所学校，为孩子们送去文具用品等节日礼物及问候。

6月19日，召开残疾人联合会第七次代表大会，大会选举产生第七届主席团委员会，街道办事处主任倪世英当选为靖江街道残联名誉主席，街道党工委委员、人武部部长华建东当选为残联主席。

6月28日，举办建党对象培训班，来自各基层党组织的入党积极分子参加党课教育培训。

6月29号，街道党工委、办事处领导看望慰问全街道32名困难党员，亲切询问他们的生活和身体情况，并送上慰问金。

8月20日，组织各村（社区）书记、主任，事业单位负责人及机关全体同志等一起观看警示教育片《错位的追求》，该警示片通过近年来萧山区工程建设领域腐败案件，深刻剖析党员干部产生腐败的关键环节、导致错误的思想误区等。

9月10日，召开庆祝第28个教师节暨优秀教师表彰座谈会。街道党工委书记王斌出席座谈会并讲话，街道人大工委主任方伶俐、纪工委书记高海飞、文教卫副主任方志祥出席座谈会。

10月10日，共青团靖江街道召开第二次代表大会。大会选举产生共青团靖江街道第二届委员会和出席共青团萧山区第二十一次代表大会代表。街道党工委书记王斌出席大会并讲话，街道人大工委主任方伶俐、党工委组织委员陆利江出席会议，团区委副书记丁熠锋到会指导。

10月31日，开展“公述民评”活动，街道中层干部、事业单位、直属部门负责人及村（社区）书记、主任等11名同志分别作公述报告，来自街道企事业单位、村（社区）、机关及直属部门组成的100余名代表进行评议。

同日，举行第三届萧山区“美德标兵”优秀事迹巡回报告会。来自街道各村（社区）、企事业单位及机关120余名同志到会聆听“美德标兵们”的优秀事迹。街道党工委副书记朱国军主持报告会。

11月1日，举行干部读书会，重点传达区委十四届三次全体（扩大）会议精神，认真部署街道下阶段各项重点工作。会上，街道16个村（社区）书记对今年前三季度工作进行回顾总结，就第四季度工作开展交流，并对明年工作思路进行谋划。

11月23日，召开2013年度城乡居民基本医疗保险工作和2012年无偿献血工作今年专题会议。各村（社区）书记、分管同志参加会议，街道党工委副书记朱国军出席会议并讲话，街道党工委副主任方志祥部署2013城乡居民基本医疗保险工作和今年无偿献血工作。

12月3日，召开创建国家级生态街道动员大会，各村（社区）、企事业单位负责人及机关全体同志参加会议。

同日，举办党的十八大精神学习会，企事业单位党组织负责人、各村（社区）书记主任、直属部门负责人及机关全体同志参加会议，街道党工委书记王斌给大家上一堂学习十八大精神的精彩党课，学习会由街道办事处主任倪世英主持。

2012年萧山区南阳街道办事处大事记

1月1日，召开安全生产会议，全面布置落实元旦春节期间安全生产大检查工作。全街道企事业单位负责人、各村（社区）三委人员、街道机关全体工作人员参加本次大会。

1月9号，街道机关举行“春风行动”捐款活动。街道主要领导带头，机关工作人员踊跃参与。

1月10日，街道党工委办事处领导班子成员分组慰问街道内的特困群众，为他们送上慰问金，并与之亲切交谈。

2月9日，召开2011年度总结表彰大会。大会由街道党工委副书记、办事处主任王斌主持，街道党工委副书记杨新程代表党工委宣读关于表彰2011年度先进集体和先进个人的决定。

2月23日，召开全体机关工作人员会议，认真学习转达区两会精神，要求全体机关工作人员认真学习好两会精神，宣传好两会精神，贯彻好两会精神。

2月25号，组织全体机关干部、各村（社区）的党员收看杭州市第十一次党代会开幕式实况。

3月13日，与空港工商分局开展3•15维权现场服务活动。

3月15日至16日，街道各村（社区）农业信息员到萧山农校参加由区农业信息中心组织的统一培训。

4月13日至14日，召开新农村建设主题读书会，组织街道中层以上干部及各村（社区）书记赴安吉参观南阳在安吉创业企业，考察安吉美丽乡村建设，并围绕南阳今后新农村建设展开座谈。

4月24日，组织村书记及宣传委员到瓜沥横埂头村、渭水桥村考察农家书屋及品牌文化广场建设。

4月25日，召开第十六次妇女代表大会，会议听取审议街道妇联第十五届执委会所作的工作报告，选举产生街道第十六届执行委员会以及南阳街道妇联主席和副主席。

5月7日，召开集体食堂食品安全专项整治工作会议，全面动员部署集体食堂食品安全专项整治工作。

同日，举行机关干部民主测评会。街道机关全体在编人员、各村（社区）书记、部分企事业单位负责人和人大政协代表参加本次测评。

5月11日，街道人大工委组织代表小组开展视察活动，视察街道重点工程项目建设情况。

6月21日，街道妇联、计生协会、社区卫生服务中心联合举办妇女“两癌”知识讲座。

7月6日，组织人大工作委员会成员和纪工委工程监督领导小组成员对街道内正在推进的工程项目进行工程推进效能检查。

7月17日，召开半年度经济形势分析暨“双重双送、合力发展”百日活动动员会，仔细分析当前国际国内经济形势，部署落实“双重双送、合力发展”百日活动。街道全体机关干部、各村（社区）三委人员、企事业单位负责人参加本次会议。

7月30日，南阳街道召开经济形势分析会。

8月2日，召开抗台工作会议，动员和部署全街道抗台工作。

8月6日，召开全体机关工作人员会议，传达学习区委十四届二次全会精神，结合南阳实际落实全会报告的各项要求和举措。

8月7日，召开抗台紧急会议，要求全街道动员，做好抗台各项预防工作，狠抓隐患排查，全力抵御“海葵”侵袭。

9月9日，召开拆迁工作会议，动员部署机场二期净空区拆迁签约工作。

11月7日，召开宣传统战工作会议，会议总结回顾前三季度宣传统战工作成绩，安排部署第四季度宣传统战工作。

11月21日，召开2013年城乡基本医疗保险工作动员会议。会议传达萧山区城乡居民基本医疗保险会议精神，回顾总结分析2012年度全街道城乡居民医保工作开展情况，对2013年城乡居民医疗保险工作任务进行动员及部署。

12月20日，街道农业科及各村相关工作人员开展养鸡场是否违规使用抗生素监督检查。

12月28日，召开安全生产会议，总结2012年以来的安全生产工作情况，明确2013年的安全生产工作任务。

12月31日，开展“春风行动”捐款活动，组织全体机关干部进行集中捐款。

2012年萧山区蜀山街道办事处大事记

1月10日，组织综治、安监、社会事务等部门人员，会同相关村（社区）的负责人，对辖区9个佛道教场所集中开展迎春安全大检查。

1月15日至16日，组织宣传统战部门的同志，来到相关村（社区），先后看望慰问辖区困难家庭户，为他们送去党的关怀。

1月20日，启动应急预案开展雨雪天气防灾工作，分析研究和落实防灾抗灾工作，确保辖区安全。

2月6日，召开2011年度总结表彰大会，大会对2011年度各类先进集体和先进个人分别进行表彰。街道党工委书记董蒋灿在会上讲话。

2月15日，召开由各村（社区）负责人参加的综治维稳工作会议，对信访、治安、维稳等工作作全面部署。

2月20日，街道城管科邀请区司法局基层科科长王万兴，为部门的拆违控违主要人员进行法律知识业务培训。

3月9日，召开“进村入企”大走访活动动员暨政府工作推进会。会议传达学习杭州市第十一次党代会与区纪委十四届二次全体（扩大）会议精神，部署安排街道“进村入企”大走访活动，进一步明确和部署街道各项政府工作任务。

3月30日，街道总工会正式成立并召开第二次代表大会，大会选举产生第一届蜀山街道总工会委员会委员、主席、副主席及第一届经费审查委员会委员、主任。

4月18日，召开第三次妇女代表大会，大会选举产生蜀山街道第三届妇女联合会执行委员会。其中楼华芳当选为新一届妇联主席，曹慧娜、蔡芬仙当选为副主席。

4月26日，街道党工委书记董蒋灿走访慰问辖区劳模。

4月27日，组织综治科、计生科，会同蜀山派出所、区工商分局等部门在辖区越寨社区开展一次旨在促进社会稳定、加强社会管理的流动人口大清查活动。

5月18日，召开计划生育协会第三次会员代表大会，大会选举产生17名第三届理事会理事。其中傅国超当选为蜀山街道计生协会第三届理事会会长，黄灿久、曹慧娜当选为副会长，丁伟棉当选为秘书长。大会还聘请街道党工委副书记、办事处主任鲍慧强为名誉会长。

6月7日，召开第二季度安全生产例会暨全国“安全生产月”活动专题会议，重点研究部署“安全生产月”活动及“打非治违”专项行动工作。

6月25日，街道禁毒办工作人员到辖区公交车站、菜场、沿街商铺、医院等地开展禁毒宣传活动。

6月28日，举行纪念建党91周年暨“三联强责任 干部提素能”活动，借助庆祝党的光辉节日，创新推进党的基层组织建设。

7月2日，街道商会召开第三届会员大会，大会选举产生18名新一届理事会成员。其中黄来兴为会长，章钜虎、黄灿久、何永富、郁善法、章忠法、应关水、陈跃泉、许正庆、曹晓行、孙席等10位同志为副会长，洪波为秘书长。大会还聘请董蒋灿和鲍慧强为第三届理事会名誉会长。

7月9日，召开机关干部会议，对城中村改造的相关政策进行业务培训。

7月11日，召开城中村改造动员暨业务培训会议，就今年城中村改造工作进行动员部署。

8月6日，召开由各村（社区）负责人和机关全体干部参加的防台抗台会议，部署和落实第11号台风的防御任务及要求。

10月17日，召开今冬征兵工作动员会，对2012年冬季征兵工作作全面部署。

10月22日至24日，开展企业安全用电大排查、大整治活动。

10月26日，传达学习区十四届三次全体会议精神，提出要将“建设文明幸福新萧山”落到实处，化为成果。

11月8日，组织全体机关干部收看党的“十八大”开幕式，聆听胡锦涛总书记所作的“十八大”报告。

11月21日，街道总工会召开2012年工会财务工作布置暨财务工作培训会议，街道总工会副主席俞少虹主持会议。

11月23日，组织召开各村（社区）、企事业单位负责人和全体机关干部会议，认真传达学习党的十八大精神，部署落实推进城中村改造等当前工作。

2012年萧山区新塘街道办事处大事记

1月12日，召开2011年度劳动安全环保年终工作总结大会，街道安监办副主任富永福主持会议并发表重要讲话。

1月13日，街道纪工委全体成员专题学习反腐倡廉工作情况通报会精神，街道纪工委成员就反腐倡廉工作情况通报会精神进行激烈讨论，并提出2012年街道反腐倡廉工作思路。

1月17日，召开村（社区）联评工作会议，会议通报各村（社区）的考核情况，拟报评议2011年度先进集体及先进个人，并通过考核。

2月4日，召开综合整治无证无照经营联席会，会议通报街道范围内无证无照经营情况，研究部署下阶段综合治理工作。

2月7日，召开城建工作会议，部署新一年城建工作，进一步明确城建工作要求。

2月20日，召开无证无照综合整治阶段会议，回顾总结第一阶段排查摸底工作，部署下一阶段工作。

3月2日，召开全体机关人员，各村（社区）书记、主任和各企事业单位党组织负责人会议，学习传达区两会等重大会议精神。

3月27日，街道劳动保障科组织召开各村（社区）劳动保障管理员会议，落实征地农转非养老保险新政策。

3月30日，召开2011年度总结表彰暨2012年经济工作会议。会议表彰各类先进，总结2011年工作，明确2012年目标，总结经验，分析形势，凝聚合力，共谋发展。

4月12日，街道总工会正式成立并召开第二次代表大会，大会选举产生第一届新塘街道总工会委员会委员、主席、副主席及第一届经费审查委员会委员、主任。

4月18日，组织全街道“春泥计划”实施村村干部前往党湾镇参观学习镇中村“春泥计划”活动先进经验。

4月23日，召开村级班子“回头看”动员会，部署“回头看”工作。

5月19日，召开经济形势分析会议，街道党工委书记吴炜炜作重要讲话。

5月24日，召开计划生育协会换届选举准备工作会议，对新塘街道计划生育协会换届选举工作做进一步的安排和部署。

6月28日，召开残疾人联合会第三次代表大会，大会选举产生新塘街道残联第三届主席团委员及主席团主席、副主席、理事长，通过新塘街道残疾人联合会第三次代表大会工作报告的决议，并聘请新塘街道办事处主任高家萍为名誉主席。

7月12日，召开2012年通讯员培训会议，街道办事处社会事务科就2012年所作的宣传报道工作作交流，并对下半年街道的通讯工作提出新要求。

7月19日，召开银企对接会，中国农业银行与21家企业现场对接，共解企业融资难题。

7月26日，召开半年度社会管理综合治理工作会议，街道党工委副书记、办事处主任高家萍作重要讲话。

8月2日，召开防汛抗台紧急会议，通报区委区政府召开的防汛抗台紧急会议精神，并做抗台防台的工作部署。

8月6日，召开防御第11号台风“海葵”紧急会议，组织收看区防台视频会议，并部署各项防台工作。

8月20日，组织全体机关干部收看萧山区首部警示教育片《错位的追求——近年来萧山区工程建设领域腐败案件剖析》，接受警示教育。

10月12日，召开共青团第五次代表大会，会议选举产生8位出席共青团萧山区第二十一次代表大会代表。

10月19日，街道办事处主要领导吴炜炜、高家萍带领派出所民警、机关干部及部分村干部对董家埭社区、井头王社区辖区内的宾馆、网吧、出租私房进行地毯式的全面检查。

11月19日，召开机关会议，传达学习十八大精神，实现街道转型升级科学发展。

12月4日，召开镇街工委工作座谈会，深入学习贯彻党的十八大精神，并就如何积极开展基层民主协商进行讨论。

2012年萧山区义蓬街道办事处大事记

1月5日，召开稳定工作会议，全面总结和回顾2011年街道“平安创建”、维稳工作，对下一步社会稳定工作进行工作部署。

1月30日，组织召开全体机关干部会议，及时传达俞志宏书记在2011年萧山区总结表彰大会上的讲话精神。

2月8日，召开2011年度总结表彰大会，表彰奖励为推进“江东新城 魅力义蓬”作出突出贡献的先进集体和个人。

2月23日，召集全体机关干部、村（社区）、企事业单位负责人召开干部会议，学习传达贯彻区“两会”精神。

2月26日，召开第四届第一次教职工代表大会，区教育工会副主席施志良同志莅临指导。

3月5日，召开干部会议，传达学习区委相关会议和文件精神，对义蓬街道3月份工作作相关部署安排。

3月15日，召开大学生村官座谈会，区组织部、人事局、团区委相关负责人参加会议。

3月30日，召开第一季度安全生产工作会议，回顾总结第一季度街道辖区安全生产专项工作，对下一步安全生产工作作详细部署。

4月23日，召开全体机关干部会议，传达贯彻区加强“三公”管理暨机关作风、效能建设和纠风工作会议文件，并切实落实会议精神。

4月27日，召开第十五次妇女代表大会，选举产生义蓬街道妇联第十五届执行委员会委员、妇联主席、副主席。

5月12日，街道党工委书记周利明带队督查河道环境卫生保洁情况，街道“清洁城乡”领导小组成员陪同督查。

5月15日，召开加强村级财务管理工作会议，街道党工委书记周利明在会上作重要讲话。

5月25日，召开群众意见建议处理情况专题通报会，街道党工委书记周利明主持会议并作重要讲话。

6月7日，召开城市环境综合整治“百日行动”动员大会，全面部署街道范围内城市脏、乱、差等环境整治工作。

6月25日，召开专题工作会议，盘点总结上半年工作成绩，安排部署下一阶段工作。

6月28日，召开纪念中国共产党成立91周年大会，街道党工委书记周利明作重要讲话，街道党工委副书记、办事处主任金明主持大会。

7月14日，党工委、办事处召开全街道半年度工作汇报，回顾总结上半年工作开展情况，全面部署下半年目标工作。

7月27日，召开总工会半年度工作会议，街道党工委副书记、总工会主席许志伟主持会议。

7月30日，召开“双重双送、合力发展”阶段性汇报会，对走访情况及调研中收集的问题进行汇报交流。

8月6日，组织召开防台工作会议，街道党工委副书记、办事处主任金明在会上进行防台工作部署。

8月23日，街道各相关部门协同工商、质检、食安、卫生等监管部门，开展食品安全大整治行动，切实提高流通环节食品安全水平。

9月27日，召开共青团义蓬街道第二次代表大会，选举产生8名出席共青团萧山区第二十一次代表大会代表。

9月29日，召开全体干部大会，总结通报村级应收款收缴情况，研究部署下阶段工作。

10月10日，召开干部大会，安排部署第四季度工作。

10月25日，召开村会计出纳双代理工作动员会，就全面推进村会计出纳双代理工作进行部署。

10月27日，党工委召开全街道干部大会，传达贯彻区委十四届三次全体（扩大）会议精神。

11月8日，组织全体党员干部收看党的十八大开幕式盛况。

11月14日，召开最清洁城乡工作会议，总结第三季度“最清洁城乡”工作情况，部署下一阶段工作要求。

11月19日，召开2013年度城乡居民医疗保险收缴工作会议，对2013年城乡居民医疗保险工作任务作出具体部署。

12月25日，召开2012年度述职述廉与民主测评会议，加强领导班子和干部队伍建设。

12月31日，召开机关全体会议，及时传达贯彻区委十四届四次全体（扩大）会议精神。

2012年萧山区戴村镇人民政府大事记

1月5日，召开第十六届人民代表大会第一次会议。大会选举产生新一届人大主席团领导班子和镇人民政府领导班子。

1月20日至21日，镇集中为外出返家育妇提供优质服务，进行B超检查、办理计划生育证件、进行政策咨询。

2月2日，召开全体机关干部大会，镇机关3名机关中层以上干部作表态发言。

2月6日，召开2011年度总结表彰暨2012年经济发展动员大会。镇机关干部成员，各行政村党组织书记、村主任，三十强重点骨干企业党政负责人及各类先进代表参加会议。

2月24日，镇总工会成立暨第二次代表大会隆重召开，区总工会副主席许红向戴村镇总工会主席夏利明授牌、授印。

3月5日，召开“转作风、强服务、促发展”大走访动员大会。全体机关干部，23个行政村（社区）书记、村主任和大学生村官参加会议。

3月29日，镇人大代表及职能部门所负责人对七都溪三期整治工程建设项目进行视察。

3月31日，组织辖区内8家宗教场所负责人举行安全消防演练与防火教育活动。

4月16日，镇人大组织代表及职能部门工作人员进行“二中合一”重点工程视察，并根据实地考察情况，听取汇报，总结工作，研究部署下阶段任务。

4月28日，举行第二届“十佳员工”表彰暨“师傅带徒弟”活动签约仪式。

5月11日，镇计划生育协会召开第七次会员代表大会，大会选举产生新一届理事会、会长、副会长和秘书长。镇人大主席陈尧根当选第七届理事会会长。

5月15日，召开推行村务华数电视公开工作会议，镇纪委书记周明荼对相关工作进行部署。

5月31日，举行庆“六一”文艺会演活动，用文艺表演的形式为学生们庆祝“六一”儿童节。

6月12日，镇残疾人联合会召开第七次代表大会，大会选举产生新一届戴村镇残疾人联合会。镇长毛夏云为戴村镇残联名誉主席。

6月18日，召开全体机关干部参加会议部署防汛抗洪工作，全体干部分头赴各村、企事业单位帮助开展防汛工作。

6月25日，召开两新组织党建工作推进会。会议认真学习贯彻浙江省第十三次党代会精神，对重点工作进行再部署再推动再落实。

7月11日，镇党委书记汤卫、镇长毛夏云、副书记夏利明等主要领导慰问在高温下坚持作业的广大职工和坚守在岗位的执法人员。

8月3日，召开全体机关干部大会，传达贯彻区委十四届二次全体（扩大）会议精神。

8月7日，召开防御第11号强台风“海葵”工作紧急会议，部署和安排防御台风工作。

9月1日，召开村级股份制改革业务培训班，力争早日实现村级集体资产股份制改革的全覆盖。

9月26日，举办“学标兵，提素质”美德标兵优秀事迹报告会。

9月26日至28日，镇主要领导分别带队对节前镇宗教场所、境内矿山、危化企业等，开展一次安全隐患大排查。

10月12日，召开2012年度冬季征兵工作动员大会，为保质保量完成今冬征兵任务奠定坚实的基础。

10月26日，召开经济形势分析会暨银企对接恳谈会，10余家金融单位负责人与镇重点骨干企业负责人进行对接交流。

10月29日，召开全镇干部大会，传达区委十四届三次全体（扩大）会议精神。

11月14日，组织人大代表先后视察云石卫生服务站、马谷村卫生服务站等社区卫生服务中心的运行情况。

12月5日，举行欢送今冬应征青年光荣入伍仪式。镇领导、新兵所在村主职干部和新兵家属等参加送兵仪式。

12月31日，召开全体机关干部会议，学习传达贯彻区委十四届四次全会精神，部署新一年工作。

同日，开展岁末年初安全生产大检查。全体机关干部及相关部门工作人员对辖区企业、学校、医院等重点场所进行集中安全生产大检查。

2012年萧山区瓜沥镇（党山）人民政府大事记

1月6日，召开征求意见座谈会，广泛听取各级人大代表，党代表，村、企事业单位和机关各办负责人对《政府工作报告（征求意见稿）》的意见。

1月11日，召开第十六届人民代表大会第一次会议，郭长炎当选为镇人大主席，赵宝林当选为镇人大副主席，杜晔彪当选为镇长，谭雪华、陈文景、戚立刚、汪华锋当选为副镇长。

1月13日，召开2011年度工作会议，回顾总结过去一年工作，研究部署2012年任务。

2月13日，召开2011年度表彰总结暨经济发展动员大会，表彰2011年度各类先进，回顾肯定成绩，总结交流经验，全面部署2012年各项工作。

2月21日，召开全镇党员干部大会，学习贯彻区两会精神。

3月14日，全面启动春季重大动物疫病防控工作。

3月23日，召开镇总工会成立暨第二次代表大会，选举产生新一届镇总工会委员会和经费审查委员会。

4月23日，召开安全生产专题会议，对辖区进行安全生产知识培训，部署“五一”期间安全生产工作。

4月24日至25日，举行村书记读书会，回顾总结第一季度工作，部署下阶段工作任务。镇党委副书记、镇长杜晔彪主持会议。

4月27日，召开第十七次妇女代表大会，审议第十六届妇联执行委员会工作报告，选举产生新一届妇联执行委员会委员。

5月17日，召开作风建设暨机关中层干部竞争上岗、一般干部双向选择动员大会。镇党委副书记朱志刚主持会议。镇党委书记邵生华作动员讲话。

5月21日，镇计划生育协会召开第7次会员代表大会，会议回顾总结过去五年工作情况，明确今后5年目标任务，并选举产生镇计生协会第七届理事会。

5月22日，举办部门、民企对接会，镇党委、政府邀请区经济和信息发展局、区科技局等部门的领导和专家到党山共商发展大计。

6月15日，召开党员干部大会，学习传达贯彻省第十三次党代会精神。

6月25日，召开人大主席团会议，专题听取2012年以来党山镇工业经济转型升级、重大项目推进、三产发展和新农村建设等四项工作落实情况。

6月27日，组织机关全体干部，全程收看萧山区庆祝中国共产党成立91周年暨表彰大会现场直播。

7月18日，召开消防工作会议，并和与会单位签订党的十八大消防安全保卫战责任书。

7月19日，召开半年经济形势分析暨“双重双送、合力发展”百日活动推进会。

7月27日，举办防灾减灾暨村级气象业务培训班。

8月3日，召开全镇干部大会，传达贯彻区委十四届二次全体（扩大）会议精神。

8月29日，召集镇机关中层以上干部，就新一轮城镇总体规划修编广泛进行意见征询。

9月3日，召开干部大会，就当前社会维稳工作进行具体部署。

9月19日，召集辖区内行政村、企事业单位宣传委员，专题听取各单位举办乡邻节、艺术周，组建巡游队伍及搭台演戏等工作进展情况，部署下步工作任务。

9月28日，召开项目推进现场会，专题召集辖区内27家企业老总和相关行政村书记，面对面听取项目推进情况介绍，解决存在问题，共商党山发展大局。

10月16日，举办镇重大项目集中开工竣工暨第七届党山庙会开幕式。

10月22日，召开2012年度征兵工作动员大会，扎实部署今冬征兵工作。

10月29日，召开机关干部会议，传达贯彻区委十四届三次全会精神。

11月8日，组织广大党员干部群众收看党的十八大开幕盛况。

11月20日，召开2013年度城乡居民医保工作动员会，回顾总结2012年度城乡居民医保工作，部署落实2013年度城乡居民医保工作任务。

11月28日，召开工业企业项目推进会，专题召集辖区内27家企业老总和相关行政村书记，共商党山未来发展大计。

12月31日，召开机关干部会议，学习传达贯彻区委十四届四次全会精神。

2012年萧山区党湾镇人民政府大事记

1月11日至12日，召开第十六届人民代表大会第一次会议，俞沈江同志当选为党湾镇人民政府镇长，金宝荣同志当选为党湾镇第十六届人民代表大会主席团主席、黄荣乔同志当选为党湾镇第十六届人民代表大会主席团副主席，朱权华、王火法、张波和蔡秀文同志分别当选为党湾镇人民政府副镇长。

1月30日，召开机关全体干部会议，传达贯彻全区2011年度总结表彰大会精神，对今年工作进行部署。

1月31日，召开村（社区）书记、主任会议，传达学习全区2011年度总结表彰大会精神，交流部署新一年的工作

2月3日，召开2011年度总结表彰大会，会议对各类先进集体和先进个人分别进行表彰。镇长俞沈江主持会议。

3月30日，举行总工会成立暨第二次代表大会。镇党委书记吴琴芳在会上讲话。

4月6日，召开第一季度经济工作会议，镇党委书记吴琴芳、镇长俞沈江、镇人大主席金宝荣分别在会上讲话，镇党委委员、副镇长朱权华主持会议并对相关工作作出部署。

4月16日，召开“三树三强三提升”思想作风建设年动员大会。

4月26日，组织召开安全维稳工作会议，对“五一”节日期间的安全维稳工作作出部署，镇党委副书记邱建庆主持会议并讲话。

5月4日，举行廉政教育报告会，镇党委委员、纪委书记谈智君主持报告会。

6月7日，召开安全生产月暨药品安全示范镇创建工作会议，镇长俞沈江在会上讲话。与会领导分别对各自的工作和活动作出部署。

6月12日，召开残疾人联合会第七次代表大会，镇党委副书记邱建庆向大会致祝词。

6月18日，组织召开省第十三次党代会精神传达学习会，镇党委书记吴琴芳传达省党代会精神，镇长俞沈江主持会议并对当前工作作出部署。

7月2日，举行庆祝中国共产党成立91周年暨表彰大会，对一批先进集体和个人进行隆重表彰。

7月13日，召开半年度工作会议，回顾总结上半年工作，研究部署下半年工作。镇党委书记吴琴芳、镇长俞沈江分别在会上讲话，镇党委副书记邱建庆主持会议。

7月20日，举行半年度工业经济形势分析会暨“双重双送、合力发展”企业座谈会。镇党委委员、副镇长朱权华通报全镇上半年经济运行状况并对下半年工作作出部署。

8月23日，召开“文明幸福”女子宣教队培训会暨“美丽庭院”创建推进会，镇党委委员、纪委书记谈智君在会上讲话。

9月5日，举行萧山区养老服务体系建设推进会。

10月8日，召开专题会议，对勤诚党湾文化节暨全民运动会开幕式筹备工作作出部署。党湾镇党委书记吴琴芳在会上讲话。

10月22日，召开领导干部迎送会，镇党委书记吴琴芳主持会议并和镇长俞沈江一起分别在会上讲话。镇机关干部，各村书记、主任和全镇重点企事业单位负责人参加会议。

10月29日，召开区委十四届三次全体会议精神传达会，认真学习贯彻全区领导干部读书会和区委十四届三次全会精神。

11月12日，镇人大组织部分区、镇两级人大代表和主席团成员，对党湾镇今年实施的八大民生实事工程完成情况和清洁城乡工程进行督查并举行代表评议会，镇人大主席金宝荣主持会议。

11月20日，召开城乡居民医疗保险工作动员会，镇长俞沈江在会上讲话，镇党委副书记陈伟忠主持会议，镇党委宣传统战委员周效初出席会议，副镇长蔡秀文进行工作部署。

12月14日，成立萧山区党外知识分子联谊会党湾分会，区政协副主席吴关林为知联会党湾分会授牌，大会选举产生以沈伟丰为会长的第一届理事会，聘请党湾镇党委书记吴琴芳，党委副书记、镇长俞沈江为萧山区党外知识分子联谊会党湾分会顾问，聘请党湾镇党委副书记陈伟忠、宣传统战委员周效初为萧山区党外知识分子联谊会党湾分会名誉会长。

12月26日，召开中国共产党第十五届第二次会议，镇党委书记吴琴芳作了报告。

2012年萧山区瓜沥镇人民政府大事记

1月5日，召开2011年度经济形势分析会，镇长黄国钧主持会议。

1月9日至10日，召开第十六届人民代表大会第一次会议。会议依法选举孔水方为镇第十六届人大主席团主席，蔡志芳为镇人大副主席。黄国钧为瓜沥镇人民政府镇长，顾承伟、韩金海、陈柏友、方小康为副镇长。

1月30日，召开全体机关干部大会，贯彻学习萧山区2011年度总结表彰大会精神。

2月2日，召开2011年度总结表彰大会暨小城市三年行动计划攻坚之年动员大会，镇党委书记金焕国作动员讲话，镇长黄国钧主持会议。

2月13日，镇公共卫生委员会组织召开全镇公共卫生工作会议，安排部署近期工作重点。

2月25日，组织全体机关干部认真收看杭州市第十一次党代会开幕式现场直播，聆听省委常委、市委书记黄坤明代表中国共产党杭州市第十届委员会所作的工作报告。

3月2日，召开"进村入企强服务、优化环境促发展"大走访活动动员会，全面部署落实"进村入企"大走访活动。

3月14日，举行干部大会，宣布区委关于镇党委主要领导调整决定。

3月27日，镇总工会召开第十四次代表大会。大会选举产生新一届镇总工会委员会和经费审查委员会。

4月1日，召开全镇组织工作专项会议，进一步细化传达贯彻区组织工作会议精神，全面部署2012年各项组织工作。

4月11日，召开宣传思想暨统战工作会议，全面部署2012年宣传思想、精神文明建设及统战工作。

4月17日，举行《今日瓜沥》月刊首发仪式。

5月7日，组织召开机关干部民主测评会。镇党委书记高卫国主持会议并代表镇党委作2011年度干部选拔任用工作报告。

5月8日，召开全体机关干部学习会，学习区级相关会议精神并部署下一阶段工作。

5月17日，镇计划生育协会举行第七次会员代表大会，选举产生镇计生协会第七届理事会。

6月4日，召开实施"一村多警"工作暨"两网合一"试点动员大会，全面部署民警联村工作、民情联系服务网和社会治安防控网"两网合一"工作。

6月21日，召开村（社区）书记半年度工作汇报会，汇报交流各村（社区）2012年以来的工作以及当前存在的困难和问题，并就下半年工作思路和重点进行部署。

6月29日，举行"纪念中国共产党成立91周年暨表彰大会"，镇长黄国钧主持大会。

7月6日，召开半年度宣传统战工作会议，回顾总结上半年宣传统战工作，并就下阶段工作任务和重点作部署。

7月16日，召开河道清障工作专题会议，安排部署河道清障具体工作。

7月28日，召开干部大会，镇党委书记高卫国在会上作重要讲话。

8月7日，召开防台抗台紧急会议，对做好人员转移工作作重点部署。

8月20日，召开城市环境整治专题会。

9月4日，组织全体机关干部召开机关集中学习暨政府重大投资项目推进专题会。

9月14日，举行经济形势报告会，副镇长韩金海主持报告会。

9月26日，召开共青团瓜沥镇第二十四次代表大会，选举产生新一届团委班子。

10月11日，召开政府重大投资项目推进专题会。镇长黄国钧、政协主任马小明、镇党委副书记陈国锋、副镇长方小康及各项目负责人等参加会议。

10月16日，召开第三届运动会暨文化艺术节协调会。镇党委书记高卫国出席会议并作重要讲话。

10月29日，组织全体机关干部召开学习会，镇党委书记高卫国作重要讲话。

11月8日，组织全体机关干部、党员和群众认真收看党的十八大开幕式盛况。

11月18日，召开全镇干部会议，认真学习贯彻落实党的十八大精神。镇党委书记高卫国作重要讲话。

11月28日，召开政府重大投资项目推进会，扎实推进政府重大投资项目建设。

12月21日，召开残疾人联合会第七次代表大会，选举产生了镇残联第七届主席团，聘请镇长黄国钧为名誉主席，选举徐岳民同志为镇残联主席。

12月29日，举行镇第三届运动会文化艺术节闭幕式暨第二届"美德标兵"表彰会。

2012年萧山区河上镇人民政府大事记

1月4日，动员全体镇机关干部开展以“机关干部送温暖，困难群众沐春风”为主题的“春风行动”送温暖献爱心捐款活动。

1月13日，组织全体机关干部会同派出所民警和巡防队员，对辖区重点地方开展一次安全生产和社会治安节前“地毯式”大检查。

1月17日，召开慈善分会暨巡防工作年会，总结交流2011年工作经验，并对2012年的工作进行部署。

2月23日，召开全镇干部大会，及时传达学习贯彻区两会精神，结合实际谋划贯彻区两会精神的新举措。

2月29日，组织公安、工商、卫生监督、城管执法等部门组成联合执法检查组，对镇重点地方开展一次春季学校食品卫生安全集中大检查。

同日，组织机关干部、派出所民警和巡防队员，深入辖区开展一次社会综合治安和安全生产“地毯式”大检查。

3月14日，举行“村银共建新农村项目——道林山森林公园游步道工程”捐资典礼，标志着道林山森林公园游步道工程正式启动建设。

3月26日，召开山林防火工作会议，对现阶段的山林防火工作进行具体部署。

4月5日，镇总工会召开成立暨工会第二次代表大会，选举产生11名镇总工会第一届委员会委员和5名经费审查委员会委员，选举俞晖为镇总工会主席、俞金贤为镇总工会副主席。

4月16日，召开全体机关干部会议，贯彻区“三公”管理工作会议精神。

5月4日，举行萧山区青年商会河上分会成立大会，选举产生由20人组成的首届区青年商会河上分会理事会，选举董最红为区青年商会河上分会会长。

5月29日，镇计生协会组织开展“送政策、送知识、送温暖”为主题的大型上街免费为民服务活动。

6月28日，召开庆祝建党91周年党员大会，大会总结河上镇在各项事业中所取得的成绩，坚定坚决全镇党员发展的信心，激发党员斗志，鼓舞队伍士气，进一步发挥全镇党员战斗堡垒作用和先锋模范作用。同时，对先进党组织及个人进行表彰并举行新党员入党宣誓仪式。

7月6日，召开村级重点工作会议。会议由镇长吴建华主持，镇党委班子成员、联村干部、各村书记及村主任参加会议。

7月18日，召开市卫生镇复查迎检工作会议，文卫副镇长戴云芳主持会议。

7月19日，举行村级合同清理工作会议，镇党委书记、各联片领导及联村组长参加会议。

8月6日，启动第四轮农民免费体检工作。

同日，召开防御11号台风“海葵”紧急会议，镇党委副书记作临战动员并布置防台具体工作。

8月29日，萧山区慈善总会河上分会举办2012年度困难大学生资助仪式活动。

9月21日，召开共青团萧山区河上镇第二十次代表大会，会议听取镇团委书记李金儿所作的工作报告，并选举产生共青团河上镇第二十届委员会。其中，李金儿为新一届镇团委书记，汤旸、董丽敏为副书记。

11月1日，召开2012中国•杭州（河上）民俗文化节系列活动之人文河上学术研讨会，萧山区委常委、宣传部长叶建宏，副区长黄晓燕，河上镇镇长吴建华等相关领导出席此次研讨会，叶建宏作重要讲话，吴建华主持此次研讨会。

同日，2012中国•杭州（河上）民俗文化节新闻发布会隆重召开，区委宣传部常务副部长沈志刚、河上镇镇长吴建华、河上镇党委副书记俞晖、河上镇副镇长戴云芳等相关领导出席此次新闻发布会。

11月13日，镇人大主席团组织镇级人大代表对辖区内凤坞溪整治工程进行视察。人大代表在现场听取农业副镇长徐宁军及施工方负责人有关工程进展的介绍，并结合往年汛情、水情及周边环境提出意见建议。

12月27日，举行台属联谊小组成立大会。萧山区台办副主任倪仁法，区台属联谊会会长章忠法、副会长沈越天、副会长兼秘书长陆佳伟，河上镇党委宣传委员、文卫副镇长戴云芳等相关领导出席此次会议。

2012年萧山区河庄街道办事处大事记

1月19日，街道办事处副主任孙先根带领经管科有关负责人开展新春走访慰问活动。

1月29日，街道机关召开专题会议，通报春节期间街道总体运行情况，部署落实当前及节后工作任务。

1月31日，召开2011年度总结表彰大会，党工委书记李国梅发表重要讲话。

3月8日，召开2011年度工作经济表彰大会，对过去一年在工业经济发展中作出突出贡献的企业和村进行表彰奖励，对2012年经济工作进行部署和安排。

3月19日，召开专题会议，学习贯彻全区农村工作会议精神，会议要求各村单位要结合实际全面安排部署街道农业农村工作。

3月27日，召开创建国家级生态街道领导小组专题工作会议，通报前阶段准备工作情况，部署落实当前工作任务。

4月9日，召开机关干部专题会议，传达贯彻全区“加强党性修养、坚定理想信念、保持优良传统”专题培训活动精神，部署落实当前街道工作。

5月8日，举行创建国家级生态街道动员大会，街道党工委书记李国梅致辞，街道办事处主任李自钧主持大会并与相关行政村、企业签订责任书，街道工业副主任孙先根作工作报告。

5月18日，组织召开辖区残疾人创业者代表座谈会，街道党工委委员、人武部长村伟标出席座谈会。

5月28日，举行社区卫生服务中心启用仪式，街道党工委书记李国梅提出工作要求。

6月4日，街道残疾人联合会举行第六次代表大会，街道党工委委员李志松主持会议，会议选举产生街道残联第六届主席团成员，选举杜伟标同志为街道新一届残联主席，聘请街道党工委委副书记、办事处主任李自钧为名誉主席。

6月8日，召开第二季度安全生产例会暨“打非治违”专题工作会议，回顾总结上半年安全生产形势，安排落实下阶段工作任务。

6月21日，开展机关调研报告座谈交流会，街道班子成员及各科室主要负责人参加座谈交流。

7月11日，组织各村书记、主任和街道中层以上干部，召开第二季度街村干部读书会，学习传达全区半年度工作汇报会暨“双重双送、合力发展”百日活动动员会议精神。

7月12日，组织建设、同一、同二等11个创建市级生态村和区级生态文明村的书记，举行生态村创建工作培训会议，部署落实下阶段生态创建工作。

7月19日，街道人大工委组织市区两级人大代表及部分党代表、政协委员，开展对区政府上半年工作和办事处招投标中心工作、最清洁城乡工程评议。

8月1日，召开土地垦造专项工作会议，部署落实垦造耕地等工作任务。

8月6日，召开机关干部会议，学习传达区委十四届二次全体（扩大）会议精神，部署安排当前工作任务。

8月16日，召开国家级生态街道创建工作领导小组会议，通报省市区环保领导检查工作情况，安排部署下阶段创建任务。

10月19日，组织派出所、城管和专业拆房队等力量，对国庆期间突击进行建设的同二、建设两村的四处320余平方米违法建筑进行强制拆除。

10月26日，召开街村干部读书会，传达贯彻落实区委十四届三次全会精神，冲刺全年目标任务，谋划明年工作思路。

同日，召开街村干部读书会，交流汇报今年前三季度工作，安排部署第四季度任务，筹划明年计划和打算。

11月8日，组织机关干部和村、社区收看十八大开幕式盛况，认真聆听胡锦涛总书记所作的报告。

11月19日，组织各村（社区）党组织书记和机关全体党员干部，传达学习党的十八大和十八届一中全会精神。

11月22日，召开城乡居民医疗保险工作会议，安排部署2013年度城乡居民医保工作。

12月20日，召开党风廉政建设考核动员大会。

12月21日，召开学习贯彻党的十八大精神专题辅导报告会。

12月31日，召开机关全体党员干部会议，学习贯彻区委十四届四次全体扩大会议和全区镇街党委（党工委）书记工作汇报会精神，部署落实当前工作，谋划打算明年思路。

2012年萧山区进化镇人民政府大事记

1月29日，组织全体机关干部收看全区2011年度总结表彰大会现场直播，听取俞志宏书记的报告。

同日，召开全体机关干部会议，贯彻落实全区2011年度总结表彰大会精神，部署开年工作。

2月9日，召开村镇建设工作专题会议，部署新一年全镇村镇建设工作，进一步明确全年村建工作要求。

2月10日，召开2011年度表彰大会暨2012年经济工作会议，会议对为进化经济社会发展作出贡献的各类先进集体和个人进行表彰。

2月22日，召开全体机关干部会议，学习传达贯彻区“两会”精神。

3月2日，召开项目推进暨“进村入企”大走访活动动员大会，全面部署项目推进工作和“进村入企”大走访活动。

3月19日，召开专题会议，布置落实开展灵活就业参保人员健康体检这一具体工作。

4月16日，召开全体机关干部会议，传达贯彻落实全区加强“三公”管理暨机关作风、效能建设和纠风工作会议精神。

4月18日，镇人大主席团组织辖区内区人大代表、镇人大代表第二代表小组全体代表对全镇教育设施建设情况进行专项视察。

4月23日，召开第十三次妇女代表大会，大会选举产生进化镇妇联第十三届执行委员会。

5月4日，召开农村基层党风廉政建设暨村务华数电视公开专题会议，会议回顾总结前阶段全镇农村基层党风廉政建设工作，并对下阶段工作进行布置。

5月5日，镇计划生育协会召开第七次会员代表大会，大会选举产生进化镇计划生育协会第七届理事会及计生协会会长、副会长和秘书长。

5月22日和23日，举办2012年度入党积极分子培训班。

6月18日，召开全体机关干部会议，紧急部署抗洪抢险工作。

6月27日，召开农民健康体检工作会议，对全镇开展第四轮农民健康体检工作进行专题动员和部署。

7月18日，镇人大主席团组织主席团和区人大代表小组全体成员召开半年度政府工作评议会，对区镇两级政府上半年工作进行认真的审议。

7月20日，召开首届全民运动会暨休闲文化节动员大会，标志着进化镇首届全民运动会暨休闲文化节拉开序幕。

8月3日，召开全体机关干部会议，学习传达贯彻区委十四届二次全体（扩大）会议精神。

8月7日，镇全体机关干部下村指导防台抗台工作。

9月3日，召开全镇党风廉政警示教育大会，组织全体机关工作人员和村三委班子成员观看警示教育片。

9月27日，召开全镇计划生育、最清洁城乡工作专题会议，分析全镇计划生育和最清洁城乡工作的现状，对下阶段全镇计划生育和最清洁城乡工作进行工作部署。

同日，召开信访维稳工作会议，全面部署落实国庆和十八大期间信访和社会稳定工作。

10月11日，举行第三届萧山区“美德标兵”优秀事迹报告会。

10月19日，召开2012年冬季征兵动员大会，传达贯彻区征兵暨退伍安置工作会议精神，全面布置2012年进化镇冬季征兵工作。

10月26日，召开镇村干部大会，传达学习贯彻区委十四届三次全体（扩大）会议精神。

11月8日，组织广大党员、干部、群众收看党的十八大开幕式盛况。

11月19日，召开镇村、企事业单位干部大会，传达贯彻学习党的十八大精神和全区领导干部会议精神。

11月28日，召开城乡居民基本医疗保险工作会议，分析2012年进化镇居民医保工作，部署2013年居民基本医疗保险工作。

12月5日，召开2012年镇党委书记履行基层党建工作责任制述职评议会，对镇党委书记履行基层党建工作责任制进行评议。

12月28日，召开全体机关干部，各村、企事业单位党组织负责人会议，传达学习贯彻区委十四届四次全体（扩大）会议精神。

12月31日，镇人大主席团组织部分区、镇人大代表一行人对6个进化镇2012年度实事工程进行视察。

2012年萧山区瓜沥镇（坎山）人民政府大事记

1月10日至11日，召开第十六届人民代表大会第一会议，会议选举产生镇人大主席、副主席，镇长和4名副镇长。

1月14日，召开全镇经济形势分析会，总结2011年度全镇工业经济工作，共商2012年的发展思路，研究部署当前任务。

1月15日，开展节前安全生产大检查，检查人员对企业负责人及有关管理人员提出安全工作措施。

2月12日，举办“文明幸福新女性”的专场招聘会。

2月29日，举办“文明幸福新女性”乒乓球大赛。

3月6日，召开“明职责、抓落实、转作风、促发展”进村入企大走访活动动员会，镇长申晓辉主持会议。

4月20日，镇“优生优育优教”三优指导中心举行启动仪式。

4月25日，召开镇总工会成立暨第二次代表会议，会议选举产生镇总工会第一届委员会和经费审查委员会。会议由镇工会副主席胡建康主持。

4月28日，召开第十五次妇女代表大会，会议选举产生镇妇联第十五届执行委员会及主席、副主席。镇党委书记夏关奎、区妇联副主席方红等领导出席会议并作重要讲话。

5月18日，召开社会综合管理暨“全警联村 一村多警”工作会议。镇副书记孙行军作政法工作报告。

5月22日，召开计划生育协会第七次会员代表大会，会议选举产生第七届理事会会长及成员。

5月25日，召开村务华数电视公开工作专题会议，对全镇19个行政村村务华数电视公开工作进行动员部署。

6月5日，召开村级班子“回头看”动员大会，镇党委、人大、政府班子成员等相关单位负责人参加会议。

6月12日，举行残疾人联合会第七次代表大会。会议选举产生镇残联第七届主席团成员，选举徐凤祥同志为镇残联主席，聘请镇党委副书记、镇长申晓辉为名誉主席。

6月29日，召开全镇党员大会，隆重庆祝中国共产党成立91周年。镇党委书记夏关奎作重要讲话。

7月5日，组织党员志愿者们走访慰问镇敬老院的老年朋友，把党的关怀和温暖送到他们心中。

7月13日，召开2012年度行政村半年工作会议，镇党委书记夏关奎、镇长申晓辉分别作重要讲话。

7月20日，召开“双重双送、合力发展”百日活动动员会。

8月1日，镇防汛指挥部召集各村（社区）单位负责人、机关干部召开会议，对防台防汛工作进行详细部署。

8月6日，召开全体机关干部会议，学习传达贯彻区委十四届二次全体（扩大）会议精神。

8月10日，开展安全生产大检查活动，全面排除安全隐患，维护生产安全。

9月13日，组织开展社会治安大清查活动，为迎接党的十八大胜利召开营造良好的社会治安环境。

9月29日，召开共青团坎山镇第二十五次代表大会，大会选举产生共青团坎山镇第25届委员会。

10月10日，镇残联、镇社区卫生服务中心，邀请区精卫办5名专业心理师，组成志愿者队伍，针对老年人群开展精神健康宣传活动。

10月18日，镇人大主席团组织辖区内市、区人大代表及主席团成员对镇农业产业化工作开展视察。

10月30日，召开镇机关干部大会，传达贯彻区委十四届三次全体（扩大）会议精神。

11月8日，召开村会计出纳双代理工作动员会，对全面推进村会计出纳双代理工作进行部署。

11月19日，镇全体机关干部集中学习传达十八大精神，会上镇党委书记夏关奎就十八大报告重点要点内容进行传达、解读和贯彻，对现阶段工作和明年工作思路进行布置。

12月5日，镇辅导学校召开教育系统学习宣传“十八大”精神报告会。

12月24日，开展机关全体干部周学习会，就现阶段气温骤降、出现严重冰冻的气象状况，如何做好防寒防冻工作进行传达和布置。

12月27日，联合公安、交通、消防、卫生防疫等部门对全镇11所中小学校及幼儿园进行校园安全大检查。

2012年萧山区楼塔镇人民政府大事记

1月5日，组织交警、运管、派出所干警等人员对全镇校园车辆进行专项整治，并开展交通安全宣传教育。

1月10日，召开第十五届人民代表大会第一次会议。与会代表审议通过《楼塔镇人民政府工作报告》《楼塔镇人大主席团工作报告》和镇财政预决算工作报告，选举产生新一届人大主席团领导班子和镇人民政府领导班子。

1月17日，镇村干部分片分组，走访慰问全镇630多户困难农户、困难党员以及退休干部。

2月7日，召开2011年度总结表彰暨经济发展动员大会。

2月15日，召开专题会议，交流春节以来的社会治安动态，排查分析当前治安隐患及信访热点难点。

2月24日，召开项目落实专题会议，各职能部门分管领导汇报交流今年主要工作任务以及人大代表建议意见的落实情况。

3月26日，专门下文件，要求各村单位切实做好山林防火工作，落实全镇山林全天巡视和分段包干制度，增加山林护林力量，实行护林联防联管。

3月28日，召开区镇两级人大代表履职培训会。

3月30日，召开镇总工会成立暨第二次代表大会。

5月7日，召开机关思想作风建设总结会，3名机关干部就工作思想剖析发言。

5月10日，镇党委、人大、政府召开座谈会，与会领导围绕即将实施的“两代表一委员”开展“建言力行，发挥作用”主题活动，纷纷发表意见建议。

5月14日，召开计划生育协会第七次会员代表大会，大会听取并审议通过楼塔镇计生协会第六届理事会工作报告，选举产生楼塔镇计生协会第七届理事会和计生协会会长、副会长、秘书长。

6月6日，镇妇联向全镇党员领导干部发送一封家庭助廉倡议书，号召全镇党员领导干部家属争做反腐倡廉的表率。

6月18日，镇机关全体干部到辖区落实防汛救灾工作。

7月13日，镇党委、政府组织镇党政班子成员及各村（社区）党组织书记、主任赴桐庐实地考察学习“美丽乡村”建设。

7月14日，召开各村（社区）书记、村主任半年总结汇报会，全镇13个村（社区）的党组织书记回顾总结上半年工作，明确下半年工作思路和工作重点。

7月26日，召开中层以上干部会议，总结上半年工作经验，理清下半年工作思路。

8月7日，镇全体机关干部深入辖区落实防台工作举措，对重点地方进行全面检查，确保人民群众的生命财产安全。

8月14日，党委政府分组慰问奋战在一线岗位的民警、环卫工人、建筑工人以及敬老院孤寡老人，向他们送上“清凉”的问候。

8月23日，镇人大主席团组织市、区两级人大代表分三片对全镇10余家重点企业开展安全生产及相关工作情况进行视察。

9月7日，召开庆祝第28个教师节暨优秀教育工作者表彰大会。楼塔镇镇长沈水良主持表彰大会。

9月11日，镇纪委组织部分中层干部举办网络“公述民评”培训，及时对镇部分中层干部进行网上评测。

9月21日，召开专门会议，部署安全生产及党的“十八大”期间的消防安全保卫战工作。

10月12日，举行第三届萧山区“美德标兵”优秀事迹报告会，镇全体机关干部、村（社区）三委干部、事业单位负责人及村宣传文化员共200多人仔细聆听美德标兵的优秀事迹。

11月8日，组织全体机关干部认真收看党的十八大开幕式，聆听胡锦涛同志所作的重要报告。

11月19日，召开全镇干部会议，学习传达贯彻党的十八大会议精神。

12月28日，对村（社区）三委干部开展“双述双评”活动。

12月31日，召开第十三届代表大会第二次会议，镇党委书记王建明，镇长沈水良，镇人大主席楼良基，镇党委副书记俞万昌，镇党委委员、分管组织柳玉华等相关领导出席此次会议。会议还开展“镇党委书记履行基层党建工作责任制情况述职报告”评议，并通过中共楼塔镇委员会工作报告和中共楼塔镇纪律检查委员会工作报告。

2012年萧山区宁围镇人民政府大事记

1月1日，召开学习贯彻区第十四次党代会精神专题会议。

1月8日至9日，召开第十五届人民代表大会第一次会议，大会选举曹柏华为镇人大主席团主席，王颂胜为副主席，来刚为宁围镇人民政府镇长，余生德、高凤良、陈裕昶、楼永钧、宋云亮、徐妙华为副镇长。

1月10日，召开经济工作会议，回顾总结2011年的经济工作，分析当前经济形势，对2012年经济工作进行全面部署。

2月9日，召开2011年度总结表彰大会，会议表彰和奖励各条战线涌现出的先进集体和个人，并对2012年“建设共同富裕、文明幸福新宁围”的各项工作进行动员和部署。

2月14日，召开治安工作会议，对2011年度先进集体和个人进行表彰，并就2012年各项治安维稳工作进行进一步部署。

3月6日，召开全体机关干部大会，学习传达杭州市第十一次党代会精神。

3月14日，召开2012年政府重点工作暨人大代表建议交办专题工作会议，主要就宁围镇十五届人大一次会议提出的29条建议以及2012年为民办十件实事、四十项重点工作责任进行分解落实。

3月28日，镇工会召开第二次代表大会，大会选举产生镇总工会第一届委员会委员、主席、副主席和经费审查委员会委员、主任。

4月16日，召开征迁安置“双过千”动员大会，对全镇2012年实现征迁、安置双超1000户的工作任务进行全面部署。

4月23日，召开第十五次妇女代表大会，会议选举产生镇妇联第十五届执行委员会及主席、副主席。

4月27日，召开征迁安置“双过千”工作进度汇报会，总结工作进程并对“双过千”任务再动员再部署再落实。

5月10日，召开计划生育协会换届选举准备工作会议，对宁围镇计划生育协会换届选举工作作了进一步的安排和部署。

5月18日，召开计划生育协会第七次代表大会，听取并审议曹柏华同志代表镇计生协会第六届理事会所作的工作报告，选举产生第七届理事会会长及成员。

5月28日，镇人大组织区、镇两级人大代表对宁围镇文化建设工作进行视察。

6月9日，举行残疾人联合会第七次代表大会，曾善飞同志代表宁围镇残疾人联合会第六届理事会向大会作工作报告。

6月15日，召开全镇干部大会，部署传达学习贯彻省第十三次党代会精神的有关工作。

6月29日，召开纪念中国共产党成立91年周年暨表彰大会，会议表彰全镇2011年度先进党组织、党员积极分子，并举行新党员入党宣誓仪式。

8月3日，召开全镇干部大会，及时传达贯彻全会精神，结合实际谋划贯彻全会精神的新举措。

8月14日，举行经济工作半年总结暨形势分析报告会，全面总结上半年经济工作，深入分析当前经济发展形势，并对下半年经济工作进行安排部署。

8月20日，举行人大代表听取政府工作报告会，评议政府上半年工作报告。

9月2日，召开党风廉政建设大会，镇党（工）委书记朱先良出席会议并作专题讲话。

9月12日，镇人大组织区、镇两级人大代表对农业发展局工作情况进行评议，同时听取农业副镇长、规划建设副镇长两位副镇长的履职报告。

10月11日，召开“市级药品安全示范镇”创建工作动员会，积极组织开展“药品安全示范镇”创建工作。

10月12日，举行宣传推介媒体恳谈会，共话钱江世纪城发展大计。

10月19日，召开2012年冬季征兵工作动员大会，拉开宁围镇今冬征兵工作的序幕。

11月6日，召开村级会计出纳双代理工作动员会，就全面推进村会计出纳双代理工作进行安排部署。

11月19日，召开学习贯彻十八大精神专题会议，镇长来刚主持会议并发表重要讲话。

12月2日至3日，召开领导班子工作务虚会，围绕贯彻落实党的十八大、区委第十四届三次会议精神，研究探讨2013年工作思路。

12月15日，镇商会召开第四届会员代表大会，大会选举产生镇商会第四届执委会委员。镇党委委员、副镇长高凤良当选为镇商会第四届会长，聘请区委常委、党委书记朱先良为名誉会长。

2012年萧山区浦阳镇人民政府大事记

1月9日至10日，举行第十六届人民代表大会第一次会议，大会选举孙培源为镇人大主席，汪志均为镇长，孙汤勇为镇人大副主席，来萍、张明、裘庆本和颜泽平为副镇长。

1月30日，镇党委、人大、政府班子成员会同镇经发办全体人员到全镇30家强长型企业走车间、作座谈，解企业节后生产情况，与企业老总们共商发展良策。

2月29日，镇党委、政府与全镇18个村和有关企事业单位分别签订党风廉政建设、综治维稳、信访工作、公共卫生、住房改造、拆违控违、国土资源、森林防火等8份责任书。

3月9日，举行“进村入企”大走访汇报会，就下阶段大走访进行具体安排。

3月20日，会同区农业局、气象局、科技协会等部门开展科技下乡，服务三农活动。

3月29日，镇总工会召开成立暨第二次代表大会，大会选举产生浦阳镇总工会第一届委员会和经费审查委员会。

4月1日，镇党委、政府召开2012年度人口与计划生育工作大会，会议回顾总结2011年工作，分析新时期计生工作面临的困难和存在的问题，明确今年工作重点和要求。

4月18日，召开第十六次妇女代表大会，大会回顾总结浦阳镇第十五次妇女代表大会以来的妇女工作，研究确定今后五年浦阳妇女事业发展的目标任务，选举产生浦阳镇妇联第十六届执行委员会。

4月18日至20日，镇党委政府工作人员分成小组对全镇18个村的党务、村务、财务工作进行检查。

5月8日，组织各行政村三委干部及全体机关干部参加村级班子“回头看”动员会，镇党委书记沈德潮就如何搞好“回头看”活动作重要讲话。

5月11日，镇纪委组织全体机关干部及各行政村三委班子成员来到南郊监狱的法纪教育基地，现场接受警示教育。

5月21日，举行村务华数电视公开业务培训，就如何按时做好村级组织机构、各项制度、党务、财务、事务、公示公告等方面信息数据的收集汇总、梳理归类、数据报送等进行业务辅导。

6月6日，举行残疾人联合会第七次代表大会，大会选举产生新一届的残联主席团，并聘请镇长汪志均为残联名誉主席。

6月8日，邀请区消防大队、区安监局的工作人员对浦阳镇辖区的村企消防安全负责人进行培训。

6月29日，镇党委举行庆祝中国共产党成立91周年纪念表彰大会，镇领导班子全体成员在主席台就座，镇党委书记沈德潮在大会上作党课报告。

7月11日，召集机关分管领导和各职能部门负责人，汇报交流今年实事工程推进情况，保证全镇民生实事工程的顺利推进。

7月20日，召开“双重双送、合力发展”百日活动动员会暨镇工业经济形势分析会，总结全镇工业经济工作，安排部署下半年各项工作。

7月27日，组织各行政村书记及党务干部举行深化“网格化管理、组团式服务”工作会议。

8月28日，组织全体机关干部和各村、事业单位主要负责人收看廉政警示教育片《错位的追求》。

9月27日，召开共青团浦阳镇第二十次代表大会，大会选举产生共青团浦阳镇第二十届委员会委员和出席共青团萧山区第二十一次代表大会代表。

9月28日，镇领导班子成员分组开展节前安全检查，对发现存在的安全隐患当即督促有关单位落实限期整改措施，确保节日期间安全有序。

同日，组织镇综治办、计生办人员在镇协警、城管巡防队员的配合下对全镇18个村开展流动人口检查。

10月21日，组织各行政村书记、主任、民兵连长、文书以及全体机关干部就2012年冬季征兵工作和村会计出纳双代理工作举行动员会。

10月25日，镇人大主席团组织部分区、镇两级人大代表对浦阳镇11万伏变电所和“三校合一”工程进行实地视察。

11月19日，组织各村主任、文书等相关人员举行动员会，并进行业务培训，全面部署居民医保工作。

2012年萧山区新街镇人民政府大事记

1月4日，镇党委组织机关全体干部学习区十四次党代会精神，谋划好新街镇新一年的工作。

1月9日至10日，召开第十六届人民代表大会第一次会议。会议选举宋宇为新街镇镇长，李新、许建平、唐岳法、陆姣英为副镇长，夏正昌为镇人大主席团主席，王仁云为副主席。

1月29日，镇机关全体同志收看萧山区2011年度总结表彰大会实况，听取俞志宏书记的报告。

2月21日，召开全镇领导干部会议，学习贯彻区“两会”精神。

同日，召开全镇社会综合治理工作会议。会议分析2011年全镇社会综合治理工作情况。

2月25日，组织镇机关全体同志收看中国共产党杭州市第十一次代表大会开幕式实况，聆听省委常委、杭州市委书记黄坤明的报告。

3月8日，召开镇村干部大会，全面部署镇机关干部进村入企大走访活动。

3月27日，召开第十六次全镇妇女代表大会，会上选举产生新一界镇妇女联合会。这标志着全区镇街妇联换届工作全面展开。

3月30日，举行花城名苑安置分房工作。

4月13日，召开计划生育工作会议，会议要求全镇扣清底子，加强宣传，提高服务，严格考核，全面提高全镇计划生育管理服务水平。

5月10日，镇计划生育协会召开换届选举工作会议，副镇长陆姣英主持会议，选举产生新一届理事会会长、副会长、名誉会长和秘书长。

同日，召开计划生育协会第七次会员代表大会，会议听取并审议通过新街镇计生协会第六届理事会工作报告，选举产生新街镇计生协会第七届理事会和计生协会会长、副会长和秘书长，聘请镇长宋宇为名誉会长。

6月5日，召开在安全生产领域开展“打非治违”专项行动动员会，以全面提升新街事故防范的组织协调能力，有效遏制和减少各类事故的发生。

6月18日，召开农民健康体检工作专题会议，全面部署农民体检工作。

6月28日，举行纪念中国共产党成立91周年暨表彰大会。镇党委表彰2011年度全镇先进党组织和党员积极分子，镇党委书记顾春晓向全镇党员报告新街近年来经济和社会发展情况及今后发展目标。

7月11日，举办人口形势暨计生政策专题讲座。

7月25日，镇妇联、计生办举办年轻职工“三优”知识讲座。

8月2日，镇党委、政府专门召开防汛抗台工作会议，切实做好防台抗台工作。

8月3日，召开全镇干部大会，传达贯彻区委十四届二次全体（扩大）会议精神。

8月31日，召开共青团新街镇第二十次代表大会，标志着全区镇街团委换届正式拉开序幕。大会选举产生镇团委第二十届委员会委员和出席共青团萧山区第二十一次代表大会代表。

9月5日，举办2012年食品安全工作培训班，全镇各食品经营户、企业代表共80多人参加培训班。

9月26日，镇党委举行入党积极分子培训会议，全镇77名入党积极分子参加培训学习。

同日，召开民营企业“双聚”活动推进会暨经济形势专题讲座。会议动员部署民营企业“双聚”活动，并邀请浙江经视著名新闻评论员舒中胜对当前中国的经济发展形势作分析。

10月22日，召开全镇村级三资管理和出纳代理工作会议，对村级三资管理和出纳代理工作作出部署。

10月26日，开展机关中层干部“公述民评”活动，邀请全镇60多名各具代表的干部群众参加评议，进一步强化政府各部门的责任意识。

10月30日，召开十八大安保工作动员会，全面部署十八大期间的安保工作。

11月5日，联合派出所对全镇流动人口开展治安大清查。

11月8日，镇党委组织镇机关全体同志收看中国共产党第十八次全国代表大会实况。

11月21日，召开2013年农医保续保工作会议，全面启动2013年新街镇农医保续保工作。

12月31日，召开机关、村（企）干部会议学习贯彻区委十四届四次会议精神，做好年关及部署新一年的各项工作。

2012年萧山区益农镇人民政府大事记

1月9日，镇党委书记杨晓峰，镇党委副书记、镇长肖伟飞，镇人大主席钱月明等领导分组到各行政村，走访慰问益农镇困难党员和特困群众，为他们送去党和政府的关怀。

1月10日，召开年终总结交流会，镇机关全体成员参加会议。

1月12日，召开第十届人民代表大会第一次会议，镇党委书记杨晓峰主持会议。大会主席团全体成员和镇党政领导班子成员在主席台就座。

2月8日，镇人口和计划生育办公室组织召开年后第一次工作布置会议，镇计生办全体工作人员参加会议。

2月22日，召开“环境立城”大讨论活动座谈会。

2月27日，召开联村干部工作汇报会，镇党委书记杨晓峰在会上作工作指导。

3月5日，召开人大代表议案、建议交办会，对镇十届人大一次会议期间收到的议案、建议进行交办，确保相关议案、建议的办理落到实处。

3月12日，举行“森林村庄”建设启动仪式，镇长肖伟飞主持启动仪式，镇党委书记杨晓峰在启动仪式上讲话。

3月15日，召开镇总工会成立暨第二次代表大会，大会选举产生益农镇总工会第一届委员会委员和经费审查委员会委员。吴远东、傅华忠分别当选为益农镇总工会主席、副主席。

4月25日，召开创建国家级卫生镇动员大会，镇党委书记杨晓峰强调创建国家级卫生镇的重点，并明确任务。

4月26日，镇团委开展迎“五四”志愿者广场便民服务活动。

4月28日，召开“2011年度益农镇计划生育婚育新风示范户”表彰大会。

5月15日，召开全镇干部大会，镇党委书记杨晓峰对第二季度的工作作具体安排。

5月18日，镇计划生育协会召开第七次会员代表大会，大会选举产生新一届理事会理事。钱月明当选为镇计生协会第七届理事会会长，李敏芳、沈常生当选为副会长，张丽琴当选为秘书长。大会聘请镇党委副书记、镇长肖伟飞为名誉会长。

5月25日，召开菜籽油加工作坊专项整治工作会议，部署菜籽油加工作坊整治工作。

6月13日，举办农民建房法律政策培训会，镇党委委员、城建副镇长高建灿主持会议。

6月25日，召开纪念中国共产党成立91周年党员大会，会议对2011年度益农镇各条战线涌现出来的先进党组织和党员积极分子进行表彰，并举行新党员入党宣誓仪式。

6月26日，召开村务华数电视公开工作会议，对全镇村务华数电视公开工作进行动员部署。

7月17日，镇总工会召开工作会议，回顾总结工会上半年工作，对下半年工作进行安排部署。

7月19日，召开第二季度安全生产暨食品安全工作例会，总结分析2012年以来安全生产情况，研究部署下一阶段安全生产和食品安全工作。

7月23日，召开半年度工作会议暨“双重双送、合力发展”百日活动动员会，镇党委书记杨晓峰作重要讲话。

8月2日，召开防台抗台紧急会议，部署2012年第九号台风“苏拉”防御工作。

8月6日，召开干部大会，学习贯彻区委十四届二次全体（扩大）会议精神。

8月17日，召开创建国家卫生镇工作例会，总结交流前一阶段创卫工作进展情况，研究解决当前工作中遇到的困难和问题，安排部署下一阶段工作任务。

10月12日，举行第三届萧山区“美德标兵”优秀事迹巡回报告会。镇机关全体干部、村（社区）干部群众代表等聆听“美德标兵”平凡而感人的先进事迹。

11月8日，组织广大党员干部群众认真收看十八大开幕式盛况，聆听胡锦涛总书记所作的工作报告。

11月21日，组织机关干部，村（社区）书记、主任，企事业单位负责人集中学习党的十八大精神。

12月10日，镇人大主席团召开会议，听取和审议政府为民办八大实事工程进展情况汇报，确保实事工程如期完成，使“民心工程”真正取信于民。

12月20日，举行2012年慈善分会年会暨第二期“特别关爱行动”结对仪式。

2012年萧山区临浦镇人民政府大事记

1月8日，临浦镇综合农贸市场暨首届购物节举行隆重开幕仪式，区领导蒋金梁、赵立明、叶永浩出席开幕仪式并致辞。

1月10日，临浦镇对全镇范围内的重点单位进行安全生产大检查，督促各单位抓好春节期间的安全工作，确保全镇人民度过一个欢乐、祥和的春节。

1月11日，临浦镇召开第十六届人民代表大会第一次会议。全镇各条战线的人民代表出席会议，共商新一年临浦发展大计。

2月3日，临浦镇举行2011年度总结表彰暨2012年项目推进动员大会。镇党委书记姜继呈在会上作重要讲话。

2月21日，临浦镇召开学习贯彻区“两会”精神工作会议，要求全镇结合临浦实际，为“打造现代生态小城市，建设文明幸福新临浦”提供强劲动力。

2月28日，临浦镇新的社会阶层联谊会举行首届年会，总结过去，展望未来。镇领导李书春、陈文红、沈爱娟、裘利松参加会议。

3月2日，临浦镇召开信访工作会议暨“走村入企”大走访动员会，正式启动“进村入户办实事，进厂入企促发展”大走访活动。

3月12日，临浦镇机关干部、新河村干部群众一起来到义大线旁新河村新农村区块植树造林，美化家园。

3月30日，临浦镇总工会举行第十四届代表大会。会议选举产生镇总工会第十四届委员会及经费审查委员会。

4月6日，临浦镇召开村（社区）干部“回头看”动员大会。全镇工作人员参加会议。会议提出临浦镇村（社区）班子建设“回头看”的总体要求。

4月23日，临浦镇召开保洁员表彰大会，对46名2011年度最佳卫生保洁员和171户2011年度“花园式”家庭户进行表彰。

4月25日，临浦镇召开第一季度工业经济工作会议，迅速贯彻全区产业提升暨工业经济大会精神。

5月16日，临浦镇召开计划生育协会第七次会员代表大会，大会选举产生临浦镇计生协会第七届理事会和计生协会会长、副会长、秘书长。

5月22日，临浦镇举行残疾人联合会七次代表大会。会议选举产生镇残联七届主席团成员，选举邵祝良同志为镇残联主席，聘请临浦镇党委副书记、镇长李书春为名誉主席。

6月6日，临浦镇举办夏季消防安全形势会，组织相关人员前往义桥实地踏看“5•31”火灾事故现场，通报“5•31”火灾情况，分析今夏消防工作面临的严峻形势，明确下一阶段消防安全工作的重点和方向。

6月15日，临浦镇召开半年工作总结交流会，总结上半年工作，部署下半年任务。

6月25日，临浦镇举行庆祝建党91周年大会。会议表彰创先争优先进党组织、优秀党务工作者和2011年度党员积极分子。

7月13日，临浦召开全镇消防安全重点单位户籍化管理动员大会。临浦80家重点单位消防安全负责人参加培训。

7月13日至14日，临浦镇举行村（社区）书记主任半年工作会议。镇党委副书记、镇长李书春总结上半年全镇工作，对下半年工作进行部署和安排。

7月26日，临浦镇召开2012年“最清洁城乡工程”半年总结会议。会议总结临浦镇上半年来“最清洁城乡工程”的各项工作开展情况，并部署下半年工作计划。

8月6日，临浦镇召开防台紧急工作会议，传达区委防台紧急会议精神，积极部署各项防御台风的工作。

8月10日，临浦镇召开学习贯彻区委十四届二次全体（扩大）会议精神暨经济形势报告会，深入开展“双重双送、合力发展”百日活动。

8月21日，临浦镇举办流通环节食品安全培训会，以切实提高流通环节食品经营者法律法规意识及食品安全管理水平，有效消除食品安全风险隐患，保障人民群众食品消费安全。

9月6日，临浦镇召开网络问政工作会议。党委副书记陈文红作重要讲话。

9月15日，临浦镇召开镇党风廉政监督员座谈会，镇纪委书记李建红通报上半年工作情况。

9月17日，临浦镇召开全体机关干部会议，要求全镇机关干部要认真学习有关廉洁自律的各项规定要求，进一步提高廉洁意识、节俭意识和法纪观念。

10月15日，临浦文化站会同临浦公安、城管、工商及萧山文化稽查大队一行21人，对临浦范围内的文化市场进行联合执法。

10月16日，临浦镇举行共青团第二十二次代表大会。会议选举产生共青团临浦镇第二十二届委员会和出席区第二十一次团代会代表。

10月18日，临浦镇召开征兵工作动员大会，全面部署今冬征兵工作。

11月8日，临浦镇广大党员、干部、群众认真收看党的十八大开幕式盛况。

11月16日，临浦镇召开全体机关干部会议，学习贯彻党的“十八大”精神。会议认真学习党的“十八大”决议、习近平总书记在中外记者见面会上的讲话精神。

11月23日，临浦镇召开03省道临浦段沿线环境综合整治工作会议。会上，对03省道临浦境内道路两侧区域综合整治工作进行部署。

12月10日，临浦镇举行十八大精神专题辅导报告会。镇党委书记姜继呈进行总结讲话。

同日，临浦镇会同城管、交通、环保、公安、工商、供电、水务等相关职能部门对03省道沿线环境开展集中执法整治，联合清理无证无照加工点，取缔违法占道经营行为、违法建设等行为，并对已清理的场地进行绿化。

12月14日，临浦镇召开中层以上干部务虚会。会议回顾总结2012年以来的各项工作，深入分析当前面临形势，认真谋划今后一个时期特别是2013年的发展思路。

2012年萧山区闻堰镇人民政府大事记

1月9日，闻堰镇召开第十六届人民代表大会第一次会议，来自全镇各行各业的代表和全体列席的人大代表欢聚一堂，共商闻堰今后发展大计。

1月16日，闻堰镇党委、人大、政府的领导，分成小组冒雨走访慰问辖区特困户、残疾人家庭，看望住在过渡房的部分拆迁户，向他们送上新年祝福和慰问品、慰问金。

2月10日，闻堰镇召开2011年度总结表彰暨经济工作会议。会议总结经验，表彰先进，动员全镇广大干部群众把握新要求，明确新任务，再创新辉煌，全力建设文明幸福的新闻堰。

2月20日，闻堰镇通过由杭州市委宣传部组织的杭州市基层文化建设示范点检查验收，成为萧山区唯一推荐并通过的杭州市基层文化建设示范点。

2月21日，闻堰镇召开全镇领导干部会议，学习贯彻区“两会”精神。

3月6日，闻堰镇举行庆祝“三八”国际劳动妇女节表彰大会暨计划生育工作会议。镇领导陆敏、莫建楠、施炬兴、周红英出席大会。

3月30日，闻堰镇举办宣传文化干部培训班，深入贯彻落实全区宣传思想工作会议精神，进一步加强基层宣传文化队伍建设，提高村级宣传文化干部的素质。

4月5日，闻堰镇举行总工会成立暨工会第二次代表大会。大会认真总结闻堰镇工会工作取得的成绩，部署今后五年工会发展的目标和主要任务，选举产生第一届总工会委员会、经费审查委员会。

4月27日，闻堰镇召开“最清洁城乡”工程推进会，专题研究当前“城乡清洁工程”工作所存在的问题，并对未来一年的“最清洁城乡”工作进行部署。

4月28日，闻堰镇机关和黄山、闻兴村的党员干部，手拿扫把、铁铲、镰刀等清扫工具在裴瑛路参加“迎五一”义务劳动。

5月8日，闻堰镇召开纪念建团90周年暨2011年表彰大会，镇党委副书记施炬兴、团区委副书记丁熠峰出席会议。

5月11日，闻堰镇召开机关聘用人员队伍建设，镇党委副书记施炬兴发表讲话。

5月28日，闻堰镇政府、湘湖管委会会同公安、电力、城管、消防等部门，对辖区内的重点地方进行安全生产大检查。

6月7日，闻堰镇召开消防安全工作会议暨消防安全培训，传达贯彻萧山区消防安全工作现场会精神，结合闻堰镇实际，，深入排查安全隐患，防范各类事故的发生。

6月12日，闻堰镇举办社区管理培训班，全镇4个社区工作人员和房地产开发单位负责人参加培训。

6月25日，闻堰镇召开机关全体干部会议，通报机关机构设置和人员岗位调整事项。

7月4日，闻堰镇党(工)委书记韩长来率班子领导以及相关部门、社区负责人专程赴上城区清波街道考察取经，学习城市管理经验。

8月7日，闻堰镇百名机关干部下村下厂指导防台工作，对湘湖景区、建筑工地、各类危房、临时工棚和江堤开展安全巡查。

8月27日，闻堰镇召开党风廉政建设大会。区委常委、纪委书记郎文荣出席会议并作专题讲话。湘湖新城•闻堰镇党(工)委书记韩长来主持会议。

9月30日，“闪亮我舞台•舞动萧然”区第二届镇街舞蹈大赛（闻堰赛区）复赛在闻堰镇文体中心广场拉开序幕。

10月26日，2012萧山区暨闻堰镇全民终身学习活动周开幕式在闻堰镇文化广场隆重举行。区委常委、宣传部长叶建宏参加开幕式并宣布2012年萧山区全民终身学习活动周开幕。副区长黄晓燕作重要讲话。

10月29日，闻堰镇召开湘湖农场居民房屋整体搬迁动员大会。这标志着该区块的征迁工作全面启动。

11月21日，闻堰镇召开学习贯彻十八大精神专题会议。湘湖新城管委会主任、闻堰镇镇长陈炯林主持会议，闻堰镇党（工）委书记韩长来传达党的十八大会议精神，并对当前和下一阶段的工作进行部署。

12月11日，闻堰镇举行2012年新兵入伍欢送会。闻堰镇党(工)委领导、镇征兵工作领导小组全体成员及入伍新兵所在村（社区）负责人等参加欢送会。

2012年萧山区衙前镇人民政府大事记

1月4日，衙前镇组织全体机关干部学习区第十四次党代会精神。

1月12日至13日，衙前镇召开第十五届人民代表大会第一次会议。大会依法选举徐火清为镇第十五届人大主席团主席，倪小红为镇人大副主席。孙建平为衙前镇人民政府镇长，王国祥、顾先德、楼忠、楼航为副镇长。

1月16日，衙前镇召开2012年安全生产工作会议。会议总结去年全镇的安全生产、消防和道路交通安全工作，明确今年的目标任务。

2月9日，衙前镇召开2011年度总结表彰暨2012年经济发展动员大会。会议对辖区内各类先进集体和先进个人进行表彰。

2月21日，衙前镇召开机关会议，专门传达学习区两会精神。

2月25日，衙前镇组织干部群众收看杭州市第十一次党代会开幕式。聆听省委常委、市委书记黄坤明代表中国共产党杭州市第十届委员会所作的报告。

3月15日，衙前镇召开工业经济工作会议。镇党委书记周吾灿到会并讲话。镇长孙建平主持会议。

3月22日，衙前镇召开项目推进工作会议，听取镇村2012年拟建公共项目调查摸底情况。

3月31日，衙前镇举行总工会成立暨衙前镇工会第二次代表大会，选举产生衙前镇总工会第一届委员会和经费审查委员会。

4月10日，衙前镇召开信访、政法综治暨深化平安创建工作会议。镇党委书记周吾灿到会并讲话。

4月11日，衙前镇计划生育协会召开第七次会员代表大会，选举产生衙前镇计划生育协会第七届理事会。

4月27日，衙前镇召开第十六次妇女代表大会，选举产生衙前镇妇联第十六届执行委员会。

5月8日，衙前镇举行文化事业建设座谈会。邀请相关部门负责人和代表，就发展文化事业献计献策。

5月16日，衙前镇召开思想作风建设总结会，全面回顾总结本次活动的成果，部署当前的工作。

5月21日，衙前镇召开美丽乡村建设暨城镇环境整治百日行动座谈会。镇长孙建平参加并提出要求。

6月4日，衙前镇召开“最清洁城乡”工程第二季度工作例会。镇党委副书记张纪周主持会议。

6月12日，衙前镇召开干部大会，部署传达学习贯彻省第十三次党代会精神的有关工作。

6月29日，衙前镇举行纪念中国共产党成立91周年暨表彰大会，表彰全镇先进基层党组织和党员积极分子。

7月11日，衙前镇人大听取镇政府上半年财政预算执行情况和建议办理、实事工程推进情况汇报。

7月17日，衙前镇妇联召开半年度工作总结会议，回顾总结上半年衙前镇妇联工作，并谋划部署下半年工作。

7月30日，衙前镇举行半年度经济形势分析暨商会换届大会，镇商会进行换届工作，聘请周吾灿、孙建平为衙前镇商会名誉会长。

8月2日，衙前镇召开紧急会议，传达区防台工作会议精神，结合实际，部署防台工作。

8月10日，衙前镇举办村监会培训班。区纪委沈主任应邀给镇各行政村村监会班子人员进行业务培训。

8月30日，衙前镇首届“十大美德标兵”评选活动正式启动。

9月3日，衙前镇召开第三届文化艺术节开幕式投标单位工作会议。镇党委书记周吾灿、镇长孙建平、镇党委副书记张纪周参加会议，镇文教卫副镇长王国祥主持会议。

9日12日，衙前镇召开“最清洁城乡”工程第三季度工作例会，镇清洁办组织相关人员进行全镇最清洁城乡工程第三季度现场考评活动。

9月21日，衙前镇消防委组织召开消防安全工作会议，镇人武副部长周建仁主持会议。

10月13日，衙前镇举行首届“十大美德标兵”表彰大会暨优秀事迹报告会。镇党委副书记、镇长孙建平作重要讲话并宣布“幸福衙前”首届十大美德标兵优秀事迹巡讲启动。

10月19日，衙前镇召开2012年冬季征兵工作动员大会。会议总结2011年全镇冬季征兵工作，动员部署今冬征兵工作。镇长孙建平出席并讲话。

10月29日，衙前镇召开会议传达学习区委十四届三次全体（扩大）会议精神。镇党委书记周吾灿出席并讲话。

11月8日，衙前镇组织机关、行政村（社区）党员干部收看十八大开幕式。

11月19日，衙前镇召开干部大会学习贯彻党的十八大精神，镇党委书记周吾灿重点就学习宣传好贯彻好党的十八大精神作出部署和要求。

11月23日，衙前镇总工会举办全镇基层工会主席培训班，镇总工会副主席郭吾林主持会议，特邀省总工会干部学校徐小洪教授授课。

2012年萧山区义桥镇人民政府大事记

2月8日，义桥镇妇联等联合部分企业开展“新春送岗位，三八架金桥，送法进万家”活动。

2月13日，义桥镇召开2011年度总结表彰暨2012年经济发展动员大会。镇党委副书记赵青主持会议。

同日，义桥镇纪委、监察室对机关效能开展自查，督促机关干部职工及时收心，严格遵守效能建设“四条禁令”及有关补充规定。

3月3日，义桥镇举行学雷锋春泥计划系列活动的启动仪式。

3月7日，义桥镇党委吴波书记与赵青副书记等同志看望慰问退休和离岗的村级妇女干部，为她们送去一份党委政府的关怀。

3月21日，义桥镇召开森林防火专题会议，对2012年清明期间的森林防火和消防工作作出部署。

4月12日，义桥镇党委政府举行行政村（社区）工作季度点评会，调动干部的工作积极性，提高村级办事效率。

4月23日，义桥镇举行品牌文化广场、农家书屋建设现场推进会，全镇各行政村（社区）宣传委员、宣传文化员参加会议。

4月27日，义桥镇举办计生网格化信息员培训会。

5月4日，义桥镇召开全镇宣传文化员会议，部署义桥镇开展第三届全区美德标兵的评选工作，全面发动萧山区第三届美德标兵的评选工作。

5月22日，义桥镇计划生育协会召开第七次会员代表大会，会议回顾总结过去五年镇计生协会工作情况，明确今后五年目标任务，并选举产生镇计生协会第七届理事会。

5月24日，义桥镇召开信访维稳工作专题会议。义桥镇书记、镇长、政法书记、纪委书记、派出所长及各办主任与信访办全体人员参加会议，会议由政法书记主持。

6月15日，义桥镇举行残疾人联合会第七次代表大会。会议回顾总结义桥镇残疾人联合会第六次代表大会以来的工作，明确今后五年义桥镇残联工作的目标任务，为全面建设小康社会，构建和谐社会作出积极的努力。

6月18日，义桥镇召开镇机关干部会议，部署全镇的防汛排涝工作。

6月27日，义桥镇组织机关全体党员干部认真收看萧山区庆祝中国共产党成立91周年暨表彰大会的现场直播实况。

7月7日，义桥镇组织各行政村（社区）书记、主任，到桐庐县参观学习，并对今年上半年工作进行季度点评，以促进各项工作的进展。

7月26日，义桥镇党委政府有关领导走访慰问部分退伍军人、残疾军人，并给他们送去慰问金和节日问候。

8月2日，义桥镇召开防御第9号“苏拉”强台风工作紧急会议，并在会议后对镇防台防汛工作进行周密部署。

8月3日，义桥镇召开党委、人大、政府班子人员会议，传达贯彻区委十四届二次全体（扩大）会议精神。

8月24日，义桥镇就如何加强学校的安全保卫工作提出具体措施，以确保学校安全工作落到实处。

9月3日，义桥镇组织全体机关工作人员、各村（社区）书记进行警示教育，集体观看萧山纪委监察局制作的《错位的追求—近年来萧山区工程建设领域腐败案件剖析》警示教育片。

9月10日，义桥镇党委、人大、政府举行庆祝教师节座谈会，邀请全镇教师代表、退休教师代表和各所学校负责人进行热烈座谈，共商教育发展大计。

9月27日，共青团义桥镇第二十一次代表大会隆重召开。大会选举产生镇团委第二十一届委员会委员和出席共青团萧山区第二十一次代表大会代表。许丹当选为书记。

10月10日，义桥镇残联会同社区卫生服务中心举行一场“康复知识进社区”知识专题讲座。镇残联还对各村就如何做好下一阶段的精神病人的防治和康复工作提出具体部署。

10月15日，义桥镇人大组织部分镇级代表，开展对镇经济发展和劳动保障办公室、农业办公室一年来工作的评议，并首次尝试用“票决制”评议，有效提升评议的实际意义。

10月26日，义桥镇适龄青年征兵初检目测工作全面展开。

11月8日，义桥镇的机关干部和一些村干部认真收看举世瞩目的党的十八大开幕式，仔细聆听胡锦涛同志在大会上作的重要报告。

11月16日，义桥镇召开推进村级会计出纳双代理工作现场会，镇政府与前期完成各项议程的富春、云峰等12个村签好委托代理协议。

11月20日，义桥镇召开档案工作会议。义桥镇各行政村（社区）档案管理员参加会议。

12月18日，义桥镇召开工会区域性首席维护员工作会议，对今年的首席员工作进行交流总结，以进一步完善首席员制度，确保职工利益得到充分保障。

12月27日，义桥镇组织全镇的台属侨眷代表召开座谈会，认真贯彻学习党的十大八精神，回顾一年来的工作，提出要以党的十八大精神指导台侨工作。

12月28日，镇党委、政府举行联村组长工作汇报会，对今年的工作进行认真的汇报回顾，镇党委政府对明年的工作提出具体的要求。

2012年临安市太湖源镇人民政府大事记

1月8日，召开第三届人民代表大会第一次会议，选举产生新一届人大和政府领导班子，并描绘未来发展蓝图。镇长高吉亚作政府工作报告。

3月9日，组织学习临安市城乡区域统筹发展暨农村工作会议精神，贯彻市农村工作会议精神，全面部署太湖源镇2012年农村的各项工作。

3月16日至17日，组织村主要干部，赴苏南地区学习新农村建设经验，深入贯彻全市农业农村工作会议精神，研究部署太湖源镇新农村建设工作。

3月29日至30日，召开2012年经济工作会议，贯彻落实全市工业强市暨开放型经济大会精神，部署全年经济工作。会议对2011年全镇经济工作各类先进进行表彰奖励，并与企业签订安全生产责任书。

4月9日，举办全镇山塘水库河道巡查员、预警员培训班。副镇长夏胜明对太湖源镇春夏防灾减灾工作作了具体部署。

4月12日，召开安全生产第一季度工作会议，总结第一季度全镇安全生产工作，并对下阶段工作做部署和要求。镇长高吉亚对当下安全生产工作作了相关部署。

4月13日，启动高品质竹笋技术推广月暨科技惠农“双服务月”活动，太湖源镇党委书记朱晓程出席活动并作致辞。

5月16日，召开镇总工会一届二次全委扩大会议，表彰2011年的先进工会集体和优秀工会工作者的单位和个人，总结2011年工作，并对下阶段工作作了研究部署。

5月17日，召开“两代表一委员”参加的人口计生工作座谈会，妇联主席蔡江丽同志回顾总结2011年太湖源镇人口和计划生育工作，研究部署2012年的各项工作。

5月25日，召开信息宣传工作会议，对2011年涌现出来的11名信息宣传积极分子进行表彰，并对2012年信息宣传工作实施意见进行具体解读。

6月13日至14日，镇相关部门会同派出所，对太湖源镇辖区内所有宗教场所进行全面走访，落实宗教人员教育管理措施，组织开展法制宣传教育活动，实现全镇宗教领域和谐稳定。

6月18日，召开党委中心组扩大会议，学习贯彻省第十三次党代会精神。会议以党委中心组学习与研讨的形式，对中心镇建设、下半年工作重点和重点项目推进等收集意见建议。

6月28日，召开纪念中国共产党成立91周年暨先进表彰大会，表彰先进党员和基层党组织，传达贯彻省第十三次党代会精神。镇党委书记朱晓程回顾总结上半年工作成绩，部署下半年相关工作。

7月11日，召开半年度政情通报会，通报上半年经济社会发展情况和下半年工作部署，传达贯彻市委十三届三次全体扩大会议精神。

8月7日，召开各山塘水库巡查情况专题汇报会，整合山塘水库实际运行情况，确保全镇安全度汛。

8月13日，召开全镇抗灾自救工作会议，镇党委副书记、镇长高吉亚通报全镇抗击“海葵”台风工作情况，部署下一步工作要求。镇党委书记朱晓程部署灾后恢复重建和生产自救工作要求。

8月15日，组织全体机关干部赶赴白沙村清理受损公共设施，带领群众恢复生产、重建家园。

9月4日，召开台风“海葵”灾后重建工作会议，对灾后自救和恢复重建工作进行再动员、再部署。镇长高吉亚就下阶段工作进行具体部署。

9月10日，召开残疾人联合会第三次代表大会，选举产生新一届残联主席团成员。

9月12日，组织全镇治保调解主任召开“网组片”工作推进会，对“网组片”工作进行再部署、再落实。

9月24日，召开信访维稳工作专题会议，镇党委副书记刘聚兵传达市信访维稳工作会议精神，安排部署下阶段信访维稳工作。

10月31日，镇人大组织辖区市人大代表视察太湖源镇综治信访维稳工作，听取镇综治办关于太湖源镇综治信访维稳工作汇报。

11月28日，组织开展市镇党代表活动，专题学习贯彻中国共产党第十八次全国代表大会精神。镇党委书记部署贯彻学习党的“十八大”会议精神和各项重点工作。镇长通报2012年以来各项目标任务完成情况和下一步工作思路。

2012年富阳市春江街道办事处大事记

1月11日，召开造纸企业互助组会议，认真听取8个互助组工作汇报，街道安全生产分管领导对2012年造纸企业安全生产互助管理工作提出新要求。

1月13日，街道党工委书记夏深权、办事处主任郭林平走访慰问村级困难家庭代表，为他们送去党和政府的关怀。

3月2日，街道社卫中心联合正大纸业集团举办一场题为“关爱自己，健康全家”健康教育讲座。

3月13日，街道社卫中心召集辖区各村公共卫生联络员召开专题会议，就农村公共卫生进行回顾和部署，并对2011版公共卫生规范进行再次学习培训。

3月21日，召开班子成员安全生产工作专题会议，主要领导要求在街道企业层面对事故进行通报，进一步落实安全生产主体责任，认真开展隐患排查治理工作。

4月18日至20日，先后召开班子会议、企业负责人会议、村干部和人大代表会议，传达学习市政府第一次全体（扩大）会议精神，通报分析街道第一季度工业经济环境保护、安全生产形式及江南新城建设情况，分析存在问题的原因，提出工作举措，落实工作责职。

4月19日，召开企业转型升级暨国家环保模范城市迎检复评动员会，街道党政班子成员，市环保局相关负责人出席会议。会议分析2012年以来春江街道工业经济形势。

4月20日，召开安全生产工作会议，研究部署下一阶段安全生产工作，街道相关人员和各企业主要负责人参加。

5月24日，召开老龄工作例会，会议总结本月老龄工作开展情况，部署下步老龄工作内容。

同日，召开2012年科技工作会议，街道办事处副主任汪金利总结街道2011年科技工作，并布置下一阶段工作。

5月30日，举行富阳市人大常委会春江街道工作委员会换牌仪式，街道党工委、人大工委、办事处班子领导，辖区人大代表及街道机关干部参加换牌仪式。

6月1日，召开推进重大项目落实目标责任暨计划生育整治动员会。

6月27日，召开预防青少年儿童溺水工作布置会，街道党工委副书记、关工委主任林春莲就如何做好防溺水工作进行部署安排。

7月19日，街道党工委、办事处、城南派出所正式启动为期100天的夏季治安巡防“百日大会战”。

7月26日，召开残疾人联合会第三次代表大会，选举产生新一届的街道残联主席团成员。并由主席团表决通过主席、副主席、理事长人选，研究决定聘请街道党工委书记夏深权同志担任名誉主席。

7月27日，街道人大工委召开半年度工作政情报告会，通报街道上半年主要工作，分析存在问题，提出下半年主要工作任务，同时通报街道财政运行情况。

8月23日，组织开展夏季安全生产大检查活动。

9月25日，街道“两代表一委员”到春江中心小学调研教育工作。

10月19日，联合城南派出所召开电动车、摩托车销售和维修以及小型汽车修配场所整治会议，落实市政府关于小型车辆维修场所消防安全专项整治工作。

10月31日，召开十月份社会服务管理中心例会，分管领导和各科室相关成员参加会议。会议由综治科科长洪良兵主持。

11月8日，组织街道全体干部观看党的十八大开幕式，听取胡锦涛总书记代表十七届中央委员会向大会所作的报告。

11月20日，召开十八大精神专题学习会，以十八大精神为指导，把学习十八大精神与学习十八届一中全会精神结合起来，深刻领会会议精神。

11月30日，举行第一次归侨侨眷大会，选举产生春江街道侨联第一届委员会，讨论并通过《春江街道归国华侨联合会工作细则》。

12月6日，举办党的十八大精神专题报告会，街道党工委书记夏深权主持会议。

12月23日，春江商会召开第二次全体会员代表大会，选举产生春江商会新一届理事会。

12月28日，举办学习贯彻十八大精神心得体会交流会，街道中层干部现场汇报学习心得。

2012年富阳市东洲街道办事处大事记

1月12日，街道党工委书记何献忠、办事处主任汪可银和相关人员对企业和渡口进行安全生产大检查。

1月16日，联合城管、公安、国土等部门拆除位于何埭村的违章建筑。

1月17日，街道党工委书记何献忠、办事处主任汪可银，分别看望富春江村的陈本勤、张爱玉，何埭村的楼仁法，木桥头村的陆人秀等困难党员，为他们送上慰问金。

2月10日，组织新一届市人大代表开展视察工作，并听取东洲街道相关负责人情况汇报。

2月17日，组织全体机关干部收看市十五届人大一次会议开幕式，听取代市长章舜年的政府工作报告。

2月24日，召开综治工作会议，街道分管领导、综治办、司法所、派出所相关负责人等参加会议，各相关负责人对综治工作的方向目标作要求。

3月8日，街道党工委书记何献忠来到学校沙村吴阿恩等3户农户家中走访慰问，解民情。

3月15日，街道党工委书记何献忠分别到学校沙村和新沙村召开村支两委班子民主生活会，开展村级班子“回头看”工作。

同日，组织全体机关干部和村支两委成员收看全市城乡区域统筹发展暨农村工作会议，听取姜军书记的重要讲话和章舜年市长的工作报告，深入学习大会精神。

4月19日，联合城管、公安、国土等部门对五丰村的2户违建户进行强制拆除，有力地打击违法建筑的嚣张气焰。

4月25日，召开专门动员会，宣传和部署暂停使用铬含量超标产品的内容。

4月26日，街道办事处主任刘爱萍一行，专程看望张家村困难家庭吴本治一家，送上慰问金5000元。

5月11日，召开计生及两违防控专题会议，街道分管领导通报当前工作形势及下一步工作打算。

5月17日，街道关工委召开讲师团工作会议，着重布置针对东洲中学、东洲中小学生开展宣讲活动任务。

5月22日，召开“网格化管理，组团式服务”暨“两网合一”工作会议，会议由党工委副书记孙宁荣、人武部部长朱树民以及综治科相关负责人主持。

6月15日，召开征地拆迁专题督查会，传达全市征迁攻坚行动动员大会精神，部署当前征地拆迁的主要工作。

6月20日，召开安全生产领域“打非治违”专项行动工作会议，各行政村分管负责人和各企业分管安全生产负责人参加会议。

6月26日，召开建党91周年暨创先争优活动总结表彰大会，通报受市级表彰的先进集体和个人名单，表彰先进基层党组织和党务工作者。

7月2日，召开重点项目推进督查会议，与会人员对项目推进工作经验进行交流。

7月24日，召开残疾人联合会第三次代表大会，选举产生东洲街道新一届残疾人联合会主席团成员。

8月9日，召开科学技术协会第三次代表大会，选举产生孙宁荣、王志明为主席、副主席的新一届领导班子。

8月29日，召开企业商标品牌建设培训会，帮助企业开展商标品牌建设，助推工业经济发展。

9月7日，组织“两代表一委员”视察重点项目，“两代表一委员”听取东洲街道的政情通报，街道主要负责人作重要讲话。

9月21日，联合公安、执法、国土等部门对所辖黄公望村横山区块的违章建筑进行强制拆除。

10月12日，召开2012年度冬季征兵动员大会，布置2012年东洲街道的征兵工作，街道办事处主任汪可银作动员讲话。

10月29日，召开项目攻坚表彰暨再动员大会，对在华日冰箱项目推进工作中表现出色的16位街道工作人员给予通报嘉奖，并就下阶段项目推进攻坚工作进行部署。

11月8日，组织全体机关干部收看党的十八大开幕式，听取中共中央总书记胡锦涛的重要讲话。

11月21日，开展十八大精神学习会，要求把学习十八大精神与东洲发展实际结合起来，深刻领会会议精神，推动东洲快速发展。

12月12日，街道关工委组织学习胡锦涛同志所作十八大报告的主要内容，并就十八大报告中的新亮点、新提法和关键词作解读。

2012年富阳市富春街道办事处大事记

1月11日，组织安监等相关工作人员开展节前安全生产大检查，确保春节期间的安全。

1月12日，召开领导干部述职述廉会议，街道党工委书记许昌就街道四个年建设情况及2011年度班子履职、党风廉政建设等情况进行汇报。

1月31日，街道分管城管工作的领导召开2011年度总结表彰大会，就城管科2012年的工作部署进行通报。

2月24日，联合执法局城郊中队、国土城区所、城西派出所等职能部门对三桥片范围内的卫片遥感违法用地实施强拆整改行动。

3月23日，组织召开国卫复评迎检暨创建省示范文明城市动员会。

3月30日，召开2012年度关工委工作会议，街道关工委主任柴军浩回顾总结过去一年工作的同时，安排部署新一年关工委的工作重点以及努力方向。

4月26日，召开安全生产季度例会暨安全生产培训会议，街道安全生产分管领导通报近期全市安全生产事故情况，布置近期街道安全生产工作。

5月4日，联合富阳市城市管理局城郊中队、公安、消防、120急救中心、交警等职能部门对富春街道拔山村骑龙里自然村的违章建房户采取强拆行动。

5月9日，街道小额公共交易分类管理暨村级项目资金第三方监管试点工作启动，该举措的出台，力促街道小额公共资源交易良性发展，提高资金管理水平和绩效。

6月7日，召开安全生产月动员大会暨第二季度安全生产工作例会，街道安监办对安全生产月工作作动员布署，街道分管领导对1-5月安全生产工作作简要回顾及分析当前安全生产形势，并对当前安全生产工作提出要求。

6月27日，组织部分社区干部到建德调研社区办公用房建设。

6月29日，组织召开创先争优表彰大会庆祝建党91周年，表彰先进。

7月4日，邀请市消防大队领导对消防安全网格化管理平台培训以及对2012年消防工作的台帐要求、组织建设、排查检查任务等作布置。

7月9日，街道党工委向离退休老干部通报半年度工作，街道党工委书记胡海龙到会，并作半年度工作通报和下半年度工作安排，柴军浩副书记主持会议。

7月19日，街道政协工委主任、党工委副书记、关工委主任柴军浩带领街道总工会、妇联等群团组织负责人走访慰问辖区暑期爱心学校，送去党和政府的关怀。

8月15日，街道科协召开第三次代表大会，选举产生新一届科协委员会成员。

8月16日，组织召开半年度政情通报会，辖区内人大代表、政协委员及党代表参加会议。街道负责人就2012年上半年的主要工作向各位代表、委员予以通报。

8月27日，召开信访维稳工作会议，街道党工委副书记柴军浩主持会议。夏钟明部长就十八大前后信访维稳工作进行部署，明确工作目标，确定工作举措并提出工作要求。

9月6日，召开深化“打非治违”，开展安全生产大检查大整治工作暨第三季度安全生产工作会议。会议传达学习富阳市安全生产大检查大整治动员会议精神，布署街道深化“打非治违”开展安全生产大检查大整治工作，并就下一步安全生产工作作重要部署。

10月10日，组织召开23省道综合整治、改建动员大会，明确完成征迁任务的时间、节点、要求，坚持“六个一”的工作目标，打造全市征迁工作的示范。

10月11日，组织召开侨联二届三次常委会（扩大）会议，街道侨联主席陈小欢向街道、社区两级侨联班子成员传达市侨联常委会有关会议精神，作简要的工作报告，同时对下一步社区侨联换届、组建等具体工作进行安排部署。

10月15日，召开2012年征兵工作会议，正式拉开2012年冬季征兵工作帷幕。街道党工委书记胡海龙到会并作重要讲话。

11月27日，组织全体机关干部等学习贯彻十八大精神，街道党工委书记胡海龙认真解读“十八大”报告的精神实质。

2012年富阳市鹿山街道办事处大事记

1月5日，街道关工委召开讲师团会议，回顾总结2011年关工委工作，商讨街道讲师团在新的一年里如何更好地开展工作。

1月13日，街道党政领导走访慰问辖区内的30多户困难家庭，送去新春的祝福与党和政府的温暖。

2月17日，组织街道干部职工、各村两委班子成员及有关企事业单位收看富阳市第十五届人民代表大会一次会议直播，聆听富阳市委副书记、代市长章舜年同志所作的政府工作报告。

2月29日，组织收看富阳市工业兴市暨招商引资大会，聆听章舜年市长的工作报告和姜军书记的重要讲话。

3月14日，联合三山派出所召开矿山民爆作业单位会议，部署落实安全生产工作。

3月15日，组织退休干部学习市第十三次党代会精神，老干部支部书记何法根传达市第十三次党代会精神，学习领会市委书记姜军作的政府工作报告。

3月31日，召开专题会议，传达贯彻富阳市廉政工作会议精神和市长章舜年的讲话精神，部署拆违防违、安全生产等工作。

5月2日，街道关工委会同鹿山司法所、三山派出所对辖区内社区矫正人员进行集中教育。

5月23日，街道关工委组织讲师团成员一行人到环山乡诸佳坞村关工委学习取经，提升关工委工作水平，提高“五老”人员综合素质。

6月13日，街道关工委召开暑期“假日爱心学校”筹备会，街道关工委专职副主任施建萍传达市关工委有关“假日爱心学校”工作安排，对2012年鹿山街道“假日爱心学校”的方案进行布置。

6月21日，街道安监科联合各科室（站）开展法律咨询活动，深入开展“安全生产月”活动，宣传有关安全注意事项等。

7月12日，街道全体机关干部会同城管、公安及蒋家村村支两委干部对鹿山街道集镇区的环境卫生开展集中整治行动，迎接杭州市卫生街道复评。

7月13日，召开半年度安全生产工作会议，街道分管领导汪立兴部长总结上半年安全生产工作，对当前安全生产工作进行布置。

7月27日，召开第七次残联代表大会，选举产生以吕永良为鹿山街道残联主席，陆亚英为选残联理事长的新一届残联主席团成员，街道党工委书记刘晓峰同志被聘为鹿山街道残联名誉主席。

8月2日，召开2012年半年度政情报告会暨代表主题实践活动动员会，街道人大工委对代表主题实践活动进行部署。

8月7日，召开全体机关干部和各行政村主要负责人会议，全面部署2012年第11号台风“海葵”的防范工作。

8月17日，街道科协召开第七次代表大会，选举产生新一届鹿山街道科协主席团成员，街道党工委书记刘晓峰发表重要讲话。

9月11日，街道党政主要领导一行前往军民共建单位驻杭某部队进行慰问并召开座谈会，对军民共建有关事项进行协商。

9月21日，召开创建药品安全示范街道动员暨培训大会，标志着鹿山街道创建药品安全示范街道工作全面启动。

10月11日，街道安监科联合三山派出所、市消防大队召开消防安全会议，对辖区内小经营户进行消防安全知识培训。

11月15日，组织退休老干部学习党的十八大精神并观看电视实况，同时，召开座谈会，深入贯彻落实党的十八精神，部署相关工作。

11月22日，召开落实有关2012年富阳市“12•4”全国法制宣传日暨杭州市法制宣传月活动会议。鹿山司法所所长王拥军作“12•4”全国法制宣传日暨杭州市法制宣传月活动工作布置。

同日，组织全体街道干部、工作人员等学习“十八大”会议精神，党工委书记刘晓峰对胡锦涛同志所作报告进行讲解，对街道各级党组织深入学习十八大精神和下阶段重点工作进行具体部署。

12月4日，街道社会服务管理中心、鹿山司法所、三山派出所和农业局、安监局、林业局、禁毒大队等单位开展“12•4”普法宣传活动。

12月7日，街道慈善分会召开第一届理事会议，审议通过2012年鹿山慈善分会工作报告、财务报告，并对鹿山分会救助办法进行修改。

2012年富阳市场口镇人民政府大事记

1月3日，召开企业主年终座谈会，镇党委书记王龙华组织学习市第十三次党代会报告。

1月12日，召开第十六届人民代表大会第一次会议，镇党委副书记王昱杰主持会议，选举产生场口镇第十六届人民政府和人大主席团领导。

1月17日，召开各行政村村干部年终总结会议，镇长汪军飞总结2011年全镇工作，并就当前重点工作作部署，镇党委书记王龙华作重要讲话。

2月3日，镇分管领导带领经发办主任和水利员到各山塘水库巡查，检查防春汛工作。

2月9日，开展全镇各村大社保工作人员会议，部署城乡居民养老保险应保人员的调查工作。

2月20日，镇政府和场口质监所联合组织召开安全生产工作会议，对企业安全生产先进工作者进行表彰，并对2012年安全生产工作进行布置。

3月10日，召开总结表彰暨工业兴市项目推进誓师大会，市委常委、经济开发区管委会主任杨国正参加会议并讲话。

3月28日，召开老年协会会长会议，回顾总结2011年工作，部署2012年工作安排。

同日，召开森林防火工作会议，部署森林防火工作。

4月24日，镇党委、政府组织召开班子、中层干部会议，布置安全生产相关工作。

5月4日，召开第二季度安全生产工作例会，会议总结场口镇第一季度安全生产工作中存在的问题，分析安全生产工作形势，强调第二季度安全生产工作重点。

5月5日，召开劳动保障监察工作会议，总结分析前阶段工作开展情况，部署落实现阶段工作，重点对书面审查工作进行布置。

5月26日，召开2012年度项目攻坚推进大会，全体镇干部、场口新区建设指挥部全体成员等参加会议。

6月12日，召开中层干部进网格保平安活动联系会，镇党委副书记王昱杰主持会议。

6月26日，召开“百名政法干部、千名政法干警”进网格保平安动员大会，镇人武部部长陆人佳在会上作重要讲话。

同日，召开庆祝中国共产党成立91周年大会，全体与会党员重温入党宣誓仪式，表彰2011年场口镇优秀基层党组织和优秀共产党员。

7月7日，召开2012年度政情通报会，镇党委副书记王昱杰代表镇党委政府作上半年度的工作总结及下半年的工作思路。

7月12日，召开富阳慈善总会场口慈善分会一届三次理事会，审议并通过2012年上半年工作报告、资金使用情况报告和《救助条例》修改条款，任免部分理事会成员。

7月31日，镇残疾人联合会召开第七届代表大会，会议选举产生场口镇残联新一届主席团，聘请党委副书记、镇长汪军飞为名誉主席，表决通过出席富阳市残疾人联合会第六次代表大会名单。

8月3日，镇食安委召集开发区、工商、质监、卫生、公安、执法中队等部门召开座谈会，全面铺开食品安全整治百日行动。

8月6日，镇长汪军飞就防台工作向各办公室主任、驻村指导员作工作布置，切实做好防台工作。

8月29日，召开大社保培训会，各村报帐员、村官通过培训对相关业务有更深入的解，提高办事能力。

9月20日，召开药品安全示范乡镇创建工作会议暨村级药品安全信息员培训会议，确保药品安全工作全面铺开。

10月26日，召开第三季度中层以上干部会议，汇报各线一年来工作开展的情况，重点汇报工作中遇到的困难及不足。镇主要领导对接下来的年度考核工作作了具体的部署。

11月8日，组织全体机关干部收看党的十八大开幕盛况，聆听胡锦涛同志向大会作的重要报告。

11月19日，举行第十四届代表大会第二次会议，大会审议并通过《场口镇党代表大会常任制实施意见》《场口镇党代表大会常任制暂行办法》，全体代表还对镇党委班子2012年工作情况进行民主评议。

12月9日，召开2012年新兵入伍欢送会，镇人武部部长陆人佳对下一步工作提出明确的要求。

2012年富阳市常安镇人民政府大事记

1月6日，召开镇机关中层干部竞争上岗大会，镇机关干部，各村书记、主任及市级两代表一委员参加会议。

1月10日，召开第十六届人民代表大会第一次会议，大会选举产生新一届镇人大主席、副主席和镇长、副镇长。

1月17日，开展大规模违章建筑整治活动，收到良好的效果。

2月10日，召开中层干部汇报会，中层干部结合2011年度考核情况认真剖析各线存在问题，提出整改措施，并汇报2012年度的工作思路。

2月17日，组织全体干部职工收看富阳市第十五届人民代表大会一次会议直播实况，与会人员认真听取富阳市委副书记、代市长章舜年同志所作的政府工作报告。

2月23日，组织全体机关干部及各行政村两委干部收看2011年度全市乡镇（街道）党建工作“双述双评”会议的实况直播。

3月12日，镇党委书记钟永明、党委副书记徐雪峰一行，到常安镇安禾村走访农户。

3月16日，镇党委书记钟永明带领相关分管领导、科室主任赴安禾村召开“进村入企”大走访座谈会。

4月16日，镇党委书记钟永明、镇长董泉海带领相关科室工作人员对常安镇辖区内两家企业进行安全生产大检查。

4月25日，镇团委组织开展“我们的青春”价值观大讨论活动。

4月25日至27日，组织开展涉及爆炸性危险化学品生产、储存装置的专项安全检查。

5月9日，召开专职驻村指导员工作会议，镇党政班子成员和全镇16个行政村的专职驻村指导员参加会议。

5月16日，开展违章建筑强拆活动。

5月23日，联合镇综治办、村镇建设办、常安派出所、场口交警中队、工商所、运管所、执法中队等相关单位开展大规模整治行动。

6月19日，镇消防安全管理办公室与经济发展办公室对辖区内15家烟花爆竹零售经营单位进行消防安全大检查。

6月26日，镇团委、组织办、文化站牵头，开展以“喜迎建党91周年，弘扬志愿服务之风”为主题的志愿便民服务活动。

7月18日，镇相关领导到东风村听取半年度工作汇报会。

7月20日，镇团委召开半年度工作会议。镇团委负责人总结上半年工作，并对下半年重点工作作部署。

7月25日，召开第七次残疾人代表大会，大会选举产生常安镇第七届残疾人联合会主席团，并聘请常安镇党委书记钟永明同志为镇残联名誉主席。

8月7日，镇安监办工作人员深入辖区内企业部署落实全省电视电话会议精神，全面部署防御“海葵”工作。

8月10日，召开“食品安全大整治百日行动”工作会议，明确“食品安全大整治百日行动”具体工作方案，结合前期食品安全隐患大排查中发现的突出问题作动员部署。

8月28日，召开永安山至杏梅坞农村公路建设工程例会。

9月12日，召开安全生产工作会议，镇分管领导方军武总结2012年以来常安镇的安全生产工作，分析目前存在的问题，并对下一阶段的工作进行布置。

9月17日，组织24名老干部视察永安山综合体建设工程。

9月19日，副镇长金本忠一行来到礼门村指导督查该村工程推进情况。

10月16日，召开征兵工作动员会，表彰2011年冬季征兵工作先进单位和先进个人，回顾总结2011年度征兵工作，并对2012年度征兵工作作重要部署。

10月18日，举办2012年度残疾人实用技术培训班，旨在帮助农村残疾人掌握实用生产技术，为他们提供就业扶持。

11月8日，组织全体机关干部及下属行政村、企事业单位党员群众收看党的十八大开幕式盛况，认真听取中共中央总书记胡锦涛代表十七届中央委员会向大会所作的工作报告。

11月9日，召开2013年度城乡居民基本医疗保险筹资动员会。镇副镇长赵晓群同志回顾总结2012年城乡基本医疗保险开展工作，同时对2013年度医保工作作重点说明。

11月21日，召开第十四届代表大会第二次会议，大会总结常安镇第十四届党代会第一次会议以来所取得的成就，并就镇党委班子工作情况进行民主评议。

12月25日，召开贯彻落实党的十八大精神专题报告会。

2012年富阳市常绿镇人民政府大事记

1月11日，召开第十六届人民代表大会第一次会议，选举产生新一届政府班子和人大主席团主席、副主席。

1月12日，组织召开应店街、次坞、楼塔、常绿四个毗邻乡镇的综治联谊会。

1月17日，镇计生办召开2011年度总结表彰会议，大会回顾总结2011年以来常绿镇计生工作的总体情况，镇领导就春节期间计生工作作安排部署。

2月24日，组织全体班子成员等召开2012年信息工作会议。全体与会人员一同探讨、分享信息报送工作的心得体会。

2月29日，组织收看工业兴市暨招商引资大会，听取章舜年市长的工作报告和姜军书记的重要讲话。

3月2日，组织全体镇干部等召开2012年度工作推进大会，进一步传达全市两会和工业兴市大会的会议精神，并就常绿镇2011年度综合考核先进集体进行表彰。

3月19日，组织召开2012年度党风廉政建设教育暨村级财务管理培训会议，镇党委书记着重强调党风廉政建设在今后各项工作的重要性，并简要分析当前形势。

3月22日，组织召开深化完善村级事务开放日活动培训会议，镇纪委书记汪如新主持会议。

4月1日，组织全体机关干部、镇两老人员、少先队员代表开展祭扫蒋忠烈士墓活动。

4月25日，组织召开村庄规划论证会议，对2011年度上报的村庄规划编制进行实地考察和现场论证。

5月8日，召开小额公共资源交易分类管理工作动员大会。

5月18日，开展小微企业主劳动合同签订培训会议，常绿镇分管领导对此次劳动合同签订专项工作进行总体的布置和要求。

5月28日，召开“网格化管理、组团式服务”工作推进会，镇党委副书记徐叶就“网格化管理、组团式服务”工作作了具体部署。

6月18日，对全镇进行防汛隐患摸底排查，对存在危险隐患的农户进行灾害预防讲解，督促其做好紧急避险工作。

6月27日，召开“百名政法干部、千名政法干警”进网格保平安工作会议，镇党委副书记就“百千”活动开展背景及当前“网格化管理、组团式服务”工作开展情况作了简要介绍。

6月28日，镇人大主席团召开食品安全执法调研动员大会暨半年度政情通报会，镇党委副书记、镇长何建康详细阐述常绿镇上半年工作开展情况和下半年工作思路，并请与会同志提出意见与建议。

7月18日，镇党政领导班子一行赴临浦镇进行区县协作对接情况交流，总结半年来常绿镇工作开展情况，对专项工作及帮扶项目推进情况进行汇报。

8月9日，召开“十八大”文明维稳工作会议，镇人武部长盛金武，各行政村治保、调解主任参加会议。

8月17日，镇科学技术协会召开第七次代表大会，选举产生以镇党委副书记徐叶为主席，镇党委委员、副镇长倪建东为副主席，经发办副主任徐立平为秘书长的新一届常绿镇科协主席团成员。

8月29日，召开宗教场所管理工作推进会，并对胡公庙农历八月十二日活动进行工作布置。

9月5日，组织召开第三季度安全生产工作例会暨安全生产大检查大整治动员部署会，人大副主席吴发群发表重要讲话。

10月22日，召开2012年第三季度工作推进大会，各行政村书记、主任通报当前村内各项工作开展情况，重点汇报实事工程推进落实情况，并对下一季度的工作冲刺作出具体部署，对下一年度的工作安排提出整体思路。

11月6日，召开2013年度常绿镇居民基本医疗保险工作动员大会，镇党委副书记、镇长何建康总结2012年度常绿镇城乡医保的基本情况，同时对2013年具体工作进行部署，并与各村负责人签定目标管理责任书。

11月8日，组织全体机关干部等收看党的十八大开幕式，听取中共中央总书记胡锦涛向大会作的报告。

12月4日，召开2012年度村级民政员工作会议，部署相关工作。

12月26日，镇安监办联合龙门派出所对常绿镇烟花爆竹零售点进行一次专项检查。

2012年富阳市大源镇人民政府大事记

1月11日，召开镇安委会扩大会议，研究部署春节期间安全生产工作。

2月10日，镇人大召开第十六届人民代表大会第一次会议召集人会议，确定镇第十六届人民代表大会第一次会议的时间、代表分组以及大会议程、日程安排、议案审查委员会等各项草案。

同日，召开领导班子专题民主生活会，会议由镇党委书记杨富强主持。

3月2日，镇农业公共服务站组织召开由各行政村书记、村委主任等参加的2012年度农业农业工作会议，部署全年工作。

3月9日，召开人口计生工作会议，专题部署2012年度人口计生工作。

4月12日，镇人大主席团、领导班子、调研员、助理调研员、各办主任、市人大代表、政协委员、各村书记等50余人，前往新登镇、胥口镇考察，就新农村建设、产业转型升级等课题进行调研和交流。

4月18日，召开班子扩大会议，会议传达市政府第一次全体（扩大）会议精神，通报并分析大源镇第一季度经济走势和各项工业指标完成情况。

4月24日，镇计生办召开第一季度工作总结会，通报2012年以来工作进展情况和各项指标执行情况，镇计生办全体工作人员，分管领导参加会议。

5月10日，召开中心村、美丽乡村精品村、百千村第二季度工作推进会，镇长张拥军对具体工作作部署。

5月22日，邀请市水利水电局相关专家对辖区内的在建水利工程进行巡查，并举行座谈会。

6月1日，召开安全生产月暨企业安全员培训会议，镇安全生产分管领导简要回顾2012年1至5月大源镇的安全生产工作，并就存在的问题进行细致的分析。

6月13日，召开“网格化管理、组团式服务”“百千”活动联席会，副书记孙建强对“百千”活动中对接情况进行通报。

6月26日，召开庆祝建党91周年暨“七一”表彰大会，表彰先进基层党组织和党员积极分子，镇党委书记杨富强发表重要讲话。

7月10日，召开老干部座谈会，镇分管老干部领导参加会议。

7月13日，召开迎接“杭州市级卫生乡镇”考核验收动员大会，镇长张拥军作动员讲话，副镇长俞培江对工作进行分别部署。

7月20日，召开2012年上半年经济形势分析暨项目推进汇报会，各村党组织书记、村主任，镇中层以上干部和市代表委员参加汇报会。

8月13日至16日，镇政府会同富阳电视台专程赴北京、哈尔滨采访金属门窗产业发展情况。

8月17日，召开专题会议，对全镇当前信访维稳工作进行讨论和部署。

8月27日，镇妇联召集镇文联、镇成校和贬口村有关负责人，一起商谈抱团合作、如何共同开展和促进各线各组织工作。

9月14日，召开“警民联调”工作专项培训会议，会议由大源派出所和大源司法所共同组织，派出所副所长陈元主持会议。

9月19日，组织召开安全生产紧急会议，镇安全生产分管领导张建军部长作工作部署。

9月26日，大源商会召开第三次会员大会，回顾总结商会第二届理事会工作成绩，明确今后五年商会理事会工作目标，选举产生大源商会第三届理事会。

10月11日，召开冬季征兵动员会议，部署2012年冬季征兵工作。

10月19日，村镇建设办会同执法中队、国土所等部门，以及大源镇和春江街道的“两违”防控监管员，对大源镇大源村、蒋家村的重点违章建筑进行强制拆除。

11月8日，组织全体机关干部收看党的十八大开幕式盛况，听取胡锦涛总书记报告。

11月21日，召开十三届党代会第二次会议，会议通过镇党委工作报告、镇纪委工作报告，对党委班子进行民主测评，并部署2013年工作。

11月27日，召开学习贯彻十八大精神报告会，镇人大主席何安彬指出，以学习贯彻十八大精神为契机，更好地开展各项工作。

12月10日，镇老干部党支部组织开展十八大精神的大讨论活动，全面深刻地学习和贯彻党的十八大精神。

2012年富阳市洞桥镇人民政府大事记

1月16日，召开城建、国土、拆违工作年终大会，会议就2011年工作进行总结，对2012年的工作提出具体的要求。

1月30日，镇领导许玉钧、蒋文军、江苏云、陈铁强等一行来到洞桥镇敬老院慰问老人们，向老人送来新年的问候，并向他们送上慰问金和礼品。

2月7日，镇关工委召开讲师团会议，回顾总结一年来所做的工作，构思2012年总体思路。

2月16日，召开水库塘坝管理员会议，会议总结2011年洞桥镇水库塘坝管理情况，并表彰先进单位和个人。

2月17日，组织全体机关干部收看富阳市第十五届人民代表大会一次会议开幕式直播实况，听取市委副书记、代市长章舜年所作的政府工作报告。

3月15日，组织全体镇干部及各行政村村支两委成员收看富阳市城乡区域统筹发展暨农村工作会议，大家听取市委书记姜军同志所作的工作报告。

4月16日，召开民政工作例会，总结第一季度民政工作，布置下一阶段民政工作，各村分管民政的村干部参加会议。

4月19日，召开2012年度土地管理培训会议。会议回顾总结过去一年洞桥镇土地管理和新农村建设工作，分析当前形势，安排部署下一阶段洞桥镇土地管理工作。

5月16日，召开宗教政策法规学习座谈会，完善洞桥镇宗教界人士和信教群众的法律意识。

5月17日，召开信息化建设工作布置会议，回顾洞桥镇农村信息化建设所取得的成果和经验，进一步明确今后一个时期洞桥镇农村信息化建设的目标和任务。

6月4日，召开“安全生产月”活动动员大会，安排部署年度安全生产月活动。分管领导详细部署在安全生产月活动中的各项工作内容。

6月14日，召开政法系统“百名政法干部、千名政法干警”进网格保平安工作动员布署会议，市公安局党委副书记、常务副局长胡惠民主持会议。

6月29日，召开庆祝中国共产党成立91周年暨“七一”表彰大会，全体党员干部重温入党誓词并对先进基层党组织和优秀个人进行表彰。镇长蒋文军主持会议，镇党委书记许玉钧发表重要讲话。

7月17日，召开半年度档案工作会议，镇党政办主任对洞桥镇半年度档案工作进行总结，对存在的问题进行分析点评，并对下半年的工作进行布署。

7月27日，镇人大主席团召开政情通报暨“人大代表主题实践”启动大会。

7月30日，召开镇残疾人联合会第七次代表大会，选举产生洞桥镇残疾人联合会第七届主席团成员。

8月7日，召开防台风工作会议，镇长蒋文军根据洞桥镇实际情况进行周密部署。

8月15日，镇经济发展办联合洞桥防保所、龙羊工商所和新登质检所，开展食品安全大整治百日行动。

8月23日，召开2013至2015年交通项目征求意见会，张丙德副局长向全体与会人员介绍洞桥镇2013至2015年交通项目基本情况。

9月26日，召开信息工作交流会，全面部署农民信箱工作。

同日，召开镇村干部大会，就十八大维稳工作和十一期间维稳工作进行专项布置。

9月27日，召开综治例会，专门针对维稳形势进行分析排查。

10月17日，召开农办项目工作推进会，督促阶段性项目工作推进情况。

10月31日，召开第四季度食品安全工作会议。健全食品安全网格化三级管理，加强对食品安全工作的监管，确保洞桥镇食品安全工作落到实处。

11月7日，召开2013年城乡居民基本医疗保险工作会议，落实2013年度城乡居民基本医疗保险工作。

11月8日，组织全体党员干部收看党的十八大开幕式。

11月22日，召开十三届党代会第二次会议，镇党委书记许玉钧在大会报告中对洞桥镇2013年工作提出总体思路。

12月10日，镇党政班子召开专题会议布置慈善分会资金筹措工作。

12月20日，镇党委副书记江苏云主持召开洞桥镇总工会成立暨第一次代表大会，选举产生洞桥镇总工会第一届委员会、经费审查委员会及女职工委员会。镇党委副书记江苏云当选为洞桥镇第一届总工会主席。

2012年富阳市银湖街道（高桥镇）大事记

2月17日，组织全体机关干部职工收看富阳市第十五届人民代表大会第一次会议直播实况，听取市委副书记、代市长章舜年同志所作的工作报告。

2月22日，镇大社保工作中心召开继镇中层干部竞聘上岗、一般干部双向选择之后的第一次工作会议。

3月6日，召开2012年度春季动物防疫工作动员会议暨表彰大会，分管领导副镇长陆音波回顾总结2011年度的工作情况，对2012年工作进行整体部署。

3月22日，召开2012年度工作会议，表彰先进，部署工作。

3月29日，召开2012年度拆违控违工作专题会议，部署落实“两违”工作。

4月17日，举办农村信息化培训班，镇分管农业副镇长陆音波同志作动员讲话。

4月18日，召开党政班子会议，学习贯彻市政府第一次全体（扩大）会议精神，各线汇报第一季度重点工作推进情况，分析存在问题和困难。

4月27日，举行纪念建团90周年活动暨共青团工作先进表彰大会，方亮书记、镇团委分别为先进集体和先进个人进行颁奖。

5月31日，镇党委书记谢黎明，镇党委副书记、镇长钟怡媛一行前往辖区学校看望贫困学生，并为37名贫困家庭孩子送去17900元慰问金以及节日的祝福和问候。

6月13日，镇安监办、交警中队、消安办等相关部门联合开展“安全生产月”宣传咨询活动。

7月23日至24日，举办2012年一般性生产经营单位主要负责人和安全管理员培训班，强化安全管理意识，提高企业自我安全管理的能力。

8月16日，召开食品安全大整治百日行动动员会议，大会传达省、市食品安全大整治百日行动有关会议和相关文件精神，具体部署全镇食品安全大整治百日行动工作。

9月6日，召开安全生产暨消防安全大检查大整治会议，镇安监办、消安办主任解读高桥镇开展安全生产大检查大整治实施方案，强调活动的相关要求和近期的工作，镇人大主席分别就开展大检查大整顿目的意义、应抓好的几个方面等问题进行布置。

9月18日，镇主要领导带队组织开展国庆节期间安全生产大检查活动，对辖区企业进行一次安全生产大检查，确保安全生产责任得到有效落实。

9月25日，与青云工商所联合举办“高桥镇食品经营户法律法规培训会”，加强食品安全管理，规范食品经营行为。

10月4日，召开全镇市重点项目攻坚决战动员大会，会议要求高桥镇全体工作人员必须坚决贯彻落实全市攻坚行动动员大会精神，决战30天全面完成征地拆迁任务，确保各项工作继续走在全市前列。

10月12日，召开森林防火工作会议，就切实做好当前干燥时期、2012年冬天和2013年春天的森林防火工作进行部署。

10月31日，镇慈善分会召开一届三次理事会议，会议通过一届三次理事会常务副会长人选名单，并审议通过高桥镇慈善分会工作报告和财务报告。

11月8日，召开城居医保工作动员会暨红十字应急救护知识培训，镇党委委员、副镇长郑柏荣同志从筹资参保率、政策制度优化、全民参保意识等方面回顾总结2012年度城居医保工作，并就2013年城居医保参保范围、筹资分配、参保任务、缴费时间节点等作动员部署。

11月20日，召开镇第十五届党代会第二次会议，听取和审议由镇党委书记谢黎明所作的中共高桥镇第十五届委员会工作报告，审议中共高桥镇纪律检查委员会工作报告，高桥镇党费收缴、使用和管理情况报告和《高桥镇党代表大会常任制代表活动12项制度（修正）细则》，并向全体代表征求提议及意见建议，并对镇党委班子进行评议。

12月25日，召开信访维稳专题会议，确保元旦及春节前后的社会稳定。会议回顾总结高桥镇2012年度存在不稳定因素，对当前存在的几类重点人群及重点信访对象、重点矛盾纠纷、重点信访问题进行分析。镇党委书记谢黎明在会上作重要讲话。

2012年富阳市里山镇人民政府大事记

1月10日，联合镇慈善分会启动“送温暖、迎新春”慰问活动，对全镇因病、因残、因灾等困难家庭，残疾人家庭，困难职工进行分类慰问救助。

1月14日，镇慈善分会举行“慈爱书卡”发放仪式，为优秀学生颁发奖学金，关爱困难家庭学生。

1月16日，镇党委书记何君明、副书记盛淳灿等一行人走访慰问村、企业的部分困难党员、老党员，为他们送上节日祝福和慰问金。

2月27日，启动春季育龄妇女计生普查工作，镇计生办联合镇社区卫生服务中心，将为全镇育龄妇女提供春季普查服务。

3月13日，镇政府分管领导及农业公共服务站有关人员，带领安顶村村两委班子等成员，到湖源乡窈口村、新登镇湘溪村取经，学习“精品村”和“中心村”建设。

3月15日，组织全体镇干部、各村村支两委成员收看富阳市城乡区域统筹发展暨农村工作会议，听取市委书记姜军同志关于城乡区域统筹和农村工作的报告和市委副书记、市长章舜年同志对当前农村工作以及春耕备耕工作所作的具体部署。

3月31日，召开团工作季度例会，回顾总结2011年度团工作，落实2012年工作行事历，听取各村团工作安排，重点部署纪念共青团建团90周年暨“五四”表彰大会等活动事宜。

4月12日，举行专题讲座学习市党代会和“两会”精神。镇党政班子成员、全体机关干部、镇属事业单位负责人等参加学习。

6月15日，举办首期“村官论坛”，深入推进基层组织年建设。

7月4日，组织召开全镇人口和计划生育工作会议，全面部署下半年工作。镇分管领导全面分析半年来里山镇人口和计划生育形势，客观详细地指出工作中存在的问题和不足，同时对做好下半年度的人口和计划生育工作提出要求。

7月12日，召开镇情通报会暨人大代表主题实践活动，镇长郎伟军详细介绍里山镇2012年度上半年政府工作情况和下半年工作计划，同时通报镇财政半年度执行情况。人大副主席包柏仁布置人大代表主题实践活动具体方案。

7月25日，召开镇残疾人联合会第七次代表大会，总结里山镇残疾人联合会第六届主席团履职情况，部署下一步工作任务。大会选举产生里山镇残疾人联合会第七届主席团成员及参加市残联第六次代表大会代表。

8月1日，镇平安（综治）工作中心会同镇安监办、消防办等单位组成安全工作巡查组，重点走访规模以上企业，落实企业在台风影响期间灾害防范工作。

8月27日，镇大社保分管领导、慈善分会常委副会长何宇莲来到受8号台风“海葵”影响而导致住房倒塌的灵峰村村民朱秀珍住处，为其家庭送上3000元的慈善慰问金。

9月26日，镇长郎伟军率镇人大办、农办和城建办成员一起深入安顶精品村、马鞍山村土地综合整治、民强村林道和灵峰村水利工程等重点工程施工现场，对工程质量、安全生产及工程进展等情况督查指导。

10月16日，镇党委副书记章小飞带领镇农办、镇妇联和安顶村农家乐经营户等一行人来到湖源乡窈口村，就农家乐和“美丽庭院”工作学习取经。

10月29日，镇食品安全工作领导小组举办食品安全工作培训班，明确各行政村食品安全负责人、食品安全管理员的职责。

11月15日，开展全镇安全生产工作会议，镇平安办负责人传达全面推进安全生产标准化工作实施方案，对安全生产标准化工作进行宣传动员，同时，还分析当前里山镇安全生产形势。

11月21日，召开第十三届代表大会第二次会议，听取和审议通过中共里山镇第十三届委员会工作报告，中共里山镇纪律检查委员会工作报告，里山镇党委党费收缴、使用和管理情况报告以及《里山镇党代表大会常任制暂行办法》。

11月28日，镇老干部党支部召开会议，专题学习“十八大”会议精神。老干部党支部书记何忠祥为大家宣讲十八大报告重要内容，老干部们纷纷谈感受、讲体会。

12月7日，镇社区卫生服务中心举办“老年人保健知识讲座”，为老年人提供健康咨询。

12月11日，镇慈善分会召开一届三次会议，镇党委书记、名誉会长何君明提出具体的工作要求。

2012年富阳市龙门镇人民政府大事记

1月4日，召开镇村干部会议，传达学习市第十三次党代会精神。党委书记孙建楠提出具体的工作要求。

1月10日，举行第十六届人民代表大会第一次会议，选举产生龙门镇第十六届人大主席孙建楠，人大副主席盛士清、镇长宋云琴，副镇长孙雪忠、余冰。

1月12日，召开综治年度总结会议，镇综治办专职副主任曹林斌向大家总结回顾一年来开展的各项工作，同时对下一年度的工作开展提出新的要求。

2月17日，组织全体镇村干部、企事业单位职工收看富阳市十五届人大一次会议开幕式盛况，听取章舜年同志所作的政府工作报告。

2月23日，组织收看全市乡镇（街道）2011年度党建工作“双述双评”电视电话会议，贯彻落实基层党建工作。

3月14日，镇政府联合派出所、城管执法、国土等部门集中对违法当事人开展“两违”建筑强制拆除活动。

3月15日，组织全体镇干部、村支两委成员、企事业单位负责人收看全市城乡区域统筹发展暨农村工作会议。

3月28日，镇关工委召开成员会议，传达上级文件及会议精神，制定年度工作思路。

4月26日，镇社会事务办相关同志在分管领导夏志义部长的带领下到居家养老工程建设施工现场进行督查。

5月7日，镇综治办会同龙门派出所、龙门司法所一起赴东洲街道参观学习，解东洲街道的“警民联调”工作机制，学习成功经验。

5月11日，召开旅游协会成立暨景区旅游业态培育和沿线整治工作动员大会，镇党委书记孙建楠发表重要讲话。

5月16日，召开“两癌”筛查工作部署会议，妇联主席吴洪云主持会议，镇社区卫生服务中心盛明浩主任部署2012年“两癌”筛查的重点工作、实施方案及各村公共卫生联系员具体职责分工。

6月25日，举行纪念建党91周年暨龙门古镇保护与旅游开发联合党委成立大会。镇党委副书记盛永淦宣读表彰文件，镇党委书记孙建楠发表重要讲话。

6月26日，召开政法系统“百名政法干部、千名政法干警”进网格保平安工作动员布署会议。镇组织书记盛永淦，市司法局副局长郎晓明，龙门派出所所长张军，龙门镇各村村书记、主任、治保主任等相关工作人员参加会议。

7月12日，组织召开半年度综治工作例会，镇综治办主任曹林斌向与会人员通报上半年各项工作开展情况，对百千政法干警下基层活动作了细致部署。

7月25日，举行残疾人联合会第七次代表大会，选举产生新一届残疾人联合会主席、副主席、理事长人选，以及出席富阳市残疾人联合会第六次代表大会的代表。

8月17日，镇党委副书记盛永淦、老干部工作者一行人走访慰问龙门镇退休老干部。

8月22日，联合工商、质检、药监、卫生等部门召开食品安全知识培训会，加强龙门镇食品安全领域的监督管理工作。

8月31日，召开科学技术协会第七次代表大会，选举产生龙门镇科协第七届委员会委员。

9月5日，召开安全生产工作会议，推动安全生产领域“打非治违”专项行动地深入开展。

9月24日，召开全体镇村干部大会，传达市委书记姜军对龙门古镇下一步保护开发工作的讲话精神，布置落实当前工作。

9月27日，召开综治例会，部署综治维稳工作。镇党委副书记盛永淦、纪检书记柴克难等参加会议。

11月8日，组织全体镇村干部观看党的十八大开幕式实况，听取中共中央总书记胡锦涛的重要讲话。

11月19日，举行第十三届代表大会第二次会议，大会听取和审议政府工作报告，对镇党委班子2012年工作情况进行民主评议。

11月23日，召开党的十八大精神学习会，学习贯彻十八大精神，部署2013年相关工作。

12月18日，召开镇总工会成立暨第一次代表大会，选举产生镇总工会第一届委员会、第一届经费审查委员会、第一届女职工委员会及镇工会第一届主席、副主席、常委人选。

12月28日，组织全体镇村干部观看富阳市2012年度党建工作“双述双评”电视会议，学习贯彻会议精神，加强基层党建工作。

2012年富阳市渌渚镇人民政府大事记

1月11日，召开第十六届人民代表大会第一次会议，羊献民同志当选为镇人大主席，何观仙同志当选为镇长。

1月12日，召开春节前夕安全生产工作会议，会议由镇人武部长孙熔主持。分管工业副镇长蒋建军总结回顾2011年渌渚镇的安全生产工作情况，部署节前和2012年的安全生产工作。

2月17日，组织全体干部职工收看富阳市第十五届人民代表大会一次会议直播实况，听取富阳市委副书记、代市长章舜年同志所作的政府工作报告。

2月23日，组织全体机关干部及各行政村两委干部收看2011年度全市乡镇（街道）党建工作“双述双评”会议直播，学习贯彻大会精神，加强基层党建工作。

3月15日，组织收看富阳市城乡区域统筹发展暨农村工作会议，听取乡镇、企业、行政村代表的交流发言以及市委副书记、市长章舜年同志围绕当前农村工作所作的重要部署。

3月27日，镇残联与莲桥村委干部一起开展“进村入户访民情”活动，走访慰问辖区低保困难家庭。

4月17日，召开2012年度计划生育工作会议。分管计生副镇长傅志刚主持会议，计生办主任作工作报告，镇长何观仙发表重要讲话。

5月4日，召开辖区安全生产隐患排查工作会议，镇安监办主任金善林对隐患自查的结果上报等具体工作进行布置，副镇长蒋建军就下阶段安全生产工作提出具体的要求。

5月11日，镇政府会同新登工商所及渌渚镇社区卫生服务中心，对渌渚镇部分“三小”行业（小食品生产加工场、小食品店、小餐饮店）的食品安全进行突击监督检查。

6月19日，镇安监办联合新登环保所、新登工商所、渌渚镇供电所等部门开展安全生产领域“打非治违”专项行动，依法取缔一非法洗铜加工点。

7月3日，举行“两网合一”工作推进会，进一步深化“两网合一”工作的开展。镇党委副书记唐伟就前阶段的“两网合一”工作进行总结，并对下一阶段的工作进行具体部署。

7月11日，开展美丽乡村建设检查督导工作，贯彻落实富阳市美丽乡村建设督查会会议精神。

7月26日，镇分管领导应为民带领镇农办工作人员对渌渚镇“美丽乡村”建设进行督查。

8月2日，召开第三季度安全生产工作会议，落实防台抗台工作，部署下半年安全生产工作。

8月16日，召开科学技术协会第七次代表大会，会议回顾总结过去五年镇科协工作，明确今后三年科协工作的方向与目标，选举产生新一届镇科协领导班子。

8月23日，镇人大组织杭州市人大代表、富阳市人大代表、渌渚镇人大代表、各村主任、村镇建设办、镇经济发展办（农业）等机关人员参加耕地后期管理督查现场会。

9月6日，召开打非治违专项行动暨安全生产大检查大整治会议，镇长何观仙对开展打非治违专项行动和大检查大整治活动进行全面部署。

10月23日，召开食品药品安全管理工作会议，贯彻学习《富阳市食品安全网格化监管工作实施方案》和药品安全监管。

11月7日，召开第四季度安全生产工作会议，镇安监办主任金善林通报渌渚镇第三季度安全生产工作情况，布置下阶段的安全生产工作。镇党委副书记、镇长洪金元同志作重要讲话。

11月8日，镇慈善分会召开一届三次理事会议，通过一届三次理事会理事人员调整名单，审议通过镇慈善分会工作报告和财务报告。

11月22日，召开学习贯彻十八大精神大会，传达富阳市学习贯彻十八大精神会议上的讲话精神，阐述十八大报告的相关内容。

12月3日，镇党委组织召开学习宣传贯彻党的十八大精神专题讲座，深入学习党的十八大精神。

12月8日，召开反邪教工作紧急会议，传达市反邪教工作紧急会议的精神，对渌渚镇当前反邪教工作作部署和强调。

12月14日，召开镇总工会成立暨第一次代表大会，选举产生渌渚镇总工会第一届委员会委员、经费审查委员会委员和女职工委员会委员。

2012年富阳市银湖街道（受降镇）大事记

1月8日，开展镇十六届人大一次会议代表会前活动，镇党委副书记、镇长郑金林回顾五年来的政府工作，解读今后五年政府工作的主要任务。

1月11日，召开第十六届人民代表大会第一次会议，选举产生方炳林为镇人大主席，孙志贤为镇人大副主席，郑金林为镇长，俞培永、杨华锋为副镇长。

1月16日，召开关心下一代工作年终会议，传达市委书记姜军在关心下一代工作会议上的讲话精神，与会人员回顾2011年的工作，构思2012年总体思路。

2月13日，召开中层竞聘动员大会，会议由镇党委副书记江荣主持，全体镇干部参加本次动员大会。镇党委书记方炳林明确工作要求。

2月17日，组织镇机关全体干部收看富阳市第十五届人民代表大会第一次会议的直播，听取富阳市委副书记、代市长章舜年的政府工作报告。

3月9日，召开2012年度经济工作暨“进村入企”活动动员大会，回顾总结2011年全镇经济工作基础，部署2012年经济工作目标和任务。

3月15日，组织全体机关干部及各行政村两委干部收看富阳市城乡区域统筹发展暨农村工作会议，听取富阳市委副书记、市长章舜年同志围绕当前农村工作所作的重要部署。

4月20日，召开专题会议，学习贯彻市政府全委会精神。镇党委要求全体镇干部明确发展战略和奋斗目标，部署政府工作。

4月24日，镇关工委召开工作研讨会，对照市关工委的要求，部署受降镇全年工作开展的要求和任务。

4月25日，镇人大主席团组织部分市、镇人大代表到新沙岛开展代表活动。同时，代表们召开座谈会对受降镇第三产业发展前景以及经济转型升级作深入探讨。

5月8日，镇人武部召开2012年度民兵整组点验大会，市人武部部长张健、镇有关领导及镇基干民兵营全体人员参加会议。

6月4日，召开2012年度项目推进大会，镇机关全体干部、各行政村两委班子成员及大学生村官参加会议，镇长郑金林就开展好项目推进活动作出要求。

6月29日，召开庆祝建党91周年党课报告会暨创先争优群英表彰大会。会议表彰受降镇创先争优活动各类先进典型，镇党委书记方炳林作重要讲话。

7月19日，镇政府召开上半年度工作总结汇报会，总结受降镇上半年工作成果，分析工作中存在问题以及提出下半年工作思路。

7月25日，组织市人大代表、党代表和政协委员召开半年度政情通报会，镇人大副主席孙志贤就开展2012年代表主题实践活动作部署。

7月26日，召开残疾人联合会第七次代表大会，听取和审议受降镇残疾人联合会第六届主席团工作报告，选举产生新一届残联主席团成员。

8月16日至17日，镇领导班子成员分别带领检查组开展辖区安全生产督查活动。

8月30日，召开科学技术协会第七次代表大会，听取受降镇科协第六届委员会工作报告，选举产生镇科协第七届委员会，审议并通过《受降镇科学技术协会第七次代表大会决议》。

9月27日，召开信访维稳工作会议。镇纪委书记应逊谦和镇长郑金林出席会议，应书记就2012年的信访维稳工作情况作了汇报。

9月28日，镇政府召开中层及以上干部会议，着重讨论研究各办各线2012年度考核任务，部署下一步工作。

10月8日，召开2012年度工作冲刺攻坚大会，贯彻落实全市“奋战一百天、投资超百亿”攻坚行动动员大会精神，明确各线各村年度工作任务。

10月26日，召开第二批帮拆对接会，深入展开“双百”攻坚行动。

11月8日，组织收看党的十八大开幕式，聆听胡锦涛同志的工作报告。

11月19日，镇党委召开党员扩大会议，镇党委书记方炳林主持会议并传达党的十八大和十八届一中全会精神。

11月23日，召开第十三届代表大会第二次会议，回顾2012年工作，部署2013年重点工作。

12月31日，组织召开镇区学校安全工作会议，就年底学校的安全工作作了部署指示。

2012年富阳市万市镇人民政府大事记

1月5日，召开新老人大代表座谈会议，对镇第十四届和镇第十五届人大代表履职期间做出的成绩表示肯定，对万市镇“十二五”规划的相关任务作出部署。

1月10日，召开第十六届人民代表大会第一次会议，选举产生新一届万市镇人大主席项开诚、副主席许波平，镇人民政府镇长裘云鹏，副镇长刘联华、姜小娟、倪文海。

1月20日，召开应对雨雪等灾害性天气紧急工作部署会，镇长裘云鹏对各项工作进行动员和分配。

2月3日，召开农业重点项目工作推进会，总结2011年度万市镇农业重点项目进展情况，为2012年度各相关村的农业重点项目推进定下基调。

2月7日，召开党风廉政反馈通报会，镇党委书记罗林锋就万市镇党风廉政建设具体实施和成效作汇报。

3月30日，召开“防汛、防火、防疫”工作会议，做好当前三防工作，确保老百姓生命财产安全。

同日，召开全体镇机关党员干部大会，传达富阳市廉政工作会议精神，研究部署万市镇2012年的廉政工作。

4月13日，召开民政及老龄工作推进会，镇党委委员、副镇长姜小娟从具体工作出发，布置近期的工作任务以推进民政工作。

4月28日，召开第九届“平安万市”暨二季度安全生产会议，镇安全生产分管领导对第一季度安全生产工作作回顾，对第二季度安全生产及“五一”大检查工作作部署。

5月23日，镇党委和政协工委探索建立“党代表和政协委员活动日”，通过“一看二听三议”完善民主制度，扩大基层民主。

5月25日，组织召开农村清洁可再生能源利用工程项目建设会议，镇分管领导对2012年度杭州市级农村清洁可再生能源利用工程综合示范乡镇的创建工作进行具体介绍，重点布置各示范项目的建设任务。

6月19日，镇关工委召开“假日爱心学校”工作会议，镇关工委副主任方会青主持会议，传达贯彻市关工委《关于积极创办假日爱心学校》的文件和市关工委“假日爱心学校”工作会议精神。

6月26日，举行庆祝中国共产党成立91周年暨创先争优活动总结表彰大会，对万市镇荣获富阳市级创先争优活动先进集体和个人以及2011年度万市镇优秀党员积极分子获奖代表进行颁奖表彰。

7月10日，镇党委组织副书记郎永强主持召开万市镇2012年上半年度党委政府工作情况通报会。镇党委副书记、镇长裘云鹏作工作报告，镇党委书记罗林锋作重要讲话。

7月23日，召开第三季度安全生产工作会议，总结万市镇上半年安全生产工作，分析当前工作中存在的问题，研究部署当前及下半年主要工作。

7月24日，召开信息化工作暨农民信箱信息员培训会议，旨在加强农民信箱的应用和推广，推进万市镇信息化工作的发展。

8月7日，组织召开防御第11号台风“海葵”紧急工作会议，部署防台抗台工作。

8月14日，开展向企业“送清凉”活动，领导班子成员带头为企业职工送去降温解暑物资。

9月6日，镇党委书记罗林锋、党委副书记郎永强带领镇相关科室人员对部分企业安全生产大检查大整治活动开展情况进行督查。

9月26日，召开第十次“平安万市”论坛，通报万市镇前期“打非治违”专项行动工作情况，部署中秋、国庆两节期间安全生产有关工作。

10月10日，召开第三季度民政业务培训会，部署落实万市镇民政工作，巩固民政工作成果。

10月26日，组织镇市党代表、市人大代表、市政协委员开展“两代表一委员”视察活动。

11月19日，召开十八大会议精神学习会，镇党委书记罗林锋在会上指出，贯彻落实党的十八大精神实质，明确万市镇的工作任务和发展方向。

11月21日，召开第十三届人民代表大会第二次会议，结合十八大会议精神，部署万市镇下一步工作任务。

12月11日，组织市第十三次党代会党代表开展集体活动，推进党代表活动的深入开展，发挥党代表在闭会期间的作用。

2012年富阳市新登镇人民政府大事记

1月5日，镇党委召开镇党政人大班子全体成员会议，学习贯彻富阳市第十三次党代会精神。

1月11日，召开第十六届人民代表大会第一次会议，选举李建成为人大主席，陈敏为人大副主席。俞立群为镇长，钟志豪、杨荣强、宋树洪、周建、朱国祥为副镇长。

2月14日，召开加强和创新社会管理工作座谈会，镇长俞立群部署新登镇当前的工作任务。

2月17日，组织全体镇机关干部收看富阳市十五届人大一次会议开幕式实况，听取市委副书记、代市长章舜年的政府工作报告。

2月21日，召开村级事务公开工作会议，镇纪委工作人员部署村级事务开放日活动。

3月8日，召开2012年度经济工作会议，贯彻落实市、镇两级党代会，人代会和新登镇小城市培育建设誓师大会精神，回顾总结2011年全镇经济工作，研究部署2012年经济工作。

3月30日，召开中层以上干部会议，强调市城乡统筹暨农村工作会议、全市党建工作会议、市纪委全体（扩大）会议精神。

4月19日，召开会议，传达贯彻4月18日市政府第一次全体（扩大）会议精神，传达学习姜书记、章市长的讲话精神。

4月23日，开展“村级事务开放日”活动。镇党委委员、纪委书记丁大勇参加活动，并作讲话。

5月7日，召开重大工程征迁工作推进大会，镇党委副书记陈悦宣布核心区块、23省道改建工程、新区5号路等8个重大工程征迁工作人员安排、工作职责和具体部署。

5月9日，召开食品药品安全暨安全生产工作会议，明确食品药品安全及安全生产工作的重要性，对下一阶段工作进行具体部署。

5月25日，召开居家养老服务站及避灾点创建工作会，布置2012年度农村居家养老服务站创建的工作任务，对避灾点建设及相关扶持政策作说明。

6月6日，召开“网格化管理、组团式服务”工作会议，回顾总结工作开展情况，部署落实下一阶段的工作任务。

6月29日，召开纪念建党91周年暨创先争优活动总结表彰大会，对新登镇2011年度的先进集体和个人进行表彰。镇党委书记胡狄华传达市委书记姜军的讲话精神。

7月27日，组织镇党政班子成员和镇机关中层以上干部赴桐庐参观桐庐新城建设并召开2012年上半年度工作汇报会，回顾总结上半年工作，部署下半年工作。

8月15日，召开2012年上半年政情通报会，镇长俞立群代表镇政府向与会人员通报上半年政府工作运行情况和下半年政府工作总体安排。

8月17日，召开2012年上半年工业经济形势分析会。镇党委副书记、镇长俞立群主持会议，学习传达温家宝总理日前来浙视察的讲话精神。

8月23日，召开施工环境整治工作会议，分析目前施工环境状况，部署下一阶段施工环境整治相关工作。

同日，召开23省道综合整治工程（新登段）征迁动员大会，镇党委书记胡狄华作征迁动员讲话。

9月24日，召开“苦战九十天、投资超廿亿”攻坚行动动员大会，传达贯彻市政府关于开展“奋战一百天、投资超百亿”攻坚行动的精神。

10月12日，召开2012年度冬季征兵工作动员大会，回顾总结2011年度征兵工作，部署2012年度的征兵工作。

11月8日，组织镇机关全体干部收看党的十八大开幕式盛况，聆听胡锦涛同志的工作报告。

11月22日，召开第十三届人民代表大会第二次会议，回顾总结新登镇2012年工作，部署2013年工作。

11月30日，镇慈善分会召开一届三次理事（扩大）会议，通过慈善分会2012年的工作报告及财务报告，部署2013年工作。

12月7日，召开小城市培育考核工作会议，回顾2012年工作，探讨2013年工作推进。

12月28日，组织收看富阳市2012年度乡镇党建工作“双述双评”视频直播，完善基层党建工作责任制度。

2012年富阳市胥口镇人民政府大事记

1月10日，召开第十六届人民代表大会第一次会议，选举产生以喻乃群为主席，杨洪元为副主席，唐瑞华为镇长，张晓平和陈效军为副镇长的新一届人大、政府班子。

2月14日，召开中层干部竞争上岗、一般干部双向选择工作动员大会，镇长唐瑞华主持会议。镇党委副书记徐红群对具体内容作了讲解和部署。

2月21日，召开年初防汛工作动员会议，对前期发现存在的问题进行整理总结，对接下来的防汛工作进行部署。

2月22日，召开镇中层干部竞聘上岗演讲测评大会，全体镇机关干部、各村书记等参加会议。

3月29日，召开2012年度春耕备耕暨森林防火工作会议。副镇长张晓平就春耕备耕、森林防火等工作作部署。

3月30日，召开第一季度经济工作分析会。经济发展办公室汇报第一季度经济形势，梳理存在问题和难点。

4月1日，召开深入学习贯彻市纪委十三届二次全会精神专题会议，镇纪委书记孙萍解读市纪委蒋金娥书记的工作要求，传达市委姜军书记的讲话精神。

4月21日，镇党委、政府召开安全生产专题会议，总结分析胥口镇安全生产形势，研究部署开展安全生产大检查活动。

4月28日，召开民政员工作例会，对前期工作进行总结，对下一阶段工作作了布置。

5月9日，召开2012年民兵整组点验大会，全镇各行政村民兵连长和基干民兵防火分队全体民兵参加整组点验。

5月11日，召开2012年度土地管理工作会议，回顾总结2011年全镇土地管理和新农村建设工作，安排部署下一阶段全镇土地管理工作。

5月30日，召开水利普查工作正式普查表填报培训会议，部署“正式普查表”的填报工作。

6月6日，召开2012年度项目推进暨基层组织建设年活动推进动员大会，学习全市项目推进现场会会议精神，布置“网格化管理、组团式服务”有关工作。

6月13日，召开2012年度土地整理会议，村镇建设办主任叶建中通报胥口镇2012年度第一批垦造耕地项目清单和立项的有关情况，对工作进行具体强调。

6月19日，召开村镇建设工作专题会议，听取村镇建设办上半年工作汇报，部署下半年工作。

7月20日，镇残疾人联合会召开第七次代表大会，选举产生镇残联第七届委员会主席团成员和新一届镇残联领导班子，表决通过参加市残联第六次代表大会的代表。

7月24日，召开暑期学生安全工作会议，部署暑期学生安全工作。

7月25日，召开年度低保审核工作会议，解读低保审核的文件精神，布置具体工作。

8月7日，镇党委、政府召开抗台防汛工作会议，全面动员部署抗台防汛工作。

8月10日，召开安全生产第三季度工作例会，回顾总结上半年安全生产工作形势，明确下一阶段工作任务与要求。

同日，召开沙场整治联席会议，镇党委委员张小法布置沙场整治强拆方案。

9月12日，召开道路交通安全整治专题会议，镇党委书记喻乃群同志主持会议。

9月28日，召开贯彻落实市攻坚行动动员会议精神大会，镇党委书记喻乃群主持会议。副镇长张晓平对双节期间安全生产和信访维稳两项工作作出安排。

10月26日，胥口慈善分会召开一届三次理事（扩大）会议，通过关于调整理事会成员的说明和决议。

10月30日，召开农村建房管理暨农村集体土地所有权登记发证工作动员大会，全面部署胥口镇集体土地所有权登记发证工作。

11月2日，召开创建省卫生镇工作推进大会，镇长唐瑞华主持会议。镇分管领导对创建省卫生镇下一步工作进行具体部署。

11月28日，召开2012年度农村土地综合整治工作会议，介绍胥口镇2012年度农村土地综合整治工作基本概况，通报各村垦造耕地和建设用地复垦项目的进展情况。

12月6日，召开2012年度社会评价代表工作会议，镇党委书记、人大主席喻乃群同志主持会议。

12月27日，召开2012年度行政村党组织书记抓党建工作述职、市人大代表述职暨“五议两公开”制度推进大会，回顾2012年党建工作，汇报2013年党建工作思路。

2012年富阳市永昌镇人民政府大事记

1月10日，召开第十六届人民代表大会第一次会议，选举产生以刘喜凤为主席，白伟强为副主席，洪华为镇长，王春荣、闻成、徐建华为副镇长的新一届人大、政府班子。

2月17日，组织全体镇机关干部收看富阳市十五届人大一次会议开幕式实况，听取章舜年同志所作的政府工作报告。

2月23日，组织全体机关干部、各行政村两委干部等收看全市基层党建工作“双述双评”大会实况，听取市委书记姜军同志所作的重要讲话。

2月28日，召开中层干部竞聘上岗、一般干部双向选择动员大会，镇党委副书记陈军峰主持会议，镇党委书记、人大主席刘喜凤作动员讲话。

3月30日，召开第一季度各村主要负责人工作汇报会，讨论研究各村项目推进过程中存在的问题和解决方法，理清下季度有关各村项目推进工作的思路。

4月12日，召开安全生产工作季度例会，传达全市安全生产工作会议精神，总结永昌镇第一季度安全生产专项工作，部署下一阶段安全生产工作。

5月9日，召开基干民兵点验大会，镇党委书记、人大主席刘喜凤发表重要讲话。

6月13日，召开民政工作会议，镇大社保主任蒋婷婷主持会议。会议回顾总结前期民政工作，明确当前工作重心，并对下阶段工作进行部署安排。

7月10日，镇大社保中心召开工作例会，大社保中心主任蒋婷婷主持会议。会议总结6月份大社保各条战线工作的开展情况，还部署下一阶段的工作任务。

7月11日，召开项目工作推进会，回顾总结全镇今年1至6月份项目推进情况，深入分析当前项目工作推进中存在的困难和问题，安排部署当前和今后一段时间的项目工作。会议由镇党委副书记、镇长洪华主持。

8月31日，召开打非治违专项行动暨安全生产大检查大整治活动动员大会。会议传达富阳市“打非治违”相关文件精神，镇长洪华对开展打非治违专项行动和大检查大整治活动进行全面部署。

9月6日，联合新登工商所举办食品安全知识培训班，引导食品经营户树立合法经营和诚信经营观念，强化食品安全法律意识和自律意识。

9月10日，镇党政班子领导刘喜凤、洪华、王春荣等，前往辖内各学校以及部分退休教师家中开展教师节表彰慰问活动。

9月22日，镇计生办与镇妇联、团委一起联合举办一期“走好你的青春之路”青春期性教育课堂专题讲座，加强青少年思想道德教育，普及青春期健康知识。

10月17日，召开人大主席团会议，回顾总结前三季度工作开展情况，开展讨论，对今后工作提出宝贵的意见和建议。

10月18日，召开村级项目推进督查汇报会，回顾总结全镇2012年1至10月份项目推进情况，深入分析当前项目推进中存在的困难和问题，安排部署当前和最后一季度的项目工作。

10月29日，组织各村村监会主任参加业务培训班，指导永昌镇村务监督委员会日常工作。

11月21日，召开第十四届党代会第二次会议，回顾总结镇十四届党代会一次会议以来全镇工作，全面分析当前面临的困难和形势，并就下一年的工作进行明确部署。

11月28日，召开信访维稳工作例会，分析当前形势，研究部署信访维稳工作及社会管理创新工作。

同日，永昌慈善分会召开一届三次理事（扩大）会议，通过关于调整理事会成员的说明和决议，听取慈善分会《工作报告》《财务报告》和2013年慈善救助预安排。

12月3日，镇关工委举办党十八大精神学习会，镇党委副书记陈军峰带领大家共同学习十八大报告，同时就结合学习贯彻十八大精神如何推动关工委工作开展作发言。

12月24日，召开镇总工会成立暨区域性企业职工工资集体协议签订仪式，选举产生永昌镇总工会第一届委员会、经费审查委员会以及女职工委员会成员。陈军峰同志当选永昌镇总工会第一届委员会主席。

12月25日，组织举办学习贯彻党的十八大精神专题报告会，镇党委副书记陈军峰主持报告会并作重要讲话。

2012年富阳市春建乡人民政府大事记

1月11日，召开第十六届人民代表大会第一次会议，大会选举产生春建乡第十六届人民代表大会主席、副主席以及春建乡人民政府乡长和2名副乡长。

2月9日，乡经济发展办召开2012年度工作研讨会，办公室各成员根据上级部门的有关工作安排结合春建乡实际，就重点工程和工作进行系统地分析，并提出详尽、科学、切实可行的工作思路。

3月1日，召开表彰奖励暨党员春训大会，乡党委副书记唐激扬就当前党建工作进行部署，乡党委书记夏朝明作重要讲话。

3月8日，召开第一季度安全生产会议，副乡长冯国亮回顾2011年安全生产工作，就当前安全生产形势进行分析，并对今年的工作进行布置。

4月1日，召开各村农村工作指导员和森林防火责任人会议，部署清明期间森林防火工作。

4月9日，举行民兵整组点验大会，会议由春建乡党委副书记、乡长王元新同志主持。

4月16日，组织离退休老干部专题学习市委书记姜军代表中共富阳市十二届委员会向大会作的题为《坚持工业兴市，推进城乡统筹，为描绘“富裕阳光的富春山居图”而不懈奋斗》的工作报告，传达市第十三次党代会情况和会议精神，同时学习《中共富阳市委老干部局2012年工作要点》《坚决拥护党中央的正确决定》等文件精神。

5月23日，开展以“农业科技、文化教育、防震减灾”为主题的科技活动。

6月11日，召开全体乡干部会议，部署落实相关工作安排。

6月25日，召开2012年第二季度工业统计工作会议暨统计法律法规培训班，会议回顾2012年1至5月春建乡的工业统计工作，对第二季度统计的各项数据进行分析，并具体部署下阶段的统计工作。

7月16日，乡老干部支部组织全乡离退休老干部召开会议，学习省委宣传部关于离退休干部开展“我们的价值观”大讨论活动。

7月19日，召开2012年度低保审验工作会议，分管领导高青军对审验时间、工作要求及申请、调查、审核、公示等规范化标准进行具体讲解和部署。

7月20日，乡残疾人联合会召开第七次代表大会，选举产生新一届残疾人联合会主席团委员，通过主席团一次会议，高青军当选为春建乡乡残疾人联合会第七次主席团主席，胡海燕、俞华丰为副主席，胡海燕当选为执行理事会理事长。

8月24日，召开大社保半年度工作会议。中心主任胡海燕对大社保上半年工作进行总结回顾，并对下半年工作进行重点部署。

8月30日，召开全乡餐饮单位负责人、各肉类经营户的食品安全大整治会议，传达富阳市食品安全大整治百日行动的精神，同时对全乡食品安全大整治作出具体部署。

9月10日至11日，乡村镇建设办对13块2011年度被卫星遥感到的违法用地情况进行复查。

9月21日，为“保安全、促增收”，认真部署秋季动物防疫工作。

10月10日，召开药品安全创建动员大会，传达《富阳市药品安全示范市创建工作实施方案的通知》的文件精神，分析药品安全示范乡创建的考核标准，下发春建乡药品创建的两个文件。

10月11日，召开冬季征兵工作会议，乡人武部长传达市征兵目测工作会议精神，对2011年征兵工作进行回顾总结，并部署2012年征兵工作任务。

10月22日，乡长王元新，党委委员、人武部长高青军带领工作人员慰问辖区部分高龄老人和敬老院老人，并送上慰问金。

11月5日，召开第四季度安全生产会议，分析2012年的安全生产状况并对今后的工作提出思路。

12月8日，召开入伍新兵欢送会，乡党委委员、人武部长高青军在会上作讲话。

12月19日，召开总工会成立暨第一次代表大会，选举产生春建乡总工会第一届委员会、经费审查委员会及女职工委员会。

2012年富阳市湖源乡人民政府大事记

1月4日，召开2011年度各村主要干部述职暨年终总结大会，会议听取各村书记、主任的述职报告，各村主要干部在总结2011年度工作的基础上，理清2012年的工作思路。

1月12日，召开第十六届人民代表大会第一次会议，选举产生丁建军为人大主席，汪尚水为人大副主席，戴钰虎为乡长，董晓峰和寿立军为副乡长的新一届人大、政府班子。

1月15日，召开安全生产委员会成员会议，戴钰虎乡长总结2011年安全生产情况，并对2012年安全生产工作提出要求。

2月17日，组织全体乡干部以及各村主要干部收看富阳市十五届人大一次会议的开幕仪式，听取市委副书记、代市长章舜年所作的政府工作报告。

2月23日，组织收看基层党建工作“双述双评”大会，与会人员听取市委书记姜军同志作的重要讲话和场口、洞桥、永昌等5个乡镇党委书记的述职报告。

2月24日，召开大学生“村官”座谈会，乡党委副书记陈水英，乡团委书记、妇联主席参加本次座谈会。

3月2日，召开2011年度总结表彰大会，表彰2011年度全乡先进集体和个人，乡党委书记和乡长布置2012年度重点工作。

3月16日，召开2012年度土地开发整理动员大会。会议总结回顾2011年湖源乡土地开发整理工作，全面部署2012年度土地开发整理各项工作。

3月26日，召开森林消防工作会议，布置当前森林消防工作及清明期间林区用火管理工作。

4月19日，召开安全生产工作暨消防安全工作会议，传达全市安全生产第一季度工作例会精神，总结回顾湖源乡第一季度以来的安全生产工作，并对下一阶段的安全生产工作进行详细的部署。

4月25日，组织乡卫生院、防保所、常安派出所、乡消安办等部门开展旅游安全大检查，消除安全隐患，确保假日安全。

5月9日，乡妇联召开各行政村妇女主任座谈会，下村慰问困难母亲，给她们送去母亲节的问候和一份精美的慰问品。

6月7日，召开2012年农民健康体检动员大会，总结2011年健康体检工作，对2012年的体检工作进行具体部署。

6月11日，召开“百名政法干部、千名政法干警”进网格保平安活动湖源乡联系点动员大会暨第一次中层例会。联系领导周海根局长作动员讲话并部署任务。

6月28日，召开安全生产工作例会，对“安全生产月”活动作总结。

7月5日，开展“两违”集中整治月活动，对石龙村的违章建筑进行强制拆除。

8月15日，乡科协召开第七次代表大会，选举产生新一届科协委员，陈水英、汪尚水、李增军分别当选为乡科协主席、副主席、秘书长。

9月10日，召开庆祝第28个教师节暨优秀教师表彰大会。乡党委委员章建钢同志作重要讲话。

9月17日，完成秋季育龄妇女普查工作。此次普查活动，增强广大妇女生殖健康和自我保健意识，提高已婚育龄妇女的健康水平，为湖源乡下阶段的计生工作打下良好的基础。

10月12日，召开农村党员信息化管理试点工作现场观摩会，会议由乡党委副书记赵小红主持，乡党委书记丁建军作总结并提出具体要求。

10月19日，开展走访慰问活动，为退休老干部送上慰问金和慰问品。

10月25日，组织部分乡、村干部赴丽水莲都区考察新农村建设。

11月15日，召开慈善理事会，表彰慈善爱心行动和支持慈善事业的社会各界人士，并部署下一阶段工作。

11月23日，举办十八大精神主题报告会，全面贯彻落实党的十八大精神，寻求发展新思路。

11月29日，乡常南村上南坞自然村居家养老服务站正式运营，市民政局相关领导参加开业典礼。

12月10日，乡慈善分会常务副会长汪尚水及大社保工作人员走访慰问孙茂祥等4户因病致贫的特困家庭。

12月28日，组织收看富阳市乡镇（街道）2012年党建工作“双述双评”会议，市委书记姜军就各乡镇党委书记党建工作述职情况进行现场点评。

2012年富阳市环山乡人民政府大事记

1月11日，召开第十六届人民代表大会第一次会议，选举产生张雪坤同志为乡人大主席，李岳兵同志为乡人大副主席，孙晓明同志为乡人民政府乡长，汤建华、吴林明、张诚成同志为副乡长。

1月16日，乡党委班子成员对辖区困难群众进行看望慰问，并向他们致以春节的问候和美好的祝愿。

1月30日，乡主要领导与各联村领导、专职联村指导员、联企指导员一起，走访慰问辖区内主要企业主和7个行政村的主要领导，为他们送上春节的祝福，给他们带去党委政府的关心和关爱。

2月10日，召开全体班子会议，贯彻全市深化“平安富阳”创建暨政法、综治、维稳、信访工作会议情况。

2月13日，组织召开各村书记、主任及治保调解员会议，对“平安富阳”创建暨政法、综治、维稳、信访工作会议进行传达，并对当前的安全稳定工作进行详细安排部署。

3月1日，召开庆“三八”表彰暨妇女联谊会成立大会，乡妇联回顾总结2011年工作，部署2012年相关工作。

3月19日，乡关工委召开关心下一代工作会议，乡党委副书记、关工委主任、讲师团、关爱团成员参加会议，共同讨论环山乡2012年关工委工作思路。

3月26日，乡安监办组织富阳数马装饰工艺品有限公司开展消防应急预案演练。

4月1日，组织开展森林防火消防安全知识培训，应对清明节期间森林火灾安全隐患。

4月5日，召开深入学习贯彻市纪委十三届二次全会精神会议，传达市委书记姜军同志的重要讲话，对环山乡2012年的纪检监察工作进行部署。

4月19日，组织召开2012年第一季度中层干部例会，各中层干部针对自己负责的各线，汇报2012年第一季度工作开展情况、存在的问题及第二季度工作计划。

5月4日，召开国家环境保护模范城市复检工作推进大会，各行政村书记，主任，乡班子成员，各科室负责人，企业主，场口环保所，工商所等参加会议。

同日，召开村级项目资金第三方监管、小额公共资源交易分类管理试点工作会议，乡纪委书记针对村级项目实施和资金管理不够到位的问题，提出村级项目资金第三方监管试点工作。

6月28日，乡残联召开主席团会议，研究部署乡残联第七届代表大会选举工作。汤建华主席作五年来的工作报告。

7月25日，召开第十六届人大主席团二次会议，就市人大常委会《关于组织开展2012年代表主题实践活动的通知》作工作部署，乡党委书记、人大主席张雪坤作重要讲话。

7月27日，组织召开复员军人座谈会，向复员军人们表达节日的问候和祝愿，并送上夏季清凉慰问用品。

7月30日，召开班子会议和中层干部会议，学习贯彻市政府第二次全体（扩大）会议精神。

8月28日，乡科学技术协会召开第七届代表大会，代表们听取上届科协委员会工作报告，并讨论通过《环山乡科学技术协会章程》《环山乡科学技术协会第七次代表大会选举办法》，选举产生环山乡科协第七届委员会，杜耀明、吴林明、孙利剑同志分别当选为乡新一届科协主席、副主席、秘书长。

9月28日，开展食品药品安全专项整治行动，打击违法违规行为，消除食品药品安全隐患，保障公众饮食安全。

10月26日，组织村两委干部、大学生村官赴新登镇登云社区、湘溪村，永昌镇唐昌村考察取经，学习他们在“两网合一”工作开展和新农村建设方面的经验。

11月1日，召开第十六届人大主席团第三次会议暨2012年度政府民生工程督查汇报会，驻村指导员汇报各村2012年度各项政府民生工程的进展情况，各分管政府工作班子成员作补充。

11月15日，富阳市慈善总会环山分会召开理事会议，部署开展第三次冠名基金慈善捐款工作。

11月23日，召开第十三届代表大会第二次会议，乡党委书记张雪坤代表中共环山乡第十三届委员会作工作报告。大会向全体代表征集意见和建议，全体与会党代表和列席人员还对乡党委班子进行民主评议。

2012年富阳市上官乡人民政府大事记

1月10日，召开第十六届人民代表大会第一次会议，回顾总结上官乡十五届人民代表大会以来的经验，确定今后五年的奋斗目标和战略重点，选举产生新一届人大、政府领导班子。

2月22日，召开乡、村两级干部会议，传达和学习市“两会”精神，乡党委书记陈金虎同志解读政府工作报告，并对2012年度的工作进行部署。

2月24日，举行第三次“村级事务开放日”活动，创新方式，完善村级事务的交流平台。

3月5日，召开庆祝三八妇女节表彰大会，对2011年度全乡妇女工作先进集体、“三八红旗手”“和谐家庭”进行表彰，乡党委副书记俞一波发表重要讲话。

3月19日至27日，乡计生办结合春季育龄妇女普查工作，组织乡社区卫生服务中心医护人员为上官乡妇女进行乳腺癌或宫颈癌两癌筛查和妇科疾病普查工作。

4月10日，召开四堡、芳村、深里村3个村的村庄规划论证会议，对相关村的村庄规划设计的科学性、前瞻性与合理性作进一步审核，对村中现有闲置土地资源进一步挖掘，以提高土地利用率，切实解决农户建房困难。

4月11日，召开安全生产工作会议，布置开展安全生产专项检查活动。会议由乡长朱经国主持，对专项检查活动工作进行部署。

4月25日，召开村级财务管理座谈会，听取各村报账员关于加强村级财务管理相关措施的实施情况和专项资金管理工作的汇报，并对专项资金管理方面作了详细的探讨。

5月3日，乡农办全体工作人员及各行政村分管农业村干部在分管领导带领下赴环山乡中埠村交流农业工作。

5月24日，专题召开各村治保调解主任会议，贯彻落实上级会议精神，布置排查、维稳工作任务，确保上官乡社会政治稳定，和谐平安。

6月15日，乡社区卫生服务中心综合楼举行启用仪式，全体乡机关干部，各行政村书记，主任等参加启用仪式。

6月17日，乡长朱经国到上官实地走访各行政村，解洪水灾情，慰问群众。

6月26日，乡人大组织代表对上官乡食品安全监管制度落实情况进行督查。代表们检查“食品流通许可证”的发放情况，确保食品经营主体合法规范。

6月29日，召开庆祝建党91周年表彰暨创先争优活动总结大会，表彰上官乡党建工作中涌现出的先进集体和优秀党员，乡党委书记结合上官乡党建工作近年来的主要成绩及今后的工作思路，向全乡的党员上一堂党课。

7月5日，召开安全生产工作会议暨管理培训班，乡长朱经国就上半年安全生产监管工作作回顾，并对存在的问题提出整改措施，对各科室、村、企业提出工作要求。

7月27日，召开残疾人联合会第七次代表大会，听取第六届残疾人联合会工作报告，选举产生新一届主席团。

8月21日，召开2012年度农民健康体检工作动员大会，各村村主任、分管村干部、公共卫生联络员和农村工作指导员参加会议。

8月26日，乡大社保成员在分管领导带领下前往敬老院看望五保老人，给每位老人送上200元清凉慰问金。

8月29日，乡科协召开第七次代表大会，回顾总结过去五年乡科协工作，明确今后五年科协工作的方向与目标。大会选举产生新一届乡科协领导班子。

11月15日，召开学习“十八大”专题座谈会，与会人员共同学习党的“十八大”报告，领会十八大精神实质。

11月20日，召开第十四次代表大会第二次会议，听取、审议并通过朱经国同志的政府工作报告，总结2012年的工作，分析当前上官乡发展面临的新形势，明确2013年全乡工作的指导思想、奋斗目标和战略重点。

同日，组织召开学习贯彻党的“十八大”精神报告会，党委书记朱经国同志对胡锦涛同志的报告进行解读，对党的十八大专题报道中的重要内容进行分析。乡党委就全乡如何贯彻落实党的十八大精神作出安排部署并提出要求。

12月3日，召开2012年联乡结村座谈会，乡党委书记朱经国作工作报告。

12月21日，召开安全生产会议，分析总结上官乡的安全生产形势，布置当前的安全生产工作，确保元旦期间及2013年的安全生产。

2012年富阳市新桐乡人民政府大事记

1月11日，召开第十六届人民代表大会第一次会议，选举宋富华为乡人大主席团主席，金文贤为副主席，刘海军为乡人民政府乡长，朱毅敏、李爱国、徐元春为副乡长。

2月4日，乡残联组织残疾人参加2012年“城乡统筹——萧山区、上城区、富阳市”春季人力资源交流大会暨大型高校毕业生就业洽谈会。

2月24日，召开村级党组织书记党建工作述职大会，就一年来党建工作的开展情况进行述职。

3月2日，召开残疾人康复服务工作会议，对抓好残疾人康复服务工作进行探讨和部署。

3月15日，召开专题会议，具体部署残疾人培训报名工作。

3月28日，召开老龄工作会议，落实老龄当前工作，部署清明节期间殡葬管理工作。

4月11日，乡残联会同乡社区卫生服务中心负责人到俞家村落实大桐洲康复服务点建设工作。

5月10日，召开进村入企全覆盖工作推进大会，章国权书记对前期进村入企走访工作进行回顾总结。

5月17日，启动食品药品安全排查工作，乡长刘海军对食品药品安全排查工作提出要求。

6月7日，召集辖区内所有矿山企业负责人召开环境保护与环境整治专题工作会议，共谋新桐乡环境的可持续发展。

6月29日，召开建党91周年纪念大会，表彰2011年工作中涌现出来的党员积极分子。乡党委书记宋富华作“强基础、保纯洁、推项目、促发展”为题的讲话。

同日，召开“百名政法干部、千名政法干警”进网格保平安工作会议，金健楠副书记对参加本次活动的全体政法干警表示感谢，并表示将全力支持政法系统“百千活动”的开展。

7月10日，乡残联召开会议，研究部署乡残联换届工作。乡残联为此成立换届工作领导小组，明确残联换届有关工作。

7月25日，乡残联召开主席团会议，研究部署乡残联第三次代表大会工作。

7月31日，乡残疾人联合会召开第三次代表大会，听取并审议郎柏强同志代表上一届主席团所作工作报告，选举产生新桐乡残疾人联合会第三届主席团委员成员。

8月17日，召开精神卫生工作领导小组会议，就如何加强精神病人的管理和控制，落实长效机制，明确责任职责等方面进行安排和布置。

8月23日，乡大社保工作中心召开会议，传达8月21日全市大社保工作会议精神，大社保工作中心全体成员分别汇报2012年以来各线工作开展情况、存在问题和下一步打算，并就做好有关工作进行讨论。

8月24日，召开社保工作会议安排布置2012年度养老保险工作。会议总结新桐乡2012年上半年大社保工作开展情况和存在问题，对2012年新桐乡养老保险工作进行重点布置。

9月12日，联合公安、执法等部门开展违章建筑执法集中行动。

9月21日，乡人大组织开展人大代表活动日活动。乡党委副书记金建楠向各市代表、主题团成员全面汇报1至9月新桐乡的经济运行形势、固定资产投资、重点工程推进、政府自身建设等相关情况。

9月26日，开展食品药品的执法行动，对辖区范围内食品药品经营部门等进行卫生检查。

10月12日，开展冬季征兵目测体检工作，标志着新桐乡冬季征兵工作正式拉开帷幕。

10月26日，召开2012年前三季度工作形势分析会，总结分析1至10月全乡各项工作及七大重点工程项目、四十件实事的进展情况，并对第四季度全乡各项工作的冲刺进行全面的安排和部署。

11月20日，召开第十三届第二次代表大会，听取和审议十三届乡党委、纪委2012年工作报告，总结一年来全乡各项工作开展情况，谋划和部署2013年工作。

11月26日，乡老干部党支部召开学习“十八大”专题座谈会，学习党的“十八大”报告。

11月27日，召开市人大代表座谈会，正式确定代表联系困难户制度，密切代表与群众的联系。

12月18日，召开总工会成立暨第一次代表大会，选举产生新桐乡总工会第一届委员会委员、主席、副主席。

2012年富阳市渔山乡人民政府大事记

1月10日，开展春节前安全生产大检查，同时做好应急救援和值班工作，落实领导带队值班制度，掌握安全生产动态。

1月29日，乡机关部门干部深入到各村、企业，解村和企业开年后的安排和生产情况，并向他们送上新春祝福。

2月13日，召开机关中层干部竞争上岗演讲测评大会，乡党委、政府作为今后工作的组织保障，对大会作精心部署，充分调动机关干部的参与积极性。

2月17日，组织全体机关干部收看富阳市十五届人大一次会议开幕式，听取市委副书记、代市长章舜年作的政府工作报告以及发改局局长赵骊中和财政局局长华之江作的富阳经济社会发展形势及政府财政预决算报告。

2月23日，乡社会事务办召开低收入农户座谈会，多方举措着力解决低收入农户增收难问题。

3月15日，组织收看富阳市城乡区域统筹发展暨农村工作会议，听取乡镇、企业、行政村代表的交流发言以及市长章舜年作的重要部署。

3月21日，乡残联组织11名残疾人参加富阳市2012年残疾人人力资源交流会。

3月30日，召开2012年大社保工作布置会，乡大社保工作分管领导及残联理事长就2012年残联工作向各行政村作任务分解。

4月10日，召开第二季度工作会议，组织学习市纪委书记蒋金娥在市纪委十三届十二次全体（扩大）会议上的工作报告，总结回顾第一季度工作，具体部署第二季度工作。

4月24日，乡团委召开纪念“五四”暨先进表彰大会，表彰2011年度共青团工作先进集体和先进个人，乡团委负责人回顾总结2011年工作，明确2012年工作思路。

4月27日，乡分管统战工作领导项开鹏及统战工作人员赴墅溪村看望归国华侨金维彬。

5月17日，召开中心村建设设计方案研讨会，对渔山乡中心村渔山村首期20亩启动区块设计方案进行研究。

6月6日，召开计生联系员例会，汇总上月计生情况，明确部署下一阶段的工作任务。

6月18日，乡党委、政府领导及全体乡干部下村调查灾情，指导和协助各村积极开展灾后自救工作。

6月29日，召开庆祝中国共产党成立91周年暨创先争优总结表彰大会，表彰渔山乡创先争优活动各类先进典型。乡党委书记方德玉发表重要讲话。

7月17日，召开残联主席团会议，研究部署乡残联第七次代表大会选举工作。

7月25日，召开半年度统战工作会议，项开鹏分析当前国内外形势的严竣性及统战工作的迫切性，传达全市半年度统战工作会议精神，回顾上半年工作，对下半年工作提出新的要求和目标。

同日，召开残疾人联合会第七次代表大会，选举产生渔山乡残疾人联合会第七届主席团委员。

8月6日，召集各村书记、主任，全体机关干部，驻村工作指导员传达贯彻省市、富阳市防御11号台风“海葵”工作会议精神，全面部署防台的各项工作。

8月29日，召开信访维稳暨“三项活动”推进会。乡党委委员、纪委书记项开鹏分析布置渔山乡信访维稳工作，乡党委副书记夏华根对开展“干部作风效能再提升、重点项目建设再增速、土地管理整治再规范”三大主题活动进行具体部署。

11月7日，召开社会保险工作推进暨业务培训会，乡党委委员、副乡长何良军就做好养老保险扩面和2013年度城乡居民基本医疗保险参保筹资两项当前重点工作进行布置。

11月8日，组织全体机关干部等收看党的十八大开幕式盛况，听取胡锦涛同志的工作报告。

11月22日，召开第十三届代表大会第二次会议，总结分析当前面临的形势和任务，确定2013年的奋斗目标和工作重点。乡党委书记方德玉作政府工作报告。

12月20日，召开总工会成立暨工会第一次代表大会，选举产生渔山乡总工会第一届委员会、渔山乡总工会第一届经费审查委员会和渔山乡总工会第一届女职工委员会。

2012年建德市洋溪街道办事处大事记

1月6日，召开维稳工作会议，分析研判当前和春节期间的维稳形势，对春节期间的维稳工作进行安排部署。

1月11日，街道禁毒办组织禁毒志愿者开展禁毒宣传活动，增强人民群众防毒、拒毒、自觉抵制毒品的意识。

1月29日，街道党工委书记钱志明、办事处主任林益平带领部分党政班成员走访慰问街道所属部分重点企业，加深街道办和企业之间的感情交流。

2月9日，召开基层干部廉洁履职培训会。街道纪工委书记朱军学习传达《农村基层干部廉洁履行职责若干规定（试行）》的重要精神。

2月25日，组织全体机关干部收看杭州市十一届党代会开幕式，学习黄坤明书记的工作报告。

2月27日，召开国家卫生城市复评迎检工作会议，党工委委员、街道办副主任黄伟同志主持会议。党工委委员邓碧云传达建德市国家卫生城市复评工作会议精神。

3月8日，街道综治办召开综治例会，贯彻实施《禁毒法》《浙江省禁毒条例》，提升洋溪街道禁毒工作水平。

3月9日，召开全体机关干部大会，专题部署征地拆迁推进工作。街道党工委书记钱志明针对征迁工作中存在的畏难情绪、办法不多等问题提出具体的解决措施。

3月22日，召开全街道关心下一代工作会议，贯彻落实全市关心下一代工作会议精神。街道党工委副书记程新炉到会讲话。

4月13日，召开村（居）务监督工作座谈会，洋溪街道党工委委员、纪工委书记朱军主持并讲话。

4月16日，街道党工委书记钱志明、办事处主任林益平到洋安村召开村支两委班子民主生活会，安排部署相关工作。

4月17日，召开民兵组织整顿暨基层规范化建设部署会，部署洋溪街道2012年度民兵整组工作任务。

5月3日，组织辖区内的市党代表、市人大代表、市政协委员开展视察活动，察看建德初级中学建设项目。

5月16日，召开生产安全工作会议，具体部署关于开展特种设备重大隐患现场执法工作。

5月23日，召开村级宣传文化员工作会议，布置落实2012年的宣传文化工作。

6月28日，组织街道各村（社区）党员收看市纪念建党91周年暨“新安先锋”创先争优活动表彰大会实况。

7月4日，召开经济责任审计及财政决算审计进点见面会，审计组长布置此次审计的工作内容，分管领导孟洁副局长作重要讲话。

7月13日，召开党政班子会议，专题研究综治维稳信访工作，就洋溪街道当前综治、维稳、信访形势进行研判，部署下半年相关工作。

7月25日，召开全体机关干部会议，专题学习传达贯彻市委十三届三次全会精神。

8月2日，召开村级宣传文化员半年工作会议，就如何抓好“农家书屋”、开展群众文化活动等方面进行交流和讨论。

9月29日，街道党政班子领导分组开展在建工地、企业与人口密集场所和信访维稳等安全大检查。

10月16日，街道总工会召开“双亮”工作推进会，总结街道总工会按照市总工会要求开展工会组织亮牌子，工会主席亮身份的“双亮”活动的开展情况，部署下一阶段工作。

10月26日，召开农村基层党风廉政建设督查布置会，会议由街道纪工委主持，街道党工委书记对进一步加强农村基层党风廉政建设，做好迎接督查工作进行动员。

10月30日，召开残疾人联合会第五次代表大会，选举产生新一届理事会主席、副主席、理事长。

11月20日，召开2013年度城乡居民基本医疗保险动员会，街道党工委委员、纪工委书记朱军主持会议。

11月24日，街道计生办组织召开计生迎检工作布置会，做好计生年底迎检准备工作。

11月28日，召开综治工作例会，落实社会治安综合治理工作。

12月3日，开展以“弘扬宪法精神，服务科学发展”为主题的法制宣传活动。

12月18日，召开冬季森林消防工作会议，传达省、市森林消防工作会议精神，动员部署今冬明春森林消防工作。

12月25日，召开贯彻十八大精神学习会，学习贯彻十八大精神实质，部署各项工作。

2012年建德市大同镇人民政府大事记

1月29日，组织全镇工作人员召开新年大会，全面部署新年各项工作任务。大会由镇党委副书记陈正清主持。

1月31日，召开贯彻全市机关作风建设会讲话精神学习会，贯彻落实会议精神实质，部署相关工作。

2月9日，镇政府主要领导率相关人员现场检查指导企业安全生产，做好石矿企业节后复工安全生产工作。

3月1日，召开高速公路征迁动员会，镇长蔡爱珍作动员讲话。参会人员就征迁涉及的政策、征迁中存在的困难等问题进行讨论。

3月5日，镇防汛领导小组来到辖区山塘水库开展防汛检查工作，检查存在的安全隐患并指导防汛准备工作。

3月31日，镇人大主席团组织在镇的市人大代表来到溪口村、上马村和江头村视察中心村建设工作。

4月12日，镇人大组织市、镇人大女代表赴桐庐县江南镇考察精品村建设工作，提高大同镇市、镇人大女代表参政议政的能力，充分发挥女代表作用，推动大同镇精品村建设，更好地为精品村培育建言献策。

4月13日，召开共青团第二十一次代表大会，选举产生新一届团委委员和出席二十一届市代会的代表。

4月27日，镇党委举办入党积极分子培训班。

5月2日，召开计划生育工作季度例会，镇计划生育分管领导徐序红对大同镇过去第一季度工作作分析。

5月9日，召开经济工作大会，提出2012年经济工作目标和发展方向。

5月21日，组织召开综治形势通报分析会，通报大同镇1月至5月综治信访情况及矛盾纠纷调解情况，分析上报近期存在的不稳定苗头隐患。

7月24日，召开2012年上半年工作分析会，深刻总结上半年各项工作，提出下半年工作思路。大同镇班子成员、中层正职干部参加会议。

8月3日，镇人大主席团组织在大同的省、杭州市人大代表，部分建德市人大代表和人大主席团成员对大同镇派出所工作开展视察评议活动。

8月22日，召开2012年上半年政情报告会。镇长蔡爱珍在会上通报2012年上半年政府工作开展情况及下半年工作部署安排。

8月28日，组织召开综治形势分析会，总结分析上半年综治维稳工作形势，明确下阶段工作重点和安排部署。会议对目前存在的不稳定因素进行深入分析和交流，针对十八大期间治安防范、隐患排查等方面提出对策和建议。

9月1日，镇经发办开展“深入打非治违暨安全生产大检查大整治”活动，对企业生产场地、车间实际情况进行检查，排查存在的安全隐患。

9月5日，镇人大组织部分市、镇人大代表，以及工商、卫生、质监等职能部门工作人员组成专门检查组，开展食品安全联合执法检查活动。

9月22日，召开单季稻现场考察观摩会，听取市农业局粮油首席专家对水稻新品种的介绍以及大同镇创建粮食高产“整乡推进”工作任务布置。

10月12日，镇人大召开议案、建议办理督查汇报会，专题对代表建议案办理工作进行督查。

10月15日，召开2012年冬季征兵工作动员大会。镇党委委员、武装部长传达上级征兵工作会议精神，对2011年征兵工作进行总结，对2012年征兵工作作具体部署。

10月25日，召开残疾人联合会第五次代表大会，选举产生大同镇残疾人联合会第五届主席团委员和出席建德市残疾人联合会第五次代表大会代表及主席团委员。

11月13日，镇人大主席团组织在大同的杭州市、建德市人大代表视察大同城镇建设情况。

同日，组织机关干部学习胡锦涛总书记在党的十八大上的报告。镇党委委员刘自强解读十八大报告的精神和内容。

11月20日，召开干部会议，学习贯彻十八大会议精神，部署相关工作。

12月13日，政协大同镇工委组织委员视察大同集镇老街路改造工程。

12月28日，召开第十四届人民代表大会第二次会议，传达党的十八大会议精神。镇党委书记徐恒辉同志代表第十四届委员会作工作报告，回顾和总结第十四届党委2012年的各项工作，部署2013年的工作任务。

2012年建德市大洋镇人民政府大事记

1月12日，召开2011年计生年终总结会，总结2011年的计生工作，部署2012年计生工作。

1月15日，举办镇第十七届人大代表培训会，部署大洋镇第十七届人民代表大会第一次会议的各项准备工作。

1月16日，召开第十七届人民代表大会第一次会议，听取并审议通过镇政府工作报告、镇人大工作报告和镇财政预决算工作报告，选举产生新一届人大、政府班子。

2月3日，镇经发办召开办公室工作会议，学习贯彻全市机关作风建设动员大会精神，研究部署年初各项工作。

2月20日，镇机关党支部召开党员学习大会，讨论并通过2012年镇机关党员学习活动制度。

3月13日，召开2012年度村务工作会议，回顾2011年大洋镇农村工作，对2012年“三农”工作进行全面部署，并签订村务各类工作责任状。

3月29日，召开共青团第二十一次代表大会，听取并审议通过共青团大洋镇第二十届委员会报告，选举产生新一届镇团委班子及出席市第二十一次团代会代表。

3月31日，镇计生办召开计划生育季度总结会议，汇报2012年以来工作开展情况，征求接下来如何开展计生工作的意见和建议，对各业务线在工作中碰到的具体业务问题进行商讨并提出解决的办法。

4月20日，召开2012年经济工作大会，总结2011年大洋镇各线经济工作取得的成绩，分析当前面临的新机遇、新形势，研究部署今年各线经济工作。

4月24日，开展节前安全大检查，确保“五一”节日期间安全形势稳定。

4月26日，镇统计科召开第一季度规上企业统计员工作会议。

5月3日，召开农村集体“三资”管理工作座谈会，讨论加强农村“三资”管理方式，部署当前“三资”管理重心工作。

5月16日，举办防灾减灾（水利）培训会议，对全镇105名山塘水库巡查员进行集中培训。会议由镇农办主任赖平锋主持，副镇长李晓清到会作重要讲话。

5月29日，召开镇村干部大会，全面推行“六事一日”工作法，部署2012年党建工作。

6月1日，举办水库移民项目管理业务培训班，加强移民项目管理，规范项目申报。

6月26日，召开庆祝建党91周年暨“七一”表彰大会，表彰2011年度先进党组织和优秀共产党员。会议由镇长鲁斌主持。

7月26日，组织全体镇机关干部召开专题学习会，贯彻落实市委十三届三次全会精神，学习董悦书记的报告，并就半年各项工作完成情况进行总结分析，安排部署下半年工作。

8月3日，镇人大组织三河区块市镇两级人大代表实地督查三河内湖区块农村住房改造工程，并召开座谈会。

8月22日，镇人大主席团组织大洋片市、镇两级人大代表对大洋镇集镇建设和管理工作开展专项督查。

8月23日，镇人大、政协联动组织辖区内市人大代表、党代表、政协委员走进大洋派出所解所情，宣传警情，构筑沟通平台。

9月27日，镇人大组织辖区内的市人大代表、食品安全监督小组成员、镇食品安全管理办公室成员等对大洋、麻车集镇餐饮服务食品安全工作进行视察。

10月25日至28日，市人大代表大洋组成员前往具有黄海之滨的明珠、啤酒飘香的名城、万国建筑的经典等之称的青岛参观学习。

10月30日，召开司法、信访、禁毒、平安创建工作会议。镇党委副书记对“十八大”会议期间安保维稳工作作了重要部署，各村治保调解主任分别汇报近期各村矛盾纠纷排查情况。

11月20日，镇综治办联合大洋派出所开展反邪教宣传活动。

11月21日，召开2013年度城乡居民基本医疗保险动员大会，总结2012年城乡居民基本医疗保险工作，部署2013年城乡居民基本医疗保险征缴续保扩面工作。

同日，召开充分就业村创建工作现场会，各村劳动保障员现场参观鲁塘村充分就业的软、硬件建设，并与鲁塘村进行经验交流，就一些具体问题进行研究探讨。

12月5日，召开学习“十八大”报告部署会议，学习宣传贯彻“十八大”精神，阐述自己学习十八大的心得体会。

12月7日，开展反邪宣教活动。镇政府干部与派出所民警向群众发放反邪教宣传资料，并进行讲解。

2012年建德市李家镇人民政府大事记

1月12日，召开第十六届人民代表大会第一次会议，审议通过镇政府工作报告、镇人大工作报告和镇财政预决算工作报告。大会选举产生新一届人大、政府班子。

2月7日，组织辖区市人大代表召开小组会议。镇人大副主席徐射宏介绍市第十五届人代会召开的相关安排，会议对议案和建议进行汇总。

2月24日，召开镇村干部会议，传达市两会精神，总结2011年全镇各项工作，明确工作目标任务。会议由镇党委委员许珍红主持。

3月1日，启动领导干部大接访活动，贯彻落实全国领导干部接待群众来访工作经验交流会和全省领导干部群众来访工作电视电话会议精神。

3月29日，开展森林防火巡查工作，部署森林防火各项措施。

4月6日，召开共青团第二十一次代表大会，听取并审议通过共青团李家镇第二十届委员会报告，选举产生新一届镇团委班子及出席市第二十一次团代会的代表。

4月26日，镇党委书记金斌和镇长姚国兵带领相关职能科室联合对李家镇的各工矿企业生产安全、春运交通安全、中小学假期安全等工作落实情况进行检查。

4月27日，镇人大主席团成员和市级人大代表对全镇矿山、生产经营性企业、交通运输和重点工程建设项目等重点行业和领域安全生产工作进行检查。

5月11日，召开2012年经济工作会议，总结2011年全镇经济工作，分析当前经济形势，部署2012年各项经济工作任务。

5月17日，召开“进村入户”大走访动员会议，部署镇村干部大走访工作。镇党委副书记翁炳昌对大走访工作做全面的部署，

5月29日，召开全镇安全生产大会，通报全镇1至5月份安全形势，对后期安全生产工作作计划和安排。

6月1日，镇妇联召开工作例会。镇妇联主席叶慧华作妇联工作的动员讲话，明确工作目标，对当前工作中存在的问题进行分析并对下一部的工作作安排。

6月12日，镇党委召开基层党组织委员工作培训会。镇党委委员许珍红讲解组织员业务知识，镇党委副书记翁炳昌作工作安排。

6月27日，召开纪念建党91周年大会暨“七一”表彰大会，表彰2011年度的先进党组织和优秀共产党员。镇党委书记金斌总结李家镇2011年所取得的各项成绩，部署下半年重点工作。

7月6日，召开半年综治工作通报会，通报半年社会管理综合治理工作所取得的成绩。

7月13日，镇党委书记金斌主持召开2012年半年工作务虚会，总结上半年各项工作，理清思路，明确下半年工作目标任务。

7月25日，召开专题会议，传达贯彻落实市委十三届三次全会精神，对照全年工作目标，就做好下半年工作做部署。

8月2日，镇总工会召开半年工作会议，总结上半年镇总工会工作，部署下半年工作。会议由镇党委副书记、镇总工会主席翁炳昌主持。

8月7日，召开防台紧急工作会议，传达上级领导关于抗击“海葵”台风工作的有关指示精神并作具体工作部署。

8月10日，镇团委召开半年工作会议，总结上半年镇团委工作，部署下半年工作。

9月20日，镇老龄委召开老龄工作人员会议，部署当前老龄重点工作。

9月28日，召开第十六届人民代表大会第二次会议，选举胡国正为李家镇人民政府新镇长。

同日，组织镇人大代表召开会议，对大同派出所工作开展评议活动。

10月26日，召开残疾人联合会第五次代表大会，选举产生李家镇残疾人联合会第五届主席团委员、主席、副主席和出席建德市残疾人联合会第五次代表大会的代表。

同日，召开2012年下半年综治工作推进会议，就下半年李家镇平安创建、网格化工作、矛盾纠纷排查化解等工作进行布置。

11月8日，组织全体机关党员干部收看党的十八大开幕式，聆听胡锦涛同志的工作报告。

11月22日，组织各村会计召开工作会议，布置相关工作任务。

11月23日，召开“十八大”会议精神传达学习大会，贯彻大会精神实质，部署相关工作。

12月11日，召开杭新景高速公路（李家段）征迁动员会。

12月12日，组织各村统计员和报账员召开年报统计工作启动会议。镇农经员布置李家镇2012年农业统计年报和2012年农村经济统计年报相关工作。

12月31日，召开第十四届代表大会第二次会议，总结回顾李家镇第十四届党代会召开以来的工作，提出2013年的奋斗目标和任务。

2012年建德市乾潭镇人民政府大事记

1月12日，召开第十七届人民代表大会第一次会议，听取并审议通过镇政府工作报告、镇人大工作报告和镇财政预决算工作报告，选举产生新一届人大主席团领导班子和镇人民政府领导班子。

1月29日，全体镇干部分赴各村、企业开展拜年活动。

2月25日，组织全镇机关干部收看杭州市第十一次党代会的现场直播，听取市委书记黄坤明的工作报告。

3月13日，镇人大主席张生友、人武部长徐利平和副镇长谢双明等一行，对姚村村进行走访。

3月27日，召开共青团第二十一次代表大会。镇党委书记方建铃和团市委书记龚鑫分别作重要讲话，对全镇各级团组织和广大青年提出明确要求。

3月28日，举行福利中心奠基仪式，镇党委书记方建铃致欢迎词。

4月9日，召开马鞍路改造设计方案论证会，就马鞍路改造设计方案中的相关问题进行论证。

4月10日，召开老龄工作季度例会。会议学习全市民政老龄工作会议精神，通报季度工作成果，对当前这一阶段的工作进行部署。

4月26日，召开农业农村工作会议，贯彻落实全市农村工作会议精神，回顾总结2011年农业农村工作，研究部署2012年工作任务。镇党委书记就如何抓好今年农业农村工作作重要讲话。

5月15日，镇市人大代表小组组织开展学习会活动，传达市人大常委会主任程茂红4月24日在乡镇街道人大工作例会上的讲话精神，通报镇人大主席团2012年工作思路。

5月22日，召开2012年人口计生工作会议，对全镇2011年度人口计生工作进行总结，对目前存在问题进行分析，并结合实际提出2012年接下来的工作重点和目标任务。

5月31日，召开“六事一日”工作法动员大会，镇党委对“六事一日”工作法的内容和要求作重要部署。

6月5日，召开拖欠工资协调小组联席会议，通报自2011年8月以来涉困企业的基本情况及当前困难，总结回顾镇政府所做工作及存在困难，分析不稳定因素和潜在隐患。

6月13日，召开年中综治例会，总结回顾上半年全镇综治工作情况，提出下半年的工作计划和努力方向。

6月29日，召开纪念建党91周年暨表彰先进大会，表彰先进基层党组织和优秀共产党员。大会回顾党的光辉历程，贯彻学习省、杭州市党代会工作报告精神，部署相关工作。

7月4日，镇防范拖欠工资协调小组召开协调小组7月份会议，总结回顾一个月以来所取得的工作成效和存在的问题，部署下一阶段的工作。

8月15日，召开清洁乡村、美丽庭院创建工作会议，学习寿昌镇桂花村美丽庭院创建工作做法，部署相关工作。

8月17日，召开创建充分就业行政村（社区）专题会，促进各类人员转移就业。

9月18日，召开政府部门“公述民评”征求意见建议座谈会，听取代表们的意见和建议，部署政府工作。

9月25日，联合工商、消防、公安等部门开展联合执法检查行动，对全镇文化市场进行整顿和规范。

9月26日，会同乾潭工商所、质监所、卫生防疫站对集镇范围内的涉及食品安全的单位进行食品安全大检查。

11月8日，组织全体机关干部收看党的十八大开幕式，聆听胡锦涛同志的工作报告。

11月29日，镇人大主席团组织部分人大代表视察乾潭镇罗村、姚村、梓洲下山移民安置点和乾潭福利中心暨养老院工程建设情况，并听取镇政府的专题工作汇报。

12月6日，召开“两代表一委员”座谈会，听取镇政府2012年工作总结以及2013年工作思路汇报。

12月10日，组织全体镇干部召开反邪教工作专题会议。镇党委副书记吴晓峰传达全市综治维稳工作会议精神，通报当前反邪教工作形势，部署下一步工作任务。

12月28日，召开第十三届人民代表大会第二次会议，总结2012年镇党委工作，指出2013年工作思路。

2012年建德市杨村桥镇人民政府大事记

1月7日，召开第十六届人民代表大会第一次会议，镇党委副书记、镇长候选人王百金向大会作政府工作报告。

1月12日，镇党委书记王来生带领镇党委委员、人武部长谢林伟，镇人大副主席张三元走访慰问辖区困难群众。

1月29日，镇党委、政府召开全镇机关干部、大学生村官新年工作动员会，对2012年各线工作进行梳理。

2月1日，镇党委副书记吕鹏云带领中心村工作推进小组赴岭源村布置有关工作任务。

2月9日，镇党委书记王来生同志主持召开维稳工作专题会议，部署维稳工作，迎接市级“两会”的胜利召开，保障杨村桥镇社会和谐稳定。

3月2日，镇党委副书记、纪委书记吕鹏云率领镇纪委工作人员下村督查各村廉政书籍落实情况，要求各村定期召开经验交流会，上交学习心得体会。

3月29日，召开党员领导干部民主生活会，围绕“坚持以人为本执政为民理念、发扬密切联系群众优良作风”为主题，联系思想和工作实际，深入开展批评与自我批评。

3月31日，召开共青团第二十一次代表大会，审议并通过共青团杨村桥镇第二十届委员会工作报告，选举产生新一届共青团杨村桥镇委员会和出席共青团建德市第二十一次代表大会的代表。

4月4日，召开森林消防工作紧急会议，总结前几天的森林消防工作，对接下来几天的防火工作作了部署和安排。

4月27日，召开“秀美山村”精品村建设规划评审工作会议，听取和审议规划设计院负责人的规划方案，部署精品村建设工作。

4月28日，召开经济工作大会。镇党委副书记、代镇长方新卫对2011年全镇工作进行总结回顾，对2012年全镇工作进行部署。

5月11日，召开接引新安江自来水工程专题会议，分管领导姚根伟副镇长通报工程的施工现状及各单位筹措资金情况。

5月24日，召开十六届人大二次会议，听取关于镇十六届人大代表变动情况的说明，并选举王百金为镇十六届人大主席团主席，方新卫为镇人民政府镇长。

5月30日，举行全镇“六事一日”工作法现场推进会，会议由镇长方新卫同志主持。党委副书记、纪委书记吕鹏云作了具体的工作部署。

6月12日，开展市人大代表第八小组活动，传达市人大关于开展“进厂入企，服务发展”活动实施方案，部署相关工作。

6月26日，镇禁毒办联合派出所、镇团委组织开展“抵制毒品，参与禁毒”主题宣传日活动。

7月2日，召开纪念建党91周年暨创先争优活动表彰大会，表彰2011年度先进党组织和优秀共产党员。镇党委书记王百金同志作重要讲话。

8月1日，召开综治成员单位半年工作例会，汇报2012年上半年的各项工作，布置下阶段的工作任务。

8月7日，召开防汛抗台紧急会议，明确工作目标，部署防汛抗台工作。

8月29日，召开“杨村桥镇新城建设和上山园区征迁工作动员会”工作会议，部署征迁工作任务。

9月29日，镇机关干部对全镇安全生产及相关工作情况进行大检查、大整治，确保中秋国庆双节期间安全无事故。

10月8日，召开新城建设和上山园区征迁工作阶段会议，肯定前阶段征迁工作取得的成绩并对接下来的工作进行部署。

10月18日，召开征兵工作动员会，总结2011年冬季征兵情况，并对2012年冬季征兵工作进行部署。

10月26日，召开第五届残疾人联合会，选举产生杨村桥镇残联第五届主席团委员，新一任执行理事长、理事和出席市残联第五次代表大会的代表。

11月15日，召开森林消防工作会议，专题布署今冬明春森林消防工作。

同日，召开2013年度城乡居民基本医疗保险工作动员会，总结2011年以来杨村桥镇新农合和城填居民医保工作情况，部署2013年城乡居民基本医疗保险工作。

11月16日，召开市容秩序专项整治工作动员会，部署市容整治工作。

12月14日，镇党委组织召开冬至期间森林消防工作部署会议，对镇村两级冬至期间森林消防工作进行部署。

12月28日，召开第十五届人民代表大会第二次会议，镇党委书记王百金作政府工作报告。

2012年建德市钦堂乡人民政府大事记

1月17日，召开第十六届人大代表第一次会议，听取审议并通过政府工作报告，选举产生钦堂乡第十六届人大主席团、镇人民政府领导班子。姜炳水当选乡人大主席，周爱花当选乡长。

1月19日，乡计生办召开计生专题会议，对2011年工作进行总结，就2012年工作开展提出主要思路，并就春节期间计生工作作部署。

2月3日，召开机关作风建设动员会，学习贯彻市委书记董悦在全市机关作风建设动员会上的讲话精神，分析当前钦堂乡干部作风建设存在的问题，安排部署相关工作。

2月7日，乡农办召开年初工作例会。乡党委委员吴平昌对2011年乡农办工作进行全面总结，对2012年乡农办工作任务进行部署，并提出具体工作要求。

2月25日，召集全乡辖区矿山企业负责人和矿山“四员”召开企业安全生产会议，强化企业负责人和安全管理人员的安全责任意识。

3月22日，举行气象防灾知识培训班，提高与会人员的素质和安全防范意识及应急管理能力。

3月30日，召开乡团委换届工作动员部署会。会议学习建德市委、团市委《关于市、乡镇（街道）及机关企事业单位团组织换届选举工作的报告的通知》文件精神，并就乡团委换届工作要求作具体部署。

3月31日，召开森林消防工作会议，对清明节期间防火工作进行统一安排部署。分管领导对乡历年火灾情况进行回顾，对2012年的清明防火工作进行部署。

4月11日，召开村务监督工作会，听取第一季度各村村务监督工作汇报，对下一步工作进行部署，并提出工作要求。

4月17日，召开共青团第二十一次代表大会，选举产生共青团钦堂乡第二十一届委员会委员和出席市第二十一次团代会代表。乡团委书记叶莲作政府工作报告。

4月27日，召开工业经济和招商引资大会，总结2011年度全乡工业经济和招商引资工作，分析当前形势，部署2012年工作任务。

5月17日，组织辖区内的市党代表、人大代表、政协委员一行人对“养老服务中心”项目建设进行专题视察。

同日，召开2012年度农业农村综合工作会议。乡党委书记姜炳水发表讲话，总结回顾钦堂乡2011年工作，分析当前发展中面临的形势，对2012年乡农业农村各项工作提出明确目标。

5月31日，召开“六事一日”工作法动员会，全面部署、落实“六事一日”工作。乡长周爱花主持会议。

6月26日，召开基层组织建设工作座谈会，探讨在新形势下如何进一步增强基层组织建设工作。乡党委书记姜炳水肯定各村的党建工作，对2012年乡党委党建工作和重点工作作总结，布置“七一”活动的具体内容。

6月29日，召开纪念建党91周年暨创先争优表彰大会，表彰先进党组织和优秀共产党员，会议由乡长周爱花主持。乡党委书记姜炳水作重要讲话。

7月26日，市人大代表、钦堂乡人大副主席雷如海，建德市迪旺家纺有限公司董事长任金松到钦堂乡庄丰村看望慰问自主创业残疾人吴小洪。

9月21日，召开主题为“充分认清国际国内形势，牢固确立国防观点”的半月学习会。培养乡村干部的爱国热情，增加乡村干部对国家安全战略，国防发展战略的新认识。

9月25日，开展迎国庆环境卫生清洁活动，以实际行动展现基层党员干部创先争优新形象。

9月28日，组织在乡市级党代表、人大代表、政协委员及乡人大主席团成员开展食品安全执法检查专项督查。

11月8日，组织机关全体党员干部收看党的十八大开幕式盛况，聆听胡锦涛同志作的工作报告。

11月12日，组织全体机关干部召开党的十八大专题学习会，贯彻落实党的十八大精神实质，部署相关工作。

11月14日，召开村监会主任工作例会。与会各村村监会主任汇报前段时间开展的工作情况，反映在工作中存在的一些问题，就如何有效加强农村村务监督工作进行交流。

2012年桐庐县桐君街道办事处大事记

1月5日，召开村老龄工作座谈会，总结2011年度街道老龄工作情况，对2012年老龄工作思路进行探讨。

1月11日，召开学习贯彻县党代会精神暨干部年终考评会，街道党工委副书记、办事处主任蔡忠明向大家传达中共桐庐县第十三次党代会精神，布置新年前的一些主要工作。

1月30日，街道村镇建设办公室召开开年工作部署会议，街道副主任姚鼎文作2012年第一季度的工作安排。

2月3日，街道经济发展办公室举行年后首次工作会议，街道党工委副书记姚明军回顾总结2011年的经济发展情况，对2012的工业经济发展工作进行具体布置。

2月6日，街道社会治安综合治理办公室召开2012年度开年工作部署会议，街道党工委委员、人武部长林清坤总结2011年度的工作开展情况，部署2012年第一季度的工作。

2月20日，街道计生办召开计生环孕检工作汇报会，听取各社区2011年未检测已婚育龄妇女环孕检工作汇报。

3月1日，街道综治办召开2012年第一季度综治工作会议，对全国“两会”期间维护街道社会稳定工作作具体的工作部署和要求。

3月9日，召开2012年户口管理工作会议。会议由街道司法所长任建民主持，传达桐庐县户口管理工作的相关政策。

3月21日，召开创先争优活动群众评议布置会，街道领导蔡忠明布置具体的工作要求。

4月19日，街道社会管理综合治理和计划生育办公室共同召开民主生活座谈会，深入开展批评与自我批评。

4月26日，街道社会管理综合治理办公室召开第二季度综治、信访、维稳工作会议，街道党工委委员、人武部长林清坤作总结发言，对桐君街道下一阶段的综治、信访、维稳等工作任务作具体的布置。

同日，街道分管领导郑士英带领街道爱卫办前往阆苑村督查农村饮用水管理工作，并实地查看供水点。

5月29日，组织观看桐庐县防汛抗旱暨气象防灾减灾工作视频会议，街道相关工作人员对防汛准备工作进行落实和部署。

6月5日，召开2012年基干民兵点验大会，会议由街道党工委委员、人武部长兼桐君街道基干民兵连连长林清坤同志主持。

6月19日，开展2012年度工程建设项目首次标后督查和节前安全生产大检查，为工程建设项目规范化管理把好关。

6月30日，召开“庆七一•迎十八大”暨表彰会议，对街道2011年度先进基层党组织和党员积极分子进行表彰。

7月15日，街道召开2012年重点项目推进会，通报各重点项目推进情况，明确目标任务。

7月20日至22日，街道党工委书记周海静一行到中国金夫人集团华南总部摄影创意产业园考察文化创意产业工作。

8月6日，召开防御第11号台风“海葵”的工作会议，部署当前防台工作。

8月18日，召开综治信访维稳工作形势分析会，总结回顾当前信访维稳工作开展情况，部署下一阶段工作任务。街道党工委书记周海静作重要讲话。

9月15日，召开2012年度首次征兵工作会议，街道人武部副部长童丁丁主持会议。

9月16日，召开上半年农村老龄工作总结会议，总结上半年农村老龄工作，强调下半年老龄工作。

9月27日，街道工会召开第二次代表大会，选举产生第二届桐君街道总工会委员、常委、副主席和主席，第二届经费审查委员会委员、主任和第二届女职工委员会委员、主任。

10月25日，街道纪工委书记吴国建主持召开“公述民评”会议，对公述对象进行现场评议。

11月8日，街道党工委组织全体机关干部等收看党的十八大开幕式盛况，聆听胡锦涛同志作的工作报告。

11月24日，开展“认真贯彻学习“十八大”精神”的专题讲座。

12月18日，召开“宣传“十八大”贯彻务虚会 谋划新思路”专题会议，街道人大工委主任张富寿主持会议，街道办事处主任蔡忠明等在会上作重要讲话。

12月27日，召开中层以上的干部会议，贯彻12月26日省委召开全省改进工作作风、加强党风廉政建设电视电话会议内容。

2012年桐庐县分水镇人民政府大事记

1月6日，分水城管执法中队对分水县前街和新淳路交叉路口一个私自搭建的棚架进行强制拆除。

1月16日，启动60周岁及以上老年人慰问金发放工作，为他们送上党和政府的关怀。

1月19日，镇党委书记邵卫华在武盛村干部的陪同下，走访慰问部分村老干部和老党员，给他们送去慰问金，送去党和政府的关怀。

3月5日，组织全体镇村干部召开市党代会精神传达暨主题实践活动推进会，学习贯彻市十一次党代会精神，全面落实主题实践活动的相关工作。

3月14日，镇政府会同县屠宰管、分水城管、公安、工商等职能部门联合执法，对分水各生猪销售点进行集中查处。

3月21日，组织全体镇干部和各行政村书记、村长通过远教新视通收听收看“解放思想，加快转型升级，推进科学发展”专题辅导讲座。

5月12日，召开小城市培育试点工作推进会，回顾总结第一季度全镇小城市培育试点工作，明确工作目标，共同研究下一步的工作举措。

5月15日，召集有关工程设计公司及县住建部有关专家，交流论证分水小城市建设部分项目前期规划方案。

5月25日，镇妇联组织人员与村干部一起来到辖区内各村开展庭院整治检查工作，巩固分水镇庭院整治工作成果。

6月4日，举办制笔产业转型升级座谈会，与会人员研究《分水镇制笔产业发展转型升级实施方案（草案）》，解当前的发展状况。

7月1日，举办庆祝建党91周年暨“七一”表彰大会，表彰先进集体和个人。镇主要领导在会上指出，要坚持以邓小平理论和“三个代表”重要思想为指导，贯彻党的十七届五中、六中全会精神，以科学发展观为统领，深入推进争先创优活动。

7月13日，召开全体党员干部大会，明确围绕小城市培育工作，抓住发展机遇，结合自身工作实际，打响小城市培育“攻坚战”。

7月24日，召开社会治安工作研讨会，各部门汇报1至7月社会治安管理工作的开展情况，镇主要领导肯定当前社会治安管理工作，对下一阶段的工作作安排。

8月7日，召开防台工作会议，镇党委书记邵卫华结合分水镇防台工作的特点进行再部署。

8月23日，开展食品安全大整治行动，辖区内的食品领域经营户接受专业的食品安全培训和集体约谈。

8月27日，召集各村（社区）主任、驻村干部、村安全管理员召开打非治违专项活动推进会，消除安全隐患，为党的十八大胜利召开创造良好的社会环境。

9月6日，举办银企对接座谈会，银企双方以相适应的金融模式和金融手段达成合作意向，成为当前经济形势下银企合作的新方式。

9月10日，镇党委政府相关人员来到辖区学校，看望慰问困难中小学教师，向他们送上节日祝福并献上500元慰问金。

9月24日，举办2012年度中国制笔行业供需见面会，探讨中国制笔行业民族品牌的发展方向。

10月22日，召开决战第四季度工作会议，号召全镇上下振奋精神，全力奋战第四季度，确保圆满完成全年各项目标任务。

10月23日，举办“桐庐县分水镇电子商务总体发展规划启动会”，出台分水镇电子商务总体发展规划，制订分水电子商务总体发展规划项目近期工作计划。

10月27日，召开2012年度基层站所公述民评，对各相关站所的负责人进行述职述廉，报告2012年度的工作情况，对公述对象进行民主评议。

11月8日，组织镇机关全体干部等收看十八大开幕式盛况，聆听胡锦涛同志的工作报告。

11月10日，组织召开镇中层以上干部、村党组织书记、村委主任会议，传达贯彻落县“十八大”精神。

11月26日，举行文具电子商务协会成立仪式。

12月3日，组织全体党员干部收看党的“十八大”精神报告会，贯彻落实“十八大”精神实质，部署相关工作。

12月17日，召开基层走亲“四个是否”考评工作动员大会，对基层走亲“四个是否”考评工作进行布置，并现场进行业务辅导。

2012年桐庐县横村镇人民政府大事记

1月7日，举行第三届人民代表大会第一次会议，选举产生新一届镇人大主席、副主席，镇人民政府镇长、副镇长人选。

1月13日，镇纪委召开全镇行政村村监会主任会议，总结2011年全镇各村的党风廉政建设情况，对2012年全镇各村的纪检监察工作进行部署。

1月31日，镇党委政府举行工业经济座谈会。经济发展办的同志针对横村镇2011年的经济发展情况，结合2012年的发展思路提出意见和建议。

2月1月，召开全镇干部大会。镇长胡亚明主持会议，分析2012年全镇形势，部署接下来的工作任务。

2月2日，镇领导到东冠投资有限公司调研企业运行与项目建设情况。

2月20日，召开关于开展“解放思想、转变作风、助推发展”主体实践活动动员会，镇党委书记钟玉华作工作报告。

3月6日，镇妇联和计生办联合举办“横村镇妇女健康养生”讲座。

3月21日，举行浙江省林业科技年活动启动仪式，活动的主题是“千名林业专家送科技进村入企”，旨在通过科技下乡入企，助推发展。

3月28日，举行创建杭州市科学素质先进乡镇动员大会，表彰前一阶段创建科普先进单位及个人。

5月9日，召开村邮站工作人员培训会议，点评1至4月村便民服务室工作，布置与强调下一步工作。

5月14日，召开计划生育协会第六次会员代表大会，选举产生新一届理事会成员。副镇长陈利民回顾总结横村镇计划生育协会五年来的工作，提出今后5年的工作思路。

5月14日至18日，镇计生办组织“为企业外来女工送健康服务”活动，使企业的外来女工享有本地妇女同等的免费健康服务，提高她们的保健意识和身体素质。

6月1日，村建办召开工作督查会议，对办公室前五个月工作进行总结，对照半年工作任务，分析梳理存在的问题，落实整改措施，明晰工作思路。

6月5日，召开计生半年度形势分析会。计生办主任点评1至5月各村及社区的各项考核指标完成情况，以及针对考核指标布置下一步工作。

6月29日，举行“生育关怀——育龄群众生殖健康知识”讲座，为广大育龄妇女讲解生殖保健知识。

7月16日，镇城建办召开工作碰头会，传达7月15日全镇半年度工作会议精神，总结上半年工作，部署下半年工作，推进重点项目建设。

7月18日，镇农办召开水利工程项目督查会，加强各相关单位在工作中组织协调，确保水利工程建设目标任务保质保量按期完成。

7月25日，镇农办召开办公室会议，学习领会镇“百日攻坚”半年工作总结大会主要领导讲话精神，部署镇农业线下半年工作。

8月6日，召开2012年第11号台风“海葵”情况通报会，对防台抗台工作进行部署。

8月21日，镇农办组织学习县委毛书记在县委十三届三次全会暨县政府十五届二次全体（扩大）会议上的讲话精神，贯彻落实大会精神，部署横村镇相关工作。

8月23日，召开村级报账员工作会议，镇纪委姚强军书记就做好村级“三资”工作作了强调，要求各村必须重视“三资”工作，认真贯彻落实文件精神。

9月7日，召开“美丽乡村”建设工作推进会，镇长胡亚明通报横村美丽乡村建设的进度情况，部署下半年工作任务。

9月21日，召开全镇统计工作会议，转达9月13日全省统计工作电视电话会议精神，部署落实相关工作。

10月16日，召开美丽乡村培育村建设工作督查会，镇人大副主席顾海根通报横村镇18个培育村的建设进度情况并作工作要求。

10月19日，召开2012年冬季征兵会议，部署2012年冬季征兵工作。

10月30日，召开2013年度城乡居民基本医疗保险工作会议，分析解读新的医保政策，布置各村（社区）2013年度参保任务。

11月18日，横村商会举行第二次会员大会暨换届选举大会，选举产生新一届理事会和会长。

12月4日，举行学习贯彻“十八大”精神专题报告会，镇党委副书记朱红亮主持会议。大会学习贯彻党的“十八大”精神，做好全镇各项工作。

2012年桐庐县江南镇人民政府大事记

1月5日，镇社会事务办联合司法所、镇综治办等对辖区校车接送情况进行集中检查，督查相关事项，确保幼儿园、学校接送安全。

2月13日，镇文体站召开20个行政村的宣传文化员工作会议，对元旦、春节和元宵节日期间各村举办的文体活动回顾总结，并布置农家书屋工作。

2月20日，镇纪委书记吴国建来到舒川村，走进戚增银、戚世增、张增林等近10户老党员家中，亲切座谈交流。

2月21日，镇统计办举办“江南镇中小企业监测培训”，加强经济运行分析能力，切实掌握江南镇辖区内中小企业的运行态势。

3月29日，落户江南镇的杭州凯昌造纸机械有限公司、杭州亿通塑胶实业有限公司二期项目先后开工建设。

4月9日，组织镇村干部收看杭州市第十二届人大一次会议直播，收听报告内容，部署生态农业工作任务。

4月12日，联合县国土资源局、公安局、城市管理局等部门单位，对江南镇窄溪村孙家、珠山村吴家、锦江村五联等4户农户的违法建筑实施强制拆除，并完成土地复耕。

4月16日，镇文体站召开“百姓日”活动工作动员会议，对将在5月初开展的江南镇“百姓日”活动作出部署。

4月20日，召开驻村干部会议，镇人大主席吴生明部署筹备工作事项。

5月12日，镇人武部长郑守忠与横山埠村委会主任王洪及相关人员到横山埠村与赵欧村两村交界处进行踏勘，对两村分界线进行确认。

6月13日，举行县政协之友联谊会，明确2012年各项工作计划，通过调研提出意见、建议，共谋发展大局。

6月29日，召开“七一”表彰暨半年度工作总结大会，表彰先进基层党组织和党员积极分子。镇党委书记卢强回顾总结2011年党建工作和2012年上半年工作，提出2012年下半年的工作思路。

7月20日，招引浙江飞迪15亿元新能源项目。与会领导和专家通过对政策、技术的解读，以及可行性报告的分析，对该项目的前景给予高度评价。

7月23日，召开桐庐县整治违法收购处置电镀污泥工作动员会。镇长对整治工作作全面部署，县环保局局长汪文清作表态发言。

7月28日，召集镇村两级干部，集中召开“清洁乡村，美丽庭院”工作推进会，通报江南镇卫生检查结果，部署“美丽庭院”的创建工作。

8月7日，召开“江南镇工业经济‘百日攻坚’”行动座谈会。会议由江南镇经济发展办分管副镇长申屠洪平主持。

8月14日，召开农村集体土地所有权确权登记发证工作业务培训会，对各个自然村的报账员、乡镇规划员、土管所土管员进行培训。副镇长郑贤华到会并作了重要讲话。

同日，举行政协江南镇工委恳谈会。镇长施伟同志向县政协领导和政协委员们汇报江南镇2012年1至7月经济社会发展情况、发展的制约因素和下半年工作思路。政协江南镇工委负责人陈彬总结2011年度政协工作情况，部署下半年工作安排。

9月9日，镇经济发展办公室召开年度民主生活会，对接下来要面临的百日攻坚、年终考核工作作了计划和汇报。

9月12日，邀请县公安、交警、工商、卫生等相关单位，与镇村干部一起商讨江南时节的安全保卫工作。

9月14日，组织召开2012年时节动员大会，全面部署实施活动方案，号召全镇干部群众以“节俭、清洁、文化、文明”为主要工作内容，把江南时节打造成展示农村新貌、发展乡村旅游、促进农民致富的品牌节庆活动。

10月13日，举行以“千年古镇宜游乡村 魅力新城宜居福地”为主题的首届秋季置业节。

11月14日，组织相关的镇村干部召开工作布置会，扎实推进此项工作，为镇实现农村生活污水全覆盖目标作最后冲刺。

11月19日，组织全体镇村干部听党课，学习贯彻十八大精神，号召全体镇村干部以更积极的态度投身到江南镇的各项建设中去。

2012年桐庐县钟山乡人民政府大事记

1月4日，召集乡村干部学习贯彻县十三次党代会精神，乡党委书记王国荣带学党代会精神，乡长张利军布置当前工作。

2月20日，开展慰问活动，乡主要领导干部分组对辖区内的群众进行走访慰问，听取群众反映的意见建议，向他们宣传县乡两级政府的方针政策。

3月5日，乡妇联、团委组织计生办人员和志愿者开展志愿者服务活动，向过往村民宣传有关计生、优生优育以及预防家庭暴力等方面的政策和知识。

5月18日，召开第十七届人民代表大会第二次会议，听取乡政府关于2012年工作思路和工作重点情况的通报，选举产生钟山乡人民政府乡长邵黎明、副乡长戴亚锋。

6月11日，举行2012年度钟山乡基干民兵点验大会，王再生部长主持会议并组织民兵呼点，张利军书记作为乡基干民兵连政治指导员组织大家开展政治思想教育。

6月26日，乡综治办举行以“青少年与合成毒品”为主题的“6•26”国际禁毒日法制宣传活动，提高人们识毒、防毒、拒毒和禁毒意识。

6月29日，召开庆祝建党91周年暨创先争优总结表彰大会。大会通报表彰2011年度先进基层党组织和党员积极分子。乡党委书记张利军作重要讲话。

7月4日，召开石材非法加工点集中整治工作会议，旨在向企业主明确相关工作方案和政策，下达执法文书，进一步改善环境，规范市场行为。

7月6日，召开“网格化管理、组团式服务”工作业务培训大会，乡党委、政府高度重视“网格化管理、组团式服务、片组户联系”工作，专门成立工作领导小组，全面开展工作。

7月21日至22日，乡石材整治工作小组对简易石材加工点的关停进行全面检查验收。无证石材加工点的取缔关停工作的圆满成功，标志着钟山石材行业环境综合整治工作全面进入实质性整治阶段，并为下一步石材企业整治工作打下良好的基础。

8月4日，召开石材企业整治动员大会。乡党委书记张利军作工作报告，指出钟山将按照“抓两头促中间”总体思路，分步做好石材加工企业的综合整治工作。

8月18日，组织整治工作小组对所有石材加工企业开展企业用地实测确认工作，现场测量企业实用土地面积，检查企业的生产规模情况，并对厂区的工业布局、生产设备提升、绿化建设、污水处理等方面进行业务指导。

8月23日，首届“感动桐庐”道德模范先进事迹巡讲报告团来到钟山，举行道德模范先进事迹巡讲报告会，为全面打造生态环境怡人的新钟山而努力奋斗。

9月28日，组织各办主任到全乡11个村进行一次节前卫生大检查，合理安排保洁人员和保洁频次，强化日常保洁，提高保洁质量。

10月12日，组织在乡的县党代表、人大代表、政协委员对全乡“美丽乡村”建设情况进行视察，解各村在新农村建设中的工程进度，克难攻坚，严把工程质量关，顺利推进各村“美丽乡村”建设。

10月26日，开展2012年冬季征兵目测体检工作，部署2012年冬季征兵相关工作。

11月2日，乡村建办召集施工单位、监理单位、甲方单位，一起检查乡土地综合整治项目第一批宅基地复垦工程（赖田坞、方家、直坑、下坞等）70亩宅基地复垦情况。

12月3日，聆听县委召开党的“十八大”精神学习报告会，听取报告会上领导们的讲话，贯彻落实“十八大”精神实质，部署相关工作。

12月6日，召开党的“十八大”精神专题学习会，学习贯彻中国共产党第十八次全国代表大会精神。乡党委书记张利军传达十八大精神理论学习会精神，就如何贯彻学习党的十八大会议精神和当前各项重点工作进行全面安排部署。

12月17日，召开基层走亲“四个是否”考评工作动员会，总结钟山乡前期基层走亲的开展情况，要求全体党员、干部以“四个是否”为标准，全面部署基层走亲活动考核工作。

12月27日，党的“十八大”精神县委宣讲团走进钟山，对钟山乡干部群众深入学习理解“十八大”精神的精髓和实质，创新工作具有指导作用。

2012年淳安县汾口镇人民政府大事记

1月11日，召开第十六届人民代表大会第一次会议，回顾总结2007年以来特别是2011年的政府工作情况，提出今后五年奋斗目标和总体要求。

1月12日，召开老干部座谈会，组织退休老干部学习县委第十三次党代会精神，通报汾口镇2011年的工作情况以及2012年工作思路。

1月13日，召开2011年度总结表彰大会，对优秀个人和先进集体进行表彰。

2月2日，召开外出务工经商创业青年座谈会，学习淳安县第十三次党代会精神。

4月18日，中国银行汾口自助银行正式开业。

4月27日，组织村级计生联系员专题召开政策业务培训会，加快推进政策的落实。

同日，召开2012年经济工作、城乡统筹暨主题学习实践活动转段动员大会，表彰部分先进单位和个人。

5月27日，举办2012年计生协会会员活动，庆祝“5·29”计生协会会员活动日的到来。

同日，召开计划生育协会第六届会员代表大会，总结回顾上届计生协会所做的工作，提出今后五年协会工作目标和要求，选举产生新一届计划生育协会班子。

6月22日，举行在杭流动党支部党员大会，通报2011年工作，2012年上半年工作及下半年工作打算。

6月27日，召开第十六届人民代表大会第二次会议，镇党委副书记、镇长人选余旻樟通报政府上半年工作情况及下半年工作打算。

6月29日，召开纪念建党91周年暨基层组织建设年推进大会，表彰2012年度党员之星。

7月26日，举办村党组织书记党建述职汇报会，总结2012年上半年基层党建工作经验，增强党支部书记抓基层党建工作的责任意识以及服务于民的办事能力。

7月27日，镇政府组织相关人员召开失地农民保障工作会议，维护失地农民基本保障权益，维护社会和谐稳定。

7月31日，召开农村党风廉政宣教暨村监会主任业务培训会，加强农村党风廉政建设，提高村务监督委员会主任的监督能力和工作水平。

8月1日，开展百日大攻坚专项督查暨送清凉活动，镇党政班子主要负责人一行赶赴各个重点项目施工现场视察。

8月28日至29日，开展农产品电子商务班暨农产品质量安全培训班，推动农业经济发展，加强农产品质量安全建设。

9月5日，镇党委政府召开2012年冬季征兵工作动员会，及早部署，全力做好2012年冬季的征兵工作。

同日，召开城乡统筹工作推进会。镇主要领导传达县统筹城乡发展会议的主要精神，总结和梳理上一阶段全镇城乡统筹工作的成果和不足，部署下一步工作的方向和重点。

10月18日，召开残疾人联合会第五次代表大会，选举产生汾口镇残疾人联合会第五届主席团委员、名誉主席、主席、副主席、理事长、理事和出席淳安县残联第五次代表大会代表。

同日，召开全镇来料加工推进会，总结分析全镇前三季度来料加工发展状况，展望2012年最后一个季度的发展目标和要求。

10月30日，召开村级“三务”上华数电视公开工作推进暨森林消防工作动员会，讲解“三务”上华数电视公开工作，部署森林消防工作。

11月15日，召开第十五次妇女代表大会暨全县乡镇妇联组织换届选举动员会，选举产生汾口镇妇联第十五届执行委员会委员和出席淳安县第十五次妇女代表大会代表。

11月26日，召开共青团第二十一届团员代表大会，选举产生共青团汾口镇第二十一届委员会委员和出席共青团淳安县第二十一次团员代表大会代表。

11月29日，召开党的十八大精神学习会，贯彻落实“十八大”精神实质，对全镇项目建设、计划生育、森林防火和科普知识创建等工作作总结和布置。

12月12日，召开第十三次“春风行动”动员会，镇主要领导主持会议并发言。

12月29日，召开2012年驻杭流动党支部会议，通报党务工作开展情况。

2012年淳安县威坪镇人民政府大事记

1月12日，举行第十六届人民代表大会第一次会议，听取和审查镇政府工作报告、镇财政预算和预算执行情况报告、镇人大主席团工作报告，选举产生镇人大主席、副主席和镇长、副镇长。

同日，召开2011年度总结表彰会议，表彰先进，总结和部署下一步工作。

2月26日，组织各基层党组织观看中国共产党杭州市第十一次代表大会现场直播，聆听市委书记黄坤明代表市委作的党代会报告。

2月28日，镇团委与浙江电台城市之声开展结对活动。

3月12日，组织中层以上干部开展“以湖兴县、蝶变淳安”主题学习实践大讨论活动,与会人员畅所欲言，纷纷结合走村入企情况及当前各项工作建言献策，着力为今年各项工作推进而出谋划策。

3月15日，召开镇属各项目部安全生产工作会议，分析当前安全生产形势，部署今年安全生产工作，明确责任，确保万无一失。

4月17日，召开防汛减灾暨休渔工作会议，通过总结部署防汛减灾、休渔工作，签订责任状，确保渔业资源发展、人民生命财产安全。

4月26日，供电所举行供电服务大楼落成启用仪式。

4月28日，组织召开经济工作暨主题实践活动转段动员会，通过表彰先进，总结部署下一阶段主题实践活动性具体工作，从而扎实推进下一步各项工作。

5月10日，组织召开重大农业植物疫情防控工作培训会，通过学习相关文件资料、现场识别加拿大一枝黄花、讲解重大农业植物疫情普查、监测与防控技术知识，从而有效保护生态环境与农业生产安全工作。

5月24日，专题召开综合治理暨蚕茧收购管理工作会议，总结前期综治信访、蚕茧收购管理，部署下一步蚕茧收购管理工作，力求达到“镇管理、村为主、户落实”的目标，确保蚕茧收购秩序规范有序。

6月15日，举行入党积极分子培训班。

6月26日，召开第十六届人民代表大会第二次会议，总结过去半年的政府工作，部署下半年的政府工作思路和目标任务。

7月10日，威坪片县人大代表及政协委员组织开展视察食品安全工作。

7月19日，召开贯彻县全委会精神暨“百日大攻坚”推进会，通过传达贯彻县委全委会精神，部署开展“百日大攻坚”专项行动，从而推进各项工作。

7月25日，联合威坪派出所召开数字技防进农村现场推进会，总结和部署下一步加快推进数字技防进农村工作，从而提高辖区技术防范安全管理水平。

8月16日，举办镇村干部廉政警示教育培训班。

9月26日，组织部分县党代表、人大代表、政协委员到敬老院看望慰问孤寡老人。

10月11日，专题召开“百日大攻坚”活动总结暨征兵工作会议，通过总结部署各项工作，表彰先进，组织适龄青年体检，从而全面启动今冬征兵工作。

10月23日，召开残疾人联合会第五次代表大会，选举产生镇残疾人联合会第五次代表大会主席团委员9名和出席县残联第五次代表大会代表11名，同时选举产生第五届威坪镇残疾人联合会的名誉主席、主席、副主席，以及理事长、理事。

11月8日，组织广大党员干部收看党的十八大开幕式盛况，聆听胡锦涛同志作的工作报告。

11月21日，召开共青团第二十一次代表大会，总结威坪镇共青团前三年的工作，明确今后三年的工作指导思想和奋斗目标，选举产生共青团威坪镇第二十一届委员会委员和团委书记、副书记及出席共青团淳安县第二十一次代表大会代表。

12月12日，召开淳安县与歙县第十三次联防联调工作会议，通过表彰先进、经验介绍，为来年联防联调工作再打基础。

12月13日，召开反邪教工作会议，传达县反邪教工作会议精神，总结部署下一步反邪教工作任务。

12月26日，组织全体干部分别到枫树岭、姜家、界首等乡镇参观学习新农村建设项目，为明年工程项目建设谋划新思路。

2012年淳安县富文乡人民政府大事记

1月9日，召开第十六届人民代表大会第一次会议，听取和审议通过《富文乡人民政府工作报告》、《富文乡人大主席团工作报告》、《富文乡财政预算和财政执行情况报告》，选举产生新一届人民政府乡长、副乡长，乡人大主席团主席、副主席。

1月13日，召开2011年度总结表彰大会，对2011年涌现出的先进个人进行表彰。乡领导对2011年的工作作总结，部署春节期间相关工作。

1月20日，召开外出育龄妇女座谈会，为广大育龄妇女送去健康问候和优质服务。

2月8日，组织全体乡干部、村两委干部、大学生村官收看县政协八届一次会议开幕实况，听取县政协主席徐光进在开幕式上的报告。

2月28日，乡党委政府召开“以湖兴县、蝶变淳安”主题学习实践活动动员大会，贯彻落实中共淳安县第十三届纪委第二次全体（扩大）会议暨“以湖兴县、蝶变淳安”主题学习实践活动动员会精神。

3月5日至14日，乡农培办举办“SYB”培训班，提高农民素质。

4月17日，召开清洁乡村工作会议，分管清洁乡村的叶委员部署2012年第一季度清洁乡村的工作任务。

4月25日，召开中层干部竞聘会，乡长再一次强调清洁乡村工作的重要性，要求各联村干部亲自到一线去。

4月26日，各联村干部全部下村带头开展清洁乡村工作。

5月31日，乡党委政府召开城乡统筹工作专题会议，贯彻“以湖兴县、融入都市”总战略，加快土地综合整治、复垦和使用权流转，探索农民户口迁移、土地置换、集聚区建设和异地转移安置，发展富文乡以乡村旅游业为主导的服务经济，促进富文乡经济全面发展。

6月5日，乡计生办组织全乡计生服务员召开工作例会，交流半年计生工作情况。

7月19日，迎接县环保局2012年第二季度“清洁乡村”工作检查。

7月20日至25日，对时令果蔬产品质量安全监管工作进行排查，消除安全隐患，确保食品安全。

7月23日，乡党委组织全体乡干部员、各村书记、村长等收看第二十三期“千岛湖干部月讲坛”视频直播，分析和讨论城乡统筹工作的开展情况。

8月2日，分管领导带队，联合县工商局、乡综治办、工办成员到重点村富文乡青田村进行食品安全检查。

8月7日，召开全体干部员专题会议，传达上级文件精神，进一步明确任务，落实责任。

9月19日，联合青溪工商所、药监局、卫生监督所共同举办一期食品安全知识培训会。培训会议由乡分管食品药品安全副乡长徐成高主持。

同日，召开村党组书记述职暨“群英智囊团”动员会议，贯彻落实党的十八大信访维稳工作动员部署会议和专题工作会议精神。

9月28日，乡残联举办残疾人实用技术培训班，提高全乡残疾人的劳动技能，促进残疾人掌握实用技能技术，增强就业、创业、参与社会的本领和信心，鼓励残疾人树立“自尊、自信、自立、自强”的精神。

10月19日，召开残疾人联合会第五次代表大会，选举产生新一届乡残联主席团主席1名，副主席1名，理事长1名，理事4名。同时推举出席县残联代表大会代表3名，会上通过其他重要事项的决议。

同日，召开会议部署秋季计划生育集中服务活动。党委副书记邵群英、分管领导余连迪出席会议，乡计生办，各村书记、主任和村计生联系员参加会议。

11月8日，组织全体机关党员干部等收看中国共产党第十八次全国代表大会，聆听胡锦涛同志代表十七届中央委员会向大会作的报告。

11月27日，组织召开指导员、村官会议，乡党委书记、人大主席方爱民和党群组织线上的分管领导参加会议。会议由乡党委副书记邵群英主持。

11月28日，召开第十五次妇代会，听取并审议通过关于富文乡第十四次妇女代表大会工作报告，选举产生镇妇联第十五届执委会委员5名。

11月29日，组织全体班子成员、中层干部到桐庐百江兄弟乡镇学习交流十八大精神。

12月7日，接受杭州市市级药品安全示范乡创建工作考核验收。

宁 波

2012年海曙区白云街道办事处大事记

1月11日，举行“组团式、零距离”服务义务监督员年终总结交流会。会议由街道党工委副书记王海洲主持。

1月12日，街道办事处主任郁建军到联南社区五保户张阿毛家进行慰问。

1月20日，召开防范应对强降温雨雪天气紧急会议，就未来几天可能出现的强降温雨雪天气防范及善后保障工作作出部署安排。

2月6日，召开区第八次党代会精神宣传动员会。街道党工委副书记王海洲传达海曙区第八次党代会精神，总结海曙区过去5年发展的经验成绩和未来五年面临的形势及目标。

同日，召开中心组（扩大）学习会议，理清2012年度重点工作思路，明确各项工作的责任分工。会议由街道党工委书记舒建国主持。

3月9日，街道党工委委员陈绍旗主持召开党建工作会议。辖区各单位对2012年的党建工作计划进行交流探讨，党工委委员陈绍旗通报街道2012党建工作重要内容。

3月19日，召开2012年度社区建设工作会议，对街道2011年社区建设工作进行回顾总结，并对2012年各项工作任务作出部署安排。会议由街道党工委副书记王海洲主持。

3月22日，召开中心组（扩大）学习会议，深入学习由宁波市委党校张荣昌教授解读的“新成就、新目标、新举措”市第十二次党代会精神。

4月13日，召开社区党建工作会议，围绕2012年市区党建工作重点，结合街道实际，研究部署相关工作任务。

4月20日，召开文明创建动员会议，围绕对公共文明指数测评任务进行布置。

4月26日，召开辖区综治、城管、计生、安全生产工作会议，回顾2011年工作取得的成绩，对2012年工作形式作部署。会议由街道党工委委员陈绍旗主持。

5月15日，召开红十字会成立暨第一次会员代表大会。大会听取并审议通过白云街道红十字会工作报告，选举产生第一届理事。

5月30日，召开第11个安全生产月活动动员大会，部署落实安全生产工作。

6月1日，召开第二季度安全生产工作例会，对前一阶段的工作进行剖析总结，就下阶段相关重点工作进行部署。

6月25日，召开社区社会组织项目经验交流暨项目先进志愿者表彰会，交流社区社会组织工作经验，加强社区社会工作室的建设，提高工作人员的服务质量。

6月29日，举办庆祝建党91周年暨创先争优活动表彰大会，对街道创先争优活动开展以来涌现出的先进基层党组织和优秀共产党员进行表彰。

7月4日，召开文明城市指数测评督查推进会议，听取工作报告，并对下一阶段继续推进文明创建工作进行部署。

7月13日，街道办事处主任郁建军一行到云乐社区就2012年上半年度物业管理工作进行调研。

7月16日，街道安监所召开科室紧急会议，传达海安办{2012}19号《关于开展高温季节安全生产检查的紧急通知》，对社区开展安全生产检查工作的作重点部署。

8月3日，召开宁波市文明城市创建工作会议，传达市、区文明城市创建相关会议精神，并进一步对迎检工作做出部署。

8月22日，召开文明城市创建暨防台阶段性工作总结会，对上阶段街道文明城市建设和防台抗台工作进行总结。

8月23日，召开党工委中心组（扩大）会议，汇报2012年上半年度工作情况及下半年工作计划。

9月12日，组织召开海曙区创建国家级慢性病示范区迎检工作布署会，推进海曙区创建国家级慢性病示范区创建工作。

9月25日，召开2012年经济工作会议，表彰2011年经济突出贡献奖和优秀企业经营者，总结回顾街道上半年度经济形势，部署安排下阶段工作重点。会议由街道党工委副书记王海洲主持。

11月1日，召开十八大期间安全工作暨第三季度安全生产工作例会，回顾总结第三季度重点工作，对“打非治违”、年度考核等近期重点工作作部署。

11月8日，组织党员干部及辖区居民收看党的十八大开幕式盛况，学习贯彻党的“十八大”精神。

11月29日，举办党的“十八大”精神解读专题讲座，领会党的“十八大”精神。

12月19日，召开未来经济发展专题研讨会议。

2012年海曙区段塘街道办事处大事记

1月6日，举行海曙区第十届人大代表的选举，差额选举产生22名人大代表。

1月16日，举办2012年统战迎春茶话会。街道政协联委会副主任、统战干部潘法宝总结过去一年街道的统战工作情况，明确2012年的工作计划。

1月17日，举行2011年度工作会议，表彰年度先进个人和先进社区。街道办事处主任吴云兵作2011年工作总结，并对2012年的工作作出部署。

2月28日，街道综治科工作人员与派出所民警一起深入居民区、菜场等人员集中区进行走访巡查，解辖区治安情况。

3月1日，召开2012年度综合工作会议，总结2011年综治、安全生产、城管、计生的工作情况，并对2012年的工作提出要求。会议由街道党工委副书记、办事处主任吴兵云主持。

3月12日，召开城市管理难点攻坚碰头会，对段塘辖区内顺德路周边区域和段塘菜场周边区域城市管理工作存在的问题进行分析讨论。

3月16日，召开2011年度信息工作会议，表彰2011年度街道信息工作先进集体和先进个人。街道党工委副书记柴炜作工作部署。

4月24日，街道办事处主任吴兵云主持召开经济工作会议。会上，表彰2011年度经济工作各类先进单位，街道党工委书记周培剑作2011年度经济工作报告。

4月27日，举行庆五一表彰大会暨“诚信与责任”演讲比赛。表彰大会由街道总工会主席缪君玉主持。

5月2日，召开民兵工作会议。街道人武部部长林舜文传达上级和街道的相关文件精神，具体部署2012年民兵整组工作。

5月16日，组织党员干部收看市委书记王辉忠上党课。

5月22日，召开红十字会第一次会员代表大会，审议并通过《段塘街道红十字事业2012-2016年发展规划》，选举产生第一届理事会理事。

6月15日，召开段塘街道城市管理暨清爽行动工作会议。会议由街道办事处主任吴兵云主持。

6月26日，联合宁波81890服务中心、宁波电视台等党建共建单位以及新典等各社区开展“锋领段塘”大街小巷飘党旗志愿服务活动。

7月9日，召开文明城市创建工作会议，传达宁波市关于文明城市创建工作的具体思路，部署相关工作。会议由街道办事处主任吴兵云主持。

7月23日，与驻地官兵联合举办“军爱民、民拥军、军民团结一家亲”军民联欢晚会，以此来庆祝中国人民解放军建军85周年。

7月31日，街道党工副委书记、办事处主任吴兵云，武装部长林舜文及相关工作人员一行，前往鄞奉路消防中队，对全体官兵进行慰问。

8月2日，召开文明城市创建工作会议，通报上阶段城管工作取得的成绩和存在的问题，对下阶段开展的工作重点作出部署。

8月7日，召开防台应急工作会议，部署防御今年第11号台风“海葵”相关工作。

8月22日，召开工作总结会议，对上阶段街道主要开展的两项工作——文明城市建设工作和防台抗台工作进行总结。会议由段塘街道办事处主任吴兵云主持。

9月3日，街道党工委书记周培剑、街道副主任卢其能、街道副主任周海君一行3人来到小漕、新典等社区检查文明城市创建工作。

同日，街道办事处主任吴兵云到南塘社区指导文明城市创建工作。

9月27日，街道主任吴兵云一行走访位于南都社区的三江超市以及新典社区内的上海聚龙加油站环城西路站进行节前安全生产检查。

11月8日，组织党员干部、社区居民群众收看党的十八大开幕式盛况，聆听胡锦涛总书记作的工作报告。

11月15日，组织党员干部和社区群众观看党的十八届中央政治局常委中外记者见面会。

11月28日，举行科学技术协会第三次代表大会，选举产生第三届委员会委员及新一届的常委会成员，通过《段塘街道科学技术协会第三次代表大会工作报告》和《段塘街道科学技术协会第三次代表大会决议》。

2012年江东区白鹤街道办事处大事记

1月6日，召开领导班子民主生活会。会议由街道党工委书记、办事处主任王国军同志主持。

1月16日，联合执法白鹤中队召开城管工作民情恳谈会。张亮科长向代表们介绍区城管局2011年重点工作及2012年工作思路。

2月3日，街道党工委副书记吴长平，党工委委员宋坚勇，党工委委员、机关党总支书记宋裕庆等一行4人，深入结对的奉化市萧王庙街道五星村交流并慰问困难群众。

2月10日，召开区“两会”期间信访维稳工作部署会议。会议由街道党工委委员、办事处副主任赵玉璧主持。与会职能部门就相关不稳定因素与社区进行对接，并研讨分析下一步处置方案。

同日，召开纪检行风监督员座谈会，听取社会各界对街道纪检工作的意见，强化社会监督和群众监督。

3月23日，召开形势政策宣讲会。街道党工委副书记吴长平阐述市、区党代会的会议精神以及今后五年街道的工作任务。

3月26日，街道商会联合区司法局、街道司法所与宁波市律师协会共建中小企业法律服务平台，为辖区企业“稳中求进，进中求好”提供法律支撑。

4月16日，召开2012年党建暨党风廉政建设工作会议。会议由街道办事处主任毛建平主持，街道党工委副书记吴长平作党建工作报告，党工委书记王国军作重要讲话。

4月20日，召开2012年度建设“平安白鹤”工作会议。街道调研员赵玉璧同志对2011年“平安白鹤”建设情况进行回顾，并对今年具体工作进行部署。

4月24日，街道党工委副书记、办事处主任毛建平带队开展“五一”节前安全生产检查活动。

5月8日，召开中层干部竞聘上岗动员会，动员部署中层干部竞聘上岗相关工作。会议由街道党工委委员、纪工委副书记宋坚勇主持，党工委副书记吴长平作动员讲话。

6月14日，召开居民住宅信报箱建设工作会议。

6月27日，召开商会年度第二次理事会议及商会年度第一次会员大会。商会会长范尧根向全体会员介绍商会上半年主要工作及下一步工作计划。

6月29日，召开纪念建党91周年暨创先争优活动表彰会议。会议由街道党工委副书记、主任毛建平主持。

8月2日至3日，举行理论学习中心组专题读书会。学习会围绕贯彻落实省市区委党代会精神，回顾工作、分析形势、交流思路举措。

8月28日，召开第七次妇女代表大会，听取和审议白鹤街道妇联第六届执行委员会所作的工作报告，并选举产生街道妇联第七届执行委员会。

同日，召开文明创建迎检工作部署会议，会议由党工委委员严青春主持。街道办事处主任毛建平作重要讲话。

9月20日，召开社会管理综合治理暨信访维稳工作会议，党工委委员、办事处副主任陆晓敏主持会议，并传达区社会管理综合治理暨信访维稳工作会议精神。

9月24日，街道有关科室、社区、派出所等人员组成安全生产检查组，开展“十一”节前安全生产检查活动。

10月11日，组织辖区应征青年进行目测初检，拉开2012年冬季征兵工作的序幕。

11月26日，组织召开2012年度人口和计划生育工作民主恳谈会。与会干部汇报各社区的人口计生情况、存在的困难问题及下步工作思路。

11月28日，街道党工委副书记、办事处主任毛建平，办事处副主任周涛一行到丹顶鹤社区调研宜居示范小区创建工作。

11月29日，召开红十字会成立暨第一次会员代表大会，听取工作报告，选举产生第一届理事会，并召开第一届理事会第一次会议，选举产生常务理事、会长、副会长和秘书长。

12月7日，街道理论中心组召开（扩大）专题会议，深入学习交流党的十八大精神，总结2012年度工作，部署2013年度各项工作安排。

12月28日，街道机关党总支和商会党总支联合开展党建交流暨“阳光扶住活动”，走访慰问辖区困难群众，为他们送去党和政府的深切关怀和亲切问候，还递上慰问品。

2012年江东区百丈街道办事处大事记

1月4日，组织召开2012年春节期间扶贫帮困工作动员会，传达区关于做好2012年春节期间帮扶送温暖系列活动有关文件的精神，对街道工作作了具体安排。

1月6日，举行2011年度总结表彰大会。会议由街道党工委副书记、办事处主任曹敬之主持。

1月11日，召开物业管理工作座谈会，总结回顾街道物管站2011年物业管理的各项工作，并对2012的工作进行部署。

2月2日，召开月度工作例会，研究部署街道2月份工作，区委常委、街道党工委书记冯全国作总结讲话。

2月7日，召开2012年度外来务工人员服务管理工作部署暨综管员培训大会，旨在提高流动人口服务管理业务水平。

3月1日，召开月度工作例会，研究部署街道3月份工作，区委常委、街道党工委书记冯全国作讲话。

3月13日，召开第一季度工作会议，回顾总结街道、社区第一季度工作开展情况，研究部署第二季度主要工作，区委常委、街道党工委书记冯全国作总结讲话。

3月22日，召开“三思三创”主题教育实践活动动员暨党建工作会议。会议由街道党工委副书记、办事处主任曹敬之主持，街道党工委委员庞超静对街道2012年党建工作作了部署。

4月11日，召开科级干部聘用暨干部选拔任用工作“一报告两评议”会议，会议由街道党工委副书记、办事处主任曹敬之主持。

4月17日，召开公开推荐选拔优秀年轻干部动员会，对街道公开推荐选拔优秀年轻干部工作进行动员和部署。

4月27日，召开理论中心组学习会，传达学习市“两会”精神，部署相关工作。

5月3日，召开月度工作例会，回顾总结4月份工作，研究部署街道5月份重点任务。街道党工委副书记、办事处主任曹敬之作讲话。

5月10日，举办微博运用与应对专题报告会，旨在增强街道、社区干部对微博的认识和解，提高街道、社区官方微博建设水平。

5月31日，召开月度工作例会，回顾总结5月份工作，研究部署街道6月份重点任务。区委常委、百丈街道党工委书记冯全国作讲话。

6月12日，百丈商会召开一届三次理事会，聘请街道党工委副书记、办事处主任曹敬之同志为百丈商会名誉会长，增补街道党工委副书记、纪工委书记张飞忠同志为百丈商会副会长。

6月29日，人大百丈街道工委组织代表视察宁波铁路东站综管工作，听取铁路东站综管办关于铁路东站运行管理的情况介绍。

7月12日，街道政协工作联络组组织政协委员到镇海九龙湖军事训练基地开展“军事日”活动，旨在增强政协委员的国防意识。

7月16日，召开和谐社区建设工作会议，部署和谐社区动态管理相关工作。

7月26日至27日，召开半年度工作会议，回顾总结街道、社区上半年工作开展情况，研究部署下半年工作。会议由街道党工委副书记刘学文主持。

8月23日，举行红十字会成立暨第一次会员代表大会，听取并审议通过街道红十字会工作报告和五年发展规划，选举产生街道红十字会首届理事会，并召开第一届理事会第一次会议。

8月29日，召开全国城市文明程度指数测评迎检工作会议，通报省文明委城市文明程度指数测评反馈情况，并对下阶段工作进行部署。

8月30日，召开月度工作例会，回顾总结8月份工作，研究部署街道9月份重点任务。区委常委、百丈街道党工委书记冯全国作讲话。

11月7日，召开残疾人联合会第五次代表大会，听取并审议通过街道残联第四届主席团工作报告和今后五年发展规划，选举产生街道残联第五届主席团，出席区残联第五次代表大会。11月8日，组织收看中国共产党第十八次全国代表大会开幕式，聆听胡锦涛总书记在大会上作的报告。

11月20日，召开党的“十八大”精神学习会，传达学习党的十八大报告和新党章，对报告中出现的新思想、新观点、新任务着重进行解读。

12月7日，召开党的十八大精神主题教育试点工作动员大会，对街道党的十八大精神主题教育活动试点工作进行具体部署。

同日，举行2012年度新兵入伍欢送会。

2012年江东区东郊街道办事处大事记

1月13日，举行2011年度街道总结表彰大会，表彰2011年度街道先进集体和个人。街道办事处主任杨开建回顾2011年街道工作，指出2012年的工作重点。

1月16日，召开学习座谈会，学习贯彻区第八次党代会精神。

1月29日，区政协党组成员、街道党工委书记陈华安等13位街道领导带领机关干部和招商员分13组为节后第一天开工的街道辖区企业送去新春的祝福。

2月1日，举行2012年街道理论中心组扩大会议，街道党工委书记陈华安对2012年街道各项工作提出要求。

3月16日，举行2012年人口和计划生育工作会议。会议回顾2011年东郊街道人口计生工作情况，布置落实2012年人口计生工作任务、目标。

3月27日，举行2012年“三思三创”、党建暨平安工作会议，通报街道党建工作和平安建设工作。

5月30日，举行2012年信息员（通讯员）培训会，通报2012年1至5月的信息录用情况，并对街道信息员进行培训。

6月21日，街道宁舟股份经济合作社商会正式成立，成为江东区首家股份经济合作社商会。

6月26日，举行“慈善一日捐”动员大会，通报2010年7月至2012年6月两年来街道慈善事业的发展情况，并对街道2012年的“慈善一日捐”工作进行部署。

6月28日，组织辖区义务消防员、市场经营户和街道民兵开展消防演练活动，强化消防安全意识。

7月5日至6日，举行第四届政企联谊会暨东郊商会一届三次会议。

7月7日，举行街道非公企业党建论坛。会议举行新党员入党宣誓仪式，并为广大党员开展讲座。

7月12日，举行理论中心组扩大会议，街道中层干部汇报交流2012年半年度工作情况，街道领导对各项工作进行点评。

8月16日，街道宁丰股份经济合作社商会成立，成为江东区第二个股份经济合作社商会。

8月22日，举办第三届企业文化节之人力资源务实论坛，为企业服务。

9月6日，举行2012年招商联络员会议，介绍当前街道招商选资的工作情况、全区服务业政策、全区财政收入情况。

同日，街道政协联络组开展“委员活动日”活动，政协副主席陈华安带队指导活动开展。

10月17日，举行重大项目集中攻坚“句号行动”部署会。会议通报街道重大项目集中攻坚“句号行动”的具体任务和工作部署。

11月7日，召开红十字会成立暨第一次会员代表大会。会议选举并产生东郊街道红十字会第一届理事会会长、副会长、秘书长和理事，通过《江东区东郊街道红十字事业2012-2016年发展规划》。

11月28日，举行“十八大”精神传达学习会暨“句号行动”部署会，将学习贯彻党的“十八大”精神与实际工作紧密结合起来，部署落实相关工作。

12月5日，街道团工委承办的“奉献我的热情，丰富您的旅行”志愿服务主题活动顺利举行，宣传宁波的旅游文化资源。

2012年江东区福明街道办事处大事记

1月12日，召开消防网格化管理暨消防平安社区建设现场会，交流消防安全网格化管理及消防平安社区创建工作情况。

2月7日，召开干部选拔任用工作“一报告两评议”活动暨第四轮科级干部竞聘上岗工作动员大会，动员部署中层干部竞聘上岗工作。

同日，召开2011年度经济工作会议，朱波主任通报2011年街道取得的经济成果，探讨2012年国内外经济形势，并对2012年的经济工作进行布置。

2月8日，召开年度工作暨理论学习中心组（扩大）会议，叶艇副书记传达区八次党代会会议精神，理论学习中心组代表结合党代会精神，就如何做好本职工作进行发言。

3月1日，召开“重大项目突破年”再动员大会，陈骏书记作重要讲话。会议由朱波主任主持。

3月22日，召开“重大项目突破年”工作例会。会上回顾“再动员大会”以来街道在各项目上所取得的进展，总结各项目当前所存在的主要问题，并对下步工作进行部署。

同日，召开2012年安全生产工作会议，通报表彰2011年度安全生产工作先进集体和个人，回顾总结2011年度街道安全生产工作，并对2012年度安全生产工作进行部署。

4月5日，召开余隘拆迁工作组会议，朱世炯副书记主持会议并部署今后工作。

4月11日，召开2012年社会事务暨计划生育工作会议，回顾街道2011年社会事务和计划生育工作情况，并部署2012年工作任务和目标。

4月16日，召开“重大项目突破年”工作例会，回顾上次例会以来街道在各项目上所取得的进展，总结各项目当前所存在的主要问题，并对下步工作进行部署。

5月4日，召开社会治安重点地区挂牌整治工作推进会，各条线上的分管领导汇报前阶段排查整治工作开展情况及下一步工作计划。

5月15日，召开平安、综治重点工作推进会，部署社会治安重点地区挂牌整治推进工作，副书记朱世炯对下一步工作提出新的要求。

6月6日，召开“重大项目突破年”工作例会，回顾上次例会以来街道在各项目上所取得的进展，总结各项目当前所存在的主要问题，并对下步工作进行部署。

6月19日，召开2012年江东区外来务工人员服务管理工作联席会议，会议由区外口办郭主任主持。

7月12日，召开半年度理论学习中心组(扩大)会议，围绕区第八次党代会精神，重点就“两强两品”战略进行深入的学习。

7月20日，政协福明联络组组织部分政协委员深入华润万家超市江东店就群众关心的食品安全问题展开专题调研活动。

7月24日，开展小餐饮店集中整治行动，规范辖区内小餐饮店经营秩序，提升城区文明形象。

8月14日，召开贯彻落实区委八届四次全会精神暨重点地块拆迁攻坚“句号行动”部署大会。陈骏书记部署重点地块拆迁攻坚“句号”行动并做讲话，朱波主任传达区委八届四次全会重要精神，叶艇副书记就文明指数测评迎检工作进行部署。

8月29日，召开2012半年度人口形势分析会，各社区书记汇报上半年人口和计划生育主要亮点工作、存在问题及下半年工作思路。

10月19日，举行红十字会成立暨第一次会员代表大会，听取并审议通过街道红十字会筹备工作报告和五年发展规划，选举产生街道红十字会首届理事会，并召开第一届理事会第一次会议。

11月12日，召开第三次妇女代表大会，选举产生福明街道第三届执行委员会委员和街道妇联正副主席。

11月16日，召开残疾人联合会第五次代表大会，回顾总结过去5年街道残联的工作情况，明确今后5年的工作指导思想和工作任务，并完成换届选举工作。

12月17日，召开年度工作暨理论学习中心组(扩大)会议，会议由朱波主任主持。邱伟副书记传达党的十八大有关会议精神，并部署相关学习工作。

2012年北仑区大碶街道办事处大事记

1月4日，召开2011年度社区建设工作会议，总结2011年度社区工作，部署2012年度社区主要工作。

1月11日，街道党工委组织召开党校理论宣讲团2011年度工作总结会，回顾总结2011年党校理论宣讲团工作。

1月19日，街道党工委理论学习中心组组织召开区第七次党代会精神专题学习会。

2月9日，召开街景整治工作图纸交底暨综合协调会议。会议由街道城建副主任周雨虹主持。

2月10日，召开2012年度首次社区工作例会，总结回顾年初以来的社区工作，安排部署下阶段各项任务。

2月23日，召开2012年征地拆迁动员大会，总结回顾过去一年的工作，并重点对2012年征地拆迁工作及征迁扫尾“60日攻坚”活动进行部署。

3月7日，召开社区建设工作推进会。会议由街道社区办主任张建平主持。

3月23日，召开2012年第一季度安全生产、食品安全工作例会，对第一季度的安全生产、食品安全工作进行回顾和总结，并针对存在问题提出要求。

3月31日，召开生态街道创建暨内河综合治理工作推进会。会议由街道党工委副书记陈进元主持。

4月1日，召开反腐创廉建设大会暨“三思三创”推进会，研究部署2012年大碶街道反腐倡廉建设工作和“三思三创”主题教育实践活动。

4月26日，召开街景整治工作推进会议，安排布置下一步重点工作，对遇到的实际困难和问题进行商讨解决。

4月28日，召开2012年第二季度社区工作例会，总结交流社区第一季度工作进展，部署下一阶段相关工作。会议由街道社区办主任张建平主持。

5月8日，街道食安办召开食品药品安全隐患大排查与秋夏季食品安全整治工作协调会议。

5月19日，召开街景整治工作推进会。会议由街景办成员王长安主持。

5月25日，召开安全生产“打非治违”工作动员会，贯彻落实上级会议精神，动员部署大碶街道“打非治违”专项行动。

6月8日，街道党工委召开中心组理论学习会。会议由街道党工委委员顾艳艳主持。

6月20日，召开第二季度食品安全工作例会。会议由街道食品安全分管领导沈建平副主任主持。

6月28日，街道社区办召开社区工作会议，贯彻落实北仑区城乡社区建设工作会议精神，安排当前主要工作任务。

7月18日，召开2012年全国城市文明程度指数测评暨争创宁波市文明街道动员大会。会议由街道党工委副书记、办事处主任张海航主持。

7月27日，召开半年度信息工作会议，会议由街道党工委委员、宣传委员顾艳艳主持，街道党工委书记魏建根出席会议并讲话。

7月28日，召开街道党工委中心组读书会暨半年度工作会议。会议由街道党工委副书记、办事处主任张海航主持。

8月1日，召开2012年全国城市文明程度指数测评动员大会。会议由党工委副书记陈进元主持。

8月6日，召开抗击第11号强热带风暴“海葵”动员大会，部署落实各项防台工作。

8月24日，召开食品安全“百日整治”与药品安全示范街道创建工作推进会，对餐饮安全大整治百日行动有关工作进行部署。

9月2日，召开文明城市创建网格化管理工作推进会。会议由街道宣传委员顾艳艳主持。

9月12日，组织召开新农合参合农民健康体检工作动员会议。街道社会事务科科长谢翠丰出席会议并讲话。

9月28日，召开机关主要职责和机构设置调整工作动员会。会议由街道党工委副书记、办事处主任张海航主持。

10月17日，召开2012年第三季度社区工作例会。会议由街道社区办主任张建平主持。

10月21日，召开街道党工委中心组读书会暨第四季度工作会议，分析交流前三季度工作进程等相关问题，部署第四季度工作。会议由街道党工委副书记陈进元主持。

10月30日，召开老小区改造初步设计

审查会议，会议由大碶街道城建副主任周雨虹主持。

11月8日，组织收看党的“十八大”开幕式盛况，聆听胡锦涛总书记的工作报告。

12月6日，召开“十八大”精神学习会暨工作务虚会，深入学习贯彻党的“十八大”精神，并对2013年的工作进行布局谋划。

12月26日，召开党政领导班子会议，传达区重要会议精神。

12月27日，召开人大工作会议，汇报2012年度的人大工作，展望2013年的人大工作思路，传达北仑区相关文件精神。会议由街道人大工委副主任贺皓鏐主持。

2012年北仑区小港街道办事处大事记

1月16日，街道党工委书记胡海达，党工委副书记、办事处主任章方苗，党工委委员虞建军等党政领导一行人，分片区走访慰问新模村、新政村、红联村等困难群众。

1月20日，召开党政班子会议，研究部署强雨雪天气防范工作。

2月6日，召开机关干部大会，回顾总结街道2011年度各项工作，并对2012年工作进行部署。

2月27日，召开平安志愿者工作会议。会议由平安志愿者负责人汤月祥主持。

3月8日，召开创建充分就业区迎检准备工作会议，分管领导虞建军参加会议并讲话。

3月22日，召开安全生产暨食品药品安全工作会议。会议由街道副主任谢仁安主持，街道党工委副书记、办事处主任章方苗，党工委副书记刘建伦出席会议并讲话。

3月27日，召开清明期间森林防火工作会议。党工委副书记刘建伦对清明节期间防火安全工作作具体部署。

4月16日，召开茅洋寺香期安全工作会议。会议由街道党工委副书记刘建伦主持。

4月19日，召集2012年拟参加创建的企业召开安全生产标准化工作会议，做好2012年小港街道企业安全生产标准化达标创建工作。

4月27日，组织安全生产联合大检查，对辖区菜场、超市及重点企业进行安全检查。

5月14日，政协小港街道联委会组织委员来到新权村视察农村污水整治工作，并听取污水整治工作汇报。

5月15日，政协小港联委会组织委员视察小港段江南公路和通途路绿化及环境综合整治工作。

5月25日，召开“打非治违”专题工作会议，贯彻落实上级会议精神，动员部署小港街道“打非治违”专项行动。

6月19日，举行大学生村官半年度工作座谈会，对大学生村官们的上半年工作进行总结，对下半年的工作进行部署。

6月27日，举行纪念建党91周年大会，回顾党的光辉历程和街道党组织建设发展情况，部署2012年相关工作。大会由街道党工委副书记、办事处主任章方苗主持。

7月11日，召开两新组织妇建工作动员会。会议由街道妇联副主席刘艳芳主持。

7月25日，召开隐患排查专题工作会议。会议由街道公共安全监督所所长严华龙主持。

8月1日，召开防汛防台紧急会议，全方位部署防汛防台工作。会议由党工委副书记胡斌主持。

8月2日，召开新闻信息工作半年度会议，总结和表彰2011年度新闻宣传先进科室。会议由党工委委员袁恩明主持。

8月11日，召开灾后救灾工作部署会议。会议由街道党工委副书记、办事处主任章方苗主持。

9月7日，召开2012年度假日学校总结会议。会议由街道党工委副书记胡斌主持。

9月14日，召开管理体制调整动员大会。

9月20日，组织召开企业退休人员管理工作例会，各企退小组协管员汇报第三季度工作和第四季度工作计划。

10月15日，组织召开护林员会议，街道办事处副主任向坚芳分析当前森林防火的严峻形势，对做好下阶段森林防火工作作了部署。

11月8日，组织全体机关工作人员收看党的十八大开幕式盛况，聆听胡锦涛总书记的报告。

11月9日，召开省级森林城镇（街道）建设总体规划研讨会。会议由顾江峰副主任主持。

11月23日，召开大学生村官年终座谈会，对大学生村官2012年度的工作进行总结，对2013年度的工作进行部署。

12月3日，召开学习宣讲十八大精神工作会议。

12月12日，召开农经统计工作及年报培训会，街道农经统计工作负责人总结2012年农经统计工作情况，并对2013年的工作进行布置。

12月21日，组织召开基层组织建设办公室全体会议。

2012年北仑区新碶街道办事处大事记

1月5日，召开村（社区）年度安全会议，通报2011年度各村（社区）安全生产工作情况，并布置落实节前安全工作。

1月12日，召开2011年社区建设工作总结会。会议由社区科科长张幼芬主持。

1月19日，召开冰冻雨雪天气应急工作会议。街道党工委副书记徐孟杰向大家传达有关会议的精神，对街道各部门的工作作部署。

2月15日，召开农村污水治理工程研讨会，胡满轩同志布置2012年截污工程的具体安排。

2月21日，举办人口形势报告会。

2月28日，召开专题会议重点研究四明山路街景改造工程。

3月13日，组织召开辖区规模以上企业2012年度安全工作会议，布置近阶段安全生产工作重点，贯彻落实国发〔2011〕40号文件精神，做好创建2012年度安全标准化的动员工作。

3月16日，召开2012年社区文化工作会议。会议围绕着2012年文化工作布置的主题展开，回顾总结2011年工作，明确2012年工作的新方向和新目标。

3月21日，召开2012年度社会治安综合治理、人口计生和安全生产、食药品安全工作会议，切实推进基础工作扎实有效开展。

4月9日，召开信息员工作会议。街道党工委委员林雪凤出席并主持会议。

4月20日，召开“两代表一委员”建议提案交办专题会议，会议由徐孟杰主持。

4月25日，召开环境优化年暨“美好家园”建设再动员大会。会议由党工委副书记陆坚主持。

5月7日，召开生态街道创建工作推进会。会议由街道办事处主任张仲华主持。

5月16日，街道公共安监所召开标准化创建企业推进会议，指导企业如何开展安全标准化创建，解决企业创建过程中存在的问题。

5月24日，组织辖区规模以上工业企业安全负责人召开消防安全专项整治会议，布置落实消防安全专项整治内容。

6月6日，组织召开村（社区）安全生产工作例会，部署近阶段安全生产重点工作。

6月14日，召开流动人口服务管理专题会议，加强和创新流动人口服务管理工作。

6月29日，举行庆祝中国共产党成立91周年大会。会议由办事处主任徐孟杰主持。

7月5日，召开迎检专题会议，确保北仑区创模工作能高质量通过复查。会议由新碶街道办事处主任徐孟杰主持。

7月18日，召开侨台联第八次暨留联第四次代表大会，选举产生新碶街道侨台联第八届委员会、留联第四届委员会成员。

7月30日，召开文明城市迎检工作会议。街道党工委副书记、办事处主任徐孟杰主持会议，并就2012年全国城市文明程度指数测评工作作了具体部署。

8月1日，召开防汛防台工作会议，对接下来有可能影响北仑的台风防范工作进行部署安排。

8月20日，召开食品安全大整治百日行动动员会，正式吹响食品安全整治百日行动的号角。

8月23日，召开由各科室、站、所负责人参加的“平安街道”建设工作责任分解会议，布置落实2012年度平安创建管理工作。

9月7日，召开深化“打非治违”行动会议，部署打非治违下阶段工作重点。

9月20日，组织召开安全生产、食药品安全工作例会，回顾前阶段安全生产、食药品安全重点工作，部署中秋、国庆及“十八大”期间两个安全工作任务。

9月27日，召开2011年度5个村截污工程二期续建动员会议，推进农村截污工程的实施。

10月18日，街道政协联委会召开社情民意联系点负责人会议，总结交流各联系点一年来工作开展情况及近期重点社情民意。

10月19日，召开残疾人联合会第五次代代表大会，回顾街道过去五年残疾人工作情况，部署今后五年残疾人工作任务，并选举产生新一届残疾人联合会成员。

10月24日，召开2013年度新农合筹资征缴动员大会，贯彻落实上级会议精神，安排部署新碶街道新型农村合作医疗筹资征缴工作。

11月8日，组织收看党的十八大开幕式盛况，聆听胡锦涛总书记的工作报告。

11月22日，召开“十八大”精神专题学习会，热议“十八大”报告。会议由党工委副书记陈佩青主持。

11月27日，举办人民调解员培训会议。

12月10日，召开农村截污一期总结暨二期顺延开工会议。会议由农业农村办公室水利负责人胡满轩主持。

12月22日，召开中心组理论学习会议，研究谋划2013年工作思路和重点。

12月26日，召开2012年度述职述廉述学大会。

2012年鄞州区瞻岐镇人民政府大事记

1月10日，瞻岐派出所开展以“110开门评警，解民忧报平安”为主题的110宣传活动。

1月15日，瞻岐镇第十七届人民代表大会第一次会议圆满举行，来自全镇各行业、各领域的59名镇人大代表和54名列席代表参加此次会议。

1月16日，瞻岐镇召开2011年度总结表彰大会，总结回顾2011年各项工作，表彰一年来全镇各条战线上涌现出的先进集体和先进个人，全面部署2012年主要工作。

2月3日，瞻岐镇信访维稳工作会议在镇政府四楼会议室举行。

3月12日，为确保合一村村委班子选举工作的顺利进行，瞻岐镇党委、政府高度重视，坚持没有问题抓预防、潜在问题抓排查、发现问题抓苗头、出现问题抓查处的原则，成立合一村选举期间维稳工作小组，并采取一系列的有效措施。

4月11日，瞻岐镇召开残疾人联合会第六次代表大会，听取并审议通过镇残联第五届主席团工作报告，依法选举产生镇残联第六届主席团成员及参加区残联第五次代表大会的代表。镇领导戚燕枫、任尧军、谢国华等出席会议。

5月10日，瞻岐镇农办接上级部门晚稻种子供应通知，积极开展晚稻种子征订工作，共订购晚稻种子4097公斤，其中宁81、秀水134、甬糯34共4029公斤，杂交晚稻种子（甬优系列）68公斤，并顺利发放到各村农户手中，从而为今年镇粮食丰产、粮农增收打下坚实基础。

6月16日，瞻岐镇商会召开年度会议，回顾去年及今年上半年各项工作开展情况，部署下半年工作重点。镇领导班子、商会会员企业负责人等齐聚一堂，总结经验，共谋发展。

7月27日，瞻岐镇召开半年度工作会议，回顾总结上半年工作，全面分析当前面临的经济社会形势，认真梳理存在困难与问题，明确下半年各项工作的主要目标和任务。

8月2日，召开由联村干部、各村支部书记和相关镇属单位负责人参加的防汛抗台紧急会议，部署工作、明确职责，要求各部门、各村在思想上高度重视，实行24小时值班制，做到险情不排除、人员不离岗。

8月11日，共青团瞻岐镇第二十次代表大会于八月初胜利召开。团区委书记宋文夫、镇党委书记邵斌、镇党委副书记戚燕枫和镇妇联副主席嵇惠化等领导受邀出席大会。

9月13日，区委常委、政法委书记林琪带领督查组成员对镇的信访稳定工作作专项督查。

10月18日，瞻岐镇召开工业强镇推进会。会议传达区政府工业强区推进会精神，并根据《鄞州工业强区行动方案（2012—2016）》，确立瞻岐镇工业强镇各项政策和方针。

11月20日，鄞州区统计局规范化创建验收小组对瞻岐镇鄞建混凝土、力达物流、冠华金属3家创建企业进行实地考核验收。

12月12日，2012年度鄞州区三类乡镇财政工作交流学习会在瞻岐镇举行。来自区财政局的相关领导，以及瞻岐、咸祥、塘溪、龙观、鄞江、章水共6个乡镇的负责财政工作的人员参加会议。

2012年慈溪市横河镇人民政府大事记

1月16日，镇党委副书记、镇长施科，镇人武部部长许华乔等领导上门看望慰问优秀新市民、少数民族群众和困难群众，向他们送上慰问金和新春的祝福。

3月2日，召开企业安全生产工作暨消防安全业务培训会，67家企业负责人参加培训。徐文统副镇长出席会议并讲话。

3月20日，召开巡山护林员上岗培训会议，旨在加强森林资源保护，加大对非法采矿的查处力度，推进殡葬改革。

3月30日，镇党委向21名中层干部颁发聘任证书。镇党委书记邹柏涌在会上作重要讲话。

4月18日，镇党委召开镇村干部大会，对“进村入企”大走访活动作了具体部署。

5月4日，镇党委召开贯彻落实市第十三次党代会精神宣讲会，深入学习贯彻落实市第十三次党代会精神，部署落实相关工作。

5月22日至23日，镇党委、政府召开村（社区）党组织负责人会议。镇党委副书记、镇长施科主持会议，镇委书记邹柏涌在会上作重要讲话。

5月25日，镇党委、政府召开社区保安大队纪律教育整顿动员大会，镇党委委员孙建立出席会议并讲话。

6月21日，横河商会举行全体理事会议，安排部署2012年商会主要工作和重大活动。

6月25日，镇党委、政府召开“情系梅乡”横河经济社会发展恳谈会，交流横河镇撤扩并20年来各项社会事业的发展变化。镇党委书记邹柏涌主持恳谈会。

6月29日，举行庆祝中国共产党成立91周年大会。镇党委书记邹柏涌上一堂《以创新创业的精神，全力推动横河经济社会发展》为主题的党课。

7月3日，镇党校举行新党员宣誓仪式，镇党委委员郑海英出席宣誓仪式并为新党员作辅导报告。

7月4日，举办2012年度入党积极分子培训班，旨在夯实基层组织建设，提升入党积极分子的学习能力，增强党性教育。

7月28日，召开第十五次妇女代表大会，听取和审议镇妇联第十四届执委会工作报告，选举产生横河镇妇联第十五届执委会。

8月3日，镇党委、政府召开半年度工作汇报会，解掌握各村（社区）上半年工作进展情况，扎实推进下半年工作。

8月15日，镇党委、政府召开村级和谐促进会换届选举动员大会。镇党委副书记孙建立出席动员大会并作重要讲话。

8月28日，镇政府召开食品药品安全监管暨食品安全大整治百日行动工作会议。镇党委副书记、镇长施科出席会议并讲话。副镇长任群主持会议并作具体部署。

9月11日，镇残联召开第六次代表大会，任群代表镇残联第五届主席团向大会作工作报告。

9月12日，镇党委、政府在梅园村和埋马村率先开展“网格化管理、社区化服务”试点工作。

9月21日，召开镇总工会第二次代表大会，镇党委副书记、镇长施科代表镇委镇政府向大会致贺词，王增达代表镇总工会第一届委员会向大会作工作报告。

10月10日，镇政府召开2012年度征兵工作会议。镇党委委员、镇人武部部长许华乔对2012年冬季征兵工作作具体部署。

10月17日，镇政府召开2012年秋季灭鼠工作会议。镇爱卫会主任方士敏在会上就秋季灭鼠工作作具体部署。

10月26日，镇党委、政府召开各村（社区）党组织负责人会议。镇党委书记邹柏涌总结各村（社区）前三季度工作进展情况，部署年内重点工作。

11月8日，组织收看党的十八大开幕式盛况，聆听胡锦涛总书记所作的工作报告。

11月14日，镇政府组织教育、公安、城管、卫监、工商等部门，对全镇学校周边饮食卫生进行专项整治。

12月7日，召开民族联谊会成立大会，通过《慈溪市横河镇民族联谊会章程》，选举产生首届理事会理事、会长、副会长，聘任名誉会长、秘书长。

12月8日，镇党委、政府召开新兵入伍欢送会。

12月31日，镇政府召开退伍军人欢迎会，欢迎退伍军人回乡参加和谐横河建设。

温 州

2012年鹿城区南汇街道办事处大事记

1月4日，召开退离休人员新春茶话会，街道党工委书记、街道办事处主任、党群副书记、宣传委员出席会议。

2月4日，组织辖区50名青少年到下吕浦消防中队参观学习。

3月23日，区安监局张海云局长莅临街道指导安监中队工作。

3月25日，街道南塘社区组织居民代表和全体党员召开“基层组织建设年”推进及群众满意度测评会。

3月27日，召开以“抓防范，促和谐”为主题的治安工作会议。会议由社区主任李玉莲主持，南浦派出所所长项纪明，社区民警叶春以及辖区物业、楼幢长参加会议。

4月11日，鹿城区城市管理与行政执法局姜益祥局长等领导一行人到街道吕浦社区，召开“进村入企”共建会议。

4月15日，街道吕浦社区组织社区两委、计生协会会员、党员40多人召开克难攻坚计生专题会。

4月18日，召开社区共建职能部门负责人座谈会，区人大代表、社区10多家的共建单位、物业公司、环卫处及辖区职能部门的领导参加此次会议。

5月9日，召开街道农村集体资产产权制度改革动员暨培训会。会议由街道办事处主任叶浪克主持。街道班子全体成员、机关全体中层干部、驻村干部、村两委全体干部、村监会主任近200人参加会议。

5月15日，召开社区合并后的第一次党员大会，邀请区委宣传部副部长、区文明办（联创办）主任吴东来为党员上课。

5月31日，市政法委姜迪清副书记一行人在区政法委、南汇街道叶善新书记等陪同下到街道清风社区就综治网格化管理工作开展情况进行调研。

6月8日，街道开展原南郊、南浦、绣山侨联干部交流会。

6月26日，召开计生协会成立暨第一次会员代表大会，社区计生协会会员代表、辖区内企业代表和计生专干等80多人参加会议。

7月5日，召开第一次台胞台属代表大会。大会由辖区内的台胞台属代表，村（居）统战联络员参加。

7月23日，鹿城区首个街道《人口和计划生育工作简报》专刊在南汇街道出刊。

7月27日，统战民宗基层组织建设工作现场会期间，温州市民宗局局长陈锋进、副局长肖益一行，莅临街道民宗所视察指导，交流学习工作经验。

8月20日，召开计划生育社会抚养费征收工作汇报会，会议由街道王晓敏副主任主持，计生办、各村、社区计生专干80余人参加会议。

8月27日，召开创卫工作研讨会议，南郊行政执法中队队长、疾控中心创卫联系员、南郊卫生院监督员等参加会议。

8月29日，街道全面推行社区、村与计生家庭计划生育双向承诺制度。

9月5日，举行工会委员会第一次代表会议。南汇街道政协副主任兼工会主席王晓敏、城建办主任兼十里亭社区党委书记马晓玲、街道工会专干胡旭等领导以及由辖区各单位选举产生的代表近40余人参加会议。

9月21日，召开以“迎国庆讲文明树新风促和谐喜迎十八大”为主题的座谈会。座谈会由社区胡美珠主任主持，社区楼栋长、居民骨干参加座谈活动。

9月25日，召开第一次归侨侨眷代表大会。大会有73名归侨侨眷代表参加，区委统战部副部长、侨办主任陈金敏，区侨联主席蒋晖，南汇街道党工委书记周基斌，南汇街道统战委员覃春燕等出席大会。

10月19日，街道召开鱼鳞浃路营业点卫生整治推进会。

10月25日，街道商会召开一届一次会员成立大会。区委常委、统战部部长胡慧雷，南汇街道党工委书记周基斌，各基层站所、村（居）及220位会员企业代表人出席会议。

11月8日，街道十里亭社区召开平安社区建设专题工作座谈会。

11月23日，街道开源社区开展“2012年温州市直单位工作绩效群众满意度测评”活动。

12月4日，温州市公安局在南汇街道吕浦社区召开“警民恳谈会”。来自省、市、县(区)的30余位人大代表,政协委员,社区干部以及广大群众代表参加座谈会。

12月26日，街道吕浦社区召开2012年度吕浦社区居民代表大会，社区工作人员和150余名居民代表参加会议。

2012年鹿城区双屿街道办事处大事记

1月12日，召开安全隐患集中培训会议。温州消防支队、鹿城区消防大队等23个相关部门及双屿街道机关全体、各村（居）负责人参加此次培训会。

1月16日，街道党工委书记徐一峰、办事处主任施文明等一行先后到辖区内双屿派出所、黄龙派出所及鞋都派出所走访慰问。

2月3日，鹿城区人大领导一行在区人大主任吴海燕带领下，就街道人大工委工作开展情况作调研。

2月23日，温州市委宣传部常务副部长王祖共一行6人，就街道企业思想文化工程进行调研并指导工作。

2月29日，召开信访维稳工作会议。会议由街道办事处主任施文明主持，街道领导班子成员、驻村居负责人、信访办工作人员参加会议。

3月5日，在温州市召开的非公有制经济组织和社会组织党建工作会议上，双屿街道成为鹿城区唯一一个荣获2011年度两新组织党建工作先进单位称号的街道。

3月19日，召开“两新组织”网格片组召集人联席会议，由原先的12个片组扩展到14个片组。

3月23日，召开辖区政协委员工作座谈会，辖区13名区政协委员参加座谈会。

4月1日，召开农村集体资产产权制度改革工作培训会议，会议由街道办事处副主任陈策主持，街道驻村干部，各村书记、主任，经济合作社社长等参加会议。

4月16日，召开第一次妇女代表大会，顺利选举产生街道第一届妇联执行委员会、街道妇联主席及副主席。

4月20日，召开一届四次委员会议，区总工会副主席卢小敏、街道党工委副书记金生、区总工会基层工作部部长应祖迁等参加此次会议。

5月17日，街道政协联络组组织10多位区政协委员到辖区岩门村，开展“进村入企”大走访活动。

5月18日，召开计划生育协会第一次会员代表大会，成立双屿街道计划生育协会。选举产生双屿街道第一届计划生育协会理事、常务理事、会长、副会长及秘书长。

6月28日，召开商会第一届一次会员大会胜利。区委常委、统战部部长胡慧雷，统战部副部长、区工商联党组书记何学标，双屿街道党工委书记徐一峰，政协副主任吴守标及各街镇分管商会领导，商会企业成员等受邀出席会议。

6月29日，召开庆祝中国共产党成立91周年暨创先争优表彰大会。机关全体党员、社区副主任、村（居）党组织书记、两新组织召集人和受表彰的先进个人等150余人参加会议。

7月13日，召开社区出租房消防安全培训暨“四要件”配置推进会。

7月23日，召开“迎十八大基层组织建设百日攻坚行动”动员部署会，总结“基层组织建设年”工作，并部署相关要求和重点攻坚任务。

8月23日，召集各相关科室、各村（居）物业以及辖区内各相关站所，组织召开城市文明程度指数测评迎检工作再部署会议。

8月25日，召集物业管理公司、业主委员会、居民代表等召开“四位一体”工作会议，双屿街道办事处主任施文明、党工委委员蔡丽云等参加会议。

9月3日，再次召开城市文明程度指数测评迎检部署专题会议。

9月19日，鞋都三期社区成功举办首届社区“亲坊友邻，幸福社区”主题文化节活动。

10月11日，市委常委、温州军分区政委雷林等一行督查指导黄龙山公园建设情况。

10月19日，召开创建省级示范文明城区迎检工作部署会议，街道全体机关干部、村（居）干部、辖区站所、企业负责人等参加会议，区委宣传部副部长、区文明办主任吴东来到会指导讲话。

11月7日，召开舆情信息管理员会议，对今年的网络舆情工作作总结，对下一步的舆情处置、引导工作作详细部署，并就十八大期间的网络舆情应对工作提出意见和要求。

11月30日，召开科协第一次代表大会，大会由街道组织办主任林建永主持，区科协副主席何国华、双屿街道副书记金生等同志参加此次大会。

12月14日，市侨联副主席应凤娟、维护部部长苏彩亮、区侨联主席姜晖、秘书长陈嫣一行到街道指导工作。

12月16日，召开领导班子务虚会。街道班子领导成员和有关部门站所负责同志参加此次会议。

2012年鹿城区松台街道办事处大事记

1月16日，召开2011年度群防群治工作表彰大会，街道社工委主任张靖、街道党工委副书记肖忠格、街道党工委副书记戴雄飞等人出席会议。

1月17日，举办“村房两改”政策培训会，邀鹿城区住建局村房建设办公室任世榆为居民解读最新政策。

1月31日，召开2012年社区党委统战部新春茶话会。街道统战干部及辖区各统战人士代表30余人参加会议。

2月1日，鹿城区人大常委会主任吴海燕一行5人莅临街道，对换届选举后街道如何发挥人大代表作用进行调研和指导。

2月7日，组织召开经济工作会议暨民营企业发展恳谈会。

2月9日，区首家综合性居家养老服务站建成，举行试运营开幕仪式。

3月15日，组织召开街道党建工作会议，助推街道打造“文化山水、精致城区”。

3月22日，常务副区长项伟胜一行在街道办事处办公楼新址，督察办公楼工程建设进展。

3月28日，举行社区区划调整授牌授印仪式，率先完成社区“撤扩并”工作，所有社区开始实行网格化管理模式。

4月18日，召开第一次归侨侨眷代表大会。

4月26日，区委常委、宣传部部长徐强调研宣传文化工作，街道党工委书记项晓晓、宣传委员厉震陪同。

5月16日，召开第一次台胞台属代表大会。区委常委、统战部长胡慧雷，区委统战部副部长、区台办主任陈颖萍，区台联会副会长金岚，松台街道党工委书记项晓晓，松台街道统战委员徐淑淑等主要领导出席会议。

5月22日，成立市首个镇街新社会阶层人士联谊会，共计58人成为第一届新的社会阶层人士联谊会会员。

5月29日，召开计生协会第一次会员代表大会，审议通过《计生协会工作报告》《计生协会章程》，选举产生第一届协会理事会、常务理事和协会领导班子。

6月5日，区委常委副区长项伟胜、消防分局等有关领导一行在街道督查消防安全工作。

6月15日，召开第一次妇女代表大会，街道各条战线上的76名代表参加此次会议。

7月26日，举行大学生村官（社工）座谈会。松台街道党工委组织委员杨文、党工委委员姜剑、组织办主任杨一燕、城建办主任王奔以及全体大学生村官共20余人参加此次会谈。

8月11日，召开政策宣传大会，启动双桥村旧村改造动员工作。

8月16日，召开工会第一次代表大会暨工会成立大会，推动社区基层组织构建民主化进程。

8月24日，瑞安市民宗局副局长周挺进率领瑞安市部分社区主任，在鹿城区民宗局何志权副局长的陪同下，到街道庆年坊社区就民族团结进步模范社区创建工作进行参观与交流。

9月5日，省远程教育“创争之星”交叉检查组在街道桂柑社区指导工作，对松台街道桂柑社区开展远教“创争之星”工作情况进行实地考核。

9月24日，举行首家市级“膳食营养技术指导基地”授牌仪式暨创卫宣传员工作现场会。

9月26日，街道召开商会成立大会。

10月16日，召开松台街道红十字会成立大会暨第一次会员代表大会。

同日，召开松台街道残疾人联合会成立暨第一次代表大会。鹿城区残联副理事长陈晓乐、辖区机关代表、社区代表、残疾人代表参加会议。会议由街道副书记伊晓岳主持。

10月19日，温州市副市长任玉明一行在街道党工委书记项晓晓等人陪同下，到水心社区视察居家养老服务工作。

11月14日，区政协主席郑锦春带领视察团到街道视察城中村改造工作。街道党工委书记项晓晓、办事处主任吴雷雨、建工委主任王毅、政协联络组组长李利法陪同视察。

11月26日，召开松台街道科学技术协会第一次代表大会。来自全街道各战线的52名科技人士代表参加此次盛会。

12月3日，街道联合鹿城区体育局开展“国民体质检测”活动。

12月13日，举行学习党的十八大精神报告会，会议邀请温州市文联副主席金文平教授作“学习贯彻党的十八大精神”专题辅导。

2012年鹿城区五马街道办事处大事记

2月7日，召开经济发展恳谈会。会议由副主任主持，党工委书记、办事处主任等街道领导班子成员，区国税局副局长，相关职能站所负责人以及辖区知名企业家出席会议。

2月14日，举行以“共商侨联发展之计共谋惠侨利侨之策”为主题的“侨之家”画册发行仪式暨侨胞侨眷新春茶话会。

3月2日，召开社区网格化服务工作推进会。街道领导班子成员、各科室负责人以及社区“两委会”成员参加此会议。

3月20日，召开全区流动人口计划生育基本公共服务均等化现场会。区人口计生局局长滕淼、副局长陈文斌、街道党工委副书记、社工委主任王俊、副主任邵舟出席会议并作重要讲话。

4月17日，召开“比学赶超”座谈会。副队长谷奇川主持会议，副局长徐怡骅、治安三大队队员朱炎应邀参加会议。

4月18日，召开机关党员大会，选举产生第一届中共温州市鹿城区五马街道机关党委和机关纪委。

4月23日，召开第一次妇女代表大会。会上选举产生五马街道妇联第一届执行委员会主席、副主席及委员若干名。

5月7日，举行五马街道社区民政干部业务培训会。会议由街道社会事务办主任陈小芬主持，街道干部、社区民政工作人员参加会议。

5月3日，召开2012年第一季度计生工作汇报会，区人口计生局局长滕淼、各领导小组、街道办事处主任胡俊武等班子领导成员参加会议。

5月21日，街道侨联小组在宁波市海曙区西门街道党工委副书记郭文光的陪同下，到西门街道北郊社区侨联参观、学习交流基层侨务工作经验。

6月5日，侨联召开第一届常委会第一次会议，会议由侨联党支部书记曹连芳主持。

6月11日，召开领导干部转作风下基层动员会议，街道重点工程监督员、社区党建（两新党建）指导员和社区建设（文明创建）督查员参加此会议。

6月26日，召开纪念中国共产党成立91周年暨“七一”表彰大会，区委常委、人武部部长陈志坚出席此次大会。

7月11日，街道八仙楼社区第一届工会委员会庄重成立，选举产生第一届工会委员会委员和经费审查委员会委员。

7月17日，设立鹿城区首个普通高校毕业生见习创业基地，并举行授牌仪式。街道办事处主任胡俊武致辞，与会领导对区首个见习单位——赛格数码广场进行授牌。

7月25日，街道团工委成立大会暨第一次代表大会召开，街道党工委书记邱向真、鹿城团区委书记章胤、街道党工委副书记朱若及街道团工委书记刘益铭出席会议。

8月3日，五马商业街经济发展促进会挂牌成立，首批会员单位分别来自五马商业街的知名企业。

8月6日，召开街道总工会成立大会暨第一次代表大会，审议通过五马街道总工会筹备委员会工作报告，并选举产生第一届五马街道总工会委员会委员、主席、副主席及第一届经费审查委员会委员、主任。

8月28日，召开街道省级文明城区创建工作推进会会议，街道办事处主任胡俊武、街道党工委副书记朱若、宣传委员陈迎芳、社区主任等出席会议。

9月11日，街道双莲桥社区成立社区工会委员会，选举产生工会主席、副主席、代表委员。

9月13日，召开街道新的社会阶层人士暨党外知识分子联谊会第二次理事会议。

9月28日，召开全区消防安全网格精细化管理暨党的十八大消防安保工作推进会。区委常委、常务副区长、区消安委主任项伟胜到会并作重要讲话，各街道（镇）负责人及网格管理员等参加此会议。

10月9日，召开党员、小组长、义务巡逻人员等迎接“十八大”治安维稳工作会议。

10月12日，召开社区残疾人协会换届选举大会，社区残疾人及残疾人家属共计39人参加会议，会议由社区残联专职包成璋主持。

10月24日，召开街道辖区物业服务企业创建省级文明示范城区推进会，会议由鹿城房管分局谢建武副局长主持。

11月7日，举行今冬明春消防工作会议暨消防安全宣传月活动启动仪式。

12月13日，召开街道科学技术协会第一次代表大会。

12月13日，市委常委、纪委书记陈晓明到街道调研卫生社区创建和营业点示范街整治工作。

2012年鹿城区仰义街道办事处大事记

1月11日，区四套领导班子在副区长项伟胜的带领下到街道慰问低保残疾困难群众。

1月17日，召开仰义街道妇联年终妇女工作暨绿色家庭表彰座谈会，13个村（居）的妇女干部及街道妇联执委成员、分管领导等参加会议。

2月7日，召开全员竞争上岗和双向选择工作动员大会，街道办事处主任陈辉主持会议。

2月14日，召开第一季度老龄工作会议。会议由仰义街道公共服务与社会管理办主任黄巧姐主持，13个村（居）的老人协会会长出席此次会议。

2月28日，召开区安全生产协会二届一次会员大会暨区慈善总会仰义分会一届三次会员大会、经济工作会议。街道班子领导，辖区村居两委、部门站所、企业等负责人参加会议。

3月14日，召开党务工作会议，会议全面总结2011年的党务工作，部署2012年的工作任务，进一步增强党的基层组织生机与动力，推进仰义街道党组织建设。

3月20日，召开第一次会议，街道人大工委主任邹安宁主持会议，区人大常委会副主任肖石龙率代表工委领导出席会议。

3月22日，街道成立决策咨询委员会，主要由辖区市、区“两代表一委员”，社会贤达，离退休老干部，老党员，前乡人大代表等各界人士组成。

4月12日，街道禁毒办召开科室禁毒会议。

4月25日，召开第一次妇女代表大会，来自全街道各条战线上的67名代表，参加此次会议。

5月8日，区委常委、组织部部长陈云源部长莅临街道，开展农村新社区建设工作调研并召开基层组织建设工作座谈会。

5月11日，召开临湖社区网格化管理培训会。

6月7日，召开“农合联”成立大会暨第一次会员代表大会，街道领导班子及会员代表共50余人参加会议。

6月14日，区人大常委会副主任王长青率调研组赴街道开展专题调研“村房两改”工作。

6月18日，召开制革转型发展约谈会。会议由街道党工委吴荣华副书记牵头、辖区部门国税、地税、公安、工商、交警、环保、水务、电力、公共安全等9个部门站所科室负责人参加此次约谈会。

7月13日，召开仰义街道半年总结及妇女群众交流会，会议由黄巧姐主持。

7月20日，街道人大工委组织召开工作座谈会，街道人大工委主任、委员，街道职能科室负责人，辖区基层站所负责人等参加会议。

8月1日，区政协民主监督员第十组组长、街道政协联络组组长谢剑光牵头组织第十组委员，在副主席胡海峰的带领下，开展环保工作专题民主监督活动。

8月8日，召开2012年半年度党建工作汇报会，区组织部、各单位党员代表一行人出席此会议。

8月22日，区委常委、常务副区长项伟胜，区人大副主任肖石龙率区政府有关部门到街道督查安全生产工作。

9月20日，街道机关党委第一支部召开支部党员学习会，深入学习“基层组织建设年”活动相关知识。

9月28日，召集辖区各协会会长和规上工业企业负责人召开金融服务工作座谈会。

10月10日，召集固定资产投资项目科室负责人召开研讨会，推进街道固定资产投资工作进行。

10月18日，区经合办莅临街道并召开座谈会，进一步挖掘招商引资潜力，扎实推进仰义街道建设发展。

10月30日，举办街道临湖社区残疾人协会第一次代表大会。

11月16日，街道沿江社区召开两新党组织工作会议。

11月24日，国家民政部部长李立国及省市、区委民政相关负责人到街道视察新社区建设情况。

11月30日，街道科学技术协会成立暨召开第一次代表大会。区科协副主席何国华、街道党工委副书记吴荣华及43名代表出席会议。

12月12日，国家人口与计生委流动人口司副巡视员孙荣挂到街道考察调研流动人口工作。

12月31日，街道机关党委第一支部召开党员学习会，支部党员、入党积极分子参加会议。

2012年鹿城区藤桥镇人民政府大事记

1月30日，藤桥镇启动让平故居修缮工程。

2月13日，藤桥镇举行驿头社区党总支及联村管委会首个正式挂牌仪式。镇领导、各部门站所负责人、辖区4个行政村两委干部参加挂牌仪式。

2月16日，市委常委、区委书记王立彤在区委常委、组织部长陈云源，副区长杨德听的陪同下，带领相关职能部门及街道负责人到藤桥镇调研村级组织转并联工作。

2月22日，召开年初重点工作部署会。会议由副书记许卫疆主持，镇全体机关干部，村（居）书记、主任及区国土资源局部分领导干部参加会议。

3月1日，镇妇联牵头，镇计生办、司法办及镇中心卫生院联合举办“幸福人生、美丽女人”主题座谈会。

3月27日，召开农村集体资产产权制度改革动员暨培训会议。

4月6日，召开土地征收工作动员暨培训会议，会议由副镇长邵小林主持，镇机关科室、相关部门站所、社区、村（居）干部参加会议。

4月16日，围绕“进村入企、助推发展、提升服务”为主题，藤桥镇开展企业大走访活动。

4月23日，召开综治维稳形势分析会，镇相关分管领导及综治办、司法所、各派出所、交警五中队等部门负责人参加会议，会议由许卫疆副书记主持。

5月6日，临江商会隆重召开2012年全体会员大会，区统战部、工商联、藤桥镇领导、商会全体会员及相关站所负责人出席大会。

5月16日，藤桥镇隆重召开第十六届人民代表大会第二次会议。

5月29日，举办以“加强残疾人文化服务、保障残疾人文化权益”为主题的首届残疾人象棋比赛。

6月21日，藤桥镇召开镇机关党委成立大会，会议由镇党委副书记许卫疆主持，镇机关全体党员参加会议。

6月25日，市督查组到藤桥镇指导“打非治违”工作。

6月28日，藤桥镇隆重召开纪念建党91周年暨创先争优表彰大会。

7月5日，召开农电体制改革会议，会议由镇党委副书记许卫疆主持，镇部分领导班子成员、辖区电管所职工参加会议。

7月30日，市十二届人大鹿城代表团第三小组代表莅临藤桥视察工作。

8月1日，藤桥镇新的社会阶层人士暨党外知识分子联谊会代表大会胜利召开，成立全市首个乡镇党外知识分子联谊会、首个农村新社区同心•新联会服务基地。

8月23日，共青团鹿城区藤桥镇隆重召开第十三次代表大会。

8月31日，区委常委、组织部长陈云源莅临藤桥镇南雅社区指导“后进村”转化工作。

9月10日，藤桥镇上戍社区在辖区内开展“清洁社区、爱我家园”卫生大清扫活动，响应镇政府“清洁家园”卫生大清扫活动。

9月17日，藤桥镇双潮侨联召开第七次代表大会，选举产生新一届侨联领导班子。

9月18日，藤桥镇举办大学生村官“互看互学”现场交流会。

10月2日，藤桥镇举办首届藤桥籍在外知名人士联谊会。

10月10日，温州市委常委、宣传部长胡剑谨赴藤桥镇调研并召开现场座谈会，推进文化与旅游融合发展。

10月23日，举办“重阳度金秋•喜迎十八大”老干部座谈会。镇党委副书记、党委委员及离退休干部共60余人参与座谈。

11月12日，藤桥镇党委委员丁淑慧一行到西坑村视察革命历史纪念馆建设工作，并针对纪念馆布展工作召开专题座谈会。

11月16日，在镇第三会议室隆重召开藤桥镇残疾人联合会第六次代表大会，会议由镇党委副书记许卫疆主持。

11月27日，副区长章月影率队在区旅游局局长吴法照及藤桥镇相关班子领导等陪同下，对藤桥镇生态旅游建设发展情况进行调研。

12月14日，宗教和民间信仰场所召开年终安全工作会议，全镇近150家场所负责人参加会议。

12月20日，召开科学技术协会第一次代表大会，会议选举产生第一届科协主席、副主席，同时选举产生委员10名，秘书长1名，副秘书长2名，并圆满地完成各项会议议程。

2012年瓯海区郭溪街道办事处大事记

1月9日，街道卫生院召开工会大会，选举产生医院第二届工会委员会。

1月10日，召开2011年度机关工作人员考核暨机关支部民主评议会议。区组织部副部长金朝辉参加此次会议。

1月19日，街道组织召开社区公共卫生工作现场交流会。中心公卫人员、责任片区小组成员、党员代表、村民代表等参加此次会议。

2月1日，召开2011年度总结表彰大会暨2012年经济工作会议。原瓯海区政协主席、区慈善总会会长虞文成，区委常委、宣传部长黄文献应邀出席会议。

2月28日，召开历史遗留问题研究座谈会。各村（居）联系领导、第一驻村、村书记、村主任等参加本次会议。

3月22日，区委组织部常务副部长叶向敏到街道郭南村开展“千名干部进百村访万户”大走访活动。街道党工委委员林兴龙陪同走访。

3月23日，召开2012年党建工作暨“基层组织建设年”再动员会议，街道班子成员、机关驻村干部、（村）社区党支部书记以及各部门站所书记共120余人参加会议。

4月2日，副省长、市委书记陈德荣率队到街道视察工作，市、区领导葛益平、王祖焕、厉秀珍、彭立华等陪同视察。

4月9日，郭溪街道启动“进村入企”大走访活动，加强街道与村（居）的密切联系，解决村（居）各种实际困难。

4月11日，街道召开瓯海区治安乱点集中整治工作座谈会暨信访情况通报会。

5月8日，街道办事处联合塘下消防支队、街道社区卫生服务中心开展“弘扬防灾减灾文化，提高防灾减灾意识”的应急知识宣传和咨询活动。

5月9日，中山市委组织部副部长、市两新组织党工委书记洪焰同志一行，在街道两新党建组织示范点金州集团开展学习调研。

5月22日，区委常委、纪委书记黄显标一行到街道塘下社区开展“阳光问政”行动。

6月6日，郭溪街道召开街道社区工作座谈会，街道班子领导、各社区专职负责人、各职能科室负责人参加此次会议。

6月26日，温州军分区参谋长张年进赴郭溪街道开展基层武装工作检查，区委常委、区人武部部长姜新，区人武部政委陈平华陪同。

7月2日，召开农房改造工作座谈会，街道主要领导、街道农投公司负责人、各社区书记、各村联系领导等参加此次会议。

7月9日，召开部门站所、重点企业座谈会，街道班子领导、公安、税务、电力、行政执法、教育、环保、农合行等15个部门站所的负责人及40余家重点企业的负责人参加此次会议。

7月25日，区委常委、区委副书记黄波，区委政法委副书记胡明德，区委政法委副书记张强率区综治办工作人员到街道调研网格化建设情况。

8月2日，市人大副主任黄德康一行到郭溪街道督查指导防汛抗台工作。

8月3日，街道宋岙社区工会联合会举行第一届委员会及第一届经费审查委员会选举大会，这是社区自成立以来召开的第一次工会代表大会。

8月12日，召开金属加工涉及可燃爆粉尘作业企业专项整治阶段性工作汇报会。

9月1日，召开农机安全生产工作会议暨2012年拖拉机年检工作会议。

9月7日，召开人大建议办理工作评分评议会议，辖区内全体人大代表参加，区人大代表工委主任黄智阆出席会议。

10月8日，召开年内重点工作推进会，全体机关干部、社区书记、各村书记参加此次会议。

10月16日，市水利局局长林孝悌、副局长陈登星率各科室负责人到街道调研水利工程项目，区长彭立华陪同。

11月6日，召开残疾人联合会第六次代表大会，区残联副理事长叶和昌出席会议。

11月9日，街道联合质监、工商、卫生等部门开展食品药品专项整治工作，打击食品、药品行业的非法行为。

11月22日，郭溪街道召开“两无三化”市督查反馈点专项整治研究会议。

12月20日，召开工作推进会。街道班子领导、社区负责人、各村的书记等参加此次会议。

12月24日，街道办事处主任葛永忠率街道分管领导、郭溪消防中队队员对3处基督教活动场所开展安全检查。

12月25日，召开统计年报会议，邀请区统计局各线工作负责人为企业进行培训。

2012年瓯海区丽岙街道办事处大事记

1月6日，丽岙街道组织召开部分重点优抚对象代表迎新春座谈会。

1月15日，召开2012年度经济工作会议。全体机关干部、各部门站所负责人、村两委和商会会员等参加会议。

1月18日，街道动员全体机关同志、执法中队、村两委、协管员开展环境卫生综合整治行动。

1月19日，丽岙街道召开森林消防工作会议，全街道32名护林员和各村负责人参加会议。

3月13日，丽岙街道开展“严厉打击两非行为，创造和谐人口环境”为主题的计生宣传活动。

3月23日，丽岙街道开展“青山白化”专项整治行动，有效遏制清明节期间“青山白化”回潮的现象。

3月26日，召开2012年计划生育工作会议。全体机关干部及21个村书记、主任、计生员参加会议。

4月28日，220千伏丽岙输变电工程在瓯海区丽岙街道下呈村开工奠基，温州市副市长陈浩，瓯海区区委书记厉秀珍，温州市电力局局长吴哲，区委常委、副区长周一富等领导出席仪式。

5月9日，中国侨联法顾委海外律师团由中国侨联权益保障部部长姜凤岩带队，到丽岙街道侨联参观指导。

7月16日，街道召开社区“网络化管理”工作会。街道主要领导、相关科室负责人、各村（居）及社区书记、宣传干事参加会议。

7月16日，丽岙街道召开温州肯恩大学征迁工作攻坚会，街道、有关村干部参加会议，全面打响“8•26”攻坚战。

7月31日，丽岙街道赴瓯海区各驻军部队拥军慰问。

8月1日，区商务局、区工商分局、区农林渔业局3部门联合在丽岙街道办事处会议室召开丽岙街道片区生猪屠宰和肉食市场管理工作座谈会。

8月2日，市党代表、市侨办主任鲍卫翔莅临街道丽南社区调研党代表工作室建设和侨务工作。

8月29日，召开农机驾驶员安全片组学习会，全街道农机驾驶员参加此次培训。

9月3日，召开第二季度“两无三化”表彰大会，各村两委、全体机关干部参加。

9月3日，丽岙街道人大工委召开区八届人大一次会议代表建议办理工作评议会。区人大代表工委主任黄智阆，丽岙街道人大工委副主任杜中会参加会议。

9月26日，丽岙街道胜利召开农村经济合作联合会成立大会暨第一次会员代表大会。区农合联副主任叶慧飞为街道农合联授牌。

10月15日，丽岙街道召开重点工程推进会，全体机关干部、村支部书记参加会议。

10月24日，街道联合区城管与执法、国土、电力等部门，对下章村的成片违法建筑予以强制拆除。

10月29日，丽岙街道开展“两无三化”自查活动，并举行“互学互看”活动工作筹备会。

11月20日，区人大常委会副主任王晓康到丽岙街道调研基层工作，办事处主任林益正、街道人大工委副主任杜中会陪同调研。

11月22日，市委组织部两新处处长赵晓奔、陈旭辉，副处长黄万华等一行赴丽岙街道调研指导两新党建工作。

12月7日，区委书记厉秀珍、副区长张敏等领导到丽岙街道督查田间疤点整治工作并召开现场会。

12月19日，区禁毒办考核组一行4人到丽岙街道检查指导禁毒工作。

12月24号，召开今冬明春消防安全专项会议，会议研究部署“四节两会”期间的消防安全工作。街道办事处主任林益正、党工委副书记姜玉琴参加会议并作重要讲话。

2012年瓯海区娄桥街道办事处大事记

1月16日，区委常委、组织部长黄慧一行深入娄桥街道慰问困难群众。

1月18日，娄桥街道全面开展民主评议党员工作。

2月2日，召开2012年“两无三化”工作会议，各村书记、主任，村建办、环卫所、文明办等负责人参加会议。

2月17日，街道妇联邀请温州大学学前教育系主任林炎琴教授举办家长讲座。

2月27日，街道召开在创先争优活动中开展“基层组织建设年”活动动员大会。

3月6日，区人大常委会副主任周霞光率区人大常委会代表工委主任林建炜、委员邓献秋等领导一行莅临娄桥街道调研街道人大工委2012年度工作计划。

3月13日，娄桥街道召开2012年度人口和计划生育工作会议。

4月27日，娄桥街道联合派出所、工商所等部门，对辖区内的黑网吧和游戏室开展专项整治行动。

5月8日，街道邀请区安监局季祝仁副局长和刘万里科长举办企业安全生产标准化、规范化创建培训会。

5月14日，区文化局局长周向勇到娄桥街道调研农家书屋建设。

5月20日，街道安监中队、行政执法中队和新桥质监所捣毁无证非法豆腐加工点。

6月25日，召开三资管理工作会议和人口摸底工作会议。

6月26日，副区长李康带领“三分三改”相关工作人员至街道调研“三分三改”工作。

7月1日，区委组织部常务副部长叶向敏、党员服务中心主任李新坚莅临街道慰问老党员和困难党员。

7月18日，召开瓯海区老龄工作暨“银龄互助”工作现场会，各街道、镇老龄办主任，省、市老年电大教学示范点负责人，站前社区工作人员参加此次会议。

7月24日，市长陈金彪一行到街道东耕村视察私坟生态化改造点。

8月7日，街道紧急召开安全生产工作部署会议。全体机关干部，各社区、村（居）和相关部门站所负责人参加会议。

8月8日，街道召开拆违“亮剑5号”行动专题动员会。

9月4日，街道召开代表建议办理情况评议会。

9月6日，街道联合卫生监督所重拳打击辖区内各类无证非法经营“黑诊所”。

9月27日，召开街道社区“互学互比”活动暨创建非公党建实行“五个全覆盖”动员会议，社区书记、各村组织委员及大学生村官参加会议。

10月18日，区委书记厉秀珍在副区长林宝新、李康、张敏的陪同下，召开保障房建设工作汇报会。

10月19日，街道人大工委组织区人大代表开展代表小组活动，就城市管理、三产安置房建设等问题进行视察和调研。

10月26日，娄桥街道召开消防网格精细化培训暨十八大消防保卫攻坚战动员部署会。

11月6日，街道召集各位塘河保洁工作人员、塘河管理中队成员，召开专题工作会议。

11月22日，娄桥街道人大工委主任郑万顺、人大工委副主任姜瑞凡率安监中队、行政执法、供电所等部门人员分赴东耕村、圩南村督查安全生产网格化管理工作。

11月27日，区委常委、宣传部长黄文献率区委宣传部、文明办一行人在娄桥街道上汇村督查环境整治工作，娄桥街道党工委书记林照光陪同督查。

12月5日，召开宗教场所年终安全专项检查会议，来自娄桥辖区内的53名宗教场所负责人参加此次会议。

12月12日，区人大常委会副主任周霞光携区人大代表工委成员到娄桥街道白云山召开座谈会。

12月21日，街道机关党支部召开第三届“金秋送学”暨十八大主题培训会。会议由党工委副书记项秉义主持，全体机关党支部党员，社区书记，村书记、主任共70余人参加培训。

2012年瓯海区南白象街道办事处大事记

1月17日，南白象街道开展在温新居民“欢度春节共享幸福”活动。

1月29日，南白象街道班子成员在街道党工委书记王珧珽的带领下，走访慰问辖区内重点企业。

2月10日，街道组织召开2012年度工作会议，区政协副主席胡林兴、梧白功能区主要领导、街道全体机关干部、各村两委、各部门站所的负责人等参加会议。

2月14日，南白象街道召开综治中心全体会议，交警二中队、各村两委成员等参加会议。

2月27日，街道组织机关全体干部、协管员等80余人在街道六楼集中学习市“两会”精神。

3月7日，南白象街道联合辖区派出所对街道辖区内的企业开展集中清查行动。

3月8日，南白象街道召开庆祝国际劳动妇女节暨表彰大会。

4月6日，街道新居民服务管理所联合南白象派出所，对辖区出租房屋密集、人员复杂地带进行清查整治行动。

4月13日，街道召开街道党建工作例会，6个社区党总支集中授牌，机关全体干部、各党支部书记、支委会成员和大学生村官参加会议。

7月10日，南白象街道霞坊社区联合温州科技职业学院“保护母亲河”实践团，开展温瑞塘河保护知识宣传活动。

8月11日，省、区残联有关领导一行人在蔡锡源主任等工作人员的陪同下，到街道白象社区，开展扶残助残爱心入户调查行动。

同日，街道党工委副书记王仁隆带队，会同安监、工商、公安、行政等5个部门工作人员，到南湖村、横港头村开展安全生产“大排查、大整治”联合执法行动。

8月12日，省安监局规划科技处处长张伟一行在区安监局副局长季祝仁的陪同下，到街道检查指导可燃爆粉尘场所安全生产工作。

9月19日，南白象街道在白象村文化中心开展大型禁毒宣传活动。

9月26日，街道召开农村合作经济组织联合会成立暨第一次会员代表大会，区“农合联”副主任叶慧飞、街道主要领导和辖区内各村经济合作社、涉农企业、农村合作银行、供销社等会员代表参加会议。

9月27日，召开企业有限空间作业专项培训会议，安监中队全体人员、辖区内涉及有限空间的企业负责人和安全管理员参加会议。

10月15日，街道邀请区民政局社会救济科负责人举办事权下放工作民政业务培训会。南白象街道办事处副主任贾恩瑞，来自街道6个社区的工作人员以及相关科室人员参加培训。

10月31日，街道召集工商所、食药监、派出所等相关职能部门负责人，召开营业点卫生整治工作会议。

10月31日，召开南白象街道残疾人联合会第六次代表大会，完成残疾人联合会换届工作。

11月2日，街道举行2012年度“计生家庭幸福生活促进行动”资助金发放仪式。人口计生局局长何晓武、副局长周永牛和来自全区各个镇街的受资助对象参加仪式。

11月13日，南白象街道召开社区慈善工作室成立大会。

11月15日，举行“三分三改”村股份经济合作社与村土地合作社授牌授印仪式，街道全体干部、村两委等100多人参加会议。

2012年瓯海区梧田街道办事处大事记

1月9日，市民宗局副局长肖益在区民宗局副局长林文杰一行人陪同下到梧田慰问少数民族新居民。

1月19日，梧田街道对驻瓯部队、现役军人开展新春慰问、送温暖活动。

2月2日，瓯海区召开在新明瓯社区农家书屋建设现场推进会。

2月3日，梧田街道召开2011年度工作总结表彰大会。

2月21日，省人大法工委办公室主任方腾飞在市人大法工委办公室主任周新燕、区民政局副局长刘速建等领导的陪同下，到街道新明瓯社区调研农村组织机构改革工作。

3月1日，梧田街道举办综治网格信息平台培训班，各村（居）、社区综治网格信息管理员参加培训。

3月29日，召开二三产返回地建设工作会议，会议由街道办事处主任徐海严主持。

4月1日，区计生局副局长姜春兰率督查组一行7人到街道督查指导人口计生工作。

4月5日，区司法局局长金菊飞一行到梧田街道南村村开展“进村入企”大走访活动。

4月19日，梧田街道人武部组织各村居民兵连长召开年度民兵组织整顿工作会议。

5月14日，乐清柳市镇党委副书记王显明一行到街道新明瓯社区考察村级组织设置改革工作。

5月22日，召开梧田街道2012年经济工作会议暨商会年会，会议由梧田街道党工委副书记蔡向波主持。

5月24日，温州市委常委、组织部部长李一飞同志在瓯海区委书记厉秀珍、区组织部长黄慧、梧田街道党工委书记黄建春等领导的陪同下，到街道新明瓯社区视察指导工作。

6月21日，街道召开“网格化管理，组团式服务”工作推进会。各村（居）、社区及有关单位参加会议。

6月22日，街道人武部组织召开2012年度民兵组织调整点验大会。

6月28日，召开打击经济领域犯罪专项行动会议。街道政法副书记周才静主持会议，各相关部门站所负责人参加会议。

7月10日，梧田街道召开“三分三改”工作培训会，会议由梧田街道党工委副书记、办事处主任徐海严主持，区委农工委办公室副主任林建勇主讲。

7月19日，梧田街道召开社区学校校务会扩大会议。

7月24日，市政法委、市综治办到梧田街道开展网格化管理工作专项督查。

8月15日，梧田街道召开2012年统计基层基础规范化建设暨统计业务培训会议。

8月16日，梧田街道召开迎接2012年城市文明程度指数测评工作推进会。

8月28日，区委组织部金朝晖副部长在梧田街道副书记周才静同志的陪同下，到蟠凤社区视察指导政府购买社区社会组织服务工作。

9月4日，召开专题会议部署社区党建相关工作。会议由街道党工委副书记蔡向波主持，街道相关工作人员和辖区14个社区书记、组织员参加会议。

9月5日，梧田街道自办刊物《梧田》第一期正式创刊发行，填补梧田街道自办报纸的历史空白。

9月22日，召开瓯海区各功能区工作例会，区委书记厉秀珍主持会议并作重要讲话，区领导彭立华、林宝新、周一富、黄慧、金衍光、张敏出席会议。

10月17日，梧白功能区召开第八批下派农村工作指导员工作例会。区农林渔业局党组副书记金文贤、梧田街道党工委副书记蔡向波出席会议。

10月24日，街道召开青年志愿者服务工作交流会。

11月16日，召开瓯海区人大第三十三次联席会议。

11月20日，梧田街道召开综治工作会议，安排部署年前辖区社会治安综合治理工作。

11月30日，梧田街道联合瓯海区鞋革行业协会商城分会党支部及温州景宁商会，赴丽水市景宁县开展“帮扶贫困学生，爱心成就未来”慈善捐赠慰问活动。

12月7日，召开梧白功能区经济统计工作会议。

12月12日，区委常委、副区长周一富到梧田街道检查安全生产、消防安全网格化管理制度运行及安全生产现场会筹备情况。

12月27日，省爱卫办专家组一行3人在市爱卫办、区爱卫办相关负责人的陪同下，到街道进行国家卫生城市模拟检查。

2012年瓯海区仙岩街道办事处大事记

4月11日，省委政法委副书记、省综治办主任巫波伦一行，在市委常委、市政法委副书记吴开锋的陪同下，到仙岩调研社会管理创新工作。

同日，街道岩一村举行人文纪念园奠基仪式，副市长任玉明、副秘书长王蛟虎，市民政局、市财政局、市林业局、市国土资源局、温州生态园管委会等单位负责人参加奠基仪式。

4月27日，仙岩街道穗丰社区隆重举行以“绵亘历史，古风仙岩”为主题的第四届绿文化节开幕仪式。

5月7日，召开“三分三改”工作培训会。全体机关干部、各村负责人等参加培训会。

5月14日，仙岩街道隆重召开瓯海区“社会管理创新落实年”工作推进会暨视频监控建设现场会。

5月31日，仙岩街道召开集中开展安全领域“打非治违”领导小组会议，各部门负责人参加此次会议。

6月6日，仙岩风景旅游管理局举行成立仪式，仙丽侨乡文化区管委会书记翁结群、仙丽侨乡文化区管委会主任周金平、区风景旅游管理局党组成员李云岳等领导出席成立仪式。

6月14日，召开民间划龙舟活动安全管理工作会议，全体机关干部，社区书记、主任，龙舟头家，协管员等参加此次工作会议。

7月12日，召开加强和创新社会管理暨当前重要工作推进会，全体机关干部、各社区书记、各村书记和主任等参加大会。

7月18日，仙岩社区、工业园社区、河口塘社区、下林社区、荣新社区5个社区得到同意批复并依托辖区学校为载体成功创办社区分校并陆续举行挂牌仪式。

7月23日，街道召集辖区10个社区的网络信息管理员，针对“温州市综治网格化管理信息系统”的应用进行全面培训。

8月1日，仙岩街道特邀请辖区退伍军人、军烈属、复转军人、补充兵役、参战人员等90余人举行座谈会，共同庆祝中国人民解放军建军85周年。

8月30日，区统战部长叶军一行到仙岩街道调研指导工作。

9月7日，召开社区矫正集中点验和训诫会，会议由瓯海区司法局安帮科科长王本明主持，全体社区矫正人员及其监护人参加。

9月25日，区委副书记、政法委书记黄波率区信访局、维稳办、司法局等相关部门负责人赴仙岩街道督查信访维稳及网格化管理工作。

9月28日，仙岩街道岩下社区成立首个青少年阳光社。

10月9日，召开“创新争优·百日攻坚”动员大会，全体机关干部、各社区书记、相关部门站所工作人员、各村居负责人、大学生村官等参加会议。

10月17日，省委常委、公安厅长刘力伟率队到仙岩街道调研工作。市委常委、公安局长黄宝坤，区委副书记黄波等陪同调研。

10月18日，召开仙丽组市、区下派农村工作指导员座谈会。

11月14日，瓯海区供销合作社主任王献珍、副书记叶慧飞及相关领导莅临街道林下社区检查辖区内环境卫生开展情况。

11月20日，办事处副主任李爱存主持召开2013年度城乡居民基本医疗保险工作会议，各村会计、社保协管员参加会议。

11月29日，召开社区慈善工作室成立大会。区慈善总会黄大伟，仙岩街道徐建潮、徐和、邵连敏和各社区书记等参加会议。

12月7日，召开仙岩风景名胜区总体规划修编专家评审会，省住建厅城乡规划处（风景名胜处）副处长方建裕主持会议，副区长金衍光出席会议。

12月20日，召开2012年度基层站所民主评议、全区重点岗位社会满意度评价暨村（居）主要干部年度考绩评议会。

2012年瓯海区新桥街道办事处大事记

1月10日，街道举办2012年慈善年夜饭，168名新桥街道困难群众欢聚一堂。

1月11日，召开2011年退伍士兵座谈会，10名退伍士兵及部分士兵家属参加座谈。

2月15日，召开2012年经济工作会议，区委常委、纪委书记黄显标，中心功能区管委会书记张成臣出席会议。

2月21日，召开综治工作座谈会。街道综治办、新居民管理所全体成员、派出所所长、各村（居）书记和主任、村（居）综治干部参加会议。

2月22日，召开“基层组织建设年”动员大会，机关领导班子、中层干部、各村（居）党支部书记和委员、辖区内企业党支部书记、大学生村官、社区信息员等参加会议。

3月1日，区督查组在新桥街道督查消防安全工作。

3月4日，街道在三浃社区隆重举行全市首个“邻里互助站”揭牌启动仪式。

4月6日，办事处主任吴雪梅到村开展“千名干部进百村访万户”活动。

4月13日，街道联合住建、国土资源、规划、行政执法、公安等部门召开民间信仰活动场所整治工作会议。

4月25日，召开城乡统筹综合改革专题培训动员大会暨培训辅导会，共100余人参加会议。

5月9日，召开平安创建、安全生产“打非治违”动员会议暨第二季度安全生产、消防安全和治安形势分析会。

5月23日，街道三浃社区人大代表接待室揭牌成立。

5月24日，区纪委副书记薛东晓带领由区人大、老干部局、人社局组成的“服务企业、服务基层”服务组到街道指导“双服务”工作。

6月1日，街道联合安监、消防、公安、工商、行政执法、电力等部门对辖区内人员密集场所、地下建筑、“三合一”和“多合一”场所开展“破难攻坚打非治违”专项行动。

6月8日，召开瓯海区社区化党建百日攻坚行动动员会。

6月29日，召开妇女代表大会，选举产生新桥社区第一届妇联主席、委员9人。

7月19日，举办党务政务信息员培训会，街道科室、村（居）共21名信息员参加培训会，街道党工委书记朱永豹主讲授课。

7月20日，浙江省民政厅基层政权和社区建设处处长陈建义、基层政权和社区建设处主任科员陈庆余一行莅临街道山前社区检查农村社区建设全覆盖工作开展情况。

7月31日，召开“八一”军烈属座谈会，街道有关领导及全街道军烈属、退伍军人代表、民兵预备役人员代表等出席此次座谈会。

8月1日，街道召开紧急会议，动员部署第9号台风“苏拉”防御工作，全体街道干部和村居两委参加会议。

8月10日，召开安全生产大排查、大整治工作汇报会。8组安全生产检查组带队领导和组长、派出所、工商、消防、城管与执法、电力等部门负责人参加会议。

8月29日，召开全国文明城市创建专题会议，社区两委成员、物业工作人员参加会议。

9月5日，新桥街道禁毒办联合综治、司法、610、派出所、妇联、团委、禁毒志愿者在新桥一小开展“拒绝毒品，你我同行”禁毒宣传活动。

9月6日，召开固定资产投资统计会议。街道办事处主任吴雪梅、副主任林东、统计办主任姜淑兰、相关科室人员，各村（居）主任、书记和统计员参加此次会议。

9月28日，区委常委、纪委书记黄显标到新桥街道检查指导中秋、国庆节前安全监管工作。

10月9日，开展世界精神卫生日心理健康讲座，区卫生局副局长郑培等出席活动。

10月19日，街道隆重召开区消防安全网格精细化管理试点工作现场会暨十八大消防保卫战攻坚决战动员部署会议。

11月6日，新桥街道召开计划生育审批事权下放工作培训会议。

11月13日，民政部国家民间组织管理局副局长廖鸿一行到新桥街道新桥社区调研居家养老服务工作。

12月12日，召开全街道固定资产投资专题分析会，办事处主任吴雪梅、街道相关职能科室、项目负责人、分管领导参加会议。

12月26日，新桥社区召开社区残疾人大会，社区残疾人协会正式成立。

2012年龙湾区状元街道办事处大事记

1月9日，东瓯土地评估所所长蔡方杰一行，对状元街道元泽联村社区9户困难户进行慰问。

1月13日，市委常委、政法委书记王昌荣，市人大常委会副主任黄德康率市委、市政府春节慰问团一行到状元街道开展春节慰问。

2月21日，状元街道召开消防及安全生产工作会议，状元派出所、各村(居、队)书记、村长、综治专干及安全员及街道机关全体干部职工参加会议。

2月28日，状元街道召开2012年度工作会议。街道全体工作人员、各村（居、队）两委成员、各企事业单位负责人、大学生村官及各条战线的先进集体和先进个人代表等参加会议。副区长朱大志应邀出席会议。

3月22日，状元街道召开在创先争优中开展“基层组织建设年”动员会议。

3月23日，龙湾区委常委、区公安局长李伟带领相关人员开展“进村入企”活动。

3月26日，状元街道召开周宅城中村改造工程拆迁户座谈会，40多户拆迁户代表参加座谈。

5月30日，状元街道召开“我们的价值观”大讨论座谈会，街道中层以上干部、各基层党组织书记等60多人参加座谈。

6月12日，状元街道举办以“科学发展、安全发展”为主题安全生产月主题宣传活动。

6月19日，街道举行喜迎“十八大”龙舟竞渡活动，为党的“十八大”胜利召开献礼。

6月24日，状元街道召开周宅城中村改造动迁大会，标志着拖延10多年的“马拉松式”的周宅城中村改造工作正式拉开帷幕。

7月25日，状元街道党政班子开展“八一”建军节拥军走访慰问活动。

7月31日，状元街道召开理论中心组（扩大）学习会议，街道主任林建兴主持会议，街道党委书记林新林讲话。

8月13日，街道在机关、社区、学校、企业组织开展“无偿献血”公益活动。

9月18日，龙湾区科协、区妇联、状元街道妇联联合在温州源大创业园举办电子商务培训班。

9月26日，状元街道侨联班子在主席石海平同志带领下慰问归侨侨眷。

10月8日，街道召开“创先争优•百日攻坚”动员会议，街道全体工作人员、各村（居、队）两委成员、各基层站所负责人及农村下派指导员参加会议。

10月9日，龙湾金泰鞋业有限公司妇女联合会成立，7位同志当选该企业妇联第一届执委班子，唐海燕同志当选为妇联主席。

11月16日，召开龙湾区劳动模范协会第一届会员大会暨协会成立大会。区委副书记阮云富，市总工会副主席童裳显，区委常委、常务副区长卢斌，区人大常委会副主任张光羽，区政协副主席、区总工会主席李道钮等领导出席。

11月21日，街道联合区消费委举办“消费者权益保护法”为主题的知识讲座。来自各村(居、队)的130多位妇女参加培训。

11月29日，状元街道召开残疾人联合会第六次代表大会，选举产生新一届街道残疾人联合会主席团和理事会班子成员。

12月5日，街道召开周宅城中村改造工程设计招标评标会议。

2012年龙湾区瑶溪街道办事处大事记

2月20日，瑶溪街道河滨村荣获浙江省实施“春泥计划”先进村称号。

3月7日，瑶溪街道召开“三分三改”工作动员大会。各村党支部书记、村委会主任、村监会主任、报账员以及街道办事处全体同志参加会议。

3月23日，瑶溪街道妇联隆重举行“巾帼志愿者服务队”授旗仪式，120多名志愿者参加仪式。

3月25日，副省长，市委书记陈德荣赴瑶溪视察“村房两改”工作。

5月14日，瑶溪街道在瑶溪卫生院、龙东服务中心、黄石服务中心3个体检点开展残疾人免费体检活动。

5月22日，瑶溪街道召开“三分三改”工作分析会，重点就“股权享受对象的界定”“户口迁移”等核心问题进行讨论分析。

同日，瑶溪街道组织街道驻村干部、计生办工作人员共40余人开展社会抚养费征收专项行动，打响瑶溪计生夏季攻坚战。

6月5日，街道党政负责人陈林彬、李显淼分别带领街道各村、社区的书记，前往宁波北仑区的九峰山社区横杨社区，考察农村新社区建设。

6月28日，召开瑶溪街道委纪念建党91周年大会。800多名党员参加大会，大会对9个创先争优先进基层党组织、43名优秀共产党员、9名优秀党务工作者进行表彰。

7月13日，由瑶溪街道办事处副主任陈显尧牵头，工商、质监、卫生、环保等部门共42人，联合开展“火红七月”大整治行动。

8月23日，瑶溪街道黄石山社区服务中心正式投用，社区由黄石村、黄山村、龙东村3个村采用“联”的方式进行村级组织改革设置而成。

8月29日，由瑶溪司法所牵头，瑶溪专职消防队、安监中队、禁毒办等各部门共同组成的法制宣传队又一次深入企业，进行安全生产知识巡回讲座。

9月6日，瑶溪街道农村合作经济组织联合会成立。区供销联社主任王爵清、瑶溪街道党工委书记陈林彬、办事处李显淼、区农办副主任(区农林局副局长)姜祥凯等出席成立大会。

9月27日，瑶溪街道开展党代表询问，12名党代表坐在瑶溪街道主要领导面前，就“重点工程和农村新社区建设”展开现场询问。

9月28日，瑶溪街道党工委书记陈林彬、办事处主任李显淼带队，对街道辖区内重点工业企业开展节前安全生产隐患检查。

10月9日，瑶溪街道办事处邀请区安监局工作人员，对街道各网格责任人进行安全生产知识培训。

11月6日，瑶溪街道综治办、司法所、专职消防队、新居民所、妇联等科室联合，举行“平安生活无处不在”宣传活动暨“六五”普法进社区活动。

11月12日，龙湾区海洋与渔业局在街道滨江社区举办“普及水产品质量安全知识，提高水产品食用安全意识”为主题的水产品质量安全宣传“进社区”系列活动。

2012年乐清市城东街道办事处大事记

2月27日，中国共产党乐清市城东街道2011年度党员代表会议在街道会议室胜利闭幕。

3月8日，慈溪市副市长张定伟带领的政府代表团，到城东街道乐清国际外国语学校考察乐清民办教育经验。

3月13日，城东街道综治办、社管办联合工商、质量监督、卫生等部门，对城东一中、城东二中、城东一小、城东二小等几所校园周边食品安全及环境进行联合大检查。

3月13日，城东街道妇联、司法所联合乐泰律师事务所在后所村开展“妇女权益”为主题的法制宣传活动。

4月18日，城东街道召开治安乱点整治工作会议。

4月23日，城东街道召开民间信仰活动场所大排查会议，部署城东街道民间信仰场所调查摸底工作。

5月3日，城东街道后所农村社区党委成立，下辖非公有制企业、村(居)、科教文卫体等3个党总支。

5月21日，城东街道办事处召开城东街道老年大学成立暨开学典礼。

同日，城东街道组织城东工商联代表联谊会会员到四都革命老区参观。

5月31日，城东街道召开一周年庆暨摄影大赛颁奖典礼。

6月17日，城东街道“春泥计划”宝龙班举行第二届联谊会，春泥班的志愿者和孩子们以文艺演出的方式对第二期春泥活动进行学期展示汇报。

6月25日，城东司法所联合街道综治办、禁毒办、新居民管理所、妇联、团工委、旭阳社区、后所村以及乐成派出所，在后所村菜市场口开展普法活动。

7月12日，城东街道党工委书记王敏率街道班子成员及农办工作人员开展防汛备汛暨地质灾害点安全拉网式大检查。

8月13日，城东街道后所社区组织驻村干部、新居民所协管员和安监所工作人员开展安全隐患大排查。

8月27日，城东街道综治办联合市消防局、乐成派出所对辖区内的娱乐场所、企业、出租房等进行消防安全大检查。

9月10日，城东新居民所召开“基础信息大排查”推进会议。

9月21日，城东街道举办“健康概论”主题讲座，后所村、半沙村和旭阳社区的200多名群众参加。

9月29日，城东街道召开“创先争优•百日攻坚”动员会议，对百日攻坚的十大行动进行部署。

10月9日，城东综治办联合司法所开展“警惕借款陷阱，拒绝非法融资”宣传讲座。城东街道21个村(社区)的调解主任、妇女主任等100余人及10余家企业主要成员参加讲座。

10月17日，城东街道纪工委组织村务监督委员会主任进行业务培训。

10月22日，城东街道旭阳社区举办“创民族模范社区维权讲座”，为少数民族新居民上法律维权课，讲座共吸引21个民族的150多人参加。

11月2日，城东街道组织相关人员对辖区内环境整治重点区域进行查漏补缺检查，开展环境卫生综合治理活动。

11月20日，城东司法所举办城东街道人民解员培训班，来自城东街道21个村(社区)及3个企业的调解员参加培训。

12月3日，城东街道召开2013年城乡居民医疗保险工作动员大会。会议回顾2012年新型城乡居民医疗保险工作，并对2013年度城乡居民医疗保险各项工作作部署。

12月4日，城东街道禁毒办组织社工及禁毒志愿者来到城东二小开展“不让毒品进校园”宣传活动。

12月17日，由城东街道妇联牵头，乐清市金太阳幼儿园的部分老师、家长和学生到天场村扶贫帮困。

2012年乐清市城南街道办事处大事记

2月21日，城南街道召开街道妇女座谈会,来自各村(社区)的20余名妇代会主任参加会议。

2月22日，城南街道联合市纪委组织开展村务监督业务培训，来自各村(社区)的160余名干部参加培训。

3月2日，城南街道召开理论中心组扩大会议，街道班子成员和中层干部参加。

3月5日，城南街道举行庆祝“三八”文艺联欢会。

4月30日，城南街道新居民服务管理所召开新居民当前工作暨业务培训会。

5月1日，城南街道禁毒办工作人员走访辖区内的各大园林，向园林种植户宣传毒品原植物禁种规定及相关法律责任与处罚。

5月14日，城南街道纪工委召开各村、社区纪检委员、村务监督委员会主任例会。组织学习村级财务监督管理、村级工程招投标规范化管理村财务、党务公开等内容。

5月14日，城南街道组织村(社区)书记、主任及党员代表一行人，赴绍兴进行为期两天的考察学习。

6月10日，街道南草垟、百岱、水深城中村改造专项办公室召开城中村改造暨当前工作动员推进会。南草垟村两委成员、党员、村民代表、各线负责人参加会议。会议由南草垟村党支部书记李安义主持。

6月12日，城南街道南山社区党代表论坛开坛仪式暨党组织书记例会举行。市委组织部有关领导、城南街道党工委委员、南山社区驻室党代表、各村非代表书记、主任等参加会议。

6月25日，市委统战部副部长、市民宗局局长彭成荣带领市民宗局及城南街道统战部相关领导，在城南一中调研“民族知识进校园”工作。

8月1日，乐清市“六型”机关创建督查组一行到城南街道督察“六型”机关创建工作。

8月7日，城南街道组织辖区内的乐清市人大代表到辖区重点地段视察防汛防旱工作。

8月13日，城南街道召开安全生产大检查大整治工作会议。

9月3日，城南街道妇联联合计生办，开展德育主题培训会，城南街道各村女村民代表及村计生宣传员300余人参加培训。

9月4日，城南街道开展创卫活动，对辖区内的50多家大中型企业、酒店、学校以及街道爱卫会成员单位和部门的资料员进行集中培训。

10月16日，城南街道举办廉政文化进家庭知识讲座，街道各村(社区)书记、主任、纪检委员、妇女主任、计生员及书记等160余人参加。

10月17日，街道清远社区与辖区单位台州银行乐清支行共同举办“金融服务进社区，储蓄理财帮您忙”大型讲座。120余名社区居民参加讲座。

10月30日，城南街道在界岱村老人亭为中老年人举办健康知识讲座，130余村民参加讲座。

11月23日，城南街道纪工委组织召开全街道农村村务监督委员会主任会议。

11月27日，全省老年大学第十九次经验交流会在乐清城南街道召开。来自省委老干部局及各市、县(区)老干部局领导、老年大学校长120多人参加会议。

12月4日，城南街道老协和南草垟老协联合举办主题为“老年人权益保障法”的讲座，吸引南草垟、南岸、界岱等村200多名老人听取讲座。

12月5日，城南街道党工委书记钱宗带队，在南岸村召开计生工作座谈会。街道有关领导、计生办全体人员、南山社区相关人员、南岸村双委成员等参加座谈。

12月5日，城南街道在南山社区举行首个音乐戒毒诊疗室——乐乐音乐苑揭牌仪式。党工委书记钱宗、乐清市禁毒专项斗争指挥部副指挥郑晓东为乐乐音乐苑揭牌。

2012年乐清市乐成街道办事处大事记

2月16日，乐成街道消防安全管理工作站协同乐成街道东城工作站、北城社区干部，对市区北大街的出租房进行消防安全隐患排查。

2月20日，浙江省公安厅党委委员、副厅长叶寒冰到乐成派出所开展“三访三评”走访调研，温州市公安局党委副书记、常务副局长沈强，乐清市委常委、公安局长伍建利等陪同调研。

2月21日，乐成街道举行安置帮教基地授牌仪式，这是街道首个成立的归正人员安置帮教工作基地。

3月20日，乐成街道召开第一次妇女代表大会，会议表彰3名妇女工作先进个人、6个先进集体和107户“文明家庭”、161户“平安家庭”。

3月22日，省司法厅副厅长季培军带领省厅调研组到乐成调研司法所建设及工作开展情况，乐清市司法局局长夏功良陪同调研。

4月4日，乐成街道获得2011年度温州市精神文明建设先进集体称号，街道党工委书记汤建鹏代表乐清市在会议上作典型发言。

4月27日，乐成街道联合乐成规划监察大队、国土城区管理所、住建城区管理所，以及公安、电力、供水等相关部门的工作人员，对违章建筑进行局部强拆。

5月1日，温州市总工会副主席余爱玉到乐成街道调研流动人口入工会工作，并对乐成街道流动人口窗口开展的入工会工作予以充分肯定。

5月9日，乐成街道召开2012年度基干民兵点验大会，街道基干民兵以崭新的精神风貌和高昂的斗志参加此次点验大会。

5月14日，乐成街道召开安全生产工作会议。

6月11日，乐成街道组织辖区内党代表去温州鹿城区滨江街道青园城市社区和北白象镇南屏农村社区调研考察，调研后又召开“我为农村新社区建设谋一策”主题党代表论坛活动。

6月21日，乐成街道景贤社区、东塔社区分别组织召开社区党员学习培训会，共有29个党支部600余名党员参加学习。

6月29日，乐成街道举办村务监督委员会主任培训会议。乐成街道党工委委员、纪工委书记陈金克给与会人员作村务监督管理的专题培训。

7月18日，乐成街道东塔社区召开第一次团员代表会议暨新社区团工委授牌仪式。

8月20日，乐成街道开展生产大检查大整治行动，深入开展安全隐患大排查，深化重点行业专项整治工作。

9月3日，乐成街道召开农村合作经济组织联合大会成立暨第一次会员大会，会议选举产生乐成街道“农合联”第一届执行委员会主任、副主任、秘书长等相关人员。

同日，乐成街道举行社区社会组织授牌授印仪式。

9月12日，乐成街道召开社会科学工作委员会成立会议。市委宣传部副部长、市社科联主席项宏志，街道党工委副书记吴旭松出席会议并讲话，街道党工委宣传委员林建斌主持会议。

10月12日，街道老龄委深入开展全国“敬老月”活动，庆祝浙江省第25个老人节暨文艺演出大会在乐成街道大会堂举行。

10月13日，乐成街道组织城管、环卫等有关部门及协警，由乐成街道办事处副主任带队，清理建成区还其干净整洁面貌。

11月12日，乐成街道灵山社区济头、垟下、郭公山等9个村开展村庄整治工作，精心打造“一村一景”，全面改善农村环境面貌。

11月18日，乐成街道组织召开2012年入党积极分子培训班，来自各村(社区)、各企事业单位的149名入党积极分子参加培训。

12月19日，街道妇联组织全街道妇女干部学习党的十八大精神，街道纪工委书记陈金克就十八大报告中“党风廉政”建设进行解读。

2012年乐清市盐盆街道办事处大事记

2月22，盐城社区多功能教室第二期水产技能培训班开课，受邀主讲是来自乐清、温州业界的专家教授。参加培训的人员多达110人。

3月3日，盐城社区春泥营举办学雷锋活动之“学唱雷锋之歌”、“一起来讲雷锋故事”。

3月5日，盐城社区党支部、妇联，践行雷锋精神，走访慰问辖区特困孤老人员王福高。

3月14日，盐城社区开展市残联普查义诊进社区活动。

4月7日，盐城社区联合柏树巷幼儿园邀请幼教专家范永杰博士举办主题为“父母智慧大讲堂”的公益讲座，向现场的120多名幼儿家长传授育儿知识。

6月28日，盐盆街道举行纪念中国共产党建党91周年暨创先争优表彰大会，街道班子领导和各条战线上的党员参会，会上对盐盆第一中学党支部等先进基层党组织、王冬光等党支部书记和支碎孟等46名优秀共产党员进行表彰。

同日，盐盆街道邀请市委讲师团成员为全体党员专题解读省党代会精神。

7月6日，盐盆街道党工委中心组专题组织学习浙江省第十三次党代会精神。

7月25日，盐盆街道联合质监、卫生、工商、城管、公安等部门对菜市场、海鲜楼和农村、学校周边，开展食品安全大整治活动。

7月26日，盐盆街道举办2012年村主要干部培训会，街道班子成员、社区书记、科室主任、驻村干部以及各村党支部书记、村委会主任70多人参加此次培训。

8月10日，盐盆新居民所召开全体协管员会议，部署开展基础信息大排查专项行动。

8月27日，盐盆街道联合工商、公安等部门，对街道的消防安全进行重点检查。

9月4日，盐盆街道党工委理论中心组“挑灯夜读”，集体学习胡锦涛总书记“7•23”讲话，街道班子成员、中层干部共20余人参加此次活动。

9月5日，盐盆街道人大工委牵头市人大代表、相关部门组成《水土保持法》执法检查组，到各村就实施《水土保持法》情况进行专项检查。

9月12日，盐盆街道人大工委，组织部分人大代表和工商、质监、卫生等部门，对辖区内的餐饮服务业和学校食堂的食品安全进行执法检查。

10月16日，盐盆街道举办村务监督委员会主任培训会，街道纪工委全体成员和13个村村监会主任参加培训。

10月25日，街道专门约谈13个村村监会主任，对当前村级财务会审、工程招投标、集体资金外出活动等方面做全面解和业务指导。

10月30日，盐盆街道开展一系列敬老助老活动，为老人们送去祝福和关怀。

11月15日，盐盆顺利完成全市第一例村监会成员罢免工作。

11月27日，盐盆街道组织村级计生服务员队伍赴江山市新塘边镇考察学习，以引导计生服务员拓宽视野、创新计生工作思路。

12月4日，盐盆街道新居民服务管理所和消防管理站在盐盆中学开展安全发展、预防为主的消防应急安全演练活动。

12月6日，盐盆街道对村监会主任进行专题培训，以提高他们的政治素质和业务能力，进一步深化党风廉政建设。

12月28日，盐盆街道召开村民代表会议，对村监会进行信任度测评。

2012年乐清市北白象镇人民政府大事记

2月24日，哈佛大学心理学博士、香港城市大学教授岳晓东在北白象举办一场“企业家幸福之学”高端知识讲座。北白象商会、北白象女企业家协会的企业家及北白象镇有关领导参加讲座。

4月15日，北白象镇磐石社区磐南村组织党员干部认真学习中共中央有关文件，并开展座谈和讨论会。

4月25日，北白象镇召开理论中心组扩大会议，会议学习3篇《人民日报》评论员文章，镇三套班子领导和有关中层干部、职能站所负责人参加学习会。

4月27日，北白象镇政府抽调公安、文化监管、工商、安监等相关部门执法人员组成联合检查小组，对相关场所以及烟花爆竹销售点等进行节前安全检查。

5月9日，北白象镇党委组织辖区内各社区党组织负责人、党群系统工作人员等党务工作者，前往永嘉县3个党建先进社区，通过实地参观，学习农村新社区党建经验。

同日，北白象镇召开社区化党建全覆盖试点工作动员大会。镇三套班子领导成员、镇村干部、各党组织负责人等参加会议。

5月30日，北白象镇人大主席团召开第三次会议，按照主席团第二次会议关于提议案办理确定的重点议题，专题听取镇绿化工作报告。会议由镇人大主席陈余海主持。

6月6日，北白象镇禁毒办为磐石中学即将毕业的学生举办禁毒知识讲座，并分发《禁毒法》《戒毒条例》等宣传资料。

6月18日，北白象镇召开当前工作会议，宣布全镇干部工作的绩效考核办法。

6月26日，北白象镇荣获“省级社会治安综合治理先进集体”称号。

7月16日，举行市委十三届二次全体(扩大)会议精神专题学习会，北白象镇党委书记刘寅豹主持会议，全体机关干部参加学习。

8月14日，北白象镇召开安全生产大检查大整治活动动员大会。北白象镇党委书记刘寅豹讲话，镇长郑义主持会议。

8月28日，北白象镇举行政府理论中心组(扩大)会议，镇党委书记刘寅豹讲话。

8月30日，北白象镇农村合作经济组织联合会正式成立。

9月27日，北白象镇召开2012年度冬季征兵动员暨表彰大会。会议表彰去年征兵工作先进村居和先进个人，并号召热血青年立志报国，踊跃从军。

10月9日，北白象镇禁毒工作领导小组成员联合禁毒志愿者、工青妇及学区辅导中心的工作人员，在北白象镇第六小学校开展“我为禁毒捐一元”活动。

10月16日，北白象镇召开两新组织党建工作推进会暨业务培训会。会议由镇党委副书记叶小剑主持，镇党委书记刘寅豹作部署讲话。各社区书记、组织委员、两新党组织书记、党建指导员等参加会议。

10月19日，北白象镇磐石社区召开巡防队员业务培训会，巡防队员、村干部等40多人参加巡防业务、运行制度、内部管理等方面培训。

11月8日，北白象镇禁毒办组织禁毒社工、禁毒志愿者及工青妇工作人员开展禁种铲毒和十八大禁毒安保咨询宣传活动。

11月20日，北白象镇召开公开选拔中层干部动员大会，一步推进干部选拔任用改革，拓宽选人用人渠道。

12月4日，北白象镇召开村务监督委员会规范化建设暨培训会，以全面提高全镇村监会工作水平，促进农村基层党风廉政建设的深入开展。

12月6日，北白象镇召开北白象片区民主评议基层站所测评会。

12月23日，北白象镇党委书记刘寅豹、宣统委员张洁带领镇统战办、综治办和社区负责人，对宗教活动场所进行安全检查。

2012年乐清市柳市镇人民政府大事记

1月10日，柳市镇政府联合柳市学区、卫生监督所等部门组成联合检查组，对全镇中小学校开展2011年度“平安校园”验收大检查活动。

2月27日，召开党建暨党风廉政建设工作会议，镇机关的组织、纪检、统战等各科室人员，各办事处、农村社区党总支书记及各村支部书记参加。会议由柳市镇党委副书记干利民主持。

3月9日，柳市镇举行“除恶治乱”专项行动誓师大会暨启动仪式，公安干警和村居巡防队在启动仪式上庄严宣誓，标志着镇“除恶治乱”专项行动战鼓擂响。

3月20日，柳市新居民所召开协管员大会，部署开展双月大排查专项行动，进一步加强新居民信息采集工作。

4月27日，柳市镇举办村级计生服务员业务培训，来自165个村居(社区)的176名计生服务员参加。

4月28日，柳市镇团委召开纪念“五四”运动93周年暨表彰大会。

5月24日，柳市镇召开2012年度“人民听证”第一次专题会议，柳市镇各副镇长汇报工作，并对“人民听证”议题作出承诺。市委常委、镇党委书记潘云夫，镇长包光许参加会议。

5月29日，温州市委常委、组织部长李一飞率温州各县(市、区)组织部门负责人，到柳市镇象东社区考察社区两新组织党建标准化建设工作。

5月31日，由中共柳市镇委、柳市镇政府主办的柳市综合门户网站——中国柳市网，开始试运行。

6月27日，柳市镇长虹村举行集体资产产权体制改革股权证发放仪式。

6月29日，柳市镇举行人大代表接待室揭牌仪式。

7月19日，柳市镇召开安全生产委员会全体成员会议暨十八大消防安保部署会，总结今年1至6月全镇安全生产工作，部署下一阶段工作重点。

7月27日，柳市镇召开经济形势分析会，市委常委、柳市镇党委书记潘云夫，柳市镇镇长包光许，柳市镇人大主席陈民等出席会议。柳市镇副镇长郑良斌主持会议。

8月7日，柳市镇人大主席陈民率部分市、镇人大代表，就乐琯运河柳市段综合整治完成情况进行视察。

8月10日，柳市镇召开安全生产大检查大整治专项行动暨食品安全大整治百日攻坚活动动员大会。

8月20日，柳市镇兴乐集团第一届读书节启动仪式暨书记总裁赠书仪式在职工活动中心“兴乐家园”举行。

9月7日，柳市镇召开质量强镇暨品牌建设工作会议。市委常委、柳市镇党委书记潘云夫作总结性发言，柳市镇镇长包光许主持会议。

9月20日，柳市新居民管理所召开柳市新居民议事委员会第一次会议。

9月27日，柳市新居民服务管理所对部分村居的“人走注销”工作进行抽查。

10月11日，柳市镇召开社科工作委员会成立大会，全镇社会各界近50名社科工作者参加会议。

10月24日，柳市镇就业保障服务中心正式揭牌成立，标志着柳市镇就业保障服务工作跨入一个新的阶段。乐清市委常委、柳市镇党委书记潘云夫与乐清市人力资源和社会保障局局长施跃华一起揭牌。

10月30日，柳市镇第四季度安全生产工作例会召开，总结三季度以来全镇安全生产各项工作情况，动员部署党的十八大期间安全生产和消防安全工作。

11月20日，柳市镇召开机关干部贯彻党的十八大精神学习会，柳市镇人大主席陈民参加会议。

11月26日，柳市镇举行小城市培育党代表现场专题询问会。市委常委、柳市镇党委书记潘云夫，柳市镇镇长包光许及镇三套班子相关成员，各社区书记，相关科室负责人，村居、企业党代表参加。

12月4日，柳市镇举行2012年全市民主评议基层站所暨创建群众满意基层站所(办事窗口)、评选优秀基层站所负责人活动。

12月5日，柳市镇举办禁毒知识培训，邀请市禁毒专项斗争指挥部宣传科科长孔德强为全镇300多名村居禁毒专管员、易涉毒场所从业人员作业务知识培训。

2012年乐清市虹桥镇人民政府大事记

2月16日，虹桥镇组织全体机关干部分组召开学习会，学习《虹桥镇机关工作规则(讨论稿)》和“文建明工作法”，镇班子领导分别参加学习会。

3月8日，虹桥镇召开全镇党建工作会议。镇三套班子领导，各社区书记、主任、办事处驻村居干部，总支委员，村(居)书记、副书记、组织委员等人员参加会议。

3月12日，虹桥镇召开全镇统筹综合改革、平安综治、人口和计生工作会议。镇三套班子成员，镇机关全体干部，各村(居)书记、主任、副主任和计生员等参加会议。

3月22日，乐清政协秘书长殷乐铭率专题调研组首站到虹桥镇开展调研。

4月1日，虹桥镇召开乐清预备役营步兵一连2012年度兵员整组点验大会。乐清预备役营营长黄延虎出席大会。

4月10日，召开“基层组织建设年”活动动员大会，专题部署当前和今后一个时期全镇基层组织建设工作和社区化党建工作。镇属各党组织负责人、驻村居干部、相关办公室人员、规模以上企业负责人等参加会议。

5月3日，虹桥镇召开纪念“五四”运动93周年暨先进表彰大会，表彰2011年度先进团组织、优秀团员等。

5月9日，虹桥镇新居民服务管理所召开学习会，学习乐清市新居民服务管理局关于开展“强素质、树形象、提能力”专题教育活动的文件精神。

6月25日，虹桥镇禁毒办联合镇工会、共青团、妇联、综治办、司法所等单位在虹桥镇行政文化广场举行纪念“6•26”国际禁毒日现场宣传活动。

6月26日，虹桥镇召开纪念中国共产党成立91周年大会，各党组织委员会委员、是党员的村(居)委成员、受表彰的先进集体和个人、参加入党宣誓的新党员、镇机关党员离退休干部参加会议。

7月6日，虹桥镇召开平安建设暨美沙酮工作推进会，镇党委领导、市禁毒专项斗争指挥部、市中医院、镇综治中心和相关派出所工作人员等参加会议。

8月9日，城东街道召开安全委成员扩大会议，传达上级会议精神，成立领导小组，并部署具体实施方案。

8月14日，虹桥镇召开全镇安全生产暨固定资产投资工作会议，镇三套班子成员，镇机关各办公室负责人，安监所、综治办、统计办全体成员，社区书记、主任，全体驻村干部，虹桥各职能站所负责人等参加会议。

9月11日，虹桥片区的市人大代表一行30余人到乐清湾港区和东排工程开展视察活动。

9月19日，虹桥镇召开廉政风险防控工作问询会。镇三套班子领导，社区书记、主任，党代表、人大代表、政协委员和督察员，相关职能站所负责人共100多人参加会议。

10月22日，虹桥镇召开党的十八大期间禁毒安保及美沙酮工作会议。镇综治办工作人员参加会议。

10月23日，虹桥镇妇联和蒲岐社区联合举办“女性能力提升行动”专题讲座，邀请乐清市委讲师团成员、市妇联讲师团成员、市委党校教务科科长谢忠科主讲，蒲岐社区100多名妇女代表和妇女干部聆听讲座。

10月24日，虹桥镇召开深化村务监督委员会规范化建设工作会议，以进一步提高对村务监督工作的认识，镇纪委全体成员和各村监督委员会主任参加会议。

11月23日，虹桥镇机关工会开展机关干部读书会活动，爱好读书的镇机关干部参加读书会启动仪式。

11月28日，虹桥镇东街村荣获“全国民主法治示范村”称号。

11月29日，虹桥镇禁毒办组织工作人员开展“不让毒品原植物种子落地”宣传及实地勘踏活动。

12月6日，虹桥镇组织住建、国土、供水、供电等部门，拆除虹桥镇环城北路八村木材市场段的违章建筑。

12月8日，虹桥镇团委组织召开全镇社区志愿者培训会，虹桥镇已注册的志愿者、通过网上报名的网友和社区团干部等参加培训。

2012年乐清市大荆镇人民政府大事记

3月8日，大荆镇召开第十六届人民代表大会第二次会议。党委副书记、镇长叶志吉和人大主席廖思鹏分别代表镇人民政府和人大主席团作政府、人大主席团工作报告。

3月21日，大荆镇举办防范处置民间非法金融活动“进村入户”专题知识讲座。

3月23日，大荆镇召开党建工作会议，社区专职书记、各支部（总支）书记参加会议。会议特邀市委组织部组织科领导作发展党员规范化的培训。

4月28日，镇总工会、镇团委、妇联宣传办、文化站联合举办“庆五一,迎五四”文艺晚会。

5月9日，召开当前工作会议。镇党委书记刘翔璋以“重”“大”“多”“慢”四字点评大荆镇当前工作态势，各村书记、主任、报账员和全镇机关干部参加会议。

6月13日，大荆镇禁毒办开展系列禁毒宣传活动，发放禁毒宣传资料。

6月15日，大荆镇党委书记刘翔璋率队到镇安社区调研。

6月27日，大荆镇开展“党课行”“党内关爱”大型系列活动。党委向优秀党支部书记和党员颁发荣誉证书，大荆镇领导给全镇5200多名党员上党课。

7月13日，大荆镇举行入党积极分子培训会议。镇党委副书记干方红作动员讲话，镇纪委书记夏慧燕强调党风廉政的重要性。

7月30日，召开六型机关和四好科室创建会议。镇党委副书记干方红总结和点评上半年工青妇和九办五中心及相关科室的工作情况，并着重对下半年工作提出要求和作具体的部署。

8月9日，市“六型”机关考核小组赴大荆镇督导半年度工作。镇党委副书记干方红汇报创建六型机关上半年度工作情况和下半年度工作计划。

8月16日，大荆镇召开全体机关干部会议，专门部署当前计划生育工作。

8月22日，大荆镇党委副书记干方红率队到双峰社区督导基层组织建设年和创先争优活动开展情况。

9月10日，召开教师节座谈会。党委委员、副镇长盛永乐代表镇党委、政府对全镇教育工作者进行慰问，并表彰优秀教育工作者。

9月18日，大荆镇人大主席廖思鹏率领人大主席团成员和部分温州、乐清、大荆三级人大代表，到温岭大溪镇开展交流活动。

9月21日，镇召开第十六届人大主席团第四次会议。镇党委书记刘翔璋、镇长叶志吉出席会议并作讲话。

10月12日，大荆镇召开第一次归侨侨眷代表大会。会议选举产生镇侨联第一届委员会委员、主席、副主席、秘书长。郭华进当选为镇侨联第一届委员会主席。

同日，召开大荆镇控制性详细规划征求意见会。各相关办公室村（居）书记、主任参加会议。

10月16日，大荆镇召开综治平安建设暨“组团式服务、网格化管理”业务培训大会。

11月19日，大荆镇双峰社区举行首场宣传贯彻党的十八大精神文艺晚会，机关干部和双峰、雁溪社区的村民共同观看演出。

12月5日，大荆镇组织工商、质监、卫生、城管、食品药品监管等部门，对辖区内的校园周边食品店进行整治。

2012年瑞安市东山街道办事处大事记

1月12日，东山街道召开全体协管员年终工作会议，办事处主任陈慧、副书记朱邦荣，新居民所工作人员，派出所所长林哲、副所长史军和3位警长参加会议。

2月23日，街道党工委书记王式林走访上埠村、浙江华森散热器制造有限公司和八达机电有限公司，启动东山街道“进村入企”活动。

2月28日，东山街道组织开展印刷行业安全生产专项大检查。

3月29日，瑞安市新居民服务管理局局长林绍宵到东山街道调研指导新居民服务管理工作。

5月22日，市新居民服务管理局局长林绍宵一行到东山街道下埠村调研新居民服务管理工作，街道副书记朱邦荣、公安局基础大队副大队长郑国诚以及相关人员和下埠村村两委干部陪同调研。

5月24日，东山街道综治办联合司法所、新居民服务管理所、消防站、禁毒办、飞云江边防派出所等部门，在下埠村菜市场开展宣传活动。

6月12日，街道安监所、工商商城分局、开发区供电所、综治办、新居所、司法所、工会等部门开展“安全生产月”宣传活动，市安监局副局长虞熙豪应邀参加活动并现场指导工作。

6月17日，隆重举行由东山街道党工委、办事处，瑞安市文化广电新闻出版局主办，八达机电有限公司协办，主题为“党在我心中”文艺汇演，喜庆中国共产党91周年华诞。

6月25日，东山街道组织辖区内35名新居民到市人民法院旁听有关贩卖毒品案件的公开审判。

7月4日，东山街道成立文化、消防、新居民志愿者服务队。应邀出席成立仪式的有市委宣传部副部长周小勇，市文明办副主任刘建敏，市文广局社文科科长薛行顺，市新居民志愿者服务队大队长陈洲以及市消防局参谋方力。

7月5日，东山司法所和浙江品和律师事务所联合开展普法、送法活动。

8月5日，东山街道召开流动人口服务管理工作分析会。街道党工委副书记朱邦荣出席会议，并部署下步工作。

8月29日，东山街道召开专题会议，按照网格划分，统一部署排查工作，整治不合规企业特别是“三合一”小作坊，坚决消除安全生产隐患。

9月19日，东山街道消防站联合综治办、新居所、派出所、供电所、安监所等单位，对上阶段排查出的存在严重消防安全隐患的出租房及“多合一”企业进行联合执法大行动。

9月29日，由瑞安市工人文化宫、东山街道联合举办的“温馨中秋节，温暖一家人”迎中秋新居民职工联欢晚会精彩上演。有关单位领导、职工等100多人共同参加晚会。

10月29日，瑞安市新居民服务管理局林绍宵局长一行到东山街道调研工作。

10月31日，东山街道商会成立大会隆重召开，市委常委、市委统战部部长陈世尧，市统战部副部长、市工商联党组书记沈永锋，市民政局副局长陈绍华，街道党工委书记王式林、副书记颜光明以及相关部门领导共100多人参加会议。

11月2日，东山街道首届道德模范表彰仪式暨家庭教育演讲比赛在办事处五楼会议中心隆重举行。

11月18日，东山街道人大工委组织市人大代表一行十几人赴北麂片区进行视察活动，先考察内、外长屿岛围海养殖的情况，后又视察市重点工程北麂渔港码头建设。

11月21日，东山街道人大工委组织市人大代表视察新农村建设情况。

2012年瑞安市高楼镇人民政府大事记

1月9日，市委书记陈建明率有关部门和部分企业负责人，到高楼镇开展结对帮扶活动。

1月15日，高楼镇举行新春团拜会。黄益友、陈荣臻、黄长安等市领导与近200名在瑞高楼籍领导、离退休老干部、高楼籍在外华侨、企业家、知名人士等欢聚一堂，同庆佳节。

2月21日，高楼镇在寨寮溪度假村召开人口和计划生育工作会议。

2月27日，高楼镇计生办邀请市妇幼保健院医师开展“优生两免”专业知识讲课并集中进行免费婚检活动。

3月2日，高楼镇召开协管员培训会议。派出所分管副所长、分管民警、镇计生办主任、新居民所全体工作人员及协管员参加培训。

3月13日，温州市民政局局长李爱燕率温州市城乡统筹综合改革暨当前农业农村工作督查小组成员，到高楼镇湖石村开展走访督查活动。

4月6日，高楼镇召开第一次归侨、侨眷代表大会，会议选举产生第一届侨联委员会，杨永西当选主席。市领导管秀云、王翠珠以及市侨办、侨联等相关单位负责人到会祝贺。

4月28日，高楼镇召开人大代表建议交办会，会议由高楼镇人大主席曹启凑主持，镇长金建宇等班子成员出席。

5月15日，瑞安市人大常委会副主任林济晚率执法检查组对高楼镇的《中华人民共和国归侨侨眷权益保护法》和《浙江省实施〈归侨侨眷权益保护法〉办法》执行情况进行检查。

5月29日，高楼镇第一届人民代表大会第二次会议隆重开幕，镇长金建宇向大会作政府工作报告，镇人大主席曹启凑向大会作人大工作报告。会议由执行主席、镇委书记姜宗羽主持。

6月14日，侨乡高楼镇侨联举办侨法宣传活动。镇属各社区侨联干部、归侨、侨眷代表、社区干部、村干部等135位人员参加此次活动。

7月3日，高楼镇召开镇一届人大二次会议建议案的交办会，镇长金建宇、镇人大主席曹启凑及各相关负责人参加会议。

8月7日，高楼镇人大常委会积极为代表审议“一府两院”报告专题发言工作作准备。会议由镇人大主席曹启凑主持，镇委书记姜宗羽、镇长金建宇、镇人大副主席、市级人大代表参加会议。

8月10日，高楼镇召开侨情普查动员暨普查知识培训会，共有143个行政村的148名村普查员和社区负责人、基层侨联主席及镇侨联各片区联络员参加培训。

8月30日，镇人大组织市镇两级部分人大代表，对高楼段绿道工程进行视察调研。

10月10日，高楼镇召开农村合作经济组织联合会成立暨第一次会员代表大会，会议通过高楼镇“农合联”章程、选举办法，选举产生第一届高楼镇“农合联”主任及秘书长。

10月17日，镇村居老协会长、协管办成员共同庆祝浙江省第25个老人节。同时，市老龄委、关工委、慈善总会有关领导为高楼镇举行授牌、授印、授旗仪式，共同见证高楼镇老龄委、关工委、慈善义工服务总站成立。

10月22日，高楼镇再次召开镇一届人大二次会议建议案的交办会，镇人大副主席王孔伏主持会议，镇长金建宇、镇人大主席曹启凑及各线分管领导参加会议。

11月4日，市人大代表工委主任吴存韬、高楼镇党委书记姜宗羽、人大主席曹启凑及人大代表30余人召开会议成立高楼镇人大代表工作站。市人大代表陈茂丰任工作站站长。

11月21日，高楼镇150多名机关干部齐聚镇大型会议室，集中学习党的十八大会议精神。

12月24日，高楼镇人大代表团召开意见讨论会，会议推选确定3名先进人大代表和1个先进人大代表组。

2012年瑞安市湖岭镇人民政府大事记

1月28日，湖岭镇召开第一次归侨侨眷代表大会，选举产生湖岭镇归侨侨眷联合会第一届委员会，林小华当选主席。

3月3日，湖岭镇新居民服务管理所会同镇妇联、镇中心幼儿园在湖岭镇中心幼儿园开展庆“三八”妇女节游园活动。

3月30日，湖岭镇人大组织镇市人大代表、镇人大代表40多人参加金潮港治理一期工程开工仪式。

4月17日，湖岭镇计生办联合镇中心幼儿园邀请瑞安市疾病控制中心主任彭元清医师举行“手足口病防治”专题讲座。

5月24日，市人大、市侨办、市侨联等部门领导莅临湖岭镇检查指导《归侨侨眷权益保护法》落实工作，并召开座谈会，镇人大、镇政府、镇侨联相关领导及人大代表、华侨代表人士出席会议。

同日，湖岭镇计生协联合镇新居民所、妇联、综治、司法等单位，开展以“关注计生家庭，促进社会和谐”主题的5·29协会活动宣传活动。

6月15日，瑞安市人大副主任王建东在湖岭镇开展群众接访活动。

9月5日，湖岭镇政府召开市人大一号议案落实情况汇报会，湖岭镇镇长陈彪代表镇政府作全镇旅游工作汇报。

同日，市人大常委会副主任薛小平带领议案视察组到湖岭镇视察市十五届人大一次会议《关于加快旅游业发展，推进幸福瑞安建设的议案》的落实情况。

9月9日，湖岭镇召开湖岭镇“双百结对，共建文明”活动暨文明村创建活动推进会，全市26家结对单位，湖岭镇77个行政村参加会议。

10月26日，湖岭镇一届人大主席团召开会议。会议确定大会各项议程和日程安排等相关事宜。镇领导虞峰云、陈彪、卓作江等参加会议。

10月28日，召开湖岭镇农村合作经济组织联合会成立暨第一次会员代表大会。瑞安市农合联主任虞利巧，湖岭镇党委书记虞峰云等领导出席成立大会。

11月16日，市水利局副局长陈千铭带领河河道堤防监理所、质监站、湖岭水利站等科室有关工程技术人员，对湖岭镇正在准备开工建设的永安社区上埠坦村防洪提工程进行技术交底。

11月22日，湖岭镇人大主席团组织10名市、镇人大代表，配合镇纪委对8个基层站所进行明察暗访，督促其转变工作作风。

11月26日，湖岭镇计生办会同镇新居民服务管理所开展新老居民计生服务宣传活动。

12月4日，湖岭镇计生办会同司法所、综治办等相关部门开展“关爱女孩•幸福家庭”暨三生国策宣传活动、12•4全国法制宣传日活动，宣传有关计生、法制等政策。

12月10日，湖岭镇举行16个重点工程启动暨公共服务中心奠基仪式。标志着瑞安市城市西部组团建设全面展开。市领导陈胜峰、方晖、王翠珠出席仪式。

12月18日，湖岭工商所挂牌仪式在湖岭隆重举行，市工商局长金进忠，湖岭镇镇长陈彪出席挂牌仪式，为工商所揭牌并作重要讲话。

2012年瑞安市塘下镇人民政府大事记

1月14日，市委常委、塘下镇委书记张本锋率塘下工商、公安、安监、消防、城建等部门负责人，检查辖区内人员密集场所和市液化气公司。

2月20日，市委常委、塘下镇党委书记张本锋率公安、安监、消防等单位人员深入企业、出租房检查安全生产（消防安全）工作。

2月28日，塘下镇塘下、罗凤办事处分别举办“优生两免”知识培训班。

3月4日，瑞安市计生指导站举行塘下镇村级专职计划生育管理员微机培训班。89个行政村的专职计生员参加培训。

4月24日，瑞安市政协副主席王翠珠带领瑞安市港澳台侨委政协委员一行人到塘下镇侨属企业视察指导工作。

5月20日，塘下镇人大通过退休、离休老干部月会，分别向全镇退休和离休老干部通报镇人大2012年工作计划。

5月23日，塘下镇召开政法综治工作会议，总结政法综治和平安建设工作，回顾分析存在问题和薄弱环节，对今年全镇政法综治和平安建设工作进行安排部署。

6月3日，塘下镇人大开展“互看互学”拆违工作专项视察活动。

6月13日，省安监局副局长吴更安带领省政府督查组一行督查塘下镇消防安全和安全生产工作。

6月23日，塘下镇党委下发《关于深入开展创先争优活动，扎实推进服务型党组织建设的意见》，进一步推进塘下党建工作，塑造新时期塘下党建新形象。

7月29日，塘下镇总工会组织工会成员到余姚泗门镇学习考察工会工作，进一步深化工会规范化建设，拓展工会工作新空间。

7月30日，塘下镇人大组织省、温州市及瑞安市镇部分人大代表开展工商行政执法专项视察工作。

同日，塘下镇召开统计执法检查动员大会，共698家企业单位的统计负责人或统计员参加会议。

8月1日，马屿镇人大主席、副主席及其人大代表小组组长一行人到塘下镇参观学习人大代表工作站建设。

同日，塘下镇召开紧急会议，部署防台抗台工作，要求全镇党员干部认识、措施和责任“三到位”，力求把灾害损失降到最低。

8月16日，塘下镇开始对全镇范围内丧事活动实行严管，开展制止出大殡、丧事大操大办专项整治行动。

9月6日，塘下镇在浙商银行塘下支行召开全镇金融行业工作座谈会。

9月14日，市委书记陈建明率领市经信、国土、住建、环保、金融办等部门负责人，到塘下镇督查百日扶工大行动推进情况。

10月11日，塘下人民医院病房综合楼举行落成启用典礼。市领导林济晚、郑海洁、王翠珠参加启用典礼。

10月22日，塘下工商业联合会（商会）成立暨第一次会员大会召开，市领导陈胜峰、张本锋、陈世尧、江孟甫、赵志雄等出席会议。

10月26日，塘下镇综治办、禁毒办、新居民服务管理所等部门开展新居民宣传活动。

12月5日，塘下镇召集增选代表所在选区即塘下办事处人大联络员和所在村（肇平垟下村、中村、新渎三村）村两委主要干部举行市人大代表增选会议。

12月27日，塘下镇召开党委（扩大）会议研究部署镇第十六届人大二次会议筹备有关工作。

2012年永嘉县东城街道办事处大事记

1月4日，召开全体机关干部会议，学习贯彻县第十二次党代会会议精神。东城街道党工委书记、“两新”工委书记陈贤立主持会议。

2月6日，召开贯彻落实县“比学赶超，创先争优”主题实践活动专题研讨会，党工委书记陈贤立主持会议并作重要讲话，东城街道全体班子成员，相关科室负责人参加会议。

2月6日，召开第一季度安全生产例会。会议由分管安全生产副主任周献华主持，主任李旭林作重要讲话。

3月6日，举办以“百万妇女学法律，户户平安促和谐”为主题的法律知识讲座，县妇联副主席章春爱、街道党工委副书记张建国莅会指导。

3月7日，街道禁毒办集合各村妇女主任，召开禁毒工作紧急会议，对各村在“三八”妇女节期间的禁毒工作进行部署。

3月14日，永嘉县首家村邮站——东城街道岭口村村邮站正式投入使用。副县长何莉平、县邮政普遍服务项目建设工作小组及各镇（街道）负责人参观考察邮站。

4月13日，召开第二季度安全生产例会，会议由街道李旭林主任主持并作重要讲话。

4月18日，召开“勤廉东城”创建动员大会，街道42个村主要负责人和街道全体干部参加会议。

5月18日，副县长林建波率县残联到街道开展残疾人慰问活动，县残联理事长郑文杰、东城街道党工委书记陈贤立等陪同。

5月31日，街道办事处妇联、计生办、计生协等组成慰问小组，开展六一儿童节慰问活动。

6月6日，召开首届归侨、侨眷代表大会。这次大会是东城全街道侨界政治生活中一件大事。

6月14日，召开创建温州市“爱心街道”动员大会暨残疾人专职委员业务培训会，会议由街道办事处副主任厉建淼主持。县残联副理事长陈雪明、东城街道党工委副书记张建国出席会议。

6月25日，召开东城街道机关党员大会，街道机关支部、所属各部门等党员代表参加会议。街道党工委书记陈贤立主持会议。

7月16日，召开2012年申报温州市文明街道评选工作动员大会，拉开创建工作序幕。

7月18日，街道组织召开非公有制经济人士代表联谊会，非公企业负责人、在外经商等人员参加会议。会议由街道党工委委员卢跃明主持。

7月24日，召开街道第一次妇女代表大会，会议由东城街道陡门小学教师柯爱珠主持。

8月7日，召开党风廉政建设专题学习会议。会议由街道纪工委书记陈光荣主持。

9月12日，召开生态街道创建专题会议，会议由党工委书记陈贤立主持。

10月22日，副县长林建波一行莅临东城街道调研督导工作，并召开调研会，会议由街道党工委书记陈贤立主持。

10月24日，召开2012年第四度度安生产工作例会暨党的十八大消防安全保卫攻坚战动员会议，街道主要领导、分管领导、有关部门及70多家企业业主参加会议。

10月25日，召开“平安三率”大提升集中宣传暨十八大维稳工作动员大会，街道主要领导、分管领导、村两委共100余人参加会议，会议由党工委书记陈贤立主持。

11月5日，召开全体干部会议，认真传达贯彻市县会议精神。会议由书记陈贤立主持。

11月7日，召开老龄工作会议，街道党工委副书记张建国主持会议并讲话，街道老龄委戴锦喜、41个村老人协会会长参加会议。

12月1日，街道隆重举行商会第一次会员代表大会。

2012年永嘉县南城街道办事处大事记

2月27日，南城街道召开“互学互比”思想解放大讨论暨计划生育工作分析会。会议由党工委副书记陈炳华主持，党工委书记蒋孔助作重要讲话。街道全体机关干部参加会议。

3月6日，南城街道召开城乡统筹改革暨农业农村工作会议。会议就城乡统筹改革和“三农”工作进行专门研究，专题部署。

3月8日，南城街道召开庆“三八”妇女节大会。会议由南城街道党工委副书记陈炳华主持，街道机关妇女干部、村（居）妇女主任、社区妇女代表参加会议。

3月23日，南城街道召开“摸底分类大排查”工作会议，会议由陈炳华副书记主持，各村（居）、行业协会、社会组织的书记和驻村干部参加会议。

5月30日，南城街道召开基层党组织书记培训暨“基层组织建设年”活动推进会，街道全体机关干部和各支部书记出席会议。

同日，南城街道召开“5·10”思廉日活动会，邀请纪委陈泉同志作反腐倡廉专题讲座，全体机关干部和各支部书记参加会议。街道主任刘惠芬支持会议。

6月5日，南城街道召开高考期间环境管理工作会议，街道副主任胡建武主持会议。

6月13日，召开2012年度公共卫生工作会议暨公共卫生联络员会议，部署南城街道当前农村公共卫生工作。

6月18日，中共南城街道召开机关全体党员大会。会议选举产生中共南城街道机关第一届委员会和第一届纪律委员会。陈炳华当选街道机关党委书记，朱霁霓当选街道机关纪委书记。

7月1日，南城街道城南社区举办“红七月”党员服务活动，街道禁毒办利用这契机，组织相关人员到现场开展禁毒宣传，普及禁毒知识。

8月2日，南城街道召开创建省级文明街道动员大会，街道全体干部，各村（社区）书记、主任，部门单位负责人，文明单位负责人参加会议。

8月17日，南城街道召开“农合联”成立大会暨第一次会员代表大会。会议选举产生南城街道“农合联”第一届执行委员会委员、主任、副主任和秘书长，组成日常事务运行机构领导班子。

9月4日，南城街道召开安全生产大排查大整治动员大会暨第三季度安全生产例会，驻村干部、各片片长、以及公安、工商、学区、城管与执法、电力等部门站所负责人参加会议。

9月12日，南城街道召开村务监督委员会工作指导培训会议，各村村务监督委员会主任参加会议，党工委副书记陈炳华出席并作重要讲话。

同日，以章春爱为组长的县委检查组到街道对“基层组织建设年”活动和工青妇工作开展专项督查。南城街道党工委书记麻曙明、党工委委员潘珊瑚、街道党群办、工青妇有关负责人参加汇报会。

10月16日，南城街道召开农村土地流转统计工作会议。

10月24日，南城街道召开由全体机关干部参加的“创先争优、双百攻坚”暨机关作风推进会。

10月26日，南城街道总工会成立暨第一次代表大会顺利召开，会议选举产生街道总工会第一届委员会、经费审查委员会、第一届女职工委员会。

11月15日，南城街道召开迎检工作部署会，街道党工委副书记陈炳华等主要领导出席会议，各村书记、主任、报账员及各驻村干部等参加会议。

11月27日，南城街道举行党代表听询活动，接受党代表的提询。

12月6日，南城街道召开社区工作专题部署会。南城街道党工委副书记陈炳华，党工委副书记侯国省，党工委委员、纪工委书记罗一相，党工委委员，办事处常务副主任张金文，党工委委员潘珊瑚等街道班子领导出席会议。

2012年永嘉县北城街道办事处大事记

1月18日，街道召开禁毒工作大会。街道全体工作人员和各村两委主要干部参加会议。

1月20日，街道党工委副书记、办事处主任陈海州，党工委委员、人武部长袁守谦到东山下、横溪、水碓湾等村开展向军属新春慰问活动。

2月13日，街道召开由各村、居党支部书记、村委会主任、街道机关干部共同参加的计生春季服务月动员大会。

2月21日，县纪委副书记章明会同县纪委常委、副局长胡寿旺，监察局副局长汪金琰到北城街道检查指导工作，街道党工委副书记、办事处主任陈海州汇报工作。

2月28日，街道召开首届老年人协会成立大会暨首届会员大会。

3月1日，街道城北、路西等七个社区分别建立民兵连组织，并举行挂牌仪式，街道党工委委员、人武部长袁守谦参加。

3月12日，县委组织部副部长缪士毅到北城街道指导工作，街道党工委副书记、办事处主任陈海州汇报工作，办事处人大工委主任麻智慧，街道党工委副书记叶帆、徐银周等领导班子成员参加会议。

4月24日，县委组织部副部长、老干部局局长潘教逊率南方投资集团有限公司、县疾控中心、中医院一行到北城街道开展“红色暖心”活动。

5月9日，由北城街道办事处主任陈海州和街道常务副主任苏勇率队的计生督查组深入村居解计生网格化管理工作开展情况。

6月15日，街道选举产生中共北城街道机关委员会、机关纪律检查委员会。街道党工委副书记、办事处主任陈海州到会并作重要讲话。

6月21日，街道党工委副书记、办事处主任陈海州分别到下寮社区、鹅浦社区检查指导社区工作并与社区干部进行座谈。

7月3日，由中共永嘉县委组织部副部长、县委老干部局长潘教逊带队的县委“基层组织建设年”督查组到北城街道督查指导“基层组织建设年”工作。

7月17日，街道社会服务管理中心及下寮、鹅浦两个社区社会服务管理中心正式揭牌。

7月22日，街道下寮社区召开老龄工作座谈会。街道党工委副书记、关工委主任叶帆到会并讲话，街道关工委专职副主任胡锡谦主持会议。

8月28日，街道召开全体干部及村书记、主任工作会议。

9月13日，举行县工商联北城街道商会第一次会员代表大会暨北城街道商会成立大会，县领导周星柱、金美秋，上塘中心城区党委书记虞绍榜等到场祝贺。

9月18日，街道召开总工会成立暨第一次代表大会。街道党工委书记、“两新”工委书记陈海州到会祝贺并作重要讲话，县总工会副主席陈典妮到会指导祝贺并授牌。

9月20日，街道召开第一次妇女代表大会。街道党工委书记、“两新”工委书记陈海州同志到会祝贺并作重要讲话，县妇联主席陈晓芬同志到会指导祝贺。

10月9日，县委副书记姜景峰率政法、民政、信访、计生等部门有关负责人，到北城街道调研安保、综治、社区建设和人口计生等工作。

10月15日，街道办事处机关第一党支部召开全体党员大会，会议由第一支部书记王建忠主持。

11月14日，街道市县级党代表开展活动，县政协副主席金美秋，县纪委副书记章明和北城街道市县级党代表及街道部分领导干部参加活动。

11月16日，街道全体机关干部召开“文建明工作法”学习会议，会议由党工委书记陈海州主持，街道领导班子成员及全体干部参加。

11月28日，县统战部副部长兼侨办主任黄少林一行到北城街道进行2013年统战思路调研工作并举行座谈会。

12月20日，街道开展第十五届人大二次会议前代表小组活动，参加会议的有县人大副主任王国强、副县长刘辉文、法院徐建宇、县检察院潘长建及其他代表共19人。

2012年永嘉县东瓯街道办事处大事记

1月11日，县质量强县考核小组一行五人对东瓯街道质量强街工作进行年终考核。

1月19日，副县长郑焕东率县总工会、县药监局、县工商联等部门到东瓯街道开展春节扶贫慰问活动。

2月2日，东瓯街道召开“比学赶超、创先争优”主题实践活动动员大会。会议由办事处主任杜国平主持，机关干部等参加会议。

2月17日，瓯街道召开规上企业安全生产工作会议，道办事处主任杜国平主持会议。

3月13日，东瓯街道召开村居干部禁毒工作会议，街道党政领导班子、驻村干部和11个村（社区）的干部等参加会议。

3月15日，街道举行“思想解放大讨论活动暨统筹工作专题研讨会”。会议由街道办事处副主任周小卯主持。

3月19日，召开市非公有制经济组织和社会组织党务工作者协会一届二次会员大会，东瓯街道党工委书记胡宋孝等领导参加会议。

4月17日，东瓯街道党工委书记胡宋孝在街道纪工委书记潘朝阳、党政办负责人杨显武等人的陪同下到和二村开展调研指导工作。

4月20日，东瓯街道办事处主任杜国平、纪工委书记潘朝阳、社工委副书记邹有才、驻村干部赵大璋参加河田村股份经济合作社和土地合作社成立大会。

5月16日，东瓯街道举行“四比四争”主题实践活动动员大会暨“基层组织建设年”活动推进会。大会由街道党工委副书记徐建峰同志主持。

5月9日，东瓯街道举行民兵整组点验大会，县人武部长罗晴军参加会议。

6月5日，东瓯街道召开集体林权制度改革工作会议。街道党工委副书记、办事处主任杜国平，党工委委员、办事处副主任周小卯，街道各相关科室、各驻村干部参加此次会议。

7月16日，团省委农村工作考察团一行到张堡社区考察指导，团县委领导李新聪、胡月珍，街道领导及街道团工委相关人员陪同。

7月24日，由市委政法委张锦珊带队的督查组一行，到东瓯街道检查督导“网格化”建设开展情况，县委政法委领导、县综治办领导、东瓯街道领导等陪同。

8月10日，东瓯街道召开县人大代表小组活动座谈会。街道党工委书记胡宋孝、办事处主任杜国平出席会议并讲话，街道人大工委主任黄华生主持会议。

8月13日，温州市市长陈金彪率市有关部门负责人到东瓯街道检查安全生产工作，县委书记盛秋平、县长娄绍光等领导陪同。

8月28日，东瓯街道隆重召开农村合作经济组织联合会成立暨第一届会员代表大会。

9月13日，东瓯街道隆重召开总工会成立暨第一次代表大会。街道、村、社区、企业的58名基层工会代表参加会议。

9月20日，东瓯街道组织举办村两委干部业务知识培训——人口和计划生育行政执法暨强基创优培训会。各片片长、驻村干部、各村两委干部、计生线人员、各村网络责任人参加培训。

10月18日，东瓯街道团工委召开社区团工委班子成员工作会议。街道党工委副书记潘朝阳应邀参加会议。

11月14日，东瓯街道隆重召开第一次归侨侨眷代表大会。街道党工委副书记、办事处主任杜国平同志，县侨联副主席王萍萍同志、街道党工委副书记潘朝阳同志等领导应邀出席大会。

11月22日，永嘉县统计局考核小组在吴进光副局长的带领下，到东瓯街道办事处统计经济信息中心进行年度考核。

11月29日，东瓯街道召开今冬明春安全生产工作专题部署会议暨“查无保安促稳”百日攻坚行动动员大会。会议由街道常委副主任胡永久主持。

12月6日，东瓯街道安监中心召开全体安监工作人员会议。东瓯街道办事处副主任周小卯主持会议并作重要讲话。

同日，东瓯街道商会成立大会暨第一次会员大会顺利召开，会议由街道党工委副书记潘朝阳主持。

2012年永嘉县黄田街道办事处大事记

1月13日，黄田街道妇联召开全街道妇联主席工作会议，总结2011年工作，安排部署2012年工作。

1月29日，黄田街道组织召开新春工作动员会议，街道党工委、办事处负责人对春节后如何更好地开展工作提出要求。

2月2日，黄田街道办事处2011年度政府信息公开工作受县政府通报表彰。

2月17日，黄田街道班子成员参加《楠溪江旅游发展战略突围》报告会，报告会邀请著名策划专家陈放先生畅谈楠溪江旅游发展战略突围。

2月24日，黄田街道组织召开2012年第一季度安全生产工作例会，供电所、城管中队、医院、水厂等部门负责人及街道安全生产领导小组成员单位主要负责人参加会议。

3月2日，黄田街道召开统筹城乡发展再动员暨农业农村工作会议。

3月14日，温州市住建局纪委书记为组长率相关科室人员一行6人到黄田开展以“进村入企、倾听基层声音”为主要内容，开展“进村入企”大走访活动。

4月1日，永嘉县农村合作银行黄田支行在黄田街道黄田社区设立县首个社区金融服务专柜。4月12日，市委常委、组织部长李一飞带领考察团到黄田街道黄田社区考察新型农村社区建设工作，副部长滕荣权及县区、市直相关部门负责人一同考察。

5月16日，召开人大代表座谈会，县人大代表，部分村干部代表、部门负责人参加会议。会议由街道人大工委主任董小平主持。

5月22日，市委组织部督查组，深入永嘉县黄田街道督查指导“基层组织建设年”活动开展情况，县委组织部副部长潘健、黄田街道朱佩珍等相关人员陪同督查。

6月7日，温州市民宗局副局长郑宏国一行在县民宗局长谢永青等陪同下，到黄田街道黄田社区调研指导民族工作。

6月8日，黄田街道举行机关党工委成立党员大会，会议由街道党工委副书记戴晓智主持。

7月2日，温州市国家安全局领导到黄田街道东联村走访慰问党员及困难群众。

7月23日，黄田街道召开消防安全隐患大排查工作会议，会议安排部署在全街道范围内开展消防安全隐患大排查、大整治活动。

8月10日，黄田街道召开会议，部署开展公务员个人信息采集工作。

8月22日，黄田街道农村合作经济联合会正式成立，标志着街道农村合作经济组织体系的进一步完善和农村合作经济步入改革、发展、联合的新轨道。

9月14日，黄田街道召开领导班子成员会议，部署召开第一届妇女联合会选举工作。

同日，黄田街道召开总工会成立暨第一次代表大会。社区、企业、部门代表参加，县总工会常务副主席郑顺益为大会召开致贺词。

9月25日，召开黄田社区第一届老年人协会会员代表大会，选举产生黄田社区第一届老年人协理事，标志着黄田街道首家社区老年人协会正式成立。

10月10日，县文明办主任李圣积带领文明办工作人员到黄田街道指导文明城市创建工作。

10月22日，黄田街道召开2013年度党报党刊征订发行工作会议。

10月29日，黄田街道召开安全生产大检查、大整治推进会。街道全体工作人员及18个行政村的两委等参加会议。

11月11日，举行黄田商会成立暨第一次会员代表大会，县领导金丐旦、潘浪国等参加会议。

11月19日，县委组织部与民政局工作人员到黄田街道检查指导2012年基层组织建设工作开展情况。

12月3日，黄田街道召开党风廉政建设和反腐败工作分工执行情况汇报会，街道党工委委员、纪工委书记吴臣浩同志主持会议并听取汇报。

12月7日。黄田街道首届归侨侨眷代表大会召开，县侨联副主席王萍萍、街道办事党工委书记朱佩珍等领导到会祝贺，并作讲话。

12月16日，黄田街道党工委荣获2012年度“学习型领导班子”称号。

2012年永嘉县江北街道办事处大事记

1月9日，县文明办科长胡志杰一行组成的考评验收小组到江北街道考评验收“文明社区”“文明单位”以及春泥计划创建工作。

2月6日，江北街道召开2011年度领导班子和领导干部考核会议。江北街道全体班子成员，中层干部、部门党组织负责人、辖区28个村两委等参加此次考核会议。

2月10日，江北街道召开计生“春季服务月”国策教育暨育龄妇女“三优”培训大会。会议由江北街道常务副主任金玉寿主持。

3月5日，温州市市检察院副检察长孔璋带领市综治委考核组就综治工作到江北街道检查指导工作。徐学多、麻伯崇等相关部门领导陪同检查。

3月20日，召开第一次归侨侨眷代表大会。选举产生江北街道侨联首届委员会，并通过相关章程，此举标志着永嘉县行政区域调整后首个基层侨联——江北街道侨联正式成立。

3月30日，江北街道召开首届村级监督委员会主任例会。街道纪委书记谢品东、副书记徐碎玲、村账代理中心主任金晓星等参会。

4月20日，江北街道新桥村选举产生以黄克中为会长的新桥村首届老年人协会。街道宣传、统战委员陈苍国代表街道向新桥村首届老年人协会成立表示祝贺。

5月4日，江北街道召开信访维稳分析会。街道有关分管领导、片长、驻村干部参会。会议由江北街道党工委书记吴荣贵主持。

5月26日，省安监局副局长于少贵率相关人员到江北街道调研安全生产机构建设和执法队伍能力建设等基层基础工作。

6月6日，江北街道机关第一党支部召开全体党员会议。会议选举产生吴荣贵、谢品东、叶云山、陈苍国、徐显锦、胡锋等6位党员代表。

6月12日，江北街道召开机关第一次代表大会筹备小组会议，辖区机关部门单位支部书记参会。

6月15日，中国共产党江北街道第一次代表大会胜利召开。会议选举产生中国共产党江北街道第一届机关党委会委员和纪律检查委员会委员。

7月6日，江北街道召开村务监督委员会主任例会。江北街道纪委书记谢品东、副书记徐碎玲、村账代理中心主任金晓星，辖区17个村监委会主任等参会。

7月31日，江北街道召开2012年第三季度安全生产工作例会暨党的“十八大”消防安全保卫战和消防“网格化”管理工作动员大会。

8月1日，江北街道召开党的“十八大”消防安全保卫战和消防“网格化”管理工作动员大会，会议对下一阶段的消防安全工作做部署。

8月8日，江北街道召开迎接省级文明街道考核协调会，江北街道班子成员、各有关科室负责人，辖区各有关职能部门、村（居）两委等参加协调会。

9月7日，江北街道老年体协召开首次工作会议，辖区各村（居）老年体协工作负责人参会，县体育局副局长李建寅、街道宣传委员陈苍国等出席会议。

9月19日，江北街道召开总工会成立暨第一次代表大会。会议选举产生街道总工会第一届委员会委员、主席、副主席，第一届经费审查委员会委员、主任和第一届女职工委员会委员、主任。

10月24日，江北街道召开残联第六次代表大会，县残联联合会副理事长虞道存，街道人大工委副主任周倩倩、社会事务办主任李成武等参会。

11月7日，江北街道召开十八大期间信访维稳专题分析会，江北街道班子成员，各片长、驻村干部等参会。

11月28日，江北街道召开今冬明春安全生产工作专题部署会议暨“查无保安促稳”百日攻坚行动动员大会，会议由街道党工委书记吴荣贵主持。

12月27日，江北街道召开2013年城乡居民医疗保险工作动员大会，街道党工委书记吴荣贵、主任尤建夏、人大工委副主任周倩倩，各村（社区）主任、医保工作人员等参会。

2012年永嘉县三江街道办事处大事记

1月4日，三江街道召开全体片长、驻村干部会议，全面部署村干部考核工作，会议由街道党工委书记潘建胜主持。

1月18日，三江街道召开年终工作会议，会议由街道办事处主任徐贤喜主持。

2月9日，副县长周俊武在温州职业技术学院等相关领导陪同下，到三江街道就温州职业技术学院永嘉分院选址进行实地考察。

2月13日，副县长周俊武到三江街道调研挂钩联系工作，三江街道联系单位县药监局局长陈建国、县残联理事长郑文杰、县招投标中心副主任潘康容等陪同。

3月27日，三江街道召开三分三改工作推进会，会议由街道常务副主任郑光明主持，各村党支部书记、村主任、报账员及三江街道办事处全体工作人员参加会议。

3月30日，三江街道箬隆村委会召开村级“强基创优工程”推进会暨村级计生员业务培训会，各村驻村干部及村级计生员参加会议。

4月13日，三江街道罗溪村股份经济合作社第一届股东代表大会第一次会议暨成立大会顺利召开，标志着街道“三分三改”工作迈出实质性的步伐。

4月16日，三江街道全体机关干部、各村书记、主任参加组织工作公信度调查会议。会议由党工委组织委员麻向华主持。

5月7日，三江街道召开由各村、单位基干民兵参加的点验大会，县人武部罗晴军、胡志斌到会指导，街道办事处主任徐贤喜、副书记吴理俊、人武部长戴建波等出席点验大会。

5月30日，三江街道隆重召开首届归侨侨眷代表大会，市侨联、县统战部、县侨联、瓯北城市新区等各级领导及三江街道归侨侨眷代表、街道群团组织代表出席会议。

6月1日，三江街道办事处召开推进农村集体土地确权登记动员大会。

6月7日，由县林业局、瓯北林政所相关人员组成的绿化示范村创建验收组到三江街道验收2012年创建工作。

6月14日，隆重召开中共三江街道机关第一次代表大会，会议由街道党工委组织委员麻向华主持。

7月11日，三江街道召开民族宗教工作座谈会，街道各宗教场所负责人、各驻村干部参加，会议由街道宣传委员金立斌主持，副书记李金杰作重要讲话。

7月16日，副县长周俊武、县药监局局长陈建国一行人在街道办事处主任徐贤喜的陪同下，走访三江街道仙山村，并召开支部晋位提升、后进集中整治座谈会。

8月9日，三江街道人大工委开展人大代表活动，辖区县级人大代表、街道办事处相关领导参加。

9月21日，召开三江街道农村合作经济组织联合会成立暨第一次会员代表大会。

9月28日，三江街道举行关心下一代工作座谈会。会议由街道“两新”工委副书记、关工委副主任谢永长主持。

10月10日，三江街道纪工委举办村务监督工作培训会。培训会由街道纪工委委员俞剑仝主持并做业务培训，纪工委书记周娟娓做重要讲话。

11月1日，县府办副主任唐红专率县纪委、县考绩办、县信访局相关人员一行4人到三江街道督查街道信访维稳工作。

11月28日，三江街道隆重召开总工会第一次代表大会，街道机关、事业单位、辖区非公企业的工会代表参加会议，街道办事处主任吴理俊出席会议并讲话，金高华主持大会。

12月2日，三江街道召开计划生育集中整治工作阶段分析会，街道全体班子成员出席会议，会议由街道党工委书记张家强主持。

12月7日，三江街道召集现办事处所在地芦田村两委全体成员召开搬迁协调会。会议由街道办事处主任吴理俊主持，委员副主任陈晓出席会议。

12月20日，三江街道召开2012年度街道领导班子和领导干部考核大会。县委组织部副部长、县编委办主任汤光胜及组织部干部金孜、高天佑、街道党政班子成员等参加考核大会。

2012年永嘉县乌牛街道办事处大事记

1月12日，乌牛街道禁毒办，街道团委、街道妇联、工会、禁毒社工等宣传小分队，深入公共复杂场所，散发禁毒宣传资料，开展禁毒宣传活动。

2月10日，乌牛街道召开落实反邪教工作“家庭拒绝邪教”签卡会议。街道政法委副书记朱千俊，宣传委员周耀明等领导及37个村报账员出席会议。

2月28日，乌牛街道举办侨联服务中心成立仪式，县政协副主席、统战部部长周星柱到场祝贺，并为侨联服务中心揭牌。

3月12日，市司法局朱进龙副局长一行在乌牛街道党工委书记金翎翼的陪同下，对街道新瓯社区码道村、仁溪社区西岙村和仁源社区河口埭村等展开调研。

3月16日，召开2012年度公共卫生工作会议暨农民健康体检动员大会。街道党工委委员周耀明、县爱卫办副主任项金德、街道卫生院院长潘方平等人出席会议并作讲话。

4月19日，乌牛街道召开党建工作会议暨“基层组织建设年”动员会议。

5月7日，乌牛街道召开基干民兵整组点验大会，县人武部罗晴军部长到会指导，街道办事处主任李月道、人武部长王俊出席点验大会，街道党工委副书记陈苍良主持大会。

6月4日，乌牛街道在社区建立党建工作联席会议制度，制度明确联席会议的主要任务、会议召集人、会议参加对象、会议工作规则等内容。

6月26日，县“三分三改”督查组一行来到乌牛街道开展专项督查指导工作。

6月29日，乌牛街道举行中共乌牛街道机关第一次代表大会，街道党工委书记金翎翼、街道人大工委主任施正文、办事处主任李月道等党员代表出席会议。

7月9日，浙江省渔船检验局局长孙晓明、温州市海洋与渔业局处长陈羽、副处长甘勇等一行人到街道海星海事集团公司考察指导，集团公司董事长兼总经理傅文隆陪同。

7月27日，召开乌牛街道民营企业思想文化建设座谈会暨“双聚”主题教育推进会。街道党工委委员周耀明主持会议，党工委副书记陈苍良到会并作重要讲话。

8月7日，乌牛街道召开安全生产工作紧急会议。街道班子领导、辖区部门负责人及机关干部等参加会议。

8月10日，乌牛街道召开市、县党代表人大代表政协委员座谈会。街道人大工委主任施正文、办事处主任李月道参加会议。

8月29日，召开乌牛街道“农合联”成立大会暨第一次会员代表大会，街道领导班子及会员代表参加会议。

9月18日，乌牛街道总工会成立暨第一次代表大会隆重召开，县总工会常务副主席郑顺益到会祝贺并致辞。

9月19日，乌牛街道召开妇女联合会第一次代表大会，村居、社区、部门及机关单位等妇女代表与会，县妇联副主席张春爱出席会议并做重要讲话。

10月12日，乌牛街道召开当前工作部署会议，37个村党支部书记、各驻村干部参加会议。会议由街道组织委员滕玲玲主持。

11月2日，乌牛街道组织机关干部参与禁毒条例专题讲座。讲座由政法委书记张德周主持，周吉彭律师为主讲，进一步提高广大干部禁毒知识水平和工作能力。

11月29日，县文明办副主任盛定海、戴海斌带队就乌牛街道“春泥计划”进行考核验收。

11月30日，乌牛街道召开党的十八大精神宣讲会，街道全体机关干部、辖区各单位、部门党支部书记、37个行政村党支部书记参加此次会议。

12月21日，乌牛街道召开社区工作专题会议暨社区知晓率、满意度提升推进会，会议由街道党工委副书记陈苍良主持，会议邀请县民政局陈建炬作业务讲解。

12月28日，乌牛街道召开2013年度城乡居民医疗保险工作动员会议，会议由办事处副主任李晓明主持。

2012年永嘉县碧莲镇人民政府大事记

1月13日，碧莲镇举行老干部新春茶话会。镇党委书记徐良明出席会议并讲话，镇党委副书记汤志远参加会议。

1月18日，碧莲镇召开2011年年终工作会议，镇领导班子、镇党乡属各部门负责人以及各村支部书记、村委会主任参加会议。

2月1日，碧莲镇召开“比学赶超、创先争优”主题实践活动动员大会。镇领导班子、村两委负责人及全镇干部参加会议。

3月5日，碧莲镇召开思想解放大讨论专题学习会，深入学习县党代会和“两会”精神。

3月14日，碧莲镇召开思想解放大讨论暨三分三改动员大会。镇党委书记徐良明作动员报告，党委副书记汤志远主持会议，全体领导班子成员、机关干部等参加会议。

3月22日，县四套班子领导带队“互看互学”考察团到碧莲镇实地察看永缙线碧莲过境段改建工程项目。

4月19日，碧莲镇组织召开2012年党建工作会议暨“基层组织建设年”动员大会，镇党委班子领导、全体机关干部，44个村（居）支部书记、主任等140余人参加会议。

同日，召开党风廉政建设暨创建“勤廉碧莲”动员大会，镇领导班子及镇府机关全体工作人员、各村“两委”干部等一百多人参加会议。

5月7日，碧莲镇举办退休领导干部欢送会，镇领导班子和五位光荣退休的领导干部到场参加。

5月8日，县委组织部副部长潘健率组织科和远教中心科室负责人到碧莲镇督查、指导党的基层组织建设年工作开展情况和社区建设情况。

6月15日，碧莲镇召开中共碧莲镇机关委员会第一次代表大会。会议由镇纪委书记汤向阳同志主持，镇党委副书记汤志远同志作筹备工作报告，镇党委书记徐良明同志作重要讲话。

6月27日，碧莲镇举行“红七月服务月”动员大会，全镇党员干部、各党支部书记参加会议。

6月27日，召开庆祝中国共产党成立91周年大会，会议由镇长周寿宪同志主持，镇班子领导、镇机关工作人员、各党支部书记和社区党总支书记共120余人参加此次会议。

7月24日，碧莲镇召开“挂牌招才”选拔北溪村党支部书记人选面试。

7月26日，县政协副主席厉明富到碧莲镇调研，县国土资源局相关人员和镇党委书记徐良明同志陪同。

8月2日，碧莲镇召开动员部署会议，全体干部及碧莲水利局、碧莲国土所等相关人员与会。

8月22日，召开碧莲镇总工会成立暨第一次代表大会。会议由镇纪委书记汤向阳同志主持，镇党委书记徐良明作重要讲话。

9月13日，碧莲镇召开第十六届人民代表大会第四次会议。县组织部缪士毅副部长等领导到会指导，55名人大代表参加此次会议。

9月18日，召开碧莲镇农村合作经济组织联合会成立暨第一次会员代表大会，县供销社副主任朱捷向镇“农合联”授牌。县“农合联”专职副主任朱捷及秘书长潘贤臣出席会议，镇党委副书记汤志远主持会议。

10月10日，碧莲镇召开全镇计生网格化培训暨计划生育工作推进会，特别邀请县计生局纪检组长施秀跃出席会议。

同日，碧莲镇召开2012年征兵工作会议。全体驻村干部、43个村支部书记、主任、民兵连长，派出所、中学、卫生院负责人等参加会议。

10月25日，碧莲镇召开2011年基层站所效能行风综合评议大会。评议代表对碧莲广电站等13个参加评议的基层站所进行集中测评。会议由镇纪委书记汤向阳主持。

11月12日，碧莲镇召开学习党的十八大报告精神专题会议。会议深入学习胡锦涛总书记在大会上所作的报告，并提出学习贯彻意见。

12月12日，碧莲镇应坑村陈氏祠堂举行以“学习贯彻十八大精神”为主题的党课。党课由陈绍福老人主讲，214名老年人聆听党课。

2012年永嘉县大箬岩镇人民政府大事记

1月18日，大箬岩镇召开第十六届人民代表大会第一次会议，县委组织部副部长缪士毅出席会议并讲话。

2月21日，大箬岩镇禁毒办组织工作人员开展上门家访活动，遏制吸毒人员再次走上复吸道路。

2月23日，大箬岩镇召开“比学赶超、创先争优”主题实践活动动员大会。

3月22日，大箬岩镇禁毒办工作人员到大若岩镇白泉大桥开展“互看互学”活动。

4月23日，大箬岩镇试点新水利工程监督机制。

4月25日，大箬岩镇召开治安乱点整治动员大会，贯彻落实上级关于治安乱点整治工作精神。

5月31日，永嘉县慈善总会一行四人在徐宗仓会长人带领下到大若岩镇开展慈善慰问活动。

同日，大箬岩镇领导组织妇联、宣传等有关人员到开展“六一”慰问活动。

6月7日，大箬岩镇召开2012年度第二季度禁毒工作学习会议，各村居负责人、镇属部门干部等人员参加会议，镇长周旭丹主持会议。

同日，召开2012年安全生产工作暨培训会议。镇安全生产领导小组成员、各企业法人代表、各部门负责人、各村书记、村长参加会议。会议由人武部长刘昌东主持。

6月30日，大箬岩镇召开纪念建党91周年暨“七一”表彰大会。全体镇、村干部，镇机关离退休老干部，部门副职以上负责人，受表彰的优秀共产党员以及新发展的党员参加大会。

7月8日，大箬岩镇耕地土壤地力监测点建成，为该镇耕地的土壤肥力变化提供监测数据，进一步推进耕地土壤质量评价。

8月3日，县委书记盛秋平一行到大箬岩镇调研经济社会发展情况，县委组织部部长林乃排、财政局、住建局、林业局、旅游功能区、旅游投资公司等负责人陪同。

8月9日，大箬岩镇胜利召开第十四次妇代会。会议由李聪同志主持，县妇联主席陈晓芬、镇党委副书记潘陈一出席会议并发表重要讲话。

8月10日，召开共青团永嘉县大箬岩镇第十九次代表大会。团县委副书记叶克慧同志、镇党委副书记潘陈一同志、镇工会主席金邦仕、镇妇联主席陈小芬同志出席会议并发表重要讲话。

9月25日，大箬岩镇食品安全分管领导张仁谦副镇长率碧莲工商所、卫生监督所及本镇安监办、城建所等开展秋季食品安全检查。

9月26日，大箬岩镇在李海朋副镇长带领下，率安监办联合城建所、环卫所、风景管理处等部门开展景区安全隐患检查。

10月25日，大箬岩镇开展农村基层党风廉政建设示范村创建申报大会。参加会议的有镇党委书记汤森海、各村居党支部书记、主任、各驻村干部等。会议由镇纪委书记周公理主持。

同日，大箬岩镇召开2012年民主评议政风行风大会，会议由镇纪委书记周公理主持。

11月7日，大箬岩镇召开安全生产第四季度工作例会暨党的十八大消防安全保卫攻坚战会议。

11月11日，大箬岩镇召开基层组织工作例会，参加会议有镇全体脱产干部。镇党委书记汤森海同志主持会议。

12月6日，大箬岩镇召开“查无保安促稳”百日攻坚战动员大会。

12月14日，大箬岩镇召集派出所、工商、供电、安监、土地、城管等7个部门召开无证无照经营整治联席会议。会议由李海朋副镇长主持，镇主要领导干部参加会议。

12月26日，胜利召开中共大箬岩镇第六届代表大会第三次会议。本次大会由周旭丹镇长主持。

2012年永嘉县枫林镇人民政府大事记

1月16日，枫林镇召开第十六届人民代表大会第一次会议。

同日，由市委常委、组织部长李一飞、市人大常委会副主任王小同带队的市春节慰问团，到枫林镇开展春节扶贫慰问活动。

2月1日，召开领导班子和领导干部考核大会。全镇党政班子成员，中层正副职干部，行政村党组织书记、村委主任，镇直各单位负责人参加会议。

2月22日，枫林镇党委书记戴元兴率镇纪委书记王利友、人武部长潘良民等人专程赴松阳县四都乡学习考察该乡民情地图和新农村建设方面的先进经验。

3月16日，枫林镇召开“三分三改”工作动员大会暨业务培训会议。

3月27日，枫林镇召开班子成员思想解放讨论会。

3月30日，枫林镇举行村务监督委员会主任业务培训会。会议由镇纪委书记王立友主持，各村村务监督委员会主任共45人参加培训。

4月10日，枫林镇党委书记戴元兴、镇长叶胜杰率各片片长、村镇办全体成员、各村干部一行赴瓯北考察农房改造集聚和重点工程建设。

4月11日，县国税局谷伟民副局长、董礼敏副局长一行人到枫林镇开展“进村入企”大走访活动。

5月8日，枫林镇召开第二季度安全生产工作例会，会议由镇常务副镇长黄胜览主持，镇机关全体干部、各部门负责人、各村党支部书记或村委会主任共百余人参加会议。

5月18日，永嘉县残联、县教育局率队对枫林镇孤山小学开展慰问活动。

6月6日，枫林镇召开中共枫林镇机关第一次代表大会，会议由镇党委副书记金文达主持。

6月29日，召开全体党员大会，为建党91年周年献礼，会议由镇党委副书记、镇长叶胜杰主持，镇党委书记戴元兴作重要讲话。

7月19日，县纪委到枫林镇督查纪检工作，纪委办公室主任徐志光一行在镇纪委书记王利友的陪同下对镇村级便民服务中心、社区服务中心、村账代理中心建设运行情况进行督查。

7月26日，副市长任玉明率领市委农办、市供销社等有关部门领导到枫林镇调研农业公共服务中心建设工作，副县长林建波，镇党委书记戴元兴、镇长叶胜杰等陪同调研。

8月9日，召开枫林镇农村合作经济组织联合会成立暨第一次会员代表大会。县农合联主任滕强授、副主任朱捷、农合联代表参加会议。

8月21日，枫林镇第十五次妇女代表大会隆重开幕。永嘉县妇联副主席章春爱，镇领导戴元兴、金文达等出席会议。

8月22日，枫林镇总工会第一次代表大会隆重开幕。来自全镇各条战线的31名工会代表参加会议。

9月10日，枫林镇召开庆祝第二十八个教师节暨先进表彰大会。

9月21日，镇召开第十六届人民代表大会第二次会议。副县长何莉平，县组织部副部长潘建出席本次会议。

10月18日，市接收救灾捐赠办公室李正喜副主任一行在卢苍忠副镇长及社区负责人陪同下，深入枫林镇枫林社区对孤寡老人和留守儿童进行深切慰问。

11月20日，枫林社区联合枫林镇妇联、计生办开展计生宣传暨妇女维权活动。

11月29日，枫林镇召开学习贯彻党的十八大精神动员大会，全体机关干部、镇直单位负责人、各村党支部书记和村委会主任等参加会议。

12月17日，召开迎接年终考核准备汇报会，听取各线工作汇报，研究年终目标考核迎查工作，扎实做好迎检准备工作。

12月24日，枫林镇党委副书记吴学龙、宣传委员李春敏和镇民族宗教事务所、镇安全办相关负责人专程对辖区内教堂的消防、治安等安全工作进行专项检查。

2012年永嘉县鹤盛镇人民政府大事记

2月6日，鹤盛镇召开2011年度领导班子及班子成员考核工作会议，镇领导班子、中层干部、村两委负责人及相关人员参加会议。

2月14日，召开“比学赶超、创先争优”主题实践活动动员大会，党委副书记、镇长李永绍主持会议，党委书记黄鹤楼作重要讲话，党群副书记全旭东做动员部署。

2月29日，鹤盛镇召开综治信访维稳工作会议，会议分析当前镇信访维稳形势，对做好当前和今后一个时期政法工作做出全面安排部署。

3月1日，县考绩办会同住建局、楠溪江风景旅游管理局、林业局等干部到鹤盛镇督查造林绿化工作。

3月8日，鹤盛镇召开政法暨信访维稳工作会议，镇政法委书记胡培春作重要讲话。

3月20日，召开第一届人民代表大会第三次会议，会议选举产生一位新任副镇长蒋建聪。

4月17日，县纪委监察局汪金琰副局长率领有关人员对鹤盛镇纪检监察重点工作进行督查。

4月20日，鹤盛镇纪委对辖区内所属基层站所开展政风行风日常检查，督促基层站所改进作风、提高效能、优化环境，为打造“勤廉鹤盛”贡献力量。

5月15日，鹤盛镇宣传委员朱建平主持召开全镇信息工作专题会议，镇信息员及文化员参加会议。

同日，召开信访维稳专题研判会，镇党委书记黄鹤楼、党政领导班子成员参加会议。

6月6日，县人武部长罗晴军带领军事科干部到鹤盛镇调研指导基层武装工作。

6月7日，鹤盛镇常务副镇长邹显义主持召开“三分三改”工作推进会，全镇驻村干部、相关工作人员等六十余人参加此次会议。

7月13日，鹤盛镇召开由全镇机关党员及各行政村书记进行参加的省党代会精神学习会。

7月16日，鹤盛镇主持召开中层干部竞岗聘任民主测评会。镇全体机关干部参加此次民主测评会。

7月26日，召开“庆八一”现役军属座谈会，共同纪念“八一”建军节85周年，人武部领导和现役军人家属欢聚一堂。

8月1日，鹤盛镇召开人大代表座谈会，鹤盛选区各县人大代表、镇相关人员参加此次会议。

8月14日，共青团鹤盛镇第一次代表大会在圆满完成各项议程后胜利闭幕。

8月16日，召开第一次妇女代表大会，会议选举产生镇妇联第一届执委会。镇机关、部门、村两委共八十余名妇女代表参加此次会议，县妇联主席陈晓芬参加会议并作重要讲话。

9月3日，鹤盛镇召开全体机关干部工作会议。镇长李永绍主持会议，领导班子成员就坐主席台。

9月10日，鹤盛镇召开全体机关干部会议，听取驻村干部各线工作汇报，镇领导班子和全体机关干部参加此次会议。

9月29日，鹤盛镇召开2012—2013年度森林消防动员大会，全镇各村护林员、镇林业相关工作人员参加会议，农办副主任麻利平主持会议，副镇长吴若萍出席会议。

11月5日，鹤盛镇人大代表工作站举行揭牌仪式，镇人大主席周星锋、党群副书记全旭东以及鹤盛选区内的市、县级人大代表参加揭牌仪式。

11月27日，鹤盛镇组织召开以“学习党的十八大，保持党的纯洁性”为主题的民主生活会。会议由镇党委书记黄鹤楼主持，全体班子成员参会。

2012年永嘉县桥头镇人民政府大事记

1月16日，桥头镇党委书记戴源涌深入四角石村开展春节前夕慰问困难老党员活动。

1月16日，桥头镇隆重召开第十六届人民代表大会第一次会议。

2月9日，桥头镇隆重召开“比学赶超、创先争优”主题实践活动动员大会，会议由镇长卢银林主持。

2月15日，县纪委宣教室主任林孔强带领宣教室全体同志对桥头新城钮扣有限公司、方圆金属钮扣有限公司廉政文化建设工作进行调研。

3月13日，桥头镇召开“三分三改”工作业务培训会。全镇59个村居住村干部、报账员等130余人参加会议。

3月14日，桥头镇举办领导干部“解放思想、服务群众、科学发展”讨论会，会议由镇党委书记戴源涌主持。

4月23日，由县水利局质检站、水库管理站、桥头水利管理所、业主、设计、监理等单位组成的验收小组对镇大坝基坑开挖进行验收。

6月20日，县委书记盛秋平、副县长林建波一行赴桥头菇溪河督查防汛防台工作。镇长卢银林、人大主席邹锡琴、副书记朱晨霞陪同督查。

同日，市、县爱卫办到桥头镇验收沈岗村创省级卫生村工作。

6月28日，桥头镇镇长卢银林到坦头、外新等村调研旧村改造工作。人武部长潘崇相、组织委员谢琼、副镇长徐建光等陪同调研。

7月3日，省关工委副主任江坪、陈仲方，市关工委主任韩文德一行到桥头镇调研关心下一代工作。县委组织部长、县关工委主任林乃排，镇党委书记戴源涌，镇党委副书记徐浙忠陪同调研。

7月17日，召开桥头镇2012年上半年党风廉政建设执行情况汇报会，镇党委书记戴源涌出席会议并作重要讲话，镇党委副书记徐浙忠参加会议。会议由镇纪委书记吕淑平主持。

7月24日，县委书记盛秋平携县委办、县委组织部、财政局、国土资源局、交通局、水利局等部门负责人到桥头镇调研地方经济社会发展情况。

8月14日，召开桥头镇总工会成立暨镇工会第一次代表大会。会议由镇工会第一次代表大会主席团主持。

8月15日，胜利召开共青团桥头镇第十九次代表大会，全镇各条战线、各个行业的100名青年代表参加会议。

8月16日，桥头镇召开2012年第二季度经济运行分析会，镇长卢银林等领导班子及相关科室负责人、涉工部门负责人、各金融单位负责人、钮扣、拉链等协会负责人参加会议。

9月18日，召开农村合作经济组织联合会成立暨第一次会员代表大会。县供销联社副主任朱捷同志、镇人大主席邹锡琴同志等出席会议，大会由镇党委副书记徐浙忠同志主持。

9月27日，桥头镇召开2012年第三季度安全生产工作例会暨食品安全分析会，会议由党委副书记徐浙忠主持，镇长卢银林，镇党委委员、副镇长梅银富，各片片长出席会议。

9月28日，桥头镇召开第十六届人民代表大会第二次会议，县人大副主任季健中莅临大会指导。来自全镇各条战线的84名正式代表、82名列席代表和33名邀请代表出席大会。

10月9日，县委副书记姜景峰率政法、民政、信访、计生等部门有关负责人到桥头调研安保、综治、社区建设和人口计生等工作。

10月16日，桥头镇举行党代表听询会，县委常委、公安局长徐志宏，县人大常委会副主任季健中，县委组织部常务副部长陈立新，镇领导等参加会议。

11月20日，桥头镇综治办组织举办2012年群防群治业务知识培训会暨年度工作会议，会议由镇党委副书记胡程远主持。

12月25日，桥头镇综合执法中队正式挂牌启动。县委常委、常务副县长陈志斌为桥头镇综合执法中队授牌。镇党委、政府、人大三套班子领导，镇机关干部，镇属部门单位负责人参加授牌仪式。

2012年永嘉县桥下镇人民政府大事记

1月16日，桥下镇组织人员对镇政府所在地街道两边私自乱搭、乱建的违章建筑进行综合治理，集中拆违2000平方米。

1月29日，桥下镇桥下村村两委干部配合交警、城管等单位人员在新桥开发区农贸市场疏导交通秩序，当起“临时交警”。

2月14日，桥下镇召开“三分三改”工作推进会，贯彻落实市委、市政府以“三分三改”为核心的城乡统筹综合改革战略部署。

同日，桥下镇政府联合派出所、劳动保障所等部门在六岙村开展“防范抵御邪教、构建和谐桥下”宣传活动。

2月29日，桥下镇开展“走村入户、创先争优”调研走访活动。

3月19日，桥下镇开展宗教政策法规知识专题讲座，镇全体机关干部参加此次讲座。

4月17日，桥下镇领导班子成员一行到肖山村开展“进村入户”大走访活动，走村入户听民声。

4月25日，召开全镇民兵组织整顿工作部署会，对全镇民兵组织整顿工作进行具体部署。办事处、镇属相关部门和部分村居负责人及镇人武部全体专武干部参加会议。

5月3日，桥下镇召开环境卫生保洁工作座谈会。

5月18日，桥头镇政府组织全体机关单位人员开展《浙江省禁毒条例》知识培训会。

同日，桥下镇党委书记董庆标带领有关人员到昆阳办事处看望慰问驻村干部，帮助指导新农村建设。

6月26日，桥下镇组织召开流动人口计划生育均等化集中服务管理工作会议，各村计生员、企业管理人员、村卫生室负责人等参加会议。

6月28日，桥下镇隆重召开庆祝建党91周年暨“七一”表彰大会。镇及中心社区班子成员，下属党支部书记，受表彰的集体和个人参加会议。

7月26日，桥下镇召开“双聚”主题教育活动座谈会。

8月1日，桥下镇召开庆祝“八一”建军节暨武装工作恳谈会。

9月13日，桥下镇召开第三季度大学生村官工作例会。会议听取12名在岗的大学生村官前阶段工作情况汇报，并对大学生村官在村工作提出具体要求。

9月18日，召开农村合作经济组织联合会成立暨第一次会员代表大会。镇党委书记董庆标为桥下镇“农合联”举行授牌仪式，这标志着桥下镇农村合作经济组织联合会正式成立。

9月26日，桥下镇第十六届人民代表大会第二次会议在镇政府会议室隆重召开。全镇人大代表出席此次会议。

10月18日，召开全镇重点工作推进会。镇党委书记董庆标在会议中对桥下镇各项工作的落实提出明确要求，镇长周望欣总结部署当前重点工作。

10月24日，县委常委、宣传部长林小露率有关部门负责人到桥下镇进行社区文化建设调研指导。

11月8日，召开桥下镇残疾人联合会第六次代表大会。

11月9日，桥下镇召开信访维稳分析研判会。镇机关全体班子成员参加会议。会议总结前期维稳工作情况，研究部署近期具体工作。

11月26日，召开计划生育工作督查分析汇报会，各社区书记、片长、镇计生办的工作人员、各驻村干部参加会议。

12月27日，县文明办一行到桥下镇考核文明村、文明单位复评及春泥计划创建工作。镇文明工作分管领导和相关科室负责人陪同。

12月28日，桥下镇召开2013年度城乡居民医疗保险工作动员会议。各片长、全体驻村干部、村主要负责人、专职合管员等参加会议。

2012年永嘉县沙头镇人民政府大事记

1月16日，沙头镇政府联合水利、规划、土地等相关部门，落实今冬明春安全生产各项工作。

2月9日，召开全镇机关干部会议暨沙头镇“比学赶超、创先争优”主题实践活动动员大会，会议由镇长季洪海主持，全体机关干部70余人参加会议。

2月27日，沙头镇召开2012年固定资产投资工作会议，邀请县发改局局长徐霖森、统计局局长金叶森等到会指导工作。

3月1日，沙头镇组织执法人员对码砵村7处违章建筑进行强制拆除，共拆违12393平方米。

3月19日，沙头镇召开“比学赶超、创先争优”主题实践暨计划生育攻坚动员大会，镇各办事处、各村党支部、村委会、镇直属部门相关人员参加会议。

4月1日，沙头镇扎实开展城镇环境集中整治专项治理，比学赶超，吹响环境整治大会战的号角。

4月26日，沙头镇政府召集响山村造纸工业园区的6家企业主，就环境整治和长效管理等问题进行座谈。有关分管领导和村干部参加会议。

5月4日，沙头镇举行民兵预备役部队整组点验大会。

5月7日，召开“勤廉沙头”建设暨“510思廉日”专题讲座。会议邀请县纪委举报中心副主任陈泉讲课。

5月16日，沙头新居民所召开近80人参加的辖区内企业主通报会。

6月19日，沙头镇全面启动历史文化村落调查工作。

6月20日，沙头镇召开中共沙头镇机关第一次代表大会，大会选举产生中共沙头镇机关委员会委员7名，中共沙头镇机关纪律检查委员会委员3名。

6月29日，沙头镇召开纪念建党91周年暨基层党组织整改提高晋位升级动员会议。镇班子成员、驻村干部、村居（社区）书记、机关党支部书记参加会议。

7月2日，沙头镇党委、政府召开班子会议，认真贯彻落实会议精神，成立“一张网”模式工作领导小组，推进“网格化管理、组团式服务”工作。

7月16日，沙头镇召开药品安全示范镇创建工作动员会，对药品安全示范镇创建各项工作进行动员部署，全体机关干部参加会议。

7月23日，沙头镇召开学习省党代会精神专题报告会，会上邀请郑周鑫同志给全体机关干部上党课。

8月7日，沙头镇防汛抗台指挥部召开紧急工作会议。

同日，沙头镇挂钩领导、县宣传部部长林小露和县人武部部长罗晴军来沙头镇督查工作人员到岗到位情况。

9月20日，沙头镇召开共青团沙头镇第十九次代表大会。全镇团员代表参加会议，团县委书记、镇党委领导以及群团组织代表应邀参加会议。

9月26日，沙头镇召开征兵工作会议，回顾总结上年度征兵工作，动员部署今年冬季征兵工作任务。镇有关领导、各行政村负责人和民兵连长参加会议。

10月25日，县委常委、宣传部长林小露带领有关部门负责人来到沙头镇，对镇图书分馆、社区文化活动中心和有关省级文化强镇创建等工作进行督查指导。

10月30日，召开安全生产工作会议，全面部署当前和党的十八大期间安全生产工作。

11月17日，沙头镇组织100余工作人员开展“青山白化”专项治理大行动。

12月7日，沙头镇召开2012年迎老兵送新兵座谈会。

12月10日，沙头镇召开以“学习党的十八大、保持党的纯洁性”为主题的专题民主生活会。党政班子全体成员参加会议，会议由镇党委书记董群策主持。

2012年永嘉县巽宅镇人民政府大事记

1月4日，巽宅镇西岙办事处全体干部集中二楼会议室贯彻落实党代会精神，会议由西岙办事处主任郑钟南主持。

1月18日，西岙办事处召开迎新春座谈会，各村两委主要负责人及办事处全体干部参加会议。

2月6日，巽宅镇召开“比学赶超、创先争优”主题实践活动动员大会，周宁国书记，金哲旺镇长等镇领导，各办事处主任、副主任及全镇各村书记及村主任参加会议。

2月15日，市农办副主任雷大取率市、县农办有关人员，就欠发达地区特色产业强村培育情况，到巽宅镇郭坑村调研，镇党委书记周宁国陪同。

2月20日，副县长秦肖一行到巽宅镇调研下嵊社区建设工作，镇党委书记周宁国、委员陈超等镇工作人员陪同调研。

3月8日，巽宅镇召开全镇“三八”妇女节座谈会。镇党委副书记刘建、妇联主席孙春芹、妇联副主席金洁出席会议。

3月20日，召开公共机构节能减排工作会。镇内班子成员，全镇干部职工参加会议。会议学习《公共机构节能条例》，并对公共机构节能减排工作做安排部署。

4月1日，巽宅镇召开思想解放大讨论专题会，特邀原永嘉县广播电视局局长、原永嘉县县委副主任余哲春同志与巽宅镇全镇党员干部进行思想解放大讨论。

5月8日，巽宅镇召开“510”思廉教育大会，会议上镇党委书记周宁国做生动的警示教育讲话。

5月24日，巽宅镇召开基层站所民主行风评议动员大会，会议由镇纪委书记郑钟南主持，党委书记周宁国做重要讲话，全镇九个站所负责人参加会议。

同日，巽宅镇召开“勤廉巽宅”创建动员大会，会议由镇纪委书记郑钟南主持，镇党委书记周宁国做重要讲话。

6月7日，巽宅镇召开集体林权制度改革工作推进会暨试点村股权证发放仪式，镇党委书记周宁国、纪委书记郑钟南、分管林业副镇长包雷及全镇各村书记、村委会主任等参加会议。

6月26日，巽宅镇禁毒办联合综治办、司法所等部门举行以“珍爱生命，远离毒品”为主题的禁毒宣传签名活动。

7月12日，巽宅镇召开“双百结对、共建文明”座谈会，县文明办戴海滨科长、巽宅镇宣传部长张海鸥、6个市县级文明单位以及各自的结对村居参加会议。

8月7日，巽宅镇举行党风廉政专题会议，镇班子成员、中层干部参加本次会议。

9月26日，召开中国共产主义青年团巽宅镇第十九次代表大会，团县委副书记单飞杰、镇人大主席、党群副书记刘建到会并作重要讲话，妇联主席孙春芹到会并致贺词。

9月27日，巽宅镇召开2012年度征兵动员大会，全镇各村支部书记、村委会主任、民兵连长以及全镇驻村干部，征兵相关部门单位负责人参加会议，会议由镇人大主席、党群副书记刘建主持。

10月9日，召开节能减排工作攻坚会议，镇党委书记周宁国，镇长金哲旺等镇领导以及全镇单位有关人员参加会议。

10月22日，巽宅镇举办《浙江省禁毒条例》知识培训会，该镇全体工作人员参加此次培训会。

12月3日，开展“节能减排从我做起”“我为节能减排做贡献”主题活动，制作“节能环保人人有责，和谐发展人人受益”宣传标语，进一步使巽宅镇居民全面解节能环保知识。

12月10日，巽宅镇人民政府组织百名党员干部参加廉洁自律签名活动。

2012年永嘉县岩坦镇人民政府大事记

1月16日，市政协主席包哲东率挂钩单位到岩坦镇开展扶贫慰问座谈。

2月3日，岩坦镇召开2011年度领导班子及领导干部考核工作会议。

2月29日，省民政部专家、市民政局携县有关部门负责人到岩坦镇合溪社区开展调研工作，认真听取镇领导班子的工作报告及社区负责人的介绍。

3月7日，岩坦镇召开第十四届“三八”国际劳动妇女节102周年纪念表彰大会，镇领导及妇联主席、各村妇女主任参加会议。

3月31日，召开县第十二次党代会和县“两会”精神专题报告会，并邀请县宣讲团成员李林贵老师主讲。镇领导班子、各办事处成员、村两委负责人参加会议。

同日，岩坦镇召开党建工作会议暨“基层组织建设年”动员会议。镇直单位负责人、全体工作人员及村两委负责人参加会议。会议由镇党委副书记徐翔主持。

4月10日，县政协副主席傅朝宗率县政协拆违、绿化督查组一行到岩坦镇视察拆违、绿化工作，镇领导郑建南、滕建辉、郑利雨等陪同。

4月16日，岩坦镇召开“组织工作公信度”调查活动会议，并邀请县统计局副局长金建华对工作进行指导。

4月28日，岩坦镇第十六届人民代表大会第三次会议拉开序幕。会议由人大主席周寿弟主持，镇党委书记郑建南参加会议，县委组织部副部长陈立新到会祝贺。

5月17日，岩坦镇召开农村新社区建设工作会议，镇班子成员、办事处主任、各社区党总支书记参加会议。

6月11日，召开2012年第二季度禁毒工作考核前自查会议，镇党委副书记滕建辉的主持会议。

6月15日，岩坦镇召开中共岩坦镇机关第一次代表大会，会议由镇党委副书记徐翔主持。

6月19日，岩坦镇召开基层党组织整改提高晋位升级动员会议，各村、部门党支部负责人参加会议。

7月11，县委常委、纪委书记章寿禹一行到岩坦调研指导农村新社区建设工作，并与岩坦镇领导和有关社区干部进行座谈。

7月31日，岩坦镇召开基层组织建设百日攻坚行动动员大会，镇党委书记郑建南到会并作重要讲话。

8月9日，召开中国共产主义青年团岩坦镇第十七次代表大会。镇党委副书记徐翔同志、镇人武部部长潘理民、宣传委员谢月微及全镇各团代表出席会议。

8月10日，岩坦镇总工会第一次代表大会隆重开幕，全镇各部门代表参加这次盛会。会议由郑建军主持。

9月3日，岩坦镇召开人事调整后第一次片组长会议，镇班子领导、各社区片组长参加会议。

9月14日，镇农村合作经济组织联合会成立并举行第一次会员代表大会，镇长林建杭向镇“农合联”授牌。县供销合作社联合社副主任朱捷出席会议。

9月25日，岩坦镇第十六届人民代表大会第四次会议拉开序幕，会议由郑建南、徐翔主持，县委组织部副部长陈立新到会祝贺。

10月19日，岩坦镇召开城乡统筹综合改革推进会，会议由镇长林建杭主持。

11月9日，召开计划生育工作落后单位形势分析会，镇领导班子及落后单位负责人参加会议。

11月30日，开展县第十二次党代会第八代表团活动，县委常委、楠溪江风景旅游区党委第一书记胡宝峰参加。

12月14日，岩坦镇召开题为“学习党的十八大，保持党的纯洁性”的党员领导干部民主生活会。

2012年永嘉县岩头镇人民政府大事记

1月13日，县长娄绍光率人口与计生局、信访局、新闻信息中心等部门负责人到岩头走访慰问困难群众。

2月2日，岩头镇召开2011年度领导班子及领导干部考核工作会议，镇领导班子、中层干部、村两委负责人及相关人员参加会议。

2月7日，岩头镇党委委员朱清化组织召开第一季度组织员例会。

2月28日，岩头镇召开驻村干部村情调研报告暨解决思想大讨论会，镇全体机关干部参加会议，镇党委书记何学考主持会议。

3月14日，岩头镇隆重召开第十六届人民代表大会第三次会议。会议由镇党委书记何学考主持，全镇人大代表及特邀人员参加。

3月28日，温州市妇联主席鲁爱民、副主席吴晓娟、永嘉县妇联主席陈晓芬等一行到岩头镇禁毒办检查指导禁毒工作并召开座谈会。

3月29日，永嘉县人民银行挂钩岩头镇禁毒办召开座谈会。永嘉县人民银行金行长和戴主任及禁毒办工作人员参加此次会议。

4月5日，副县长周俊武、何莉平和县卫生局、民政局、招商局等部门负责人到岩头镇调研养老养生建设招商项目。镇党委书记何学考、镇长戴春光、副镇长胡旭明陪同调研。

4月16日，岩头镇召开“进村入户”推进会。

4月19日，县计生局督查组潘齐忠副局长、章妙建科长等一行深入岩头镇对计划生育工作预警指标进行督查考评。

5月13日，岩头镇召开全体干部大会暨各线领导效能督查会。

5月16日，中国美术学院设计院几位专家到岩头镇苍坡村，对该村整体环境整治，路面绿化工程，提升旅游项目的管理等提出实质性的意见和建议。

6月5日，副县长周俊武带领文化局、教育局等部门负责人到岩头镇，就岩头镇的文化教育工作召开座谈会，镇党委书记、镇长及主管文化、教育的相关负责人参加。

6月6日，岩头镇纪委召开半年度工作会议。会议有镇纪委书记王富强主持，镇全体纪委委员、各办事处纪委成员参加会议。

6月14日，岩头镇举行机关党委第一次代表大会。会上选举产生以沙定锚为书记的第一届机关党委和以谷明宝为书记的第一届机关纪委。

7月3日，岩头镇召开城镇管理加强月部署会议。加强岩头镇的管理，推动市二星级文明镇创建工作顺利推进。

7月11日，岩头镇镇长戴春光带领镇政府及国土、水利等单位工作人员对辖区内山塘水库及地质灾害点进行抽查，切实排除安全隐患。

8月2日，召开创建和谐宗教场所座谈会、培训会。镇统战委员戴建武主持会议。

8月14日，岩头镇召开第十五届妇女代表大会，会议选举产生镇妇联第十五届执委会。

9月6日，副县长刘辉文等县领导一行人，到岩头镇开展产业发展、项目建设等调研工作，镇党委书记何学考主持调研会。

10月17日，岩头镇统战部长戴建武赴表山社区组织辖区内畲族代表6人开展座谈会。

10月24日，岩头镇组织召开2012年站所行风评议和民主测评大会，村党支部书记、村委会主任及县镇人大代表等参加测评会。

11月6日，岩头镇召开十八大期间信访维稳工作分析会，镇班子成员、稳控领导和稳控责任人参加会议。

12月10日，岩头镇党委召开关于尽快做好社区知晓率和办事满意度提升工作动员大会。

12月11日，岩头镇党政领导班子召开2012年度民主生活会，县领导章寿禹和潘统龙参加会议。

2012年洞头县元觉街道办事处大事记

1月10日，温州市科协张建民主席带领干部职工，到挂钩联系村元觉街道状元村开展走访慰问活动。

2月1日，市计生委考核评估组一行在县计生委相关领导们的带领下，到元觉街道对2011年度人口与计划生育目标管理工作进行考核评估。

2月7日，街道组织召开街村干部大会，传达贯彻全县海洋经济工作会议精神，部署开春重点工作。

3月12日，元觉街道和状元岙港区正式签约，共同合作开展“港街共建”活动。

3月14日，街道组织机关干部、计生专干、各村两委成员等一行人，深入到外来流动人口集中的状元村、沙角村、沙岗村进行信息大排查。

4月16日，举行以“谒妈祖•祈平安•国泰民安”为主题的第三届中国•洞头妈祖平安节元觉主会场开幕式。

4月19日，副县长林新磊率县财政、海洋渔业、经信、发改、旅游、房管局等部门负责人，深入元觉街道开展现场办公，为民解困、为企排忧。

4月26日，元觉街道活水潭村的元觉社区综合服务中心正式揭牌运行。县委副书记林琼，副县长叶海峰等县领导出席揭牌仪式并为该服务中心揭牌。

5月2日，县委常委、组织部长钱敏云一行，深入元觉社区调研农村新社区规范化建设工作。

5月22日，街道发动群众进村入户到企业，多方位开展计生宣传，拉开“5.29计生会员活动日”纪念活动的序幕。

5月28日，街道开始逐步完善新闻信息工作机制，提升宣传工作水平。

6月12日，街道召开党风廉政建设的专题报告。

6月15日，召开2012年上半年党建工作联席会议，辖区14个党支部书记、各村党建指导员、大学生村官等参加会议。

7月8日，召开全县街道乡镇纪（工）委书记工作例会。县委常委、纪委书记张雨参加此次会议。

7月16日，县人大常委会副主任张孚标一行5人到元觉街道辖区的农贸市场、食品加工厂以及小餐饮店进行视察，深入调研食品安全工作。

8月17日，元觉街道实行网格化管理、组团式服务，初见成效。

8月19日，街道举行“社区检察联络站”挂牌仪式，这标志着该街道检察工作社区联络站正式设立和运行。

8月29日，街道顺利完成第四届渔民协会换届选举工作。

9月24日，元觉街道举行“孝道元觉工程”启动仪式暨社区孝道文化接开幕式，县委常委、宣传部长张京，副县长娄京茜出席活动。

10月7日，街道召开双节期间舆情维稳动员会议。

10月23日，街道隆重举行孝老敬老大会暨首届老年人运动会，来自街道各行政村老人协会的300多名老人参加此次活动。

10月26日，街道组织开展基层站所行风评议活动，促进干部职工牢固树立爱岗敬业、服务群众、服务社会经济发展的大局意识和思想。

11月1日，召开洞头县工商联元觉街道商会成立大会暨第一次会员大会，辖区34家会员单位和30余名特邀嘉宾参加此次成立大会，县工商联、街道党工委有关领导出席会议。

11月9日，街道残疾人联合会第六次代表大会圆满结束，30名正式代表和20名特邀、列席代表参加会议。

12月2日，县委常委、常务副县长苏立盛到街道对重点工程建设情况进行调研，实地解工程的建设情况。

12月24日，街道组织召开党总支成立大会，来自街道机关党支部、义校党支部53名党员参加大会，会议选举产生元觉街道机关党总支班子成员。

12月25日，街道召开2012年度领导干部述职述廉会议，街道全体机关干部、社区、各村两委成员60多人参加会议。

2012年洞头县大门镇人民政府大事记

1月4日，隆重召开大门镇第十一届人民代表大会第一次会议。

1月12日，县委常委、常务副县长苏立盛，县人大常委会副主任林海珊，副县长林新磊看望慰问镇里的困难群众。

2月8日，大门镇马山头水库加固工程和黄岙中低田二期改造项目举行开工仪式。

2月28日，正式启动由大门海洋经济示范区、大门镇、大小门岛投资开发有限公司“三位一体”运作模式。

3月6日，县发改局组织召开农村客运班车票价调整意见征求会，会上邀请政府、运输企业、各村居消费者代表建言献策，共商农村客运工作大计。

3月9日，大门镇首家旅行社服务网点—洞头县大自然旅行社有限公司大门门市部正式开业，该镇旅游业发展迈上一个新的台阶。

3月21日，隆重举行洞头县大门海洋经济示范区授印授牌仪式，标志着洞头县大门海洋经济示范区正式成立，吕东辉任该功能示范区党委书记。

4月9日，市督查组一行到大门海洋经济示范区督查示范区建设和运行情况。

4月11日，县人大常委会副主任张孚标率人大督查组到大门镇，就破难攻坚八项整治行动涉及的农房改造集聚工程、交通畅通专项行动、交通安全管理等情况进行督查调研。

4月19日，县委常委、常务副县长苏立盛率队到大门镇开展“进村入企”大走访活动。

5月18日，召开“建镇20周年”座谈会，县委副书记林琼，县委常委、常务副县长苏立盛，县人大常委会副主任林海珊，县政协副主席吴金弟等县四套班子领导出席会议。

5月24日，副县长谢忠诚一行到大门调研大门海洋经济示范区运行情况及工业建设情况。

6月12日，大门镇开展组织人员对镇内多处存在严重地质灾害隐患点进行检查，并现场研究相关防灾措施。

6月12日，大门镇启动孕环检、妇女病普查及农民健康体检“三查合一”活动。

6月24日，大门镇完成历史文化村落普查工作，重点调查各村居的文物古迹、文化遗存、古建筑等，并上报普查成果。

7月10日，大门垃圾外运工程正式启动并试运行成功。今后，大门镇每日可外运10吨垃圾，大大改善大门镇的生态环境。

7月25日，大门镇联合大门工商所、大门质监所、大门社区卫生服务中心等单位对全镇2家药品经营店和11家村卫生室进行全面检查。

7月30日，大门镇开始施行“横向到边、纵向到底、全覆盖、无盲区”的消防管理网络。

8月15日，大门镇开展组织人员对辖区水域渔业安全生产进行大检查，以避免渔船水上安全事故发生。

9月12日，大门镇结合实际，组织开展迎检攻坚月活动。

9月13日，挂牌成立大门镇首个居家养老服务中心——大门社区居家养老服务中心；这标志着大门镇老龄事业迈出新的步伐。

9月18日，大门镇首次以“重点工作村居排行榜”的形式向群众公布今年8月份全镇25个村居重点工作完成情况。

10月23日，温州LNG项目正式落户大门镇小门岛。

11月12日，隆重召开大门镇残疾人联合会第六次代表大会，30名残联会正式代表、24名列席代表、镇机关部门站所16名特邀代表出席会议。

11月19日，大门镇召开党外知识分子联谊会成立大会暨第一次会员大会。

12月9日，大门镇环岛公路路面破损修复工程全面开工建设。

12月10日，大门镇消防中队组织20余名义务消防队员开展消防业务知识技能培训。

2012年洞头县鹿西乡人民政府大事记

1月12日，县委常委、宣传部长张京，副县长叶锦丽，县政协副主席叶明久等县领导到鹿西乡困难群众家中开展春节慰问活动。

1月5日，鹿西岛采用电信息采集系统。

2月10日，召开的渔业工作座谈会，来自渔业生产、管理、服务一线的乡村干部、渔民老大、养殖大户积极为鹿西的渔业转型发展建言献策。

2月16日，鹿西乡启动农房集聚改造工作。

2月21日，鹿西设立临时立案庭，将调解室作为立案庭“现场立案”在洞头尚属首例。

3月6日，召开重点建设与政策处理工作推进会。会议贯彻传达全县投资会议精神，对鹿西乡在建重点工程、政策处理工作进行细解，对工程招投标程序进行指导与强调。

3月7日，县人大常委会副主任叶明理率人大执法检查组一行就全县贯彻执行《海岛保护法》情况到鹿西开展执法检查活动。

3月26日，鹿西乡全体乡村干部齐聚一堂，喜迎鹿西社区挂牌成立。

4月10日，召开海渔事纠纷诉调衔接现场推进会。县委常委、常务副县长苏立盛出席会议。鹿西乡、县司法局等单位作典型经验交流发言，宁波海事法院审判委员会专职委员吴勇奇出席会议并介绍涉渔纠纷审判及诉调衔接工作情况。

4月12日，县委常委、宣传部长张京率队到鹿西乡开展“进村入企”大走访活动。

5月3日，鹿西乡开展违章“六必拆”整治大行动，此次拆违行动拆除面积近1000平方米，拆违率达到100%。

5月6日，鹿西边防派出所激活警务服务机制，推出办事窗口民警值班制、电话业务咨询制和主动上门服务制三项措施。

5月13日，鹿西乡全面铺开“一船一筏”建设工作，全面提升船舶作业抗风险和自救能力。

6月10日，鹿西乡采取多举措开展涉农资金专项自查，确保惠农政策落到实处。

6月21日，举行“6.26”国际禁毒日宣传知识竞赛，来自各村居、部门、单位等21名选手参加此次竞赛。

6月25日，正式启动“畅游生态渔乡感受渔家风情”采风活动。

7月5日，县人大食品安全执法检查组一行深入鹿西乡，就《食品安全法》贯彻实施情况开展检查。县人大常委会副主任叶明理率队检查。

7月27日，鹿西乡首创“船务公开”，大大提高调解的效率和基层的民主管理。

8月14日，鹿西信用社首次举行“送金融服务进村居”的便农宣传活动，村民们踊跃参与。

8月15日，县消防局联合鹿西乡消防中队组成检查组，深入鹿西乡辖区内各企业、旅馆、棋牌室开展消防安全大检查。

8月16日，鹿西乡完成第一次全国水利普查工作。

9月20日，鹿西社区以第十届开渔节为平台，举办“鱼嫂厨艺大比拼”活动。

11月7日，隆重举行洞头县工商联鹿西商会第一届会员代表大会，这标志着洞头县工商联鹿西商会正式成立。

11月8日，召开十八大转播电视会议，该乡全体机关干部、部分党员干部、村主职干部准参会。同时，该乡社区、各村居同步组织党员、村民观看十八大开幕盛况。

12月15日，鹿西岛并网型微网示范工程在洞头县鹿西岛正式开工建设。

2012年平阳县昆阳镇人民政府大事记

1月7日，昆阳镇城北中心公园一期工程进入扫尾阶段。

2月8日，昆阳镇启动为期一个月的建筑垃圾运输处置专项整治行动，从严查处各类违法运输、污染路面和河道、偷倒渣土和偷排泥浆等行为。

2月28日，昆阳镇政府牵头，联合工商、质监、行政执法、卫生等部门，对镇辖区内昆阳一小、县机关幼儿园等校园及周边环境进行整治。

5月3日，县领导的带领相关部门先后在昆阳镇汇水河路等处督查省级示范文明城市创建工作，集中整治餐饮业违章现象。

5月15日，昆阳镇实施网格化管理“一张网”工作模式，整合综合治理、新居民服务、信访等12个部门资源，设立信息处置服务中心，极大地方便群众办事。

5月20日，举办以“科学饮食，安全用药”为主题的药师进社区送温暖活动，以传播合理用药知识，引导广大市民科学饮食，安全用药。

6月6日，昆阳镇青少年禁毒教育基地举行启动仪式暨“国际禁毒日”主题活动。

6月27日，昆阳镇城关社区的20名文明监督员正式上岗，对该社区“清洁家园”行动进行考核打分，进一步促进文明创建工作。

7月6日，昆阳镇社区志愿者、青年志愿者、巾帼志愿者等7支队伍近300名成员开展“绿化带大清理”活动。

7月12日，召开“践行三心四德，做一个有道德的人”主题活动，由县委书记王中毅主讲。

7月24日，昆阳镇白洋路的地下排水管道改换大管，以缓解该路段排水不畅。

8月2日，昆阳镇召开第9号台风“苏拉”防御工作会议，要求各社区及有关单位全力投入防台抗台工作。

8月20日，由县文明办、昆阳镇政府主办的“三心四德”孝心专场活动在我县文体中心前的百姓歌坛举行。

8月27日，县文明办考察组深入昆阳镇多个村庄，开展文明村创建情况调研、考察。

9月12日，昆阳镇投资30余万元，在城区范围内进行盲道大整改，对缺失盲道的人行道进行修补、新增盲道。

9月12日，昆阳镇政府、昆阳工商分局联合为镇200多家食品经营户举行流通领域食品安全知识讲座。

10月18日，在昆阳镇环保、供电、城管等部门对辖区内从事小烂版非法加工的作坊进行统一整治大行动，取缔8个非法烂版加工点。

同日，昆阳镇着手建立户籍化管理档案，有序开展消防安全领域大检查大整治专项行动。

10月23日，昆阳镇综治办、社区、公安、司法、宣传等部门联合召开“共创平安平阳、共享平阳平安”会议，结合工作全面部署安保工作。

11月9日，昆阳镇城北社区党代表工作室积极探索党代表询问制，近10名来自该社区的党代表轮番向镇领导班子负责人提出群众普遍关心的民生热点问题。

11月14日，昆阳镇城东村的股改、地改工作基本完成，全镇股改地改工作全部完成。

11月27日，残疾人联合会召开第六次代表大会，全镇82名代表出席会议。

12月12日，召开2013年城乡居民基本医疗保险工作会议，总结2012年度新农合工作，安排部署2013年度新农合医疗基金征收等工作。

12月25日，中共昆阳镇练川社区委员会和昆阳镇练川社区管理委员会挂牌成立。县委常委、组织部长赵乐平出席揭牌仪式。

2012年平阳县鳌江镇人民政府大事记

1月18日，隆重召开中国共产党鳌江镇第十一届代表大会第三次会议。

1月19日，召开鳌江镇第十七届人民代表大会第二次会议。大会选举陈先夏同志为鳌江镇人民政府镇长，林开杰、潘美娟、陈均眺等三位同志为副镇长。

1月30日，县委书记王中毅、副县长林伟、县政协副主席林大雪率住建局、国土局、经信局、招商局、交通局、港航局、农房办、昆鳌一体化办公室等部门负责人到鳌江调研。

2月1日，召开三套班子会议，学习贯彻全县三级干部大会的精神。

2月13日，举行鳌江镇中层干部全员竞争上岗动员大会。县委常委、镇委书记陈伟作重要讲话。

2月14日，县委书记王中毅、县人大常委会主任胡方勇率相关部门负责人到鳌江督查六城联创工作。

3月13日，举行鳌江镇土地卫片执法检查工作会议。鳌江新区党委副书记林宝宽主持会议。

3月18日，县委常委、鳌江镇委书记陈伟召开党委扩大会暨理论中心组学习会，传达温州市三级干部大会精神。

3月19日，召开迎接省级示范文明城市预检工作会议。镇委副书记肖云格出席会议并讲话。

5月12日，鳌江镇民防志愿者服务队举行组建暨授旗仪式，副县长林伟到场为服务队成立授旗。

5月17日，召开十六家零增地企业技改协调会。镇长陈先夏主持并作重要讲话，十六家企业代表进行座谈讨论。

6月5日，鳌江镇召开全镇安全生产百日攻坚大行动会议。

6月12日，举行鳌江商会筹备工作会议，决定18日召开鳌江商会首届会员大会。

6月26日，鳌江镇安监局组织开展鳌江镇社区安全生产知识培训会，各社区书记、分管主任以及驻村干部近120人参加培训。

7月17日，召开鳌江镇拆违工作会议，镇长陈先夏主持会议并讲话。

7月19日，召开鳌江镇消安委工作暨党的十八大消防安全保卫战会议。

7月27日，平阳县政协之友社部分成员在原县政协副主席伍兆澄带领下来鳌调研旅游产业发展情况。鳌江新区委员余燕品汇报有关工作。

8月1日，举行中共鳌江镇第十一届代表大会第二次会议代表提案交办会。镇委副书记肖云格、镇委组织委员宋进胜出席会议并讲话。

8月9日，县委常委、鳌江镇委书记陈伟视察幸福社区群众文化活动。镇领导肖云格、黄喜讯、潘美娟、陈均眺陪同。

8月16日，镇委副书记肖云格对省级文明镇复评县文明办初检后整改情况进行督查。

9月2日，鳌江镇诗词学会成立。县宣传部副部长、县文联主席周立坦，县文学协会主席任泽健，县诗词学会会长张奋，中华诗词学会会员、文楼画院院长徐诗容到会祝贺。

9月18日，鳌江镇戏剧工作者协会召开第一次会员代表大会宣布成立。

10月21日，鳌江镇摄影工作者协会成立暨第一次会员大会召开。

10月26日，举行2012年阳光助学•五老护苗志愿队结对贫困生仪式。

11月17日，举行以“三生融合•幸福家庭”为主题的文艺晚会，近800名群众共同参与活动。

10月18日，鳌江镇科协和食安办联合举办“食品安全与公众健康”科普互动讲座，对全镇食品安全联络员进行培训。

12月6日，举行鳌江镇新老居民和谐促进会第一届会员大会。

12月12日，举行鳌江镇文学艺术界联合会第一次代表大会，县委常委、镇委书记陈伟为文联授牌授印。

2012年平阳县水头镇人民政府大事记

2月10日，水头镇组织住建、国土资源等部门执法人员对违建房屋进行强制性拆除，共拆除违建占地和建筑面积共2100平方米。

2月18日，水头镇召开中层干部全员竞争上岗动员大会。

3月8日，水头镇开始开展四项手术和社会抚养费征收大行动，为扭转在全县计生动态排名中的不利局面。

3月28日，召开城市转型发展破难攻坚动员大会，会议着力抓好项目建设攻坚、实体经济振兴、土地开发提速、“村房两改”、拆违美化、交通畅通、计生攻坚等七项工作。

3月30日，水头现代农业园区规划建设方案通过评审。

5月4日，水头镇开展计划生育“百日攻坚”大行动，把出生人口性别比综合治理和社会抚养费征收作为重点。

5月29日，水头镇联合县公安消防局开展消防知识宣传活动，以全力提高群众消防安全意识。

6月7日，水头镇妇联联合镇社会事务管理办举办“爱心妈妈”结对帮扶座谈会。会上20多名爱心妈妈志愿者结合结对帮教工作作表态发言。

6月13日，由水头镇党委、镇政府主办的首届文化艺术节拉开序幕。

6月19日，水头镇法制文化广场落成。这标志着平阳县有首个综合性的法制文化阵地。

7月4日，水头镇文明办、街道社区管委会、镇团委共同举办为期7天的“创文明城镇，做文明市民”文明创建宣传活动。

7月25日，水头镇召开基层组织建设“百日攻坚行动”、综治和计生工作会议，是该镇半年度期间召开的规模较大、规格较高的大会。

8月22日，水头镇开展安全生产大排查大整治，对辖区内的安全隐患进行“地毯式”检查和“网格式”整改，以切实筑牢安全生产工作基础。

8月26日，水头镇举办消防安全网格化人员培训会，邀请县公安消防局有关人员对与会人员进行相关知识培训。该镇各社区、村(居)相关人员参加培训。

8月28日，水头镇召开有限空间、粉尘等作业安全培训会议，来自全镇各社区、各部门及相关企业的主要负责人、管理员、操作员等300余人参加会议。

9月10日，水头镇十字会举行揭牌仪式，会员均由热心于社会公益事业的社会各界人士组成，目前已发展第一批会员62人。

9月17日，水头镇召开非公企业党建推进会，会议提出通过抓组织建立、抓队伍建设、抓作用发挥、抓规范提高等四种抓手，开创非公有制企业党建工作新局面。

9月27日，水头镇文明办、综治办联合设立60个有关文明创建和安全生产的灯牌，打造文明商贸一条街。

10月8日，水头镇举办“行孝之爱，仁义水头”为主题的首届孝文化节。

10月29日，率先启动第二阶段户外广告设施整治工作。将拆除170个户外广告牌，涉及拆除面积810平方米，以大型灯杆(高炮)为主。

11月15日，水头镇南湖荷花观光农业示范园通过市农业“两区”建设领导小组的考核验收。

11月2日，县农业局组织专家组对水头镇江屿社区雅仕村的单季晚稻省级千亩高产示范方进行实产验收。

12月18日，举行首届水头镇文化艺术节书画摄影展，共展出字画摄影作品百余幅，涵盖名家字画、艺术节掠影、一日摄影赛获奖作品等内容，展现当地独特的自然风光、人文风貌、民俗风情以及厚重的文化感和浓郁的人文气息。

12月19日，温州同德医院和苍南仁和医院联合在水头镇计划生育指导站为溪心社区区民、新居民及老人开展“幸福温州，益暖水头”关爱大众健康义诊活动。

2012年平阳县万全镇人民政府大事记

1月28日，万全镇2012年打响的拆违第一炮。古农村10户违建户完成自拆。

2月2日，万全镇计划生育办公室联合县人民法院执行局等开展“黎明行动”，对近年来计划生育抚养费征收沉积案例进行清查清理。

4月6日，万全镇举行2012年经济工作会议暨万全商会成立大会。县委常委、副县长郑杰，县政协副主席、县委统战部长姚宗纯等参加会议。

5月15日，万全镇成立“五老护苗”志愿队，广泛开展为未成年人办实事活动。

5月16日，举行“育苗助长”启动仪式，15名具有丰富农村工作经验的镇(乡)中层干部与该镇15名最新一批录用的新干部进行结对，开展一对一帮带。

5月28日，万全镇正式对外开放“巾帼书屋”。

6月20日，万全镇召开工会第一届委员会、共青团、妇女组织的选举和成立大会。会议选举产生万全镇妇联第一届执行委员会委员、主席、副主席。

7月11日，万全镇新居民服务管理所、派出所对辖区重点企业200名首批优秀新居民免费办理、发放9年期限的浙江省《居住证》。

7月24日，万全镇人大代表到万全镇郑楼社区的菜市场、车站、背街小巷、临时摊点、停车泊位等处督查全镇文明创建工作。

8月10日，万全镇再次督查全镇文明创建工作。推进万全镇文明创建工作，顺利迎接省级文明镇验收。

8月20日，万全镇政府联合派出所、安监办、消防、供电、城建综合执法队等有关人员，对全镇范围内的厂房开展安全生产大检查。

8月23日，万全镇作为温州市唯一一个乡镇代表参加全市“道德讲堂”建设工作会议，并在会上作万全镇“道德讲堂”建设工作汇报。

10月8日，举行首届社区运动会，100多名来自社区的居民参加活动。

10月23日，万全镇志愿者开展一系列“孝亲敬老”活动。

10月25日，万全镇开展民企结合县委“双聚”主题实践活动，努力构建学习型企业建设模式，以拉近企业与职工之间的距离。

10月31日，万全镇8个村，接受市级生态村创建考核验收。

11月11日，万全镇干群积极开展以学党史、知党情、跟党走为主题的学习活动，以增强理论素养和党性修养，为区域发展献计献策。

11月13日，万全派出所开展以“为民服务零距离，安全防范进万家”为主题的“警民恳谈日”活动。

11月16日，副组长、温州市水利局调研员张俊凯率队的考核组对万全镇河道管理“五位一体”试点工作进行考核。

12月5日，万全镇标准厂房园区民企联合，组织开展冬季消防安全应急预案演练活动。

12月26日，举行万全镇志愿者协会授牌、授旗仪式，标志着万全镇志愿者协会正式成立。

2012年平阳县萧江镇人民政府大事记

2月23日，萧江镇安监所联合该镇消防工作站等单位，在桃源中心幼儿园举办消防安全知识讲座，并开展校园消防安全逃生演练活动。

6月21日，召开计生工作落后单位约谈表态会，对相关部门负责人进行批评通报并实行诫勉谈话、取消考勤考绩奖、暂停职务等处理，对相关责任社区和计生主管部门进行集中约谈。

6月14日，萧江镇民众自发组织对占用消防通道的建筑物进行拆除。

6月20日，萧江镇集中开展安全生产宣教等活动，推动"安全生产月"活动扎实有效开展。

7月1日，萧江镇人大主席团召集该镇大同社区的镇人大代表、村干部对全镇河道进行视察，并召开座谈会。

8月8日，召开安全生产工作推进会暨十八大消防安全保卫动员大会，传达省、市安全生产工作电子电话会议精神，并对消防安全保卫工作进行部署。

8月10日，萧江镇开展以"真心奉献共铸诚信"为主题的诚信宣传活动暨志愿者服务队授旗仪式，以激励更多人参与志愿服务，促进"诚信萧江"建设。

9月6日，萧江镇企业会计协会成立，并召开第一次会员大会。会议共120人参加，选举产生第一届理事会。

9月13日，萧江镇组织工商、卫生监督等相关部门，对萧江一中、萧江二小、小童洲幼儿园、萧振高中等学校的食堂卫生及周边卫生状况进行检查。

9月15日，萧江镇组织人员对违规户外广告进行拆除，共拆除25个违规户外广告。

10月12日，萧江镇妇联和萧江二小联合主办平阳县"万名父母家长进学校——家庭教育提升行动"活动。

10月19日，召开殡改、禁新、治理青山白化工作推进会，下发《关于开展青山白化专项整治行动的通告》，部署青山白化治理工作。全镇各社区、村干部参加。

10月27日，萧江镇桃源社区举行"金溢杯"中国象棋比赛，来自桃源社区象棋协会的24名象棋好手参加。

11月10日，萧江夏桥社区登山协会成立，并攀爬萧江镇岙底山。

11月12日，萧江镇派出所联合县交警大队三中队举办警民恳谈会。企业、村(居)、学校和新居民代表参与此次恳谈会。

11月23日，萧江镇派出所联合镇妇联、镇综治办、新居民管理所等相关部门开展以"拒绝家暴建设平安共促和谐"为主题的"反家庭暴力周"广场宣传活动。

12月3日，萧江镇组织镇综合执法办、住建、土地、供地、水厂等有关部门，对后林村、高黎村、上宅村、洋浦村、浦口村等范围内的11处违建企业厂房和民房予以拆除。

12月9日，召开基层党建工作暨村级人口计生工作推进会，村书记及计生员等120余人参加。

12月12日，萧江镇太极拳协会举行二十周年庆典活动。

2012年泰顺县罗阳镇人民政府大事记

1月15日，罗阳镇负责人率班子成员深入部分农村走访慰问困难党员和群众，

1月16日，罗阳镇第九次妇女代表大会隆重召开，来自全镇各村、企事业单位的87名妇女代表参加大会。

1月17日，罗阳镇召开2012年老干部新春座谈会。原罗阳镇和6个办事处的76位老干部欢聚一堂，共叙友情，共话发展。

2月9日，罗阳镇召开城乡统筹综合改革推进会暨年度考核工作会议，部署2012年重点工作任务。

4月23日，罗阳镇第十六届人民代表大会第二次会议隆重召开，镇直机关、各村（居）、企事业单位等90名人大代表共聚一堂，县委常委、常务副县长吴周富到会指导。

5月28日，罗阳镇农村合作经济组织联合会正式挂牌成立，大会选举蔡海波同志为罗阳镇农村合作经济组织联合会第一届执委会主任。

5月29日，罗阳镇召开计生工作例会，总结今年以来计生工作情况，分析部署下阶段工作任务。

5月30日，罗阳镇党委书记李教带领部分班子到下洪社区大溪源村进行走访调研。

6月26日，泰顺县罗阳镇以“国际禁毒日”为契机，与泰顺县侨办、禁毒等部门在泰顺县人民广场联合开展法制宣传活动，积极宣传侨法知识。

6月28日，县委书记张洪国深入罗阳中心城区都市型功能区进行调研。

6月29日，罗阳镇召开庆祝建党91周年暨基层组织建设年推进会。镇机关全体党员、新社区书记、村（社区）书记、镇直属部门机关支部书记及部分非公企业支部书记参加会议。

7月3日，县民宗局民族宗教科和罗阳镇联合开展侨法与民族宗教知识宣传进社区活动。

7月11日，罗阳镇召开“三分三改”工作推进会，镇有关领导，各社区书记、主任，各示范村驻村干部和各示范村书记、主任等参加会议。

8月2日，罗阳镇召开“城乡结对共建”座谈会暨签约仪式。出席签约仪式的有15家单位的相关领导，罗阳镇党委班子有关成员以及罗阳镇12个社区的负责人。

8月8日，罗阳镇召开社区统战干部工作会议，东城社区、万罗社区、新城社区、南院社区等12个社区的统战干部参加会议。

8月15日，罗阳镇召开专题会议，会议号召全镇党员干部推进全镇各项工作发展，以优异成绩迎接党的十八大胜利召开。

9月12日，罗阳镇召开农房集聚建设暨住房公积金扩面工作会议，副县长叶根棋出席会议。

9月13日，市人口计生委主任朱云华一行，在县委副书记胡晓东的陪同下，到罗阳镇下洪社区南源村调研指导人口计生工作。

9月20日，罗阳镇党委政府通过公开报名和社区推荐等方式，组建文明监督员队伍，在全镇范围内广泛深入地开展文明监督服务行动，推动文明创建活动顺利开展。

10月10日，罗阳镇开展计生双向承诺动员会。

10月14日，罗阳镇商会举行成立大会，选举产生罗阳镇商会第一届理事会会长、副会长和理事。县政协副主席、统战部部长钱克忠出席成立大会并讲话。

10月23日，县消防局在罗阳镇洲岭社区举办消防安全培训会。

11月4日，罗阳镇召开全镇出生人口性别比综合整治动员大会。

11月8日，浙江省建设投资集团有限公司副总经理凌世山一行到罗阳镇洲岭社区开展挂钩扶贫工作。

12月13日，罗阳镇组织社区班子、各支部书记、两新组织支部书记、机关全体党员，听取县十八大宣讲团关于党的十八大精神讲座。县十八大宣讲团成员张忠武应邀授课。

12月14日，岭北举行陈志远会长捐赠罗阳镇岭北扶贫项目开工仪式。省纪委常务副书记杨晓光，阿联酋温州商会终身荣誉会长陈志远，省纪委副秘书长陈平，市委常委、市纪委书记陈晓明，泰顺县委书记张洪国，泰顺县人民政府副县长叶根琪，罗阳镇书记李教等领导出席开工仪式。

12月17日，浙江省文化厅命名罗阳镇洲岭社区为“2012年度浙江省文化示范村（社区）”。

2012年泰顺县百丈镇人民政府大事记

1月12日，百丈镇开展春节期间计划生育活动，为2012年计划生育工作奠定良好基础。

1月18日，召开镇村两级干部计划生育工作会议。会议表彰2011年度计划生育工作先进集体，并对2012年春节期间计划生育工作进行全面部署。

2月13日，百丈镇召开2012年禁毒工作会议，镇全体干部、村两委主要负责人、部门负责人、各驻村大学生村官、禁毒志愿者参加会议。

3月19日，百丈镇首个社区学校挂牌成立。

3月19日，县人大常委会主任胡荣登带领县财政、水利等部门到百丈镇调研新农村建设，帮助当地解决新农村建设过程中遇到的实际问题和困难。

3月28日，百丈镇建民村召开“三分三改，产权制度改革”决议会，拉开百丈镇推进城乡一体化，积极推进农村集体资产产权制度改革的序幕。

4月12日，百丈镇召开城乡统筹综合改革暨破难攻坚动员大会，专题部署2012年破难攻坚大行动，全面推进城乡统筹综合改革各项工作开展。

4月17日，召开“我的价值观”大讨论座谈会。镇领导班子、中层干部、站所负责人、村（居）干部代表参加座谈会。

5月16日，百丈镇深入社区开展台侨法律法规知识宣传活动。

5月21日，百丈镇召开本月第三次干部工作例会。镇机关全体干部及社区干部参加会议。

5月29日，百丈镇召开防汛防台防旱工作推进会，全面部署今年防汛防台防旱工作，并就面临的难点和重点问题作深入分析。机关全体干部、村两委主要负责人参加会议。

6月5日，百丈镇召开计划生育宣传月攻坚活动动员大会，镇机关、社区全体干部及村两委主要负责人参加会议。

6月12日，百丈镇召开班子成员会，专题传达学习浙江省第十三次党代会精神。

6月25日，百丈镇第十一届妇女代表大会顺利召开，来自全镇各行各业的55位妇女代表听取、审议并通过百丈镇妇联所作的工作报告，选举产生百丈镇第十一届妇女联合会主席、副主席和委员。

7月9日，百丈镇召集全镇各社区相关计生网格责任人开展“7.11世界人口日”暨人口计生知识学习会。

7月16日，百丈镇召开安全工作会议，就切实做好当前高温天气安全生产工作进行专题部署。

7月20日，百丈镇召开基层商会组建工作推进会，镇干部、企业代表及部分村干部代表参加会议。

8月6日，百丈镇在包洋社区召开“镇计生月排名后进村”推进会议。

8月9日，百丈镇召开2012半年度计生工作分析会。

9月27日，百丈镇拉开以“敬老爱老、共建共享”为主题的全国“敬老月”活动帷幕。

10月15日，召开2013年度困难职工（农民工）家庭申报工作布置会。

11月7日，百丈镇挂牌成立计划生育工作办案室，规范人口和计划生育工作执法行为。

11月19日，百丈镇召开2012年计生迎验工作推进会，总结回顾今年以来的计生工作，安排部署下一阶段计生迎验工作。

11月20日，百丈镇妇联在利用县移民安置办、县农民知识化办公室在该镇举办的水库移民杨梅技术培训班的契机，在参加培训的近70名杨梅种植户中进行反家庭活动宣传。

12月27日，县长董旭斌率副县长翁晓彬及县财政、发改、招商、体育、水利、住建、环保、旅游等部门负责人，到百丈镇飞云湖畔调研皮划艇训练基地建设情况。

2012年泰顺县三魁镇人民政府大事记

3月19日，三魁镇召开镇村干部人口计生攻坚大会，深入分析人口计生工作面临的形势，研究部署当前和今后一个时期计生工作的任务和措施。

4月27日，县长董旭斌率县财政、农办、国土、住建、林业、环保等部门负责人到三魁镇调研。

5月17日，三魁镇农村合作经济联合会正式成立，并召开镇“农合联”第一次会员代表大会。

5月17日，三魁镇召开平安建设分析会，县信访局、镇综治办、法庭、交警队、司法所、各社区等部门负责人出席会议。

6月6日，三魁镇召开三分三改工作推进会。

6月13日，三魁镇党委召开理论中心组学习（扩大）会，认真传达学习省第十三次党代会精神。

7月1日，三魁镇联合公安、国土、规划、工商等部门和专业拆违队大力开展拆违整治专项行动。

7月20日，三魁镇召开第十六届人民代表大会第二次会议。会议全面回顾三魁镇人大十六届一次会议以来的工作情况，并提出下步工作目标和思路。

8月7日，县委常委、宣传部长周秀松，县政协副主席赖立新到三魁镇调研西旸社区建设情况。

8月10日，三魁镇召开党委理论中心组（扩大）学习会，专题学习市委十一届二次全会、县委十三届三次全会精神。

9月5日，三魁镇召开全镇人口计生工作推进会。会议通报分析5—8月份该镇人口计生工作形势及当前存在的主要问题，部署明确下一步工作。

9月24日，三魁镇召开反邪教协会分会成立大会，40个村的支部书记、相关企事业单位和群团组织负责人参加会议。大会选举产生三魁镇反邪教协会分会会长、副会长、秘书长。

9月25日，由县人口计生局牵头，县卫生、食品药监、公安等部门抽调人员组成的联合执法工作组对三魁镇各医疗保健机构、个体诊所和药店开展打击“两非”联合执法行动。

11月20日，县委常委、组织部长黄益友到三魁镇调研指导工作。

11月21日，三魁镇召开党的十八大精神学习会，该镇党员干部、党代表、党支部书记共100多人参加学习会。

11月15日，三魁镇燕水居民区老干部党支部召开学习十八大精神座谈会。

12月24日，三魁镇组织召开年终人口计生工作攻坚会，三魁镇分管计生工作领导、各村两委干部、村指导员50余人参加会议。

12月25日，三魁镇人口计生宣教室顺利通过县计生局验收，即日起投入使用。

2012年泰顺县仕阳镇人民政府大事记

2月2日，仕阳镇召开全镇机关干部会议，传达全县城乡统筹综合改革暨农村工作会议精神，部署2012年工作重点。

2月27日，仕阳镇召开党员领导干部民主生活会，会议围绕“坚持以人为本执政为民理念、发扬密切联系群众优良作风”的主题。

3月13日，仕阳镇召开“三分三改”工作动员会，全面部署该镇“三分三改”工作。该镇39个村（居）主要负责人、驻村干部及联系村领导参加会议。

3月23日，仕阳镇章乡社区召开社区工会成立大会，拉开泰顺县区划调整后社区工会建设大幕。大会选举产生工会第一届委员会。

3月30日，仕阳镇召开会议传达全县2012破难攻坚大行动动员大会精神。

4月18日，仕阳镇第十六届人民代表大会第二次会议顺利召开。全镇61名人大代表、106名列席代表参加会议。县人大副主任赖立峰到会指导。

5月7日，仕阳镇召开深化城乡统筹综合改革暨破难攻坚大会，会议对2012年仕阳镇城乡统筹各项工作及破难攻坚重点进行深入部署。

5月23日，仕阳镇召开第十三次妇女代表大会，选举产生仕阳镇新一届妇联执委会。

同日，仕阳镇召开总工会成立暨第一次代表大会。

6月7日，仕阳镇召开农村合作经济组织联合会成立暨第一次会员代表大会，并举行仕阳镇农村合作经济组织联合会授牌仪式。

6月20日，仕阳镇召开2012上半年工作总结和下半年工作部署动员会议。镇班子成员、各社区书记、镇属各单位等参加会议。

7月2日，2012年仕阳镇全民健身运动会开幕式在泰四中校园隆重举行。副县长翁晓彬、郭素琴等参加开幕式。

9月9日，仕阳镇隆重举行2011学年仕阳镇优秀教师和先进教育工作者表彰大会。

9月12日，仕阳镇召开垦造耕地项目进度推进会。该镇主要负责人及各项目实施村主要干部及项目施工方负责人出席会议。

10月11日，仕阳镇负责人一行6人到万排社区通过实地查看、与村两委干部座谈等形式，调研在建重点工程建设进展情况。

10月16日，仕阳镇召开重点工作推进会。仕阳镇领导班子成员、各社区负责人及村主要负责人参加会议。

同日，仕阳镇章乡社区召开工作推进大会，该镇相关班子成员、章乡社区干部和全体村两委干部及部分村民代表参加会议。

11月1日，仕阳镇召开全镇干部会议，镇机关各科室和各社区全体干部参加会议。

11月20日，仕阳镇优生优育优教指导中心开始试运营，成为县首家以省级“三优中心”标准打造的优生优育优教指导中心。

11月28日，仕阳镇商会成立暨第一次会员大会召开。大会选举产生仕阳镇商会第一届理事会理事、副会长、会长。县政协副主席、统战部部长钱克忠出席成立大会。

12月12日，仕阳镇联合县食品药品监督管理局、县质量技术监督局等单位，组织镇学区办、工商所、城管中队、安监办、食安委办、综治办等部门，开展学校和市场周边环境整治联合执法活动。

12月17日，仕阳镇商会召开理事学习座谈会。

12月9日，仕阳镇举行新兵欢送会，22名新兵及家长，相关班子成员及村两委干部共计60余人参加欢送会。

2012年泰顺县泗溪镇人民政府大事记

1月11日，泗溪镇平安办联合泗溪司法所、泗溪禁毒办、城管等单位在泗溪老车站开展平安综治双月集中宣传活动。

1月22日，泗溪镇召开全镇大学生村官座谈会。

2月21日，泗溪镇召开干部计生培训会，全镇驻村干部、各村支部书记、村主任、计生专干、村级计生宣传员等共100多人参加会议。

2月29日，泗溪镇党委组织召开理论中心组学习会议，专题学习传达市党代会和市“两会”精神。

4月17日，泗溪镇召开第十五届人民代表大会第二次会议，68名镇代表参加会议。

4月24日，泗溪镇综治办联合泗溪派出所、安监办、城管等单位开展中小型旅馆消防安全专项整治。

5月2日，泗溪镇东溪社区召开计生工作形势分析会，会议围绕计生“四律一规”问题及当前的计生工作情况进行讨论。

5月14日，县人武部部长李先进带队对泗溪镇民兵森林防火分队进行集结点验。

5月28日，泗溪镇计生协会举办主题为“关爱计生家庭，促进社会和谐”的宣传咨询活动。

6月1日，泗溪镇召开政法综治信访暨禁毒工作会议。镇派出所、司法所以及镇综治办、信访办、禁毒办等负责人参加会议。

6月7日，泗溪镇农村合作经济组织联合会成立暨第一次会员代表大会召开。

6月12日，组织全镇机关干部集中学习浙江省第十三次党代会精神，研究部署泗溪镇学习贯彻省党代会精神工作。

7月20日，泗溪镇禁毒办联合县禁毒办、泗溪司法所、派出所、计生办、综治办、妇联等单位开展纪念建党91周年“红七月服务月”禁毒宣传活动。

8月10日，泗溪镇第八次妇女代表大会隆重召开，全镇64名妇女代表参加会议。

8月13日，泗溪镇在机关三楼会议室召开商会筹备会议。

8月16日，共青团泗溪镇第十四次代表大会隆重召开。来自全镇各条战线的62名团员青年代表参加此次会议。会议选举产生新一届泗溪镇团委。

9月7日，泗溪镇隆重举行庆祝教师节暨教学成果表彰大会，镇党委、政府与教育局领导与全镇80余名教职工欢聚一堂，共同庆祝这一节日。

9月19日，泗溪镇南溪来料加工培训会在南溪村大会堂举行。

9月29日，泗溪镇政府联合泗溪派出所，组织安监、质监、城管、消防等科室开展节前安全生产检查。

10月17日，泗溪镇新梨村就“村两委与家庭计划生育双向承诺协议”召开村民代表大会，三十多位村民代表与计生家庭代表参加会议，并通过举手表决的方式通过决议。

10月23日，泗溪镇统战办联合镇禁毒办到九峰中心小学开展侨法宣传进学校活动。

10月30日，泗溪镇商会成立大会召开，会议选举产生第一届商会理事会会长、副会长。县政协副主席、统战部部长钱克忠出席成立大会。

11月15日，新成立的泗溪镇商会及时召开理事学习会，认真学习胡锦涛总书记在党的十八大上的工作报告，并对十八大报告中提及的“两个翻一番”等内容做重点解读。

11月20日，泗溪镇理论中心组召开专题学习会。会议就如何贯彻学习党的十八大会议精神和当前各项重点工作进行全面部署。

11月26日，泗溪镇召开2013年组织工作思路调研会。

12月4日，泗溪镇组织全体计生专干及各社区计生协管员集中学习贯彻党的“十八大”精神。

12月6日，市统计局到泗溪镇检查低收入农户奔小康统计监测调查工作。

12月20日，泗溪镇组织党代表赴白柯湾革命根据地开展参观学习活动。

2012年苍南县龙港镇人民政府大事记

1月5日，苍南县第九届人民代表大会第一会议龙港代表团召开代表团活动会议。县委常委、副县长、龙港镇委书记丁振俊，镇长王忠秀（副县长级），镇人大主任上官光强等领导参加会议。

1月11日，龙港镇召开镇领导干部大会。丁振俊、王忠秀、上官光强镇三套班子领导、各部门负责人、办事处书记出席会议。

2月9日，龙港镇团委召开共青团团干会议和“龙港再创辉煌，我们怎么干”解放思想大讨论活动座谈会。龙港镇团委书记刘彬彬参加会议。

2月20日，龙港召开少年作家协会成立大会，县、镇文联领导出席会议。

3月1日，隆重召开龙港镇经济工作会议。县委常委、龙港镇委书记丁振俊作重要讲话，镇长王忠秀作经济工作报告，镇委副书记缪克钊主持会议。

3月30日，龙港镇召开商标品牌建设工作会议。县工商局局长厉达森，副镇长方崇亮等领导与企业家、商标持有人等一同参加会议。

4月6日，举行2012年龙港镇卫生工作暨全镇公共卫生工作大会、村级医疗机构实施基本药物动员大会。

4月11日，温岭市文学艺术联合会一行到龙港镇调研基层文联工作开展情况。镇领导朱文胜作陪同。

4月19日，召开第十届人民代表大会第二次会议筹备会。

5月7日，县委副书记麻胜聪，县委常委、宣传部长林森森一行视察龙港镇的文明创建工作，镇委委员朱文胜陪同视察。

5月9日，省司法厅厅长赵光君到龙港镇调研司法行政工作。

5月10日，召开十届二次人代会会议议案交办会。镇领导上官光强、吕存阳、谢磊、金珍敏、陈贤选以及部分镇人大代表一同参加会议。

6月11日，召开办事处撤销、整合、调整后的第一次社区书记主任工作会议，对当前全镇重点工作、社区绩效考核工作进行部署。会议由镇委副书记周碧素主持。

6月20日，龙港镇召开两新组织党建工作会议。镇党委副书记周碧素、副镇长陈显宏、镇党委委员金珍敏出席会议。

7月17日，龙港龙跃社区召开上半年工作总结暨文明创建推进会。

7月19日，召开社区工会工作委员会成立大会，全镇17家社区工会在全县率先成立。

7月24日，龙港镇召开省级文明镇复评迎检再动员部署会议。

8月8日，龙港镇召开半年度分析会，镇领导王忠秀、陈显宏、丁云勇、章定宇及有关部门负责人、企业代表参加会议。

8月23日，苍南县委副书记麻胜聪到龙港调研综治进企业暨和谐劳动关系创建工作。镇领导、县总工会、龙港总工会、龙港工商联、龙港经发局负责人以及企业负责人代表陪同调研。

9月6日，龙港镇召开2012年国防教育工作会议，会议回顾总结去年我镇国防教育工作的总体情况，并对今年的国防教育工作做全面部署。

9月13日，龙港镇召开文明卫生创建工作推进会。副镇长陈贤选出席会议。

9月26日，由龙港镇纪委牵头组织17个社区便民服务中心负责农经和城建方面窗口的工作人员进行镇职能部门事权下放相关业务培训工作。

10月17日，举行庆祝浙江省第二十五个老人节暨老龄工作表彰大会以及阳春艺术团成立十周年庆祝会议。

10月25日，召开“十八大”安保消防整治工作推进会。县镇领导丁振俊、王忠秀、吕存阳、赵凯、杨成革和各社区主任、镇安委会成员单位负责人参加会议。

11月1日，龙港镇召开2013年度党报党刊发行工作会议，标志着2013年全镇党报党刊发行工作即将全面展开。

11月15日，龙港镇云岩社区召开苍南县村级慈善帮扶基金建设推进会。

11月22日，龙港工商联召开一届四次常委会议，镇领导金珍敏、丁云勇等出席会议。

12月26日，龙港镇召开农村合作经济组织联合会暨第一届会员代表大会。镇领导李孝取、丁云勇、章定宇等出席大会。

2012年苍南县灵溪镇人民政府大事记

1月10日，举行2012年爱心温州•迎春慈善宴。灵溪镇13个办事处的200多名困难户齐聚一堂，共享新春爱心午餐。

3月9日，2012年“贯彻市党代会精神，加快转型发展，推进城乡统筹”专题师资培训班考察组一行人，到灵溪镇桃湖村考察农村土地承包经营权流转制度改革工作。

3月16日，灵溪镇召开森林村庄创建及村庄绿化培训会。

3月23日，灵溪镇召开森林义务消防队成立大会暨培训会。灵溪镇森林消防专业队全体人员参加会议，副镇长雷霆出席会议并作重要讲话。

4月1日，各党支部开展“慈善一日捐”活动。

5月18日，灵溪镇召开人口计生工作会议。镇委、镇政府主要领导、纪委领导、各办事处班子成员、计生员，镇计生局工作人员参加会议。

5月25日，召开市慈善总会会长、秘书长会议。县委副书记麻胜聪到会致欢迎词。

6月5日，灵溪镇召开再生纤维行业专项整治工作会议。副镇长章明安、镇商贸局、质监所、工商分局、卫生监督所等出席会议。

6月7日，县政协副主席冯兴钱一行到灵溪镇开展中小企业发展状况调研活动，镇统战委员杨恒等陪同。

6月26日，灵溪镇召开查处无证无照专项整治工作会议。

7月5日，开展查处无证无照经营专项行动。灵溪镇和公安、工商、卫生、质监、文化等执法单位共100多人参加行动。

7月6日，灵溪镇渎浦社区召开加速推进县城新区建设座谈会，县城新区工程建设指挥部领导吴锡雕、肖键、陈祖埕及相关科室负责人出席会议，会议由社区党委书记施成义主持。

7月17日，省人口计划生育委员会副主任姜建鸿在市人口计生委主任朱云华、县委副书记麻胜聪、副县长林小同等领导陪同下督查灵溪村居出生人口性别比治理工作。

8月9日，灵溪镇召开文明(卫生)村创建工作会议。

9月26日，灵溪镇联合工商、文化、质监、公安等部门开展印刷行业整治行动。

9月27日，温州市残联工委一行人到灵溪镇督查指导工作，副镇长章明安汇报有关工作，苍南县残联、灵溪镇残联等领导出席会议。

9月28日，举行社区、村居干部消防安全培训会，县公安消防局政委黄文鲲到会做消防知识讲座，镇长吴招鹏做动员讲话。

10月16日，由县政协主席张传君、县政协副主席梁峰等一行人组成的视察小组，到灵溪镇实地视察重点建设项目工作开展情况，并与相关负责人进行座谈。

10月26日，县委、县政府以及灵溪镇党委镇政府慰问环卫工人。

11月1日，召开“百日百亿”项目推进暨“十八大”安保督查汇报会。县委副书记麻胜聪及相关部门负责人参加会议。

11月8日，灵溪镇召开农村合作经济组织联合会成立暨第一届会员代表大会。副镇长雷霆当选为灵溪镇农村合作经济组织联合会第一届执委会主任。

11月20日，召开高速沿线环境整治推进会，镇长吴招鹏、纪委书记林元涨、副镇长许方航、党委委员章春媚等出席会议。

12月14日，召开县人口和计划生育工作座谈会。南港片区灵溪、马站、藻溪等8个乡镇的书记、人大主席、纪委书记及分管领导参与座谈。

12月20日，县安监局副局长林逢平带队的县考核督察组一行到灵溪镇开展2012年度安全生产目标综合考核工作。

2012年苍南县赤溪镇人民政府大事记

1月19日，召开2011年终工作会议。全镇全体机关干部、镇属部门单位负责人、各村（居）主要干部共100多人参加会议。

2月7日，温州市委政法委副书记、市综治办主任张建树在苍南县委政法委副书记缪心疆的陪同下到赤溪镇调研社会管理工作。

3月21日，赤溪镇开展整治环境、美化家园活动，组织派出所、土管所、环卫所、城建办、清洁家园办、综合管理执法大队、村居负责人等人，对环境卫生进行整治。

3月29日，中共赤溪镇第九次代表大会2012年年会拉开帷幕。

4月24日，赤溪镇召开“两城示范、十镇联动”文明创建工作领导小组会议，党委和政府主要领导参加会议。

5月14日，召开民间信仰管理与整治工作会议。全镇驻村干部、村干部、办事处负责人参加此次会议。

5月23日，龙湾区瑶溪街道办事处班子成员在陈林彬书记带领下到赤溪镇参观访问，镇党委书记曾玲艳、人大主席温端秒、镇长林天望及镇三套班子成员、中墩办事处全体班子成员陪同座谈。

6月4日，召开信访维稳研判会。镇三套班子包案领导、社区党委书记、镇综治办中层以上干部共20多人参加会议。

7月3日，赤溪镇中墩社区隆重召开残疾人协会成立大会在中墩社区，县残联王宝珍副理事长和赤溪镇人武部长陈芝飘同志莅临大会。

7月4日，赤溪镇召开总工会成立暨总工会第一届代表大会，县总工会主席黄晓玲同志、组宣部部长卢立雄同志，镇三套领导班子及群团组织负责人出席会议。

7月14日，赤溪镇召开半年度工作汇报会，镇三套班子成员参加会议，镇党委书记曾玲艳主持会议。

8月19日，赤溪镇召开商会成立工作筹备会议，镇党群副书记、统战委员、分管副镇长以及各社区领导干部参加会议。

8月27日，赤溪镇中墩社区举行第二届渔业协会会员大会。县海洋渔业局、县民政局及赤溪镇主要领导参加大会，大会选举产生中墩社区第二届渔业协会组成成员。

9月20日，赤溪镇召开2012年度冬季征兵工作动员大会，镇有关领导、派出所所长、村两委负责人、驻村干部等人员一并参加会议。

9月26日，苍南县工商联赤溪商会成立暨第一届第一次会员大会在赤溪镇隆重召开。县人民政府副县长邵潘锋、县政协副主席、县工商联主席朱诗力等上级领导一同应邀出席大会。

9月27日，温州市慈善总会义工分会仁爱义工队义工到赤溪镇，慰问困难退伍老兵。

10月12日，赤溪镇召开农村合作经济组织联合会，第一届第一次会议挂牌成立并选择产生主任、副主任、秘书长等领导成员班子。县农村合作经济组织联合会、赤溪镇、凤阳乡等有关领导参加本次大会。

10月20日，赤溪镇召开村级人民调解员培训会议，会议由苍南县民工一家亲职业培训学校承办，全镇共有60余名村干部参加。

10月25日，召开赤溪社区党建联席会议，由社区书记章晓雪主持，就赤溪社区党支部近年来的工作做简要汇报。

11月13日，县政协委员一行到赤溪镇进行“进村入企访民情”活动座谈会，后对赤溪镇山区后垟村进行考察访问。

11月22日，赤溪镇一年一度的文化交流节拉开帷幕。

12月5日，赤溪镇过溪村和园林村两村相继成立村级慈善帮扶基金。

12月18日，赤溪镇召开商会年度工作总结会议，商会班子成员等15人参加会议。

2012年苍南县金乡镇人民政府大事记

1月17日，镇委委员、副镇长林垂共率经发办、派出所、安监所、文化执法中队、工商所等部门开展安全生产大检查。

1月23日，金乡湖里村正式宣告公益事业青年联谊会成立。

2月3日，金乡镇召开金乡镇社会管理网格化管理信息平台推介会。镇三套班子领导以及相关部门领导和工作人员出席会议。

2月8日，金乡镇召开市下派农村工作指导员第六次工作例会。镇委副书记黄吕龙、镇委委员韩宏解以及相关小组成员一同参加例会。

2月10日，召开金乡镇金字山公园景观规划设计评审会。

3月16日，召开金乡镇社会管理网格化试点工作推进会。

3月28日，金乡镇召开2012年重点工作会议。

3月30日，召开基层组织建设年动员会暨党组织书记例会，县派指导员、镇机关党建协理员、办事处主要负责人、驻村干部和部门、企业、村居书记300多人参加会议。

4月20日，金乡镇宣传委员陈加川带领文化站《金乡志》编委等一行到石砰办事处解《漫话石砰》编写情况，并与《漫话石砰》编撰组人员一起召开《金乡志》编纂组专题研讨会。

4月27日，召开全镇人口和计划生育工作大会。

5月9日，中共金乡镇第九次代表大会2012年年会胜利召开。

5月22日，召开“两城示范、十镇联动”文明创建暨深化省级文明城镇创建工作动员大会，对金乡镇深化文明创建工作进行全面部署和动员。

5月24日，召开2012年食品安全工作会议，会议由镇委委员、副镇长陈显积主持，镇工商、质监、学区、农办食品站、经济发展办以及七个办事处的分管领导参加会议。

6月12日，金乡镇第十三届人民代表大会第二次会议隆重召开。镇委书记陈为来，镇人大主席林乃维，镇委副书记、镇长陈朴标，镇委副书记叶俊青，镇纪委书记应颂超等来自全镇各条战线的116名镇人大代表和314名列席代表。

6月17日，县长董庆华一行人到金乡镇就“金乡今后发展”进行调研指导。

7月27日，金乡镇召开第十三届人大第二次主席团成员扩大会议。参加会议的有镇人大主席团成员以及部分县人大代表。

同日，金乡镇召开两新组织党建工作推进会。

8月10日，金乡镇城区社区揭牌暨乔迁仪式隆重举行，镇委副书记、镇长陈朴标，镇委副书记叶俊青，党委委员孙作淦，人大副主席何必富，镇两新工委专职副书记金立峰等参加揭牌仪式。

8月17日，金乡镇召开政法工作例会，镇政法各单位、各社区负责人，外口协警、辖区民警等参加会议。

8月21日，召开第七届中国（金乡）台挂历礼品展筹备领导小组会议。镇领导陈朴标、韩宏解、陈显积、吴明克等出席会议。

9月26日，金乡镇委书记陈为来主持召开镇三套班子扩大会议。

9月6日，金乡镇庆祝召开第二十八个教师节暨表彰大会。

10月9日，金乡镇文学艺术界联合会召开第三次代表大会。镇委书记陈为来，镇委副书记、镇长陈朴标，镇委副书记叶俊青，镇委组织委员孙作淦以及镇委宣传委员陈加川等出席会议。

10月30日，金乡镇城区社区召开党建联席会议。

11月28日，召开第三季度安全生产和消防安全工作例会。镇委委员、副镇长陈显积，镇消管站站长冯亦钟等出席会议。

12月3日，金乡镇召开金乡古城恢复性开发座谈会。县人大常委会主任苏庆明，镇委书记陈为来，镇人大主席林乃维，镇委副书记、镇长陈朴标等参加。

12月28日，金乡镇组织镇机关干部、安监、消防、质监、工商所以及相关单位、相关村居干部代表等，在全镇范围内进行消防安全检查。

2012年苍南县钱库镇人民政府大事记

1月17日，县委统战部部长胡长虹等一行到钱库调研文保工作。

1月19日，钱库镇召开妇联五届十七次执委（扩大）会议，总结过去一年工作，研究部署今年任务。

2月6日，钱库卫生监督所开始全面启动餐饮单位、公共场所等年检量化工作。

2月23日，钱库镇召开全镇政法综治工作会议，钱库镇党委副书记杨志敏、综治办全体工作人员、各办事处分管政法综治领导和综治服务分中心主任等参加会议。

3月5日，召开2012年机关工委党建工作会议，总结去年工作，研究落实今年党的工作会议任务。

3月6日，召开“钱库镇纪念102周年‘三八’国际劳动妇女节暨表彰大会”，全镇近150多位各级妇女干部共同庆祝节日。

4月27日，钱库召开2012年全镇非公有制经济组织和新社会组织党组织集中组建工作推进会议。镇领导杨雷、杨志敏及各社区党委、镇非公党总支、两新组织领导参加会议。

5月9日，召开“多网合一、精细管理、组团服务”动员大会，钱库镇8个办事处、118个村居驻村干部及综治网格负责人参加此次会议。

5月24日，召开褪色整治和打击小造纸工作会议，由副镇长徐焕实主持，派出所、国土所、规划所、安监所、环保所等等部门参加。

5月29日，苍南农村合作银行计划财务部到宜山信用社开展协助发放机构信用代码证工作的学习会议。会议由计财部副总陈培建同志主持。

6月26日，县清洁家园办公室梁主任一行到钱库镇对清洁家园工作进行半年度考核。

同日，钱库禁毒办联合司法所、派出所、文化站、工商所、共青团、妇联等成员单位以及苍南县壹加壹志愿者开展“6.26”国际禁毒日大型禁毒宣传活动。

7月12日，钱库镇两新工委召开半年度工作总结暨非公党组织标准化建设评估会议。新经济组织和新社会组织党支部书记共20余人参加会议。

7月19日，钱库镇召开商标品牌建设工作会议。局长厉达森，钱库镇委书记杨雷，钱库工商所所长项祖饱及相关部门单位负责人，企业家一同参加会议。

7月25日，市委组织部、市综治办到镇督查网格化建设开展情况，主要通过举行座谈会、查阅文件资料和实地明察暗访等形式展开活动。

8月14日，召开安全生产暨消防安保动员大会，部署安全生产“大排查、大整顿、大提高”专项行动。

8月22日，镇党委副书记杨志敏、宣传委员缪小飞以及镇文明办、城六大各口负责人对钱库镇主城区镇容镇貌进行自查、自纠。

9月11日，钱库镇召开综治信访维稳会议及十八大禁毒安保工作会议。

9月19日，钱库司法所组织召开全镇人民调解委员会座谈会。

同日，文化站主办“草根微舞台”暨社区文化节活动正式启动。

10月24日，举办农业安全生产培训班，邀县动物防疫监督科副科长陈培赛和县农产品质量安全监管站站长夏成鹏授课，80多名种植大户、养殖大户参加培训。

10月25日，钱库镇召开2013年度党报党刊征地工作会议，镇委副书记杨志敏出席会议并做重要讲话，宣传委员缪小飞主持会议。

11月7日，钱库镇召开地税纳税人之家经济税收工作座谈会，苍南县地税局局长张进军、钱库镇副镇长林文泉、钱库地税局局长袁阳、钱库企业界共20多人参加会议。

11月22日，钱库镇召开2012年度综治禁毒考核工作部署会议。

12月18日，召开两新党组织学习“十八大”精神读书会暨工作例会。钱库镇党委副书记、镇两新工委书记杨志敏出席并做出重要讲话。

12月20日，钱库镇召开由垟中村、河口村和仙平村三个村承担建设的垟中村、河口村和仙平村农村生活污水处理工程竣工验收会议。

2012年苍南县桥墩镇人民政府大事记

3月5日，桥墩镇五凤办事处举行第七届(苍南)开茶节暨第四届温州美丽乡村游开幕式。

4月7日，桥墩镇城步头村成立村级慈善帮扶基金，成为苍南县首个设立村级慈善基金的行政村。

4月8日，温商发展研究会苍平瑞分会一行20多位企业家，深入桥墩镇莒溪敬老院访贫问苦，并看望慰问当地部分困难群众。

5月13日，桥墩镇碗窑村成功举行由浙江省苍南县国土资源局、县卫生局、县民政局、县人防办、县水利局、县气象局、桥墩镇人民政府、县武警中队主办，苍南县壹加壹应急救援中心、桥墩水库管理处承办的苍南县2012防台(山洪地质灾害)应急联合演练。

5月27日，苍南桥墩镇矴步头村作为市慈善总会“百村慈善帮扶基金”工程试点村，带头探索基层慈善“源头活水”。

7月12日，县人大常委会副主任王宗泽带领部分代表到桥墩，对农业“二区”建设情况、存在问题和主要经验进行深入调研。县农业、财政等部门领导参加调研。

7月20日，桥墩镇五凤茶文化中心举办全县茶叶安全生产技术培训班，来自全县茶叶生产企业、合作社负责人及种植大户共50多人参加培训。

8月10日，召开桥墩镇全国第六次人口普查工作动员大会暨户口整顿培训会。

8月16日，县委常委、组织部长何宗静，县人大常委会副主任高友平率县工商、林业、安监、交警等部门到桥墩镇督查安全生产及平安建设工作情况。

9月3日，桥墩镇以“三级联动”模式有序地开展社区文体活动中心建设，建设工作总体上进展顺利。

9月17日，由县政协主席张传君带领的督导小组在桥墩镇召开工作汇报会，传达学习“百日百亿”决战活动相关文件精神，交流工作体会。县委常委、宣传部长林森森出席汇报会。

9月12日，桥墩县召开固定资产投资“百日百亿”决战推进大会。

9月23日，省委副秘书长、省农办主任章文彪一行到桥墩县考察历史文化村落保护利用与开发建设工作。县委书记黄寿龙、副县长陈国苗陪同。

10月17日，县委副书记麻胜聪到桥墩镇督查人口计生工作，并在该镇召开全县人口计生工作督查汇报会。各乡镇主要领导及公安、卫生、药监等相关部门负责人参加汇报会。

10月30日，桥墩镇残疾人联合会第六次代表大会在桥墩镇中心敬老院顺利召开。

11月8日，桥墩碗窑社区举行文化节暨矴步头省级慈善村授牌仪式在桥墩镇矴步头村，温州慈善总会副会长廖秀枢，县领导高亚男、于春华等出席仪式并观看文化演出。

11月10日，桥墩镇隆重举行碗窑社区首届文化节暨矴步头省级慈善村授牌仪式。

12月18日，桥墩镇举办党的十八大精神学习班，分上午与下午两个班次对全镇机关、7个社区及70个村居的党员干部进行专题培训。

2012年文成县大峃镇人民政府大事记

1月12日，大峃镇副镇长王廷军一行慰问该镇困难独生子女户和二女户，为他们送上党和政府的问候和温暖。

2月10日，县计生局局长施彩微一行到大峃镇指导人口计生工作。计生办负责人及全体计生员参加座谈会。

2月21日，大峃镇组织即将参加县第八届女子健身展示活动暨庆三八趣味运动会的队员进行训练。

3月15日，大峃镇党委、政府组织镇禁毒办工作人员开展禁种铲毒踏勘排查活动。

3月30日，组织召开全镇计生专职干部座谈会。

4月9日，大峃镇分管计生领导王廷军率该镇计生办相关负责人前往巨屿、珊溪等镇进行亲切友好的学习和交流。

4月11日，大峃镇召开第十五届人民代表大会第二次会议。县委常委、常务副县长李建业，县人大常委会副主任吴宇凌，县委组织部常务副部长金一玲到会指导。

5月16日，大峃镇象溪社区召开计划生育工作会议。会议分析当前社区计划生育工作存在的挑战和难题，并就如何做好计生网格化管理工作做全面部署。

5月18日，大峃镇再掀“进村入企”大联系大走访活动热潮。

6月4日，大峃镇召开省级文明县城复评整改动员会。13个社区党支部书记、各村（社区）书记、村长、驻村干部和镇本部干部参加动员会。

6月13日，大峃镇隆重召开农村合作经济组织联合会成立大会暨第一次会员代表大会。

6月18日，大峃镇禁毒办联合县禁毒办到求知中学开展“珍爱生命，远离毒品”为主题的禁毒知识讲座。

7月6日，镇党委、镇政府邀请熟悉一镇五乡历史的离退休老干部和部分原来参加乡镇志资料搜集或编写人员，共同评审各乡镇志。

7月16日，大峃镇商会第一次会员大会暨成立大会召开。

7月25日，大峃镇召开“学先进、找差距、促跨越”解放思想大讨论活动。动员会由镇党委书记刘云主持。镇领导班子成员、镇机关中层干部、98个行政村（居）书记等人参加动员会。

8月2日，大峃镇双垟社区第一书记吴昌银、副镇长王廷军、双垟社区书记杨微微一行到该社区养兔基地和油茶基地指导工作。

8月30日，大峃镇团委、樟台社区共同创建社区留守儿童之家。

8月31日，大峃镇隆重举行解放思想大讨论剖析会暨中层干部公开承诺活动。会议由镇党委副书记周洁主持，镇中层干部和社区书记共33人参加。

9月12日，大峃镇相关负责人一行分别到府前社区和永安社区指导消防“户籍化”管理工作并举行座谈会。

9月26日，大峃镇首届社区文化节暨徐岭社区邻里节隆重开幕。

10月17日，大峃镇召开迎十八大消防安全工作推进会。县消防局相关负责人出席会议。

10月26日，大峃镇综治办、平安办、安监所、妇联等多部门开展平安建设暨“创平安、我知道、我安全、我参与、我安全、我满意”宣传咨询活动。

11月12日，大峃镇龙川社区成立社区人大代表工作室。

12月12日，大峃镇双垟社区召开社区警民恳谈会。县公安局党委副书记、政委褚长龙，县科技局局长、社区第一书记吴昌银，社区民警、人大代表及党代表参加恳谈会。

12月13日，召开2012年度领导干部述职述廉会议。该镇领导班子、中层干部、社区书记及98个村（居）党支部书记、村长参加会议。县委组织部常务副部长金一玲出席会议。

12月27日，大峃镇综合行政执法中队正式挂牌成立。

2012年文成县巨屿镇人民政府大事记

1月14日，巨屿镇制定出台镇村级计生服务员“绩效工资”制度，对工作成效高、任务落实好的基层计生员给予物质奖励，

2月10日，巨屿镇召开新春企业家座谈会。

2月15日，巨屿镇禁毒办联合下辖四个农村社区，通过定点、上门宣传等方式，积极开展禁毒知识进社区活动。

2月29日，巨屿镇党委、政府召集全镇各来料加工企业经纪人，召开来料加工产业发展座谈会。

3月7日，巨屿镇召开庆祝大会。镇机关妇女干部，各行政村妇代会主任、副主任，村两委女干部，来料加工点女经纪人代表，女大学生村官，各部门妇女代表以及各类先进代表60多人欢聚一堂，共同欢庆自己的节日。

4月13日，巨屿镇召开基层组织建设年推进会。各行政村党支部书记、副书记，企业、镇属各部门党支部书记及镇机关全体干部参加此次会议。

4月22日，巨屿镇开通全县首个网络党支部——花前社区党员之家。

4月27日，县总工会、文化广播电视新闻出版局举行“平安创建和谐企业”主题文艺演出，以群众喜闻乐见的形式广泛宣传平安和人口计生知识。

5月7日，巨屿镇召开农村合作经济组织联合会成立大会暨第一次会员代表大会，这标志着全县第二家乡镇“农合联”成立。

5月18日，文成县第三个（乡镇）慈善分会——巨屿慈善分会宣告成立，县慈善总会有关负责人，巨屿镇有关负责人、镇企业单位负责人及部分热心慈善工作的嘉宾参加成立大会。

5月31日，由巨屿镇牵头，工商、安监、质监、环保、电业等部门联合组成的执法小组，深入巨屿镇辖区内15家个体石料加工厂开展安全生产联合执法行动。

6月20日，巨屿镇组织镇属消防管理站开展消防安全应急预案演练。

6月29日，召开庆祝中国共产党成立91周年纪念大会，回顾党的光辉历程，缅怀党的丰功伟绩，共庆党的91周年华诞。

8月10日，巨屿镇孔龙社区的老年电视大学正式成立。

8月12日，巨屿镇孔龙社区联合县人民医院举办以“服务新居民免费送健康”为主题的大型义诊活动。

8月20日，巨屿镇召开解放思想大讨论活动查摆问题剖析会，镇属3个社区和9个科室的负责人进行剖析发言，各分管领导做“点差距、找不足”点评讲话。

9月4日，巨屿镇纪委、妇联联合举办“创建和谐社区•塑造幸福家庭”暨廉政文化进家庭知识竞赛活动。

9月18日，巨屿镇东垟社区举办“弘扬孝文化暨社区知识有奖竞赛活动”，下辖7个村的主要干部、居民代表参加此次活动。

10月24日，巨屿镇孔龙社区成立居家养老服务站。

11月6日，巨屿镇归侨侨眷联合会成立暨第一次代表大会隆重召开。县人大常委会主任刘建忠，县委常委、宣传部长刘金红，县政协副主席胡晓雄出席会议，应邀到会的还有侨联代表、镇属部门负责人以及知名归侨侨眷等。

11月14日，巨屿镇孔龙社区居家养老服务站赴正垮村开展家政活动。

同日，巨屿镇举行农房置换集中签约仪式，本镇辖区和云湖等地的200多名意向购房户到场参加仪式。

2012年文成县珊溪镇人民政府大事记

1月16日，珊溪镇召开“三分三改”工作动员暨培训大会，全面铺开三分三改工作，全力推进城乡统筹改革。

2月6日，珊溪镇以社区为单位，组织召开专题会议，传达学习会议精神，布置安排当前工作。

3月29日，中共珊溪镇第十三届代表大会第二次会议在镇政府二楼会议室开幕。县委常委、组织部长徐清雨同志到会指导。

3月30日，珊溪镇召开第十五届人民代表大会第二次会议。县领导林乐融、金一玲到会指导。

3月31日，珊溪镇刘英纪念馆举行“省级青少年思想道德建设实践活动基地”挂牌仪式活动。县委组织部、县委老干部局、珊溪镇委以及珊溪镇小部分老师和学生参加此次活动。

4月6日，县委书记汪驰亲率相关部门主要负责人到珊镇镇进行调研。

4月11日，市委常委、宣传部长胡剑谨在文成调研，县委书记汪驰、县长王彩莲、县宣传部长刘金红等陪同抵达珊溪镇，参观珊溪镇街头村孝文化基地。

4月20日，珊溪镇委、镇政府组织离退休老干部召开座谈会，党委委员王彩梅主持会议，镇人大副主席胡立欣、副镇长刘化切等领导班子参加会议。

5月22日，珊溪镇召开基层卫生院发展现状调研座谈会。县政协领导、珊溪镇领导班子、政协委员及村干部代表出席。

5月29日，召开林权改革动员会暨林权改革知识培训会，力推林权工作的开展，确保该项工作按时保质完成。

同日，珊溪镇计生协会开展“5•29”会员活动日暨“和谐家庭，幸福珊溪”宣传服务活动。

6月20日，珊溪社区成立山林纠纷工作领导小组，完善集体林权制度改革相关工作。

6月29日，珊溪镇委召开纪念建党91周年大会，各村、部门支部书记，“两新组织”党支部书记，镇机关、社区全体党员参加此次大会。

7月24日，珊溪社区召开格情分析会。会议由镇党委副书记、珊溪片片长林文主持，副镇长毛祥劲出席会议，社区工作人员和社区各网格的格员参加会议。

8月25日，珊溪镇召开领导班子解放思想大讨论活动暨重点项目推进座谈会。

9月6日，珊溪镇召开第一次归侨侨眷代表大会。县委常委、宣传部长刘金红，市政协人口资源管理委员会副主任张真聪，县侨联主席胡立帅等领导出席会议，镇领导、机关部门负责人及归侨侨眷参加本次会议。

9月14日，珊溪镇召开干部“肃风提效”工作动员会议，贯彻落实前段时间解放思想大讨论活动动员会上提出的树立干部求真务实的工作作风精神。

10月11日，珊溪镇隆重召开县委讲师团职业道德专题报告会，县委党校蔡耕勇老师发表讲话，镇机关、社区全体干部参加此次大会。

10月23日，珊溪镇举办2012年度入党积极分子培训班，6个社区、48个村（居）、非公企业以及镇机关部门的67名优秀入党积极分子参加培训班培训。

11月8日，举行现场救护知识培训，对珊溪镇部门机关100余名干部进行专题培训。

11月28日，珊溪社区组织20位社区网格员逐村、逐格开展赠送便民服务挂历活动。

12月6日，珊溪社区开展党组织书记“联述联评联考”工作会议，社区下辖行政村居党支部、非公企业党支部、非公企业联合党支部、站所党支部及社区全体干部参加会议。

12月10日，珊溪镇召开述职述廉大会。县委组织部常务副部长金一玲，以及林增金、吴心愉、刘成等同志参加会议指导，各镇属部门负责人，村两委主要负责人，县级以上“两代表一委员”出席本次会议。

2012年文成县西坑镇人民政府大事记

1月27日，西坑畲族镇举行“严大地”党员爱心基金成立仪式。

3月15日，西坑畲族镇召开“国家级生态镇”创建工作动员大会。镇干部、单位负责人、社区干部、村两委主要干部共120多人参加本次会议。

3月28日，西坑民族学校隆重举行西坑畲族镇“林浩助学基金”“文泾电站奖教基金”颁奖仪式。

3月29日，西坑畲族镇隆重召开西坑畲族镇第十五届人民代表大会第二次会议，共有50名镇人大代表参加会议。县人大常委会副主任钟信友、副县长雷宇出席会议。

4月10日，召开集体林权制度改革工作动员大会。镇全体干部、社区干部、村两委主要干部参加会议。

4月19日，西坑畲族镇开展“增创爱国卫生新优势打造健康西坑新形象”爱国卫生月集中宣传活动。

4月23日，西坑畲族镇以镇卫生院为主体开展国家基本药物制度系列宣传活动。

5月9日，召开离退休干部座谈会，纪念党中央建立干部离退休制度30周年。

5月21日，西坑畲族镇西坑社区举行“乡村小舞台，村社一台戏”平安建设巡演活动。

6月10日，西坑畲族镇开展计生工作“互查互学互促进”自查活动。

7月2日，召开纪念中国共产党成立91周年暨“严大地、程延钦党员爱心基金”成立仪式，旨在回顾总结前一阶段工作，进一步动员广大党员干部职工解放思想，扎实工作。

7月26日，西坑畲族镇召开解放思想大讨论活动动员大会，镇机关全体干部、社区干部、村两委主要干部等150多人参加动员大会。

8月4日，西坑社区学校开展第一期初级商品营业员培训培训班，标志着社区学校教育培训工作正式启动，共有近100名学员参加培训。

8月7日，西坑畲族镇召开领导班子扩大会议，镇领导班子、社区书记参加会议，深入学习县委十二届二次全体（扩大）会议精神。

8月28日，西坑畲族镇领导干部、各行政村村两委主要干部开展镇农村基层规范化建设暨党风廉政建设培训活动。

9月3日，西坑畲族镇机关、西坑社区妇联组织人员赴西坑民族学校开展慰问困难学生活动。

9月28日，西坑畲族镇敖里社区召开“美满中秋•幸福畲乡”座谈会。

11月21日，召开十八大精神专题学习会，深入学习贯彻落实党的十八大精神，热议十八大报告。县委党校讲师蔡耕勇作专题讲解，全镇领导、干部，村两委干部参加学习会。

11月22日，西坑畲族镇迎来省级体育强镇复评小组，全面检阅创强以来的体育工作成果。

12月13日，西坑畲族镇隆重召开第一届第一次归侨侨眷代表大会，选举产生西坑畲族镇侨联第一届委员会，叶海琴当选为西坑畲族镇第一届侨联主席。县侨联主席胡立帅出席会议，各兄弟侨联代表、镇属部门负责人到会祝贺。

嘉 兴

2012年南湖区解放街道办事处大事记

1月9日，召开2011年度领导干部述职述廉会议。街道党工委书记沈浩主持会议并代表领导班子做述职述廉报告。

1月16日，召开2011年度新居民服务管理工作年终总结暨先进表彰会议。6个事务站站长参加会议。

2月16日，召开机关干部大会暨“二百一千”活动动员会。会议由街道办事处主任金洪良同志主持，全体机关干部等人参加会议。

3月19日，解放街道深入开展“三清三查”活动。

3月30日，召开党委信息工作业务培训会。区委办公室副主任彭峰、区委信息科领导、解放街道党工委委员盛卫国、各街道信息员、解放街道五大办信息员共计20余人参加会议。会议由区委信息科科长李燕主持，市委信息处处长姚晓明到会指导工作。

4月23日，副市长祝亚伟在市新居民事务局领导刘安良局长陪同下，到解放街道凌塘社区调研新居民服务管理工作。

5月7日，召开中心组理论学习（扩大）会议。街道全体班子成员、机关（社区）工作人员、基层工会主席等人参加会议。

5月15日，解放街道计生协开展“5•29”座谈会。

5月18日，第二届“运河流音”群众文化艺术节开幕。

6月11日，举行嘉兴市“五芳斋杯”裹粽大赛预选赛。本次活动由嘉兴市节庆活动组委会主办，嘉兴市食品工业协会、南湖区委宣传部、南湖区教育文化体育局承办，嘉兴市五芳斋集团协办。来自街道6个社区的居民参加此次比赛。

6月29日，召开打击侵财犯罪公开处理大会。街道有关领导、辖区派出所民警、秋泾桥事务站全体协管以及众多群众参加此次大会。

7月12日，解放街道举办预防艾滋病青春同伴教育，来自同济大学、树人大学、嘉兴高级中学等学生参加此次同伴教育活动。

7月13日，召开民政、残联工作会议。街道民政办、残联工作人员和各社区民政干部参加会议。

7月9日，市人力资源社会保障局局长陈树庆、副局长应志敏等到解放街道办事处调研社区就业工作。

8月2日，召开全区新居民需求服务站建设业务培训会。各镇新居民事务所内勤、各服务站责任协管员参加会议，区新居民事务局副局长陈芳出席会议。

8月20日，解放街道举办“运河右岸•文明绽放”深化全国文明城市建设专场文艺汇演。

9月4日，解放街道组织开展《社会保险法》的知识竞赛。街道和社区从事劳动保障工作的全体人员参加。

9月12日，浙江省人口计生委流管处处长张仲仁一行到解放街道新居民计划生育服务中心考察指导。

11月2日，举行2012年度文明评创“五十佳”表彰大会暨道德讲堂报告会。

11月22日，解放街道召开务虚会议。

11月30日，召开2012年征兵工作会议。会议由街道办事处主任周晓峰主持，南湖区人武部党委委员后勤科科长景宝春到会指导。

12月7日，召开2012年度新兵欢送大会。街道领导班子、征兵工作小组工作人员、全体入伍新兵及其家长参加欢送会。

12月20日，召开解放街道首个社工座谈会。各社区书记、主任，民政干部，残疾人专职委员参加会议。

2012年南湖区新嘉街道办事处大事记

1月5日，南湖区副区长柴荣明到新嘉街道督查安全生产工作。

1月7日，举行“慈善嘉年华、温暖你我他”慈善送温暖活动。嘉兴市副市长张志伟率陈树庆副秘书长、市民政局局长、市台胞协会会长等一行出席活动启动仪式。

1月11日，召开重点行业企业消防安全培训暨冬季防火工作会议。会议由街道安监站主持，邀请区消防大队参谋陈蕾、街道党工委副书记刘保华、派出所副所长李军出席会议。

2月3日，新嘉街道党工委召开中心组理论学习会。党工委书记张建华同志主持学习会。

2月15日，南湖区委书记孙建华，区委副书记吴健率领区委常委会班子成员及有关副区长进行工作调研。

2月20日，召开政协委员工作会议，共有14名政协委员参加。区政协党组副书记赵群乐、街道党工委书记张建华出席会议。

3月2日，召开信访维稳工作会议。党工委副书记刘保华、派出所副所长钟明荣、司法所所长刘海金、社区治保干部等人参加会议。

3月15日，召开2012年政法综治工作会议。街道党政班子领导，各部门、各社区主要负责人、社区民警、新居民协管员等人参加会议。

3月16日，召开党建暨“双百”服务、五城联创工作动员会。街道班子领导、机关和社区全体工作人员、文明创建先进单位代表和先进个人代表、企事业党组织书记等人参加会议。

4月13日，召开政协委员会议。

4月25日，召开街道2012年度人口计划生育与卫生工作会议。街道人口计生工作领导小组成员，各社区书记、主任、计生干部，辖区单位计生干部，街道社区卫生服务中心主任等人参加。

5月15日，召开“五小”行业专项整治工作会议。各相关部门和社区干部共20余人参加会议。

5月16日，市司法局纪委书记黄威新嘉司法所调研老娘舅工作。

6月5日，召开安全生产工作会议。街道办事处主任沈金华、办事处副主任丁宗仁、街道安委会各部门工作人员和各社区专（兼）职安监员以及辖区企事业单位负责人、安管员等40余人参加会议。

6月20日，召开第五次代表大会。嘉兴市科协南湖区办事处主任陈忠祥、新嘉街道党工委书记陈凯、新嘉街道办事处主任沈金华、新嘉街道党工委委员陈建飞特邀出席大会。大会由街道办事处副主任丁宗仁主持。

6月29日，召开纪念建党91周年暨创先争优表彰大会。会议由新嘉街道党工委副书记沈金华主持，党工委委员列席，街道全体党员、各社区党组织书记、副书记以及辖区企业党组织负责人和受表彰的党员参加会议。

7月27日，召开交通秩序管理员培训会议。新嘉城管中队队长濮忠铭担任主讲，城管中队、各社区文明劝导员参加此次会议。

8月1日，市司法局局长陆娟梅在区司法局局长张兴业的陪同下，到新嘉司法所调研指导工作。

8月2日，南湖区副区长毛扣祥带领区工商分局、区经商局分管领导对新嘉街道百日行动专项整治工作开展情况进行督查。

8月13日，召开社区书记党建工作专项述职会议。辖区社区书记和街道党工委成员参加此次会议。

9月7日，开展“四措”并举集中整治“两非”专项活动。

10月23日，南湖区党委副书记、政法委书记赵建峰一行到新嘉街道调研指导工作。

10月30日，召开读书会。街道副科以上领导、各部门负责人和社区书记参加会议。

11月1日，召开专题会议。社区治保干部、综治工作中心人员参加会议。

11月16日，区委书记孙建华在区委办公室主任张建华的陪同下到新嘉街道调研工作。

12月17日，区人大常委会副主任苏志强在新嘉街道人大工委主任金莉萍的陪同下，到浙江恒胜科技有限公司看望慰问新嘉代表小组代表宣大胜。

12月10日，召开新嘉街道班子（扩大）会议。街道副科级以上领导及中层以上干部参加会议。会议由党工委书记陈凯主持。

2012年南湖区新兴街道办事处大事记

2月7日，新兴街道召开2012年度首次六六群众工作座谈会。文昌社区12名服务员和2名联系干部参加座谈，区信访局局长、群工办主任成晓伟等也应邀参加。

2月8日，嘉兴市纪委书记徐鸣华到文昌社区调研。

2月23日，嘉兴市公安局副局长姚钰明到松鹤社区督导社区治安工作。

3月1日，嘉兴副市长赵树梅到下城南社区进行调研。

3月7日，新兴街道召开“两排查一促进”专题会议。综治、信访、司法、派出所、安监等部门负责人及社区治保主任参加会议。

5月7日，新兴街道召开妇联基层组织建设推进会。

5月9日，区委副书记、政法委书记赵建峰到新兴街道视察指导工作。

5月22日，市长鲁俊莅临新兴街道视察环境卫生工作。

6月19日，运南社区召开2012年共建工作会议。市委宣传部、市人口计生委等5家共建单位的分管领导、联络员及街道联居干部参加。

6月28日，召开纪念建党91周年表彰会暨党风廉政教育讲座。街道全体领导班子、所属党组织负责人、先进代表约60余人参加会议。

7月4日，湖州市民政局副局长龚明珠一行来文昌社区交流考察。

7月10日，新兴街道组织举办“廉政建设大家谈”活动。

7月27日，召开计划生育协会第七次会员代表大会。来自辖区单位及街道各条战线的61名正式代表参加会议。

8月3日，南湖区副区长柴荣明到新兴街道视察食品安全。

8月24日，召开关于市容市貌文明劝导员会议。会议由街道办事处副主任王岭主持。

8月31日，区人大常委会副主任汪泽韵一行到新兴街道调研基层民主政治建设情况。部分社区、企业、机关干部、两代表一委员参加会议。

9月4日，召开创业培训工作会议。劳动保障所、各社区、嘉兴市启辉职业技能培训学校等工作人员参加此次会议。

9月7日，嘉兴市长鲁俊、南湖区区长吴健在街道办事处主任何周军等陪同下参观指导工作。

10月9日，嘉兴市委常委、秘书长孙贤龙率领市水利局、治水办、环保局等相关负责人调研河道治理工作。

10月25日，开展“党员奉献日”活动。有城南社区联合武警医院、嘉兴银行以及党员志愿者参加。

11月5日，嘉兴市新居民局局长刘安良一行到新兴街道调研新居民工作。

11月28日，召开物业公司卫生例会。参加会议的有新兴街道物业公司董经理、环卫处金主任以及各个社区的卫生主任。

12月4日，召开居民议政会成员推荐会。各员代表、居民代表参加此次会议。

12月5日，召开社区文艺骨干茶话会。文体骨干、社区腰鼓队队员等参加座谈会。

2012年海盐县通元镇人民政府大事记

2月22日，通元镇召开农业会议。分管农业副镇长、镇农水中心有关工作人员和全镇14个行政村分管农业的村干部参加此次会议。

4月20日，通元镇召开农村保险指导员工作会议。农业的村干部、镇农水中心工作人员和镇畜牧兽医站负责人参加会议。

4月22日，通元镇召开农综联新子项目工作会议。县农综办、通元镇农水中心、工程监理人员、施工单位负责人和各相关行政村人员参加会议。

5月15日，通元镇召开小农水重点县项目建设工作推进会。会议由县水利局领导、施工、设计、监理等单位负责人和镇农水中心相关人员参加。

6月5日，通元镇召开农业工作会议。会议由镇分管农业副镇长钱丽娟同志主持，来自14个行政村分管农业的村干部和镇农水中心有关人员参加此次会议。

6月7日，通元镇召开小农水重点县项目低压灌区管护会议。会议由镇分管农业钱丽娟副镇长、低压管道灌区相关行政村书记、和镇农水中心相关人员参加。

6月14日，通元镇召开小农水重点县项目扫尾阶段推进会。

7月8日，通元镇召开半年度农业工作会议。镇分管农业副镇长钱丽娟同志、村分管农业的村干部和镇农水中心相关工作人员参加此次会议。

7月12日，通元镇妇联开展“党员妈妈献爱心”活动。

7月13日，通元镇召开良种补贴会议。

8月2日，通元镇召开部署落实通元镇河道“河长制”实施工作专题会议。镇全体机关干部，镇属各部门、各行政村主要领导参加此次会议。

8月6日，召开防御“海葵”台风动员大会。镇政府机关、四中心全体人员、各行政村书记、主任及相关县属部门负责人参加此次会议，会议由镇党委副书记吕华军主持。

8月25日，通元镇召开创建“优美庭院”工作动员会。镇妇联领导、绮园院长、村三套班子成员、村承包组长、妇女组长参加会议。

9月6日，召开通元镇2011年高效节水灌溉工程质量评审会。会议由项目施工单位、监理单位、设计单位、相关村负责人等参加。

9月20日，国家统计局嘉兴市调查队住户调查处施雪华处长等一行在县统计局领导的陪同下到通元镇进行调研。

9月24日，召开通元镇农技水利服务中心河道保洁工作会议。各工作小组组长参加会议。

10月15日，通元镇召开农业会议。镇分管农业钱镇长、农水中心相关人员及各行政村分管农业人员参加会议。

10月16日，通元镇召开畜禽养殖排泄物治理会议。兽医站工作人员参加会议。

10月21日，通元镇开展保护野生动物突击巡查行动。

11月13日，省文明办领导、省文化厅张处长考察张元济图书馆通元分馆。

11月25日，召开通元镇妇联总结交流会议。全镇1个市级岗、5个县级岗的负责人参加会议。

11月27日，省安监局董国庆副局长等一行人到通元镇检查安全生产“打非治违”专项整治工作。

12月18日，召开通元镇张桥圩区初步设计内审会。县水利局相关领导、镇农水中心、嘉兴市水利设计院相关人员及圩区涉及村的分管农业人员参加会议。

12月22日，通元镇召开学习“十八大”精神专题辅导学习报告会。县委宣传部副部长吴雄飞和通元镇全体机关干部、镇属站办、行政村干部参加会议。

湖州

2012年吴兴区爱山街道办事处大事记

3月5日，爱山街道组织收看十一届全国人大五次会议实况，全体机关干部及各社区负责同志40余人参加活动。

3月26日，召开2012年爱国卫生、城市网格化管理工作会议，街道机关干部、辖区各单位分管卫生领导等近百人参加此次会议。

3月28日，召开2012年度综治、信访，平安创建暨安全生产（消防安全）工作会议，共有来自街道、社区及70余家辖区单位的100多人参加。

4月7日，爱山街道召开街道劳动和社会保障工作会议。

4月23日，召开作风与基层组织建设年推进大会，街道辖区两新组织书记、社区党组织书记、机关干部等参加会议。

5月1日，举行庆五一劳动节文艺演出。

5月24日，召开人口和计划生育基层基础建设工作会议，计生信息协理员、计生联络员、计生指导员以及各社区主任等参加此次会议。

6月6日，爱山街道利民社区党支部组织开展党员纯洁性教育学习活动。

6月17日，社区开展“世界防治荒漠化与干旱日”宣传活动，提倡合理用水，高效用水。

6月30日，召开纪念建党91周年暨创先争优表彰大会。

7月3日，举办民情信息员培训，培训内容关于浙江省社会管理信息平台系统的具体操作方法和如何写好民情日记的两项培训议程。

7月18日，爱山街道红丰西村社区在暑期举办“湖州人文历史大讲堂”讲座，共有40余位社区孩子参加。

7月26日，爱山街道上下塘社区组织暑期青少年观看《消防安全》知识宣传片，进行防火安全教育。

8月1日，召开半年度社区工作推进会，对街道2012年度社区综合考核细则及办法进行详细的解读。

8月22日，爱山街道衣裳街社区在辖区小饭店、小店铺集中开展食品安全集中检查宣传活动。

8月31日，爱山街道党委举办机关干部周末读书会，会议表彰2011年度优秀公务和开展读书活动，班子成员、机关干部、社区书记、主任参加会议。

9月11日，召开工会工作会议，辖区内社区联合会主席、企业工会主席、街道总工会委员参加会议，街道工会主席赵中根同志主持并讲话。

9月12日，召开深化打非治违行动和社区安全信息员会议，部署全街深化安全生产领域“打非治违”专项行动工作。

9月25日，召开“两节一会”安全维稳保障工作部署会，街道班子成员、机关全体干部职工、社区书记、主任参加会议。

同日，召开工会工作会议，会上街道总工会布置区总工会近期下达的关于征订报刊、工会年报等重点工作。

10月23日，爱山街道举办以“健康、快乐、幸福、长寿”为主题的《重阳话敬老冬季说养生》知识讲座。

同日，举行“九九重阳敬老爱老”座谈会，为老年人送上慰问品，对他们致以节日的问候。

11月15日，举办以“夕阳红，温馨又从容”为主题的老年人心理健康知识讲座，共有30多名社区老年人参加活动。

11月23日，召开十八大精神学习会，会议由街道相关领导主持召开，街道机关干部、各社区书记、两新组织党支部书记、离退休老干部参加此次会议。

11月29日，召开区人大第十一代表小组会议，总结回顾2012年街道人大工作情况和布署近期的几项重点工作，并提出2013年工作思路。

12月1日，召开部署“党的十八大精神”学习宣传工作会议，会议围绕贯彻落实党的十八大精神，部署街居学习宣讲工作。

12月4日，爱山街道利民社区联合市中级人民法院开展农民工维权法律咨询活动。

12月17日，开展食品药品安全宣传活动，通过现场咨询、展板宣传、实物展示、发放宣传资料等形式，向辖区市民宣传食品药品安全知识。

2012年吴兴区朝阳街道办事处大事记

3月15日，朝阳街道召开省示范文明城区创建工作动员部署会。

3月16日，朝阳街道闻波社区党总支组织30多位社区党员认真学习两会精神和温家宝总理所做的政府工作报告。

4月18日，召开基层组织建设年社区书记工作会议，各社区党委、总支书记等参加会议。

4月22日，召开安全生产（消防安全）工作会议，定安社区、一字桥等社区参加。

4月27日，朝阳街道举办“庆五一、迎十八大”卡拉OK大赛。

5月1日，朝阳街道碧浪湖社区党委召开一季度党员闪光言行交流考评会，6个楼道党支部和3个两新党支部的书记参加此次交流考评会。

5月2日，朝阳街道团委组织“迎五四”郊游踏青活动，街道、社区全体团干部参加此次活动，进一步丰富街道、社区团干部的精神文化生活。

5月13日，朝阳街道碧浪湖社区举行邻里运动会，社区12位残疾人报名参加比赛。

6月1日，举办健康教育专栏展示，用专栏形式向居民们解读如何加强健康教育。

6月21日，朝阳街道党委组织8名社区党组织书记与7名街道、社区后备干部，到有杭州“第一街”之称的北山街道参观学习。

6月26日，开展禁毒宣传教育活动，展出宣传展板30多块，发放各种禁毒宣传资料500多份，现场参加人员约500多人次。

7月14日，朝阳街道北齐巷社区开展“小手拉大手共创文明城”活动。

7月15日，召开党的十八大消防安全动员暨消防安全网格化管理推进会议，会上，街道办事处主要领导作动员部署，区消防大队和街道安监中心负责人布置有关具体工作。

8月3日，召开年中平安综治工作会议，街道40多家辖区单位和各社区书记共50多人参加会议。

8月16日，召开会员代表大会，正式成立街道红十字会。

8月26日，举办社区干部夜校培训，邀请区委办信息督查科和街道来自民政、劳动保障和残联线上共4名老师进行讲课。

9月17日，朝阳街道红丰社区召开尊老型基层党组织满意度测评会，党员、居民组长、退休职工、困难居民等代表参加会议。

同日，朝阳街道红丰社区举办“迎国庆”文艺晚会。

9月27日，朝阳街道车站社区开展“低碳环保空盒换礼”活动。

10月10日，开展“世界精神卫生日”宣传活动。

10月18日，举办“烽火燎原喜迎十八大”纪念门票展，展出社区“门票收藏达人”章明强老师收藏的近200张门票。

10月22日，召开“九九重阳节”座谈会，邀请社区退休党员和独居孤老30位老人一起聚一聚，庆祝节日的同时，共话社区建设。

11月9日，召开工作务虚会，党委办事处班子成员及各社区书记主任参加，会上认真学习党的十八大报告，并要求与会人员结合十八大精神，交流2013年的工作打算。

11月14日，召开区域化党建工作推进会议。

11月16日，朝阳街道车站社区党总支召开专题学习会议，深入学习领会胡锦涛总书记在十八大所作的报告。

12月4日，召开全体机关、社区干部党的十八大精神专题学习会，街道党委书记全面解读十八报告，就报告的主题、12个部分、5个板块做深刻分析。

12月15日，朝阳街道碧浪湖社区开展“万众评议机关”活动。

12月21日，召开一年一度的民主评议会，对社区居委会工作及社区工作者进行民主评议。

2012年吴兴区飞英街道办事处大事记

1月29日，飞英街道举行“共建文明·礼赞和谐”2012年新春联欢会。

2月3日，飞英街道新华苑社区工会联合会开展“安全文化进社区，文明快乐闹元宵”猜灯谜活动。

2月21日，召开解放思想活动动员会议，为推进街道全年各项目标任务提供坚强的思想保障。

2月27日，飞英街道召开作风建设深化年活动动员大会。

3月5日，开展机关社区干部“转作风、优服务、美环境、强管理”主题活动——之“学雷锋”义务大清扫。

3月11日，飞英街道吉山四社区举办“拥抱春天，播种绿色”植树节主题活动。

3月16日，召开迎接省示范文明城区创建工作动员会。

4月19日，飞英街道吉北社区的工作者开展社区环境清洁大扫除活动，以迎接湖州市“两会”的召开。

4月26日，召开全体信息员工作培训会。

4月27日，举办“吴兴之星·放飞五月—唱响劳动者之歌”文艺汇演。

5月14日，召开“三区联创”工作动员部署会，全体街道干部、各社区工作人员和交警、执法、园林、环卫等下属部门负责人参加会议。

6月13日，召开打非治违专项活动部署会暨消防安全培训会。

6月29日，召开庆祝建党91周年纪念大会暨省第十三次党代会精神主题学习会，街道全体机关干部、全体社区工作者、各社区优秀党员代表参加。

同日，举办消防安全技能闯关比武竞赛活动。

7月2日，飞英街道余家漾社区为即将返程的新疆籍普通高校毕业生举行欢送会，祝贺5位新疆阿克苏地区普通高校毕业生顺利完成在社区的实习任务。

7月23日，开展法制教育讲座暨青少年暑期快乐营开营仪式，14位青少年参加活动。

7月31日，飞英街道吉山四社区道德大讲堂在少儿暑期活动期间举办一场文明礼仪讲座。

8月5日，开展以“低碳生活，幸福接力”为主题第四届社区趣味运动会。

8月9日，召开班子紧急会议，积极传达省电视电话会议精神，并将自救工作作为当前最紧迫的任务。

8月14日，召开红十字会第一次会员代表大会，辖区内各社区、企事业单位共24名代表参加会议。大会由街道党委委员王芳同志主持。

9月19日，召开计划生育协会第三次会员代表大会，大会总结5年来协会的各项工作并确定今后5年的发展目标及工作任务。

同日，召开消防·安全生产·食品安全工作会议，街道28家辖区单位、8个社区、飞英派出所及全体安监中心成员参加此次会议。

同日，召开居民养老保险工作暨业务培训会议，街道组织办、街道信访办、街道民政办等部门负责人以及各社区主任、人社中心工作人员、社区经办人员共25人参加会议。

10月11日，飞英街道开展“我们的价值观”宣传活动。

10月23日，开展“九九话重阳，夕阳无限好”暨彩虹人生幸福家庭评选活动，20位居民代表参加此次活动。

11月14日，飞英街道余家漾社区举办“喜迎十八大，戏曲大家唱”专场表演。

11月23日，召开党的十八大精神专题学习会，街道全体机关干部、全体社区工作者、各社区优秀党员和两新党组织代表，共计100余人参加学习会。

12月19日，飞英街道网格办组织各路长单位联络员、各社区城管主任、志愿者和城管执法队员20余人开展联合巡查活动。

12月26日，召开选民座谈会，社区书记、人大代表及社区部分选民参加此次会议。

12月26日，飞英街道余家漾社区举行“幸福联盟，和谐邻里”元旦文艺汇演。

2012年吴兴区月河街道办事处大事记

2月27日，月河街道组织召开有社区书记、主任及安监员参加的开展建筑工地安全大检查的专题会议，部署并实施对建筑工地的安全大检查。

3月13日，月河街道二里桥社区开展课外科普实践活动。

3月20日，召开2012年人口与计划生育工作会议，简要回顾总结2011年工作，分析研究当前人口和计生工作形势，研究部署2012年工作重点。

4月23日，月河街道浮星桥社区组织青年志愿者，开展以“爱护地球、清洁家园、减少疾病、促进健康”为主题的环境卫生整治。

5月1日，举办“唱响劳动者之歌”文艺晚会。

5月15日，召开“三区联创”动员会，社区党员代表、居民组长和社区工作者等10余人参加会议。

5月21日，举行基层社会管理综合信息系统培训班，共有20余人参加此次培训。

6月5日，月河街道开展以“安全生产基层基础强化年”活动为载体的“科学发展安全发展”宣传活动，大力宣传普及安全生产法律法规和安全常识。

6月12日，月河街道浮星桥社区组织社区禁毒志愿者开展以“珍爱生命，远离毒品”为主题的宣传教育活动，营造社区禁毒宣传教育的浓厚氛围。

6月26日，月河社区开展“6•26”禁毒宣传日活动。

7月1日，召开建党九十一周年暨基层组织建设年推进会，参加这次会议的有街道机关全体党员、两新党组织党员代表、社区退休党员代表及社区工作人员。

7月3日，月河街道马军巷社区召开“马军巷社区党总支纪念建党91周年暨基层组织建设年推进会”。社区全体工作人员、党员、“两新”支部参加会议。

7月11日，月河街道总工会在铁路社区文化广场举办“增强邻里和谐，促进社区文明”首届趣味运动会。

8月6日，月河街道各个社区的主任和宣传人员举办关于街道社区文化和活动的调研座谈会。

8月12日，月河街道召开2012年志愿者服务工作会议。

8月14日，月河街道人武部组织各社区民兵连长召开征兵工作会议，布置2012年度月河街道征兵工作任务。

9月20日，开展街道工会法律法规知识培训班，全体街道和社区工作人员、辖区单位工会代表参与。

9月21日，月河社区开展肺结核防治宣传调查。

9月25日，月河街道南园社区举办以“迎国庆•庆中秋”为主题的书画展。

10月8日，社区开展群租房消防安全检查。

10月11日，开展药品零售企业监督检查工作。

11月13日，月河街道召开2013年度城镇居民医疗保险参保工作会议，会议由街道劳动保障所医保专干主持，各社区医保专干参加会议。

11月15日，开展“学习贯彻十八大精神”专题会议。

11月16日，月河社区党总支组织社区党员开展十八大会议精神学习会。

12月13日，月河街道湖东社区召开十八大精神宣讲会，专题学习贯彻十八大精神。

12月18日至21日，月河社区残疾人工作者参加由吴兴区残联主办的2012年中国手语培训。

12月19日，召开十八大精神专题学习交流会，社区相关负责人带领大家重温十八大精神。

12月25日，月河街道召开2012年底工作布置暨3231工程优秀工作者表彰大会。

2012年吴兴区埭溪镇人民政府大事记

2月6日，召开埭溪镇2011年度总结表彰暨2012年工作动员大会，埭溪镇全体机关干部、企事业单位负责人、受表彰单位等260余人参加。

2月20日，召开全镇2012年重点工作推进会，全体镇党政领导、全体机关干部、各行政村书记、主任和相关企事业单位负责人共160余人参加。

3月1日，召开专题会议，部署2012年度宣传思想社会事业发展工作，埭溪镇宣传文教办、卫计办全体人员和各行政村、居委会文体干部及计生服务员参加会议。

3月20日，举办安全管理人员培训班，以强化企业安全生产工作主体责任的意识。

3月28日，举办健身操培训班，特邀湖州市全民健身中心业余健身操教练许琳琳前来授课，20个行政村、社区文体骨干参加培训。

4月14日，举办“天天向上”大讲堂，内容为“加强农村文化建设”专题讲座。特邀请湖州市文艺处朱忠明处长前来授课。

4月17日至21日，埭溪镇举办焊接与热切割安全技术培训班。

5月11日，埭溪镇党委召开理论学习中心组（扩大）会议，重点交流前阶段工作落实情况及下一步工作打算，围绕“社会管理创新”和“特色亮点工作”主题进行交流发言。

5月18日，召开第七届计划生育协会换届选举大会，全镇106名计生协会代表参加此次会议。

5月28日，开展以“点击梦想、链接心愿”“珍爱生命、远离烟草”为主题大型健康宣传活动。

6月12日，埭溪镇人防办开展的消防（人防）应急疏散救援演练活动。

6月28日，召开庆祝建党91周年暨省党代会精神专题报告会，全体班子成员、各党支部书记、各村主任、党群办、纪委办、宣传文化办全体工作人员共100余人参加会议。

7月13日，召开全区社会事业半年度工作例会，区教育局、文体局、卫计局班子成员，区各乡镇街道分管领导共30余人参加此次会议。

7月27日，召开机关中层以上干部、村书记、主任及事业单位负责人参加的“征迁工作百日攻坚动员会”，贯彻落实会议精神，层层部署，传递压力。

8月13日，召开共青团埭溪镇第十四次代表大会，来自全镇各条战线、各个行业的64名团员青年代表参加会议。

8月15日，召开埭溪镇妇女代表大会，来自全镇各条战线、各个行业的59名妇女代表参加此次会议，区委组织部张伟娥、埭溪镇党委委员吴玉华、潘卫华等领导到会指导。

9月20日，埭溪镇乔溪村举办庆祝国庆63周年文艺晚会。

9月26日，召开第三届运动会赛前工作会议，会议由镇党委副书记潘卫华主持。

11月19日，开展庆祝十八大的文艺演出。

12月6日，埭溪镇人防办组织专业队山林防火宣传演练，通过无线电视频导播车进行现场指挥，顺利扑救山林火灾的演练。

12月8日，埭溪镇召开新兵欢送大会，欢送新兵入伍。

12月27日，召开创建国家级卫生镇培训会，全镇机关干部、行政村书记主任、社区居委会主任、企事业单位负责人等近百人参加此次会议。

12月28日，举办有全镇各部门信息员、大学生村官等40余人参加的十八大精神宣讲骨干培训会。

2012年吴兴区东林镇人民政府大事记

2月15日，东林镇召开2012年工作动员部署大会。

2月26日，东林镇总工会召开工资集体协商恳谈会，企业方代表，职工方代表参加会议。

3月4日，东林镇平安志愿者服务队联合镇团委、妇联在敬老院开展“雷锋精神在我们身边”活动。

3月18日，东林镇举办“生命至尊、安全至上”为主题的安全知识教育培训班，共有140余名职工参加培训。

3月28日，东林镇联合妇联举办“关爱女性生殖健康”的知识讲座，旨在增强育龄妇女的自我保健意识，提高妇女的健康水平，60余名育龄妇女参加讲座会。

4月23日，举办基层社会管理综合信息系统业务培训会，参加培训会的人员有各行政村调解主任、部分大学生村官、部分村电脑操作人员。

4月25日，召开东林镇居民生活污水处理费标准调整听证会，会议主要对东林镇居民生活污水处理费调整方案进行听证。

5月2日，东林镇举办红色经典歌曲演唱会。

5月5日，东林镇以“南太湖幸福大讲台”为载体，组织全体机关干部和各村党支部书记、村委会主任观看廉政警示教育片——《歪风》。

5月12日，召开大学生村官工作座谈会，总结交流全区大学生村官工作情况，集中探讨大学生村官如何选得优、干得好、流得动、用得上的问题。

6月5日，召开“打非治违”暨“安全生产月”活动的动员部署会议，会议布置关于集中开展安全生产领域“打非治违”专项行动的有关工作及2012年“全生产月”活动相关工作。

6月19日，举办“工人伟大、劳动关荣”唱响劳动者之歌文艺晚会。

6月28日，东林镇召开民政工作会议，会议总结2012年上半年民政工作所取得的成绩并指出存在的不足，并对该镇下半年民政工作进行安排部署。

7月10日，开展人口计生政策法规咨询、生殖健康教育咨询等宣传活动。

7月27日，东林镇妇联联合镇工会、经济建设服务中心，共同走访湖州联峰棉纺织有限公司等5家企业，开展“炎夏送清凉，关爱职工安康”活动。

8月1日，东林镇妇联举办龟鳖养殖技术培训班，共有30多人参加集中培训。

9月2日，举办残疾人就业创业劳动技能培训班，共有54名有劳动能力的残疾人参加培训。

9月18日，举办工会系统企业管理培训班。

12月10日，召开学习贯彻党的十八大精神主题宣讲会，村书记、主任，企事业单位负责人及大学生村官等共计70余人参加主题宣讲活动。

12月5日，东林镇妇联召开“学习贯彻党的十八大精神”主题宣讲会，各行政村妇代会主任、两新组织妇代会主任、女入党积极分子和女大学生村官等60余人参加会议。

2012年吴兴区龙泉街道办事处大事记

3月2日，龙泉街道开展“百万家庭学法律户户平安促和谐”法制宣传和维权服务活动。

3月5日，龙泉街道团委与12349便民服务中心在龙泉街道东白鱼潭社区广场联合举办“雷锋伴我行，关爱暖人心”的学雷锋进社区活动。

4月14日，龙泉街道举行党员志愿者服务启动仪式。

4月24日，龙泉街道华丰一社区组织举办春季养生讲座，为社区居民讲解春季疾病预防知识。

5月2日，举办远程教育健康讲座，特邀湖州市疾病预防控制中心的崔明玉老师前来讲课。

5月7日，召开治安综合治理推进会，街道相关领导、各社区书记、社区综治委员、派出所、学校、社区民警、辖区单位等参加会议。

5月8日，龙泉街道举行社区主任人选公开选拔大会，特邀请街道各个社区的居民骨干代表参加会议。

6月25日，龙泉街道在市陌二社区文化广场举行“6·25”全国土地日现场咨询会。

6月27日，龙泉街道召开“纪念中国共产党建党91周年党性教育报告会”，会议首先表彰2011年度的党建先进集体和个人。

7月4日，龙泉街道举办国家卫生城市复评迎检工作培训会，主要对国家卫生城市标准进行详细讲解。

7月7日，龙泉街道举办“感恩行动”职业礼仪培训，来自街道各个社区的社区工作者参加培训。

7月15日，龙泉街道开展安全防范知识讲座，社区居民志愿者、辖区物业和全体社区工作人员参加本次讲座。

8月16日，召开义务巡逻队半年度工作大会，社区民警许宝宝、社区工作人员以及全体义务巡逻队队员参加此次会议。

8月17日，龙泉街道文体服务中心召开文化工作会议，来自全街道各个社区分管群众文化工作的干部和街道文体中心的全体工作人员参加此次会议。

8月26日，龙泉街道紫云社区举办以“垃圾分类，清凉一夏”为主题的纳凉晚会。

9月18日，龙泉街道米兰社区开展以“科普入社区”为主题的“全国科普日”宣传活动。

9月27日，龙泉街道市陌河社区对扶贫困难户家庭进行关怀慰问。

9月29日，召开“感恩行动”社区文化建设培训。

10月15日，举办关于民间的养生哲学暨老年人健康知识讲座。

10月23日，举办一期以“老年人骨质疏松症防治”为主题的健康知识讲座，社区中老年居民朋友共计30多人参加讲座。

10月23日，龙泉街道安监站、西白鱼潭社区、大家物业联合组织社区全体保安队员在日月城小区空地举行消防演练。

11月1日，龙泉街道开展街道医师心理知识培训，主要针对患者在发生灾难（危机）后的心理反应以及怎样进行危机干预做详细的讲解。

11月29日，龙泉街道邀请湖师院的虞文清教授进行《党的十八大精神解读》的讲座。

11月29日，召开学习十八大精神宣讲会，80名街道干部和社区干部参加会议。

12月3日，开展以“共建更美好世界，造福全民，造福参与发展的残疾人”为主题的国际残疾人日宣传活动。

12月3日，举办一场民事法律方面的专题讲座，特邀请浙江东方绿洲事务所陈之华律师，为社区居民讲解涉及继承法和婚姻法的法律、法规及案例。

12月17日，召开2012年度优秀益邻志愿者表彰大会，对19名志愿者授予“社区优秀志愿者”的荣誉称号，并颁发奖状。

2012年吴兴区妙西镇人民政府大事记

1月16日，召开全镇年度工业经济暨招商引资大会，会议总结2011年全镇工业经济情况，明确2012年工作目标，并对先进企业予以表彰奖励。

1月17日，召开组织工作年度总结会议，全镇15个行政村分管组织工作的支部委员参加会议，会议由镇党委组织委员主持。

2月13日，妙西镇党委、政府在镇政府召开“生态工业突破年、休闲旅游提升年、队伍建设加强年”活动动员大会。

3月9日，妙西镇妇联开展第二届家庭道德模范评比活动。

3月12日，召开农村集体资金资产资源管理动员培训会，全镇15个行政村党支部书记、村主任、大学生村官、联村干部参加会议。

3月21日，召开2012年度全镇信息工作会议，会议总结去年信息工作取得的成绩，分析当前存在的问题，重点安排部署今年信息工作。

4月12日，妙西镇人大主席团召开代表建议意见交办会，将镇三届人大一次会议的代表建议意见共29件进行集中交办。

4月13日，召开关工委工作会议暨镇“五老”关爱团成立会议，镇关工委主任许丽萍、专职副主任谢建琴、办公室主任唐晔及部分“五老”成员参加会议。

4月19日，召开基层党组织书记专题培训会，重点部署各村基层组织建设推进工作，镇主要领导、联村领导、大学生村官等50余人参加会议。

5月4日，举办大学生村官和区派年轻干部的季度例会。

5月28日，举办家庭护理（月嫂）技能培训。

6月13日，妙西镇人大召开代表培训暨“履职作表率，代表在行动”主题实践活动动员会。

6月18日，妙西镇召开村级优秀干部到镇挂职部署会，会上对村干部挂职岗位进行安排，并提出工作要求，相关分管领导参加会议。

6月29日，妙西镇召开庆祝建党九十一周年暨“七一”表彰大会。

7月4日，召开2012年半年度工作会议，镇领导班子成员、各村主职干部、镇机关全体工作人员共100余人参加会议，会议由镇党委副书记、镇长薛跃伟同志主持。

7月22日，妙西镇计生协会召开第三届会员代表大会，会议分析当前面临的新形势，总结5年来所做的工作，对今后5年的工作任务作部署。

7月28日，妙西镇召开美丽乡村创建工作推进会暨妙新线产业带建设推进会。

8月13日，召开共青团妙西镇第四次代表大会，来自全镇各条战线包括农业、乡镇企业等57名团员代表参加此次会议。

8月16日，妙西镇召开第一届红十字会成立大会暨会员代表大会。

9月8日，召开区管后备干部民主推荐会，镇机关全体干部、事业单位、企业和村主要负责人等80余人参加推荐大会。

9月11日，召开妙新线产业带暨美丽乡村建设第四次推进会，镇领导班子成员、各相关部门负责人、沿线4个村主职干部参加会议。

9月12日，召开农村集体“三资”管理暨村务监督工作推进会，共100余人参加会议。

10月8日，召开大学生村官季度工作例会，镇党委副书记谈波、镇党委组织委员许丽萍以及14位大学生村官参加会议。

10月10日，妙西镇残疾人联合会召开第五次代表大会，并选举产生该镇残联第五届主席团委员，拉开为残疾人做好服务工作的新序幕。

10月24日，妙西镇召开妙新线现代林业产业观光带党工委成立大会。

11月21日，召开学习贯彻党的十八大报告精神专题会，镇机关全体干部、村党组织书记、村长、企事业单位党组织书记共计130余人参加会议。

11月22日，召开“双网互动”暨实体化“大团委”建设工作推进会，镇团委委员、各行政村团支部书记等20余人参会。

同日，妙西镇团委组织青年团干部开展学习贯彻党的十八大报告精神座谈会会，全体团委委员、村团支部书记、年轻机关干部等30余人参加会议。

12月1日，妙西镇龙山村举办“宣传贯彻党的十八大精神”文化走亲活动。

12月3日，妙西镇团委组织青年志愿者开展助残帮困志愿服务活动。

2012年吴兴区环渚街道（环渚乡）大事记

2月7日，召开2011年度工作总结表彰暨2012年工作动员部署大会，乡机关全体干部、各村村两委会全体成员、村民小组长、各企事业单位负责人参加会议。

2月27日，召开农村集体“三资”管理工作动员会，乡农村集体“三资”清理工作领导小组成员及各行政村村委会主任参加会议。

3月1日，举办由环渚乡妇联组织的“幸福姐妹花”文明宣导员培训班。

3月15日，召开重点工作部署推进会，乡班子成员、各部门中层领导30余人参加会议。

4月14日，环渚乡党委、政府在乡机关3楼会议室召开村级班子“回头看”动员大会，乡全体班子成员、机关干部、各行政村书记、主任参加会议。

4月26日，召开环渚乡首届运动会动员大会。

4月27日，环渚乡司法所联合区公安局、派出所、法院、检察院等部门在荣丰村开展法律宣传和咨询活动。

5月17日，召开消防安全工作会议，部署消防安全工作。环渚乡乡长朱建荣、安监分管领导王建国、派出所所长、各村村主任、公共安全信息员等40余人参加会议。

同日，环渚乡社区卫生服务中心举行首届职工代表大会。

5月22日，环渚乡举办基层管理综合信息平台操作培训。

5月27日，举行首届运动会乒乓球比赛。来自各行政村、乡机关以及企事业单位共22支代表队70名选手参加比赛。

6月2日，环渚乡人大召开区第三届人大代表和环渚乡人大主席团成员、小组长联席会议。

6月16日，环渚乡就加快推进吴兴区创建国家级生态区召开工作会议，相关关部门主要负责人参加此次会议。

6月20日，举办“创新创业”农民技能培训班在环渚乡万安村举行开班仪式。

6月25日，环渚乡召开由各行政村、企事业单位负责人参加的安全生产工作会议。

7月2日，举行庆祝建党91周年表彰大会暨“永远跟党走”大型文艺汇演。

7月6日，环渚乡计生协会紧紧围绕今年世界人口日“关爱流动人口生殖健康”这一主题，邀请环渚乡卫生院的医生在玉堂桥小区开展生殖健康讲座。

7月13日，召开公共安全监管半年度会议暨消防网格化管理推进会，各村村主任、村安全监管信息员等40余人参加此次会议。

7月26日，举办环渚乡农村文化员培训班，来自全乡各村的19名文化员参加培训。

同日，召开第二次信息员例会暨信息员写作培训会议。

8月7日，召开防台会议全面部署防御台风”海葵“工作，全体机关干部、各村书记参加会议。会议传达市、区防台防汛工作会议精神。

8月13日，举行共青团环渚乡第十七次代表大会，来自全乡各条战线、各个行业的51名团员青年代表参加大会。

8月27日，举办以“共建美丽瑶台共享幸福生活”为主题的文艺汇演。

10月20日，吴兴区环渚街道团委举办“好日子好过、怎么创业、好日子怎么过”主题宣传教育讲座。

10月25日至31日，环渚成校举办电工作业安全培训班，以加强电工作业管理，规范电工作业行为，保障供用电安全。

11月8日，环渚街道召集全体机关干部在会议室集体收看第十八次全国代表大会开幕式现场直播，认真聆听胡锦涛总书记的报告。

12月1日，召开学习十八大精神宣讲会，80位街道干部和社区干部参加会议。

12月19日，环渚街道举行妇女干部十八大学习专题会，向来自原环渚乡19个行政村的基层妇女干部阐述十八大的核心观点和十八大报告的新意。

2012年南浔区练市镇人民政府大事记

2月15日，召开全体机关干部会议，学习贯彻落实湖州市扎实开展“进村入企”大走访、全面深化“三个年”活动动员大会精神。

2月27日，练市镇开展“妇科病”健康检查宣传动员大会。

3月3日，练市镇民政办举办残疾人社区康复指导员培训班。

3月5日，练市镇团委会同练市镇计划生育协会组织青年志愿者开展走进敬老院活动，在学雷锋日为孤寡老人送去爱心与温暖。

3月6日，召开全体机关干部会议，认真贯彻落实“开展‘三个年’，奋力开好局”活动动员大会精神。

4月9日，练市镇召开“基层组织建设年”活动大会，进一步部署基层党建工作各项任务。

4月5日，练市镇计生办在镇政府大礼堂举办“女性生殖健康知识”专题讲座，特别邀请徐军教授前来授课。

5月7日，练市镇举办2012年度通讯员培训班，镇机关，各村的大学生村官，学校，企事业单位的宣传骨干70多人参加。

5月27日，练市镇计划生育协会全镇15户困难计生家庭发放7500元生育关怀行动扶助费。

5月29日，练市镇计生协会开展“5•29”活动，以迎接全国第十四个“会员活动日”的到来。

6月7日，练市镇团委与邮储银行练市支行联手，深入练市洪福、凌家堰等村，对部分创业青年进行实地走访。

6月11日，召开第二届运动会协调会，各校分管领导、企事业和机关各部门负责人，以及公安、交通、城管负责人参加会议。

7月7日至8日，练市镇举办第二届运动会。

7月15日，练市镇正式开展食品安全大整治百日行动。

7月25日，召开2012年半年度人口和计划生育工作会议。计划生育协会会长沈阿洪、计生分管副镇长陈培英、流动人口协管员等共60人出席本次会议。

9月10日，练市镇召开庆祝第２８个教师节暨优秀教师表彰大会。

9月16日，练市镇召开第七届计划生育协会会员代表大会，会议选举产生新一届计划生育协会会长、副会长、专职副会长、秘书长和常务理事。

9月19日，举行南太湖精英峰会开幕式暨项目签约仪式。

9月27日，召开第十五次代表大会，大会审议通过朱丹旦同志代表共青团练市镇第十四届委员会所作的工作报告，选举产生共青团练市镇第十五届委员会和出席南浔区第四次团代会的代表。

10月10日，举办“练市农家羊肉烹饪比赛”，邀请镇内20名民间羊肉烹饪厨师现场烹饪，并邀请餐饮协会专家和练市镇群众代表现场品尝后参与评奖。

10月18日，练市镇举办浙江湖羊产业发展大会暨第三届南浔湖羊文化节。

10月23日，练市医院选派医院急诊科主任刘慧民对协鑫环保热电厂的全体职工进行普及全民急救知识培训，培训内容包括心肺复苏术、创伤病人止血包扎、固定搬运术等。

10月26日，练市镇召开第十四次妇女代表大会。

11月8日至10日，区人大常委会督导组在南浔、练市、善琏镇和新区指挥部开展集中督导。

11月28日，练市镇召开工会第二次代表大会，选举产生练市镇总工会第二届委员会和经费审查委员会。

2012年南浔区南浔镇人民政府大事记

1月17日，南浔镇召开2011年度领导班子和领导干部年度考核会。领导班子全体成员、机关事业单位中层干部、村（社区）书记、主任参加会议。

2月6日，召开南浔镇2012年工作会议，主要表彰2011年度全镇经济发展、农业农村、党建工作、社会稳定等方面的先进单位和先进个人，研究部署2012年工作目标任务。

2月14日，南浔镇组织收看扎实开展“进村入企”大走访、全面深化“三个年”动员大会电视会议。

3月20日，召开“三个年”动员大会，传达学习市“深化‘三个年’，奋力开好局”和区开展“平台建设突破年、项目建设加速年、服务能力提升年”活动会议精神。

3月31日，召开省示范文明城区创建工作会议。

4月11日，召开“十百千”百日攻坚活动动员大会，镇班子成员、征迁工作组成员、征迁村两委会成员、派出所、国土所等职能部门人员共同参加。

4月19日，南浔镇举行人大代表小组长工作例会，参加会议有镇十七届人大主席团成员、各代表小组正、副组长等。

4月28日，举行纪念“五四”运动93周年暨总结表彰大会，来自全镇各村（社区）、企事业单位的近百名团员青年参加会议。

5月10日，召开专项整治违章建筑和非法用地行为活动动员大会，动员部署在全镇范围内集中一个月的时间开展违法用地专项整治攻坚月活动，深入开展违法用地大排查活动。

5月12日，举办浙江省评弹协会成立两周年汇演。

5月22日，南浔镇人大主席团组织镇十七届人大代表进行学习培训，培训会特邀市人大常委会代表人事工委周建祥副主任授课。

6月13日，开展主题为“如何做好当前我镇社区综治工作”的学习交流课堂。

6月15日，召开南浔镇“黑烟囱”整治专项工作会议，镇相关领导、各行政村书记、安全协管员、联村干部、安委会相关部门负责人及规模以上企业负责人出席会议。

6月26日，召开土地管理暨廉政建设宣讲会，全体班子成员、土地管理员、社区主任、国土所成员、全体机关干部等参加。

6月28日，南浔镇浔东村召开南浔镇“网格化管理、组团式服务”工作推进会。

7月26日，南浔镇安监中心邀请消防大队及派出所在镇东社区开展消防安全“进社区”活动。

8月7日，召开2012年人大主席团半年度扩大会议，会议由镇人大主席胡炳荣主持，镇人大主席团成员和镇党委副书记、镇长屠赞宏出席会议，应邀参加本次会议的还有人大代表小组组长和部分市、区人大代表。

8月24日，召开南浔镇中心城区“决战征迁”动员大会，会议由镇委副书记、镇长屠赞宏主持，镇领导班子成员、中心城区8个征迁村两委会成员参加大会。

8月31日，召开深化村监委建设工作会议，全镇32个行政村的村主任和村监委主任参加会议。

9月10日，召开南浔镇中心城区农民新村建设质量安全监管员培训会，中心城区各行政村分管农民新村建设的村干部和农民新村质量安全村民代表监督员参加此次培训会议。

9月28日，召开共青团南浔镇第十五次代表大会，大会选举产生新一届共青团南浔镇委员会委员13名，选举产生1名书记，5名副书记。

10月25日，召开残疾人联合会第五次代表大会，大会选举产生南浔镇残疾人联合会第五次主席团委员10名，残联理事长1名，副理事长1名，理事3名。

11月16日，召开南浔镇镇村两级干部作风建设座谈会，会议邀请机关干部代表、社区和村干部代表共9人进行座谈。

2012年南浔区菱湖镇人民政府大事记

1月12日，菱湖镇组织召开全镇业余文保员培训班，来自全镇各行政村、社区的33名业余文保员参加此次培训。

2月20日，菱湖镇组织开展计生“三优”培训活动，33名妇女主任参加。

3月8日，召开“三八”国际妇女节庆祝大会，并总结回顾过去一年妇女儿童工作。

3月12日，菱湖镇团委、妇联组织志愿者至建丰村开展植树活动。

3月23日，市委常委、宣传部长胡菁菁，市人大常委会副主任徐加华到菱湖镇开展“进村入企”大走访活动。

3月24日，菱湖镇举行一场评弹演唱会。

4月19日，菱湖镇召开村（社区）安全生产监管规范化建设推进会议，区安监局副局长范建芳、镇安监站工作人员、33个村（社区）协管员参加此次会议。

5月11日，菱湖镇开展水利工程培训工作。

5月15日，召开女大学生村官联谊会成立大会暨“青春梦想、美丽绽放”主题论坛。

5月21日，菱湖镇计生办召开全员人口信息核查工作培训会议，传达区有关全员人口信息核查工作相关精神，全镇计生指导员参加会议。

5月25日，举行第一期入党积极分子培训班开班典礼。

7月13日，菱湖镇计生办召开全体计生指导员会议，认真落实独生子女意外伤害保险工作。

8月26日，召开打非治违第二阶段动员部署会，镇长王培华同志出席会议并作重要讲话，各村（社区）书记、主任及规模以上企业负责人出席会议。

9月4日，召开“扫黄打非”专项工作会议，组织宣传文化中心、派出所、工商所、各行政村等相关部门对市区两级“扫黄打非”会议精神进行学习。

9月9日，召开第28个教师节暨优秀教师表彰大会。

9月23日，菱湖镇召开计生办及各行政村（社区）全体计生指导员会议，会议传达上级关于出生清查活动的具体部署和要求，强调工作紧迫性和必要性。

10月10日，菱湖镇开展保健品市场专项大检查，该保健食品的情况进行专项大检查。

10月16日，举行共青团菱湖镇第十八次代表大会，菱湖镇人民政府镇长王培华、共青团南浔区委书记沈虹等出席大会。

10月30日，开展关于校园周边食品安全整治工作。

11月3日，菱湖镇消费维权监督管理站联合菱湖工商所开展食品安全专项检查活动。

11月8日，菱湖镇各级党组织认真组织全体党员群众收看中国共产党第十八次全国代表大会开幕式的现场直播。

11月20日，菱湖镇团委召开全镇迎接共青团南浔区第四次团员代表大会暨“双网互动”工作推进会议。

11月23日，举行2012年新录用公务员“百日感受”座谈会，镇党委副书记顾凤根同志、党委委员胡秉耀同志及组织办工作人员参加会议。

12月1日，菱湖镇团委召开共青团工作座谈会，传达贯彻刚刚胜利闭幕的南浔区第四次团代会精神。

12月7日，召开新型农村合作医疗工作会议，镇长王培华、副镇长徐渊朝、卫生街道办主任姚宝康、相关负责人和农民代表参加会议。

2012年南浔区双林镇人民政府大事记

1月10日，双林镇举行迎春送温暖助医捐赠仪式。

2月11日，双林镇举办春季人力资源交流大会。

3月9日，双林镇举办“完美生活完美人生”健康教育讲座，邀请国家级营养师为广大干部职工讲解健康知识，预防常见疾病。

3月17日，双林镇成校举办“镇、村两级农产品质量安全监管员”培训班，来自各镇、行政村的农产品质量安全监管员226人参加培训。

3月29日，举办“镇、村两级农产品质量安全监管员”培训班，来自各乡镇、各行政村农产品质量安全监管员226人参加。

4月10日，召开2012年人口和计划生育工作会议，参加会议的有双林镇人口与计划生育工作领导小组，各行政村书记、村（社区）主任和各村计生服务员。

4月12日，双林镇开展中华鳖养殖标准化技术免费培训，全村30多户养殖户及周边村养殖户共40余人参加此次培训。

4月15日，双林镇举行“南浔你好”第二届南浔区文化艺术节、乡村大舞台演出活动。

5月2日，双林镇召开全体机关干部及村干部会议，就贯彻落实会议精神，加快双林经济社会发展做出及时部署。

5月3日，双林镇团委组织开展“牵手春天浪漫双林”青年职工联谊活动。

5月12日，双林人民医院的青年志愿者们走进社区、走进老年福利中心，为居民、老人提供免费血压测量、家庭理疗等服务，以实际行动庆祝第101个国际护士节。

6月25日，召开学习传达省第十三次党代会精神专题会。

6月27日，召开庆祝建党91周年暨村级班子“回头看”动员大会，镇全体班子成员、各行政村（社区）书记及主任、镇机关全体党员干部等参加会议。

7月4日，开展走访慰问老党员、困难党员活动。

7月19日，双林镇召开2012年半年度人口和计划生育形势分析会议，双林镇计划生育协会会长张学良、计生分管副镇长朱文伟等参加本次会议。

7月20日，开展暑期特种设备专项整治。

7月21日，召开2012年半年度人口和计划生育形势分析会议，双林镇计划生育协会会长张学良、计生分管副镇长朱文伟等参加本次会议。

8月24日，双林镇成校举办第三届葡萄精品评选活动。

8月29日，双林镇举行由湖州市广播电视总台主办的“2012年文艺下乡纳凉晚会”。

9月13日，召开双林镇计划生育协会第七届会员代表大会，会议选举产生新一届计划生育协会会长、常委副会长、常务副会长、秘书长和理事会、常务理事会。

9月15日，召开双林镇中小成幼学校分管安全工作负责人会议，要求各校配合科普日活动举办“食品安全与公众健康”主题班会和黑板报专刊。

9月25日，召开共青团双林镇第十四次代表大会，镇党委书记陆龙根同志、镇人大主席宋国强同以及68名正式代表、18名列席代表、8名特邀代表出席本次大会。

10月8日，双林镇召开公共安全监管中心全体工作人员会议。

10月23日，双林派出所联合镇人民医院，镇法院走进和睦社区开展重阳节“敬老”服务。

11月8日，双林镇团委组织部分团干部和团员青年通过电视、网络等准时收看中国共产党第十八次全国代表大会开幕式。

12月3日，双林镇开展年轻干部教育活动。

2012年安吉县报福镇人民政府大事记

2月27日，召开全镇2012年农家乐工作会议，明确指出农家乐要控制数量，提升质量，规范提升并举，推动休闲旅游业的科学发展。

2月28日，报福镇举行全县美丽家庭授牌仪式及上张村生态博物馆开馆仪式。

3月12日，报福镇举行“发展珍贵树种，建设幸福安吉”——3·12植树节暨报福镇“花海工程”启动仪式。

3月13日，召开安全生产工作例会，报福镇镇长、综治办全体人员、各村书记、村长和各企业的负责人都参加本次会议。

3月26日，报福镇全镇上下参加全县“绿丝带”万人大清扫行动。

4月6日，报福镇召开安全生产紧急会议，决定在全镇范围内立即开展一次拉网式安全生产大检查。

4月10日，开展农家乐从业人员培训，邀请食品卫生、礼仪行业专家授课。

6月18日，召开企业安全生产诚信管理工作动员会议，各办事处有关安全生产工作负责人及全镇企业负责人参加会议。

6月22日，报福镇开展“安全生产月”镇党委政府领导及人大代表安全生产督查活动。

6月23日，报福镇召开精品农家乐提升工作会议。

6月26日，报福镇团委与镇综治办联合开展“抵制毒品，参与禁毒”的主题宣传活动，组织志愿者以报福镇中学、镇集镇区域为重点宣传禁毒知识。

7月3日，召开报福镇精品农家乐提升规划评审会议，县旅委规划科、农家乐办公室、行管科及报福镇相关领导出席会议。

7月12日，报福镇团委与支教大学生在中张村的凤凰广场上举办一次别开生面的亲子晚会。

8月7日，召开全镇防台紧急会议，部署相应的防台措施。

8月23日，报福镇开展“慈善一日捐款”暨抗台救灾活动。

8月24日，报福镇工会、镇团委、妇联在大会议室联合开展全镇企业职工素质教育讲座。

9月10日，报福镇开展教师节慰问座谈会，同时镇党委委员陈兵，就下半年学校党建、团建等各项工作进行布置。

9月18日，举办以“传承体育精神、彰显小镇风情”为主题第二届全民运动会。

10月1日，报福镇团委开展“十一长假安全你我他”宣传活动，通过对进入石岭、深溪两地的外地游客发放宣传资料，提醒广大游客注意行车安全。

11月7日，报福镇团委联合计生协、妇联，在报福镇中学举行主题为“闪亮的青春”青春期健康教育演讲比赛。

11月26日，举行学习十八大精神专题宣讲会，由县委党校讲师向全体镇村干部传达党的十八大精神。

12月10日，报福镇团委组织本镇各村团支部书记、团员青年开展登山活动。

12月12日，报福镇召开集中学习十八大会议报告专题宣讲会议。

12月17日，召开全县第4期村（社区）党组织书记座谈会。

2012年安吉县杭垓镇人民政府大事记

1月11日，举办“携手促成长，共建促发展”联谊活动，来自县水利局、递铺镇、梅溪镇等多个乡镇、单位的70多位团委书记、团干部及优秀团员参加。

1月29日，杭垓镇组织干部开展节后义务植树活动。

2月24日，召开第十四次妇女代表大会，来自镇各条战线上的先进妇女代表、各村书记、全县各乡镇妇联主席１００余人参加会议。

3月13日，杭垓镇开展以休闲经济发展为学习主题的中层干部上岗培训会。

3月16日，杭垓镇召开美丽乡村创建培训会。

4月17日，杭垓镇召开“美丽乡村”设计评审会。

4月20日，杭垓镇召开“基层组织建设年”专项督查部署会。

4月26日，杭垓镇唐舍村召开“美丽乡村”建设座谈会。

同日，杭垓镇松坑村开展“义务锄草，美化家园”清扫活动。

5月15日，举办镇十七届人大代表培训会，邀请县人大常委会人事代表工作委员会负责人为68名人大代表授课。

5月18日，杭垓镇召开第二次“美丽乡村”推进会。

5月24日，开展交通安全知识培训，邀请上级交警大队领导讲授交通安全知识。

5月25日，杭垓镇召开基层组织建设年推进会，强调下一阶段工作任务。

6月7日，杭垓镇召开党委理论中心组扩大会议，全体机关干部学习张家港精神。

6月18日，举办“重学党章，再强信仰”知识竞赛活动，号召党员始终把学习党章、遵守党章、贯彻党章、维护党章作为加强自身党性修养的一项重大任务，争当杭垓发展先锋。

6月24日，杭垓镇开展以“强组织、增活力，创先争优迎十八大”为主题，举行“书记上党课”暨首届微型党课比赛，并以此迎接建党91周年的到来。

7月10日，杭垓镇团委召开半年度工作会议，全镇26个团组织负责人悉数参加，镇党委副书记、党群书记亲自到会，并作重要讲话。

7月16日，召开木竹行业协会第一次代表大会，大会顺利通过杭垓镇木竹制品行业协会章程及财务管理办法，选举出杭垓镇木竹制品行业协会理事、会长、副会长及秘书长。

8月2日，杭垓镇供电所党支部开展“迎峰度夏、晋位升级”活动，通过全体党员佩党徽上岗来亮明身份，公开接受群众监督，以进一步提升服务品质。

8月30日，安吉县第三个乡镇级规范化康复指导站——杭垓镇残疾人社区康复服务指导站正式揭牌成立。

8月31日，杭垓镇召开干部选拔动员会，部署村级后备干部公开选拔工作。

9月4日，举办第２期镇村干部“西溪论坛”，本期以“新形势下如何做好群众工作”为主题。

9月18日，杭垓镇团委开展纪念“九•一八”事变81周年活动。

10月24日，杭垓镇组织老干部举行重阳节活动——看唐舍万亩毛竹现代科技园区，听唐舍书记汇报美丽乡村经营。

11月20日，杭垓镇党委召开党委中心组学习会议，专题学习贯彻党的“十八大”精神。

12月3日，杭垓镇党校邀请县委党校老师为全镇60多名新党员讲解“十八大”精神，做为新党员入党第一课。

12月21日，杭垓镇团委组织开展“新时代新风采”团员标准讨论活动。

12月25日，杭垓镇举办两新党组织“双强学堂”暨“畅谈十八大政企面对面”活动，8家非公企业党组织书记及企业骨干参加此次会议。

2012年安吉县梅溪镇人民政府大事记

1月7日，召开第十七届人大工作会议，镇长戴建国向与会成员通报近年来梅溪的总体发展情况。

1月10日，召开第十七届人民代表大会第一次会议，会议选举产生人大主席团主席1名，副主席1名，人民政府镇长以及副镇长。

2月1日，召开春季人力资源交流大会。

2月7日，召开干部作风建设大会，以落实全县干部作风大会精神和县纪委“加强监督检查推进作风建设十项工作措施”文件精神，切实改进干部作风。

2月24日，开展“弘扬奋战精神落实全县干部作风”大会精神和县纪委“加强监督检查推进作风建设十项工作措施”文件精神，“切实改进干部作风”解放思想大学习、大讨论活动。

3月7日，召开经济发展大会，大会由梅溪镇镇长戴建国主持，镇党委书记姜平、镇人大主席汪钟鸣、副镇长尚亿勇等人参加。

3月15日，召开党建工作暨农村工作会议，大会对村综合考核优秀、现代农业建设先进单位和镇机关有关干部进行表彰。

5月31日，梅溪镇天子湖镇挂牌成立，县领导单锦炎、王树、陆为民等出席成立大会。

6月8日，召开第十五次妇女代表大会，来自梅溪镇各村、社区以及各行业的妇女代表100多人济济一堂参加这次盛会。

6月27日，召开规上企业统计工作会议，来自梅溪、昆铜的40家规上企业统计人员参加会议。

6月28日，召开集中打击治理毁林开垦专项行动工作会议，为期半年左右的梅溪镇毁林开垦专项整治行动正式开始。

6月30日，召开纪念中国共产党成立91周年暨临港“十大战役”动员大会，梅溪镇“红色七月•激情梅溪”主题月活动拉开序幕。

7月13日，召开计划生育协会第六次代表大会暨计划生育工作会议。

7月16日，召开临港经济区重点企业座谈会，五十多家企业和五家金融机构的负责人参加座谈会，全面探讨如何加快经济发展、报团取暖度过经济低迷阶段。

7月28日，召开第十八届人民代表大会第一次会议，会议共选举产生镇人大主席、副主席，镇长和副镇长。

8月15日，梅溪镇召开抗击“海葵”工作先进集体和个人表彰大会。

9月8日，举办首届临港杯排舞大赛，共13支队伍参加比赛，其中包括10个村、三个社区。

9月8日，召开庆祝第二十八个教师节暨先进表彰工作大会，对2011学年优秀教师进行表彰，副县长任贵明出席大会。

9月11日，召开县交通运输局与梅溪镇（临港经济区）交通项目共推共建座谈会暨合作签约仪式。

10月19日，梅溪镇残联召开第五次代表大会，镇残联代表参加本次大会，县残联副理事长王文生到会祝贺并讲话。

11月8日，梅溪镇组织全体中层干部收看中国共产党第十八次代表大会开幕式。

11月23日，梅溪镇党员干部开展学习十八大会议。

12月5日，召开学习党的十八大精神大会，机关中层干部、各站所及学校党组织书记、各村书记和部分非公有制企业党组织书记等人参加。

12月31日，梅溪镇举行纪念林萍逝世三周年活动。

2012年安吉县章村镇人民政府大事记

1月29日，章村镇组织全体镇干部开展“春节后第一天义务植树”活动。

2月9日，开展“五比五看，实干争先”主题实践活动动员会。

3月16日，召开群团工作座谈会，会议分析去年群团工作中存在的问题，总结经验和做法，并就今年如何开展群团工作作深入探讨。

3月27日，章村镇正式启动2012年“3·25生态日”活动。

3月31日，开展镇交通安全工作站、村交通安全工作室相关负责人关于交通安全工作方面的培训。

4月9日，召开安全生产工作专题会议，各联村组长、公共安全监管中心全体人员、八个村委书记、主任、村安全生产信息员等共计70余人参加会议。

4月12日，召开安吉县农村共青团第二次工作例会，团县委书记王宏娟、沈剑锋等领导及各乡镇（街道）团委负责人参加会议。

4月20日，开展一次性竹筷生产专项整治行动，通过成立专项领导小组，召集一次性竹筷生产企业进行专项整治动员，开展相关知识培训等形式进行动员。

5月16日，章村镇组织全镇青年干部召开“我的价值观”大讨论活动，章村镇全体党委班子成员、全镇青年干部及各村大学生村官参加活动。

5月17日，举行党员发展流程工作培训会，企事业单位书记，各行政村组织委员共二十多人参加会议。

5月28日，召开预备党员入党宣誓大会暨入党积极分子培训会，党委书记班子成员、部分党代表、各总支支部书记、入党积极分子等90余人参加会议。

5月31日，召开干部读书会，章村镇党委、政府组织镇机关中层及以上干部、联村干部和行政村支部书记、村主任参加读书会。

6月2日，章村镇举办第四届休闲健身运动会暨第三届乡村体育节，来自章村镇机关、各村、学校、企事业单位共11支代表队200多名运动员参加比赛。

6月5日，召开第十七次妇女代表大会，会议听取和审议李群同志的工作报告，选举产生章村镇妇联第十七届执行委员会及主席、副主席。

6月11日，章村镇举行“风情小镇你我共建”公益日活动的启动仪式。

6月20日，召开第一次项目现场督查会，对8个村“奋战二百天、小镇换新颜”活动举行督查。

7月1日，召开“七一”建党91周年纪念大会，表彰2012年度章村镇先进基层党组织、优秀共产党员和优秀党务工作者，总结宣传他们的先进事迹，展现新时期党员的风采。

8月23日，章村镇举行全县风情小镇建设工作推进会。

8月27日，召开村级便民服务和村务监督工作推进会，并对村级便民服务工作进行总结和布置，同时宣告“村务监督委员会规范化建设推进月”活动正式开始。

8月31日，召开抗击“海葵”总结大会，全体镇干部、村两委、大学生村官、受表彰对象等90余人参加会议。

同日，章村镇班子成员和各村支部书记、村主任到报福镇召开村干部读书会。

9月15日，章村镇章村老年人协会举办一场运动会，42名平均年龄超过70岁的村民参加本次活动。

11月20日，章村镇举办“美在身边情在章村”主题演讲比赛，来自镇机关青年干部、中小学生、大学生村官、美丽家庭代表等10余人参加，用自己的形式学习十八大会议精神。

同日，章村镇召开党的十八大精神学习会，全体镇干部、村两委班子以及村官大学生参加学习。

12月25日，章村龙王寺举行大雄宝殿落成典礼暨祈福法会。

2012年安吉县山川乡人民政府大事记

2月10日，开展“党建作风建设年”活动。

4月11日，召开村书记、主任乡村旅游风情节活动会议，就乡村旅游风情节活动做重要部署。

4月20日，山川乡开展“带着问题”大走访，解决问题求实效。

4月26日，山川乡九亩村围绕“基层组织建设年”开展“党员履职双述双评”会。

4月27日，举行“秀美山川•浪漫乡村”——2012中国美丽乡村嘉年华暨安吉•山川首届“浪漫风情”旅游活动启动仪式。

5月10日，山川乡开展“两违”土地整治培训会，全体机关干部和村两委班子参加此次培训会，通过培训，增强干部“两违”整治的法律意识，提升干部的业务水平。

5月21日，召开中层干部工作例会，乡党委书记陈方良同志对工作提出具体的要求。

5月25日，召开两违整治专题培训会。

5月26日，开展“秀美山川•浪漫乡村”大讨论活动，为山川乡寻找浪漫之旅，打造浪漫风情出谋划策。

6月13日，山川乡青年创业者俱乐部正式挂牌成立，邀请团县委、乡党委、乡人大、县就业创业管理处以及乡信用社的各位领导参加俱乐部，共吸引全乡23名创业青年入会。

6月27日，举办安吉县2012年农村共青团第三次工作例会。

7月1日，成立青年创业俱乐部，23位从事计算机科技、包装生产、种植业、餐饮业等不同行业领域的青年创业者成为俱乐部首批会员。

7月11日，开展村干部电脑技能培训，促使村干部工作能力进一步提升。

7月16日，山川乡青创俱乐部开展创业网络培训。

7月19日，开展休闲旅游从业人员培训，全乡31家农家乐从业人员参加此次培训。

8月7日，召开防台会议，全体机关干部和村主职干部参加会议。

8月15日，举行以“提高素质爱岗敬业与企业共同发展”为主题的职工素质教育巡回讨论。

9月7日，召开山川乡2012年下半年度人力社保工作会议，与会的有各村支部书记，村主任，劳动保障协理员，各企业负责人等相关人员。

9月21日，召开残疾人联合会第五次代表大会，县残联党组成员、理事王文生、乡有关领导参加会议。

10月25日，召开2012年乡村旅游示范村创建工作现场会。

10月31日，召开加强党性教育课，邀请县委党校副校长徐新良以“党员如何保持党员先进性、争当发展急先锋”为主题给全村90名党员上一堂生动的党课。

11月6日，山川乡人武部召开“我要去当兵”征兵动员会议，给全乡12名适龄青年做体检前的思想动员。

12月1日，举办高家堂村与台湾南投县鱼池乡中明村首届“邻里节”开幕仪式。

12月10日，开展以“交通安全在我心”为主题的交通安全知识竞赛。

12月28日，举行首届安吉冬笋文化节开幕仪式，湖州市副市长崔凤军、安吉县委副书记陆为民等出席。

2012年长兴县泗安镇人民政府大事记

1月16日，泗安镇隆重举办了2012“前进杯”春节联欢晚会。

2月2日，泗安镇召开2012年强工兴商造城“四十”行动誓师大会。会议对2011年度在该镇经济工作中做出贡献的企业、先进集体和个人给予了表彰，并对该镇2012年确保完成10个亿工业性投入、引进10只大好高项目、完成10家亿千企业、加快推进10个城建及服务业项目的“四十”行动进行了动员部署。

3月29日，泗安新建镇2012年第一次村书记例会在镇便民服务中心104会议室召开，各行政村书记、社区主任参加，县委常委、筹备工作领导小组组长娄显杰、副组长孙剑峰、钱惠琴等领导出席会议并作重要讲话。

同日，在东村村办公室开展了东村村党员创先争优闪光言行季度考评会。来自全镇31个行政村的村书记、党建工作者参加，筹备工作领导小组领导钱惠琴、陈静、丁新艳、朱磊参会并布置工作。

4月14日，“兴商泗安、赢未来”2012泗安小城镇商业发展战略发布会，著名财经作家吴晓波对话泗安。

4月15日至17日，以“品质人居、森林泗安”为主题的 2012年泗安镇第二届房地产交易展示会在泗安镇凤凰城商业广场成功举行。

4月28日，泗安镇召开农村公路养护员培训会。

5月10日，2012中国·长兴泗安第六届樱桃节顺利闭幕，在樱桃节举办期间，共实现销售总收入860多万元。其中，带动樱桃销售120吨，实现销售收入480多万元；带动餐饮、购物等其他消费380多万元，带动农民增收180多万元。

5月22日，浙江比奇厨卫设备有限公司在台湾成功上市，成为泗安镇首家上市企业，对泗安镇经济发展具有十分重要意义。

5月25日，泗安镇召开拼搏三十天，确保“双过半”项目推进月动员活动。县委常委、泗安新建镇筹备工作领导小组组长娄显杰参加会议。

6月16日，泗安镇召开了2012年生态建设工作培训会，与会者为2011—2012年中央环境连片整治建设村、2012年市县生态创建村、2012年拟实施农村生活污水处理建设工程村的各村书记和具体负责创建工作的人员。

6月28日，在迎建党91周年之际，长兴县委书记章根明在县委常委、泗安镇党委书记娄显杰的陪同下，分别看望了该镇困难党员陈上进和建国前老党员闻明德、李大富，代表县委向党员们致以节日的问候，祝愿老党员身体安康，全家幸福。

7月7日,泗安镇半年度工作会议在镇中心剧院举行。

7月31日，召开泗安镇魅力乡村创建工作会议，参加会议的有陆建平、吴智海、黄时春、周翔以及涉及魅力乡村创建的五个村书记。

10月27日，2012中国(长兴)花木大会在泗安镇隆重开幕。省人大常委会副主任程渭山，中国花卉协会秘书长刘红，省林业厅厅长楼国华，市委副书记金建新，县委书记章根明，县政协主席金树云，县委副书记许小月，县委常委、泗安镇党委书记娄显杰、副县长史会方等出席开幕式。

绍兴

2012年越城区城南街道办事处大事记

1月12日，举办村、社区主职干部家属新春茶话会，40余位基层干部家属参加此次茶话会。

1月18日，举办迎新春联谊会，100余名机关干部欢聚一堂，恭贺新春。

1月29日，召开开门收心会，全体机关干部参加此次会议。

2月8日，召开新年首次社区党建工作会议，各社区党组织负责人参加此次会议。

2月10日，召开新年度综治工作会议，各村、社区主任、治保主任参加会议。

2月21日，召开非公企业党支部书记会议。

3月14日，召开“门前三包”工作部署会议，街道二环线以内10个社区、7个村主任及卫生工作主要负责人参加部署会。

3月16日，召开“三区”建设推进年暨“进村入企访户”大走访活动动员大会。

3月21日，召开一季度社区建设工作例会，11个社区党组织书记参加此次会议。街道办事处主任韩江新出席会议。

4月18日，组织召开安全生产工作会议，会议有各村、社区及部分企业安全员参加。

4月25日，召开第四轮农民健康体检动员大会，辖内18个村的主任、妇女主任和文书参加会议。

4月26日，召开村、社区文教干部大会，对运动会、文化节进行部署。

5月10日，召开人口与计生工作会议。

5月16日，召开基层党组织达标晋级动员部署会，各村、社区、企业党组织书记和联村、社区指导员参加此次会议。

5月29日，开展“5·29”计生协会宣传活动，以喜闻乐见的形式向群众宣传计生知识。

6月12日，召开消防安全工作会议，各村、社区主任、治保主任及20多家企业安全员参加会议。

6月21日，城南街道以“庆七一、喜迎十八大”为主题，开展入党积极分子培训和预备党员宣誓活动。

6月28日，举办健康教育知识讲座，近百余名来自社区、村的居民群众参加。

7月11日，召开行政村环境卫生工作会议，街道分管领导，11个行政村主职干部、清洁服务中心成员参加会议。

7月14日，召开2012年度半年度工作会议，各村、社区书记、主任、街道中层以上及班子成员参加会议。

7月23日，召开全国城市文明程度指数测评迎检工作会议。

8月30日，举办安全生产业务知识培训，街道驻村（社区）指导员、村（社区）主任和安全员80余人参加本次培训。

8月31日，召开残联第三次代表大会暨创建扶残助残爱心城区动员大会。

9月12日，召开社区建设三季度工作例会，11个社区党组织书记参加此次会议。

9月18日，召开企业党建工作例会，各企业党支部书记参加此次会议。

10月15日，城南街道主办举办三优巡回培训活动，60余位0—3岁婴幼儿及家长参加此次活动。

11月1日，召开安全生产工作会议，各村（社区）主任、安全员，500万元以上工业企业负责人，全体机关干部共计170余人参加会议。

11月23日，召开村、社区、企业党建区域化共建工作现场会，街道各村、社区、企业共建党组织负责人参加现场会。

11月24日，举行区新一轮文明家庭创建启动仪式暨家庭才艺展示活动。

11月29日，召开脊椎灰质炎疫苗强化工作培训会。

12月13日，城南街道开展“奉献爱心情暖夕阳”志愿者服务活动。

12月21日，举办党的“十八大”精神专题报告会，并邀请市委党校老师作专题报告。

2012年越城区北海街道办事处大事记

1月11日，北海街道开展社区主任述职述廉评议。

1月31日，召开全体机关干部会议，全面部署新年工作，进一步明确目标、任务，提出工作要求。

2月10日，召开全体机关干部会议，重点就消防安全生产工作和大排查活动进行部署和要求。

2月15日，召开综治工作中心例会，街道相关部门负责人及社区、村主任和调解主任参加会议。

2月17日，举办一次消防安全知识业务培训，机关全体干部、村（社区）主要干部和安全管理人员等近百人参加。

3月3日，北海街道开展“爱耳日”活动。

3月14日，召开禁毒工作专题会议，街道禁毒领导小组成员，各村（社区）禁毒工作人员参加会议。

3月22日，举行“我们的价值观”大讨论动员暨理论辅导会。

4月6日，举办持证残疾人基本状况与需求实名制登记培训班，20余人参加培训。

4月17日，北海街道召集各村、社区统战工作联络员，开展一期宗教基础信息摸底调查工作业务培训。

4月19日，北海街道组织全体机关干部和村、社区正副书记、主任等80余人，举办一期服务接待礼仪培训。

5月3日，召开环境卫生“五个一批”整治活动动员大会，街道全体机关干部和各社区（村）干部共一百余人参加会议。

5月8日，召开综治信访维稳联席工作会议，各村、社区主任、综治调解主任等相关人员共30余人参加此次会议。

5月12日，以“弘扬防灾减灾文化，提高防灾减灾意识”为主题，开展火灾预防自救宣传教育。

6月4日，召开流动人口服务管理工作会议，社区计生联系员、流动人口专管员、流动人口代表等35人参加会议。

6月21日，北海街道举办2012年入党积极分子培训班，来自村（社区）企事业单位的近30名学员参加此次培训。

6月25日，举办一期“七一”党课专题讲座，全体机关干部参加。

7月4日，召开“牢记宗旨，严守纪律”纪念建党91周年大会。

7月11日，召开残疾人联合会第五次代表大会，会议选举产生新一届理事会主席、副主席、理事长。

8月16日，北海街道举办“喜迎十八大，快乐你我他”署期实践活动乘凉晚会。

8月29日，召开第十次妇女代表大会，区妇联主席赵晓红应邀到会指导。

8月31日，北海街道举行总工会成立暨第一次代表大会，选举产生总工会新一届班子。

9月20日，召开2012年领导班子和领导干部年度考察动员会，对街道领导班子和领导干部换届以来运转、履职情况进行考察评议。

9月28日，北海街道举办铁路护路安全知识讲座。

10月16日，北海街道举行《中华人民共和国兵役法》知识讲座。

10月19日，北海街道召开辖区“两新”组织党建工作会议。

10月26日，召开社区建设工作会议，街道所辖各社区主任参加会议。

11月18日，北海街道联合多家单位举办全国道德模范刘丽巡回演讲。

11月18日，北海街道举办第四届文体队伍大展示暨计生协会趣味运动会。

12月7日，召开2012年度新兵欢送会，村（社区）的民兵连长、18名即将入伍的新兵同志以及新兵同志的家属，共50余人参加欢送会。

12月25日，召开十八大精神专题报告会，120余人参加。

12月27日，北海街道发动各社区开展“扶残从康健抓起，关爱从日常做起”活动。

2012年越城区府山街道办事处大事记

1月13日，召开机关离退休干部迎新座谈会，街道党工委书记、组织委员、组织员参加座谈。

1月14日，召开驻村指导员会议。街道党工委书记、办事处主任及组织委员参加会议。

1月16日，举行村书记、主任新春团拜会，街道班子成员，辖区5个村的书记、主任和13个经济合作社的书记、社长参加团拜会。

2月3日，府山街道组织辖区内新当选的23名区人大代表开展代表活动月活动，区政府、区法院、区检查院有关领导应邀参加活动。

2月8日，召开干部大会暨平安创建工作会议，各村、社区、经济合作社党组织书记和主任（社长），部分非公企业负责人及全体机关干部参加会议。

3月26日，召开关心下一代工作会议，街道关工委讲师团成员、各社区社教干部及街道工、青、妇负责人参加会议。

4月26日，召开流动人口计划生育工作会议，街道各村、社区、经济合作社计生联系员和流动人口计生专管员等50余人参加会议。

4月27日，府山街道邀请市委党校教研室主任袁庆华教授作“我们的价值观”主题讲座。

5月3日，府山街道团委举办“天宝坊杯”府山街道“我们的价值观”主题演讲比赛。

5月17日，府山街道残联开展全国助残日志愿者为民服务活动。

6月6日，召开环境卫生综合整治工作推进会，各村、社区、经济合作社的书记、主任（社长）、卫生主任及街道全体机关干部等140余人参加会议。

6月11日，府山街道在党代表工作室开展“党代表接待日”活动。

6月28日，府山街道在西三楼会议室举办“庆七一喜迎十八大”专题党课，街道全体机关干部，社区、村、经济合作社主职领导及部分预备党员参加。

7月6日，召开读书节暨社区教育活动月活动总结表彰大会，区委宣传部副部长裘夏杰、区社教办副主任钟国娟出席会议。

7月21日，召开全国城市文明程度指数测评迎检工作会议。

7月26日，举办一期党务工作者业务培训，15个社区和部分两新组织党务工作者参加培训。

8月29日，召开府山街道总工会成立暨第一次代表大会，来自街道机关、社区、村、辖区企业单位的55名正式代表和28名列席、特邀代表参加本次会议。

9月18日，召开领导班子和领导干部年度考察动员大会，区政协副主席郑明花带队的考察组一行到会指导。

9月25日，开展侨眷台属“欢度中秋、喜迎国庆”活动。

9月27日，府山街道老年体协第五套健身秧歌邀请赛在越都社区举行。

10月16日，举办以“婴幼儿早期教育”为主题的知识培训班。

10月24日，举办“喜迎十八大、和谐满邻里”新增文体团队展示活动。

10月26日，举办家政服务培训班，127名热爱家政服务工作的妇女参加此次培训。

11月14日，府山街道联合区食品药品监督局在越王城广场开展一次大型食品药品安全公益宣传活动。

11月20日，召开第七次会员代表大会，来自全街各基层协会的75名代表参加此次会议，区计生协会专职副会长等出席大会。

11月27日，府山街道举办预防艾滋病及生殖健康知识讲座。

12月28日，举办十八大精神专题讲座，组织全体机关干部，各村、社区、经济合作社主职干部、党务工作者，各企业党组织负责人共130余人参加讲座。

12月19日，召开府山商会第二届第一次全体会议。

同日，召开2012年度经济工作会议，全面分析交流街道今明两年的经济工作。

2012年越城区蕺山街道办事处大事记

1月16日，召开非公企业党建带群团工作推进会。

1月31日，蕺山街道开展流动人口稽查活动。

2月3日，召开机关干部大会暨平安创建会议，街道全体机关干部、社区干部、受奖单位和个人代表参加会议。

2月7日，召开蕺山街道区人大代表活动月工作会议，部署会前各项工作，并对代表进行业务知识培训。

2月28日，召开“爱景区、扬文明、塑形象”大讨论，区文明办、街道及管委会相关领导，市民代表，书圣社区居民代表，景区导游等参加会议。

3月5日，开展以“学雷锋为民服务日”为主题的系列志愿服务活动。

3月19日，召开“三抓三促”活动暨“进社区入企业访居户”大走访活动动员会议，街道全体机关干部、各社区主职干部参加会议。

3月16日，召开35周岁以下年轻干部座谈会，街道党工委书记、组织委员、年轻干部参加会议。

5月2日，召开“环境卫生综合整治月”动员大会，全体机关干部、社区干部参加会议。

5月21日，召开食品药品安全工作会议暨业务培训会议。

5月25日，召开食品药品安全工作暨业务培训会，街道联居干部、各社区主任、食品药品信息员参加会议。

6月15日，召开“白马1263”退休自管服务体系经验交流会，街道相关领导，各社区劳动保障平台工作人员参加会议。

6月11日至17日，蕺山街道积极开展公共机构节能宣传周活动。

6月28日，召开“环境卫生综合整治月”活动深化推进工作会议，全体机关干部、社区干部参加会议。

7月10日，召开残疾人工作暨创建“绍兴市扶残助残爱心街道”动员大会，部署创建各项工作。

7月11日，蕺山街道开展“7·11”世界人口日主题讲座。

7月24日，召开半年度工作汇报交流会，街道全体班子成员，街道中层干部，各社区主任、书记等参加会议。

8月14日，蕺山街道举办第二十二届“蕺山之夏”活动。

8月23日，蕺山街道第十次妇女代表大会隆重召开。来自街道机关、社区、辖区企事业单位的40名妇女代表和24名列席、特邀代表参加本次会议。

8月26日，召开残疾人联合会第三次代表大会，来自街道机关、各社区的56名正式代表和26名特邀、列席代表参加会议。。

9月12日，召开共青团蕺山街道第十四次代表大会，团区委书记、街道党工委副书记、组织委员以及工会、妇联、残联等群众团体代表应邀出席会议。

10月11日，召开楼道堆积物整治工作现场会，街道全体班子成员、联居干部、社区主任、书记参加会议。

10月15日，蕺山街道开展一场以“抓信息基础，促均等服务”为主题的流动人口计划生育宣传活动。

10月17日，蕺山街道举办“十八大”图片展，街道部分机关干部、社区宣教干部及部分社区居民参观展览。

11月30日，组织党员群众收看《信息传输“高速路”教育培训“直通车”——全国农村党员干部现代远程教育工作巡礼》专题片。

12月4日，举行蕺山街道计划生育协会第七次会员代表大会，正式代表、列席代表、特邀代表共60余人参加会议，区计卫局领导到会指导。

2012年越城区塔山街道办事处大事记

1月8日，召开离退休老干部迎新春座谈会。

1月19日，召开节前机关干部会议。

2月6日，塔山街道举办龙年元宵联欢会，街道全体机关干部和社区、村主职干部欢聚一堂，共庆元宵。

2月8日，召开新年度村（社区）主职干部会议，街道班子成员，村（社区）主职干部参加会议。

2月20日，召开综治工作会议，区法院、区检察院的同志参加会议。

3月14日，召开“进村入企”大走访活动动员会议，街道全体班子成员、各社区、村主职干部及街道联居、联村、联企干部参加会议。

3月30日，塔山街道举行2012年健康教育培训，活动邀请区疾病预防控制中心专家毛龙飞授课，各社区、村、辖区单位健康教育联络员60余人参加培训。

4月13日，召开2012年度人口与计划生育工作会议。各社区、村主职干部，计生联系员，辖区单位计生工作人员等60余人参加会议话。

4月28日，召开机关干部工作会议，街道全体机关干部参加会议。

5月3日，召开环境卫生综合整治工作协调会。

5月16日，塔山街道在街道综合文体站举办首届老年乒乓球比赛。

5月29日，塔山街道计生协会在鲁迅故里景区广场举办“计生服务进万家”主题文艺晚会，纪念中国计生协成立32周年。

6月26日，召开街道环境卫生综合整治深化推进工作会议。

6月28日，举办保持党员纯洁性专题讲座，100余人参加此次讲座。

6月29日，塔山街道联合绍兴市消防支队、塔山派出所举行消防演习活动。

7月6日，塔山街道联合区食品药品监督管理局开展“食品药品安全知识下基层”活动。

7月16日，塔山街道会同行政执法、工商、食药监等部门，召集辖区陶家溇底部分经营户代表参加环境秩序整治工作座谈会。

7月20日，召开半年度工作会议，街道全体班子成员、各社区、村主职干部，联居（村）干部等30余人参加会议。

8月3日，召开深化开展“进百村如千企访万户”活动会议，街道各社区、村主职干部，联居（村）领导、干部30余人参加会议。

8月21日，召开塔山街道第十次妇女代表大会，43名妇女代表出席会议。

8月24日，召开塔山街道残疾人联合会第三次代表大会。

9月13日，召开共青团塔山街道第十六次代表大会，来自街道各社区、村，企事业单位的35名团员青年参加会议。

9月22日，塔山街道积极组织社区志愿者开展无车日宣传活动。

9月19日，召开领导班子和领导干部年度考察动员会。

10月17日，召开个税征收工作会议，各社区主任参加会议。

10月26日，召开城市管理精品街道创建工作现场会，各社区主任、卫生主任，街道联居领导、联居干部等参加会议。

10月31日，召开城乡居民医疗保险政策培训会，各社区劳动保障平台工作人员、村相关人员参加培训。

11月2日，召开安全生产暨消防工作专题会议，各社区、村行政主任、治保主任，街道联系领导、联系干部参加会议。

11月7日，召开塔山街道计划生育协会第七次会员代表大会，来自全街道20个基层协会的49名代表参加会议。

11月15日，召开“大走访”活动回头看工作动员会，街道班子成员，联居、联村干部参加会议。

12月6日，塔山街道举办2012年度新兵入伍欢送会，欢送17名新兵入伍。

12月10日，召开“平安创建”迎检工作部署会，各社区、村治保干部参加会议。

12月14日，举行冬防工作启动暨百草园社区义务消防队授牌仪式，区领导王国荣出席仪式。

2012年越城区东湖镇人民政府大事记

1月4日，召开2011年度线上负责人工作汇报会议，镇党委副书记主持会议。

1月7日，召开“迎新春”计划生育工作座谈会。

2月8日，召开越兴路南延工程拆迁安置工作组会议，镇越兴路南延拆迁安置工作组成员、相关行政村的两委会成员共40余人参加会议。

2月23日，召开“两会”期间信访、综治及维稳工作会议，共40余人参加会议。

2月27日，召开全镇农田水利基础设施建设工作会议，各村农业负责人及文书等30多人参加会议。

3月1日，召开大学生村官座谈会，镇党委副书记、组织委员、大学生“村官”等16人参加会议。

3月2日，召开人口和计划生育工作会议，各行政村（居）主任、计生联系员、计生办、计生服务站工作人员参加会议。

3月14日，召开“进村入企访户”大走访活动动员大会。

4月1日，召开全镇拆违控违专项整治工作会议。

4月13日，召开全镇农村义务消防队业务培训会议，越城区消防大队领导、镇党委副书记出席会议。

5月3日，召开“环境卫生综合整治月”动员大会，各村（居）党组织书记、村委会主任、两委会成员、全体机关干部等100余人参加会议。

5月9日，召开“环境卫生综合整治月”工作汇报会议，镇环卫线负责人、各村（居）支部书记参加会议，镇长主持会议。

5月19日，东湖镇开展“全国助残日”暨创建省级爱心城区无障碍影视放映活动。

6月6日，召开全镇“环境卫生综合整治月”工作小结会议。

6月21日，东湖镇举办安全生产知识培训班。

6月27日，召开全镇残疾人工作会议暨市扶残助残爱心镇创建动员大会。

7月18日，东湖镇召开大学生村官第二季度座谈会。

8月17日，召开东湖镇第十六届妇女代表大会，区妇联主席、镇党委、政府主要领导参加会议。

8月28日，召开共青团东湖镇第十六次代表大会，共青团区委书记、镇党委领导出席会议。

8月29日，召开“一村（居）一顾问”工作推进会议，镇各村（居）支部书记、村委主任参加会议。

8月31日，召开东湖镇残疾人联合会第三次代表大会，区残联理事长徐文英、镇党委领导、69名正式代表和29名列席代表出席会议。

9月10日，东湖镇计生办召开流动人口宣传服务月工作会议。

9月21日，开展以“宣传《人口法》，喜迎十八大”为主题的宣传咨询活动。

9月26日，召开第十六届人民代表大会第二次会议，区人大常委会副主任和区委组织部等有关部门负责人应邀参加会议。

10月12日，召开第三季度大学生村官座谈会，党委领导以及13名大学生村官参加会议。

10月19日，召开东湖镇计划生育协会第七次会员代表大会，全镇35个基层协会的64名代表参加此次会议。

11月9日，举行区人大常委会主任接待日活动。

11月27日，举行今冬明春消防工作启动仪式暨义务消防队技能比武大赛。

11月28日，召开农业企业座谈会，总结检阅2012年度工作情况，部署展望2013年度工作计划。

12月7日，召开2012年度新兵入伍欢送会，镇领导、相关村支部书记、入伍新兵及家长参加欢送仪式。

12月20日，举办阳光工程蔬菜种植技术培训班，60余户蔬菜种植大户参加培训。

12月26日，东湖镇邀请市委党校李俊老师作十八大精神专题报告，各基层党组织书记、村委主任、村（居）宣传委员以及全体机关干部参加报告会。

2012年越城区皋埠镇人民政府大事记

1月13日，召开2011年度公共卫生联络员工作会议。

1月16日，皋埠镇举办机关迎春联欢会。

1月18日，皋埠镇举办退休老干部迎春座谈会。

2月9日，召开全镇干部大会，对2011年工作进行全面回顾，并提出2012年的工作基调和工作目标，300余人参加此次会议。

2月14日，召开村级农家书屋迎检工作会议，全镇各村、社区文体联络员参加会议。

2月29日，召开全镇综治工作会议，各村（社区、居委会）、规模以上企业综治工作负责人共100余人参加会议。

3月5日，皋埠镇开展学雷锋志愿服务活动。

3月9日，召开“三区”建设推进年暨大走访活动动员大会。来自39个村（居）的主职干部，全体机关干部共计200余人参加会议。

3月14日，召开大学生村官学习雷锋八种精神主题交流会，来自全镇的16名大学生村官参加会议。

4月12日，召开拆违控违专项整治动员大会，共150余人参加会议。

4月18日，召开民营企业关工委建设工作部署会，镇相关领导、民营企业单建支部负责人、驻企指导员参加会议。

4月27日，皋埠镇人大召开代表小组组长、副组长工作会议。

5月3日，皋埠镇团委组织各村团支部书记、大学生村官等四十余人在香炉峰开展一次登山比赛活动。

5月10日，召开一期党委信息工作培训讲座，邀请《绍兴日报》首席记者王家治进行授课，区委办信息工作领导出席讲座。

6月27日，召开镇残疾人工作会议暨创建绍兴市扶残助残爱心乡镇动员大会。

6月27日，举办“七一”党课，镇领导、全体机关干部及各村（社区、居委会）干部参加此次党课学习。

6月29日，召开石材刨板场清理整顿工作动员会议，镇党委副书记、镇长马川主持会议，镇党委书记孙彦出席会议并作重要讲话。

7月20日，皋埠镇举行2012年度消防技能比武大会。

7月24日，召开2012年度环卫工人业务培训班，邀请区环境卫生管理处许建兴专题授课，镇各村（社区、居）近300名环卫工人参加培训。

8月14日，召开筹备工作会议，全面部署镇总工会成立暨第一次代表大会召开的各项筹备工作。

8月22日，召开皋埠镇残疾人联合会第六次代表大会，60名正式代表及各特邀代表应邀参加会议，区残联理事长徐文英受邀到会指导。

8月24日，召开第十五届妇女代表大会，来自乡镇各条战线、各个行业的113名代表参加会议，区妇联主席应邀到会指导。

8月31日，召开半年度工作会议，该镇全体班子成员、各村（社区、居委会）主职干部参加会议。

9月14日，召开由各村（社区、居委会）文书参加的征兵前期准备工作会。

9月17日，召开2012年度领导班子和领导干部考核工作动员大会。

9月20日，举办“三优”知识大讲堂活动，邀请区“三优”指导师章宴平进行授课。

9月28日，皋埠镇组织开展第四组人大代表活动。

10月27日，在镇文化休闲广场皋埠镇举办第三届文化艺术节开幕仪式。

11月13日，皋埠镇开展“新皋埠人”才艺展演活动。

11月9日，举行娄小仙个人表彰会，镇相关领导出席表彰会。

11月29日，召开农村集体土地所有权登记发证工作会议，区国土分局、镇相关领导和各村（居）主要负责人参加会议。

12月4日，举行第三届文化艺术节闭幕式暨颁奖晚会。

12月10日，皋埠镇举行送兵仪式欢送新兵入伍。

12月12日，皋埠镇举办学习党的十八大精神辅导报告会，全镇2600多名党员参加会议。

2012年越城区鉴湖镇人民政府大事记

1月12日，召开年度工作交流会，镇联系领导、区政协副主任何关富到会做重要讲话。

1月18日，召开“情系鉴湖、共谋发展”企业家迎新座谈会，10多位企业家聚集一堂，为鉴湖新一年发展出谋划策。

2月16日，召开信访工作会议，专题分析通报全镇信访工作形势，对全年信访工作任务进行全面部署。村主职干部、镇全体党政人大班子成员参加会议。

2月23日，召开社会综合治理工作会议，会议分别与各村签订综治工作责任状，并就“家庭拒绝邪教”进行承诺。

2月24日，召开2012年度人口与计生工作会议。全镇各村书记、村委主任、计生专职干部、机关及镇流动人口管理部门人员参加会议。

3月3日，鉴湖镇围绕“减少噪声，保护听力”主题开展爱耳日宣传活动。

3月12日，召开大走访活动动员大会。

3月15日，鉴湖镇开展“反邪教”知识宣传巡展。

4月1日，鉴湖镇开展清明森林防火“三清”行动。

4月5日，召开拆违控违工作部署会，全镇各村书记、村委主任、驻村指导员参加会议。

4月13日，召开“进百村入千企访万户”工作会议，镇机关干部和村党务工作者参加会议。

5月3日，召开“环境卫生综合整治月”活动动员大会，全体机关人员及各行政村主职干部、环卫站站长和学校负责人参加会议。

5月14日，召开食品药品安全工作会议，会议传达全区食品药品安全工作部署会议精神，并对全镇的食品药品安全工作进行部署。

5月17日，召开食品药品安全大排查攻坚阶段工作部署及业务培训会议。

6月25日，鉴湖镇举办农村基层干部预防职务犯罪专题报告会，各村两委会成员、机关全体干部参加报告会。

6月28日，鉴湖镇开展一次针对农村家宴厨师的培训工作。

同日，鉴湖镇召开庆祝中国共产党成立91周年大会。村两委会成员、企事业单位党组织负责人、新党员、优秀党员及全体机关党员参加会议。

7月1日，鉴湖镇开展“七个一”活动纪念建党91周年。

7月6日，召开中小学生暑期社会实践活动部署动员会。

7月28日，召开清水工程示范村创建工作现场会。

8月13日，召开残联第三次代表大会暨创建扶残助残爱心城区动员大会。

8月22日，召开第十三次妇女代表大会。

8月24日，召开共青团鉴湖镇第十八次代表大会，选举产生共青团鉴湖镇新的第十八届委员会书记、副书记、委员等人选。

9月19日，鉴湖讲坛举办“推进城乡发展一体化”讲座。

9月21日，召开领导班子和领导干部年度考察动员会。

9月27日，召开环境卫生工作会议，镇环卫所全体成员，各村村委主任参加会议。

10月17日，召开环保网格化管理工作动员会，各村村委主任、环保网格员参加会议。

10月22日，鉴湖镇举办老干部座谈会。

10月31日，鉴湖镇举办以“科学发展成就辉煌”为主题的图片展。

11月9日，召开消防网格化及安全生产工作会议。

11月20日，召开金水公寓安置工作领导小组会议，全体领导小组成员参加会议。

11月26日，召开骆家葑村金水公寓安置工作会议，会议还就安置前期情况及安置期间安保工作进行说明和部署。

12月10日，召开今冬入伍新兵欢送会，热烈欢送今年应征入伍的13名新兵，新兵家长及所在村干部一起参加欢送会。

12月21日，召开第二次归侨侨眷代表大会，大会选举产生侨联鉴湖镇新的第二届委员会主席、副主席、秘书长各1名。

12月27日，召开消防安全网格化培训会，机关全体网格员、11个行政村的消防安全网格管理人员参加会议。

2012年上虞市百官街道办事处大事记

1月10日，百官街道关工委召开“五老”代表迎新春座谈会。

2月10日，百官街道举办履职培训，邀请市人大常委会代表工委赵建龙主任作专题讲座，20余名市人大代表参加。

3月7日，召开残疾人工作会议，总结2011年全街道残疾人工作，研究确定2012年工作目标任务。

3月21日，召开各企业工会主席会议，会上，传达市总工会十五届四次全委（扩大）会议精神，回顾总结2011年度工作并安排部署2012年工会工作任务。

3月23日，召开2012年度深化平安建设、信访、安全生产、节能降耗、人口和计划生育工作会议，回顾总结去年信访、人口和计划生育等工作，对今年的工作进行部署。

4月23日，百官街道开展全民健身登山活动，100多名机关工作干部参加活动。

4月27日，百官街道举行党代表工作室揭牌仪式。

5月7日，召开关心一下代“五老”宣讲团成员会议。

5月16日，百官街道举办安全生产管理培训，来自各村（居）、社区、企业的112名安管人员参加培训，共同学习安全管理综合知识，提高安全生产业务技能。

5月25日，百官街道举办第十届社区文艺调演，辖区内16个社区精选的15个节目参加文艺调演。

5月29日，百官街道举办新居民人口和计划生育知识竞赛活动，来自全街道6个村、社区、企业的育龄群众、人口计生干部共240余人观摩竞赛。

6月9日，召开团代表会议，来自各村（居）、社区、企业商圈及机关事业单位的85名团代表参加此次会议。

6月21日，百官街道组织部分人大代表、政协委员对“美丽乡村、绿色环境、清洁家园”创建活动进行专题视察。

6月25日，百官街道开展科普助残日康复知识讲座。

7月20日，百官街道组织相关村（居）、社区青少年小志愿者们举办“走进福乐院、牵手夕阳红”慰问演出。

8月17日，召开迎接省级卫生城市复审准备工作会，进一步部署落实省级卫生城市复查达标工作。

8月31日，百官街道团委召开团委副书记工作例会，各线团委副书记参加会议。

9月13日，召开“食品药品安全整治暨各村（居）、社区安全信息员会议”，落实人员，布置相关工作。

9月18日，召开“工业领域食品安全会议”。

9月21日，召开街道“五老”宣讲团成员工作会议。

10月29日，召开第三次妇女代表大会，76名来自村（居）、社区、企事业单位的妇女代表参加会议。

10月31日，召开社区组织换届选举工作动员大会，部署落实社区换届选举工作，全街道16个社区两委会成员、大学生村官、社区文书和全体机关干部参加动员会。

11月15日，召开街道青年代表座谈会，深入学习党的十八大报告，座谈会由街道团委书记邵伟慧主持。

11月19日，举行由百官街道办事处主办的“同享一片蓝天，共建和谐家园”文艺晚会。

11月23日，百官街道组织开展市党代表视察调研活动。

12月4日，开展“真心关怀，真情服务”流动人口关爱活动，这也是团委开展的“参与志愿服务共建幸福百官”系列主题活动之一。

12月18日，百官街道组织人大代表召开视察调研教育工作座谈会。

12月21日，百官街道举办学习宣传贯彻党的十八大精神专题讲座，邀请市委宣传部常务副部长叶方宣讲。街道机关干部及下属各村（居）、社区、企事业单位等相关负责人聆听报告。

2012年上虞市曹娥街道办事处大事记

1月10日，曹娥街道舜杰社区召开迎新春茶话会。

2月3日，曹娥街道银河社区举办“元宵佳节送暖意、暖暖深情系老人”送元宵关爱老人活动。

3月23日，召开2012年度综合工作会议，各社区党组织书记，村（居）、社区主任，重点企业负责人和全体机关干部参加会议。

3月29日，举办外贸风险防范业务知识培训班，区街外贸企业负责人、财务人员、外贸业务人员共50多人参加培训。

4月6日，曹娥街道德济苑社区开展第二课堂教学活动。

4月8日，召开工会工作会议，全体与会工会干部对过去一年的区街工会工作进行全面的回顾总结，对当今工会面临的工作情况进行认真的研究。

5月25日，曹娥街道大三角社区组织开展便民服务宣传活动，向社区居民发放计生、健康卫生等宣传资料。

6月21日，召开纪念建党91周年暨半年度工作总结大会，会上社区党总支书记就基层组织建设年活动、党建工作要点及近期工作向各位党员作汇报。

6月24日，曹娥街道农函大、成校，联合市育人培训学校，组织一期鲜花知识、插花艺术知识与技能操作培训。

6月27日，举行以“迎七一•孝义、诚信、责任”为主题的演讲比赛决赛。

7月12日，曹娥街道大三角社区举行青少年暑期教育开学典礼暨安全法制教育课。

7月27日，召开村（社区）半年度工作会议，区街全体班子成员、各村（居）党组织负责人和社区主任参加会议。

8月4日，曹娥街道关工委举办“颂歌献给党”大型红歌比赛。9个社区和4个行政村组织青少年参加比赛。

8月24日，曹娥街道大三角社区举行红十字小组成立暨空巢老人志愿服务启动仪式。

9月13日，举行警民恳谈会，来自曹娥派出所的社区民警陈国庆与社区干部、及１０多位居民代表参加这次恳谈会。

9月18日，德济苑社区在社区活动中心举行2012年度秋季老年电大开学典礼，120余名新老学员欢聚一堂迎接新学期的到来。

10月19日，举行“健康夕阳红”退休人员活动，专门邀请教学太极拳的徐红伟老师分批教大家“八段锦八式”。

10月21日，举行“地滚球、嘀嗒球”比赛，老年大学学员、企业退管人员共150余名老年人参加。

11月8日，省科普创建考核汇报会上，上虞市曹娥街道“省科普示范街道”创建工作获省考核组好评。

11月23日，开展“孝义、诚信、责任”主题教育讲座活动，邀请市关工委讲师团成员何兴龙作主题讲座。

12月14日，德济苑社区老年电大100余名学员聚集一起，举行“十八大”精神学习报告会。

12月20日，召开结对共建会议，市政协副主席吴建平、街道人大主任马建萍、社区办主任孙超峰、社区指导员戴利春出席会议。

12月28日，曹娥街道开展“关爱民生促发展”系列活动。

2012年上虞市东关街道办事处大事记

2月9日，召开2012年经济工作会议，来自各村、社区党组织书记、主任，骨干企业厂长经理，站所负责人以及全体机关干部共200余人参加会议。

2月15日，东关街道统计统计站召开春节后的第一次工作例会。

2月28日，东关街道观李社区举办党的政策大宣讲活动文艺演出。

3月6日，东关街道计生协联同街道妇联举办“女性健康、女性保养”知识讲座。

3月23日，开展“严打整治专项行动”宣传工作。

4月21日，东关街道举行平安协会二届一次会员大会，总结回顾2011年东关街道的平安综治工作，部署2012年平安协会重点工作。

5月3日，东关街道开展“使命、责任、形象”主题研讨实践活动。

5月16日，绍兴市首个村邮站在东关街道落成运营。

5月28日，召开农村环境卫生整治暨安全生产工作会议。各行政村、社区党组织书记、主任，街道规模以上企业，部门、站所负责人及街道全体机关干部200余人参加会议。

5月30日，上虞市东关街道成校、农函大与上虞市职业中专联手举办东关街道第三期成人“双证制”教育培训班，来自各行政村、社区的50多名学员参加培训。

6月6日，东关街道铁路社区党总支，组织党员、志愿者参加义务劳动，清理火车站北塘两边的垃圾及杂草。

6月7日，东关街道团委召开第四次代表大会第二次会议，会议对街道出席共青团上虞市第十八次代表大会的代表的12名候选人进行选举。

6月28日至30日，东关街道工办、成校与市职业中专联合举办2012年第一期企业（村、社区）主要负责人和安全生产管理人员安全管理资格培训班。

7月2日，召开“保持党的纯洁性、迎接党的十八大”主题教育实践活动动员大会。

7月25日，召开2012年半年度各办线工作汇报交流会，资产管理中心、农技信息中心等

8个办线负责人分别在会上作汇报交流，总结上半年工作，提出下半年工作思路。

7月26日，召开档案工作专题会议，指出近年来档案管理及归档工作中存在的问题，对下一步街道档案工作作出安排部署。

8月8日，召开防台风紧急会议，加强防台宣传，制定防台预案，储备防台物资，做好防台巡查，确保各项防台措施落实到位。

8月10日，东关街道举办农民计算机（中级）操作技能培训班，近50人参加。

8月16日，东关街道邀请市委党校赫林老师为全体机关干部作题为“社会诚信政府先行”的主题讲座。

8月28日至29日，东关街道举办一期2012年农民创业培训班，来自该乡镇（街道）的100名有志农民参加培训。

9月21日至22日，东关街道举办为期3天的优生优育培训班。街道所属村居的100多名准妈妈参加培训。

9月17日，召开环境卫生、交通秩序双整治活动部署会，为期两周的集中行动正式启动。

9月20日，东关街道开展集镇环境秩序大整治。

10月12日，东关街道举行“孝亲敬老”基金成立仪式。

11月2日，东关街道组织全街道计生服务员和计生专干集中收看浙江电视台公共新农村频道《人口》栏目播出的“最美计生人沈文珍”的专题片。

2012年上虞市丰惠镇人民政府大事记

2月10日，召开2011年度农函大工作总结表彰会，并提出2012年农函大主要工作思路。

2月17日，丰惠镇举行“孝义、诚信、责任”主题教育活动。

3月8日，举办“庆三八”暨法律、卫生知识讲座，全镇各村、企业、单位的妇女干部、村主要干部家属等欢聚一堂，共同庆祝自己的节日。

3月12日，开展“3·12”植树活动，丰惠镇团委组织机关年轻干部及大学生村官参加活动。

3月31日，丰惠镇团委组织部分团委委员深入祝家庄村池袋针织有限公司开展“进村入企”大走访活动。

4月12日，丰惠镇人大组织部分市镇人大代表共20多人对镇人民路和环城南路改造工程进行视察，并召开专题会议，听取工程情况介绍。

4月16日，召开由40多位镇机关年轻干部参加的座谈会，镇党政、人大三套班子领导出席会议，镇党委书记胡宝荣到会并讲话，镇党委组织委员葛志明主持会议。

4月29日，丰惠镇团委开展“我为丰惠添光彩”暨上街清扫牛皮癣活动。

5月19日，举办一期“早稻生产技术培训班”，农技信息中心工作人员、行政村农技责任员、粮食（农机）合作社代表、种粮大户代表等80多人参加本次培训。

5月22日，丰惠镇组织召开规模企业统计财务人员业务培训会。

5月23日，丰惠镇党委、政府在镇三楼会议室组织开展机关工作人员“坚定、清醒、有作为”演讲比赛。

5月26日，召开丰惠镇十六届人大二次会议，选举产生丰惠镇人民政府副镇长1名。

5月31日，丰惠镇举行机关干部“结贫思廉”结对仪式。

6月7日，召开行政村（社区）工作会议，会议由镇长祝子龙主持，各村（社区）党组织书记、村委主任，镇三套班子成员及中层副职以上干部参加。

6月28日，开展“送关爱、送温暖”活动，对全镇各行政村（社区）老党员、生活困难党员集中进行一次走访慰问。

6月28日，召开纪念中国共产党成立91周年专题报告会，邀请绍兴文理学院党委委员、副校长陶侃教授讲课。

7月20日，丰惠镇祝家庄片召开半年度总结暨新老片长工作部署会议。

9月5日，召开半年度办线工作会议，全镇中层正副职干部参加会议。

9月6日，召开“争当贤廉内助、共树廉洁家风”村（社区）主职干部廉内助座谈会。

9月7日，召开镇中小学历任校长、书记教育恳谈会，镇党委书记胡宝荣、镇长祝子龙、现任和部分丰惠撤扩并后历任镇中小学校校长、书记参加会议。

9月28日，召开民间文艺人士座谈会，来自全镇各个民间文艺领域的文艺人士代表，就如何更好地整合、传承、发展几千年积淀下来的民间文化艺术进行交流。

10月27日，举行乡村艺术节开幕式暨西湖村科普文化广场落成典礼隆重。市委常委、宣传部部长郑建庆，市人大常委会副主任朱淼鑫出席仪式。

10月30日，丰惠镇开展市镇两级人大代表评议政府工作。

10月31日，丰惠镇人大主席团组织全体丰惠籍市镇两级人大代表赴奉化滕头村进行考察参观。

11月7日，丰惠镇开展联合消防灭火演练，镇安监所、社会管理服务中心等人员参加活动。

11月21日，召开大学生村官座谈会，会议由镇党委书记胡宝荣主持，组织委员罗刚祥、组织办相关人员及全体大学生村官参加。

11月21日，丰惠镇开展镇容镇貌专项整治行动，对乱搭乱建、乱堆乱放等违法违规行为实施强制措施。。

11月21日，丰惠镇人大主席团组织召开站所评议会，对丰惠国土所和学校教育工作进行评议。

12月14日，召开行政村（社区）档案规范化管理工作会议，会议由镇人大主席俞河林同志主持，各行政村（社区）党支部书记、村委主任、文书、结报员和各村联村组长参加。

2012年上虞市沥海镇人民政府大事记

1月6日，召开沥海镇第九届人民代表大会第一次会议，会议选举产生沥海镇第九届人民代表大会主席团主席、副主席和沥海镇人民政府镇长、副镇长。

1月13日，沥海镇举办2012年迎春文艺晚会。

3月8日，沥海镇组织青年志愿者开展学雷锋活动。

4月5日，召开食品药品信息员培训会议，全镇25位信息员参加培训。

4月7日，召开全镇综合工作会议。各村（居）党组织负责人、村（居）委主任、规模以上企业厂长（经理）、全体机关干部等参加会议。

4月25日，举行2012年“第27个全国儿童预防接种宣传日”大型宣传咨询活动。

5月15日，召开农村家宴食品安全管理培训会议。

5月18日，召开企业流动人口工作会议，全镇28家企业参加本次会议。

6月5日，举办人口和计划生育信息化培训班，对电脑基础知识、办公软件的运用和计划生育WIS网络系统操作等知识进行培训。

6月11日，召开2012年度村卫生室标准化建设工作会议。

6月20日，召开农村家宴土厨师培训，全镇53名村（居）家宴土厨师参加培训。

7月12日，召开2012年度新农村建设工作会议，全镇各行政村党组织负责人、村委主任，镇农技信息中心工作人员参加会议。

7月20日，召开2012年上半年度综治、维稳、安全生产工作形势分析会议，布置当前综治工作、维稳“百日攻艰战”工作等任务。

8月6日，召开各村（居）残疾人工作联络员及康复协调员（文书）会议，对创建绍兴市扶残助残爱心乡镇工作做具体业务布置。

9月4日，召开药品安全示范乡镇创建工作动员暨安全用药知识宣讲会议。

9月5日，召开食品安全大整治百日行动动员暨网格长培训会议，各村（居委）支部书记、各村（居委）食品安全网格长共100多人参加会议。

9月18日，举办村（居委）调解主任及人民调解“老娘舅”培训班。

10月9日，举办“喜迎党的十八大”文化艺术节，主要安排新沥海人文艺演唱会。

10月19日，召开沥海镇第九次妇女代表大会，来自全镇基层各条战线的妇女代表共71名出席会议。

10月20日，召开沥海镇残疾人联合会第五次代表大会胜利，大会共选举产生沥海镇残疾人联合会第五届主席团委员9名，推举产生镇残联主席团正、副主席及执行理事会理事长。

11月6日，举行第五届“平安杯”消防比武，本次消防比武共有33支义务消防队参加，其中行政村22支，规模企业21支。

11月20日，召开学习贯彻十八大精神暨环境卫生整治动员会议。

12月7日，召开2012年沥海镇应征青年光荣入伍欢送会，所涉相关村的党总支书记、村委主任、民兵连长和应征青年及家长参加会议。

12月27日，召开冬季治安大巡防工作动员会议，会上回顾今年治安工作中取得的成绩和存在的问题，通报治安大巡防活动开展以来的督查情况。

12月31日，召开村级班子创业承诺汇报交流会，镇领导班子成员、各村党支部书记参加会议，会议由镇长蒋伟达同志主持。

2012年上虞市上浦镇人民政府大事记

1月19日，召开全体机关干部会议，就推动年轻干部成长成才和如何收心归位，做好新一年工作提出明确要求，会议由镇党委副书记王小海主持。

2月4日，召开美丽乡村建设恳谈会，该村在外发展的50余位成功企业家参加会议。

3月12日，上浦镇组织全体机关干部、大学生村官及有关村干部100余人到东山脚下开展义务植树活动。

3月21日，上浦镇举行关干部捐资建设东山大桥仪式，镇全体机关干部共65人参加，仪式由镇党委副书记、镇长杨一国主持。

3月23日，上虞市风机协会组织召开半年度工作会议，上浦镇镇长杨一国、市经信局纪委书记陈圆圆、工商局有关科室负责人参加会议。

4月19日，举行“上浦、汤浦镇——高校技术对接”活动，市科技局、上浦汤浦镇相关领导参加活动。

5月8日，举办上浦东山村首届文化艺术节。

5月26日，召开上浦镇第十七届人民代表大会第二次会议，市人大赵建龙主任、市委组织部、市教体局等市级挂钩单位的相关领导到会并祝贺大会胜利召开。

5月31日，召开曹娥江东山大桥开工动员暨行政村工作会议，全体机关干部、各行政村主职干部、规模以上企业厂长经理共150余人参加会议。

6月26日，上浦镇党委组织举办“七一”党课活动，上浦镇全体机关干部，村委委员、村监会主任、大学生村官等200余人参加活动。

7月19日，举行人大代表评议基层站所工作会议，市人大常委会副主任朱淼鑫、市人大常委、代表工委主任吴伟森、镇二级人大代表参加会议。

7月31日，召开2012年度平安协会年会暨镇域总体规划介绍。

同日，召开2012年半年度工作会议，全体机关干部、各行政村主职干部、基层站所负责同志、规模以上企业厂长经理共150余人参加会议。

8月1日，召开镇总体规划暨中心片区控制性祥规评审会，会议由镇长杨一国主持。

8月7日，召开全镇抗击台风“海葵”动员部署会议，会上，传达各级领导关于防台防汛的指示精神，并结合本镇实际部署有关防台工作，明确分工。

8月28日，召开学习贯彻《农村基层干部廉洁履行职责若干规定（试行）》会议，镇三套班子成员、村党（总）支部书记共50余人参加此次会议。

9月14日，上浦镇开展科协、成校联合教研活动。

9月22日，召开上浦镇村主职干部“廉内助”中秋座谈会在镇大会议室，来自全镇13个行政村的主职干部家属参加座谈会，镇党政领导到会指导。

9月28日，召开上浦镇第十四次妇女代表大会，市妇联副主席阮虹娟、镇党委副书记王小海到会并祝贺大会胜利召开，来自全镇各条战线的47名妇女代表参加大会。

10月16日，召开石料加工和道路环境整治专项工作会议。

10月24日，上浦镇开展联合督查行动整治轧（洗）砂石场，对上浦镇域范围内的轧（洗）砂石场整改落实情况开展联合督查。

10月24日，召开上浦镇残疾人联合会第五次代表大会，市残联副理事长屠小铨到会并祝贺大会胜利召开，来自全镇各条战线的60名代表参加大会。

11月15日，召开全市农民建房用地保障试点工作现场会。

11月16日，召开上浦镇农民建房用地保障工作会议，全镇13个行政村的党（总）支部委员、村委会委员、文书及联村组长参加，会议由镇党委副书记王小海主持。

11月30日，召开2012年度读书会，镇班子成员、中层干部、联村组长以及村主职干部参加会议。

12月6日，召开东山大桥建设指挥部及工程监督小组成员会议。

12月26日，召开学习党的十八大精神专题辅导会，邀请市委宣传部副部长叶方、市委宣传部党教理论科科长郑建国作专题报告。

12月29日，召开上浦镇第十三届党代会第三次会议，来自全镇各行各业、各条战线的党代表参加会议。

2012年上虞市崧厦镇人民政府大事记

1月6日，召开第十六届人民代表大会第一次会议，会议选举产生崧厦镇第十六届人民代表大会主席1名、副主席2名和镇人民政府镇长1名、副镇长5名。

2月4日，召开经济工作会议暨2011年度总结表彰大会，贯彻落实市第十四次党代会、市委全委扩大会议以及全市经济工作会议精神。

2月17日，召开平安建设工作会议，镇各村党组织负责人、村委主任、社区主任以及全体机关干部参加会议。

2月22日，崧厦镇举办村级计生服务员计算机培训班，全镇41个村、社区的计生服务员全部参加培训。

3月7日，召开全镇“进村入企”大走访活动动员大会，各村党组织负责人、社区主任市属驻镇单位负责人、镇机关全体干部参加会议。

3月9日，崧厦镇总工会召开全镇工会工作暨表彰大会。

3月21日，崧厦镇举办外贸风险防范业务知识培训班，全镇外贸企业财务人员、外贸业务员共70多人参加培训。

4月12日，崧厦镇举办建筑业返哺家乡建设成果展。

5月8日，举行工银商友俱乐部启动仪式，崧厦镇党委政府领导、崧厦伞城经营户、工行绍兴分行员工等100多人参加本次会议。

5月22日，召开计划生育协会第五次会员代表大会，来自各村、社区、企业、学校的会员代表和镇计生协会四届全体理事参加会议。

6月4日，举办崧厦镇创业青年代表座谈会，农村合作银行代表、创业青年代表参加本次座谈会，团市委副书记陈丹、组宣部部长陈禧到会指导。

6月7日，召开共青团崧厦镇第十八次代表大会第二次会议，崧厦镇党委副书记邵作为和78名崧厦镇团员代表出席本次会议。

6月20日，崧厦镇举办人口和计划生育形势和任务的讲座，专门邀请绍兴市人口计生委宣教科技处处长沈桁钧作讲解。

7月9日，召开行政村半年度工作交流会，镇全体班子成员、驻镇部门负责人和全镇38个行政村的党组织负责人参加会议。

7月28日，召开半年度工作情况汇报交流会，贯彻落实市委十四届三次全体（扩大）会议精神，并安排部署下半年各项工作任务。

8月13日，召开民营企业关工委成立大会，市、镇关工委领导及来自11家企业关工委负责人参加全议。

8月28日，崧厦镇举办邻里月“消费与安全”知识专题讲座，来自三个社区的70多名居民参加讲座。

9月7日，召开庆祝第二十八个教师节暨第八届越州奖教奖学金颁奖大会。

9月14日，崧厦镇140多名机关干部进行新农村建设规划知识专题培训班。

10月22日，崧厦镇妇联召开第十六届妇女代表大会，成功选举产生镇十六届妇女执委会成员及参加市第十四次代表大会人员。

10月23日，崧厦镇残疾人联合会召开第五次代表大会，上虞市残联理事长王培坚，镇党委副书记、镇长章瀚，镇党委副书记邵等参加会议。

11月1日至4日，崧厦镇开展十八大消防安全专项大检查。

11月6日，召开城乡居民基本医疗保险工作会议，传达市工作会议精神，总结2012度新型农村合作医疗工作开展情况，部署2013年全镇城乡居民基本医疗保险工作任务。

11月22日，召开学习贯彻十八大精神专题会议，专题传达和学习十八大精神，并结合实际部署下阶段工作任务。

12月7日，举行新兵入伍欢送大会，全镇48名应征入伍的新兵们及镇党政主要领导、人武干部和村、社区干部、新兵及家属参加欢送大会。

12月28日，召开第十三届代表大会第三次会议，来自镇各条战线的128名党代表、54名列席代表参加会议。

2012年上虞市汤浦镇人民政府大事记

1月6日，召开第十七届人民代表大会第一次会议，会议选举产生汤浦镇第十七届人民代表大会主席团主席、副主席以及汤浦镇人民政府镇长和4名副镇长。

1月12日，汤浦镇团委组织开展低收入农户青少年春节慰问活动。

2月27日，汤浦镇隆重举办上虞市第三届童装节暨首届汤浦针织童装博览会。

3月12日，汤浦镇团委开展“弘扬社会新风，建设生态文明”为主题的志愿服务活动。

3月28日，召开汤浦镇森林防火工作会议。市森林公安局领导、镇全体机关干部、各村党（总）支部书记、村委主任以及镇森林消防队队员等参加本次会议。

3月10日，汤浦镇开展挽救10岁重伤小朋友的爱心募捐活动。

4月27日，汤浦镇举行晶盛孝德文化基金、铜管协会和谐公益基金发放仪式，本次基金惠及“十佳社会孝德模范”以及残疾、贫困等企业困难职工64人，共计发放5.3万元。

5月4日，汤浦镇开展党员志愿服务日暨五四青年节环卫志愿者活动。

5月7日，组织举办《新时期党的建设及发展趋势》专题讲座，各基层组织相关党务工作人员。

5月23日，召开信访工作业务培训会。会议由镇党委副书记陈建明主持，全体镇、村二级干部参加本次培训。

6月8日，召开村级组织换届“回头看”活动动员会议，镇党委、人大、政府班子成员，各村三委会成员参加本次会议。

6月12日，汤浦镇召开共青团汤浦镇第十七次代表大会第二次会议，会议选举产生出席共青团上虞市第十八次代表大会的代表。

6月20日，召开“让我们与法同行”为主题的“六五”普法讲座。镇全体机关干部，各村党（总）支部书记、村委主任以及治保调解主等参加讲座。

6月29日，举行纪念建党九十一周年暨科兴老党员基金发放仪式，镇全体机关干部，各村支部（总支）书记、老党员代表、新党员参加本次会议。

7月6日，汤浦镇举行村邮站启动运行暨霞里村村邮站揭牌仪式。

7月11日，汤浦镇举行“新塔山娃”假日学校开班仪式。

7月31日至8月1日，汤浦镇开展村级消防队应急演练活动，分别在汤浦村、霞里村、霞越村、达郭村、鹤湖村等5个村进行消防宣传、实地演练及开展相关业务培训。

8月2日，召开安全生产工作暨消防安全知识技能培训会，会议邀请杭州六进消防安全教育中心邓行德教官讲解消防安全知识。

8月21日，汤浦镇举办“孝义、诚信、责任”主题教育专题讲座，镇全体机关干部、各村党总支书记、村委主任等60多人参加本次讲座。

9月13日，汤浦镇汤浦村召开新居民党员座谈会。

9月18日，举行以加强农产品质量安全为主题的农产品质量安全知识培训班，参加培训的有各村种养大户、镇农技信息中心人员等，共计160人。

10月16日，召开汤浦镇第十二次妇女代表大会，市妇联副主席阮虹娟，镇党委副书记、镇长周先章以及来自全镇各条战线的45名先进妇女代表参加大会。

10月24日，召开残疾人联合会第五次代表大会，镇党委书记祝子龙、镇长周先章等35名代表参加本次大会。

11月6日，召开政府全体机关干部及行政村两委会成员见面会议，汤浦镇党委书记祝子龙、镇长周先章主持会议。

11月20日，召开全镇机关干部会议，传达学习党的“十八大”精神，会上，镇党委书记祝子龙传达“十八大”精神并就如何学习贯彻“十八大”精神提出要求。

11月28日，召开第六次会员代表大会，来自全镇各个基层协会的50名代表参加此次大会。

12月8日，汤浦镇党委牵头组织镇党员干部、农村三委会成员与农村党员、两新组织党员、新居民流动党员于各基层支部党员活动室集中观看中国共产党第十八次代表大会报告。

12月28日，召开汤浦镇第十三届代表大会第三次会议，副市长吴志育、镇党委书记祝子龙等领导以及来自汤浦各界的53名党员代表参加大会。

2012年上虞市小越镇人民政府大事记

1月5日，召开2011年度村级班子“双述双评”会议，镇三套班子全体成员，各行政村书记、村委主任参加本次会议。

1月7日，召开第十五届人民代表大会第一次会议，选举产生小越镇人大和政府班子。

2月8日，召开2012年度小越镇经济工作会议，镇三套班子成员、全体机关干部、行政村主职干部、镇属站所负责人和规模以上企业负责人参加会议。

3月12日，开展计生联系员信息化培训，全镇22个村（社区）计生联系员参加培训，旨在进一步提高全镇计生联系员的业务水平和工作能力。

3月16日，召开新居民服务管理工作会议，各村（社区）、企事业单位协管员参加会议。

3月22日，召开综治平安建设座谈会，田家等6个村负责人、派出所等相关镇属部门负责人和综治工作中心成员参加此次座谈会。

4月25日，小越镇团委组织全体团委班子和镇机关青年干部召开纪念共青团建团90周年暨“五四”运动93周年活动动员大会。

4月28日，小越镇机关组织农技信息中心党员干部开展农技下乡活动。

5月8日，召开纪念建团90周年暨“五四”运动93周年座谈会。

6月13日，召开政协小越中心联络组座谈会，联络组组长、副组长出席会议，市政协办公室主任、副秘书长冯柏长等到会指导。

6月14日，小越镇平安协会召开第二届会员大会，市委政法委王建峰副书记应邀参加。

6月28日，小越镇开展基层站所工作评议。

7月6日，召开2012年度暑期社区教育暨“春泥计划”工作会议，镇团委、妇联、关工委负责和大学生村官等30多名社区教育干部参加会议。

7月12日，小越镇举行民营企业关工委授牌仪式。

7月31日，召开人大主席团第三次会议，镇人大主席团全体成员等集中听取和审议镇政府上半年工作、上半年镇财政预算执行情况和政府性重大投资项目实施完成情况。

8月2日，小越镇计生办在镇社区活动中心举办一场早期教育亲子活动，60多户家庭参加本次活动。

同日，小越镇新居民事务所召开半年度工作会议，全体协管员及新居民事务所、派出所相关负责人参加。

9月10日，开展孕产期保健知识讲座，卫生院的妇产科李丹红医师做专题知识讲座，共六十多孕产妇参加讲座。

9月17日，召开由国土、工商、地税、供电、农行等22个单位参加的基层站所负责人联席会议。

同日，召开2012年度民生实事工程建设情况督查会议，听取工程进展情况汇报，讨论并研究下步工作对策和措施。

9月30日，小越镇举行突发事件处置暨消防安全演练。

10月16日，开展基层社会管理综合信息系统业务知识培训，各村（社区）系统管理人员参加此次培训。

10月17日，小越镇召开第十五次妇女代表大会，来自各条战线的64名妇女代表欢聚一堂，围绕推动科学发展、促进社会和谐、实现妇女进步积极建言献策。

11月9日，召开全市村级集体经济增收五年计划现场推进会，21个乡镇、街道，市级有关部门领导、小越镇行政村党组织负责人等参加会议。

11月14日，举办一期安全生产管理人员取证培训班，22个村（社区）的村委主任和33家规模企业的负责人和安全生产管理人员共103人参加本次培训。

11月24日，小越镇计生办联合鹤琴幼儿园党员志愿者在社区活动广场举办一期幼儿“优生优育优教”活动。

12月18日，召开关心下一代工作委员会会议，市关工委领导、镇关工委领导小组、“五老”关爱组成员和“五好”村（社区）支部书记等参加本次会议。

12月21日，举行十八大精神专题辅导会，镇机关全体干部及各村（社区）书记、村长参加本次辅导讲座。

12月26日，召开第十五届人大第五次会议，主席团全体成员、政府相关领导、各代表小组长、党政办、财办负责人参加本次会议。

2012年上虞市谢塘镇人民政府大事记

1月11日，召开班子成员座谈会，回顾总结2011年度谢塘镇团委工作，在肯定成绩的同时认真分析不足并提出2012年工作思路。

1月20日，召开镇党员领导干部民主生活会，会议由镇党委书记朱藕根同志主持。

2月8日，举行谢塘镇2012年经济工作会议，来自各行政村党组织书记、主任，骨干企业负责人，站所负责人以及全体机关干部共一百余人参加会议。

2月19日，谢塘镇举行迎春文艺联欢会，镇机关全体干部职工共90余人参加联欢会。本次联欢会由镇党委、政府主办，镇宣传、文化、妇联、团委、工会等组织承办。

3月7日，谢塘镇举行庆“三八”巾帼志愿者服务团队启动仪式暨魅力女性讲座，镇党委书记朱藕根同志、镇党委副书记竺春燕同志参加会议。

4月3日，谢塘镇举办一期妇女伞件加工技能培训班，涉及伞件加工比较相对集中的5个村共有116名妇女参加为期一天的培训。

4月18日，谢塘镇团委召开“我们的价值观”暨青春标签征集大讨论活动，镇机关青年干部、大学生村官、基层站所、企业青年代表等参加活动。

5月4日，谢塘镇举办庆建团90周年暨五四运动93周年歌唱文艺演出。

5月17日，谢塘镇团委举办以“魅力四射、青春飞扬”为主题的青年篮球赛。

5月24日，召开谢塘镇第十八次团代会代表选举工作部署会，会议由镇团委书记胡建锋主持，团委班子6人参加此次会议。

7月29日，谢塘镇组织一次计生服务员职业道德和行为规范教育，进一步塑造计生服务员的良好职业道德风范，切实提升服务本领及遇事应变能力。

8月2日，谢塘镇举办一期计生服务员培训班，强化素质提升。

8月10日，召开2012上半年度综合性工作会议，汇报谢塘镇上半年度工作开展情况和取得的成绩，并对下半年工作进行分析和部署。

8月23日，举办一期基层社会服务管理工作培训班，来自全镇15个村（居）治保调解主任、基层社会管理综合信息系统的网络管理员和政法综治办全体工作人员参加此次培训。

8月24日，谢塘镇组织政法、消防、公安、安监、卫生等部门在上虞市腾鑫伞业有限公司举办一期企业消防集中演练活动。

9月11日，谢塘镇组织开展“流动人口生殖健康”为主题的宣传服务活动。

9月13日，举行第十六次妇女代表大会，来自全镇各条战线的52名正式代表、3名特邀代表和7名列席代表参加大会。

9月23日，举办首届全民运动会开幕仪式，15个行政村、居和单位部门的20多支代表队参加开幕式。

9月27日至28日，谢塘镇举办妇女家政服务员技能培训班，来自东闸村、新章村的88名妇女参加培训。

11月12日，谢塘镇团委组织团委委员召开乡镇实体化大团委建设部署工作会议。

11月16日，谢塘镇举办一期新居民协管员业务培训班，全镇各行政村（居）新居民协管员、重点村和谐促进会副会长、新居民用工单位（企业）协管员共70多人参加培训。

11月27日，谢塘镇科协开展“珍爱生命、远离毒品”宣传进校园活动。

12月13日，召开我镇安全生产工作分析会议，镇安全生产委员会、安全生产办公室全体成员及相关职能部门负责人共20余人出席会议。

12月14日，谢塘镇开展消防救火演练。

2012年上虞市永和镇人民政府大事记

1月6日，召开第十六届人民代表大会第一次会议，会议选举陈曙焕同志为永和镇人大主席，胡仁炉同志为镇人大副主席，市人大常委会副主任金国松参加会议。

1月11日，召开工业经济迎春座谈会，会议总结回顾2011年度永和镇工业经济发展所取得的成绩，安排部署2012年永和镇工业经济的各项任务。

2月10日，召开经济工作会议，各行政村党组织书记、村委主任、支委（总支）委员，镇属各站所负责人，大学生村官以及各类先进工作者代表参加会议。

2月17日，召开“转作风、树形象、保稳定、促发展”主题活动动员。

2月29日，召开市、镇、村干部联合下访约访接待群众来访活动工作部署会，镇全体机关干部、行政村支部书记参加会议。

3月16日，召开全镇综合性工作会议，各行政村党支部（总支）书记、村委主任，各村计生服务员，全体机关干部，大学生村官参加会议。

3月19日，召开早稻生产暨畜禽养殖培训班，邀请上虞市农业技术推广中心高级农艺师陈仲球老师作技术辅导。

3月22日，召开争创浙江省体育强镇工作动员会，市教体局副局长陆宏毅，市体育发展中心主任朱佰根应邀参加会议。

4月23日，召开贯彻市委常委扩大会议精神专题会议，镇全体机关干部，行政村支部书记、村委主任，各站所负责人参加会议。

5月10日，开展永和镇“三项”资金补贴暨农产品质量安全知识培训。参加培训的有各行政村的村民委主任、村农技责任人、大学生村官和各种、养殖大户。

5月20日，举行永和镇第一届全民运动会。

5月28日，召开永和镇第十六届人民代表大会第二次会议，选举产生永和镇第十六届人民代表大会主席、镇人民政府镇长。

5月29日，永和镇开展第十四个计生协会纪念日宣传活动。

6月8日，永和镇开展食品安全“一法两规”执法检查。

同日，召开基层组织建设年工作推进会，进一步贯彻落实基层组织建设年工作及动员部署村级组织换届“回头看”工作。

6月28日，召开迎“七一”形势报告会，各行政村支部（总支）委员，大学生村官，企事业单位党组织负责人和全体机关干部参加报告会。

7月7日，召开2012年半年度工作汇报会，全体班子成员、办线负责人、联村组长、各行政村党组织书记、村委主任参加会议。

7月13日，召开半年度工业经济形势分析会，会议回顾总结上半年永和镇工业经济运行情况，客观分析当前经济形势，科学部署下半年工作。

7月18日，永和镇召开涉农资金补贴专题会议，镇分管领导、农技信息中心成员、各行政村村委主任、文书参加会议。

8月29日，召开“孝义、诚信、责任”主题教育宣讲报告会，全体机关干部、行政村主要领导、各站所负责人参加报告会。

9月5日，永和镇举行庆祝第28个教师节暨第二届“精亮工贸”奖教奖学金表彰大会。

9月9日，举行“孝义、诚信、责任”主题教育活动专场文艺巡演。

10月19日，召开镇第十六次妇女代表大会，镇党委、市妇联等相关领导也莅临本次会议进行指导。

10月23日，召开2012年度全镇征兵工作会议各行政村主职领导、民兵连长，各站所负责人，全体机关干部参加会议。

10月30日，永和镇开展三级干部联合大接访活动，市公安局、档案局、供销总社、水务集团、文联等挂钩单位领导一同参加活动。

11月7日，召开永和镇残疾人联合会第五次代表大会。全镇42名正式代表、12名列席代表参加会议。

11月14日，召开一年一度的城乡居民医保筹资工作会议。各行政村主职领导、文书，卫生院、学校负责人，全体机关干部参加会议。

11月21日，召开十八大精神传达学习会议，深入学习贯彻党的十八大精神，进一步统一思想，凝聚力量，推动全镇经济社会又好又快发展。

12月18日，召开2012年行风集中评议大会，相关企业、行政村、机关站所共计80余人参加集中评议，会议由镇纪委书记阮志仙主持。

2012年上虞市章镇镇人民政府大事记

1月5日，召开第十六届人民代表大会第一次会议。市人民政府副市长程学法、市人大、市委组织部和市挂钩部门领导应邀出席会议。

2月3日，召开2012年度经济工作会议，各行政村（居）党组织书记、村委主任，镇属站所负责人，规模以上企业负责人，全体机关干部和大学生村官参加会议。

2月24日，开展以“均等化服务，关怀流动人口”为主题的人口宣传服务活动。

3月22日，举办早稻生产技术培训班，各行政村农技员、种粮大户、粮食专业合作社代表共80余人参加培训。

4月25日，章镇镇关工委召开社区“五老关爱组”成员会议，布置落实2012年“五老关爱组”的工作任务。

5月3日，召开第四轮第一次农民健康体检及妇女病普查工作动员会。

5月4日，章镇镇团委在章镇镇中举行“国旗下青春誓言”暨“迈入青春门”新团员入团仪式，镇属团组织书记，镇中全体学生团员和镇第十八届全体团委委员等参加此次仪式。

5月7日，举办以“弘扬防灾减灾文化，提高防灾减灾意识”为主题的防灾减灾专题讲座。

5月22日，章镇镇积极开展义务献血活动。

6月14日，召开全镇非公企业党建动员大会和工作部署会议，对全镇非公企业党建工作队伍进行再调整和再充实。

6月20日，开展高校技术转移对接活动，为企业提供科技咨询、人才培训、合作科技攻关、促进成果转移等服务，为企业自主创新能力的提升再添动力。

6月28日，召开章镇镇2012年“安全生产月”活动动员大会，对章镇镇2012“安全生产月”活动进行全面的动员和部署。

7月3日，召开村级班子成员会议，听取换届后村级组织运行、民生实事、社会稳定等方面所做的工作、主要听取存在的主要问题以及下步打算。

7月10日，章镇镇举办人口和计划生育知识竞赛活动。

7月27日，召开学习传达市全委会精神暨半年度工作会议，各村（居）党组织书记、村委主任，全体机关干部和大学生村官参加此次会议。

9月26日，章镇镇进行农村宅基地置换第二批抽签抽房签约工作。

10月10日至11日，举办一期农民创新创业培训班，特邀请上虞市工商局、地税局、劳动监察大队的董明珠等专业人士，为农民朋友们讲课，有70多位农民参加这次培训班。

11月6日，召开残疾人联合会第五次代表大会，选举产生第五届主席团委员和出席上虞市残疾人联合会第六次代表大会代表。

12月4日，召开计划生育协第三次会员代表大会，市计生协会领导、镇党委政府领导、站所领导、列席代表和市计生协领导共167人参加这次会议。

12月12日，举办“三优”知识培训班，全镇80多名已婚待孕妇女参加此次培训。

2012年上虞市丁宅乡人民政府大事记

1月5日，召开第十六届人民代表大会第一次会议，选举产生丁宅乡第十六届人民代表大会主席、副主席和乡人民政府乡长、副乡长。

2月6日，召开全乡经济工作会议，回顾总结2011年工作，表彰奖励先进单位和个人，全面部署安排2012年经济工作。

2月15日，举办“孝义、诚信、责任”主题教育宣讲会——《上虞孝德文化的特点》。

3月19日，丁宅乡团委举办青年志愿者培训，邀请到团市委办公室（学少部）副主任桑文均主讲。来自全乡各行各业的青年志愿者、团员青年计40余人参加培训。

3月22日，召开“进村入企”大走访动员大会暨综合性工作会议，村两委会成员、企事业单位负责人、全体机关干部及大学生村官80余人参加会议。

4月24日，丁宅乡团委召集全体团委委员及各团支部书记召开第二季度工作例会。

5月10日，举办2012上虞桑果文化旅游系列活动桑果开摘暨江滨文体公园启用仪式。

5月25日，召开上虞市2013年度农业综合开发土地治理项目可行性研究报告论证会。

5月28日，召开第十六届人民代表大会，上级有关部门领导及乡班子成员，全体人大代表，各级列席代表参加会议。

6月15日，丁宅乡双桥村举行山洪灾害防御演练。

6月21日，丁宅乡举行安全管理教育培训会，由市安监局钟国松主讲。乡安全重点企业负责人、安管员及各村安全生产负责人、安管员参加培训会。

6月26日，开展安全生产大检查，分两组对辖区内的16家企业举行全面的检查。

7月17日，丁宅乡举行革命烈士祭扫暨新党员入党宣誓活动。

7月25日，丁宅乡举办党知识培训课，由市委党校项雅萍老师主讲，各村入党积极分子、预备党员、新党员共计22人参加培训。

7月26日，丁宅乡组织开展“孝义、诚信、责任”主题教育讲座——消费与安全，乡、村两级党员干部50余人参加此次讲座。

8月6日，召开防御11号强热带风暴“海葵”紧急工作会议。全乡机关干部和村主职干部参加会议。

8月10日，召开市委十四届三次会议精神传达暨环境卫生工作专题会议，就环境卫生情况做一次通报和下步工作部署。

8月21日，召开创建绍兴市卫生乡、药品安全示范乡工作动员会，为不断巩固农村环境集中整治及上虞市卫生乡创建成果，进一步提升集镇的卫生整体面貌。

9月10日，举行“舜山奖教奖学基金”成立暨教师节庆祝大会。

9月13日，丁宅乡卫生院的医务工作人员来到乡敬老院开展“送健康、送温暖”活动。

9月28日，丁宅乡在乡党校举办为期半天的人大代表业务培训会。乡人大副主席王增泰主持会议。

10月12日，召开奥运选手王铁鑫回乡座谈会。乡长石洪元、文卫副乡长史钱钧、学校校长李福军、各村党（总）支部书记和下宅村村委主要领导参加座谈会。

10月21日，举办“华锋”杯丁宅乡第二届全民运动会。

10月29日，丁宅乡卫生院召开农村卫生暨行风评议工作会议，乡政府纪委书记王铭军、副乡长史钱钧、章荣伟和各村支部书记、村长参加本次会议。

11月6日，丁宅乡举行残疾人联合会第五次代表大会，市残联理事长、乡班子成员及群团组织代表参加会议。

11月8日，召开城乡居民基本医疗保险工作会议，全体机关干部、各村主职干部、会计和学校、幼儿园负责人，共60余人参加会议。

11月22日，丁宅乡举办“道德讲堂”宣讲会，特邀浙江省优秀党的宣传员沈耀南前来授课，乡全体机关干部、村党员干部参加此次活动。

2012年嵊州市城南新区（三江街道）大事记

1月9日，召开书记办公会议，就如何开展“喜迎新春•清洁家园”专项行动作专题研究部署。

同日，召开党政联席会议。

1月18日，城南新区（三江街道）开展春节安全生产大检查。

2月7日，城南新区（三江街道）召开经济工作会议，各村（社区）书记、主任、社长、副书记参加此次会议。

2月17日，城南新区（三江街道）召开学校校长安全管理工作会议，街道办章晓明副书记主持会议。

2月22日，城南新区（三江街道）组织市教育局、辖区派出所、工商所、城管执法大队负责人及辖区各学校校长召开校园周边环境整治协调会。

3月12日，为迎接省级示范文明城市创建，城南新区（三江街道）召开专门工作会议，各社区总支书记，各村书记参加会议。

3月13日，三江街道仙湖社区举办庆“三八”趣味知识问答活动。

3月22日，（三江街道）联合国土、公安、城管、工商、电力等部门，接连对辖区内的三处违章建筑进行强制拆除。

4月19日，城南新区（三江街道）社区卫生保洁工作会议在仙湖社区召开，仙湖社区、下元塘社区相关工作人员参加会议。

4月24日，三江街道桥里村组织全体党员干部开展以“为民解忧、为民服务”为主题的“我们的价值观”大讨论活动。

4月27日，三江街道开展教师专业技能大练兵活动。

5月22日，城南新区(三江街道)为期一年多的第一次水利普查工作基本完成。

5月23日，城南新区（三江街道）召开企业总部建设座谈会。

5月31日，城南新区（三江街道）举办安全技术培训，城南新区(三江街道)安监站人员、公共安全员、安全管理员等参加培训。

7月2日，城南新区（三江街道）在全市率先创建全方位服务、一站式办公、多窗口联动的服务管理平台——城南新区（三江街道）社会服务管理中心。

9月20日，城南新区（三江街道）召开安全生产“百日整治”专项行动部署会，街道各片、办、局、社区、学校、卫生院分管安全负责人，安监站人员、公共安全员参加会议。

9月27日，城南新区（三江街道）会同市食药局、三江工商所等相关单位对新区所辖的茶叶初加工企业、麦康福面包店、润和超市及两家餐饮店进行食品卫生、安全等专项督查。

9月29日，三江街道安全生产分管领导范建东带领经济发展局相关人员对辖区的工业企业开展安全生产节前检查。

10月19日，绍兴市文广新局组织的专家小组对三江街道进行文化站评估定级检查，并给予高度肯定。

11月7日，城南新区（三江街道）举办2012年入党积极分子培训，70多名入党积极分子参加培训。

11月19日，城南新区（三江街道）召开机关干部专题学习会，贯彻落实党的“十八大”精神。

11月30日，城南新区（三江街道）召开“安全生产网格化管理工作会议”。

12月10日，三江街道桥里村通过绍兴市爱卫会检查验收，顺利创建成为绍兴市级卫生村。

12月27日，绍兴市考核组对三江街道2012年度人口计生目标管理责任制执行情况进行考核，并给予充分肯定。

2012年嵊州市鹿山街道办事处大事记

1月7日，举行东南社区迎春联欢会，来自社区60多位文艺爱好者欢聚一堂，喜迎龙年。

1月9日，鹿山街道组织学习市第十三次党代会会议精神，街道、工作片、社区干部参加学习。

2月3日，召开城区烟花爆竹“双禁”专项整治行动工作会议，共50多人参加会议。

2月19号，鹿山街道两湾新村在村综合楼会议室召开2011年度优秀党员、先进工作者的表彰大会。

3月29日，“嵊州市鹿山街道新板头村农民健康学校”正式成立，并举行开课揭牌仪式。

3月23日，鹿山街道召开基层组织建设年活动动员会暨村级组织换届“回头看”工作部署会，对村级组织换届“回头看”工作进行全面部署。

4月11日，鹿山街道全面启动2012年春季灭鼠工作。

4月18日，鹿山街道举办“三优”宣传服务活动。

4月26日，召开平安建设月度分析会，就4月份平安建设工作情况进行总结汇报，并简要汇报下一步工作思路。

5月16日，召开毒品问题专项治理行动动员大会，辖区3个工作片、27个行政村(社区)禁毒工作负责人及相关禁毒志愿者参加会议。

5月21日，鹿山街道召开计生工作专项督查会，街道主任、分管领导、工作片片长、计生线全体工作人员参加会议。

5月24日，召开推进村务工作规范化管理暨“清洁家园美化鹿山”工作会议。

6月11日，召开全体机关干部大会，学习传达省第十三次党代会精神，安排部署当前街道工作。

6月14日，召开村级卫生监督员、保洁员培训会议，村一级的卫生监督员、保洁员共75人参加会议。

6月26日，鹿山街道下马村举行绍兴市省级信用村授牌仪式，下马村成为嵊州市首个获此殊荣的村。

7月1日，鹿山街道开展“六个一”活动纪念建党91周年。

7月18日，召开集中开展党的十八大消防安全保卫战动员大会，街道相关领导、相关职能办负责人等参加会议。

7月25日，召开食品百日行动动员大会。街道食品安全工作领导小组成员、各工作片片长、驻村指导员、社区（村）行政负责人及食品分管负责人等参加会议。

8月6日，召开防台会议和党政联席会议扩大会议，对防台工作进行动员部署落实，全力抗击“海葵”。

8月14日，鹿山街道在全体机关干部中开展谈心谈话活动。

8月19日，来自全国各地的33位越剧票友戏迷们在鹿山街道小砩村赵家祠堂参加越剧戏迷演唱会。

9月6日，鹿山街道社区卫生服务中心医务人员用下班后的业余时间对在集中体检时间内因各种原因错过体检的老年人进行上门服务。

9月20日，召开深化村级财务公开工作会议，各工作片总支书记、片长、驻村指导员等120多人参加此次会议。

9月28日，鹿山街道组织派出所、安监、工商及相关科室组成的安全检查组，深入街道内的宾馆、建工地、企业、市场等地进行安全大检查。

10月25日，召开2013年党报党刊征订工作会议。

11月6日至8日，鹿山街道钱塘村举行一年一度的庙会，邀请“春雷”越剧团为全体村民献精彩的越剧大戏。

11月16日，鹿山街道新板头村农民健康学校邀请嵊州市健康教育所所长邵武义医师进行“远离三高”为主题的健康知识讲座，共有31名中老年村名参加讲座。

12月7日，召开2012年新兵入伍欢送会，为即将奔赴军营的新兵送行同时也为他们上好入伍前的一堂课。

2012年嵊州市浦口街道办事处大事记

1月9日，召开党政联席会议，传达市委“喜迎新春•清洁家园”工作部署会议精神。

1月16日，召开由各村、企业计生服务员，信息员参加的浦口街道流动人口宣传服务月活动动员会。

2月10日，召开由街道各工作片、办公室（中心）负责人参加的工作会议。

2月27日，召开经济工作会议，市委常委、副市长郑法根，政协副主席、开发委主任竺理文出席会议。

3月9日，召开信息员工作会议，来自街道办、广播站、部分事业单位的信息员和大学生村官出席会议。

3月31日，浦口街道联合公安、国土、城管等部门，对辖区内大屋村和浦南村的三处卫片图斑上的违章建筑进行整治，共计面积9.12亩。

4月13日，召开“三争”教育主题实践活动暨深化作风建设动员大会，全面部署街道省级示范文明城市创建工作以来。

4月19日，召开嵊州市远程教育工作例会，来自全市20多个乡镇、街道、管委会的同志参加会议。

5月3日，浦口街道对全街道各村的计生服务员和信息员进行信息化培训。

5月23日，正式启用浦口街道文化活动中心大楼。

5月31日，浦口街道党工委、办事处主要领导先后到辖区内各小学、幼儿园进行慰问，共送去慰问金2.25万元，给其中的12名贫困学生送上慰问金。

6月8日，召开农村环境卫生整治暨“森林嵊州”工作会议，街道全体机关干部、各村书记、主任参加会议。

6月28日，浦口街道在马寅初故居对2011年7月1日后新吸收的28位预备党员进行入党宣誓活动。

同日，召开环卫人员业务培训工作会议，全街道110名环卫员参加培训。

6月29日，浦口街道开展迎“七一”青年党员志愿者服务活动。

7月24日，浦口街道办事处、市国土资源局、黄泽江综合整治工程指挥部和市经济开发区管委会单位领导，在浦口街道办事处会议室部署下半年蒋林头村524亩土地征地工作。

7月27日，召开食品安全大整治百日行动专题会议，各村食品安全员和部分驻村指导员参加会议。

7月30日，召开全生产施工单位(业主)专题培训会议。

8月3日，浦口街道举办社会管理综合治理工作培训会。

8月18日，召开浦口街道上半年经济运行分析会在街道三楼中型会议室。党工委副书记、办事处主任陈炎根主持会议，全街道15家重点企业负责人和街道主要领导20余人参加会议。

8月21日，举行为期两天的浦口街道入党积极分子培训班，来自行政村、卫生院、派出所等企事业单位共25人参加培训会议。

9月7日，浦口街道召开非公企业党建工作专题研讨会，市两新工委副书记过丹梁应邀出席会议，街道11个非公企业的党支部书记参加会议。

9月10日，浦口街道办书记马鸣、副主任王哲锋、中心学校校长竺锡伟三人到浦口中学，向一线的教师致以节日的慰问，并代表街道办向学校送上慰问金13200元。

9月14日，浦口街道召开食品安全工作培训会议，各村主任、村食品安全信息员、学校负责人、食堂和餐馆业主等参加会议。

10月23日，浦口街道社区卫生服务中心开展敬老爱老活动，组织离退休老职工参观“新昌大佛寺”名胜古迹，品尝地方小吃。

10月26日，浦口街道机关中层以上干部在党工委书记马鸣、办事处主任陈炎根的带领下，到温州市鹿城区南汇街道参观城建拆迁安置工作。

10月27日，浦口街道2012年度冬季征兵目测工作在浦口中学圆满完成。

11月8日，召开城乡居民医疗保险工作动员大会。

11月12日，浦口街道中心小学开展应急疏散演练活动。

11月23日，浦口街道纪工委在街道中型会议室组织村监委主任业务培训，纪工委书记竹昌明作专题辅导。

12月10日，举行学习贯彻党的十八大精神的宣讲报告会，街道全体机关干部，各行政村书记、主任，各企业负责人参加报告会。

2012年嵊州市剡湖街道办事处大事记

1月13日，剡湖街道计生办领导慰问龙会社区困难计生家庭。

2月2日，剡湖街道城隍坊社区召开禁止非法销售、燃放烟花爆竹的“双禁”专项整治行动会议，全体社区工作人员参加会议。

3月14日，剡湖街道在剡湖工商所举行消费者维权义工服务队成立仪式。

3月14日，剡湖街道开展外来流动人口“送关爱”活动，为企业外来女职工送上一次查孕查环查病检查。

3月19日，剡湖街道开展村级组织换届“回头看”工作。

4月24日，区召开企业退休人员自管小组会议，企业退休人员社会化管理服务试点工作领导小组成员、10位社区自管小组长候选人和市人力局同志参加会议。

4月27日，市消防大队、剡湖派出所领导在剡湖街道领导陪同下，对城隍坊社区开展消防安全摸底调查。

6月19日，剡湖街道城隍坊社区启动蟑螂药分发工作，并进行宣传指导工作。

7月3日，召开国土规划知识专题培训会议，各村支部书记、村委会主任、分管村建的村干部以及联系村指导员等五十多人参加培训学习。

7月23日，剡湖街道妇联举办《婚姻家庭法律知识讲座》，各社区妇女干部群众近百人聆听讲座。

7月24日，剡湖街道主任黄李箐、工业副主任俞善文、经贸办裘坚和周菊珍一行4人对辖区所属企业进行安全检查。

8月27日，剡湖街道开展创建“扶残助残爱心乡镇”活动。

9月10日，剡湖街道办事处领导一行到下属学校剡湖街道中心学校、剡湖成校等学校看望全体教师并进行教师节慰问。

9月28日，剡湖街道召开2012年冬季征兵工作会议。

10月17日，剡湖街道组织下属30名两新组织负责人在城隍坊社区党员活动中心进行为期一天的集中培训。

10月18日，剡湖街道龙会社区举办“最美夕阳红”广场文艺演出。

10月22日，召开综治工作会议，各社区、行政村治保主任汇报前期工作，张瑛副书记安排下一阶段工作。

11月1日，剡湖街道城隍坊社区举办2012年敬老月广场宣传咨询服务活动。

11月14日，剡湖街道城隍坊社区企业退休人员社会化管理服务站召开会议，正副组长等共20余人参加本次会议。

12月18日，召开党政领导班子及领导干部述职述廉述学评议大会。

同日，召开由街道全体机关干部、行政村主职干部、规上企业负责人参加的2012年度领导班子和领导干部“回头看”测评会议。

同日，召开党政领导班子及领导干部述职述廉述学评议大会。

2012年嵊州市崇仁镇人民政府大事记

1月9日，崇仁镇召开全镇大会，对各行政村、厂矿企业、站所庭进行“喜迎新春清洁家园”专题部署，并成立由主要领导为组长的专项行动领导小组。

1月12日，召开嵊州市崇仁镇第十六届人民代表大会第一次会议，镇党委书记汪正浩主持会议。

1月13日，崇仁镇召开“清洁家园”专项行动督查会。

2月10日，崇仁镇在该镇电影院召开全镇经济工作会议，全体机关干部、大学生村官、各村书记村长及企事业单位共计300余人参加会议。

3月21日，崇仁镇召开“三争”教育主题实践活动工作会议，全体机关干部、企事业单位负责人及大学生村官等190余人参加会议。

3月28日，“嵊州市崇仁镇2012—2013年度校园足球联赛揭幕赛”在崇仁镇升高小学正式启动。

3月31日，崇仁镇开展“我们的价值观”暨“解放思想、跨越发展”及“崇仁精神”大讨论，46名大学生村官参加活动。

4月28日，崇仁镇召开农产品质量安全会议，旨在引导种养大户，杜绝违禁药品的使用。

5月3日，崇仁镇出台《关于建立查处违法用地长效管理工作机制的若干意见》，通过“四个明确”，坚决遏制土地违法行为。

5月8日，崇仁镇召开由市委组织部、招商银行、供销社等部门参加的重点帮扶村整转提升工作协调会，会议由镇党委书记汪正浩同志主持。

6月28日，崇仁镇淡山村召开全体党员干部会议。

6月29日，市供电局20多位电力工人在崇仁镇进行入党宣誓。

7月13日，全市宣传系统工作例会与会人员赴赵马参观指导思想文化建设工作。

7月25日，召开全镇个行政村卫生保洁员业务培训会议，全镇145名农村保洁员及各行政村指导员参加会议。

8月6日，崇仁镇召开党政联席会议，进行全面部署，要求全镇上下全力打好海葵台风的防御战。

8月28日，市越音越剧团在崇仁镇石门村文化活动中心献演《龙虎斗》。

9月7日，召开林产品食品安全会议，各工作片副书记参加会议。

9月20日，崇仁镇召开农村环境卫生会议。

9月27日，崇仁镇召开全体机关干部会议。

10月15日，崇仁镇召开2012年征兵大会，参加会议的有联系村指导员、村书记、村主任、民兵连长，镇人武部部长蒋岩兴主持会议。

10月17日，崇仁镇开展“两新”党组织负责人培训会议。

10月30日，崇仁镇召开“进村入企”督查情况通报会议，镇党委书记汪正浩，党委副书记韩海洋在会上作重要讲话。

11月19日，崇仁镇开展十八大精神学习，使全体班子成员对十八大精神有更深掌握。

11月20日，成立崇仁镇流动党员党支部，由镇组织员许顺军同志任崇仁镇流动党员党支部书记（兼），裘利军、沈娜同志任崇仁镇流动党员党支部委员。

11月28日，崇仁镇组织参加“喜庆‘十八大’，推进新跨越”嵊州市首届农民吹打乐大赛。

2012年嵊州市甘霖镇人民政府大事记

1月10日，甘霖镇隆重召开全镇第十六次人民代表大会第一次会议，选举产生1名镇人大主席，1名镇长，5名副镇长。

2月9日，甘霖镇召开2012年全镇经济工作会议，全镇71个行政村书记、主任，全镇机关干部参加此次会议。

3月8日，开展以“学雷锋、讲文明、促和谐”为主题的学雷锋系列活动。

3月8日，举办庆祝第102个“三八”国际劳动妇女节的文艺晚会。

3月12日，甘霖镇博济中心小学的全体少先队员开展“我为校园添绿衣”的爱绿护绿活动。

4月10日，甘霖镇召开“三争”主题活动暨深化作风建设推进大会，该镇全体机关干部共160多人参加会议。

4月12日，甘霖镇中心卫生院召开行风效能建设工作会议，各科室主任、社区卫生服务站负责人等27人参加会议。

4月28日，甘霖镇举行“我们的价值观”暨“解放思想，跨越发展”演讲比赛，17位选手参加比赛。

5月28日，甘霖镇大砩口社区卫生服务站正式开业。

6月12日，甘霖镇中心卫生举办一场急救知识讲座，医护人员、社区责任医生以及甘霖小学部分教师100多人参加本次培训。

6月25日，甘霖镇中心卫生院党支部组建一支医疗小分队下村义诊。

7月2日，在甘霖镇老年活动中心举行甘霖象棋分会成立仪式暨象棋选拔赛。

8月10日，甘霖镇举行嵊州市第五届（剡溪杯）水果擂台赛。

8月16日，召开全市粘土砖瓦窑关停工作督查会，市委副书记、市长阮建尧出席会议。

9月11日，举行甘霖镇“两头门”校长大讲堂启动仪式。

9月18日，甘霖镇人大主席团组成人员，以及部分在甘霖的绍兴市、嵊州市级人大代表，对该镇部分学校进行食品安全专题调研。

9月24日，甘霖镇组织56个行政村的信息员参加由市民政局举办的为期两天的村级灾害信息员培训班。

10月22日，甘霖镇妇联组织中心卫生院的十余名医生，到青春敬老院、康乐敬老院等敬老院进行上门健康体检，共300余名老人享受到免费服务。

10月23日，甘霖镇妇联和老龄委在甘霖镇大会议厅开展庆祝浙江省第二十五个“老人节”及开启2012年“敬老月”活动。

11月12日至14日，在市委党校举办甘霖镇第22届入党积极分子培训班，全镇125名入党积极分子参加学习培训。

11月21日，甘霖镇水利部门召集厨江塘、石宕下、中央塘、唐家坂、下埭塘、便家塘、高沽湾等7座山塘综合整治工程的7个所在村，召开投标前期准备会议。

11月29日，召开全市历史文化村落保护和利用工作座谈会。

12月7日，召开全市水利工作暨冬春修水利现场会，副市长俞忠毅，市水利局、发改局、财政局，以及全市各乡镇的水利工作人员，共100多人参加此次大会。

12月10日，甘霖镇“网银镇”示范创建活动启动，甘霖镇由此成为绍兴首个“网银镇”试点镇，村民可足不出户办理银行业务。

12月24日，开展“崇尚科学、拒绝邪教”为主题的宣传教育活动。

2012年嵊州市谷来镇人民政府大事记

1月10日，召开党政联席会议，专题研究部署“喜迎新春、清洁家园”专项行动，迅速成立领导小组及工作检查组。

同日，召开机关干部和村主职干部大会，镇长主持会议，镇党委书记传达贯彻市里精神，并专题部署工作计划和实施步骤。

2月28日，召开全镇经济工作会议，全体机关干部、大学生村官、村经济合作社社长及企事业单位等共计230余人参加，镇党委副书记楼美芳主持会议。

3月21日至22日，谷来镇开展入党积极分子培训班。全镇入党积极分子68人参加培训。

4月5日，谷来镇组织开展“解放思想跨越发展”大讨论主题实践活动，各年轻机关干部和团员代表参与讨论。

4月16日，谷来镇组织举办为期3天的村干部社会管理创新专题培训班，全镇20个行政村40多名村主职干部参加培训。

4月20日，谷来镇组织20个行政村40多名村主职干部和全体机关干部、大学生村官共112人到绍兴县王坛镇南岸村、绍兴市袍江工业区上瑶村等地考察观摩，学习交流基层工作经验。

4月27日，谷来镇团委举办“颂红色五月扬青春风采”第五届红歌大合唱比赛。

5月10日，召开重点帮扶村整转提升工作会议，全面启动基层组织整转提升工作。

5月11日，召开谷来镇生活污水处理工程初步设计专家评审会，市发改局、市财政局、国土局、市水务集农村环境卫生工作会议，全体机关干部、单位负责人和各行政村村干部、大学生村官共100余人参加本次会议。

6月11日，谷来镇组织全镇机关干部集中学习浙江省第十三次党代会会议精神，对该镇接下来的发展路线、党和政府的工作重点有更为明确的把握。

6月29日，召开纪念建党91周年大会，全镇20个行政村及各企事业单位共932名党员参加，50名新党员在党旗下进行庄严的入党宣誓。

同日，谷来镇邀请嵊州市委党校副校长马志军为全体党员讲授党课，全镇20个行政村及各企事业单位共932名党员参加培训。

7月12日，召开村务监督委员会培训会，全镇20个行政村党组织书记、村委会主任和村务监督委员会主任共60余人参加本次培训。

同日，谷来镇召开防汛防台抗旱工作会议，全镇20个行政村40余名村主职干部参加本次会议。

8月16日，谷来镇召开食品安全大整治百日行动会议，会议传达食安办的会议精神及工作要求，成立谷来镇食品安全大整治百日行动领导小组。

8月31日，谷来镇召开香榧采摘协调会，赵家镇、稽东镇、谷来镇、竹溪乡等几个乡镇负责人前来参加会议。

9月17日，谷来镇党委中心学习组举行学习会，镇全体领导班子成员参加本次会议，市委宣传部领导参加旁听。

10月25日，谷来镇召开谷来镇残疾人联合会第六次代表大会，嵊州市残联领导也到会指导，会议选举产生主席团主席、副主席，推举执行理事会理事长。

10月27日，谷来镇举行征兵目测体检工作，从21个村、居适龄青年中严格筛选的128名青年接受国防知识教育集中培训。

11月2日，谷来镇组织香榧种植技术专家到九里斜村、护国岭村、北岙村三个村开展“阳光工程”香榧种植与管理技术培训活动，共有200余名榧农参加本次培训。

11月8日，谷来镇召开2013年城乡居民基本医疗保险参保缴费工作会议，全体机关干部、企事业单位负责人和全镇21个村(居)主职干部、会计、各自然村主职干部参加会议。

11月21日，谷来镇举行首届赏榧观光节开幕式暨香榧炒制比赛，嵊州市副市长俞忠毅、嵊州市科协主席袁辉尧参加开幕式并为香榧炒制比赛获奖者颁奖。

12月10日，谷来镇召开领导干部“回头看”考核会议，全体机关干部、镇属单位主要负责人、“两代表一委员”及离退休干部和市考察组领导参加会议。

12月25日，谷来镇召开2012年度大学生村官工作总结交流会议，全体机关干部和谷来镇15名大学生村官参加会议。

同日，谷来镇召开述廉评廉大会，市党风廉政建设责任制和惩防体系建设情况检查考核小组成员、全体机关干部和企事业单位负责人参加本次会议。

2012年嵊州市黄泽镇人民政府大事记

1月6日，在黄泽镇隆重举行嵊州市古典木雕家具行业协会成立大会。

1月10日，黄泽镇第十六届人民代表大会胜利召开，来自全镇各行各业的镇第十六届人大代表参加此次大会。

同日，黄泽镇组织全镇各村书记、主任在镇大会堂召开黄泽镇“喜迎新春清洁家园”专项行动动员大会。

2月6日，黄泽文化站与黄泽国商超市联合举行庆元宵、猜灯谜活动。

2月15日，召开2012年度全镇经济工作会议，全镇25个行政村的书记、主任，各单位企事业负责人，全体镇级机关干部及大学生村官，共计200余人参加会议。

2月20日，召开2011年经济工作会议，参加会议的有党委、政府班子领导、全体镇级机关干部、各行政村书记、主任及各单位负责人共计200余人。

3月5日，由黄泽镇工商所、个体劳动者协会、团委、妇联等单位联合组织的黄泽镇学雷锋青年志愿队来到镇敬老院开展“3·5”学雷锋系列服务活动。

3月12日，举行基层社会管理综合信息系统培训。

3月26日，召开全镇机关作风建设大会，就开展“进村入企”大走访活动及作风建设相关工作作具体安排部署。

4月24日，召开“解放思想，跨越发展”大讨论座谈会。

4月27日，黄泽镇七一社区举行农村实用型计算机培训。

同日，黄泽镇团委组织各村团支部书记、大学生村官、镇年轻干部等人员在镇政府大会堂观看电影《辛亥革命》。

5月23日，召开农村工作暨环境卫生整治动员大会，参加今天大会的有来自全体机关干部、各单位及25个行政村负责人，共计200多人。

5月27日，举行文化活动中心落成典礼。市委常委、宣传部长孙海荣，副市长黄未参加落成典礼。

5月31日，黄泽镇中心小学举行第二届艺术节暨庆“六一”文艺汇演活动。

6月20日，在市仿古木雕行业协会开展一次“送法进企、商标注册辅导”活动。

6月21日，召开非公企业团建工作培训会，20家非公企业团组织负责人参加会议。

7月13日，举行黄泽镇安全生产工作会议暨企业安全生产资质培训，来自全镇各企业负责人，安全管理工作人员共200余人。

7月16日，召开全镇示范商店店主的培训工作会议，副镇长裘剑瑜主持会议。

7月20日，召开全镇开展食品安全大整治百日行动会议，会议由党委委员、副镇长周江毅主持，党委副书记、镇长李剑光作重要讲话。

8月6日，召开防汛工作会议。

8月10日，举办“我运动，我健康，我快乐“健身走活动。

8月16日，黄泽镇工商所有关人员携同镇内食品安全监督员对几家重点示范商店进行突击检查。

9月10日，召开2012年庆祝第28个教师节暨先进表彰大会，党委副书记、镇长参加会议。

10月19日，诸暨市茶叶专家考察团一行在嵊州市林业局领导的陪同下到黄泽明山茶场考察生态名茶园建设。

10月29日，开展黄泽司法所组织社区矫正工作者、志愿者业务培训。

10月31日，举办一场农作物病虫害防治技术培训，全村各农业种植大户100多人参加培训。

11月16日，黄泽镇在文化活动中心举行“瑞音娟然——范瑞娟的越剧人生展览”开展仪式。

11月26日，全市农村小学管理工作会议在黄泽镇校召开。

12月11日，召开实体化“大团委”建设工作推进会，来自全镇基层站所、学校、工业、农业、基层农村专业合作社等20余人参加会议。

12月19日，黄泽镇全体机关干部、大学生村官、光明、七一村两委会成员共计150余人参加“全民清洁大行动”。

12月27日，召开黄泽镇商会第三次会员大会，并选举产生新一届商会理事会和会长。

2012年嵊州市金庭镇人民政府大事记

1月10日，召开农民信息联络员会议。

1月12日，召开金庭镇第十六次人民代表大会，黄景同志代表金庭镇人民政府向大会作政府工作报告。

2月16日，召开2012年度金庭镇经济工作会议，参加会议的有镇机关全体工作人员、镇属单位负责人、各村党支部（总支）书记，村主任、镇属重点骨干企业负责人等。

2月17日，举办“金庭校区2012年第一学期厨师、面点培训班”的开班仪式，来自金庭、北漳和其他乡镇的50多位农民学员参加仪式。

3月5日，金庭镇进行“五条禁令”内容专项学习，并对“五条禁令”的贯彻执行情况进行部署。

3月8日，召开“三八”妇女节座谈会，镇党委副书记史武军和文卫副镇长童雪英参加会议。

3月12日，金庭镇开展“拥抱春天，播种绿色”植树、护绿活动。

4月14日，举行第九届中国嵊州国际书法朝圣节，省友协专职副会长虞希华、日本天溪会会长南鹤溪、绍兴外侨办主任谢振江及市领导陶关锋等参加朝圣仪式。

4月27日，金庭镇组织大学生村官“进村入企”大走访。

5月8日，副市长黄未带领有关部门负责人到金庭镇开展重点帮扶村结对整转工作。

5月18日，召开计生形势分析会议，布置计生工作，全体计生办工作人员、各村计生联系员、信息员参加会议。

6月6日，召开2012年桃形李产销座谈会，镇分管农业副镇长、桃形李大师、桃形李产销大户参加会议。

7月7日，召开学习浙江省第十三次党代会精神的会议，全体镇干部一起学习浙江省第十三次党代会报告等相关会议内容，对全省过去五年在经济、整治、文化、生态等方面取得成就有进一步解。

7月31日，金庭镇举行首届桃形李采摘节，副市长陈龙宣布采摘节开幕。

8月6日，金庭镇启动防台风三级响应，要求全体干部到岗到位，认真贯彻预案启动应急响应，全面部署防汛抗台工作。

8月27日，召开党委中心组集体学习旁听会议，市委宣传部相关领导受邀参加会议，同时还邀请部分村干部、党代表、人大代表及政协委员参加旁听。

9月7日，举办食用林产品质量安全技术培训会议，全镇果木合作社、桃形李大户、茶叶大户等共计30余人参加会议。

9月15日，金庭镇老年体协组织举行金庭镇第五届老年运动会。

9月19日，金庭镇组织开展全镇餐饮服务单位“三个一”活动，通过一次约谈、一次承诺、一次培训，结合全省食品安全大整治百日行动，增强餐饮副食服务经营单位的食品安全意识。

10月18日，召开残疾人联合会第六次代表大会，大会选举产生金庭镇残疾人联合会第六届领导机构。

10月23日，金庭镇文化站举办重阳节主题文艺活动，300多名老人欢聚一堂，共度佳节。

10月25日，市献血办在金庭镇党委政府的组织下开展无偿献血活动。

11月2日，召开2013年度城乡居民基本医疗保险动员大会，各村党支部书记、村主任、各自然村分社社长、镇联系村干部参加会议。

11月8日，嵊州市金庭镇党委组织党员干部收看十八大开幕式现场直播。

11月28日，金庭镇举办“访金庭观、寻书圣遗风，走进金庭王羲之故居旅游区”活动。

12月28日，金庭镇举行嵊州市文化惠民走进金庭暨2013元旦文艺汇演。

2012年嵊州市北漳镇人民政府大事记

1月9日，北漳镇全体镇机关干部齐聚一堂认真学习市第十三次党代会会议精神。

1月11日，北漳镇召开第十六届人民代表大会第一次会议，镇全体人民代表参加会议。

1月16日，北漳镇全体干部和村全体干部全面开展集中大清理活动。

同日，北漳镇召开退职干部座谈会，向退职干部汇报一年来的工作成果及2012年工作部署并交流感情。

2月14日，北漳镇召开全镇经济工作会议。镇长刘良波主持会议，书记黄明辉作重要讲话，副书记屠左萍宣读表彰各类先进的决定。

2月20日，北漳镇30多名干部聚集一堂深入学习市2012年组织工作会议精神。

3月19日，北漳镇各联村干部对全镇320个山塘水库的溢洪道、启闭器、坝体部分进行安全检查并全部拍照备案，为更好地开展防汛、防台工作打好基础。

3月26日，由镇政府主导，各花木合作社参与，北漳镇成立花木信息中心。

4月25日，北漳镇召开深入学习"三争"实践活动精神暨深化作风建设推进会议。

4月27日，北漳镇展开"三驾马车"拉动"走村入企"活动。

同日，召开党政联席会议，成立工作领导小组，并制定《北漳镇开展基层组织建设年活动实施方案》，明确要求，认准目标，细化责任，确保完成各时间节点。

5月31日，绍兴市组织部一行到北漳镇北漳镇实地调研基层组织建设年工作开展情况。

6月6日，北漳镇召开全体机关干部、各行政村书记、主任参加的反腐倡廉宣教暨案例剖析会议，特别邀请黄泽检察室主任王军同志、市纪委案件审理室副主任张棋军同志作主讲。

6月18日，北漳镇对镇内各村开展一轮历史文化村落普查工作，重点调查东林村、彦坑村村的文物古迹及有代表性、特色风貌浓郁的古建筑等。

6月23日，北漳镇举行戏迷角文艺汇演，喜迎端午。

7月1日，北漳镇开展"七一党员清洁家园"活动，全镇600名党员参加此次活动。

7月12日，省委组织部副部长、省编委办主任陈小恩一行在绍兴市组织部主要领导、嵊州市委主要领导的陪同下，到北漳镇金兰村走访考察，并举行镇村干部座谈会。

9月1日，北漳镇中心学校教学综合楼正式投入使用。

9月7日，北漳镇全面开展"一心三性"教育，以转变干部工作作风，提高工作效率。

10月15日，北漳镇中心学校组织2012年应急逃生演练。

10月24日，召开全镇各村民兵连长会议，传达征兵工作会议有关精神，动员部署全镇上下积极展开征兵工作。

10月27日，北漳镇冬季征兵工作顺利展开。

11月3日，由市文化馆统一安排，北漳镇组织文艺演出队伍，参加绍兴市群众文艺原创作品展演。

11月8日，组织镇干部、村干部、师生代表、企事业单表、群众代表等人员观看干部在镇会议室收看胡锦涛同志在中国共产党第十八次全国代表大会上的报告实况。

11月11日，北漳镇召开2013年城乡居民基本医疗保险工作会议，全体机关干部、企事业单位负责人、大学生村官和全镇13个村(居)主职干部和会计参加本次会议。

12月27日，北漳镇召开2012年度述廉评廉会议。

同日，北漳镇召开中国共产党北漳镇第十二届代表大会第三次会议。

12月31日，北漳镇召开入党积极分子培训班，40多名入党积极分子听取邢明霞老师的培训讲座，并参加相关理论知识考试，镇党委副书记屠左萍出席会议。

2012年嵊州市长乐镇人民政府大事记

1月14日，市委副书记、市长阮建尧到长乐镇开展春节前慰问。市领导赵祥军及相关部门负责人参加慰问。

同日，组织全镇80余名镇人大代表分成七个片对环境卫生进行检查。

2月9日，召开长乐镇经济工作会议，全体机关干部及工作人员，全体大学生村官，经济合作分社社长，规上企业负责人等参加会议。

2月17日，长乐镇开展“进村入企”走访活动。

3月14日，长乐工商、司法、妇联、计生等部门在三江超市前举办“3•15”国际消费者维权日现场投诉咨询活动。

3月21日，长乐镇召开“清洁家园•美化长乐”专项行动动员大会，全体机关干部、大学生村官、村三委会成员及镇属部门负责人共计400余人参加会议。

3月25日，长乐镇血防工作查螺灭螺专业队28人，分别在太平、开元、剡源等地进行春季查螺灭螺工作。

4月18日，在镇会议中心举行《爱国卫生我担当》的知识讲座、观看电影科教片，400多位卫生监督员、保洁员参加讲座。

4月28日，长乐镇组织镇村干部、党员志愿服务者开展“清洁家园•美化长乐”清洁卫生大行动。

5月8日，召开长乐镇基层组织整转提升工作协调会议，长乐镇班子成员、结对部门负责人及相关片办人员参加本次会议。

5月24日，长乐镇计生协、计生办联合妇联在长乐镇敬老院举办一场志愿者活动，10余位村妇女干部和镇中心幼儿园的20多名师生代表参加活动。

6月6日，召开防汛防台抗旱工作会议，由长乐镇农业副镇长、镇防汛防台抗旱指挥部副指挥邢承军主持会议。

6月18日，长乐镇举行嵊州市加强乡镇财政管理与促进乡镇公共服务平台建设试点工作座谈会。

6月29日，长乐镇党委在会议中心举行146名新党员入党宣誓仪式，庆祝中国共产党成立9 1周年的光辉节日。

7月4日，长乐镇总工会一行分别走访企业，检查车间、工场降温防暑设备，慰问企业一线员工。

7月5日，长乐镇开展养猪生产检查。

8月6日，长乐镇党委在四楼会议室召开班子成员、中层干部参加的长乐镇党委读书会。

9月7日，长乐镇召开食用林产品质量安全管理工作会议。

9月21日，长乐镇召开秋季防疫会议，兽医站防疫人员及部分养殖大户近20人参加会议。

9月27日，召开国庆节前安全生产会议，结合实际摸排安全隐患，开展安全大检查活动。

10月12日，长乐镇召开2012年度长乐镇征兵工作会议，各村主任、民兵连长和相关单位负责人等100多人参加会议。

10月31日，长乐镇开展“进村入企”走访活动。

11月16日，长乐镇退管组举办第十九届菊花展，150多位离退休干部参加展会。

11月19日，长乐镇举办首届红枫节暨第七届农民文化艺术节文艺晚会。

同日，长乐镇召开经济社会发展恳谈会，镇班子成员以及多名外地到长乐镇发展的企业主参加本次会议。

11月28日，举行嵊州市民间吹打协会、图书馆长乐分馆、文化市场行政执法大队长乐中队授牌仪式。

12月20日，长乐镇200多位退休干部举行年终总结，布置2013年活动安排，讨论开展“五个一”活动。

12月25日，召开长乐镇商会第三次会员大会，会议由长乐镇经发局局长钱六汀同志主持，市总商会副会长施锡畅、长乐镇党委书记王皆兵、副镇长李台君以及镇商会包括理事会的43名会员参加会议。

2012年嵊州市下王镇人民政府大事记

1月18日，召开理念镇村两级干部会议，部署开展清洁家园活动。

1月20日，下王镇召开全体镇、村干部会议，布置落实应对雨雪冰冻灾害天气的各项工作。

2月2日，下王镇上店村举办一场春节联欢会。

2月13日，下王镇计生办组织人员到流动人口密集的村及市场开展一次流动人口宣传服务活动。

3月2日，下王镇妇联联合镇计生协、镇团委开展一次以“三八展风采，巾帼创家业”为主题的来料加工比赛活动。

3月27日，下王镇在小会议室召开大学生村官座谈会。

4月25日，下王镇举办闪光的青春•无悔的追求“我们的价值观”演讲比赛，共有12位选手参加比赛。

4月28日，下王镇举行第三届乡村旅游节开幕式暨广场文艺晚会，市委常委、宣传部长孙海荣宣布旅游节开幕，副市长孔志刚在开幕式上致辞。

5月16日，下王镇中心小学开展住校生夜间消防逃生演练。

5月25日，下王镇召开由全镇机关干部、大学生村官、村长、书记组成的农村环境工作整治动员大会。

6月5日，由镇党委书记、镇长带队，发动全镇干部联合村干部、党员开展卫生大扫除活动。

6月28日，下王镇召开全镇保洁员业务培训会，全镇50名清卫员及各村分管领导参加会议。

7月11日，下王镇举办以“健康、和谐”为主题的世界人口日宣传活动，呼吁全社会关注提高家庭自身发展能力，促进家庭幸福和谐。

7月19日，下王镇召开全体机关干部会议。

8月1日，下王镇召开气象员培训会，就防灾法规、业务知识、服务能力等方面开展相关培训。

8月2日，举行2012年征兵工作调研会，市人武部领导、市征兵办有关小组成员以及三界镇、仙岩镇、下王镇、剡湖街道、开发委、浦口街道的专武部长参加会议。

8月6日，下王镇立即召开全体机关干部、大学生村官会议，部署“海葵”防御工作。

9月21日，下王镇参加嵊州市第三届“百姓越坛明星”老年越剧戏迷擂台赛第二赛区的活动。

10月19日，举行绍兴市革命老区贫困家庭学生“爱心营养餐”发放仪式。

10月22日，举行2012年成人“双证制”开班仪式，下王镇主管教育副镇长郑林龙同志作重要讲话。。

10月26日，举行仙岩镇派出所纠风评议座谈会，会议由副书记胡金猴主持，下王镇的市级党代表、人大代表及司法所人员参加会议。

11月6日，召开2013年度城乡居民基本医疗保险工作会议，19个村的村党支部书记、大学生村官等参加会议。

11月16日，下王镇开展无偿献血活动，学校的教师、全体机关干部、大学生村官和各村的入党积极分子纷纷踊跃参与。

11月26日，下王镇召开全体机关干部和大学生村官会议。

11月28日，下王镇组织全镇20个站点的管理员集中收看“远程教育平台使用详解”直播课堂，系统学习业务知识。

12月5日，下王镇计生办组织各村计生服务员，召开本年度计划生育工作年终大会。

12月6日，下王镇召开领导干部“回头看”考核会议，全体机关干部、镇属单位主要负责人、“两代表一委员”及离退休干部和市考察组领导陈立峰、陈肖参加会议。

12月12日，下王镇征兵办为7名新兵举办简单的欢送仪式，鼓励新兵们到部队后好好学习。

2012年嵊州市三界镇人民政府大事记

1月19日，三界镇召开务虚会，集体研究和部署2012年工作，全体班子成员、各片总支书记及工、青、妇等社团组织负责人参加会议。

2月9日，三界镇计生办到长桥片各村开展流动人口计划生育宣传服务活动。

2月10日，召开高新园区管委会（三界镇）经济工作会议。

2月11日，三界镇计生办到长桥片各村开展流动人口计划生育宣传服务活动。

3月2日，三界镇开展“走访企业破解难题”专项行动。

3月5日，三界镇开展“3·5学雷锋日”系列活动。

3月8日，三界镇启动年轻干部论坛系列活动。

4月27日，三界镇组织市、镇二级的新代表共50多人进行一次履职培训，并邀请市人大领导杨冬梅就《如何当好人大代表》作业务辅导。

同日，召开“三争”教育主题实践活动暨作风建设推进会，深入贯彻全市“三争”教育主题实践活动暨作风建设推进会。

5月13日，省公安厅禁毒总队石尧副政委到三界镇中学作专题调研。

5月15日，三界镇召开重点帮扶村整转提升工作会议。

5月31日，由省林业厅、省林科院和绍兴市林业局等领导和专家组成的省级森林城镇创建工作检查组，对甘霖镇、三界镇创建“省级森林城镇”工作进行预检。

6月3日，三界镇召开排涝站管理人员工作会议，应对汛期到来。

6月15日，三界沈湖村成立村级粮食专业合作社。

6月27日，市委常委、纪委书记董慧珍带队到三界慰问基层党员。

7月4日，三界镇在北街综合大楼举行新党员入党宣誓仪式。

7月18日，召开村级调解员培训会，全镇38个行政村的调解员、6个工作片分管政法的同志、镇司法所和镇法庭的工作人员参加培训会。

7月25日，三界镇开展夜访座谈暨现场办公活动。

8月2日，召开预防今年第9号台风“苏拉”专题会议，全面部署台风防御工作。

8月22日，嵊州市委组织部督查组，深入三界镇督查指导基层组织建设年活动开展情况。

9月1日，嵊州市三界中学正式启动“日常行为规范教育活动月”工程。

9月7日，嵊州市副市长钱群飞一行到三界中学，向勤奋耕耘在第一线的教育工作者致以节日的问候。

9月21日，三界镇举行第三届“百姓越坛明星”老年越剧戏迷擂台赛第二场复赛。

10月12日，三界镇召开2012年冬季征兵工作部署会。征兵工作领导小组成员，各村支部书记、治安主任、卫生院等有关单位的相关负责人参加会议。

10月23日，嵊州市三界镇中学开展“我的青春我的梦”优秀主题班会评选活动。

10月25日，三界镇开展夜访座谈暨现场办公活动。

11月1日，三界镇召开城乡居民基本医疗保险工作会议，主管副镇长、驻村干部、镇合医办成员共40多人参加会议。

11月1日，三界镇纪委召开村务监督委员会主任会议，各片纪检委员和各行政村村监会主任参加会议。

11月16日，三界镇召开实体化“大团委”建设工作推进会，来自全镇机关、学校、商业、工业、农业、基层农村专业合作社等40余人参加会议。

12月1日，三界镇召开全体村务监督委员会主任培训会议。

12月16日，举行三界镇文化艺术节开幕式暨南街村文化广场落成庆典。

12月18日，三界镇中心学校党支部召开全体党员和总支成员会议。

2012年嵊州市石璜镇人民政府大事记

1月12日，石璜镇召开第十六次人民代表大会第一次会议，会议依法选举产生镇人大主席1人，镇长1人，人大副主席1人，副镇长4人。

1月13日，石璜镇召开离退休老干部团拜会，全镇30多位老同志参加会议，会议由镇党委副书记王晶主持。

1月16日，石璜镇多措并举积极开展“喜迎新春•清洁家园”专项行动。

2月14日，石璜镇召开镇经济工作会议，全体机关干部、村两委会成员、村监会主任、各部门负责人、规模以上企业负责人、受表彰对象200余人参加会议。

3月1日，石璜镇中学团总支在镇敬老院开展志愿服务活动。

3月20日，石璜镇开展“我们的价值观”暨“解放思想、跨越发展”大讨论活动。

3月26日，市委常委、组织部长丁卓芬一行在石璜镇党委书记、副书记的陪同下到石璜村开展走访调研。

4月10日，召开行政村（社区）公共安全员会议，总结回顾2011年镇农村公共安全管理各项工作。

4月20日，召开解放思想大讨论报告学习会，全体机关干部、大学生村官、村两委会成员、村监会主任及站、所、庭部门负责人等200多名干部参加会议。

同日，举行“三争”教育主题实践活动暨解放思想大讨论报告学习会。

5月15日，石璜镇召开重点帮扶村整转协调会议。

5月23日，由科技局和科协牵头，妇联、人计局、工商局、药监局、司法局消防大队等11个部门35位专家参与的“科技惠农”科普下乡活动走进石璜镇。

6月6日，嵊州市石璜镇卫生院组织4名医务人员到石璜镇敬老院对近40位孤寡老人进行白内障等眼疾检查。

6月25日，石璜镇禁毒办开展丰富多彩的宣传活动。

6月28日，石璜镇开展结对帮扶送温暖活动。

7月1日，各村、单位党(总支)支部召开一次党员大会，认真学习省十三次党代会精神。

7月26日，石璜镇分两组对全镇17个行政村的长效保洁机制、农村环卫设施建设、保洁效果等环境卫生整治工作进行自查。

8月2日，召开防台风工作会议，部署落实防台防汛工作，全体机关干部、大学生村官等参加会议。

8月17日，石璜镇召开总体规划修编座谈会，镇班子成员、各相关村干部等30多人参加会议。

9月6日，石璜镇开展校园及周边治安综合治理。

9月12日，在石璜镇寺新村举办花木病虫害防治术培训班。

10月16日，石璜镇召开2012年征兵大会。

10月30日，召开残疾人联合会议第六次代表大会，有30名代表参加本次会议。

10月31日，召开2012年度石璜秋季物资交流大会。

11月8日，石璜镇全体机关干部和大学生“村官”一起观看中国共产党第十八次全国代表大会开幕式。

11月13日，召开石璜镇城乡居民基本医疗保险业务培训会议，各自然村业务经办人员和各行政村会计参加本次会议。

12月2日，石璜镇卫生院组织院办、医教科、护理部、院感科、防保社区科等相关职能科室对新同志进行上岗培训。

12月5日，石璜镇在镇大会堂召开领导干部“回头看”考核会议，市考察组领导过丹樑、章展波参加会议。

2012年嵊州市仙岩镇人民政府大事记

1月18日，仙岩镇召开全体机关干部会议。

1月20日，仙岩镇开展节前文物安全督查。

2月10日，召开由全体镇、村干部、镇属企业、单位负责人、规上企业负责人共100余人参加的经济工作会议暨2012年度计划生育工作会议。

同日，召开由全体镇村干部、镇属事业单位负责人、规上企业负责人共100余人参加的经济工作会议暨年度表彰大会。

2月14日，仙岩镇总工会组织召开一次企业工会主席会议。

3月12日，仙岩镇组织开展以“绿化仙岩，美化家园”为主题的义务植树活动。

3月19日，仙岩镇在镇会议室召开集中学习大会，全体机关干部、大学生村官等参加会议。

3月29日，仙岩镇在西鲍村举办茶叶提档升级培训会，各村茶叶炒制能手参与此次培训会。

4月20日，举办互联网、民情微博管理专题培训，全体机关干部、辖区企事业单位代表、行政村干部代表、大学生村官60余人参加培训。

4月22日至23日，仙岩镇组织行政村党支部书记进行业务培训。

4月28日，仙岩镇安监站联合镇综治办公室、派出所相关人员开展一次消防安全大检查。

5月9日，仙岩镇政府对镇属卫生院、村卫生室、药店等相关涉药单位开展“问题”胶囊大检查。

5月15日，召开重点帮扶村—合溪坑村整转提升推进会。

5月19日，仙岩镇妇联在西鲍村留守（流动）儿童之家开展留守儿童关爱活动，30多名留守（流动）儿童参加。

6月1日，举办第十九期入党积极分子培训。

6月11日，仙岩镇组织全体机关干部、各村书记及卫生监督小组组长开展农村环境卫生整治知识的培训。

6月27日，召开纪念建党91周年座谈会，仙岩镇组织市党代表、先进党组织负责人、市先进工作者等20余人参加会议。

6月29日，仙岩镇组织全镇机关干部，各村、企事业单位党组织负责人80余人参加纪念建党91周年专题会。

7月1日，仙岩镇谢家庄村党支部召开全体党员会议。

7月4日，仙岩镇党委政府邀请市防腐倡廉宣讲团成员为全镇40余名机关干部就职务犯罪相关问题进行宣讲。

7月9日，举办一期特种设备安全员培训班，镇属相关生产企业的22名特种设备安全员参加培训。

8月23日，仙岩镇政府召开防台防汛抗旱知识培训。

9月6日，开展2012年度村级办公场所建设情况摸排工作。

9月10日，省农业厅领导在绍兴市、嵊州市领导的陪同下，对仙岩镇7月15日以来的食品安全大整治百日行动工作进行督查。

9月29日，召开冬季征兵会议，镇人武部部长钱金永主持会议。

10月17日，仙岩镇开展由市委两新工委组织的业务培训，全镇两新党组织负责人共10人参加培训。

10月19日，仙岩镇召开2012年冬季征兵工作第二次会议。

同日，由绍兴市文化局组织的乡镇综合文化站等级评估验收组一行到仙岩镇，对仙岩镇综合文化站进行实地现场评估。

11月8日，仙岩镇组织全体机关干部观看十八大开幕式。

11月9日，召开城乡居民基本医疗保险动员大会。

11月13日，仙岩镇政府联合市消防大队举办一次消防安全知识培训会，近20家消防安全重点企业的负责人及安全员参加此次培训。

11月23日，召开一次村务监督委员会主任业务培训班，全镇18个行政村的村监会主任参加此次培训。

12月10日，召开仙岩镇党政班子“回头看”测评会议，仙岩镇组织村主职干部、镇属事业单位负责人、规上企业负责人代表、全体机关干部等100余人参加会议。

12月14日，召开学习贯彻十八大精神专题并邀请市委党校马志龙副校长作辅导讲座，村主职干部全体机关干部、大学生村官等90余人参加讲座。

2012年嵊州市贵门乡人民政府大事记

1月12日，市文广新局、文保局、文化执法队、消防队组成文物消防安全检查组在贵门乡检查文物保护消防安全工作。

2月10日，召开全体机关工作人员会议，深入学习贯彻全市经济工作会议精神。

2月24日，贵门乡召开茶叶种植大户座谈会，会议研究部署未来五年贵门乡发展标准化、规模化，精品有机茶叶的工作思路和举措，全乡20多名种植大户参加会议。

2月27日，贵门乡农办派出林技专业人员到上坞村解茶叶生长情况，现场给茶农讲解茶叶防冻技术。

3月2日，贵门乡团委联合乡计生办，以开展“三五”学习雷锋纪念日活动为契机，为贵门乡敬老院的孤寡老人们开展体检、清洁卫生等志愿活动。

3月6日，贵门乡计生办、妇联配合长乐镇计生办、妇联和甘霖、里南、雅璜、通源等乡镇一起开展以“庆三八、展风采”为主题的演讲比赛。

3月9日，召开全乡妇女干部培训会，来自全乡的30多位妇女干部参加这次培训。

3月30日，贵门乡玠溪村举行2011年度玠溪村“诚信经营销售大户”的颁奖典礼，16位玠溪村茶农荣获此殊荣。

4月1日，举行以“我们的价值观”和“解放思想、跨越发展”为主题的大讨论活动。

4月4日，举办一次讲座，为村民及时提供茶叶收购、返销等目前阶段茶农最需要的市场信息，促进茶农增效增收。

4月15日，召开党政联席会议和全体机关干部会议，贯彻落实市“三争”教育主题实践活动。

5月19日，贵门乡团委组织一次以“创青年文明号，增团队凝聚力”为主题的户外拓展活动。

6月5日，举行清洁家园活动启动仪式，全乡全体机关干部与各行政村党员干部300余人参与此次活动。

6月6日，贵门乡团委组织乡机关干部，乡青年教师等青少年团员群体近30人观看党代会直播视频，并就党代会内容交流学习心得。

7月5日，贵门乡组织10余名专职义务消防队员开展火灾消防培训。

9月7日，贵门乡计生办组织相关人员举行一次《绍兴市2011年孕产妇回顾性调查》活动。

10月20日，贵门乡组织开展综治平安台账“网格化管理，组团式服务”村级管理员培训工作，旨在推进综治平安台账的网络化，信息化管理。

10月22日，贵门乡组织机关干部、乡级干部及部分适龄群众分场次收看《统计法制动漫宣传片》。

10月24日，召开食品药品安全培训会，嵊州市食品药品监督管理局张学军副局长出席会议并讲话，各村食品药品安全联络员参加培训会。

11月16日，贵门乡召集10个行政村村书记、主任及相关人员进行一次有关计生工作的座谈会。

11月20日，举行首届“一体化学校”教师趣味运动会。

11月20日，贵门乡召开机关干部会议，传达学习党的十八大精神，对学习贯彻党的十八大精神作出安排部署。

11月23日，贵门乡文化站开展“感受新变化喜迎十八大”文化惠民活动。

12月7日，召开入伍新兵送兵大会，五名应征青年及其亲人参加大会。

2012年嵊州市里南乡人民政府大事记

1月16日，里南乡召开乡村两级干部会议，全面部署开展“喜迎新春•清洁家园”专项行动。

3月15日，开展“消费与安全”主题活动，进一步贯彻落实消费者权益保护的法律法规，保护消费者的安全权。

4月1日，里南乡开展“我们的价值观”暨“解放思想、跨越发展”大讨论活动，大学生村官、中小学青年老师以及卫生院医生参加活动。

4月10日，里南乡团委开展“学雷锋、树新风、我奉献、我快乐”志愿服务活动。

4月18日，召开全体干部会议，专题学习和讨论“三争”教育主题实践活动暨深化作风建设推进大会精神。

5月10日，里南乡召开贵门、里南重点帮扶村整转工作协调会议，副市长钱群飞、董罡、陈龙，各结对责任部门主要负责人，组织部联系人参加会议。

5月22日，召开环境卫生整治工作会议，全体机关干部、大学生村官及各村书记、主任参加会议。

5月30日，召开基本农田划定工作业务培训会，各行政村会计参加会议，会议由农业副乡长主持。

6月11日，里南乡党委特邀请甘霖检察室主任陈海良同志上一堂题为《预防职务犯罪》的教育课，以加强干部廉洁从政意识和自我保护意识，防止职务犯罪。

7月25日，召集农家乐业主开展安全培训工作，重点加强消防知识、食品卫生知识的教育。

8月8日，召开全体机关干部、大学生村官会议，认真部署落实，切实做好防御台风“海葵”的各项准备工作。

8月22日，里南乡开展食品安全大整治百日行动，各行政村切实落实责任，积极开展活动。

9月20日，召开里南乡深化集体林权制度改革动员会，各行政村党支部书记、村委会主任和会计参加会议。

10月7日，里南乡卫生院流动社区卫生服务队开展免费健康体检活动，携带B超、心电图等仪器设备到农家，为老人们检查身体。

10月23日，里南乡团委组织学习全国乡镇实体化“大团委”建设工作电视电话会议精神。

10月26日，里南乡举行征兵宣传活动，传达2012年冬季征兵工作会议精神并开展冬季征兵初检。

11月7日，在里南乡中心学校举行国商大厦爱心捐资助学暨流动少年宫走进里南活动。

11月8日，里南乡团委组织收看中国共产党第十八次全国代表大会，各党员、领导干部、大学生村官等参加会议。

12月2日，里南乡举办成人“双证制”(技能+学历)教育培训班。

12月6日，召开2012年领导班子“回头看”评议会议，全体机关干部，村组织干部，企事业单位主要负责人参加会议。

12月25日，召开述廉评廉会议，全体乡机关干部、各行政村负责人和单位负责人参加此次会议。

2012年嵊州市通源乡人民政府大事记

1月12日，召开通源乡第十六届人民代表大会第一次会议，乡人大代表、列席代表、特邀代表等出席会议。市人大常委会委员杨冬梅同志莅临大会指导。

2月12日，通源乡在腾讯网注册开通官方微博。

2月13日，通源乡召开微博、博客等网络相关沟通平台培训，让机关干部进一步提升自身素质，以便更好地服务群众。

2月14日，召开2012年度全乡经济工作会议，乡全体机关干部、各村主职干部及有关部门负责人参加会议，乡党委副书记、乡长汪美芳主持会议。

3月5日，通源乡召开年后首次计生工作分析会议，全乡各村计生服务人员、信息员参加会议。

3月28日，通源乡举行第二届名茶炒制大赛，20名经选拔的炒茶能手参加比赛，汪乡长等领导为获奖者颁奖并合影留念。

3月28日，通源乡党委结合“走村入户”大走访，组织开展以“看承诺、看实绩、看民生”为主题的村级组织换届回头看活动。

3月29日，通源乡开展以“缅怀革命先烈，感恩幸福生活”为主题的清明扫墓活动。

4月12日，通源乡中心学校党支部召开全体党员会议，会议由支部书记王继东主持，讨论预备党员转正、入党积极分子转预备党员、开展批评与自我批评等问题。

4月16日，通源乡以座谈会的形式开展第二轮“我们的价值观”干部大讨论活动。

4月18日，召开干部素质提升暨“解放思想，我们的价值观”专题报告会。各单位机关人员、各行政村两委会干部共计40余人听取报告。

5月14日，召开全乡机关干部会议，介绍现场会相关情况，并根据通源实际部署下一步环境整治工作。

5月29日，召开全乡环境卫生工作会议，特邀市农办滕孚明主任就做好环境卫生工作进行业务指导。村主职干部、村保洁员、垃圾清运员、乡机关干部等68人参加会议。

5月30日，通源乡党委政府与市检察院、人计局、浦发银行、农村合作银行、联通公司等单位负责人到通源乡中心学校开展“六一”慰问活动。

6月6日，召开上半年度计生自查工作会议，各村计生办主任、计生信息员、乡计生工作人员及相关领导共计18余人参加会议。

同日，通源乡举办远程教育B岗管理人员的培训业务工作，着力改善管理人员业务参差不齐等情况。

6月12日，召开绍兴市会稽山古香榧群习俗文化申遗工作。

7月3日，举行2012嵊州市地质灾害应急演练，旨在通过应急抢险救灾演练，加强地质灾害防治知识宣传，提高群众自我防护意识。

7月30日，通源乡开展社区矫正人员集中教育活动。

9月24日，通源乡组织全乡机关干部集中学习《嵊州市机关效能责任追究实施意见》和《嵊州市乡镇（街道）干部驻村工作规范》。

10月21日，召开2012年度征兵工作动员大会，会上，乡人武部长竺炳江总结通源乡去年征兵工作情况，对今年的征兵工作做详细部署。

11月10日，召开2013年度城乡居民基本医疗保险工作会议，全乡机关干部、各单位负责人、各村书记、主任及具体业务经办人员共计40余人参加会议。

11月24日，通源乡松明培村召开党员大会，专题学习党的“十八大”精神。

11月25日，举行通源乡香茶香榧交易市场揭牌仪式，市委副书记陶关锋和副市长钱群飞一同为通源乡香茶香榧交易市场揭牌，市人民检察院检察长戚建文参加揭牌仪式。

11月26日，召开村监会工作例会，全乡6个行政村村监会主任参加列会，相互交流工作经验。

2012年嵊州市王院乡人民政府大事记

1月17日，组织召开“喜迎新春•清洁家园”专项行动动员会，对节日期间各村环境卫生整治工作进行周密部署。

2月13日，王院乡获得2011年度“社会治安综合治理先进集体”称号。

3月5日，王院乡开展全力宣传“学雷锋讲文明树新风”志愿服务活动。

3月5日至16日，王院乡校全校师生开展“把绿色还给王院”系列活动，活动分“3•5学雷锋日”和“3•12植树节”两部分。

3月10日，王院乡组织专业技术人员深入4个行政村，及时指导香榧苗的御寒防冻及榧苗地排水，实地辅导香榧苗木的保暖工作。

3月12日，王院乡召开妇女工作会议，全乡4村的妇女主任参加会议。

5月8日，王院乡组织青年志愿者结合“五四”活动，深入农舍院落、田间地头，采取“传政策、送科技、抓培训”等形式将省、市、县各项强农惠农政策“带进村、交到户、传给人”。

5月23日，王院乡组织乡村干部到各村开展环境卫生大清扫活动。

6月12日，开展关爱“空巢老人”行动，乡中心卫生院为空巢老人建立健康档案，开展咨询、义诊等志愿服务。

6月16日，乡党委组织24名入党积极分子举办一期培训班，使学员对党的理论知识、党的历史有进一步的解，端正入党动机。

6月26日，王院乡开展“6•26禁毒宣传”活动，乡政府综治办主任王益锋作《珍惜生命，远离毒品》的专题报告。

7月5日，王院乡开展突发地质灾害应急演练工作，乡防灾减灾领导小组全体人员、村委会主任、3个监测员、丰田岭村村民共50人参加现场演练。

7月28日，王院乡组织全体机关干部对乡、村内环境卫生进行集中整治大扫除活动，将长年堆放的、难处理的垃圾进行集中治理，为日常保洁打下良好基础。

7月31日，召开清洁家园集中攻坚月活动会议。乡党委书记赵国栋，党委副书记求均平，各行政村书记、主任等相关人员参加会议。

8月6日，王院乡召集全体机关干部、各单位负责人召开防台会议，全面部署项防台工作。

9月3日，召开经济工作座谈会，各村负责人、养植业生产大户分别就自身工作情况进行汇报并提出建设性的意见和建议。

9月8日，王院乡开通网上便民服务微群，4个村建立便民服务中心微博，确定4名代办员，并在王院乡便民服务中心上设置专门的服务专栏，方便村民及时解动态信息。

9月10日，王院乡开展教师节慰问活动，向全体教职工送去第28个教师节日的祝福和问候。

10月29日，王院乡召开2013年党报党刊征订工作会议，会议传达学习全市党报党刊发行征订工作会议精神，布置今年的报刊征订工作。

11月5日，召开机关干部工作会议，会议主要是对王院乡2012年度的新农合工作情况进行汇总并总结。

11月8日，王院乡组织全体机关干部乡会议室集中收看十八大开幕式盛况，认真听取胡锦涛总书记所作的十八大报告。

11月11日，召开2013年城乡居民基本医疗保险参保动员暨工作布置会议，全体机关干部、各行政村书记、主任、报账员、大学生村官参加会议。

12月7日，举办绍兴市重点水库移民村香榧栽培技术培训班，来自坂头水库的近50名移民参加香榧的发展现状、前景和栽培等实用技术培训。

2012年嵊州市雅璜乡人民政府大事记

1月9日，雅璜乡组织全体机关干部学习市第十三次党代会精神，重点学习市经济社会发展的总体目标，明确工业强市、实干兴市的工作基调。

2月1日，雅璜乡召开全体机关干部会议，全面部署春节前后雨雪冰冻天气防范工作。

4月3日，雅璜乡召开机关干部会议，各联系村干部对“走村入企”大走访活动进度进行汇报。

4月22日，雅璜乡召开党政联席会议，认真学习贯彻“三争”教育实践活动会议精神。

5月25日，雅璜乡举行2012年度村级财务规范化管理动员会暨业务培训会，辖区4个村的村主职干部、村级财务监督小组成员及全乡机关干部参加，乡党委副书记沈潜主持会议。

6月1日，雅璜乡开展走访活动和“六一”节慰问活动。

6月13日，召开环境卫生整治工作会议，以全民动员、全民参与、集中整治、注重实效、属地管理、乡村联动为原则，开展环境卫生大整治活动。

6月21日，雅璜乡举办“和美越乡”专题宣讲活动，特别邀请市农办人员来乡讲课。

8月23日，雅璜乡开展村级财务规范化管理动员暨业务培训班。

9月10日，雅璜乡成立雅璜乡党务公开工作领导小组，以切实提高党的执政能力，扩大基层民主建设。

同日，召开机关干部会议，集中学习安全工作大检查和市委书记金志关于党风廉政建设的讲话精神及便民微情工作布置。

10月30日，雅璜卫生院到长坑村为参加合作医疗的村民进行一年一度体检。

11月12日，召开雅璜乡2013年城乡居民基本医疗保险工作会议，乡全体机关干部及村主职干部，各自然村村报账员等参加会议。

11月27日，雅璜乡开展计生联系员培训工作，活动主要包括计生政策宣传，网络操作学习等。

12月1日，雅璜乡开展“世界艾滋病日”主题宣传活动，现场开展防艾知识咨询服务，并通过宣传窗，宣传手册，微博等多种形式进行的宣传。

12月10日，雅璜乡召开领导班子及“领导干部”考核会议，参加会议的对象有市考察组领导、乡全体机关干部、乡各村两委会主职干部、乡属单位负责人和退休老干部。

2012年嵊州市竹溪乡人民政府大事记

1月5日，召开一次全乡计生服务员流动人口工作会议，对计划生育宣传服务月活动进行专题布署，并提出具体的工作要求。

1月9日，竹溪乡召开党政联席会议，研究部署“喜迎新春、清洁家园”专项行动方案。

1月12日，召开竹溪乡第十六届人民代表大会第一次会议，代表审议并一致通过《政府工作报告》和《人民代表大会主席团工作报告》，顺利选出乡人大主席、副主席、乡长、副乡长。

1月18日，竹溪乡召开年终总结会议，副书记吕国顺同志主持会议，各机关干部，村主要负责人，企事业单位主要负责人参加会议。

2月22日，竹溪乡计生办开展“三查”服务，为辖区内的育龄妇女开展免费查孕查环查病。

3月26日，竹溪乡人民政府开通微群，并邀请3个行政村的党支部书记、村委会主任加入“竹溪乡人民政府”微群。

4月12日，召开机关干部会议，传达、学习、贯彻落实会议精神，并成立竹溪乡“三争”教育主题实践活动领导小组。

5月27日，竹溪乡开展“我们的价值观”暨“解放思想、跨越发展”大讨论演讲比赛，全乡40周岁以下的机关干部，大学生村官等6名年轻干部参加演讲比赛。

6月25日，竹溪乡开展“6·26”禁毒知识讲座。

同日，竹溪乡召开全乡保洁员、监督员环境卫生培训工作会议，全乡各村20多名环卫人员参加会议。

6月26日，竹溪乡开展地质灾害应急演练。

7月1日，竹溪乡组织机关干部和村主职领导对各村近20名困难群众和老党员进行慰问，向老人们送上慰问金和节日问候。

8月2日，召开防台风工作会议，要求全力以赴做好第9号台风“苏拉”防御工作。

8月3日，竹溪乡开展“八一”优抚慰问，人武部长周亚东、乡民政助理员、各村联村干部一同前往。

8月7日，竹溪召开市防台紧急视频会议，乡全体机关干部参加，乡长汪丽作出相关防台部署。

9月10日，竹溪乡领导班子开展教师节慰问活动，向教师们送去节日的祝福和亲切的问候。

9月18日，竹溪乡组织机关干部、大学生村官和村志愿者等10余人开展乡环境整治活动，由乡党委副书记吕国顺带队，对公路、村主干道长进行大扫除。

10月18日，竹溪乡召开全乡农业信息员工作会议。

10月23日，竹溪乡开展百岁老人重阳节慰问活动，向老人们发放慰问金，并致以节日的祝福和问候。

10月27日，竹溪乡连同谷来镇、王院乡的冬季征兵工作顺利展开。

11月2日，竹溪乡召开竹溪乡第六届残疾人代表大会，会议由乡人武部周部长主持，近20名代表参加。

11月7日，竹溪乡召开2013年度城乡居民基本医疗保险工作动员大会，全体机关干部和各行政村主职干部参加会议，由乡副书记吕国顺主持会议。

11月20日，竹溪乡举办入党积极分子培训班，有32名入党积极分子参加培训班学习。

12月6日，竹溪乡召开2012年领导班子述职及民主测评推荐会，全体机关干部，村组织干部，企事业单位主要负责人参加会议。

2012年绍兴县柯桥街道办事处大事记

1月10日，柯桥街道“慈善一日捐”活动。

1月17日，柯桥街道和县流动人口服务管理办公室联合举办“欢乐轻纺城”群星演唱会幸运观众现场摇号活动。

2月2日，召开2012年柯桥街道干部大会暨表彰大会，副县长谢兴长应邀出席会议并讲话。

2月29日，柯桥街道组织召开推进股权投资类企业发展座谈会，14位企业老总、县金融办韩永刚、柯桥工商分局朱建根、办事处主任王玲玲等出席会议。

3月28日，柯桥街道召开维稳工作会议，会议在认真总结2011年街道维稳工作的同时，全面部署2012年街道社会管理创新和信访维稳工作。

3月31日，柯桥街道召开2012年人口与计划生育工作会议。

4月6日，召开基层组织建设年工作会议。

4月9日，柯桥街道举办《柯桥街道信息报道培训班》，街道机关各办公室（中心）、社区（居）信息员参加会议，会上还邀请县报社、县电视台资深记者进行上课。

4月18日，柯桥街道召开生态环境工作推进会暨环境卫生集中整治月专题部署会，会上党工委副书记许立锋就如何开展环境整治工作作专题部署，并提具体要求。

5月14日，街道妇联开展“环境整治巾帼行”活动，进行环境卫生大清理。

5月24日，柯桥街道2012年度党员干部“三单制”教育培训启动仪式在管墅社区召开，县委组织部李伟根副部长就党员干部经常性接受教育培训提出希望和要求。

5月26日，柯桥街道“绽放生命共享阳光”爱心书籍发放仪式暨创建市级扶残助残爱心街道文艺演出在中国轻纺城小学报告厅隆重举行，县残联、团县委、柯桥街道党工委等领导出席并参加本次活动。

6月7日，召开环境卫生星级社区（居）创建暨船（船屋）整治工作会议。

6月26日，柯桥街道在六楼会议室举办“柯桥街道中层干部竞争上岗演讲会”。

7月3日，召开柯桥街道纪念中国共产党成立91周年报告会暨表彰大会。

7月19日，柯桥街道召开环境卫生暨车库整治推进会。

8月8日，召开柯桥街道社区（居）后备干部队伍建设会议。

8月20日，召开柯桥街道后梅居委会“新柯桥人”成立大会。

8月29日，召开“柯桥街道第三次妇女代表大会”，县妇联领导和街道领导出席会议。

9月12日，柯桥街道柯福社区召开全市基层侨联工作现场交流会，来自全市各基层侨联的领导参观社区的“侨之家”并听取汇报，市、县侨联领导参加会议。

9月20日，召开柯桥街道省级生态县创建动员会。

9月29日，柯桥街道大渡社区和柯福社区开展文艺演出，喜迎国庆节的到来。

10月8日，柯桥街道社会服务管理中心正式成立，成为全县首家镇（街）层面综合性社会管理服务中心。

10月23日，柯桥街道举办农村公共安全协管员工作会议暨培训会。

10月30日，柯桥街道明珠剧团在文化发展中心音乐厅举行汇报演出，县委常委、宣传部长杨伟卿、县人大常委会原领导章生建、柯桥街道办事处主任王玲玲观看演出。

11月3日，柯桥街道召开安全生产工作会议。

11月23日，柯桥街道举办机关工会换届选举大会。

12月12日，柯桥街道专题召开环保工作会议，街道党工委副书记赵冕，党工委委员、办事处副主任徐兴建，经发办有关人员及街道工业企业负责人参加会议。

12月15日，柯桥街道在中国轻纺城小学报告厅举行学习贯彻党的十八大精神专题报告会。

12月17日，柯桥街道举办新兵入伍欢送会。

12月28日，柯桥街道召开“幸福水乡文明人”道德讲堂开课仪式，县委宣传部领导和街道领导及社区主职干部、居民代表参加会议。

12月29日，召开柯桥街道领导干部暨基层站所负责人述廉评廉会议。

2012年绍兴县柯岩街道办事处大事记

1月9日，柯岩街道召开村官大学生2012年迎新座谈会，街道党工委副书记李兴成、党工委委员沈建祥、县委组织员王利芳出席会议。

1月11日，柯岩街道召开机关在职50周岁以上老干部迎新座谈会。

2月4日，柯岩街道党召开“柯岩街道2012年干部大会暨表彰大会”，副县长丁生产、县检察院院丁飞院长、各村居主职干部、企事业单位负责人、退休干部参加会议。

2月9日，召开新年后第一次大学生村官座谈会，街道党工委委员沈建祥、县委组织员王利芳等出席会议并讲话。

3月5日，柯岩街道团委在县特殊学校开展一次“特殊关爱志愿者在行动”活动。

3月8日，柯岩街道妇联开展以“营造良好法治环境•合力共建幸福柯岩”为主题的“三八”维权及“3•15”消费者权益日活动。

3月31日，召开驻村指导员和联企干部会议，对“基层组织党建年”工作进行布置落实，尤其是从规范党务公开栏以及党组织分类定级两方面来加强基层组织党建。

4月18日，召开环境集中整治动员大会，部署环境集中整治工作。

4月19日，召开党校学习开班仪式并进行第一次培训，共有116名来自基层一线学员参加此次培训。

4月24日，召开基层组织建设年动员大会，街道各村（居）两委班子成员及街道全体机关干部参加此次会议。

5月8日，开展“环境整治我带头”专项行动。

5月17日，举办以“理想、信念”为主题的保持党的纯洁性专题报告会。

6月2日，举行“幸福柯岩”欢乐文化年启动仪式暨全民运动会。

6月8日，举行友富工作室揭牌仪式。

6月8日，柯岩街道全体县党代表在友富工作室举行街道县党代表工作例会。

6月13日，开展机关中层干部竞争上岗演讲会。

6月25日，柯岩街道组织十大社区基层党员在县委党校学习党课，以迎接七一建党节的到来。

7月1日，举办“七一”党课，全体机关干部、各村（居）企事业单位党组织书记参加此次党课学习。

7月20日，召开半年度工作总结会，管理科科长张建芳同志汇报工作。

8月6日，开展村（居）党组织书记集中培训，街道37位村（居）党组织书记参加培训。

8月29日，柯岩街道56名入党积极分子在烈士纪念碑前宣誓入党。

9月3日，召开基层组织建设年“百日攻坚战”活动部署会，街道全体班子人员、村（居）党组织书记、各驻村（居）指导员、联企干部等近100余人参加会议。

9月27日，柯岩街道组织市、县党代表开展专题活动。

10月26日，柯岩街道党工委组织全体机关、村（居）党支部负责人，到省党风廉政教育基地——杭州市南郊监狱开展党风廉政警示教育。

11月18日，开展评星晋级督查，分批对街道今年创建五星级、四星级的村居进行摸排、调研、走访。

12月5日，举办“柯岩翰墨情”书画创作会，兰亭书画院副院长童颜等20多位书画家参加活动。

12月14日，召开学习贯彻党的十八大精神专题报告会，1000多名基层党员将分批参加会议。

12月24日，柯岩街道举办学习贯彻党的十八大精神专题报告会，邀请市委党校李俊老师来街道作专题报告，全体机关干部、村（居）党组织书记等200余人参加报告会。

2012年绍兴县华舍街道办事处大事记

1月10日，华舍街道党工委及时组织全体机关干部开展节前慰问走访活动。

2月3日，召开全街道干部大会暨表彰大会，认真贯彻县第十三次党代会和全县经济工作会议精神。

2月17日，召开“一报告两评议”工作会议，对过去一年半来的干部选拔任用工作进行全面回顾和总结。

3月27日，华舍街道党工委召开各支部负责人会议，专题布置基层组织建设年有关工作。

3月31日，召开各村（居、社区）企事业单位党组织负责人会议，部署落实县委组织部召开的“基层组织建设年”座谈会精神。

5月7日，召开重点帮扶村帮扶工作专题会议，县委常委诸剑明、县农业和农村工作办公室主任徐阿幼、国土、水利等有关部门领导一同到会指导。

5月8日，华舍街道举办2012年度入党积极分子培训班。

5月21日，华舍街道兴越社区开展“环境整治我奉献创先争优落实处”专项行动。

5月29日，举办微博业务培训，全街道各村（居、社区）负责村级官方微博工作人员、全体大学生村官，街道机关35周岁以下年青干部共60余人参加培训。

6月19日，召开退休干部纪念“七一”座谈会。

6月29日，华舍街道邀请绍兴市委党校李俊博士举行以《保持党员纯洁性推动华舍新发展》为主题的党课，街道机关全体党员干部、各村、社区主职干部、副书记、委员参加党课。

7月1日，华舍街道进行基层组织建设年宣传活动。

8月7日，召开防台会议，根据县委创先争优活动领导小组转发的防台抗台精神，快速反应，积极贯彻。

8月16日，华舍街道组织开展“环境整治，党员先行”活动。

9月15日，举办为期一天的中层干部暨年轻干部专题培训班，28名同志参加培训。

9月21日，华舍街道利用全县信息工作培训会议开起微博培训课堂。

10月13日至11月10日，开展专题培训，培训主要围绕加强党政廉政建设、新形势下如何壮大集体经济，努力推进美丽乡村建设等主题进行。

11月2日，华舍街道举办第三届老年人运动会。

11月8日，华舍街道组织机关工作人员收看党的十八大开幕式，认真听取胡锦涛总书记的工作报告。

11月25日，华舍街道深入学习罗阳同志优秀品质和可贵精神。

11月27日，开展远程教育管理员和组工信息员培训，各村（居、社区）远程教站点管理员、全体大学生村官、街道机关各办（中心）信息工作人员参加此次培训。

12月7日，召开十八大精神报告会，各村（居、社区）党组织书记、主任、各企事业单位党组织负责人、大学生村官和机关全体同志参加报告会。

12月12日，华舍街道举办第十五届消防龙比赛。

12月31日，开展评星晋级活动，以填平补齐的思路，对各村（居、社区）开展针对性指导，重点抓实三个方面，全街道21个村（居、社区）参加活动。

2012年绍兴县杨汛桥镇人民政府大事记

1月4日，举办机关退休干部迎新茶话会，镇党委书记孙爱保、镇长汪建中、党委副书记王其龙等出席会议。

1月5日，杨汛桥镇组织干部群众观看县第十三次党代会开幕式现场直播。

1月11日，举办2012年大学生村官迎春座谈会，镇党委书记孙爱保、党委委员丁春峰等出席会议并讲话。

1月13日，举行“新杨汛桥人”迎春联欢会，来自各村（居）、企事业单位的68名““新杨汛桥人”欢聚一堂，共同迎接新年的到来。

2月14日，召开“评星晋级”工作部署会议。

2月29日，杨汛桥镇妇联举办“三八”妇女节贤内助讲座。

3月5日，杨汛桥镇妇联开展志愿活动，到敬老院看望老人。

3月8日，杨汛桥镇中学召开教育发展恳谈会暨行风工作会议。

3月10日，杨汛桥镇采取“查、谈、评、改”等方法，对全镇21个村（居）开展班子换届“回头看”活动，镇联村班子成员和驻村（居）指导员全程参与该项活动。

4月1日，召开村（居）主职干部一季度工作例会，组织参观有关村（居）“洁净城镇、美丽乡村”环境卫生专项整治情况，部署基层组织建设年活动有关工作。

5月1日，杨汛桥镇召开党务工作者业务培训会议，并发放杨汛桥镇党员发展工作指南。

5月14日，杨汛桥镇妇联开展环境卫生我带头行动，向群众发放“环境整治巾帼行”倡议书。

6月14日，杨汛桥镇2012年第一期入党积极分子培训班65名成员参加沿杨江大道环境卫生清理行动。

6月30日，举行庆祝中国共产党成立91周年暨先进表彰大会，全体机关干部、镇机关退休干部、基层站所负责人、各村居两委会成员及党员代表、大学生村官等300多人参加会议。

同日，杨汛桥镇展望村党委召集全村100多名党员，以“听党课”的形式庆祝中国共产党成立91周年，迎接党的“十八大”召开。

7月2日，杨汛桥镇妇联联同组织办开展无偿献血活动，以此庆祝中国共产党成立91周年。

7月3日，杨汛桥镇开展“我为党旗添光彩”献血活动。

7月14日，召开“村务监督工作推进会”，全镇各村居党组织书记、村居委主任、村监委主任、出纳以及镇三资代理中心全体成员参加会议。

7月15日，杨汛桥镇在镇调处服务中心开展人大代表“接待日”活动，县、镇人大代表陈阿坤、方秀娟、王新华、王观金等参与接待。

10月9日，杨汛桥镇蒲荡夏村召开“新杨汛桥人”党员座谈会。

10月26日，召开第三季度大学生村官工作例会。镇组织委员、县委组织员、组织干部和全体大学生村官参加会议。

11月8日，杨汛桥镇机关干部认真组织收看党的“十八大”开幕式直播实况，认真听取胡锦涛总书记的工作报告。

同日，杨汛桥镇通过远教广场、村（居）远教站点等形式组织镇、村两级干部群众学习收看先锋播客直播课堂——《用生命践行承诺》。

12月23日，举办学习贯彻党的十八大精神专题报告会，镇党代表、全体机关干部、部门站所班子成员、村（居）主职干部等200多人参加此次报告会。

2012年绍兴县福全镇人民政府大事记

2月4日，召开2011年度表彰大会，大会表彰2011年度先进村党组织和工作先进单位。

2月26日，福全镇为进一步提高机关工作效能，优化驻村指导员队伍，增强镇与村之间的联系，开展驻村指导员“双向”选择工作。

2月27日，召开新一届驻村指导员工作会议，以充分发挥驻村指导员在开展社会主义新农村建设、创建和谐社会进程中的作用。

3月6日，福全镇妇联邀请市妇联副主席黄伟英，为全镇妇代会委员上一堂女性形象塑造与素质修养知识讲座。

4月7日，举行村级组织第一季度工作例会，会议主要汇报交流各村（居）第一季度工作情况，布置落实二季度村级工作任务。

4月20日，福全镇召开第二批助企指导员工作例会，会上各助企指导员交流第一阶段工作情况，县委组织部副部长余建林参加会议并讲话。

4月23日，福全镇召开县级重点帮扶村见面会，进行相关工作对接，重点帮扶村包干组成员参加会议。

4月28日，福全镇机关干部开展“社会主义核心价值观”大讨论活动。

5月22日，福全镇举办“青春的力量社会主义核心价值观”演讲比赛。

5月25日至6月16日，福全镇举办2012年入党积极分子培训班。

6月5日，召开镇机关干部竞争上岗、双向选择动员会。

6月20日，召开“迎七一”退休老干部座谈会，镇党委委员鲁水土参加会议。

6月26日，福全镇举行预备党员入党宣誓仪式，镇党委书记王勤、副书记王月娟、组织委员鲁水土出席仪式。

6月29日，召开庆祝建党91周年暨创先争优活动表彰大会。

7月10日，福全镇开展“学党史、知党情、跟党走”学习教育活动。

7月27日，举办专职党务工作者培训会议，来自全镇各级党组织的党务工作者近70人积极踊跃地参加培训。

8月5日，召开企业关工委第一次工作会议，部署当前企业关工委的工作。

8月7日，召开大学生“村官”半年度工作会议，以解大学生“村官”2012年半年度以来的工作情况。

8月14日，召开驻村指导员半年度总结会议。

8月28日，福全镇峡山村党总支设立“大学生奖学金”。

9月2日，召开村务监督积分管理系统工作部署会，各村支部书记、村委主任、村务监督委员会主任参加会议。

9月4日，召开双山村重点帮扶整顿转化工作推进会，总结回顾前阶段该村的集中整转情况，研究部署下阶段工作任务。

9月13日，福全镇开展“中层干部讲业务”活动。

10月28日，福全镇建立第一个大学生党员网络交流平台。

12月13日，福全镇召开学习党的十八大精神专题辅导报告会，各村（居）干部、党务工作者，大学生村官，企事业单位党组织负责人，全体机关干部参加此次报告会。

12月19日，县妇联举行爱心冬衣捐赠仪式，50名生活较为贫困的流动儿童均收到一套温暖的冬衣。

2012年绍兴县稽东镇人民政府大事记

1月13日，妇联对各镇（街）的贫困单亲儿童和家庭困难的退休妇女主任展开慰问。

3月12日，稽东镇开展组织工作“金点子”征集活动。

4月6日，召开近期党建工作会议，再次部署基层组织建设年重点工作，全体驻村指导员、大学生村官参加会议。

4月20日，召开驻村指导员、各村支部书记会议，强调基层作风建设年重点工作，部署“幸福水乡文明人”行为规范教育实践活动。

4月24日，开展“我们的价值观”大讨论暨“幸福水乡文明人”行为规范教育实践活动。

5月15日，召开单季晚稻高产节本增效技术培训班，全镇各村村委主任、农技推广员、种粮大户参加培训。

5月24日，平水镇妇联围绕“访贫苦、办实事”走访部分留守老人、单亲贫困家庭。

6月8日，稽东镇召开2012年度征兵工作会议，全镇各村村委主任、民兵连负责人参加会议。

6月12日，召开稽东镇夜巡队工作会议，会议由镇党委委员、人武部长祝志华同志主持，新任派出所所长杨雪明同志参加会议并作介绍。

6月27日，开展机关中层干部竞争上岗演讲活动，全体机关干部、各村主职干部、各基层站所负责人、人大代表、政协委员参加此次会议。

7月5日，稽东镇组织对竞争上岗12名新任中层干部进行一次任前集体谈话。

7月24日，稽东镇开展“关爱孤儿从德教抓起”活动。

8月7日，召开抗台紧急会议，全面部署防台抗台工作任务，全方位做好台风最新信息的动态发布和通知工作，及时掌握重点工程、山塘水库、溪沟坎岸、危房等受损情况。

8月10日，稽东镇冢斜村关工委召开以“扬先贤风范美丽古村”为主题的报告会。

8月30日，稽东镇召开校车“公交化”工作会议。

9月15日，稽东镇妇联、计生办组织医务人员为全镇外来育龄妇女开展免费生殖健康体检和相关政策宣传活动。

9月25日，稽东镇举办“迎中秋、庆国庆”退休干部茶话会。

9月28日，稽东镇召开“2012生态稽东”香榧旅游节。

11月8日，稽东镇各级党组织集中观看党的十八大开幕式，认真听取胡锦涛总书记向大会作的报告。

11月14日，稽东镇开展“三帮三联三促”活动，加快机关年轻干部能力提升。

11月21日，召开支部大会暨村民代表会议，共有四十余名党员和村民代表参加此次会议。

11月29日，稽东镇召开环境卫生长效管理工作会议。

12月8日，稽东镇邀请著名经济学家钟朋荣作县域经济发展战略讲座。

12月13日，召开稽东镇科学技术协会第八次代表大会。

12月14日，稽东镇举行2012年度绍兴市、县行风集中评议会。

12月15日，稽东镇开展“十八大精神解读”专题讲座，全体在岗大学生村官参加讲座。

2012年绍兴县平水镇人民政府大事记

1月9日，召开副镇级退职干部茶话会，镇主要领导向到会的副镇级退职干部通报2011年全镇经济社会发展情况，并介绍新一年工作的总体思路。

1月10日，平水镇开展春节困难党员慰问活动。

1月28日，平水镇妇联开展走访慰问老妇女主任活动。

2月5日，召开节后第一次党委扩大会议，深化“编外委员”工作制度。

2月6日，平水镇镇级和30个行政村（居）的微博正式开通，将进一步拓宽平水工作信息交流渠道。

2月7日，平水镇召开干部大会暨表彰大会，对2011年度工作进行总结表彰，并对2012的工作做部署及展望。

3月1日，召开镇组织线全体同志会议，传达上午参加的全县组织工作暨两新组织党建工作会议精神，并认真贯彻落实。

3月22日，开展村级组织换届“回头看”活动。

5月9日，平水镇召开2012年度第一次规划国土联席会议，平水镇镇长孙伟刚主持，规划分局、拆迁办等规划国土联席会议有关成员单位参加会议。

6月1日，平水镇机关各局、办、中心召开工作会议，会议都是围绕一个主题“如何做一名群众满意的好干部”展开。

6月18日，召开老干部庆祝建党91周年座谈会，镇领导向全镇退休干部通报近年来平水镇经济社会发展情况。

6月21日，平水镇党委组织开展创先争优总结和评比表彰工作，以杰出的成绩和饱满的热情迎接“七一”的到来。

6月28日，召开庆祝建党91周年暨创先争优活动表彰大会，评选表彰一批2010年至2012年创先争优先进基层党组织和优秀共产党员。

8月27日，平水镇党委召开专门会议，邀请编外委员与党委议事。

10月25日，举行平水镇全民终生学习活动暨平水镇排舞比赛，来自各村的19支队伍共245人参加比赛。

10月26日，召开整转工作督查会议，听取平阳村党总支书记关于今年以来整转工作的进展情况，村两委班子也对如何做好整转工作提出建议意见。

11月1日，举办每季度一次的“会稽讲堂”，邀请复旦大学管理学博士严家明副教授，为全镇机关干部和村（居）干部共200多人作“责任重在执行到位”的主题报告。

11月6日，召开镇领导班子读书会，请每位班子成员谈考察体会，谈明年工作思路。

12月8日，举办一期建党积极分子培训班，55位入党积极分子参加培训，县委党校非常重视，专门派出3名教师帮助开展培训。

12月29日，举办学习宣传党的十八精神报告会，会议由平水镇党委副书记沈强主持，平水新城指挥办、各村（居）主职干部、各基层党组织书记参加会议。

2012年绍兴县陶堰镇人民政府大事记

2月3日，召开全镇经济工作会议暨表彰大会，对2011年度村岗位目标责任制考核优胜单位、陶堰镇“经济建设功臣”和“经济建设明星”进行表彰。

2月16日，召开40周岁以下机关青年干部座谈会，结合自身的工作对陶堰发展存在的问题和如何有利于陶堰发展畅所欲言。

2月18日，召开大学生村官座谈会，大学生村官就官方微博的开通和使用进行交流。

3月6日，召开农村工作会议，会议组织与会人员实地观摩杨汛桥镇麒麟村、钱清镇梅东村新农村建设现状，交流、部署全镇农村工作。

3月12日，召开2012年的第一次村主职干部例会。

3月16日，召开2012年度组织工作会议。全镇各村（居）党组织书记、副书记（负责组织工作的支部委员）、企事业单位的党组织书记参加会议。

4月7日，召开党委扩大会议，专题研究部署基层组织建设年活动。

4月18日，召开行政工作会议，全面部署当前各项工作，各村、企事业单位及站所负责人参加会议。

4月24日，陶堰镇政府组织茅洋、泾口两村的村干部、党员代表和村民代表，到诸暨市赵家镇观摩学习乡村建设工作，以借鉴经验，进一步推动本地的环境整治和美丽乡村建设。

5月2日，举行2012年度第一期入党积极分子培训班，来自全镇的入党积极分子共40余人接受培训。

5月8日，举办东部三镇村级计生主任培训班，近80名村级计生主任参加培训学习。

5月14日，开展村庄环境整治观摩督查活动，通过纵横比较，查找存在问题，借鉴好的经验，落实措施，强势推进环境整治活动。

5月28日，开展“小手拉大手，争做明理向上好村民”暨“白塔水文化”进社区活动。

6月3日，举行首届全民健身运动会，近400名选手参加四人捆腿跑、拔河和象棋等比赛。

6月30日，召开纪念建党91周年暨创造争优活动表彰大会，镇党委对8个先进基层党组织和50名优秀共产党员进行表彰。

7月7日，召开县农业局与重点帮扶村张家岙村整转工作对接会。

7月11日，召开全镇“网格化管理、组团式服务”工作会议，对全镇“网格化管理、组团式服务”工作进行全面部署。

7月15日，陶堰镇团委联合嘉兴学院医学院调查实践服务团组织青年志愿者开展服务群众活动。

9月11日，举办2012年度第二期入党积极分子培训班，全镇50多名入党积极分子参加学习培训。

9月14日，陶堰镇举办农村“两创”实用人才（水稻种植能手）培训班，50余位种粮大户和科技示范户参加培训。

10月19日至20日，陶堰镇开展应征青年目测体检工作，全镇197名应征青年参加。

11月2日，陶堰镇成立党员关爱互助资金。

11月9日，开展以“送服务、送温暖”惠民活动为深入推进网格化管理、组团式服务工作。

11月25日，陶堰镇陶堰村组织全村党员、干部召开“学习贯彻“十八大”精神宣讲报告会”，把党的最新精神迅速传到最基层。

12月3日，陶堰镇召开污水收集处理系统规划方案评审会，专家及相关单位通过方案比对、讨论研究，转输外排方案成为陶堰镇污水收集处理系统的倾向性方案。

12月4日，陶堰镇妇联举行法律咨询活动，向妇女群众发放法律维权宣传资料。

12月6日，陶堰镇举办入伍新兵欢送会，各村民兵连长、入伍新兵及其家长参加会议。

2012年新昌县羽林街道办事处大事记

2月2日，羽林街道丁家园村举办全民健身运动会，县领导潘岳梦、吕国民出席开幕式。

2月7日，举行县人大代表会前活动学习《中华人民共和国全国人民代表大会和地方各级人民代表大会代表法》，并邀请县人大常委会代表工委主任吴雨明作专题业务培训。

2月14日，羽林街道组织召开创建省级示范文明县城暨农村环境卫生整治动员大会，县委宣传部、县创建办有关负责人出席会议。

2月15日，召开钦寸水库第一批外迁移民座谈会，听取移民代表的心声与意见。

3月1日，羽林街道深入开展农村环境卫生大整治行动。

3月27日，羽林街道王山村开展森林消防应急演练，县委常委、常务副县长、县森林消防安全指挥部总指挥柴理明到现场指导工作。

4月1日，举办一期针对企业经营管理人才的培训班，辖区内9家企业的150多名班组长参加为期四天的专题培训班。

4月6日，羽林街道党工委根据上级纪委要求，召开班子专题会议，对2012年度党风廉政建设工作作出专题部署。

5月5日，羽林街道召开移民干部会议，部署钦寸水库移民安置意愿调查工作。

5月11日，羽林街道开展轻纺企业夏季消防专项检查。

5月16日，羽林街道顺利完成临江社区党组织换届选举工作。

5月17日，羽林街道党工委召开基层组织建设年推进会。

6月20日，羽林街道人大工委成立人大代表联络站并召开第一次联络站成员会议。

6月29日，召开红十字会成立暨第一次代表大会，这标志着新昌红十字会组织已全面覆盖16个乡镇（街道），红十字基层网络得到完善，基层红十字事业发展将进入新的阶段。

7月18日，羽林街道计生办在丽都花园门口开展世界人口日宣传活动。

7月19日，召开企业安全生产消防工作会议街道100多家企业的相关负责人参加会议并接受相关业务培训。

7月30日，羽林街道卫生院组织全院职工，开展“我们的价值观”大讨论征文比赛。

8月16日，召开食品安全工作会议，160余人参加会议。

8月20日，召开安全生产知识培训会，邀请县安监局技术专家到会讲课。80余名机关工作人员参加培训。

8月21日，举行第六届农民文化节暨“民间艺术大展演”活动，拔茅村县委常委宣传部长潘岳梦副县长孙嘉江到场观看演出。

8月27日，召开集体土地农房登记业务培训会，邀请县房管局专业人员讲解农房测绘知识与技能。

9月16日，召开农村基层干部廉政建设专题教育培训会，各行政村党（总）支部书记、村委主任、村监委主任参加会议。

9月18日，羽林司法所举办村级调治主任培训。

10月23日，羽林街道办事处主任高雪军走访慰问新富村葛藤湾自然村的百岁老人，送去节日的祝福。

10月23日至26日，羽林街道计生办在大明市中学、小学和拔茅中学、小学四个学校各举办一期青春期健康培训班。

11月17日，浙江农业吉尼斯委员会组织省农作局、省农科院的专家，来到羽林街道山头里村种粮能手丁银仁的“甬优12”攻关田开展产量验收。

11月28日，召开残疾人联合会第二届代表大会，选举产生该街道残联第二届主席团成员，拉开为残疾人做好服务工作的新序幕。

2012年新昌县南明街道办事处大事记

1月31日，南明街道组织机关干部和有关行政村干部群众开展农村环境卫生集中整治活动。

2月8日，南明街道举行县人大代表会前活动，活动以座谈会的形式举行，来自街道各行各业的38名县人大代表参加座谈。

3月19日，南明街道梅湖社区党委发动本社区六个支部的党员群众对社区里的牛皮癣进行清理。

3月27日，召开农村道路养护培训工作会议，街道各农村道路养护负责人参加此次会议。

3月28日，南明街道组成联合检查组对辖区内的幼儿园、中小学食堂的食品安全进行专项检查。

4月30日，开展全街道危险化学品企业安全生产专项检查。

5月8日，召开农村消防安全工作会议，各村村委主任和8支农村义务消防队队员参加会议。

5月25日，开展夏季烟花爆竹隐患排查治理专项行动。

5月29日，南明街道计生办携钟楼社区开展以“优生优育优教，共享幸福人生”为主题的计生宣传活动。

6月6日，南明街道召开水库巡查员业务培训会。

6月11日，南明街道联同县食品药品监管局执法人员组成联合检查组，对辖区内有关学校、酒店、宾馆等11家重点餐饮服务单位进行联合检查。

6月15日，召开安全生产工作会议，传达贯彻县安全生产工作会议精神，总结前阶段安全生产工作，分析当前安全生产形势，部署近阶段重点任务。

6月19日，举行“喜庆七一、思忆端午”第三届运动会，200多名居民参加，县委常委、宣传部长潘岳梦参加开幕式，并宣布运动会开幕。

6月29日，召开红十字会成立暨第一次代表大会，这标志着新昌红十字会组织已全面覆盖16个乡镇（街道），红十字基层网络得到完善，基层红十字事业发展将进入新的阶段。

7月2日，启动第四轮农民健康体检工作。

7月11日，南明街道联合社区开展世界人口日活动。

同日，举办针对南明街道30余名乡村厨师的技能提升培训班。

8月14日，南明街道党工委、办事处根据省、市、县防汛抗旱指挥部相关要求立刻召开紧急会议，开展一次“地毯式”的山塘水库安全隐患大排查活动。

9月3日，召开的第9期餐饮单位“百日行动”约谈培训会，共有612家餐饮单位主要负责人参加培训。

9月13日，南明街道城南社区召开党建契约化共建会议，通报社区工作情况并就进一步做好共建工作进行座谈，县人大常委会副主任吕国民出席会议。

11月9日，南明街道城南社区举行全县社区119消防宣传月启动仪式，南明街道综治办、城南社区等9个社区的70余名消防志愿者参加此次启动仪式。

11月19日，南明街道卫生院成立新昌县首个“糖尿病健康家园”，56名城南社区的糖尿病患者成为首批会员。

11月28日，召开残疾人联合会第二次代表大会，共有30名代表参加大会。

12月5日，南明街道钟楼社区举行党建“契约化”共建座谈会，县委常委、组织部长赵如浪出席座谈会。

12月11日，新昌农村合作银行在南明街道平湖村举行“市级信用村”授牌仪式，为该村颁发“市级信用村”牌匾。

12月19日，召开供水秩序专项整治动员大会。

2012年新昌县七星街道办事处大事记

1月4日，召开环境整治动员大会，各行政村社区主职干部及联系村干部110人参加会议。

3月4日，七星街道团委与凤山社区工作人员共同开展学雷锋义务大扫除活动，对凤山新村的小区环境进行一次彻底清理。

3月5日，举行学雷锋便民服务活动，奉上义诊、家电维修、免费理发、科普知识宣传、法律问题解答等“爱心大餐”。

3月7日，七星街道妇联组织村妇代会主任、社区妇联主席以及街道女职工80余人在街道五楼大会议室内参加女性健康知识讲座。

3月20日，七星街道组织举办信息宣传培训班，邀请《今日新昌》资深编辑及县府办信息人员对七星街道信息人员及大学生村官进行为期半天的信息宣传训。

4月1日，七星街道部署森林消防安全工作，向各村（社区）发出《关于做好清明期间森林消防工作的紧急通知》。

4月5日，七星街道工会组织开展“体验登山乐趣，展示七星风采”健身登山活动，100多名干部参加活动。

4月26日，举办蔬菜栽培技术培训，共计75名学员参加此次技术培训。

5月8日，七星街道土谷庙村举办设施蔬菜安全生产技术培训，来自乡镇农技人员、经纪人、蔬菜种植户、专业大户等60余人参加本次培训。

5月28日，举行小微型企业业主安全生产业务和劳动合同培训活动。

5月29日，七星街道邀请县食品药品监督局检查组人员对街道范围内的餐饮业单位进行一次食品安全检查。

6月4日，七星街道计生协会工作人员走进达利丝绸有限公司，举行“欢庆5·29计生协会会员活动日”宣传服务活动。

6月17日，七星街道办事处承办县第十二届“七星杯”篮球邀请赛，共有100多名运动员参赛。

6月20日，七星街道南岩社区党支部组织辖区党员干部开展“迎七一•天姥山上环保行”党日活动。

6月21日，七星街道开展执法整治行动，对卧龙山、月角山等城市绿化环境改造范围内毁林开垦种植的作物进行集中清理整治。

7月5日，七星街道南岩社区结合文明示范小区复评工作，开展清洁家园系列活动。

7月6日，七星街道与浙江万丰奥特控股集团联合举办班组长培训班暨万丰集团“1+5绿叶工程”组长培训班。

7月13日，召开村党组织书记培训班，全面提升村党组织书记的素质能力。

8月23日，召开食品安全大整治百日行动动员大会，正式打响食品安全整治“攻坚战”。

8月23日，七星街道第四轮农民健康体检工作正式铺开。

9月17日，七星街道党工委、办事处和县新闻信息传播中心联合举办以“魅力七星•温馨家园”为主题的摄影大赛。

9月24日，成立七星街道联动检查、督查领导小组，迎接党的“十八大”胜利召开。

10月11日，举行党代表六先六不签名仪式，8名党代表郑重地在承诺书上签下自己的名字，表示要更好地发挥作用做好党员的带头人。

10月15日，七星街道开展农民工健康体检工作。

10月22日，七星街道在金汇广场举行第六届农民文化节暨广场文化文艺晚会，县人大常委会主任求子平、副县长裘武宏观看演出。

11月9日，召开党建共建工作座谈会，县委常委、宣传部长潘岳梦、县人大常委会副主任王敏慧出席会议。

11月29日，召开残疾人联合会第二次代表会，并顺利选举产生残联新一届主席团委员7名，出席县残联第五次代表大会代表6名，成功完成残联换届选举工作。

12月7日，全面展开七星街道2013年度城乡居民基本医疗保险工作。

12月19日，召开供水秩序专项整治动员大会。

12月22日，七星街道办事处第二届运动会、南岩社区首届社区体育节在南岩小学篮球馆内隆重举行。

12月24日，七星街道开展企业安全知识培训，辖区内各工业企业安全负责人与安全员参加培训。

2012年新昌县大市聚镇人民政府大事记

1月10日，开展流动人口“关爱女孩行动”，倡导男女平等，少生优生的理念。

1月12日，召开第十六届人民代表大会第一次会议。县委常委、纪委书记徐建璋到会祝贺，会议选举潘国平为大市聚镇人大主席，俞青虎当选为镇长。

1月31日，举行一次别开生面的“谈心会”，大市聚镇政府全体工作人员参加，镇长俞青虎担当讲师。

2月28日，开展社区服刑人员集中教育。

3月5日，召开纪念“三八”妇女节暨“十佳好媳妇”表彰大会，全镇村、企业妇女代表60余人参加大会。

3月26日，举办一期桃树栽培管理技术培训班，吸引当地近50名果农参加培训。

3月31日，举办森林防火知识培训会。邀请县林业局公安科专家主讲为全镇负责农业的村干部、护林员、义务扑救队员等近70人重点讲授森林消防知识。

同日，举办森林防火知识培训会，邀请县林业局公安科专家主讲。

4月20日，开展主题为“我们的价值观”的大讨论。

5月18日，大市聚镇人大主席团举行“我当代表为人民”主题实践活动动员大会。县人大常委会副主任孟庆松出席会议。

5月21日，召开义务教育阶段学生交通安全保障工程工作协调会，全镇中小学校长和大市聚便捷客运公司负责人参加会议。

5月28日，在西山村举行消防培训活动，13个村共68名义务消防员参加培训，认真学习检查和整改火灾隐患、扑救初起火灾、组织人员疏散逃生和宣传教育培训等知识。

6月1日，大市聚镇通过省级森林城镇预检。

6月5日，举办羊毛衫加工技能培训班开班仪式。

6月25日，召开全镇工业经济会议，有关企业和站所负责人参加会议。

7月13日，举办茶园绿色防控知识培训，邀请新昌县茶叶总站站长孙利育为80余名茶叶种植户进行授课。

7月23日，邀请县交警大队的专家给全镇机关干部上一堂交通安全知识讲座。

8月4日，开展为流动人口送清凉活动。

8月7日，对对全镇重点村和重点水库开展网格式排查工作，应战“海葵”。

9月6日，大市聚镇举办全县首期村邮站村邮员培训班，对该镇30个行政村的村邮员进行一次上岗前的系统培训。

9月15日至16日，大市聚镇政府和大市聚企业商会联合举办一期中小企业高端管理人才培训班，邀请浙江大学客座教授、浙江中小企业辅导中心执行主任曹嘉飞老师作辅导。

9月20日，大市聚镇举行“全国科普日”科普宣传活动，县科协派出机关干部带着科普资料协助开展活动。

10月10日，召开大市聚联建物业项目股东大会，涉及项目的9个乡镇街道44个股东村代表参加会议。

10月18日，举行绍兴市人口计生法制宣传月活动启动仪式。

10月24日，举行主题为喜迎“十八大”，幸福大市聚的第六届农民文化节，县领导王军、王敏慧、徐剑平和大市聚镇近千名群众一起观看演出。

12月17日，大市聚镇西山村开展道德论坛活动。

12月18日，大市聚农民集中居住区建设项目举行开工典礼。县领导柴理明、潘启富、吕国民、袁振华及有关部门负责人出席开工仪式，并为居住区奠基培土。此举标志着新昌新农村建设翻开崭新的一页。

2012年新昌县儒岙镇人民政府大事记

1月4日，儒岙镇开始实施儒岙镇三岔口至儒岙中学路灯安装工程。

1月10日，召开第十七届人民代表大会第一次会议。县委副书记、代县长马永良到会祝贺。

2月9日，县人力社保局在儒岙镇举办新春劳动力招聘会，组织新昌县22家企业送岗下乡，提供岗位774个，吸引众多求职者前来应聘。

2月16日，开展安全防范知识宣传教育，组织民警走村入户，送发宣传资料，宣传防盗、防火等防范知识。

3月2日，开展汛前对辖区内的水利设施大检查的工作，进一步落实今年防汛防台各项工作，确保粮食安全、农民增收和群众生命财产安全。

3月14日，儒岙镇联合县平安办、县妇联开展以“保护妇女权益、创建平安家庭”为主题的法律宣传咨询活动。

4月6日，儒岙镇举办妇女干部素质提升培训班，加强镇妇联组织建设，提高农村妇女干部自身素质和业务水平。

6月14日，举行“我们的价值观”主题演讲比赛，共有来自儒岙镇机关、企事业单位的14名选手参加比赛。

6月27日，儒岙镇横渡桥村举行“七一”党员主题教育活动，特别邀请镇党委副书记郭向前为全村49名党员上党课。

6月29日，召开建党91周年纪念大会，总结党建工作的成绩，并对2011年度先进基层党组织、优秀党员、优秀党务工作者进行表彰。

7月19日，儒岙镇邀请县气象局专家来镇就“气象防灾减灾知识”开展气象防灾减灾知识培训。

7月20日，召开人大主席团会议，部署下半年人大主要工作，并研究成立3个专题代表小组，围绕镇党委工作大局，在下半年开展一系列的调研、督查工作，确保一些重点工作顺利完成。

同日，儒岙镇机关干部开展廉政文化大讨论，采取“领导点题、会议定题、集中议题、自主选题”等方式开展学习。

8月7日，召开迎战“海葵”的防台抗台紧急工作会议，启动防台抗台应急预案。

8月15日，儒岙镇邀请县农业局茶叶技术人员及茶叶专家深入上八坞村开展农函大茶叶栽培炒制培训会，100多位茶农参加培训。

9月7日，举行农村基层干部廉政建设专题培训会。

9月13日，举行新昌县2012年“食品安全与公共健康”科普宣传活动暨全国科普日启动仪式，县委常委、副县长王军，儒岙镇党委书记盛学东，县科协主席盛伯增等参加活动。

9月27日，儒岙镇在天姥广场举行第六届农民文化节暨迎国庆群众文艺晚会。

10月18日，召开人大代表培训会议，全镇63名县、镇两级人大代表参加培训。

同日，召开全镇安全生产培训会议，邀请县安监局专家对全镇各村（居）主职干部、企业负责人与安全员、站所负责人及全体机关干部与大学生村官进行安全知识培训。

10月31日，在儒岙中学运动场举行2012年消防技能大比武，县委副书记、政法委书记王浩萍到场观看技能比武竞赛活动。

11月9日，召开农村常年法律顾问制度推进会，县、镇相关领导、各村书记以及新时代律师事务所全体成员参加这次会议。

11月16日，召开清洁家园工作推进会，党政领导、长征片各村主职干部及联系村干部、清洁家园工作先进典型等近70人参加会议。

11月20日，举办为期2天的蔬菜园艺工培训班，有20名蔬菜大棚种植专业户和从事露地蔬菜种植的菜农参加培训。

12月6日，开展新兵入伍前的集中培训活动，全镇的新兵及其家长参加活动。

12月20日，儒岙中学首届班主任论坛在县委党校举行。

2012年新昌县镜岭镇人民政府大事记

1月10日，召开第十六届人民代表大会第一次会议，会议选举张文平为镇人大主席，石永明当选为镇长，县领导潘启富、徐剑平到会祝贺。

1月16日，召开冬季防火暨“清剿火患”工作推进会，各村义务消防队员参加会议。

2月3日，新昌县安监局局长张绍忠率执法人员，对镜岭镇龙潭背萤石矿巷探项目的复工情况开展安全检查。

3月8日，镜岭镇妇联、司法所和计生协共同举办庆祝“三八”妇女节，“做知法女性”知识讲座，邀请司法所所长为辖区内50多名妇女干部上一堂生动的法制课。

3月13日，开展新一轮乡土厨师技能提升培训，45名乡土厨师参加为期5天的培训。

4月2日，镜岭镇中心小学举行校园“十佳小书法家”、“十佳小画家”评比活动，全校学生踊跃参加。

4月13日，举办第一期电焊工培训班。

4月24日，开展打击非法采矿专项整治行动。

5月3日，召开全镇经济社会发展工作会议，总结2011年度经济社会发展工作，明确2012年各项工作任务。县委常委潘启富、县政协副主席何小伟参加会议。

5月21日，举办“农产品质量安全技术”培训班，各村农产品安全指导员、种植大户近100名农户参加学习培训。

5月22日，开展流动人口稽查活动。

5月29日，开展以“我为国策添光彩，我为事业作贡献，我为协会尽责任”为主题的“5•29”会员活动。

6月5日，组织全体机关干部、大学生村官、地质灾害村主职干部和地质灾害监察员观看《地质灾害防灾避险宣传片》。

6月12日，镜岭镇综治办、镜岭派出所、司法所会同镜岭中学联合举办“6•26”国际禁毒日千人签名活动。

6月19日，镜岭镇举办计生业务技能培训，村计生联系员和计生办工作人员共计40余人参加培训。

6月26日，召开“庆七一、喜迎十八大”党建工作会议，拉开镜岭镇建党91周年系列庆祝活动的序幕。

7月2日，开展助残“爱心”行动，为各村残疾人提供上门服务。

8月17日，镜岭镇村级社会服务管理做到全覆盖。

8月28日，举行“反邪教”宣传活动，在35个行政村设立“反邪教”宣传窗。

9月5日，镜岭镇楼基村“一村一策”项目工程正式开始建设。

10月11日，镜岭镇第二届休闲旅游节暨微电影发布会在外婆坑村隆重开幕。

10月15日，举办第二届“魅力镜岭”新田园风光休闲节会。

11月6日，镜岭镇妇联协同新昌义工，共同开展“保护母亲河”捡垃圾活动。

11月12日，召开平安建设暨村级社区矫正工作站业务培训会，县委政法委、县司法局人员到会进行业务讲座。

11月25日，新昌镜岭镇外婆坑村被评为“浙江省第二批非物质文化遗产旅游景区（民俗文化旅游村）”。

12月4日，镜岭镇普法办组织司法所、综治办、派出所在镜岭桥头联合举办“农家普法超市”送法宣传活动。

2012年新昌县小将镇人民政府大事记

1月10日，召开第十六届人民代表大会第一次会议，会议选举俞根法为小将镇人大主席，王桂芳当选为小将镇镇长。

1月31日，小将镇举办退休老干部书画展，展出20多位老同志的30多幅书画作品。

2月6日，召开党政班子会议，与全体机关工作人员会议认真学习贯彻全县经济工作会议精神同时结合本镇实际对2012年重点工作进行全面部署。

2月10日，小将镇联合沃东书画社在镇政府大厅组织开展“廉政文化书画展”。

3月2日，小将镇便民服务中心正式启用。

3月4日，小将镇团委联合镇计生、妇联等部门开展学雷锋活动。

3月5日，召开春季防汛专题会议。

3月28日，小将镇举行一场春季义务消防队培训，50多名农村消防队员参加集中培训。

4月9日，小将镇举办鲜切花种植技术培训班，丰岛公司的技术人员应邀授课，50余名花农参加培训。

4月27日，小将镇对负责31座山塘水库安全管理的巡查员进行业务培训，进一步提高水库山塘巡查员责任意识、业务素质和应急能力。

5月23日，小将镇召开环境整治座谈会，贯彻落实“美丽乡村、清洁家园”的相关要求，筹备第二届小将森林休闲节。

5月30日，由县林业局、小将镇人民政府和罗坑山休闲旅游开发公司共同主办的第二届小将森林休闲节暨罗坑山省级森林公园建设启动仪式在小将文化中心开幕。

5月31日，小将镇召开2012年度计生人员工作经验交流会。

6月8日，举办“花木产业科技大讲堂”系列讲座，各村书记、村委主任、花木种植户等200余人参加培训。

6月20日，小将镇国土资源所对五星村石棋盘地质灾害点进行巡查。

6月28日，召开建党91周年大会暨基层组织建设年工作推进会。

7月2日，小将镇举行机关干部党纪条规知识考试。

7月27日，小将镇举行消防安全保卫战动员大会，全体机关干部、大学生村官和村委主任参加大会。

8月1日，小将镇召开新农村建设重点工作推进会，交流重点工作的推进情况和存在困难及下步打算。

8月27日，小将镇举办丝袜花加工培训班，来自全镇的近百名在家妇女参加培训。

10月12日，小将镇人武部组织召开全镇24个村的民兵连长会议。

10月18日，小将镇人大主席团举行代表学习培训会，邀请县委党校常务副校长石炜瑶作辅导报告。小将镇人大代表和在小将的市、县人大代表参加培训。

11月26日，省林业厅种苗管理总站站长骆文坚与几位苗木专家教授到“浙江花木之乡”小将镇调研指导花木产业，为当地花农指导花木生产。

12月1日，小将镇残疾人联合会召开第二次代表大会，共有29名残疾人代表参加会议。

12月4日，小将镇举办全镇村干部预防职务犯罪培训班，各行政村党支部书记（负责人）和村委主任、村监委主任、全体机关干部、大学生村官参加培训。

12月18日，县总商会小将商会举行成立大会，审议通过《新昌县总商会小将商会章程》，选举产生县总商会小将商会第一届理事会理事、会长和副会长。县委常委、常务副县长柴理明，县政协副主席、统战部部长袁国飞出席成立大会。

12月27日，小将中学举行首届“校园十佳歌手”比赛，庆祝建校54周年。

2012年新昌县澄潭镇人民政府大事记

1月12日，召开第十六届人民代表大会第一次会议，县委副书记陈泉标、县人大常委会副主任孟庆松到会祝贺，会议选举丁柏生为镇人大主席，张国伟当选为镇长。

1月31日，举行以“消防安全、预防为主”为主题的消防安全培训演练活动，镇专职消防队员和13个村的义务消防队员参加培训演练。

2月28日，开展“三八”妇女维权周法律知识宣传活动。

3月2日，对辖区内的水利设施开展汛前大检查，进一步落实今年防汛防台各项工作。

3月4日，澄潭镇召开环境卫生综合整治动员大会，全镇28个行政村的党组织书记村委主任和有关企业站所机关干部等参加会议。

3月6日，澄潭镇机关、企事业工作人员在集镇范围内进行大扫除，清理卫生死角，集镇卫生环境得到明显改善。

3月15日，邀请县农转办和一家茶机厂技术人员举办为期一天的成套茶机操作使用与维修培训班，该镇90余名茶农参加培训。

4月9日，澄潭镇采取四项措施，展开主题为“我们的价值观”的大讨论活动。

4月23日，召开澄潭镇区控制性详细规划评审会。

5月7日，召开第二期“中式面点师”培训班开班，共有50名学员参加培训。

5月14日，召开第二次工会代表大会，大会对过去5年的主要工作进行回顾和总结，对今后5年的工会工作作出部署，并选举产生新一届工会组织领导。

5月20日，成立食品质量安全领导小组，明目标、分任务、精部署，全方位对全镇食品质量安全开展专项整治。

6月6日，召开基层组织建设年工作会议，各村、企业、站所党组织负责人，镇机关干部，大学生村官共90余人参加会议。

6月24日，召开安全工作会议，各企业、站所负责人，各村主职干部和全镇机关干部参加会议。

6月27日，召开庆祝中国共产党成立91周年纪念大会。

7月17日，举办一期水稻高产种植培训班，岭竺村粮食专业合作社及50多户农户参加培训。

7月18日，举办一期水稻高产种植培训班，岭竺村粮食专业合作社及50多户农户参加培训。

7月27日，开展2012年度乡土厨师体检培训活动。

8月3日，澄潭镇横联村两委集中开展村消防安全“清除火患”专项行动。

8月13日，召开村邮站建设动员会，该镇村主职干部、联系村干部、片长等90余人参加会议。

8月15日，全面启动参合农民健康体检工作。

9月14日，澄潭镇出台新昌县首个《镇长质量奖评审管理办法》。

9月26日，开展“迎中秋、庆国庆”环境卫生专项大整治活动，各村积极响应，分小组，排计划，发动党员、群众一起参与活动。

10月11日，启动“敬老月”主题活动。

10月18日，组织开展重阳节慰问老干部活动，组织机关干部前往离退休老干部家中，给他们送去慰问品和节日的祝福。“古镇秋韵”文艺晚会，晚会现场向在澄潭镇第六届农民文化节的先进集体颁奖。

10月21日，举行澄潭镇第三届老年人运动会。

11月5日，举行第六届农民文化节暨“古镇秋韵”文艺晚会，县人大常委会副主任孟庆松、县政协副主席徐剑平观看演出。

11月6日，开展全镇秋季动物集中免疫工作，并已对近2万只畜禽进行集中免疫，确保澄潭镇境内不发生重大动物疫病。

11月9日，澄潭镇消防工作站联合镇团委开展以“消防时时在，安全传万代”为主题的消防安全宣传日活动。

12月3日，召开有关勤政廉政建设的专题会议。

12月6日，澄潭镇教育工会在沃西中学篮球场组织开展一场定点投篮比赛，参赛选手分别由各分工会层层选拔而来，共有40人。

2012年新昌县梅渚镇人民政府大事记

1月5日，梅渚镇举行党员干部“送温暖献爱心”活动。

2月21日，宣城市党员电教中心主任陈斌一行三人在县委组织部副部长李涛的陪同下，到梅渚镇定埠村就该镇“星级党员电教远教活动阵地”争创工作开展检查验收。

2月22日，梅渚镇大梁村村委会举行新办公大楼落成暨正式启用典礼。

2月27日，梅渚镇开展计生民生工程对象大回访活动。

3月6日，梅渚镇桃园村育龄妇女在桃园村委会接受该镇中心卫生院医生为其做的免费体检。

3月9日，梅渚镇举办烟叶生产技术培训班，100余名农民进行烟叶生产技术培训。

3月13日，梅渚镇邀请县第二人民医院生殖健康医学专家深入到该镇周家村、镇东村为农村育龄妇女进行义诊。

4月6日，召开新型工业化推进年、改革创新突破年暨2012年度经济工作会议。

4月9日，梅渚镇采取四大行动，开展“我们的价值观——做怎样的人”大讨论活动。

5月16日，召开2012年度工业经济工作会议，全镇规上企业和规下重点企业负责人参加会议。

5月17日，梅渚镇开展榨面小作坊集中整治专项行动。

同日，梅渚镇举办2012年入党积极分子培训班，来自全镇7个行政村、各镇直单位、各中小学校以及驻梅企业共36名入党积极分子参加培训。

6月3日，召开“创先争优”暨“百日攻坚”活动动员大会，镇党政领导、“创先争优”指导组成员、各党支部书记、村（居）两委班子成员、政府机关全体干部职工、相关垂直单位负责人参加会议。

6月12日，梅渚镇结合“6·26禁毒宣传活动”，组织专家及宣传工作人员，到重点企业、村穿插宣讲相关安全生产方面的法律知识。

6月17日，梅渚镇进行“生活安全宣传咨询日”活动。

6月20日，召开“三直面”主题实践活动动员会暨《联村志》发放仪式。县委常委、组织部长金水法出席动员会。

6月23日，梅渚镇政府联合县禁毒大队开展一次以“禁毒工作，人人有责”为主题禁毒宣传活动。

7月9日，梅渚镇组织召开全体机关干部迎接党的十八大消防安全保卫战动员部署会议。

7月12日，梅渚镇召开全镇农村房屋登记工作会议。各村主职干部、主要业务工作人员和大学生村官等100余人参加会议，县房管局徐明友副局长为大家作房产登记相关业务知识培训。

7月31日，梅渚镇联合嵊州市三江街道办事处，组织国土、城管、公安及镇机关干部150余人，在梅渚镇宋家村地质灾害搬迁安置地块开展违章建筑执法行动。

8月6日至8日，梅渚镇为该村的待业青年提供学习初级餐厅服务员的职业培训。

8月24日，召开“梅渚镇2012年科技工作会议”，全镇15家科技型企业的科技负责人参加这次会议。

9月19日，召开以“创新社会管理，维护社会稳定”为主题的中心组理论学习会。

同日，新昌县局赴梅诸镇中心小学开展气象科普知识进学校活动。

10月9日，梅渚司法所举办社区矫正人员监护人座谈会。

10月24日，梅渚镇“食品药品监督管理办公室”正式挂牌成立，并举行简单而隆重的揭牌仪式。

11月6日，梅渚镇定埠村召开农村清洁工程垃圾处理工作推进会。

11月9日，召开镇人大代表培训会暨工作评议会。

11月28日，召开11月份信访维稳暨综治业务培训会。

12月24日，召开城乡居保待遇领取人员资格认证工作培训会。

12月28日，召开农村党员干部主题教育活动动员会。

12月27日，召开“三直面”主题实践活动动员会暨《联村志》发放仪式。县委常委、组织部长金水法，县人大常委会副主任朱国凡出席动员会。

2012年新昌县回山镇人民政府大事记

1月10日，召开第十六届人民代表大会第一次会议，县领导吕国民袁振华到会祝贺，会议选举张晓东为镇人大主席，章俊当选为镇长。

3月4日，回山镇妇联、司法所与各站所开展一次法律咨询活动。针对妇女在婚姻家庭中如何处理家庭暴力以及劳动就业、劳动保护等领域存在的突出问题进行解答。

3月8日，回山镇妇联、回山司法所联合举办县“六五”普法讲师团回山镇“三八”妇女维权专题法制讲座，全镇各村的妇女主任和群众参加此次活动。

3月16日，召开人口和计划生育工作会议，会议总结2011年工作，分析当前形势，部署2012年人口和计划生育工作重点。会议邀请县人口和计生局负责人作计划生育相关政策知识专题培训，各村的主职干部和计生联系员70余人参加会议。

4月5日，回山镇政府联合镇派出所，对各企业、站所开展一次消防安全生产大检查。

5月4日，全体机关干部举行登安顶山活动。

5月10日，回山镇主要领导率全体机关干部、大学生村官、有关站所负责人和行政村主职干部进行环境卫生大整治。

5月28日，召开基层组织建设年推进会。

6月14日，回山镇农函大举办地质灾害防治培训班。

6月26日，召开庆祝建党91周年座谈会，个行政村党委组织书记和站所、企业负责人参加座谈。

7月2日，举办茶叶质量安全技术培训班，各行政村农业安全生产指导员、茶叶专业合作社负责人和种茶大户共计42人参加本次培训。

7月23日，召开专题会议学习县委十三届二次扩大会议精神，镇党政领导班子成员、全体镇机关干部参加会议。

8月22日，召开第六届农民文化节文艺晚会隆重，县政协副主席袁振华参加。

同日，回山镇在2012年“新田园风光之旅七彩回山”第三届农业休闲节开幕之际，开展“支农惠农咨询活动”，给当地百姓带来科技大餐。

8月29日，举行食品质量安全培训暨科技咨询活动，邀请县农业局畜牧、蔬菜、水果、茶叶等方面专家进行现场指导。

9月13日，回山镇组队参加浙江省浙东片区海洋趣味体育大赛，获得团体组织奖和单项比赛沙滩负重障碍接力第五名。

9月25日，回山镇举办首届农民运动会，来自26个行政村的150多名选手参加比赛。

10月15日，由县委宣传部组织的“阳光文化山里行”服务团在回山镇蟠溪村开展现场服务活动。

10月16日，回山镇计生办为该镇育龄妇女及流动人口开展查孕查环查病服务。

11月23日，举行第二轮欠发达乡村和低收入农户奔小康工程结对帮扶座谈会，邀请有关部门和企业负责人与该镇16个欠发达村主职干部进行面对面的对话交流，县委常委、人武部政委顾向红出席座谈会。

12月19日，举行新昌县初中数学“同课异构”教研活动，县初中数学教研员施兰英和各初中学校数学教师参加活动。

2012年新昌县沙溪镇人民政府大事记

1月5日，沙溪镇开展安全生产大检查行动，为春节期间安全生产工作做准备。

1月4日，沙溪镇综治办与沙溪派出所统一部署，集中开展消防安全集中夜查行动。

1月10日，召开第十七届人民代表大会第一次会议。县领导金水法、杨能、张国本到会祝贺。

2月4日，沙溪镇召开第十四届代表大会第二次会议。

2月7日，沙溪镇剡界岭村举办由村民自发组织的“乡情宴”。

3月29日，沙溪镇组织农办、村建办、水管站等相关人员对涉及农村饮用水“一事一议”项目的5个行政村进行自查。

4月16日，新昌农村合作银行沙溪支行积极响应总行号召，举行“我们的职业价值观”演讲比赛选拔赛。

4月24日，沙溪镇组织全镇机关新上任的中层干部到武警县中队开展党风廉政建设警示教育活动。

5月2日，召开第二次工会代表大会，回顾总结过去5年来的主要工作，提出今后5年的工会工作计划，并选举产生新一届工会组织领导。

5月14日，沙溪镇团委开展“我们的青春——价值观大讨论”活动，全镇40余名机关干部参加讨论，17名青年干部上台交流发言。

6月6日，沙溪镇第二届蓝莓节开幕，县委常委、组织部长金水法宣布沙溪镇第二届蓝莓节开幕。

6月25日，沙溪镇组织全镇党员召开“七一”建党91周年庆祝大会，并邀请县委党校老师对全体党员举行“社会主义核心价值观”培训。

6月27日，沙溪镇组织“禁毒宣传志愿者服务队”，深入沙溪中学和街道，开展“珍爱生命，拒绝毒品”系列宣传活动。

7月9日，沙溪镇人民武装部2012年度兵役登记工作正式开展。

7月1日，沙溪镇政府在沙溪新区宇力铸造有限公司开展消防演练，以进一步强化企业对突发事故的应变能力。

8月1日，在全镇党员中心户中开展“创业先锋”党员中心户示范户评定活动。

8月29日，沙溪镇计生办开展避孕知识宣传及调查问卷活动。

9月11日至14日，沙溪镇计生办为全镇育龄妇女及近百名外来女员工提供服务，还特约计生指导站资深专家为妇女提供服务。

9月12日，沙溪镇开展特种设备安全专项检查。

9月16日，召开基层党风廉政教育培训会议，各村党支部书记、村委主任、村监委主任和全镇机关干部、大学生村官参加会议。

10月22日，为喜迎重阳节，沙溪镇组织离退休老干部参加座谈会，并分发慰问品。

10月23日，沙溪镇政府结合传统老年节会在该镇开口岩村举办第六届农民文化节。

11月20日，一支由沙溪镇政府机关干部、大学生村官组成的消防安全知识宣传队深入到各村，集中开展冬季消防安全知识宣传活动。

11月28日，沙溪镇开展易制毒化学品专项整治行动。

12月10日，沙溪镇党委召开党委会，主题紧紧围绕研究深入学习贯彻十八大精神实施方案、“美丽乡村”建设清洁家园工作以及第二年的工作思路谋划。

2012年新昌县双彩乡人民政府大事记

2月6日，双彩乡召开禁毒工作会议，总结2011年社区禁毒工作，部署2012年社区禁毒任务。

2月9日，双彩乡召开宣传报道工作会议，部署2012年宣传报道工作，并对去年宣传报道工作成绩突出的先进个人进行表彰。

3月6日至9日，开展为期4天的查环查孕工作。

3月14日，举办义务消防员培训班，来自全乡11个行政村共计93人参加培训。

3月22日，双彩乡彩淳中心完小顺利通过绍兴市“教学规范化达标”验收。

4月5日，召开政府系统无纸化办公培训会议，决定在全乡政府系统内推行无纸化绿色办公。

5月9日，双彩乡举行计生宣传服务月暨“5•29”会员活动日宣传活动，邀请县人口计生局和卫生院等有关专家开展计划生育咨询和义诊服务活动

5月20日，开展“清洁家园齐行动，党员带头当先锋”活动。

5月25日，双彩乡召开农产品质量安全百日大行动动员会暨村级农业安全生产技术指导员培训会，邀请县农业局有关专家作专题培训。

5月31日，双彩乡党委、政府领导亲切看望全乡3所幼儿园的小朋友，并送上节日的祝福和礼物。

6月15日，双彩乡团委联合县农业局团委，到双彩乡下塘村开展“三进三访三解”大走访活动。

6月18日，双彩乡开展法律法规宣传活动，近距离向当地群众宣传法律知识等，全面增强群众的法制意识和自我保护意识。

7月17日，双彩乡邀请县疾控中心工作人员，借助“春泥课堂”这一平台，为40多名青少年开办一场“食品安全知识”讲座。

9月26日，双彩乡30多名机关党员青年志愿者走上街头，开展“清洁家园、绿色双彩”环境卫生大整治活动。

10月11日，双彩乡后王村茶农张兴波在第七届中国新昌大佛龙井茶王大赛中摘取“茶王”桂冠。

10月29日，举办第六届农民文化节文艺晚会，县领导王敏慧严钢徐剑平和当地群众一起观看演出。

11月2日，举行双彩乡首届农民运动会，来自各村的83名选手参加比赛。

11月27日，双彩乡残疾人联合会召开第四次代表大会，来自各村、企事业单位的34名正式代表出席会议。

12月3日，双彩乡计生办举办一期“三优学堂——0—3岁婴幼儿育儿培训班”，培训班共吸引辖区内50多位0—3岁婴幼儿家长到会参加。

12月8日，双彩乡举行新兵入伍欢送会，为即将踏上保家卫国征途的优秀青年送行。

12月14日，双彩乡司法所邀请“六五”普法讲师团成员陈国波在双彩乡道南中学举行一次“交通安全、远离毒品”知识讲座。

2012年新昌县城南乡人民政府大事记

1月1日，召开第十六届人民代表大会第一次会议，会议选举吕永伟为城南乡人大主席，卢丽锋当选为城南乡乡长，县人大常委会副主任孟庆松到会祝贺。

2月6日，城南乡在石溪村四相亭举办闹元宵猜灯谜活动。

2月9日，开展竞争性选拔中层干部竞职演讲。

2月18日，城南乡举办为期2天的消防安全培训班，全乡12支农村义务消防队及其他各村、各企业相关消防安全负责人共150多人参加此次培训。

3月3日，城南乡与县消防大队、华夏义工和社区卫生服务站联手，在社区山亭山公园举办一场“学雷锋、迎三八、送春风”便民服务活动。

4月10日，开展与绍兴文理学院的走访结对活动，县政协副主席徐剑平陪同走访调研。

4月12日，城南乡“农民种文化”活动拉开序幕。

5月13日，城南乡举办“名茶炒制质量安全管理”培训班，共200多名茶农参加培训。

5月22日，召开中心组理论学习交流会，该乡党委班子成员就前阶段中心组理论学习情况，围绕正在开展的“城南乡执行力提升工程”，结合各自职能，深入交流学习体会。

6月12日，召开信息宣传工作会议，乡各线信息员、35周岁以下年轻干部及大学生村官参加会议。

6月26日，召开庆祝中国共产党建党91周年纪念大会，个村（单位）党组织书记、优秀共产党员、预备党员及乡党政班长成员参加会议。

6月27日，开展基层组织建设年活动暨“七一”党史讲座，进90名党员参加活动。

7月13日，城南乡举办农业安全生产指导员培训班，全乡30多名农业安全生产指导员参加培训。

7月24日，召开工业企业半年度安全生产工作会议，乡工业负责人、安全管理人员、13家乡属重点企业负责人参加会议。

7月26日，开展以“在党爱党•在党言党”为主题的系列活动。

8月14日，新昌城南乡秦岩村在办公大楼开展首届“十好”民星评比活动。

8月28日，召开“十好”民星评比工作现场会，先领导潘岳梦、潘益民、王敏慧、徐剑平等出席现场会。

9月10日，召开中心组理论学习交流会，县委常委、宣传部长潘岳梦，县政协副主席徐剑平和有关部门负责人参加旁听。

9月11日，城南乡计生办、计生协结合“进村入企”大走访活动，协同派出所、政法办等多个部门，对该乡五娃制衣、盛源轴承、天荷砖瓦厂等10多家用人单位开展流动人口稽查和宣传服务活动。

9月16日，召开农村基础干部廉政建设专题培训教育会，各村主职干部与村监委主任参加培训。

9月27日，召开中层以上领导干部和村主职干部会议，部署重点项目百日攻坚工作。

10月29日，召开第十四届人民代表大会第一次会议，来自全乡基层第一线的47名代表参加这次大会。

11月15日，组织部分县、乡两级人大代表，对该乡今年的政府惠民工程、重点工作开展专项视察和调研。

11月23日，举行2012唐诗之路乡村游暨城南乡第二届美丽乡村休闲节启动仪式，县委常委潘启富，县委常委、公安局长潘益民，县人大常委会副主任朱国凡，副县长赵立，县政协副主席徐剑平出席仪式。

12月6日，举办学习贯彻十八大精神的专题讲座，县委党校老师王刚梁作题为《社会组织管理及服务创新》的专题辅导。

12月9日，举行浙江电视台“我爱走四方——走进城南”暨首届美丽乡村休闲节。

12月26日，开展竞争性选拔中层干部竞职演讲。

2012年新昌县东茗乡人民政府大事记

1月11日，东茗乡召开第十六届人民代表大会第一次会议，县领导吕国民、丁虹到会祝贺，会议选举俞桂阳为乡人大主席，吕玉琦为乡人大副主席，宋琪当选为乡长。

1月30日，东茗乡召开班子会议和机关干部会议，部署2012年工作。

2月9日，东茗乡举办猎民培训班。

3月14日，县农业局到东茗乡开展“助农增收送服务”暨放心农资“下乡进村”服务活动，并举办科技知识培训班。

3月16日，举办专题培训班，以帮助农民增收。

3月18日，东茗乡召开第十六届人民代表大会第一次会议，县领导吕国民、丁虹到会祝贺。

3月19日，东茗乡举办一期猎民培训班，规范狩猎活动，落实枪支管理及野生动物保护有关法律法规。

4月12日，召开“新昌县基层组织建设年推进会”，各乡镇进行具体汇报。

4月16日，东茗乡开通官方微博“魅力东茗”，15个村支部同时开通村级微博。

5月7日，邀请本乡的“乡土人才”在乡机关大院创作“廉政文化墙”，内容丰富多彩，引导人们进一步形成爱岗敬业、遵纪守法、廉洁自律、诚实做人的良好品质。

5月10日，东茗乡政府开通官方微博“魅力东茗”，15个村级微博也同时开通。

5月15日，组织入党积极分子参加党的基本知识考试。

5月29日，开展一场主题为“告别灰色过去，重启阳光人生”的社区矫正人员集中教育活动，县检察院工作人员到场指导工作。

5月30日，召开农村环境整治推进会，乡全体机关干部和各村支部书记、村主任参加会议，会议就农村环境整治工作作部署。

5月31日，举行东茗乡农产品质量安全暨气象信息员培训，邀请新昌县有关技术专家进行讲课。

6月4日，东茗乡邀请原县委统战部副部长吴锡培为全乡机关干部上一堂“十七大”报告和统战工作专题报告会。

7月5日，召开庆祝建党91周年暨打通农村党员进出口通道工作会议。

7月12日，召开重点工作推进会，总结交流全乡上半年各项工作，研究部署下半年重点工作的目标任务。

7月16日，东茗乡邀请县政法委和司法局工作人员给全乡15个村的调解治保主任开展一次业务培训培训。

8月28日，东茗乡后岱山村干部向村民发放《气象防灾减灾卡片》，以提高防灾应急能力。

9月25日，举行第六届农民文化节演出，县领导潘岳梦、王敏慧、章灿贤到场。

同日，举行东茗2012“迷你红薯”暨休闲观光节。

10月8日，举行首届老年运动会，来自15个行政村的100多名老年选手参加比赛。

12月24日，东茗乡计生办、计生协在乡文化中心会议室举办女性健康知识讲座，共有100多位育龄妇女参加。

2012年新昌县巧英乡人民政府大事记

1月10日，召开第十六届人民代表大会第一次会议，县人大常委会副主任王敏慧到会祝贺，会议选举王晓霞为乡人大主席，吕栽平当选为乡长。

1月15日，举办迎春书画展，共展出社员作品40多幅，成为巧英乡村民的一道新年文化大餐。

1月16日，召开森林消防专业队成立暨业务培训会。巧英乡森林消防队队员、各村护林员参加会议。

2月6日，巧英乡开展环境卫生大整治。

3月6日，举行“三八”妇女节广场舞表演暨妇女儿童维权普法活动周开幕式。

3月22日，巧英乡森林旅游技能培训班在莒根村后岗岭自然村开班，60位村民参加培训。

3月31日，绍兴市商务局领导一行4人到巧英乡中溪村开展“进村入企”大走访活动。

4月13日，开展一次农村消防员业务培训活动，邀请县“六五”普法讲师团成员县消防大队讲师许宇新和王华初讲课，共100余人参加此次培训。

4月23日，巧英乡顺利完成1260亩省级重点公益林扩面申报工作。

5月4日，巧英乡召开基层组织建设年暨美丽乡村建设工作推进会。

5月25日，巧英乡组织全体机关干部集中开展夏季安全生产大检查。

5月29日，巧英乡党委、政府领导亲切看望雪头小学、中溪小学、三坑小学学生和 4 所幼儿园的小朋友们，为他们带去节日的问候和礼物。

6月5日，巧英乡举行首届全民运动会，全乡共有11个代表队、117名运动员参加比赛。

6月20日，巧英乡会同小将镇国土资源所对五星村石棋盘地质灾害点进行巡查。

6月23日，巧英司法所召开村级调解、治保主任业务培训会。

6月25日，召开庆祝中国共产党成立91周年暨创先争优表彰大会。乡全体机关干部、大学生村官、各企事业单位党组织书记等共84人参加会议。

7月3日，巧英乡溪口村举办“送法下乡、服务进村”便农惠农活动。

7月24日，巧英乡“半小时影院”播放“火灾逃生知识”科教片，乡全体机关干部、大学生村官等参加学习。

8月3日，巧英乡部署食品安全大整治行动。

8月20日，邀请嵊州市林业技术推广中心老师，作毛竹无公害栽培和新技术示范推广讲座，来自全乡的100多位农民参加培训。

9月6日，开展“阳光文化山里行”活动。

9月14日，举行全县名优红茶开发现场会暨加工技术培训班。

9月16日，巧英乡三坑村财政一事一议项目村中景观工程正式动工建设。

9月28日，召开民兵连长会议暨今冬征兵工作部署会，全乡15个行政村民兵连长参加会议。

10月10日，巧英乡开展节后食品安全大检查。

10月26日，巧英乡中溪村举行巧英乡毛竹深加工基地开工典礼暨新昌县中裕竹业专业合作社成立仪式。

10月27日，巧英乡农函大举办毛竹栽培技术培训班，邀请嵊州市林业技术推广中心老师，作毛竹无公害栽培和新技术示范推广讲座，共有100多位农民参加培训。

11月26日，举行“新田园风光之旅•绿色巧英”2012第三届竹乡休闲节暨“新宁奉乡村休闲游”启动仪式。

12月10日，巧英乡开展“竹乡夜校”，政府会议室里全体机关干部和大学生村官聚坐一堂听年轻干部发言。

2012年新昌县新林乡人民政府大事记

1月10日，召开第十六届人民代表大会第一次会议，会议选举王伯平为乡人大主席，陈益生为乡人大副主席，王炳兴当选为乡长。

1月16日，新林乡召开治保主任、调解主任工作会议，总结2011年工作，部署2012年任务。

3月7日，新林乡妇联组织各村妇女同胞在龙皇堂洋角山农民公园举行登山活动，300多名妇女参加此次活动。

3月8日，新林乡妇联举行庆祝“三八”妇女节暨妇女维权知识培训会议，各村的妇女主任和大学生女村官共35人参加此次会议。

4月17日，启动“积分制”绩效考核管理工作，修订完善2012年各项工作目标任务，提出今年全乡绩效考核工作重点和奋斗目标。

4月25日，新林乡召开人大主席团会议。

5月18日，召开人大主席团会议，听取乡人民政府关于代表意见建议办理情况的报告，明确2012年主席团工作计划。

5月22日，召开“诚信立业、实体兴业、创新强业”主题教育动员大会，要求全乡企业大力开展药用空心胶囊事件的反思教育活动和“我们的价值观”大讨论活动。

5月29日，为庆祝计生协成立32周年纪念日和第十四个“5·29”会员活动日，该乡在龙皇堂村组织开展文艺演出、走访慰问和政策宣传咨询等活动。

6月12日，召开全乡企业负责人会议部署3个安全主题教育活动。

6月19日，在腾讯网开通名为“新林党建”的党建微博，进一步拓宽党务公开渠道，推进党建工作信息化公开化和科学化。

6月29日，召开庆祝建党91周年暨创先争优表彰大会。

7月17日，举办土厨师培训班，以有效预防食物中毒和食源性疾病的发生，全乡26名农村厨师接受相关培训并参加免费健康体检。

7月20日，新林乡党委、政府联合浙江丽水学院团委，举行“心灵导航”关爱青少年健康成长结对仪式暨2012年“春泥计划”暑期“平安自护”夏令营活动。

8月30日，新林乡举办餐营业从业人员食品安全培训。全乡餐饮业业主、中小学校长及食堂负责人、机关食堂负责人等共30余人参加培训。

9月16日，召开农村基层干部廉政建设专题培训教育会，切实推进村监委建设，加快农村经济发展。

9月25日，新林乡科协在胡卜村举行2012年全国科普日暨食品安全与公众健康科普宣传活动。

9月26日，新林乡开展2012年全国科普日暨“食品安全与公众健康”科普宣传活动。

10月11日，启动为期3天的《退休养老金发放证》年审工作，全面掌握和解离退休人员情况进一步完善退休人员基本信息。

10月18日，召开钦寸水库工程建设曹州片移民安置工作会议。

10月22日，举行主题为“喜迎十八大、争创新业绩”的第六届农民文化节文艺晚会，县领导王敏慧、徐剑平与周边村的群众一起观看演出。

10月23日，新林乡党委、政府组织召开老干部座谈会，向离休的老干部致以节日的问候。

11月19日，召开第十六届人民代表大会第一次会议。县人大常委会副主任韩岳才到会祝贺。

12月9日，新林乡举行新兵欢送会，新兵及家长以及相关人员参加欢送会。

12月10日，新林乡机关干部开展“慈善一日捐”活动。

12月17日，新林乡召开行风评议大会，采取集中评议、现场填票、当场密封问卷的办法进行，以深化该乡各基层站所及部门的行风建设，不断提高服务水平。

金 华

2012年婺城区城东街道办事处大事记

2月27日，城东街道八咏楼社区党委、共建委举办“优环境，促和谐”文艺演出。社区100多名居民文艺骨干相继登台，用舞蹈、歌声来展示社区在优化环境、邻里和谐等方面取得的成果。

3月5日，城东街道上浮桥社区党总支53名党员为社区困难户林荣林家庭捐款13480元。林荣林患尿毒症5年，他老婆被查出患有肺癌。

3月26日，婺城区委书记陈晓先后到城中、城东街道，实地调研经济社会发展情况，并看望基层一线党员干部。陈晓强调，要紧密结合各自实际，认真贯彻落实区第六次党代会、区两会精神，围绕把婺城建设成为浙江中西部繁荣富强、文明和谐、宜业宜居的现代化中心城市核心区的目标，坚定信心，创新思维，齐心协力促进街道经济社会各项事业更好更快发展。区委常委、宣传部长蒋献忠陪同调研。

4月20日，为进一步加强社区党建工作，构建党建新格局，城东街道桃园社区党委召开社区党建工作联席会，市纪委副书记卢秀芝、市纪委常委刘景刚、婺城区民政局局长李志友、城东街道党工委书记沈兆春、社区党建联席会议各成员单位党组织负责人、联络员等出席会议。

5月23日，婺城区委常委、区纪委书记何海彬在城东街道党工委书记沈兆春一行的陪同下到桃园社区进行工作调研，社区书记李爱红对社区的整体工作作汇报，沈兆春书记从四抓四重(抓基础、重网格，抓管理、重创新，抓理念、重创收，抓规范、重程序) 4个方面进行发展情况介绍并对下步工作做出规划。

6月17日，在城东街道青春小区东13幢，施工人员对已完成签约并腾空的房屋进行拆除，由此敲响杭长客专婺城区段被征收房屋拆除的第一锤。

7月26日，城东街道党工委召开社区、经济合作社的半年工作汇报会。会议由街道党工委副书记、办事处主任章爱芳主持，各社区书记或主任回顾半年工作情况、重点和特色工作开展情况、存在问题及下半年工作打算。同时，街道4条主线的分管领导也对半年工作进行总结，对下半年工作开展提出新要求。

7月31日，城东街道举办的“消防安全知识讲座”，参加讲座有街道社区全体干部、网格组长、企业及来料加工负责人共100余人。省消防安全教育中心的黄森梁教官以生动的事例，讲解生活中消防安全知识和灭火器材使用，还通过各种案例深入浅出地传授大家防火逃生的基本技能和注意事项。

8月16日，为加强和创新社会管理，给社区居民提供快捷方便的服务，城东街道旌孝街社区妇联创建“妇女之家”QQ群，正式启动。

8月25日，市区又一家大型民营幼儿园——世纪星幼儿园在城东街道开园，它为婺城幼儿教育行业增添新的“生力军”。

9月28日，婺城区城东街道人大工委召集辖区的市、区人大代表、政协委员、社区人大工作联络员一起参加一场“圆桌会议”，讨论人大代表、政协委员联民工作站怎么建，如何当好选民群众的“老娘舅”，解决他们亟待期盼的难点、热点等问题。

10月15日晚，金华市第十届文化艺术节之金华市第四届排舞大赛在人民广场闪亮举行，在15个参赛代表队中，婺城区有包括乾西乡、雅畈镇、竹马乡东宅村、城东街道、婺州广场昆仑大厦(白龙桥)在内的5支排舞队参加这次比赛。经过一番角逐，城东街道和白龙桥排舞代表队获金奖。

10月22日，由城东街道党工委主办、城东街道青春路社区承办的喜迎十八大“颂祖国爱家园”暨欢度重阳文艺汇演热闹开场，70多名平均年龄近60岁的老人们纷纷登台，自编自演，喜迎党的“十八大”胜利召开。

11月28日，在举国上下深入学习贯彻党的十八大会议精神之际，雅畈镇和城东街道的居民欢聚一堂，在雅畈镇文化中心大舞台举行“庆盛会、颂盛世”城东—雅畈文化走亲活动。

12月25日，城东街道人大代表联民工作站成立，来自市、区两级人大代表，城东街道有关职能部门负责人参加揭牌仪式。婺城区人大常委会副主任朱志龙参加仪式。

2012年婺城区城西街道办事处大事记

1月18日，市劳动和社会保障局负责人在街道、社区工作人员的陪同下，走访慰问市区城西街道的贫困企退老人，送温暖送祝福。

2月9日，省纪委常委、省监察厅副厅长施彩华带领省级机关“改善发展环境”基层调研组在婺城城西街道调研指导村级便民服务中心建设工作。婺城区委副书记张茹先，区委常委、纪委书记何海彬陪同调研。

2月15日，城西街道组织召开街道党员干部大会，副区长、城西街道党工委书记卢颐丰在大会上传达全区干部大会的讲话精神。区委常委、区人武部政委马金厅参加会议。

4月18日，婺城区召开居住出租房消防安全综合整治工作例会。各乡镇(街道)分管居住出租房消防安全综合整治工作的相关负责人参加会议。

4月27日，区委常委、政法委书记申瑞龙到城西街道调研社会管理创新工作及“网格化管理，组团式服务”工作开展情况。

5月11日，为庆祝第100个“国际护士节”和“建团90周年”，婺城区卫生局党委、婺城区卫生局团工委、婺城区卫生局直属机关工委联合举办的“5·12”国际护士节演讲比赛在区第二人民医院会议室隆重举行。城西街道社区卫生服务中心的选手分获二等奖。

6月27日，甘肃省会宁县县委书记甘孝礼，县委副书记、县长王科健，县委常委、副县长李进军带领会宁县党政考察团一行到婺城区城西街道参观考察。婺城区委副书记、区长王健，区委副书记张茹先，副区长王金生陪同考察。

7月20日，2012年中国禁毒志愿者汽车万里行活动的车队驶进婺城区城西街道，与街道禁毒办工作人员交流禁毒工作经验。市禁毒办、区禁毒大队负责人参加座谈。

7月31日，婺城区副区长卢颐丰带领安监、公安、消防相关部门负责人，对城西街道部分消防安全重点单位进行高温季节安全生产检查。

9月25日，婺城区委副书记、区长王健带领公安分局、安监局、消防大队主要负责人到城西街道等地开展消防安全大检查，为确保中秋、国庆期间安全稳定。

10月15日，第二十九个国际盲人节，婺城区残联和城西街道组织60多名视力残疾人，邀请专家向盲人讲授定向行走的自我保护、定向行走的基本知识和技术要领。

10月23日，城西街道二七花园社区的居家养老服务照料中心挂牌成立。与传统的社区养老服务站相比，居家养老服务照料中心更突出对老人的“照料”功能，吃住、休闲、护理等服务项目一应俱全。

11月8日，城西街道组织干部群众观看中国共产党第十八次全国代表大会开幕式现场直播，认真聆听胡锦涛总书记代表中国共产党第十七届中央委员会向大会作的报告。

11月20日，婺城区举行“庆盛会，颂盛世——欢乐文化大舞台”城乡文化走亲活动启动仪。来自琅琊镇和城西街道的文艺表演队带来12个文艺节目。

11月30日，婺城区“庆盛会，颂盛世——欢乐文化大舞台”城乡文化走亲活动琅琊——城西专场节目在金华银泰福华店广场隆重举行。

2012年婺城区城中街道办事处大事记

2月27日，城中街道组织浙江师范大青年志愿者总队来到学校开展爱心家教系列活动之“外教进社区”活动，受到孩子、老师、家长的热烈欢迎。

3月26日，婺城区委书记陈晓到城中街道，实地调研经济社会发展情况，并看望基层一线党员干部。区委常委、宣传部长蒋献忠陪同调研。

4月23日，城中街道明月楼社区举办邻居节活动。此次邻居节以“文明城市、森林金华、和谐邻里”为主题，围绕低碳环保、文化体育、邻里互动、普法宣传4个方面开展活动。

5月8日，城中街道计生办举行以“关爱母亲共享和谐”为主题的活动。

5月24日，婺城区委书记陈晓到城中街道等地，对中心医院扩建、杭长客专城区段房屋征收、荷花塘角地块拆迁等重点工程项目建设情况进行调研。区人大常委会副主任王喜军，副区长方锦瑞等陪同调研。

6月7日，市委政法委副书记、市综治办主任宋玫到婺城区，对“网格化管理、组团式服务”工作进行调研，并实地走访城中街道西市街社区。区委常委、政法委书记申瑞龙陪同调研。

7月4日，城中街道党工委、办事处举办“解放思想在我心中”演讲比赛。本次比赛共有8名选手参赛，演讲内容紧扣市区第六次党代会精神和“思想大解放、作风大转变”“解放思想谋跨越、转变作风促提升”主题实践活动。

7月29日，婺城区城中街道与金华市支队警通中队的武警官兵开展庆“八一，送欢乐”的文艺活动。

8月28日，婺城区委书记陈晓检查杭长客专城区段房屋征收工作，并听取区指挥部和相关街道的工作汇报。区领导王健、何海彬、申瑞龙、王喜军、邵永华参加检查。

9月12日，市委政法委副书记、市综治办主任宋玫来婺城区调研综治基层基础工作，实地走访城中街道杨思岭社区等地。区委常委、政法委书记申瑞龙陪同调研。

9月14日，城中街道明月楼社区配合婺城区疾控中心对辖区内居民开展宣传活动，针对宣传主体的特定性，社区特别面向幼儿园儿童家长进行广泛宣传。

10月10日，金华市第二医院在市区城中街道举办“2012年世界精神卫生日”宣传活动，医院组织内科、心理科专家向参与活动的老年人现场传授老年心理疾患的预防、治疗和康复知识，并开展免费义诊活动。

11月8日，世界瞩目的中国共产党第十八次全国代表大会在北京隆重召开。城中街道组织干部群众收看中国共产党第十八次全国代表大会开幕式电视、网络直播，认真聆听胡锦涛总书记在大会上的重要讲话。

11月14日，金华市疾控中心联合金华市中心医院在城中街道举办一场以“糖尿病教育和预防”为主题的现场宣传活动。

11月20日，市区城中街道杨思岭社区在辖区内开展“创建无传销社区”宣传。社区工作人员向居民发放500余份《禁止传销宣传册》《致居民的一封公开信》和无传销社区创建责任书，向居民讲解传销的危害性及禁止传销的法律法规，希望居民自觉拒绝传销。

12月12日，婺城区城中街道人大代表联民工作站在明月楼社区挂牌成立，市、区两级人大代表，辖区退休的热心老同志等参加揭牌活动，区人大常委会副主任朱志龙为工作站揭牌。

12月18日，婺城区“庆盛会、颂盛世——欢乐文化大舞台”走进城中街道进行文艺演出，此次专场演出给城乡文化走亲系列活动画上圆满的句号。

2012年婺城区城北街道办事处大事记

3月20日，婺城区委常委、组织部长杨寿根认真听取城北街道主要领导及相关同志关于城乡党员互助服务中心建设情况汇报，并共同探讨健全完善服务中心思路。

3月28日，婺城区委书记陈晓到城北街道，与基层干部座谈交流，实地调研经济社会发展情况。陈晓强调，要理清发展思路，提升队伍素质，形成发展合力，推动经济社会各项事业又好又快发展。区委常委、宣传部长蒋献忠陪同调研。

3月31日，城北街道祝丰亭社区组织社区干部、志愿者等10余人在辖区曙光路、光昭巷花坛进行补绿，补种面积近1000平方米。

4月16日，市委副书记、市长徐加爱到婺城区，对后垅地块拆迁、迎宾大道绿化等重点项目建设情况进行检查调研。市政府秘书长祝伦根，婺城区领导陈晓、王健、蒋献忠、邵永华等陪同调研。徐加爱一行听取市相关部门负责人和新狮、城北街道的汇报，详细解重点项目的进展情况，以及存在的问题和困难。

5月25日，婺城区委书记陈晓到城北街道等地，对中心医院扩建、杭长客专城区段房屋征收、荷花塘角地块拆迁等重点工程项目建设情况进行调研。区人大常委会副主任王喜军，副区长方锦瑞等陪同调研。

5月28日，婺城区妇联、城北街道妇联在凤凰山社区计生协会、妇联的陪同下，到凤凰山社区辖区内的金色阳光幼托园，和小朋友们一起庆祝节日，给他们带去电子琴，玩具和学习用品，并送上节日的问候。

6月29日，城北街道凤凰山社区党委组织辖区党龄50年以上的30名老党员相聚一起，抚今追昔，展望未来，共庆党的生日。

7月4日，为纪念“7•11”世界人口日，城北街道计生办联合郑岗山社区在陶行知幼儿园共同举办以“关爱女孩就是关注民族未来”为主题的少儿绘画比赛活动。

7月5日，城北街道情系广大巡逻员、保洁员，开展夏季慰问活动，给大家发放防暑慰问品，为高温酷暑下奋战的志愿者和保洁员们送去清凉和关怀。

7月19日，市委副书记、市长徐加爱顶着酷暑到位于城北街道的杭长客专房屋拆除现场，代表市委、市政府看望慰问不畏高温奋战在一线的广大劳动者，并为他们送去防暑食品药品。

8月28日，婺城区委书记陈晓检查杭长客专城区段房屋征收工作，并听取区指挥部和相关街道的工作汇报。区领导王健、何海彬、申瑞龙、王喜军、邵永华参加检查。陈晓一行来到城北街道等地块，现场查看房屋拆除工作。

9月12日，市委政法委副书记、市综治办主任宋玫到婺城区调研综治基层基础工作，实地走访城北街道凤凰山社区等地。区委常委、政法委书记申瑞龙陪同。

10月26日，婺城区城北街道祝丰亭社区开展捐赠御寒衣物活动。辖区居民们积极响应，踊跃前来捐赠衣物，并将安排送到贫困地区的青少年手中。

11月8日，城北街道组织干部群众观看中国共产党第十八次全国代表大会开幕式现场直播，认真聆听胡锦涛总书记代表中国共产党第十七届中央委员会向大会作的报告。

12月2日，浙江省首届排舞大赛金华赛区选拔赛在市体育馆举行。婺城区共派出5支文体队伍参加，均获奖项。在金华赛区选拔赛中，白龙桥镇、竹马乡和城北街道3支代表队获得三等奖。

12月11日，婺城区“庆盛会，颂盛世，欢乐文化大舞台”城乡文化走亲活动在城北街道站前广场举行。

2012年婺城区江南街道办事处大事记

1月1日，在省两会及市第六次党代会期间，江南街道各个社区每月组织相关人员开展集中矛盾纠纷排查，矛盾纠纷排查和化解情况于每月25日前报街道综治办。

2月1日，浙江省委政法委副书记、综治办主任巫波伦一行3人，在金华市委副秘书长、市政法委副书记程浙安，市政法委副书记、综治办主任宋玫，市开发区副主任傅兴平等陪同下，到金华市开发区江南街道，调研“网格化管理、组团式服务”试点工作情况。

2月3日，市禁毒大队一行4人到江南街道禁毒人员家里进行慰问，并送上春节的祝福。

2月6日，江南街道为营造良好的节日文化氛围，举办丰富的文娱活动，让广大居民在欢乐、文明、和谐、喜庆的氛围中欢度佳节。

3月6日，市人大代表、政协委员陈玉风、朱元浩、孙黎明、刘志聪、雷永金一行人到江南街道进行走访，与群众面对面，听取他们的意见和建议。

3月8日，江南街道组织开展“女性健康知识讲座”，并邀请广大的中老年妇女、女性残疾人朋友参加。

4月6日，经街道党工委研究决定：倪洪鸳同志任江南街道南苑社区居委会副主任。

5月3日，金华市委召开的全市建设“平安金华”暨深化“网格化管理组团式服务”工作推进会。全体代表180多人在市委副书记劳红武带领下，到江南街道参观推行“网格化管理组团式服务”管理摸式以未的工作结果。

5月14日，根据街道的统一部署，辖区各社区安全员和网格员一起对辖区的重点单位进行检查，并重点排查是否有危险化学品经营和生产单位存在。

5月17日，2012年第七届邻居节活动，在金华市开发区江南街道举行。

6月20日，为迎接中国传统节日“端午节”，江南街道举办一场别开生面的包粽子比赛。

7月27日，江南街道与金华电视台38频道及燕京啤酒有限公司联合举办的“百姓欢乐赛”送清凉的主题进行活动在江南街道樱花公园进行。

8日23日，江南街道南组织一次别开生面的关爱下一代健康成长，共同体验社区青少年暑期课堂。

8月24日，省“创争之星”检查小组代表陈荣华（宁波市委组织部远教中心综合科长）、毛铭华（奉化市委组织部远教办副主任）在开发区领导李志荣、黄杰和江南街道党工委副书记李建明等领导陪同下，到江南街道检查远程教育工作，检查小组采取听取汇报、实地查看、查阅档案、座谈走访解、现场测评等方式进行。

8月29日，省政法委维稳办副主任施兆年在市政法委副书记程浙安、宋玫等领导的陪同下，视察街道“网格化管理，组团工服务”工作。

9月6日，金华经济技术开发区管委会组织江南街道、行政执法、公安、国土等部门，对7处违章建筑进行强制拆除，有效遏制全国重点文物保护单位——法隆寺经幢周边居民抢修抢建现象。

9月18日，浙江省人口计生系统反腐倡廉工作会议暨便民服务中心建设现场会(各县市人口计生局（委）局长、纪检组长、分管领参加)的全体代表，到江南街道检查指导。

9月21日，江南街道与金华电业局携手在辖区广苑广场举行“你用电，我用心”优质服务文艺晚会。

10月22日，江南街道组织消防安全知识讲座。

11月8日，中国共产党第十八次全国代表大会隆重召开，江南街道全体机关干部在会议室集中收看党的十八大开幕式。

12月16日，江南街道联合金华职业技术学院仁心推拿社和杏林中药协会的青年志愿者共同举办中药及推拿常识与知识的宣传活动。

12月25日，开发区社会管理办、江南街道办事处、南苑社区联合举办“崇尚科学、远离邪教、热爱生活”专场文艺汇演。整台晚会将“崇尚科学、远离邪教、热爱生活”这一主题贯穿始终。

2012年婺城区新狮街道办事处大事记

1月17日，街道召开节前工作会议，各村（社区）党支部书记、村（居）委会主任和全体街道干部参加会议。街道党工委委员罗丹通报街道对各村（社区）2011年岗位目标责任制考核得分情况，并兑现考核奖。

1月18日，街道召开拥军优属座谈会，会议由办事处副主任沈正波主持，党工委委员、人武部长颜祥和作讲话。

2月10日，新狮街道召开全体党员干部大会，400余人参加，会议对去年的工作进行总结和表彰。会议结合实际，就如何贯彻落实区委书记陈晓在全区干部大会报告精神和扎实做好今年的工作，进行安排和部署。

2月23日，新狮街道组织辖区新一届区人大代表进行履职能力培训，辖区13名新一届区人大代表参加培训。

2月25日，新狮街道组织辖区人大代表、政协委员开展会前活动并进行讨论。活动会议由街道人大工委主任蒋春法主持，为开好区“两会”，新当选的人大代表、政协委员首次举行活动。

3月12日，街道办事处主任陶迅亲自召集市委党校周边4个村的书记和主任召开会议，要求在党校附近的村干部和群众维护实习生在党校食宿期间的安全，为实习生创造一个良好的生活环境。

3月20日，街道召开各村（居）分管老年工作的领导和中老年健身辅导站负责人会议，布置2012年老年体协有关工作。街道老年体协主席金光明，区老年体协主席丰德旨、副主席覃亚萍参加会议。

3月31日，街道组织3个督查组到各村（居）督查村务公开和民主管理工作。

4月11日，街道举办农村党建工作业务培训，各行政村及村改居社区分管党建（组织）工作的干部参加培训会。

4月24日，街道民兵整组点验大会在二楼大会堂隆重举行，来自各村（居）的近百名基干民兵参加点验大会。

5月10日，区财政局副局长顾再进，带领国资科有关人员到新狮街道检查财政工作。

5月17日，省计生委办公室主任张伟新、市计生委丰昆副主任等一行6人在区计生局局长盛桂华的陪同下到新狮街道开展计生工作调研。

6月20日，新狮街道组织召开“两代表、一委员”会议，邀请辖区的市、区两级党代表、人大代表和政协委员进行座谈，为国家重点工程杭长客专房屋征收工作排忧解难。区委常委杨寿根、蒋献忠参加会议。

6月26日，在新狮街道大会议室，金华第十六中学邀请十六中法制副校长、新狮派出所孙克营警官为初一初二全体学生进行法制禁毒讲座。

7月4日，区四套班子领导在区委书记陈晓带领下，到街道慰问奋战在杭长客专房屋征收工作一线的街道干部。街道党工委书记朱建明汇报街道杭长客专房屋征收工作情况。

8月29日，婺城区政协组织部分常委，视察婺城区土地卫片执法检查工作情况，常委们实地视察新狮街道的土地卫片执法检查工作。

9月12日，新狮街道组织辖区内区人大代表、区党代表和区政协委员近30人，视察金华市新桥五金厂生产车间。婺城区人大常委会副主任王国平、区政协副主席邢水成等一起参加视察活动。

10月8日，婺城区第十八次街道人大工委联席会议在新狮街道召开。区人大常委会副主任朱志龙，婺城区、开发区9个街道人大工委主任、副主任参加会议。

10月19日，新狮街道党工委、办事处立即召开会议，研究征订措施，对全区党报党刊发行工作会议的任务进行分解落实，并召开基层党委、支部书记会议，对征订工作进行部署。

11月8日，新狮街道组织干部群众观看中国共产党第十八次全国代表大会开幕式现场直播，认真聆听胡锦涛总书记代表中国共产党第十七届中央委员会向大会作的报告。

11月20日，婺城区首个人大代表联民工作站在新狮街道挂牌成立，来自市、区两级人大代表，4个城市社区的党支部书记等20余人参加揭牌活动会议。婺城区领导张菲菲、许光明、朱志龙、王国平共同为工作站揭牌。

12月19日，新狮街道人大代表联民工作站举行首个区人大代表接待日活动。

2012年婺城区三江街道办事处大事记

1月20日，金华经济技术开发区管委会（苏孟乡、秋滨街道、三江街道、西关街道、江南街道）召开紧急会议，传达省、市关于应对雨雪冰冻天气相关会议精神，部署开发区防雪抗冻工作。管委会常务副主任王民乐作动员部署，副主任洪建文参加会议。

2月4日，由市委宣传部、市文广新局、市文明办、金华经济技术开发区主办，三江街道办事处承办的第二届“龙腾三江，欢乐元宵”大型元宵灯展活动正式启动。开发区领导王民乐、童喜阳、宋旭宝等出席启动仪式。

2月29日，马乡下张家村举行“优化花卉苗木产业，实现转型发展论坛”，国际茶花协会常务理事王大庄出席。三江街道的协会会员参加论坛。

3月21日，三江街道举行主题为传统道德文化———社区道德建设的讲座。主讲人是金华市社区大学副校长郑素贞（副教授）。

4月24日，省地税局副局长王平一行到金华市开展税收宣传“四进”活动，走访婺城区三江街道。

5月17日，三江街道组织社区各共建单位、居民代表举办“共驻共建共创和谐”趣味运动会。

6月27日，婺城区政协组织部分委员，就城乡社区卫生服务站一体化建设及工作运转情况开展视察，委员们实地视察市区三江街道服务站，对市开发区的城乡卫生服务体系建设予以充分肯定。区政协副主席周春然、张琳鑫参加视察活动。

7月3日，市人大常委会组织部分市区人大代表视察市区社区矫正工作。市人大常委会副主任程子林、钱世茂、江跃进参加视察活动。市委常委、常务副市长陶诚华，市政协副主席刘净非陪同视察。程子林一行到江南街道江南司法所视察社区矫正工作。

7月10日，市人大常委会组织部分在金的市人大代表专题视察村级社区卫生服务站建设。市人大常委会副主任林一心、程子林、钱世茂、王国强、江跃进参加视察活动。代表们实地视察金华经济技术开发区三江街道等社区卫生服务站建设及运行情况。

7月11日，三江街道在召开“百日攻坚”动员大会，要求各社区、经济合作社和街道干部围绕开发区重点工作，结合实际，精心组织，细化目标，明确责任，转变作风，狠抓落实，确保各项攻坚任务在既定的期限内圆满完成。

8月21日，金华三江街道邀请青春宝公司资深营养师开展主题为“让每一个人都拥有真正的健康”的健康知识讲座。

9月1日，三江街道开展环卫整治月活动，寺前皇社区干部、党员30多人清扫街边的卫生死角。

9月18日，金华市质监局联合金华开发区三江街道、市特检中心、市特种设备协会会电梯分会，在开发区金发广场开展“和谐社会、安全乘梯进社区”公益宣传活动。

9月27日，三江街道党工委、办事处隆重举办“情溢中秋送温暖”异乡同乐中秋晚会暨寺前皇社区新居民和谐促进会成立仪式。副市长傅利常，管委会副主任童喜阳、宋旭宝、傅兴平、洪建文等出席仪式。

10月15日，金华市第四届排舞大赛圆满落幕，金华经济技术开发区三江街道排舞队获得金奖。

10月22日，金华经济技术开发区三江街道万达社区组织一场企业退休人员参加的重阳节游园活动。

11月8日，三江街道组织干部群众观看中国共产党第十八次全国代表大会开幕式现场直播，认真聆听胡锦涛总书记代表中国共产党第十七届中央委员会向大会作的报告。

11月10日，金华经济技术开发区三江街道组织150多位居民参加金华市民大讲堂专题讲座，讲座主题是“食品科学与食品安全”。

12月18日，送文化下乡巡演走进金华开发区三江街道。

12月30日，市区三江街道办事处正式迁移至兰溪街与环城南路交叉口办公。

同日，三江街道行政服务中心也在此落成。

2012年婺城区西关街道办事处大事记

1月9日，西关街道按照法定程序，精心组织，周密安排，选举产生区人大代表9名，圆满完成人大代表换届选举工作。

2月10日，金华经济技术开发区召开作风建设大会，传达省市关于加强作风建设的会议精神，部署开发区“思想大解放、作风大转变、服务大提升”主题实践活动，苏孟乡、秋滨街道、三江街道、西关街道和江南街道的相关领导参加会议。

3月23日，西关街道由五里亭社区牵头，行政执法局、金职院学生志愿者等40余人共同参与，组织“三化”整治活动。

3月26日，市委副书记、政法委书记劳红武在开发区管委会主任李郁华的陪同下，到西关街道对“网格化管理、组团式服务”工作进行检查指导。街道党工委书记蔡于群和社区负责人介绍社区此项工作的开展情况及具体做法。

4月21日，西关司法所会同公安派出所与所辖社区、经济合作社联合举办“珍爱生命远离毒品”法制宣传活动。

4月25日，西关街道开展“大手牵小手、文明少年行”围绕“三化”的活动，进一步引导广大青少年关注市情、区情、解城市管理“三化”的具体内涵和要求。

5月23日，西关街道邀请杭州政安消防技术服务部的谷永教员就消防安全“四个能力”、火情种类、灭火器种类及使用方法、火场逃生等进行专业讲解。

6月26日，西关街道的工作人员开展禁毒宣传进村居、进学校、进企业“三进”活动，向广大人民群众介绍毒品的特征与吸食的危害。

6月27日，西关街道召开党员大会，庆祝建党91周年，会议邀请市文管局党委书记、局长钟世杰上党课，主题是“强组织、增活力、重在实效”。

7月8日，为迎接“7·11”世界人口日，西关街道开展优生优育、生殖保健和艾滋病防治等计生知识的集中宣传活动。

8月17日，西关街道、金华电视台教育科技频道及燕京啤酒有限公司联合开展“百姓欢乐赛”活动。

8月31日，西关街道根据开发区党工委紧急会议精神，邀请管委会副主任应晓亮出席动员会，部署街道迎接国家爱卫办检查工作。

9月6日，西关街道举办一场以和谐为主题的“趣味运动会”，为进一步开展基层组织建设年活动，增强基层党组织的创造力、凝聚力、战斗力，广大党员干部与居民积极参与此次运动会。

9月24日，西关街道对社区内的困难党员、保洁人员等进行走访慰问，为他们送去月饼、水果等慰问品。

10月25日，婺城区第19次街道人大工委联席会议在西关街道召开，区人大常委会副主任许光明、朱志龙，婺城区、开发区9个街道人大工委主任、副主任及苏孟乡人大主席团主席、副主席参加会议。

11月8日，中国共产党第十八次全国代表大会隆重召开，西关街道全体机关干部在会议室集中收看党的十八大开幕式。

11月10日，市区西关街道董宅社区董宅村的旧村改造工程启动。

12月11日，浙江省司法厅副巡视员马时明率领省厅相关工作人员，在金华市司法局钟庆华书记、党委委员胡跃宏、开发区管委会副主任傅兴平的陪同下，到西关司法所进行检查。

12月14日，西关街道司法所隆重举行“法律进社区”启动仪式。金华市司法局副局长李天标、管委会副主任傅兴平等领导出席启动仪式。

12月19日，西关街道举办一场别开生面的为流动人口育龄妇女“送温暖”宣传咨询服务活动。金华市计生委党组成员吴建文，市计生委流管处处长潘铭剑，开发区社会发展局局长张均明和开发区计生分局局长杜美华到场参加活动，西关街道主要领导陪同参加。

2012年婺城区秋滨街道办事处大事记

1月30日，开发区管委会主任李郁华率党工委、管委会班子成员和财政、建设环保、维稳、国土、规划、社会管理办公室等部门负责人到秋滨街道等乡镇街道走访，听取各乡街工作汇报，并就做好2012年工作进行动员部署。

2月10日，金华经济技术开发区秋滨街道"农民工文化家园"被省总工会授予首批"农民工文化家园"称号。市总工会常务副主席徐跃进代表省总工会到开发区授牌。管委会副主任宋旭宝，秋滨街道、前周社区及园区部分企业和职工代表参加授牌仪式。

3月26日，市委副书记劳红武到金华经济技术开发区调研社会管理创新工作。市政府党组成员、管委会主任李郁华，党工委副书记石骁敏，管委会副主任傅兴平陪同调研。劳红武一行察看秋滨街道社会服务管理中心，并听取开发区发展情况和"网格化管理、组团式服务"试点工作开展情况汇报。

3月20日，金华经济技术开发区在市文化中心隆重召开2012年度工作大会。秋滨街道、高新技术产业局、东晶电子等单位代表作表态发言。

4月5日，金华经济技术开发区召开4月份工作会议。市政府党组成员、管委会主任李郁华作重要讲话。党工委、管委会的领导出席。秋滨街道、三江街道、苏孟乡、西关街道和江南街道的相关负责人也参加会议。

5月3日，全市深化"网格化管理、组团式服务"工作推进现场会在金华经济技术开发区召开。市委书记陈一新出席会议并作重要讲话。市委副书记、政法委书记劳红武主持会议。市委副书记、政法委书记劳红武带领与会人员参观考察秋滨街道社会服务管理中心网格点，详细解各网格点的工作开展情况。

6月5日，由市政府主办，市文化广电新闻出版局、市总工会、金华经济技术开发区管理委员会联合承办的"展映经典影片、关爱企业职工"电影放映活动在秋滨街道启动。市人大副主任江跃进、副市长林丹军、政协副主席朱恒钱、管委会副主任宋旭宝等领导出席启动仪式。

7月31日，秋滨街道开展"两委"干部培训的工作。

8月14日，市政府党组成员、开发区管委会主任李郁华带领部分班子成员及相关部门负责人，到苏孟乡和秋滨街道检查指导工作。

8月20日，市委常委、市纪委书记张建明到金华经济技术开发区街道、社区（村）基层便民服务中心和重点企业进行调研，实地考察江南街道、苏孟乡和秋滨街道。

8月31日，金华经济技术开发区召开人口计生业务培训会。秋滨街道和其他街道的部门主要负责人参加会议。

9月8日，金华经济技术开发区在市文化中心隆重召开庆祝第二十八个教师节暨优秀教师表彰大会。市政府党组成员、开发区党工委书记、管委会主任李郁华作重要讲话。开发区党工委、管委会领导出席。秋滨街道和其他街道的部门主要负责人，开发区各中小学校全体教师也参加会议。

10月17日，秋滨街道组织辖区21个村（居）书记、主任，到东阳市湖溪镇清潭村、歌山镇尚侃村参观，学习两村在基层党组织建设、党员管理、财务公开、村居建设等方面的先进经验。开发区党工委委员、组织劳动人事局局长周晓东一同参观学习。

11月8日，中国共产党第十八次全国代表大会隆重召开，秋滨街道全体机关干部在会议室集中收看党的十八大开幕式。

11月14日，秋滨街道组织村（居）干部学习基层党组织建设。

12月7日，秋滨街道人大代表联系选民工作站正式挂牌。工作站的挂牌，为人大代表积极履职搭建新平台，为广大选民和人民群众反映诉求提供更加畅通的渠道。

12月12日，党的十八大结束后，秋滨街道迅速行动、周密部署，推出"三项学习"活动，掀起学习贯彻十八大精神的热潮。

12月21日，开发区管委会主任李郁华带领班子成员和相关部门负责人，到苏孟乡和秋滨街道指导年前工作。党工委、管委会领导王民乐、石骁敏、吴光辉、童喜阳、应晓亮、方鹰、傅兴平、金飞华、赵平、包上京、周晓东等参加。

2012年婺城区安地镇人民政府大事记

2月11日，仙源湖旅游度假区管委会和安地镇党委、政府在金西开发区召开全体干部大会。婺城区委副书记、代区长王健，区人大常委会主任张菲菲，仙源湖旅游度假区管委会主任贾献成等参加会议。

3月22日，安地镇召开农业农村工作会议暨安地镇2012年度先进集体和个人表彰会。会议强调，要进一步严格标准，创新工作方式方法，“团结、规矩、监督、公正”干实事，不断推进经济社会全面发展。安地镇55个行政村的书记、主任和全体干部参加会议。

4月1日，安地镇组织召开全镇党建工作暨森林防火工作会议，部署森林防火工作，对全镇入党积极分子和入党申请人上党课，会后到安地蒋宝贤烈士墓进行扫墓。

4月23日，在镇党委会议室，安地镇理论中心组组织召开党委扩大会议，学习《集中精力把两会精神贯彻好》《牢牢把握稳中求进的总基调》《满怀信心迎接党的十八大》3篇人民日报评论员文章。

5月28日，安地镇组织召开2012年城乡居民基本医疗保险会议，动员部署全镇开展城乡居民基本医疗保险有关工作。

6月6日，仙源湖党工委、管委会，安地镇党委、政府组织召开“双千”活动推进会，分析明确仙源湖度假区当前工作形式及下步开发建设目标。区领导张菲菲、贾献成参加会议。

6月21日，安地镇组织召开村级组织集中教育整顿活动动员会。仙源湖管委会副主任、安地镇党委书记方剑平作动员讲话，并给镇村两级干部上一堂生动党课。

6月27日，安地镇团委与金职院信息分院团委结对共建的“科技为农”服务站正式在安地行政村挂牌成立。

7月30日，市委、区委宣传部到安地镇延岭脚村，开展送文化、送培训、送乐器的“文化消暑三进村”活动。

8月9日，为切实做好今年第11号台风“海葵”的防御工作，婺城区农林局高度重视，及时向全系统发出抗台紧急通知，安地镇也立即召开会议部署抗台的工作计划。

9月22日，安地镇仙源湖实验学校的大礼堂内，来自全区14个乡镇(街道)的18个坐唱班队伍在摆擂开唱，为即将举行的第四届仙源湖桂花节造势，并借此展示婺城丰富多彩的农村文化。市文联副主席、市婺剧促进会副会长王亦平，婺城区领导张茹先、蒋献忠、朱志龙等参加活动并为获奖代表队颁奖。

9月28日，第四届中国仙源湖桂花节在金华婺城区安地镇隆重开幕。本届桂花节由中共金华市婺城区委、金华市婺城区人民政府主办，仙源湖旅游度假区管委会承办，金华广播电视总台、金华日报社协办。

10月1日，在市区至婺城区安地镇的金安公路上，市区100多名自行车骑行爱好者开展“碧水桂花乡，醉美仙源游”骑行活动。

10月30日，婺城区人大常委会主任张菲菲到仙源湖度假区参加“百日攻坚”动员大会，就安地镇前三季度的工作予以肯定，并动员全体干部进一步认清形势，努力工作，要求通过苦战加巧战，确保圆满完成全年目标任务。

11月8日，安地镇组织全镇广大党员干部集中收看党的十八大开幕式。全镇机关干部、各村党支部书记在镇会议室集中收看，各村组织其他村两委成员、党员在各村会议室集中收看。

12月12日，安地镇组织部分党员和预备党员学习2012年11月14日通过的新《中国共产党章程》内容，并对党的性质、宗旨、指导思想、奋斗纲领、重大方针政策、党的制度和各级党组织的行为规范等重点章节进行详细讲解和释义。

12月14日，安地镇邀请婺城区委宣传部副部长沈根新到镇宣讲“十八大”精神，深刻领会“十八大”主题和中国特色社会主义的丰富内涵。

2012年婺城区白龙桥镇人民政府大事记

1月9日，由金华市老年书画研究会、白龙桥镇倪建新书画工作室共同举办的“送文化、写春联”公益活动来到白龙桥朗月•星河湾小区。

1月11日，白龙桥镇举行2012年迎新春团拜会，镇党委书记吴见孙、镇长陈柏清携镇班子成员、白龙桥的杰出人士，共计100余人参会。

2月14日，白龙桥镇召开全镇干部大会，贯彻学习全区干部大会精神，表彰先进，部署今年工作任务，为建设幸福白龙桥而努力奋斗。

3月29日，白龙桥镇召开2012年度全镇干部“双向选择”活动动员大会，镇在编公务员42人，在编事业干部52人，共94人参加动员会。

3月30日，白龙桥镇召开2012年春季查灭螺工作动员会议，全面部署落实今年春季查灭螺工作，强调灭螺工作注意事项。

4月17日，由省人口计生委副主任胡玉璋带队的“进村入企”调研组到婺城区白龙桥镇开展走访调研活动。

4月26日，白龙桥镇组织召开人民调解暨诉调衔接工作培训会，白龙桥各村治调主任、重点骨干企业内保负责人、各管理处综治负责人以及司法相关部门人员近200人参加会议。

5月8日，白龙桥镇农业办公室城乡一体化专项工作负责人召集让长管理处下辖所有行政村的村支书、主任、驻村干部以及大学生“村官”，召开“魅力乡村”建设工作探讨会。

6月19日，白龙桥镇召开安全生产工作暨“安全生产月”活动动员大会，部署下一阶段的安全生产工作。会议特别邀请区安监局负责人进行安全知识培训。

6月27日，甘肃会宁县党政考察团一行到白龙桥镇考察来料加工工作。

7月10日，白龙桥镇第十六届人民代表大会第二次会议在白龙桥镇文化中心召开。会议共有正式、列席代表300余人参加。区人大副主任邱开祥、区委组织部副部长姜德进应邀出席。

7月26日，白龙桥镇组织开展村级党务、村务、财务“三公开”检查，检查人员来到筱溪、东俞等27个村，查看各村是否及时充实完善党务公开栏上各项内容。

8月2日，白龙桥镇在镇政府三楼会议室召开重点工作“百日攻坚”行动动员大会全体镇干部参加会议。

8月19日，白龙桥镇组织召开全镇食品安全大整治百日行动工作推进会，部署白龙桥镇食品安全大整治百日行动实施方案。

8月20日，金华市委宣传部副部长杨国良、区委宣传部副部长沈根新一行到白龙桥镇检查指导民营企业“双聚”活动开展情况。镇“双聚”活动领导小组成员陪同检查。

9月1日，白龙桥镇52个行政村陆续实现生活垃圾的统一清运处理，全镇初步形成“集镇统一保洁街巷、村级垃圾统一清运”的城乡环卫一体化格局。

9月23日，白龙桥镇举行农村“两富”局级指导员难题集中会诊会，联系镇25位“两富”指导员到会为白龙桥相关村的新农村建设、经济发展出谋献策。婺城区委常委、组织部长杨寿根应邀出席。

10月16日，白龙桥镇组织离退休老干部座谈，详细询问老干部们的身体情况和生活状况，听取老干部们对镇域经济社会发展等方面的建议意见，并为34位离退休老干部送上慰问品，致以节日的问候和良好的祝愿。

11月21日，市乡镇综合文化站评估定级领导小组对白龙桥镇文化站建设进行检查评估，对该镇近几年基层文化建设取得的成绩给予充分肯定。

11月24日，白龙桥镇第二届老年人运动会暨镇老年大学成立二十周年庆祝仪式隆重举行。

11月25日，婺城区行政执法分局白龙桥中队正式挂牌成立，这标志着城市化管理向乡镇延伸，白龙桥镇的集镇管理步入城市化轨道。

12月12日，“走基层、促两富”婺城区农村文化行系列活动启动仪式暨《二十分可乐》“走进白龙桥”文艺演出在白龙桥镇文化中心举行。

12月26日，白龙桥镇第二届台联分会换届选举暨迎新恳谈会，近40名台胞台属欢聚在一起交流感想，期盼海峡两岸共同繁荣昌盛、两岸人民亲如一家。区台联会理事也来到现场指导换届选举工作。

2012年婺城区罗店镇人民政府大事记

1月12日，罗店镇农贸市场经过三个多月提升改造后重新开业。

3月2日，罗店镇选派的健身操队伍参加婺城区委宣传部、区妇联、区教育文化体育局等单位联合举办的“我快乐，我健康，我精彩”庆“三八”巾帼风采健身操大赛。罗店代表队荣获比赛二等奖。

3月22日，新华社、浙江日报、浙江之声、浙江卫视等10家媒体记者在省委创先争优活动领导小组办公室宣传组组长张建民的带领下，到罗店镇进行创先争优活动现场采访。婺城区委常委、组织部长杨寿根陪同记者团进行采访。

3月27日，罗店镇西吴花卉市场展示中心召开筹备会。

4月9日，区委组织部创先争优办公室同志陪同金华电视台《先锋广角》栏目记者对罗店镇溪滕村党支部书记、村主任以及村二委其他人员进行采访。

4月18日，金华市政协副主席许章才到婺城区罗店镇进村入户，倾听群众心声，解当地新农村、美丽乡村建设以及村民的生产生活情况。

5月23日，由婺城区科协组织、罗店镇政府协助举办的“科技知识(科普)下乡”活动在罗店集镇展开。区科技局、农林局、610办公室、计生服务站及疾控防治中心等有关部门参加此次活动。

5月29日，罗店镇召开金华体育公园、金兰北线征迁工作动员大会。

6月26日，罗店镇由镇长带队，组织西吴管理处机关干部和行政村书记、主任成立代表团，到义乌市城西街道开展参观交流学习活动。

6月29日，婺城区新申报省级文明单位的候选单位进行一场别开生面创建擂台赛公开角逐竞争省级文明单位的荣誉，洋埠镇社区卫生服务中心、罗店镇社区卫生服务中心作为卫生系统的代表参与角逐，在擂台赛上两家医院充分展现自己的特色与精彩。

6月30日，罗店镇组织辖区1000多名党员，在驻金某部队大礼堂召开全镇庆祝建党91周年党员大会。

7月11日，婺城区书法家协会农民书法分会正式成立落户罗店镇。婺城区委副书记张茹先，区委常委、宣传部长蒋献忠，区人大常委会副主任王国平参加成立仪式。

8月7日，央视《乡约》栏目来到婺城区罗店镇录制节目，著名主持人肖东坡老师访谈罗店镇党委书记陈旭日、茶花大王王季成、鳖司令吴根升，将罗店三张最具特色的名片——双龙洞、山茶花、中华鳖展示给全国观众。

8月17日，市纪委副书记、监察局局长卢秀芝一行到婺城罗店镇调研乡镇365便民服务中心和村级便民服务中心建设工作。区委常委、纪委书记何海彬陪同调研。

9月12日，市委政法委副书记、市综治办主任宋玫到婺城区罗店镇调研综治基层基础工作。区委常委、政法委书记申瑞龙陪同调研。

10月23日，婺城区罗店镇中心幼儿园的小朋友们为乡村的老人们带来精彩的表演，为老人们庆祝节日。

11月9日，市委党校相关负责人在婺城区委组织部相关人员陪同下，前往罗店镇调研农村党员干部、基层组织现状。

11月14日，罗店镇人大主席团组织辖区内的区人大代表，视察镇辖区内智者寺建设工程和高速交警办公大楼工程，并前往企业、深入农村进行走访、调研，为困难党员干部送去“温暖”。区人大副主任王国平参加此次活动。

12月7日，一年一次的罗店镇农业统计年报会在镇政府三楼会议室召开。来自全镇38个行政村的农业统计员参加会议。

12月11日，罗店镇党委组织全镇入党积极分子，辖区各村书记、组织委员130余人，进行一次十八大精神学习及入党积极分子培训。

2012年婺城区蒋堂镇人民政府大事记

1月17日，蒋堂镇组织全体镇干部，联合区国土监察大队、区行政执法大队、蒋堂镇派出所对该镇清水塘村蒋新公路边的违章建筑依法进行强制拆除。

2月3日，蒋堂镇召开全镇干部大会，贯彻落实区干部大会精神，总结2011年度工作，安排部署全镇2012年工作任务。区委常委、常务副区长潘云秋到会并讲话。

2月8日，副市长蔡健、市政府副秘书长陈峰齐走访婺城区蒋堂镇的部分农业合作社和种粮大户。区委常委、副区长徐勇，副区长王金生陪同走访。

3月15日，蒋堂镇党委书记何宪同志及镇长唐剑刚同志在镇会议室召开企业走访座谈会。

4月19日，蒋堂镇党委、政府召开全镇民兵连长工作会议，全面拉开新一年度民兵整组工作。会上成立蒋堂镇2012年民兵整组工作领导小组，进一步规范整组制度。

4月24日，蒋堂镇党委、政府召开2012年度基干民兵整组点验大会，区人武部部长张劲松及镇党政班子成员对全镇35个行政村的100余名基干民兵进行整顿和点验。

5月24日，蒋堂镇召开城乡居民基本医疗保险工作业务培训会，就城乡居民基本医疗保险工作进行专题培训，全面部署2012年度城乡居民基本医疗保险工作

6月26日，蒋堂镇开展以“抵制毒品，参与禁毒”为主题的“6•26”国际禁毒日宣传活动，引导群众远离毒品，珍爱生命，用双手创造健康美好的和谐家园。

6月27日，蒋堂镇召开安全生产工作暨“安全生产月”活动动员大会。镇机关干部及各企业、行政村安全负责人参加会议。

7月6日，蒋堂镇党委、政府联合婺城公安分局、国土分局、行政执法分局、中铁五局及交警、卫生、电力等部门，对镇域内的违法建筑进行集中拆除，这是该镇全面推进土地卫片执法专项行动以来取得的又一次重大战果。

8月2日，婺城区副区长王金生到蒋堂镇调研村庄建设情况。区农办、区民政局、区水务局、区农林局等部门相关负责人陪同调研。

8月17日，市纪委副书记、监察局局长卢秀芝一行到婺城蒋堂镇，调研乡镇365便民服务中心和村级便民服务中心建设工作。区委常委、纪委书记何海彬陪同调研。

8月30日，婺城区委书记陈晓带领区发改局、经济商务局、水务局、规划分局、环保分局等部门负责人到蒋堂镇365便民服务中心调研指导工作。区委副书记张茹先，区委常委、常务副区长潘云秋，区委常委、纪委书记何海彬，区委常委、政法委书记申瑞龙参加调研

9月12日，省基层组织建设年活动督察组到婺城区督察指导，金华市委常委、组织部长温暖，婺城区委书记陈晓，区委副书记张茹先，区委常委、组织部长杨寿根等陪同下乡督察。婺城区委书记陈晓、蒋堂镇党委书记分别向督察汇报婺城区、蒋堂镇基层组织建设情况，得到督察组同志的充分肯定。

9月19日，婺城区委副书记、区长王健带领区农办、财政、农林、水务、审计、国土等部门，实地检查指导婺城区蒋堂镇垦造耕地工作。副区长邵永华陪同检查。

9月28日，由蒋堂镇两新党委、浙江红树林服饰有限公司党支部联合举办的“欢乐中秋、喜迎国庆”文艺晚会。

10月16日，婺城区第五十一次西片乡镇人大主席联席会在琅琊镇召开。来自白龙桥镇、长山乡、蒋堂镇、汤溪镇、罗埠镇、沙畈乡、塔石乡、岭上乡、莘畈乡和琅琊镇共11个乡镇的人大主席参加会议。区人大常委会副主任诸晓东出席。

11月12日，婺城区农村“两富”局级指导员工作督导组在蒋堂镇召开第五片区“两富”局级指导员工作例会。

12月3日，婺城区委书记陈晓带领农林、国土、经济商务、规划等部门负责人到蒋堂镇调研界首工业功能区建设和企业发展情况。区委常委、纪委书记何海彬陪同调研。

12月5日，金华市国土资源局婺城分局在金西经济开发区组织召开金华市婺城区汤溪镇、蒋堂镇土地利用总体规划(2011—2020年)修改方案听证会。汤溪镇、蒋堂镇、国土资源局婺城分局、开发区规划分局、汤溪国土资源所、蒋堂国土资源所、金华监狱所涉及村代表58人参加会议。

2012年婺城区琅琊镇人民政府大事记

1月9日，金华市委宣传部、市文明办在婺城区琅琊镇举行以“贯彻全会精神，建设文化强市”为主题的新春送春联活动。市书画名家现场挥毫泼墨，为当地老百姓书写春联，受到当地百姓的热烈欢迎。

2月12日，由区纪委、区委宣传部、区婺剧促进会联合举办的送戏下乡活动走进琅琊镇。

2月22日，副市长蔡健带领市农办、信访局、民政局、农业局等部门相关负责人到婺城区琅琊镇开展“进村入户”走访活动和农村集体经济信访问题工作调研。市委副秘书长、市农办主任祝维伟，区委副书记张茹先，区委常委、副区长徐勇等陪同调研。

3月20日，市政协主席郑金平一行深入婺城区琅琊镇，倾听基层民声，解新农村建设情况。市政协秘书长徐月明，市委副秘书长、市农办主任祝维伟，婺城区领导陈晓、施素珍、蒋献忠等参加调研。

3月29日，为扎实推进2012年全镇新农村建设工作，提升新农村建设水平,琅琊镇召开新农村建设工作现场会。

4月25日，琅琊镇召开会议部署安排举行“秀美琅琊，幸福家园”摄影比赛的工作，以实际行动喜迎党的十八大的召开。

5月11日，琅琊镇召开“基层组织建设年”活动推进会，就做好下一步基层组织建设年活动整改提升阶段工作进行安排和部署，并对参会人员进行业务知识培训。

5月23日，婺城区摄影家协会组织20多位摄影家到琅琊镇开展“秀美琅琊、幸福家园”集中采风活动，用摄影家的镜头，描绘琅琊镇新农村建设的成果。

5月29日，婺城区妇联主席汤云飞一行在琅琊镇妇联有关同志的陪同下，实地检查指导琅琊镇来料加工情况。

6月14日，区委常委、政法委书记申瑞龙带领区综治办相关人员，到琅琊镇调研社会服务管理中心规范化创建情况。

6月28日，市委常委、组织部长温暖到婺城区琅琊镇调研基层党建工作。区委常委、组织部长杨寿根等陪同调研。

7月24日，婺城区召开区委六届三次全体(扩大)会议暨区政府第一次全体会议后，镇立即召开党政领导班子会议及全镇干部大会，全面传达会议精神。

8月6日，婺城区婺剧促进会琅琊分会正式成立，将婺剧艺术触角伸向秀美乡镇——琅琊镇。大会通过《婺城区婺剧促进会琅琊分会第一届理事选举办法》，区委常委、宣传部长蒋献忠到会祝贺。区人大常委会副主任、区婺剧促进会会长朱志龙出席。

8月14日，琅琊镇在区府办、农办、国土、行政执法等部门的支持下，组织全体镇干部、部分人大代表等98人，对琅沙村漆树坞自然村的3个农户采取依法拆除措施，对该农户下山移民后闲置的旧房进行拆除，积极推动土地复垦工作。

9月19日，婺城区第五十一次西片乡镇人大主席联席会在琅琊镇召开。来自白龙桥镇、长山乡、蒋堂镇、汤溪镇、罗埠镇、沙畈乡、塔石乡、岭上乡、莘畈乡和琅琊镇共11个乡镇的人大主席参加会议。

10月17日，婺城区“网格化管理、组团式服务”推进会暨综治工作例会在琅琊镇举行，区委常委、政法委书记申瑞龙参加会议。

11月8日，琅琊镇党委政府组织联村干部全部下村组织各行政村党员干部收看“十八大”开幕式，其余镇干部在镇会议室集中收看“十八大”开幕式，共同聆听胡锦涛同志代表十七届中央委员会所作的报告。

11月20日，在全国上下掀起学习党的十八大精神热潮之际，婺城区“庆盛会，颂盛世——欢乐文化大舞台”城乡文化走亲活动启动仪式在琅琊镇举行。

11月30日，婺城区“庆盛会，颂盛世——欢乐文化大舞台”城乡文化走亲活动琅琊——城西专场节目在金华银泰福华店广场隆重举行。

12月21日，副市长蔡健带领市农办、水利、民政等部门负责人到琅琊镇走访调研。市委副秘书长、农办主任祝维伟，婺城区副区长王金生陪同调研。

2012年婺城区罗埠镇人民政府大事记

1月14日，罗埠镇召开第十六届人民代表大会第一次会议。区人大常委会副主任王国平应邀出席会议。

2月14日，全区干部大会以后，婺城区罗埠立即镇组织人员专门学习会议精神，立即贯彻落实，召集全体镇村干部召开新春干部大会。

3月12日，罗埠镇计生办在区计生局的指导下举办村级计生服务员业务培训会。区计生局副局长张警祥和相关科室的科长参加此次培训会。

3月13日，由区残联工作人员、市眼科医院、市人民医院医生组成的下乡服务组走进罗埠镇开展“走基层、优服务、解困难”主题服务活动。

3月22日，罗埠镇组织开展“粮食优质高产栽培技术培训”，各行政村农业负责人、种粮大户、镇农办工作人员140余人参加培训。

4月13日，市主题实践办副主任方振平带队的一行人到婺城督察“思想大解放作风大转变”主题实践活动开展情况。婺城区委常委、纪委书记何海彬陪同督察。抽查区委宣传部及罗埠镇主题实践活动的开展情况。

5月10日，罗埠镇召开村邮站建设工作推进会议，全体镇干部、大学生村官及村书记、主任参加会议。会议组织与会人员观看宣传片，了解村邮站建设的重要性和必要性。

5月30日，市粮食生产功能区建设领导小组到婺城区罗埠镇考核粮食生产功能区建设实施情况。副区长王金生陪同考核。

6月28日，婺城区民政局举行党员爱心结对残疾人活动，区民政局的20余位党员干部走访罗埠镇等5个村看望部分残疾人，给结对残疾人送上慰问金，并对他们的生活起居表示关心与慰问。

7月4日，金西开发区召开罗埠镇征迁工作汇报会，金西开发区管委会主任张旭辉、副主任方永富、唐振华以及动迁办、建设环保局和财政局等相关负责人参加会议。

7月25日，为迅速贯彻落实区委书记《加快工业提升发展、打造先进制造业，全面建设物质富裕精神富有的现代化新婺城》的重要讲话精神，罗埠镇“三举措”力促会议精神落实到位。罗埠镇迅速召开党政班子会议进行学习研究。

8月9日，婺城区婺剧促进会罗埠分会正式成立。区委常委、宣传部长蒋献忠到会祝贺。区人大常委会副主任、区婺剧促进会会长朱志龙出席会议。

8月29日，罗埠镇组织召开“2012重点工作推进会”，旨在落实开展金西开发区“群策群力解难题、合心合力谋发展”主题实践活动，并推进罗埠镇重点工作的实施。

8月31日，罗埠镇召开计划生育工作会议，全体镇干部、村书记及计生专干参加会议。区计生局副局长张警详作讲话。

9月3日，罗埠镇举行“罗埠镇—陈家村”公交线路开通仪式，实现罗埠镇湖田管理处11个行政村的乡镇公交全覆盖。

10月18日，罗埠镇组织召开镇区控制性详细规划意见征求会，罗埠镇部分党代表、人大代表、政协委员，金西经济开发区规划、经发、国土等相关部门负责人参加意见征求会。

11月1日，金西开发区召开中国五矿项目落地对接会。金西开发区副主任唐振华，罗埠镇党委、政府，开发区经济发展局，建设环保局相关负责人及中国五矿集团公司代表参加会议。

11月8日世界瞩目的中国共产党第十八次全国代表大会在北京召开。镇组织领导干部在会议室收看开幕式直播。

11月13日，由省体育局群体处副处长金开云带队的省级体育强镇(乡)检查组一行到婺城区，对省级体育强镇(乡)复评的罗埠镇进行实地检查验收。市体育局、区文体局相关负责人陪同检查。

12月20日，罗埠镇召开农资综合粮食补贴发放实施方案大会，各个村班子成员参加会议。会议落实农资综合补贴发放的具体办法，以确保及时、足额把农资综合补贴资金发放到户。

2012年婺城区汤溪镇人民政府大事记

1月18日，婺城区委常委、副区长朱利群带领区工商局、发改局、经贸局、消防大队等相关人员到汤溪镇开展春节前安全生产大检查，及时排查安全隐患，确保春节前安全生产。

2月7日，汤溪镇召开全镇干部大会，贯彻落实全区干部大会会议精神。

2月24日，金华市政协副主席、市委统战部部长吴志松在市委统战部副部长、民宗局局长王景荣，区政协副主席、区委统战部部长曹斌的陪同下，深入汤溪镇调研新农村建设工作。

3月15日，汤溪镇召集各村村支书、村主任、村会计以及全镇机关干部、大学生“村官”，专题部署村级财务清理工作。

3月21日，市政协副主席、统战部部长吴志松带领部机关干部和市级各民主党派相关干部近40人到汤溪镇开展“五送”进农村活动。

4月3日，汤溪镇党委、政府举办首届农民婺剧坐唱班比赛，这也是油菜花节寺平分会场系列活动之一。

4月27日，汤溪镇的380多名生猪养殖户在九峰职校信息楼的大报告厅里听取生猪养殖的讲座。

5月15日，汤溪镇举行主题为“创先争优做表率，跨越提升当先锋”演讲比赛。

5月25日，汤溪镇召开城乡居民医疗保险动员大会，全镇干部、大学生村官和各行政村党支部书记、村会计共230余人参加会议。

5月30日，婺城区委常委、纪委书记何海彬到汤溪镇走访调研基层工作。

6月20日，汤溪镇召开村级组织集中教育整顿活动动员部署会。

同日，汤溪镇党委、政府召开由镇全体干部、大学生村官及各村两委共500余人参加镇村级组织集中教育整顿活动动员部署会。

7月17日，金华市首个“同心•知联服务基地”在汤溪镇正式授牌启动，同时为“同心•知联服务团”授旗。金华市委统战部常务副部长何蔓丝、副部长张志华，婺城区委副书记张茹先，区政协副主席、区委统战部长曹斌，各县(市、区)委统战部，市、县两级知联会、新联会，浙师大知联会的领导以及服务团成员近百人参加启动仪式。

7月26日，婺城区政协组织部分委员到汤溪镇开展美丽乡村建设情况视察活动，区政协副主席楼存根参加视察活动，副区长孔月明陪同视察。

8月17日，汤溪镇召开会议，充实干部力量、完善工作方案，保证“百亿工程”涉及的重点项目——尖峰药业顺利投产。

8月24日，汤溪镇召开2012年征迁工作对接会，金西开发区管委会副主任罗政海、分管征迁工作副主任方永富以及金西开发区管委会征迁办、监察室、建设环保局、规划分局等相关负责人参加会议。

9月17日，自金西开发区交办低丘缓坡试点工作任务以来，汤溪镇党委、政府高度重视，召开专题动员部署会，迅速组织力量与开发区相关部门一起进行勘界、特殊苗木清点等征迁基础性工作。

10月16日，婺城区政协组织部分委员到汤溪镇开展便民服务送温暖活动。区政协副主席邢水成、曹斌、周春然、吴月华、张琳鑫、楼存根等参加活动。

10月21日，婺城区汤溪镇第三届老年人体育运动会在汤溪中学体育馆隆重举行。副区长方锦瑞出席开幕式并宣布运动会开幕。

11月2日，汤溪镇举行创新农作制度重点乡镇现场观摩会。浙江省农业技术推广基金会负责人、汤溪镇创新农作制度领导小组、项目承担单位负责人、种养专业合作社及专业户和科技示范户一起组成观摩团队，依次对汤溪镇创新农作模式四大实验基地进行走访考察。

11月21日，汤溪镇低丘缓坡开发试点工作会议在开发区管委会召开。管委会副主任方永富，管委会副主任、汤溪镇党委书记罗政海及开发区相关局办负责人、汤溪镇低丘缓坡综合开发征迁项目组负责人等参加会议。

12月3日，“庆盛会、颂盛世——欢乐文化大舞台”城乡文化走亲大型文化演出走进汤溪镇。

12月4日，婺城区委书记陈晓带领区委组织部及农办、交通、水务等部门负责人到汤溪镇走访，调研村级组织集中教育整顿活动进展情况。

2012年婺城区雅畈镇人民政府大事记

1月12日，区领导张茹先、周春然一行走访慰问雅畈敬老院的老人们，给他们送上新春的祝福。区委副书记张茹先还仔细解敬老院的过节准备情况，给他们送去党和政府的关怀，送去新春的祝福和鼓励。

2月7日，雅畈镇召开全体干部大会，贯彻落实干部大会精神，并结合雅畈镇的实际，就如何贯彻落实好报告精神，做好今后一个时期工作进行安排部署。

3月28日，婺城区在洋埠镇中心卫生院召开全区医疗机构药品医疗器械质量安全风险管控工作现场会，婺城区属各医院，各乡镇(街道)卫生院负责人参加现场会。

5月15日，市盐务管理局和金华市疾控中心、婺城区疾控中心工作人员到雅畈镇综合市场，向群众开展“科学补碘，健康一生”宣传。

6月8日，雅畈镇邀请市邮政局专家对全镇37个行政村的村邮员进行业务培训。

6月29日，雅畈镇在文化中心广场举行庆祝建党91周年文艺汇演。

7月11日，由雅畈镇政府、浙师大外国语学院联合举办的“春泥计划”启动仪式在雅畈中心广场举行。

8月2日，婺城区婺剧促进会雅畈分会正式成立，并选举产生第一届理事会会长、副会长和秘书长，通过名誉会长、副会长及副秘书长名单。区委常委、宣传部长蒋献忠到会祝贺。区人大常委会副主任、区婺剧促进会会长朱志龙出席。

9月7日，市委副书记、政法委书记陶诚华到婺城区调研指导信访维稳工作，并实地走访雅畈镇的信访案件化解情况和相关做法。婺城区委书记陈晓，区委副书记张茹先，区委常委、婺城公安分局局长吕会民，区委常委、组织部长杨寿根，区委常委、政法委书记申瑞龙陪同调研。

9月19日，雅畈镇邀请浙江民宜律师事务所律师，为37个行政村的调解主任和治保主任讲解司法救助、司法确认、法律援助等各种常用的法律知识。

10月15日，金华市第十届文化艺术节之金华市第四届排舞大赛在人民广场闪亮举行，雅畈镇排舞队获银奖。

10月19日，区委副书记、区长王健，区政协主席施素珍，区人大常委会副主任诸晓东在相关部门负责人陪同下，到雅畈镇看望敬老院的老人们及部分高龄老人。

11月10日，雅畈镇5个村的村两委、党员代表集体前往白龙桥镇叶店村取经，了解叶店村基本概况以及近年来美丽乡村建设取得的成就、经验。

11月28日，在雅畈镇文化中心大舞台举行“庆盛会、颂盛世”城东——雅畈文化走亲活动。此次活动由区委宣传部、区文体局主办，城东街道、雅畈镇、区文化馆承办，是促进城乡文化交流，推进基层文化建设的一项有效举措。

12月2日，浙江省首届排舞大赛金华赛区选拔赛在市体育馆举行。在金华赛区选拔赛中，由婺城区派出的雅畈镇代表队获得二等奖

12月12日，区委副书记、区长王健带领区发改、财政、水务、农林、交通等部门负责人对雅畈镇等地的农田水利基本建设工作进行检查。副区长王金生陪同检查。

12月17日，金华市党的十八大信访维稳表彰大会上，市委、市政府授予雅畈镇“全市党的十八大信访维稳先进集体”荣誉。

2012年婺城区洋埠镇人民政府大事记

1月15日，洋埠镇隆重召开第十六届人民代表大会第一次会议，52名新任镇人大代表参加会议，区委常委、副区长朱利群、金西开发区党工委委员、副主任王跃平及督导组领导到会指导。

2月22日，洋埠镇组织举办“综治工作培训会”，并与全镇各管理处、行政村、企事业单位签订《社会治安综合治理和维护稳定目标管理责任书》，内容涵盖《2012年度信访工作目标管理责任书》《流动人口服务管理责任书》《洋埠禁毒工作责任书》，全面开启该镇新一年的综治维稳工作。

3月19日，婺城区委书记陈晓在副区长王金生、金西开发区党工委书记张旭辉陪同下到洋埠镇检查指导工作，区委政法委、区农办、区交通局、区财政局、区经贸局等有关领导随同参加会议。

3月20日，婺城区委书记陈晓到洋埠镇，与乡镇干部座谈交流，实地调研乡镇经济社会发展情况。金西开发区管委会主任张旭辉，区委常委、宣传部长蒋献忠，副区长王金生及区发改、农办、财政、经贸、交通等部门负责人陪同调研。

3月21日，洋埠镇召开全镇干部大会，表彰2011年度的4个全面先进村、16名优秀村干部和60名优秀共产党员。

4月25日，全市一季度农业经济形势分析会在婺城区召开。副市长蔡健出席会议并讲话。市政府副秘书长陈峰齐，婺城区委副书记张茹先，副区长王金生及各县市区分管负责人等参加会议。与会人员参观婺城区洋埠镇农业公共服务中心、洋埠镇野猫畈省级粮食生产功能区、省级生态循环农业示范区创建点等。

5月30日，由兰溪市委副书记蔡艳、副市长何吉军带队的考察团到婺城区考察农业发展情况。婺城区委副书记张茹先，区委常委、副区长徐勇陪同考察。考察团一行到洋埠镇农业公共服务中心，详细解该中心的服务功能和基本流程。

6月1日，全国粮食稳定增产行动督导组到婺城调研粮食生产情况。金华市副市长蔡建，市政府副秘书长陈峰齐，婺城区委副书记张茹先，副区长王金生陪同调研。

6月20日，省财政厅副厅长王广兵带领省财政厅农业处、基层财政处相关负责人来到婺城洋埠镇农业公共服务中心考察区现代农业产业项目和基层农业公共服务中心建设及运营情况。副市长蔡健，区委书记陈晓，副区长王金生陪同考察。

7月9日，召开全体镇干部会议，努力抓安全生产工作。按照“网格化管理、组团式服务”的要求，明确工作职责，制定洋埠镇安全生产大检查工作方案，开展夏季安全生产大检查。

7月10日，组织全镇规上企业负责人、安监员召开镇安全生产工作会议，由安监、质监等部门进行相关业务培训。

7月28日，区委六届三次全体（扩大）会议暨区政府第一次全体会议召开后，洋埠镇召开党委中心组学习会对全会精神进行学习探讨。

8月10日，洋埠镇纪委组织两个办事处对全镇24个村“三务”公开的执行情况进行检查。

9月18日，在区审计局的联系牵头下，浙江华正建设项目管理有限公司与洋埠镇结对。

10月16日，省级生态镇验收小组对洋埠镇生态镇创建进行验收。

10月17日，区纪委到洋埠镇检查西十村省级便民服务室创建情况。

11月1日，洋埠镇2012年度征兵工作会议在政府四楼会议室召开。镇党委副书记范亚平出席并作重要讲话。

11月9日，市、区两级民政局到洋埠镇检查验收市级农村社区建设工作，西十村通过验收。

11月30日，洋埠镇第十六届人民代表大会第二次会议，召开大会并选举产生洋埠镇镇长。

12月6日，中共金华市委常委、组织部长温暖带领相关人员走访慰问洋埠镇卫生院，详细解卫生院的工作开展情况并与卫生院负责人进行亲切的沟通与交流。

2012年婺城区竹马乡人民政府大事记

1月11日，婺城区委书记陈晓到竹马乡实地调研经济社会发展情况，并给基层一线党员干部送去慰问。

1月18日，婺城区文化中心会场彩灯齐亮，两条金色的舞龙从会场两侧入口舞进会场，热热闹闹地拉开竹马乡首届农民春晚的序幕，市委宣传部副部长傅关福，市总工会党组书记、常务副主席徐跃进，区领导陈晓、张茹先、潘云秋、蒋献忠、王国平、周春然等到现场观看演出。

2月1日，全区干部大会召开之后，竹马乡党委、政府立即组织乡、村两级干部认真学习陈晓书记在大会上所作的重要讲话。

2月29日，竹马乡举行“优化花卉苗木产业，实现转型发展论坛”，邀请国际茶花协会常务理事王大庄论述国际茶花产业总体状况以及如何高效率培育茶花新品种。竹马花协100多名会员参加论坛。

3月7日，婺城区竹马乡隆重召开庆祝三八国际妇女节101周年座谈会，乡机关全体妇女干部、村妇女主任和计生专干、村主要干部家属等70多人参加座谈会。

3月13日，金华市第二十届茶花展暨第三届婺城茶花节开幕式在竹马顺利召开。

4月12日，竹马乡商会召开第二届第二次理事扩大会议，总结2011年商会工作，讨论部署2012年重点工作，会议改选六环电线电缆有限公司总经理章应凡为会长，增补4名副会长、8名理事。

5月2日，婺城区委常委、政法委书记申瑞龙到竹马乡走访调研，指导新农村建设和社会管理工作。

5月22日，竹马乡召开城乡医保工作动员会，召集全乡16个行政村会计以上所有“两委”成员参加，要求各村以生产队为单位，将宣传发动工作包干到每一个村“两委”成员身上。

6月13日，竹马乡组织召开“两代表、一委员”会议，邀请在竹马的市、区两级党代表、人大代表和政协委员进行座谈，就当前重点工作问题进行讨论。

6月14日，竹马乡召集全乡16个行政村的村两委、全体乡干部及大学生“村官”开展教育整顿总动员，传达区村级组织集中教育整顿工作会议精神，并对本乡教育整顿工作进行部署。

6月28日，婺城区委书记陈晓带领区发改局、经济商务局、科技局、国土分局、规划分局等部门负责人，到竹马乡调研经济社会发展情况。

8月29日，婺城区政协组织部分常委，视察婺城区土地卫片执法检查工作情况，常委们实地视察竹马乡的土地卫片执法检查工作。区政协主席施素珍，副主席邢水成、周春然、楼存根参加视察活动。副区长邵永华陪同视察。

9月10日，竹马乡党委、政府主要人员到罗店初中和竹马小学，与教师共庆第28个教师节。竹马乡主要领导看望全体教职员工，并向他们致以节日的诚挚祝福，感谢他们为竹马的教育事业做出的贡献。

10月15日，金华市第十届文化艺术节之金华市第四届排舞大赛在人民广场闪亮举行，竹马乡排舞队获银奖。

11月20日，省村庄整治考核组到婺城区，对随机抽取的长山乡7个省级待整治村、竹马乡的村庄整治情况进行考核验收。区委副书记张茹先陪同考核。

11月22日，竹马乡组织专题学习会，宣传贯彻十八大精神，研究部署下一步竹马重点工作。婺城区委常委、政法委书记申瑞龙参加会议。

12月2日，浙江省首届排舞大赛金华赛区选拔赛在市体育馆隆重举行，竹马乡代表队获得三等奖。

12月26日，市减轻农民负担工作考核组到婺城区考核农民负担监督管理工作开展情况。考核组听取婺城区关于2012年度农民负担监督管理工作的汇报，查阅相关档案。随后深入竹马乡抽查记账凭证、财务公开和涉农收费等情况。

2012年婺城区长山乡人民政府大事记

1月20日，长山初中徐剑波老师主动联系乡政府，希望能够尽自己的力量，用实际行动为长山乡的孤寡老人送去一份关爱。在乡政府的牵头下，徐剑波和长山乡政府一同为每位孤寡老人送去100元的慰问金。

3月15日，“进村入户”长山科技服务队农技专家在组长金成兵的带领下，在婺城区长山乡政府举行现场咨询活动和送政策、送信息服务。服务队发布金华市农作物主导品种和主推技术，并开展水稻新技术新品种培训。

3月28日，婺城区委书记陈晓到长山乡与基层干部座谈交流，实地调研经济社会发展情况。区委常委、宣传部长蒋献忠陪同调研。

3月31日，由金华市农业局、畜牧兽医局、婺城区农林局，婺城区畜牧兽医局和长山乡政府政府举办的畜牧“五送”服务暨“赶超发展兴牧强农”专题活动在长山乡举行。

4月9日，长山乡党委召开党委会，研究部署基层党组织分类定级摸底工作，主要领导并对该项工作提出具体要求，要求两个分中心总支具体落实，要按时、实事求是地做好评定工作。

4月26日，市政协副主席傅路红带着市农办、市政协文教卫体委有关人员，到婺城区长山乡开展“进村帮户”活动，面对面地为乡民们解难题、办实事。区政协主席施素珍陪同。

5月3日，由婺城区长山乡党委、政府主办，长山乡中心小学协办的以“思想大解放，作风大转变”为主题的长山乡庆“五一”文艺汇演在中心小学操场里隆重举行。

5月10日，由婺城区老年体协主办，白龙桥镇老年体协协办的区西片乡镇老年文体展示活动在白龙桥镇文化中心大会堂里温情上演。白龙桥镇、长山乡、蒋堂镇、汤溪镇等10个乡镇老年体协组织200多位老年人，12支参展舞蹈为大家呈现出一个不输专业、活力四射的舞台。

6月27日，市土地卫片执法检查工作督查组到婺城，对区2011年度土地变更调查和土地矿产卫片执法检查工作开展专项督查，副区长邵永华陪同督查。督察组对婺城区土地年度变更调查和违法案件查处卷宗材料进行认真抽查，并实地抽查长山乡等地的10处图斑。

7月25日，长山乡召开计生工作专题会议。各村书记、主任、计生服务员、全体乡机关干部、大学生村官共计90余人参加会议。

9月19日，婺城区第五十一次西片乡镇人大主席联席会在琅琊镇召开。来自白龙桥镇、长山乡、蒋堂镇、汤溪镇、罗埠镇、沙畈乡、塔石乡、岭上乡、莘畈乡和琅琊镇共11个乡镇的人大主席参加会议。

同日，婺城区委副书记、区长王健带领区农办、财政、农林、水务、审计、国土等部门，实地检查指导婺城区长山乡垦造耕地工作。副区长邵永华陪同检查。

10月18日，为激励先进，树立榜样，促进婺城区来料加工业转型发展，区政府决定对来料加工业发展的先进集体和先进个人进行表彰。其中来自长山乡的叶海洪和伍龙珍分别被评为优秀来料加工经纪人和优秀来料加工能手。

11月8日，长山乡组织干部群众观看中国共产党第十八次全国代表大会开幕式现场直播，认真聆听胡锦涛总书记代表中国共产党第十七届中央委员会向大会作的报告。

12月6日，长山乡政府对石门村至二环线公路以东的六间违法建房，共计200平方米的违法建筑进行强制拆除。

12月13日，婺城区政协白龙桥工作委员会、城西联络组的政协委员们，到长山乡视察新农村建设情况，委员们实地视察东屏、桐溪、思村等新农村建设情况，对长山乡的新农村建设给予充分肯定。区政协主席施素珍，副主席曹斌、吴月华、楼存根参加视察。

2012年婺城区岭上乡人民政府大事记

2月21日，区残联下乡服务组“下基层、优服务、解困难”主题服务月活动正式启动，其中岭上乡按居住地分别安排在汤溪镇和蒋堂镇。

3月19日，婺城区委书记陈晓先后到岭上乡、洋埠镇、莘畈乡，与乡镇干部座谈交流，实地调研各乡镇经济社会发展情况。区委常委、金西开发区管委会主任张旭辉，区委常委、宣传部长蒋献忠，副区长王金生，及区发改、农办、财政、经贸、交通等部门负责人陪同调研。

3月21日，市委副书记劳红武带领市农办、民政、水利部门负责人，先后到九峰水库上邵移民安置区、白龙桥镇新周家村开展“进村入企”走访调研活动，与当地镇村干部促膝长谈察民情，深入探讨谋发展。婺城区委书记陈晓，副书记张茹先，副区长王金生陪同调研。在随后的座谈中，认真听取岭上乡及安置区相关情况的汇报。

6月28日，婺城区供销社党委根据区委、区政府关于开展“解放思想谋跨越、转变作风促提升”主题实践活动的部署和要求，带领机关干部开展“进村入户、帮困扶贫”活动，通过进村走访、座谈等形式解岭上乡的基本情况、村情民意及目前存在的困难和问题。

7月20日，区委组织部副部长程建金，部务成员、组织科长贡慧平等到岭上乡，同乡党委主要领导交流集中教育整顿活动工作。

8月28日，市财政局局长陈志身一行到婺城区岭上乡调研九峰水库移民后续工作。区委副书记张茹先，副区长王金生等陪同调研。

9月19日，婺城区第五十一次西片乡镇人大主席联席会在琅琊镇召开。来自白龙桥镇、长山乡、蒋堂镇、汤溪镇、罗埠镇、沙畈乡、塔石乡、岭上乡、莘畈乡和琅琊镇共11个乡镇的人大主席参加会议。区人大常委会副主任诸晓东出席。

11月8日，岭上乡组织干部群众观看中国共产党第十八次全国代表大会开幕式现场直播，认真聆听胡锦涛总书记代表中国共产党第十七届中央委员会向大会作的报告。

12月4日，岭上乡组织乡干部和村书记、主任，以走出去，学进来的方式，到汤溪镇新安村，磐安县金竹头村、白岩村等地参观学习新农村建设的成功经验，并现场感受所参观的村庄是如何转变观念、抢抓机遇，在加快新农村建设、改善村容村貌和发展经济等方面所取得的显著成就。

12月5日，岭上乡举行环境整治工作暨贯彻十八大精神学习研讨会，研究部署移民安置区环境整治工作。副区长王金生参加会议。

12月27日，九峰移民安置区环境卫生整治工作动员会在金西开发区举行。副区长王金生参加会议。九峰水库是省重点工程。水库移民工作涉及岭上乡、汤溪镇10个村的2257户。

2012年婺城区乾西乡人民政府大事记

1月11日，婺城区委书记陈晓到乾西乡实地调研经济社会发展情况，并给基层一线党员干部送去慰问。

1月16日，婺城区召开2012年城市管理工作座谈会。副区长邵永华参加会议并讲话。各街道、乾西乡、相关部门参加会议。

2月2日，乾西乡领导班子成员带着新春的祝福，走访辖区内9家企业，深入解企业生产经营情况，为企业新一年的发展鼓劲加油。

2月15日，乾西乡召开全乡干部大会，贯彻落实全区干部大会精神，表彰先进，推动广大党员干部增强应对挑战、科学发展的责任感和紧迫感。区人大常委会副主任朱志龙到会讲话。

2月23日，乾湖艺术区举行成立揭牌仪式暨首届艺术家工作室开放展。此次活动由金华市文化广播新闻出版局、金华市文联、婺城区委宣传部主办，金华市文化馆、金华市美术家协会油画艺委会、乾西乡人民政府、金华0579油画部落承办。

3月6日，乾西乡妇联举办一场来料加工技能大赛，展示妇女同胞的巾帼风采。

4月25日，浙江省关工委专职副主任徐全升、省关工委办公室主任沈国华、省关工委新星网的张克非、潘磊、徐梦恋、市关工委主任黄友源等一行来到乾西乡，对农村基层关工委工作开展情况进行调研。

4月28日，乾西乡公安政府联合市国土监察支队、区行政执法分局、新狮派出所等多部门，对辖区内违法简易房和厂房进行强制拆除。

5月17日，婺城区乾西乡政府联合婺城行政执法分局乾西中队及交警等部门集中对金兰中线一环至二环段进行“三化”整治。

5月30日，九三学社金华市委会到乾西乡开展“科技服务月暨百名专家进乡村入学堂”活动。市政协副主席、九三学社金华市委会主委张跃进及各专家学者一同参加活动。

6月27日，乾西乡党委在乡政府三号会议厅召开全体党员大会。首先举行的是是新党员入党宣誓，乡党委书记戴忠余作新时代党员应有的先锋作用的讲话，接着由金华市委党校舒晓明教授给全体党员上一堂生动的党课。

6月28日，乾西乡人民政府主办的“践行党宗旨、喜迎十八大”纪念中国共产党成立91周年文艺汇演在乾西乡政府内拉开帷幕。

7月6日，乾西乡第十六届人民代表大会第二次会议，在乡政府3号会议厅举行。会议选举产生新乡长，赵建新同志以全票当选为乾西乡乡长。

7月11日，乾西乡召开村级便民服务代办员业务培训会议，参加人员有各村便民服务代办员，大学生村官，会议详细培训户口、规划、劳动保障等业务。

7月19日，乾西乡组织全乡农资店、畜禽养殖大户、蔬菜、水果种植大户及各村（居）分管农业干部共计65人，召开农产品质量安全大整治百日行动动员培训会议。

8月6日，乾西乡团委在乡1号会议室召开各村（居）团支部书记会议。各村（居）团支书对近期推行的“乾西政务”等乾西乡网络办事平台进行讨论。

8月9日，婺城区乾西乡深化村级组织集中教育整顿专题培训暨半年述职述廉会议在双龙电站宾馆召开。

8月24日，乾西乡文化中心举行婺城区气排球循环赛之乾西乡气排球友谊赛。

9月7日，乾西乡召开2012年征兵预征工作会，乡党委副书记江卫峰提出要把选送优质兵源作为今年征兵的工作的重点来抓，保质保量完成征兵任务。

10月15日，金华市第十届文化艺术节之金华市第四届排舞大赛在人民广场闪亮举行，乾西乡排舞队获银奖。

11月5日，婺城区首届民俗文化艺术节系列活动之戏曲展演在乾西乡开帷幕。

11月8日，婺城区乾西乡举办“乾西好声音喜庆十八大”活动，来自乾西乡17个行政村(居)及4个机关事业单位的21名歌手进行角逐。

11月28日，副区长王金生、区政协副主席楼存根等来乾西乡调研社区创建管理工作。

12月12日，婺城区委书记陈晓带领区经济商务局、区交通局、区财政局及婺城新城区相关负责人到乾西乡现场办公，为重点项目建设协调解决有关困难和问题。

2012年婺城区箬阳乡人民政府大事记

1月8日，区委书记陈晓走访箬阳乡等乡镇，并送上新春的慰问品。

2月1日，婺城区委书记陈晓以现场集中动员和网络电视直播相结合的形式，与全区万名机关、乡镇、村、社区干部群众面对面畅谈“婺城跨越发展”思路——围绕核心城区建设战略。箬阳乡党委书记金建新作发言表态。

3月30日，婺城区委书记陈晓带领区农办、交通、财政、农林等部门负责人，深入箬阳乡实地解山区农村发展情况，看望慰问山区干部群众，共谋山区发展大计。区委常委、宣传部长蒋献忠，区政协副主席楼存根陪同调研。

4月9日，箬阳小学的部分留守儿童在老师的带领下来到金华一中，参加“爱在咏叹，因你精彩”的结对仪式。

5月3日，来自省、市农业技术部门的10多位专家在省农业技术推广基金会负责人费根楠、肖东荪的带领下，到箬阳乡考察指导高山种养结合生态循环项目，为箬阳发展山区效益农业献计献策。市老领导徐增祥，副区长王金生陪同考察。

5月8日，金华市林业局局长吴国平、局长助理李宗林带领有关职能部门工作人员，走访婺城区箬阳乡，就结对帮扶工作检查2011年项目建设进展和成效，落实2012年工作任务。

6月20日，箬阳乡举办“首届采箬叶比赛”活动，积极响应“我们的节日•端午节”主题活动。

6月28日，箬阳乡党委、政府再次组织全乡党员及村两委成员，开展“庆祝建党91周年暨村级组织集中教育整顿工作”动员。

7月11日，婺城区南北片乡镇人大联席会议在罗店举行。来自罗店、竹马、乾西、雅畈、安地、箬阳6个乡镇的党委书记、人大主席等参加会议。

8月10日，金华市广电总台新闻综合新农村频道“走转改”活动基地在箬阳乡授牌。市广电总台党委副书记、副台长叶顺清，婺城区委常委、宣传部长蒋献忠参加授牌仪式。

9月7日，婺城区领导陈晓、王健、张茹带队走访区部分中小学校，看望慰问师生员工，向辛勤耕耘在教育一线的广大教职工致以节日的祝贺和诚挚的问候，并向学校送去慰问金。陈晓一行到婺城海拔最高、最偏远的箬阳小学，看望学校师生，向奋战在山区教育一线的老师表示诚挚的问候。

10月24日，金华市青少年宫组织的流动青少年宫活动走进婺城区箬阳小学，给他们从未玩过的游戏，还送来铅笔、铅笔盒、橡皮、练习本、书包等学习用品。

10月25日，市畜牧兽医局副局长胡晓青对婺城区、磐安县进行检查，重点对2011年建设中的四个省山区特色畜牧业建设项目的十多个示范基地（示范户）进行检查指导，对婺城区箬阳乡开展肉牛品种改良的做法并提高经营收益的成果给予充分肯定。

11月16日，中国计量学院校长林建忠带领学校组织部部长陈希武、党政办主任杨政、经管学院院长易荣华计财处处长、工会主席等部门负责人一行7人，到学校“低收入农户奔小康工程”结对帮扶乡——箬阳乡走访慰问和调研。婺城区委书记陈晓，区政协副主席楼存根陪同调研。

12月7日，2012年省、市、区机关部门与箬阳乡扶贫、文明结对工作座谈会在婺城举行。与会的24家扶贫及文明结对单位相关负责人和箬阳乡干部、各结对村两委负责人会聚一堂，共叙帮扶结对情谊，共谋箬阳科学发展大计。市农办副主任徐进科，区委副书记张茹先，区委常委、宣传部长蒋献忠，区政协副主席楼存根等领导出席。

12月20日，副区长王金生带领区农林局、畜牧兽医局主要负责人到箬阳乡调研西南山区经济发展情况。

2012年婺城区沙畈乡人民政府大事记

1月12日，金华市军干所部分离退休老干部顶着寒流到文明结对单位婺城区沙畈乡，参观新农村建设成果、慰问革命老区困难群众、开展文化活动、交流创先争优活动经验。

2月19日，沙畈乡召开全乡干部大会，会上表彰12个先进村集体和107名先进个人，并明确新一年的发展思路。

3月1日，沙畈乡党委、纪委举办30个村的监委会主任培训班，为进一步增强村级民主监督、民主管理意识。

3月31日，金华市沙畈笋竹专业合作社、金华市沙畈棕叶竹木专业合作社、金华市沙畈野生石板鱼保护基地、金华市锦顺笋竹专业合作社4家农业企业负责人，联合召开首届婺城区沙畈竹笋节活动新闻发布会，为沙畈竹笋产业发展助力鼓劲。

4月10日，婺城区委书记陈晓带领区农办、财政、农林等部门负责人深入沙畈实地解山区农村发展情况，共谋山区经济发展大计。区委常委、宣传部长蒋献忠，区政协副主席、区委统战部长曹斌陪同调研。

4月15日，首届婺城区沙畈竹笋节隆重开幕。

4月18日，婺城工商分局白龙桥工商所一行4人在沙畈乡开展进山村现场便民验照服务。

5月15日，婺城区水务局相关人员到沙畈乡，对全乡30位村级水务员开展一次山区饮用水安全培训。

6月6日，白龙桥镇、汤溪镇、琅琊镇、乾西乡、莘畈乡、沙畈乡、塔石乡老年体协在白龙桥九峰移民小学联合举办婺城区西片区乡镇乒乓球赛联谊邀请赛。

6月19日，沙畈乡召开来料加工规范提升现场会，沙畈乡近30个村的来料加工经纪人共40余人参加。

7月18日，婺城区水务局渔政部门工作人员到沙畈乡，与当地渔业负责人共同商讨保护当地水资源、渔业资源相关事项。

7月26日，沙畈乡组织全体机关干部、各村预备党员、入党积极分子等100多人，举行省第十三次党代会精神宣讲活动。活动邀请区委宣传部领导作《价值观和幸福人生》专题讲座，对学习领会省党代会精神必须把握的重点进行详细讲解。

8月7日，沙畈乡组织全乡食品加工企业、种植养殖大户，农资、兽药、饲料经营店，农民专业合作社及林产品生产大户，就食品农产品质量安全大整治行动进行部署。

8月24日，金华市沙畈乡的海芝家政有限公司在市区江南挂牌开业，从而为山民和市民之间搭建一座“打造绿色品牌、实现农民转移”的就业桥梁。市农办副主任张少华、市商务局副局长马更跃，婺城区委副书记张茹先等参加开业庆典。

9月19日，婺城区第五十一次西片乡镇人大主席联席会在琅琊镇召开。来自白龙桥镇、长山乡、蒋堂镇、汤溪镇、罗埠镇、沙畈乡、塔石乡、岭上乡、莘畈乡和琅琊镇共11个乡镇的人大主席参加会议。区人大常委会副主任诸晓东出席。

10月18日，区教育局基建科科长胡知敏等领导到沙畈小学对该校塑胶操场建设工程进行验收。

10月25日，第10届中国苗木交易会在金华市仙桥花木城举行，沙畈乡政府组织9户红豆杉种植大户首次抱团参展。婺城区委副书记张茹先前往展会现场看望婺城参展企业。

11月14日，婺城区“送戏下乡”活动走进革命老区——沙畈乡。

11月21日，婺城区委书记陈晓带领区农办、农林等相关部门负责人到沙畈乡调研农村集体经济各项工作推进情况。区政协副主席、区委统战部长曹斌陪同调研。

12月20日，沙畈乡组织召开今冬明春消防工作动员会暨(森林)消防培训会。培训会邀请市、区森林防火专家进行授课指导，并组织现场灭火工具示范演练活动。全乡30个行政村的书记、主任、护林员近百人参加培训。

12月24日，由金华市绿谷清泉生态养殖专业合作社与浙师大特种水产研究所合办的石蛙、石斑鱼特种水产养殖基地在沙畈乡揭牌成立。

2012年婺城区苏孟乡人民政府大事记

1月30日，市政府党组成员、管委会主任李郁华带领党工委、管委会班子成员和财政、建设环保、维稳、国土、规划、社会管理办公室等部门负责人到苏孟乡等乡（街道）走访，听取各乡街工作汇报，并就做好2012年工作分别进行动员部署。

2月3日，湖海塘区块征迁指挥部在苏孟乡政府召开第一次工作会议，标志着湖海塘区块征迁的序幕正式拉开。

2月16日，苏孟乡召开第十六届人民代表大会第一次会议，并依法选举产生乡人大主席1名，乡长1名，副乡长2名。开发区党工委副书记石骁敏、婺城区人大工委副主任牟雁倡出席。

2月17日，管委会组织苏孟乡政府、国土分局、行政执法分局、公安分局等部门，对湖海塘区块征迁范围内的多处违法建筑进行强制拆除。

3月1日，苏孟乡政府在苏孟村召开村级“社会管理服务中心建设”工作现场会，总结试点工作经验。

3月26日，市委副书记劳红武到金华经济技术开发区苏孟乡调研社会管理创新工作。市政府党组成员、管委会主任李郁华，党工委副书记石骁敏，管委会副主任傅兴平陪同调研。

4月5日，金华经济技术开发区召开4月份工作会议，听取各乡街、部门工作汇报，总结一季度工作情况，部署4月份工作任务。市政府党组成员、管委会主任李郁华作重要讲话。党工委、管委会班子成员参加会议。苏孟乡、秋滨街道、三江街道、西关街道和江南街道的相关负责人也参见会议。

5月3日，市、县各级领导共180余人到苏孟社会服务管理站检查并参观“网格化管理组团式服务”实施情况。

6月5日，苏孟乡政府组织召开湖海塘区块桥儿头村拆迁动员会。开发区党工委副书记、管委会副主任、苏孟乡党委书记吴光辉作动员讲话，开发区党工委委员、苏孟乡乡长包上京主持会议。

6月18日，苏孟乡召开基层组织建设年“整改提高，晋位升级”阶段工作推进会。

6月30日，苏孟乡隆重召开“基层组织建设年活动暨建党91周年党员大会”，全乡800余名党员参加会议，26名新党员进行入党宣誓。

7月19日，市委副书记、市长徐加爱等市领导率领有关部门负责人深入苏孟乡征迁指挥部基层一线，检查防暑降温工作。市委常委、常务副市长陶诚华，市委常委、市公安局长毛善恩，市长助理李国辉，市政府秘书长祝伦根等参加慰问活动。

7月31日，浙师大数理信息学院“夏孟青春”暑期实践队的10名队员以“防害减灾，服务乡村”为主题到金华市苏孟乡，开展防灾减灾气象科普宣传活动。

8月14日，市政府党组成员、管委会主任李郁华带领部分班子成员及相关部门负责人，到苏孟乡检查指导工作。

8月20日，市委常委、市纪委书记张建明到金华经济技术开发区苏孟乡基层便民服务中心和重点企业进行调研。

9月8日，金华经济技术开发区在市文化中心隆重召开庆祝第二十八个教师节暨优秀教师表彰大会。市政府党组成员，开发区党工委书记、管委会主任李郁华作重要讲话。开发区党工委、管委会领导出席。苏孟乡和其他街道的部门主要负责人，开发区各中小学校全体教师也参加会议。

10月7日，金华经济技术开发区农村“两富”局级指导员傅小妹到所联系的苏孟乡为部分农户的建房改造与村干部进行沟通、谋划。

11月8日，中国共产党第十八次全国代表大会隆重召开，苏孟乡全体机关干部在会议室集中收看党的十八大开幕式。

11月17日，苏孟乡党委在金华职业技术学院召开“基层组织教育动员大会”，要求凝心聚力抓队伍，齐心协力抓征迁。开发区纪工委书记方鹰作教育动员。管委会副主任傅兴平，苏孟乡党委书记包上京参加会议。

12月31日，婺城区苏孟乡政府组织村民代表接受急救知识培训，这是金华市急救基层适宜技术推广基地经过省卫生厅批准成立以来，第一次开办急救技能培训班。

2012年婺城区塔石乡人民政府大事记

1月14日，在中国狮子联会浙江会员管理委员会阳光服务队的大力资助下，“狮爱阳光幼儿园”在塔石小学正式启用。区委常委、副区长潘云秋参加启用仪式。

2月20日，在书记抓基层党建工作述职会议上，塔石乡党委书记洪健康对党代表的询问进行答复。

3月8日，市委常委、组织部长温暖到婺城区塔石乡进行实地调研。

3月29日，婺城区委书记陈晓带领区农办、交通、旅游等部门负责人，到塔石乡实地调研农村经济发展情况。区委副书记张茹先，区委常委、宣传部长蒋献忠陪同调研。

3月31日，“金西之春”第三届婺城区油菜花节在婺城区塔石乡隆重开幕。

4月16日，浙师大“流动科技馆”随同金华市“幸福巴士”活动一起走进金华市婺城区塔石乡中心小学，为小学生开展一次小型的“科技游园会”。

5月10日，由婺城区老年体协主办，白龙桥镇老年体协协办的区西片乡镇老年文体展示活动在白龙桥镇文化中心大会堂里温情上演。塔石乡老年体协选送的节目《健身舞》由16位采茶妇女组成，整齐的动作和着激情的舞曲，展现塔石乡老年人的健康与活力。

6月6日，白龙桥镇、汤溪镇、琅琊镇、乾西乡、莘畈乡、沙畈乡、塔石乡老年体协在白龙桥九峰移民小学联合举办婺城区西片区乡镇乒乓球赛联谊邀请赛。

6月28日，塔石乡纪念中国共产党成立91周年党员大会顺利召开。与会领导有区委宣传部副部长沈根新，塔石乡党委书记陈旭辉及塔石乡党组成员。

7月9日，由塔石乡社会服务管理中心牵头卫生院、电管站、计生办、民政办、司法所、畜牧站等站所组成的塔石乡服务队一行20余人进村为群众送去多项便民服务，受到群众的热情欢迎。

7月23日，婺城区人大常委会主任张菲菲，区委常委、宣传部长蒋献忠，区人大常委会副主任王国平携相关部门负责领导到塔石乡考察非物质文化遗产保护工作。

8月6日，金华中国旅行社有限公司总经理张建锋到婺城区塔石乡，看望体坛英雄叶诗文的小爷爷叶桂泉，并带来“台湾亲情之旅8日游”的2人免费旅游机会。

9月8日，塔石乡遭遇特大暴雨袭击，受灾情况严重。区委书记陈晓专门打电话询问灾情，对抗灾自救工作作出重要指示，同时乡立即召开会议部署工作。

9月19日，婺城区第51次西片乡镇人大主席联席会在琅琊镇召开。来自白龙桥镇、长山乡、蒋堂镇、汤溪镇、罗埠镇、沙畈乡、塔石乡、岭上乡、莘畈乡和琅琊镇共11个乡镇的人大主席参加会议。区人大常委会副主任诸晓东出席。

9月21日，婺城区委副书记张茹先率区农办、交通、残联3部门相关领导、技术专家到塔石乡调研指导该村新农村建设情况。

10月12日，市人大常委会主任黄锦朝带领市农办、市交通局、金华联通公司等部门负责人深入塔石乡进行走访调研。市人大常委会副主任林一心，区人大常委会主任张菲菲，区委副书记张茹先，区人大常委会副主任诸晓东陪同调研。

10月25日，塔石乡启动地质灾害应急演练，提高地质灾害防治的快速反应能力、决策能力及广大受灾威胁群众防灾避险能力。市国土资源局有关领导及区应急办、卫生局、红十字会等部门人员参加演练。

11月8日中国共产党第十八次全国代表大会隆重召开，塔石乡全体机关干部在乡二楼会议室集中收看党的十八大开幕式.

11月28日，婺城区财政局牵头，联合区农办、农林部门，安排相关业务骨干组成服务队伍到塔石乡开展的“送政策、送技术”培训活动。全乡39个行政村主要干部，部分村会计、乡干部共120人参加此次培训。

12月24日，市委常委、宣传部长何杏仁一行到塔石乡进行走访调研，开展结对帮扶活动。市委副秘书长、市农办主任祝维伟，市委宣传部常务副部长潘江涛以及市水利、交通、天安保险等有关部门负责人参加，区委常委、宣传部长蒋献忠陪同调研。

2012年婺城区莘畈乡人民政府大事记

1月18日，莘畈乡农产品大卖场及乡便民服务中心进行年货集市。

2月1日，婺城区全区干部大会上，婺城供电局被婺城区委、区政府授予“2011年度区级先进集体”和“2011年度招商引资先进单位”荣誉称号。2011年新增110个电气化村和莘畈乡、琅琊镇、安地镇3个“新农村电气化乡（镇）”，为农村经济的快速发展打下扎实的基础。

3月19日，婺城区委书记陈晓到莘畈乡实地调研各乡镇经济社会发展情况。区委常委、金西开发区管委会主任张旭辉，区委常委、宣传部长蒋献忠，副区长王金生及区发改、农办、财政、经贸、交通等部门负责人陪同调研。

3月27日，金华市广电总台“走转改”活动基地在莘畈乡授牌。市委宣传部常务副部长夏刚，市广电总台党委书记、台长朱连芳，婺城区人大常委会副主任王国平等参加授牌仪式。

4月20日，婺城区委书记陈晓到莘畈乡开展调研。区委常委、宣传部长蒋献忠陪同调研。

4月26日，由婺城区政协副主席楼存根带队，区政协城建委组织20多位委员到莘畈乡，视察水库水源涵养区整治工作。副区长王金生陪同视察。

5月25日，副市长黄小杭到婺城区开展“进村入户”走访活动，解农村的发展变化和存在的困难。黄小杭一行实地走访婺城区莘畈乡了解两村新农村建设和农民生产生活情况。

6月1日，全市“奉献基层、助推赶超”百名大学生村官现场访谈活动在婺城区莘畈乡举行。金华市委组织部副部长、人才办主任李雄伟，共青团金华市委副书记傅治，婺城区委常委、组织部长杨寿根一同参加。

6月6日，白龙桥镇、汤溪镇、琅琊镇、乾西乡、莘畈乡、沙畈乡、塔石乡老年体协在白龙桥九峰移民小学联合举办婺城区西片区乡镇乒乓球赛联谊邀请赛。

6月28日，2012首届“生态浙江·我心中最美生态乡镇”评选结果揭晓，莘畈乡凭借深厚的文化底蕴和优美的自然环境，脱颖而出，荣获首届“生态浙江·我心目中最美生态乡镇”称号。

7月30日，由市林业局局长吴国平带队的市验收组到婺城检查验收集体林权制度主体改革工作。副区长王金生陪同。市验收组一行还深入到莘畈乡进行实地检查，重点对林改政策落实、林权申请登记、勘界确权发证和林改档案建立等工作进行检查验收，并入户走访部分群众。

8月7日，婺城区委书记陈晓带领区委农办等有关部门负责人到莘畈乡调研指导美丽乡村建设。区委副书记张茹先，区人大常委会副主任许光明陪同调研。

8月23日，由省委组织部电教中心领导带队的浙江省远教“争创之星”检查组一行3人到婺城，对婺城区莘畈乡“争创之星”工作进行指导检查。区委常委、组织部长杨寿根，市委组织部电教中心相关工作人员陪同检查。

9月19日，婺城区第五十一次西片乡镇人大主席联席会在琅琊镇召开。来自白龙桥镇、长山乡、蒋堂镇、汤溪镇、罗埠镇、沙畈乡、塔石乡、岭上乡、莘畈乡和琅琊镇共11个乡镇的人大主席参加会议。区人大常委会副主任诸晓东出席。

10月25日，莘畈乡中心小学的孩子们领到由金华施乐会爱心账户捐赠的100箱牛奶。

11月13日，由省体育局群体处副处长金开云带队的省级体育强镇(乡)检查组一行到婺城区，对省级体育强镇(乡)新创建的莘畈乡进行实地检查验收。市体育局、区文体局相关负责人陪同检查。

11月20日，婺城区“庆盛会，颂盛世——欢乐文化大舞台”城乡文化走亲活动举行启动仪式，区委书记陈晓宣布活动启动，区领导张菲菲、施素珍、张茹先、蒋献忠等出席。城乡文化走亲活动由中共金华市婺城区委宣传部、婺城区文化体育局主办，琅琊镇、乾西乡、雅畈镇、汤溪镇、莘畈乡，城西、城东、城中、城北、新狮街道和区文化馆承办。

12月7日，莘畈乡与新狮街道举行大型文艺会。

2012年兰溪市兰江街道办事处大事记

1月13日，兰江街道丹阳社区与发改、财保等共建单位召开座谈会，总结2011年工作，探讨2012年工作思路和目标任务。

1月18日，兰江街道举行迎新春文艺演唱会，85名来自各个社区的文艺爱好者参加。

2月22日，兰江街道丹溪社区老年协会举行互学互谈活动会，学员之间交流上个学期的学习心得。

5月1日，召开“追赶跨越、重振雄风”暨四城同创工作推进会，部署下一阶段创建工作。

5月15日，兰江街道社区卫生服务中心开展为敬老院老人免费体检活动。

5月18日，举办来料加工人员培训班，共120名下岗失业人员参加培训，来料加工经纪人郭献忠现场指导穿糖袋等技术。

5月27日，举办“如何突破民企经营管理瓶颈”讲座。

6月9日，兰江街道青湖社区举办来料加工技能培训，主要培训钩头花、穿礼品袋、毛巾包装3个项目，百余名“4050”下岗失业人员及社区闲散劳动力参加培训。

7月6日，举办保洁员培训班，对来自全街道67个行政村的100余名农村卫生保洁员参加。

8月20日，兰溪市兰江街道兰荫与青湖两个社区党员开展“奉献日”主题活动。

8月24日，兰江街道邀请兰二中张小平老师，给社区的120余名青少年和家长上一堂文明礼仪课。

9月3日，兰江街道青松社区老年电大班、歌咏班正式开课，80名学员相聚课堂学习。

9月4日，举办来料加工简单技能培训，街道范围内160名失业人员参加培训。

9月10日，兰江街道青湖社区老年协会主办的电大班拉唱队开课，90名社区老年人参加。

9月26日，举办“迎中秋、庆国庆”邻里节活动，营造节日气氛。

10月11日，举行“红歌献给党，喜迎十八大”主题演唱会，60多名学员欢聚一堂。

10月17日，兰江街道青湖社区老年协会组织21名老年人进行老年人欢乐乒乓球赛。

10月24日，举行“重阳喜迎十八大，邻里敬老感党恩”主题联欢会，近200名邻里居民与70名高龄独居老人欢聚一堂。

11月2日，兰江街道召集社区党员、干部、志愿者，对十八大召开期间的保卫、创建成果巩固、居民服务等工作进行部署。

11月10日，兰江街道青松社区召开会议，庆祝社区成立十周年，并对50多名优秀社区志愿者进行表彰。

11月23日，召开传达贯彻党的十八大精神会议。街道全体机关干部、各行政村和社区的书记、主任，约260人参加会议，会议由街道办事处主任徐政飞主持。

12月3日，兰江街道举办知识问答竞赛，组织党员、居民学习“十八大”精神。

12月11日，兰江街道大阜张村进行菜市场摊位投标。

12月14日，兰江街道来料加工经纪人协会理事会成员自发捐款万余元，慰问街道的16名困难群众。

2012年兰溪市马涧镇人民政府大事记

2月8日，马涧镇召开来料加工经纪人马新春茶话会，20多位来料加工经纪人参加。

2月16日，召开“三清、三化、三送”活动第一阶段工作通报会。

3月1日，举办村级计生联系员业务知识培训班，66个村计生联系员和镇计生专干等80余人参加培训。

3月19日，召开由乡镇领导班子成员、工作片主任和计生办工作人员参加的计生工作专题会。

3月22日，马涧镇计生办举办一年一次的“三查”集中扫尾工作，150多名育龄妇女。

4月20日，马涧镇召集全体镇机关干部，以工作片、办公室为单位，围绕发展的主题和重点，认真开展学习讨论活动，

4月26日，马涧镇10名来料加工经纪人举行“追赶跨越我有责”座谈会。

4月29日，马涧镇邀请浙江师范大学经济管理学院团支部，组织全镇大学生村官召开创业讨论会，培育青年创业“领头雁”。

5月4日，举办追赶跨越大讨论演讲比赛，全镇20多名大学生村官参加。

5月23日，马涧镇召开杨梅生产座谈会，邀请农业、林业、气象等部门专家，与当地杨梅种植户面对面交流。

5月27日，马涧镇妇联举办一期以头饰品加工为内容的来料加工技能培训。

5月29日，召开杨梅节筹备会，专题就《2012年杨梅节开摘仪式筹备实施方案》进行讨论研究。

6月4日，马涧镇举办追赶跨越大讨论讲座，全体镇机关干部、各村书记主任，企事业单位负责人参加。

6月7日，开展计划生育“夏季行动”，工作内容主要是“四项手术”、政策处理和“三查”扫尾。

9月7日，开展新班子成员到村企“走访”活动。根据新班子成员分工，结合工作开展进行普遍走访，拉近与群众距离，以便于下步工作开展。

9月13日，马涧镇开展新老班子成员谈心活动，通过相互谈心，增进新老班子成员间的相互解。

10月12日，马涧镇召开全市来料加工工作推进会，16个乡镇、街道分管来料加工工作的分管领导和妇联主席，新闻媒体等共70余人参加会议。

10月23日，马涧镇举办第二期来料加工技能培训班，70余名妇女参加。

11月8日，马涧镇集体收看中国共产党第十八次全国代表大会开幕式电视直播。

11月12日，名为《马涧民情》的马涧镇首期民情简报新鲜出炉。

11月13日，马涧镇举办来料加工比武大赛，40多名农村妇女参加。

11月30日，马涧镇大学生村官成立十八大精神宣讲团，主要向偏远山区村民宣讲十八大精神。

12月3日，召开全镇干部大会，会议对2012年医保条款进行详细解读。

12月8日，马涧镇召开畜禽养殖员“阳光工程”培训班。

12月15日，马涧镇开展来料加工点安全大检查。

2012年兰溪市梅江镇人民政府大事记

1月4日，召开领导干部民主生活会，镇全体班子成员参加会议。

1月18日，梅江镇领导带领民政助理员、商会负责人，专程慰问镇敬老院的老人们。

2月9日，梅江镇党委、政府召开全体镇干部、各主要单位负责人、各村主职干部及大学生村官会议，部署“千名干部下基层，三清三化三送”活动。

2月14日，梅江镇党委、人大主席团召开市人大代表培训会议，镇主要领导出席，市第十五届人民代表大会的正式代表参加本次会议。

2月15日，梅江镇开展“三清三化三送”活动。

3月8日，梅江镇妇联举办一场庆“三八”妇女维权法律知识讲座，各村妇女主任、计生联系员、村两委女委员等一百余人参加此次讲座。

3月13日，梅江镇组织一次爬转轮岩登山活动，镇机关30名女干部、女大学生村官参加活动。

3月30日至31日，梅江镇举行第三届人民代表大会第一次会议，72名人大代表出席。

3月31日，召开班子会、镇干部会，迅速行动，精心部署，学习讨论全省改善发展环境会议精神。

4月15日，横溪镇召开全镇机关干部会议。

4月18日，梅江镇党委、政府召开信访维稳工作分析会议，对当前的信访维稳形势进行分析，着重对几起难题商讨破解对策，并对做好下阶段信访工作进行部署。

5月21日，梅江镇举办主题实践活动专题讲座。

5月28日，梅江镇举办“让爱住我家”六一文艺汇演。

6月2日，开展缝纫工技能考试，来自各来料加工点的187名学员参加考试。

7月23日，开展纪念曹聚仁逝世40周年活动。

8月3日，召开镇村干部会议，认真传达上级防御台风工作精神，安排部署防御台风“苏拉”工作。

8月25日，召开党风廉政教育会，邀请市纪委领导讲党风廉政课，以身边的真实案例敲响村干部防腐警钟，告诫村干部要提高法律意识。

9月25日，召开来料加工统计工作会议，全镇52个村的来料加工统计员参加会议。

10月5日，梅江镇召开2012年度兵役登记征兵工作会议，全面启动今冬征兵工作。

10月16日，梅江镇召开集镇部分经营户、流动摊贩座谈会，共同商讨集镇管理工作。

10月18日，召开计划生育工作推进会，对前三季度工作进行总结，同时加大工作力度，强化工作措施，力推四季度计生工作再提升。

11月13日，梅江镇召开第三届来料加工技能比武大赛，各村妇代会主任、来料加工经济人和参赛选手共132人参加。

11月23日，召开学习贯彻“十八大”精神会议，传达十八大精神，学习“十八大”报告亮点。

11月26日，召开“十八大”报告学习会。

12月23日，召开梅江镇2013年城乡居民医疗保障工作动员会。

2012年兰溪市游埠镇人民政府大事记

2月21日，召开镇“三清三化”工作第二阶段汇报会，班子成员及各工作片主任参加。

2月17日，召开专题征求会，就即将提交市十五届人大一次会议审议的《政府工作报告》，征求游埠镇、赤溪街道、水亭畲族乡的市人大代表的意见。

3月1日，游埠召开浦江游埠商会对接会。

3月13日，游埠镇就中心镇培育工作召开座谈会。镇主要领导、中心镇建设各线分管领导参加会议。

4月6日，召开消防安全工作会议，全镇机关干部，镇工商所、派出所、供电所、教办、房管所等单位和部门主要负责人参加会议。

4月13日至27日，游埠镇开展由全镇干部参加的“追赶跨越我先行”大讨论活动。

4月23日，召开基层组织建设年活动部署会。各行政村书记、企事业单位党组书记、镇全体机关干部共120余人参加会议。

4月25日，召开“纪念贯休诞辰1180周年”座谈会，20多位研究贯休的学者参加此次会议。

5月17日，召开由妇联主席、全镇48个村和2个社区的妇女主任参加的主题实践大讨论活动。

5月23日，召开气象灾害防御知识培训班，邀请市气象局有关专家为全镇各行政村气象信息员、水库巡查员共50余人上一堂气象灾害防御知识课。

5月24日，召开来料加工经纪人协会理事会议。

6月5日，召开镇党政班子会议，研究部署全镇“进百村、帮千户”活动。

6月15日，游埠镇组织市党代表先后到游埠镇卫生院、西山王村、柴埠江村和上宋村，实地察看医疗卫生服务体系建设情况。

7月2日，游埠镇政府组织大家学习卫生保健知识，镇政府50多名人员参加这次活动。

7月6日，召开银企对接座谈会，游埠镇50多家企业负责人，共80多人参加。

7月23日，召开全体干部会议，对开展“百日攻坚”活动进行贯彻落实。

8月16日，游埠镇邀请消防大队专家对全体镇村干部和部分重点企业主进行消防安全培训。

8月29日，召开来料加工经纪人协商理事会议，分管来料加工的领导、妇联主席和理事会会长及各理事会成员参加此次会议。

9月22日，召开新到任干部工作部署会议，全体领导班子成员参加。

9月27日，召开机关干部“竞争上岗、双向选择”动员大会。

9月28日，召开征兵工作动员大会，镇党委领导班子成员，人武部长及各村书记、主任、民兵连长参加会议。

10月14日，游埠镇老年人协会召开四届一次会议，以迎接“十八大”的召开。

10月27日，镇政府邀请工商部门专家给全镇豆制品、乳制品、糕点等各类食品批发和零售的经营业主进行食品安全知识培训。

11月19日，召开传达贯彻十八大精神专题报告会。

11月27日，召开宣讲“十八大”精神报告会，镇领导深入浅出地阐述“十八大”报告的四个核心问题。

12月4日，举办第五届来料加工技术大比武，来自全镇的30名来料加工能手参加技术大比武。

12月11日，游埠镇组织农业农村办、综合办到洋港村、伍家圩村开展实地调研，坚持“五重”扎实推进明年“三农”工作。

12月17日，召开共青团游埠镇第二十一次代表大会，大会选举产生徐璐等8名同志为出席共青团兰溪市第二十二次代表大会代表。

2012年东阳市江北街道办事处大事记

1月15日至18日，召开市第十四次党代会，街道9名党代表参加会议。

1月19日，街道（园区）召开2011年度工作总结表彰大会，总结回顾一年来的工作，表彰奖励2011年度的先进集体和先进个人，振奋精神、鼓足士气，推动2012年的工作。

1月31日，金华市委常委、政法委书记、东阳市委书记徐建华在市委常委、经济开发区党工委书记、管委会主任郭慧强等陪同下，到街道（园区）检查指导工作。

2月1日，开展为期十天的进村入企大走访调研活动。

2月3日，市人大常委会党组书记施侍伟带领有关部门人员，就“千名机关干部下农村”活动到街道开展调研，助推承诺事项落到实处。

2月8日，市规划局（人防办）与街道结合“千名机关干部下农村”活动，邀请市委宣传部宣教科有关人员就“如何履行党员职责、党员应成为一面旗帜”开展党课教育，凤凰社区、甘溪行政村全体党员参加培训。举办“党员应成为一面旗帜”党课教育。

3月8日，金华市委常委、东阳市委书记徐建华一行到街道（园区）调研总部经济中心规划建设情况，施侍伟、俞佩芬、陈绍龙、赵志强等市领导参加调研。组织部、经信局、规划局、建设局、工商联、白云街道、城北工业新区及街道（园区）有关负责人陪同调研。

3月15日，召开2011年度工业经济总结表彰暨重点工作推进会，市委副书记申屠福华、市人大常委会副主任楼美姣出席，街道全体机关干部职工、村（居）小区（自然村）书记主任（组长）、涉企部门负责人、各基层站所负责人、各规上企业负责人、各先进企业负责人参加会议。

4月5日，召开各部门第一季度工作汇报会，总结交流一季度工作，明确二季度工作任务。班子成员、各社区主任、各办公室负责人参加会议。

4月19日，召开“推进思想解放、建设首善之区”主题实践活动动员大会，全体干部职工，村（小区）书记、主任，各基层站所负责人，企业党组织负责人参加会议。

4月26日，街道办事处主任傅为民带领市人大代表、党代表以及茗田社区新联小区居民代表，到南马花园新村学习考察新农村建设工作。

4月27日，金华市委常委、东阳市委书记徐建华一行到街道茗田社区检查督办“五城同创”环境卫生工作情况。

5月14日，街道组织全体机关干部职工深入开展学习应瑞龙同志先进事迹，将学习应瑞龙同志事迹作为创先争优、推进各项工作任务的重要载体。

5月23日，召开人口与计生工作推进会，市委副书记申屠福华、市人大副主任楼美姣、市人口与计生局局长史天宝出席。

5月24日，召开共青团代表大会，街道机关、小区以及企业共50名团员代表参加会议。

5月26日，举行第二十二次“全国助残日”活动暨文化助残捐赠仪式，市残联组宣科、街道分管领导、残联理事长及受资助的学生与家长参加活动。

7月24日，市委副书记申屠福华带领有关人员，到街道猴塘社区甘东小区，走访慰问困难党员陈贤金和傅芝田。

7月30日，召开班子成员会议进行工作部署，成立“两违”专项整治工作领导小组，建立土地管理责任制，考核办法，制定“两违”专项整治工作实施方案，下午召开江北街道全体机关干部会议，对“两违”整治工作进行部署。

7月31日，对江北街道各联村干部进行业务培训。

8月1日，由各联村干部牵头对各小区“两违”情况进行全面调查，为完成“两违”专项整治工作打下坚实的基础。

8月29日，街道班子成员带队对各自辖区开展消防安全大检查。

9月23日，百利酒业•东阳营销中心项目开工奠基仪式。

9月12日，市纪委书记樊国斌一行到园区企业就非公企业纪检组织设置工作开展调研。

10月17日，市委副书记、市长朱建军，市政协副主席华伟跃到街道，走车间、访小区、看学校、进医院，开展工作调研。

12月21日，街道召开2012年度基层站所评议会，江北派出所、吴宁地税分局等9个基层站所接受评议。

2012年东阳市吴宁街道办事处大事记

1月14日，吴宁地税分局被省人力资源和社会保障厅、省地方税务局联合授予“全省地税系统先进集体”称号，这是该分局获得的又一项省级荣誉。

2月3日，吴宁街道召开全体机关干部会议，部署开展“千名机关干部下农村”调研活动。

3月23日，建立吴宁街道防治动物疫病指挥部。

4月11日，吴宁街道召开经济合作社换届选举动员大会。

4月18日，吴宁街道党工委、办事处召开11个社区书记主任和市机关下派后备干部集中见面暨卫生整治会议，建立制度，落实责任，全面部署开展为期2个多月的卫生整治和“修花坛、植绿化”活动，着力打造宜居主城区。

4月30日，由市关工委、共青团东阳市委、市少工委联合主办，市青少年宫承办的东阳市首届“希望之星”选拔暨第六届超级童声少儿歌手大赛在东城宾馆举行。

5月8日，吴宁街道召开“修花坛、植绿化、美家园”活动推进会，就全面开展社区绿化整治工作作出部署。

5月10日，吴宁街道在节庆广场举办“欢乐一家人”文艺晚会，庆祝全国农民工文化建设现场交流会在东阳市隆重召开。

5月31日,在街道办事处四楼会议室组织一次由企业主要负责人参加的安全生产培训。由办事处领导或分管领导作“安全生产月”动员讲话及安全知识培训。

6月9日，吴宁街道在城校办召开中考联席会议。

6月25日，吴宁街道东岘社区举行第七届“邻居节”。在18个活动点里，老邻居、新邻居共话“邻里情”。

7月7日，市人口计生局、吴宁街道与冯德全早教基地联合设立的优生优育优教指导中心揭牌成立。

8月6日，召开街道全体机关干部，社区工作者及国土局主要领导参加的“两违”专项整治工作推进会。

9月28日，吴宁街道首届广场文化艺术周暨“弘扬雷锋精神”文艺汇演在黉门广场落下帷幕。

10月12日，吴宁街道“喜迎十八大”排舞大赛在市节庆广场圆满落幕。

10月18日，吴宁街道首届企业退休人员趣味运动会在街道活动场地如期举行，来自各社区的11支代表队、百余名企退人员参加比赛。

10月26日，在全省公安系统英雄模范立功集体表彰大会上，东阳市公安局吴宁派出所荣获“全省模范基层所队”的称号。

11月28日，街道党工委、办事处组织全体机关干部、社区工作者等140余人，认真学习党的十八大精神，为全面贯彻落实十八大精神作出部署。

12月2日，吴宁街道召开换届选举动员大会，对党代表和市、镇两级人大代表换届选举工作进行动员和部署。

12月6日，吴宁街道召开基层站所群众评议活动，对8个基层站所工作满意度进行打分。

12月24日，吴宁街道西街社区居家养老服务照料中心落成，并举行居家养老“一键通”服务平台开通仪式。中国电信金华分公司党委书记、总经理邹鹤海，市领导申屠福华、王玉才、虞乐生、张卫伟参加开通仪式。

12月26日，金华市委常委、东阳市委书记徐建华到吴宁街道东街社区，对卫生保洁、空闲地管理、流动摊贩管理、破损路面修复等进行全面检查。

2012年东阳市歌山镇人民政府大事记

1月11日，市食品药品监督管理局组织有关领导到虎鹿镇新周村，走访慰问5名残疾人贫困户，并分别送去500元慰问金。

2月15日，镇联合接访。

3月20日，召开治保、调解工作例会，集中排查不安定因素。

4月5日，市农业局虞桂跃局长带领市土地流转中心、市农办相关人员到歌山镇开展农村土地流转工作调研。

4月13日，歌山镇召开药品安全员会议，会上就如何进一步巩固和深化我镇农村药品“两网一规范”建设工作成果，全面提升农村药品安全保障水平，确保群众用药安全有效等方面作具体的要求和落实措施。

5月3日，根据市委“解放思想大讨论，转变作风大赶超”主题实践活动号召，野风集团立足公司实际，围绕进一步解放思想，推进公司科学发展，组织开展解放思想大讨论座谈会。公司党组书记及各部门经理及员工代表参加此次讨论会。

5月11日，副市长虞乐生带领市府办、民政局有关人员，到歌山镇林头村夕阳红乐园、王村光长寿敬老院、江北喜洋洋康乐中心、南市养老中心及西街社区、望江社区实地调研，对养老服务体系建设情况进行检查指导。

5月15日，共青团东阳市歌山镇第十六次代表大会在四楼会议室隆重召开。镇党委书记蒋令树、镇党委副书记赵燕华、团市委副书记张兵、镇党委委员刘伟民等领导出席并作重要讲话。

6月28日，歌山镇积极开展村邮站建设。以建设新型“村邮站”和加强“信报箱”建设为抓手，通过一系列调查摸底工作，统筹规划、因地制宜、稳步推进村邮站建设，截止目前已经设立28个点。

7月31日，省农业厅副厅长赵兴泉一行到歌山镇林头村检查指导工作。林头村于2009年开展“一事一议”中央奖补项目，建设村内宽阔大道，为村民出行提供便利，极大地改变村庄面貌。

8月10日，歌山镇召开“两违”专项整治工作专题会议。

8月15日，金华市省级文明镇复评考核检查组一行，受省文明办委托，对歌山镇省级文明乡镇行复评考核。

9月28日，举行工业功能区５家企业奠基典礼。

10月18日，金华市纪检监察信访举报工作座谈会召开。与会人员到歌山镇尚侃村参观考察“五事”工作法。

10月25日，歌山镇妇联开展帮困扶贫调查工作。

11月26日，歌山镇乾兴村新落成便民服务中心举行庆祝典礼。歌山镇政府领导、市卫生监督所领导到会祝贺。

11月27日，歌山镇林头村党委正式成立，目前，该村共有党员147名。

11月28日，城北社区文化广场灯光璀璨，歌舞如潮，由歌山镇人民政府主办的“歌山文化走亲到城北”文艺晚会在这里精彩上演。

12月20日，召开治保、调解工作例会。

2012年东阳市横店镇人民政府大事记

1月9日，全镇开展一次以春运交通安全、节日消防安全、群体性活动安全、在建重点建设项目安全为重点的节前安全生产督查活动。

1月10日，召开横店镇第十五届人民代表大会第一次会议。

1月19日，副市长、横店镇党委书记朱志杰，横店电子产业园区管委会主任、镇长王天仁一行前往部分小区，走访慰问困难党员和特困群众，给他们送上慰问品、慰问金，送去一份浓浓的关爱。

2月6日，金华市委常委、政法委书记、东阳市委书记徐建华一行到金马村参加市“千名机关干部下基层”调研活动，东阳市委常委、横店镇党委书记朱志杰，横店影视产业实验区管委会主任、横店镇镇长王天仁，市委办主任陈绍龙，市科技局、市对外贸易经济合作局、市林业局、市旅游局、横店镇影视产业实验区的主要领导及横店镇相关领导陪同调研。

2月10日，省小城市培育试点考核组到横店镇对小城市培育试点相关工作进行考核。市委常委郭慧强，市委常委、横店镇党委书记朱志杰，横店电子产业园区管委会主任、镇长王天仁等陪同考核。

2月23日，组织开展为期八个月的“两排查一促进”专项活动。

3月1日,横店镇700多位中小学教师在横店影剧院共享收获的喜悦，“精彩跨越，再谱华章”2012年度横店教育颁奖盛典在此隆重举行。

3月5日，开展安全生产大检查。

3月8日，开展“两美三治”建设美丽乡村。

3月26日，开展“创一流业绩、建强镇新城新区”解放思想大讨论宣传教育活动。

4月8日，东阳市横店教育处初中教育科包罡老师走进横店中心小学教室，向学生解参加课外辅导情况。

4月12日，开展第2 4个爱国卫生月活动。

4月18日，横店镇召开“解放思想大讨论、转变作风大赶超”主题实践活动动员大会，会上，市委常委、横店镇党委书记朱志杰抛出一个个犀利的问题。横店电子产业园区管委会主任、镇长王天仁主持动员大会。

5月7日，开展“雷锋式好人”推荐评选活动。

5月18日，共青团东阳市横店镇第十六次代表大会召开。市委常委、横店镇党委书记朱志杰，团市委书记蒋明到会指导。

5月21日，集中开展“打非治违”专项行动。

6月26日，市关工委在横店镇湖口村召开青少年活动中心建设推进会。

7月30日，横店镇召开各部门站所党风联席会议，解各部门站所结对村、小区工作进展情况，创新服务举措及落实情况，小城市培育权限下放的对接工作和各部门“解放思想大讨论、转变作风大赶超”主题实践活动的开展情况。市委常委、横店镇党委书记朱志杰，横店电子产业园区管委会主任、镇长王天仁出席。

7月31日，横店镇开展“两违”专项整治工作。

9月1日，对违法用地和违法建设行为作出处理意见，并向当事人送达处理决定告知书。

9月7日，横店镇召开“两违”专项整治工作业务培训会。全镇111个村、小区的“两违”整治调查组成员参加培训。横店国土资源所、横店城管执法分局、城建办相关工作人员及横店镇各办事处干部参加会议。

10月25日，横店食品药品监督所对横店、湖溪、马宅、东阳江4镇开展药店经营保健食品专项整治行动。

11月2日，开展“十八大”期间安全生产暨消防安全大检查。

11月7日，市委常委、横店镇党委书记朱志杰，横店电子产业园区管委会主任、镇长王天仁分别带领有关人员，进行安全生产检查。横店镇新一轮安全生产大检查由此拉开序幕。

11月14日，要求企业建立劳动争议调解委员会。

12月12日，横店镇举行重点工程例会，横店电子产业园区管委会主任、镇长王天仁参加会议。

12月20日，金华市廉政文化建设示范点考核验收组，到横店工商分局检查验收“金华市廉政文化示范点”创建工作。

2012年东阳市湖溪镇人民政府大事记

1月10日，湖溪镇召开第十六届人代会第一次会议。市领导楼齐林、王玉才到会指导。会议选举张荣洵为镇人大主席，方雪飞为镇长。

3月5日，开展新农村建设创业承诺工作竞赛活动。

3月19日，湖溪镇继续开展安全生产专项整治。

3月30日，湖溪镇开展“创一流业绩、建强市名城”解放思想大讨论活动。

4月24日，召开动员大会，部署“我们的价值观”大讨论活动。结合实际，制定活动方案，成立组织机构，明确工作责任，做好层层发动工作，营造大讨论活动的舆论氛围。

5月7日，湖溪镇召开“主题实践活动思想作风剖析交流会”，会议由镇党委副书记何小飞同志主持，全体机关干部参加。

5月20日，湖溪镇开展“打非治违”专项行动。

6月1日，为贯彻国家、省、金华市关于组织开展第１１个全国“安全生产月”活动的精神，湖溪镇开展安全生产月活动。

6月30日，召开镇“十八大消防安全保卫战”活动动员大会，出台镇消防安全网格化管理的意见，层层发动部署，明确职责分工，落实工作措施。

7月18日，按照“检查排查要严密、专项整治要严格、处理打击要严厉”的要求，开展全镇食品安全大整治百日行动。

7月20日，成立湖溪镇消防办公室，成立湖溪镇消防安全委员会。

7月30日，湖溪镇废塑废品经营活动专项整治方案。坚持以“自查自纠、转型服务、严格执法、保障健康”的原则，依法查处和严厉打击废塑料经营活动中的各类违法违规行为，彻底消除废塑料经营活动带来的严重环境污染问题。

8月1日，为贯彻落实全市“两违”专项整治工作会议精神，积极推进湖溪镇违法用地违法建设专项整治工作，切实解决当前乱建、抢建问题，全面遏制湖溪镇“两违”蔓延势头，维护城乡规划和土地管理的严肃性，开展“两违”专项整治工作。

8月10日，为扎实推进湖溪镇农村食品药品安全监管工作，加大对农村食品药品的监管力度，保障农村人民群众食品及用药安全，根据上级有关精神，经研究决定成立湖溪镇食品药品安全监管站。

8月28日，湖溪镇深化打非治违专项行动，制定安全生产大检查大整治活动方案。

9月10日，贯彻落实湖溪镇工贸企业有限空间专项治理实施方案。

9月12日，成立湖溪镇重大药品（医疗器械）安全事故应急处置小组。

9月20日，贯彻执行《湖溪镇食品安全工作责任制实施办法》。组织宣传和贯彻有关食品安全的法律、法规、规章和政策。

9月24日，成立创建湖溪镇森林城镇和森林村庄园林单位领导小组。

10月18日至19日，举办“喜迎十八大戏曲文化艺术周”系列活动。

11月10日，湖溪镇创建浙江省慢性病综合防控示范区工作。

12月13日，中共湖溪镇党委号召认真学习宣传贯彻党的十八大精神。

2012年东阳市马宅镇人民政府大事记

1月11日，马宅镇召开第十六届人代会第一次会议。市领导陆益民、韦定民到会指导。会议选举何福豪为镇人大主席，叶雪芳为镇长。

1月28日，马宅镇举行在外人士新春茶话会。

2月24日，成立马宅镇“两排查一促进”专项活动领导小组。

3月2日，建立马宅镇“五城同创”工作领导小组。

3月22日，开展“进企业、送服务、解难题”活动。

4月11日，开展“转观念、换思想、强作风、促赶超”主题实践活动。

4月13日，成立马宅镇“创一流业绩、促跨越发展”解放思想大讨论活动领导小组。

4月16日，成立马宅镇“基层组织建设年”活动领导小组。

4月24日，召开动员大会，部署“我们的价值观”大讨论活动。镇机关、村、企事业单位按照镇党委要求，结合各自实际，制定活动方案，成立组织机构，明确工作责任，做好层层发动工作，为广大干部群众参与大讨论活动提供理论指导和知识帮助，营造大讨论活动的舆论氛围。

同日，成立马宅镇“我们的价值观”大讨论活动领导小组。

5月20日，成立马宅镇第十一个全国“安全生产月”活动领导小组。

5月21日，成立马宅镇安全生产领域“打非治违”专项行动领导小组。

6月1日，建立马宅镇植物疫情防控指挥部。

同日，开展马宅镇第十一个全国“安全生产月”活动。

7月13日，成立马宅镇民营企业“双聚”主题教育实践活动领导小组。

7月20日，成立马宅镇卫生院创建浙江省规范化乡镇卫生院的领导小组。

7月31日，调整“两违”专项整治工作领导小组成员。

8月13日，成立马宅镇餐饮服务食品安全领导小组。

8月29日，为进一步加强马宅镇食品药品安全监管队伍建设，健全食品药品监督管理网络，强化食品药品监管工作，现成立马宅镇食品药品安全监督管理站。

8月15日，成立马宅镇创建省级药品安全示范市（乡镇）各村工作小组。

8月21日，开展舆论宣传。利用各种形式组织开展药品法律法规、安全用药知识和药品安全创建宣传活动，宣传创建工作意义，营造全社会参与、支持创建的良好氛围。

9月25日，由马宅镇各村、学校自编自导自演的“喜迎十八大、建和美家园”文艺汇演在马宅镇举行，晚会上的15个节目歌颂人民幸福的生活和祖国美好未来。晚会由马宅镇政府主办。

12月1日，开展自查自纠、查漏补缺，形成自查报告，迎接市考核验收。通过考核验收后，对创建工作进行全面总结，建立和完善药品安全常态化管理机制，巩固创建成果。

2012年东阳市南马镇人民政府大事记

2月2日，市委副书记、常务副市长申屠福华，市委常委、组织部长俞佩芬到南马镇检查“千名机关干部下农村”调研活动。

2月8日，花园集团2012年工作会议在花园剧院隆重召开。市委副书记、代市长朱建军，市人大常委会主任蔡志成，政协主席王正明，人大常委会党组书记施侍伟，副市长李宝春以及南马镇党委书记桑国平、镇长杨竹山等领导出席。

3月7日，镇妇联在南新村南田自然村举办南马镇庆祝“三•八”妇女节活动大会。

4月12日，南马镇矛盾纠纷调处中心工作座谈会在南马法庭会议室召开。

4月27日，南马镇基层组织建设年暨“解放思想大讨论，转变作风大赶超”活动部署会在南马村综合楼召开。

6月1日，开展第十一个全国“安全生产月”活动。

6月11日，南马镇公益性讲座“南马文化大讲堂”正式开讲，市发展和改革局局长金德良作为首讲嘉宾。

6月19日，由金华市食品药品监督管理局局长带队的金华市级药品安全示范乡镇考核验收小组到南马镇考核验收药品安全示范乡镇工作，东阳市食品药品监督管理局局长张龙明陪同检查。

6月21日，金华市委书记陈一新到南马镇调研新农村建设和基层党建工作。

6月29日，为庆祝中国共产党成立91周年，由中共南马镇党委、政府主办，花园村、明清居红木家具有限公司协办的南马镇书画艺术展暨南马书画院成立仪式在花园红木家具展示中心隆重举行。

7月18日，按照“检查排查要严密、专项整治要严格、处理打击要严厉”的要求，开展全镇食品安全大整治百日行动。

8月15日，南马镇组织全体镇干部、大学生村官、国土所、城建执法中队等部门举办“两违”专项整治培训会。

8月18日，南马镇“两违”专项整治动员大会在花园大厦召开。

8月23日，南马文化大讲堂第2场报告会开讲。中国人民解放军海军指挥学院知名教授朱云集应邀回家乡作“国防形势分析”课，朱教授深刻分析钓鱼岛问题，对钓鱼岛管辖的历史、钓鱼岛主权争议现状、日本海上自卫队舰艇概况、中日双方的战略目的、应对主权争议的对策等方面进行全面剖析，对南海岛礁主权争议等问题作出独到的讲解。

8月31日，深化打非治违专项行动开展安全生产大检查大整治活动。

10月5日，在花园红木家具城二期开业庆典上，花园村被农业部中国村社发展促进会授予“中国红木家具第一村”称号。

10月9日，南马镇举办“南马镇文化大讲堂”第三讲。

10月13日，南马镇组织征兵体检，共183名青年参加体检。

10月29日，南马镇召集各相关部门、各片负责人召开安全生产和十八大消防安保工作会议。

11月4日至6日，东阳市委常委、组织部长李雄伟到南马镇开展“深入基层谋发展、心系群众惠民生”创先争优蹲点调研，解南马镇重点工程、重点工作、重点项目推进情况和创先争优活动开展情况，同时为开好市委常委民主生活会、十四次党代会和谋划好明年工作，听取基层党员干部的意见和建议。

11月9日，在花园剧院隆重举行“喜庆党的十八大，建设省级百强镇”文艺汇演。

同日，“119”消防宣传月活动在南马镇启动，主题是“人人参与消防、共创平安和谐”。市领导郭慧强、陈锋参加启动仪式。

11月25日，南马镇召开全体镇干部、大学生村官会议。会议对党的十八大召开的基本情况、历史背景以及十八大报告中提出的“五个一体”、“建成小康社会”、“四化同步”等关键词进行深入解读。

12月5日，南马镇以“119”消防宣传月活动为契机，重点突出消防知识普及，抓实抓好各个环节，为平安南马构筑起坚实的安全“防火墙”。

12月19日，全市森林消防演练活动在南马镇莱龙山举行，来自全市各镇乡、街道以及城北工业新区的300名消防队员参加演练。

12月26日，南马镇在花园大厦召开基层站所评议会议。镇党委书记张雷指出，要抓人促事、凝心聚力，推动南马各项工作再上新台阶。

2012年东阳市千祥镇人民政府大事记

1月10日，千祥镇召开第十六届人代会第一次会议。市领导王正明、张韩水、蔡捷飞到会指导。会议选举马方正为镇人大主席，王鹤群为镇长。

2月2日，东阳市交通运输局领导及下属单位正职30多人深入千祥镇上东陈村、后马村、胡山村等10个村，开展“千名机关干部下农村”的调研活动。

2月6日，市政协主席王正明带队到千祥镇调研，先后走访千二村、东一村，详细解创业承诺进展情况。

3月5日，千祥镇团委开展“学雷锋日”活动。

4月12日，开展“三建设三促进”为主题的“解放思想大讨论，转变作风大赶超”主题实践活动。

4月28日，千祥镇开展计划生育集中专项整治活动。

5月18日，金华市委常委、东阳市委书记徐建华在千祥镇和湖溪镇调研时指出，有资源条件的镇乡要积极拓展工业新平台，创造新的工业经济增长点；在新农村建设过程中，要注重“三乱”治理，加快农房改造，多打造一批精品村庄。

5月22日，千祥镇开展在安全生产领域集中开展“打非治违”专项行动。

同日，千祥镇开展危险化学品隐患排查治理。

6月1日，千祥镇组织妇女同志积极参与成人“双证制”培训。

6月5日，开展党建工作推进月活动。

7月23日，千祥镇集中开展消防安全保卫战工作。

7月25日，为加强政府对消防安全工作的组织领导，落实好千祥镇消防安全网格化管理工作，经镇政府研究决定，成立千祥镇消防安全委员会。

7月27日，千祥镇政府联合国土、公安等部门对2宗“两违”建设点进行强制拆除，共清理违章用地面积约1012平方米。

7月30日，按照“检查排查要严密、专项整治要严格、处理打击要严厉”的要求，在前期开展食品安全隐患大排查、大清理工作基础上，开展全镇食品安全大整治百日行动。

同日，召开由行政村、村两委成员、自然村负责人参加的“两违”专项整治行动推进会，传达贯彻市“两违”整治的会议精神，部署千祥镇“两违”专项行动的实施方案和步骤、方法。

8月2日，召开全镇各行政村两委成员及党员干部参加的“两违”专项整治工作动员大会。

8月16日，成立千祥镇食品药品监督管理站。

9月20日，东阳市千祥镇组织召开由农村动物疫情测报员、防疫员和养殖专业大户等共50多人参加的秋季动物疫病防控工作会议。

10月1日，进一步规范村级非生产性开支管理。

10月25日，副市长龚俊俊在教育局局长蒋凯跃、千祥镇纪委书记杜江凌的陪同下到千祥镇督察新三联小学建设工作。

10月31日，千祥镇后周、千南、千一、东一等村老协会，邀请东阳市“与法同行”宣讲团成员卢苹，为上千名老年人作《老年人权益保障法》的法制讲座。

11月1日，千祥镇三联小学分校少先队辅导员带领各中队开展《消防安全记心中》少先队主题活动。

2012年义乌市稠城街道办事处大事记

1月4日，市领导徐涵兴、骆亘、吴济茂一行到稠城、苏溪等地慰问困难户和老党员。

2月7日，稠城街道主要负责人带领街道国土所、建设办、新农村建设办等相关负责人深入到九如堂、楼西塘等村，开展重点工程督察走访工作，及时掌握各村在重点工程建设、旧村改造开展过程中的重点难点问题，摸实情，办实事，求实效。

2月15日，为进一步深化“创先争优”活动和“创新创优、提质提效”主题活动，组织开展以“进村入企访市场、助推发展强服务”为主要内容的大走访活动。

3月1日，成立稠城街道重点工程拆迁安置、新农村建设等涉及的疑难问题协调处置工作小组。

3月28日，开展稠城街道2012年安全生产宣传工作。

4月20日，开展“基层组织建设年”活动。

5月20日，开展“廉洁村务”规范化建设。

5月22日，为切实加强对街道“安全生产年”深化隐患排查治理工作的领导，成立稠城街道“安全生产年”深化隐患排查治理工作领导小组。

5月28日，全面开展稠城街道“进村入户”矛盾纠纷大排查大化解百日专项活动。

5月31日，稠城街道妇联开展“六一”慰问系列活动，主要有：慰问“春蕾计划”特困女童、前店小学和尚经小学留守儿童等活动。

6月4日，稠城街道召开会议，全面部署“进村入户”矛盾纠纷大排查大化解百日专项活动工作任务，同时将街道目前掌握的各项重点矛盾纠纷化解任务交办到各个单位。

6月12日，开展“厂中厂”安全生产专项整治行动。

6月25日，组织开展以“纪念建党九十一周年，迎接十八大胜利召开”为主题的庆“七一”系列活动。

6月30日，选择一批先进党组织和优秀个人集中进行宣传。组织开展向楼秀文同志学习活动。

7月1日，开展“庆七一”活动。结合实际，各单位组织开展好新党员集中入党宣誓仪式、党员志愿者活动、“七一”报告会、“学党史、讲党性”等主题活动。

7月10日，成立精神卫生工作领导小组。

7月13日，稠城街道组织开展非公企业区域化党员活动，该街道荷叶塘片区17家非公有制企业党支部50余人参加活动。

7月15日，为深入贯彻落实义乌市食品安全大整治百日行动会议精神，实施食品安全大整治白日行动。

7月23日，开展为期一周的“迎复查，讲文明，树新风”文明劝导活动。

8月7日，稠城街道主要领导深入到在建工程泮塘水库、红渠水库、麒麟塘水库、洛界地质灾害点进行一线检查，指导落实预泄预排等具体措施。

8月17日，稠城街道组织开展村（居）两委干部培训，全街道59个行政村的村两委干部380余人参加培训会议。

8月29日，稠城街道召开村级便民服务中心代办员业务培训会议，辖区16个社区、59个行政村的便民服务中心代办员参加培训。

9月7日，开展稠城街道消防安全大检查大整治活动。

9月13日，稠城街道开展药品安全联合宣传督察行动，市药监、工商、卫监、公安、稠城街道卫生服务中心等部门单位相关人员一起参与联合行动。

10月8日，稠城街道组织召开本年度冬季征兵工作会议，总结去年征兵工作情况，安排部署今年征兵工作任务。

10月19日，稠城街道联合市环境监察大队，对辖区范围的部分印染加工企业进行突击检查和整治。

10月24日，稠城街道为进一步巩固国家卫生城市创建成果，组织4个工作片、16个社区，开展秋季灭鼠工作。

11月16日，稠城街道向阳社区举行首届菊文化艺术节暨老年协会10周年庆典活动开幕式。市委常委、宣传部长季金甫参加开幕式。

11月29日，为期3天的稠城街道第六届社区文化节暨“魅力稠城”大型文艺晚会举行隆重的开幕式。市委书记黄志平宣布社区文化节开幕，市领导卢照洋、赵国荣、骆华勇、骆亘、王亦华、刘峻等参加开幕式，市委常委、宣传部长季金甫主持开幕式。

2012年义乌市稠江街道办事处大事记

1月6日，稠江街道党员干部纷纷走访慰问生活困难的党员和“万名党员联万户”结对困难群众。他们共走访困难党员81名，困难群众70户，给他们送上补助金、慰问金、棉被和食用油等。

2月9日，稠江街道组织浪莎、伟海、笑雪等18家规模企业，在江湾片举行劳动力推介会。

2月23日，稠江街道在稠江中学室内体育馆举行庆“三八”妇女干部集体跳绳比赛。

3月15日，市委常委、组织部长徐涵兴先后到稠江街道诸宅、官塘下、羊角山等三个村进行大走访活动。

3月21日，稠江街道组织农业与新农村建设办、社会事业办等相关负责人，先后到新科路、经发大道、西江路、五洲大道、环城南路等8个路段实地落实道路沿线美化方案。

3月27日，稠江街道邀请市统计局领导对88家产值超2000万元的规模以上企业统计员进行统计知识专业培训。

5月31日，稠江街道和义乌青少年硬笔书法协会领导到稠江街道江湾工作片新联学校，为800多名外来民工子弟捐赠2000册硬笔楷书启蒙练习册，总价值2万余元。

6月20日，全市“美化家园”巾帼志愿者服务周活动仪式在稠江街道启动，服务周时间为6月20日至29日，全市各镇街妇联主席、稠江街道农村妇女干部等近200人参加。

6月27日，稠江街道召开工业经济发展座谈会，街道向40多家规模以上企业通报上半年工业发展情况，企业家们围绕工业经济发展提出13个存在的困难和问题。

7月16日，稠江街道组织16名市党代表先后到市保障房稠江区块建设现场、中汽零等地视察重点工程进展情况。

7月18日，稠江街道召集88家2000万元以上规模和11家科技型企业统计员召开科技统计培训会。

8月9日，稠江街道邀请市行政执法、市交警中队、市供电局等18个基层站所负责人召开街道安全生产委员会会议，迅速贯彻落实全省安全电视电话会议精神。

8月16日，召开稠江街道基层党组织业务培训会，来自农村、社区、两新组织的157名书记捐出党员关爱基金2万余元。

8月22日，稠江街道官塘区域14个企业的支部书记在浙江忆丰科技有限公司召开“形势教育聚共识，人文关怀聚人心”为主题的“双聚”教育座谈会。

8月31日，市委常委、组织部长徐涵兴、市人大副主任胡爱芬、市纪委副书记吕华在稠江街道党工委书记张根平陪同下，到稠江指导“两富”工作。

9月18日，稠江街道会同市农业局、财政局、环保局等15个部门领导及安迪水利勘测设计单位，官塘工作片主任、分管农业副主任，喻宅、春联等村主任、书记，召开稠江街道粮食生产功能区建设论证会。

9月20日，副市长张晋庆到稠江调研指导规划工作。街道领导厉声振、吴礼科、经济技术开发区领导黄华及双方单位负责规划的同志参加并陪同调研。

10月23日，稠江街道党工委书记张根平、办事处主任厉声振带领街道全体班子成员、街道新农办、国土所等部门主要负责人到经发工作片召开杨村旧改项目推进现场会，重点解决旧村改造过程中涉及的疑难问题。

11月2日，稠江街道第一届企业文化节在“金汇化纤”拉开序幕。市领导葛国庆、季金甫、胡爱芬、王迎、刘峻、吕华等出席。市委副书记葛国庆宣布企业文化节开幕。

同日，义乌稠江街道成功举办为期半个月以“喜迎十八大，关怀外来建设者”为主题的“首届企业文化节”。

11月22日，稠江街道召开“学精神，明思路，抓落实，全面贯彻落实十八大精神”会议，这既是一次学习宣传会，又是一次部署落实会。

12月20日，稠江街道邀请市纪委常委朱跃平开设党风廉政教育大讲堂，上一堂题为《以案为镜，警钟长鸣，着力增强自我廉政意识，提高拒腐防变能力》的廉政教育课。

12月25日，义乌稠江街道在全省民族团结进步创建活动经验交流会上被命名为“全省第一批”民族团结进步创建活动示范单位”。

12月28日，稠江街道召开中心组扩大学习会，会议总结2012年度主要工作、经验和不足，对2013年度工作思路进行展望、谋划与探讨，并归纳出有益思路与举措。会议由街道办事处主任厉声振主持，全体班子、街道中层以上正职干部等40多人参加会议。

2012年义乌市江东街道办事处大事记

2月2日，是全市深入推进“两创两提”主题活动暨“进村入企(市场)”大走访活动动员大会召开后的第1天，在统一部署下，江东街道的120多名干部工作员走出办公室，进农村、入企业，讲政策、听建议，解困难、谈发展。

2月15日，江东街道召开安全生产知识培训会。

2月17日，江东街道召开创新社区党建工作调研会。

2月28日，开展2012年第一季度安全生产大检查大整治。

3月1日，成立“护校安园”专项工作领导小组，统一协调行动，集中开展“护校安园”专项行动。

4月6日，进一步加强江东街道防汛防台救援体系建设，最大程度减轻灾害损失。成立防汛应急抢险队伍。

5月10日，江东街道召开座谈会，来自各条线上的40余名妇女代表参加“我们的价值观”大讨论。

5月31日，江东街道基层组织开展建设年“整改提高、晋位升级”工作。

6月4日，江东街道开展安全生产百日会战。

7月6日，江东街道全面推进非公企业妇女组织建设。

7月26日，成立江东街道农村集体“三资”管理工作领导小组。

同日，成立江东街道农村集体“三资”代理服务中心。

7月30日，开展农村集体“三资”管理工作，切实加强农村集体资金、资产、资源的管理和监督。

8月9日，市农业局受保险公司委托，到江东街道调查台风后农作物的受损理赔情况。

同日，江东街道召开2012年第三季度安全生产例会，街道主任王俊庆、部长刘红伟、各工作片、社管办主任等有关负责人和全体安监员参加会议。

9月17日，江东街道开展麻疹、脊灰疫苗集中式查漏补种工作。

9月19日，为加强对村务公开和民主管理工作的领导，经研究决定成立江东街道村务公开和民主管理工作领导小组。

9月20日，为加强“流动人口、境外人员和出租房大普查”的组织领导，明确工作职责，成立江东街道流动人口管理领导小组。

9月27日，在社区三楼召开“月到中秋分外圆，中外共唱和谐曲”居民联谊会，来自伊朗、意大利等数十个国家的外国朋友和部分少数民族代表参加会议。

10月18日，江东街道南苑社区首届武术文化节在鸡鸣山公园举行，以后每年一次的“南苑社区武术节”就此拉开帷幕。

11月8日，江东街道在三楼会议室召开中心组理论学习会暨四季度工作推进会，街道班子成员及中层以上干部参加会议。

11月12日，市综合行政执法局北苑大队就辖区农药、化肥等农业投入品和农产品质量安全进行“绿剑”专项执法行动。

11月14日，江东街道组织部分市人大代表对辖区范围内的企业安全生产工作进行督查。督查组首先听取街道安全生产工作汇报，随后深入真爱集团、利达袜业、九联工商街等企业单位实地查看安全生产工作的开展情况。

11月29日，省党代表一行28人到金华市调研视察国际贸易综合改革试点工作。省党代表一行先后视察国际商贸城五区市场和江东街道党代表工作室，并听取金华市国际贸易综合改革试点工作汇报。

12月12日，成立江东街道残疾人联合会换届工作领导小组。

2012年义乌市廿三里街道办事处大事记

1月5日，市人大常委会副主任丁鼎星一行走访慰问老党员及部分困难群众。

1月17日，市领导杨桂芳、吴济茂一行到廿三里街道检查。

2月6日，廿三里街道在下娄村举办农村劳动力就业推介会。

2月20日，在全市“进村入企”动员会议后，义乌市安监局和廿三里街道领导分别走访浙江祥艺电子科技有限公司、义乌市云莉织带有限公司、浙江雅芬婷内衣有限公司等企业

2月28日，廿三里街道开展“健康养生走进廿三里社区学院”的培训活动。

3月8日，义乌市血站的流动献血车开进廿三里街道开展义务献血活动。

3月12日，廿三里街道农业服务中心给王店村种粮大户谢恩玉送去金早47号、甬优9号等种子1800多公斤。

3月27日，廿三里街道组织各村老年协会分会长40多人在廿三里街道举行春季养生知识培训会。

4月5日，廿三里街道组织开展关爱退休老干部主题活动。

4月25日，义乌市台联廿三里分会、廿三里妇联带着水果和慰问金看望上社村的困难台属黄金文。

5月8日，廿三里街道党工委组织何宅村党委、下娄、张思、埠头党支部开展党内约谈制度研讨活动。

5月9日，廿三里街道在市委党校举办村两委干部培训班，对全街道43个村(居)的两委干部开展集中培训。

6月12日，廿三里街道安监所在街道大门口展开全国第11个“安全生产宣传月”活动。

6月19日，廿三里街道在廿三里交通管理所召开市人大代表对廿三里交通工作建议提案答复见面会，对人大代表关于廿三里街道交通工作提出的建议和提案进行答复。

6月26日，廿三里街道组织相关单位与街道“美丽华溪”沿线相关行政村，举行美丽华溪连线连片整治规划论证会

7月13日，义乌市廿三里街道在华溪横龙殿开展森林消防实战演练。义乌市林业局副局长何斌、气象台台长赵贤产、廿三里街道办事处副主任蒋巧琴等到现场指导演练。华溪森林消防队38名队员、民兵应急分队8名队员参加演练。

7月23日，义乌廿三里街道组织店面、企业电焊工60多人举行特种作业安全技术培训会。

7月25日，廿三里街道组织各村书记和春泥计划负责人召开“春泥护花”行动推进会。

7月27日，廿三里街道残联组织近百名残疾人，开展相关政策培训活动。

8月10日，廿三里街道召开商会第三届第一次会员大会，选举产生新一届商会理事会理事、正副会长和秘书长，义乌祥艺电子科技股份有限公司董事长王树盛当选为新一届商会会长。

8月23日，廿三里街道组织联村干部及各村书记、主任、文书等130多人，召开农村集体土地所有权确权登记发证工作动员及业务培训会。

8月31日，为进一步完善养老服务体系，廿三里街道举行老年人养老服务需求评估调查培训会，街道各村便民服务中心代办员参加会议。

9月18日，廿三里街道邀请义乌市农业局种植总站朱老师为该街道50名学员开展蔬菜园艺工的培训。

9月19日，由义乌市文化广电新闻出版局、廿三里街道办事处主办，义乌市文化馆、义乌摄影家协会承办的“骆宾王”杯义乌民俗风情摄影比赛结果在义乌市摄影家协会网站揭晓，产生一等奖2名、二等奖4名、三等奖6名、优秀奖60名。

9月20日，廿三里街道召开妇女“两癌”筛查动员大会暨健康知识培训会，义乌市卫生局、义乌市妇联领导出席。

11月7日至9日，在廿三里街道举办义乌市第二十一届文化艺术节暨第二届骆宾王文化节。

11月9日，廿三里街道举行经济社会发展恳谈会，以期共同推动廿三里经济社会全面协调发展。市领导郑德武、何文飞参加恳谈会。

11月22日，中共义乌市委党校和廿三里街道党工委在廿三里街道举行全面合作签约仪式。这是党校开展“校镇合作”以来又一次成功携手协作。至此与中共义乌市委党校开展全面合作的镇街已达6家。

12月1日，成立廿三里街道联五村粮食功能区建设工程项目管理小组。

2012年义乌市后宅街道办事处大事记

1月19日，市人大常委会主任童香娣前往后宅街道检查节前安全生产和消防工作。

2月1日，成立后宅街道群众娱乐活动保卫工作领导小组，后宅街道举办春节期间群众性娱乐活动。

2月8日，成立“进村入企”大走访活动领导小组。

2月20日，后宅街道党政班子领导分组检查街道辖区内学校的食品安全卫生情况，重点检查后宅一小、二小、后宅中学、后宅幼儿园等4家单位。

2月24日，成立非公企业关工领导小组。

2月29日，成立创建水利示范镇街工作领导小组。

3月28日至29日，市委常委、纪委书记卢照洋先后前往赤岸、佛堂、上溪、义亭、稠江、廿三里、大陈、后宅等地，对大走访活动开展情况进行调研，并对下一阶段大走访活动作出部署。市纪委副书记吕华陪同调研。

3月30日，为充分体现后宅人民健康向上，积极进取的精神，营造全民健身的浓厚氛围，不断提高广大群众的身体素质，展现建设活力后宅街道的良好风貌，举办2012年后宅街道全民健身长跑活动。

5月20日，组织开展村级账外资金清理工作。

5月28日，为进一步深化农村党风廉政建设工作，开展好“廉洁村务”规范化建设活动，成立后宅街道“廉洁村务”规范化建设工作领导小组。

5月31日，开展2012年度城乡居民社会养老保险、医疗保险基金征缴工作。

6月2日，后宅街道组织全体干部工作员走进农村、走进企业，开展“进村入企”大走访“补课”，并用群众喜闻乐见的农民画进行宣传，让大走访活动家喻户晓。

同日，后宅街道开展迎省党代会、“十八大”信访维稳工作。

6月29日，村里开通政务微博“三务公开”专栏。

7月9日，为认真贯彻落实上级党委、妇联有关文件精神和街道党工委“基层组织建设年”活动部署，深化“党群共建”，进一步加强非公企业党建带妇建工作，扩大非公企业妇女组织和妇女工作覆盖面，全面推进非公企业妇女组织建设。

7月31日，为切实推进农村集体土地确权登记发证工作，成立后宅街道农村集体土地确权登记发证工作领导小组。

8月20日，成立后宅街道两新组织党组织换届选举工作领导小组，认真做好两新组织党组织换届选举工作。

8月28日，为进一步提高城市文明程度、市民文明素质和生活质量，积极提升市民文明素质和文明程度，成立后宅街道创建金华市文明街道工作领导小组。

9月3日，设立后宅街道人民调解委员会工作片第二调解室。

9月19日，为进一步深化农村基层党风廉政建设，强化村级集体资金、资产、资源管理，健全民主决策、民主管理、民主监督机制，成立后宅街道农村集体“三资”管理工作领导小组。

9月28日，因农村集体“三资”管理工作的需要，成立后宅街道农村集体“三资”代理服务中心。

10月19日，金华市中小学教学模式改革推进会在后宅街道后宅中学举行。

同日，后宅街道召开农村集体“三资”管理暨清产核资工作动员大会，启动推动农村集体资金、资源、资产清理工作。

2012年义乌市赤岸镇人民政府大事记

1月5日，市领导杨林章、刘峻一行，到赤岸镇慰问困难群众。

1月18日，市领导黄志平、骆华勇在赤岸镇负责人陪同下，走访慰问“党员联万户”结对帮扶的农户。

2月8日，成立赤岸镇“进村入企”大走访活动领导小组。

2月24日，成立赤岸镇争创国家历史文化名镇工作领导小组。

3月1日，进一步提高农民的健康知识知晓率和健康行为形成率，提高群众的保健意识和健康素质，创建农民健康学校。

4月6日，成立赤岸镇农业机械化示范镇建设领导小组。

4月12日，开展2012年度全镇城乡居民社会养老保险和医疗保险基金征缴工作。

4月20日，赤岸镇在中共义乌市委党校报告厅举行全镇村两委干部培训班。

4月24日，全市镇街人大汇报交流会在赤岸镇举行。

5月3日，成立赤岸镇开展基层组织建设年活动领导小组。

6月1日，开展农村干部离任财务清理与经济责任审计。

6月10日，赤岸镇开展“打非治违”专项行动。

6月14日，在市民广场举办赤岸杨梅推介会。

6月17日，成立赤岸镇农村集体土地确权登记发证工作领导小组。

7月27日，成立赤岸镇集中开展党的十八大消防安全保卫战领导小组。

8月3日，成立官余村地质灾害隐患点拆迁安置领导小组及筹建委员会。

8月9日，赤岸镇组织辖区内全体市级党代表及部分镇代表，召开市党代表询问活动。会上，市党代表就各自所关心的社会事业发展的问题询问镇各线分管领导，各分管领导逐一详细解答，同时对党委工作进行现场测评。市领导丁鼎星、刘峻出席并作重要讲话。

8月20日，成立赤岸镇非公有制企业党组织换届选举工作领导小组。

9月11日，为确保赤岸镇南青口区块工业开发工作有序推进，成立赤岸镇南青口区块工业开发领导小组。

9月14日，为进一步深化农村基层党风廉政建设，强化村级集体资金、资产、资源管理，健全民主决策、民主管理、民主监督机制，成立赤岸镇农村集体“三资”管理工作领导小组。

9月21日，设立赤岸镇旅游开发办公室。

9月17日，赤岸镇非公企业党组织换届选举工作全面启动。中共浙江华川实业集团举行第三届第一次党员大会，会议听取审议华川集团第二届委员会工作报告，并选举产生第三届委员会委员。

9月28日，2012首届西海中秋赏月节在赤岸镇镇前广场隆重开幕。市领导葛国庆、季金甫、丁鼎星、刘峻出席开幕式。

10月10日，市长何美华到赤岸镇山区农村蹲点调研，与当地干部群众一起梳理赤岸镇发展思路，并帮助解决异地奔小康等民生实事中碰到的难题。

10月16日，成立赤岸镇倍鱼线至柏峰村公路项目建设领导小组。

10月20日，成立赤岸镇农村集体“三资”代理服务中心。

10月28日，成立赤岸镇安全生产工作领导小组。

11月19日，成立深塘村标准农田质量提升工程建设工作领导小组。

12月1日，赤岸镇开展深入学习宣传贯彻党的十八大精神开展“学精神、明思路、抓落实”活动。

12月4日，赤岸镇人大主席团举行第二大选区市人大代表朱友华述职大会。镇人大主席团成员，第二大选区村村民代表150余人列席会议。

12月7日，成立赤岸镇残联换届工作领导小组。

12月27日，由市政府主办，赤岸镇承办的第三届丹溪养生文化节开幕式在赤岸镇丹溪文化中心举行。市领导季金甫、丁鼎星、王迎、刘峻等出席。

2012年义乌市佛堂镇人民政府大事记

1月30日，市领导卢照洋、陈有德、陈小忠、杨桂芳一行，到佛堂镇敬老院、雁贩村、老市基村，看望慰问五保老人、残疾人、优抚对象和特困职工等困难群众。

2月1日，在全镇范围内组织开展以“进村入企访市场、助推发展强服务”为主要内容的大走访活动。

2月14日，开展佛堂镇“两排查一促进”专项活动。

2月29日，为加强全镇高层住宅小区消防安全工作,创造安全、和谐、文明的人居环境，镇政府决定对全镇高层住宅小区开展消防安全专项整治行动。

3月5日，佛堂镇在辖区范围内开展“学习型家庭”、“和谐家庭”和“绿色家庭”等特色家庭评选活动。

3月28日，佛堂镇田心工作片专门邀请义乌市作家协会的20余位作家，到田心村采风考察。

4月11日，在佛堂镇原木材市场举行全市第二十四个爱国卫生月暨纪念爱国卫生运动60周年活动启动仪式，现场组织大型义诊、健康咨询活动，分发创建宣传、健教资料，设置各类展牌。

5月1日，开展企业生产场所冷风机使用情况专项整治。

5月10日，佛堂镇开展推广创建“安全生产规范化管理村（居）”工作。

5月14日，在全镇深入开展“学雷锋、树新风”教育实践活动和“我们的价值观”大讨论活动。

5月30日，成立村级帐外资金清理工作领导小组。

6月1日，开展为期一个月的主题为“科学发展、安全发展”的2012年全国“安全生产月”活动。

6月4日，开展安全生产事故警示教育周活动，义乌电视台播出安全生产警示片《人命关天》、公益广告片，商报社开辟安全生产专栏。

6月10日，织开展“安全生产月”咨询日活动。

7月1日，开展生活困难党员慰问和市党员关爱基金募捐活动。

7月13日，为认真贯彻落实省委组织部、省妇联、市委“基层组织建设年”活动部署，深化“党群共建”，进一步加强非公企业党建带妇建工作，扩大非公企业妇女组织和妇女工作覆盖面，在全镇非公企业全面推进妇女组织建设活动。

7月23日，认真组织开展市“百名辅导员春泥护花行动”工作。

8月6日，进一步加强对佛堂镇骨灰存放堂建设项目的领导，提高建设管理力度和综合水平，成立“成立佛堂镇骨灰存放堂建设工程领导小组”。

8月9日，作为“两富”指导员的市政协主席宋英豪，走进佛堂镇团力村，看村貌、探乡情、谋发展。随同宋英豪一起进村的还有市政协副主席董利明及财政、农业部门负责人。

8月20日，为开展园林城镇建设，改善居住休闲环境，提升生活品质，建设绿色生态文明，成立佛堂镇创建园林镇领导小组。

8月23日，为促进消防安全工作，提高广大群众的消防安全意识，检验各单位义务消防队抗御火灾的综合能力，决定举行全镇消防技能比武活动。

9月13日，佛堂镇关工委组织31家非公有制企业的关工委主任，进行集中培训，以提升佛堂镇非公企业关工委的工作水平。

10月23日，成立佛堂镇农家乐休闲旅游产业发展工作领导小组。

10月26日，佛堂镇人大成立财经工作小组，邀请21名由人大代表、政协委员、村两委干部等组成的民意代表，参与编制佛堂镇2013年政府投资基建项目预算，并请专家顾问对预算编制情况进行讨论和审查。

11月13日，佛堂镇安监所组织人员，在新市基广场设台进行生产安全咨询宣传活动。

11月23日，义乌佛堂“十月十”民俗文化节系列活动之重点2012浙江•佛堂发展论坛在义乌市第三自来水公司举行。

11月30日，为进一步加强消防安全工作的组织协调，提升基层消防基础建设和火灾防范能力，成立佛堂镇消防工作站。

12月12日，成立社区矫正工作站。

2012年义乌市苏溪镇人民政府大事记

1月4日，市领导徐涵兴、骆亘、吴济茂一行到稠城、苏溪等地慰问困难户和老党员。

2月28日，苏溪镇组织召开镇域内所有服装类租用场地经营企业工资支付保障制度推进会，以进一步规范用人单位的工资支付行为，确保劳动者按时足额领到工资。

3月28日，义乌市公安消防大队联合苏溪镇政府及消防专职队在全镇范围内开展以“关注消防，珍爱生命”为主题的首届“乡镇消防安全宣传周”活动。

5月24日，大陈、后宅、廿三里、苏溪、工业园区5个镇街地质灾害点相关村书记、主任及工作人员在大陈镇参加地质灾害防灾培训。

5月30日，开展苏溪镇马路边的安全讲座。苏溪镇西山下小学的高年级学生相约在通往学校的马路边，聆听交警大队资深警员讲解有关安全出行、规避风险为主的安全常识。

6月29日，苏溪镇在市委党校举办庆祝建党91周年文艺晚会，在晚会上以唱红歌、党的知识有奖竞答等形式，重温党的历史，加强党的基本知识和革命传统教育。

7月15日，开展食品安全大整治“百日行动”。

8月6日，召开苏溪镇“树正气、转作风、提效能、促发展”主题活动动员会。负责蹲点联系苏溪的市委常委、公安局长吴益中参加动员会。

8月7日，义乌市举行第六届葡萄鉴评会。全市13个镇街的葡萄专业种植户带着丰收的果实聚集苏溪镇，参加市第六届葡萄鉴评会。

8月16日，苏溪镇的一百多名干部工作员以及全镇59个村的书记、主任，在义乌党校六楼参加“树正气，转作风，提效能，促发展”主题活动培训班。苏溪镇镇长孟圣兴做培训动员。

9月6日，市委常委、公安局长吴益中专程到苏溪镇苏南村指导“两富”工作。

11月26日，苏溪镇党委、苏溪镇团委联合苏溪镇农民艺术团，在镇区钻石广场进行贯彻十八大精神文艺汇演。

12月6日，苏溪镇第四届孝义文化节在钻石广场隆重开幕，市领导陈秀仙、宋英豪、葛国庆、吴益中、季金甫、颜新香、吴森民、徐江琦等参加文化节的开幕式。

同日，举行苏溪镇获省级农村文化创新奖授牌仪式和“感动义乌、孝行天下”出征仪式。

12月10日，义乌市慈善协会会长会议在苏溪镇镇东工作片召开。副市长陈小忠、市慈善总会负责人及13个镇街分管领导、慈善联络员、慈善协会会长等参加会议。

2012年永康市东城街道办事处大事记

1月5日，东城街道举办2012年迎新春茶话会，邀请社会各界人士代表欢聚一堂，畅叙友情，共商大计，同贺新春。

3月21日，东城街道召开2012年双拥工作座谈会。

3月21日至22日，永康市委常委、宣传部部长朱世道带领国土、农办等单位负责到东城街道大园童村、五金城社区，开展“进村入户大走访，帮困解难促发展”活动。

4月1日，在全社区开展以“全民参与搞卫生，城乡整洁促健康”为主题的爱国卫生月活动。

4月25日，全国儿童预防接种宣传日，对接种疫苗知识进行宣传，组织召开一次健康教育讲座。

5月15日，建立东城街道村级公益事业建设一事一议财政奖补工作领导小组。

5月25日，为巩固街道“清剿火患”战役成果，严防重特大火灾事故发生，迎接党的“十八大”胜利召开，经街道办事处决定在全街道部署开展消防安全重点领域专项整治。

5月30日，成立突发地质灾害应急领导小组。

6月1日，东城街道办事处开展2012年“安全生产月”活动。

6月20日，为提高街道政务公开和政务服务水平，结合街道工作实际，开展依托电子政务平台加强政务公开和政务服务试点工作。

6月25日，为进一步改善华溪流域水环境质量，加强“华溪风暴”环境污染整治专项行动工作领导，成立东城街道“华溪风暴”环境污染整治专项行动领导小组。

7月9日，成立东城街道消防安全委员会。

7月23日，东城街道办事处大沈社区召开2012年度一事一议财政奖补村内道路建设项目招标会，市农监办、东城街道纪检、村干部、村民代表及部分党员群众、投标单位等相关人员参加会议。

7月30日，成立东城街道农产品质量安全大整治百日行动工作领导小组。

8月28日，开展安全生产大检查大整治活动。

9月13日，集中开展突出矛盾纠纷和安全隐患排查化解工作。

10月10日，建立永康市行政服务中心东城分中心工作领导小组。

11月15日，东城区龙潭街道召开2012至2013年度预防煤气中毒工作部署会。

11月20日，做好2013年度城乡居民合作医疗工作。

12月1日，成立东城街道农村客运班线车辆公交化改造工作领导小组。

12月5日，东城街道党工委召开学习十八大精神专题报告会，邀请市委宣传部副部长丁月中解读“十八大”精神。

2012年永康市西城街道办事处大事记

1月30日，组织开展“喜迎盛会、欢度新春”环境大整治活动。

2月9日，街道召开2012年工作会议。

3月21日，街道召开“解放思想、转变作风、科学发展、崛起浙中”主题实践活动动员大会暨街道党建工作会议。

4月17日，开展“进村入户大走访、帮困解难促发展”活动。

4月27日，街道召开“基层组织建设年”活动动员会。大会参加对象包括街道机关及工作片全体工作人员、各行政村书记主任以及社区、城区经济合作社、“两新”党组织书记。

5月14日，成立西城街道五联社区巡防大队。

5月28日，深入扎实开展“安全生产年”活动。

6月23日、24日，街道组织村际守望区、五联社区（溪边、庙下、塔石、藻塘、樟塘五个村）巡防大队共230人冒雨开展军事训练，进一步提升街道巡防队伍整体素质。

7月10日，西城街道组织村际守望大队、“五联”社区巡防大队共计230余名队员在国防教育基地进行队列训练和实弹演习，市人武部长和政委亲临基地指导工作。

7月19日，市政法委副书记叶建永和相关部委办领导到街道检查“网格化管理、组团式服务”试点工作。

7月25日，西城街道在溪边村开展夏季外来人口清查工作，西城派出所民警、街道工作人员、五联社区全体联防队员共80余人深入住户开展清查，效果明显。

8月1日，市委常委、政法委书记胡积合带领相关部门负责人到周塘经济合作社开展“网格化管理、组团式服务”工作督查，充分肯定西城在创新社会管理上取得的成效。

8月15日，街道及时召开农村“两富局级指导员”、“双联双扶”工作对接会议，包括叶成超、胡宏立等市领导在内的指导员主动和所帮联村进行对接，并到村开展工作。

8月23日，街道组织开展村务（社务）监督委员会主任业务培训。

8月28日，街道召开建筑施工安全整治专项会议，传达永康市住房和城乡建设局关于开展建筑施工安全专项治理大行动工作精神，部署专项治理大行动工作。

9月4日，街道组织举行18个村新一代垃圾房建筑工程招投标，5个工程投标单位参加，最终以每平方米957元建筑面积、3个月内完工完成招投标。

9月17日，街道联合市消防大队、西城派出所、行政执法局西城中队、建设局城建监察大队对华丰国际大厦进行消防安全大检查，对检查中发现的安全隐患，及时落实整改。

9月18日，街道召开涉日维稳工作会议，层层落实责任，做好宣传教育引导，及时掌控信息，防止过激行为，确保稳定。

9月20日，街道召开出生人口性别比治理工作会议，分析街道出生性别比治理工作形势，查找问题，对当前和今后一个时期全街道加强出生人口性别比治理执法监督工作进行专题部署。

10月24日，西城街道村际守望巡防大队开始每周三、六派出一个巡防中队进行村际守望和配合公安部门进行街面巡逻的巡防活动。

11月13日，组织部召集东城街道、西城街道、象珠镇、城西新区管委会、花街镇、公安局、科技局在西城街道会议室举行2013年干部思想工作思路调研座谈会。

11月22日，团省委副书记苗伟伦，金华市团市委书记马越，副书记钱福安一行在副市长戴翀陪同下到西城街道周塘经济合作社参观考察基层组织建设。

11月27日，西城街道四方社区共建共驻单位共计50多名志愿者在社区开展倡导文明行车活动。

12月6日至7日，街道组织干部群众分两批积极参与村级救护员现场救护培训，为社区居民提供应急保障。

12月13日，街道召集综治办全体成员、重点村（居）负责人、西城派出所民警，召开西城街道居住出租房消防整治工作推进会。从而拉开进一步深化开展居住出租房消防整治的序幕。

12月24日，街道召集各村会计参加“三资”业务培训会。经过此次业务培训，使村集体三资更加规范化、透明化，确保村民利益，促进新农村建设。

2012年永康市古山镇人民政府大事记

1月20日，隆重召开古山镇第三届人民代表大会第一次会议。

2月15日，古山镇农村基础设施管理业务培训会在镇政府五楼会议室召开，全镇55个村党支部书记、村委会主任、负责基础设施管理的村干部以及全体保洁人员参加培训会，市建设局、林业局、环卫处派专人进行业务指导。

3月23日，正值“中国水周”，市水务局联合共青团市委来到华溪河道开展“保护母亲河”义务植树活动。

3月27日，市政协主席陈毅成带领市委农办、林业局、水务局等部门负责人到溪干村和祝家村开展专题调研，深入基层一线听呼声察民情，帮助解决基层困难，为农村发展出谋划策，镇长施海鸥陪同调研。

4月6日，永康市副市长戴翀带领市委农办领导一行，在镇党委委员胡卫东陪同下到古山镇金江龙村调研。

5月8日，开展食品安全隐患风险排查清理专项行动。

5月17日，召开村庄整治、美丽乡村建设推进会，计划实施村庄整治及美丽乡村建设的17个村党支部书记、村民主任及“大走访”农村指导员参加会议。

5月19日，组织开展环境卫生大扫除活动。

5月30日至6月1日，开展“大走访”活动。镇党委书记吕剑新、镇长施海鸥在各个工作片召开座谈会，听取各位干部的汇报。

6月1日，古山镇开展2012年安全生产月活动。

6月7日，古山镇全体工作人员和55个行政村的村书记、主任在市委党校报告厅开展一次深化主题教育廉政的讲座。

6月14日，在镇政府前广场举行2012年安全生产月现场咨询日活动。

6月25日，市委书记、市人大常委会主任张伟亚到花街调研基层党建工作，市委常委、组织部部长楼初阳参与调研，镇党委书记吕剑新、镇长施海鸥陪同调研。

7月15日，古山镇食品安全大整治百日行动。

7月20日，在市委党校报告厅召开“党的十八大消防安全保卫战动员培训暨法律援助进农村”大型会议，全体机关干部、55个行政村两委负责人、护村队队长、44个规上企业负责人及法律援助工作者参与会议。

8月1日，古山镇迎接党的十八大百日防控行动。

同日，开展“项目攻坚百日大会战”活动。

8月14日，副市长戴翀带领卫生局等相关部门负责人，到古山镇督查餐饮服务行业的食品安全大整治百日行动开展落实情况，镇长施海鸥陪同检查。

9月5日，市政协主席陈毅成到“两富”联系村——黄家村调研，与村两委干部一起分析村情理清思路，商讨当前农村工作的着力点与落脚点，用实际行动促进农村“两富”，镇党委书记吕剑新陪同调研。

9月7日，召开全市低效厂房改造工作推进会，市领导张伟亚、徐忠飞、吕群勇、程学军、吕常青、金跃民出席会议，市委办、市府办、发改局、经信局、国土局、建设局、规划局、环保局、消防大队等部门和16个镇街区的相关负责人及分管工业、规划领导参加。

9月21日，第三届妇女代表大会在镇政府五楼会议室顺利召开，来自各村、企事业单位共70名正式代表参加此次大会。

10月18日，开展重阳节慰问活动。副市长胡增强到后林村，慰问百岁老人胡宝菜，镇长施海鸥、镇党委委员任云峰陪同。

10月19日，市政协副主席王伟带领城乡建设委和联络组委员调研中心镇建设发展情况，镇党委副书记俞文胜陪同调研。

同日，由东阳文化局副局长马敏蔚组长带队的省文化站评估定级工作验收组到综合文化站进行评估定级，镇党委书记吕剑新、镇党委委员任云峰陪同。

11月22日，成立古山镇土地登记领导小组。

11月23日，召开全市党员“星级管理”工作现场会，市委书记、市人大常委会主任张伟亚、市委常委、组织部长楼初阳、各镇街区党委书记、政工副书记和组织委员参加会议。

12月6日，中国共产党古山镇第三届第三次代表大会胜利召开。

12月7日，第六届华釜山文化节隆重开幕。

12月13日，召开党的十八大精神专题报告会，市纪委副书记、市直机关工委书记叶海滨作专题报告。

2012年永康市龙山镇人民政府大事记

1月10日，龙山镇安委会召开2012年第一次工作会议，回顾总结2011年全镇安全生产工作，安排部署春节期间安全生产工作。镇安委会成员、各大办主任、镇相关部门负责人及各联村组长共40多人参加此次会议。

2月14日，龙山镇隆重召开干部大会，全镇39个行政村580余名镇、村干部参加会议。

2月15日，成立龙山镇“两排查一促进”工作领导小组。

3月10日，深入开展“五星达标”活动，推进全镇基层党组织比学赶超。

3月15日，开展春季安全生产大检查活动。

4月17日，龙山镇协同国土、行政执法、公安、规划、交警、供电、电信等部门开展土地卫片执法大行动，对吕南宅7户违章建筑进行拆除。

5月14日，开展食品安全隐患风险排查清理专项行动。

5月18日，龙山镇召开基层组织建设年活动暨新农村建设推进会。

6月2日，开展“网格化管理、组团式服务”工作。

6月4日，市法院在龙山镇举行涉企问题定向对接协调机制启动仪式，仪式在龙山镇政府三楼会议室举行。

6月19日，龙山镇开展依托电子政务平台加强政务公开和政务服务试点工作。

6月20日，开展重践诺、创佳绩，进一步推进“抓落实百日集中行动”。

6月25日，龙山镇第一期《龙山简报》正式发行。

7月15日，龙山镇开展食品安全大整治百日行动。

7月18日，在镇四楼会议室召开上半年工业经济运行形势分析座谈会。市领导吕群勇、吕常青参加会议。

7月19日，在镇政府四楼会议室召开龙山镇党的十八大消防安全保卫动员会暨网格化管理工作推进会。参加会议的有市消防大队大队长李秀盈、镇党委委员应业刚、龙山派出所所长王伟峰以及全镇机关干部和31个行政村主任。

8月1日，开展建筑施工安全综合大检查。

8月15日，履职践诺“项目攻坚百日大会战”活动。

10月10日，在龙山镇召开全市镇、村两级行政（便民）服务中心建设现场会。

10月15日，市委书记、市人大常委会主任张伟亚深入到永康浙商回归创业创新园施工现场检查筹备工作，并听取龙山镇工业经济发展情况汇报。

10月16日，市长徐华水到龙山镇召开永康市人大代表（龙山团）座谈会，倾听代表们的心声。市人大常委会副主任王浙强、章锦水参加座谈活动。

10月18日，在会议中心8210会议室召开永康市浙商回归创业创新园产业发展规划意见征询会。

11月7日，龙山镇在四楼会议室召开合作医疗筹资动员培训会，各村书记、会计参加会议。会上，镇长黄旭敏作动员讲话，要求各村要高度重视合作医疗这项惠民工程，做好发动宣传，积极参保。

11月9日，召开永康市浙商回归创业创新园产业发展规划意见评审会。邬关荣、钱晓红、李永伟、吴伟明、王大璞等五个专家参加评审会。

12月1日，成立农村客运班线公交化改造工作领导小组。

12月3日，在四路上村隆重举行永康浙商回归创业创新园开工典礼。

12月6日，开展首届永康市道德模范评选推荐工作。

2012年永康市前仓镇人民政府大事记

2月10日，成立动物防疫机构。

2月14日，组织开展“两排查一促进”专项活动。

2月17日，成立前仓镇安全生产委员会。

2月22日，为切实加强镇宣传工作的组织领导，成立前仓镇宣传工作领导小组

3月16日，开展“进村入户访企、帮困解难扶强”活动。

3月16日，前仓镇开展“解放思想谋发展，转变作风抓落实”主题实践活动。

3月19日，成立农村公共卫生工作领导小组。

3月30日，前仓镇发动全镇党员干部围绕“扪心七问”，开展“进村入户访企、帮困解难扶强”活动，着力解决党员干部思想不新、作风不实、思路不清、责任不明、动力不足等问题。

4月17日，前仓镇实施2012年“春泥计划”活动。

6月13日，开展“五好文明家庭”和“绿色家庭”评比活动。

6月18日，前仓镇开展依托电子政务平台加强政务公开和政务服务试点工作。

7月15日，开展食品安全隐患大排查、大清理工作基础上，开展全镇食品安全大整治百日行动。

7月18日，前仓镇集中开展党的十八大消防安全保卫战工作。

8月16日，成立前仓镇集体土地所有权确权登记发证工作领导小组。

9月7日，前仓镇第二届妇女代表大会在镇政府大会堂隆重召开，来自全镇各行各业的代表们参加此次会议。群团组织代表向大会致贺词，前仓镇党委书记陈欢迎作讲话。

9月17日，召开村庄整治复评村会议。

9月26日，在镇大会堂召开全镇民兵连长会议，部署今年征兵工作。

10月11日，前仓镇开展2012年冬季征兵初检工作。

10月21日，前仓镇前仓村“新世纪”杯登山比赛在前仓镇隔溪山举行，260余名参赛者在尽享沿途美景的同时，也以自己的实际行动向村民倡导健康文明的生活方式。

10月22日，在重阳节即将来临之际，委派镇工作人员在重阳节前夕走访慰问全镇90岁以上的高龄老人。

10月23日，农历九九重阳节，第十二届后吴民间民俗文化艺术节开幕。

11月1日，成立前仓镇2013年度合作医疗领导小组。

11月2日，前仓镇开展农村法律知识讲座活动。参加人员包括各村书记、主任、全镇机关干部、大学生村官同志等共计200余人。

11月29日，金华市文明村镇考核组到前仓镇，对文明村镇进行实地考核。

12月11日，前仓镇党委组织召开学习宣传十八大精神动员宣讲会。市委宣传部领导丁月中进行宣讲，全镇机关干部、大学生村官、各村两委班子成员、经济合作社社长、村务监督委员会主任、学校、医院支部书记、各非公企业党支部书记参加会议。

2012年永康市象珠镇人民政府大事记

1月18日，召开镇党员领导干部民主生活会。

2月13日，召开2011年度工业先进表彰会。

2月15日，召开动员大会，部署开展基层组织建设年活动，54个行政村书记主任和联村干部参加会议。

2月24日，召开各村妇女主任会议，以“三八国际劳动妇女节”活动为重点，部署2012年度妇女工作。

3月8日，象珠镇在寺口吕村举行“争先锋，展风采”三八节义务植树活动。

3月15日，召开各村会计会议，落实2011年农资综合直补、国家良种补贴发放等工作，并签订植物疫情防控责任书。

3月20日，市委常委郑俊杰到郎川村、山西村开展调研走访活动。

3月21日，省发改委副主任兼省物价局局长柳萍一行，到象珠镇开展“进村入企”大走访调研活动。

4月13日，象珠镇成立共青团区域共建委员会和志愿者协会分会。镇党委副书记王红莉，团市委常委、办公室主任应林烨，志愿者协会副会长陈庆等到会指导。

4月17日，在寺口吕村召开象珠镇“美丽乡村”建设工作现场推进会。

4月24日，召开森林城镇创建工作推进会议，就创建规划中“两点两线”沿线道路绿化土地租用问题进行部署，东永二线、双舟线沿线25个村的书记、主任、会计参加。

4月25日，召开水利工作会议，邀请水务局领导对各村水务员进行农村水利设施管护工作培训。

5月24日，召开大学生村官职业规划座谈会。会议由镇党委副书记王红莉主持，党委书记马海华、党委委员陈浩、组织员徐英瑶和全体大学生村官参加会议。

5月31日，永义公路雅吕段雅吕村域路基建设工程全面展开，标志着永义公路建设进入一个新的阶段，取得又一个突破性进展。

6月14日，市委副书记金政、市委农办主任周根法一行到象珠镇走访调研，了解上半年的工作情况。

6月21日，省林业厅厅长楼国华到象珠镇检查指导平原绿化工作。市委书记张伟亚、副市长胡增强、林业局局长应加兴等陪同视察。

7月10日，市政法委副书记章斌一行，到象珠镇督查2012年上半年平安创建和社会管理综合治理工作。

8月1日，象珠镇召开2012年工业经济形势分析座谈会，镇党委书记、镇长、16家规上企业负责人以及镇经济发展办公室全体工作人员参加会议。

8月3日，永康市电工协会象珠分会挂牌成立。市安监局副局长胡振勇，供电局副局长、电工协会会长钱关厅参加会议，镇长应挺主持会议。

8月7日，永康市召开“五星争创”活动现场推进会，市委常委、组织部长楼初阳，市党建指导组、督查组成员，各镇街区党工委书记、副书记、组织委员及组织员参加会议，并参观象珠镇的党建服务中心。

8月8日，象珠镇召开第三期创建规范化企业推进会，市安监局副局长胡振勇、创建规范化企业负责人以及镇经济发展办工作人员参加会议。

9月19日，市长助理金跃民、药监局局长李兴周、副局长任发扬一行到象珠镇督查食品安全大整治百日行动开展情况。

10月10日，金华市信访局副局长郑德龙、市委常委、政法委书记胡积合带领相关负责同志都到象珠镇督查信访维稳工作落实情况。督查组听取镇长应挺的汇报并提出具体的要求。

10月25日，象珠镇汇杨村的“两富”指导员、市委党校常务副校长朱志豪又来到村里，指导正在开展的六化整治工作。

11月14日，市委常委、政法委书记胡积合、统战部长王国人、市政协副主席陈剑云等市领导与象珠镇市党代表一同视察东永二线两侧绿化通道工程进展情况，并参观“森林村庄”寺口吕村，为象珠镇的“森林城镇”创建工作建言献策。

11月28日，省委组织部副部长陆发桃一行到象珠镇调研乡镇干部队伍管理工作。金华市委组织部副部长、两新工委书记姚激扬，永康市委常委、组织部长楼初阳陪同调研。

12月21日，市长徐华水到象珠镇走访市人大代表，倾听代表们对象珠镇和全市社会经济发展的意见建议。市委常委郑俊杰参加走访。

2012年浦江县仙华街道办事处大事记

1月，完成县人大代表换届选举。部署计划生育“三查”工作。

2月，围绕县干大会精神，开展以“加强责任心、提高执行力”为主题的干部作风建设活动和“进村入户住夜”大走访活动。提出仙华街道2012年度创业服务承诺目标。

3月，实施国土管理片卫执法大行动，常抓不懈、强力拆除2012年以来违法建筑、违章建房。做好县“两会”期间社会维稳工作。

4月，持续深入开展水晶污染整治和税费征缴，采取断电、勒令搬迁等措施，实现污水排放，税费百分之百完成。

5月，召开仙华街道基层组织建设年动员部署暨支部书记培训会。开展计划生育、环境卫生、安全生产、废旧塑料大整治。

6月，召开仙华街道干部作风建设推进会，邀请县纪委、检查院领导上课，加强党风廉政建设，预防干部职务犯罪。

7月至9月，开展“双重”工作功坚破难大会战，完成文景图、广电中心、甘泉工程、东苑小学、101工程等15项重点工程土地征用、政策处理。101工程如期举行开工奠基仪式。

10月，部署十八大期间社会维稳工作，开展矛盾纠纷大化解。举办第六届农民文化艺术节汇演。街道水利站通过市级基层标准化水利站建设验收。

11月，东苑小学如期举行开工奠基仪式。争创浙江省体育强镇通过验收。浦江县第六届老年人运动会仙华街道荣获团体总分第二名。掀起认真学习、贯彻落实党的十八大精神热潮。

12月，争创浙江省示范街道便民服务中心通过验收。

2012年浦江县浦南街道办事处大记事

2月9日，浦南街道组织人员对春节过后部分村的环境卫生状况进行抽查，开展大行动活动。

2月21日，浦南村召开村两委干部会议，学习县“三改一拆”会议精神。

2月23日，浦南街道召开“增强责任心、提高执行力”深化作风建设活动动员大会，组织全体办事处干部、村(社区)主要负责人认真学习传达全县干部大会精神，全面部署2012年街道各项工作目标和任务。

3月8日，浦南街道开展“迎三八、送服务”活动。

3月13日，浦南派出所召集浦南街道义务治安巡逻大队队员231名召开动员大会暨业务培训会议。

4月18日，浦南街道组织，采取多项举措，认真开展爱国卫生月活动。

4月23日，街道办事处召开全体干部紧急会议，研究制订辖区内絮用纤维加工企业整治方案，组织城建办、工办人员和驻村干部迅速下村，对辖区内絮用纤维加工企业及所有易燃、易爆企业一律停电，逐一进行排查。

5月18日，办事处召开基层企事业单位党支部建设动员大会，会后还组织参观开发区正路工贸党支部和奥尼斯特党支部建设经验。

5月25日，在浦南街道召开全县乡镇安全生产工作部署暨“打非治违”推进会，副县长韦钟铺及各乡镇街道负责人参加会议。

6月26日，召开会议各村党支部，对全村党员进行评议。按党员自评、党员互评、党员群众参评、党支部评定程序，对全镇1485名党员进行星级评定，并公开展示。

7月6日，召开基层组织建设年活动推进会、村(居)支部书记基层组织建设交流会、村主任双重工作汇报会，开展基层组织星级评定、党员干部一句话承诺等一系列活动。

8月9日，街道督查考核领导小组组织人员会同县督查办进行环境卫生督查工作。

8月25日，社区警务室在浦阳街道中山路社区警务室正式启用。

8月27日，浦南街道党工委举行“全科型”干部演讲比赛。

8月28日，浦南街道开展全科干部业务知识学习交流演讲比赛。

9月4日，县政府召开会议，听取轧(洗)砂场整治行动工作汇报。

9月15日，组织动物防疫员、驻村干部、村干部重点普查牲畜口蹄疫、禽流感、高致病性猪蓝耳病，并对存栏情况登记造册。

9月27日，浦南街道党工委、办事处专题召开全体街道干部会议，通过层层宣传、广泛发动、上下联运、人人参与，深入开展“治三乱、抓巩固、防反弹”暨国庆环境卫生大清扫活动。

10月8日，浦南街道办事处召开消防安全专题会，部署为期30天的消防安全整治活动。

10月15日，成立浦南街道“三资”管理领导小组。

10月17日，浦南街道召开由各村(居)、社区党支部书记、主任和驻村干部，农经、经检等相关部门干部参加的农村集体“三资”管理工作推进会。

11月16日，浦南街道会同公安等部门对浦江绿谷朱云村301亩进行清表，并顺利完成工作。

12月27日，街道进行民主评议和第四季度干部办事档案评星活动。

2012年浦江县浦阳街道办事处大事记

1月30日，召开1月份办事处班子扩大会议。

2月8日，浦阳街道开展整治违法违规建筑宣传活动，出动宣传车向市民宣传法律法规知识，整治违法用地、违法建设行为。

2月14日，浦阳街道召开全体干部大会，部署开展县委、县政府提出的以“增强责任心、提高执行力”为主题的深化干部作风建设活动。

3月5日，浦阳街道创新计生“三查”工作，改进工作思路，创新工作方法，确保2012年第一次“三查”工作质量，为全年人口计生工作打好基础。

3月14日，公示“2012年浦阳街道村、社区创业服务承诺目标”。

4月16日，召开浦阳街道水晶行业税费征缴动员培训会，全县各村、社区水晶整治相关负责人及全县水晶税费代征人员共200余人参加。

5月8日，调整浦阳街道食品药品安全管理领导小组，以落实食品药品安全管理主体责任，强化政府安全监督职能。

5月9日，召开“两新”党组织支部委员培训班，街道所属新经济组织和新社会组织支部委员以上干部参加培训。

5月24日，浦阳街道召开消防安全工作推进会，各村社区安全生产协管员、驻村联居干部共计50余人参加会议。

5月29日，浦阳街道办事处组织班子成员、驻村干部、水晶整治外勤工作人员就辖区内几条浦阳江主要支流的污染情况，开展为期两天的实地走访。

5月30日，建立社区溪下护村队，建好治安岗亭。

6月1日，组织继续推进街道生态环境及浦阳江流域水环境整治工作。

6月25日，浦阳街道组织召开“春泥计划”实施工作推进会，动员部署“春泥计划”工作。

6月28日，浦阳街道沉湖村开展“农村党员如何发挥作用”的微型党课，听街道干部上党课，领会党的最新知识。

6月30日，组织活动，浦阳街道妇联、关工委到辖区内的浦阳一小、浦阳幼儿园、浦江五中等7所学校走访慰问贫困学生，送去学习用品和慰问金。

7月1日，组织新党员进行入党宣誓，各基层党组织组织党员重温入党誓词。

7月9日，浦阳街道组织“农村党员如何发挥作用”的微型党课，党员们坐在活动室里，听街道干部上党课，领会党的最新知识，学习最近发生的党员先进事迹，领悟其中的党员精神。

8月16日，组织展开城北区块旧城区改建调查摸底工作。

8月30日，浦阳街道组织全面组建“组织网络更健全、信息渠道更畅通、资源配置更合理、管理服务更到位”的社会管理体系工作。

同日，组建调解志愿者队伍、消防志愿者队伍、治安巡逻志愿者队伍、法制宣传志愿者队伍等39支、400余人的社会服务管理团队。

9月6日，浦阳街道卫生院召开浦阳街道卫生院餐饮食品安全百日行动促进会。

9月30日，召开9月份办事处班子扩大会议。

10月13日，浦阳街道办事处会议室举行城北区块旧城区改建房屋征收工作推进会。

10月30日，浦阳街道对民办幼儿园、城郊结合部等重点区域开展食品药品安全教育。

11月24日，举办第二届外来人才趣味运动会，来自力霸皇集团、万赛摩擦、恒泰科技等非公企业的140位外来人员参加比赛。

12月5日，县“道德浦江”建设活动领导小组办公室、县新闻传媒中心、县广播电视台等部门，联合在城北区块旧城区改建项目指挥部举行“感动浦江”年度人物评选活动首场推荐会。

12月27日，办事处组织召开驻村连居干部、村、社区计生联系员参加的协调会，要求根据各自情况，分析存在问题，并立即整改到位。

2012年浦江县白马镇人民政府大事记

1月5日，白马镇顺利完成镇、县两级人大换届选举工作。

1月17日，白马镇30个村的1300多名党员干部和群众集中开展“迎春节、优环境、树新风”环境卫生整治活动，为营造洁净、祥和的春节氛围奉献力量。

2月24日，召开全体镇干部及村支部书记、村主任会议，对全县干部大会精神进行传达贯彻，并结合白马镇实际情况对如何加快发展开展热烈的讨论，理清今年全镇发展的工作思路，制订具体的工作目标和工作措施。

3月19日，白马镇组织80余人和大型机械，对3个村的5个图斑进行强制拆除，共拆除违章厂房8658平方。

同日，白马镇召开2012年春季重大动物疫病防疫会议暨动物防疫技术培训会，部署春季重大动物疫病防疫工作。

3月20日，白马镇召开总结表彰暨深化干部作风建设大会，吹响赶超发展的“集结号”。

4月9日，开展白马镇调研基层组织建设工作，提出握牢基层组织建设“总抓手”，唱响农村经济发展“重头戏”。

4月11日，成立白马镇新居民联谊会，化解矛盾纠纷，宣传政策法规，促进政府与新居民的对话互动。

4月24日，县委副书记、政法委书记楼东江带领政法、公安、工会、计生等部门负责人到白马镇调研指导新居民联谊会工作。

5月16日，白马镇积极抓好“欢乐乡村大家乐”广场文化创建活动，开展“树立新居民新形象、为第二故乡添光彩”活动，开展“你需要我服务、有困难我帮助”主题帮扶活动。

6月5日，白马镇开展“基层组织建设年”活动，全面开展创业承诺，引导村级组织履行职责创先进、服务大局破难题，在全镇形成办实事、解难题，争当先锋的浓厚氛围。

6月25日，白马镇有针对性实施“春泥计划”，动员部署“春泥计划”工作。

7月10日，白马镇实施流动人口“以新治新”管理模式，全面促进新居民管理规范化。

7月17日，召开金华市流动人口自治组织建设现场会，市公安局及各县（市、区）公安局的领导参观白马镇新居民联谊会及劳资服务、法律服务、计生服务、法律援助、民间纠纷调处等8个中心。

7月31日，白马镇召开全镇干部会议，认真传达贯彻县委十三届二次全会精神，要求进一步统一思想，明确工作重点，咬定全年工作目标，把各项工作做得更好。

8月7日，白马镇新居民联谊会在夏张村、兰塘村和乐门阀业集团开办3个“四点半”学校，新居民子女将在这里安全、快乐地度过暑假。

8月15日，白马镇积极组织采取有效措施，抓实做细消防安全工作，努力提升群众的安全感和满意度，确保消防安全形势持续稳定。

8月30日，116位统一着装的孩子们欢聚一堂，共同见证浦江县第一所“四点半”学校在白马镇夏张村举行的开学仪式。

9月11日，在白马镇召开全县农村集体“三资”管理工作推进会。

9月20日，白马镇举行“办事档案”干部评星活动现场会，基层干部走上讲台，讲述第三季度各项工作和取得的成绩，接受民意代表的评议。

10月12日，白马镇五丰村“入榜”浙江省创先争优先进基层党组织。

10月18日，白马镇新居民联谊会特地为来自云南、贵州、重庆等地的20多位新居民老年人举办的重阳节联欢会。

11月30日，白马镇召开十八大精神学习会暨农村合作医疗保险工作动员会。

2012年浦江县岩头镇人民政府大事记

1月17日，岩头镇成立节日期间安全和社会稳定工作领导小组，召开全镇稳定工作会，对春节期间的安全稳定工作进行部署，明确突发事件应急预案和紧急信息报送制度，认真安排值班人员。

同日，岩头镇领导组织慰问老人活动，给五保中心的岩头籍老人送去慰问品并祝老人们健康快乐。

3月9日，岩头镇预先成立抢险救灾领导小组，全力做好防汛工作。

3月20日，岩头镇党委、政府就立足实际，精心组织，切实采取措施做好上半年计生“三查”工作。

4月6日，岩头镇下山脱贫安置区举行建设指挥部揭牌仪式，县委副书记、政法委书记，县政协副主席及相关部门负责人参加揭牌仪式。

4月13日，岩头镇广大干部开展“进村入户、住夜走访”活动。

6月27日，岩头镇政府召开由工商局、公安局、经济商务局等职能部门参加的联席会议，主要关于如何抓好岩头镇生猪屠宰管理及市场鲜肉经营规范等问题，确保屠宰环节肉品质量安全。

同日，岩头镇召开全镇食品安全工作会议，对食品安全工作进行周密部署。

7月1日，岩头镇组织入党宣誓活动，29名新党员到中共县委旧址——王店村三垄王店爱国主义教育基地参加活动。

7月25日，岩头镇政府召开由工商局、公安局、经济商务局等职能部门参加的联席会议，会议主要关于如何抓好岩头镇生猪屠宰管理及市场鲜肉经营规范等问题，确保屠宰环节肉品质量安全。

8月14日，岩头镇党委政府召开全镇干部会议部署召开政治会议，成立食品安全大整治百日行动领导小组。

8月23日，岩头镇岩四村举行未成年人协会挂牌仪式。这标志着岩头镇“春泥计划”覆盖到全镇41个行政村，覆盖率达100%。

8月31日，岩头镇在二楼会议室召开“餐饮保健食品安全整治百日行动”培训会议。

9月26日，岩头镇党委、政府认真开展节前食品安全大检查活动，深入贯彻落实食品安全百日整治行动的有关精神，确保中秋、国庆节期间食品安全。

10月9日，县委书记在岩头镇开展调研活动，指出岩头镇正面临新一轮难得发展机遇，镇党委、政府及各套班子要充分发挥比较优势，不断突破工作难点，全面加快岩头发展。

11月5日，岩头镇镇政府联合工商、经济商务局、农业局等部门对镇辖区内18家鲜肉经营户一一进行谈话，要求他们实行生猪定点屠宰，若违反规定，将按相关法律程序进行查处。

12月22日，岩头镇政府再次联合公安、工商、城管等部门，上街开展劝导活动，大力整治马路市场。

2012年浦江县郑宅镇人民政府大事记

4月1日，郑宅镇根据实际情况扎实开展消防安全整治，成立以镇长为组长，分管领导与派出所所长为副组长的工作领导小组。

4月30日，郑宅镇扎实开展进村入企走访活动。

5月4日，郑宅镇召开全镇干部大会，专题研究部署打击“两非”工作。

同日，郑宅镇干部积极开展深入农户排查化解矛盾纠纷活动，党委政府紧紧围绕“增强责任心、提高执行力”这一主线，按照镇党委提出的“敢作敢为讲责任、尽心尽力抓落实”的要求析事明理解矛盾。

5月9日，组织建立由外来务工人员参加的外来建设者工会筹备小组，发展会员518名，并选举产生会员代表31名。

6月3日，成立镇、村两级防汛工作领导小组，实行党政班子成员分片包干责任制，落实防汛工作责任。

6月15日，召开郑宅镇三郑村外来建设者工会成立暨第一届会员代表大会。

7月5日，郑宅镇召开会议，对2011年度“春泥计划”先进个人和先进集体进行表彰，重点部署2012年“春泥计划”工作。

7月12日，召开“治调干部和法律援助联络员培训会”各村和企事业单位综治工作负责人、调委会主任、法律援助联络员、法律援助志愿者共80余人参加培训会。

7月19日，召开县委十三届二次全体(扩大)会议暨县政府第一次全体会议在县政府会议中心，郑宅镇积极行动起来，迎难而上，力争早日完成全年工作。

7月27日，召开“郑宅镇创建食品药品示范镇动员暨农产品质量安全培训会”，全面部署创建食品药品示范镇工作。

8月15日，郑宅镇联合《钱江晚报》在安山村开出第一个“候鸟教室”。

9月10日，展开对郑宅镇的调研工作。

9月14日，召开由各村两委主要干部和全体镇干部参加的镇容镇貌大整治暨城管执法大队郑宅中队筹备会议，会上就如何开展好大整治活动提出明确要求，并对大整治活动具体部署。

9月21日，郑宅镇政府携手浦东工商所召集副食品经营店的法人代表就食品安全大整治工作进行一次动员和部署，并就《中华人民共和国食品安全法》再次进行系统的法理培训。

10月17日，由县委宣传部、县团委、县教育局、郑宅镇主办的“传承孝义，弘扬美德”孝义文化传承活动，在具有象征意义的“江南第一家”牌坊群前正式启动。

10月22日，郑宅镇成立征兵工作领导小组，下设征兵办公室，全面负责郑宅镇征兵工作的组织计划、体格检查、政治审查、审定新兵、交接运输、总结汇报等工作。

10月29日，郑宅镇大力开展“综合整治百日攻坚行动”。

11月7日，郑宅镇第六届农民文化艺术节在“江南第一家”牌坊群前隆重举行。

12月11日，县委宣传部、团县委、县教育局和郑宅镇党委举行主办“江南第一家”孝义文化传承活动。

2012年浦江县虞宅乡人民政府大事记

1月16日，虞宅乡组织开展县、乡人大代表对辖区19个行政村及乡属各单位的环境卫生整治工作进行检查评比活动，检查结果将与各村年终考核挂钩，乡党委、政府将对评比优秀的村进行奖励。

1月17日，虞宅乡党政领导班子带队开展“迎春环境卫生集中大清扫”活动，掀起该乡第二次环境卫生大清扫高潮。

3月13日，虞宅乡召开第十五届人民代表大会第一次会议，49名乡人大代表和15名列席代表参加会议。

4月18日，虞宅乡联合县国土、公安、供电等相关部门开展拆违行动，高度重视此次集中强制拆除行动，共出动联合执法人员百余人。

4月20日，虞宅乡召开全乡干部会议，要求大家群策群力，努力提高服务水平，改善发展环境，促进经济发展。

4月27日，虞宅乡深渡村成立外来建设者工会，这是该乡成立的首个外来建设者工会。

5月2日，虞宅乡开展“进村入户”大走访活动，乡干部进村入户听民声、解民难、化民怨，宣传党的惠民政策，切实为农民办实事、办好事。

6月18日，虞宅乡召开全体乡干部会议，对近期的防汛安全工作进行周密部署。

6月20日，开始开展为期3个月的夏季安全生产大检查活动。

6月27日，虞宅乡召开一次党建工作推进会，对半年来村级党支部工作情况进行一次总结回顾，围绕基层组织建设年活动，开展党员“争当先锋”活动，树立先进典型，表彰优秀共产党员。

7月18日，虞宅乡组织开展干部评星活动，深化“办事档案”，激发干部创业干事、创先争优的激情。

8月1日，成立违法用地综合整治专项行动领导小组。

8月10日，虞宅乡邀请县农业局有关专家，为20余户农业专业合作社、种养基地负责人，讲解农产品质量安全法、农产品质量安全检测制度、规范兽药和饲料使用等，提高广大种养户的依法经营意识。

8月14日，虞宅乡先锋村计生联系员为村里前来参加计划生育“三查”的育龄妇女提供服务。

9月4日，虞宅乡组织各村民兵连长认真学习《中华人民共和国兵役法》，对今年的征兵工作进行部署动员。

9月19日，虞宅乡开展“廉”字当头推进乡村党员干部教育活动。

9月25日，虞宅乡政府、浦西工商所联合行动，对侯中公路沿线的21家副食品商店进行食品安全检查，对4家存在问题的商店，责令店主当场进行整改。

10月8日，虞宅乡结合乡村计生干部例会，组织一次生动的价值观教育活动。

10月10日，虞宅乡开展“最美计生人”先进事迹的学习讨论活动。

11月8日，虞宅乡组织全体机关干部在三楼会议室收看胡锦涛主席在中国共产党第十八次全国代表大会开幕式所作的工作报告。

11月13日，虞宅乡积极开展4项措施稳步推进阳光村务工作，固农村基层组织建设，推进村务公开民主管理。

11月23日，召开村两委班子会议，统一干部群众思想，解答群众提出的各种关于新农合的疑问，引导群众参加新型农村合作医疗，力求宣传到家，不留死角。

12月14日，邀请县“两富”指导员到村组织宣讲。

2012年武义县桐琴镇人民政府大事记

1月31日，桐琴镇人力资源市场开始试营业。

同日，桐琴镇成立武义县首个乡镇人才市场，该市场的建立将有效促进桐琴镇农村劳动力转移，同时为外来务工求职者构筑一个求职就业新载体，帮助全镇企业破解招工难题。

2月1日，桐琴镇计生办工作人员带着相关仪器和药品深入基层为育龄妇女进行免费“三查一治”服务活动。

2月7日，桐琴镇政府组织力量，展开对楼王村两农户春节期间突击抢建的违法建筑进行强制拆除工作。

2月15日至16日，桐琴镇政府与县质监局联合举办一期特种设备作业人员培训班，28家特种设备使用单位的40余名特种设备操作人员参加培训。

3月5日，桐琴镇开展“重点项目政策处理攻坚月”活动，集中力量，破解政策处理难题，加快推进重点工程建设，确保圆满完成各项工作。

3月15日，桐琴镇结合“解放思想谋发展、转变作风抓落实”主题实践活动，拉开重点项目政策处理攻坚月活动的序幕。

3月16日，桐琴镇政府、派出所为该镇金丝村流动人口服务站成立挂牌。

同日，桐琴镇部署开展企业安全生产诚信等级评估工作。

4月24日，桐琴镇政府组织城建监察中队等部门执法人员，对该镇长安街145号违章扩建的3间店面依法进行拆除。

4月28日，桐琴镇开展“整洁城乡、美化家园”爱国卫生月活动，组织全镇70多名机关干部到工业园区打扫卫生。

5月21日，县委常委、桐琴镇党委书记王志强带领镇全体机关干部和各村书记、主任一行140多人，到义乌市佛堂镇考察学习先进经验，进一步创新思路、找准目标、拉高标杆，争取桐琴镇早日列入我省第二批小城市培育试点镇。

7月19日，桐琴镇第三届桐琴蜜梨节开幕。

8月17日，桐琴镇举行中层干部竞争上岗和一般干部双向选择活动，14名干部通过自愿报名、竞聘演讲和民主测评等环节，成功走上中层干部岗位。

9月7日，在桐琴广场举行武义县“民生大篷车”活动启动仪式。

9月27日，在桐琴广场举行新桐琴人文化艺术节闭幕式暨首届“十佳创业创新企业”、“十佳新桐琴人”评选表彰文艺晚会。

10月31日，桐琴镇召开中层以上干部会议，20多位干部分别就各自分工、分管和联系工作作梳理和总结，对照2012年的年度工作目标任务进行查漏补缺，提出针对性措施和办法，冲刺第四季度，确保完成今年重点工程项目建设和其他各项工作。

11月9日，在桐琴成立全省首个乡镇级社会科学重点调研基地。

11月19日，桐琴镇举行学习贯彻十八大精神专题报告会，邀请金华市委党校舒晓明教授为全体镇机关干部、村企党组织书记以及大学生村官作十八大报告的解读，使大家以新的精神更好地指导今后的工作。

11月30日，桐琴镇总工会举行第二次代表大会，选举产生总工会第二届委员会。

12月17日，桐琴镇政府主办，浙江达易园房地产有限公司承办的幸福对对碰相亲活动启动。

12月30日，桐琴镇社会服务管理中心、行政服务中心举行启用仪式，正式投入使用，县领导何俊有、扬霄雁、楼国康、王志强、吴维德、羊宝君、颜时拓出席。

2012年磐安县安文镇人民政府大事记

1月15日，安文镇召开第十七届人民代表大会第一次会议，县委书记周剑敏，县委常委、副县长陈海明，县人大常委会副主任陈天洪等领导到会祝贺，完成县镇人大代表选举工作。

1月28日，安文镇开展矛盾纠纷大排查、大化解工作。

同日，安文镇开展消防安全和生产安全工作。

2月2日，召开会议，在党员逐一汇报参加活动情况的基础上，组织党员互评和群众评议，进行满意度测评。

3月28日，召开加快推进新农村建设会。

同日，继续开展人代会代表议案交办工作，做好项目对接。

3月31日，召开安文镇第一季度工业园区会议。

4月6日，安文镇代表讨论进一步加强作风建设制度。

5月4日，安文镇严格按照县委、县政府年初制定的工作计划和工作部署，认真制定安文镇2012年工作规划，深入贯彻落实科学发展观。

5月10日，开展基层组织建设年及主题教育实践活动，并加快推进农村建设。

同日，继续开展大走访活动，并开展村邮站和信报箱建设。

5月15日，成立安文镇现场救护培训工作领导小组，认真开展各村、居现场救护培训工作。

6月13日，县发展改革局对安文镇至石坑里道路建设项目予以立项。

6月29日，开展“走基层、访民情、办实事、促发展”大走访活动。

同日，安文镇举办“庆七一，促和谐，共享健康幸福生活”知识讲座。

7月29日，举办安文镇“共建两富”大型文艺晚会。

7月31日，镇政府成立安文镇食品安全大整治百日行动领导小组，开展全镇食品安全大整治百日行动。

8月13日，开展认真做好矛盾纠纷大排查活动，综合“网格化管理、组团式服务”工作，推进县重点工程项目的政策处理。

同日，深入开展系列主题教育活动；做好美丽乡村先进县和省级园林城市创建工作。

9月3日，调整安文镇“平安家庭”创建活动领导小组。

9月13日，做好计划生育“三查”扫尾工作及全市基层组织建设年现场推进会相关工作。

同日，完成十八大前信访维稳及矛盾纠纷排查化解工作。

10月12日，召开中共安文镇第十四次代表大会2012年年会，强调“赶超发展、绿色发展、科学发展”，全力打造幸福和谐的品质安文。

10月30日，开展基层党风廉政建设“评星晋级”工作，学习其活动精神，进一步提升我镇农村基层党风廉政建设工作水平。

11月23日，召开残协会议，激励广大残疾人的自强奉献精神，激发残疾人工作者的热情，推动残疾人事业又好又快发展的大会。

11月26日，召开党的十八大关于社会主义民主法制建设重要论述的学习宣传，大力开展以宪法为核心的中国特色社会主义法律体系的学习宣传。

11月30日，召开残疾人联合会第三次代表大会，强调认真贯彻落实“十八大”会议精神，全面推进残疾人事业又好又快发展。

12月4日，开展“12•4”全国法制宣传日宣传活动。

2012年磐安县尖山镇人民政府大事记

1月16日，召开尖山镇十六届人民代表大会第一次会议，全体代表以高度的责任感、使命感，行使代表权利，履行代表职责。

1月31日，举办一次工业园区企业用工招聘会，各企业工作人员热情接待前来洽谈的人员，各求职者仔细寻找自己的工作岗位，前来的求职者不下千人。

2月1日，召开全县深化作风建设动员大会。学习会议精神，统一干部的思想；完善健全促实效、抓落实的工作制度；开展“走基层、访民情、办实事、促发展”下基层活动。

3月29日，举办尖山镇国土、规划管理专题培训会，全镇22个行政村的书记、主任和协管员及全体镇干部100余人参加培训。

3月31日，尖山镇对省政府组织召开的全省改善发展环境电视电话会议进行研讨，分析发展格局，努力优化发展环境。

4月5日，尖山镇深入领会安全生产、消防安全、食品药品监管工作会议精神并讨论研究并部署全镇安全生产的工作。

4月26日，举行第三届“凯越杯”青年歌手大奖赛，地点在同心广场。

同日，尖山镇举行基干民兵点验大会，来自各行各业的80名精神饱满、斗志昂扬的基干民兵参加验兵大会。

5月11日，尖山镇召开各村书记、主任会议，汇报前阶段解放思想大讨论和各村2012年创业承诺项目的进展情况，并集中交流下阶段工作计划。

5月31日，尖山镇召开全县农贸市场改造提升工作推进会，副县长徐妙芳及相关改造乡镇负责人参加会议。

6月29日，尖山镇举行全镇党建工作会议，全镇各村党支部书记、组织委员以及入党积极分子、预备党员共90余人参加会议。

同日，尖山镇召开加强汛期安全生产工作培训会，共有山塘水库巡防、易险危房巡防和地质灾害点巡防责任人员40余人参加培训会。

7月29日，尖山镇举行一期移民小区（曙光新村）最后一批次的屋基竞投，共有来自尖山、玉山、胡宅、九和等乡镇的58户农户百余人参加竞投。

8月9日，尖山镇政府组织工商、卫生防疫、城管等职能部门对镇区范围内的餐饮店进行突击检查。

8月15日，尖山镇召开安全生产会议，会议由镇长倪江航主持，镇辖所有行政村书记、主任、相关部门负责人和所有镇干部共90多人参加会议。

8月23日，尖山镇政府联合由工商、安监、食药监、卫生防疫、公安、烟草等职能部门组成的综合检查组对镇区范围内的副食粮油批发部、餐馆、煎炸摊贩、宾馆、娱乐场所等进行综合执法检查。

9月25日，成立尖山镇财政办公室。

10月18日，建立尖山镇矛盾纠纷调解服务队等组织机构，进一步深化“网格化管理、组团式服务”工作，不断完善基层社会服务管理体系。

10月29日，尖山镇尖山村排舞队代表磐安县参加金华市第4届排舞大赛，本次比赛在市人民广场举行。

11月29日，组织开展消防安全专项检查活动。

12月3日，成立尖山镇残联换届工作领导组。

12月7日，尖山镇组织召开残联代表大会。

2012年磐安县方前镇人民政府大事记

1月5日，方前镇积极开展食品安全大检查行动，深入镇内超市、农贸市场、餐饮企业和集体食堂，进行食品安全大检查。

2月6日至13日，开展春节后的集中大走访活动，全体干部要通过蹲点调研、座谈讨论、走村入户，切实解决推进新农村建设存在的问题，解决企业发展的实际困难，落实农民增收和农村发展的工作举措。

2月14日，召开班子会议，专题研究春节后的集中走访情况分类汇总情况，对走访中排摸的难题，提出解决方案。

2月29日，方前镇组织开展校园周边食品安全检查活动，重点开展“查三证”“验三期”“清三无”检查。

3月5日，方前镇党委、政府对镇机关干部在岗情况和“进村入企”大走访活动开展情况进行督查。

同日，成立小坑水库管理所、桐背水库管理所和茶潭水库管理所。

4月24日，方前镇陈岙村召开党员干部会议，建立党员关爱基金，10名党员当场捐助2600多元。

5月1日，方前镇开展“五一”期间食品安全检查活动。

5月22日，成立方前镇环境卫生管理所，促进方前镇城乡工作一体化，统筹城乡环卫工作，培养农村居民注重环境卫生的良好习惯。

同日，组建方前镇森林防火专业扑火队。

6月28日，方前镇开展以“保障食品安全，共建和谐社会”为主题的食品安全宣传活动。

7月13日，方前镇开展全民清洁日活动。

7月23日，成立方前镇食品安全大整治百日行动领导小组。

7月24日，成立方前镇现场救护培训工作领导小组，进一步加强全镇现场救护培训工作，提升现场救护培训工作水平。

7月26日，方前镇召开食品安全大整治百日行动动员会，全镇机关干部参加会议，会议要求全镇要加强组织领导和协调，成立方前镇食品安全大整治百日行动专项工作领导小组。

8月15日，方前镇开展食品安全大整治百日行动专项检查活动。

8月27日，成立方前镇企业退休人员社会化服务管理领导小组。

8月31日，方前镇在镇政府5楼会议室举行市场流通环节食品安全大整治百日行动集体约谈会。

9月29日，方前镇开展“两节”节前食品安全大检查活动，加强食品安全管理，全力保障节日期间的食品安全。

10月10日，方前镇举办一场主题为“促进文化发展共建美好家园”农民文艺汇演，为迎接党的十八大胜利召开营造良好的社会环境。

10月26日，方前镇与县食药监局的联合开展“药师下乡”活动，宣传食品药品安全使用宣传活动，清理回收家庭变质过期药品，保障群众用药安全。

11月5日，成立110千伏深泽至尖山送电线路工程政策处理领导小组。

12月6日，成立方前镇道路交通事故防范体系建设工作领导小组。

2012年磐安县九和乡人民政府大事记

1月29日，组织开展为期2个月的平安综治双月宣传活动（双月活动）。

2月10日，成立大走访活动领导小组，为确保大走访活动的顺利开展“走基层、访民情、办实事、促发展”大走访活动。

2月14日，召开全乡党员干部大会，为深入学习贯彻党的十七届六中全会和省市县作风建设工作会议精神，扎实推进我乡“秀美乡村，和谐家园”建设。

3月15日，组织开展“全民清洁日”活动。

4月20日，建立九和乡基层组织建设年领导小组。

5月4日，全乡各党支部开展基层组织建设年活动。

6月28日，召开党建知识培训会，为传达党的最新理论和政策，提高党组织的执政能力，增强党员的组织观念，规范发展党员工作。

7月24日，召开全乡120多名村两委干部培训会，全面传达贯彻省食品安全工作电视电话会议的精神，全面动员布署全乡食品安全大整治百日行动工作，在干部的层面进一步统一思想，强化认识。

7月25日，召开全乡党员干部及单位负责人会议。

7月30日，成立九和乡创建药品安全示范乡工作领导小组。

8月10日，九和乡协同尖山工商所对乡域内的部分食品经营商店进行集中排查活动，对排查中发现的两起经销过期食品的商店进行处理和整治。

8月17日，九和乡召开村书记、主任工作汇报会，各村书记、主任会议，迅速把全乡上下思想统一到县委、县政府全会精神上来，鼓足干劲，克难攻坚，确保全面完成今年各项目标任务。

同日，九和乡召集乡、村两级干部举行消防知识培训。

8月20日，九和乡8名残疾人和4名复员军人组队参加县残联、人力社保局、民政局联合开展的磐安县创建爱心城市就业洽谈暨创业项目推介会。

8月30日，九和乡组织第二届农民趣味运动会，本届运动会共有21支代表队、100余名运动员参加。

9月5日，九和乡孔潭村召开村党员干部座谈会，会议内容围绕2012年孔潭村的创业承诺项目工作和村后备干部培养制度展开。

同日，成立九和乡企业退休人员社会化服务管理工作领导小组。

10月22日，在浙江省第25个老人节来临之际，乡党委、政府分两组对九和乡90周岁以上老人进行走访慰问，向他们送上节日的祝福，并送去慰问品及慰问金。

11月11日，成立九和乡安全生产委员会。

11月12日，九和乡三水潭、后业岭与中坑村在计划生育阵地建设上投入大量资金，用于完善计生软硬件建设，更新室内制度，悬挂计生宣传牌10余块。

11月13日，九和乡召开乡人大主席团、县人大代表小组会议。

11月22日，召开党建知识培训会。

12月17日，九和乡召开十八大精神宣讲会。

2012年磐安县盘峰乡人民政府大事记

2月29日，盘峰乡党委举行第一季度理论中心组学习活动，乡党政领导班子、各村党支部书记、村委会主任、乡属单位负责人及全体乡干部共计47人参加学习会。

3月7日，盘峰乡召开第十六届人代会第一次会议代表培训会。

3月28日，盘峰乡盘溪村驻村干部召开村干部、党员代表、村民代表参加的座谈会，看望村里的3户低保户。

4月12日，在盘峰乡会议室举行磐安县第一批乡镇群众性现场救护培训，来自高二乡、维新乡和盘峰乡的40名群众参加救护培训。

4月23日，盘峰乡召开班子会议，组织乡干部学习“三集中”活动文件。

4月27日，盘峰村召开村务联席会议，通过生产路建设政策处理意见，并决定生产路建设重新进行招投标。

5月11日，全乡召开基层组织建设年推进会，布置落实有关工作。

6月18日，盘峰乡召开全体乡干部会，学习贯彻省第十三次党代会精神。

6月26日，盘峰乡开展老党员和困难党员走访慰问活动，主要走访20名在1965年前入党的老党员和4名家庭比较困难的党员，给他们送上慰问礼品以及党和政府的关怀。

7月1日，盘峰乡以“喜迎十八大、争创新业绩”为主题，认真开展丰富多彩的“四项活动”。

7月4日，盘峰乡召开“比服务、比业绩、比奉献，争当群众信得过的农村干部”活动表彰大会，经基层党组织推荐、广大群众投票、乡党委审核产生的10名村干部受到隆重表彰。

7月16日，盘峰乡召开表彰10名“群众信得过的农村干部”大会。

7月25日，成立盘峰乡农民负担监管领导小组及办公室，为更好推进农民负担阳关监管行动，切实加强对农民负担的监管。

8月6日至16日，开展新型农村合作医疗免费健康体检工作。

8月10日，成立盘峰乡重大药械安全事故应急处置小组。

8月19日，盘峰乡扎实开展“全民清洁日”活动。

8月27日，盘峰乡多举措深入开展食品安全大整治活动。

9月1日，盘峰乡机关工委工会和东阳市横店镇机关工委联合举办活动，东阳市委常委、横店镇党委书记朱志林，磐安县人大常委会副主任虞贵荣参加活动。

9月28日，盘峰乡举行婺州南宗祭孔大典暨榉溪孔氏家庙对外开放仪式，市政府副市长林丹军、世界遗产文化中心秘书长赵学勇、省旅游局副巡视员徐海、省儒学学会执行会长吴光以及陈蕾妍、黄福良、陈国标等县领导参加开放仪式，并观看婺州南宗祭孔大典。

11月7日，盘峰乡组织乡水利、食药监督、卫生等人员对全乡4个饮用水长效管理村开展检查活动，检查内容为村饮用水净化设备是否正常运行、消毒药水是否正常添加、净化设备管理机房卫生及村水费收缴情况。

11月21日，盘峰乡召开全乡书记主任学习贯彻十八大会议精神会议，同时对当前的工作进行部署，着重强调食品安全工作，食品安全事关民生在“十八大”中备受关注，牵动着千家万户。

11月26日，盘峰乡开展安全生产大检查活动，由乡长傅韩珍带队，结合安全生产、食品药品、消防安全等对全乡对进行拉网式大排查。

12月6日，调整盘峰乡食品药品安全工作领导小组。

12月12日，在盘峰乡举行全县食用菌生产现场会，会议总结磐安县食用菌生产的成效与做法，分析存在的问题。

2012年磐安县双峰乡人民政府大事记

2月6日，建立“走基层、访民情、办实事、促发展”大走访活动领导小组。

2月9日，召开双峰乡全乡干部大会。

3月4日，成立“扶残助残爱心乡镇”领导小组。

3月7日，召开双峰乡第十六届人民代表大会第一次会议。

3月12日，双峰乡开展“美化双峰”、“见缝插绿”、“绿色家庭”植树造林活动。

4月10日，双峰乡党委召开基层组织建设年活动动员大会，对开展基层组织建设年活动进行全面动员部署。

4月28日，双峰乡党委书记卢旭萍陪同副县长陈海明，对横山农家乐经营户进行食品安全大检查，主要检查农家乐食物有无变质、有无使用非法食物添加剂、是否使用地沟油等方面。

5月24日，双峰乡召开民主生活会，会上，每位班子成员都认真剖析自身存在的问题，书记卢旭萍对每位乡班子成员进行客观地点评。

6月25日，组织村四委干部参观下青畈新区建设，参观进士牌坊、新屋基、登科第、廿十四间等古民居保护抢修情况。

6月26日，组织开展党史和历史文化村保护知识讲座，双峰乡邀请县农办主任孔令维，参加的有全乡生产队长以上党员干部、各村党建对象等200余人。

6月29日，双峰乡举行庆“七一”农民文艺汇演，来自各村的20多个节目先后登台亮相。演出过程中，还穿插生态环保、安全生产、秀美乡村、基层组织建设等知识竞赛抢答。

7月1日，双峰乡党委结合实际召开全乡党员干部大会暨庆祝中国共产党成立91周年纪念大会。全乡261名党员干部参加会议。

7月23日，成立双峰乡食品安全大整治百日行动领导小组。

7月26日，成立双峰乡药品安全示范乡创建工作领导小组。

8月9日，建立双峰乡农村土地承包纠纷调解组织。

9月12日，双峰乡大皿村举办由图书馆周梅玲主讲的“如何快乐阅读”讲座，受到村民的欢迎。

9月24日，设立双峰乡财政办公室。

10月19日，双峰乡对五处特色古建筑开展修缮工作，更好地保护大皿村的古建筑，五处特色古建筑分别为：进士台门、前园三层楼、胡公堂、供销社和希揖公祠。

10月22日，建立双峰乡矛盾纠纷调解服务队。

11月6日，召开乡班子和乡干部会议及时传达《关于村级集体组织公费订阅报刊实行限额制度的意见》的文件精神。

11月21日，召开第三季度工作例会暨党的十八大精神贯彻和农村党员“五星”管理推进会。

12月14日，组织开展“12.4”全国法制宣传教育活动。

舟

山

2012年定海区城东街道办事处大事记

1月5日，街道党工委下属支部舟山市装饰装修行业协会党支部的义工服务队在城东街道组织科、东园社区相关人员的陪同下，走访慰问东园社区5户困难家庭，并在送上慰问品和新年祝福的同时，带去义务维修服务。

3月9日，团市委副书记付雄一行3人，到街道桔南社区专题调研闲散青少年群体服务管理和预防犯罪试点工作。团区委相关负责人陪同调研。

4月21日，团市委、市义工联组织10余名文化义工到城东街道洋岙社区沥浦青庙，开展送戏进网格活动。

4月25日，街道檀东社区和畚金社区联合早教机构，举行“快乐服务、孩子至上”的音乐沙龙活动。

5月16日，张明超到城东街道颐景园社区，实地视察党建文化长廊建设情况，调研基层组织建设年和创先争优活动。

6月13日，城东街道与区献血办联合举行无偿献血活动纪念世界献血者日。街道党委书记鲍治杰，办事处主任孙艳青带头献血，分管领导李玲芬和城管科等15人井然有序地维护现场秩序。

7月12日，在海滨公园举行定海区第二届职业技能大竞赛，各社区居民前去参观。

8月15日，召开城东街道残疾人联合会第六次换届选举大会。共有47名正式代表、60名列席代表参加，区残联纪检组长陈晓红，街道党工委书记鲍治杰等出席。

8月16日，召开城市社区工作会议。15个城市社区的112名城市社区干部（包括劳动保障专管员）、街道城管科工作人员参加会议。

8月17日，区委书记傅良国带领区委办、区政法委、区文明办等相关负责人调研城东街道“法治定海”建设工作开展情况。区委副书记、政法委书记夏凯慧，区委常委、宣传部长洪碧，区委常委、区公安分局局长刘涛、区人民法院院长赵晖，区人民检察院检察长虞英波参加调研。

9月11日，定海区人大常委会调研组一行在区人大常务副主任沈振新的带领下，到城东街道就城乡最低生活保障和其他特殊困难群体救助工作的开展调研。城东街道办事处主任孙艳青、街道和部分社区（村）的民政工作负责人参加调研。

9月14日，召开新当选人大代表座谈会。座谈会由定海区人大常委会代表工委主持，区人大常委会副主任郝理金出席并作重要讲话，城东街道和环南街道新当选的十余名人大代表参加座谈。

9月21日，举行由区科协主办，城东街道科协承办的定海区第十届科普宣传活动。区科协、区农村卫生协会、区环保协会、区土木建筑协会、区药协会、区质量协会、区司法局、区科技局、区农林局，区安监局、区海洋与渔业局等十多家单位以及街道阳光园社区、畚金社区等参加本次活动。

10月11日，区委常委、宣传部长洪碧一行到城东街道调研指导公民意识教育实践活动试点工作。城东街道党工委副书记、街道办事处主任孙艳青，区社科联副主席张屹，城东街道党工委宣传委员周斌等陪同调研。

10月17日，市纪委曹进高主任一行在区纪委陪同下到城东街道督查《农村基层干部廉洁履行职责若干规定》（试行）贯彻落实情况。

同日，区委宣传部副部长曾莉群、区社科联副主席张屹等领导到城东街道调研党教理论和社科工作。街道党工委宣传委员周斌陪同调研。

11月9日，区委书记傅良国带领区委政法委、区人民法院、区人民检察院、区司法局、区城管局等相关部门负责人到城东街道调研“法治街道”建设工作。区委副书记、政法委书记夏凯慧，区委常委、宣传部长洪碧，区委常委、区公安分局局长刘涛参加调研。

11月26日，举行定海区公民素质教育实践活动启动仪式。

12月3日，开展“弘扬宪法精神、服务科学发展、建设法治城东”宣传活动。

2012年定海区解放街道办事处大事记

1月11日，街道顺利通过省专家组的考核，成为定海区第二个省级卫生街道。

1月13日，召开党工委工作会议。各党组织书记、副书记，各社区（村）主任、副主任，机关全体干部等参加会议。

1月17日，街道举行迎新春趣味运动会。此次运动会共有街道机关、各社区（村）将近200人参加。

2月2日，区委常委、宣传部长洪碧一行到街道伍玖文化创意中心调研。

2月29日，街道组织街道、社区工作人员开展学雷锋集中便民服务系列活动。

3月5日，街道邀请区人大副主任郝理金做专题学习辅导。全体街道机关干部、社区（村）干部、各党组织负责人共130余人参加。

3月14日，区政协主席车志宽对街道进行调研走访。

3月16日，举行“奉献青春、服务群众”主题演讲比赛。14名社区大学生村官、机关青年干部参加比赛。

4月1日，街道组织60余名机关、社区干部，党员群众代表参加区里组织的清明节祭扫烈士墓活动。

4月13日，街道举办一期春季养生知识讲座。40位居民参加学习。

5月3日，区委书记傅良国带领区属有关单位负责人到街道调研基层组织建设相关情况。

5月24日，举行“我们的价值观”学习讨论会。全体机关干部参加会议。

5月25日，召开市级食品药品安全示范街道创建工作会议。城管科人员、10个社区及茅岭村公共安全联络员都参加会议。

6月5日，举行“践行雷锋精神、志愿者在行动”系列服务活动。

6月20日，举行三防水利工作会议。班子成员、相关科室、各社区、村书记、主任参加。

7月4日，成教办暑期走访社区学校。

7月24日，街道邀请区食安办朱科长举办一场食品安全知识讲座。有学生及家长90余人来街道听讲。

7月25日，区人大代表第十一小组召开定向视察工作座谈会。第十一小组部分代表、解放城管执法中队领导、解放街道城管分管领导和部分社区城管干部参加会议。

8月2日，举行浙江省第十三次党代会精神学习会。近50名机关干部参加。

8月22日，举行街道残疾人联合会第六届代表大会。会议产生以胡建华为主席的新一届残联主席团委员，并一致通过聘请街道办事处主任沈雁为解放街道第六届残联主席团名誉主席。

9月18日，街道以“侨缘连心、爱心中秋”为主题，继续开展“践行雷锋精神、志愿者在行动”主题系列活动。邀请五星电器义工服务队上门为西园社区的4户侨台胞家庭进行志愿服务。

9月24日，举办“迎中秋、庆国庆，喜迎十八大”暨第七届“社区邻居节”闭幕晚会。

9月26日，组织辖区内20余名侨台胞开展“笑迎中秋国庆双节，喜看家乡发展新貌”活动。

10月16日，街道各社区工作人员在社区书记的的带领下对辖区内的老年人开展慰问活动。

10月23日，召开老年协会换届选举会议。约有80余名老年协会委员、社区老年代表参加此次会议。

10月30日，街道爱卫办举办“预防老年人意外伤害”知识讲座。

11月7日，街道团工委号召团员青年清洁环境卫生，喜迎十八大。

11月8日，街道全体机关干部收看十八大开幕。各社区也纷纷组织社区干部、党员群众进行收看。

11月23日，举行党的十八大精神学习报告会。街道机关干部、社区干部、退休老干部，以及两新党组织负责人等126名党员骨干参加。

12月9日，双拥戏曲角举办庆祝成立十周年汇演晚会。

2012年定海区环南街道办事处大事记

1月5日，召开双拥工作座谈会。邀请辖区部队海军舟山基地政治部、海军舟山基地二支队、区人武部、定海区预备役高炮营等10个部队的领导，街道王书记、夏主任、人武部李部长、田副部长参加会议。

1月12日，召开迎新春老干部座谈会。20多名退休老干部欢聚一堂，共贺新春。

2月10日，定海区人口和计划生育局局长一行4人，对街道的“家庭幸福促进计划”工作进行调研。街道分管领导、计生办同志、试点单位——蓬莱社区参加调研会议。

3月23日，举行“家庭幸福促进计划”暨“生育关怀——情暖夕阳”活动启动仪式。街道计生办、杭州银行舟山分行工作人员及社区群众代表共计200余人参加活动。

4月12日，区政协副主席方家慧带领区农林局、区新农办等相关人员来街道调研庆丰村“城中村”改造情况。街道党工委副书记、纪委书记沈雁，党工委副书记陈小海和庆丰村书记杨大志及改造小组相关负责人参加调研座谈。

4月26日，区委副书记夏凯慧一行到街道调研基层组织建设。

5月15日，街道邀请区流管局的专家在流动人口集中的半岛船厂举办第一场流动人口法制讲座。

5月20日，举行第三届全民健身运动会。来自街道机关、各社区、村和部分企业的12支代表队、172名运动员参与运动会。

6月1日，召开社会管理综合治理工作专题会议。街道党工委副书记、办事处主任夏泉、街道党工委副书记陈小海等领导出席，街道综治委成员单位、各社区（村）书记、主任参加。

6月15日，街道组织街道、社区、村干部和辖区单位职工、居民群众在舟山市中心血站开展无偿献血活动。

6月20日，举行建材广场党支部成立仪式暨迎“七一”网格现场服务活动。区委组织部领导、街道领导出席，社区（村）党员代表、爱家建材广场党支部所有成员、网格服务队员等参加活动。

7月10日，市流管局监督指导处副处长金斌带领的流动人口、公安、计划生育联合检查小组到街道检查街道流动人口服务管理工作开展情况。街道党工委副书记陈小海陪同检查。

8月23日，举办人民调解员培训。各社区（村）、辖区企事业单位的人民调解员、法制宣传员、和谐促进员及部分村民代表100余人参加培训。

8月30日，街道人大工委召开第二届议政会第二次会议。议政会成员听取街道办事处2012年上半年工作完成情况、下半年工作安排和第一次成员会议期间提出的18条意见、建议及办理情况。

9月9日，街道司法所联合浙江六和（舟山）律师事务所在港务广场开展法律服务进社区活动。

10月18号，街道计生协联合各社区、村在东山社区活动中心发起的抵制“两非”万人双向签名承诺活动。街道领导、各社区、村计生干部、计生协骨干和新老居民100余人共同参与。

10月31日，街道老年人协会正式成立。

11月13日，开展“十八大”安全生产检查。

12月19日，市国卫办、区爱卫办等相关单位对街道控烟工作进行检查。

2012年定海区昌国街道办事处大事记

1月18日，举办“你我同心、幸福昌国”迎春联欢会。来自机关、社区、1890的干部职工、社区网格员、宣讲员共百余人欢聚一堂，喜迎新春佳节。

2月7日，街道党工委召开2012年工作会议。会议由街道办事处主任吴青青主持，街道三套班子成员、全体机关和社区干部及部门辖区单位代表参加此次会议。

2月9日，举行学习区党代会、区“两会”精神专题报告会。街道机关干部、社区干部、直管党员、居民骨干400余人参加报告会。

3月6日，组织辖区8个社区的50多位妇女在中大古街开展“彰显古街魅力，展示巾帼风采”迎“三八”妇女节活动。

3月22日，举办“你我共参与，消除结核危害”为主题的健康知识宣传。

4月5日，定海区委常委、宣传部长洪碧参加“进村入企”大走访活动。昌国街道党工委书记蔡满振、副书记沈小岳陪同走访。

4月16日，建立社区城管工作站。标志着城管进社区工作机构正式投入运转，成为目前定海区首个社区城管工作站。

4月20日，举行“理论轻骑兵网格行”启动仪式。区委宣传部副部长曾莉群、街道党工委书记蔡满振等相关领导出席，理论轻骑兵五支草根宣讲团共100余名宣讲员代表参加活动。

5月5日，举办快乐的蛋蛋闹古街——相约中大街亲子活动之立夏篇活动，来自八个社区的24组家庭参加该活动。

5月9日，召开信息宣传工作培训会。定海区新闻中心资深总编刘胜刚受邀上课，街道党工委副书记沈小岳、党工委委员杨维出席，街道信息员、社区副主任和社区信息员等近50余名干部参加培训。

5月17日，街道计生协举办“晒晒我家的幸福生活”主题演讲比赛。

6月20日，召开贯彻省十三次党代会精神学习会.街道全体机关干部、社区干部、社区直管党员300余人参加会议，区人大副主任郝理金应邀授课。

6月21日，街道联合定海区食品药品安全监督管理局开展以“共建诚信家园，同铸食品安全”为主题的食品安全大型集中宣传活动。

7月16日，召开2012年半年度工作会议。街道班子成员及各社区负责人、街道中层以上干部参加会议。

8月11日，街道计生办联合“红黄蓝”早教中心开办一场名为“慧心父母”三优学堂，吸引百余名0—3岁婴幼儿家长参加。

8月28日，市委副书记、市政法委书记张兵在市司法局局长周继跃、区委副书记夏凯慧、区司法局局长顾安忠等的陪同下，到街道司法所调研考察星级司法所的创建工作。

9月6日，召开“邻里互助组”工作推进会，由党工委副书记沈小岳主持会议，街道党工委书记、全体班子成员及各社区主要负责人参加会议。

9月22日，街道计生办参加由红黄蓝早教中心举办的“三优”和谐家庭大型亲子音乐庆典。

9月26日，举行“走进中大街近景魔术表演暨《中国魔女——严荷芝》现场签名售书”活动，区委副书记夏凯慧等相关领导应邀出席。

10月12日，开展“关爱女孩，幸福家庭宣传暨抵制‘两非’双向签名”活动，营造自觉抵制“两非”行为的良好社会氛围。

10月15日，区委常委、宣传部长洪碧到街道香园社区、留方社区调研指导社区宣传文化工作。

11月8日，街道团工委组织部分机关青年、社区团员青年和基层团干部一起观看党的十八大开幕式，并围绕十八大报告开展“寄语十八大青春跟党走”座谈会。团区委副书记蔡莹受邀出席。

11月16日，区委常委、宣传部长洪碧带领区委宣传部、区文明办有关负责同志来到街道进行实地调研。

12月20日，举行十八大精神专题报告会暨第四季党员骨干轮训。会议由街道党工委副书记沈小岳主持，并邀请市十八大精神宣讲团成员、浙江海洋学院党委副书记黄建钢博士向与会的街道机关工作人员、各社区党组织负责人、辖区党员干部近300余人进行讲解。

2012年定海区盐仓街道办事处大事记

1月6日，开展无偿献血活动。来自辖区机关、社区、企业和部队的172名献血志愿者参加本次义务献血活动。

1月13日，召开老年体协工作座谈会。各社区老年体协干部参加会议。

2月8日，召开2012年度党工委工作会议。驻盐仓各部队首长、街道各事业单位负责人、驻盐仓各基层站所负责人、盐仓管委会全体班子成员、2011年度产值500万元以上的企业负责人、参加表彰的各类先进、全体社区干部、部分区级党代表、议政会成员代表和全体机关干部共两百余人参加会议。

3月6日，举行学习全区重要会议精神专题报告会。邀请区人大常委会副主任郝理金作专题报告。

3月14日，组织各社区（村）、企事业单位负责人、安全生产管理员和公共安全员召开安全生产暨消防安全工作会议。

3月15日，召开妇女儿童保健工作会议。相关单位负责人及各社区联络员、妇幼工作人员、责任医生代表等20余人参加会议。

4月9日，区建设局黄耀一行到盐仓街道开展“进村入企”走访活动。

4月13日，召开校（园）安全工作会议。来自辖区内的各中小学校长、幼儿园负责人参加此次会议。

5月16日，市委组织部部长张明超一行到盐仓街道调研基层组织建设年和创先争优活动。区委书记傅良国、区长庄继艳、区委组织部长郑洪陪同调研。

5月30日，召开安全生产“打非治违”专项行动暨“全国安全生产月”活动动员会。各社区（村）及50余家企事业单位安管员和部分企业负责人参加会议。

6月20日，街道禁毒办召开社区戒毒（康复）及部分在册人员座谈会。街道禁毒办、派出所民警、社区干部与社区戒毒（康复）人员进行面对面交流谈心。

7月25日，市环保局生态处洪志标处长带领验收专家小组对街道创建省级生态街道工作进行预验收。

8月16日，街道残联召开残疾人联合会第三次代表大会。由党工委副书记徐君芬主持，选举产生街道残联第三届主席团委员和出席定海区残疾人联合会第五次代表大会代表以及主席团主席，推举执行理事理事长、理事。

8月17日，市纪委常委史舟海到盐仓调研非公企业党风廉政建设。区纪委常委吕凌飞、盐仓街道党工委副书记陈培植陪同调研。

9月24日，区人大常委会副主任张岳平带领区人大财经委领导，到盐仓街道调研招商引资工作情况，并召开座谈会。街道党工委书记、管委会主任章跃军、人大工委主任潘信放陪同调研。

9月26日，召开“盐仓街道安全、信访、综治、维稳暨十八大安保工作会议”。全体机关干部，各社区书记、主任、治保主任，规模以上企业、危化企业，驻盐仓相关单位参加会议。

10月18日，区委宣传部副部长曾莉群一行到盐仓街道调研党委中心组理论学习情况，并召开座谈会。街道党工委副书记徐君芬、党工委宣传委员何琳娜等陪同调研。

10月26日，副区长张伟平，区教育局局长叶史平、副局长庄建军一行到街道调研城西小学与城西幼儿园建设相关情况。

10月30日，区委宣传部副部长、区新闻中心主任何斌一行到街道调研新闻舆情宣传工作。街道党工委副书记徐君芬，宣传委员何琳娜陪同调研。

11月8日，街道团工委组织街道和各社区的青年团干部在街道三楼会议室集体收看党的十八大开幕式。

11月19日，召开2012年第四季度机关工作例会。街道全体机关干部、管委会中层以上干部及各社区书记、主任参加会议。

12月6日，组织全体机关干部、社区干部和辖区各企事业单位共212余人，举行党的十八大精神专题学习会。并邀请区人大常委会副主任郝理金作专题报告。

12月27日，召开2013年度工作务虚会。街道班子成员，各社区书记、商会会长出席。

2012年定海区金塘镇人民政府大事记

1月14日，召开在甬金塘籍各界人士座谈会。

1月18日，召开社区干部迎春座谈会。管委会副主任李军、范纲、夏邦存、王树辉，各处室领导及十二个社区书记、主任参加会议。

2月7日，区委书记、金塘管委会书记、主任傅良国，区委副书记夏凯慧一行到金塘镇调研。

2月29日，组织开展学雷锋义务便民服务活动。

3月13日，召开双礁泊塘违法违章建筑专项清理动员大会。会议由管委会副主任李军主持，全体机关干部及社区书记、主任、联络员参加会议。

3月21日，开展“文化人走文化路，看文化定海”主题活动。区作家协会、摄影家协会及美术协会近20名文艺工作者进行集中的采风活动。

3月28日，省海洋渔业局局长赵利民一行调研岛内重点工程项目。市海洋渔业局副书记朱永能，管委会副主任陈剑、范纲、夏邦存陪同调研。

4月1日，开展“瞻仰红色丰碑、弘扬爱国精神”清明扫墓活动。

4月11日，副市长江林一行到金塘调研。市海关、市口岸海防打私办等相关部门负责人，副区长、管委会副书记、副主任陈剑，管委会副主任李军陪同调研。

4月27日，召开“家庭幸福促进计划”动员大会。镇计生办干部、各社区计生协会负责人、计生服务员、协管员、流动人口管理员、计生工作信息员等60余人参加会议。

5月16日，管委会召开政法（综治）信访工作会议。会议回顾总结上阶段政法信访工作，分析研判当前面临的社会稳定形势，安排部署下阶段政法、信访各项工作。

6月1日，召开两新组织党建工作标准化认证培训会，共20余家企业党组织负责人参会。

6月13日，市司法局常务副局长刘英凡一行在区司法局领导陪同下到金塘调研。管委会副调研员徐国安，镇党委副书记王玮、镇司法所所长陈伟江等陪同调研。

6月29日，举办庆祝建党91周年暨微型党课大比武活动。

7月3日，区“百日攻坚”领导小组到金塘考核检查“百日攻坚”行动进展情况。

7月18日，召开2012年上半年人口和计划生育工作形势分析会。管委会副主任、镇党委书记张立出席并作重要讲话。

7月27日，召开半年度工作会议。管委会副科长以上机关干部及金塘各社区、企业、事业单位代表参加会议。区委书记，金塘管委会书记、主任傅良国出席并作重要讲话。

8月2日，副区长、管委会副书记、副主任陈剑在经济发展处处长王金康陪同下，检查金塘大桥沿线重点船舶修造企业无动力防抗台工作。

8月17日，金塘镇侨台联合会组织全镇各社区统战侨务联络员、辖区内重点侨眷代表等20余名人员赴岱山县联谊考察。

9月2日，金塘镇商会第二届第一次会员大会在管委会大会议室里隆重举行。区工商联、管委会各处室负责人、岛内各行业以及工商企业界代表等共百余人参加会议。

9月6日，组织2012年度“无偿献血，奉献爱心”活动。共200多名镇村干部、企事业单位职工和热心群众参与此次义务献血，献血总量约为61300毫升。

10月26日，镇计生协会组织开展“捍卫女性生命权益，自觉抵制‘两非’行为”为主题的宣传服务活动。

11月8日，市流动人口服务管理局局长朱晓明一行调研指导金塘流动人口服务管理工作。区政法委副书记、区流动人口服务管理局局长曹志栋等陪同调研。

11月13日，市委常委、宣传部长周伟江一行到金塘检查、指导重点建设项目推进工作。区委副书记、区长庄继艳，区委常委、宣传部长洪碧，副区长、管委会副书记、副主任陈剑等陪同调研。

12月20日，组织宣传干事、老干部讲师团、社区宣传员等人员，参加全区推进十八大精神基层宣讲培训班。

12月28日，召开镇计生协会第三次会员代表大会。管委会副主任、镇党委书记张立、区人口计生局副局长邵燕红、区计生协会秘书长夏雅芬等领导出席。

2012年定海区白泉镇人民政府大事记

1月12日，召开综治信访专题会议。来自全镇各社区的治保主任、信访干部参加会议，镇党委委员邬学文出席，会议由镇综治办主任林杰主持。

1月17日，定海区委副书记、区长庄继艳进行春节慰问。庄区长一行主要走访慰问柯梅社区的困难职工李珊芬、白泉社区的困难党员王亚仙、皋泄社区的困难残疾人王定富。

1月19日，举办白泉镇第三届迎新春机关体育运动会。白泉镇党委书记黄耀、镇长张晖、人大主席张一平等党政班子领导参加这次活动。

2月16日，召开班子成员民主生活会。邀请区委组织部、区纪委的领导参加。

2月24日，市、区派驻白泉镇的8名农村指导员到岗并参加迎新工作会议，同时区新农办副主任苗世军、镇党委副书记董世龙、镇新农渔村联络员叶英军、2011年度农村指导员代表及各社区书记也参加会议。

2月29日，共青团定海区白泉镇第十四次代表大会顺利闭幕。会议选举产生第十四届镇团委书记、副书记及委员会委员。

3月2日，召开2012年第一季度党员骨干轮训大会。镇党委书记张晖、各社区（村）700余名党员骨干、网格组长及村民代表参加轮训会。

3月14日，举行镇党委工作会议。白泉镇党委班子成员、镇人大政府组成人员、镇第十三次代表大会正式代表，各社区书记、企事业单位支部书记等参加会议。

3月16日，区人大常委会副主任张伟旭及部分人大代表，对今年小型农田水利事业发展情况进行调研。

4月24日，召集全体机关干部、社区（村）干部召开纪律作风整顿大会。会议由镇长裘海祖主持。

6月20日，组织召开省第十三次党代会精神传达会议。镇机关中层以上干部、各社区主要干部、两新组织党组织负责人参加此次大会。

6月21日，举行“民韵古镇•律动当代”白泉镇民俗文化艺术节暨“唱响定海”天翼杯白泉镇海洋之韵综艺汇演。舟山市定海区委常委、宣传部长洪碧、副区长张伟平、区文化新闻出版局局长张交和、白泉镇党委书记张晖、镇长裘海祖等领导出席。

7月12日，镇纪委书记董世龙带领全镇社区书记、主任、经济合作社社长等30余人到定海看守所警示教育基地开展廉政警示教育活动。

7月19日，举行“七一”党员重温入党誓词暨新党员入党宣誓仪式。镇机关第一、第二支部全体党员，各社区、企事业单位预备党员近百名党员参加宣誓仪式。

8月13日，区人大常委会副主任张岳平一行到白泉镇调研上半年国民经济和社会发展计划运行情况、财政预算上半年执行情况等。白泉镇镇长裘海祖、人大主席张一平陪同调研。

9月26日，召开第三季度网格民情分析会。镇班子成员、社区书记、主任、各村经济合作社社长以及白泉国土、城管、城建等各相关负责人参加本次会议。

9月28日，舟山市委组织部部长张明超到白泉镇金山社区调研并指导基层组织建设年和创先争优工作。区委书记傅良国、区委组织部部长郑洪陪同调研。

10月16日，邀请定海区计生指导站医师李彩女，举办青春期健康知识讲座，120余名中学生参加讲座。

10月19日，召开非公企业书记（党建指导员）业务培训工作会议。此次培训邀请区委组织部两新科科长黄小刚进行授课，60余名非公企业支部书记及党建指导员参加此次培训。

11月9日，区委书记傅良国带领区委政法委、区人民法院、区人民检察院、区纪委、区司法局、区城管局、市国土局定海分局、定海规划处、区民宗局等相关部门负责人到城东街道调研“法治街道”建设工作。区委副书记、政法委书记夏凯慧，区委常委、宣传部长洪碧，区委常委、区公安分局局长刘涛，区法院院长赵晖，区检察长虞英波等参加调研。

12月13日，省委办公厅副主任吴伟平一行到白泉镇调研，副区长王树辉、白泉镇党委书记张晖、镇长裘海祖、副书记董世龙等陪同调研。

2012年定海区岑港镇人民政府大事记

1月3日，召开2012年岑港籍干部迎新春座谈会。

1月12日，召开2012年网格长迎春座谈会。来自全镇6个社区32名网格长参加会议。

1月19日，岑港镇人大主席苏忠斌、镇党委副书记夏贤明、镇党委委员舒海增带着慰问金亲切看望全国劳模陈阿盛、省级劳模费合意、市级劳模夏养琴、夏伏贤。

2月9日，召开2011年度党政领导干部班子民主生活会。会议由镇党委书记张立主持。

2月15日，召开第十一次妇女代表大会，来自全镇各社区、企事业单位和各行各业各条战线的55名妇女代表参加会议，区妇联副主席顾益君到会表示祝贺，镇党委书记张立代表镇党委作重要讲话。

2月24日，举行市第六次党代会精神学习会。来自镇机关全体干部、企事业单位党组织负责人参加会议。

3月16日，召开共青团岑港镇第十四次代表大会。大会选举产生共青团新一届委员会，张程同志当选为书记，徐捷同志当选为副书记。

3月30日，召开网格工作集中走访部署会。镇机关干部、社区干部、以及各网格队员参加会议。

4月11日，区长庄继艳带领区属相关部门负责人，调研重大项目推进和“百日攻坚”情况。

4月23日，区审计局局长周兆军、党组书记姚洪波带领区审计局干部开展进村入企大走访活动。

5月9日，组织综治、司法、交通管理、计生、食品、公共卫生等部门联合开展“法治定海建设年”宣传活动。

5月17日，定海区委、区政府下派马目黄金湾水库移民安置区工作组10余人进驻岑港，帮助指导岑港镇党委、政府做好黄金湾水库安置区安置房分配工作。

6月15日，召开贯彻落实省第十三次党代会精神学习会。镇机关干部、社区主要干部、企事业单位负责人参加学习会。

6月29日，举行纪念建党91周年表彰大会。会议由镇党委副书记、镇长吴红卫主持，有镇机关干部、各社区书记、主任、支部书记、企事业单位党组织负责人、新吸收的预备党员参加会议。

7月9日，区纪委常委吕凌飞带领区基层组织建设年和创先争优活动督查组一行对基层组织建设年和创先争优活动开展情况进行督查。本次督查采取召开汇报会、座谈会、查阅文件资料和实地明察暗访等形式进行。

8月27日，召开镇全体机关干部、社区书记参加的抗台动员大会。

8月28日，区委书记傅良国带领区委办、区政法委、区文明办、区信访局等相关负责人调研“法治定海”建设工作开展情况。

8月31日，举行残疾人联合会第六次代表大会。区残联副联事长夏志兵，镇党委书记邵启明，镇党委副书记、镇长吴红卫等出席。

9月5日，召开食品安全大整治百日行动动员及约谈、培训会议。就全镇食品安全大整治百日行动作出部署。

10月12日，召开乡镇文明指数测评工作部署会。镇机关干部、社区书记及市属、区属驻岑港各职能部门单位负责人参加会议。

10月23日，召开“喜迎十八大、争当排头兵”网格走访活动动员会。由镇党委委员夏良军主持，全体机关干部、社区书记、主任、网格管理员参加会议。

11月8日，组织广大干部群众用各种不同方式收听、收看中国共产党第十八次全国代表大会的开幕式。

11月16日，举行主要领导干部调整迎送会。欢送老书记邵启明到区府办任职，迎接镇党委副书记、镇政府主要负责人朱朝辉到岑港工作。

12月7日，举行规模较大的“法治岑港•和谐共享”公民素质教育实践月环镇巡游宣传活动。岑港镇党委副书记、镇政府主要负责人朱朝辉主持活动启动仪式。

12月18日，举办宣传党的十八大主题文艺晚会，300多名群众观看演出。

2012年定海区干览镇人民政府大事记

1月31日，日本烧津市政府代表团一行5人，在副市长山田宁的带领下参观新建社区。

2月7日，召开第十三次妇女代表大会。48名来自全镇各行各业、各条战线的妇女代表出席。

2月9日，召开党委工作会议，并把综治、安全、计生、信访等4个专题会议也一起打包召开。

3月16日，副市长朱世强在市政府副秘书长戴登禄、副区长张伟平的陪同下，到新建社区开展指导调研工作。

3月20日，区人大常委会张伟旭副主任率调研组一行调研小型农田水利建设工作。区水利局、区水务局领导陪同调研，涉小农水社区主要负责人参加此次调研。

3月23日，召开全镇“进村入企”大走访活动及重大项目推进“百日攻坚”行动动员大会。动员全镇机关、社区干部做好该镇4个重点建设项目的前期政策处理工作。

4月20日，区长庄继艳一行到干览镇调研“百日攻坚”项目情况。党委书记方思宏、镇长袁燕江、舟山水产品交易中心建设开发管委会主任姚运海、副主任王茂叶等陪同调研。

4月27日，召开“基层组织建设年”专题培训会。各社区党支部书记、企事业单位党支部书记、镇商会党委和非公企业联合党支部负责人及党务工作指导员、党务工作者共29人参加培训会。

5月17日，召开工会代表大会。选举产生14名区工会第十一次代表大会的工会代表。

6月1日，镇妇联联合团委开展“关爱儿童，放飞希望”的走访慰问活动。

6月26日，团省委副书记朱斌、学校部部长陈继胜一行到新建社区调研。

6月29日，开展以“争当浙江舟山群岛新区排头兵”实现“我们的价值观”为主题的“微型党课”比赛活动。来自镇机关、社区及企业党支部的12名党员参加。

7月3日，区委书记傅良国和区属有关部门负责人到干览镇开展调研。

7月20日，组织开展农渔村社区（村）党员骨干轮训——学习省第十三次党代会会议精神。特邀请区人大的郝副主任进行授课，全镇118名党员参加此次轮训。

8月17日，组织开展村民代表轮训。特邀请区民政局的张局长、镇成校的严校长及镇司法所张所长进行授课，全镇90余名村民代表参加此次轮训。

8月21日，北京市丰台区青年企业家考察团到新建社区参观考察。团区委书记杨松、副书记蔡莹等陪同调研。

8月29日，召开残疾人联合会第五届代表大会。区残联陈晓红、干览镇党委副书记、镇长袁燕江、镇党委委员熊永春等领导及40名残疾人代表参加。

9月12日，区农房委相关领导到干览镇召开农房集聚引导政策座谈会。各社区代表及镇城建办相关人员参加此次会议。

9月27日，召开干览镇基层党建项目申报交流会。各社区党支部、两新党支部、事业单位党支部及项目监督领导小组成员参加此次汇报交流会。

10月11日，干览镇工会配合区工会职工流动服务队展开一次“送法律下乡”活动。

10月18日，由各县区女职委负责人组成的调研小组在市总工会女职委王超英副主任的带领下，到干览镇开展女职委工作调研。

11月8日，组织机关和社区干部收看十八大开幕式盛况，畅谈学习十八大报告。

11月15日，组织部分社区理论骨干代表，到舟山警备区73235部队80分队，与部队官兵一起开展骨干理论学习“十八大精神”座谈会。

11月28日，镇城建办邀请舟山市国土资源局定海分局和舟山市规划局定海分局专业人员对干览镇及六个社区的私人建房审批工作人员开展专业培训。

12月19日，组织开展“学习党的十八精神报告会”。100多位党员骨干听取区委党的十八大精神宣讲团副团长郝主任作的报告。

2012年定海区马岙镇人民政府大事记

1月5日，举行共青团定海区马岙镇第十四届代表大会。来自全镇各基层团组织的49名代表参加会议，团区委领导、我镇领导及群团组织代表出席。

2月7日，召开2012年度工作会议。有社区（村）全体工作人员，2011年度税收50万元以上企业负责人，镇本级及市、区驻马岙各单位部门负责人，部分2011年度各类镇级先进代表，镇机关全体机关干部等共计160余人参加会议。

2月14日，马岙镇6个社区的“农家书屋”先后正式挂牌。

2月22日，省委宣传部长茅临生一行到马岙镇进行“进村入企”大走访。区委书记傅良国、区长庄继艳等领导陪同走访。

3月13日，召开重点项目“百日攻坚”动员大会。会议由镇党委副书记杨明春同志主持，社区（村）两委班子、新农村指导员、相关企事业单位负责人、机关全体干部等百余人参加会议。

3月28日，召开马岙镇基干民兵整组点验暨森森实业人武部成立大会。定海区副区长张立军、舟山警备区副司令员王干银、定海区人武部长孙晨康等领导出席。

4月8日，市委书记梁黎明一行走访调研马岙农业示范园区。

4月10日，组织召开创建药品安全示范乡镇动员会。全镇各社区（村）药品协管员、社区卫生服务站负责人、小药店负责人、社区主要负责人参加动员会。

4月18日，区委常委、宣传部长洪碧一行到马岙镇调研重大项目“百日攻坚”及宣传思想文化工作。镇党委书记赵志军，镇长孙继达，党委委员王赛亲陪同调研。

5月15日，举行由定海区妇联主办，马岙镇政府承办的定海区“首届家庭文化节”启动仪式。区委副书记夏凯慧、市妇联副主席孙海芬、区人大副主任张伟旭、副区长郑飞芬、区政协副主席夏江龙、马岙镇党委书记赵志军、镇党委副书记杨明春出席。

6月5日，召开两新组织党建标准化认证培训会。辖区内8家两新组织党组织负责人和党务工作者参会，区委两新工委科室负责人应邀参加。

6月28日，“平安细胞三下乡服务队”开展安全服务工作。

7月11日，定海区委常委、纪委书记郑华卫一行到马岙镇调研，实地解马岙镇社会管理服务中心运行情况、镇机关廉政文化建设。

8月17日，召开全区乡镇人大半年度工作例会。区人大常委会副主任郝理金，区人大常委会代表工委主任张志平，副主任俞岩松出席，各乡镇人大主席、副主席等参加会议。

8月28日，舟山市政协副主席沈旺带领市政协调研组到马岙镇就渔农村群众文化体育活动需求进行调研。副区长张伟平、区政协副主席夏江龙、区府办、区文化局领导陪同调研。

9月10日，区司法局、区检察院、西码头派出所和镇司法所相关负责人对辖区内社区矫正人员进行集中点验。

9月11日，镇人大组织市、区、镇三级人大代表40余人，到干览镇新建社区开展考察活动。

9月20日，镇人大组织代表对马岙中心学校进行调研。

10月25日，举行定海区盐仓街道、马岙镇、北蝉乡、部队人大代表小组活动交流会。来自3个乡镇街道和部队的近30位区人大代表参加交流活动，区人大常委会副主任郝理金、张伟旭等领导参加活动。

11月5日，组织全镇各社区书记、主任、社区公共安全员，相关部门负责人召开会议，对创建药品安全示范乡镇工作进行再部署。

11月7日，马岙镇流动人口服务管理所协同马岙镇禁毒办、马岙警务站开展禁毒知识宣传咨询活动。

11月8日，组织各机关企事业单位、社区利用党员活动室、老年活动室等观看中共第十八次全国代表大会直播。

12月6日，举行题为《提升生命质量，营造康乐新生活》的讲座。全体单位职工、社区干部大学生参加此次讲座。

12月19日，召开党员骨干专题轮训暨学习党的十八大会议精神。会议由社区书记主持，有63位社区党员及村民代表参加会议。

2012年定海区双桥镇人民政府大事记

1月29日，区四套班子有关领导及部分区级机关和乡镇干部到双桥镇汽车城北侧公路，开展2012年新春植树活动。

2月10日，开展“笔杆子”授课。这是一次面向全镇机关、各企事业单位信息员，针对如何写好写精新闻稿的专业培训。

同日，召开深入贯彻落实区第十二次党代会、区十六届人大一次会议精神的学习会。全镇32名团支部书记和团员青年参加此次学习会。

2月13日，区委组织部区委两新工委相关科室负责人同双桥镇副镇长一起先后走访舟山英博啤酒有限公司和舟山汽车商贸城。

3月30日，镇团委组织开展以“继承革命传统，奉献新区建设”为主题的祭扫活动。参加活动的有社区团支部书记、社区大学生、机关年轻干部30余人。

3月27日，组织辖区未成年人开展主题为“看家乡变化伴新区成长”春泥课外实践活动。在社区指导员的陪同下，孩子们参观位于双桥工业园区里的中海粮油、英博啤酒、祥森木业和汽车城。

4月26日，省水利厅副厅长徐国平一行到双桥镇前门畈河道，调研河道工程建设情况。省围垦局局长俞振凯、省河道管理总站主任陈永明、省围垦局副局长金启明、省河道管理总站副主任王卫标、方自亮等陪同调研，市水利水务围垦局局长夏贤行及区水利围垦局局长刘世君参加此次调研。

5月9日，区经信局和浙商银行在双桥镇政府会议室召开小型银企对接会。邀台意德、金洋、奥斯特等5家双桥镇企业参加。

5月18日，区委副书记、区长庄继艳带领区相关职能部门负责人，到双桥镇专题调研重大项目推进及“百日攻坚”行动开展情况。

5月20日，区人口计生局积极行动，局领导带领相关工作人员来到双桥镇南山社区、里溪社区走访慰问两户计生残疾人家庭，亲切询问其家庭情况。

6月16日，定海区双桥中心小学迁建工程在双桥镇南山社区地块奠基。概算总投资8000余万元，占地面积近60亩，总建筑面程为15625平方米，设计规模为24个班级。

6月18日，舟山市市委副书记、市长周国辉到双桥野鸭山闸门施工现场，检查、调研工程情况。副市长刘宏明，市政府秘书长陈仕俊，副秘书长江跃儿，市水利水务围垦局局长夏贤行，副局长孔双龙，区水利围垦局局长刘世君等领导陪同调研。

7月24日，在石小学举行唱响定海综艺PK赛。夏晓燕、夏良恺等青年选手表现抢眼。

8月29日，区委书记傅良国、副区长陈海平一行到双桥镇调研舟山国际粮油集散中心建设情况。区发改局、区经信局、区财政局、区规划局、区国土局等相关负责人一同前往调研。

9月29日，举行双桥镇首届四季双桥文化体育节闭幕式暨百年民俗文化巡展演。

10月17日，镇计生办、计生协会同各社区计生服务愿者，在桥头施菜场设摊宣传，向育龄群众传递“两非”观念，并带领育龄群众在写着“捍卫女性生命权益，自觉抵制‘两非’行为”的巨幅标语上签名，使“两非”观念深入人心。

11月8日，镇团委组织全体机关、社区和部分辖区单位青年干部观看党的十八大开幕网络直播。

11月23日，镇理论学习中心组举行集中学习会。重点学习新党章，为全镇深入学习贯彻十八大精神带好头，起好步，开好局。

11月29日，召开双桥镇商会第二届会员代表大会。选举产生新一届商会领导班子。

12月4日，镇团委组织机关青年干部、社区大学生村官和各企事业单位团支部成员，举行一次清扫白色垃圾的团员义工活动。

12月14日，定海区水利围垦局局长刘世君在副局长许世芳和区水利投资开发有限公司总经理刘燕东陪同下专程到双桥镇，看望慰问下派的暖促干部。

2012年定海区小沙镇人民政府大事记

1月6日，召开春节护林员会议。各社区共25名护林员参加此次会议。

1月10日，定海区文化新闻出版局非遗科科长朱珊君一行到小沙镇走访慰问民间艺人。

2月6日，举办以“欢喜闹元宵幸福满网格”为主题的2012年欢度元宵活动。吸引20多名社区居民参加。

2月9日，召开2012年党委工作会议。会议由镇党委副书记、镇长顾培斐主持，总结回顾2011年党委主要工作，研究部署2012年全镇各项工作。

3月12日，小沙镇团委和定海供电分局团委组织团员青年50余人，在镇晚稻杨梅种植基地建立团委共青林。

3月16日，区人大常委会副主任张伟旭一行到小沙镇调研小型农田水利建设情况。

4月10日，舟山市决策咨询委员会姚德隆一行走访调研小沙镇农业示范基地。副区长王树辉和区属相关部门领导陪同调研。

4月14日，举行由市委宣传部牵头，市卫生局、团市委等多家单位共同参与的“与春天同行”活动。

4月24日，区委副书记夏凯慧到小沙镇就社区基层组织建设、集体经济发展等情况进行调研。区纪委、区委组织部等区属相关部门陪同调研。

5月21日，镇总工会召开代表大会。共有39位代表出席，11位因病因事请假。

5月22日，省农业厅副厅长唐中祥一行，到小沙镇调研大沙无公害蔬菜基地建设情况。副区长王树辉和区属相关部门领导陪同调研。

6月4日，召开第二季度党员轮训暨农村基层党务工作者培训会。来自社区、企事业单位的50余名基层党务工作者参加此次培训。

6月11日，举行“安全生产月暨安全保障与事故预防”主题座谈会。镇安全管理小组成员、各企业、外包公司、社区（村）主要负责人共40余人参与座谈会。

6月20日，区政法委副书记、区流动人口服务管理局局长曹志栋一行到小沙镇进行流动人口服务管理工作专项调研。

7月1日，镇党委、政府召开“七一”座谈会。有党政领导班子、各支部新老党员代表及部分企事业单位党员代表共计４０余人参与。

7月16日，召开2012年度伏季休渔工作会议。区海洋与渔业局副局长易荣新及相关科室负责人、镇分管渔业副镇长，社区（村）书记和5名船老大参加会议。

7月25日，浙江省水利厅副厅长徐文斌及市、区水利局主要领导一行20余人到小沙镇调研大沙新塘中闸工程建设情况。

8月17日，区委副书记、区长庄继艳来到小沙接访点开展区委书记大接访活动。区委政法委、区信访局、区水利围垦局、区交通运输局、区交警大队、市国土局定海分局、市供电局定海分局等部门负责人参加接访。

8月29日，召开农产品质量安全大整治百日行动动员暨培训大会。各社区种养殖大户、合作社及农资经营店负责人参加会议。

8月30日，举行小沙镇残疾人联合会第五次代表大会。选举产生以姚家文为主席的新一届残联主席团委员、王祥忠为新一届执行理事会理事长，并一致通过聘请镇长顾培斐为第五届残联主席团名誉主席。

9月11日，区委书记傅良国到浙江金鹰集团有限公司就公司生产经营情况进行调研。副区长陈海平、区委政法委、区经信局、区法制办、区工商分局等部门负责人陪同调研。

9月20日，镇禁毒办和镇团委组织开展“校园禁毒‘护绿苗’行动”的知识讲座。

10月11日，召开劳动保障例会暨医保总结会议。由镇党委副书记夏志刚主持会议，各社区分管领导、本次医保工作具体经办人员、镇劳动保障工作人员参加会议。

10月23日，区委副书记、区长庄继艳一行到小沙镇光华社区调研新农村建设工作。

11月23日，召开2013年度务虚工作会议。全镇35名党政领导及中层干部参加此次会议。

12月22日，省水产站副站长张海琪一行，考核验收小沙镇省级示范性农渔业服务中心创建情况。省农业厅教研员，市、区农林局和海洋渔业局相关领导陪同验收。

2012年定海区北蝉乡人民政府大事记

2月3日，召开党委工作会议。会议由乡长庄志伟主持，全体乡机关干部，各党组织负责人，社区专职干部，2011年度产值2000万以上企业负责人，乡第十三次党代会代表，驻北蝉区属单位负责人参加会议。

2月10日，召开第十二次妇女代表大会。乡党委书记鲍治杰，区妇联主席陈婷等领导与来自全乡各条战线上的50名妇女代表出席，选举产生第十二届妇女代表大会执行委员会委员和出席区第十四次妇女代表大会代表。

3月29日，区献血办联合北蝉乡政府组织机关和社区干部、教师、医务工作者、企业职工和社会各界人士开展无偿献血活动。

4月18日，区委书记傅良国带领区交通、水利、海洋与渔业、环保和国土、规划等部门负责人，开展区委书记大接访活动。

5月9日，定海区副区长王树辉一行就“8只涨网渔船船主信访有关问题”进行专题调研。

5月11日，开展补典知识宣传活动。现场共发放典盐200包，宣传资料300余份，并开展义务量血压活动。

5月18日，开展“我们的价值观”大讨论。并提炼出“有理想、重信念、勤学习、善思考、会担当、敢吃苦”的核心价值观主题词。

6月27日，召开全体渔船职务船员安全生产普法会议。乡司法所联合渔办聘请专业人士在会议上作关于加强渔船渔业安全生产与防止海事渔事纠纷的培训。

6月29日，乡党委书记谢海良一行5人代表乡党委，开展“七一送温暖”活动。

7月18日，举办老年人食品安全知识讲座。近40名老年群众参加讲座。

7月20日，召开2012年度渔业安全工作会议。会议由王奕交副乡长主持会议，全体渔船老大、全乡管渔干部并邀请区海洋与渔业局副局长易容新及各相关科室负责人参加。

7月27日，乡党委员、人武部部长卢仲锋，协同乡妇联等部门一行，代表乡党委、政府到钓山海防连进行“八一”节慰问。

8月13日，召开2012年度城乡居民基本医疗保险参保动员大会。

8月17日，举行社区法律顾问工作座谈会。乡司法所工作人员、各社区书记、治保主任，与定海区“三联”律师事务所的律师及3名北蝉乡社区法律顾问共同讨论社区开发建设中遇到的土地征用与拆迁补偿、房屋买卖、农村户籍管理等疑难问题。

9月24日，乡党委书记谢海良、副乡长李霞一行专程到舟山炳华船务有限公司就海运业招商引资工作进行调研。

10月19日，组织乡、村干部、部队积极参与无偿献血活动。共有35人次参加献血，献血量达7000毫升。

10月24日，区委副书记、区长庄继艳带领区属相关部门负责人，就马峙经济合作社集体经济股份制改革试点工作进行调研。

11月1日，市委副秘书长郑方斌一行调研马峙集体资产产权制度改革工作。乡党委书记谢海良，乡长竺最波等陪同调研。

11月26日，市人口计生委副主任杨亚儿一行，在区计生局局长叶立占等领导的陪同下，检查评估2012年人口计生工作。

12月5日，召开党的十八大精神专题学习会。全乡党政班子成员、中层干部、各社区（村）主要负责人参加会议。

12月12日，组织召开党的十八大精神专题报告会。由乡党委委员王成华主持，邀请市委党校副校长朱锡君深入解读十八大报告，全体乡机关、社区干部参加报告会。

2012年定海区册子乡人民政府大事记

1月17日，区委常委、统战部长林伟康、区人大副主任张岳平以及区民政局、区残联、区总工会领导等春节慰问组，走访部分基层党员和困难群众。

2月9日，召开册子乡第十二次妇女代表大会。共有46名正式代表，14名列席代表参加。

2月17日，召开计生协会工作座谈会。邀请各协会会长、副会长、专职副会长和秘书长等协会基层干部参加，由计生分管领导李业刚部长主持。

2月29日，召开全体党员大会，进行换届选举。由上届机关支部委员林琼同志主持，共有19名党员参加会议。会议选举应鲁恩、林琼、贺焯挺、姚岚芬、夏德军 5 名同志为册子乡乡机关新一届党支部委员会委员。

3月2日，召开共青团定海区册子乡第十四次代表大会。来自册子乡社区、教育、企业、农村、机关事业等各条战线的52名团代表、乡党委书记张臣达、团区委副书记余贵梅、乡党委副书记金玲波、乡党委委员林琼等出席。

3月12日，召开民兵军事训练动员大会。乡党委委员、人武部长李业刚对今年的民兵训练工作进行部署安排。

3月23日，召开册子乡2012年度综合工作会议。全体乡机关干部、社区专职干部、主要企事业单位负责人等近百人参加。

4月11日，定海团区委书记杨松到册子调研青年代表试点工作。

4月23日，区政法委副书记江腾一行在册子乡就乡社会服务管理中心和社区社会服务管理室建设，以及网格服务管理精细化工作开展调研。

4月27日，区委书记傅良国在册子乡调研社区组织建设工作。研究社区组织建设中出现的问题以及农村社区集体经济发展。

5月4日，定海区百日攻坚领导小组办公室一行3人到册子督查册子乡“百日攻坚”工作开展情况。

5月16日，召开册子乡工会代表大会。选举产生王雅、王琪、王勇、乐敏海、姚岚芬、傅引幸 6 名正式代表出席区工会第十一次代表大会。

5月22日，召开由各社区书记、主任、乡村两级财务人员参与的基础设施建设“一事一议”财政奖补项目工作会议。

6月6日，区委副书记、区长庄继艳到册子乡对全乡经济社会发展中的重点项目、重点工作推进情况进行调研。区府办，发改、经信、水利、旅游等区属部门相关负责人参加调研。

6月8日，组织全乡人大代表到天津进行为期 3 天的考察活动。

7月9日，召开暑期游泳池安全工作会议。乡党委委员林琼、各社区主要负责人、文化站干部和游泳池管理人员共12人参加本次会议。

7月24日，举办省第十三次党代会精神解读及“我们的价值观”宣讲报告会。全体乡机关干部、社区干部、各党组织负责人及老党员代表参加报告会，乡党委委员林琼主持报告会。

7月30日，召开2012年半年度工作会议。全体乡机关干部、社区副职以上干部参加会议。

8月1日，常务副市长马国华一行十余人到册子调研工业经济发展。

8月17日，举行“道德和奉献”微型党课比赛。乡年轻干部读书会成员，各社区干部共17名选手参加。

8月24日，举行食品安全大整治百日行动动员暨培训会议和册子乡餐饮服务单位约谈承诺会议。乡党委委员、副乡长许跃军同志作动员讲话，各餐饮单位还与册子乡、区卫生局签订《餐饮服务单位食品安全承诺书》。

9月3日，召开册子乡残联第六次全体代表大会。邀请区残联理事会理事陈晓红、乡党委书记张臣达、党委副书记金玲波参加本次会议，会议由贺贞女同志主持。

9月12日，区纪委常委王亚儿、吕凌飞，宣教室主任张燕君，信访室主任吴慧琴一行调研册子乡纪检组织工作开展情况。

10月22日，开展定海区社会科学普及周活动。活动的主旨是宣传普及社会科学知识，弘扬社会主义核心价值体系，提升社会公众的人文素养。

11月20日，举行灯谜文艺晚会，喜迎十八大。

12月12日，组织开展一场贯彻党的十八大精神专题培训会。乡党政领导、机关干部、社区干部、各基层党组织党务工作者、草根讲师团成员等80多人参加。

2012年定海区长白乡人民政府大事记

2月7日，市政法委副书记邬振悦对长白乡“一岛通卡”及人脸识别系统工程建设情况进行实地调研。

2月15日，定海区长白乡第十一次妇女代表大会胜利闭幕。39名来自乡机关、社区及企事业单位的妇女代表参加会议。

2月20日，召开新老书记迎送会。乡长黄光荣主持迎送会，乡领导、全体机关干部、各社区主要负责人参加迎送会。

3月9日，市政协副主席沈旺到长白乡开展“进村入企”大走访活动。区政协副主席方家慧、乡党委书记乐志盛、乡长黄江荣等陪同走访。

3月13日，组织召开乡人大代表议案建议交办会。会议由乡人大副主席袁军平主持，乡党委书记乐志盛、乡长黄江荣等党政领导出席，乡机关各职能口办、各社区负责人参加会议。

3月20日，区委书记傅良国到长白乡调研。乡党委书记乐志盛、乡长黄江荣、副书记王雄飞等乡领导陪同调研。

4月1日，召开“进村入企”大走访暨“百日攻坚”活动动员大会。由乡长黄江荣主持会议，各社区主要负责人、企事业单位负责人、全体机关干部参加会议。

4月12日，区委常委、宣传部长洪碧一行到长白乡调研宣传文化工作。乡党委书记乐志盛、副书记王雄飞、党委委员孙李琼等陪同调研。

4月28日，举办形势政策报告会。邀请区人大常委会副主任郝理金进行形势政策讲解。

5月10日，召开农（渔）村集体“三资”管理工作动员会。乡农（渔）村集体“三资”管理工作领导小组成员，各社区主要负责人，各经济合作社社管会、社监委、民主理财小组成员、出纳，乡代理服务中心会计共50余人参加会议。

5月17日，市人民检察院纪检组长张继跃一行到长白乡进行“进村入企听民生”网格主题活动暨“检察进社区、进网格，服务基层、服务群众”专题活动。乡长黄江荣、党委副书记王雄飞等陪同走访。

6月8日，区长庄继艳一行到长白乡调研重点项目、重点工作推进情况。乡党委书记乐志盛、乡长黄江荣等陪同调研。

6月19日，开展“安全生产月”知识竞赛活动。全乡党政领导、各企事业单位主要负责人、安全主管及全体机关干部参加此次竞赛活动。

6月26日，区委常委、区公安分局局长刘涛一行到长白乡，看望慰问老党员。

7月2日，副市长王忠在副区长王树辉等的陪同下到长白乡调研用海规划及区域经济社会发展情况。长白乡党委书记乐志盛、乡长黄江荣、副书记王雄飞等乡领导陪同调研。

8月10日，召开“村庄环境综合整治大行动”动员会议。

8月22日，市公安局副局长王国定一行到长白乡就境外人士出入境管理相关事宜进行调研，乡党委副书记王雄飞陪同调研。

9月5日，浙江省交通运输厅副厅长、省公路管理局局长李良福、区委书记傅良国一行到长白乡进行结对帮扶工作专题调研。乡党委书记乐志盛、乡长黄江荣等陪同调研。

9月19日，区行政服务中心主任张伟祥一行来到长白乡，就政务服务工作进行专题调研。

10月31日，定海区委宣传部副部长、区新闻中心主任何斌一行到长白乡调研新闻舆论宣传工作。乡党委副书记王雄飞、党委委员孙李琼陪同调研。

11月8日，组织党员干部收听收看中国共产党第十八次全国代表大会。

11月14日，区民政局副局长薛珊珠一行检查居家养老和银龄互助工作开展情况。

11月23日，召开长白乡老年人协会第一次代表大会。标志着长白乡老年人协会正式成立。

12月21日，定海区人大工作例会在长白乡召开。会议由区人大代表工委主任张志平主持，区人大常委会副主任郝理金、各乡镇（街道）的人大（工委）主席、副主席等与会。

2012年普陀区东港街道办事处大事记

1月10日，市委常委、市公安局局长蔡步雄在市委政法委、区、街道领导吴国员、周四海、蔡敏波、王中柱的陪同下走访、慰问东港街道刚被评上的市级“百名治安积极分子”的缪宝庆。

1月12日，区委副书记、区委政法委书记戴灵芝到东港街道走访慰问街道信访干部。区信访局局长胡连高、区委办副主任周军及街道相关领导陪同慰问。

2月1日，召开2012年度务虚会议。街道领导班子、中层干部及各社区、村、社负责人参加会议。

2月18日，水利部部长、党组书记陈雷一行12人到东港街道调研基层防汛体系建设。省委常委、副省长葛慧君，省政府办公厅农业处处长钱天国，省水利厅厅长陈川，市委书记梁黎明，市长周国辉，区委书记蔡洪，区长王飞跃等领导陪同调研。

2月28日，召开党工委（扩大）会议。

3月7日，区政协主席杨小毛、区人大副主任焦兰萍、副区长陈安振一行到东港街道进行调研工作。

3月19日，副区长陈安振到东港街道开展“进村入企”大走访活动。

3月22日，召开建设“平安东港”暨综治、安全生产（消防）、司法、信访工作会议。各社区、村（经济合作社）及辖区内有关单位共63家参加会议。

4月10日，区住建局局长郭洪一行到东港街道开展“进村入企”活动。

4月18日，区人力资源和社会保障局局长陈爱国一行到东港街道“进村入企”，调研工作。

4月27日，福建省三明市综治办副主任刘尔法一行11人在市、区综治办领导的陪同下到街道调研交流“综治对接网格化”工作。

5月4日，召开全体机关干部及社区村负责人大会。丁伟民书记讲话，蔡敏波主任主持会议。

5月8日，召开街道第二季度安全生产工作例会。会议由街道副主任董海明主持，街道党工委书记丁伟民，办事处主任蔡敏波等党政领导参加会议。

5月28日，中共浙江省委政法委副书记、维稳办主任刘树枝在市委副秘书长徐全昌、区政府常务副区长张禾波等陪同下到普陀区东港街道进行调研。

6月1日，市委常委、市委秘书长、统战部长忻海平一行到东港街道调研城市小区自治工作。区委统战部相关领导、东港街道主要领导等陪同调研。

7月3日，区委常委、区公安局局长周四海一行在东港街道书记丁伟民、副书记余松华及社区书记徐利平的陪同下，到安康社区探访慰问社区困难党员。

7月4日，市委副书记、市长周国辉，副市长徐燕峰，率市食品安全委员会部分成员单位和市卫生监督所、市疾控中心的技术人员等一行视察东港海鲜排档一条街夏季食品安全工作。

7月6日，区委常委、纪委书记孙志龙到东港街道调研。区纪委常委、监察局副局长项安达、俞红陪同调研。

8月3日，区委书记蔡洪到东港街道调研工作。副区长陈安振、区委组织部、区财政局、区经信局、区招商局、区规划分局等部门有关同志陪同调研。

8月27日，区政协主席杨小毛、区人大副主任焦兰萍、副区长陈安振到东港街道指导检查抗击台风“布拉万”工作。

9月24日，区委副书记、区长王飞跃带领财政、建设、编制办等相关部门负责人到东港街道调研。

9月27日，普陀区区长王飞跃、区民政局局长陈建东等区领导在东港街道党工委书记蔡敏波、主任周军等领导陪同下，到葫芦村托老所对老人们进行节日慰问。

10月16日，由省委党校吴锦良教授带领的领导干部进修班一行40余人到普陀区东港街道参观考察“网格化管理、组团式服务”工作。

10月19日，东港街道主任周军、副书记李朝颖、副主任杨志明等领导在葫芦社区书记李松安的陪同下，到葫芦岛对老人进行慰问。

11月8日，组织街道机关全体干部和社区、村一把手到街道会议室集中收看十八大的现场转播。

11月23日，举行传达学习十八大精神专题会议。全体街道机关干部和各社区、村（居）主要负责人参加会议。

12月11日，市委副秘书长徐全昌一行在东港街道办事处主任周军和街道副书记余松华的陪同下，对兴普社区“网格化管理、组团式服务”工作开展情况进行考察。

2012年普陀区朱家尖街道办事处大事记

1月16日，组织机关干部夜学习。通过对重点内容导读、讨论等形式，学习传达十七届六中全会精神。

2月21日，举行朱家尖街道经济工作会议。朱家尖街道各级干部、各行政企事业单位及有关方面负责人及在朱家尖的旅游、工业、房产、建筑、海运等企业代表参加本次会议。

3月12日，区长王飞跃到街道开展“进村入企”大走访活动。

3月26日，召开“进村入企”大走访活动动员大会。街道全体机关干部、各社区（村）干部、经济合作社负责人参加会议。

4月24日，副市长沈仁华带队到朱家尖调研工作。街道党工委书记李升、办事处主任郑斑陪同调研。

4月25日，举办“2012年公民道德建设年”活动信息员学习会。街道信息报道员、退休老干部信息报道员以及企业信息报道员共50余名参加此次培训学习。

4月27日，召开“旅游行业综合整治工作职能部门座谈会”。会议由朱家尖管委会副主任、街道党工委副书记刘晓芬主持，参加会议的有城管、工商、卫生监督所、交警、交管、警察署、汽运公司以及相关景区单位和相关社区的负责人等。

5月2日，区委书记蔡洪带领区住建局、区文广局、区旅游局等相关部门负责人到朱家尖街道调研。

5月15日，由省委组织部副部长、省委“两新”工委书记庄跃成等组成的省委“进村入企”大走访活动督导组到朱家尖督查“进村入企”大走访活动开展情况。市纪委书记胡海良、市委组织部部长张明超、区委书记蔡洪等市、区领导陪同督查。

6月1日，朱家尖街道人武部部长黄文明和区人武部政工科干部一起到浙江海洋学院普陀科技学院、普陀职教中心开展征兵宣传活动。

6月18日，区委常委、街道党工委书记李升、街道办事处主任郑斑带领街道领导干部，赶往各受灾社区、村庄检查指导防汛抗灾工作。随后召开防汛工作紧急会议。

7月11日，区人口与计生局联合朱家尖街道在这里共同开展“7·11”世界人口日社会宣传活动。约有200余名当地群众前来现场咨询、观看。

7月19日，组织当地城管、工商、路政、公安等多部门对329沿线进行集中整治。

7月31日，召开食品安全大整治百日行动动员会议。街道办事处副主任胡忠国同志出席。

8月3日，召开朱家尖街道第十四次妇女代表大会。区大会选举产生朱家尖街道第十四届执行委员会委员，水雪君同志当选为街道第十四届妇联主席，邱平燕同志当选为街道第十四届妇联副主席。

9月19日，朱家尖风景旅游管委会副主任、街道党工委副书记、街道办事处主任郑挺和街道领导走访慰问辖区内的警察署、交警、工商、卫生监督所和边防派出所。

9月20日，举行“强化执行能力建设，提高服务保障水平，争做新区基层好干部”的主题干部论坛活动。全体机关干部、社区干部、旅游投资公司、沙雕公司和大青山公司中层以上干部参加本次活动。

9月21日，召开“朱家尖街道信访综治维稳工作会议”。各社区书记、经济合作社书记、社长、街道各科室负责人、国有集体企业及站所负责人参加本次会议。

10月15日，召开普陀区朱家尖街道残疾人联合会第二次代表大会。街道残疾人联合会第二次代表大会全体代表、区残联领导和街道部分特邀领导参加本次会议。

10月16日，组织街道领导班子成员、科室主任、各社区书记、副书记、经济合作社书记和社长共80余人到区警示教育基地——普陀看守所开展警示教育活动。

11月8日，组织辖区内各层次群众实时收看十八大开幕式直播盛况。

11月22日，举行学习贯彻党的十八大精神培训班。区委常委、朱家尖风景旅游管委会主任、街道党工委书记李升向参加培训的300多位社区经济合作社干部、村民代表传达十八大精神。

12月4日，召开由舟山市教育局、舟山社区大学主办的舟山市社区教育特色品牌创建现场经验交流会。来自舟山市的79位社区学院院长、市社区教育相关人员参加交流会。

12月24日，朱家尖检察室正式挂牌成立。这是普陀区继六横检察室成立后，区检察院建立的第二家基层检察室。

2012年普陀区沈家门街道办事处大事记

2月3日，区委常委、组织部长蒋万琪到沈家门街道调研。

2月21日，召开创卫总结表彰大会。会议由街道办事处主任张海斌主持。

3月6日，召开医疗机构培训会议。街道药品安全监督员、各级各类医疗机构负责人或药剂科管理人员60余人参加培训。

3月14日，召开社区禁毒（康复）工作培训会。由街道综治科副科长许成启同志主持，街道禁毒办全体人员和各社区禁毒（康复）工作社工共16余人参加培训。

3月23日，区长王飞跃、副区长陈安振在区建设、国资、发改、公安等部门负责人陪同下，到沈家门街道调研鲁家峙开发建设工作。

4月1日，副区长杨文奇到沈家门街道调研清明期间森林防火工作。

4月19日，区政协主席杨小毛携政协常委一行来到沈家门街道对企业发展状况进行调研。

5月4日，区委书记蔡洪、副区长陈安振携规划、住建、城管等部门主要负责人到沈家门街道进行调研。

5月8日，沈家门街道新社会组织促进会举行成立大会。并选举产生第一届理事会及其领导机构。区委组织部副部长、区委两新工委书记张红军出席会议并讲话。

5月11日，召开“重执行、强服务、促廉政”专题教育活动动员大会。街道全体机关工作人员，村（社区）主要负责人共180余人参加此次会议。

6月7日，召开安全生产、消防工作例会。街道党工委书记陈国法同志参加会议。

6月21日，召开三防紧急工作会议。各村（社区）主要负责人、机关全体工作人员参加会议。

6月28日，召开公立医院综合改革试点工作动员大会。各村（社区）主要负责人和公共卫生联络员参加会议，街道副主任吕斌出席并讲话。

7月6日，召开维稳工作推进会。街道党工委书记陈国法，主任张海斌，副书记朱伟、李朝晖以及村（社区）主要负责人和机关全体工作人员参加会议。

7月17日，区政协主席杨小毛到沈家门街道调研经济发展情况。

7月26日，举办省第十三次党代会精神宣讲活动。街道全体机关工作人员，各社区书记、主任，村（社区）主要负责人共计200余人参加活动。

8月13日，召开“品质小区”创建工作推进会。社区和小区物业负责人参加会议，区文明办副主任吕永华受邀参加。

8月21日，普陀区副区长陈安振在沈家门街道接待来访群众。街道办事处主任张海斌陪同接访。

8月28日，召开2012年城乡居民基本医疗保险培训会议。街道办事处副主任邵勇，区社保中心科长王子滕，街道社发科相关负责人，各村（社区）主要负责人和具体经办人员参加会议。

9月5日，区委书记蔡洪到西河社区调研指导工作。区委常委、组织部长蒋万琪陪同调研。

9月21日，召开全国文明城市创建工作动员大会。街道班子成员，全国文明城市创建工作领导小组成员、办公室成员，各社区副职以上干部，各村（社区）书记、主任（社长）和街道所属部分企业单位负责人总计200余人参加动员大会。

10月11日，召开2012年度冬季征兵工作会议。各社区、村（社）主要负责人和负责征兵业务的工作人员参加会议。

10月16日，召开党的十八大期间信访维稳工作会议。主要围绕党的十八大期间，对各类不安定因素进行全面大排查，维护会议期间社会安全的稳定。

11月7日，举办以“庆十八大，学习周峥儁，大家一起说说德”为主题的学习会。机关全体工作人员，村（社区）主要负责人共计200余人参加学习会。

12月4日，区委副书记俞连军在区政法委有关领导的陪同下，对街道社会服务管理中心建设工作进行调研。

12月21日，举办学习十八大精神主题报告会。邀区委党校讲师黄正光老师为全体机关工作人员和村（社区）主要负责人作十八大精神专题报告。

2012年普陀区展茅街道办事处大事记

3月2日，市长周国辉一行到展茅街道调研工作。走访看望横街社区网格群众，和群众、网格民警、社区干部等进行亲切地交谈

3月5日，街道团工委组织20多名义工冒雨到展茅街道敬老院，为那里的孤寡老人送去服务。

3月21日，省政协秘书长等一行在市政协主席刘爱世、区政协主席杨小毛等陪同下，到街道横街社区调研“网格化管理、组团式服务”工作。

4月14日，区委副书记戴灵芝在副区长刘明永的陪同下到展茅街道调研“美丽海岛”建设工作。

5月17日，举行“唱响展茅，放歌新区”网格红歌赛晋级赛。从街道66个网格选拔出来的23名选手参赛。

5月18日，街道水利部门对长峙山堤防岁修加固工程正式开工。

6月27日，市委常委、纪委书记胡志权带领工作组在区委常委、纪委书记李贵军的陪同下到展茅街道调研创先争优工作。

7月6日，组织全体党员干部参加贯彻省十三次党代会精神学习会。

7月19日，区委书记蔡洪、区长王飞跃到展茅街道调研指导工作。副区长刘明永陪同调研。

7月23日，省委常委、省委副书记李强等一行到展茅街道沙井社区（村）调研村社基本情况和“网格化管理、组团式服务”工作。市委书记梁黎明、市委副书记、政法委书记张兵、区委书记蔡洪等陪同调研。

8月7日，区委书记蔡洪到展茅指导抗台工作。听取街道党工委书记陈爱国关于街道各项抗台工作汇报后，还实地走访各社区避灾点。

8月15日，举办微博与网络舆情处置培训会。邀请区新闻办相关负责人对全体机关工作人员和各社区、经济合作社书记进行培训。

9月4日，市委常委、组织部长张明超到展茅街道下访。区委书记蔡洪，区委副书记、区长王飞跃，区委常委、常务副区长张禾波，区委常委、组织部长蒋万琪等陪同。

9月10日，中央信访工作督导组组长、中纪委驻工业和信息化部纪检组长郭炎炎带领中央信访工作督导组一行到展茅街道调研指导信访工作。舟山市委副书记、政法委书记张兵，市委副秘书长徐全昌、市委副秘书长，市信访局局长陶松珠，普陀区委书记蔡洪，区长王飞跃等陪同调研。

9月25日，区政协主席杨小毛到展茅街道走访调研。街道党工委书记陈爱国陪同走访。

10月23日，舟山市财政局党组成员纪检组长张群伟、市公安局禁毒支队支队长侯永光等一行6人在区公安局禁毒大队教导员王成的陪同下，到展茅调研社区禁毒工作。

10月24日，召开街道经济形势研讨会。由街道党工委书记陈爱国主持。

10月30日，举行展茅街道残疾人联合会第二次代表大会。普陀区残联理事长徐增茂和街道领导班子成员以及40名代表出席此次会议。选举产生展茅街道残联第二届主席团委员7名、出席区残联第六次代表大会的代表5名。

11月1日，展茅街道宣传、团工委等部门联合组织开展“展茅——我美丽的家园”为主题的摄影比赛活动。

11月8日，展茅街道党工委及辖区基层党组织认真组织收看中国共产党第十八次全国代表大会。

11月20日，举行传达学习十八大精神专题会议。全体机关干部和社区党总支书记参加会议。

12月4日，举行“庆十八大胜利召开，迎农业科技下乡”活动。

12月25日，副市长王忠志带领市委组织部、市民政局、市慈善总会和市总工会等相关人员一行到展茅街道，慰问舟山市劳动模范张德惠。街道办事处主任诸葛明海和副主任鲍丽敏陪同慰问。

2012年普陀区勾山街道办事处大事记

1月4日，组织开展节前安全生产大检查、环境卫生大整治及部分困难群众的慰问关爱行动。

2月29日，召开2012年务虚会议。会议由街道党工委书记王洪波主持。

3月13日，召开作风建设集中教育整治活动动员大会。会议由街道党工委副书记、纪工委书记任建军主持，领导班子全体成员、机关干部、各村（社区）书记和区属驻街道各单位党支部书记共计160余人参加此次会议。

3月23日，区委常委、宣传部长刘旭军到勾山街道调研。

4月12日，召开勾山街道经济工作会议。会议由街道党工委副书记徐方恩主持，街道领导班子、中层正职干部、社区村干部、规模以上企业和市区驻勾山各职能部门负责人等180余人参加会议。

4月20日，召开2012年“新闻信息员培训会”，共有街道30余名信息员参加此次培训会。

4月28日，举办“我们的价值观——做一个怎样的勾山人”演讲比赛。参加此次比赛的共有来自机关、各社区（村）、企事业单位12位选手。

5月7日，召开贯彻落实区委“重执行、强服务、促廉政”专题教育活动动员大会。会议由街道副书记任建军主持，街道全体机关干部、各村（社区）书记、各经济合作社社长和书记共160余人参加专题教育活动动员大会。

5月14日，区政协副主席、统战部部长孙德明，统战部副部长、民宗局局长陈忠、统战部副部长区工商联会主席张良华、统战部副部长张伟等一行到勾山街道调研基层统战工作。

5月15日，召开安全生产工作会议。街道领导班子成员、街道中层正职干部、各村（社区）书记、各经济合作社社长、街道重点企业负责人、区属驻街道有关单位负责人等180余人参加此次会议。

7月3日，市流动人口服务管理局局长朱晓明到勾山街道调研指导流动人口工作。

7月23日，召开普陀区水利工程标准化建设现场会。副区长杨文奇参加会议。

7月27日，普陀区副区长张禾波、区民政局副局长潘洵等一行6人到勾山街道赵家岙经济合作社，走访慰问退伍老兵汪信军。

8月3日，召开食品安全培训暨百日大整治动员会议，大力宣传本次整治活动的重要性。

8月23日，召开大学生村官宣讲团成员学习座谈会。街道办事处副主任赵颖出席。

8月27，召开紧急会议，部署防汛抗台工作。街道全体机关干部，各村（社区）、社区负责人参加会议。

9月5日，市政协渔农村文化体育工作调研组在市政协副主席沈旺的带领下，到勾山街道调研渔农村群众文化体育活动开展情况。

9月7日，勾山街道党工委书记王洪波、街道办事处主任邵辉、街道办事处副主任王良艳等一行8人，走访慰问芦花中学、勾山中心小学和勾山中心幼儿园。

10月12日，举行勾山街道社区学院首期老年电视大学开班典礼。街道副主任王良艳参加典礼并作重要讲话。

10月30日，召开残疾人联合会第五次代表大会。来自街道各村（社区）、机关以及相关部门的63名残联代表参加会议。大会选举产生新一届主席团和理事会领导班子，推举产生出席区残联第六次代表大会代表，通过第五届主席团工作报告的决议。

11月6日，普陀区委常委、纪委书记孙志龙一行到勾山街道调研招投标工作。

11月8日，组织广大干部、职工、群众认真收听收看中国共产党第十八次全国代表大会。

11月23日，举行“十八大”专题（扩大）学习会。由街道党工委书记王洪波主持，街道领导班子成员、街道中层干部、各社区（村）书记等40余人参加学习。

12月12日，召开森林消防安全工作专题会议，及时部署今冬明春森林消防安全工作。

12月18日，市委宣讲团成员、市委宣传部副部长章隽达到勾山街道宣讲党的十八大精神。街道机关干部、各村（社区）负责人、街道四支宣讲团成员、网格队员等130余人参加并聆听此次报告会。

2012年普陀区东极镇人民政府大事记

2月29日，东极镇开展“加快跨越崛起，奋力走在前列”思想解放大讨论学习座谈会。

3月12日，中央电视台中文国际频道远方的家《北纬30° 中国行》摄制组一行到东极镇进行为期3天的拍摄。

3月31日，东极镇开展“我们的价值观”大讨论活动。

4月，投资5万元完成财伯公雕塑游步道建设。

4月，投入30万元，完成东极历史博物馆改造。

5月8日，农业部东海区渔政局一行30人在舟山市海洋与渔业局领导的陪同下，到东极镇视察东极海洋牧场的建设情况。

5月22日，区政协会同区卫生局一行人到东极镇调研卫生工作。

5月28日，省委书记、省人大常委会主任赵洪祝一行在市、区领导梁黎明、周国辉、蔡洪等陪同下到东极镇考察调研。

5月，投入5万元完成“渔民画墙体一条街”的修复工程。

6月1日，“2012•印象东极”风光风情全国摄影大赛启动，活动持续到10月份。

6月12日至13日，副市长王忠到东极调研指导工作，市、区海洋渔业局相关领导陪同调研。

6月13日至14日，副区长胡国华一行到东极视察调研。

6月27日，东极镇第十五次妇女代表大会召开，选举产生东极镇第十五届妇女联合会执行委员。

6月，投入资金45万完成植树造林工作。

6月，完成市级药品安全示范乡镇创建工作。

7月17日，省纪委副书记王海超一行到东极镇调研基层党风廉政建设工作。市委常委、纪委书记胡海良，市纪委副书记、监察局局长黄清波，区委常委、纪委书记孙志龙陪同调研。

8月，投入30万元完成黄兴候船室改建工程。

9月3日，市政协主席会议到东极镇专项视察岛礁资源保护情况。市政协主席刘爱世携主席会议成员、市海洋与渔业局副局长刘志刚、区政协主席杨小毛、副区长杨文奇等市区领导参加视察。

9月，投入505万元完成东福山海防执勤码头工程项目。

9月，投入30万元实施青浜西风湾浴场改造工程完成建设，包括管理房、冲淋设施、休闲设施建设等。

10月25日，省纪委常务副书记杨晓光在市委常委、市纪委书记胡海良，市纪委常委杨妙君，区委常委、纪委书记孙志龙等陪同下到东极调研基层党风廉政建设。

11月，投资80万元的东福山象鼻峰环岛游步道工程已完成，实现东福山整体环岛旅游格局。

11月23日，浙江省文化厅、浙江省旅游局联合公布第二批浙江省非物质文化遗产旅游景区（民俗文化旅游村）名单，体现海洋渔民渔俗文化的东极镇东极村榜上有名。

11月，东极村被评为市级生态村。

12月，投入220万元完成庙子湖海防执勤道路建设工程。

12月，总投资1670万元的东极渔港工程项目，已投入1330万元，完成基础工程建设；总投资507万元的交通旅游集散中心建设工程项目，现已开工建设，投入资金180万元；总投资120万元的中街山路特色街改造工程，已投资80万元，完成路面铺设，进入店面改造阶段；总投资200万元的东极船厂搬迁及改建工程进入设备安装阶段；投入30万元在重点区域安装监控头进入准备阶段；投资25.5万元，完成22座散葬烈士墓维修和一座烈士纪念碑的维修工程，其中迁移一座；中街山海洋特别保护区管理局办公用房的购置及装修工程，已开工建设，投入资金150万元；完成四岛环境卫生整治工作；投入300万元的石码头二期工程现已进入内部装修阶段。

12月，完成市老龄工作示范镇创建工作。

12月，荣获区“2012年度群众满意基层站所（科室）先进单位”。

2012年普陀区六横镇人民政府大事记

1月5日，六横台门社区团工委组织开展重点青少年法律知识讲座。普陀检察院胡佳静检察官主讲，六横镇党委副书记、纪委书记戴明益，普陀区人民检察院六横检察室主任王志勇，台门社区党工委书记陈桂芬，六横镇团委副书记郭寅洁等出席。

2月9日，团市委书记解延海到六横调研全国重点青少年试点工作并参加舟山中远船务外来青年及团干部座谈会。团市委领导胡一燕、李辉，团区委领导邓晶、林敏陪同调研。

3月5日，举行“学雷锋志愿服务月”启动仪式。来自各社区、学校、机关、企事业单位的300余名志愿者代表参加仪式。

3月12日，镇团委组织20多名机关团员青年参与义务植树活动。

4月1日，组织机关、社区、企事业单位的百余名团员青年，前往双屿港烈士陵园，祭奠先烈英魂，缅怀先烈功绩，弘扬爱国精神。

4月6日，召开文化志愿者表彰大会暨文体团队建设工作会议。会议表彰2010—2011年度优秀团队和优秀志愿者。在原六横文化志愿服务队的基础上，新成立六横文化志愿者服务总队和9个分队。

5月11日，六横管委会发展经贸处联合六横海事处、六横港航分局、台门边防派出所等职能部门开展水上交通安全大检查。

5月19日，副省长毛光烈考察浙能舟山六横电厂工程。

6月20日，六横管委会联合六横海事处、穿山海事处和六横运输总公司开展一次客滚船应急救援演练。

6月22日，举行“孝德之风进网格”主题活动启动仪式。管委会党委委员、党群政法处处长陆松善出席。

7月17日，举行2012年度区级重大安全生产事故应急演练。

7月18日，区人大常委会副主任焦兰萍带领的食品安全执法检查团对六横镇的小作坊、超市、生猪屠宰场和饭店等进行食品安全执法检查。

7月30日，区创建省老龄工作示范区检查组来六横镇检查老龄工作开展情况。并参观走访六横镇居家养老服务站和老年协会。

8月8日，开展“全民健身、幸福六横”全民健身登山活动。

8月14日，区政协主席杨小毛一行到六横视察“百日攻坚大行动”重点项目推进情况。实地走访小郭巨围垦项目、小湖工业区块基础设施建设项目、海岛世界旅游度假区开发项目现场，并听取该三个项目投资建设、存在困难等方面情况的汇报。

8月16日，区人大常委会副主任刘健民一行到六横检查安全生产责任落实工作。管委会副主任陈春汉陪同调研。

9月10日，举行六横教育工作会议暨第28个教师节庆祝大会。管委会党委副书记、副主任王旭光，管委会党委委员、副主任陈春汉，区教育局局长唐汉成，发展经贸处处长、社会发展处处长、镇长张友德等出席。会议由管委会党委委员、党群政法处处长、镇人大主席陆松善主持。

9月19日，象山县政协主席白国璋率领政协考察团一行到六横，考察六横临港工业、港口物流项目的发展现状和规划建设、管理体制机制及相关资源配套等情况。区政协主席杨小毛，六横管委会党委副书记、管委会副主任王旭光，管委会党委委员、副主任陈春汉陪同考察。

10月14日，召开六横第四届运动会。区委书记、六横管委会党委书记、管委会主任蔡洪宣布六横第四届运动会开幕。

11月8日，组织干部群众通过电视、网络收看十八大开幕式。

11月13日，召开六横镇残疾人联合会第三次代表大会。会议选举产生六横镇残疾人联合会第三届主席团委员和出席普陀区残联会第六次代表大会代表，并推选新一任主席团主席、副主席、执行理事长、理事。大会还聘请六横镇残联第三届主席团名誉主席。

11月15日，召开森林消防工作会议。会上总结回顾去冬今春以来六横镇的森林消防工作，镇长张友德对今冬明春全镇森林消防工作有关任务、责任作强调部署。

12月31日，六横镇坦岙村股份经济合作社举行成立仪式。

2012年普陀区普陀山镇人民政府大事记

1月5日，召开2012年春节安全工作会议。全山60余家单位和相关部门负责人参加。

1月11日，召开全山工作会议。全山各单位党支部委员、中层以上干部，各社区（村）负责人，佛协常务理事及各寺院当家，驻山部队代表，引进人才代表、外来务工人员代表等参加会议。

2月8日，召开全山干部大会。由管委会副主任章毓法主持会议，副主任金伟民、丁宏斌、顾建斌出席。

2月28日，召开第十四次妇女代表大会。大会选举产生普陀镇妇联第十四届执行委员会委员，陈灵芝同志当选为普陀山镇第十四届妇联主席，郑红霞当选为副主席。

3月1日，召开创建国家级旅游综合标准化示范点工作动员大会。来自管委会机关各处室、委属各单位、社区和旅游企业负责人及相关工作人员共60余人参加会议。

4月5日，召开旅游市场整治工作会议。全山各相关单位负责人参加会议。

4月13日，召开“智慧普陀山”规划编制专题会议。管委会副主任戎建军出席会议并讲话。

4月20日，召开“进村入企”调研问题协调会。管委会党委委员、副主任夏远翔同志主持会议，全山各相关单位及处室负责人参加会议。

5月17日，召开全山安全生产工作暨集中开展安全生产领域“打非治违”专项行动会议。管委会副主任金伟民出席并讲话，全山67家单位（部门）负责人参加会议。

5月31日，召开网格化管理、组团式服务工作推进会。管委会党委委员、组织人事处处长卢根章，镇党委书记邱文海会议。

6月18日，召开普陀山镇残疾人联合会第四次代表大会。大会选举产生新一届残联主席团成员，来自全镇各行各业的31名残联代表和10名特邀代表参加本次大会。

6月28日，举行普陀山庆祝中国共产党成立91周年暨创新争优表彰总结大会。会议由管委会党委委员、副主任邬振刚主持，来自管委会机关各处室、全山各基层党组织和各类创先争优先进、新党员代表140余人参加大会。

6月29日，召开普陀山2012年半年度工作会议。管委会各处室、委属企事业单位、双重管理职能部门等主要负责人参加会议。

7月3日，市委常委、市纪委书记胡海良，市纪委副书记黄清波等一行到普陀山调研。

7月19日，召开普陀山社会管理综合治理工作暨十八大安保工作会议动员大会。全山92家单位负责人参加会议。

8月14日，召开普陀山信访工作会议。会议由管委会副主任邬振刚主持，全山78家单位、部门主要负责人参加会议。

8月23日，召开景区旅游服务标准体系研讨会。省标院专家、标准化创建工作各相关部门领导和专兼职人员30余人参加会议。

9月25日，召开全山创先争优总结会议暨基层组织建设年工作推进会。委属各党委、党总支、窗口服务单位、职能单位党支部书记、专职副书记参加会议。

10月8日，市残联理事长张友定一行到普陀山镇调研督查普陀山残疾人工作。

10月24日，举行由普陀山佛教协会和台湾南海观音文教基金会联合主办的台湾南海观音普陀山寻根之旅活动欢迎仪式。

11月6日，召开普陀山消防安全工作会议。副主任金伟民出席并作重要讲话，全山90余家单位参加会议。

11月8日，组织普陀山管委会机关及下属单位、社区和旅游企业，纷纷组织干部职工聚集观看中国共产党第十八次全国代表大会开幕式实况。

12月4日，召开普陀山镇重大传染病社区综合防治项目实施动员会议。

12月14日，举行普陀山妇工委年度会议。全山各单位妇联主席、妇工委主任、女职委主任、社区妇代会主任以及多位女干部共30余人参加会议。

12月19日，举行2013年全山务虚工作会议。舟山市政协副主席，管委会党委书记、主任蒋志伟及党委班子成员出席。

2012年普陀区桃花镇人民政府大事记

1月12日，市委宣传部副部长、市文明办主任毛松国等市、区文明办一行5人，专程到“孝老爱亲好渔嫂”吴珍芬家进行走访慰问。

1月16日，区委常委、组织部长蒋万琪和区人大常委会副主任胡永国、区政协副主席边艾光等区领导，走访慰问桃花镇鹁鸪门村叶亚琴、公前村陈彩珠、塔湾村吴国洋等6户困难群众。

2月5日，召开桃花镇第十七届人民代表大会第一次会议。会议选举产生新一届桃花镇人大主席团主席、副主席和镇人民政府镇长、副镇长。

2月8日，共青团舟山市委书记解延海一行到桃花镇调研指导共青团及青年创业工作，团区委书记邓晶等陪同调研与指导。

2月29日，举办《〈婚姻法〉司法解释三》知识讲座。来自桃花镇5个渔农村社区、13个村（居）的100多名妇女参与讲座。

3月13日，市委常委、市委宣传部部长周伟江到桃花镇塔湾村（社区），开展“进村入企”大走访活动。

3月14日，区委常委、区委宣传部部长刘旭军到桃花镇开展“进村入企”大走访活动。并对盐厂社区综合服务中心、塔湾渔家乐协会进行视察与调研。

3月19日，副区长杨文奇到桃花镇开展“进村入企”大走访活动。

4月1日，桃花镇机关干部、桃花边防派出所官兵和桃花镇中心学校师生代表前往桃花革命烈士陵园祭扫烈士墓。

5月9日，举办一期微博建设与网络问政专题讲座。部分镇机关干部及各村（社区）负责人和社区大学生村官、村“三位一体”工作人员参加讲座。

5月17日，区文化广播电视新闻出版局（体育局）一行4人到桃花镇，开展“进村入企”大走访活动。

6月19日，区委常委、区委组织部部长蒋万琪到桃花镇调研基层组织建设工作。

6月20日，副省长郑继伟率省政府调研组到桃花镇调研教育、卫生、文化工作。副市长徐燕峰、区委书记蔡洪、市政府副秘书长戴灵芝、副区长邱一虹等领导陪同调研。

6月26日，区委常委、宣传部长刘旭军到桃花镇走访慰问部分困难党员和优秀村支书。

7月11日，区基层组织建设年督查组一行4人到桃花开展基层组织建设年活动督查。

7月27日，举行的一次渔船单船海上应急响应部署演练。来自桃花镇4个渔业村的70多名渔船老大观摩这场演练。

8月14日，副区长杨文奇在区民政局、水利围垦局等有关部门领导的陪同下，到桃花镇视察与调研台风损失、水库山塘等水利设施巡查管理制度落实情况及渔农村管理服务体制改革等。

8月17日，区政协主席杨小毛到桃花镇调研旅游及渔、农、工、商等产业发展情况。

8月31日，副区长刘明永率区经信、环保、招商、安监等有关职能部门领导，到桃花镇调研工业企业发展、企业安全生产、招商引资、生态环保等工作。

9月5日，区人大常委会副主任焦兰萍到桃花镇调研公共文化服务体系工作。

9月6日，镇网格办、团委、妇联组织20多名网格义工到镇敬老院，开展志愿者金秋助老送温暖服务活动。

10月18日，举办《海洋经济与舟山群岛新区建设》专题讲座。80多名镇机关及社区、村（居）干部参加市委党校经济行管教研室顾自刚教授的专题讲座。

11月6日，召开桃花镇残疾人联合会第五次代表大会。会议选举产生桃花镇残疾人联合会第五届代表大会主席团主席、副主席、委员和桃花镇残疾人联合会第五届执行理事会理事长、副理事长，选举产生桃花镇出席普陀区残疾人联合会第五次代表大会代表。

11月8日，组织广大干部群众，用不同形式收听收看中国共产党第十八次全国代表大会开幕式。

11月14日，市委常委、组织部长张明超到桃花镇调研基层组织建设工作，区委常委、组织部长蒋万琪陪同调研。

12月18日，召开红十字会成立暨第一次会员代表大会。大会审议通过《桃花中心学校红十字会章程》，并选举产生桃花镇中心学校红十字会第一届理事会。

2012年普陀区虾峙镇人民政府大事记

1月20日，镇团委开展镇机关、社区青年干部结对帮扶中低收入家庭青少年活动。为他们送上图书、文具等生活学习用品。

2月23日，召开虾峙镇第十六届人民代表大会第五次会议。来自全镇各条战线的45名人大代表及80名列席代表出席。

3月4日，区委常委、统战部长孙德明一行到虾峙镇调研指导统战工作。区委统战部副部长张建明、区民族宗教事务局副局长郭春惠陪同调研。

3月17日，区委常委、组织部长郭和宽一行到虾峙镇调研“鼓干劲、争先进、优环境”主题教育活动和村级换届选举工作开展情况。区委组织部领导陈爱国、虞国海、张红军等陪同调研。

3月22日，代区长王飞跃一行到虾峙镇调研视察工作。区委常委、常务副区长刘永艺以及区财政局、区发改局、区海洋与渔业局、区经贸局、区国土资源局等相关部门负责人陪同调研。

4月7日，副区长葛捍东到虾峙调研围垦工程有关工作情况。区水利围垦局局长汤志国等陪同调研。

4月9日，开展网格“进村入企”活动。

5月8日，区委常委、组织部长蒋万琪到虾峙镇调研组织工作开展情况。组织部副部长蒋斌陪同调研。

5月10日，市政协主席刘爱世一行到虾峙镇调研渔农民就业与收入情况。乐爱国、洪文龙、杨小毛等市、区政协领导陪同调研。

5月23日，市委书记梁黎明到虾峙镇调研，市、区领导钟达、马国华、沈仁华、夏文忠、江建国、蔡洪、王飞跃、丁海鹰、杨小毛、蒋万琪以及部分市属、区属部门负责人陪同调研。

6月20日，副市长王忠一行到虾峙镇调研海岛开发与社会发展状况。副区长张文科等陪同调研。

6月28日，区委常委、常务副区长张禾波一行到虾峙镇走访慰问困难党员和优秀党员，向他们致以节日的问候，并送去党组织的关怀和温暖。

7月5日，副区长邱一虹一行到虾峙调研校园安全工程，区教育局局长唐汉成等陪同调研。

7月15日，召开中共虾峙镇第十三次代表大会。来自全镇各条战线的58名党员代表及21名列席代表出席。

8月23日，副区长胡国华一行到虾峙调研经济社会发展状况。

8月30日，副区长蔡朝才一行到虾峙调研渔业生产及新渔农村建设情况。区民政局局长洪碧等陪同调研。

9月1日，原城镇居民医疗保险制度和新型渔农村合作医疗制度合二为一，建立全新的城乡居民基本医疗保险制度。

10月26日，虾峙镇110千伏输变电工程正式投运。

11月29日，虾峙镇庙湾客运码头航道疏浚工程公开招标。

12月14日，区委书记蔡洪一行到虾峙镇调研。区委常委、区纪委书记孙志龙，区委办公室主任陈爱国等陪同调研。

2012年普陀区白沙乡人民政府大事记

1月17日，举行白沙乡2012年新春团拜会。乡党政领导班子、全体机关、社区（村）干部、乡属企事业单位负责人等参加团拜会。

2月2日，乡召开第十七届人民代表大会第一次会议。会议选举产生白沙乡第十七届人大主席、副主席，乡政府乡长、副乡长，选齐配强新一届人大、政府领导班子

2月8日，区纪委俞红率领考核组来到白沙乡开展年度考核工作。乡机关全体干部职工、各所（站）负责人、各村两委主要负责人参加考核会议。

2月29日，召开2012年度经济工作会议。乡党政班子成员，全体机关干部，社区（村）、各经济合作社、乡属各企事业单位负责人及部分渔船老大共80余人参加会议。

3月12日，市委常委、组织部长张明超到白沙调研指导工作。区委书记蔡洪和区委常委、组织部长蒋万琪等陪同调研。

3月15日，新世纪10年感动普陀人物先进事迹巡回宣讲团到白沙乡开展巡回宣讲活动，吸引近百名干部群众到场聆听。

3月31日，白沙乡全体机关干部前往救火英雄张信岳、边防勇士叶玉英两位烈士墓前开展清明扫墓活动。

4月23日，副区长葛捍东到白沙乡调研海水淡化工作。

5月8日，召开贯彻落实区委“重执行、强服务、促廉政”专题教育活动动员大会。乡全体机关干部，社区（村）、经济合作社负责人共60余人参加专题教育活动动员大会。

5月22日，区政协主席杨小毛到白沙调研指导工作。

5月26日，副区长张禾波等一行人到白沙专题调研旅游工作

6月26日，召开建党91周年党员大会。全乡130余名党员齐聚一堂，隆重庆祝中国共产党成立91周年。

6月27日，区委常委、人武部政委李广东在白沙乡党委书记马亮峰的陪同下走访慰问困难老党员，送去党委、政府的关怀和问候。

7月11日，副市长王忠志等一行人到白沙调研海钓旅游工作。

7月12日，区民宗局局长陈忠到白沙极乐寺调研和谐寺观教堂创建工作。

7月31日，召开党风廉政建设专题会议。乡党政班子成员、全体中层干部和经济合作社书记参加会议，乡党委书记马亮峰主持会议。

8月16日，区民宗局联合佛教协会对白沙乡极乐寺进行安全检查。检查组一行先后对寺院的建筑安全隐患、人员活动场所的消防基础设施、饮食安全等情况进行全面检查。

9月24日，白沙乡安监部门对全乡包括11艘休闲渔船在内的渡船、渡口进行专项安全整治检查。

10月22日，区委副书记、区长王飞跃，区委常委、常务副区长张禾波调研白沙岛休闲旅游项目规划工作。区发改局、区国土资源分局、区规划分局、区交通运输局等相关部门负责人陪同调研。

10月26日，召开白沙乡残疾人联合会第五次代表大会。来自全乡的19名正式代表和5名特邀及列席代表参加大会。区残疾人联合会党委委员、副理事长乐科杰出席。

11月8日，组织全体党员干部以及广大群众观看中国共产党第十八次全国代表大会的直播。

同日，国家海洋局海岛管理司司长吕彩霞一行到白沙调研海岛生态建设情况。副市长王忠、副区长张文科及市海洋与渔业局主要领导陪同调研。

12月20日，微网格服务团队走访慰问白沙新居民，帮助他们更快地了解和融入白沙人文文化，为白沙乡的和谐稳定作出努力。

2012年普陀区登步乡人民政府大事记

1月10日，2012普陀区“送知识、送快乐、送温暖”下乡活动到登步，在位于登步菜场附近开展便民服务。

1月16日，登步乡组成慰问小组，走访慰问各村退休老干部和退伍军人。为他们送去新年的美好祝福，并送去节日慰问品。

2月20日，全区网格助理座谈会召开，登步乡网格组参加座谈会。区委组织部副部长张红军、区网格办专职副主任李侠、区委组织部组织科长余舟出席座谈会。

3月15日，区委常委、组织部长蒋万琪，区人大常委会副主任刘健民到登步乡联系点大岙村，开展“进村入企”大走访活动。

4月23日，区体育下渔村活动到登步，为登步群众送来丰盛的体育文化大餐。

5月29日，普陀团区委、区义工联组织近10名特色义工到登步乡大岙社区开展义工服务。

6月20日，开展评选先进典型、举行“七一”表彰大会活动。

7月4日，登步乡第5网格召开网格党小组民主生活会。会议听取许多群众关心的民生问题。

7月11日，乡计生办结合本地实际，围绕“让家庭健康、和谐”这个主题积极开展丰富多彩的纪念活动。

8月9日，乡党委书记乐添同志、乡人大副主席张优芬同志及乡机关相关人员等一行，到位于大岙的敬老院，把乡党委和政府的关怀和温暖送到他们当中。

8月22日，召开城乡居民基本医疗保险制度实施动员大会。乡班子领导、乡机关有关人员、各村（社区）、经济合作社书记、主任、文书以及各网格组长等30多人参加会议。

8月23日，开展由乡新闻信息员团队成员参加的新闻信息员培训会。乡党委副书记周吉瑜发表讲话。

9月10日，召开基层组织建设专题推进会。对基层组织建设年各项工作的深入开展进行部署。

9月12日，乡党委政府牵头组织社区、警务区、民政等相关部门全面清查扰民的精神病人，将3名精神病人送往舟山市第二医院（精神病院）接受强制治疗。

9月20日，市规划局副局长陈前虎教授及文旭涛教授等到登步调研工作。

9月24日，召开由主要领导参加的国庆安全生产专题会议。

10月11日，区委副书记俞连军到登步乡指导工作。在听取乡党委、政府的工作汇报后，俞副书记对登步乡的总体工作和良好的发展势头给予肯定。

同日，市委常委、市纪委书记到登步调研渔农村基层党风廉政工作。陪同考察的还有市纪委副书记、监察局长黄清波，区委常委、区纪委书记孙志龙等。

10月15日，区委常委、区委组织部部长蒋万琪到登步调研指导工作，并接受群众来访。

10月16日，区森林防火检查考核组对登步乡2011、2012年度森林防火责任目标工作进行考核。张勇大队长等听取副乡长毛学军的工作汇报，并实地察看乡森防办器材库、各村主要道路两侧重点部位的可燃物清除情况。

11月2日，区海洋与渔业局徐副局长一行11人到登步乡进行水产养殖的考察调研。

11月7日，召开登步乡残疾人联合会第五次代表大会。区残联乐科杰副理事长应邀出席并讲话，乡政府陈红乡长等领导参加会议。出席大会的全体代表有37人，正式代表31名，列席代表6人、其中残疾人19人。

11月8日，组织各党（总）支分点集中收看十八大会议期间相关报道、中心组理论学习、座谈会等，迅速掀起学习宣传贯彻十八大精神的热潮。

12月14日，登步乡人大主席团组织区乡两级人大代表视察乡政府重点实事项目工程完成情况。

12月24日，开展机关夜学习活动学习十八大精神。全体乡机关、社区干部参加学习会。

12月26日，召开综合统计年报工作业务培训和工作部署会。全乡7个经济合作社的统计人员参加会议。

2012年普陀区蚂蚁岛乡人民政府大事记

1月8日，举办外包企业网格联谊会。乡党委副书记、乡长金科，常务副乡长、外包企业专属网格组长杜平伦，乡网格助理张金辉以及54家外包企业网格的负责人参加此次联谊会。

2月22日，召开蚂蚁岛乡第十七届人民代表大会第一次会议。来自全乡各条战线的40名人大代表才参加会议。

2月23日，区委组织部长蒋万琪同志、区纪委书记孙志龙同志一行6人到蚂蚁岛乡调研。

3月6日，举行以“我运动我健康3.8妇女节健身系列”为主题的登山活动。乡机关、村（社）、经济合作社、企业、群众等近百人参加。

3月24日，召开蚂蚁岛乡2012年度经济工作会议暨道德模范表彰大会。会议由乡长金科主持，乡党委书记缪剑刚作重要讲话。

同日，召开蚂蚁岛乡综治（信访）平安暨安全生产会议。乡党委书记缪剑刚、乡长金科、乡党委副书记郭贤、副乡长杜平伦、乡党委委员人武部部长马海勇、乡人大副主席顾文凯出席。

4月5日，召开各类清明安全会议。机关、社区（村）、经济合作社全体工作人员参加会议。

5月24日，蚂蚁岛乡计生协会组织骨干会员开展“急救知识和技能培训”讲座。

5月29日，蚂蚁岛乡计生协会组织开展协会小组健身舞汇演。

6月6日，组织召开渔船编组长老大座谈会。区海洋与渔业局、乡机关相关领导和负责人及各渔船编组长老大参加会议。

6月21日，市海洋与渔业局副局长蔡朝才一行到蚂蚁岛乡调研指导工作。

6月26日，召开纪念建党91周年暨七一表彰大会。乡党委书记金科同志进行讲话。

7月17日，区人大副主任胡永国一行视察食品卫生安全工作。

7月19日，普陀区人武部部长姚义真，副部长何耿泽带领检查组一行检查人武部正规化建设的情况。乡党委书记金科、乡长胡学民陪同检查。

7月24日，市财政局副局长莫红民一行到蚂蚁岛乡卫生院调研指导工作。

8月6日，副区长刘明永到蚂蚁岛乡检查防台抗台准备工作，重点检查东海岸船厂大型无动力船舶。经信局局长林文陪同检查。

8月25日，市政府副秘书长江跃儿、普陀区副区长杨文奇一行到东海岸船业有限公司视察无动力修造船舶防台工作情况。乡党委书记金科、乡长胡学明陪同检查。

9月6日，区人大常委会副主任焦兰萍一行到蚂蚁岛乡进行公共文化服务体系建设情况专题调研。

9月27日，区长王飞跃等区有关领导一行到蚂蚁岛乡调研指导工作。

10月17日，区政协副主席、统战部部长孙德明一行到蚂蚁岛乡调研指导工作。

10月24日，召开党委中心组扩大会议。乡机关中层以上干部参加会议。

10月30日，召开蚂蚁岛乡残疾人联合会第五次代表大会。选举产生乡残疾人联合会第五届主席团委员和出席普陀区残疾人联合会第六次代表大会代表，聘请名誉主席。

11月8日，蚂蚁岛乡各基层党支部、外包企业联谊会党支部、各网格群众、机关、企事业单位、蚂蚁岛客轮、社区（村）各地点各界群众集中收看十八大开幕式。

11月13日，召开网格工作会议。就全乡网格下阶段重点工作进行讨论。

11月14日，开展反腐倡廉预防职务犯罪法制教育展。全乡机关、社区（村）、企业、医院等各个单位的人员进行参观。

12月5日，开展“网格服务、爱在流动”现场咨询和艾滋病防治宣传活动。

12月26日，区常委、区人武部政委李广东一行到蚂蚁岛乡检查指导工作。

2012年岱山县长涂镇人民政府大事记

1月3日，召开第十四届人民代表大会第一次会议。与会代表听取并审议通过《长涂镇人民政府工作报告》《长涂镇人大主席团工作报告》和镇财政预决算工作报告，选举产生新一届人大主席团领导班子和镇人民政府领导班子。

1月19日，召开全镇老干部迎春座谈会，镇领导和老干部们欢聚一堂，共叙发展大局。

2月5日，镇党委、政府举办大型元宵系列活动。

2月22日，副县长朱永华赴长涂镇进行工作调研。对新农村建设工作提出3点指导意见。

3月6日，举行“爱我金银岛共建新长涂”启动仪式。长涂镇机关干部、社区干部、巾帼代表、团员青年、义工志愿者等各条战线的代表等共300余人参加此次仪式。

3月12日，长涂镇倭井潭社区“网格文明之星—道德模范”颁奖大会在镇中心广场隆重举行。县委宣传部副部长王建民出席。

3月20日，副县长赵丁义到长涂镇调研。在听取相关工作汇报后，提出3点要求。

4月6日，召开全镇网格工作推进会。会议总结长涂镇2011年网格化工作开展情况，并表彰网格化管理工作开展中涌现出来的一批密切联系群众、关心群众生活的优秀服务团队、优秀网格小组长和群众贴心人。同时就全镇2012年网格化工作的开展进行部署，镇党委书记刘方晖出席并作重要讲话。

4月12日，全市两新组织党建工作现场推进会在岱山县长涂镇召开。参会人员实地考察金海重工股份有限公司和岱山县东海湾对拖网捕捞专业合作社党建工作。

5月4日，镇机关10多名团员青年参加“扬五月激情，展金银风采”五四青年节系列活动之植树活动。为保护长涂的生态环境献上青年的一份关爱和努力。

5月9日，举行长涂镇“扬五月激情，展金银风采”第二届网格新居民方言大赛笔试环节。

5月23日，副县长俞赛飞到长涂调研社会事业发展情况。

6月27日，举办“爱我金银岛、共建新长涂”网格七一红歌大家唱活动。

7月4日，举行长涂镇第二届网格幸福家庭携手新居民方言赛，吸引数百名群众前来观看。

7月10日，县长毛江平到长涂镇调研。在听取相关工作汇报后，提出4点要求。

7月27日，县委副书记、县人大常委会主任俞福达带领有关部门负责人调研长涂镇流动人口服务管理工作。

8月10日，长涂镇水库发生溃坝灾害，政府立即组织有关部门对险情进行勘察，并制定抢险方案。军民携手抢险救灾。

9月14日，召开渔业管理暨安全生产工作会议。长涂镇政府、县海洋与渔业局、县气象局等相关领导，各渔业合作社、相关单位主要负责人，各生产单位编组长、养殖户及先进集体、先进生产单位、渔业先进个人参加会议。

10月22日，镇计生协开展“生育关怀——情暖夕阳”关爱计生家庭老人系列活动。全镇以社区为单位组建4支敬老志愿者服务队伍，根据全镇独生子女死亡、伤残家庭的实际困难情况，通过一对一结对帮扶。

11月8日，以基层党组织为单位，全镇全部65个党支部共组织1000余名党员干部、群众，通过收看农村远教系统、电视直播等平台，集中观看学习党的十八大工作报告。

12月4日，县委常委、组织部长施波一行到长涂镇，对倭井潭、港南、长西3个社区的村级集体经济发展情况进行实地走访调研并提出意见和建议。

12月5日，镇团委组织义工志愿服务队，在长涂中心渔港开展“青年志愿行，净化美丽渔港”志愿活动。

12月7日，舟山市第十届乡(镇)村门球联谊赛开幕式在长涂镇举行。镇长黄伟在开幕式上致开幕辞。

2012年岱山县岱东镇人民政府大事记

1月5日，召开岱东镇第十六届人民代表大会第一次会议。会议由镇党委书记戎宏杰主持，来自全镇各行各业的镇人大代表和列席代表参加会议。

2月16日，召开2012年度经济工作会议。会议回顾总结2011年全镇经济工作，表彰先进，全面部署2012年经济发展各项工作。

2月23日，副县长朱永华到岱东调研新农村建设工作。

3月22日，县委组织部部长施波到岱东开展进村入企调研活动。通过听取汇报、实地查看、召开座谈会等方式，对乡镇基层组织建设年活动开展情况及村级阵地建设等工作进行深入调研。

3月26日，召开“进村入企”大走访活动动员会。会议由镇党委副书记韩毅艇主持，镇机关全体干部、镇属部门负责人、各社区（村）主要干部参加会议。

3月28日，副县长胡国祥到岱东调研。在听取相关工作汇报后，提出3点要求。

4月16日，召开镇政府全体会议。会议由镇党委委员、副镇长陈玉燕主持，镇党委书记戎宏杰、镇长冯斌及各分管领导出席。

4月17日，县委常委、纪委书记顾飞舟和县委常委、宣传部长孙丹燕一行到岱东开展“进村入企”走访活动。

4月22日，中央督导组到岱东镇对乡镇严肃换届纪律工作开展督查指导。

5月9日，召开岱东镇商会一届二次会议。会议由副镇长虞平国主持，县工商联书记李仲仪、镇党委书记戎宏杰、镇长冯斌应邀出席。

5月15日，由县政协副主席赵加平、经济建设咨询委副主任刘养娣带队的专题调研组一行到岱东镇，就海洋文化产业发展政策扶持体系进行专题调研。

5月24日，举行岱东镇“我们的价值观——新区建设展新姿”大讨论活动。会议由宣传委员王光明主持，镇年轻干部和社区大学生村官共20余人参加本次大讨论活动。

6月12日，县长毛江平到岱东镇调研指导工作。在听取相关工作汇报后，提出点要求。

6月28日，县委副书记俞福达一行到岱东调研美丽海岛建设，实地查看上船跳精致村落。

6月29日，召开庆祝中国共产党成立91周年暨“七一”表彰大会。镇机关党员干部、各村党员代表、受表彰的集体和个人共百余人参加会议。

7月25日，邀请县红十字会2位讲师举办安全急救知识培训班。全镇重点领域生产经营单位安全管理员、鹿栏晴沙救护员等相关人员50余人参加培训。

7月26日，副县长胡国祥到岱东调研。在听取相关工作汇报后，提出3点要求。

8月6日，紧急召开预防11号台风“海葵”专题工作会议。镇党委书记戎宏杰在会议上对预防工作做全面部署，要求全镇要高度重视，全力以赴做好“海葵”各项防御工作。

9月10日，全县党代会常任制工作推进会暨党代表民情研判会在岱东镇召开。县属单位相关负责人、部分县党代表及镇党员群众代表参加会议。

10月11日，镇妇联组织妇女干部召开专题工作会议。专门就平安家庭的宣传工作展开部署。

11月8日，镇机关全体干部、社区主要负责人、镇党代表共50余人集中收看“十八大”开幕式直播盛况。

11月21日，召开残疾人联合会第六次代表大会。会议选举产生镇残疾人联合会第六届主席团委员和出席市残疾人联合会第六次代表大会代表。

12月4日，召开机关全体人员会议。专题学习贯彻十八大精神，并结合工作实际部署下阶段工作。镇领导班子成员、全体机关人员、两代人员分别参加此次会议。

12月8日，召开2013年务虚工作会议。镇党政领导班子成员、镇属各社区各单位主要负责人、全体机关中层干部参加会议。

12月26日，副县长俞赛飞到岱东镇就对于2013年县人代会政府工作报告征求相关工作意见。会议上分别就“经济发展”、“城乡建设”、“民生事业”展开座谈，征求各方意见，以进一步完善工作思路。

2012年岱山县岱西镇人民政府大事记

1月4日，召开岱西镇第十六届人民代表大会第一次会议。来自镇机关及全镇各企业、社区（村）及相关单位的56名正式代表，72名列席代表出席。

2月16日，召开岱西镇综治、信访、纪检、安全、计生、绿色生态建设大会。全体机关干部、社区（村）两委会成员、各生产企业主要负责人参加会议。

2月28日，副县长张军海率县农林、渔业、水务等部门到岱西调研指导工作。

3月8日，省环保厅厅长徐震在舟山市副市长沈仁华、岱山县县长毛江平等人的陪同下，到岱西视察工作。

3月27日，副县长童信宇一行到岱西开展“进村入企”大走访活动。

3月29日，县委常委、副县长胡国祥一行到岱西开展“进村入企”大走访活动。

4月24日，由省工商局副巡视员杨美英带队的省督察组，开展基层组织建设年暨创先争优活动情况督察。

4月27日，省水利厅副厅长徐国平在副县长张军海陪的同下，视察岱西的水利工程项目。

5月3日，召开纪念建团90周年活动。团县委书记王璐晓、镇党委副书记方华、团县委副书记樊忠正、镇党委委员张琼尹、林梁宇等出席。

5月4日，组织开展以“新农村建设”为主题的“两委员一代表”活动。随后召开座谈会，就如何更好更快地推进岱西新农村建设全面发展交换意见。

5月22日，副县长赵丁义一行赴岱西，就前岸十字路口改造工程作出现场协调。

6月12日，县委副书记、县长毛江平率财政、水务、国土、发改、国土、开发区等多部门单位，到岱西调研指导工作。

6月20日，副县长俞赛飞到岱西调研指导工作。

6月26日，县政协主席赵盛芳一行到岱西调研指导工作。

7月2日，县人大副主任袁忠扬一行到岱西调研指导工作。

8月7日，县委书记王伟调研视察岱西防台抗台工作。

9月22日，副省长、市委书记梁黎明，市长周国辉亲临岱西视察海舟二期及宏鹰拆船两项重点工程。

同日，国家环保部及市、县两级环保局领导到岱西开展国家级生态镇验收工作。考核验收组先后察看林家村基本村容村貌、污水分解池、水上乐园及火箭三村无公害基地。

10月23日，县离退休老干部到岱西调研经济社会发展情况。

10月26日，举行岱西镇残疾人联合会第七次代表大会。43名全镇各行业的残疾人代表参加会议。会议选举产生岱西镇残疾人联合会第七届主席团成员及出席县残疾人联合会第六次代表大会代表，大会还聘请名誉主席并授予证书。

11月16日，省体育强镇复评考核组对岱西体育强镇工作进行考查。

12月5日，县委副书记俞福达一行就社会管理创新和新农村建设到岱西进行调研。

12月18日，召开“两代表一委员”提案提议研讨会。县镇两级“两代表一委员”参加会议。

12月27日，组织召开党的十八大精神专题报告会。邀请县党校陈宝芬老师作专题讲解，镇党政班子成员、全体机关干部和村（社区）干部参加此次学习会。

2012年岱山县东沙镇人民政府大事记

1月16日，召开东沙镇老干部迎春茶谈会。会上周书记向老干部们通报东沙镇过去一年的工作，并传达县十二次党代会精神，听取老干部们的意见建议。

2月27日，副县长张军海和县国土局、县海洋渔业局、县水利水务局等有关单位的领导一行7人到东沙镇视察调研。

3月9日，省工商联到东沙镇泥峙社区，开展“进村入企”走访活动并召开座谈会。

3月12日，组织全体机关干部到司基村参加义务植树活动。

4月13日，市委常委、组织部长张明超同志一行到东沙镇调研。先后走访美丽海岛建设示范点东沙小蓬莱精致村落、舟山海山公司、泥峙社区、东沙古渔镇。

4月27日，普陀山管委会组织人事处5名同志到东沙镇考察交流基层组织建设年、创先争优活动情况。

5月5日，举行青年游戏大会。来自辖区内的20余名青年在游戏体味到快乐、增进友谊。

6月1日，举行社区慈善工作站暨慈善帮扶金募捐仪式。很多党员、社区工作人员踊跃捐助，支持社区慈善事业。

6月27日，市人口计生委副主任、市计生协会专职副会长夏前峰实地考察东沙镇小蓬莱农庄乐园省“少生快富”项目基地。

6月28日，镇网格服务团队成员集中慰问困难党员。共慰问市级困难党员12名、县级困难党员11名、镇级困难党员24名。

7月13日，金海重工党委组织下属支部书记到东沙镇参观考察船配企业、新农村建设、旅游发展等情况。

8月7日，县委书记王伟，县委副书记、县人大常委会主任俞福达，县政协副主席蔡松岳等领导亲临东沙指导督促防御“海葵”工作。

9月3日，市委副书记张兵一行到东沙调研“网格化管理、组团式服务”工作。县委书记王伟、县委副书记俞福达陪同调研。

9月5日，举办基层党组织书记发展党员工作培训班。邀请县委组织部党联室副主任刘佩芬进行授课，40余位支部书记负责人参与此次培训。

9月12日，召开东沙镇安全生产大检查大整治专项行动动员大会。镇机关干部，社区干部及各企业负责人参加此次会议。

10月19日，镇党委组织全镇老干部共20人，现场视察县重点工程——黄燕线沿海旅游通道工程，并听取工程负责人的介绍。

11月7日，镇党委周波书记主持召开东沙镇青年座谈会。会上周波书记勉励青年朋友找准定位、端正态度、积极努力、活出精彩，并介绍东沙镇近几年的发展路劲、特色亮点工作。

11月8日，组织全体党员干部认真收听收看中国共产党第十八次全国代表大会的开幕式。

11月14日，副县长童信宇带领县有关部门领导到东沙镇视察调研东沙工业经济运行情况。

12月5日，东沙镇入选由人民网发起主办的首批“中国最美小镇”。

12月13日，市宣讲团的十八大精神专题报告会在东沙镇举行。全体机关干部、社区干部和企业家代表参加报告会。

2012年岱山县高亭镇人民政府大事记

1月20日，开展“网格新年送福”活动。网格团队成员将美观实用的“福”字送到居民家门口，以此表达对居民群众的新年美好祝愿。

2月24日，县“蓬莱先锋”党建工作示范点攻擂赛考核小组对高亭镇嘉和社区进行考评，考评内容分党建工作台帐检查、网格信息平台察看、现场随机走访网格户等。

3月8日，岱山县妇联前往高亭镇石马岙社区看望慰问贫困妇女刘红波。送去慰问品和慰问金，并致以节日的祝福。

4月5日，镇妇联协同镇计生协开展“美丽家庭”系列活动，在高亭镇大会议室举办高亭镇“晒晒我家的幸福”演讲比赛。

5月17日，县委常委、组织部长施波到高亭镇调研基层组织建设年活动。县委组织部副部长、县委两新工委书记宋晖陪同调研。

6月13日，召开民政工作会议。会议由社发办主任徐明涛主持，镇社发办干部、社区（村）民政干部共40多人参加会议。

7月17日，举行“明职责、知风险”重点岗位廉政建设主题教育活动动员大会。镇机关全体干部参加动员大会。

8月15日，街道竹屿社区邀请环保局的汤科长为居民、环保宣传员们上一堂生动的环保课。通过这次讲座，社区的居民们提高环保意识。

9月6日，召开2012年下阶段宣传信息工作会议。会议由镇党委宣传委员虞迪燕主持，全镇各办（部门），社区、村（社）共计50余名信息员参加会议。

9月13日，由省海洋与渔业局总工童加朝、渔政渔监处副处长潘建忠、执法总队相关人员及市局有关领导组成的督查组到高亭镇开展渔船安全生产大检查大整治活动专项督查。

9月18日，镇团委联合镇综治办开展“讲科学、反邪教、防渗透、促和谐”宣传活动。并分发反邪教宣传资料、解说画板，收到良好的宣教效果。

10月12日，镇食安办协同镇安监站、镇宣统办在高显庙举办高亭镇民间信仰场所大型活动安全培训班。辖区内11家民间信仰点负责人及相关社区公共安全协管员参加培训。

10月17日，召开高亭镇残疾人联合会第七次代表大会。县残联领导、镇党委、镇政府领导到会祝贺并发言。

10月26日，召开秋冬汛渔业安全生产管理工作动员大会。各渔业村、社、公司主要负责人、渔业专职安全管理员、全镇带头船及编组长老大家属130余人参加此次会议。

11月8日，组织全体机关干部收听收看党的十八大开幕式盛况。社区、村（社）也积极组织人员在会议室和文体活动室，通过电视和网络频道锁定观看现场直播。

11月9日，副县长俞赛飞带领文化、卫生、食品药品安全调研组一行对高亭镇进行调研工作。

11月28日，组织全镇党员学习贯彻党的十八大精神专题报告会。镇全体机关干部，社区、村（社）书记，企业支部书记，共170余人参加此次大会。高亭镇人大主席、镇党委书记王存璋作专题报告，党委委员虞迪燕主持会议。

12月21日，省信访局局长王宏一行在市信访局局长陶松珠、县信访局局长徐亚素的陪同下，到高亭镇调研信访工作。

12月24日，高亭镇协同县卫生监督所深入实地，对集体聚餐的相关环节、注意事项等作指导和检查。

2012年岱山县衢山镇人民政府大事记

1月3日，召开衢山镇第三届人民代表大会第一次会议。全镇85名人大代表，147名列席代表出席。会议选举贺贤炳当衢山镇人大主席，颜全国、甘远兵当选为人大副主席。周荣华当选为衢山镇镇长，赵仕龙、董海斌、徐世军、戴小笠当选为衢山镇副镇长。

1月13日，召开衢山镇春运安全工作会议。在衢的各相关职能部门都参加会议。

2月7日，召开经济工作座谈会暨商会年会。会议由党委副书记汤杰主持，县委常委、衢山镇党委书记王文辉，镇长周荣华，副镇长董海斌参加座谈会。

3月5日，展开由镇团委、镇妇联联合举办的庆三八暨“新区心行动，蓝丝带随心动”启征大会。

3月22日，县水务局、质监局、总工会等领导到社区开展“进村入企”大走访活动。

3月27日，县文广局王勇副局长及县文化馆工作人员一行人开展走访活动。

4月11日，县法院院长李东明、衢山镇法庭庭长马剑慧等一行到鼠浪社区开展“进村入企”大走访活动。

4月18日，镇渔业指挥中心召开关于2012年度三等职务证书培训专题会议。各个渔业村办证人员参加此次会议。

5月9日，舟山市、县安监部门检查组一行8人来大衢渔港进行检查。检查组主要对大衢渔港山体开采爆破、运输、山体道路情况进行检查。

5月28日，举行“向幸福出发”幸福家庭促进工作启动仪式。200多名来自各社区的妇女朋友和衢山新居民代表参加此次活动，镇党委副书记等相关领导出席。

5月30日，召开“海警二支队警民恳谈会”。海警二支队的十余名官兵，罗家岙派出所，镇渔业相关部门，当地十数名渔船老大代表，镇长周荣华、镇党委委员殷军等出席。

6月19日，举办一期流动人口女性生殖健康知识讲座。有120多名流动人口育龄妇女参加讲座。

7月17日，举行衢山镇“激情七月”广场红歌会。镇相关领导、县文联副主席等参加本次活动。近两千名群众到场观看演出。

8月6日，召开全镇防台抗台会议。

9月4日，召开2012年度冬汛渔业安全生产动员大会。

9月18日，举行“寄情瀛洲乡音乡情”首届新居民方言大赛。来自各社区的15组外来务工人员参加本次比赛。

10月11日，县老年协会一行在镇党委副书记的陪同下考察大衢渔港。

10月15日，召开“自组织”建设工作会议。各社区妇联主席及相关人员参加会议。

11月12日，举行“造血型”帮扶基地签约授牌仪式。县委常委、镇党委书记王文辉、镇人大副主席甘远兵参加签约仪式。

11月23日，衢山镇党委组织镇中层干部、社区村干部到浙江大学进行为期4天的综合素质提升培训。

12月24日，县委副书记、县长毛江平带领县发改、财政、交通住建等部门的负责人，到衢山镇调研经济社会发展情况和新的一年工作计划。

2012年岱山县秀山乡人民政府大事记

1月3日，召开第十六届人民代表大会第一次会议。大会听取并审议通过《政府工作报告》《人大主席团工作报告》《财政预决算报告》。

1月19日，县委常委、纪委书记到秀山乡慰问贫困残疾人、低保户和困难党员。

2月24日，县流动人口服务管理局对秀山乡协管员进行信息采集培训。根据流动人口综合信息平台要求，有针对性地对流动人口信息进行采集。

3月2日，副县长胡国祥到秀山乡调研。在听取乡有关领导的工作汇报之后，对该乡工作提出3点意见。

3月5日，秀山乡妇联举办庆“三八”机关女干部趣味运动会。乡机关17名妇女干部参加本次趣味运动会。

3月29日，召开2012年党建、经济、社会管理工作会议。会议由乡党委副书记、乡长赵红波同志主持，乡党政领导、乡机关中层以上干部、各村（社区）书记和主任、渔业社社长，乡属企业负责人以及部分县属驻秀单位负责人，海景房产、海运、工业企业负责人及相关企事业单位领导参加会议。

4月11日，召开秀山乡党建、经济、社会管理工作会议。党委政府领导干部、社区(村)两委班子成员、企业代表参加会议。

同日，县委常委、宣传部部长孙丹燕一行人，到秀山乡开展“进村入企”大走访活动。

5月8日，召开全乡信息工作会议。来自乡机关各办、社区的负责人和信息员参加会议。

5月23日，乡残联联合乡计生协、团委、文化等部门联合举办“文化助残，助力民生”的猜灯谜活动。

5月29日，副县长俞赛飞到秀山小学、思源幼儿园看望和慰问少年儿童和教师，送去节日的祝福。

6月6日，县委常委、组织部长施波一行到秀山乡调研基层组织建设年活动。县委组织部副部长、县委“两新”工委书记宋晖陪同调研。

7月1日，组织开展一次题为《团结协作严以律己加强教育深入促进领导干部廉洁自律——党政“一把手”讲廉政》党课活动。

7月25日，召开警示教育大会。全体机关党员干部以及各村（社区）、乡属单位负责人参加大会。

8月14日，召开半年度工作例会。会议对2012年上半年政府各口工作进行深刻地总结，并对下阶段各项工作进行全面细致地部署。乡党政领导、机关中层副职以上、社区（村）书记主任以及乡属企业负责人共30多人参加会议。

9月26日，举行“喜迎十八大秀山乡兰歌会”。歌会现场气氛热烈，精彩纷呈的节目赢得观众的一致好评，展现群众文化建设的丰盛成果。

10月23日，乡老年体协举办秀山乡老年体协经络健身操比赛。积极呈现新农村业余生活的多姿多彩。

11月6日，秀山乡首个流动党支部在定海区城东街道昌东社区挂牌成立，标志着秀山籍的流动党员在定海从此将真正过上“离土离乡不离党”的组织生活。

12月28日，召开理论中心组学习会。认真学习领会党的十八大精神，为下阶段在全乡开展学习贯彻“十八大”精神的有关工作进行部署。会议由乡党委书记陈泽同志主持，全体中心组成员参加学习会。

2012年嵊泗县菜园镇人民政府大事记

1月11日，县四套班子领导深入到菜园镇村（社区），走访慰问困难群众，向他们送去新春的问候和祝福，并送上慰问金。

2月19日，县委常委、组织部长邵雷在菜园镇相关领导的陪同下到基湖村实地视察党建品牌示范村创建，并就进一步完善和深化党建品牌示范村创建与镇、村党员干部进行交流。

3月13日，县委副书记狄承勇，县政协副主席金裕、黄迎春率县相关部门负责人到菜园镇就美丽海岛样板村建设进行调研。

3月22日，市委常委、组织部长张明超一行到菜园镇就基层经济社会发展和党建情况进行调研。县委副书记狄承勇，县委常委、组织部长邵雷等陪同调研。

4月7日，嵊泗县菜园镇350多名党员干部、网格队员及志愿者走上街头清理卫生死角，宣传创卫知识，开展便民服务。

5月16日，市委常委、县委书记徐张艳，县委副书记狄承勇，县委常委、组织部长邵雷，副县长何国忠等县领导到菜园镇参加社情民意恳谈会。

5月20日，菜园镇结合进村入企大走访活动，开展“爱心永驻残疾群众”助残日系列活动。

5月29日，市文明办社会处处长邹宏芳一行到菜园镇，调研指导该镇的省级文明乡镇创建工作。县文明办主任张霞炯陪同调研。

6月29日，镇党委副书记、镇长刘立峰，镇人大主席王国频，镇党委副书记娄勉方等镇党政领导分别到金沙、马关、青沙、金平等社区看望慰问困难党员以及老党员。

7月18日，县政协主席周振海，副主席金裕、黄迎春一行到菜园镇就美丽海岛样板村建设进行专题调研。

8月21日，县委常委、公安局长於石头一行到青沙社区就金青网格警务服务平台运作情况进行调研。

8月24日，举行基层组织建设年专题辅导暨第四期渔农村党员轮训班。来自马关社区各支部进百名党员参加轮训，镇党委领导作动员讲话。

9月7日，召集全镇60马力以上渔船老大开展渔业安全面对面教育。提醒渔民老大时刻绷紧渔业安全生产这根弦。

9月18日，市司法局副局长徐烈、市禁毒支队队长方顺红等市禁毒委领导在县公安局副局长陈全康的陪同下到菜园镇检查指导社区戒毒与康复工作。

9月20日，省委政法委政治部主任周长甬带领省十八大安保工作督查组一行，在市委政法委郐振悦，县委副书记狄承勇，县委政法委副书记张士松陪同下，到菜园镇检查指导社会管理创新及十八大安保工作。

10月23日，由市审批服务与招管委副主任江成仕率队的市行政监察督导组一行到菜园镇督查指导示范乡镇行政服务中心创建工作。

11月8日，党员干部和群众到单位或社区（村）或企业或广场公园或家中，通过广播、电视和网络收听收看党的十八大开幕式盛况。

11月13日，召开菜园镇残疾人联合会第六次代表大会。来自全镇各行各业的50名残疾人代表参加会议。选举产生镇残联新一届领导班子。县残联理事长王燕、菜园镇党委书记刘立峰等领导出席。

11月20日，召开学习贯彻党的十八大精神会议。近百名党员干部认真学习党的十八大报告及《党章修正案》等相关文件。

12月9日，市委常委、县委书记、县人大常委会主任徐张艳，县委副书记、县长虞国平带领相关部门负责人到菜园镇就2012年未完成的工作任务及原因和明年工作思路进行调研。县领导狄承勇、刘永革、唐金吉、傅雅芳、何国忠、张雷永陪同调研。

12月12日，市党的十八大宣讲团成员、市直机关党委副书记王骏涛到菜园镇做专题报告宣讲党的十八大精神。菜园镇党政领导和近百名党员干部聆听报告。

12月18日，召开国家卫生县城创建工作推进会。镇党政领导刘立峰、王伟波等出席。

2012年嵊泗县嵊山镇人民政府大事记

1月12日，召开全镇机关退休干部迎春座谈会。镇主要党政领导和机关退休老干部们欢聚一堂，互致新年的问候，共迎新年的到来。

2月14日，副县长应亿军一行到嵊山进行调研。嵊山镇人民政府镇长沈武斌陪同应副县长一行先后视察垃圾处理厂选址、满咀头钓鱼平台选址等地。

2月20日，县委常委、组织部长邵雷一行到壁下进行调研。邵部长一行先后走访壁下社区、卫生院、小学旧址。

2月25日，嵊山镇党委书记、人大主席陆斌海一行到基层调研。陆斌海一行先后走访该镇团结村、民主村和前卫村。

3月14日，县民政局局长刘珊君，副局长刘剑锋、王成忠一行10人就民政工作开展情况进行调研。嵊山镇镇长沈武斌、镇人武部部长吴二喜、民政办人员、各社区主要干部参加会议。

3月28日，县委常委、宣传部长刘永革一行到嵊山调研。座谈会上，镇党委书记陆斌海向调研组介绍嵊山镇基本情况以及该镇在宣传思想文化工作上的举措和今后的思路。

3月29日，嵊泗县委常委、公安局於石头一行到嵊山调研。嵊山镇党委书记陆斌海陪同调研。

4月5日，市海洋与渔业局局长沈承宏一行到嵊山开展“进村入企”专项调研。

4月7日，市委常委、县委书记、县人大主任徐张艳到嵊山“进村入企”。

4月12日，县委政法委副书记张士松一行到嵊山调研社会管理综合治理工作。镇党委书记、综治委主任陆斌海同志陪同并做工作汇报。

5月9日，县纪委书记王南宙一行人到嵊山对重点工程项目进行实地调研。

5月23日，县交通局局长钱海彬一行到嵊山开展“进村入企”调研活动。镇党委书记陆斌海陪同调研。

5月30日，市人民政府副市长王忠一行到嵊山就“海洋、海域、海岛”进行调研。

6月2日，市长周国辉、副市长刘宏明一行到嵊山调研。周市长走访壁下岛慰问钟杏菊同志，并与该镇6个村的渔民老大亲切座谈。

6月8日，县委常委、公安局长於石头一行到嵊山开展“进村入企”调研活动。

7月1日，召开庆祝建党91周年暨创先争优活动表彰大会。镇党政班子成员、各党（总）支部书记、各村（社区）主任、企事业单位负责人、全体机关干部及各项先进代表参加此次会议。

7月15日，副县长张雷永带领县府办、县民政局、县国土局、县口岸办单位负责人到嵊山调研。

8月24日，召开防台工作紧急会议。镇党委书记传达早上全市工作会议精神，并要求各单位要抓牢重点，切实做好防御今年第十五号台风“布拉万”的各项工作。

9月9日，组织召开新进工作人员座谈会。嵊山镇党委副书记以及组织委员参与会议。

10月26日，召开嵊山镇残疾人联合会第六次代表大会。来自全镇4个社区的60名残疾人代表参加此次大会。选举产生新一届嵊山镇残联主席，副主席，并推举产生执行理事会理事长和副理事长。

10月27日，副县长何国忠带领县发改、住建、交通、海洋与渔业、环保等部门负责人到嵊山调研。镇长沈武斌等陪同调研。

11月7日，县委副书记、县长虞国平就嵊山交通及实事项目建设进展情况到嵊山镇进行调研。县领导王南宙、虞曙红、何国忠、张雷永、金裕等陪同调研。

11月8日，组织党员干部群众以多种形式观看中国共产党第十八次全国代表大会的召开。

11月12日，副县长唐金吉带领县经信、安监、环保、工商等部门负责人就工业经济指标完成情况及企业生产经营状况来嵊山调研。

12月7日，举行计划生育协会第七届会员代表大会。来自各村（社区）计生协理事及会员、单位负责人、各条战线的协会会员骨干共60余人参加会议。

12月21日，召开信息工作大会。对2012年度的信息工作进行分析总结。

2012年嵊泗县洋山镇人民政府大事记

1月5日，县委常委、纪委书记王南宙一行到洋山镇，对2011年度全镇工作进行目标责任制考核并予以指导。

2月3日，举行洋山镇第三届人民代表大会第一次会议。来自各行各业的52名镇人大代表出席大会。县人大常委会党组书记、副主任李亚舫到会表示祝贺并致辞。

3月7日，召开安全生产年度工作会议。镇主要领导、各社区主任、部分相关企业责任人等参加本次会议。

3月22日，召开“两排查一促进”工作推进会。会上对一个月以来的各项工作开展情况做汇总。

3月29日，召开“进社区入企业访网格”大走访活动动员大会。机关社区干部、各企业负责人、网格团队成员近百余人参加会议。

4月17日，县政协主席周振海携专委负责人一行到洋山镇调研。就洋山产业转型、旅游开发、民生工程等问题进行深入探讨和交流。

4月25日，组织部分党政领导、机关及社区干部、企事业单位负责人、老干部、劳动模范等30多人，开展以“促发展、谋思路、促和谐”为主题的“我们的价值观”大讨论。

5月8日，举办新一届县镇两级人大代表培训班。40余名新任两级人大代表参加此次培训讲座。

5月28日，县委常委、宣传部长刘永革一行到洋山镇就宣传工作开展调研。

6月5日，召开2012年城市社区换届选举工作骨干培训会。镇党政领导、各社区主要负责人、相关换届选举业务骨干参加此次培训会议。

6月12日，召集各党（总）支部书记、副书记召开基层组织建设年工作专题推进会。

6月26日，召开环境卫生“百日攻坚”工作总结推进会。洋山镇各机关企事业单位负责人参加此次会议。

7月28日，召开2012年伏休开捕暨渔业安全生产“面对面”教育工作会议。参加会议的有镇党委书记、镇渔业分管副镇长、相关单位、部门负责人以及全镇拖虾船老大。

8月20日，县委组织部基层组织建设年督察组一行来洋山镇，指导基层组织建设年工作并对上一年度基层党建工作示范点进行考核复评。

8月26日，召开抗台防台工作汇报会议。县领导李亚舫、夏玉雪、张雷永，镇党政领导、各社区负责人参加会议。

9月20日，洋山镇会同当地工商、卫生、质监等相关部门，在全镇范围内组织开展节前食品安全大检查活动。

10月11日，组织开展以“金秋十月•网格姐妹风采行”为主题，百名网格妇女参加的野行活动。

11月1日，召开关心下一代工作座谈会。团委、妇联、洋山学校、幼儿园、成教负责人以及各社区负责青少年工作的工作人员参与此次座谈会，并邀请县关工委屈国栋等3人参加指导该镇关心下一代工作。

11月5日，副县长唐金吉带领县经贸局、县安监局、县环保局等职能单位负责人到洋山调研工业、安全、环保等工作开展情况。

11月8日，组织各个层面的党员、干部、群众以及外来务工人员等，通过电视、网络收看党的十八大开幕式盛况。

12月5日，开展以“美丽海岛我参与•绿色洋山共创建”为主题的生态环境保护、美丽海岛建设活动。深入宣传和落实志愿服务的理念和精神，营造人人关爱环境的氛围。

12月6日，由市、县药检部门组成的市级药品安全示范乡镇创建工作考核组一行到洋山镇，就今年市级药品安全示范镇创建工作进行考核验收。

12月8日，市委常委、县委书记、县人大常委会主任徐张艳，县委副书记、县长虞国平带领县有关领导和部门负责人到洋山镇，就2012年工作任务完成情况及2013年工作思路作专题调研。

2012年嵊泗县花鸟乡人民政府大事记

1月6日，县委常委、纪委书记王南宙一行到花鸟乡，对乡2011年度各项工作目标完成情况进行考核测评。

2月1日至2日，花鸟乡召开第十七届人民代表大会第一次会议。全乡38名人大代笔及17列席（特邀）人员参加此次会议。大会选举由刘贤波同志任花鸟乡第十七届人民代表大会主席，吴银龙同志任副主席，林琳同志任花鸟乡人民政府乡长，陈刚同志任副乡长，刘伟东同志任副乡长。审议通过政府工作报告、人大主席团工作报告、财政预算报告的决议。

3月6日，县委常委、组织部长邵雷到花鸟调研。

3月19日，县长虞国平、人大副主任夏玉雪以及发改局、财政局、经信局、交通局、旅游局、海洋与渔业局、环保局、住房和城乡建设局、国土局、公安局主要负责人到花鸟乡调研。

4月12日，县人大常委会党组书记、副主任李亚舫一行到花鸟调研。

3月30日，县委常委、宣传部长刘永革一行深入花鸟乡调研。

4月20日，花鸟乡垃圾分类处理试点工作正式启动。

4月27日，县长虞国平陪同今典集团考察团到花鸟调研。

5月14日，县政协副主席、统战部长陈忠祥一行到花鸟调研。

5月17日，市暖促指导组一行到花鸟调研。

5月29日，市委常委、县委书记、县人大常委会主任徐张艳一行到花鸟调研。

6月20日，县委副书记狄承勇一行到花鸟调研。

7月5日，县人大常委会副主任李锡年、范富强一行到花鸟调研。

7月12日，副县长何国一行到花鸟乡调研。

10月17日，花鸟乡举行红十字会成立仪式，并召开花鸟乡红十字会第一次会员代表大会，大会选举产生花鸟乡红十字会第一届理事会理事，第一届理事会名誉会长、会长、副会长和秘书长。

11月7日，花鸟乡举行残疾人联合会第六届换届选举大会，选举陈刚、盛继舜、任金权、赵海祥、卢军、吴作维、彭卫平为主席团委员，选举陈刚担任花鸟乡第六届残联主席团主席，盛继舜任主席团副主席，陈刚任花鸟乡残疾执行理事会理事长，赵海祥为副理事长。

2012年嵊泗县枸杞乡人民政府大事记

1月11日，召开2012年度信息工作会议。乡党委委员及机关中层干部、及乡、社区信息员等近20人参加。

2月13日，副县长应亿军到枸杞乡调研旅游发展和交通工作。县旅游局、交通局等相关部门负责人一起陪同调研。

3月13日，县民政局长刘珊君一行到枸杞乡，就民政工作开展情况进行调研，并征求基层意见建议。

3月28日，召开“进村入企”大走访活动动员暨网格工作推进会。各村（社区）书记、主任，各网格组长，机关全体干部参加此次会议。

3月30日，组织召开2012年党建工作会议。会议回顾总结本乡2011年党建工作，研究部署今年的党建工作任务。

4月16日，县人大常委会党组书记、副主任李亚舫一行到枸杞乡，就人大等工作情况进行调研。

4月20日，市司法局基层处赵佳明副处长在县司法局基层科同志的陪同下到枸杞乡指导工作。枸杞乡人大副主席於其平陪同并参加指导活动。

5月10日，县委常委、纪委书记王南宙一行到枸杞乡，就2012年五个重点实施项目进行实地调研。

5月24日，县检察院副检察长徐湘滨一行六人在乡党委委员吴剑的陪同下在枸杞开展“进村入企听民声、万张笑脸送群众”网格主题活动。

5月29日，副市长王忠在县海洋与渔业局陪同下到枸杞乡调研指导。

6月13日，县总工会柴汉炜副主席、陈阿龙党组成员等一行四人到枸杞乡进行工会工作调研。

6月19日，乡党委书记顾晓阳实地检查全乡防汛抗灾准备工作。渔业副乡长孔晓裕、行政副乡长刘建军、人大副主席於其平乡三防办同志陪同检查。

6月30日，召开庆祝建党91周年暨创先争优表彰大会。会议由乡党委副书记、乡长乌海鸣主持，全乡党政班子成员、各基层党组织党员等150人欢聚一堂参加会议。

7月4日，县人大常委会党组书记、副主任李亚舫，副主任夏玉雪携人大各室委负责人一行到枸杞进行调研。

7月31日，召开三防工作会议。会议由乡党委副书记吴斌主持，乡党政领导、三防办工作人员、各村书记、三防骨干及企业代表参加此次会议。

8月2日，副县长何国忠到枸杞乡检查指导防台抗台工作。

8月25日，县委常委、组织部长邵雷、副县长唐金吉一行专程赶赴枸杞，现场检查指导防台抗台工作。

9月6日，召开基层组织建设年工作推进会。各党（总）支部书记、党务工作者20人参加会议。

9月20日，县关工委副主任屈国东带领县关工委调研组一行，到枸杞乡调研关心下一代工作。

10月30日，举行枸杞乡残疾人联合会第六届换届选举大会。来自各社区、各单位共27名代表参加会议，县残联和乡党委领导出席会议并祝贺词。

11月8日，组织党员干部、网格群众观看“党的十八大”实况直播。

11月12日，副市长王忠志带领市旅游、农林等部门到枸杞乡就绿地规划进行调研并听取县委副书记、县长虞国平对嵊泗旅游发展的整体规划情况的汇报。县委常委、常务副县长邬剑波，副县长何国忠及我县旅游、农林等部门负责人陪同进行调研。

11月21日，县总工会副主席柴海炜、党组成员陈阿龙一行到枸杞进行调研。

12月23日，召开渔业安全议事会议。乡长乌海鸣、副乡长孔晓裕、渔办工作人员、各村帆张网及拖虾船老大代表参加此次会议。

12月26日，召开各村（社区）和企事业单位统计年报会。总结一年来全乡统计工作，安排部署2012年统计年报和2013年定期报表任务，并对参加会议的全部统计人员进行业务培训。

2012年嵊泗县黄龙乡人民政府大事记

1月5日，嵊泗县考核组一行到黄龙乡进行2011年度乡镇工作目标考核。考察2011年度工作绩效，全面掌握各项工作开展情况。

1月30日，黄龙乡第十六届人民代表大会第一次会议隆重召开。来自全乡各条战线的45名乡人大代表参加这次大会。县人大常委会副主任李锡年应邀参加会议。

2月22日，召开信息宣传工作会议。推动信息宣传工作上水平。

3月16日，召开2012年度安全生产暨渔业春夏汛专项整治工作会议。

4月12日，乡党委书记洪光裕一行到嵊泗双龙制冰有限公司开展走访。实地解企业的基本情况、存在问题，并与企业负责人细心商讨解决企业在未来发展中必须克服的人才、土地等问题。

4月25日，县人力资源与社会保障局一行到黄龙开展“进村入企”大走访活动。

4月27日，组织开展“我们的价值观”大讨论活动。

5月10日，县委常委、宣传部长刘永革一行到黄龙乡就基层文化事业建设情况以及加快推进基层文化建设发展工作进行专题调研。

5月18日，市气象局一行到黄龙乡开展“进村入企”大走访活动。通过召开座谈、实地走访等形式，听民声、知民意、晓民情、解民忧。

5月29日，副县长何国忠带领县府办、县海洋与渔业局相关负责人到黄龙乡调研。

6月8日，组织召开“美丽海岛”建设环境卫生整治百日攻坚推进会。乡机关干部、社区（村）负责人共30余人参加会议。

6月13日，召开基层组织建设年专题会。各村党支部书记、企事业单位负责人参加会议。

6月29日，召开纪念建党91周年暨创先争优活动表彰大会。该乡党政班子成员、各党支部成员及受表彰对象等共计80余人参会。

7月10日，县人大常委会副主任李锡年一行到黄龙，就上半年国民经济运行情况等内容进行调研。

7月17日，召开黄龙乡外来流动人口计生协会第二次会员代表大会。县人口和计生局领导、乡党政领导、乡计生协会领导，各村外来流动人口会员代表等出席此次会议。

7月19日，县政协主席周振海，副主席金裕、黄迎春带领各委室负责人到黄龙乡调研。

8月5日，县委常委、常务副县长邬剑波，县人大常委会副主任李锡年等一行到黄龙乡指导防御今年第11号强热带风暴“海葵”工作。

8月6日，召开第11号强热带风暴“海葵”防御工作会议。县委常委、常务副县长邬剑波，县人大常委会副主任李锡年、乡党政领导、机关中层干部、村（社区）、企事业单位负责人等共60余人参加会议。

8月25日，召开防御第15号台风“布拉万”工作动员会。县委常委、纪委书记王南宙、乡党政领导、全体机关干部、各村（社区）及企事业单位负责人等60余人参加会议。

9月9日，召开2012年度城乡居民基本医疗保险制度实施动员会。全体机关干部、社区干部，以及来自各网格的服务团队成员参加此次会议。

9月19日，县长虞国平、副县长何国忠带领县相关部门负责人一行到黄龙乡开展实地调研。

10月12日，县人口计生工作督察组一行五人到黄龙乡检查指导计划生育工作。

10月17日，召开第七届工会代表大会第一次会议暨换届选举会议。选举产生机关工会第七届委员会委员、经费审查委员会委员、工会主席和经费审查委员会主任，并协商产生女职委会主任。

10月31日，召开黄龙乡残疾人联合会第六次代表大会。来自全乡各界的35名残疾人代表、2名特邀代表和8名列席代表参加会议。选举产生出席县残联第六次代表大会的代表。

11月8日，组织机关、村（社区）干部认真聆听十八大报告。

12月17日，县安监局副局长郑安平一行到黄龙就乡安监站及全乡水产、制冰企业安全生产规范化创建工作开展专项考核验收。

12月20日，县委常委、副县长朱群丹带领县府办、县科技局等部门负责人到黄龙乡调研。

2012年嵊泗县五龙乡人民政府大事记

1月17日，召开倡导文明祭奠、建设美丽海岛的动员会。各村、社主要负责人、乡渔农办工作人员10余人参加动员会。

1月30日，召开五龙乡第十六届人民代表大会第一次会议。全乡45名大人代表和40名列席人员参加此次会议。

2月27日，召开安全生产(消防)暨渔业春季雾季安全生产专项整治工作会议。全乡各类作业渔船老大、各企事单位负责人等80余人参加会议。

3月2日，组织召开“我们的价值观暨雷锋精神”座谈会。乡机关全体青年、社区大学生参加会议。

3月15日，县委常委、副县长郐剑波率县府办、发改局、财政局、交通局、海洋与渔业局、旅游局、公安局等相关部门负责人到五龙乡调研工作。

4月6日，召开“进村入企”大走访活动动员大会。全乡村（社区）主要领导、相关企事业单位负责人及机关全体干部40余人参加此次会议。

4月18日，召开“我们的价值观”大讨论动员会。全乡村（社区）主要领导、相关企事业单位负责人及机关全体干部40余人参加此次会议。

4月19日，召开党建工作会议暨基层组织建设年活动动员大会。乡党政班子成员、各企事业单位、各村（社区）党建负责人及全乡党务干部出席会议。

5月22日，副县长何国忠带领县府办、新渔农办、海洋与渔业局、农林水利局等相关部门负责人到五龙乡调研。乡党政班子成员、各社区、村相关负责人参加会议。

5月30日，召开基层组织建设年推进会。各（总）支部书记，企事业单位及社区（村）负责人以及乡机关中层以上干部参加会议。

6月13日，县委常委、县委组织部部长邵雷一行到五龙，对基层组织建设年开展情况进行督查。

6月29日，举行五龙乡庆祝建党91周年暨先进表彰大会。

7月4日，县人大常委会一行在副主任李锡年、范富强的带领下到五龙乡，就2012年上半年工作开展情况进行调研。

7月10日，召开2012“美丽海岛”主题旅游周活动动员暨任务分解会。乡全体机关干部、社区（村）主要负责人、五龙渔家协会会长共计40余人参加会议。

7月19日，市委常委、县委书记、县人大常委会主任徐张艳带领相关部门到五龙乡调研“美丽海岛”建设和旅游旺季游客接待等情况。县委副书记狄承勇陪同调研。

8月2日，组织召开三防工作会议。专题布置防御强台风“苏拉”“达维”工作。乡全体机关干部、各社区村、企事业单位主要负责人共50余人参加会议。

8月7日，市委常委、县委书记徐张艳一行，到五龙乡视察抗台工作。

9月10日，召开城乡居民基本医疗保险制度实施动员大会。全体机关干部，社区（村）主要负责人、群众代表共计40余人参加会议。

9月14日，召开信访综治维稳暨网格民情研判会。全体机关干部，村（社区）主要负责人、网格党小组组长等共计50余人参加会议。

10月25日，省保密局副局长李玲芳、市保密局局长张杰波一行到县委常委、宣传部长刘永革等人的陪同下来五龙乡参观美丽海岛建设成果。

10月31日，召开五龙乡残疾人联合会第七次代表大会。县残联党组书记、理事长王燕，乡党委书记、人大主席龚伟杰，乡党委副书记、乡长虞海军等领导出席会议。

11月8日，组织全体机关干部收看中国共产党第十八次全国代表大会开幕式的现场直播。

11月15日，市委常委、县委书记、县人大常委会主任徐张艳、县领导郐剑波、邵雷、刘永革、何国忠带领相关职能部门负责人到五龙乡调研。

11月21日，召开“党的十八大精神”专题学习会。全体机关干部、各社区、村负责人、企事业单位负责人参加会议。

12月7日，县委副书记狄承勇一行到五龙乡就社会服务管理中心建设工作进行监督指导，并对综治工作、人民调解、流动人口服务管理等工作开展调研。

12月27日，县政协副主席金裕、黄迎春一行到五龙乡调研旅游发展情况。

台州

2012年椒江区白云街道办事处大事记

1月29日，召开新年工作务虚会。会议讨论企业调研、旧城改造、社区建设、干部培训、驻村工作、制度管理、机构调整、作风建设等重点内容。

2月17日，召开经济工作会议。对2011年度为白云经济建设作出突出贡献的优秀企业、先进集体及先进个人等进行表彰和奖励。

3月29日，召开村务监督业务培训暨阳光理财工作推进会。各村村务监督委员会成员100余人参加会议。

4月9日，召开党建、计划生育工作会议。会议总结2011年白云街道党的建设、计划生育等工作，安排部署今年工作任务。

4月23日，召开社区工作大会。街道机关、社区全体工作人员，辖区村“两委”负责人共200余人参加会议。

5月3日，区委常委、宣传部长陈肖力到白云调研宣传文化工作。街道领导徐正平、于巍、胡宁、毛国平、林平等陪同调研。

5月18日，召开综治和安全生产工作会议。会议回顾和总结2011年白云街道综治和安全生产工作，全面部署今年相关工作。街道村（社区）负责人、企（事）业单位负责人、机关全体工作人员参加会议。

5月29日，召开白云治保协会第二届换届选举大会。街道党工委副书记朱福高出席会议并作重要讲话，罗帮忠再次当选为二届协会会长。

6月5日，召开以“科学发展，安全发展”为主题的安全生产月活动部署会议。各村、社区安全员以及辖区内工业企业安全员共六十人参加此次会议。

6月19日，街道办事处领导及派出所、安监中队一行到东方魅力KTV、力足足浴会所等公复场所进行消防安全检查。

6月30日，召开纪念建党91周年表彰大会。会议由白云街道党工委副书记、办事处主任徐亮主持，党工委副书记于巍宣读表彰文件，街道党工委书记徐正平作专题报告。白云辖区各村、社区、企业党组织成员，机关全体党员等150多人参加会议。

7月9日，全区宣传文化系统年中工作会议在白云街道召开。区委常委、宣传部长陈肖力出席，街道党工委书记徐正平致欢迎词，街道宣统委员胡宁参加会议。

7月15日，召开白云街道蓝天志愿者协会第一次会员代表大会。

8月7日，紧急召开各村、社区负责人和全体机关干部参加的防台会议。全面部署防台各项工作，扎实做细做实，坚决打赢防御台风“海葵”这场硬仗。

8月21日，召开商会换届及现代购物周筹备会。街道主要领导徐正平、徐亮、于巍、林仁正、胡宁，城区税务分局、白云工商所、锦江百货负责人及街道工贸办、党政办、统战办等有关人员参加会议。

9月12日，召开白云街道商会第三次会员大会。会议顺利选举产生第三届商会的会长、副会长、秘书长、副秘书长、执委，聘请名誉会长。来自白云辖区商会会员企业的代表及特邀代表共100多人参加大会。

9月25日，召开白云街道残疾人联合会第六次代表大会。会议总结白云街道残疾人事业所取得的优异成绩。

10月16日，召开创先争优活动总结暨农村党员队伍管理“三三制”工作会议。全面部署落实在全街道推行农村党员队伍管理“三三制”工作。街道机关、村、社区、企业党组织有关负责同志100多人参加会议。

10月25日，召开迎接党的十八大安保工作会议。会议深刻阐明扎实做好消防安全、安全生产、维护稳定等各项工作的重要意义。

11月5日，召开机关、社区及城中村有关负责人会议。克服创卫工作消极麻痹思想和难点、盲点，营造出良好的创卫迎检氛围。

11月15日，街道党工委召开专题座谈会。就如何搞好白云街道楼宇党建工作与大厦业主单位负责人进行认真讨论和积极探索。

12月10日，召开清洁家园推进会暨废旧物品回收点综合整治动员会。会议总结前三季度清洁家园工作，共商深入推进清洁家园工作的良策。

12月24日，街道党工委率街道宗教领导小组成员、安监相关人员专程对椒江基督教堂的食品安全、消防安全等工作进行专项检查。

2012年椒江区洪家街道办事处大事记

2月22日，街道机关全体干部职工、村(社区)干部以及各站所负责人共200多人参观由区检察院组织的预防职务犯罪的图片展览。

3月14日，召开2012年经济工作会议。回顾总结该街道2011年的经济工作，安排部署2012年经济工作。

5月2日，召开基层组织建设年工作会议。机关企事业单位有关人员、村（社区）党支部书记和大学生村官参加会议。

5月8日，召开加快经济发展恳谈会。认真贯彻区委提出打造“首善之区”的奋斗目标，积极实施新一轮经济发展战略，努力克服全球经济疲软和国内经济宏观调控的后续影响，切实帮助企业解决项目落地难、融资难、用工难等一些实际问题，引导企业科技创新，加快产业转型升级，促进街道经济又好又快发展。

6月1日，召开基层组织建设年暨创新社会管理工作培训会。街道全体机关干部、村（社区）两委干部、企事业单位党组织负责人和大学生村官参加会议。

6月27日，召开学校安全工作会议。来自辖区内的小学校长及幼儿园园长，交警、派出所、食品安监等部门负责人参加此次会议。

同日，洪家街道以召开庆祝建党91周年大会为契机，适时邀请区委党校副校长陈筱锋给机关及所属村、企业全体党员授课。

7月17日，洪家街道班子全体成员和老同志们现场察看街道重点工程和重点项目建设情况，进行现场办公督导。

8月7日，洪家街道紧急部署全街道防台工作，以人员安全转移为重点，以摸排危房险情为中心，力争把险情消灭在台风来临前。

8月13日，开2012年上半年人口计生形势分析会。回顾总结上半年全街道人口和计划生育工作，分析当前存在的困难和问题，安排部署下半年人口计生工作。

8月13日，由妇联、洪家街道主办的“平安家庭”知识竞答擂台赛在洪家街道鸿州社区举行。来自全区各街道8个家庭的24名选手踊跃参与家庭安全、法律知识、生活常识等各类知识的答题。

8月17日，召开基层党工委中心组理论学习会。除常规的街道党工委中心组成员外，会场里多来自区委办、区纪委、区委组织部、区委宣传部、区委党校的旁听人员。这是椒江区首次在基层党工委中心理论组学习会上开展旁听制度。

9月20日，召开洪家街道残疾人联合会第六次代表大会。顺利选举残联新一届主席团委员以及出席区残联代表大会的代表，在全区率先完成街道残联换届选举工作。

9月27日，举行村务员知识竞赛活动。全街道在38个行政村、社区便民服务中心筛选出28名村务员，分为七组参加竞赛，旨在“以赛代训”，让村务员解掌握邮政操作知识，为群众代办各项工作提供扎实的理论知识和基础。

10月11日，举行农村基层党组织建设党代表恳谈会。街道组织党代表及村党支部书记，对如何加强和改进农村基层党组织建设出谋划策。

11月2日，椒江区洪家街道中心敬老院（安泰养老院）正式启用，为城市“三无”对象、残疾人及社会老年人创造一个温馨的家。区委常委、副区长施玉五出席启用仪式。

12月21日，召开优秀村民表彰暨十八大精神学习会。总结上阶段公推优秀村民工作，同时，邀请区委党校副校长陈筱锋为优秀村民作十八大精神宣讲。

12月24日，召开共青团第四届代表大会。大会选举共青团洪家街道委员会新一届主席团委员，在全区率先完成街道团委选举工作。

2012年椒江区葭沚街道办事处大事记

1月11日，街道商会慰问繁荣亨乐院和西山敬老院上百名老年人，祝福老人们新年快乐。

1月17日，街道党工委、武装部领导给东京村潘继志的父母送上部队寄来的荣立三等功和优秀士兵的喜报及街道的奖金，恭贺复退军人家庭喜迎新春。

3月23日，召开葭沚街道2012年经济工作会议。街道下属规模上企业负责人，各行政村（实业总公司）和社区书记、主任，受表彰对象，机关全体工作人员近300人参加会议。

4月24日，区委书记陈祥荣到葭沚街道督查台州大道三期工程。督查中，陈祥荣要求，街道和工程指挥部以及相关部门要进一步加强领导，集中精力，攻破难点，倒逼时间，全力以赴寻求工程取得新突破。

5月9日，召开葭沚街道2012年度危化专项整治动员会。街道下属11家危险化学品生产经营单位安全管理人员参加会议。

6月8日，召开葭沚街道安全生产工作会议暨“安全生产月”动员会。街道安委会全体成员、规模上企业和装卸企业安全负责人、村（社区）安全员、各站所负责人及街道驻村干部约150多人参加会议。

7月22日，举办一年一度的“送大暑船”习俗活动。各类精彩的民间技艺表演吸引来自全市各地的上万名群众前来观看。

8月6日，街道全体机关工作人员下村入企，对村居、企业、堤坝、码头等事故多发地段进行险情排摸，实地掌握一线资料。

8月8日，强台风“海葵”过后，葭沚街道机关干部慰问受灾户。

8月9日，区人大代表葭沚街道中心组开展半年度活动，讨论“一府两院”半年度工作报告。区领导孙文彬、蔡永岳、许良友出席活动。

9月27日，街道办事处主任邵海丽、常务副主任张鸿刚和街道安监中队一行到通宇变速、诚信医化等街道重点骨干企业进行安全检查。

10月24日，举行宗教活动场所消防安全教育报告会。报告会结合生动的案例，详细讲解寺庙消防安全管理的重要性、引发火灾的各种原因及火灾报警等消防知识，传授砖木结构的防火知识、日常用火用电注意事项等。

同日，区委副书记、政法委书记王国平到葭沚街道调研十八大信访安保工作。副区长蔡永岳、区政协副主席许良友等参加调研。

10月25日，召开党工委中心组学习会。邀请市纪委常委枣贤玺作题为《加强党风廉政建设保持党的纯洁性》专题辅导报告，街道近200名机关、村居干部认真聆听报告。

11月6日，葭沚安监中队与街道综治办、葭沚派出所、葭沚司法所等单位一同来到葭中路开展喜迎“十八大”法律法规宣传活动。普及全民安全知识，提高自身预防自救能力。

12月7日，葭沚街道大学生村官团支部，到台州聚宝盆公司，参观聚宝盆公司产品展厅，并认真聆听公司负责人对公司经营理念、发展方向等情况的介绍。

2012年椒江区前所街道办事处大事记

1月12日，街道工会开展慰问困难职工活动。慰问组一行分别到信质电机、海螺水泥等企业慰问困难职工。

同日，椒江地税局妇委会一行人到前所街道陶家村，看望结对孤儿李慧琳，为她及其奶奶送上日常用品和慰问金。

2月6日，召开机关干部会议。街道党工委书记王翔毫不避讳地自揭“家丑”，直指少数机关干部“庸·懒·散”。

4月4日，街道所有机关干部，有山林的行政村“两委”班子、党员、村民代表，以及前所派出所、边防派出所、特警等共计1000多人，在辖区14个卡点设卡值守，严查细管、文明规劝，把森林火险发生隐患降到最低。

4月19日，召开经济、安全生产、计划生育工作会议。街道相关部门工作人员，各村“两委”负责人、规模上企业负责人近150人参加。

5月14日，区残联慰问人员走访看望前所街道的2名残疾人养殖户。为每人送上5000元扶持金。

5月25日，街道7个公共自行车站点、180辆自行车正式开通试运行。

6月28日，10位椒江区八届党代会代表，与前所街道党政领导，面对面、心交心，开展一场所有问题“不回避”，所有回答“不设防”的询问会。

7月30日，前所街道阳光爱心学校在椒江村开班。

8月7日，区委书记陈祥荣到前所中学避灾点，看望并慰问在避灾点避灾的群众。

8月8日，台风“海葵”刚过，前所街道全体机关干部冒雨深入各村、各企业了解受灾情况，指导群众做好灾后自救复产工作。

8月24日，椒江区前所街道组织学习团到沿赤乡开展基层组织建设年工作交流活动。

9月25日，台州影视文化频道栏目“乡村大擂台”走进前所街道。

9月27日，团区委和前所街道团委在横蒋村举办“淘宝村”培训会。邀请浙江聚宝盆电子商务有限公司讲师主讲，吸引60多名青年前来听讲。

10月19日，前所街道团委组织街道办事处、前所卫生院、前所村30多名青年志愿者走进敬老院，开展“温暖重阳、情系夕阳”志愿服务活动。

10月25日，团椒江区委副书记祝筱敏一行对前所街道的前所村和信质电机股份有限公司、章安街道的便民服务中心示范点和中山小学杨司校区等4家“基层活力团组织”创建单位进行调研。

11月9日，新天一集团有限公司团支部组织部分青年员工开展学习讨论党的十八大报告精神。

12月20日，椒江区委宣讲团党的十八大精神巡回宣讲报告会到前所街道。街道全体机关干部、大学生村官、农村指导员，各村（居、公司）书记、主任，各企事业单位党组织负责人聆听宣讲团报告。

2012年椒江区三甲街道办事处大事记

1月16日，三甲街道领导一行到三甲中心敬老院进行春节慰问，给老人们送上慰问金和慰问品，并向他们致以节日的问候和良好的祝愿。

1月30日，街道全体机关工作人员在街道大院排成整齐的方阵，参加升国旗仪式，以饱满的精神状态开始新一年的工作。

2月2日，街道四套班子成员对辖区内重点和规模上企业进行走访，向企业送去新春问候和祝福。

3月2日，街道妇联、工会女工委联合召开庆“三八”纪念表彰会暨“解放思想话转型，振奋精神谈首善”巾帼联谊会。各村妇代会、企业女工委等近200人欢聚一堂，共同庆祝第102个“三八”国际劳动妇女节。

3月26日，区水利局局长徐章福带领部分局机关职能科室负责人到区水利局结对共建村三甲街道一心村开展大走访。

4月22日，三甲中学党支部开展“党员一句话承诺”活动。

5月21日，十一团疾控中心主任何文平，到三甲街道调研儿童预防接种工作。

5月29日，开展“5.29”计生协会会员活动日集中宣传活动。

6月12日，召开基层组织建设年专题培训会。各村、企业党支部负责人及全体机关干部集中参加培训。

7月20日，团区委十届二次全委会在三甲街道办事处五楼会议室召开。三甲街道党委书记谢焕出席会议并对大家的到来表示欢迎。十届团区委委员、候补委员等30人参加此次会议。

8月7日，召开防台紧急会议。会议结束后，各职能部门迅速行动起来。街道民兵抗台应急志愿者累计转移堤塘外人员300余人，堤塘内人员35人，危房居住人员284户共435人，临时工棚、临时居住地、拾荒人员共221人。

8月21日，举行预备党员和入党积极分子培训会。进一步提高预备党员和入党积极分子的政治素质

8月28日，根据区人大常委会工作要求，三甲街道人大工委率先成立代表工作站。

9月17日，举办畜牧养殖技术培训。邀请农技专家给辖区内的养猪大户培训生猪养殖技术。

9月27日，市工资集体协商现场推进会在三甲街道裕广堂村进行。

10月19日，街道团委书记陈杰带领三甲中学师生一行36人看望三丰村敬老院110多位孤寡老人，并为老人送上节日的问候及慰问品。

10月30日，团区委副书记罗帆一行到三甲街道调研农民专业合作社团建情况。街道团委负责人陪同调研。

11月23日，街道团委开展新团员寻访党代表活动，寻访椒江党代表三甲街道教育服务站陶专英老师。

11月25日，街道卫生院举办残疾人社区康复工作培训会。来自40多个行政村的社区卫生服务站工作人员参加会议。

11月29日，举行党工委理论中心组学习(扩大)会。会议从把握十八大的主题与内涵、十八大精神的学习与贯彻等方面，指导大家全面理解和准确把握十八大的精神实质。

12月3日，街道党代表教育工作站架起“连心桥”。

2012年椒江区下陈街道办事处大事记

2月16日，区八届一次党代会召开后，下陈街道党工委、办事处高度重视，及时组织全体干部学习会议精神。

3月1日，组织街道纪工委班子成员、街道便民服务中心主任、村党支部纪检委员、村监会主任、村便民服务中心主任等96人，集中组织收看全市纪检监察工作暨加强全市纪检监察干部队伍建设电视电话会议。

3月8日，街道妇联组织机关女干部及村级妇代会主任共60余人冒雨参观十一塘围垦、椒江二桥及机场路改扩建等重点工程建设。

4月17日，由省老体协顾问叶嘉禾、常委陈程秋、副秘书长周珍珍等组成的调研组，在市老年体协副主席王官秀陪同下到下陈街道下陈村进行调研。

5月2日，下陈中学党支部开展“一句话承诺”活动。

6月27日，召开党代表学习省第十三次党代会精神专题会议。研究部署下阶段党代表工作。

7月11日，直属一大队四中队开展执法“五进”活动，走访下陈街道南野份村委会。

8月14号，组织20名机关干部，分成五个检查组，由街道领导班子成员带队下村分片交换检查全街道41个村的“廉洁村”创建工作的落实情况。

8月21日，组织召开村务监督委员会主任培训会。培训会由街道纪工委书记郑雪梅主讲。

9月16日，邀请街道党外知识分子联谊会的代表人士召开建言献策恳谈会。与会的党外知识分子围绕百姓普遍关心的街道政治、经济、社会、文化、生态建设等各个方面畅所欲言，为家乡发展贡献“金点子”。

9月25日，街道纪工委邀请区纪委党风廉政室主任陈能富、区农经站副站长陈秀丽给全街道41个行政村的村务监督委员会成员、村出纳共计200余人，上一堂别开生面的业务培训会。会议由街道纪工委书记郑雪梅主持。

9月26日，街道知联会部分理事到下陈中心校、下陈中心幼儿园走访慰问学校师生，送上由知联会募集的400余册图书，勉励同学们好好学习，将来报效祖国。

9月29日，由街道纪工委牵头组织，街道党工委书记张正华主持的全街道廉政教育会在五楼会议室召开。全体机关工作人员参与。

10月13日，街道纪工委以纪念中国少年先锋队建队63周年为契机，以“抓契机，求实效，促廉政”为主题，开展为期一周的廉政文化进校园主题教育活动。

10月23日，由区委常委、纪委书记杨玲玲带队的区纪委检查组到下陈街道专项督查党风廉政建设和反腐败重点工作。

10月25日，市纪委常委杨友德在区委常委、纪委书记杨玲玲陪同下，到下陈街道督查“廉洁村”创建、便民服务中心建设等各项工作。

11月15日，下陈街道“十八大精神进村庄”学习交流会以两爿墩村为首站正式启动。在两爿墩村的宣传交流活动中，街道纪工委书记郑雪梅首先传达十八大报告精神，重点宣传报告中涉及社会主义新农村建设和反腐倡廉工作等村民关心的热点问题。

12月3日，开展民主恳谈会推进信访工作。实地调研农村基层信访新特点、基层群众新诉求，以民主恳谈方式推进信访举报工作。

2012年椒江区章安街道办事处大事记

1月16日，街道组织相关人员对山横、范岙等多处山林密集点进行防火检查和隐患排查，全面落实节日期间山林防火工作。

2月8日，召开外出党员乡情茶话会。各党员在茶话会上畅所欲言，为街道发展献计献策

2月20日，区防指到前所街道，开展防汛安全大检查。

3月13日，章安街道会同椒北水利站对辖区内村级河道进行摸底巡查。

4月5日，召开人口和计划生育工作会议。会议深入贯彻落实中央和省、市、区人口和计划生育工作会议精神，认真总结去年计生工作，研究部署今年工作。

5月14日，区残联慰问人员走访看望章安街道的残疾人养殖户，送上5000元扶持金。

5月23日，市督查组一行先后实地踏看位于古桥村的农田水利工程二期第一标段和位于闸头村的农田水利工程二期第二标段，走访古桥粮食专业合作社，听取街道的相关情况汇报和农户的反馈意见。

6月7日，组织举办业务培训班。邀请区纪委党风廉政室陈能富主任和区农经总站陈秀丽站长为村务监督委员会成员授课。

6月28日，召开庆祝建党91周年纪念表彰大会。300余名党员、党务工作者参加大会。

6月28日，召开计划生育“两清、两落实”专项行动通报会。对上阶段工作落实情况进行通报，现场抽查柏树里、东埭、塘里3个村的任务完成情况，并对下阶段的工作重点和深化举措作详细部署。

7月13日，组织机关干部、综合执法大队、消防队和专业拆迁人员等60多人成功拆除西洋村四间新建民房违章超高部分。

7月19日，召开两年以上未发展党员行政村书记座谈会。街道党工委书记黄玉明、党工委副书记朱扬剑、组织委员陈鹏、组织员项先标以及合旗村、长汇村等15个村的支部书记参加会议。

8月2日，紧急召开防汛防台备战动员会，重点部署防汛防台工作。

8月25日，召开商会第二届第三次执委会。会员企业负责人，政府、工商税务等职能部门近100人参加大会。

9月21日，召开党代表接待日恳谈会。街道党工委书记黄玉明、组织委员陈鹏、副科级组织员项先标，卢昌满、叶德红等八位党代表及回浦村、华景村、建设村三个村的10名党员参与会议。

9月29日，召开农村党员队伍管理“三三”制动员会议。街道四套领导班子成员，各村书记、主任，全体机关干部，大学生村官及农村指导员参加本次会议。

10月18日，街道纪工委召开村监会主任例会。对街道40个行政村的“廉洁村”创建工作进行再动员、再部署。

11月6日，召开信访维稳工作会议。全面通报上阶段矛盾纠纷排查化解情况，围绕保障十八大期间辖区社会面稳定进行重点部署和责任再落实。

11月8日，举办第二届全民运动会暨第三届老年运动会。来自该街道各村、学校、机关等23支代表队的200多名运动员参加比赛。

12月12日，召开农村党员队伍管理“三三”制工作推进会。街道40个村的党支部书记参加本次会议。

12月26日，开展党代表履诺考评活动。街道办事处的9位党代表参加本次活动。

2012年黄岩区东城街道办事处大事记

1月18日，召开街道今冬明春消防工作会议。主要任务是对今冬明春消防安全工作进行部署，进一步做好街道消防安全工作。

2月21日，街道山亭社区党支部志愿者服务队人员慰问社区居民。

3月13日，区委副书记、区长李昌道率区建设、财政、国土、规划等相关职能部门人员到东城街道，调研内环线北段道路工程、红四村立地安置工程等重点工程、重点项目的建设情况。区委常委蔡理明参加调研。

4月26日，街道总工会和方山社联合开展“庆五一”象棋比赛。来自全街道各社区的14名选手参加本次比赛活动。

5月29日，召开全体机关干部会议。会议对电焊工维稳处置工作进行安排部署，成立街道办事处主任为组长，党工委副书记和工业副主任为副组长，工贸办安全员为成员的领导小组。

6月28日，街道桔乡社区开展“庆七一、秀党旗、颂党恩”活动。

7月16日，组织白鸽公司义务消防队开展一场消防安全演练。以提高员工安全素质和自身安全为主要手段，实现各类安全风险的超前控制。

8月27日，市委常委、区委书记陈伟义率领区经信、供电、财政等部门负责人到东城街道，就辖区的首批57家税电联动用户卡表安装情况进行督查。副区长朱永芳参加督查。

9月13日，黄岩区委组织部副部长、区委两新工委书记喻鸿彪调研指导东城街道建立流动党员服务中心。

9月19日，街道团委联合工办为单位青年干部及辖区内50余名青年进行消防安全知识培训。会上，通过播放火灾视频、剖析讲解火灾案例等形式，就如何加强消防安全管理、做好单位内部防火检查、整改火灾隐患等内容进行深入讲解。

10月12日，东城街道2012年冬季征兵初检工作在办事处体检站进行。来自11个社区、10个村的160名适龄青年，怀着献身国防、保家卫国的信念参加初检。街道团委组织部分大学生村官、社区工作者协助街道武装部做好服务引导工作。

10月16日，区人武部和街道联合在台州科技职业学院举办2012年大学生征兵工作动员大会。黄岩区武装部副部长、军事科长陈勇、东城街道武装部部长汪日新等参加会议。

10月23日，道召开东城街2012年冬季大学生征兵动员大会。

11月8日，组织全体机关干部、各级村广大党员干部、普通群众，通过网络、电视等不同途径收看、收听十八大实况。

11月22日，50多名宣讲员走街串巷、进村入企，通过百姓喜闻乐见的形式，以深入浅出、通俗易懂的语言宣讲十八大精神。

12月18日，街道砚池、方山、桔乡和白杨四个社区联合邀请区电大副校长胡嘉山老师来为四个社区的100多名党员进行“十八大”精神宣讲。

12月19日，开展十八大精神宣讲进校园活动。300余名学生观看专家对十八大精神的解读视频。

12月28日，召开共青团东城街道第三次代表大会。团区委书记何晔、东城街道党工委副书记王晖、东城街道组织委员尤再进、东城街道妇联主席柳音等同志到会祝贺。

2012年黄岩区南城街道办事处大事记

1月4日，市委书记陈铁雄到南城街道，走访慰问困难群众、建国前老党员和信访干部，向他们送去党委、政府的关怀，送上节日的祝福。市人大常委会主任薛少仙，市委常委、市委秘书长马世宙，市委常委、区委书记陈伟义，副市长蔡永波参加慰问。

2月10日，市委副书记、市长吴蔚荣，副市长叶阿东一行到南城街道药山村等进行实地踏看内环线路网规划。区委副书记、区长李昌道，区委常委蔡理明，副区长黄人川陪同视察。

2月23日，街道规范开展“村干部集体办公接待日”活动。

3月15日，南城街道建立“班子成员联村、联干部、联群众和强组织”为主要内容的“三联一强”工作机制，重点抓好四项工作。

4月12日，开展“党建进组、服务入户”活动。

5月18日，街道党工委书记余瑞正、副主任杨存琦等街道领导深入各村，走访慰问辖区困难残疾人，为他们送去党和政府的关心和关怀。

6月25日，召开基层组织建设年推进会。对整改提高、晋位升级关键阶段工作进行安排部署。

6月27日，召开庆祝建党91周年党员大会。对街道全体党员进行以“强组织、增活力，创先争优迎十八大”为主题的党课培训。

6月28日，开展“七一”慰问贫困党员的活动。街道领导班子成员深入村居，登门慰问辖区包金娥、颜可法等15名贫困党员，并送上慰问金。

7月17日，区委副书记、区长李昌道率相关部门负责人到南城街道，就104国道民建至北洋连接线、南城十里铺物流有限公司、联丰—螺屿工业园区等重点工程建设情况进行督查。

7月18日，组织召开农村集体“三资”管理培训会。就各项制度的施行展开专题培训。

7月25日，市委书记陈铁雄南城街道药山村，就内环线西段的线路现状进行实地检查。市委常委、区委书记陈伟义，区委常委、公安分局局长王方林，副区长黄人川及市、区相关部门主要负责人参加检查。

8月1日，副区长陈金华率区食安委办、区食药监局等相关单位负责人到南城街道开展督查。

8月27日，市委常委、区委书记陈伟义率领区经信、供电、财政等部门负责人到南城街道，就辖区的首批57家税电联动用户卡表安装情况进行督查。

9月24日，召开第三季度重点工作推进会议。要求全街道干群进一步解放思想，确保全面超额完成年度目标任务，以优异的成绩向党的十八大献礼。

10月15日，街道团委联合南城街道综治办、司法所、流动人口服务管理所对本辖区内的外来务工人员进行一次普法宣传。

11月8日，组织当地老干部、农村党员干部在一起收看十八大开幕盛况。

11月23日，组织召开学习贯彻十八大精神专题动员会议。全街道机关、企事业单位和村主任、党支部书记和支部党员，以及区党代表、人大代表、政协委员共200多人参加学习会。

11月30日，街道联合区安监局、消防大队，举办生产安全隐患企业负责人培训会。来自辖区企业的200余名生产经营单位负责人和管理人员参加培训。

12月15日，召开2012年度农经统计年报会。来自街道17个村的文书参加会议。

2012年黄岩区西城街道办事处大事记

1月16日，区领导李昌道到西城街道东路村、倪桥金村，走访慰问蔡阿香、刘秀宝两位建国前老党员，向他们送上党和政府的温暖和关怀。

2月6日，街道在西江大桥路口竖立起一块电子显示屏，滚动播放辖区20家企业用工信息，搭建平台帮企破解“用工难”的问题。

3月30日，街道着力打造残疾群体的“阳光家园”。

4月1日，召开西城街道江北片征迁工作动员会，标志着街道历时半个月的江北片拆迁扫尾“攻坚战”正式打响。

4月5日，区委副书记、区长李昌道率区环保、水利等部门到西城街道调研。副区长徐建民参加督查。

5月17日，市委副书记、市长吴蔚荣在市委常委、区委书记陈伟义，区委副书记、区长李昌道的陪同下到西城街道老人托养康复中心，走访慰问残疾人，向他们送上慰问品和慰问金。

5月21日，区政协社法委组织部分委员到街道，视察街道流动人口服务中心。区政协主席洪道秋，区委常委、常务副区长金小云，区委常委、公安分局局长王方林、区政协副主席许萍陪同。

6月20日，区委副书记陈建勋到西城街道东路村、倪桥金村看望慰问建国前老党员蔡阿香和刘秀宝，送去党的温暖和关怀，并送上慰问金。

7月18日，组织召集辖区村、社区企业负责人就消防安全大检查活动进行部署，层层落实自查和督查责任，彻查辖区内企业安全隐患。

8月27日，团市委书记马骏、副书记卢小春一行到西城街道雅林村实地察看青少年宫选址规划地。黄岩区委副书记、政法委书记陈建勋、团区委书记何晔陪同调研。

9月13日，街道各社区团支部组织社区志愿者、义工在社区内开展如何远离、预防狂犬病宣传活动。

9月19日，召开“村账笔笔清、村事件件议、村务人人明”工作推进会。辖区22个村及5个经联社的书记、主任、村监会主任及街道机关干部等参加会议。

9月20日，市委副书记、政法委书记肖培生到西城街道社会服务管理中心调研信访维稳工作。

10月24日，副区长黄人川率区文明办、爱卫办、住建局等相关单位负责人对西城街道“创卫”工作进行督查。

11月1日，街道羽村安置房用地规划许可听证会在黄岩规划管理处召开。

11月14日，街道联合城西派出所，对辖区内19所幼儿园的消防、餐饮、安全保卫、监控设备、园内设施、幼儿接送车等方面进行全面安全检查，切实消除安全隐患，确保幼儿园安全措施落实到位，为幼儿创造良好的安全活动环境。

12月9日，举办成人礼仪式。

12月18日，召开西城街道残疾人联合会第六次代表大会。选举产生新一届理事长、主席和出席区残疾人联合会第六次代表大会代表。

2012年黄岩区北城街道办事处大事记

1月16日，市委常委、区委书记陈伟义带领信访局、北区建设指挥部、供销社等部门负责人到北城街道接待群众来访，并实地督查重点工程进展情况。

2月6日，市委常委、区委书记陈伟义到北城街道，对北城街道新一年工作思路，以及82省道复线等重点工程建设情况进行实地调研。

3月23日，省委政法委副书记巫波伦北城街道社会治安综合治理工作中心调研综治工作。区委副书记、政法委书记陈建勋陪同调研。

3月27日，市委常委、区委书记陈伟义带着相关部门负责人，到北城街道开展“进村入企”大走访活动。

4月9日，副市长叶海燕到北城街道中心小学调研文教卫工作。区委副书记陈建勋、副区长陈金华陪同调研。

4月24日，召开各村文书会议。布置落实辖区内的侨情台情调查摸底工作。

5月8日，市委常委、组织部长马晓晖在区组织部长颜海荣的陪同下到北城街道塔水桥村、新大洋机电集团有限公司调研基层党建工作。

5月21日，区政协社法委组织部分委员视察北城街道后庄村流动人口服务站，并召开座谈会，全面了解流动人口服务管理工作情况。区政协主席洪道秋，区委常委、常务副区长金小云，区委常委、公安分局局长王方林、区政协副主席许萍参加视察。

6月12日，区政协组织部分市、区政协委员到北城街道马鞍山村的公租房工程施工现场，就保障房工程建设情况进行视察。区政协主席洪道秋，副区长黄人川，区政协副主席李建安、翁鹤龄、许萍、章永良参加视察。

7月2日，市委常委、区委书记陈伟义到北城街道五里牌村、马鞍山村和王林村，就重点工程推进情况进行督查。区委常委蔡理明，区政协副主席翁鹤龄参加督查。

7月26日，街道宣传办、老龄委和妇联联合组织辖区内部分妇女开展向丁春芳学习活动。

8月22日，省人口计生委主任王文娟一行到北城街道妙儿桥村调研。区委副书记陈建勋、副区长陈金华和市人口计生委领导陪同。

9月27日，省林产品质量检测站站长江波会同该站检查团一行到北城街道黄土岭村监督检查竹笋基地。台州市林业局副局长黄东米、黄岩区林业局副书记贾秀瑛等陪同检查。

10月23日，街道领导一行人到长塘敬老院走访，给老人们送上节日的祝福和亲切的问候，并将慰问品发到每个老人手中。

10月24日，副区长黄人川率区文明办、爱卫办、住建局等相关单位负责人对北城街道“创卫”工作进行督查。

11月5日，台州团市委书记马骏一行到北城街道调研新青年服务中心工作。团区委书记何晔陪同调研。

11月8日，中国共产党第十八次全国代表大会在北京人民大会堂隆重开幕，北城各界青年通过各种途径广泛交流，认真学习贯彻十八大报告精神，掀起学习“十八大”精神的热潮。

11月20日，街道团委召开会议专题学习党的十八大报告精神。

12月12日，开展北城街道第四次团代会。黄岩团区委副书记葛文彪、街道党工委书记郑建光等出席会议并做重要讲话。来自街道各条战线、各个行业共109名团员代表参加会议。

12月14日，组织机关干部、团员青年、企业职工开展无偿献血活动。

同日，区委副书记、区长李昌道率相关部门负责人到北城街道，对联岛路，82省道复线，宝马、奥迪4S店等工程项目建设情况开展督查。副区长黄人川、区政协副主席翁鹤龄参加督查。

12月28日，街道联合高铁指挥部、城北派出所等部门，对马鞍山联岛路工程进行清表。

2012年黄岩区澄江街道办事处大事记

1月12日，区政协党组书记洪道秋到澄江街道，走访慰问困难群众、建国前老党员和困难党员，将温暖送到他们家中。

2月21日，街道设立农家书屋专项资金，以流动书库为据点，积极建“仓”充“粮”，共建成6家标准农家书屋。

3月26日，市委副书记、市长吴蔚荣到澄江桥头菜市场调研。市委常委、区委书记陈伟义，区委副书记、区长李昌道，区委常委蔡理明，副区长朱永芳陪同调研。

3月30日，市委副书记肖培生到澄江街道“三中心”建设考察指导“清洁家园、和谐乡村(社区)”建设和社会管理工作。市、区领导陈伟义、李昌道、陈建勋、王方林、徐建民陪同调研。

4月17日，街道积极响应区委、区政府建设“美丽乡村”风景大道的工作部署，采用租地的方式，解决82省道延伸线绿化区块建设50亩供地需求。

5月30日，区新的社会阶层人士联谊会在澄江街道举行“三农”服务联盟百村行活动。区委常委、统战部部长卢良芳应邀参加活动。

6月6日，召开基层组织建设推进会。街道全体机关干部，各村村支部书记及村委会主任主任参加此次会议。

6月28日，省农业厅副厅长唐中祥带队的调研组到澄江街道中国柑橘博览园，就农业“两区”建设等情况进行实地走访调研。副区长徐建民陪同调研。

6月29日，市委常委、区委书记陈伟义到澄江街道东岙村，走访慰问建国前老党员、困难党员和优秀共产党员，送去党和政府的关心与温暖。

7月6日，黄岩区澄江街道团委组织深入开展“我们的价值观”大讨论活动，在澄江街道桥头王广场举办“我们的价值观——让闪光的青春在奋进中辉煌”首届青年歌手大赛。

7月11日，澄江司法所、澄江街道综治办和澄江派出所联合举行社区矫正对象集中教育学习会，对全街道28名社区矫正对象进行集中教育。

8月1日，区委副书记、区长李昌道率区经信、国土等部门到澄江街道，就澄江石柜岙重点工程和重点项目的企业入园建设情况进行督查。区委常委蔡理明参加督查。

8月10日，澄江司法所联合澄江街道团委、综治办等部门开展禁毒法制宣传咨询活动。活动现场，工作人员通过分发宣传单、播放宣传片、设立咨询台、悬挂横幅、摆设展板等多种宣传方式向广大群众宣传毒品的危害以及相关禁毒知识。

8月29日，区政协组织主席会议成员到澄江街道东岙村视察美丽乡村建设。区政协主席洪道秋，副主席李建安、翁鹤龄、许萍、章永良、方观祥参加视察，区委副书记陈建勋应邀参加视察。

9月11日，街道团委组织人员对辖区内学校食品卫生安全工作进行专项督查。

9月26日，澄江团委进行突击道德教育宣传。

9月28日，省委政法委副书记、省综治办主任巫波伦率省督查组一行到澄江街道督查党的十八大安保工作措施落实情况。市委常委、区委书记陈伟义，区委副书记、区长李昌道，区委副书记、政法委书记陈建勋，区委常委、常务副区长金小云，区委常委、公安分局局长王方林参加督查。

10月25日，市委常委、纪委书记陈章永带领督查组到澄江街道督查阳关村务工作。督查组一行到岙口和横屋两个村抽查并指导村级便民服务中心、“村务监督廉洁村”创建等工作。

11月2日，澄江第四届柑橘采摘节在中国柑橘博览园开幕。区政协主席洪道秋，区委副书记陈建勋，区委常委、宣传部部长夏丹荷，区委常委、副区长陈巍峰参加开幕式。洪道秋宣布第四届柑橘采摘节开幕。

12月13日，在澄江街道的尼欧家居有限公司，开展送温暖献爱心活动。

2012年黄岩区高桥街道办事处大事记

2月17日，由高桥街道主办的黄岩区门球邀请赛在街道老干部活动中心拉开序幕。来自全区各乡镇、街道的13支代表队参加邀请赛，共计100多人参加活动。

3月5日，道妇联在区妇联的支持下，举办一场“家庭教育阳光计划”知识讲座。来自街道各村、企业的100多位家长参加听课。

4月6日，召开“清剿火患”暨消防安全知识培训动员大会。街道全体机关干部和有关企业负责人120多人参加动员大会。

5月23日，举行以“关爱贫困母亲，构建和谐计生”为主题的纪念活动。开展多种形式的宣传、咨询、服务活动。

6月15日，区第三届全民读书月活动暨“崇德会馆”启动仪式在高桥街道八份村举行。区委常委、宣传部部长夏丹荷参加开幕仪式。

7月6日，召开基层组织建设年推进会。街道机关干部、大学生村官、村党支部书记、村委会主任及有关企事业单位党务工作者近150人参加会议。

7月17日，区委副书记、区长李昌道率相关部门负责人到高桥街道，就104国道民建至北洋连接线、南城十里铺物流有限公司、联丰一螺屿工业园区等重点工程建设情况进行督查。

8月23日，全国宣传干部学院调研组到高桥街道八份村，调研农民学习会馆建设情况。区委常委、宣传部部长夏丹荷陪同。

8月27日，街道统战办工作人员走访慰问辖区内3名少数民族贫困学生家庭，送上慰问金和学习用品。

9月5日，举行“喜迎党的十八大、忆过去的十年”宣讲活动。评书老艺人胡从德、民间白搭讲书人陈建参加活动。

9月6日，街道党工委书记管江志，副书记办事处主任徐文逸，办事处副主任徐伟军等相关领导到高桥小学走访慰问辛勤工作的教职工，为教师送来节日的问候。

9月21日，召开农产品质量安全整治推进会议。各村农产品质量安全监管员、种植养殖大户及街道相关工作人员60多人参加会议。

10月25日，街道团委特邀台州市文联、市曲艺学会理事、台州市非物质文化遗产黄岩评书传承人、崇德会馆负责人胡从德先生到高桥中心小学为全体师生宣讲安全出行知识。

11月10日，街道文化站和团委邀请区十八大精神文艺宣传小分队，进村入户送喜讯，吹拉弹唱说政策，把十八大最新精神送到群众家门口。

11月16日，召开2013年新型农村合作医疗保险动员大会。部署新年度保费征缴工作。

11月21日，召开学习十八大精神的党员学习会。会议由村党支部书记金海波主持会议。此次会议总计有37人参加。其中，村党员32人(包括村党支部所有成员和大学生村官)，村委会3人，驻村干部2人。

12月4日，街道团委、街道综治办联合开展以“弘扬宪法精神、服务科学发展”为主题“12•4”全国法制宣传日活动。

12月6日，组织召开应征入伍青年及家长座谈会。对应征青年积极入伍为祖国的国防事业做贡献给予高度肯定，感谢家长们对征兵工作的热情支持。

12月14日，街道团委组织召开新一届部分团支部书记座谈会。与会人员围绕贯彻落实党的十八大精神、街道“实体化”大团委建设和街道党代会提出的“和谐、富裕、生态”高桥建设展开大讨论。

2012年黄岩区江口街道办事处大事记

1月9日，召开党员干部大会。认真学习贯彻区十二届一次党代会精神，全面推进重点工程建设，办好民生实事工程，打造宜居和谐江口。

2月14日，区委副书记、区长李昌道到江口街道埭头村，解社情民意，倾听群众心声。

3月24日，区关工委工作人员一行到江口街道，开展争创“六好”村考核工作。

3月29日，专门组织有关人员到项岙村，为台州动物主题乐园工程建设做好征地工作。

4月9日，街道老龄委部署开展争创区“二星级”老年活动中心活动。

4月17日，召开宗教场所管理工作会议。会议总结交流近年来街道在宗教活动场所管理方面的做法和经验，部署下一阶段加强和创新宗教活动场所管理的任务。

5月9日，街道综治办、流动人口、关工委、老龄委在上檠集市区联合举办开展“拒绝毒品邪教、解除你的困扰”大型宣传活动。

5月18日，区委常委蔡理明，区人大常委会副主任蔡康在区有关部门负责人的陪同下，到江口街道的内环北段督查工程建设进度。

6月12日，召开党员干部大会。认真传达学习省第十三次党代会精神，并结合实际部署工作，进一步抓好街道各项事业的发展。

6月25日，组织人员对天宇药业、精进药业等医药化工行业进行急救知识大比武活动。

7月27日，开展“倾听民声关注民生”的动员大会。街道强调要深化驻村联片机制，强化联系和服务群众工作责任。

7月30日，举办机关干部消防演练活动。在街道团委的发动组织下，机关青年踊跃报名参加各项活动。

8月1日，组织开展无偿献血活动。街道各村、企事业单位青年团员纷纷应召到场。

同日，区委副书记、区长李昌道率区经信、国土等部门到江口街道，就江口轻化投资区等重点工程和重点项目的企业入园建设情况进行督查。区委常委蔡理明参加督查。

9月10日，召开学校、企业关工委主任、退休干部会议。回顾总结上阶段关工委工作，部署下阶段工作任务。

9月13日，街道埭头村老人协会举办健康保健知识讲座。全村300多位老人参加讲座。

9月20日，街道团委组织街道机关青年、各村团支部书记、企业青年团员、大学生村官等各界青年100余名，开展签名倡议活动。

10月15日，区委副书记、区长李昌道率区国土、交通、规划等部门负责人到江口街道，就内环快速、82省道复线江口段、美旗集团项目等重点工程、重点项目进展情况和党风廉政建设展开调研。

10月26日，街道城管办工作人员将糕点和水果罐头送到保洁人员的手中，向他们送上节日的问候。

11月8日，组织各界青年收看党的十八大开幕式直播实况。

11月13日，组织机关、村干部，根据黄岩区关于继续实施新型农村合作医疗的有关部署，结合实际，抓好按村人数参保的工作落实，确保本月底前完成保费的征费工作。

11月30日，街道党工委专门邀请区十八大精神宣讲团成员、区委办副主任、区新闻信息中心主任童桂增给街道机关、村、企事业单位全体党员干部及侨台属、老干部等300多人作题为《坚定不移沿着中国特色社会主义道路前进，为全面建成小康社会而奋斗》的十八大报告辅导，为下阶段学习、宣传、贯彻好十八大精神奠定扎实基础。

12月13日，江口街道中心小学团支部以“建和谐校园，做文明师生”为主题，对广大学生开展一系列公民道德教育活动。

12月17日，组织机关、村、企事业单位干部，认真贯彻省、市、区关于切实做好今冬明春消防安全工作通知精神，结合实际部署开展消防安全“网格化体系、精细化管理”和今冬明春消防安全工作专项行动。

2012年黄岩区新前街道办事处大事记

1月12日，街道办事处、黄岩国土资源分局、区城管行政执法分局三部门联合，对街道辖区多处乱搭乱建违章建筑实施强制拆除，取得较好的震慑效果。

2月22日，由新前街道牵头，卫生、工商、行政执法多部门参与，对八方河两侧小餐饮店进行集中整治行动，当天共整治20家小餐饮店。

3月28日，召开森林防火专题会议。全面的部署下阶段森林防火工作，严把森林防火关。

4月5日，区委副书记、区长李昌道率区环保、水利等部门到新前街道，就新前八方河支河等整治情况进行督查。副区长徐建民参加督查。

5月9日，市人大到新前街道西苑桥督查水环境整治工作。市人大常委会副主任王金生、副市长凌云参加督查，区人大常委会副主任葛久通、副区长徐建民陪同督查。

6月19日，举办党代表询问会。来自辖区的7名区党代表直接向街道班子成员发问。

6月29日，区委副书记、区长李昌道率区府办、区水利局、区防汛办等单位负责人，实地踏看新前街道黄坦水库除险加固工程现场。副区长徐建民参加督查。

7月26日，街道武装部组织人员，到辖区各村开展慰问烈士家属、退伍军人、伤残军人活动。

8月1日，区委副书记、区长李昌道率区经信、国土等部门到新前街道督查。区委常委蔡理明参加督查。

8月10日，全区深化“村账笔笔清、村事件件议、村务人人明”工作现场推进会在新前街道召开。区委副书记陈建勋，区委常委、纪委书记陈波，区委常委、组织部部长颜海荣参加会议。

8月22日，省人口计生委主任王文娟一行到新前街道计生服务站考察人口计生工作。区委副书记陈建勋、副区长陈金华和市人口计生委领导陪同。

9月12日，市维护社会稳定工作督查组到新前街道督查。区委副书记、政法委书记陈建勋陪同督查。

9月28日，新前街道联合城北工商所、新前派出所等部门对辖区内集（农）贸市场、大型超市，开展迎中秋国庆节前食品安全、消防安全大检查行动。

10月18日，区委副书记、区长李昌道一行到新前街道，实地走访浙江万隆模具有限公司、台州市黄岩名隆动力有限公司、天翀集团、浙江天雅有限公司、浙江黄岩艾彼模具有限公司等企业，就街道的工业经济发展情况进行调研。

10月25日，市委常委、纪委书记陈章永带领督查组到新前街道双丰村督查村级便民服务、村务监督、“双百攻坚”及“廉洁村”创建等工作。市委常委、区委书记陈伟义，区委常委、纪委书记陈波参加督查。

11月12日，区委副书记、区长李昌道率开发区、国土和建设等部门负责人到新前街道，督查重点工程建设情况。区委常委蔡理明参加督查。

12月7日，举办新兵入伍欢送会。街道领导、村干部与新兵及其家属共聚一堂，欢送新兵战士。

12月25日，街道民政办联合妇联、残联，为街道各敬老院的老人们送去棉衣、棉鞋等御寒物品和水果，并组织人员为老人们洗衣、打扫卫生，温暖老人心。

12月26日，由新前街道机关干部、派出所民警、巡查队员、护村队员等600多人组成的巡查组，到各村、企业、娱乐场所、出租私房进行社会治安巡防。

2012年黄岩区院桥镇人民政府大事记

1月10日，召开院桥镇第十六届人民代表大会第一次会议。会议由徐勇主持。

1月16日，区委常委、纪委书记陈波到院桥镇督查重点工程项目建设进展情况。

1月23日，镇宣传办、团委、妇联和文化站联合举办一系列迎新春文体活动，吸引数千名群众在此观看。

2月6日，组织近百名离退休干部在镇四楼会议室内举办的庆元宵猜谜语活动。

2月15日，区委常委、纪委书记陈波深入到院桥镇繁荣村和岙林村开展“进村入企”大走访活动。镇党委书记徐勇、镇纪委书记何扣荣陪同。

3月20日，院桥镇会同区国土资源局、区行政执法局，对左任新村、苏楼村、浦口东村、永乐村的四处违法用地和违章建筑依法进行强制拆除。市国土资源局领导现场督查。

3月26日，举行院桥镇妇女第十三次代表大会。来自全镇各企事业、村居的103名正式代表、34名列席和邀请代表参加此次大会。选举产生新一届妇联执行委员会和主席、副主席。

4月13日，召开院桥镇总工会第三次代表大会暨第二届区域性代表大会。来自全镇企事业单位的82名正式代表参加大会，选举产生院桥镇总工会新一届委员会。镇领导徐勇、鲍锦连、符由学、於一敏、叶剑挺和区总工会副主席孙玲君出席大会。

4月14日，召开新老大学生村官工作交流会。来自全镇各村的20多名大学生“村官”参加交流会。

5月9日，市委常委、区委书记陈伟义率区纪委、区委组织部、区计生局等部门到院桥镇，就党风廉政建设、计划生育工作、驻村干部管理、重点工程推进等各项工作进行调研。

5月29日，镇计生办、镇计生协会联合举办一场“人口与计划生育”为主题，寓教于乐的人口和计划生育政策法规知识竞赛。来自全镇四个办事处的8个代表队参加竞赛。

6月1日，召开基层组织建设年推进会。镇机关干部、各村居党党支部书记、村委会主任参加会议，镇党委书记徐勇出席会议，并作重要讲话。

6月12日，台州市人大副主任王建平，到院桥镇督查联系重大企业项目建设工作，解企业完成土建及预订部分设备情况。区人大副主任王建华，副区长朱永芳陪同督查。

6月26日，召开纪念建党91周年暨基层组织建设年活动党员大会。全镇2900多人党员参加庆祝大会。镇领导徐勇、林自国、鲍锦连、符由学、何扣荣於一敏、何卫兵、林伟达出席在会。

7月25日，全区“清洁家园、和谐乡村(社区)”活动现场推进会在院桥镇召开。区委副书记陈建勋、副区长徐建民参加会议。

8月21日，组织河道清障执法人员，在分管领导的带领下，对辖区内的河道上违规拦河设网捕鱼的渔网进行一次集中清理行动，改善河道的水环境面貌。

9月4日，镇计生办举办新婚期、孕产期优生优育知识培训会。来自全镇的70多名新婚孕产夫妇参加培训。

9月7日，省远程教育工作考核验收组到院桥镇繁荣村，采取实地察看、听取汇报、查阅资料、座谈解等方式，考核验收农村党员干部现代远程教育工作情况。镇党委书记徐勇、镇组织委员於一敏陪同考核验收。

9月10日，组织全镇80多名离退休干部，召开理论学习会。镇宣传委员王莹主持会议。

10月25日，镇团委联合台州银行院桥支行青年志愿者开展以防诈骗、辩伪钞为主要内容的金融知识宣讲活动。

11月8日，组织干部、群众通过各种方式观看中共十八大的直播。

12月6日，召开院桥镇残疾人联合会第六次代表大会。来自全镇各村、居的55名残疾人代表出席大会。会议选举产生9镇残联第六届主席团委员和7名出席区残联第六次代表大会代表。

12月19日，市委副书记、市长吴蔚荣到院桥镇繁荣村，以面对面的形式宣讲十八大精神。区委副书记、区长李昌道主持宣讲活动。

2012年黄岩区北洋镇人民政府大事记

1月16日，区委副书记陈建勋到北洋镇，慰问困难党员、困难群众以及建国前老党员，送上新春祝福和慰问金。

2月21日，市委副书记、市长吴蔚荣到北洋镇砂地村调研。

3月22日，组织全镇机关干部召开森林防火座谈会。要求各机关干部分别下到各村发放森林防火须知宣传资料和督查各村防火准备工作，呼吁广大群众加强森林防火意识，自觉遵守林防火条例，确保森林防火安全。

4月17日，北洋镇便民服务中心、北洋镇计生服务站、头陀片区公共资源交易中心揭牌运行。

4月25日，举行两新组织党组织书记述职评议大会。镇班子成员和部分党代表听取两新组织党组织书记的党建工作述职，随后对存在的问题和改进工作的意见建议等方面进行评议。

4月26日，北洋镇联合区卫生、工商对全镇20多家农家乐进行食品安全卫生大检查。

5月29日，区委副书记、区长李昌道一行到北洋镇，调研长潭水库库区周边的基础设施建设及扶贫开发工作。区人大常委会副主任葛久通，副区长徐建民陪同调研。

6月21日，北洋镇北洋居等7个村被评为省级文化示范村。

7月12日，台湾大学教授韩选棠、台湾绿建筑协会执行长范琼文一行到北洋镇潮济古街，考察美丽乡村建设。区委副书记陈建勋陪同。

同日，长潭库区执法大队联合台州市海事局，对北洋镇联丰村、横料村上珠自然村和渔岙村的非法竹筏、快艇营运进行突击检查，现场查获10多艘涉嫌非法营运的竹筏和快艇，并当场送发停止营运通知单。

7月26日，北洋镇投入资金68万元，对不符合公交车辆通行的农村道路进行拓宽，彻底解决学生上下学乘车难问题。

8月7日，北洋镇驻村干部放弃休息时间入村做好危房群众转移工作。

8月22日，省人口计生委主任王文娟一行到北洋镇考察人口计生工作。区委副书记陈建勋、副区长陈金华和市人口计生委领导陪同考察。

8月29日，区政协组织主席会议成员到北洋镇潮济村视察美丽乡村建设。区政协主席洪道秋，副主席李建安、翁鹤龄、许萍、章永良、方观祥参加视察，区委副书记陈建勋应邀参加视察。

9月17日，召开各村(居)民兵连长会议。全面动员部署今冬征兵工作。

10月23日，举行机关老干部新活动中心揭牌启用仪式。区老干部局长叶莉，北洋镇主要领导及镇离退休老干部、村老人协会会长参加活动。

10月31日，区委副书记、区长李昌道带领区国土、规划、移民局等相关部门人员来到北洋，调研移民安置工作。区委常委、副区长陈巍峰参加调研。

11月21日，省委第五巡视组副组长、副厅级巡视专员马晓宁一行到北洋镇，对长潭水库瑞岩溪生态湿地工程进行调研，区领导蔡理明、章永良陪同。

12月9日，2012黄岩•北洋“环长潭湖”自行车挑战赛在长潭水库大坝广场开始。本次赛事吸引百余名自行车爱好者和台州各县(市、区)自行车俱乐部的参与。

12月12日，举办党代表询问活动。北洋镇18名党代表在视察重点工程后，就本镇经济社会发展中遇到的问题开展询问，并认真讨论如何加快南片工业区块建设及明年工作思路。

12月13日，北洋镇组办带领大学生村官到上垟乡大学生村官便民服务中心参观学习。

2012年黄岩区宁溪镇人民政府大事记

1月12日，召开宁溪镇第十六届人民代表大会第一次会议。区委组织部颜海荣部长出席会议并作重要讲话。选举产生新一届镇人大主席、副主席和镇长、副镇长。

2月29日，由市工商局局长杨财标带队的市改善发展环境调研组到宁溪调研。调研组进村入企，并召开座谈会，倾听基层干部群众意见，为中心镇建设出谋划策。

3月12日，宁溪镇17名大学生村官到牌门村新开垦山地上参加义务植树活动。

3月20日，区委常委、组织部长颜海荣，到宁溪镇五部、中桧村和金山陵酒业“进村入企”服务基层。

4月24日，副区长朱永芳一行到宁溪镇调研节日灯、酒类等产业发展情况。调研组先后来到华军灯饰有限公司、金山陵酒业有限公司、宁溪工艺品联合厂等企业，并召开座谈会，深入解企业一季度运行情况以及目前企业发展中遇到的问题。

5月22日，区委副书记、区长李昌道率区重点工程督查组到宁溪镇督查重点工程建设情况。

6月6日，召开基层组织建设年推进会。机关干部，各村居党支部书记、村委会主任以及各有关单位的负责同志参加会议。

6月26日，区委常委、组织部长颜海荣等一行4人到宁溪镇以走村入户、听汇报的方式督查指导宁溪基层组织建设年工作。

7月1日，镇机关党员、入党积极分子到福建古田会议旧址、江西瑞金等红色革命旧址参观，接受革命传统主义、党史和爱国主义教育。

8月13日，受省文明委委托，由市文明办专家黄正省为组长的省级文明镇创建考核验收专家组一行5人深入宁溪镇考核验收省级文明镇创建工作。区文明办领导陪同考核验收工作。

8月29日，镇领导和统战人员走访沈晓丽等6名家庭经济困难的少数民族学生并为他们送上慰问金。

9月9日，召开民兵连长会议暨今冬征兵工作部署会。会上，武装部长张璐生总结去年征兵中出现的问题与不足。

9月19日，召开宁溪片区台胞台属换届工作会议。来自富山、上郑、屿头、上垟、宁溪西部“四乡一镇”的统战委员以及台联小组组长参加会议。

10月12日，黄岩区法律援助中心、宁溪司法所和宁溪镇团委联合开展“法律援助为民服务创先争优年”法律咨询活动。

10月17日，镇司法所、团委、宁溪法庭联合组织60名学生参加黄岩区青少年法制宣传教育基地暨宁溪“青少年模拟法庭”之法庭初体验活动。

10月23日，组织老年协会代表共10多人在镇机关作战室召开九九重阳节座谈会。

11月8日，组织机关干部、大学生村官和各村居干部通过网络、电视等多种方式收看中共十八大实况，认真听胡锦涛总书记向大会作的工作报告。

11月20日，召开宁溪镇残疾人联合会第六次代表大会。来自我镇各村的59名残疾人代表出席大会。会议选举宁溪镇残联会主席团委员和出席黄岩区第六次代表大会代表。

11月29日，镇团委积极参与消防安全法制宣传活动。

12月11日，召开2012年度宁溪镇新兵欢送仪式。镇团委、征兵办公室、18名来自各个村居的入伍新兵和部分应征青年家长参加这次茶话会。

12月17日，举办十八大精神宣讲。组织该镇先锋中心支部党员、全镇入党积极分子及预备党员，共150多人参加学习会。

12月24日，召开宁溪镇休闲旅游规划评审会。区农办、旅游局、农业局、住建局等单位有关负责人参加会议。

2012年黄岩区沙埠镇人民政府大事记

1月10日，区委常委、宣传部部长夏丹荷到沙埠镇，走访慰问建国前老党员和困难群众。

2月8日，副市长蔡永波到沙埠镇前路村走访调研。副区长徐建民陪同调研。

3月15日，召开务虚会。班子成员、中层干部及老同志30余人参加会议，围绕沙埠镇经济、社会发展的方方面面开展大讨论。

3月22日，区委组织部副部长叶民国带领组织科、调研室到沙埠镇开展进村入企大走访、了解村企发展情况和存在的困难，积极献计献策，破解发展难题。

3月31日，镇团委、关工委组织小学生和青年团员到开展祭扫烈士活动。

4月16日，镇综治办组织镇司法所人员、院桥派出所民警等开展综治工作座谈会。邀请村两委干部、党员、村民代表30余人参加座谈。

5月10日，市委常委、区委书记陈伟义率区纪委、区委组织部、区计生局等部门到沙埠镇，就党风廉政建设、计划生育工作、驻村干部管理、重点工程推进等各项工作进行调研。

6月27日，区委常委、宣传部部长夏丹荷到沙埠镇，看望慰问建国前老党员，向他们致以节日的问候。

6月29日，区委副书记、区长李昌道率区府办、区水利局、区防汛办等单位负责人，深入基层一线，实地踏看沙埠镇北岙溪小流域治理工程、岐田水库大坝选址区域。

7月4日，黄岩区计生局诸小昌、谢秀娇科长等一行3人为沙埠镇四十余名计生工作人员进行知识培训。

7月12日，镇领导带领镇机关工作人员到农发项目、沙茅路等重点工程现场，向炎炎烈日下辛勤劳作的施工人员表示慰问，并送上清凉食物。

7月25日，陈建勋一行实地考察沙埠镇樟树下、栅溪村考察“清洁家园”工作的进度，并给予充分肯定。

8月15日，镇城建办、院桥国土所、黄岩行政执法大队联合执法，对沙埠沈家村、下园村等处占用耕地违法建筑进行拆除。

8月22日，副区长陈金华带领区食药监、质监等有关单位负责人，到沙埠镇仙泉纯净水厂与佛岭酿造厂进行上门约谈和检查。

8月27日，积极组织法律顾问、普法志愿者等在沙埠镇农贸集市期间开展法律咨询。

9月11日，开展计划生育“三查”工作。

10月25日，市农资农技下乡的专家到沙埠镇给60多位瓜农上课。由农资农技专家陶维康、沈宣才、余涛教授等讲课。

11月8日，组织干部、群众通过各种方式观看中共十八大的直播实况。

11月19日，由区委宣传部组织的“宣讲十八大、讴歌新时代”乡村大使十八大精神巡回宣讲在沙埠镇举行。

12月4日，镇司法所工作人员在辖区人口聚集区开展法制宣传日活动。在活动现场，司法所工作人员向群众派发法律援助宣传材料，向群众讲述劳动权益保护、妇女维权等法律知识，提供现场法律咨询。

12月10日，镇团委召开学习贯彻党的十八大精神会议。会议深入学习胡锦涛总书记在大会上所作的报告，并根据始终把人民放在最高的位置这一理念提出学习贯彻意见。

12月11日，沙埠镇会同国土、公安等部门，组织100多人的联合执法队，出动大型挖土机和执法车辆10余辆，对上廖、南朱等村的4处违法建筑进行依法拆除。

2012年黄岩区头陀镇人民政府大事记

1月13日，镇武装部举行民兵连长、参军家属迎新春座谈会。各村(居)民兵连长以及参军家属参加此次座谈会。

2月17日，镇政府、区供销社与台州新田园公司联合开展柑橘大购销活动。20余辆农副产品配送车驶进头陀镇孙西村，当天上午收购10余吨槾橘，准备运往全省各地超市义务进行销售，帮助当地橘农解决难卖问题。

3月6日，头陀镇敬老院院长彭彩荷与20多位阿婆坐在一起聊天，帮老人洗面、剪指甲、梳理头发，与老人们一起开心过“三八”妇女节。

4月11日，召开头陀镇党建工作会议暨基层组织建设年动员会。各村（居）、各企事业单位党组织的书记、副书记参加此次会议。

4月12日，市基层组织建设年活动督察组来头陀镇检查活动开展情况。督察组人员首先听取头陀镇党委关于基层组织建设年活动情况的汇报。

4月23日，台州市农业局信息中心主任方礼德、副主任林国一行在黄岩区农业信息中心负责人的陪同下到头陀镇分水村蛋鸡养殖精品园，实地考察黄岩区智慧农业建设情况。

5月25日，开展党代表询问质询活动。区委常委、组织部长颜海荣，市委组织部组织处长范卫东和全区乡镇街道组织委员参加观摩指导。

6月29日，举行头陀镇“两富”主题教育文艺汇演。庆祝建党91周年，喜迎党的十八大。

7月12日，台湾大学教授韩选棠、台湾绿建筑协会执行长范琼文一行到头陀镇白湖塘村，考察美丽乡村建设。区委副书记陈建勋陪同考察。

8月8日，市人大常委会主任薛少仙到头陀镇解当地受灾情况，指导救灾工作。

8月22日，镇团委联合农办举办农民专业合作社暨农产品质量安全培训会。来自头陀镇农民专业合作社、种养大户近40多人参加此次培训。

8月28日，镇团委组织团员青年、驻村干部等一行7人对当地2名相对贫困的少数民族学生进行走访慰问活动。并送上党和政府的关怀和慰问金，共计1000元。

9月24日，镇团委组织团员青年一行10人，到头陀敬老院慰问孤寡老人。

9月25日，团委会同关工委邀请区关爱工作团洪流老师给辖区内的中、小学生分别上一堂精彩的法制教育课。

10月23日，开展困难助学活动。镇团委书记带领团员青年以及四名困难学生代表参加此次活动。

10月31日，区委副书记、区长李昌道带领区国土、规划、移民局等相关部门人员到头陀，调研移民安置工作。区委常委、副区长陈巍峰参加调研。

11月3日，镇团委联合黄岩青年灯谜协会组织举办“喜迎十八大灯谜文化节”活动。通过千条党史知识、日常用品等谜语展猜、灯谜知识讲座、灯谜研讨会等活动，吸引当地500多名群众前来参加，以特别的方式喜迎党的十八大胜利召开。

11月8日，市政府副秘书长林君华在市、区行政服务中心等相关部门人员陪同下，到头陀镇调研镇村两级便民服务中心建设运行情况。

11月21日，举办新型农村合作医疗工作培训会。来自各村(居)的文书参加此次培训。

同日，召开传达贯彻党的十八大精神会议。全体机关干部、各村居书记、主任以及人大代表、党代表参加此次会议。

12月4日，组织镇司法所相关人员，成立流动法律宣传队，设立法律咨询点，利用宣传单、标语、宣传栏等形式，开展普法宣传活动。

12月13日，召开共青团头陀镇第十四次代表大会。辖区内来自各条战线、各个行业的64位代表出席会议。镇党委书记徐中美、政协主任陈建敏、镇党委副书记金文伟、团区委副书记符求、镇纪委书记罗健、镇组织委员陈晓、镇宣传委员黄益民出席会议。

12月20日，召开学习十八大精神专题会暨慈善募捐活动。团委委员、部分村居团支部书记、大学生村官出席会议。

2012年黄岩区富山乡人民政府大事记

1月12日，召开富山乡第十六届人民代表大会第一次会议。48名乡人大代表和46名列席代表参加会议。区委组织部副部长叶莉到会指导，区纪委、区农工委等部门单位领导参会。

2月5日，市委常委、宣传部长张燕在区委常委、宣传部长夏丹荷的陪同下深入部机关干部下乡住村联系点安山村调研。并与该村“两委”班子成员和部分党员代表进行座谈。

2月7日，市委书记陈铁雄到富山乡畴路村、半岭堂村“进村入企”调研走访。

3月6日，乡妇联召集各村妇女主任召开座谈会。妇联主席就妇女权益保障法、婚姻家庭等相关法律知识进行讲解，并要求她们进村入户进行宣传教育，力求把法律知识送进每户人家。

3月28日，富山乡安山村全体党员干部对村内主干道两侧、公共活动场所以及村内河道等区域进行大清扫。以党员干部的实际行动来倡导群众特别是外出人员积极开展“约会春天、拥抱清洁”活动。

4月12日，区委常委樊存剑等一行分别到富山乡李家山村、张里村进行走访调研。实地察看李家山村地质灾害安置小区、张里村农房改造区块。

4月19日，由台州市国土资源局黄岩分局和富山乡联合组织，在富山乡大岙村开展地质灾害点山体滑坡应急疏散转移演练。

4月27日，组织人员对旅游景区景点、富山饭店及农家乐经营户进行全面安全生产大检查。认真检查旅游设施的安全情况、消防设施的落实情况、餐饮食品的卫生情况和从业人员的安全培训等情况，排查各单位旅游安全事故隐患。

5月18日，区残工委组织部分成员单位到西部山区富山乡进行走访慰问残疾人。

6月6日，召开党代表询问会。多名党代表连连发问，现场氛围相当热烈。

6月14日，乡领导班子深入各村建国前老党员和退休老干部，为他们送上慰问金，并致以节日问候和崇高敬意。

6月25日，召开全乡党员干部大会。全乡广大党员、入党积极分子、非党机关干部和村委会成员以及大学生村官共计500余人参加此次大会。

7月3日，由乡主要领导带班的检查组到南正顶宗教场所、在建工程工地、两大景区、半山农家乐、安山街小宾馆小饭店和烟花爆竹摊点以及地址灾害隐患点，再次对消防安全、安全生产以及食品安全进行全面检查。

7月23日，区统战部副部长陈征一行到黄岩西部山区富山乡调研指导工作。

8月24日，召开以防台防汛为重点的第三期驻村故事会。全体乡机关干部、部分村干部参与故事会。

8月27日，召开村长、书记会议。部署十八大宗教场所的安全维稳工作。

9月3日，乡党委、政府、团委、城建等一行6人对两处塌方点进行察看。

9月12日，召开农产品质量安全培训会议。全乡农业专业合作社骨干成员、高山果蔬种植大户以及农办工作人员共计40余人参加会议。

9月28日，举办“贺中秋迎国庆”联欢晚会。

10月16日，乡主要领导到安山村新中国成立前困难老党员徐梅太家，致以节日的问候，还带去乡里为其建房筹资的17800元。

11月8日，乡团委组织全乡团员青年在各村集中收看党的十八大盛况。

12月25日，省政协党组成员、秘书长孙文友带领省政协调研组到富山乡外坦村开展调研。市政协副主席马世宙、区政协主席洪道秋陪同。

2012年黄岩区茅畲乡人民政府大事记

1月12日，区政协党组书记洪道秋到茅畲乡，走访慰问困难群众、新中国成立前老党员和困难党员，将温暖送到他们家中。

1月13日，黄岩茅畲民间兴学协会7位理事在茅畲小学3位老师的陪同下，深入到西泉、上横、西边等村走访慰问茅畲乡２１名贫困生，给他们送去亲切关怀和新年祝福，切实将茅畲民间兴学协会会员和学校的温暖送到下一代的心坎上。

2月13日，全面启动市级“森林城镇”创建。

2月23日，自“进村入企大走访、比学赶创促发展”活动开展以来，茅畲乡以“串百家门，知百家情，解百家难，连百家心”为主题，在机关干部中全面推行“民情日记”工作制度。

3月23日，茅畲乡立足本乡实际，进一步深化进村入企大走访活动，解决外出瓜农实际难题。

4月10日，召开全乡计生联系员工作会议。计划从四月中旬开始，在全乡范围内开展为期半个月的计生“三查”攻坚活动。

5月21日，台州市建设工程设计审查中心全体成员到茅畲乡逸夫学校，给孩子们送上节日的问候，并且与该校牟佳慧、牟瑞鹏等三名同学结对，给他们送上慰问金。

6月11日，由省水利厅牵头组成的省考核组到茅畲乡山区中低产田改造项目现场，检查考核2011年农田水利标准化建设。副区长徐建民参加。

6月22日，区人大代表叶新明与茅畲乡政府工作人员牟建明、虞敏行等人到茅畲乡敬老院，为老人们送上节日的问候和礼物。

7月18日，区委副书记、区长李昌道率水利、交通等有关部门负责人到茅畲乡，就茅西路、沙茅线、九溪小流域治理等重点工程建设情况进行督查。区委常委陈巍峰参加督查。

7月26日，黄岩区茅畲乡在上海市奉贤区金汇镇成立驻沪流动党员党委。这也是黄岩区首个流动党委。区委常委、组织部长颜海荣到会授牌，金汇镇领导参会并讲话。

7月31日，茅畲乡青年驻村干部进村入企慰问困难群众。

8月1日，副区长陈金华率区食安委办、区食药监局等相关单位负责人，对茅畲乡食品安全大整治百日行动工作开展督查。

8月6日，在收看省市区三级防汛视频会议后，召开机关会，全面部署、落实防御台风“海葵”各项工作。

9月26日，举行由茅畲小学团委、少先队大队部联合推出的迎国庆“我爱祖国”少儿长卷现场绘画活动。

10月20日，茅畲乡农村经纪人培训班在乡政府四楼会议室举行开班仪式。来自全乡各村的36名农民参加培训。

11月8日，组织全体干部、群众通过广播、电视共同收听收看十八大盛会实况。

12月14日，茅畲乡农村工作指导员多种形式学习宣传十八大精神。

2012年黄岩区平田乡人民政府大事记

1月11日，区红十字会、区卫生局组织台一医、区中医院、区三医院、区妇幼保健院等医院的40多名医护人员组成卫生医疗服务队，到平田乡开展送医送药下乡活动。

2月13日，区妇联组织人员到平田学校，为那里的留守儿童们送来一批崭新的书籍。

3月28日，黄岩区委党校的农村干部大专班学员平田乡的困难党员及困难群众进行慰问。

4月2日，平田乡全体机关干部严格按照部署安排，认清当前防火严峻形势，确保措施落实到位。

4月11日，张国君同志任平田乡党委委员、副书记，免去其江口街道党工委副书记、委员职务。

5月10日，召开全乡党支部书记、村主任会议。各村书记、主任外，还有各单位负责人及机关干部参加会议。

6月25日，平田乡召开全乡党员大会。会议由乡长张国君主持，乡党委杨茵书记作重要讲话，汇报上半年的工作及基层组织建设年、大走访、争做“三百干部”、美丽乡村等重点工作，和下阶段的工作，对全乡党员干部提出要求和希望，并号召全乡党员干部群众，为建设富裕生态美丽的新平田而努力奋斗。

6月27日，区委常委、统战部部长卢良芳到平田黄毛山村看望慰问新中国建立前老党员王克美，卢良芳了解王克美的身体健康状况、生活现状，对老党员为新中国的解放事业和社会主义建设事业作出的贡献给予赞赏。

6月29日，台州市组织部和黄岩区组织部一行到平田乡桐树坑革命纪念馆，观看党史教育，细听红色革命讲解，重温入党誓词等，进行一场生动的现场党性教育。

6月30日，召开主题为“流动的先锋飘扬的旗帜”的“新黄岩人”党支部成立大会。平田乡由大学生村官组成的志愿者队伍积极参与其中

7月19日，召开以“用心驻村、用爱助民”为主题的驻村工作交流会。会议由乡党委副书记林永军主持，全乡领导班子、机关干部、大学生村官参加。

7月31日，召开机关会议。布置防台各项任务，要求各驻村干部务必下村，根据防汛预案落实各村值班巡查组、转移组、抢险组、保障组等的工作任务，并将住在危房内的人员由村干部结对进行转移。此外，要求各村全面做好山塘水库防台准备，由巡防员随时进行监测。

8月2日，召开防汛动员会。会后，驻村干部立即下村动员转移群众。

9月10日，区委副书记、区长李昌道率区农办等部门负责人到平田乡桐外岙村和平田村，就美丽乡村建设进行调研。区人大常委会副主任葛久通参加调研。

9月28日，组织综治、教育、民政、安监中心等多部门人员组成联合检查组，深入人员密集场所如平田学校、平田敬老院、金福养老院、浙东十八潭景区等场所进行节前消防安全大检查，全力清除火灾安全隐患。

10月9日，平田乡征兵工作正式启动。为保质保量完成今年我乡征兵工作任务，平田乡人武部召开各村民兵连长会议进行动员部署。

11月8日，平田乡全体机关干部、各级村广大党员干部、普通群众，通过网络、电视等不同途径收看、收听大会实况。

11月30日，开全乡学习十八大精神动员会暨报告会。书记杨茵主持会议并作动员讲话，会议邀请温岭市慕毅飞老师为全乡党员、非党村委会主任、机关干部、大学生村官解读十八大报告。

12月17日，召开新农合工作动员会。全体机关干部和各村书记、主任、文书及大学生村官参加此次会议。

2012年黄岩区上垟乡人民政府大事记

1月12日，上垟乡党委走访慰问各村少数民族贫困家庭。并为他们送去慰问金和新春的祝福，表达党和政府对他们的关心和关怀，让少数民族贫困家庭在寒冬时节感受到阵阵暖意。

2月17日，启动“进村入户大走访、比学赶创促发展”大走访活动。全乡干部掀起进农户、访民情、办实事、抓落实的高潮。

3月4日，乡妇联组织50多名“巾帼志愿者”，在位于西洋村的长潭水库沿岸，开展义务植树活动。

3月14日，召开机关干部述职测评大会。对全乡中层干部及一般干部进行民主测评。

3月20日，乡妇联结合本乡实际，以“三八”维权周为契机，联合乡综治办、司法所，开展以“万家学法律、平安促和谐”为主题的法律知识讲座活动。

4月6日，在西洋村鲜花基地举办首届鲜花节。

4月18日，举办东魁杨梅栽培技术培训。邀请区果树生产总站的专家王茜斌站长进行授课，100多名种植户参加培训。

5月4日，乡司法所召集辖区内的矫正对象在上垟司法所开展集中教育培训活动。集中培训会由司法所所长主持，乡分管领导杨毅、司法所陶聚义和社区矫正工作者一同参加活动。

5月19日，乡计生办、计生协会同台州市第一人民医院利用西洋集市日组织开展以“计生连民生，温暖千万家”为主题的宣传活动。

6月21日，积极开展“安全生产月”活动，组织相关工作人员对辖区内长潭水库沿岸渡口进行安全检查。

6月29日，上垟乡专门组织召开会议，贯彻落实上级关于消防安全会议精神，积极开展消防安全“大宣传、大排查、大培训、大清剿”活动。会议要求，全乡机关干部及各村干部立即行动起来，放弃节假日，开展安全隐患的大排查及清剿行动，并作具体部署。

7月24日，召开组建联片调解巡逻队伍动员会，组建一支联片调解巡逻队伍。巡逻队伍由该乡的区党代表、人大代表、政协委员、村主任书记、乡机关工作人员和片区民警等20余人组成，乡党委副书记杨毅担任队长。

7月25日，举行“老娘舅调解团”成立仪式。区政法委副书记童崇彪、台州广播电视台新闻综合频道总监葛昕、区政法委委员兼区综治办副主任蒋仁超及区公安局副局长何成刚等领导出席成立仪式。

8月7日，召开紧急会议。具体部署防御今年第11号台风“海葵”。

9月18日，召开2012年冬季征兵工作会议。27个村的民兵连长参加会议。

9月20日，组织相关人员，对辖区内的宗教活动场所进行安全隐患大排查。

9月25日，组织广大干部群众在全乡范围内开展“清洁家园”大清扫行动。

10月16日，温州市科协组织当地农民44人到上垟乡富景鲜花实验基地考察。

11月8日，通过村办公楼里的电视机收看党的十八大开幕式。

11月14日，团市委书记马骏、团区委书记何晔一行到上垟乡进行实体化大团委建设工作调研。先后调研考察农村青年创业先锋团支部鲜花基地及泥鳅养殖基地，并进行深入探讨。

11月28日，举行上垟乡残疾人联合会第六次代表大会。区残联副理事长王永达和乡党委书记朱红萍参加大会并作讲话，随后乡党委副书记杨毅作上垟乡残疾人联合会第五次代表大会主席团工作报告。

12月4日，上垟乡老干部党支部举行“深入学习贯彻十八大”专题活动，共同学习十八大报告，观看宣传图片。

12月6日，台州市电视台到上垟乡采访大学生村官便民工作室，解大学生村官的工作成绩。

12月24日，省水利厅慰问组一行深入结对帮扶的上洋乡毛岙村调研指导，并开展扶贫慰问。

2012年黄岩区上郑乡人民政府大事记

1月11日，区红十字会、区卫生局组织台一医、区中医院、区三医院、区妇幼保健院等医院的40多名医护人员组成卫生医疗服务队，到上郑乡开展送医送药下乡活动。

2月4日，市委常委、宣传部部长张燕走访上郑乡萌菜洋村。区委常委、宣传部部长夏丹荷陪同。

3月14日，召开由全乡24个行政村的专职护林员参加的森林消防工作会议，安排部署森林防火工作。

4月12日，组织非党村干部培训班。切实增强村级组织凝聚力和战斗力。

4月16日，召开“进村入企”大走访专题会。会上，所有驻村干部对大走访活动的工作进展情况进行详细汇报。

4月19日，召开台联小组座谈会。会议由上郑乡台联小组组长王天然主持，全体台联小组成员与会参加。区台联会会长卢良胜、秘书长傅蓉蓉受邀参加会议。

5月31日，召开基本农田调整工作会议，全乡24个行政村派代表参加。

6月20日，召开迎“七一”党员大会暨基层组织建设年工作推进会。会上，上郑乡党委书记梁骥对上郑乡近几年党建工作进行回顾和总结。

同日，召开全乡党员大会。乡党委书记梁骥对上郑乡近几年党建工作进行总结和回顾并对下阶段基层组织建设年相关工作进行部署。

7月5日，上郑乡立足本地实际，开展“推行‘村情周报’、注重‘民情测试’”活动。

7月23日，区委统战部副部长、侨联主席陈征一行到上郑走访调研。

8月8日，台风警报解除后，乡防汛指挥部迅速组织人员去实地查看，同时组织人员对全乡进行拉网式巡查，确保灾害点不遗漏，不错漏。

8月22日，乡计生办对辖区内24个村的育龄妇女开展2012年秋季“三查”服务工作。

8月28日，开展农产品质量安全大整治行动。检查包括生产环境、农业投入品、生产记录等一系列与农产品质量息息相关的方面。

9月28日，乡宗教事务管理领导小组对全乡宗教场所进行全面排查。

10月9日，区农业局副局长吴孟龙带领督查小组，到上郑乡检查农产品质量安全大整治百日行动开展情况。督查小组召开一次小型座谈会，解上阶段农产品质量安全监管工作开展情况。

10月22日，上郑乡纪委开展“治庸治懒治散”专题学习会。会议由乡纪委副书记陈海珍主持。

10月27日，开展首期家政服务人员培训班。对上郑乡80多名农村留守妇女进行免费职业培训，特邀台州市阳光育婴职业培训学校的老师到乡传授婴幼儿护理技能。

11月7日，副市长凌云率市相关部门负责人到上郑乡黄坦村、萌菜洋村督查农村环境连片整治工作。副区长黄人川陪同督查。

11月16日，上郑乡顺利通过市新农村电气化建设领导小组的考评验收。副区长朱永芳陪同考评。

12月11日，省水利厅厅长陈川、副厅长彭佳学一行16人到上郑乡，开展结对帮扶调研和慰问。区委副书记、区长李昌道，区委常委蔡理明陪同调研。

12月20日，上郑乡红十字会召开第一次会员代表大会，这标志着区红十字会基层组织建设迈出关键性一步。

12月24日，举办宗教活动场所消防安全知识培训。全乡5家宗教场所的20名工作人员参加消防培训。

2012年黄岩区屿头乡人民政府大事记

1月11日，区红十字会、区卫生局组织台一医、区中医院、区三医院、区妇幼保健院等医院的40多名医护人员组成卫生医疗服务队，到屿头乡开展送医送药下乡活动。

2月13日，省粮食局副局长韩鹤忠带领省政府调研组一行到屿头乡布袋山旅游景区，开展“改善发展环境”工作调研。区领导卢旺忠、金小云、徐建民、朱永芳、冯继敏先后陪同调研。

3月27日，市委常委、区委书记陈伟义带着相关部门负责人，到屿头乡开展“进村入企”大走访活动。走访中，陈伟义进厂房、下车间，深入一线解企业发展现状，面对面与企业家商讨转型大计，帮助企业破解发展难题。

4月1日，在杭黄岩籍人才联谊会考察团到屿头乡两岸三度营地，实地考察经济社会发展情况。

4月6日，区建设局宁溪分局对屿头乡沙滩村村庄规划增设地块进行实地调研。

5月19日，2012年黄岩屿头乡枇杷节在上凤村开幕。

6月1日，召开基层组织建设年工作推进会。通报并分析第二季度该乡基层组织建设年工作推进情况和面临的形势，对下阶段工作作具体部署。

6月7日，区委组织部对屿头乡领导班子成员和机关干部进行民主测评。测评要点分为思想政治建设、领导能力、工作实绩、反腐倡廉、完成重点任务、德、能、勤、绩、廉等方面，全体机关干部和各村主任、书记参加考评会议。

6月11日，由省水利厅牵头组成的省考核组到屿头乡，对周家寮片节水灌溉工程进行检查考核。副区长徐建民参加考核。

7月10日，乡武装部积极组织民兵应急分队开展防汛抗洪演练。

7月12日，台湾大学教授韩选棠、台湾绿建筑协会执行长范琼文一行到屿头乡布袋坑村、两岸三度营地、石狮坦村，考察美丽乡村建设。区委副书记陈建勋陪同。

8月8日，市人大常委会主任薛少仙到屿头乡解当地受灾情况，指导救灾工作。市委常委、区委书记陈伟义，市人大常委会副主任樊友来，区人大常委会主任黄明掌参加检查。

9月13日，屿头乡武装部利用乡集市时机，广泛开展以“热爱人民军队，共筑钢铁长城”为主题的国防教育活动。

9月21日，街道通过用发送“廉政短信”这种方式来进行廉政教育，做好中秋节期间党风廉政建设和反腐败工作。

10月11日，乡征兵目测初检开始，适龄青年都踊跃报名参军。

11月16日，屿头乡顺利通过市新农村电气化建设领导小组的考评验收。副区长朱永芳陪同考评。

12月4日，组织开展主题“学法用法争做遵纪守法的青少年”为主题的法制教育进校园活动。邀请屿头司法所陈烨青同志为师生上一堂生动的法制教育课。

12月12日，省政协副主席黄旭明一行到屿头乡布袋坑村开展农业和农村工作调研。市政协副主席郑荐平、区政协主席洪道秋陪同。

12月27日，邀请乡司法所共同召开失足青少年心理辅导交流会。特别针对社区矫正和刑释解教的青少年的心理问题进行疏导。

2012年路桥区路桥街道办事处大事记

1月3日，在街道党工委书记罗华迪、办事处主任官利兵的带领下，对东方华联、蔡於海鲜城、路桥电线厂等生产经营单位进行检查。

1月6日，街道妇联、团委、残联、工会等部门前往福利院开展慰问活动。

2月13日，省商务厅市场运行调节处处长潘中在路桥街道党工委副书记程伦观的陪同下，走进街道古街社区考察社区服务环境。

3月28日，街道安委办召开办公室会议。会议分析今年以来安全工作形式，回顾各办各线在日常及重大节假日期间的安全生产检查工作。

4月23日，召开2011年度先进表彰会暨2012年度工作会议。路桥街道班子领导以及机关全体人员、村两委、社区干部、职能部门负责人等两百余人参加会议。

4月26日，由路桥区副区长管秉阳带领的督查组到路桥街道开展“五一”节前安全生产督查工作。

5月14日，金华市委统战部一行十余人到商城社区考察统战工作。路桥区委常委、统战部长朱明连，常务副部长杨海颖，街道统战委员阮文忠等陪同考察。

6月27日，召开第二季度安委会成员会议。街道安委会成员单位十余人参加会议。

7月6日，路桥街道根据区防指要求组织开展基层防汛责任人的培训工作，邀请台州学院建筑工程学院的邱战洪副院长作防汛知识培训。街道全体机关干部、大学生村官及各村（社区）防汛工作负责人参加会议。

7月19日，路桥街道联合区环保局、派出所、供电所等部门组成执法组，对辖区内两家环保违法企业实施关停。

8月9日，召开区计生局依法行政座谈会。区计生局副局长王辉军等领导、各镇（街道）计生办主任、执法人员等到会参加。

9月11日，路桥区委副书记、区长徐仁标率相关部门负责人调研路桥街道文化设施建设进展情况，副区长吴莘超陪同。

9月19日，召开路桥街道第五届妇联换届选举大会。区妇联副主席杨伟飞、路桥街道副书记王秋华、组织委员罗新春参加此次会议。

9月27日，路桥区副区长梁妙富带领区人大、政协及区府办、质监局、供电局等部门主要领导组成的检查小组到路桥街道检查安全生产工作。

10月16日，召开迎接省卫生城市复审工作动员会暨业务培训会。街道办事处主任官利兵、政协联络处主任阮利红、党工委副书记王秋华出席会议，街道机关干部、村（社区）主任书记150多人参加此次会议。

10月22日，邀请市委党校基础理论教育研室主任、台州市委宣讲团成员许峰副教授就胡锦涛7·23重要讲话精神作专题解读，以帮助大家更好的学习、宣传和贯彻胡锦涛重要讲话精神,迎接十八大的召开。街道机关干部、村（社区）书记主任、企事业单位党支部书记140多人参加此次讲座。

10月25日，区政协主席陈夏霖带队走访街道政协联络处，并约谈政协委员，街道辖区28名委员参加。

11月12日，召开百晓询问会。此次询问会共有4名驻村干部被点名询问。

11月22日，开展学习宣传贯彻党的十八大精神。180位与会人员齐聚会场，认真学习党的十八大精神。

12月3日，召开关键岗位跟踪督评公述民评大会。街道人大代表、政协代表、机关干部及各村社区书记主任、村民代表等共130多人参加测评大评。

12月12日，政协副主席陈国谊到博爱医院，为党员群众宣讲十八大精神，新安社区和医院党员共计70多人参加宣讲。

12月20日，召开路桥区委宣讲团党的十八大精神报告会。大会由路桥街道党工委宣传委员汪平兴同志主持，区委党校副校长洪勤辉主讲。

2012年路桥区路南街道办事处大事记

1月15日，召开迎春座谈会。各村（居）书记主任、区“两代表一委员”、各企事业单位代表、各站所代表、全体机关干部等100多人参加会议。

1月29日，区委常委、区纪委书记林金祥、区人大副主任李国敏等一行，到街道杨戴村调研信访工作。

2月15日，市委常委、宣传部长张燕到路南辖区浙江天恩压力容器制造有限公司调研，区委常委、宣传部长应再泉陪同。

3月6日，召开纪念“三八”国际劳动妇女节102周年暨总结表彰大会。街道各村（居）妇女主任、计生联系员、各企事业单位妇女工作负责人均参加会议。

4月22日，省文化厅副厅长杨越光等一行10余人在路桥区副区长吴莘超、区府办副主任傅周青的陪同下到路南街道方林村考察。

4月25日，路桥区安全生产专项督察组一行到路南街道督察安全生产工作。督察组由区政协主席陈夏霖、副区长李震杰带队，街道党工委书记蔡建军等陪同。

5月10日，召开安全生产培训培训会议。来自街道130多家企业参加此次培训。

5月24日，召开村级财务（逐笔公开）管理、清产核资业务培训会。各驻村干部、村书记、村主任、村监会主任、村文书、村报账员（出纳）均参加会议。

6月6日，由区委统战部副部长官章炎带领的区基层组织建设年活动督查指导组，到街道督查基层组织建设年及创先争优活动进展情况。

6月28日，区委常委、纪委书记林金祥到路南街道走访慰问优秀党员方林村书记方中华以及联合村的困难老党员王天照。

7月10日，路南街道联合区整治办、城区环保中队、路南派出所等部门，对辖区内部分企业及个体场外拆解予以整治。

7月24日，路南街道老年协会举办老协骨干培训班。路南街道老年协会全体理事人员、各村（居）的老协会长、副会长和秘书长等近100人此次学习。

8月1日，召开百晓质询会。街道全体班子成员、驻村干部、大学生村官均参加会议。

8月21日，区委组织部督查组工作人员到路南街道开展基层组织建设重点工作督查。随机抽查走访方家村、司城村以及台州市新华树脂有限公司。

8月29日，召开人民调解员业务培训会。各村（居）的书记、主任、村调解主任参加会议。

9月12日，天台县安全生产监督管理局、各乡镇分管领导和安监中队长一行到路南调研安全生产工作。区安监局副局长沈诚勤和街道办事处副主任梁斌陪同调研。

9月26日，召开路南商会第二次会员大会。区政协副主席、区工商联主席郭栋材、区委统战部副部长、区工商联党组书记官章炎、路南街道党工委书记蔡建军等出席会议并作重要讲话。

9月27日，路桥区副区长梁妙富一行到路南街道督察安全生产工作。区人大、政协及区府办、质监局、供电局等部门一起参加，办事处主任陈海鸿，副主任梁斌陪同。

10月11日，街道专职消防队指导浙江爱信宏达汽车零部件有限公司组织开展消防灭火应急预案演练活动。

11月7日，路南街道联合卫生、工商、行政执法等部门，对路南街道辖区内“五小行业”进行综合整治。

11月28日，召开公诉民评大会。机关关键岗位跟踪督评监督考评组副组长、区纪委监察局副局长朱崇伟及6名考评组成员出席会议，街道纪委书记陆正刚主持会议，街道全体机关干部、各村（居）书记、主任等均参加会议。

11月29日，路桥区人大副主任高萍到路南调研。街道办事处主任陈海鸿、街道分管工业副主任梁斌等陪同。

12月18日，区组织部常务副部长朱百清、区党校副校长石卫滨到路南街道举行党的十八大精神宣讲。全体机关干部和大学生村官以及各村（居）两班子成员参加会议。

12月24日，台州市安监局督察组一行组到路南街道调研消防安全工作。区安监局局长蒋志芳、副局长沈诚勤、办事处副主任梁斌陪同调研。

12月27日，区委副书记、区长徐仁标到路南街道古岙村，调研路南街道的计划生育工作。副区长蒋斌芳陪同调研。

2012年路桥区路北街道办事处大事记

1月29日，区委副书记、代区长徐仁标到路北街道接待群众来访。区委常委、常务副区长陈华琨，区委常委、区公安分局局长郑灵江，副区长管秉阳及相关部门负责人参加协调会。

2月6日，举行“金龙贺岁”闹元宵晚会。

2月7日，召开机关干部大会。街道主任陈益民主持并作重要讲话，副书记王国玉、潘江波分别部署“进村入企”大走访活动、两会维稳工作。街道全体机关干部及大学生村官参加会议。

3月21日，区委常委、区纪委书记林金祥，区纪委副书记管彦立，区纪委常委王扬友等一行深入村居调研村监会、便民服务中心规范化建设工作。

3月30日，台州市纪委书记陈章永一行到路桥区路北街道峰西社区实地考察调研便民服务中心运行情况。区委书记郑敏强、区纪委书记林金祥、街道办事处主任陈益民等一起参加考察调研。

4月5日，路北街道在街道5楼会议室召开。区委书记郑敏强出席会议并作重要讲话，区委组织部部长王先义主持会议，区委组织部常务副部长蒋启斌宣读干部任免文件，街道党工委书记项小平、办事处主任陈益民分别作表态发言。

5月16日，区委副书记、区长徐仁标到路北街道调研。区委常委、公安分局局长郑灵江陪同。

5月22日，副区长管秉阳到路北街道各重点工程、重点项目建设现场实地踏看，并进行督查评议。

6月6日，由台州市公安局纪检书记陈佰恩一行组成的加强社会管理创新督查组在路桥分局局长郑灵江等同志的陪同下，到路北街道对路北街道的社会管理创新工作进行督查、指导。

7月24日，省人口计生委副主任宋贤能等省、市领导到街道调研人口计生工作。副区长蒋斌芳陪同调研。

7月26日，召开“大干二季度”总结暨“突破三季度”动员大会。

8月16日，召开村居安全员会议。街道党工委委员、常务副主任夏海燕，经济发展办主任周健，环保员林行、安监中队队员及各村居安全员参加会议。

8月21日，区委组织部到街道调研“基层组织建设年”各项工作开展情况。并实地考察我街道洋官村、后范村以及凯达制冷有限公司的基层组织建设情况。

8月27日，街道政法办召集街道21个村、2个社区以及员工200名以上的企业人民调解员60多人参加培训会。培训会由街道司法所所长於仙红主持，司法局基层科科长林妙增、街道政法办主任何文伟、路北派出所副所长陈松于主席台就坐，并特别邀请浙江省警官职业学院法律系的孙琼老师来授课。

9月11日，市委组织部“基层组织建设年活动开展情况检查组”一行，在区委组织部机关党委副书记杨健和街道组织委员伍亨建陪同下，对街道开展的基层组织建设年活动开展情况进行检查。

9月22日，召开药品安全知识讲座。本次讲座邀请鸿福堂的医师作为主讲人，200余位老年大学的老人们参加本次知识讲座。

10月12日，召开低保工作会议。街道21个村、2个社区的会计以及各村驻村干部参加此次会议。

10月24日，市纪委副书记邵先富带领，市区纪委１０余人到路北街道就便民服务中心建设及廉洁村的建设情况进行调研。

10月26日，召开“决战四季度”暨迎接省级卫生城市复审工作动员推进会。会议由党工委常务副主任夏海燕主持，陈益民、王慧琴、梁文彬、潘江波、蒋晓风、蒋友富列席会议，全体机关干部、村居书记、主任、分管卫生委员、大学生村官参加会议。

11月20日，召开一场别开生面的机关会议——“驻村百晓质询会”。

11月29日，省军区情报处处长朱秀德一行人在区委常委、区人武部部长周国俊，区人武部政委周坚勇的陪同下，到路北街道参观指导武装工作。

12月11日，区民政局副局长朱永明、社会救助科科长吴志远以及检查人员陈欧到路北街道检查2013年度低保工作。

2012年路桥区峰江街道办事处大事记

1月8日，召开老干部迎新春座谈会。街道离退休老干部共30多人出席座谈会。

1月17日，区委副书记潘建华带领区安监局等相关部门，到街道开展安全生产大检查。街道党工委书记王赵勋、办事处主任章明达、副书记沈海鸿陪同检查。

2月20日，召开统战资源普查工作动员大会。街道宣统委员胡佳、统战资源普查小组、各村居文书参加会议。

2月24日，召开宗教场所负责人座谈会。街道统战委员胡佳主持座谈。

3月14日，常山县政协主席林红汉考察组一行15人在路桥区政协副主席王世祥、区政协秘书长林卫星、区政协社法港澳台侨委主任狄祖生、区府办副主任陈赟、区政协办副主任梁文彬的陪同下到街道参观环境整治工作。

3月23日，召开2012年度安委会第一次会议。会议由街道党工委副书记罗华林同志主持，街道安委会成员单位１０余人参加会议。

4月1日，组织召开2012年安全生产暨消防安全工作会议。街道党工委书记王赵勋、办事处主任章明达、党工委副书记罗华林、派出所所长金礼晖、街道工业副主任郑智斌出席会议，街道全体机关干部，大学生村官，各村居书记、主任、安全员，各企事业单位等责任单位负责人参加会议。

4月23日，召开2011年度工作总结表彰和2012年度工作部署大会。各村居两委成员、村级其它组织负责人、有关企事业单位负责人以及机关干部等近400人参加会议。

5月28日，召开2012年度人口计生工作会议暨“强基创优，计生工作深化年”动员大会。会议由街道纪工委书记唐四清主持，各村居两班子成员、计生联系员、街道全体机关干部、大学生村官参加会议。

6月16日，召开党工委中心组学习会暨学习贯彻省第十三次党代会精神学习会。

7月13日，召开峰江街道社会管理创新暨安全生产工作会议。会议由街道农业副主任林慧清主持，街道党工委副书记赵腾、派出所所长金礼晖、工业副主任郑智斌在主席台就坐。全体机关干部、大学生村官、监管中心及安监等参加会议。

7月16日，台州市副市长郑米良携市财政局、市农办、市农林局相关同志到街道下陶村、后黄村调研。

7月27日，台州市安监局领导与路桥区安监分局领导一行到街道调研消防安全工作。

8月22日，路桥区委组织部组织科长张婵一行到街道督查基层组织建设年活动情况。街道组织委员陶海斌，组织干事蔡晨曦参加督查工作。

9月7日，召开妇联换届选举大会。会议由组织委员陶海斌主持，各村（居）、企事业单位的妇女代表共67人参加会议。

9月11日，区委书记郑敏强，区委办主任周志杰一行到峰江街道，调研万亩花卉苗木基地建设。街道领导王赵勋，章明达，林慧清陪同。

9月27日，组织工商、安监、卫生、农业等部门，有重点、有针对性地开展节日期间的食品安全专项检查。

10月24日，团市委副书记於英姿在团区委书记陶星希等陪同下，到街道指导共青团工作。

10月30日，召开峰江街道第二届职工（工会会员）代表大会。会议由街道组织委员陶海斌主持，共有95名会员代表参加此次会议。

11月9日，召开峰江街道2013年度农医保工作会议。街道全体机关干部、各村居书记或主任、文书和计生联系员参加此次会议。

11月28日，召开学习贯彻党的十八大精神动员大会。街道党工委书记王赵勋给全体机关干部、大学生村官、村居两班子成员参加大会。

12月16日，街道十份村召开十八大精神学习会。十份村村两委、全体党员和村民组长参加学习会。

12月17日，市残联分管理事长许江峰、劳就部部长姚新福、劳就部副部长梁桥生到位于峰江街道安溶村的台州市路桥国丰葡萄专业合作社对残疾人扶贫基地建设情况进行验收。路桥区残联王绍义副理事长、劳动就业服务所所长祁亚明所长、街道人大工委副主任陈子云陪同。

12月19日，区督查小组对街道防范处置拖欠工资工作开展情况进行一次专项督查。

2012年路桥区桐屿街道办事处大事记

1月29日，区委书记郑敏强会同潘建华、杨正敏、叶正良等区领导到桐屿街道开展接访活动。

2月15日，召开统战资源普查工作动员大会。街道党工委副书记陈冰、统战资源普查工作领导小组成员、29个村居的书记及文书参加会议。

2月22日，召开干部民主测评大会。会议由街道党工委书记倪成晖主持，全体机关干部、各村居的书记和主任、辖区各单位负责人等参加本次测评大会。

3月13日，区教育局关工委主任徐跃明到桐屿中学调研自主晚自修。许咏梅校长陪同考察。

4月1日，路桥区少数民族联谊会到椒江一江山岛烈士墓，开展爱国主义教育活动。区委统战部副部长陈通辉、区民族宗教事务局副局长张秀玮、区新联会及桐屿街道统战委员金琦等一同前往。

5月3日，区人大常委会副主任张文荣率部分区人大代表组成的食品安全执法专项检查组到桐屿街道，对桐屿街道贯彻实施《中华人民共和国食品安全法》情况进行执法检查。

6月26日，就栅岭汪排涝调蓄工程所涉及的房屋征收与补偿安置等相关政策召开政策学习会。会议由街道党工委副书记卢先刚主持，街道全体机关干部和各村居书记、主任参加学习会。

7月13日，举办由区司法局主办、桐屿街道党工委、办事处承办的一场以“和谐路桥，普法同行”为主题的“六五”普法农村行法制专题文艺晚会。

8月20日，召开基层组织建设年推进会。全体机关干部、各村居书记以及分管组织的支委、企事业单位党建负责人和大学生村官参加会议。

8月28日，召开人民调解员培训会。辖区各村（居）两班子成员、队组调解信息员、大学生村官及企业调解员等100多人参加本次业务集中培训。

9月4日，街道总工会主席潘仙富主持召开街道总工会委员会暨基层企业工会主席扩大会议。各企业工会、村（居）联合工会主席出席此次会议。

9月19日，召开桐屿街道第三届妇女代表大会。会议由街道组织委员张春伟主持，路桥区妇联副主席杨伟飞、街道党工委副书记卢先钢出席此次会议。

9月26日，路桥区委宣传部长应再泉、副部长罗邦云到街道调研文化设施建设进展情况。街道书记李利群、宣统委员金琦陪同。

10月13日，街道在桐屿街道中心小学进行征兵目测体检工作。区委常委、区人武部部长周国俊到现场检查目测初检情况，全街道共213名应征青年参加目测初检。

10月25日，区政协副主席陈国谊带队走访桐屿街道政协联络处，约谈政协委员，街道辖区委员和区级机关委员参加。

10月31日，区政协主席陈夏霖，副主席王世祥、王玉玲、邵韵清到桐屿街道就重点工程建设开展视察。

11月5日，举行由桐屿街道党工委、办事处和路南街道党工委、办事处主办，桐屿街道综合文化站和路南街道综合文化站承办的“桐屿路南文化走亲联谊晚会”。

11月9日，市政协副主席徐仁鹤等一行视察桐屿街道立新村文化广场建设。区政协副主席王世祥陪同。

12月10日，组织召开党的十八精神宣讲会。会议由办事处主任陈冰主持，各村（居）负责人、全体机关干部等参加此次会议，街道党工委书记李利群作党的十八大精神宣讲。

12月28日，区委统战部长朱明连，副部长杨海颖、陈通辉、陈理斌等一行到桐屿街道就基层商会规范化建设、知联分会建设和宗教等领域的统战工作进行走访调研。

2012年路桥区螺洋街道办事处大事记

1月5日，螺洋街道人大代表选举工作圆满完成。街道23327名选民以饱满的政治热情，积极参加所在选区的投票选举活动，从18名正式候选人中依法选举产生区新一届人大代表12名。

1月15日，召开螺洋街道商会会员团拜会。区工商联领导、街道党政领导和近40名商会会员出席会议。

1月23日，街道对辖区内5个寺庙的消防安全进行全面检查。

2月13日，召开统战资源普查工作小组动员会。街道党工委副书记蔡荣斌、街道统战资源普查工作小组领导成员、23个村（居）的文书参加会议。

3月7日，团省委副书记王征一行到螺洋街道调研非公企业团建工作。区委常委、组织部长王先义陪同。

3月12日，区统战部长朱明连到吉利集团，调研吉利统战部的工作情况，详细解吉利统战部党外知识分子的基本情况。区统战部副部长杨海颖陪同调研。

3月13日，区委书记郑敏强督查西市场园区（一期）建设，专题听取园区建设相关情况，研究解决相关问题。副区长李震杰参加督查。

4月12日，市基层组织建设年督查指导组领导严灵章、江天波到街道督查指导基层组织建设年活动。区委组织部副部长朱百清、区委统战部常务副部长杨海颖陪同督查。

5月29日，螺洋街道在区委党校为村（居）党支部成员举办基层组织建设年专题培训会。

6月19日，市委组织部部长马晓晖到螺洋街道双庙村听取“阳光驿站”工作汇报。区委书记郑敏强陪同参加。

6月27日，区委常委、宣传部长应再泉到螺洋街道螺洋居和岘头林村走访慰问困难党员。

7月2日，召开纪念党建91周年暨“护航”百日、突破三季度工作动员大会。

7月13日，开展“党代表集中接待”活动。8名区党代表参加接待活动，就党员群众提出的意见、建议进行一一解答。

8月21日，路桥区委组织部副部长朱百清到螺洋街道督查基层组织建设年工作。重点走访后进村并随机抽查企业党支部基层组织建设年工作开展情况。

8月24日，街道党工委书记吴卫民主持召开基层组织建设年推进会。10个机关事业单位党支部书记、23个村居社区书记及16个“两新”组织党支部书记参加会议。

9月28日，街道党工委举行喜迎十八大暨基层组织建设中秋联谊晚会。街道干部和企业党员职工表演自编自导的精彩文艺节目，中间穿插举行参与性较强的基层组织建设年党团知识竞赛，并对街道2011年度道德红榜人物进行表彰。

11月2号，开展“百晓”百姓故事大家讲比赛活动。路桥区委常委、宣传部部长应再泉，组织部副部长王琪等领导出席参加并担任评委。

11月28日，召开关键岗位公述民评大会。参会人员包括街道全体机关工作人员、各村居干部及社会各界人士。

同日，召开“十八大”专题宣讲会。由街道副书记罗新生主持，邀请路桥区委党校常务副校长罗河笙为街道全体机关干部、各村居村长书记、大学生村官以及各企业党支部书记宣讲学习“十八大”精神。

12月21日，由陈欣、丁丹芬等8位成员组成的路桥区党的十八大精神“百姓故事大家讲”宣讲团到螺洋街道开讲。他们以身边的人和事结合党十八大精神开展宣讲。

2012年路桥区横街镇人民政府大事记

1月6日，区委常委高萍到横街镇慰问困难群众。高萍一行先后到湖头村、上林村、墙下陶村慰问6名困难群众，为他们送上慰问金、棉被、金龙鱼等物品。

2月15日，举行横街镇民主测评大会。村（居）两委主要负责人、企事业单位负责人、全体机关干部参加此次测评会。

2月16日，副区长蒋斌芳带领办公室主任及秘书一行到横街镇开展村居大走访活动。镇长周慧杰、分管计生的副镇长陈建华及纪检委书记沈觉等陪同走访。

2月24号，召开横街镇第十六届人民代表大会第一次会议。来自全镇的61名代表、100余名列席代表出席会议。

3月7日，区督查组到横街督查全国“两会”期间维稳信访工作。镇党委副书记蔡岳林向督查组汇报横街镇工作情况，镇党委书记陈荷兰、综治办负责人参加汇报会。

3月26日，区宣传部、教育局、关工委、团区委、妇联和横街镇联合开展“继先烈遗志、创品质之城、努力实现三个率先”启动仪式暨清明祭英烈活动。

4月25日，区人大副主任高萍一行到横街镇开展食品安全问题调研活动。镇党委书记周慧杰陪同调研。

5月4日，召开2011年度先进表彰会暨2012年度工作推进会。大会回顾2011年工作，并部署2012年主要工作目标和任务。

5月29日，组织村（居）两委班子成员、全体机关干部参加基层组织建设年培训会。

6月4日，召开安委会扩大会议。镇全体工作人员参加本次会议，会议传达区安委会扩大会议的精神。

6月27日，召开调解业务培训会。会议邀请浙江警官职业学院法律系教授孙琼授课。培训会由镇党委副书记蔡岳林主持，全镇机关干部、大学生村官、村居干部200余人参加培训会。

7月9日，区人大副主任高萍到横街镇洋屿山村开展后进村调研。与洋屿山村两委进行座谈，详细听取整顿转化情况。

7月10日，横街镇副书记林媛媛和工业副镇长叶天恩同志一行5人组成调研小组，对横街镇印刷行业进行一次调研走访。

8月7日，召集各村书记和主任、各事业单位负责人、全体机关干部，召开防御第十一号台风“海葵”工作部署会。

8月21日，召开农村集体“三资”清查工作会议。会议由镇农业三产副镇长蒋青桥主持，农办工作人员、各村居文书及财务人员参加会议。

8月23日，召开推进村级文化基础设施三年行动计划座谈会。今年计划创建的7个村（居）负责人都参加会议。

9月3日，台州市委副秘书长、市农办主任王维龙，市农办副主任陈刚敏带领市农办、区农办相关处室人员一行人到横街镇考察“清洁家园、美丽横街”工作。镇党委书记周慧杰、党委副书记蔡岳林、分管农业三产副镇长蒋青桥陪同考察。

9月25日，召开横街镇两新党组织成立仪式暨党建培训会。会议由镇组织委员陶子毓主持，镇30余名“两新”党组织书记参加会议。

9月26日，召开横街镇第十六次妇女代表大会。区妇联副主席叶旭红、镇党委副书记林媛媛、组织委员陶子毓、人大副主席陈荷琴、人大副主席林桂琴以及镇全体妇女代表参加会议。

10月17日，举办为期半天的流动人口报表专题培训会。全镇21个村（居）的计生联系员、流动人口协管员、镇计生专干、镇流动人口统计员等50余人参加此次培训。

11月6日，市委常委、组织部长马晓晖到横街开展调研。区委书记郑敏强，区委副书记、区长徐仁标等陪同。

11月7日，组织召开信访维稳形势分析暨党的十八大期间社会稳定部署工作会议。镇综治办全体人员、司法所负责人、21个村（居）治保调解主任等50多人参加会议。

11月8日，组织各个群体观看十八大开幕。

12月6日，区委政法委员张文银带领区治安大队等部门负责人到横街考核验收“创安”工作。

12月10日，区人大常委会副主任高萍专程到横街镇墙下陶村开展十八大精神宣讲活动。

2012年路桥区金清镇人民政府大事记

1月5日，金清镇共有十六个选区开始路桥区第四届人民代表大会代表候选人和金清镇第十六届人民代表大会代表候选人的选举投票。

2月14日，区委常委、组织部长王先义到金清镇先锋村，与群众面对面交流，倾听民声、体察民意。

2月24日，开展由金清镇妇联、金清镇团委组织的学雷锋活动。

3月27日，召开消防安全工作会议。各村（社区）、企业安全员参加会议。

3月30日，市委常委、纪委书记陈章永到金清镇调研廉政风险防控、农村基层党风廉政建设和基层便民服务工作。区委常委、纪委书记林金祥，镇党委书记陈庆中陪同调研。

4月19日，召开村庄整治工作推进会。先锋、五丰、金星等10个村的村书记村主任和驻村干部及农办工作人员参加会议。

4月25日，开展预防职务犯罪图片展。金清镇各村两委班子成员和金清镇群众参加展示活动。

5月23日，镇农办举办2012年晚稻高产创建技术培训会暨劳动力素质提升培训。全镇65个村的分管农业副主任、统防统治、植保防治人员和种粮大户及农资供应点负责人共150多人参加培训会。

6月14日，召开省老年电大丁平权教授健康知识讲座。

6月29日，召开金清镇纪念建党91周年暨半年工作总结会议。全体机关干部、村两委成员、退休老干部，共200余人参加此次会议。

7月10日，召开纪念第23个“7·11”世界人口日暨计划生育协会第七届会员代表大会。选举产生会长、常务副会长、专职副会长、副会长、秘书长等数人。

7月19日，副市长郑米良到金清镇指导防汛工作。镇党委书记陈庆中、镇长沈仁何陪同访问。

7月20日，镇党委书记陈庆中、镇长沈仁河慰问看望奋战在工作一线的环卫工人，为他们送上防暑物品。

8月24日，召开2012年度民兵连长培训暨征兵工作会。各村民兵连长参加会议。

8月30日，召开安全生产大检查大整治部署会。镇工业副镇长陈永国、工办主任梁啸、安监中队长张玉彬、70余家企业安全员、65个村（居）安全员及安监中队全体成员共190余人参加会议。

9月6日，召开金清镇第十八次妇女代表大会。全镇115名妇女代表出席会议。大会通过115名代表无记名投票产生金清镇第十八届妇女联合会执行委员会委员，其中王素琴当选为新一届妇联主席，陈惠敏、蒋海燕当选为副主席。

9月19日，召开金清镇第二届职工（工会会员）代表大会第一次会议。全镇百名工会代表出席会议。

9月28日，镇团委联合镇妇联到分水小学慰问贫困学生梁旭志、梁旭佳，并给他们带去3000元的慰问金。

10月26日，召开金清镇科学技术协会第四次代表大会。区科协副主席郑镇坤和镇党委书记陈庆中到会祝贺，并分别作重要讲话。会议由组织委员管海萍主持，来自全镇各条战线的百余名科技工作者代表出席会议。

11月15日，副市长郑米良到路桥督查金清渔港工程建设情况。区委常委黄永刚、区长助理吴建国及有关部门负责人陪同。

11月23日，镇政协联络处组织政协委员十八大报告专题学习辅导座谈会。镇联络处主任冯富林主持会议。

12月6日，召开区关工委十八大精神学习会暨“阳光驿站”培训会。来自区关工委、各镇（街道）关工委专职副主任、“五老”骨干等共百余人参加培训会。

12月11日，镇妇联举行学习十八大精神报告会暨妇女之家培训会。会议邀请路桥区委党校金时通老师作十八大精神报告，重点阐述十八大精神的精髓。

12月25日，举办路桥区党的十八大精神“百姓故事大家讲”宣讲活动。

2012年路桥区蓬街镇人民政府大事记

1月16日，召开党风廉政监督员座谈会。镇纪委书记应友希通报2011年蓬街镇党风廉政建设和反腐败工作情况。

1月29日，区委常委、副区长、区金属资源再生产业基地管委会主任叶帮锐会同区府办副主任项云明，到蓬街镇开展接访活动。镇党委书记林福江、镇长王耀等镇领导参加此次活动。

2月22日，路桥区人大常委会副主任陈平到蓬街镇四份头村、山下李村，开展“进村入企”走访活动。

2月27日，召开蓬街镇第十六届人民代表大会第一次会议。来自全镇85名正式代表、49名列席人员、93名邀请人员参加会议。

3月2日，召开庆“三八”暨法制培训会议。镇妇联副主席郭文琴主持并宣读表彰文件，妇联主席郑素云作一年来的工作总结，镇党委副书记李丹作重要讲话。

3月5日，镇宣传办联合团委妇联设立“学习雷锋”便民服务点。

3月21日，镇妇联组织10多名志愿者在蓬街镇卫生院门口开展世界水日、中国水周宣传咨询活动。

4月5日，召开蓬街镇机关干部大会。区委书记郑敏强出席会议并作重要讲话，区委组织部部长王先义主持会议，区委组织部常务副部长蒋启斌宣读干部任免文件，原镇党委书记林福江、新任书记倪成晖、镇长王耀分别作表态发言。

4月27日，区教育局组织人员对蓬街镇14家准办园以上幼儿园开展年检。通过检查，检查人员对蓬街镇近年来幼儿园的发展表示肯定。

5月11日，召开“大干二季度暨百日攻坚战”动员大会。镇党委书记倪成晖、镇长王耀、镇委副书记林继红等班子成员、机关全体干部、村官大学生、全镇各村（居）书记主任等共300余人参加会议。

5月17日，镇残联、妇联、卫生院等联合在街上举办第22个“全国助残日”宣传咨询活动。

6月7日，召开安全生产知识培训会。全镇机关干部、村官大学生、各村（居）书记主任及安全员共300余人参加培训。

6月13日，举办计生联系员业务培训会。来自全镇51个村（居）的54位联系员参加培训。

6月26日，召开2012年度义务教育阶段公办学校招生工作动员会。会议由镇党委副书记梁军华主持，各村（居）书记、主任，各中小学负责人参加会议。

7月5日，召开村居清产核资培训会议。各村（居）书记、主任、文书、出纳、村监会主任等300人参加会议。

7月19日，镇党委副书记、政府主要负责人蔡旭民，镇人大主席陈亨义，镇党委副书记梁军华、镇政协副主任应圣福等到蓬街环卫所，看望坚守在一线工作的环卫工人，并向他们送上高温慰问品。

8月6日，召开深化“百晓”活动暨突破三季度动员大会。全镇机关干部、村(居)书记、主任参加会议。

9月25日，市计生委副主任陈巧民带领市计生委相关人员到蓬街调研计生工作。区计生局局长叶彬彬、副局长罗旭晨、蓬街镇镇长蔡旭民、副镇长王全洋陪同调研。

10月9日，由区司法局、妇联、蓬街镇司法所、蓬街镇妇联等单位的工作人员与普法志愿者一道，发放法律小知识宣传手册与法制宣传环保袋及法制宣传小扇子等，并现场为村民提供法律咨询。

11月2日，召开人口与计生工作推进会。副区长蒋斌芳、区府办副主任吕涵野、计生局副局长罗旭晨、蓬街镇党委书记倪成晖、镇长蔡旭民、副镇长王全洋等出席会议。

11月15日，由市、区文明办组成的考核组对蓬街镇及蓬街镇的四份头村进行考核验收。

2012年路桥区新桥镇人民政府大事记

1月6日，区委常委、人武部政委应顺利，区人大常委会副主任张文荣，区政协副主席王世祥一行到新桥镇走访慰问特困党员。

2月16日，召开统战资源普查动员暨业务培训会。镇宣传委员蒋灵芝、镇统战资源普查小组成员、各村居文书、宗教场所负责人、中小学负责人参加会议。

2月17日，召开第十六届人民代表大会第一次会议。来自全镇的55名代表、50名特邀代表、43名列席代表出席会议。

3月21日，省计生委流动人口管理处处长张仲仁一行在市计生委副主任郑小庆、区计生局局长叶彬彬等市、区领导的陪同下，到新桥镇考察计生工作及流动人口现状。

4月23日，区委常委、组织部长王先义一行4人到新桥镇调研在创先争优活动中开展的基层组织建设年工作。

4月24日，省督察组组长黄正强一行在市、区领导的陪同下到新桥镇督察组织建设年工作。

5月14日，镇残联举办一场残疾人趣味运动会。共有500多人次残疾人参加活动。

6月13日，镇安监中队会同新桥司法所、新桥法律服务所等部门，在新桥流动人口居住达300人的流动人口管理所集聚点，联合开展“安全生产月咨询日暨流动人口法制宣传”活动。

6月25日，区人大副主任张文荣一行4人在区教育局教育科副科长梁景富的陪同下，到新桥镇调研学前教育。

7月12日，区委书记郑敏强，区委常委、宣传部长应再泉，副区长吴莘超在新桥镇领导杜年胜、车洁琼、罗峰、蒋灵芝的陪同下，对新桥镇文化产业相关企业进行实地考察调研。

7月18日，召开2012年度安全工作会议暨安全员培训会。新桥镇各有关企业负责人、安全员，各村居书记、主任、安全员及驻村干部，共计210余人次参加会议。

7月24日，省委宣传部、外宣办领导在区委宣传部部长应再泉的陪同下，到新桥镇考察调研文化产业。

8月2日，召开防汛防台工作会议。对“苏拉”“达维”的来临提前做好应对措施，启动防汛防台应急预案，并组织全体机关干部下村指导防汛防台工作。

8月13日，召开金属粉尘专项整治暨“打非治违”专项行动会议。全体机关干部以及公安、税务所、土管局等七个部门人员参加此次会议。

8月21日，路桥区委组织部常务副部长朱百清带队来新桥督查落实。在镇组织委员许浒的陪同下，督察组分别抽查新桥镇十甲陈村、平桥村、荣达塑胶。

9月5日，召开“村级文化基础设施建设三年行动计划”推进会。镇党委副书记杨前行、宣传委员蒋灵芝、镇文化站负责人郑仙花以及各村（居）村长、书记出席此次会议。

9月20日，召开第十四届妇女代表大会第一次会议。会议由镇党委副书记杨前行主持，路桥区妇联主席潘霞云、镇党委书记杜年胜出席会议。

9月26日，召开国庆期间社会稳定暨安全生产工作会议。镇领导车洁琼、杨前行、肖洪斌、罗峰、周大立，镇全体机关干部，各村居负责人，安全员等参加此次会议。

10月19日，召开镇总工会第二届职工（工会会员）代表大会第一次会议。会议审议通过镇总工会第一届委员会工作报告，选举产生镇总工会第二届委员会、经审委和女工委，审议通过并签订区域性集体合同和区域性工资集体协商协议。

11月8日，召开区城乡环境整治大会。镇领导班子、机关干部、工青妇主要负责人及19个村居书记、主任共计70余人参加大会。

11月14日，省环保厅宣教中心站长、副主任赵晓，省固废监管中心副主任焦璞率督查组在区环保局局长蒋新才、镇长车洁琼等相关负责人陪同下对新桥镇废塑料整治进展情况进行督查。

11月28日，召开新桥镇2012年公述民评大会。全体机关干部、各党代表、人大代表、政协委员、村书记、村主任、村民代表、企事业代表参加此次评议。

12月7日，组织机关干部、镇派出所、土管所、镇综合执法等组成联合执法队，对辖区范围内的违法占地现象进行大规模整治。

12月27日，区委书记郑敏强前往新桥镇的平桥村、桥头叶村调研新农村建设工作。

2012年温岭市城东街道办事处大事记

1月19日，举办迎新春文艺晚会。

2月28日，市人大代表开展街道2012年财政预算民主恳谈。

3月8日，街道妇联、总工会开展“三八”节企业困难女职工走访慰问活动。

4月20日，街道联合市国土资源、公安、城管执法、电力等部门，在辖区内开展打击非法采矿专项行动。

4月23日，街道工青妇就业服务信息中心在时代广场正式对外开放。这是温岭市首个由民间团体自发成立的就业服务机构，也是为当地工青妇服务延伸的一个窗口基地。

5月24日，市政协副主席颜正荣带领相关部门负责人到街道开展调研。

6月19日，政协街道工作联络处组织街道的部分市政协委员视察城东三产服务业发展情况。

7月17日，市委常委、统战部部长陈玲萍带领相关人员到街道调研。

7月19日，街道人大工委组织辖区内的部分台州市、温岭市两级人大代表，会同工商、卫生等部门，对辖区内的食品行业开展安全执法检查。

8月10日，市人大常委会副主任戴康年率检查组到街道就《食品安全法》贯彻落实情况进行执法检查。

8月30日，召开街道上半年经济社会发展通报会。办事处主任邵俊武就上半年政府工作向委员们作认真的通报。

9月6日，省总工会保障部部长张卫华，台州市总工会副主席许取龙、保障部部长周正翔等一行，在温岭市总工会主席叶其泉的陪同下，到街道指导检查职工维权帮扶中心工作开展情况。

9月24日，市人大常委会副主任林继平率市人大财经工委有关同志到城东街道召开座谈会，调研街道参与式预算工作。

9月27日，召开计划生育村民自治民主恳谈会。辖区内的部分村书记、主任、市党代表、市人大代表、市政协委员、驻村同志、群众代表等50多人参加会议。

10月19日，城东街道组织召开周五夜青年读书会之“温岭精神”提炼座谈会。

10月22日，组织召开村级财务规范化建设暨廉政风险干工作会议。各村党支部书记、村委会主任、村监会主任、村出纳、“三资”管理服务中心工作人员、全体机关同志、大学生村官、市农村指导员参加会议。

10月30日，组织召开省级卫生城市复评迎检工作推进会。市城市管理行政执法局城东中队、市卫生监督所、城东工商所及城东辖区内的12个重点村、重点区块责任人参加推进会。

11月1日，组织召开实体化“大团委”和星级活力团组织建设动员大会。街道团委委员及辖区内各村团支部负责人、企事业单位团委负责人参加大会。

11月7日，市委常委、纪委书记陈建斌、市政协副主席颜正荣带领市相关部门负责人到城东街道开展蹲点调研服务活动。

11月8日，组织召开残疾人联合会第三次代表大会。大会选举产生城东街道残疾人联合会第三届代表大会主席团人员和出席市残疾人联合会第六次代表大会代表。

12月4日，街道综治办、团委及城东司法所等联合开展“12·4”法制宣传咨询活动。

12月12日，市人大常委会党组副书记、副主任戴康年带领市人大相关工作人员到城东街道调研人大工作。

12月21日，举行学习贯彻十八大精神报告会。来自街道各村（居）支部成员、村（居）委会主任、企事业单位支部负责人、机关全体同志、大学生村官、市农村指导员参加学习会。

2012年温岭市城西街道办事处大事记

1月17日，街道工会组织开展机关迎新春趣味活动。

2月13日，街道综治办、禁毒办工作人员联合进村入企，到人口集聚地开展平安、综治、禁毒“流动课堂”等宣传活动。

2月14日，街道人大工委组织市人大代表、部分民情联络员开展街道预算草案民主恳谈。

2月28日，召开城西街道2012年度工作会议。回顾总结2011年度工作，部署2012年度工作计划。全体机关同志、各村居两委成员、各企事业单位、重点骨干企业负责人等参加会议。

3月22日，组织21个村分管文体村干部，召开创建“省老年体育——太极拳之乡”工作会议。

3月30日，召开工业经济暨三产工作会议。对街道明星企业、重点工业企业以及街道明星企业家和优秀企业家等进行表彰。

4月13日，召开药品安全工作会议。邀请市药监局胡振宇为各村(居)药品安全监督信息员、卫生院、卫生室、药店负责人等40人对与会人员的业务知识进行再次培训。

4月18日，召开“进村入企”破解难题政企对接会。市工业园区、城西街道相关领导、辖区内11家在发展建设中存在难题的重点企业负责人参加会议。

4月27日，街道联合工商、卫生监督、公共卫生所等部门单位人员，赶在“五一”节前对辖区内的超市、菜市场、餐饮场所等开展食品安全大检查。

5月10日，牵头组织工业城规划分局、国土分局、23家工业性投资困难的企业负责人、联系各企业的街道领导及工办联系人，召开工业性投资分析暨项目推进会。

5月11日，邀请市新区办，市土管局，市城建局，市行政执法局等单位及各村居书记、主任，为机关同志在“进村入户大走访”活动中收集到的难题破解进行分析推进。

6月29日，召开庆祝建党91周年暨“七一”文艺汇演。街道全体机关干部、街道全体党员、村两委成员、企事业单位负责人等1500余人参加观看表演。

7月26日，街道社发办会同温西工商所、温西卫生监督所、城西公共卫生所等工作人员，对城西辖区内的部分菜市场、超市的食品开展安全检查。

7月27日，围绕城西“十二五”学前教育事业发展规划开展民主恳谈会。辖区内部分市党代表、人大代表、政协委员及各村书记主任、分管科教文卫村干部参加恳谈会。

8月13日，街道人大工委组织市人大代表、民情联络员对市政府行政服务中心、市客运中心两大重点工程建设项目进行视察。

8月17日，组织各村党支部书记、村委会主任召开村支书(主任)论坛。

9月26日，计划投资1.36亿元、总套数278套的市人才公寓在街道开工建设，这是温岭市实施“人才强市”战略的重要举措之一。

10月12日，组织各村书记、主任、分管环卫村干部60余人，实地参观辖区内“清洁家园”工作做得较好或者前后变化比较显著的芝岙、吴岙等5个示范村。

10月26日，召开全市第三季度信访工作例会。各镇(街道)分管信访副书记及信访员40多人参加。市委副书记王加潮出席会议并作重要讲话。

11月8日，组织街道机关干部，集中收看党的十八大开幕式直播。辖区内的广大干部群众也自行通过电视、网络、电台收看收听党的十八大开幕式。

11月16日，市政协街道工作联络处组织部分政协委员，召开党的十八大精神学习座谈会。

11月30日，街道人大工委、政协联络处分别组织部分市人大代表、民情联络员、政协委员就街道的农民建房工作开展督查。

12月7日，组织全体机关干部、各村居书记主任、企事业单位负责人及大学生村官集中学习贯彻十八大精神。邀请市委宣传部文化科科长黄军勇为与会人员作题为《十八大报告的重大意义、主要内容与精神实质》的讲课。

12月25日，召开今冬明春安全工作会议。会议通报2012年度城西辖区内的安全工作，并部署元旦节前、春节前安全工作。全体机关同志、各村居书记主任参加。

同日，街道邀请市台办主任赵春林，为全体机关干部、各村居书记主任、各企事业单位负责人120余人开展台海形势讲座。

2012年温岭市城北街道办事处大事记

1月12日，街道人大工委召开辖区内的市十四届和市十五届新老人大代表座谈会。

1月14日，政协街道工作联络处举办新老政协委员座谈会，发挥老委员的“传帮带”作用，帮助新委员提高履职能力。

2月15日，组织辖区内的市人大代表开展市“两会”会前征求意见座谈会活动。各村居民情联络员、村居主要干部和部门负责人参加会议。

3月15日，街道人大工委组织市人大代表开展代表小组活动，商议代表工作站启动建设。

3月16日，街道政协工委联络处组织街道市政协委员视察泽坎线城北段交通状况。

4月17日，市政协街道工作联络处组织辖区内的市政协委员，对金清二期城北段拆建工作开展视察，并听取吴友青副主任专题工作汇报。

5月8日，街道人大工委组织辖区内市人大代表视察万昌路城北段工程建设。

6月4日，市人大第5代表小组围就中心幼儿园和小学建设，到城北街道走访调研。并实地视察刚刚落成的城北小学，以及城北中心幼儿园。

6月5日，市政协街道工作联络处组织辖区内政协委员，对街道食品卫生安全情况开展调研。

6月28日，街道辖区内的市人大代表在市环保局局长朱岳林的陪同下，到上马污水处理厂、温岭市电镀园区、温岭市医疗废物处置有限公司、浙江万邦药业有限公司开展主要污染物减排、重污染高耗能行业整治提升及环境执法监管视察。

7月30日，台州市委常委、公安局长蒋珍明和副市长叶海燕一行带领商务、质监等部门到街道督查食品安全百日整治工作。

8月6日，召开全体干部会议部署防台防汛工作。科学分析“海葵”台风和城北街道实际，确保准备工作事无巨细、应对情况有的放矢。针对城北外来人口超6万，常住人口近2万，且大都居住于沉降区这两大实际，提出6点应对措施。

8月13日，召开上半年度工作汇报会。街道负责人向辖区内的市人大代表汇报今年上半年度工作具体情况。

9月17日，召开街道村级慈善大会。

9月24日，开展“清洁家园、美丽乡村”活动。力求美化该街道环境，提升村居文明，惠及四方近10万百姓。街道各级各办公室齐心协力，合力打造“宜居家园”。

10月10日，市人大常委会副主任陈韶宏率市人大城建环保资源工委和市城市管理行政执法局有关同志到街道调研城乡环卫一体化工作。

10月31日，街道工会、妇联组织辖区内17个村居的妇代会成员学习家庭文化，并请来专业老师，为城北妇女上堂家政课。

11月8日，组织全体机关干部收看第十八次全国代表大会的召开。

11月21日，市委常委、组织部长李昌明一行到街道调研两新党群服务中心。

12月6日，街道关工委组织“五老”人员培训。吸引辖区近百名老干部、老教师、老模范、老专家、老战士前来参加。

12月19日，举行学习宣传十八大精神报告会，邀请慕毅飞老师作专题宣讲报告。全街道机关干部、全体党员近300人参加。

2012年温岭市横峰街道办事处大事记

1月10日，政协工作联络处组织政协委员集中培训。

2月14日，召开基层组织建设年动员大会。部署基层组织建设年工作，着力解决基层组织建设中的突出问题，以基层党组织“推动发展、服务群众、凝聚人心、促进和谐”的新成绩迎接党的十八大的召开。

2月24日，街道团委开展横峰青年志愿者招募活动。

3月8日，街道妇联走访慰问祝家洋村徐香凤等9位贫困母亲，捎去三八节的祝福与问候。

3月22日，召开护村队建设总结表彰大会。总结回顾过去一年护村队规范化建设所取得的成绩，并对方家洋村护村队等6支优秀护村队以及下叶村护村队员方国友等24人进行表彰。

4月6日，组织20多名离退休老干部到台州国际鞋材城参观视察，为制鞋业转型升级建言献策。

5月28日，街道人大代表工作站组织部分人大代表，对公安派出所的接出警、村级警务室规范化建设、服务群众的能力水平等工作进行暗访。

6月5日，街道组织办专门为54名入党积极分子开设党史知识培训课。

6月12日，街道党工委书记梁海刚、办事处主任林夏法带领班子成员集体下村，他们在横峰村为街道中片的9个村开展现场办公，一起帮助村里解决发展中遇到的困难。

6月28日，组织安监、公安、工会、卫生等单位的工作人员走上街头，开展“安全生产宣传咨询日”活动，向过往群众宣传安全生产等法律法规和安全常识。

7月19日，街道工委组织辖区内的台州、温岭两级人大代表开展食品安全“一法两规”执法检查。

8月14日，市人大常委会副主任胡晨钟带领市工商、卫生等相关部门负责人及部分市人大代表到街道，就街道餐饮领域食品安全工作开展执法检查。

8月17日，市人大常委会副主任林继平一行人到街道，对街道上半年经济运行情况及财政预算执行情况开展调研。

8月29日，市政协街道工作联络处组织辖区市政协委员就办事处上半年工作及财政预算执行情况举行询问会。

9月19日，市食品药品监督管理局和街道办事处联合举办的用药安全宣传进农村活动。

9月20日，开展“学传统文化，送健康下乡，做一个有道德的人”主题活动。为当地群众及流动人口送医送药送健康。

9月25日，“中国鞋业名城·鞋材之乡”考核评审组到街道，就街道申报“中国鞋材之乡”进行综合考评，并且现场通过。

10月10日，市人大常委会副主任陈韶宏率市人大城建环保资源工委和市城市管理行政执法局有关同志到横峰街道调研城乡环卫一体化工作。

11月7日，市人大常委会副主任胡晨钟带领部分人大代表到街道开展专题调研。

11月26日，召开学习贯彻党的十八大精神暨鞋业集聚区推进动员会。会议深入学习胡锦涛总书记在大会上所作的报告，并提出下一阶段用十八大精神来推动第二鞋业集聚区全面突破的总目标。

12月11日，举行入党积极分子学习十八大精神专题讲座。来自各村（居）、企事业单位的40多名入党积极分子参加。

12月12日，召开第二届区域性职工代表大会。村联合工会代表、企业代表、职工代表等100多人参加。

12月19日，市政协副主席陈辉、市政协港澳台侨文史委主任吴茂云一行到街道，就明年工作思路及工作重点进行专项调研。

2012年温岭市太平街道办事处大事记

1月13日，政协工作联络处召开委员培训会。联络处主任程金祥简要回顾2011年政协联络处工作，并对2012年工作进行部署。

1月17日，市委书记周先苗亲切慰问困难群众，看望市优秀人才和文化人才，并祝他们新春快乐。

2月16日，政协太平街道工作联络处组织召开提案工作会议。

3月27日，街道妇联组织辖区各村（社区）及巾帼文明岗创建单位负责人40余人，到宁波滕头村开展“岗村结对，共建新农村”参观考察活动。

4月18日，街道人大工委组织部分市人大代表和社区工作者专题研讨社区管理创新工作。

4月20日，街道人大工委组织代表认真学习修改后的刑事诉讼法。

5月10日，举行文化走亲活动暨纪念建团90周年文艺晚会。

6月12日，组织防汛指挥部成员、防汛信息员等百余人，开展防汛知识培训，以应对即将可能到来的台风、泥石流等灾害。

7月18日，组织开展食品安全执法检查。首先检查辖区内的第一、第二菜市场和国际大酒店及临海麦虾店的食品卫生情况，随后听取街道办事处及卫生监督部门的情况汇报，并围绕太平街道食品安全问题提出积极的意见和建议。

8月21日，街道人大工委组织代表听取办事处半年工作通报。

9月18日，街道联合市安监局对太平辖区企业开展节前消防安全大检查。

9月21日，街道团委联合大溪镇团委和新河镇团委到沙镬岛进行为期一天的素质拓展活动。

9月28日，街道联合市质监局开展电梯、锅炉等特种设备整治。

10月18日，组织台州市、温岭市两级人大代表，对今年“一府两院”的重点工程项目进行视察。

10月19日，召开社区居民养老民主恳谈会。让老人们直接参与社区居家养老模式的建设。

10月24日，台州市信访督查组在台州市纪委常委杨友德的带领下，到街道督查信访工作。市委常委、纪委书记陈建斌参加督查。

11月1日，举办的“喜迎十八大，我快乐，我健康”为主题的社区居民趣味运动会。

11月7日，街道人大工委组织台州、温岭两级人大代表对六村联合整治效果进行视察。

11月23日，市政协太平街道工作联络处组织部分政协委员，根据市委提出的“决战第四季度”目标，对主城区的重点工程建设项目的进展情况开展视察活动。

12月7日，邀请市委党校慕毅飞老师，为街道党员干部、村社区干部作一场精彩的学习贯彻十八大会议精神专题辅导报告会。

12月14日，街道人大工委组织30多位台州、温岭两级人大代表，专题视察东部新区。

12月21日，启动打击非法胎儿性别鉴定和非法人工终止妊娠等“两非”专项整治活动。重拳打击“两非”行为，着力遏制出生人口性别比例升高。

12月29日，召开温岭太平街道2012年党代会。办事处负责人向所有党代表汇报2013年即将工要开展的四大类重点工程，并接受党代表的监督。

2012年温岭市滨海镇人民政府大事记

2月10日，召开2012年度财政预算初审民主恳谈会。87名市、镇人大代表被分成工业经济组、农业组、社会事业组等3个组，就今年镇财政预算草案进行恳谈讨论。

2月10日，政协滨海镇工作联络处组织部分委员召开学习交流会。会议由联络处副主任赵福清主持。

3月10日，温岭滨海镇禁毒办、派出所结合镇消费维权宣传进行禁毒防范措施宣传活动。

3月29日，滨海派出所民警到滨海镇第二小学开展消防安全知识讲座。通过讲解身边真人真事、法律小故事等形式，为全校师生答疑释惑。

4月13日，召开基层组织建设年活动动员大会。进一步增强抓基层组织建设的责任感和紧迫感，形成一级抓一级，层层抓落实的良好工作格局。

4月18日，滨海镇纪委、妇联、文技校联合举办村妇女主任、便民服务中心代办员、村邮员和村文书参加的农村政策法规培训会，邀请新河律师事务所莫新源律师授课。

6月5日，镇人大主席团组织本镇24位市镇两级人大代表对辖区内新农村建设情况进行视察。

6月8日，镇司法所联合镇安监中队、派出所、交警队、工商所、镇工会等部门开展“安全生产月”“统计法律法规”上街咨询活动。

6月28日，镇邀请市司法局基层科科长朱启信给全镇26名等级人民调解员作调解业务知识培训。

7月10日，举行大学生村官派驻非公有制企业担任党务工作者启动仪式。分别向派驻的大学生村官和非公有制企业党组织颁发结对证书。

8月7日，镇党委书记叶学明带领派出所民警等到东风塘大坝做巡查。

8月22日，组织市级党代表开展基层组织建设年调研活动。

10月11日，召开镇工会第二次代表大会暨第二届区域性职代会第一次会议。镇党委副书记陈勤主持会议，共有80名正式代表参加会议。

10月18日，镇人大组织辖区内部分市、镇人大代表视察工业经济。

10月25日，镇组织办一行同志先后到大溪镇、城北街道、城东街道的党员服务中心参观学习。详细解党员服务中心建设中的做法与经验，进一步加深党员服务中心建设重要性、效益性的认识。

11月8日，积极组织全体机关干部、村长助理、执法中队、大学生村官等100余人，集中收看党的十八大开幕式盛况。

11月22日，镇人大组织辖区内的20多位市人大代表，对全镇的城建工作进行视察。

12月7日，组织开展学习党的十八大精神报告会。全体机关干部、村两委主要成员、离退休老干部、各机关部门及大学生村官参加报告会。

12月18日，召开台联会成员党的十八大精神专题学习会。就召开党的十八大相关会议精神及胡总书记讲话精神做重点学习和深刻领会，并结合实际展开热烈讨论。

2012年温岭市城南镇人民政府大事记

1月11日，召开党风廉政监督员座谈会。镇党政班子领导和20多位党风廉政监督员参加座谈。

1月12日，召开离退休老干部座谈会。党政领导与老干部们亲切座谈，代表党委、政府向老干部们表示节日的问候和新春祝福，20多位离退休老干部参加座谈会。

1月16日，召开年终工作总结大会。全镇76个行政村的党支部书记、村民主任参加会议。

2月14日，召开城南镇第三届人民代表大会第一次会议。来自全镇76个村和镇各部门新当选的镇人大代表和列席、邀请人员200多人参加此次会议。

2月27日，城南镇党委、团委、妇联联合举行“弘扬雷锋精神，传承优良作风”为主题学雷锋活动周启动仪式。来自该镇的党员志愿者、巾帼志愿者、青年志愿者和少先队员等参加此次启动仪式。

3月17日，举办第三期成人“双证制”教育培训。来自全镇各村近70位学员参加开班仪式，其中村级基层干部名额占一半。

3月21日，召开2012年工作会议。城南镇全体机关干部、镇属部门负责人、村两委、各村群团组织负责人、有关企业负责人共800多人参加会议。

3月28日，副市长江金永带领市森林防火指挥部各成员单位领导到城南镇督查森林消防安全，重点检查纸钱和烟花爆竹禁售情况。

4月23日，镇人大召开督办会。听取分管副镇长办理情况的汇报，并就主动接触沟通、规范答复格式等方面提出具体指导意见。

4月25日，镇人大主席团召开第六次会议。商议镇政府关于调整2012年度财政收支预算的议案。

5月4日，召开城镇总体规划评审会。市建设规划局、发改局、国土资源局、农林局、供电局等25个部门相关负责人及部分领导出席评审会。

5月10日，召开2012年度人口与计划生育工作会议暨“宣传服务季”动员会。各村党支部书记、村民主任、分管计生村委、计生联系员以及城南镇全体机关干部共400多人参加会议。

6月1日，组织部分市、镇人大代表，市政协委员30多人，视察横山白溪工业区环境整治情况。

7月10日，组织三防相关人员收看台州市防汛演练视频直播。在座人员通过视频收看台州各市区乡镇的防汛实战应急演练。

7月18日，召开人大评议城南派出所工作会议。镇市人大代表、部分镇人大代表及派出所民警共50余人参加会议。

8月8日，市委常委、统战部长陈玲萍会同城南镇领导检查灾后抗灾救灾情况

8月9日，市人大常委会副主任戴康年带领部分常委会组成人员和市镇两级人大代表到城南镇进行《食品安全法》执法检查。市农林局、商务局、质监局等相关职能部门负责人陪同检查。

8月28日，召开半年度政府工作通报会。城南镇镇长王剑向参加会议的辖区内政协委员们通报政府半年度工作具体情况。

9月13日，市政协副主席杨丽萍带领农业等界别部分委员，到城南镇对“美丽乡村”建设工作开展视察调研。

10月12日，召开农产品质量安全培训会。来自该镇80余位种养殖负责人参加此次培训。

10月31日，组织30多位市人大代表、政协委员视察低丘缓坡开发工作。

11月9日，召开城南镇残疾人第三次代表大会。全镇80名来代表选举出城南镇新一届残联主席团委员、残联主席、理事长、以及出席温岭市残疾人联合会第六次代表大会的代表。

11月20日，城南镇妇联组织召开“学习贯彻十八大会议精神”专题会。各村、有关单位妇代会主任、委员共100多人参加学习会。

11月22日，召开基层站所行风测评会。市镇部分党代表、人大代表、政协委员、镇村干部和群众代表共60多人参加评议。

12月7日，召开学习贯彻党的十八大精神专题报告会，并邀请市委宣传部副部长周子云作辅导报告。全体机关人员和离退休老干部共200余人聆听报告。

12月10日，市政协副主席林文鹤、社会法制委主任李祖国到城南镇指导调研政协工作。在听取联络处工作汇报后，林文鹤给予充分的肯定。

2012年温岭市大溪镇人民政府大事记

2月8日，召开财政预算民主恳谈会。镇人大代表和各村（居）党支部书记、村委会主任，镇属部门负责人以及部分群众代表参加恳谈会。

2月15日，副市长江金永带领市府办和市农林水部门负责人到大溪镇调研，听取部分新当选的市十五届人大代表就农田水利建设和旅游事业发展提出的建议。

2月21日，镇团委组织召开2012年度大溪中心学校团队工作会议。参加会议的成员有大溪镇团委班子成员，大溪中、小学团支部书记共13人。

3月1日，召开市派农村工作指导员2012年度首次例会。

3月12日，召开人大代表建议交办会议，将镇十六届人大一次会议期间代表提交的54件代表建议整理、归纳后，转交给镇政府相关承办部门办理。

3月13日，开展“保护饮用水资源”为主题的活动。

4月5日，召开干部承诺大会。9名各线、办、管理区及部分村居负责人代表在会上作出履职承诺。

4月26日，举办“弘扬劳动伟大、争做当代雷锋——学习舒幼民活动”主题演讲比赛。来自各个企业和中小学的15名选手参加比赛。

4月27日，举行“纪念建团90周年暨‘五四’运动93周年表彰大会、文艺汇演”，来自全镇各条战线的团员青年代表欢聚一堂，共庆五四青年节。

5月22日，市政协大溪镇工作联络处组织部分委员就义务教育均衡发展问题进行专题调研。

5月28日，市政协大溪镇工作联络处召开“推进义务教育均衡发展”座谈会。

5月30日，召开抗台防汛动员会议。部署下一阶段的抗台防汛工作，并给到会的该镇40多名水库管理员进行业务培训。

6月1日，市委常委、统战部长陈玲萍到大溪镇调研统战工作。镇党委书记陈敏华向陈玲萍部长介绍大溪镇统战工作的具体情况，并由镇统战委员林旭方向陈玲萍部长作关于统战工作的汇报。

7月4日，镇人大主席团组织市镇两级人大代表及镇农办、国土分局、规划分局、环保中队、行政执法分局等单位负责人50多人到岩头山村，对该村的养殖场排污整治情况进行视察。

7月20日，市委常委、组织部长李昌明到大溪镇，实地察看该镇党员服务中心的建设情况。

7月26日，市人大领导到大溪镇，调研市域总体规划编制、执行情况。市人大常委会副主任陈韶宏参加调研。

8月6日，召开半年度政府工作通报会。大溪镇政府向参加会议的辖区的地、市、镇三级人大代表们通报政府半年度工作具体情况。

8月7日，市政协主席王福生、市人大常委会副主任胡晨钟以及财税局、土管局、质监局、市委党校等市直机关联系大溪部门负责人一行来到大溪镇，督导抗击“海葵”具体工作。

8月24日，台州市委政策研究室副主任齐峰率台州党建考核组一行到大溪镇，督查深化乡镇党代会常任制工作进展情况。

9月11日，市人大常委会副主任陈韶宏一行在大溪镇召开座谈会。调研城镇保障性住房建设工作。

9月18日，市食品药品监督管理局、大溪镇人民政府联合开展主题为“药品安全联万家•健康幸福你我他”的药品安全街头宣传活动。

10月16日，召开大溪镇第十六届人民代表大会第二次会议。108名镇级人大代表参加会议。市政协主席王福生、市人大常委会副主任胡晨钟应邀出席会议。

11月6日，市人大常委会副主任陈韶宏一行到大溪镇调研农民建房及闲置土地清理工作。

11月8日，市人大常委会副主任胡晨钟率市人大常委会法工委有关同志到大溪镇调研流动人口服务管理工作。

11月12日，召开大溪镇残疾人联合会第四次代表大会。来自全镇各条战线的112名残疾人代表、市残联理事长程法根及大溪镇相关领导参加此次会议。

12月3日，召开全体机关干部大会。学习贯彻十八大精神，并邀请市委宣传部的讲师为与会的全体机关干部讲授十八大精神的主要内容、深刻含义和实际作用。

12月5日，召开2013年城乡居民基本医疗保险征收工作动员大会。号召各村(居)积极行动起来，做好11.9万居民的基本医疗保险征收工作。

2012年温岭市箬横镇人民政府大事记

1月16日，政协箬横镇工作联络处召开新一届政协委员工作会议。会议由政协箬横镇联络处主任林金标主持，常务副镇长陈伯勋、党委委员江可青、副主任王湘荣及14名政协委员出席会议。

2月28日，举办2012年度市国土资源局预算征询恳谈会。40余位市人大代表与市国土资源局、市财政局负责人开展面对面的恳谈。当天的恳谈中，代表们对2012年国土资源局的预算进行“挑刺”。

3月31日，镇人大主席团、镇政协工作联络处组织部分地市两级人大代表、政协委员40余人到花芯水库库区视察水环境保护工作。

4月20日，镇团委联合镇妇联、文化站在镇文体中心小剧场举办纪念五四活动暨“讲三德树四心”社会主义核心价值观进家庭启动仪式。

4月25日，举行箬横镇2012年河道保洁民主恳谈。许多代表就箬横镇今年河道保洁问题提出看法。市镇两级党代表、人大代表、政协委员、5个管理区的负责人等40余人参加会议。

4月26日，镇宣传办、团委联合在镇二楼会议室召开机关干部，尤其是机关青年的价值观讨论活动。

5月4日，镇团委开展“纪念五四暨我们的价值观讨论”座谈会。约53名村团支部书记参加。

5月17日，召开全镇“大干二季度”工作推进会。全体机关干部、农村工作指导员、大学生村官，各村（居）书记、主任，镇属部门单位负责人及党组织负责人，离退休老干部代表，2000万上企业和农业龙头企业负责人等500多人参加会议。

6月8日，市政协箬横镇工作联络处召开社情民意信息员工作会议。当场聘请村居干部、企业家、教师、离退休干部等各界人士共18名为社情民意信息员，并发放为期三年的聘书。

7月31日，由镇妇联联合镇关工委、团委举办的“留守儿童心灵成长坊”暨暑期培训班正式开班，班级共20余名留守儿童，来自田后村及周边几个地区，由镇机关、小学老师、志愿者为孩子们授课。

8月1日，市人大常委会副主任陈韶宏带领市行政执法、卫生监督等部门负责人一行到箬横镇开展食品安全执法检查。

8月8日，市委常委组织部长李昌明、市人大常委会副主任陈韶宏在箬横镇解灾情的情况下，指导镇干群和受灾户迅速掀起生产自救，尽快恢复生产，把台风带来的损失夺回来。

8月30日，市工业经济局会同箬横镇政府举办企业《精细化管理》讲座。邀请大连理工大学汪中求教授讲授，箬横镇的机关干部和全镇年产值500万以上的企业管理人员，技术人员500余人参加专场讲座。

9月7日，开化县音坑乡党委书记、乡长和人大主席一行10人就加强和改进乡镇人大工作，到箬横镇开展学习交流。

同日，召开扶持和培育规模工业企业动员会。会议对调查工作进行布置和部署，对调查表的填写进行详细解说，并对调查工作提出几点要求，市经信局领导到会指导。

9月28日，组织社会各界人士召开建言“温岭精神”大讨论座谈会。来自机关、学校、企业等社会各界人士50余人积极发言，畅谈对“温岭精神”的见解。

10月10日，市水利局局长陈宇斌、副局长蔡晓俭一行5人，到箬横镇实地调研平水闸除险加固有关工作。副镇长陈欣陪同，并对该项工作向调研组作汇报。

10月20日，市政协箬横镇工作联络处组织辖区内的委员们共同走进箬横敬老院，探望和慰问住在这里的低保老人们，给他们送去节日的祝福。

12月10号，市政协箬横镇工作联络处组织辖区内部分政协委员对市重点工程——白龙潭水库建设进行视察。

12月13日，召开土地卫片执法整改动员大会，迅速部署土地卫片执法整改。

12月19日，箬横镇的市人大第九代表小组组织部分市人大代表到市东部产业集聚区听取工作汇报，并就今年以来各项重点工作年度目标的完成情况进行跟踪监督。代表们一行实地参观园区道路、标准厂房以及配套工程等项目，随后进行座谈交流。

2012年温岭市石桥头镇人民政府大事记

1月27日，开展镇第二届文化艺术节——元宵系列活动。

2月6日，召开2012年度政府工作报告意见征求民主恳谈会。针对财政预算、实事工程等各项政府工作，向与会代表们征求广泛的意见和建议。40多位人大代表参与此次民主恳谈会。

3月6日，召开优秀妇女先进工作表彰大会。现场表彰一批默默为家庭生活和工作付出的优秀女性。

3月12日，镇党委书记梁玲春带领镇机关干部40余人组成巾帼志愿者和党员志愿者队伍，在植树节当天开展植绿护绿活动。

4月3日，石桥头镇召开紧急动员会议，传达上级关于改善发展环境的会议精神，并部署清明节期间森林防火有关事项，抓好清明期间防火安全管理工作。

5月15日，镇人大组织主席团成员和辖区内的市人大代表，对安息陵园公墓建设情况进行督查，针对督查中发现的问题召开座谈会，并听取该镇分管领导有关殡葬管理情况的详细汇报。

6月8日，市人大第五代表小组的部分代表到石桥头镇，就石桥头镇小学的迁建工程进展情况和计划生育工作开展情况进行专题调研，并实地走访规划中的石桥头镇小学新址。

7月26日，召集全镇27个村的书记、村长和计生联系员召开人口与计划生育工作推进会暨计生大讲堂。表彰先进单位和个人，向全镇推广优秀计生工作经验，加强计生工作宣传与交流。

8月1日，市人大常委会副主任林继平率食品安全执法检查小组成员到石桥头镇开展食品安全执法检查。镇辖区内的部分市镇人大代表以及市工商、质监、卫生监督等部门负责人参加。

8月15日，组织市人大第15代表小组跟踪监督市公安局相关重点工作进展情况。代表们先后视察市社会管理视频监控中心和市公安局交警大队监控中心，并听取相关工作情况汇报。

9月21日，举办基层文化俱乐部团队展示暨首届排舞比赛。来自该镇横古塘、上王、中扇等11个村的代表队，为群众献上一场视觉上的精彩“盛宴”。

9月26日，组织安检工作人员对辖区内各个企业进行生产安全检查，确保在中秋节和国庆节前为群众营造一个安全的生产环境。

9月29日，组织辖区内的市党代表、人大代表、政协委员和部分群众代表举行“温岭精神”征集提炼践行活动座谈会。

10月17日，召开石桥头镇第十六届人民代表大会第二次会议。市人大常委会副主任林继平、市委组织部副部长翁青、市民政局局长李君标出席此次大会。

10月24日，台州市纪委副书记林潘庆等检查组一行到石桥头镇就村民监督委员会、便民服务中心和廉洁村创建等工作进行专项检查。

11月6日，镇消防安全委员会组织消防工作站、专职消防队人员到镇中学开展消防安全演练活动。全校600多名师生参加此次演练。

11月27日，组织市级党代表、人大代表、政协委员就本年度全镇工业经济发展状况进行视察，并针对视察中发现的问题提出意见和建议。

11月28日，市政协副主席胡馥湘、经科委主任胡明辉到石桥头镇工作联络处开展政协工作调研。

12月4日，镇综治办司法所组织党员、青年、巾帼志愿者开展12·4法制宣传活动，向路过的群众发放相关法律宣传单和知识手册，并设置法律咨询点，接受群众的问题咨询。

12月21日，镇人大组织主席团成员和辖区内的市人大代表，对市级及镇级重点项目工程进度进行现场督查。并针对督查中发现的问题召开专项座谈会，听取该镇镇长金培智关于污水处理、中心小学迁建、库区迁建等重点工程进度的详细汇报。

2012年温岭市石塘镇人民政府大事记

1月9日，市民族宗教局相关同志在石塘镇统战委员叶正勇的陪同下，对辖区内各宗教场所进行消防安全大检查。

1月15日，政协石塘镇工作联络处召开政协委员节前座谈会。联络处副主任王丽芬传达市政协第十二届三十四次常委会议精神，向新任政协委员作详细的工作情况介绍，并简要回顾2011年政协联络处工作，对2012年工作和政协温岭市第十三届委员会第一次会议的提案撰写进行部署。

2月21日，召开石塘镇新远景村两委组织的专题学习会。来自石塘镇新远景村的４０多位名党员，预备党员和１０多位村民代表参加学习会。

3月20日，镇人大召开代表建议交办和工作对接会。镇各班子成员参加会议。

3月22日，镇人大主席团召开第五次会议，部分代表列席会议。会议确定2012年度工作要点，明确主席团成员工作分工，划分代表小组并确定代表小组正副组长。

3月30日，石塘镇联合工商所、边防派出所、消防队、城建监察、市容等单位组成突击检查组，对辖区内销售殡葬用品、烟花爆竹的商户进行突击检查。

4月20日，温岭市海洋与渔业局局长带领全体中层以上干部深入渔区与石塘辖区的市人大代表进行面对面恳谈，共商海洋渔业发展大计。

4月30日，举行镇团委组织的纪念建团90周年暨“五四”运动93周年团知识竞赛。

5月1日，举行由镇党委政府主办、镇工会、团委等承办的卡拉OK比赛。

5月7日，举行丹凤籍流动党员党支部成立仪式。

6月20日，县委书记张建明在县委常委、县委办主任陈建伟，副县长叶晓伟的陪同下到石塘镇调研。

6月26日，镇团委组织志愿者联合禁毒办、派出所举行禁毒宣传活动。向过往群众普及禁毒知识，传播禁毒观念，宣传禁毒法规。

7月12日，镇人大在上阶段调研的基础上组织辖区内部分市、镇人大代表对全镇食品安全管理工作情况进行视察检查。

8月24日，召开半年度政府工作通报会。会上，镇政府向辖区内的全体各级人大代表通报政府半年度工作。镇长梁敏球总结回顾石塘镇上半年各项工作开展情况，与会人员还对镇政府工作进行满意度测评。

8月31日，镇人大主席团组织辖区内四级人大代表30余人，视察上马工业区建设。

9月4日，市政协社保界联合石塘镇工作联络处开展“学习模范关爱委员”主题活动。市政协副主席林文鹤参加活动并作重要讲话。

9月20日，组织开展以“无偿献血，关爱生命”为主题的义务献血活动。镇团委积极响应号召，组织动员全镇青年参与到义务献血活动中来，当天共有来自镇机关、各村（居）、企事业单位的40余名青年踊跃报名参加。

10月16日，举办“庆重阳敬老祝寿”活动。镇长梁敏球、副书记陈文云及镇班子成员应海广、叶勇正等同志，与全镇42位离退休老干部一起参加这次活动。

10月30日，由教育部成职教司领导蔡处长和省教育厅成职教处领导高处长带领的社区教育考察团，在温岭市教育局党委委员郑梅球和石塘镇副镇长江敏丹的陪同下，对石塘镇四新社区社区教育工作进行实地考察和指导。

11月1日，交警大队车管所联合石塘中队前往边远山区石塘镇朱村乡开展“摩托车考试下乡”服务活动。

12月12日，举行以“贯彻十八大精神，创造两富新业绩”为主题的“曙光圣地海天石韵”文艺晚会。来自全镇各地的2000多名群众观看演出。

2012年温岭市松门镇人民政府大事记

2月1日，政协松门镇工作联络处召开政协委员培训会，邀请市政协社会法制委主任林明华作专题辅导。

2月13日，召开松门镇第十六届人民代表大会第一次会议。

3月27日，松门镇领导带领部分人大代表和村（居）书记、主任实地调研大溪镇农民公寓建设，与大溪镇的人大代表、村居干部进行座谈和交流，并重点听取宜桥村党支部书记李元初代表关于宜桥村农民公寓建设情况的经验介绍。

4月18日，召开2012年度松门镇党建工作会议。全体机关干部、部门单位、村干部、在村大学生参加会议。

4月19日，松门镇邀请民族宗教事务局副局长吴军华，就基层民族宗教等课题，为基层统战联络员和信息员开设专项培训会。

4月27日，镇人大主席团组织部分人大代表，就群众反映强烈的交通秩序问题开展调研视察。

5月17日，镇统计中心召开统计业务培训会。松门镇2000万元及以上工业企业负责人、企业会计、统计人员共同参加这次会议。

5月29日，市政协松门镇工作联络处组织委员实地视察松门水产品批发市场的工程建设情况，听取市场负责人和建设方负责人关于市场建设情况、工程建设进展情况的汇报。

6月26日，镇人大组织部分市镇人大代表视察教育工作。分管教育的副镇长王永健对全镇12所中小学的整体情况作汇报。

7月27日，镇人大主席团召开会议，听取并审议该镇上半年财政预算执行情况的报告。镇人大主席陈正德主持会议。

8月24日，组织全体机关干部、各村干部，召开综治、清洁家园工作推进会。

9月5日，召开人大代表征询选民意见座谈会。松门镇市人大代表、各个选区的选民代表和各条战线、各个行业、各有关部门的负责人共10多人参加座谈会。

9月19日，组织开展村民公寓式住宅建设暨农村土地综合整治民主恳谈会。政协松门镇工作联络处组织政协委员参加恳谈。

9月28日，市政协松门镇工作联络处组织辖区内政协委员，同部分市人大代表、党代表等，随机抽选南港、干北、竿蓬等14个村，督查其清洁家园工作落实情况。

10月23日，市政协松门镇工作联络处组织辖区内委员视察镇卫生院（室）建设管理情况，实地走访松东、松建村卫生室和镇卫生院，听取相关负责人的情况介绍。

10月30日，召开镇残疾人联合会第四次代表大会。大会确定今后五年松门镇残疾人工作的指导思想、总体目标和主要任务。

10月31日，召开消防安全保卫战暨消防宣传教育培训会。

11月8日，组织全体机关干部、各村(居)干部认真收看收听党的十八大开幕直播。

11月22日，召开十八大精神学习报告会。

12月15日，召开松门镇退休教师年度总结大会。会议由松门小学工会主席颜夏友同志主持。松门镇退休教师协会全体理事、各分会退休教师及松门小学分管领导张凌燕副校长参加本次会议。

2012年温岭市温峤镇人民政府大事记

1月10日，邀请台州市、温岭市“两代表一委员”、党风党纪监督员、重点农业工业企业负责人40余人召开新春座谈会，畅谈新一年的发展。

1月12日，市人大常委会副主任林继平、市妇联负责人一行人到温峤镇大猛坑村看望慰问该村的5户困难户，并为他们送上慰问金、慰问品以及新春的祝福和问候。

1月17日，市人大常委会副主任林继平、副市长许黎野带领市人劳局、工业经济局、检察院等部门领导到温峤镇接待上访群众。

2月9日，举行第十六届人大代表履职培训会。81名新任镇人大代表参加培训。

2月24日，温峤江厦片代表工作站召开市环保局2012年预算选民征询恳谈会。来自江厦片10个村的村党支部书记和村委会主任、市镇人大代表约50人参加恳谈，市人大常委会副主任林继平到会指导。

3月8日，副市长许黎野会同市慈善总会、妇联等一行人，到温峤镇，慰问贫困母亲。

3月13日，召开温峤镇规范化护村队建设月工作例会。温峤镇的12支规范化护村队队长、综治办、派出所相关人员参加会议。

3月29日，召开“两年”工作暨综合表彰会议。全体机关同志、各村党支部书记、主任、镇属各部门负责人以及60家规模企业负责人参加。

4月13日，温峤镇总工会组织30多家非公企业干部职工开展学习舒幼民先进事迹大讨论活动。

5月11日，召开计生工作会议暨计生突击季活动动员大会。49个村（居）党支部书记、主任、计生联系员、镇属相关部门负责人以及全体机关同志参加，市人口与计划生育局纪检书记钱冬初出席会议。

5月29日，组织53家规模上企业召开“大干二季度”暨工业经济会议。

6月29日，镇人大组织10余位市人大代表到市人力资源和社会保障局督查省级创业型城市和充分就业城市的创建情况。

7月18日，温岭市人大副主任林继平调研组一行到温峤调研参与式预算工作。温峤镇人大主席陈恩庆、党委副书记兼镇长江君丽、党委副书记林国华等作相关工作介绍。

7月26日，副市长江金永率农林局有关负责人到温峤镇调研现代农业发展。

8月1日，市人大常委会副主任林继平一行到温峤镇开展食品安全执法检查。镇人大部分市镇两级人大代表，市工商、质监、卫生监督等部门负责人参加执法检查。

9月18日，召开温峤镇总工会第二次代表大会。来自镇各基层工会组织的代表投票选出镇总工会第二届委员会委员。市总工会副主席金济连出席会议。

9月21日，召开温峤镇第十六届人民代表大会第二次会议。市人大常委会副主任林继平、副市长许黎野到会指导。

9月26日，召开食品安全大整治百日行动现场培训会。全镇食品生产企业主、药店、餐饮、超市经营户、村级食品药品信息员共150余人参加培训。

10月16日，召开“决胜四季度”誓师大会。45个行政村书记、村长、镇属各部门负责人、全体机关同志以及离退休老干部150余人参加会议。

10月26日，镇人大组织市、镇两级人大代表10人调研村级卫生室运行情况。副镇长李国顺、温西中心院副院长蒋岳春应邀参加活动。

11月1日，召开各村(居)、企业消防会议。各村(居)、企业负责人参加会议。市安监局副局长周福良、市消防大队副大队长陈美鹏出席会议。

11月8日，组织机关干部收看十八大开幕式。力求把十八大精神认真学习宣传贯彻好，并要求各镇属单位、各部门和各级基层党组织结合自身实际，采取灵活形式组织本单位的党员干部群众集中收听收看。

11月20日，召开农村党风廉政建设大会。镇机关全体人员、各村居干部、镇属部门负责人等参加会议。

12月21日，召开台胞台属联谊会第二次代表大会。全镇31名台胞台属代表参加会议。

12月26日，召开中共温峤镇第十一届代表大会第二次会议。副市长许黎野以及联系乡镇的领导等11人出席会议，镇机关、各部门以及各村(居)共88名正式代表、80名列席代表以及10名旁听人员参加会议。

2012年温岭市坞根镇人民政府大事记

1月5日，举办森林防火巡山员培训班。镇农办、各村防火主要负责人及防火巡山员参加培训。

2月9日，市委常委、纪委书记陈建斌到坞根镇西山下村蹲点调研。

2月17日，镇人大专门组织部分市镇人大代表对坞根镇的环卫保洁工作进行督查。

3月29日，市人武部组织机关干部、职工，到坞根镇红十三军二师烈士陵园，开展缅怀革命先烈丰功伟绩的清明祭扫烈士陵园活动。

4月15日，镇防汛办联合镇科协在坞根街头组织防汛防台知识及保护水资源科普宣传活动。

4月19日，召开药品安全知识培训会。18个村的食品药品安全监督信息员以及坞根镇辖区内医疗机构负责人，共30余人参加培训。

4月27日，台州市农办领导在坞根镇相关负责人的陪同下到坞根调研，与当地村干部一起共同谋划“美丽乡村”建设。

5月11日，开展“阳光姊妹”家政培训活动，受到群众好评。

5月18日，召开慈善公益日座谈会。各村村长、书记、企业代表等出席会议。

6月7日，市政协副主席杨丽萍、常委马利彪带着调研组到坞根镇进行调研。镇主要领导、农业龙头企业、专业合作社、种养殖大户参加座谈。

7月26日，镇人大主席团组织辖区内的市、镇两级人大代表对镇政府及相关部门贯彻执行《食品安全法》及相关法律法规的情况进行执法检查。

8月30日，镇人大组织市、镇两级人大代表对清洁家园创建工作进行视察。

8月31日，镇人大组织人大代表到东门头、白壁、小坞根、西里四村督察清洁家园工作，并提出整改意见。

9月19日，台州市公安局宣传处处长朱立强等一行组成考核组到坞根派出所指导文化警营建设。温岭市公安局政委杨德明、局党委委员政治处主任蒋良华以及宣教科科长陈秋高、坞根镇党委书记葛利江、党委副书记林丹漫陪同检查。

9月25日，召开“清洁家园、美丽乡村”民主恳谈会。镇30余名坞根片人大代表参与恳谈。

9月29日，召开坞根镇第十六届人民代表大会第二次会议。会议由镇人大主席刘永标主持，副市长江金永等领导到会指导。

10月29日，市政协颜正荣副主席一行3人到坞根镇茅陶村调研，开展“助村行动”，听取该村新农村建设汇报。

11月7日，召开坞根镇第三次残代会。56名正式代表，其中有38名残疾人代表参加会议。会议选举产生坞根镇残疾人联合会第三次代表大会主席团，选举出席市残疾人联合会第六次代表大会代表。

11月8日，组织机关干部、各村居党员干部、各企事业单位职工收看十八大直播。

11月30日，市人大常委会副主任陈韶宏带领市人大常委会城建工委有关同志到坞根镇调研2013年市人大常委会工作思路。并就城建工委线上工作重点征求关于农业、美丽乡村建设等方面的意见。

12月12日，开展中心小学迁建民主恳谈会，解决坞根中心小学迁建选址难题。镇机关干部、各小学负责人、各村村长、书记等50余人参加恳谈。

12月13日，市政协副主席杨丽萍、经科委副主任马利彪到坞根镇调研基层政协工作。市政协坞根镇工作联络处副主任谢金才汇报联络处2012年的工作和明年工作思路，政协委员们对政协工作提出各自的意见和建议。杨丽萍对联络处的政协工作提出具体要求。

12月21日，召开社会治安综合治理协会第二次会员代表大会，进行第二届理事会的改选活动。市民政局、政法委、坞根镇领导及51名代表参加会议。

2012年温岭市新河镇人民政府大事记

1月23日，举办戏曲慰问演出。

2月3日，召开新年工作务虚会，排出100个重点攻坚项目。

3月13日，镇人大组织部分市人大代表，会同工商部门执法人员，重点视察该镇食品安全工作。

3月15日，组织200多名镇村干部，在镇政府参加新农村建设业务知识培训会。

3月27日，召开新河镇2012年度工业经济工作会议。40家重点企业负责人参加会议。

4月16日，镇人大组织8位市人大代表旁听新河法庭一起意外工伤索赔案的审理情况。

4月18日，召开新河镇“立该套”规划调研会议。

4月26日，镇人大主席团组织辖区内部分市镇人大代表，就群众反映强烈的道路交通运行问题进行视察。

5月30日，新河镇党委书记朱宝卿走上“新河讲坛”，为100多名机关干部和大学生村官讲解城镇建设知识。

6月7日，召开基层组织建设年整改提高晋位升级阶段工作推进会。回顾总结“调查摸底、分类定级”阶段工作成效，部署“整改提高、晋位升级”阶段工作任务，深入推进基层组织建设年各项工作的落实。

6月11日，举办离退休干部保健知识讲座。共有100多名离退休干部参加这次讲座。

6月28日，举行庆祝建党91周年专题报告会。全镇2000多名党员听取精彩的党课。

7月12日，组织20多位人大代表，就新河镇的食品安全工作进行视察。

7月25日，镇人大组织辖区内的市人大第十代表小组20余位人大代表，就该小组负责监督的“省级中心村和美丽乡村”两项重点工作到市农办调研建设进度。

7月27日，市人大常委会副主任林继平率食品安全执法检查第六小组成员，会同市工商、质监、卫生监督等部门负责人赴新河镇，与辖区内的部分市镇人大代表、食品监督员等一起检查食品安全工作。

8月23日，召开半年度工作汇报会。辖区内的地、市、镇三级人大代表参加会议并听取政府半年度工作情况通报。镇长赵永辉就上半年该镇项目建设、经济转型升级、民生工程、机关作风等四方面工作进行详细汇报。

9月20日，镇团委通过集体宣誓、文明签名、志愿劝行，开展公民道德集中宣传活动。

9月24日，召开建言“温岭精神”座谈会。来自机关、学校、企业和村(居)的30多名社会各界人士积极发言，畅谈对“温岭精神”的感悟和见解。

9月27日，新河镇人大组织主席团成员、辖区内部分市人大代表就新河镇工业企业发展情况进行视察。

10月17日，市人大常委会副主任陈韶宏率市人大城建工委有关同志到新河督查土地工作，了解当前农民建房及闲置土地清理情况。

10月19日，市政协新河镇工作联络处组织委员，到新河敬老院、塘下敬老院开展重阳节慰问活动。市政协副主席林文鹤、社法委主任李祖国参加慰问。

10月24日，镇人大组织辖区内部分市、镇两级人大代表就清洁家园工作进行视察。

11月2日，市政协新河镇工作联络处组织辖区内委员视察校园建设情况，实地走访长屿中学和高桥小学，听取学校负责人的情况介绍。

11月8日，市人大常委会副主任胡晨钟带领市人大常委会法工委有关同志到新河镇调研流动人口服务管理工作。新河镇党委副书记陈匡根、派出所所长陈广兴以及计生办、环卫所、综治办负责人等分别作相关工作汇报，代表们就流动人口管理服务工作展开座谈交谈。

11月20日，召开温岭精神筛选提炼评议会。来自机关、学校、企业和村（居）的40多名代表热议心目中的“温岭精神”。

12月7日，召开党的十八大精神动员会暨主题报告会。来自全镇机关、村居和企事业单位的400多人参加会议。

12月19日，举办“美丽新河、幸福家庭”家庭才艺大赛。共有500多名观众观看比赛。

12月20日，市政协副主席林文鹤、社会法制委主任李祖国到新河镇指导调研政协工作。

2012年温岭市泽国镇人民政府大事记

1月23日，举办龙年太极文艺巡演首场晚会。

2月3日，召开全镇干部会。传达全市干部会议精神，总结过去一年工作，表彰先进集体和个人，安排部署全年各项工作。

2月8日，召开泽国镇第十六届人民代表大会第一次会议。来自全镇各村各线各部门新当选的人大代表和列席、邀请人员参加此次会议。市人大主任张学明、市领导赵敏、林文鹤到会指导工作。

3月19日，召开全镇工业信息平台建设工作动员会。全镇机关干部、村（居）干部和900余家企业统计人员参加会议。

3月30日，联合市工业经济局、供电所等部门人员，开展节能降耗有序用电执法行动。

4月20日，市政协泽国镇工作联络处组织委员们开展创建“政协委员林、代表林”研讨会。

5月28日，举行泽国镇环境综合整治行动启动仪式。后炉村村委会主任阮浩波首先上台表态。

6月20日，召开党代表询问会。36名来自村居、学校、两新组织的党代表就泽国镇环境综合整治中的城乡环境、固废拆解、交通等问题进行询问。镇全体党员委员、分管环境综合整治工作领导、派出所、交警中队、行政执法分局、环保分局、交通执法中队及清洁家园等相关办、管理区参加询问会。

7月17日，市人大常委会副主任林继平率财经工委一行到泽国镇调研参与式预算。镇人大主席张敏亮、常务副镇长叶永峰、宣传委员梁云波等分别作相关汇报。

7月20日，市人大常委会副主任李维平率代表工委一行到泽国调研人大工作站工作，检查工作站活动台账，听取工作站负责人的汇报。

7月27日，镇人大主席团组织辖区内的地、市、镇三级人大代表对泽国派出所开展工作评议。市公安局政委杨德明、副局长赵继光等出席评议会。

8月7日，市人大常委会主任张学明、市政协副主席林邦勤到泽国镇防汛防旱会议室坐镇指挥防台工作，并到一线实地检查指导。

9月10日，组织工商、城市执法对泽国镇长泾路违章乱搭建、占道经营等不文明现象进行集中清理。

9月21日，召开泽国镇第十六届人民代表大会第二次会议。会议由镇人大主席张敏亮主持，市人大常委会主任张学明、市政协副主席林邦勤到会指导。通过选举，林建敏当选为泽国镇人民政府镇长，郭永波、周新海为副镇长，蒋瑞友为泽国镇人大副主席。

9月27日，市人大常委会副主任林继平率市人大财经工委有关同志到泽国镇召开座谈会，调研镇财政参与式预算工作。

10月8日，召开反腐倡廉警示教育大会。会议由党委副书记叶照平主持，机关全体干部、村两委、村监会全体成员、镇属各单位党支部、各企业党支部主要负责人参加此次会议。

10月31日，市人大常委会副主任陈韶宏率市人大城建工委有关同志到泽国镇调研农民建房工作。

11月20日，举行协商恳谈，修改确定新一年的城市建设工作。50多位当地村（居）、企业和单位代表参加。

11月27日，镇人大组织辖区内的50余位市镇两级人大代表，对城管行政执法泽国分局的工作进行评议。

12月8日，镇人大组织辖区内省、地、市、镇四级人大代表150余人就泽国镇2012年重点工程项目进展情况进行视察。市委常委、镇党委书记赵敏参加视察。

12月18日，召开全市部分镇（街道）代表工作站活动情况汇报会。会议总结交流各代表工作站的活动情况和工作经验，部署和推进明年的代表工作站工作。市人大常委会副主任李维平在会上要求，各代表工作站要善于总结经验，找准定位，不断探索，推进和深化代表工作站工作。

2012年临海市邵家渡街道办事处大事记

1月15日，举办邵家渡街道商会迎春茶话会。街道党政班子全体成员、各职能部门负责人及来自会员单位的30多位非公经济人士欢聚一堂，互相交流，共叙发展。

2月7日，召开全市干部大会邵家渡讨论大会。书记黄一军、主任赖泽民，围绕全市干部大会精神作主要讲话，并和邵家渡街道各行政村书记、主任展开热烈的讨论，取得满意的效果。

2月23日，街道党工委、办事处召开2012年经济工作会议。主要目的是贯彻落实市十三届一次党代会、全市干部大会和开发区经济工作会议精神，回顾总结去年工作，分析发展形势，安排部署2012年任务。市长虞彦华应邀出席会议。

3月15日，街道以“学习雷锋活动月”为契机，联合台州市铁路派出所、邵家渡街道政法办和司法所，开展“安全进万家”法制宣传活动。

3月28日，临海市委常委、组织部长王宗明带领有关科室同志到邵家渡街道钓鱼亭村调研农村基层民主建设。

4月26日，台州市法治建设工作检查组考察台州市民主法治村—邵家渡街道大路章村。

5月17日，邵家渡派出所组织民警张贴防盗宣传牌，分发防盗宣传册，向辖区内中小学生和各企业员工宣传安全和防盗知识，提高大家的防盗意识。

6月17日，邵家渡街道特邀请市动物医院院长应世吉来讲课。应世吉就生猪养殖饲养管理，常见疾病预防、治疗以及市场行情等向广大养殖户作生动的阐述，并对养殖户提出的实际问题进行详细解答。

7月4日，举行商会理事座谈会。邀请临海市工商联副主任、临海市总商会副会长金坚宇，邵家渡街道办事处主任赖泽民出席会议。

7月24日，街道纪工委召开全体成员工作会议。传达全市纪检监察工作例会精神，回顾总结街道上半年以来纪检工作，并对下半年工作特别是近阶段工作重点进行部署，并在部分村试点建立“村务发言人”制度，开展机关作风效能督查暗访等。

8月22日，召开村级“三资”管理工作会议暨村监会主任工作例会。各村驻村干部、村监会主任、村出纳、村文书共170多人参加会议。

9月3日，召开“项目建设、清洁家园、社会稳定”三大百日行动总结会议暨“村务集市日“动员大会。首先副书记沈速布置“村务集市日”工作，接着黄一军书记对三大百日行动作总结，最后主任赖泽民作强调。

9月24日，街道2012年治安大巡防正式启动。街道全体机关干部、派出所民警、相关部门企业负责人和行政村干部共200余人参加启动仪式。办事处主任赖泽民作动员讲话。

10月19日，举行浙江全力律师事务所——邵家渡街道商会共建同心法律服务基地启动仪式。市委常委、统战部长陈敏，市司法局副局长洪正华及市工商联、邵家渡街道主要领导等出席启动仪式。

11月8日，街道党员干部群众通过广播、电视、网络等方式收听收看大会开幕实况直播，认真聆听胡锦涛总书记所作的报告。

12月6日，街道对所有民办幼儿园进行安全检查。

2012年临海市大田街道办事处大事记

1月9日，召开安委会成员会议。会议由办事处主任张胜敏主持，副主任杜计地传达市有关春运工作会议精神及布置春运期间的有关工作。

1月30日，临海市委常委、纪委书记奚国斌到大田街道开展调研活动。

1月31日，台州市委常委、宣传部长张燕到大田街道大田刘村视察基层宣传思想文化建设。临海市委常委、宣传部长卢如平、大田街道主要领导等陪同调研。

2月12日，召开全街道经济工作会议。贯彻落实市委经济工作会议精神，认真总结2011年工作。

2月13日，市政协主席施士雄在政协秘书长马亦良、办公室主任陈卫国等同志的陪同下，到大田街道开展工作思路调研活动。

2月21日，临海市委书记柯昕野在纪委书记奚国斌等的陪同下到大田街道接待来访群众。

3月6日，开展以“传承大田饮食文化，妇女学做大排面”为主题的邻居节活动。

3月26日，邀请全国人大代表、临海市外国语学校副校长任美琴作学习全国“两会”精神报告。

4月25日，召开全街道安全生产食品药品安全消防工作会议暨“打非治违”专项行动。会议由党工委委员许爱华主持，街道辖区内企业厂长、经理、市处属部门负责人、各线负责人等参加会议。

5月18日，举行商会成立大会。市委常委、统战部长陈敏，市纪委副书记、监察局局长董向阳，市委统战部副部长、市工商联书记郑永达，大田街道党工委书记陈兆富等相关领导以及大田街道商会全体会员企业家均参加大会。

6月15日，在大田街道召开全市组织系统信息宣传工作例会。市委组织部副部长、市委人才办主任李强出席会议并做重要讲话。

7月6日，开展食品安全大巡查。主要对辖区内食品加工企业、超市、餐饮店等进行检查，共查出整改隐患20多处，并发放整改通知书，立即责令整改。

7月30日，召开食品安全大整治百日行动推进会，部署今年食品流通领域安全工作。

8月2日，召集全体机关干部、部门负责人、行政村书记主任会议，紧急部署落实防台工作。

8月17日，省农办副主任余振波、临海市委副书记柯婉瑛等一行人到大田刘村检查美丽乡村工作。街道党工委书记陈兆富，办事处主任张胜敏等班子领导陪同。

8月26日，举行开展安全生产大检查大整治专项行动的布置会。会议由党工委副书记郑海敏主持，参加会议人员全体机关干部、处属部门负责人等。

9月20日，街道妇联联合大田中心校举行“弘扬和培育民族精神教育月”活动启动仪式。

9月27日，街道主任张胜敏、副主任杜计地、安监中队人员一起到街道各企业进行安全生产检查。

10月25日，召开十八大安全维稳工作专题会议。会议由街道副书记陈海敏主持，参加会议的人员有全体机关干部、各村书记、主任、治保主任、各企业负责人、各部门负责人等。

10月29日，召开非公企业党建工作座谈会。街道党工委副书记郑海敏、组织委员马委员参加会议。

11月15日，召开民主党派代表人士座谈会。会议由街道党工委副书记郑海敏主持，专题学习党的十八大会议精神和《浙江省宗教事务条例》。

11月20日，街道康居办一行到启动村之一的大屋村现场指导拆建工作。

12月11日，街道方家弄村成立“流动妇女平安之家”。为流动妇女提供维权、就业、健康、教育、信息等服务，为她们搭建温馨家园。

2012年临海市大洋街道办事处大事记

1月15日，举办新春机关干部团拜会。街道办事处主任陈威作热情洋溢的新年致词。全体机关干部欢聚一堂。

2月25日，街道双桥村工程建设正式开工。市领导柯昕野、蒋冰风、王以琅、柯婉瑛、周孟德、林先掌出席开工仪式。台州市委常委、临海市委书记柯昕野宣布工程开工。

3月1日，街道妇联组织开展庆“三八”环境卫生整治活动。来自大洋街道辖区内各村、社区的150多名巾帼志愿者参加活动。

3月7日，举行街道经济工作会议暨“转作风、抓落实、促崛起”活动推进会。会议由街道办事处主任陈威主持，辖区内规模以上企业厂长（经理），各行政村全体共产党员、村委会成员、各线负责人，社区全体工作人员，街道所属部门单位负责人，离退休老干部代表，办事处机关全体工作人员参加会议。

4月27日，市委副书记、市长蒋冰风到大洋街道督查城市建设项目推进工作。市委常委、常务副市长张招金参加督查。

5月9日，临海市人大副主任何志忠带领人大相关人员到大洋街道，实地检查“迎检、创建”工作推进情况。

5月10日，举行“网格化管理，组团式服务”工作推进会暨业务培训会。会议由街道党工委副书记董立主持，街道全体机关干部、村两委成员、治保调解干部、社区工作人员等参加会议。

5月24日，副市长朱永军到大洋街道督查重点工程项目建设情况。

6月8日，举行由市总工会、市安监局、市卫生局联合主办，大洋街道办事处协办的临海市职业安全卫生知识竞赛。来自各乡镇（街道）的8只代表队参加竞赛。

7月11日，召开街道政法信访工作会议。各行政村（社区）书记主任、治保调解主任、分管信访干部、企事业单位保卫科长、全体机关工作人员和农村工作指导员参加会议。

7月17日，街道人大工委组织辖区内的台州市、临海市两级人大代表13人对吉利集团临海基地——浙江豪情汽车制造有限公司进行参观考察。

7月31日，由省信访局综合调研处处长项义从、副处长周润根等组织成的调研组，在台州市信访局副局长余建良、临海市信访局局长詹才勇等领导的陪同下到大洋街道调研信访工作。

8月6日，召开防台紧急会议。会议由街道办事处主任陈威主持，街道全体机关干部、各行政村（社区）书记、主任、行政执法中队、农村工作指导员等参加会议。

8月16日，召开农产品质量安全大整治百日行动动员大会。会议由大洋街道农业发展办主任郑明德主持，分管农业的街道副主任虞选丁作动员讲话。

9月19日，召开街道食药品质量安全培训、约谈暨“十小行业”示范创先工作会议。会议由街道宣传委员周正林主持，工商经营户300多户，5个菜场负责人，街道各部门负责人，十小行业的业主代表和卫生院负责人等320多户人参加此次会议。

10月19日，在大洋街道洛河村举行市新的阶层人士联谊会万名新临海人法律免费咨询服务启动仪式。

11月9日，大洋街道商会成立。市委常委、统战部长陈敏，副市长吴海燕出席成立大会。

11月18日，举行由大洋街道办事处主办，大洋街道老龄委、老干部活动中心、老年体协、市老年大学大洋分校协办的“献礼十八大，夕阳展风采”文体汇演。街道全体退休干部、市老年大学大洋分校全体学员、各村（社区）老年协会会长及街道全体理事等200多人欢聚一堂，共同庆祝十八大胜利召开。

12月21日，市妇联和大洋街道妇联联合在大洋小学开展家长教育讲座。专门邀请临海市家庭教育讲师团成员、回浦中学金从欧老师来校作专题讲座。市妇联副主席王英姿等相关领导也参加讲座。

2012年临海市古城街道办事处大事记

1月6日，街道总工会在街道困难职工维权帮扶中心向辖区内困难职工发放米、油等年货和慰问金，让困难职工真正感受到党和政府的关怀和温暖。

2月21日，台州市副市长叶海燕在临海市副市长虞彦华的陪同下，会同台州市政法委、教育局、人力社保局等相关部门，到古城街道开展领导下基层大接访活动。

3月8日，团省委副书记王征一行到古城街道两水村调研村企共建共青团工作。台州市团委副书记马俊、临海市委组织部长王宗明、临海市团委书记郭剑锋、古城街道党工委书记娄周敏等陪同调研。

3月9日，街道总工会举办文明“两创”在行动——“万盛杯”职工趣味运动会。来自古城街道辖区内基层工会的20支代表队参加比赛。

4月16日，在古城街道古楼村孝心基金启动仪式上，古楼村村民和村内外企业纷纷为基金捐款，捐款总数达234432元。

5月9日，临海市人大常委会科教文卫组在副主任何志忠的带领下，到古城街道督查“两创”工作开展和落实情况。

5月15日，召开马路市场整治工作会议。古城街道三产办、城建办、市行政执法局古城中队、灵江工商所及下桥村等单位主要负责人参加会议。

5月16日，街道残联举行第五届残疾人趣味运动会。

6月10日，街道安委会与市安委会联合在市区崇和门广场举行大型安全生产宣传咨询活动。

6月13日，台州市常委、临海市委书记柯昕野、副市长朱永军在相关部门负责人及街道书记娄周敏、主任胡建中、常务副主任卢志胜的陪同下视察街道鹏雕东南角区块、靖江中路改造工程等几个重点在建项目。

6月27日，市人大常委会副主任何志忠带领有关人员来古城视察和调研食品安全，并同古城部分市人大代表和部门负责人进行座谈。

7月10日，市政法委副书记严放、平安办办公室主任王智和检察院办公室副主任邵全利到古城街道开展政法综治半年督查。

8月28日，开展流动人口“三查”优质服务活动。邀请街道中心卫生院医师为新临海人育龄妇女免费提供“查环、查孕、查病”服务，本次共有485人接受“三查服务”。

9月4日，省政府食品安全监督检查组到古城街道检查工作。临海市副市长陈先东、市食药监局局长陈新等陪同检查。

9月18日，副市长吴海燕带领有关部门负责人来古城督查农贸市场改造提升工作。

9月28日，召开药品安全知识培训会。参加培训会的对象有街道辖区内的社区卫生服务站、药店，社区（村）药品安全协管员。

10月17日，台州市食品安全检查组到古城街道检查工作，主任胡建中作情况汇报。

10月18日，市长蒋冰风到古城街道检查农贸市场改造提升工作。主任胡建中陪同。

10月30日，举行古城街道残疾人联合会第六次代表大会。街道办事处主任胡建中、纪工委书记陆厚京、组织委员吴敬华、武装部长王雨明出席会议并在主席台就座。来自街道各条战线的53名残疾人及亲属代表、残疾人工作者和11名特邀代表参加会议。

11月15日，市政府组织消防、城建、土管、工商等部门到两水农贸市场进行消防验收。

11月26日，街道邀请台州市社科联主席、台州市社科院院长金先龙为机关干部、社区全体成员及各行政村“两委”班子成员讲解“十八大”精神。

12月12日，开展幼儿家长知识讲座。临海市关工委主任龚维湘、市妇联副主席王英姿等领导也参加讲座，临海电视台也予以报道。

2012年临海市江南街道办事处大事记

1月12日，市领导赵益春、陈福清，市委组织部李强等同志在江南街道党工委书记项军、党工委委员李亮等同志的陪同下，慰问江南街道建国前老党员张志明、特困党员吕秀钗，为他们送上慰问品并致以节日的问候。

1月17日，街道团委和妇联负责同志带上物品对上江、小溪、建国等村的7位贫困儿童进行走访慰问，同时还走访上江村25位困难母亲带去党和政府的温暖。

2月7日，组织机关干部及大学生村官在街道会议室集中收看全市干部大会直播。

2月9日，召开2012年经济工作会议。会议由办事处主任孙俊主持，市委常委、临海经济开发区党工委书记、管委会主任周孟德，副市长陈福清，市领导赵益春以及街道各部门领导干部、各行政村村长书记、企业代表出席此次会议。

3月8日，街道妇联举办庆“三八”妇女节暨维权工作座谈会。街道妇联执委、部门妇委会主任、各村（居）妇代会主任、司法所相关工作人员参加此次会议。

3月20日，举办党支部书记培训。各行政村、非公有制企业及部门党支部书记共70余人参加此次培训学习。

3月29日，组织召开森林消防工作动员部署大会。各村书记主任、分管森林防火领导、部门负责人、市农村指导员、全体机关干部、大学生村官参加大会。

4月16日，召开党建、政法工作会议暨基层组织建设年工作动员会。总结街道2011年度党建、政法工作，贯彻全市党建、政法和基层组织建设年工作会议精神，进一步统一思想，动员广大党员干部认清形势，克难攻坚，狠抓落实，推进党建、政法工作再上新台阶。

5月31日，街道党工委副书记张彤、宣传委员王哲峰和街道团委、妇联负责同志在江南中心校校长宋先云的陪同下，先后到江南小学和小溪小学走访慰问6名贫困小学生。

6月12日，召开食品药品安全示范街道创建复评工作会议。街道班子成员，辖区内派出所、工商所、卫生院等各线负责人参加此次会议。

7月24日，市人大常委会主任王以琅，副主任赵益春、何志忠、柯建平、蒋定森，市人大常委会党组成员、委员李含江及市人大常委会委员一行到江南街道张家岙村的“美丽乡村”建设进行考察。

8月9日，团市委书记郭剑锋到江南街道调研非公企业团建工作。团市委办公室主任金修炼、城乡青年部部长赵景娇、市经信局团委书记李啸鹏、江南街道团委书记崔栋栋陪同调研。

8月17日，街道领导带领工商部门和行政执法中队一行8人，对街道的12家餐饮店的卫生状况进行检查。

8月30日，台州市食品药品监督局、临海市食品药品监督局的领导对街道的食品安全大整治百日行动工作进行检查指导。

9月5日，江南街道会同市卫生局、江南工商所等部门对辖区内的2家幼儿园、3家中小学及其周边小餐饮店、流动摊点进行食品安全卫生监督检查。

9月26日，市委副书记、市长蒋冰风在江南街道专题调研江下渚区块开发和市金属交易市场搬迁选址工作。副市长朱永军及相关部门负责人陪同调研。

10月11日，市委副书记柯婉瑛带领市委办、市委组织部、市委政法委、市公安局、市司法局、市民政局等部门负责人，到街道小溪村调研“网格化管理、组团式服务”工作。

11月26日，街道妇联组织街道农村妇女在市妇幼保健院开展为期5天的“两癌筛查”活动。

2012年临海市白水洋镇人民政府大事记

1月12日，召开白水洋镇第十六届人民代表大会第一次会议。党委副书记章维军主持会议，102名正式代表、166名列席代表及市政协副主席方德助等市领导参加会议。大会选举镇人大主席、镇长、副镇长。蒋敏斌当选镇人大主席，严齐军当选镇长。

2月1日，组织全体机关干部收看台州市干部大会实况。大会总结表彰去年工作，全面部署今年工作，明确今年的工作目标。台州市委副书记、市长吴蔚荣主持会议，市委书记陈铁雄作重要讲话。

2月10日，召开2012年经济工作会议。镇长严齐军主持会议，临海市市委常委、常务副市长张招金、政协副主席方德助、全体机关干部、村班子成员、部门负责人、老干部、经济合作社负责人等400余人参加会议。

3月29日，以“特色节庆农民办，农民演给市民看”为主题的白水洋生态观光节在白水洋镇正式拉开序幕。

4月14日，召开“优化发展环境、加大开发力度”誓师大会。市委常委、常务副市长张招金，市委常委、公安局长王小平，市政协副主席方德助和白水洋镇全体党员干部、村民代表及规模上企业负责人等共约5000人参加大会。

5月31日，台州市委常委、临海市委书记柯昕野在白水洋镇调研。市人大常委会主任王以琅，副市长林先掌，市政协副主席项毅勤及相关部门负责人陪同。

6月25日，组织全镇各党支部党员参加“听党话、跟党走、合力攻坚促发展”党员教育日活动。

7月4日，由台州市人大常委会副主任王金生带领的台州市人大常委会食品安全执法检查组一行到白水洋镇调研食品安全执法检查工作。检市人大常委会主任王以琅、市人大常委会副主任何林辉，副市长陈衡治、吴海燕等陪同调研。

7月30日，市人大常委会主任王以琅在副主任蒋定森和市水利局等有关部门负责人陪同下，到白水洋镇查防汛工作。

8月8日，市委副书记、市长蒋冰风到白水洋镇检查指导抢险救灾工作。

9月29日，白水洋镇成立台州市首个以镇为单位的“同心关爱基金”。成立当天，各村和各部门的党员、干部争相捐款，各企事业单位积极参与，踊跃捐赠，一天就募集到150多万元善款。

10月24日，举办第二届老年体育运动会。100多位老年运动健儿参加乒乓、投篮、象棋、镖枪等项目角逐。

11月6日，召开“冲刺四季度、奋进促崛起”动员大会。会上，镇党委书记林明大就认真学习贯彻全市“冲刺四季度、奋进促崛起”会议精神，回顾前三季度的工作，充分肯定取得的成就：经济发展稳中有升，重点项目建设有力推进，42个重点项目基本上保持时间与进度同步，通过实施双向月评制度，创新“五分”工作法，进一步深化白水洋精神。

11月22日，召开商人大会暨投资项目推介会。四十多位白水洋籍企业家参观黄沙大道、西部综合服务中心等建设项目后，在大雷山庄农家乐欢聚一堂，共谋发展。

11月24日，组织千名教师、机关干部和健身爱好者，举行以“千年古道枫叶红，台州人民天天福”为主题的登高赏枫活动。

12月6日，镇妇联和镇司法所、综治办、派出所、工商所等5个部门开展平安法治白水洋大型普法宣传活动。

12月13日，举办以“高举旗帜跟党走，唱响精神争先锋”为主题的学习十八大精神演讲比赛。来自该镇部分办事处、部门及行政村的15名选手结合工作实际和自身感受，作情真意切的演讲。市委宣传部等单位负责人参加现场打分。

12月30日，举行新城区建设启动仪式。市领导柯昕野、蒋冰风、王以琅、施士雄、朱永军、方德助等出席启动仪式。台州市委常委、临海市委书记柯昕野宣布白水洋镇新区建设启动。

2012年临海市东塍镇人民政府大事记

1月30日，市委常委、公安局长王小平到东塍镇，开展调研工作。镇相关负责人陪同。

2月13日，副市长虞彦华一行到东塍调研。市计生局长、市教育局和东塍镇相关领导陪同调研。

2月14日，临海市委常委、宣传部长卢如平到东塍调研。东塍镇党委书记陈先东、镇长陈大才、政协联络处主任冯知隆陪同调研。

2月22日，副市长林先掌到东塍镇调研美丽乡村建设工作。市农办、农业局、水利局和林业特产局领导陪同调研。镇党委书记陈先东、镇长陈大才参加调研。

3月13日，市委常委、市委副书记柯婉瑛，副市长林先掌一行到东塍镇农春粮食生产合作社检查春耕备耕工作。镇党委书记陈先东、镇长陈大才陪同检查。

3月31日，市人大常委会副主任赵益春到东塍镇调研消防工作。镇党委书记陈先东、镇人大主席团主席林日礼、政协东塍联络处主任冯知隆、副镇长郑云法陪同调研。

4月25日，召开“大干二季度、破难促崛起”动员大会。东塍镇全体机关干部、部门负责人、规上企业代表、各行政村书记、主任、分管计生、城建干部参加会议。

5月9日，召开东塍镇政法信访工作会议。全镇各驻村干部，各行政村书记和治保调解主任、企业保卫科长和部门负责人参加会议。

6月6日，市委副书记、市长蒋冰风到东塍镇调研工作。市政协副主席孙三华及相关部门负责人陪同调研。

6月8日，召开“基层组织建设年”活动第二阶段动员会。会议由镇党委副书记郑哲平主持，参加会议的有东塍镇全体机关干部，各行政村党支部书记、村民委主任、村党支部全体成员、村文书，镇属各部门负责人、全镇非公企业党支部负责人等300多人。

6月26日，省台办副主任陈正仁、台州市台办主任柯善辉到东塍调研民国历史文化。临海市台办主任金礼昌、东塍镇党委书记陈先东陪同调研。

7月23日，市人大常委会主任王以琅一行到东塍镇东溪单村调研美丽乡村建设工作。镇党委书记陈先东、镇长陈大才陪同调研。

7月27日，召开质量强镇工作推进会。镇500万以上企业和重点服务业单位参加会议，市质监局副局长单式关、环保局副局长黄祖华等领导出席会议。

8月23日，召开农产品质量安全大整治百日行动会议。会议由镇农办主任宋敏武主持，来自各专业合作社、农资经营店、种养殖大户、饲料加工店等110人参加培训。

8月28日，台州市委副书记肖培生到东塍镇岭根村调研美丽乡村建设。市委副书记、市长蒋冰风，市委副书记柯婉瑛，副市长黄山河，镇长陈大才陪同调研。

9月9日，召开庆祝第28个教师节座谈会。镇党委副书记、镇长陈大才，政协联络处主任冯知隆，副书记郑哲平，党委委员马晓霞以及中小学中层以上干部和市级优秀教师参加座谈会。

9月12日，召开食品生产加工小作坊培训会议。会议由镇党委委员、副镇长郑云法主持，全镇涉及豆面、米面、豆腐等行业的254家小作坊业主参加会议。

9月27日，召开校园安全工作会议。镇党委委员、宣统委员马晓霞，派出所副所长，镇食品药品监督管理所负责人，各中小学校长，中心幼儿园园长等参加会议。

10月25日，台州市委书记陈铁雄到东塍镇岭根村调研古村落保护工作。台州市委常委、临海市委书记柯昕野，临海市副市长陈先东等陪同调研。

11月5日，市委常委、市公安局长王小平一行到东塍调研十八大期间社会稳定和信访控稳工作。东塍镇党委副书记郑哲平、派出所所长杨光辉、教导员叶万松等人陪同调研。

12月14日，召开学习贯彻党的十八大精神宣讲大会。全体机关干部、基层支部全体支委、各行政村村民委主任等400多人参加学习大会。

同日，召开村级治保调解主任会议。培训会由司法局副局长杨周才主讲，全镇村级治保调解主任70余人参加培训。

12月27日，召开加强党风廉政建设专题学习会。全体机关干部参加学习会。

2012年临海市杜桥镇人民政府大事记

1月4日，杜桥镇党委副书记、镇长何宝珍到杜桥办调研工作。杜桥办党委书记包兆腾，主任王桂英陪同调研。

2月2日，镇长何宝珍在党委副书记韩芳的陪同下对杜桥镇的专业市场进行调研。

2月8日，举行全镇干部大会。临海市委常委、东部党工委书记、杜桥镇党委书记李伯辉，杜桥镇党副书记、镇长何宝珍等领导出席大会。镇老干部学习小组长、党支部成员、老干部，全镇行政干部、驻村各大员，村两委班子成员，市镇属各部门单位班子成员，年产值500万以上企业的厂长经理等参加会议。

3月19日，全国老龄办副主任朱勇、全国老龄办秘书处干部徐平到杜桥镇调研。陪同的有台州市老龄办主任许连君、临海市老龄办主任王玉姣、镇党委副书记韩芳、镇老龄委副主任张先森、李小娃、金敬昌等。

4月4日，台州市委常委、临海市委书记柯昕野到杜桥镇检查清明期间防火工作。市委副书记柯婉瑛，市委常委、杜桥镇党委书记李伯辉，副市长林先掌及相关部门负责人陪同检查，镇长何宝珍汇报杜桥镇森林消防工作情况。

4月24日，市委副书记柯婉瑛，市人大副主任何林辉在相关部门同志陪同下，到杜桥镇调研美丽乡村建设工作。市委常委、东部党工委书记、杜桥镇党委书记李伯辉，镇人大主席郑米通，镇纪委书记王永昌，镇党委委员、副镇长陈晓福等陪同调研。

5月23日，市人大常委会副主任何林辉带领市环保局到杜桥镇深入部分涉重金属企业进行工作调研。

6月12日，市委副书记、政法委书记柯婉瑛和市政法委副书记严放、市委办副主任项慧明等一行到杜桥镇调研指导工作。

6月20日，召开综治、信访半年度工作总结暨下半年工作研讨会。镇分管政法贺先顺、尹志豪，各办书记或主任、分管政法、信访及公安、交警、法庭、司法等负责人参加。

7月5日，江山市党政考察团一行，在江山市咨询委主任陈幸尔带领下到杜桥镇考察交流。临海市政协副主席孙三华，杜桥镇党委副书记、镇长何宝珍等领导陪同。

7月31日，召开杜桥镇防台防汛工作会议。杜桥镇党委副书记、镇长何宝珍，党委副书记贺先顺，镇党委委员、副镇长陈晓福等出席会议。

8月10日，召开半年度老干部通报会。组织委员林星和主持会议，镇党委副书记贺先顺、组织委员林星和、分管领导张先森出席会议。

8月15日，召开杜桥镇防台抗台业务工作会议。党委委员、副镇长陈晓福，党委委员、武装部长胡连兵，各办事处分管农业、民政的领导，民政助理员，办公室文书参加会议。

8月27日，召开全镇机关干部大会。杜桥镇全体班子成员，全镇行政机关干部和驻村各大员及全体工作人员参加会议。

9月3日，召开“千名干部大走访”活动动员大会。

9月27日，召开“百日攻坚大会战”誓师大会。市委副书记柯婉瑛，市委常委、东部区块党工委书记、杜桥镇党委书记林先掌出席会议。

10月24日，台州市纪委副书记陈美萍，纪委执法室主任姜渭一行在临海市委常委、纪委书记奚国斌，市纪委副书记、监察局长董向阳，市纪委常委朱伟杰和镇纪委书记王永昌等领导的陪同下对杜桥镇村级便民服务中心建设、村务监督委员会建设、“廉洁村”创建以及农村信访“双百攻坚”行动等重点工作进行检查指导。

11月28日，举行杜桥镇台胞台属联谊会成立大会。台州市台办副主任邵宏慧，市委常委、统战部部长陈敏出席会议。

12月5日，召开杜桥镇“清剿火患”战役推进会。安监中队方成法中队长、临海市消防大队杜桥中队何国平指导员出席会议，会议由贺先顺副书记主持，杜桥镇相关部门人员参加此次会议。

12月20号，临海市“清洁家园、和谐乡村”活动考核组在市监察局朱天鸿副局长带领下，会同大田、汛桥、河头镇有关领导到杜桥镇考核2012年度“清洁家园、和谐乡村”活动开展情况。

2012年临海市河头镇人民政府大事记

2月8日，台州市委常委、临海市委书记柯昕野一行到河头镇岩坑村走访调研。

2月9日，召开全镇干部会。全镇机关干部、大学生村官，各村书记、主任，各部门负责人，规模上企业负责人，临海市级以上农业合作社负责人，农家乐特色点负责人等参加此次会议。

3月1日，镇纪委组织镇纪委（纪工委）班子成员、便民服务中心主要负责人和村级村务监督委员会、便民服务中心主要负责人、党支部纪检委员等相关人员，集中收看台州市纪检监察工作暨加强全市纪检监察干部队伍建设电视电话会议。

3月27日，召开2012年清明节森林消防工作会议。会议由镇党委副书记卢树威主持，全体机关干部、大学生村官、各村村长、书记参加会议。

4月2日，河头镇党委、政府组织机关干部、部门负责人和大石中学部分学生到该镇汤岸村开展植树活动，以促进群众共建绿色和谐家园。

4月23日，召开美丽乡村建设动员会。镇党委书记胡新民、镇长项丽琴、镇人大主席朱普华、镇党委副书记卢树威、纪委书记徐林福、组织委员屈剑波、河头派出所所长罗坚强等三套班子领导参加会议。

5月25日，召开两代表一委员座谈会。河头镇班子成员和该镇的市、镇党代表、人大代表、市政协委员23人参加座谈会。

6月28日，临海市委常委、组织部长王宗明同志在镇党委书记胡新民、组织委员屈剑波的陪同下，到百步村建国前老党员梁再桃家走访，并送上慰问金。

7月11日，市政法委严放副书记带队一行到河头督查半年度综治工作。

7月23日，市人大常委会在市府和相关部门领导陪同下到岩坑村督查美丽乡村建设。

7月25日，市委副书记柯婉瑛到岩坑村考察美丽乡村工作施工进展情况。镇党委书记胡新民全程陪同并就已经完工情况及下一步施工方案作详细汇报，河头镇党委副书记卢树威。副纪委书记徐林福陪同考察。

8月15日，市纪委党风室副科级纪检员屈斌一行到河头镇督查2012年度年中“廉洁村”创建工作。

8月24日，召开各基层党组织书记党建业务培训会。镇党委副书记卢树威、组织委员屈剑波、组织员虞新长和各行政村、镇属各部门、各企业党组织书记参加会议。

8月31日，台州市委副书记肖培生到岩坑村视察美丽乡村工作。临海市长蒋冰风、市委副书记柯婉英、河头镇党委书记胡新民陪同视察。

9月18日，召开维护社会稳定工作会议暨治安大巡防启动仪式。会议由镇委书记胡新民主持，镇主要领导及全体镇干部、派出所、交警大队相关人员参加会议。

10月30日，召开河头镇残疾人联合会第六次代表大会。选举产生陈强同志为主席的新一届镇残联主席团成员，并推举产生罗波同志为新一届执行理事会理事长，另选举产生出席临海市残联第六次代表大会的4名代表。

10月31日，省文明办未成年人处处长叶彤赴河头镇实验小学就乡村学校少年宫开展情况进行调研。

11月26日，召开专题会议，认真学习贯彻党的十八大精神。镇党委副书记卢树威主持会议并作讲话，宣统委员何峰传达党的十八大精神。全体机关干部、大学生村官、各行政村书记主任参加会议。

11月28日，织召开全镇大学生村官座谈会。会议由党委副书记卢树威主持，党委书记胡新民、组织委员屈剑波、宣统委员何峰、组织干事张杰与全镇11名大学生村官参加会议。

12月11日，河头镇政府邀请市信访局、司法局领导开展一次业务培训会。河头镇近百名村书记、治保调解主任参加培训。

12月19日，台州市委常委、临海市委书记柯昕野赴河头镇宣讲党的十八大精神，并开展民情恳谈，倾听民声，解民意，共话发展。

2012年临海市汇溪镇人民政府大事记

1月12日，召开汇溪镇第三届人民代表大会第一次会议。大会由镇党委书记陈剑主持，54名正式代表、40名列席代表及市领导何林辉、黄钢亮等出席会议。选举产生镇新一届人大主席、镇长、副镇长。

2月9日，台州市常务副市长尹学群亲临汇溪镇姜岙村调研指导工作，镇党委书记陈剑以及姜岙村两委干部陪同调研。

2月14日，台州市委副书记、市长吴蔚荣到汇溪镇炉洋村开展“进村入企”走访调研活动。台州市委常委、临海市委书记柯昕野，临海市委副书记、市长蒋冰风、汇溪镇党委书记陈剑，副书记、镇长傅顺军等陪同调研。

2月15日，副市长林先掌到汇溪镇调研指导农业产业发展工作。市农办、农业局、林特局、水利局等市级部门领导陪同调研。

3月6日，组织计生办成员及部分驻村干部召开计划生育工作专题研究会。分析研究全镇当前人口计生工作面临的严峻形势和全面部署下一步工作任务。

3月16日，召开计划生育工作整治大会。镇全体机关干部、各行政村村“两委”全体成员、妇女主任、计生联系员共200余人参加会议。

4月9日，汇溪镇油菜花观光节暨汇溪山水采风开始举办。

5月28日，汇溪镇团委到中心校走访慰问全校学生，为小朋友们送上糖果，祝愿孩子们过一个快乐的儿童节。

5月30日，市纪委书记奚国斌、市人大副主任金能忠、副市长陈衡治率市纪委、组织部、政研室、督查室、农办、发改、经信、统计、财政、国土等相关部门负责人到汇溪现场督查知道重点项目建设。

6月1日，汇溪镇党委书记陈剑、镇长傅顺军、宣统委员王正军一行分别到汇溪镇中心校、中心幼儿园以及镇中学看望慰问同学们，向全镇青少年儿童致以节日的问候，向辛勤工作的老师们表示衷心的感谢。

6月27日，庆祝中国共产党成立91周年大会暨金玲华、郑小平同志先进事迹报告会结束后，汇溪镇积极贯彻落实大会精神，及时组织传达学习，迅速安排部署工作任务。

7月3日，汇溪镇社会治安综合治理委员会更名为汇溪镇社会管理综合治理委员会，并对职责任务和成员单位及人员进行调整。

8月7日，汇溪镇严格按照市里部署在中午12时前全面完成人员转移，双贤村2名危房人员也转移到位。

8月14日，市长蒋冰风带领市府办、督查室、农办、经信局、建设规划局、林特局等单位主要负责人到汇溪镇调研指导工作。

8月21日，市统计局副局长陈大富、科长张春芳到汇溪镇检查指导固定资产投入工作。

9月7日，邀请市计生局流动人口办公室人员到汇溪镇为计生办全体人员及34个行政村流管员进行业务培训指导。

10月20日，临海老龄办牵头组织老年大学星光艺术团、临海慈善义工队，在汇溪镇浚头村开展“庆祝老人节，为老送服务”活动。

11月8日，组织全体党员干部收看党的十八大开幕式，聆听胡锦涛主席在会上作的重要讲话，在场的每位干部积极做好笔记。

12月17日，镇妇联联合汇溪镇中心校组织开展学生十八大教育活动。

2012年临海市括苍镇人民政府大事记

1月12日，召开括苍镇第三届人民代表大会第一次会议。会议分别由镇党委书记林咸元、镇人大主席项小霖主持。临海市人大常委会副主任金能忠、副市长林先掌、机关党工委书记罗峰弟及水利局、移民局相关领导在主席台前排就座。

2月3日，举行2012年机关闹元宵趣味运动会。全镇机关干部齐聚一堂，以充满趣味与活力的运动会迎接元宵佳节。

2月15日，举行括苍镇2012年度经济工作会议。会议由镇党委书记林咸元主持，全体机关干部、市镇属部门负责人、行政村书记、主任及规模上企业负责人等参加会议。

3月27日，召开森林消防工作动员会。会议由副书记邵全利主持，全体机关干部，各村书记、主任等参加会议。

4月17日，市委副书记柯婉瑛在市委办副主任项慧明、市政法委副书记严放、政法委主任叶小明等领导的陪同下，考察调研括苍镇“网格化管理，组团式服务”工作。

4月24日，台州市政法委主任林喜军一行，在临海市政法委副书记金良晓，主任叶小明的陪同下，到括苍镇调研“网格化管理，组团式服务”工作。

4月25日，召开2012全镇综治工作暨“网格化管理，组团式服务”工作推进会。市政法委副书记严放、镇党委书记林咸元、副书记邵全利等出席会议。

5月15日，召开全镇计生工作暨综治执法动员大会。会议由镇党委副书记邵全利主持，全体机关干部、镇属部门负责人等参加本次会议。

5月18日，台州市委副秘书长、台州市农办主任王维龙一行到括苍镇调研“清洁家园、和谐乡村”工作开展情况。临海市副市长林先掌，镇党委书记林咸元，镇党委副书记、镇长蒋琪全程陪同本次调研。

5月24日，召开临海市“网格化管理、组团式服务”工作现场推进会。市领导柯婉瑛、张招金、王小平等出席会议。镇党委书记林咸元全程陪同参观调研。

6月7日，市委常委、组织部长王宗明一行到括苍镇调研基层组织建设年工作开展情况。

6月27日，市农办主任王志坚到括苍镇指导美丽乡村创建工作。镇人大主席项小霖、分管领导李凌勇等全程陪同指导。

7月13日，召开全市关工委副主任会议。会议由市关工委副主任吴湘省主持，市关工委主任龚维湘作强调讲话。

7月25日，召开全镇“突破三季度攻坚促崛起”动员大会。会议由镇长蒋琪主持，镇全体机关干部、各行政村书记主任等参加会议。

7月31日，省信访局综合调研室处长项义从、副处长周润根一行在台州市信访局副局长余建良、临海市信访局局长詹才勇等相关人员的陪同下，到括苍镇调研指导信访工作。镇党委书记林咸元、镇长蒋琪、副书记邵全利等陪同调研。

8月1日，举行由括苍镇和市新四军研究会联合举办的“2012年括苍镇‘春泥计划’暨新四军研究会情系革命老区八一联欢会”。

8月23日，召开农产品质量安全大整治百日行动推进会。各行政村书记或主任、村文书、各农业生产企业、农民专业合作社、养殖厂（户）、各农资经营店负责人等参加会议。

9月5日，召开食品安全大整治百日行动推进会。会议由括苍镇分管副镇长张如锦同志主持。

10月17日，团市委书记郭剑锋、青工部部长赵景娇一行到括苍镇调研“乡镇大团委”建设工作，并召开“乡镇大团委”建设工作座谈会。

10月25日，团台州市委组织统战部部长董阿林到括苍调研括苍镇双网互动开展情况。团临海市委书记郭剑锋、办公室主任金修炼、括苍镇团委书记顾伟星陪同调研。

11月7日，召开全镇“三季度经济形势分析暨决战四季度”动员大会。会议由副书记邵全利主持，镇全体机关干部、各行政村书记主任等200多人参加会议。

11月22日，召开括苍籍知名企业家座谈会。座谈会镇党委副书记邵全利主持，镇党委书记林咸元、镇长蒋琪、人大主席项小霖、纪委书记蒋科、宣传委员王艳、副镇长张如锦等出席座谈会。

12月31日，举办“学习十八大建设新括苍”知识竞赛暨辞旧迎新庆元旦联欢会活动。

2012年临海市上盘镇人民政府大事记

1月12日，召开老干部座谈会。镇领导班子全体成员出席会议。

1月15日，镇党委书记王如利、镇长张钊、武装部部长周仲才、镇党委组织委员金晓峰走访慰问两位离休老干部和敬老院。

2月12日，召开干部大会。市委常委李伯辉，市政协副主席李昌长，镇党委书记王如利，镇党委副书记、镇长张钊及班子成员，全体机关干部等人参加会议。

2月16日，常务副市长张招金到上盘镇考察74省道等项目。镇党委书记王如利陪同考察。

2月21日，召开上盘镇省级整治村创建工作会议。镇人大副主席周彩娟布置翻身、西洋坝、塘后等10个村的整治村创建工作。

3月6日，市委副书记柯婉瑛到上盘镇调研考察工作。柯婉瑛对上盘的近阶段工作给予充分肯定，并对上盘下阶段提出要求。

3月22日，由温岭市副市长江金永带队的农业考察组，到上盘镇考察西兰花产业市场运作情况。临海市副市长林先掌接待考察组，上盘镇副镇长王可斌陪同考察。

3月29日，召开清明节期间森林消防动员大会。会议由镇长张钊主持，镇班子成员、各办主任、管理区机关干部、村级书记主任参加会议。

4月18日，市委副书记、市长蒋冰风在市常务副市长张招金及市府办、市农办、市交通运输局、东部区块管委会、临海港区管委会主要负责人的随行下到上盘镇调研工作。镇党委书记王如利、镇长张钊等镇班子成员陪同调研。

4月20日，召开镇综治信访工作会暨计划生育百日整治行动动员会。会议由镇人大主席王永广主持。

5月31日，召开安全生产工作会议。公安、供电、医院、渔政、文化、司法、中小学等单位负责同志参加会议。

6月13日，台州市委政策研究室主任颜邦林一行10余人到上盘镇考察调研头门港区建设。

6月29日，市委常委、人武部政委林存福，市委组织部干部科科长朱枝领到上盘镇开展走访慰问老党员和困难党员活动。上盘镇组织委员金晓峰、武装部长周仲才陪同走访。

7月20日，召开“突破三季度、攻坚促崛起”动员会。会议由镇党委副书记程卫国主持，镇全体班子、中层以上干部和42个村书记、主任参加。

7月25日，召开村级组织规范化工作会议和基层组织建设年创新社会管理工作培训会。驻村干部及各村支部书记参加会议。

8月7日，台州市委书记陈铁雄到一线检查防台抗灾工作。台州市及临海市领导柯昕野、柯婉瑛、张招金、林存福、王宗明、何志忠、李昌长，镇党委书记王如利、镇长张钊、副书记程卫国等陪同检查。

8月8日，台州市委副书记、市长吴蔚荣到上盘镇头门港疏港公路建设现场，及时掌握灾情，指导救灾工作，慰问坚守在防台救灾一线的广大基层干部。

8月27日，召开安全生产和食药品安全大检查大整治专项行动工作会议。镇党委副书记程卫国、宣统委员周爱珍，副镇长严长龙、金敬耀、王可斌及全体安委会、食安委成员参加会议。

9月10日，召开庆祝第28个教师节暨名师工程启动仪式、优秀教育工作者表彰大会。参加大会的有全镇全体中小学教师、职工，离退休老教师。

9月14日，市委常委、组织部长王宗明，市委常委、东部区块党工委书记、杜桥镇党委书记林先掌率市级有关部门主要负责人，到上盘镇对今年1至8月份重点项目推进情况开展第二次现场督查评议。镇党委书记王如利、镇长张钊和党委副书记程卫国陪同评议。

10月16日，组织全镇村邮员进行业务培训。副镇长严长龙参加培训会。

10月31日，上举行盘镇残疾人联合会第六次代表大会。镇组织委员金晓峰、武装部长周仲才等领导参加主持会议。

11月8日，组织全体机关干部集体收看党的十八大开幕盛况。

11月9日，召开上盘镇扶持经济薄弱村工作动员会。会议由组织委员金晓峰部长主持，黄岐、田岙、雀儿岙、头门、达道、海建六个村的书记、主任及相关驻村干部参加会议。

2012年临海市桃渚镇人民政府大事记

1月11日，召开桃渚镇第十六届人民代表大会第一次会议。市委常委、组织部长王宗明、市人大常委会副主何志忠应邀出席大会，并做重要讲话。

2月10日，召开全镇干部大会在镇五楼会议。会议由镇党委副书记、镇长谢伟主持，全体机关干部、大学生村官、农村工作指导员等参加会议。

2月22日，市委常委、组织部长到桃渚镇开展“进村入企”走访调研活动。镇党委书记厉维军、镇长谢伟等陪同调研。

3月6日，召开纪念“三八”妇女节102周年暨法制培训会。镇妇联执委、全体机关女干部、大学生女村官、各行政村妇代会主任、各单位妇委会主任及各线优秀妇女代表等应邀参加会议。

3月28日，召开全镇森林消防暨土地管理工作动员大会。会议由镇党委副书记许建国主持，全体机关干部，大学生村官，农村工作指导员，各行政村党支部书记、村委会主任，有关部门单位负责人等400余人参加会议。

4月24日，市委副书记、市长蒋冰风到桃渚调研旅游工作。

4月25日，召开《关于创建青少年零犯罪社区》研讨会。市关工委领导彭桂芳、吴相省到会指导。

5月15日，市委常委、组织部长王宗明带领市水利局、海洋渔业局、旅游局等部门到桃渚镇南门坑村走访调研。

5月16日，召开信访积案化解工作会议。包案班子领导、各办事处书记、办事处分管信访干部、镇信访办干部等参加会议。

6月15日，组织各办事处主任、协管员、各相关单位负责人召开食品药品安全专题工作会议，会议由镇宣统委员许双萍主持。

7月11日，由市委政法委副书记刘勤明带队的督查组一行4人对桃渚镇半年综治工作进行督查。

7月30日，召开桃渚镇社会管理综合治理工作半年总结暨业务培训会。桃渚司法所、桃渚派出所、桃渚边防哨所、桃渚交警中队各负责人等参加此次会议。

8月1日，召开加强基层组织建设年和创新社会管理工作培训会。会议由镇组织委员祝霄峰主持。

8月20日，召开2012年度冬季征兵工作会议。各办分管武装干部、全体驻村干部、各村民兵连长参加会议

8月31日，召开食品药品安全大整治百日行动工作会议暨业务培训会。会议由桃渚镇宣统委员许双萍主持，来自全镇食品药品经营行业的经营户及相关单位部门负责人共300多人参加此次会议。

9月5日，召开农产品质量安全大整治百日行动会议。会议由该镇农办主任金岳银主持，各办事处负责人、农业综合服务中心、兽医站、渔政站的相关同志参加本次会议。

9月12日，副市长陈先东一行，到桃渚镇调研工作。镇党委书记厉维军代表镇党委、政府，就教育、计生、食品药品安全等工作，作详细地汇报。

9月25日，桃渚镇联合市药监局、杜桥工商分局、杜桥质监所、杜桥卫生监督所，并组织各办事处主任、协管员等，共同开展双节食品药品安全大检查。

10月23日，省示范文明城市测评组组长、省委宣传部副巡视员陈海良在临海市委常委、宣传部长卢如平，镇党委副书记、镇长谢伟的陪同下，到桃渚军事古城检查指导工作。

10月25日，召开桃渚镇残疾人联合会第六次代表大会。会议由镇党委委员祝霄峰主持。选举产生新一届镇残联主席团主席，并推举产生孙德军同志为新一届执行理事会理事长。另选举产生出席市残联第六次代表大会的7名代表。

11月6日，召开“决战四季度、奋进促崛起”动员大会。会议由镇党委副书记许建国主持，全镇机关干部、大学生村官、各办事处、单位部门负责人和村书记、主任等300多人参加会议。市委常委、组织部长王宗明应邀参加会议并作重要讲话。

11月8日，组织机关干部集中收看十八大开幕式。

12月10日，举行桃渚镇十八大精神宣讲团首场报告会。陈相剑、项爱平分别作先进事迹报告，北塘村全体党员干部、村民代表聆听报告。

2012年临海市小芝镇人民政府大事记

1月12日，召开小芝镇第十六届人民代表大会第一次会议。市人大副主任何志忠到会指导，市委组织部、市纪委等联系单位应邀出席会议。

2月9日，举行全镇经济工作会议。镇党委书记李光明，镇党副书记、镇长董志慧及班子成员，全体机关干部，镇属部门负责人，规模以上企业负责人，各村两委、文书等参加会议。

2月10日，市委副书记、市长蒋冰风到小芝镇下里村，开展“进村入企”大走访活动。副市长林先掌及相关部门负责人陪同走访。

3月8日，镇妇联举行庆“三八”座谈会。镇妇联执委、机关女干部、新一届村妇代会主任、部门妇委会主任、企业代表、老干部代表、少数民族妇女代表等共60多人参加座谈会。

3月29日，召开清明节森林防火工作会议。镇党委班子成员、全体机关干部、镇属各部门、各村两委干部及镇区半专业扑火队员参加会议。

4月19日，召开政法信访暨网格化管理组团式服务推进会。会议由镇武装部部长陈建德主持，全体机关干部、各镇属部门负责人、各村书记、主任、治保调解员、文书及部分企业负责人、市政法委书记严放、市综治委主任叶小明参加此次会议。

4月24日，市委副书记柯婉英带领相关部门调研美丽乡村工作。在镇党委书记李光明、人大主席卢娅红陪同下先后到下里、中岙、南洋三个村考察。

4月27日，召开全镇人口与计划生育工作整治动员大会。会议由镇党委副书记冯震宇主持，市计生局局长朱晓红、市法院副院长叶辉以及计生局的部分领导应邀参加此次会议。

5月17日，市委组织部副部长罗峰弟一行到小芝镇督查基层组织建设年工作。镇党委副书记冯震宇、组织委员郭振陪同检查。

5月25日，召开村级便民服务中心代办员工作培训会。镇便民服务中心窗口办人员、各行政村便民服务中心代办员、大学生村官共50余人参加此次培训学习。

6月1日，市委常委、组织部长王宗明，组织部常务副部长卢才超一行人到小芝镇考察基层组织建设年工作开展情况。

6月5日，召开《小芝镇基层组织建设年活动推进会暨“网格化管理组团式服务”培训会》。会议邀请市委组织部组织科副科长黄贵炜、市综治委副主任叶晓明作业务培训指导，各行政村党支部书记、机关部门党支部书记、各行政村网格长参加会议。

7月16日，组织机关干部参与王宗明部长在线访谈。

8月28日，台州市委副书记肖培生到小芝镇调研美丽乡村建设。市委副书记、市长蒋冰风，市委副书记柯婉瑛，副市长黄山河及相关部门负责人陪同调研。

9月7日，市委常委、统战部长陈敏带领督查组到小芝镇督查全市商人大会相关工作开展情况。

9月10日，召开教师节座谈会。镇党委书记李光明、镇长董志慧、副书记冯振宇、宣统委员叶珊珊、桐峙中学校长卢宏伟、小芝中心校校长虞选清及校级领导、镇级优秀教育工作者、优秀班主任、优秀教师、退教协代表等近50人参加座谈会。

9月12日，副市长陈先东和市计生局长朱晓红等一行人到小芝镇调研计划生育工作。镇党委书记李光明就对计划生育工作开展情况作汇报。

10月9日，台州市人口计生委主任章维青、副主任丁庆银、临海市人口计生局局长朱晓红，在镇党委书记李光明、镇长董志慧、人大主席卢娅红等陪同下，到小芝镇调研人口和计划生育工作。

10月19日，召开第四季度工作推进会。村书记、主任、驻村干部、镇属各部门负责人、全体班子成员参加此次会议。

10月22日，副市长吴海燕到小芝镇调研旅游资源开发情况。市旅游局相关领导、小芝镇镇长、分管旅游副镇长等陪同调研。

11月26日，市关工委主任龚维湘一行到小芝调研“十万父母进家长学校——家庭教育提升行动”工作。

11月29日，召开“春泥计划”工作交流会暨先进表彰会议。会议由宣传委员叶珊珊主持。

12月6日，小芝镇全体机关干部在镇党委副书记冯震宇的带领下，对小芝镇区往桃渚方向十字路口的两处违章建筑进行拆除。

2012年临海市汛桥镇人民政府大事记

2月1日，组织全体机关干部和各村党员干部群众认真收看电视直播的台州市干部大会。

2月15日，召开汛桥镇经济工作会议。大会由镇长屈灵波主持，镇领导班子成员、全体机关干部，各村书记、主任，镇属各部门负责人，农村工作指导员，大学生“村官”，规模上企业负责人和农民合作社代表等120多人参加会议。

2月21日，副市长林先掌带领市农办、农业局、林特局、水利局等机关部门来到汛桥镇下宅村调研指导美丽乡村建设。

3月5日，镇卫生院和市妇幼保健院组织医护骨干到汛桥镇蒋山村开展“学雷锋、庆三八，送医下乡”义诊活动，受到当地村民的欢迎。

4月19日，镇文化中心举办“临海市阳光工程食用菌种植培训班”。汛桥镇下宅村等食用菌种植集中村大部分种植户参加此培训班。

5月4日，台州市委常委、组织部长马晓晖一行到汛桥镇调研基层组织建设及人才工作。

5月5日，镇团委组织20余名青年志愿者到汛桥镇敬老院开展“送服务、献爱心”活动，并送上慰问品。

5月25日，“民营经济在浙江”全国知名网络媒体采访团走进汛桥镇的华海药业。

6月30日，华海药业举行新党员入党宣誓、优秀共产党员表彰、党员知识竞赛等活动，共同庆祝中国共产党90周年华诞。临海市委组织部、宣传部、总工会及汛桥镇等领导应邀出席。

7月16日，组织机关干部、大学生村官收看王宗明部长在线访谈。

7月25日，临海市人民财产保险公司来到汛桥镇为农户办理农业政策性保险。

7月31日，镇妇联联合镇司法所、综治办、派出所、团委等有关部门，开展平安家庭、消防、禁毒、反邪教、夏季防盗抢、学生游泳安全警示教育、法律咨询等综合性的平安宣传月活动。发送各种宣传资料1000多份，平安宣传品环保袋、围裙等500多件。

8月24日，举行华海药业助学金发放仪式。仪式由临海市慈善总会副会长朱云香主持，临海市关工委主任龚维湘等领导出席捐助仪式，向110名贫困学生发放助学金共计20多万元。

9月10日，举行汛桥镇第28个教师节暨先进教师座谈会。会议由汛桥镇中心校校长魏立强主持，镇党委书记戴周国、镇长屈灵波、宣统委员吴锡、全镇中小学领导班子和中小学先进教师参加会议。

9月29日，镇党委组织镇属各部门负责人，各行政村党员收看《台州市创先争优活动经验交流暨表彰（电视电话）会议》。

10月19日，举行汛桥镇全民运动会暨第二届老年运动会。全镇10支代表队，220名运动员参加，设有拔河、迎面接力、自行车慢骑、挑粮等１０项趣味运动项目。

11月5日，召开汛桥镇“决战四季度、奋进促崛起”动员大会。全镇机关干部、大学生村官、各村书记和主任、各部门负责人参加会议。

11月8日，镇党委组织全体机关干部收看十八大开幕盛况，共同学习十八大报告。各行政村、部门、企业支部组织党员收看。

11月12日，镇党委举办“汛桥镇2012年第三期农村工作论坛”。本期由五位机关干部主讲。

12月20日，镇党委在镇文化中心举行“学习贯彻党的十八大精神宣讲报告会”。邀请台州市社科联主席金先龙为广大党员干部作十八大精神宣讲。

2012年临海市沿江镇人民政府大事记

2月10日，召开沿江镇2012年经济工作会议暨“三大工程”百日攻坚总结表彰会议。会议由镇党委副书记、镇长应良国同志主持。

2月16日，市委常委、常务副市长张招金带领市府办、市发改局、市交通局等单位负责人到82省道复线及其连接线工程建设现场，实地查看工程建设情况。镇领导蒋友辉、应良国、郭宏杰陪同检查。

2月22日，副市长林先掌带领市府办、市农办、农业局、林业局、水利局等相关部门，到沿江镇上百岩村调研“美丽乡村”建设。

3月8日，召开项目攻坚会议。各项目负责人及相关工作人员参加会议。

3月21日，省水利厅副厅长徐国平一行到沿江镇，对防汛准备工作情况进行督查。

3月28日，沿江镇党委书记蒋友辉主持召开3月份重点项目建设工作汇报会。全体班子成员，各工作片书记、主任，各办主任，城建办，国土所等相关部门负责人参加会议。

4月13日，召开2012年度政法信访工作会议。会议由镇党委副书记、镇长应良国主持。

4月25日，市人大常委会党组副书记、副主任赵益春一行到沿江调研人大、政法工作。

4月26日，召开2012年安全生产会议暨“五一”安全生产大检查动员会。会议回顾去年安全生产工作，分析研究今年安全生产形势，部署安排今年的工作任务。

5月15日，由市委常委、常务副市长张招金，市领导陈敏、吴海燕及市级相关部门负责人一行20余人到沿江镇开展项目建设督查评议活动。

5月30日，由省政法委副书记、维稳办主任刘树枝带领的省加强和创新社会管理督查组到沿江镇督查工作。市委常委、公安局长王小平，市政法委副书记严放及镇领导蒋友辉、应良国、吴小炸等陪同督查。

5月31日，台州市副市长郑米良率队视察沿江镇红光海塘坝加固工程。镇领导蒋友辉、应良国、邵翔等陪同视察。

6月8日，召开“基层组织建设年”活动推进会。会议由镇党委书记蒋友辉主持。

6月25日，市委副书记、市长蒋冰风带领市府办、市委及市政府督查室、市经信局、市财政局和市水利局相关负责人到沿江镇督查工作。

7月26日，镇党委书记蒋友辉到各项目建设现场促建促产。镇人大主席金敬顺、常务副镇长郭宏杰等陪同督促。

8月16日，召开沿江镇2012年村级项目建设督评汇报暨上半年工作总结会议。会议由镇党委副书记、镇长应良国主持。

8月28日，市委常委、统战部长陈敏到沿江镇接访。镇领导蒋友辉、应良国、吴小炸陪同访问。

8月31日，召开创安工作暨十八大安全生产消防安全动员会。会议由镇党委副书记、镇长应良国主持。

9月9日，召开重点工作推进汇报会。会议由镇党委书记蒋友辉主持。会上各班子成员汇报今年1—8月份以来分管工作及所联系的重点项目进展情况，并部署下阶段重点工作。

9月10日，市委常委、常务副市长张招金，市委常委、统战部长陈敏，副市长朱永军率市农办、发改、经信、统计、财政、国土等相关部门负责人，对沿江镇今年1—8月份重点项目推进情况开展现场督查评议。镇领导蒋友辉、应良国、吴小炸、林朝阳陪同督查。

10月31日，启动十八大期间治安大巡防活动。启动仪式上镇党委副书记、镇长应良国作重要讲话，镇党委委员、派出所所长叶剑对大巡防工作作具体部署，镇专职副书记吴小炸主持启动仪式。

11月14日，台州市委常委、临海市委书记柯昕野到沿江镇调研工业经济发展等工作。市委常委、统战部部长陈敏及相关部门负责人陪同调研。

11月25日，召开沿江镇十八大精神学习暨工作通报会。会议由镇党委副书记、镇长应良国主持。

2012年临海市永丰镇人民政府大事记

1月13日，举行第三届人民代表大会第一次会议。会议通过永丰镇政府工作报告、人大主席团报告以及财政预决算报告，并选举产生新一届镇人大主席、副主席，镇人民政府镇长、副镇长。

同日，市人大副主任金能忠、镇党委书记周善考带领镇有关负责同志到永丰镇石鼓、姜家岙、更楼等行政村，走访慰问困难户。

2月10日，市委副书记、市长蒋冰风到联系村永丰镇上郭村，开展“进村入企”大走访活动。副市长林先掌及相关部门负责人陪同走访。

3月20日，举办森林防火技能培训会。并邀请临海市消防办副主任周斌授课，参加培训班的有全镇所有森林消防队员。

4月10日，镇长胡天临参加上郭村村民代表大会，并作重要发言，要求上郭村以美丽乡村为目标，以康居工程建设为契机，建设好新农村。

4月13日，召开基层组织建设年工作培训会。参会的有全镇机关干部、大学生村官，各村书记主任。

4月26日，镇妇联在市妇联精心指导下，组织市卫生局和市一医院精干医生一行１０多人在更楼集市日开展送医送药免费义诊活动。

5月30日，市委、市政府相关领导集体视察永丰镇重点项目推进情况。先后到浙江佳禾有限公司、保华大桥及接线工程以及潘岙溪等灾毁修复工程项目建设现场。

5月31日，开展纪念“5.29”会员活动日暨“关爱女孩、自觉抵制两非”宣传服务活动。

6月15日，台州市国土局局长虞彦龙一行到永丰镇视察康居工程工作。临海市副市长朱永军、市府办、市国土局、市建设规划局及市康居办陪同指导工作。

7月10日，永丰镇召开辖区内规模下企业负责人安全生产工作会议。永丰镇分管工业副镇长厉学钢、安监中队队长梁仲荣出席会议。

7月18日，省农办楼处长来到永丰镇对申报省级农家乐特色点的茶辽枫岭农家乐园进行考核验收。市委农办、旅游局和永丰镇相关领导等陪同参加验收。

7月23日，市人大常委会主任王以琅，副主任赵益春、柯建平、蒋定森及市人大常委会委员等一行人视察永丰镇下塘园村“美丽乡村”建设情况。副市长林先掌、市相关部门负责人和我镇主要领导陪同视察。

8月2日，开展半年度工作小结暨防汛防台工作会议。各村书记、主任、文书，水库巡查员，沙机沙船承包人，全体机关干部、大学生村官、部门负责人到会参加。

8月23日，召开半年综治工作总结会暨综治干部培训会。临海市政法委综治办主任叶小明、市委610办公室杨武杰科长出席会议。

9月10日，举行“庆祝28个教师节暨表彰大会”。镇党委书记周善考、镇长胡天临和全镇234名在职教职员工出席会议。

9月13日，召开永丰镇第三届党员代表大会代表选举工作动员会。全体机关干部、大学生村官、村党支部书记（负责人）、各部门单位党支部负责人参加此次会议。

9月18日，召开“维稳工作暨农医保工作”动员大会。永丰镇各村书记、主任、文书，全体机关干部、大学生村官、部门负责人到会参加。

10月10日，市残联理事长王文君会同市人大等一行人到永丰调研《中华人民共和国残疾人保障法》执行情况。

10月23日，召开永丰镇第六届残疾人代表大会。来自全镇各条战线的67名残疾人及亲属代表参加会议。

11月8日，永丰镇78个行政村、企事业单位和远教站点，共计2000多名党员共同收看中国共产党第十八次全国代表大会开幕式。

12月5日，大学生村官宣讲团，结合实际给村民们讲解十八大精神。

2012年临海市涌泉镇人民政府大事记

1月9日，市委统战部部长陈敏来到涌泉台州枫叶船业有限公司代表市委统战部对枫叶船业董事长叶岳顺进行慰问。

2月1日，组织全体机关干部收看全市干部大会实况。陈铁雄书记作重要讲话。

2月14日，台州市委副书记、市长吴蔚荣开展“进村入企”走访调研活动。台州市委常委、临海市委书记柯昕野，临海市委副书记、市长蒋冰风陪同调研。

2月15日，召开2012年涌泉镇经济工作暨综治工作会议。市政协副主席项毅勤、罗雪志，镇党委书记汪庆源，镇党委副书记、镇长郭鑫及班子成员，全体机关干部，镇属部门负责人，规模上企业负责人，行政村“两委”成员、治保、调解主任，农业合作社代表参加会议。

3月14日，中国邮乐公司总裁杨国雄、执行副总裁常琳、中国邮政集团公司邮乐项目主管王丰、浙江省邮政公司电子商务分局局长瞿雷达一行在临海市邮政局局长葛敏的陪同下到涌泉，就通过村邮站平台发展农村电子商务情况展开调研。

3月22日，召开涌泉镇石村小集镇建设座谈会。会议由常务副镇长谢增主持，党委副书记、镇长郭鑫出席座谈，镇城建办、土管所等负责人，管岙工作区书记、小集镇区各村主要干部、驻村干部参加座谈。

3月28日，召开森林消防工作动员大会。会议由党委书记汪庆源主持，全镇机关干部、农村工作指导员、镇属各单位部门负责人、大学生村官、镇护林员、镇森林消防队各分队队长、39个行政村书记、主任、文书以及分管森林消防干部等人员参加会议。

4月9日，邀请台州党校教研室主任许峰开展“我们的价值观”专题讲座。全体机关干部、大学生村官、农村工作指导员共150余人参加讲座。

4月10日，召开全体退休干部会议。会上由学习组组长阮道满传达汇报市两老一少会议精神，并且就如何发挥退休干部作用和组织退休干部学习发表各自的看法。

5月12日，召开2012年度的经济工作会议暨综治工作会议。涌泉镇各行政村的村书记、村主任及文书参加此次会议。

5月23日，召开基层组织建设年专题培训会。会议由镇党委副书记黄先锋主持，全镇共83个支部书记参加。

6月4日，镇综治办组织镇司法所、派出所、妇联、计生办、企办等相关单位集中开展综合治理宣传活动。

6月15日，镇人大副主席项玉君带队，组织外岙村全村党员、干部和村民代表赴桐庐县考察美丽乡村建设。

7月4日，召开涌泉镇村两级便民服务中心代办员业务培训会。镇便民服务中心工作人员、各行政村便民服务中心代办员参加此次培训。

7月4日，市农办王志坚主任带领水利、财政、发改、纪委等部门负责人召开“美丽乡村”现场办公会。涌泉镇党委书记汪庆源、镇长郭鑫、人大副主席项玉君等陪同。

7月13日，召开2012年度防汛防台工作会议。各行政村书记、驻村干部参加会议。

8月20日，在涌泉镇民生会客厅召开关于83省道沿线环境整治的工作会议。副书记黄先锋作主持，相关干部参加此会议。

8月21日，开展食品安全百日行动工作会议。会议由副镇长王臻主持，全镇机关干部、镇相关部门及各村主要干部和农民专业合作社负责人、种植大户等300多人参加此次会议。

8月30日，市委副书记、市长蒋冰风市长一行在涌泉镇调研。镇党委书记汪庆源、镇长郭鑫陪同调研。

9月13日，柯婉英一行督查涌泉镇重点项目工程。镇党委书记汪庆源、镇长郭鑫陪同督查。

9月20日，市委副书记柯婉英到外岙村督查美丽乡村工作。农办主任、林特局局长和镇党委书记、镇长、人大副主席等陪同。

10月16日，市委副书记、市长蒋冰风带领有关部门负责人到涌泉督查人口和计生工作。副市长陈先东参加督查。

11月8日，党委书记带领全体机关干部在会议室收看“十八大”开幕式。

12月5日，举行的浙江卫视“流动大舞台”活动。进行2012年度浙江新农村建设优秀带头人“金牛奖”投票活动。副市长黄山河和市委宣传部等有关部门负责人出席。

2012年临海市尤溪镇人民政府大事记

1月10日，镇党委书记林则星到坎头村看望慰问困难群众黄崇献，送去党委和政府的关怀和温暖。

1月16日，市统战部联同市少数民族联谊会一行10人，到尤溪镇慰问少数民族群众。

2月21日，副市长林先掌及农办、农业局、水利局、林特局的相关领导一行到尤溪镇调研美丽乡村建设。镇党委书记林则星、镇长余玲燕陪同调研。

同日，副市长虞彦华、计生局朱晓红局长一行到尤溪调研人口计生工作。

2月22日，台州市委常委、副市长尹学群到尤溪镇下涨村考察指导工作。镇党委书记林则星、镇长余玲燕及宣传委员方锦慧等陪同考察。

3月5日，举行的妇女创业送上融资培训会，尤溪信用社主任梅晓晗用通俗易懂的语言，辅以妇女创业融资的成功个案说明，教授妇女在创业过程中如何进行融资。

3月13日，组织全体机关干部、镇属各部门负责人及林特站工作人员等70余人来到新坑村参加义务植树活动。

4月16日，召开动员会。参加会议的有各行政村主要干部，镇属企事业单位负责人、全体机关干部、市级指导员、大学生村官等。

4月25日，镇长余玲燕带领镇安委会人员先后来到海花橡塑、伟星股份、大丰纺织等企业检查安全生产工作。副镇长王靓靓陪同检查。

5月22日，韩国横城郡议会议长金春焕率议会访问团一行10人访问尤溪镇。市人大常委会副主任何志忠等陪同，镇党委书记林则星，镇长余玲燕，人大主席刘道秋会见横城郡议会访问团一行。

5月30日，市纪委书记奚国斌、市人大副主任金能忠率市农办、发改、经信、统计、财政、国土等相关部门负责人，对尤溪镇1—5月份重点工程推进情况开展现场督查评议。

6月8日，省发改委林主任、市发改局、旅游节领导一行到尤溪镇考察运动休闲基地建设。镇党委书记林则星陪同考察。

6月12日，市镇两级党代表们就“机关效能建设十不准”召开询问会。林则星、应为民、陈强等党代表参加会议。

6月28日，市委统战部部长陈敏到尤溪镇走访慰问老党员。镇党委书记林则星、组织委员杨建林陪同慰问。

7月31日，市政协主席施士雄在市政协秘书长马亦良和水利局、经信局、防汛办等相关部门负责人陪同下，到尤溪镇督查防汛工作。

8月6日，召开防汛紧急会议。积极部署各项措施防御超强台风“海葵”的到来。

9月4日，镇长余玲燕亲自带队，带领镇安监中队、派出所等相关部门组成的联合检查组，深入伟星股份公司、大丰纺织、龙岭化工厂等重点企业检查安全生产工作。

9月10日，启动新一轮的治安大巡防活动。由派出所民警和镇综治办成员联合组成治安巡防队，对伟星大道、义城路、尤龙路等镇区重要道路、重点区域进行定点巡逻。

9月25日，市政法委副书记刘勤明带领市“六大”专项行动工作督查组对尤溪镇六大”专项行动工作进行督查。镇党委副书记应为民、派出所所长虞彦、副镇长王靓靓等参加汇报会。

10月9日，镇党委书记林则星、镇长余玲燕带领重点项目督查组对全镇康居工程、整治村工作进行专项督查。督查组一行首先在叶岙村听取村两委关于康居工程、整治村工作的汇报，随后又到八年、哈龙岙等村实地查看工程进度情况。

11月6日，召开2012年度三季度经济形势分析会暨“决战四季度”动员大会。大会由镇党委副书记应为民主持，全体机关干部，规模上企业负责人、相关部门负责人，各行政村书记、主任等150多人参加会议。

12月28日，组织全体班子成员、机关干部、部门负责人学习“全省改进工作作风、加强党风廉政建设电视电话会议”精神。

2012年玉环县玉城街道办事处大事记

2月16日，召开“解放思想、创业创新”活动暨村级组织换届选举工作动员会。街道办事处主任金启光主持会议。各村社区（经济合作社）书记、主任（社长），分管组织的支部委员以及村会计，部门驻村社区领导干部，市、县派指导员，全体机关工作人员，各站所负责人，监督员等参加会议。

2月22日，召开“解放思想、创业创新”专题讨论。街道部分科室负责人及村社区干部参加会议，对环保、交通、教育、城建等方面侃侃而谈，各抒己见。

3月21日，召开“良谋策士”统战论坛座谈会。

3月29日，召集驻村干部、村（社区）主要负责人、森林防火队员、护林员等开展森林消防安全培训会，打响清明防火“保卫战”。

4月22日，街道团委在玉环公园开展深化“拔钉破难优化服务、践行时代青年价值观”万人签名活动。

5月12日，举办消防安全及应急疏散培训会。机关全体干部和各村、社区主要负责人和分管负责人参加会议。

5月16日，县委书记张加波深入玉城街道督查“拔钉破难优化服务”活动。

5月22日，玉城街道联合公安、国土和城管等部门对环西村一处正在非法抢建的庙宇进行拆除。

6月15日，县城市管理行政执法局组织人员对玉城街道垟青大厦4号楼23层套房外一处结构房进行拆除。

6月27日，县委副书记、政法委书记朱立国到玉城街道后蛟村和前塘垟村，就“网格化管理、组团式服务”工作开展督查。

6月27日，县委书记张加波在县委办、县委组织部、玉城街道办事处等有关人员的陪同下，到玉城街道南大岙村、上段，亲切看望慰问困难党员李素妹、建国前老党员林可法和外来党员左可佑，给他们送上慰问金。

7月14日，玉城街道党工委、办事处召集“清洁家园，美丽乡村”考核落后的20个村、社区党支部书记、村委会主任及联村领导、驻村干部开展“学先进，促后进”的活动。

7月20日，玉城街道联合城管、工商、公安等相关部门，组织街道办事处狮城线周边驻联村干部，对该道路旁废旧物品收购点进行全面整治、清理。

8月13日，县委副书记、政法委书记朱立国带领县委办、县委组织部、县委政法委、县委及县政府督查室等相关部门负责人再次深入玉城街道，实地督查“网格化管理、组团式服务”工作推进情况。县委常委、玉环经济开发区党工委书记、楚门镇党委书记杨良强参加督查。

8月27日，组织开展社会治安大巡防专项活动。

9月5日，街道办事处会同县运管所、玉城派出所、交警中队和县巡特警大队，联合开展打击非法玉城街营运专项整治行动。

9月18日，街道联创办、查违办联合城管、供电等部门执法人员，共组织100多人，动用2台挖掘机和多辆卡车，对位于李家、上段、桃花岭、塘里等地的违章搭建全面展开整治行动。

9月28日，举办“四海一家亲、共谱和谐曲”文艺晚会。

10月11日，组织10多位工作人员，对位于南大岙村公路两侧的一处建筑垃圾回填现象进行整治。

10月12日，玉城街道联合农业、城管、环保、水利和公安等部门约70人，对辖区西青塘村四家非法养殖场进行拆违行动。

11月15日，组织召开鞋革类企业安全生产专项整治工作部署会。各村（社区）负责人、安全员及鞋革类企业负责人到场参加。

12月6日，玉城街道联合县人民法院、县计生局的工作人员深入龟山、上岙等村，对影响较恶劣的7例违反计划生育对象户进行社会抚养费强制征收。

12月10日，召开食品药品安全监管员培训工作会。各村（社区）食品药品安全监管员参加培训会。

2012年玉环县坎门街道办事处大事记

1月17日，县人大常委会主任吴柏青携民政、残联等相关部门负责人，来到坎门街道为老党员、优抚对象、特困户、残疾人、新玉环人代表和边防官兵送去新春祝福。

2月16日，县人大常委会主任吴柏青一行到坎门街道，开展“进村入企”大走访活动。

3月4日，街道人武部、团委组织英雄基干民兵营的女哨员，利用周末休息时间，开展“学雷锋树新风”活动。

3月26日，组织召开森林防火队员、专职护林员点验大会。为即将到来的清明节防火工作做好准备。

4月27日，街道城管处组织30多人，并出动铲车、运输车，对位于纬一路、交通路和兴潭路等处的部分无证废旧品回收点，开展强制清理行动。

5月17日，街道残联组织各社区（村）工作人员带着慰问品，到坎门夕阳红托老院，对居住在此的残疾人进行慰问。

5月23日，召开村（居）监委会主任半年度工作交流会，并对各监委会主任的职责提出新的要求。

5月29日，县委副书记朱立国率领县农办、县国土局、县住建规划局等部门相关负责人到坎门街道，就历史文化村落工作进行调研。

6月21日，县海洋与渔业局海监大队联合坎门街道办事处、坎门渔港开发中心等相关部门组织开展坎门渔港围区非法填海集中整治行动。

6月24日，举行以“抵制毒品、参与禁毒”为主题的禁毒宣传活动。

7月9日，县委副书记、县长林先华带领发改、财政、住建规划等相关部门负责人到坎门街道，专题督查坎门后沙旧城改造拆迁安置工程进展情况。副县长陈云岳参加督查。

7月10日，坎门街道主任曾志斌和党工委副书记林可清等领导带队，走访慰问红旗社区、黄门村、双丰村等地的困难群众。

7月17日，县委副书记朱立国率领县国土、城管等部门相关负责人，到坎门街道查违办就查违工作进行督查。副县长陈云岳陪同督查。

8月21日，县委副书记、县长林先华到坎门街道，实地走访“永德信”、“金辉”、“盛大”三家企业以及汽摩一期保障房工程、坎门游泳馆工程等地，督查坎门街道“突破三季度”工作情况。

9月6日，组织安监、工商、环保等相关部门，联合开展打非治违专项活动，并依法取缔一处危险化学品非法储存点。

9月10日，坎举行查违政策知识竞赛。县委办副主任金碧辉、县农办副主任余海勇、县总工会副主席卓林雄、团县委副书记赖伶超、县妇联副主席潘薇萍、县城管执法局副局长江道福等领导出席并担任比赛评委。

9月20日，街道社区卫生服务中心举办监护人精神分裂症防护讲座，邀请天台精神病医院蔡医生作为讲座医生。

10月25日，组织查违、城建、国土、城管等部门80多人，并出动多辆铲车、运输车，对位于东风科技园区处的一双违建筑点进行集中整治，共拆除房屋30多间，面积达2000多平米。

10月26日，街道计生办组织所有村级计生员，开展一次“互查互评互促进”活动。

11月19日，举行理论中心组（扩大）学习会议，专题传达学习十八大精神。

11月20日，县委副书记朱立国率领县计生局负责人到坎门街道，督查人口和计划生育工作。

11月27日，县综治委、教育、公安、交警等部门联合行动，对坎门街道学校周边治安综合治理工作进行专项检查和集中整治。

12月5日，街道与县组织部联合开展“党员活动日”活动。县组织部工作人员、街道党员团员以及部分群众，一起来到东沙社区的山上，开展义务植树造林活动。

12月7日，举行新兵入伍欢送会暨新老兵结对仪式。

2012年玉环县大麦屿街道办事处大事记

1月19日，召集机关工作人员和各村（社区）负责人，工商、派出所、交警等站所举行消防安全工作紧急会议。

2月16日，县委常委陈挺晨带领国土、交通、建设规划等部门相关领导到大麦屿街道，开展“进村入企”大走访活动。

2月20日，街道办事处联合派出所等相关部门，在陈屿中学开展具有深刻教育意义的拒绝毒品、远离邪教法制宣传活动。

3月28日，组织22名县人大代表视察重点工程项目。代表们实地走访76省道复线南延工程隔门岭隧道施工现场及西大线老虎岗山体爆破现场。

4月12日，组织公安、环保、电力、工商、国土等多个部门，对辖区列入深化“拔钉破难优化服务”公共安全隐患“清剿”专项行动的首批7家违规金属熔炼企业进行联合打击取缔。

5月31日，国投物流投资有限公司相关人员到玉环大麦屿港考察。县委常委、常务副县长陈挺晨陪同考察。

6月5日，县环保局副局长梁永地带领环保局污控科及大麦屿环保所工作人员一行，来到大麦屿街道的电镀企业进行电镀污染整治实地调研。

7月5日，大麦屿街道便民服务中心的工作人员到外叶村，为该村的56名老人集中办理老年优待证申请登记。

7月20日，街道工作人员到大麦屿渔港扩建工程工地，慰问酷暑天仍奋战在工程建设一线的劳动者，为他们送上防暑降温的人丹、藿香正气水、西瓜、凉茶等慰问品，向他们捎去夏日里的丝丝清凉。

8月6日，大麦屿街道联合县城管局、国土、边防、公安等部门对前阶段拆除的违法建筑开展回头看行动，确保查违工作落到实处。

8月30日，召开计生工作例会。会议传达县委文件精神，部署下阶段工作任务，并要求各村居计生专干做好摸底排查工作，进一步加大整治“两非”工作力度。

9月21日，街道妇联组织村（社区）妇联工作人员，在港台商城、车站、加油站、兴港路口、学校门口5个地点同时开展“拒绝车窗垃圾”宣传活动。

9月26日，大麦屿街道联合运管、交警、派出所等单位，在辖区内开展二次打击非法营运专项整治行动。

10月29日，街道计生办人员专程前往环海村的智障患者曾云崇家看望慰问。

11月20日，组织工作人员联合县消防大队、县住建规划局、房管、公安等部门共90余人对该商贸中心的消防通道进行彻底整改。

11月21日，大麦屿街道联合国土、公安等部门，对辖区内一非法采矿点开展整治行动。保护国有矿产资源不受侵占及周边群众生命财产安全。

12月7日，在大麦屿街道消防中队操场上举行第三届“苏泊尔”杯消防安全技能运动会。来自辖区的14家企业代表队、近百名员工参加此次运动会。

12月20日，召开大麦屿街道鲜叠片村干部例会。鲜叠片16个村（社区）的30多名村干部参加此次例会。会议组织村干部学习党的十八大精神，并交流探讨近阶段各村（社区）工作，安排部署下阶段工作。

2012年玉环县楚门镇人民政府大事记

1月10日，市领导蒋珍明、王金生、叶海燕一行到楚门敬老院，慰问建国前老党员。县领导林先华、朱立国、沈云才、许爱平、胡载彬等陪同慰问。

1月19日，楚门镇召集镇安委会成员及村居、部门站所负责人，分别召开安委会扩大会议和村居负责人会议。

2月2日，由楚门镇班子领导组成的“进村入企”走访工作组来到徐宝头家，开展领导干部进村组、入农户、下企业的活动。

3月29日，楚门老年大学的近200名学员开展清明节祭扫活动。

4月1日，组织召开深化“拔钉破难优化服务”活动部署会。狠抓各项工作落实，强势推进深化“拔钉破难优化服务”活动各项任务的完成。

4月11日，召集村居、重点企业、站所党支部书记及镇机关党员、中层干部召开基层组织年推进会。

4月17日，组织港北国土城建执法中队对位于筠岗村的三处抢建违章建筑予以强制拆除，其中二处为擅自加层建筑，总面积为400多平方米。

5月15日，组织专业拆违人员冒雨对位于塘垟村的一处未批加建的违法建筑进行拆除。

5月22日，县委副书记、政法委书记朱立国带领相关部门负责人来到楚门，实地督查“网格化管理组团式服务”工作。县委常委、楚门镇党委书记杨良强参加督查。

6月26日，组织派出所、司法所、流管所及镇关工委、团委、妇联等部门单位在楚门科技产业功能区举办国际禁毒日主题宣传活动。通过发放宣传资料、悬挂横幅、拒毒签名、有奖知识竞答等活动，进一步提高群众自觉远离毒品的意识和抵制毒品的能力。

7月5日，举行玉环首届榴岛杯台球精英赛，吸引众多爱好者的参与。

7月12日，召开班子扩大会议。传达全县“大干二季度”总结暨“突破三季度”动员会会议精神，全面部署楚门镇“突破三季度”工作。

7月16日，县委书记张加波在县委常委、组织部长阮聪颖的陪同下来到楚门镇，专题调研基层组织建设年工作。

8月24日，组织党代表、人大代表、政协委员及部门站所负责人100多人前往76省道复线南延工程、昌业南路等工地现场，就三季度各项承诺事项进展情况及交通基础设施建设进行实地视察。

8月31日，举行“奉献爱心，结对助学捐资”仪式。县关工委领导、海山乡关工委负责人和楚门商会代表均出席本次仪式。

9月3日，由楚门镇团委组织的“楚洲青年论坛”正式开讲。楚门镇镇长赵晓华为全镇的青年干部作题为《楚门：如何走向新型城市化》首期讲座。

9月17日，镇计生办在南兴街组织开展内容丰富、形式多样的“世界人口日”主题宣传活动。

9月26日，召集全镇各村(居)民兵连长、居委会主任参加2012年冬季征兵工作会议。全面部署、落实今冬征兵相关工作。

10月14日，楚门镇第三届全民运动会开幕。来自全镇各村居、部门站所、企事业单位的45支代表队1000多名参赛运动员参加运动会。

10月26日，楚门镇表彰22名长期战斗在环卫一线的环卫工人，并为他们准备一顿丰盛的大餐，向这些广大环卫工人致以节日的问候和崇高的敬意。

11月8日，组织镇机关的党员、干部集中收看中国共产党第十八次全国代表大会开幕式。

11月14日，召集各村居及部门站所负责人召开消防安全整治暨无证无照经营排查行动部署会。及时传达县相关会议精神，就下阶段这二项工作的全面开展进行部署、落实。

12月5日，组织举办十八大知识竞赛。采取多种形式组织非公企业党员学习十八大报告。

12月21日，楚门镇向张彦正、李春凤、王宗祥等6位社会威望人士颁发《楚门镇查违监督员》聘书，以进一步完善楚门镇的查违工作监督体制，提升查违工作效能和改进工作作风。

2012年玉环县清港镇人民政府大事记

1月6日，清港镇联合县国土资源管理局清港分所对徐斗村一处违章建筑依法进行拆除，及时控制一起顶风违法建设行为。

2月21日，县委常委、组织部长阮聪颖到联系村清港镇徐都村开展“进村入企”调研。

3月5日，清港镇联合交警、运管部门再次开展“三小车”专项整治行动。查获“红头娘”、残疾车等各类“三小车”5辆，劝阻非法营运行为1起，有力打击“三小车”的违法行为。

3月6日，镇“双违”整治办对正在抢建的双郏塘村一村民违规建筑厂房500多平方米进行强制拆除。

3月12日，县委常委、副书记朱立国到清港镇开展“进村入企”活动。朱立国先后到徐都村和前赵村，实地解安置小区建设、村居环境、便民服务中心、村级工会、综治等工作开展情况，聆听基层的意见和建议。

4月9日，“微爱心•营养早餐”计划启动正式启动，首批20位贫困学生受益。

5月24日，镇人大组织市、县、镇人大代表对环境卫生开展视察。

5月28日，以“关爱女孩抵制两非”为主题，开展丰富多彩的宣传服务活动。大力宣传人口和计划生育政策，积极为计生对象户服务。

5月31日，县委常委、组织部长阮聪颖，县人大常委会副主任吴可如等在清港镇党委书记占福章，镇长金加树的陪同下，先后到清港镇芳斗小学、惠民小学、中心小学及中心幼儿园，为孩子们送上党和政府的关怀以及节日的祝贺。县委老干部局、机关党工委、关工委、民政局、人力资源和社会保障局、水利局、县质量技术监督局、县联通公司、中国银行、邮政储蓄银行等十家单位共同进行慰问。

6月7日，县人大常委会副主任吴可如带队，县人大执法检查组到清港，对清港镇食品安全“一法两规”执法情况进行检查。

6月27日，县委常委、纪委书记李利兵一行到清港镇，就“进村入企”大走访活动、镇村两级便民服务中心建设情况及农村基层党风廉政建设进行督查。

6月29日，镇团委组织百余名小学生在清港新民小学开展“同在蓝天下，共赞党恩情”——童心向党迎“七一”主题活动。

7月5号，楚门分所监督员对清港镇群兴路、迎宾路上的9家早餐店进行日常监督检查。

8月2日，受台风“苏拉”强降雨影响，清港镇出现2处较大面积塌方。面对险情，村干部带头，清港镇和县公路段等部门合力开展抢险工作。

8月16日，省级文明镇考察组一行到清港镇，对清港镇省级文明镇建设工作进行复评。

8月23日，组织召开残疾人水果种植技术培训会。

9月11日，举行由清港镇举办的创建省级生态县•喜迎十八大文艺演出。

9月12日，清港镇联合环保、工商等前往樟岙、袁家等村，向非法屠宰户发放整治通知书，进一步加大对非法屠宰场的打击力度。

9月23日，组织召开党员干部学习大会。并邀请浙江大学旅游学院教授周玲强就发展乡村旅游方面进行授课指导。

10月10日，组织召开基层党组织集中活动日动员大会。大会邀请街道干部职工、各村（社区）及企业党支部书记参加。

10月16日，清港镇冬季征兵第二天体检工作再次展开，80余名应征青年踊跃参与，接受国家和人民的选拔。

10月26日，镇消防安全中队组织某酒店的全体员工进行消防安全知识培训。

11月2日，清港镇宝山南路工程举行开工仪式。县人大常委会副主任吴可如、县政协副主席陈茂荣出席开工仪式。

11月16日，省级卫生镇创建考核小组一行召开反馈会，宣布清港镇成功通过本次创建省级卫生镇的考核验收。

12月3日，清港镇联合镇土管所对徐都村一处非法回填地块进行清除。

2012年玉环县干江镇人民政府大事记

1月13日，团县委组织青联、青企协开展“冬日暖红花”新春送温暖活动。组织31名特殊的小朋友，参观干江镇久凤果园。

2月20日，县领导陈明迪、陈志鹏到干江镇，开展“进村入企”大走访活动。

3月21日，干江镇中心小学也举行“学习雷锋精神，争当四好少年”报告会。

4月15日，县委常委、楚门镇党委书记、玉环经济开发区党工委书记杨良强带领相关部门、乡镇负责人到干江镇，督查部分拔钉破难项目推进落实情况。

4月23日，县委、县政协领导带领县信访局、农业局、文广新局、国土资源局、供电局和消防大队等单位负责人接访群众活动在干江镇三楼会议室举行。干江镇党政人大班子成员参加。

5月20日，干江镇残联工作人员对辖区内39名重度瘫痪在床的贫困残疾人进行慰问。

6月25日，镇综治办联合干江边防派出所在盐盘工业区举办国际禁毒日宣传活动。

7月24日，召开镇计生协会第四次会员代表大会。县计生局副局长郑佩鸿参加本次会议，会议由镇常务副镇长吕德胜主持。

8月24日，组织相关工作人员及志愿者到人流较密集的街口向广大群众宣传省级生态县创建工作，共发放相关宣传资料1000余份。

9月11日，镇安监协同楚门环保所等相关部门开展企业污染大巡查活动。重点对入园企业进行逐家登门巡查，共巡查企业30多家。

9月24日，县委常委、统战部长陈明迪，县政协副主席陈志鹏带领县公安局、住建规划局和交通运输局等单位负责人，在干江镇三楼会议室开展县领导下访接待群众活动。干江镇党政人大班子成员参加下访接访活动。

10月9日，组织全体党员干部、村级党组织书记、“两新”组织书记和大学生村官召开基层党组织集中活动日动员大会。

10月30日，组织县、镇两级人大代表一行20人，对干江镇的“美丽乡村”建设情况进行督查，并视察县农业科技示范推广基地。

11月8日，干江镇全体机关干部、企业、各中小学校、站所等党员群众组织集中收听收看中国共产党第十八次全国代表大会开幕实况直播。

11月13日，镇综治办组织在盐盘村开展“比学赶超”观摩会暨村级社会服务管理工作培训指导会议。镇村干部及相关工作人员共20余人参加此次观摩会。

11月15日，在县妇联主席卓桂娥的带领下，县女村民代表们一行到干江考察垟岭新村新农村建设样板小区，并听取镇党委副书记叶兰美对垟岭新村建设情况的介绍。

12月5日，开展党组织集中活动日活动暨“编组共学”十八大精神活动。邀请县讲师团成员陈奇亮给全镇机关干部、各村、“两新组织”全体党员近千余人讲授十八大报告。

2012年玉环县芦浦镇人民政府大事记

1月23日，举办芦浦镇“迎新春文体系列活动”。

2月16日，县委常委、公安局长沈云才带领相关人员，到芦浦镇尖山村、百丈村，听建议、解难题、谋发展。

3月12日，来自台州宏鑫曲轴有限公司、漩门村及芦浦镇机关的志愿者们，为由宏鑫公司认养的“爱心苗圃”种植新绿。

3月31日，镇团委组织各村、各企业团干部及机关团员青年到坞根爱国主义教育基地祭奠革命先烈。

4月23日，举办“玉升杯——我心中的美丽芦浦”演讲比赛。来自各村、各企业团支部及中小学校的14名选手参加比赛。

5月3日，芦浦镇按照群众举报的信息，联合质监部门迅速行动，对位于漩门村的一家豆腐黑作坊依法予以取缔。

5月14日，组织部分市、县、镇人大代表视察县、镇两级重点工程。代表们实地走访漩楚路南延工程（包装园区段）、76省道南延工程预制场和跨海大桥开工典礼现场。

5月31日，召开农村集体土地所有权确权登记发证动员会暨业务培训。机关干部、16个行政村书记、主任、经济合作社社长、分管土地村干部、大学生村官及村级便民服务中心代办员参加会议。会议邀请县国土局和玉城国土所的相关领导。

6月12日，组织16个行政村的驻村组长、村书记、村委会主任、分管清洁家园工作的村干部深入大沙村和尖山村参观学习“清洁家园”先进典型，听取两地村干部关于村庄环境整治经验介绍。

6月20日，芦浦镇联合镇派出所在全镇范围内组织开展流动人口基础信息大排查专项行动。

7月13日，组织全体干部职工开展“机关大扫除”活动。

7月19日，举行党代表询问会。近20位来自全镇各村、企业的党代表们轮番向在座的镇党委政府班子成员抛出党员群众普遍关注、反映强烈的问题。

8月15日，镇慈善分会副会长林海兵率清洁办工作人员，为环卫工人们捎去关怀。

8月22日，镇清洁办对辖区内乱倒垃圾、乱泼污水、乱搭乱建等行为进行集中整治。与漩门工业小区、医药包装园区和新村沿线的街面店铺签订门前三包责任书，督促企业和商铺做好门前的卫生、绿化和秩序维护工作。

8月25日，镇城建、国土、查违等工作人员对井头村一处顶风抢建加层违法建筑进行拆除。

9月6日，芦浦镇联合质监、卫生等部门对医药包装园区内屡教不改，整治不力的6家餐饮单位依法予以取缔。

9月25日，芦浦镇联创办联合镇团委、妇联开展“生态创建、和谐芦浦——2012年省级生态县创建有奖问答”活动。

9月28日，镇消防中队在浙江振华塑业有限公司开展节前消防演练。

10月12日，芦浦镇组织联创办、团委、妇联在医药包装园区、漩门菜场开展一场声势浩大的“生态创建、你我共享”为主题的宣传活动。

10月18日，芦浦镇联合民政、公安、行政执法、国土等部门出动120多名工作人员对位于道头、江家的违建私墓开展首批集中整治。

10月26日，芦浦镇联合环保、工商部门开展环保专项整治行动，对辖区内的环保手续不全、排污和卫生条件不达标的企业进行全面检查，并要求限期整改。

11月26日，召开“清洁家园美丽乡村”暨四大农家推进会。

12月4日，镇团委联合镇司法所、公安、计生办、妇联、安全生产、劳动保障等部门在镇中心路段漩港路开展一场以“弘扬宪法精神服务科学发展”为主题的“12•4”法制宣传日活动。

2012年玉环县沙门镇人民政府大事记

1月19日，沙门镇安监中队、消防中队、派出所成立检查组，再次深入辖区超市、企业、出租房、宗教场所等人员密集场所进行春节前消防安全大检查。

2月1日，沙门镇老体协举行2012春节老年人飞镖赛。来自全镇23个村60余名老年朋友参加比赛。

2月15日，县委常委、宣传部长施红兵率队到沙门镇水桶岙村、日岙村等地，开展“进村入企”大走访活动。

3月27日，由县残联、县中医院和沙门镇残联联合开展的2012年度白内障术前筛查检查工作在沙门镇开展。全镇150名老年人前来参加筛选工作。

4月12日，镇工办、安监中队、市容队携同县环保局、沙门环保所、沙门电管站等单位，由常务副镇长带领，共20多人下到企业进行整顿。

4月13日，镇城建办联合县国土资源局沙门分局，在沙门镇乌岩村依法取缔一处非法采矿点。

5月22日，县委副书记、政法委书记朱立国带领相关部门负责人到沙门，实地督查“网格化管理组团式服务”工作。县委常委、楚门镇党委书记杨良强参加督查。

5月25日，镇计生办联合镇卫生院到位于滨港工业城的艾迪西万达阀门有限公司，免费为该厂的外来员工提供计生服务。

6月19日，举行“我们的价值观”主题演讲比赛。镇机关干部、各行政村大学生村官以及沙门中小学老师共11名选手参加本次比赛，比赛邀请镇党委副书记、学校校长、资深教师担任评委。

6月25日，镇城建办联合县国土资源局沙门分局在沙门桐兴街举行土地宣传联合咨询活动。

7月9日，沙门镇查违办联合县查违办、县国土资源局沙门分局、沙门派出所，依法取缔乌岩村一处非法采矿点，拆除其非法作业挖掘机的轴芯9根，价值20多万。

7月18日，开展一场小型的“夏日送清凉”行动。由镇长陈荣世亲自带队，为正在烈日下辛苦工作的保洁员们送去消暑品。

8月20日，镇查违办联合国土、城建、公安等部门，对沙门镇海边一处非法采矿点进行有力打击。

9月13日，镇安监中队按计划召开安全生产教育培训会。并邀请县安监局安全生产专家授课，此次培训共有120多名企业安全管理人员参加。

9月17日，召开市场主体普查和清理整治无证无照经营行为专项行动工作动员会。

9月19日，召开镇安委会成员（扩大）会议。沙门镇安委会全体成员参加会议。

10月10日，镇查违办联合港北中队、沙门派出所等单位拆除大岙里村、岭岙村两处违法建设。

10月13日，镇妇联、联创办联合组织巾帼志愿者走进海景花苑向小区居民们分发宣传折页和告市民书，宣传省级生态县创建，提升公众知晓率满意度。

11月1日，沙门镇查违办联合县查违办、县城管执法大队沙门中队、县国土资源局沙门分局、港北执法中队等单位，对沙门镇岭岙、泗边、南山三个村的违法建筑进行依法拆除。

11月21日，组织召开学习贯彻十八大精神动员会。全镇机关干部和滨港工业城管委会全体工作人员，来自23个行政村的党（支）部书记、村委会主任以及大学生村官和老干部、退休干部代表，共计150余人参加会议。

11月22日，组织召开居住出租房屋消防安全专项整治行动动员会。

11月29日，沙门镇组织综治、司法等科室，在镇主要街道开展一次法制宣传日活动。

12月14日，县学生交通安全保障工程领导小组到沙门镇调研。沙门镇相关领导、部分人大代表、党代表，县教育局、县综治办、县公安局（交警队）、县交通运输局、县财政局、县发改局、县安监局等7个部门的分管领导及调研人员共同参加这次会议。

12月19日，举行沙门“喜相会”沙龙在卡洛特水暖器材制造有限公司举行。副县长郭燕飞，县商务局领导以及17位企业家齐聚沙龙，解读玉环县在加快工业经济转型升级的若干意见，分析当前外资发展新机遇。

2012年玉环县海山乡人民政府大事记

1月8日，县残疾人联合会对海山乡残疾人贫困户的春节慰问。

1月29日，组织全体机关干部，开展以“种新树、树新风”为主题的义务绿化活动。

3月28日，开展以“关爱女性、关爱健康”为主题的宣传活动。当天上午共吸引近200多位妇女的关注，派发《宫颈癌预防筛查》宣传手册200多份，创造良好氛围。

4月23日，召开“进村入企”大走访活动服务对接会。副县长符进友出席会议。

4月26日，召开共青团海山乡第十四次代表大会。团县委副书记王晓磊、乡党委副书记郭伦春以及李益枫、许婷婷等乡领导出席会议，妇联等群团部门也应邀出席此次会议。

5月21日，开展海山乡农村集体土地股份制工作动员会。海山乡各村两委、党员、村民代表等近200人参加动员会。

6月28日，组织开展“关爱党员迎七一”主题志愿活动。党员志愿者为建国前老党员、困难党员们检修电线、打扫房间，详细询问解生产生活情况，宣传党委政府土地股份制等中心工作，并送上慰问金。

7月14日，召开土地股份制转段工作推进会。全体机关干部，各村主要负责人参加会议。

8月7日，台风“海葵”的中心风力已达12级，为积极做好抗台工作，海山乡结合“网格化管理、组团式服务”的要求，按照“百乡和讯”工作原则，将各线各办防台责任进行分解细化，实现人人管好“责任田”，人人把好“安全关”。

9月19日，乡组织乡宣传办、乡团委、乡妇联等科室的精英力量，联合各个驻村组长、村两委成员、党员、村民代表等一起，进村入户，开展创建省级生态县的宣传活动。

9月25日，乡安全生产监督管理所组织交通安全工作站、消防安全工作站、食品药品安全工作站、渔业安全工作站的工作人员，抓实抓细抓好“节前”安全生产大检查工作。

9月26日，海山乡组织乡妇联、乡慈善分会、乡残联共同开展“金桂飘香、情满人间”的中秋节关爱活动。

10月10日，召开组织工作会议。各村支部书记、分管组织的支部委员、大学生村官、台账登记员、党员记分员参加会议。

10月12日，组织全乡各支部党员开展“党组织集中活动日”主题活动。全乡100余名党员参与其中。

10月24日，乡机关支海部召开全体党员会议，严格按照《中国共产党基层组织选举工作暂行条例》规定，对党支部委员会进行改选。

11月5日，机关支部组织党员志愿者对海山主街道的墙壁、台灯柱、宣传窗等地方贴着的“牛皮癣”进行清除。为省级卫生县复评和海山乡创建市级文明乡活动增添一点光彩，意在提高海山乡广大群众爱护环境、保护家园的意识。

12月27日，召开中国共产党海山乡第十届代表大会第二次会议。

2012年玉环县鸡山乡人民政府大事记

1月9日，举行新一届人大代表培训会。来自各行各业的46名人大代表参加培训。

1月12日，召开鸡山乡第十五届人民代表大会第一次会议。来自全乡各条战线上的43名代表参加会议。县人大常委会副主任张海舟、副县长郭燕飞列席会议。

2月13日，组织召开党建创新工作纳建会。乡党委书记、党群分管领导参加会议。组织委员主持会议。

3月27日，乡关工委联合鸡山所、团委深入辖区鸡山学校开展“安全教育进校园”活动。

4月2日，召开基层组织建设年动员会。乡属支部书记、机关组宣统等工作人员参加此次会议。

4月26日，开展“五一”节前安全大检查，确保辖区节日生活生产安全。

5月9日，召开消防安全工作例会会议。乡安委会成员、驻村干部、各村主要负责人等40余人参加此次会议。

5月22日，乡统战办召开非法滥建寺观庙宇专项整治工作会议。乡各职能科室、边防派出所和各村书记等相关人员参加会议。

5月29日，副县长郭燕飞、县人大副主任张海舟和驻鸡山联系部门一行深入海岛鸡山慰问少年儿童。

6月4日，召开农村集体土地所有权确权登记发证动员暨业务培训会。乡全体干部、村干部80多人参加会议。县国土局相关工作人员应邀出席会议。

7月4日，举行违法建设大巡查活动启动仪式。全乡机关干部、村两委、村监会等100多人参加此次会议。

8月10日，召开鸡山乡残联第三次代表大会。县残联副理事长赵忠华以及全乡31名代表参加会议。会议圆满选举产生新一届残联组织机构。

8月26日，鸡山洋面出现10级以上大风。当天，鸡山乡全体干部放弃休息，提前回岛抗台。

8月24日，召开查违工作推进会。

9月12日，举行“挂牌招才”大会暨鸡山乡渔家青年社成立仪式。参加的评委有鸡山乡党委书记陈银考、团县委副书记赖伶超、团县委副书记王晓磊、鸡山乡党委副书记林雪峰等。该乡机关群团组织、鸡山边防派出所和鸡山学校等参加会议。

9月26日，召开基层组织建设年“百日集中行动”动员会。乡属各村两委班子成员、全体机关干部等同志参加会议。

9月28日，召开乡、村两级违法建设大巡查工作培训会。乡全体机关干部、村两委、村巡查员等50多人参加此次培训会。

10月3日，鸡山乡南山基督教堂举行新堂落成典礼。来自全县各地的基督教人士参加活动。县民宗局、鸡山乡政府相关分管领导应邀出席并讲话。

10月12日，组织全乡各党支部开展党员集中活动日活动。

10月25日，乡查违办组织乡、村两级查违巡查人员实地走访本岛几户建房户，查看建房情况。

11月5日，举行“喜迎十八大，再创新辉煌”文艺晚会，受到海岛群众的热烈欢迎。

11月27日，组织召开十八大精神学习贯彻会。乡机关全体工作人员、村两套班子成员及大学生村官和各党组织书记共计70余人参加会议。

12月5日，乡团委组织乡青年志愿者，开展“上回港渔船宣十八大精神”活动。

2012年玉环县龙溪乡人民政府大事记

1月9日，全市首创的龙溪乡流动人口“三优”培训学校正式启用。

1月12日，召开龙溪乡第十六届人民代表大会第一次会议。会议总结回顾过去5年来的工作，确定龙溪乡今后5年经济社会发展的新思路。

2月15日，组织龙溪代表组的新一届县人大代表，到龙溪派出所办公楼、龙溪中心公园、山里乡村动漫文化节、山外张区块开发、山外张隧道等工程建设项目现场，进行实地调研。

3月21日，乡妇联巾帼志愿者、计生员开展活动，向育龄妇女送发宣传资料、公开信，讲解疾病预防知识，鼓励已婚妇女主动参与免费宫颈癌疾病预防筛查。

4月26日，首届玉环“美丽乡村”动漫文化节在龙溪乡山里村开幕。

5月14日，县委书记张加波率领民宗、国土等相关部门负责人深入龙溪乡渡头村，就寺观庙宇整治工作进行调研。

5月16日，县政协副主席吴坚斌带领政协派驻县环保局民主监督小组一行5人到龙溪，对金属熔炼行业整治行动开展调研。县环保局局长沈华栋、副局长梁永地和龙溪乡副乡长林吉峰等陪同调研。

6月5日，龙溪乡组织人大代表、政协委员围绕“美丽乡村中心工作”“食品安全”开展视察活动。

6月19日，县人大常委会组织县人大常委会组成人员、各乡镇（街道）人大负责人及部分县人大代表到龙溪乡中心幼儿园，就学前教育工作进行视察。县人大常委会主任吴柏青，副主任吴可如、李茂芳、张海舟、王良青、顾忠全，党组成员吴健参加视察。副县长胡载彬及有关部门负责人陪同视察。

7月5日，玉环县防台抢险救灾实战演练在龙溪乡大密溪村开练。副县长、县防汛防台抗旱指挥部指挥符进友参加此次演练。

8月29日，省供销社副主任王东方、合作经济指导处处长劳赐铭一行到龙溪乡梅岙村调研基层组织建设工作。台州市供销社主任吴为民、县供销社主任方华等陪同考察。

9月7日，乡党委书记施明强、乡长李卫国、副乡长夏霜芝等一行人到龙溪乡部分学校进行慰问。

9月20日，举办“转型升级与企业发展报告会”。龙溪乡规模企业企业主、商会会员、青年企业协会成员100多人参加报告会。

11月1日，省委常委、纪委书记任泽民一行来到龙溪乡，重点视察指导基层便民服务中心建设。市委常委、纪委书记陈章勇参加视察，县领导张加波、林先华、朱立国、李利兵、陈挺晨等陪同视察。

11月21日，由驻村乡干部、警务人员、村干部、组格负责人、计生员、大学生村官组成的普查员到桩头村，挨家挨户上门登记普查。

12月14日，龙溪乡联合乡国土所等20多人，动用挖土机、铲车、货车等设备对位于桩头村的一处非法回填地块进行清除、复垦。

12月18日，龙溪乡专职消防队正式揭牌成立并投入执勤。

2012年三门县海游镇人民政府大事记

1月12日，县质监局牵头海游镇对县城部分人口密集型且有使用锅炉、电梯等高危器材的企业、商场、浴室进行全面大检查。

2月19日，县食品药品安全委员会办公室带领县食品检验监测中心对海游菜场的蔬菜进行检测。

3月15日，台州市安监局副局长罗文初率领考核组一行，到海游镇对“清剿火患”战役工作进行考察。

3月25日，召开全体干部、村两委成员、镇属部门组织负责人参加的森林消防工作会议。贯彻县森林消防会议精神，部署落实清明节期间森林消防工作，并与各村签订清明节禁止明火上坟责任状。

4月26日，海游镇三山、大屿村村民拆迁安置小区基础工程进行公开招标。

5月20日，镇文化站组织的全国第五套秧歌培训班在上坑村开班。共有12个行政村185名文艺骨干参加，其中30余人为周边外来务工人员。

5月28日，海游镇就农村集体“三资”管理工作，召开驻村干部、各村主要负责人和村会计会议。对全镇63个村的农村集体“三资”清产核资工作进行具体的安排部署。

6月14日，举行海游镇“服务企业、服务项目、服务投资”主题活动。活动邀请思八达集团台州分公司开展“老板解脱智慧”主题讲座，来自全县的企业家参加本次讲座。

6月28日，组织400多名党员志愿者分别走进平安、蟠龙、石羊、龙山和广润社区，开展献爱福利院、电力服务进社区、交通文明劝导等活动，以迎接建党91周年。

7月5日，举办“农家书屋”管理员培训班。24个行政村、5个社区的30余名村级图书管理员参加此次培训。

7月13日，县委副书记、政法委书记潘崇敏在县农办、县行政执法局相关人员的陪同下，到海游镇调研该镇清洁家园工作。

7月25日，县委副书记、政法委书记潘崇敏到海游、亭旁调研计划生育工作。县委常委、海游镇党委书记叶邦汉陪同调研。

8月7日，组织镇干部对该镇的在建水利工程存在的薄弱环节进行排查，及时消除安全隐患，确保把台风可能造成的损失降到最低程度。

同日，召开工作片全体干部会议，布置落实防台工作预案。

8月29日，召开海游镇半年度经济形势分析暨企业家座谈会。县领导潘崇敏、叶邦汉、陈招远、卢志伟、邢义钵出席会议。

9月6日，镇长林锋在镇党委委员陈方等的陪同下，到城关中学，代表镇党委和政府向城关中学的教职工进行慰问。

9月27日，海游镇组织村镇建设办、安监所、综治办等工作人员联合在全镇范围内迅速全面地开展道路交通和消防安全大检查。

11月13日，举办海游镇残疾人联合会第三次代表大会。65名代表选举产生新一届镇残联主席团成员和出席县残代会代表。

12月3日，组织全体机关干部集中学习十八大精神。由镇宣传委员陈方都同志带领全镇机关干部进行学习。

12月11日，三门县委党的十八大精神宣讲团首场报告会在海游镇举行。三门县委常委、宣传部长吴善灵，三门县党校副校长胡伟明作宣讲报告，海游镇全体机关干部参加报告会，聆听学习此次报告会的精神。

12月13日，县人口计生工作领导小组组织人员对海游镇人口和计划生育工作进行全面考核评估。

2012年三门县健跳镇人民政府大事记

1月12日，县领导邱士明、邵全建、卢志伟、俞茂昊、陈彩明、胡子荣、骆恩标、颜惠珍在健跳召开现场办公会暨政府工作报告征求意见会。

2月16日，召开健跳镇第十三届人名代表大会第一次会议。县领导陈增林、刘小中应邀出席会议。杨成央当选健跳镇人大主席，陈卫国当选为健跳镇镇长。

3月12日，以台州市水利局调研员武桂荣为组长的防汛督查组一行5人，在三门县水利局李世会副局长的陪同下，深入健跳的梅岙塘、下叶水库检查指导水利工程防汛度汛和基层防汛防台体系建设等工作。

3月29日，召开村级基层组织分析会。县委组织部副部长朱先龙、健跳镇班子成员及各办主任参加大会。

4月2日，健跳镇全体机关干部统一出发入村做好清明森林防火工作。

5月7日，县残联理事长梅表翔一行到健跳镇沿港西路，看望因救人而成为植物人的救人英雄陈立兴及其家属。

5月22日，镇计生协举行计生宣传活动。

6月11日，召开基层组织建设年推进会。安排部署基层组织建设年整改提高、晋位升级工作，动员各行政村进一步加大力度，扎实推进基层组织建设年各项工作。

6月19日，县长邱士明到基层党建联系点——健跳镇西山头村调研。

6月27日，组织卫生、环保、司法等单位开展党团志愿者服务活动。

7月18日，举行健跳镇首届“全民运动会”。健跳镇镇长陈卫国主持开幕式，县常务副县长邵全健、副县长颜惠珍、体育局局长戴峥及镇相关领导出席开幕式。

8月1日，召开半年度工作会议暨驻村干部工作点评会。镇长陈卫国对各村开展创先争优活动、基层组织建设年活动、发展党员等工作进行一一点评。

8月8日，组织召开会议。总结抗击11号台风“海葵”经验，通报受灾情况，部署下阶段开展生产自救、防疫以及政府救助等工作措施。

8月30日，组织全镇12个整治村的村支部书记、村委会主任、驻村干部和分片领导分别到各村进行现场考察，并在里七市召开现场推进会。

9月26日，召集全镇机关干部、各村支部书记、村委会主任、民兵连长、重点企业负责人召开消防安全暨征兵工作会议。相关领导对近阶段消防安全和征兵工作作相关部署。

9月27日，召集各办分管领导、各办主任、驻村干部召开驻村干部计生工作专题汇报会。每位驻村干部认真分析汇报到本村每一个对象户，及时总结，认真做好计生扫尾工作。

10月19日，省委组织部组织一处处长章伟在市、县委组织部有关领导的陪同下，走访考察健跳镇党代表工作室的建设、运行情况。就畅通农村党员出口、农村发展党员、党代表作用发挥等工作听取工作汇报。

10月29日，召开关于扶持经济薄弱村发展村级集体经济工作会议。镇党委副书记卢卫波动员全镇上下齐心协力、扎实工作，加快集体经济薄弱村发展步伐，推动全镇农村经济发展

10月31日，召开33个行政村支部书记工作交流会。各支部书记对农村发展党员“五步法”进行学习，就党员发展管理及支部建设等进行探讨交流，提出可行性的建议。

11月21日，召开共青团健跳镇委员会第十五次代表大会。镇党委领导以及58名来自全镇各条战线、各个行业的代表出席会议，大会以无记名投票的方式选举产生健跳镇新一届团委委员。

12月19日，县政协法组牵头组织县司法局、计生局、公安局、环保局、住建局以及金威律师事务所等多个部门送法到健跳镇。

12月20日，健跳镇大塘村村民代表、村两委成员、党员共23人参加2012年村干部年度考核民主评议会。会上村党支部副书记、村监会主任代表村两委作履职汇报。

2012年三门县横渡镇人民政府大事记

2月17日，召开三门县横渡镇第十六届人民代表大会第一次会议。

2月21日，组织县人大代表、中层以上机关干部和各行政村主要干部到小雄山场村、泗淋乡考察新农村建设和“清水绿廊”工程。考察后，在镇大会堂召开新农村建设推进会。

3月8日，副县长陈彩明到横渡镇检查指导阴雨天气应对工作。

4月12日，镇党委召开横渡镇基层组织建设年动员部署大会。各行政村党支部支委会成员参加大会。

4月20日，县政协社科文艺新闻组一行近20人，到横渡镇调研东屏古村保护情况。

5月17日，副县长胡子荣督查横渡镇污水处理设施建设。

5月25日，召开“大干二季度、奋力抓落实”活动推进会。对全镇上下重点项目进行梳理分析，并对如何具体抓落实进行部署。

6月28日，镇党委、政府主要领导专门去岭根陈村建国前老党员陈余金的家中，送去党和政府的关怀和温暖。

7月12日，台州市安监局局长张宇和台州市旅游局局长蔡伟等领导一行，到临横渡镇考察乡村旅游开发工作。镇党委书记丁志元、镇长戴祥喜等陪同考察。

7月26日，横渡镇牵头联合土管、规划站、公安、电力等部门，共出动80多名执法人员对该镇违法用地、违章建筑开展执法活动。

8月9日，横渡应急抢险分队对白溪横渡段堤防进行紧急抢修。

9月6日，召开横渡镇村党组织书记抓基层组织建设专项述职会。会上，各村支部书记从基层组织建设、外出人才回归、新农村建设等方面作汇报。随后，镇党政班子成员对所驻各村党支部的整改提高情况发表意见看法和对村级集体经济的发展提出新的思路。

9月13日，镇党委书记丁志元陪同杭州天闻旅游规划设计院专家在岩下潘村实地考察，商讨设计方案。

10月16日，漂流项目岩下潘地段已经正式动工，横渡镇党委副书记程国利，副镇长李小舟亲临现场指导工作。

11月6日，召开森林防火工作会议。全体镇干部、村两委干部以及全体巡查队员和扑火队员齐聚一堂总结、分析、部署，不断夯实防火基础，巩固防火成果。

11月8日，镇团委组织团委成员、团干部、团员以及热爱共青团事业者共同观看十八大开幕式。

11月26日，召开横渡镇学习十八大精神会议。各团支部书记、副书记、成员参会。

12月4日，横渡镇铁强村召开专题会议。认真学习十八大会议精神，并结合本村实际，提出要加快落实美丽乡村建设、中心道路建设和牡蛎养殖扩建等发展举措。

12月26日，省国安厅厅长汪瀚一行人到横渡镇视察工作。三门县委书记董服标陪同调研。

2012年三门县花桥镇人民政府大事记

1月12日，县领导邱士明、邵全建、卢志伟、俞茂昊、陈彩明、胡子荣、骆恩标、颜惠珍在花桥召开现场办公会暨政府工作报告征求意见会。

2月9日，召开第十六届人民代表大会第一次会议，投票选举产生新的镇人大主席、副主席及镇长、副镇长。县领导洪燕、骆恩标、颜惠珍、王大林等分别应邀出席会议。刘贤月当选为花桥镇人大主席，柯才英当选为花桥镇镇长。林宝送当选为沙柳镇人大主席，梅义先当选为沙柳镇镇长。

3月6日，国家农业部渔业局、省海洋与渔业局相关领导到花桥镇，调研全国渔业科技促进年活动启动仪式准备情况。

3月18日，首届三门花桥缢蛏节暨2012年全国渔业科技促进年活动启动仪式在花桥镇举行，县交警大队集合花桥、秩序、六敖、沿海等中队警力及花桥镇部门工作人员冒雨维护道路交通，使得节日期间交通安全得到保障。

4月9日，花桥镇中心小学邀请花桥供电营业所工作人员，到学校为四年级70余名师生进行一次生动有趣的安全用电知识讲座。

5月17日，省残联副理事长吴一农一行在三门开展进村入企走访大调研活动。在花桥镇花桥村走访慰问5户残疾人家庭，送去助残日的问候，详细询问他们的生活状况，并送去慰问金。

5月30日，县委书记董服标在县财政、经信等部门主要领导陪同下，专程到花桥栅下村就基层党组织建设、新农村建设、大干二季度等工作开展调研。

6月15日，开展县镇两级党代表接待日活动。

7月4日，举行水上抢险应急演练。以过硬的技能保证在发生险情的时候能够作出有力的保障。

7月18日，花桥镇牵头，联合国土、住建、供电等单位，组织100多名执法人员，强制拆除该镇4处违章建筑。

8月2日，台州市委常委、市委秘书长吴海平专程到花桥镇检查指导防台工作。县委书记董服标坐阵县防汛防旱指挥部，密切关注台风动向及一线防御工作落实情况。

8月7日，驻村干部及该村两委班子成员，来到村支书朱恩德家中，参加防台会议，部署村里的防台工作。

9月20日，县委组织部副部长、老干部局长严学通带领全县副科级以上离退休老干部150余人到花桥镇下岙方村参观新民居建设。镇党委书记刘贤月陪同参观

9月25日，全县初中体育教学研讨会在花桥中学举行。活动由县教育局体育教研员林启富老师主持，全县体育老师参加本次活动。

10月25日，省慈善总会“兴业影像书库”发放仪式在花桥镇下岙方村敬老院举行。在仪式上，县慈善总会负责人向花桥镇10个村的敬老院分别赠送一套影像书库。

11月20日，县消防大队、三门核电专职消防队、花桥专职消防队联合在健跳镇一处大楼开展消防演练。

11月29日，全县国土资源重点工作现场推进会在花桥镇花桥村会议室召开。县委常委、常务副县长邵全建出席会议。

12月7日，由花桥镇政府牵头，联合国土等有关部门，对花桥镇李家岙、关头的三处占地200平方米的违章建筑进行强制拆除。

2012年三门县六敖镇人民政府大事记

1月12日，召开2011年度综治、武装暨“五支队伍”工作总结表彰大会。全镇41个行政村、居党支部书记、村委会主任、治保干部、民兵连长，综治成员单位负责人共计近200人参加会议。

2月15日，六敖镇综治办利用赶集日，组织派出所、司法所及镇工办、计生办等多个部门的工作人员上街开展以“加强法制宣传教育、推进农村平安建设”为主题的普法宣传和法律咨询活动。

2月17日，镇长方俊申利用午间休息时间检查中街村，并和村两委干部召开见面会。会上方俊申详细了解中街村的实际情况，对中街村两委班子给予充分地肯定，表示对今后的工作充满信心。

3月27日，县妇联深入六敖镇开展“进村入企访妇情”活动。并与7位女大学生村官就如何当好村官，做好农村工作，如何转业发展进行畅谈。

3月28日，组织进行专业的森林防火知识培训，努力建设一支高素质的扑火队伍，全面提高森林防火人员扑火能力。

4月20日，台州市综治办主任林喜军到六敖镇检查综治工作。林喜军分别到永丰村和下洋潭村检查基层综治工作站建设。

4月23日，镇长方俊申在镇宣传委员杨义亭及中小学相关负责人的陪同下检查六敖中小学及部分幼儿园，主要针对学生饮食问题进行检查。

4月27日，镇党委书记王国锋为对六敖镇各行政村进行了解熟悉，携同党委副书记王爱民、常务副镇长杨亦胜、宣传委员杨义亭、副镇长邱永平对镇属各行政村进行走访。

5月15日，召开校园安全专题会议。六敖镇派出所、莆西哨所、交警队、中小学及各幼儿园负责人参加此次的会议。

5月27日，镇党委副书记王爱民带着镇机关干部到六敖小学参加“关爱女孩、阳光助学”活动，为10名家境贫困的女孩带来温暖与阳光。

5月29日，镇计生协会联合镇妇联、卫生院、司法所利用集市日开展纪念“5.29”会员活动日暨“关爱女孩，自觉抵制两非”主题宣传服务系列活动。

6月6日，召开全镇综治干部暨“五支队伍”业务培训会。全镇各村居支部书记、村主任、治保干部、调解员共计120余人参加会议。

6月8日，镇综治办牵头召集派出所、安监所等相关部门，对全镇辖区内的企业、超市、娱乐场所、出租房屋展开消防安全大检查。

6月21日，镇纪委组织全体村务监督委员会主任召开培训会议。会上首先传达上级关于做好村监会工作的会议精神，同时对下半年村监会工作进行部署，明确村监会下半年工作的目标和重点。

7月31日，召开农业产业发展座谈会。22家农业产业代表与县农办、农业局、林业局等相关部门负责人就农业产业发展进行意见交流和探讨。

8月10日，台州市委副书记、市长吴蔚荣第一时间到六敖镇了解受灾情况，并指导灾后自救工作。县委副书记、县长邱士明陪同。

9月20日，市信访局一行到六敖镇督导检查信访工作。此次督查采取书面汇报和实地走访相结合的形式。

9月26日，召开2012年度征兵工作动员大会。议由镇党委副书记楼东晓主持，镇全体机关干部，各村党支部书记、村委会主任、民兵连长及相关部门共170余人参加会议。

9月27日，召开六敖镇残疾人联合会第三次代表大会。选举产生镇残联第三届主席团委员9名和出席县残联第六次代表大会会议代表。

10月10日，县征兵领导小组副组长、县人武部部长程辉带征兵办有关人员，到六敖镇检查指导征兵体检工作。

11月9日，县委副书记、政法委书记潘崇敏，副县长陈彩明、胡子荣带领各乡镇部门到六敖实地考察美丽乡村建设。

12月5日，三门县首家乡镇农业公共服务中心在六敖镇落成。

2012年三门县浬浦镇人民政府大事记

1月15日，由镇长叶以青带队，分管工办的委员郑志品以及镇安委办成员等同志一起对全镇的企业进行节前的一次大检查。

2月7日，台州市委副书记、政法委书记肖培生在县委常委、县委办主任叶邦汉的陪同下，到浬浦镇新塘村开展“进村入企”大走访活动。

3月20日，省水利厅副厅长徐国华率领省水利厅一行5人到浬浦镇路下水库检查防汛工作。台州市水利局副局长王显勤、三门县水利局局长梅崇见陪同检查。

4月14日，在驻村干部中开展“明村情、知百姓、办实事、创业绩”主题活动。

5月3日，县委副书记、县长邱士明在陈增林、陈彩明、王大林、陆纯等县领导的陪同下，带领发改、水利、海洋与渔业、健跳、浬浦等相关部门、乡镇负责人，专门就洋市涂围垦工程进行调研。

5月10日，浬浦小学举行阳光体艺活动。活动的内容有呼啦圈、跳绳、跌键子、象棋、军棋、跳竹子舞及健美操等。全县有30余名小学体育教师观看阳光体艺活动。

5月25日，县政协农业组委员20多人，在副主席杨树军带领下，到浬浦考察县富洋海水养殖专业合作社实施的虾瓜轮作现代农业特色精品园。

6月1日，浬浦小学举行庆六一文艺演出活动。

6月4日，镇党委、政府、人大等主要领导带领有关人员，对浬浦小学新校区建设中所遇到的新问题进行调研。参加调研的还有浬浦小学校长杨成永，西浦村党支部书记林智铭等。

8月7日，浬浦供电营业所紧急排查故障点，10千伏三岩544线恢复部分供电。

8月10日，县委副书记、县长邱士明带领县农办、经信、卫生、海洋与渔业等部门专业人员，到浬浦镇的台州金球机电铸造有限公司、沈园农庄种养基地，解台风“海葵”造成的损失，并指导群众开展生产自救。

8月22日，召开浙能台州第二发电厂通报会。副县长胡子荣、全镇干部、各村书记主任、下洋片及渔西村村两委干部参加此次会议。

9月4日，由副县长俞茂浩带队，县食品药品监督管理局牵头，协同县卫生局、农业局和工商局等部门对浬浦镇食品药品安全工作进行半年度督查。

9月6日，县委、县政府召集浬浦镇渔西村的两委干部、村民代表和全体党员，在浬浦镇大会堂召开火电项目维稳工作会议。副县长胡子荣出席。

9月19日，召开基层党组织书记专项述职会。各村党支部书记分别就抓基层党建工作进行专项述职。

10月9号，镇卫生院对当地符合征兵要求的青年进行体检。镇党委、政府对这项工作高度重视，派专人进行监督。

10月10日，省交通厅厅长郭剑彪一行在台州市副市长蔡永波，县委副书记、县长邱士明，副县长吴达炯等陪同下，专门调研沿海高速三门段前期工作准备情况。

10月17日，镇党委组织党员干部开展“清洁家园喜迎十八大”活动。发动党员干部把村庄道路两侧，房前屋后，沟渠内外进行彻底打扫，以清洁的环境，崭新的面貌喜迎党的十八大胜利召开。

11月8日，浬浦镇大学生村官自发来到到镇远教服务中心，集中收看十八大开幕式。

12月14日，台州市第四届党代会三门代表团团长、县委书记董服标带领在三门的市党代表一行17人到浬浦镇，就三门县城镇化建设情况进行专题视察调研。

2012年三门县沙柳镇人民政府大事记

2月7日，台州市委副书记、政法委书记肖培生在县委常委、县委办主任叶邦汉的陪同下，到沙柳镇大周村开展“进村入企”大走访活动。

2月9日，召开第十六届人民代表大会第一次会议。投票选举产生新的镇人大主席、副主席及镇长、副镇长。县领导洪燕、骆恩标、颜惠珍、王大林等分别应邀出席会议。

2月13日，县供电局农电工区和安监部工作人员到沙柳镇旗门塘，给养殖户讲解安全用电相关知识及排除一些用电隐患。这是启动“走村入户”与农村安全用电强基固本工程的有效结合。

3月7日，县委副书记、县长邱士明到位于沙柳镇溪头杨村的三门辉旺水产养殖基地进行调研。

3月28日，镇派出所责任区民警深入辖区向村民免费赠送报警器，并帮助他们安装，此举受到村民们的欢迎。

4月13日，市委督查组在市组部处长范卫东带领下到沙柳镇外黎村督查基层组织建设年情况。

5月17日，副县长胡子荣督查沙柳镇污水处理设施建设。

6月4日，宁海县副县长徐真民一行到三门县协调沙柳镇天堂山权属纠纷事件，副县长陈彩明参加。

6月27日，开展七一党员志愿者服务活动。

7月2日，常务副县长郜全建到沙柳镇调研。

7月26日，召开安全生产、消防安全、食品药品安全工作会议。

8月2日，召开会议部署防御“苏拉”台风工作。全体机关干部下村与村主职干部一起抵御台风。

同日，县委常委、宣传部长吴善灵到沙柳检查指导防台工作。在沙柳镇大周外塘标准海塘加固工程施工现场，吴善灵向工程有关负责人详细解海塘加固情况。

8月14日，召开沙柳镇“村级便民服务会议”、“村级监督委员会会议”两会。组织开展村级便民服务星级评比活动，印发《沙柳镇深化“廉洁村”创建工作方案》《沙柳镇村民监督委员会考核办法》等文件，要求村级组织抓好落实，进一步做好下阶段工作。

9月11日，召开村党组织书记抓基层组织建设专项述职暨点评会。村党组织书记就竞职承诺兑诺情况、村社会面稳定情况、新农村建设情况、基层组织建设年活动开展情况展开述职报告，镇领导就其报告进行点评。

10月9日，召开加强党员干部作风建设专题会议。针对沙柳镇党员干部在作风建设上存在的问题，镇党委通过采取在全镇范围进行通报表扬和通报批评等措施，进一步转变全镇党员干部的思想作风和工作作风。

10月23日，召开清溪休闲观光带建设听证会。会议邀请全体镇党代表参加，与会党代表对建设的资金、项目设计合理性、建设的必要性等进行询问，并到实地察看规划设计的走向情况，充分体现党代表履行职责、行使权力的积极性。

11月8日，组织全体机关人员集中观看十八大的直播。

12月12日，镇党委组织全镇党员召开专题学习会。特邀党校胡伟明教授作报告，学习领会党的十八大精神，并要求党员要创新学习方式，将学习理论和业务实践相结合，紧紧围绕“两化互动、统筹发展”目标，为经济社会发展提供强大的精神动力，在全镇上下形成“比、赶、超”的学习氛围。

12月14日，台州市第四届党代会三门代表团团长、县委书记董服标带领在三门的市党代表一行17人到沙柳镇，就城镇化建设情况进行专题视察调研。

2012年三门县亭旁镇人民政府大事记

1月10日，镇派出所民警与镇工办工作人员一起对杨家村、包家村出租房、木结构老房及服装市场进行消防安全大清查。

2月21日，镇人大主席团组织县人大代表对农业、交通、教育等各项事业开展情况进行视察。

3月10日，县委常委、常务副县长邵全建深入亭旁镇，检查指导阴雨天气应对工作。

3月14日，县消防大队新入伍的5名战士和其他官兵，到亭旁镇重温“浙江红旗第一飘”革命历史，并在亭旁起义纪念碑前庄严宣誓，接受爱国主义教育。

3月28日，举行三门县暨亭旁镇清明节祭革命英烈活动启动仪式。民警、师生、大学生村官、党员代表纷纷向烈士敬献花圈。副县长颜惠珍出席仪式。

4月18日，召开的“大干二季度、破难抓进度”活动动员会。动员会强调大干二季度，重点破解难题、推进项目建设。

5月7日，镇政府牵头，组织城建、公安等部门近50名执法人员，对邵上村和杨家村的3处违章建筑进行强制拆除。

5月8日，组织50余名离退休干部到“三门县党员干部教育基地”亭旁镇挂帘村开展“走访谈学”实践活动。

5月25日，司法局局长俞圣平代表县委、县政府会同土管、质监、税务公司等部门工作组同志到镇为重点企业开展专项服务工作。副镇长杨松及工办同志陪同调研。

6月5日，县人大常委会副主任陈增林一行到亭旁镇山根邵村指导工作。县农资环保委主任邵国义，镇人大主席汤传飞等陪同指导。

6月12日，镇政府联合镇供电所组织开展亭旁镇2012年安全生产月暨食品药品安全宣传活动。通过现场讲解和发放宣传资料等形式向市民宣传食品药品安全相关知识。

6月22日，举行亭旁镇第二届红色之旅文化节暨丹邱讲寺红色文化园奠基仪式。副县长俞茂昊，县政协副主席、县委统战部部长刘小中出席仪式。

7月26日，组织镇机关干部、慈善分会、残联、妇联、共青团等一行10多人到亭旁老区偏远山村为贫困党员、贫困低保家庭、孤寡老人等“送清凉”。

8月1日，举行党的十八大消防安全保卫战消防安全演练活动。演习现场，企业安全员向员工讲解干粉灭火器的使用方法和技巧，以及火场逃生与自救的技能，组织员工分别进行实物操作演练，并给予现场指导和点评。

9月3日，县公安局督察大队民警会同亭旁派出所民警深入学校开展禁毒宣传，提高学生防毒拒毒意识。

9月17日，举行“社会治安大巡防”行动启动仪式。全镇机关干部、派出所民警、镇巡逻大队、民兵应急小分队和治安志愿者队伍，共200余人参加。

9月20日，举办妇幼保健知识讲座。邀请县妇幼保健所医师讲解幼儿生理特点、幼儿保健重点、预防感染等方面的知识，深受当地广大妇女的欢迎。

10月16日，镇政府联合国土、公安等部门工作人员共70人，对位于任家村、山上任村2处违法建筑进行强制拆除。

10月19日，组织全镇各企业、知识分子、台属、宗教人士、少数民族代表一行30多人到何小川的家乡挂帘村参观学习。

11月8日，组织各部门认真收看十八大开幕实况。

12月14日，召开经济发展现场咨询会。来自亭旁工业集聚区二期的17家企业负责人齐聚一堂，探讨企业经济发展。

12月14日，邀请台州市农指办、慈善总会、残联、五官科医院及亭旁镇卫生院免费为亭旁镇群众检查白内障、青光眼等眼科疾病。

12月19日，亭旁镇联合珠岙镇举办“十八大精神主题宣传，暨珠岙——亭旁文化走亲活动”。为亭旁镇广大干部群众送去500余册十八大相关书籍、100余幅对联。

2012年三门县小雄镇人民政府大事记

1月11日，县委副书记、代县长邱士明一行专程到小雄慰问建国前老人党员。镇党委书记徐世钊、镇长邵自成等镇领导班子陪同慰问。

1月30日，县委副书记、代县长邱士明同志到浙江金旭食品有限公司，就企业生产经营情况进行调研。

2月15日，组织召开“进村入企、强化服务”大走访活动动员会。会议由邵自成镇长主持，全镇机关干部、行政村主职干部和企业负责人参加此次会议。

2月20日，召开小雄镇第十四届人民代表大会第一次会议。会议由镇党委书记、人大主席徐世钊同志主持，来自全镇各行各业的55名正式代表和56名列席代表参加此次会议。县委常委、县公安局长王伫球同志，县人大常委会科教文卫工委主任蔡才富同志亲临大会指导，县纪委、县委组织部和县统计局、县卫生局、县海洋渔业局和中国银行等联系单位的负责同志也应邀旁听大会。

3月7日，召开民情大家谈，主要围绕基层组织建设，分析各村组织建设情况，并提出相应措施。

4月12日，召开全镇基层组织建设年动员大会。镇全体行政村、镇属部门单位和两新企业的党组织负责人参加此次会。

5月14日，县委书记董服标到小雄镇调研经济社会发展情况。县领导王广法、卢志伟陪同调研。

5月21日，教育局局长蒋华勤到小雄镇巡访中小学，与乡镇一把手共商小雄教育发展新路子。

6月18日，开展2012年度“清洁家园、和谐乡村”环境卫生整治活动。制定环境卫生整治实施方案，切实落实“两清两治一绿”工作。

7月2日，召开镇党代表新农村建设专题质询会。镇县、镇两级党代表、部门单位支部书记以及部分老党员和离休老干部参加。

7月18日，县委组织部副部长朱先龙同志一行到小雄镇督查基层组织建设年工作。朱部长到部分村企实地检查党组织建设情况。

8月14日，组织干部职工为在“海葵”台风中受灾的村民翟树青捐款。

8月31日，市委副秘书长、市农办主任王维龙同志到小雄镇督查“清洁家园”工作。县农办主任彭斌辉同志陪同督查。

9月6日，召开村党支部书记抓基层组织建设专项述职会。会议由镇党委副书记、镇长邵自成同志主持，镇班子领导、全体机关干部和各行政村党支部书记、负责人参加会议。

9月12日，召开村干部年度工作履诺质询问询试点会议。镇党政班子、山场村两委班子和党员、村民代表70余人参加会议，县委组织部领导应邀参与指导，镇机关干部、在小雄的县“两代表一委员”以及山场周边村主职干部50余人观摩会议。

同日，召开村干部年度工作履诺质询问询试点会议。

10月10日，组织相关人员，联合公安、文化、工商、消防等单位，集中开展“迎十八大社会安全大检查活动”。重点对中小学校学生接送车、校园消防设施、周边文具店和小卖部卫生状况、网吧安全以及无证经营情况等展开检查。

10月31日，召开小雄镇残疾人联合会第三次代表大会。会议选举产生镇残联主席团成员7名，出席县残联第六次代表大会代表5名，镇党委委员沈显蓬当选为残联主席，叶德利推选为理事长，并聘请镇党委书记和副书记为名誉主席和名誉副主席。县残联副理事长、镇党委书记、副书记出席本次大会.

11月21日，召开统战工作培训会。会议由镇宣传委员沈显蓬主持，各村及部门相关人员参加。

11月27日，召开“十八大精神”学习会。镇宣传委员沈显蓬领学十八大报告精神，主要围绕科学发展观、五位一体、生态文明建设等几大关键词展开学习。

12月19日，县消防大队到县中心幼儿园开展消防应急疏散演练活动，为近千名师生员工传授消防安全知识。

12月28日，组织发放以政策性宣传为内容的元旦贺卡。希望通过这种形式让全镇党员和村两委干部更形象地解党的新成果、新政策，这也是小雄镇系统学习十八大精神的一部分。

2012年三门县珠岙镇人民政府大事记

1月13日，由县慈善总会和三门维艾尔工业有限公司共同举办的“爱心奉献、情满人间”2012年慈善年夜饭在珠岙镇岭口村举行。县领导董服标、潘崇敏、王辉、叶邦汉、洪燕、邢义钵出席。

1月17日，副县长胡子荣到珠岙镇上方村，看望慰问正在执勤的打黑队员和一线交警，为他们送上新春的祝福。

2月1日，县委常委邵全建在县水务公司负责人的陪同下，到城南水厂进行调研。

2月18日，召开珠岙镇第十六届人民代表大会第一次会议。县领导郑有赚、邢义钵应邀出席会议。郭先聪当选为珠岙镇人大主席，黄元荣当选为珠岙镇镇长。

2月21日，镇司法所的普法宣传工作人员走进珠岙中心幼儿园，开展带领娃娃们念起“普法三字经”的教学活动。

3月6日，镇妇联结合“巾帼入企”大走访活动，创建起“姐妹携手、共话发展”女性智慧论坛。全镇38个行政村的妇代会主任、中小学卫生院妇委会主任及各企业女职工代表共45人参加论坛。

4月18日，台州市人大常委会副主任王建平一行到珠岙镇西陈村调研人民调解工作。县领导邵全建、郑有赚、骆恩标陪同调研。

5月10日，县建设局副局长金崇田等领导来到珠岙镇，召开城乡建设规划专项民主评议意见征求座谈会。镇人大代表郭先聪主持会议，县人大代表以及企业家代表参加此次座谈会。

5月23日，珠岙镇外来流动人口计生协会成立。78名外来流动人员代表参加成立仪式。

6月14日，珠岙镇数字地籍调查项目开始公开招标。

7月18日，副县长俞茂昊到珠岙调研外贸产业发展情况。

8月28日，举行珠岙镇首届全民运动会开幕式。本次全民运动会以“运动、活力、和谐、幸福”为主题。来自珠岙镇33个行政村、企事业单位的10个代表团，近300名运动员，参加篮球、象棋、呼啦圈、拔河、障碍接力、跳绳等八个项目的比赛。

9月6日，召开珠岙镇基层组织建设述职会。

9月19日，镇政府、土管所召开国土资源重点工作推进会。各村书记、主任以及大学生村官参加会议。会议结合当地实情分析珠岙国土资源重点工作，宣传农村建设中地质灾害的防范知识，并就集体土地所有权登记发证过程中存在的问题作解答。

9月26日，三门县人民医院的多名医护人员走进珠岙镇敬老院，不仅送来月饼，还送医送药送健康，让敬老院的孤寡老人们感受到来自社会的一份关爱和温暖。

10月18日，县委组织部部长王辉到珠岙镇文明村看望老人。向老人们致以节日的祝贺和亲切的问候，并送去慰问品。

10月23日，珠岙镇西陈村党员干部携手县司法局，开展迎接党的十八大养老敬老法律专题讲座活动。来自珠岙镇的近300名老人和村民参加。

10月26日，召开珠岙镇残疾人第三次代表大会。

11月8日，组织各机关、群众观看中国共产党第十八次全国代表大会的直播。

12月14日，台州市第四届党代会三门代表团团长、县委书记董服标带领在三门的市党代表一行17人到珠岙镇，就城镇化建设情况进行专题视察调研。

2012年三门县高枧乡人民政府大事记

1月29日，乡党委书记王国锋、乡长王立新带领高枧乡全体班子成员、县党代表和县人大代表，到高枧乡独山村桥头处，开展义务植树活动。

2月3日，召开高枧乡2012年度经济工作会议。全体机关干部、部门站所负责人、村两委干部、税收40万上企业代表２００余人参加。

2月13日，召开高枧乡第十六届人民代表大会第一次会议。县领导王辉、郑有赚应邀出席会议。

3月6日，县委常委、组织部长王辉先后到高枧乡、县行政审批服务中心、县交通局，调研指导创先争优活动开展情况。

4月1日，三门县委常委，组织部长王辉到高枧乡督查森林防火工作。

4月11日，县委组织部电教中心对高枧楼下村支部书记周小李进行优秀党员电视片拍摄。

4月12日，召开基层组织建设年动员大会。各行政村支部书记、副书记和非公企业党支部书记、部门站所支部书记等参加。

5月22日，举行驻村干部汇报会。汇报会议取得预期成效，对全乡各方面工作取得有力的推进作用。

6月6日，召开夏季计划生育执法宣传月动员大会。县人大常委会副主任洪燕出席会议。

6月28日，召开基层组织建设年推进会。对如何做好整改提升实现晋位升级进行再讨论。

6月29日，召开高枧乡纪念建党91周年暨省第十三次党代会精神学习会。召集全乡所有党员分两批进行集中宣誓，深化党性教育。

7月4日，举行文艺晚会暨安全生产知识竞赛。千余人参加此次活动。

7月13日，县委副书记、县长邱士明、副县长吴达炯带领县府办领导到高枧乡调研。

7月31日，县委常委、组织部长王辉到高枧，对两名退伍军人吴伟宣、吴其溪进行慰问，给他们送上节日的问候。

8月15日，召开半年度工业经济情况通报会。

9月3日，召开村党组织书记抓基层组织建设专项述职暨点评会。会上，各村党组织书记就村级组织运行情况、两委团结协作情况、村级组织整改提高工作、年度创业承诺进展情况向乡党委进行汇报，乡党政班子成员对各项工作进行点评和评议。

9月5日，县委常委、组织部长王辉在县水利、国土、交通、林业等部门负责人陪同下，到高枧乡梅坑村落实基层组织建设年活动中后进村整顿转化工作。

9月26日，县公安局督察大队大队长叶未捷在高枧乡幼儿园检查安全防范设施。

10月15日，县委书记董服标和县委常委、组织部长王辉深入高枧乡调研指导该乡党员公开登记试点工作。

10月16日，召开农村党员组织处置民主听证会，就三名“不合格”党员组织处置进行民主听证。

11月20日，举行消防灭火救援合作签约暨乡镇专职消防队授牌仪式。县委常委、常务副县长邵全建主持，县委副书记、县长邱士明出席并讲话。

11月26日，召开深化计生、环境卫生“双整治”活动推进会。县人大常委会副主任洪燕、县政协副主席杨树军出席会议。

12月7日，组织在全乡范围内集中开展乡公路沿线环境卫生整治活动。

12月23日，举行宣传贯彻党的十八大精神文艺汇演暨农民文化大舞台落成典礼。

2012年三门县蛇蟠乡人民政府大事记

1月16日，代县长邱士明到蛇蟠渡口等地检查节日安全工作。副县长卢志伟陪同。

2月15日，召开蛇蟠乡第六届人民代表大会第一次会议。县领导蒋洪平、李金砖、陈彩明等分别应邀出席会议。

3月5日，蛇蟠司法所联合六敖派出所举行以“弘扬雷锋精神、构建和谐蛇蟠”为主题的集中法制宣传活动。通过开展法制宣传、提供法律咨询、发放普法宣传资料和开展爱民实践活动等方式进行宣传。

3月16日，召开清明节森林防火专题动员会。明确人员分工，落实责任，要求各村对本村山林及早开展隐患排查，及时加以整治。

3月22日，省住建厅总规划师周日良等省市规划专家，对蛇蟠岛的旅游规划进行现场指导。

4月12日，组织召开基层组织建设年工作动员会，并按照在创新争优活动中开展基层组织建设年的要求，对近期工作进行动员部署。

5月10日，安徽省舒城县委书记、县人大常委会主任胡传道率党政考察团到蛇蟠岛景区考察交流。县领导邱士明、章文英、徐小力、潘崇敏、邵全建、陈君、卢志伟、陆纯、王大林出席交流会或陪同考察。

6月15日，县委组织部副部长朱先龙同志在蛇蟠乡指导基层组织建设年工作。对蛇蟠乡6个村、蛇蟠岛国际旅游度假有限公司、实验学校党支部进行实地调研指导督查。

6月19日，举行以“我们的价值观”为主题的干部演讲比赛。来自各科室的8名乡干部紧密围绕蛇蟠乡的发展，结合工作实际和自身岗位工作情况，讲述自己对本职工作的切身体会和对价值观的感悟。

6月27日，乡党委联合部门站所，举办“颂歌献给党”庆“七一”干群互动文艺晚会。

7月2日，乡联合计生站开展党员志愿服务活动，为庆祝建党91周年开展生殖健康免费服务活动。

7月20日，10多位省市专家和三门县相关部门代表参加蛇蟠岛文化旅游综合发展总体规划论证会。县领导董服标、邵全建、俞茂昊出席会议。

7月26日，创建文化先进县推进会的领导和来宾到蛇蟠岛视察石窗艺术博物馆。

8月7日，组织旅游公司紧急落实防台抗台措施。对景区内道路两侧的枯死树、浅根树进行检查和清理，并疏通道路两侧排水管道，对户外大型广告牌进行拆卸或者加固。

9月10日，乡党委召开党组织书记抓基层组织建设年专项述职会。6个村书记围绕抓班子、带队伍、干实事、谋发展情况逐个述职，各分管领导对专项述职及工作开展情况进行点评，并对村党组织书记如何带好班子，做好表率提出要求。

9月18日，县委常委、常务副县长邵全建在县发改、住建、国土等相关部门负责人的陪同下，到蛇蟠乡调研该乡提请县政府协调解决事项。

9月21日，县信访局副局长罗丙剑带队的县十八大安保工作督查组来蛇蟠。就十八大安保工作进行督查，对蛇蟠乡的安保工作给予高度评价和充分的肯定。

10月26日，乡党委书记祁玉琰带领班子成员，到黄泥洞村查看印山塘标坝工程建设情况。

11月13日，县水产技术推广站特意邀请专家，到蛇蟠乡为600多名养殖户进行水产养殖技术培训。

11月30日，组织召开蛇蟠岛文化旅游综合发展总体规划论证会。邀请部分县、乡两级党代表和人大代表、政协委员参加讨论，提出切实有效的意见和建议。

12月18日，举办党的十八大精神报告会。邀请县委宣讲团成员蔡善兴老师讲解会议精神。参加会议的有乡全体机关干部、各村两委干部、全体党员、各部门站所负责人。

2012年三门县泗淋乡人民政府大事记

1月29日，董服标、邱士明、章文英、徐小力、潘崇敏等县四套班子领导带领全县部分机关干部到泗淋乡洞港参加义务植树活动，送上浓浓绿意的特殊年礼。

2月9日，乡党委书记金圣善带领该乡班子成员集体进村摸情况、定思路、解难题。

2月17日，举行74省道至洞港连接线工程开工仪式。乡全体机关干部，工程施工方、监理方等100多人参加开工仪式。

3月14日，组织部远教中心组织港南片7个乡镇远程教育管理员在泗淋乡政府会议室探讨现代远程教育问题。

4月2日，召开清明防火工作大会，布置清明防火事宜。

5月8日，三门县建设规划局到泗淋乡召开专项民主评议座谈会。泗淋片区县人大代表及企业家代表10余人出席此次座谈会。

5月30日，县委书记董服标在县财政、经信等部门主要领导陪同下，专程到泗淋乡，就基层党组织建设、新农村建设、大干二季度等工作开展调研。

6月11日，召开驻村联企工作动员大会。部署"文建明工作法，推进驻村联企工作"。

同日，召开泗淋乡驻村联企工作动员会暨防汛安全工作会议。

6月28日，召开党代表新农村建设专题询问会。来自中小学、卫生院和农村的县乡两级党代表参加此次会议。

7月26日，县电视台到泗淋乡跟踪报道驻村联企工作情况。

8月6日，召开抗击第11号强热带风暴"海葵"大会。全乡干部和村主职干部参加。

同日，县政协主席徐小力、县人大常委会副主任李金砖、副县长胡子荣一行到泗淋，指导防台防汛工作。

8月14日，举行"走进乡镇，服务实体经济——2012邮储阳光行动"首站活动。

9月12日，县人大常委会主任章文英和副主任李金砖、陈增林一行到泗淋乡，调研"清水绿廊"工程。

9月17日，召开计划生育工作形式分析会。各驻村干部在会议上汇报本村秋季三查及计划生育情况。会议上，乡领导提出，目前全乡计划生育三查工作形势严峻，不容乐观，希望广大干部和计划生育员提高思想，努力做好此项工作。

9月20日，150余名老干部来泗淋乡参观考察74省道至洞港连接线、企业服务中心建设及74省道建设等情况。在服务中心，听取金圣善同志对泗淋的整个规划发展介绍后，老干部纷纷表示，期待所有项目工程完成后的新泗淋。

10月25日，由泗淋乡文教办牵头,联合多个部门对泗淋范围内的寺庙进行检查。重点查看寺庙内消防设施是否完备；用火、用电、用气情况是否符合消防安全要求；安全出口是否畅通。

10月30日，召开泗淋乡残疾人联合会第三次代表大会。27名正式代表参加会议。会议采用等额、无记名投票方式选举出9名主席团委员，4名出席县第六次残联会议代表。

11月8日，组织机关干部及部分基层党员代表集中收看十八大开幕式。

12月18日，乡党委召开十八大精神学习会。邀请三门党校副校长胡伟明作十八大精神解读报告，全体机关干部、各村党支部书记、两新党支部书记参加会议，认真听取报告，加深对十八大精神的领会，夯实今后工作的理论基础。

2012年三门县沿赤乡人民政府大事记

1月12日，副县长陈彩明在县行政中心八楼西会议室主持召开沿赤乡北沙塘土地开发项目协调会。

3月23日，沿海工业城园区内正式通车，副县长胡子荣、沿赤乡党委书记程观顺、县交通局副局长方崇山及工业城管委会领导班子出席通车仪式。

4月23日，沿赤计生工作巧打信息牌，通过搭建“手机微信平台”，计生服务员可以随时将各种信息以群发形式让群众及时解计生最新动态以及相关业务。

5月18日，副县长胡子荣督查沿赤乡污水处理设施建设。

5月24日，在浙江公安边防总队台州市沿赤边防派出所，三门县边防大队联合驻地党委举行警、村、企“红三角”区域党建联创联建启动暨党群服务中心揭牌仪式。

6月19日，乡党委、政府联合沿海工业城交警中队举行学生接送车交通安全知识讲座。各学校、幼儿园的安全负责人，接送车司机及随车管理人员共40多人参加讲座。

6月26日，大力开展推进土地综合整治工作。

6月27日，沿赤乡党委书记程观顺带领全体机关党员干部到赤坎、佳岙等村走访慰问困难户。

7月3日，乡计生协第六届会员代表大会暨计生工作先进表彰会。会议由张洪副书记主持，县计生局副局长孙华到会指导并致贺词，乡党委书记程观顺、乡长王群、常务副乡长柯桂撑出席会议，各村计生协会会长、副会长、企业代表、乡属部门代表共计80多人参加会议。

7月19日，召开庆八一警民座谈会。与会人员有沿赤乡党委书记程观顺、副书记张洪、边防派出所所长叶瑞章、指导员范雁东、沿赤乡16个行政村书记、主任。

7月23日，召开高温季节安全生产工作会议，研究部署全乡高温季节安全生产相关工作。会上，鲍菊茶副乡长分别就全乡上半年生产、消防、交通等安全监管工作作分析回顾，并对下一阶段高温季节安全生产工作作详细部署。

8月9日，由副乡长鲍菊茶带队组织食品安全办公室人员和卫生局、工商等相关人员进行实地检查，确保村民灾后无食物中毒和饮用水安全隐患。

8月24日，椒江区前所街道组织学习团到沿赤乡学习交流基层组织年建设活动。

8月27日，沿赤乡主管工业副乡长鲍菊茶亲自带队，与全体安监人员对全乡的砖窑厂进行一次安全生产专项检查。

9月4日，由副县长俞茂昊带领的县食药监局、农业局、卫生局、工商局、海洋局等单位领导组织的督查组，到沿赤乡检查指导食品药品安全工作。

9月14日，召开食品、药品生产经营从业人员暨农村公共安全协管员培训会。对当前食品、药品安全的形势，走出食品、药品安全的误区，《食品、药品安全法》相关知识及协管员工作职责四方面进行培训。

9月27日，召开稳定综治信访暨消防安全、安全生产专项部署工作会议。专项部署两节、十八大期间安全维稳工作，全面提升人民群众的安全感和满意度。

10月22日，召开沿赤乡残疾人联合会第三届代表大会。回顾五年工作，共走访慰问残疾人家庭200多户，开展农业生产技术、畜牧技术培训，为残疾人就业提供强有力保障。

10月23日，召开红榜颂道德人物表彰暨“九九”重阳节庆祝大会。授予林咸龙等三人“乐于助人”先进人物称号，授予陈其财等七人“孝老爱亲”先进人物称号。

11月7日，召开“净化思想、硬化党性”党员素质提升工程暨村监会主任“质询评议、双向量分”工作动员大会。

11月8日，乡党支部组织全乡预备党员、积极分子认真观看中国共产党第十八次全国代表大会的直播。

12月14日，台州市第四届党代会三门代表团团长、县委书记董服标带领在三门的市党代表一行17人到沿赤乡，就城镇化建设情况进行专题视察调研。

12月21日，召开十八大精神学习会。全体机关干部、各村村长、书记共计70余人参加。会上，党委书记程观顺传达县委十八大精神理论学习会精神，同时，就如何贯彻学习党的十八大会议精神和当前各项重点工作进行全面安排部署。

2012年天台县赤城街道办事处大事记

1月17日，县妇联相关负责人一行走访慰问街道三新村下朱自然村的叶林妹和租住在赤城街道和平路的周碧娟。

1月19日，县流动人口服务管理局和相关部门负责人一行到赤城街道，对在天台过节的外来建设者困难户进行慰问。

2月7日，台州市委常委胡斯球在县委常委、宣传部长裘国宏的陪同下，走进赤城街道塔后村作农村经济发展调研。

3月13日，省侨务办公室副主任计时华一行到赤城街道桃源社区调研社区侨务工作。台州市外侨办副主任应真箭陪同调研。

4月28日，召开赤城街道侨联、台联分会代表大会。选举产生赤城街道侨联主席、副主席、秘书长和台联分会理事、会长、副会长、秘书长。

5月25日，赤城街道邀请联系整治村的11个县级部门，召开县级机关联系计生整治村工作对接会。明确下阶段部门与村（居）计划生育工作的目标、内容与要求。

5月28日，县长徐森和县主要领导到赤城三小看望学生们，并带去360册图书，给三个贫困学生送去慰问金。

6月24日，街道侨联组织侨属代表在田洋陈小学举行“赤城侨属赤诚励志行活动”。100多位学生和家长参加活动。

7月13日，天台县“捍卫女性生命权益，自觉抵制‘两非’行为”人口计划生育文艺巡演在赤城街道开幕。

7月22日，召开“两委”扩大会议。街道党工委书记齐益明主持会议，街道四套领导班子成员及各社区工作片负责人参加会议。

7月31日，召开全体村居主任、书记会议。印发“百日大整治”活动具体实施方案、部署相关工作。

8月11日，召开年中工作会议。总结上半年工作情况，研究部署下半年工作思路，力争全面完成全年各项目标任务。

8月16日，召开人口计生工作半年度分析会暨“两非”打击推进会。主任芮明望出席会议并作重要讲话。

9月11日，街道成立外来人口临时党支部，共18名外来党员加入。

9月26日，街道党工委、县流动人口管理局在祥和公司联合召开外来党员临时支部迎中秋、庆国庆茶话会。

10月10日，街道离退休党支部和老协73位同志，在田洋陈村赤城街道敬老院会议室举行喜迎十八大知识竞赛和敬老月活动。街道党工委、人大工委、政协联络处有关领导和县机关老协副会长王祖英、张樟浦出席会议。

10月23日，街道司法所组织街道３０多名社区矫正对象在街道敬老院开展敬老活动。

11月28日，赤城街道统战人士学习“十八大”精神，召开“同心”促和谐座谈会。来自街道的侨联代表、部分非公经济人士、党外知识分子等30余人参加座谈。

12月13日，召开森林消防暨国赤景区联防会议。会议总结街道森林消防、森林天台建设及松材线虫病防控工作，并对今冬明春工作作全面部署。

12月23日，街道相关领导到四方塘基督教堂进行宗教知识宣讲，并对圣诞节的有关工作作强调。

12月29日，县委副书记杨胜杰在副县长戴世勇和相关部门、乡镇负责人的陪同下，到赤城街道考察美丽乡村建设情况。

2012年天台县福溪街道办事处大事记

1月19日，街道桥南社区组织社工给社区的外来流动务工人员包饺子，送温暖。

2月14日，组织机关干部召开县经济工作会议。

3月2日，县组织部调研室一行到盛阳纸板和莪园村进行调研，指导党建工作。

3月7日，街道后田村召开村党组织群众满意度测评和党员民主评议会议。县委组织部部长施卫玲和街道党工委领导到会指导。

3月15日，街道桥南社区召开维护改革发展稳定的良好局面，推进社区各项工作暨表彰大会。

4月20日，召开基层组织建设年工作会议暨基层党组织书记培训会。会议由党工委副书记庞军主持，街道共有44名党支部书记参加此次培训，各村驻村干部到会列席。

4月27日，副县长吴华丁在水利局、交通局、福溪街道等相关部门领导的陪同下，到福溪街道后田村，解村庄发展情况，共谋发展思路。

5月10日，街道主任袁相伟、副书记娄文飞、副书记陈思河、政协主任谢法川以及新民工作片主任许绪国来到新民工作片三联村、新联村和光明村，与村两委班子座谈。

5月28日，召开街道人口与计划生育工作会。县计生局有关领导、街道全体机关干部、各村（居）社区书记和主任、计生协会副会长和计生联系员参加会议。

5月30日，县委组织部副部长施卫玲到福溪街道指导基层组织建设年相关工作。

6月6日，召开基层组织建设年转段动员会。会议通报县委组织部副部长施卫玲到街道检查的情况，并总结前阶段街道基层组织建设年的相关工作。

6月13日，市直机关工委副书记、纪工委书记江兴富一行在县直机关工委相关领导的陪同下到福溪街道检查指导廉政文化进机关工作。

6月25日，县委书记李志坚、常务副县长潘军明、副县长吴华丁带领县发改、国土、建设、环保、经贸、水利等部门负责人，对福溪街道的部分重点工程(项目）进行实地踏看。

7月18日，县委副书记杨胜杰在县政法委、县司法局、县计生局、县流动人口管理局等相关领导的陪同下到福溪街道大路曹村与福溪居检查工作。

7月20日，街道农办主任胡明天带领农办其他工作人员到大路曹村召开清洁家园工作会议。大路曹村村两委及全体保洁员参加会议。

8月2日，街道新联村召开防御9号台风“苏拉”应急会议。村联系领导陈思河、村两委和驻村干部参加会议。

同日，县委常委、统战部部长施亚东在街道党工委书记徐卫胜的陪同下，到街道调研宗教工作。

8月14日，召开清洁家园工作分析会。县农办领导到会指导，街道农办领导、金岭脚村村干部、蟹渚村村干部、福溪居村干部及大路曹村村干部等参加会议。

9月7日，召开教师座谈会。街道办事处领导，以及各中、小学、文武学校校长、优秀班主任、先进教师等45人出席座谈会。

9月11日，召开减轻农民负担工作会议。街道主任、各线分管领导、各工作片主任和中小学负责人参加会议。

9月24日，召开学习徐玉姬同志先进事迹学习会。

10月12日，召开共青团福溪街道第三代表大会。来自街道各条战线的71名青年团员代表参加会议。团县委领导、街道班子成员和各乡镇街道的团委书记等出席会议。

10月25日，县绿化委和县林特局组成的验收组到福溪街道桥南社区检查验收森林社区创建工作。

11月2日，召开村级便民服务中心和“廉洁村”创建工作推进会。街道党工委副书记庞军、纪工委书记张加强、纪工委副书记陈灵筱、4个工作片主任、44个村（居、社区）的便民服务中心代办员、村监委主任参加会议。

11月21日，副县长叶玲君、教育局局长汤京等有关领导到街道指导下阶段工作。

11月28日，召开深入学习贯彻党的十八大精神会。会议由街道党工委副书记庞军主持，全体机关干部参加此次会议。

12月8日，举行新兵入伍欢送会。街道党工委副书记庞军、街道人武部部长葛其广参加欢送会。

2012年天台县始丰街道办事处大事记

1月19日，县流动人口服务管理局和相关部门负责人一行到始丰街道，对在天台过节的外来建设者困难户进行慰问。

2月3日，举行始丰街道信息写作培训会。县委宣传部副部长王正多、主任丁必裕、天台报编辑刘海峰参加。

2月24日，举行始丰街道2012年度工作会议暨重点工作推进会。县领导姚乐平、县府办副主任周祖北同志出席，街道全体工作人员，县派农村工作指导员，各村、社区等单位负责人参加。

3月15日，市财政局进村入企调研组一行在县财政局有关人员的陪同下到始丰街道调研。街道办事处主任庞新东与天成自控、菱正机械2家企业负责人和始丰街道官塘村村委会主任等人员参加座谈会。

3月21日，举行唐兴大道胡塘殿征迁安置政策征求意见座谈会。县领导潘军明、庞一飞，新城委及始丰街道等相关领导、工作人员与胡塘殿村村民代表，就胡塘殿征迁安置政策进行探讨。

4月19日，县委组织部副部长施卫玲、县常任办联络科科长吴琳玲到始丰街道团结村胡塘殿自然村，调研两代表一委员在重点项目建设中发挥作用情况。

4月26日，举行“清洁家园，宜居始丰”现场推进会。街道两委班子，各机关干部及各村(社区)书记、主任在安科村清洁家园讲解员的带领下参观并解村内清洁卫生现状和安科村的清洁家园运转模式。

5月7日，街道共青团在始丰中学开展“迈入青春门感恩父母情”主题活动。

6月7日，街道党工委书记范永友和办事处主任庞新东带队，全体机关人员在多个部门的配合下，对山头村25户红线内拆迁户的房屋进行拆除。

7月26日，组织天湖景区开发工作组，对天湖景区开发涉及的相关山林、土地、村的情况进行了解，同时对土地承包商的相关政策进行梳理。

7月30日，召开两委会扩大会议。总结近阶段工作经验，并对四季度工作进行明确布置和分工。

7月31日，始丰街道联合国土局、法制办、行政执法局、交通局、公安局及两代表一委员们对62省道潘村拆迁安置区实施和谐拆除。

8月17日，市直工委领导在县直机关工委领导的陪同下，到始丰街道检查机关党委工作，并对街道机关的“五民工作法”作高度肯定。

9月4日，举行始丰街道党员党性教育日动员会暨“五步法”推进季活动会。县委常委、组织部长项凤日，组织部副部长施卫玲，街道党工委书记范永友，组织委员张哲都等领导到会，街道各村居党支部书记及官塘余村党员和村民代表参加。

9月6日，省直机关工委书记施利民在市县直机关工委领导的陪同下，到始丰街道考察街道机关党建情况。

10月23日，召开村支部大会。

10月25日，组织玉湖村两委班子成员在街道会议室召开城中村改造工作研讨会。讲解城中村改造政策，让村干部踊跃建议发言。

10月26日，召开共青团始丰街道第三次代表大会。

11月30日，作为街道上裘村的第一书记县长姚乐平到村里进行十八大宣讲。

12月29日，县委副书记杨胜杰在副县长戴世勇和相关部门、乡镇负责人的陪同下，到始丰街道考察“美丽乡村”建设情况。

2012年天台县白鹤镇人民政府大事记

1月14日，召开白鹤镇人代会。

2月28日，召开2012年度全镇经济工作会议。会议由镇党委书记余昌斌主持，县委组织部长项凤日出席并讲话。

3月7日，召开庆祝“三八”妇女节102周年暨表彰大会。表彰奖励在推动白鹤镇经济社会转型发展、跨越提升实践中涌现出的先进集体和先进个人。

3月15日，召开2012年“两老一少”工作会议。提出要发挥优势、主动作为，创新载体、求得实效，扎实推进白鹤镇“两老一少”工作再上新台阶。

4月12日，县创先争优活动督查组到白鹤镇督查指导工作，先后参观镇效能工作室、镇便民服务中心，并实地走访霞庄村。

4月18日，举行“乡土文化走亲”启动仪式。来自白鹤镇和赤城街道的乡土文化表演团队给广大群众表演。

4月25日，县委组织部副部长、县编委办主任李建伟一行到白鹤镇余村调研。

5月16日，镇计生办、计生协会在镇大街设摊，专题开展优生优育、生殖健康咨询、免费孕前优生检测宣传活动。

5月29日，举行“心手相连”关爱贫困儿童六一慰问暨计生协会“5•29”会员活动。

6月26日，镇纪委及便民中心工作人员到平桥镇便民中心进行参观学习。

6月29日，召开关于全面落实“春泥计划”会议。老人协会理事代表及各村村长参加会议。

7月18日，县委组织部电教中心主任周昌满和组织科张主俐科长一行到白鹤镇督查基层组织建设年工作。

7月19日，镇流管所专管员协同派出所民警对辖区内出租房屋和流动人口进行排摸。

7月27日，召开“实数计生阳光统计”试点工作大会。市、县计生委领导参加并进行讲话。

8月3日，市纪委书记陈章永在县纪委书记徐华等相关领导的陪同下，到白鹤镇下俞洋村、鹤栖新村调研便民中心工作。

8月24日，省计生委主任王文娟在市计生委章维青、副县长姚乐平的陪同下视察白鹤镇“阳光统计实数计生”试点工作。

8月29日，创建省级卫生城镇检查组到白鹤进行实地检查和指导。

9月3日，省政协主席乔传秀在市长吴蔚荣、县委书记李志坚、县长徐淼等人的陪同下，到白鹤镇鹤栖新村、和盈畜牧公司进行视察。

9月19日，团县委在白鹤镇皇都村召开乡镇(街道)团委书记会议。团县委书记谷峰，副书记卢颖、庞静出席本次工作例会。会议回顾总结2012年度上半年全县共青团工作，研究部署下半年年工作任务。

9月25日，举办“小县大城、我的责任”主题演讲比赛。此次比赛共有25名选手参与。

10月24日，白鹤镇上联新村下卢自然村召开民主决策“五步法”现场观摩会。对村内道路硬化的民主提案进行民主表决。

10月27日，举行白鹤镇党员“微”故事宣讲观摩会。

11月6日，举行天台县“一员三微”经验推广现场会。白鹤镇党委书记余昌斌作经验介绍发言。

11月27日，组织召开大学生村官思想工作座谈会。县委组织部相关负责人就大学生村官出路等话题与大学生村官们进行深入交流。

12月6日，召开参与式预算工作动员大会。县人大副主任蔡文新、县财政局长戴敏华等到会指导并讲话。

12月13日，举行学习贯彻十八大精神报告会。由县委宣传部副部长杨志成宣讲。

12月31日，召开白鹤镇“四边三化”工作动员会。会议对“四边三化”工作作动员，重点部署上三高速两侧绿化工作。

2012年天台县洪畴镇人民政府大事记

1月13日，召开洪畴镇第十六届人民代表大会第一次会议。县领导陈政明、施逢沪、吴华丁出席会议。票选通过新一届洪畴镇人大主席、副主席和洪畴镇镇长、副镇长。

2月21日，县委统战部工作人员在副部长奚婷娟的带领下走访结对村洪畴镇东安隐村，并与村两委班子召开座谈会。

3月5日，举行以“学习雷锋，你我同行”为主题的学雷锋活动启动仪式。

3月13日，组织机关干部到下林村开展植树行动。

4月19日，召开基层组织建设年工作会议及业务培训会。全体机关干部、镇属部门支部负责人、村党支部书记及非公企业党支部书记参加会议。

4月23日，县经贸局陈荣东到洪畴镇下往村，以“第一书记”的身份与该村书记丁金有、村长陈达胜就村的发展促膝长谈。

5月8日，开展安全隐患大排查活动。重点对各个渠坝水库进行勘察，树立警示标志，以防天气炎热出现游泳意外。

6月11日，镇团委举办以“人生与做人”为主题的青年论坛。为青年干部提供展示学习交流的平台。

6月19日，团县委领导冒雨到洪畴镇希董村、下往村走访。

6月25日，镇团委举行干部论坛，共6名干部上台发言，受到全体机关干部的一致好评。

7月4日，举行“平安暑假活动启动仪式暨镇留守儿童之家成立”仪式，为16位志愿者颁发志愿者辅导员聘书。

7月18日，团县委副书记罗耀在洪畴镇团委相关人员的陪同下，走访浙江宏达橡胶有限公司和台州国力纺织有限公司。

9月21日，镇党委、政府开展为期一周的安全大排查专项活动。

9月24日，举办“平安知识进万家”专题讲座。100多位镇村干部参加此次讲座。

10月19日，洪畴镇项家村召开“五步法”决策会。村两委、党员、村民代表近40人参加会议。

10月26日，召开计生联系员例会，专项探讨流动人口管理工作。

11月9日，召开计生服务员工作交流会。会上各计生服务员踊跃发言，共同提高洪畴镇的计划生育工作。

11月28日，召开政法工作培训会，重点介绍反邪教、农村消防、人民调解等工作的内容和重点。

11月29日，召开“12·4”全国法制宣传日动员会议。全镇机关干部参加会议。

12月7日，洪畴镇下往村召开“五步法”民主决策评议会。总结今年工作，部署明年工作。

12月21日，镇党委理论学习中心组召开十八大精神学习会。会上回顾十八大的相关内容、会议体现的特点，解读十八大报告精神，与会的中心组成员纷纷发表学习体会。

2012年天台县街头镇人民政府大事记

1月13日，举行街头镇第十六届人民代表大会第一次会议代表活动。

2月24日，召开2012年和谐生态村创建培训会。

3月22日，县委常委、宣传部长裘国宏到街头调研宣传思想工作，与镇党委、政府主要领导进行座谈。

同日，召开2012年春耕备耕暨农作物防疫大会，有条不紊地开展春耕备耕各项工作。

4月18日，省司法厅副厅长陈志忠在县司法局局长王银鹰、副局长陈宇安等领导的陪同下，到街头镇调研基层司法行政工作。

4月20日，召开全镇基层组织建设年工作会议暨基层党组织书记培训会，安排部署开展基层组织建设年工作。

4月27日，团县委和青创会一行到街头镇旗南村浙江绿播客蔬菜基地走访。

5月5日，省文化厅厅长杨建新一行到街头镇古街、集镇村文化俱乐部考察调研。

5月10日，白鹤镇塘下褚村“第一书记”天台县人力社保局局长庞志刚，组织该村两委干部、党员、村民代表共30余人到街头镇后岸村参观学习农房改造、农家乐发展等，并开展座谈交流。

6月15日，县委书记李志坚、副县长戴世勇及县委办、县府办、政策研究室、农业局、国土局等10多家单位到街头镇青年创业示范基地——浙江绿播客蔬菜基地调研。

7月5日，统战人士服务团到街头镇山头下村参加学雷锋常态化活动。为群众送去理发、医疗、法律咨询、农技培训和暑期安全教育等相关服务。

同日，举行“温情四季风”主题实践行动启动仪式。

8月26日，副县长蔡文新在农业局和交警大队等有关人员的陪同下，到街头镇检查道路交通安全隐患，并要求相关部门落实整改措施，保障群众出行安全。

8月30日，县委组织部副部长施卫玲带队到街头镇开展基层组织建设工作督查，实地走访遮益、小溪坑等7个村。

9月19日，召开天台县2012年农村工作指导员第九小组第一次工作例会。10名省、市、县农村指导员以及县农办、街头镇有关领导出席，会议上交流各村新农村建设情况，老指导员介绍工作经验及安排下一阶段的工作。

9月24日，里石门水库管理局副局长陈逢纲赴街头镇雷新村实地调研结对帮扶项目落实情况，看望该局派驻的农村工作指导员，并召开学习会。

10月5日，天台县水电局水利综管站和当地乡镇工作人员一起，到街头镇湖村、浙村检查饮用水建设。

10月27日，检察院张影雯检察长等一行3人到街头镇浙酋村开展创先争优蹲点调研。

11月19日，市人大常委会副主任高敏带领市体育局、文广新局等相关领导一行走访街头镇寒山湖村和后洋村，共同研究分析有助于农村发展的新项目。

12月2日，天台电大园林专业在校大学生近50人在街头镇集体学习十八大精神。

12月18日，市爱卫办到街头镇对创建市级卫生镇进行验收考核。镇长就街头镇创建市级卫生镇工作进行汇报。

12月31日，召开“四边三化”暨“两违”整治工作动员会。镇两委成员、相关办公室工作人员、驻村干部、各行政村党支部书记和村主任参加会，县国土局纪委书记张尚杰到会指导工作。

2012年天台县平桥镇人民政府大事记

1月12日，召开平桥镇第十六届人民代表大会，听取和审议镇政府工作报告、镇人大主席团工作报告，选举镇十六届人民代表大会主席团主席、副主席，镇政府镇长、副镇长。

1月30日，举行县人大第五代表团会前代表活动，县委常委、副县长谢永刚参加会议。

2月15日，县政协主席陈政明在水利局、信访局等单位负责人的陪同下，到平桥镇五一村开展“进村入企”走访活动。镇党委书记陈中伟陪同走访。

2月28日，县委副书记、县长徐淼到平桥镇下王村调研。县镇有关领导参加陪同考察。

3月5日，举行由平桥镇团委、妇联及天台义工分会共同举办的“你我学雷锋，志愿者在行动”活动。

3月16日，举行“天台供电局团委握手平桥镇团委暨阳光乡村行动”启动仪式，县供电局党委副书记陆四煦、团县委副书记卢颖参加会议。

3月20日，组织镇国土所、建设规划所及镇相关工作人员共100多人，对位于62省道改建工程平桥段建设范围内的下王村违章建筑进行依法强制拆除。

4月20日，召开平桥镇基层组织建设年工作会议暨基层党组织书记培训会。

5月3日，举行由平桥镇团委主办的“闪耀青春的光辉”庆祝建团90周年团员生态日暨青年文明示范街创建活动。

5月16日，召开党建工作例会，各办事处书记相继汇报基层组织建设年开展及宣传的相关情况。

6月14日，召开平桥镇人大主席团会议，全体主席团成员出席，并视察高山移民二期工程、平镇街村康居示范村工程。

6月25日，举行微博业务培训会，各办事处微博管理员参加会议。

7月25日，镇党委书记陈中伟到平桥地税分局就税收工作进行专题调研。

7月27日，组织力量对位于上庞村的一处违章建筑予以依法拆除。

8月16日，召开平桥镇中心组学会，由镇党委委员、副镇长杨勇讲课。

8月21日，镇工办召开2012半年度经济形势分析会，500万上企业共51名会计参加此次会议。

9月21日，县委常委、组织部长项凤日到平桥镇调研花前工业园区党建工作。调研组走访浙江雅阁工艺品有限公司、浙江大可汽车玻璃有限公司和浙江家博士电器有限公司，并在花前园区指挥部召开座谈会。

10月18日，省委组织部组织处（党代表秘书处）处长章伟一行在市、县组织部领导的陪同下到平桥视察党代表工作室，并充分肯定平桥党代表组团联动工作机制和金钥匙调解团工作。

10月31日，平桥镇团员青年代表大会推选出28名优秀团员青年代表出席县第十七次团代会。

11月13日，召开扶持经济薄弱村发展村级集体经济工作会议。会议传达全县扶持经济薄弱村发展村级集体经济工作会议精神，对下阶段经济薄弱村发展集体经济提出指导意见。

11月29日，召开党委理论学习中心组学习会。专题学习十八大精神，会议编发十八大学习册，传达十八大主要精神。

12月5日，天台县首家乡镇民族宗教事务所在平桥镇挂牌成立。

12月14日，召开重点岗位动态监管评价大会。

12月29日，县委副书记杨胜杰在副县长戴世勇和相关部门、乡镇负责人的陪同下，到平桥镇考察美丽乡村建设情况。

2012年天台县三合镇人民政府大事记

1月16日，镇工办、综治办联合三合派出所等单位分三组对全镇“三合一”场所、烟花爆竹销售场所、重点企业进行消防安全检查行动。

2月14日，市计生局丁主任带队到三合调研计生工作。充分肯定过去几年三合计生工作转变被动局面，取得跨越式进步的做法。

3月6日，县委常委、组织部长项凤日在三合镇主要负责人的陪同下，到塘下村调研指导工作。

3月13日，组织塘上、塘下两村村民代表团到象山县茅洋乡实地考察新农村建设、农房改造和清洁家园等工作。

3月21日，县委常委、宣传部长裘国宏在相关人员的陪同下，到三合镇调研文化建设及精神文明建设工作的相关情况。

4月9日，县领导干部“创先争优”示范行动督查小组到三合镇督查工作开展情况。

4月18日，副县长姚乐平在相关部门的陪同下，到三合镇调研指导工作。

4月20日，召开微博培训会，全体机关干部参加此次培训。

5月8日，召开机关干部素质提升工程第三期“学习会”。副镇长丁炜强作题为“《黄帝内经》和养生”的专题知识讲座。

5月9日，县人民检察院检察长郭建平以村党组织“第一书记”的身份到三合镇建设村，与村两委干部进行座谈。

5月23日，市计生委副主任丁庆银一行在县计生局局长王永胜的陪同下到三合镇调研指导工作。

5月29日，举办纪念“5·29”协会日宣传服务行动。

6月26日，县人民检察院检察长郭建平一行先后到三合镇下坊村、建设村和坤荣橡胶有限公司，慰问老党员、困难党员和结对困难儿童。

7月6日，召开党代表“洪三园区建设发展”专题询问会。近30名县镇党代表在视察洪三园区建设后进行座谈。

7月19日，举办企业负责人、企业安全员、特种作业人员等48人参加的安全生产业务培训会，开展针对性培训，切实消除安全隐患。

8月1日，召开两委班子扩大会议。镇党委书记袁继欢主持会议，两委班子成员，办事处主任、书记，全体中层干部参加此次会议。

9月7日，召开三合镇“党员党性教育日”活动动员会。全镇机关干部，各村及企业的党支部负责人参加会议，县委常委、组织部长项凤日应邀出席会议。

9月10日，三合镇有关领导、学区关工委负责人等一行人到三合中学、三合镇中心小学亲切看望和慰问一线教师。

10月31日，召开三合镇残疾人联合会第二次代表大会。会议选举产生三合镇残疾人联合会第二次代表大会主席团和出席天台县残疾人联合会第六次代表大会代表。

11月8日，举行村干部创业承诺暨基层组织建设年述评会。来自该镇13个行政村的党支部书记、村委会主任及驻村干部参加此次述评会。

12月4日，召开党委理论学习中心组专题会议。镇党委、政府主要负责人及各办事处主任、书记参加会议，县人民检察院检察长郭建平出席会议。

2012年天台县石梁镇人民政府大事记

1月13日，召开石梁镇第十六届人民代表大会第一次会议。县领导杨胜骏、褚人福、齐碧君参加会议。

2月27日，召开石梁镇中层干部述职评议会。会上8名45周岁以下的中层干部对过去一年所做的工作进行述职，全体机关干部对他们进行客观打分。

2月29日，召开石梁镇经济工作会议，县领导常委施亚东、政协副主席陈达优到会指导。

3月6日，举行庆“三八”暨“巾帼倡廉”活动启动仪式，来自全镇各个村的妇女主任参加活动。

3月29日，镇关工委、石梁镇小学联合组织镇老协成员及师生一行250余人徒步到石梁镇里李徐湖村，开展清明祭扫徐瑞君烈士墓活动。

3月31日，镇老协、关工委、老体协、组织宣传队抓住清明节易发生火灾的关键时刻，进行声势浩大的森林防火，开展廉政文化宣传。

4月17日，天台团县委一行到石梁镇走访调研结对村外湖村，解并实地查看外湖村新农村建设、村路硬化、环境治理等基本情况，并与村干部进行座谈。

5月23日，举办“纪念计划生育国策实施30周年、计划生育协会成立32周年”活动。

5月24日，召开“微民情”信息员培训会，进一步畅通民意诉求、化解、反馈渠道。

6月7日，旅游委党委副书记、旅游局局长谢优芹以石梁镇集云村“第一书记”的身份来到集云村主持召开村两委会议。石梁镇镇长徐文华、集云村村两委全体干部出席会议。

7月13日，石梁镇双溪村召开村主要干部年度回头看工作总结暨满意度测评试点，全体村民代表、党员参加。

7月31日，省教育厅新一任农村指导员到石梁镇调研。

8月22日，县委书记李志坚带领相关部门负责人，到石梁镇太平村调研“美丽乡村”建设。

9月12日，石梁镇石梁村第一书记、县农办主任许英雷到石梁村就该村“美丽乡村”建设召开专题会议。会上讨论该村前期美丽乡村工作情况，并对下一步美丽乡村建设提出要求。

9月13日，教育局局长汤京到他履职“第一书记”的石梁镇塔头坑村，参与召开该村社会稳定形势分析会。

10月8日，召开“提升执行力促工作提速”的机关党员大会。会上，全体机关党员干部围绕“提升执行力促工作提速”主题，结合自身的工作经历，就改进工作作风、优化服务水平、提高工作效率展开讨论。

10月16日，财政局退休干部支部一行6人到石梁镇敬老院开展献爱心、送温暖敬老活动。

11月8日，组织全体机关干部以及党代表集中收看十八大开幕盛况，各村干部、党员、群众也组织人员通过远教播放平台进行收看。

11月22日，召开学习贯彻党的十八大报告精神专题会。镇全体机关干部参加会议，并认真倾听，做好相关记录。

12月26日，召开山区经济转型升级座谈会，县委常委、统战部长施亚东，副县长戴世勇出席座谈会。

12月29日，县委副书记杨胜杰在副县长戴世勇和相关部门、乡镇负责人的陪同下，到石梁镇考察“美丽乡村”建设情况。

2012年天台县坦头镇人民政府大事记

1月19日，县流动人口服务管理局和相关部门负责人一行到坦头镇，对在天台过节的外来建设者困难户进行慰问。

2月27日，召开村干部创业承诺践诺推进会，全镇各村党支部书记、村委主任参加会议。

3月2日，举行纪念“三八”妇女节102周年暨表彰大会。全镇61个行政村、各企事业单位的妇女主任参加会议，会上对2个巾帼示范村、5名优秀妇女干部、10名“十佳清洁之星”进行表彰。

3月21日，召开坦头镇“破难攻坚整治‘两违’”动员大会，县国土局局长陈天林到会指导。

3月23日，举行坦头镇第二期青年干部论坛。

4月17日，召开基层组织建设年活动推进会，全镇61个行政村支部书记参加会议。

4月25日，坦头镇政府联合工商、卫生、质检、动物卫生监督站等相关部门对坦头辖区食品、药品生产经营户开展食品药品安全综合整治专项行动。

5月22日，镇计生协会举行“关爱女孩、抵制两非”宣传活动。计生协会会员自编自导自演的乡土节目受到群众的热烈欢迎。

5月28日，镇党委、镇妇联到苍宝小学开展慰问行动。

6月5日，台州市台办副主任邵宏慧、调研员苏萍莲一行到坦头镇白水下村开展进村大走访活动，县台办主任王正炳、坦头镇相关负责人陪同走访。

6月13日，坦头镇协同县质监局组织开展汽车用品行业产品质量法律法规培训会，部分汽车用品行业协会成员、坦头镇汽车用品生产企业、镇工办等53人参加培训。

6月28日，召开“两代表一委员”重点工作询问会，9名县党代表、人大代表、政协委员参加询问会。

7月2日，召开2011年度县管后备干部候选人述职报告会，全镇100多名机关干部参加此次会议。

7月20日，镇团委在大黄徐村暑期儿童乐园开展平安自护营暑期安全知识宣传活动，来自天台学子义教队的志愿者们通过展板展示、现场示范、游戏互动等方式形象生动地对孩子们进行安全教育。

8月1日，召开党委中心组理论学习会。

8月6日，镇班子成员、镇防汛指挥部成员、办事处主任、水利员等参加省市县防汛工作视频会议。随后召开班子扩大会议，部署防台工作。

9月6日，召开深化村级民主决策“五步法”工作培训会，坦头镇组织委员王启俏主讲。

9月26日，召开“两新”党建工作会议。会议部署推进基层组织建设年和党员党性教育日相关工作。

10月17日，召开重点工程分析汇报会，总结进程，确定下步计划，加快推进重点工程建设。

10月22日，举办一场消防知识培训会。

11月22日，举行党委理论学习中心组十八大精神学习会。

12月4日，县委组织部、县司法局、普法办及县矛盾纠纷调解中心相关负责人到坦头镇岩下村远教影院“送法下乡”，为全镇近40名调解主力军开展一场生动的《人民调解知识》讲座。

12月21日，召开社区教育工作现场会。县教育局相关负责人，各乡镇成人教育干部参加社区教育工作现场会。

2012年天台县雷峰乡人民政府大事记

2月23日，召开雷峰乡和谐流动调解团座谈会，聘请葛小平、王国先等11名乡内有威望、善调解的同志为和谐流动调解团成员。

同日，召开2012年度党的基层组织建设工作会议。乡四套班子领导和乡属各支部书记参加会议。

2月29日，县委常委、宣传部长裘国宏到雷峰乡祥益村开展“进村入企”大走访活动，围绕产业发展和山区群众致富等主题进行调研，针对村两委干部和群众提出的具体困难给出建议和意见。

3月9日，市、县农房办及相关部门领导一行到雷锋乡崔一村视察农房改造工作，详细解该村综合楼、农民公寓及联体排屋的建设情况。

3月20日，近30名雷峰乡贤在乡文化中心会议室参加“同商乡是、共谋发展”乡贤座谈会。

4月7日，乡计生办借梨花节开展计生知识问答游园活动。

5月8日，召开农业产业协会党组织建设工作会议，对两新党组织如何开展创先争优活动进行部署。

6月21日，雷峰乡驻宁波流动党支部召开基层组织建设年工作推进会，乡党委班子领导到会指导工作。

6月26日，县水利局组织县监察局、发改局等多个部门组成验收小组，对雷峰乡祥和溪水土流失综合治理(一期)工程进行初步验收，市水利局到会指导。

6月28日，天台县委常委、宣传部长裘国宏走访慰问雷峰乡祥何村的老党员、困难党员。

7月13日，召开清洁家园“百日大整治”活动动员会。乡清洁家园分管领导就清洁家园“百日大整治”活动作详细介绍。

7月19日，全乡党员干部将围绕“清洁家园百日大整治”活动，开展全乡卫生保洁工作。

8月27日，召开民主决策“五步法”现场会。开展“两公告一评议”活动，推动民主决策“五步法”扎实开展，为其他村提供有益经验。

8月30日，台州日报社副总编黄保才和天台籍名记者洪和胜来到雷峰乡开展“走基层、转作风、改文风”蹲点调研。

9月3日，召开雷峰乡崔家村“五步法”决策会。

9月27日，雷峰乡友义村举办迎国庆暨计划生育宣传晚会，县计生局副局长陈慧飞等领导到会指导。

10月11日，举行“提升执行力促工作提速”机关党员大会暨“小县大城我的责任”演讲比赛，来自中小学、卫生院、村居、农业产业协会、妇联、乡机关等各条战线的10名选手参加比赛，书记傅裕强作“提升执行力促工作提速”主题报告。

10月17日，召开创国家级生态县工作党代表询问会。

10月30日，召开雷峰乡残疾人联合会第二次代表大会，各村及乡属各有关单位共30名代表参加会议。

11月23日，召开新党员入党仪式，举行入党宣誓、发放党员先锋行为记录簿，同时组织学习党的基本知识和十八大精神。

11月30日，党代表、县住房和城乡建设规划局局长陈智强带着有关人员冒雨前往雷峰乡大地林村指导工作。

12月7日，举行2012年新兵入伍欢送会。欢送会上，雷峰乡党委书记傅裕强亲自为应征入伍的7名新兵佩戴大红花，并代表全乡赠送纪念品。

12月29日，县委副书记杨胜杰在副县长戴世勇和相关部门、乡镇负责人的陪同下，到雷峰乡考察“美丽乡村”建设情况。

2012年天台县龙溪乡人民政府大事记

1月13日，召开龙溪乡第十六届人民代表大会第一次会议，来自全乡各村、企业、学校的41名乡人大代表参加会议。县委常委、人武部长汪国新，县委组织部相关人员出席会议。

2月6日，市委常委胡斯球在县委常委、宣传部长裘国宏的陪同下，到龙溪乡黄水村进行农村经济发展调研。

3月14日，县委常委、人武部部长汪国新带领相关工作人员到龙溪乡黄水村开展“进村入企”走访活动。

3月22日，乡党委、政府召开“清洁家园•美丽乡村”专项工作推进会，乡机关干部、村干部、保洁员100余人参加本次会议。

4月19日，召开龙溪乡基层组织建设年工作会议暨基层党组织书记培训会。会议由组织委员庞亚萍同志主持。

5月17日，乡团委组织20余名团员青年志愿者对始丰溪沿岸和黄水溪进行一次彻底的全面卫生大排查。

5月28日，组织召开民兵连长集训暨兵役登记培训会。全乡12个行政村民兵连长、各驻村干部参加会议。

5月29日，县人武部、县人民检查院、县工商局、县农业银行、县人寿保险公司等有关部门领导在龙溪乡领导陪同下，到玉环龙溪小学进行“六一”慰问活动。

6月26日，乡团委联合综治办在花岩蒲菜场前开展“国际禁毒日”法制宣传。

6月27日，在乡长李卫国的陪同下，玉环县人武部政委俞建忠到龙溪乡小密溪对建国前老党员王金法进行慰问。

同日，玉环县人武部政委俞建忠到龙溪对外来流动党员詹智进行慰问。

7月24日，乡武装部工作人员在黄水村支书叶江威及民兵连长叶兆清的陪同下，到黄水村老兵叶万权的家中进行慰问。

7月26日，召开龙溪乡贯彻落实省第十三届党代会精神培训会。参加培训的包括全体村干部及办事处主任、总支书记等。

8月22日，召开龙溪乡残疾人联合会第三次代表大会。乡团委积极配合大会工作选调志愿者服务会议。

8月29日，团市委组织统战部部长董阿林一行到龙溪乡山里村调研基层活力团组织创建工作。团县委班子陪同调研。

9月25日，龙溪乡代表队到衢州市参加浙江省全民健身浙西片区“种文化”“激情太阳岛”浙江省首届女子体育节活动。

9月26日，乡团委组织卫生院团员青年携带医疗器械到黄水村敬老院开展中秋慰问和义诊活动。

10月11日，乡团委、联创办、生态办联合开展“同创省级生态县，共建绿色新家园”宣传活动。

10月29日，举行龙溪乡便民服务中心揭牌仪式。

11月14日，台州市社会发展投资有限公司董事长兼总经理陈惠明、纪检组长陈选会一行到龙溪乡岩坦村调研结对帮扶工作。

11月20日，召开党委理论中心组学习会，传达县委学习宣传十八大会议精神。

12月4日，乡团委、综治办、司法所、计生办、妇联等多科室联合开展集中法制宣传活动。

2012年天台县南屏乡人民政府大事记

1月10日，县领导庞一飞、姚乐平到南屏乡走访慰问特困党员、五保特困户及特困残疾人。乡党委书记高佐明、乡长曹洁华陪同走访慰问。

1月13日，召开南屏乡第十六届人民代表大会第一次会议，县直机关工委负责人到场指导。会议选举乡长、乡人大主席、副主席各1名，副乡长2名。

2月22日，县政协副主席张卫平一行到南屏乡永和村调研工作。

3月19日，召开南屏乡领导班子2012年度民主生活会。乡党员领导干部围绕“坚持以人为本执政为民理念、发扬密切联系群众优良作风”主题，紧密结合思想、学习、工作和作风等实际认真开展批评与自我批评。

3月29日，召开南区拆违工作对接会议。县“两代表一委员”，商会理事会成员，各行政村书记、主任，乡全体机关干部参加会议。

4月24日，县发改局局长陈少瑜一行到南屏乡永和村。陈局长与村两委成员亲切座谈，全面解两委班子成员的情况，村里的基本情况和新农村建设方面存在的困难。

5月22日，召开创新社会管理推进会暨南屏社区服务管理中心启用仪式。县领导杨胜杰、施亚东、庞一飞、张卫平，以及县慈善总会、县工商联、南屏乡负责人共同为南屏社区服务管理中心揭牌。

5月29日，召开南屏乡人口和计划生育工作会议。要求全体干部乘势而上，进一步完善南屏社区服务中心的建设和管理。

6月21日，召开党代表询问会。各位代表主要围绕“开心果采摘地”这一主题展开询问。

6月25日，召开基层组织建设年推进会暨城区党员民情110开通仪式。南屏在城区流动党员及乡、村全体干部参加会议，县委组织部副部长施卫玲出席会议。

6月27日，开展“十佳杨梅种植能手”评选活动。通过层层评比，裘昌洪等十人脱颖而出被授予“十佳种植能手”称号。

7月20日，举行“清洁家园•和谐乡村”活动推进会。

7月31日，召开消防知识培训会，邀请县消防大队林参谋对各村支部书记、村主任、义务消防队员进行业务知识培训。

8月6日，全乡机关干部召开防台抗汛会议。会后南屏乡成立乡抗台指挥中心，由乡党委书记、乡长担任组长，两委班子为成员，印发《南屏乡地质灾害点防险预案》和《南屏乡防御“海葵”台风人员转移安置方案》。

9月13日，县纪委带队，各乡镇纪委书记组成检查组到南屏乡检查廉洁村创建工作。检查组随机抽检三村，并在前杨村召开县廉洁村创建工作交流座谈会。

9月21日，召开创建市级药品安全示范乡镇动员大会。各行政村书记、主任、药品安全信息员参加会议。

10月10日，县政协副主席张卫平率水电局有关负责人到南屏乡下汤村指导工作。

11月21日，县妇联副主席裴焦阳一行4人，到南屏乡翠西村看望慰问乳腺癌患者、村妇女主任李仙女。

11月26日，乡党委、政府积极响应上级的号召，及时组织机关干部认真学习、理解、领会和贯彻十八大精神。

12月6日，天台山第二届红枫节在南屏乡开幕，成千上万的游客从全国各地赶来走古道、赏红枫。

2012年天台县三州乡人民政府大事记

1月13日，召开三州乡第十六届人民代表大会第一次会议，来自各村、企业、学校及部门站所的40多名乡人大代表参加会议。县领导褚夏芬、叶玲君、姚学明出席会议。

2月23人，召开乡村两级办实事项目与县级各部门对接会，重点抓项目谋划、项目对接、项目落实，以此深化领导干部“进村入企”大走访活动。县领导叶玲君到会指导。

3月6日，县供电局党员服务队到三州乡车门湾村开展进村服务茶农活动。

3月12日，召开村级党组织、党员民主测评会暨村干部管理“一定二诺三跟进”现场会。县委组织部副部长施卫玲到会指导，其他16个行政村书记现场观摩。

4月10日，三州乡第三届茶文化节开幕。

5月9日，开设计生知识大讲堂。邀请县计生局领导及相关业务科室对全乡机关干部、村干部及村计生服务员近100人进行全面系统的计生知识讲解。

5月15日，开展5·29计生协会会员活动暨“关爱女孩抵制两非”宣传服务活动。邀请县人民医院计生服务队上山为育龄妇女进行免费健康体检和咨询服务。

6月7日，召开基层组织建设年整改提高阶段动员会。乡党委书记张凯明作重要讲话。

6月21日，召开整改提高晋位升级工作推进会。会上，乡两委班子领导就各自联系村整改提高工作情况进行汇报。

6月22日，天台县2012年“送戏下乡”演出到三州乡的岭下贾村。

7月4日，县委书记李志坚在县委副书记杨胜杰、副县长戴世勇的陪同下，率县委办、县府办、县农办、农房办、财政局、国土局、发改局等有关单位主要负责人，到三州乡调研农房改造工作。

8月31日，召开三州乡下施村年中“二诺”回头看暨民主决策“五步法”观摩会。各行政村党支部书记、村主任、驻村干部及机关干部参加会议。

9月17日，召开以“提升执行力促工作提速”为主题的机关党员大会。会议由乡党委副书记汪小云主持。

10月19日，统一组织全体党员干部开展大扫除。

11月8日，乡党代表齐聚党代表工作室一起收看党的十八大召开。

11月26日，全体机关干部利用周一机关干部学习会，认真学习十八大精神，把贯彻落实十八大精神结合到平时实际工作中。

12月10日，组织全体机关干部召开学习贯彻落实会议。乡纪委书记刘智军传达此次会议精神和要求，安排部署全乡党风廉政建设工作。

12月28日，三州乡车门湾村召开群众满意度测评观摩会。车门湾村村民代表、各村书记和主任、驻村干部、乡领导参加会议。

12月29日，县委副书记杨胜杰在副县长戴世勇和相关部门、乡镇负责人的陪同下，到三州乡考察“美丽乡村”建设情况。

2012年天台县泳溪乡人民政府大事记

1月29日，组织全体干部去外溪村开展植树活动。

2月14日，组织全体机关干部收看《全县经济工作会议》直播，聆听县委、县政府经济工作报告。

3月2日，召开全乡各村党支部书记例会。全体机关干部、各村党支部书记、村委会主任参加会议。

3月28日，组织全乡村支部书记、村主任召开4月份村党支部书记例会。

4月28日，召开全乡保洁员会议，并当场发放4月份工资。

5月10日，组织全乡村支部书记、村委会主任在外溪平安村召开5月份村党支部书记例会。县人大常委会副主任王金永参加会议。

5月18日，召开计划生育整治活动动员会。会议由乡副书记叶伟志主持，副县长姚乐平、计生局长王永胜、乡党委书记吴明强、乡长余忠海参加会议，与会的还有各行政村支部书记、主任，计生协会副会长、计生联系员。

6月8日，召开泳溪乡六月份书记例会暨转段会议。组织委员丁周祥布置基层组织晋位升级工作，人大副主席姜肖红通报洁家园工作五月督促情况，计生副乡长陈剑峰布置计生六月工作。

6月21日，召集两代表一委员进行主要工作询问会。

7月11日，乡计划生育办公室联合天台县文广新局、泳溪乡宣传办、司法办及泳溪乡大柳溪村计划生育协会开展“关爱女性、抵制两非”为主题的世界人口日宣传活动。

7月21日，泳溪乡大柳溪村、山里周村、外溪平安村等美丽乡村创建村的主要村干部和乡有关负责人、农办工作人员到安吉县报福镇学习他们美丽乡村建设的经验。

7月24日，召开“美丽乡村建设专项工作研讨会”。会议由大柳溪村支书娄杏莲主持，村两委、泳溪乡“美丽乡村”领导小组、“第一书记”陈汇、美丽乡村设计策划人员参加此次会议。

8月29日，县领导王金永在泳溪乡参加领导干部大接访活动。

9月21日，召开2012年度征兵工作会议。全乡各行政村书记、民兵连长参加会议。

9月27日，乡计生指导站举行“两癌”筛查活动。

10月13日，举行天台县第二届泳溪香米丰收节。

10月25日，泳溪乡“平安知识进万家”巡讲活动走进泳溪学校。县检察院公诉科副科长叶卉卉为全体师生讲一堂以“预防未成年人犯罪”为主题的讲座。

11月2日，召开泳溪乡残疾人联合会第二次代表大会。来自全乡各村及机关、企事业单位的39名代表参加会议。县残联领导、乡相关领导应邀出席会议并讲话。

11月23日，在宁波嘉乐大酒店召开泳溪乡驻甬流动党支部学习十八大精神暨述职评议会。泳溪乡党委领导、天台驻甬流动党委成员及流动党支部全体党员、积极分子、部分乡贤参加会议。

12月25日，召开泳溪乡村休闲旅游规划评审会，县相关部门、泳溪县“两代表一委员”、部分乡贤参加会议。

12月29日，县委副书记杨胜杰在副县长戴世勇和相关部门、乡镇负责人的陪同下，到泳溪乡考察“美丽乡村”建设情况。

2012年仙居县福应街道办事处大事记

2月13日，省委书记赵洪祝给福应街道月塘村的严雪花同志发来贺卡。严雪花同志靠着微薄的收入默默的收养140多位无家可归的弃婴，先后被评为浙江省公共道德模范、杰出母亲和“三八”红旗手等称号。

3月20日，副县长朱志明到福应街道督查创森工作。

3月23日，召开福应街道经济工作会议，副县长应文彬参加会议。

3月29日，组织200多名团员、青少年在烈士陵园开展清明祭英活动。

4月28日，举行由福应街道团委组织的“青春接力活力福应”纪念五四运动长跑活动。

5月16日，县长林虹到福应街道调研。

5月29日，召开福应街道推进乡风文明建设暨月塘村慈孝爱心基金成立大会，副县长朱志明、应文彬参加大会。

6月28日，副县长应文彬到福应街道开展强基惠民村村帮工程“一季一点评”活动。

6月29日，副县长应文彬到福应街道参加2012年“七一”慰问党员活动。

7月1日，县委副书记、县长林虹，副县长朱志明在水利、民政、城建、交通等部门相关负责人的陪同下到福应街道检查指导抗洪救灾工作。

7月24日，县委副书记刘中华到福应街道县前村，走访调研强基惠民村村帮工作进展情况。

8月4日，召开全体干部、职工会议。对在全街道开展“三查、四促、两保”安全生产大检查进行全面部署。

8月7日，县委副书记、县长林虹深入一线，到福应街道检查指导防台抗台工作。

8月8日，副县长应文彬到福应街道指导抗台救灾工作。

9月5日，县人大常委会主任李建平、副主任石爱萍在水利部门有关负责人的陪同下，对孟溪水库建设进行实地调研。先后察看孟溪水库的大坝选址、水库淹没区及西岙水库。

10月23日，召开“强基惠民村村帮”暨“驻村干部周周访”工作点评会。县委副书记刘中华参加会议。

11月27日，组织街道内的党代表对县经济开发区和仙居新区建设进行实地考察，并召开福应街道党代表“推进重点项目建设”专题询问会。

12月7日，省文明办公民道德建设指导处副处长张东和、仇德川带领慰问组到街道慰问浙江省道德模范严雪花，为她送上鲜花和慰问金。

12月27日，县委副书记刘中华到福应街道宣讲十八大精神。福应街道全体机关干部、社区书记主任共计100余人参加宣讲会。

2012年仙居县安洲街道办事处大事记

1月6日，县委常委、县纪委书记李斌在安洲街道接待来访群众，现场帮助解决群众合理诉求。

1月12日，市纪委党风室领导一行到安洲街道市桥村督查调研廉洁村创建工作。县纪委常委杨华芬，安洲街道党工委委员、纪工委书记郑金龙等陪同调研。

2月23日，组织召开创建省级森林城市动员大会。会议由街道党工委副书记、办事处主任徐荣伟主持，街道党工委书记王志海作动员部署。

3月31日，召开推进城乡一体示范区专题询问会。探讨如何推进城乡一体示范区科学对策。

4月12日，召开安洲街道第一届归侨侨眷代表大会。县委常委、统战部部长何善泽应邀出席会议，台州市侨联主席吴世民到场祝贺。

5月25日，街道纪工委组织街道便民服务中心示范村创建村工作人员到朱溪镇和大洪村便民服务中心考察学习取经。

5月29日，安洲街道会同县文广新局、县建设规划局举办“强基惠民村村帮”专题文艺演出。

6月19日，街道人大联合工商、质监、卫生、药监等部门分别对所在街道食品安全进行实地检查。检查组分别检查绿色农产品市场、部分大型食品超市、餐饮酒店、食品批发部及小食杂店。

6月23日，组织召开“强基惠民村村帮”工作点评会。县联系安洲街道领导，县委常委、县纪委书记李斌在会上作重要讲话。

7月5日，街道党工委委员、纪工委书记郑金龙在岭下张村检查村监会工作开展情况。

8月3日，部署基层党组织整改提高晋位升级和城市公共文明指数测评工作。

8月14日，县纪委在安洲街道召开片组活动例会。县纪委常委、县监察局副局长张志华就下阶段案件联查联审和干部监督联动工作进行工作部署。福应街道、南峰街道、安洲街道、步路乡、上张乡、广度乡的纪工委（纪委）书记、专职副书或专职委员，以及县纪委审理室、干部监督联动办干部参加会议。

8月22日，开展人大代表活动。县人大主任李建平出席活动。

9月18日，街道党工委委员、纪工委书记郑金龙在街道便民服务中心示范村创建村西廓垟村、三桥村检查指导工作。

9月25日，举办“迎十八大”“庆国庆”民间文艺表演。

10月17日，召开第三季度“强基惠民村村帮”工作点评会。县委书记单战，县委常委、县纪委书记李斌作重要讲话。

10月19日，举办“喜迎十八大、庆祝老人节”“慈孝文化、百姓舞台”文艺献演。

10月20日，举办首届全民运动会暨第三届老人运动会。

10月23日，举办老人节暨重阳节系列活动。

11月9日，省政协副主席王永昌到安洲街道三桥村调研。县委书记单战、县长林虹、县政协主席陈扬华、县政协副主席朱寿龙及安洲街道党工委书记王志海、办事处主任徐荣伟等陪同调研。

11月12日，街道纪工委组织街道各村便民服务中心负责人开展村便民服务中心工作交流、业务培训。

12月7日，街道纪工委组织召开街道各村村监会主任工作例会暨廉洁村创建工作推进会。街道纪工委领导在听取各村前期廉洁村创建工作汇报交流。

12月26日，街道党工委按照县纪委要求组织开展2012年度街道领导干部党风廉政评议。

12月28日，召开安洲街道党员代表会议。会议由街道党工委副书记、办事处主任徐荣伟主持。参加会议人员对街道党工委委员、纪工委委员、县党代表的履职情况进行满意度测评。

2012年仙居县南峰街道办事处大事记

1月31日，南峰街道通过班子成员带头学，党员干部跟着学的方式，采取机关干部集中学习、个人自学等多种形式，掀起学习贯彻县第十三届一次党代会精神的热潮。

2月21日，街道班子成员郑技巧、王钟波会同驻村干部、农村指导员进村入户，走访一批典型农户代表，并召开一次民主恳谈会。

3月1日，街道组织收看全市纪检监察工作暨加强全市纪检监察干部队伍建设电视电话会议。

3月2日，省便民服务中心督查组到南峰街道小南门村检查指导村级便民服务工作。

3月20日，副县长朱志明到南峰街道督查创森工作。

4月19日，开展“摸实情、办实事、求实效”主题活动。做实做好“领导干部示范行动”，带头推进“强基为民村村帮”工程，为基层组织建设年活动拉开序幕。

5月2日，举行推进重点工程党代表专题询问会，12名街道党代表连连发问，现场氛围相当热烈。

5月29日，街道妇联与关工委联合举办巾帼志愿者活动，为留守妇女提供法律咨询。

6月14日，组织人员对辖区内各村的古建筑、古遗存进行全面普查登记。

6月19日，南峰街道人大联合工商、质监、卫生、药监等部门分别对所在街道食品安全进行实地检查。检查组分别检查绿色农产品市场、部分大型食品超市、餐饮酒店、食品批发部及小食杂店。

7月23日，开展普法宣传活动。联合组织各职能科室相关业务人员7名，到村进行巡回宣传，通过集中教育会、现场咨询、发放宣传资料等形式，大力宣传信访工作、计划生育、土地管理等法律法规，强化群众法制观念。

8月13日，街道妇联会同计生办专门邀请医护人员对辖区内5200名育龄妇女进行免费查孕、查环、查病等“三查”服务。

8月31日，开展“打非治违”专项行动。工作组会同安监、消防等部门，在辖区内查处非法小化工作坊3家，非法矿山开采1处，查扣化工原料1600多桶，案值高达150余万元。

9月18日，召开公共安全百日攻坚动员大会和推进大会，邀请县安监局负责人作“关爱生命、安全第一”主题讲话，县消防大队相关人员作消防急救常识和整治排查能力讲解培训。

10月22日，开展起清洁家园行动，用实际行动创建清洁家园，迎接十八大的胜利召开。

11月6日，县委副书记、县长林虹，副县长郭健跳到南峰街道就垃圾填埋场、西三路及森林城市创建工作进行现场办公。交通、林业、住建、城管等相关部门负责人参加会议。

11月8日，街道党工委认真组织各党支部的党员集中收看党的十八大开幕式，认真听取胡书记作报告。

11月20日，召开农村指导员督查点评会。全体农村工作指导员、村民代表及相关人员参加点评会。

11月21日，街道妇联组织各村女干部、妇女组长、农村工作指导员、大学生村官集中开展学习十八大精神，迅速掀起学习宣传贯彻党的十八大精神的热潮。

12月21日，县公安局政委陈军到南峰街道船山村宣讲十八大精神，并与村“两委”班子及全村党员共同探讨船山村的发展问题。

2012年仙居县白塔镇人民政府大事记

1月11日，由县慈善总会、银河药业和白塔镇共同举行“心手相连·慈善暖冬”活动。活动共送出慈善棉被60余条，春节物资70多份。

2月10日，开展党员“1+1”结对助学活动。要求每个支部对本支部的在外流动党员实行党员“1+1”结对助学制度，尤其是党支部成员要做好带头表率作用，及时向流动党员传达县第十三届党代会相关精神，以及镇、村两级活动开展情况和工作动态。

3月8日，团省委副书记王征一行到白塔镇调研。

3月20日，副县长朱志明到白塔镇督查创森工作。

4月12日，镇中心卫生院为农民免费提供健康体检，包括体格检查、血脂血糖等几项检查，对体检中发现的慢性病做好跟踪随访、上门服务，对需要做进一步检查的特定人群转到县级医院免费检查。

5月17日，召开村“两委”以上干部参加的计划生育整治摘帽工作600人大会，认真分析当前计生工作存在的主要问题，采取多项有力措施，强势推进2012年计生工作。

6月6日，开展“基层党组织建设年相关工作如何落实”主题培训。培训内容结合工作实际，从基层党建、党风廉政建设、党性教育、村财务管理等方面入手，进一步提高各村党支部书记的理论水平和工作能力。

6月13日，县委书记单坚在副县长应文彬及相关人员的陪同下，到白塔镇开展“进村入企”大走访活动。

6月29日，县政协主席陈扬华到白塔镇开展主题党日活动，并走访慰问东垟村的贫困党员、村党支部书记吴焕夏。

7月6日，召开党代表专题询问会，询问主题是白塔镇的集镇改造工作。

7月10日，召开“强基惠民村村帮”季度点评会。县政协主席陈扬华以及相关乡镇、各村帮扶团团长参加点评会。

8月16日，仙居县力源投资有限公司在白塔镇人民政府正式挂牌运作，这标志着白塔镇融资渠道进一步拓宽，将有效缓解中心镇建设中的资金压力。

9月20日，省旅游局副局长朱红炜一行到神仙居旅游度假区，听取度假区工作汇报并实地考察度假区的人工湖、环景公路、滨河景观带及薰衣草爱情公园等项目。

10月10日，仙居县首个乡镇宾馆协会在白塔镇成立。

10月22日，白塔镇下街村妇代会组织开展庆祝浙江省第二十五个老人节活动。

11月8日，组织机关干部、大学生村官、退休老干部收看党的十八大开幕式。

11月9号，召开扶持经济薄弱村发展集体经济工作会议。镇全体机关干部、大学生村官、各村书记主任、农村工作指导员、镇属各部门负责人参加会议。

11月12日，白塔大讲堂举办十八大精神专题学习会。全体机关干部、大学生村官、农村工作指导员参加会议。

12月24日，召开白塔镇第十五届代表大会第二次会议。会上，镇党委委员作口头述职，县党代表作书面报告。来自村级、两新组织、学校的三位代表结合自身工作作专题报告。

2012年仙居县横溪镇人民政府大事记

1月30日，组织全镇干部开展“四结合”，认真学习贯彻县第十三届党代会第一次会议精神。

2月2日，县委书记单坚在相关人员陪同下，到横溪镇下街、下汤、上陈、河塘村调研工作。

3月1日，召开全体机关干部、各村书记主任会议。镇党委书记吴建军在会上传达县“两会”精神。

3月6日，县长林虹到横溪镇调研农村工作。

4月9日，抽水蓄能电站移民交接仪式在横溪镇举行。县委常委、宣传部长陈扬参加交接仪式。

4月24日，召开安全生产暨安全员培训会。会议邀请县安全生产监督管理局局长徐杭生为安全员授课，来自全镇的40多家企业、学校、医院和78个行政村共130多名安全员参加此次培训会。

4月26日，镇中心小学组织应急避险逃生演练活动。

5月10日，召开横溪镇人口和计划生育工作会议。明确2012年度横溪镇人口与计划生育工作目标和任务，横溪镇人民政府与三个办事处、各行政村、镇属有关单位签订2012年度人口与计划生育工作目标管理责任书。

5月17日，开展“红色关爱”情暖老党员活动，入党积极分子与老党员结对，送去关爱，接受党情教育。

6月12日，召开横溪镇文学艺术联合会第一次代表大会，来自全镇的102名文学艺术爱好者参加大会。

6月26日，县委书记单坚到横溪镇柯家村开展主题党日活动，与党员们开展民主恳谈。

6月30日，召开“庆七一老党员座谈会”，30多名老党员代表和县党代表们参加座谈会。会后，还组织仙居二院的医生为老党员义诊，并邀请摄影师为老党员拍照片。

7月16日，召开镇党委中心组文化强镇建设主题学习会。全体机关干部、大学生村官、镇文联各协会骨干等100多人参加学习会。

7月25日，在横溪镇柯家村开展“关爱老人送清凉”活动。

8月3日，镇党委、政府主要负责人前往抽水蓄能电站，看望慰问水电武警部队的官兵们，为他们送去猪肉、矿泉水、王老吉等价值近5000元的慰问品。

8月31日，县委副书记、县长林虹到横溪镇开展“进村入企”大走访活动，实地走访浙江味老大工贸有限公司，为企业发展出谋划策。

9月6日，召开横溪镇廉洁村创建工作推进会。镇党委将“廉洁村”创建工作作为基层组织建设年、夯实基层基础的又一项重点工作。

10月11日，举行便民服务中心暨公共财政服务平台建设揭牌仪式。县财政局、县纪委、县监察局、县办事大厅及相关人员参加揭牌仪式。

10月16日，开设大学生村官论坛。

10月31日，举行“强基惠民村村帮”工作第三季度点评会。会议总结并交流上一阶段“强基惠民村村帮”工作的成果和经验，对下一季度的工作进行部署。

11月20日，举行由横溪镇党委、县委推进学习型党组织建设领导小组办公室、县委农村工作办公室联合组织的仙居县横溪镇基层组织建设高端研讨班开班典礼。相关单位领导和50多名来自镇、村级基层干部参加本次典礼。

12月27日，横溪新车站正式营业，内设综合楼、修理厂、洗车场、加油站等，日可发旅客5000多人，有发往上海、南京、常州、常熟、无锡等省际客运班车，有丽水、永康、缙云等县际客运班车及县内短途13条客运班线。

2012年仙居县下各镇人民政府大事记

1月19日，镇团委组织人员上门慰问下各二中、下各镇中心校和下各二小的3名困难学生。

2月10日，积极开展消防志愿者查改火患活动。截至目前，全镇发动志愿者参与消防安全检查56人，查找身边火灾隐患20处，当场整改18处。

2月14日，县人大常委会主任胡明龙在相关人员的陪同下，到下各镇黄梁陈村调研工作。

2月22日，副县长朱志明到下各镇督查省级森林城市创建、春耕备耕等工作。

3月5日，镇团委以“学雷锋、树新风”为主题，组织发动全镇广大团员、青年及志愿者开展卫生清洁大扫除，美化镇区环境。

3月6日，镇妇联于人流量多的集日，在集镇区组织计生、综治、民政、农技、工会、共青团等职能部门的巾帼志愿者们举办学雷锋宣传咨询活动。

3月20日，副县长朱志明到下各镇督查创森工作。

4月22日，镇团委开展以“慈孝下各关爱老人”为主题的志愿服务活动。组织30多名志愿者为农村老人进行健康体检，拍摄照片，开展慈孝志愿服务。

5月4日，举行第二届乡村青年文化节。此次活动由团仙居县委主办，主题是“唱述和谐新风，共建乡风文明”。

5月8日，镇团委组织团委全体成员、有关企事业单位及村的团组织负责人、大学生村官等30余人集中学习胡锦涛总书记“五四”重要讲话精神。

6月5日，乡妇联在集镇区进行广泛宣传环保知识，共发放《环保生活小手册》《农村生活污水处理实例介绍》等宣传册1450册。

8月1日，下各镇农业服务协会正式成立，108名首批会员表决通过《协会章程》，并选举产生第一届理事会成员。

9月5日，镇团委、司法所在下各二中开展青少年法制教育讲座，包括该校师生在内的200多人参加活动。

10月26日，召开“强基惠民村村帮”工程点评会，县人大常委会主任李建平参加会议。

11月12日，召开大学生村官学习十八大精神会议。大家畅谈对大学生村官前景的感言和对国家给予的希望。

11月29日，开展以“推进重点项目建设”为主题的党代表专题现场询问活动。

11月30日，举办一年一度的公推优选产生入党积极分子的考试。参考人员共69人，其中缺考3人。

12月25日，市委组织部长马晓辉同志到下各镇召开十八大精神宣讲报告会。镇全体干部及全镇各村的书记、主任均到场认真听取讲话。

12月26日，召开下各镇镇第十四届代表大会第二次会议。会上，镇党委书记王光灿作党委工作报告，纪委书记周伟芬作纪委工作报告。

2012年仙居县朱溪镇人民政府大事记

2月4日，积极组织开展百名干部“进村入户”走访活动。

2月15日，县委常委、组织部长王丹到朱溪镇田垟村走访调研。

2月20日，组织全镇百名干部“进村入户”开展“访民情、解民忧、谋发展”的活动。深入调研，掌握实情。

3月2日，副市长郑米良到朱溪镇调研朱溪水库工程建设。县政协主席陈扬华、副县长朱志明陪同调研。

4月19日，召开一次近300人参加的基层组织建设年工作推进会。全镇全体机关干部、镇属各单位党组负责人、各村“两委”干部参加会议。

4月27日，举行以“建水库、促发展”为主题的专题党代表询问会。来自朱溪镇库区各村的10多位党代表参加询问会，朱溪镇党委班子成员悉数到场，与党代表面对面交流，共谋朱溪水库建设。

5月16日，县长林虹赴朱溪镇调研。

5月30日，朱溪镇免费给中心幼儿园100多名孩子进行健康体检。

同日，镇妇联在集镇区开展“关爱女孩、抵制两非”宣传教育活动。该活动共接受口头询问100多人次，发放图文手册300余份。

6月5日，县人大常委会组织执法检查小组到朱溪镇开展食品安全执法检查。县人大常委会副主任张海平、张建平、应明歇、徐薇薇、石爱萍、张大伟参加检查。

7月2日，仙居县召开朱溪水库工程建设征地移民实物调查工作会议。县委副书记、县长林虹，县人大常委会主任李建平，县政协主席陈扬华，副县长朱志明及各相关单位部门负责人参加会议。

7月5日，举办朱溪水库工程建设培训会。朱溪水库工程建设指挥部各业务科室工作人员以及相关人员参加培训会。

8月10日，县政协主席陈扬华在有关人员的陪同下，到朱溪镇指导移民实物调查工作，并召开朱溪水库工程移民实物调查工作推进会。

8月19日，县摄影家协会的部分摄影家们深入朱溪镇大加村采风，并为部分在家的村民合影留念。

8月31日，仙居县召开朱溪水库座谈会。县政协主席陈扬华、副县长朱志明及相关人员参加会议。

9月17日，朱溪镇镇区农村集体土地权属登记发证工作正式启动。

10月18日，由镇党委、政府主办，镇工会、老人协会、文化站、共青团、妇联和大洪村党支部、村委会承办的朱溪镇首届慈孝文化节在大洪村开幕。

11月6日，召开第三季度“强基惠民村村帮”帮扶团点评会。县委常委、宣传部长陈红雷及朱溪镇各帮扶团团长参加点评会。

11月8日，县帮扶团向朱溪镇后塘村党支部赠送党旗，全体党员在党旗下重温入党誓词。

11月23日，举行农村劳动力转移就业培训会。全镇100余位留守妇女踊跃参加。仙居职业中专的老师杨坚忠与朱溪雾茗茶叶公司王依群从自身经历、观念改变、种养技术等角度深入浅出地讲授。

12月20日，县宣讲团到朱溪镇宣讲党的十八大精神。

12月27日，召开朱溪镇第十四届党代会代表询问会。会上，各代表积极参与讨论，为建设宜居宜游宜业的美丽朱溪献计献策。

2012年仙居县步路乡人民政府大事记

1月24日，乡党委、政府举办乡知名人士座谈会，来自各地的20余位步路籍知名人士代表参加座谈会。

2月2日，副县长朱志明陪同省林业厅副厅长杨幼平到步路乡实地考察油茶、森林抚育基地。

2月14日，乡干部郭梅仙到湖山村进行调研。

3月8日，乡妇联联合团委、关工委纪念“三八”妇女节暨妇干爱心走访团结对活动在乡中心小学举行。乡妇联组成“妇干爱心走访团”和乡中心小学17名困难家庭学生开展结对活动。

3月19日，开展“进村入企”大走访活动，把“两排查一促进”专项活动纳入总体部署，坚持“三个到位”，主动协调破难题，源头化解矛盾纠纷。

4月10日，举行关于杨梅产业发展的党代表专题询问会，新庄村党支部书记李文华进行发言。

4月16日，召开基层组织建设年工作推进会。

4月27日，举行白岩村“崇孝村庄乡风文明”活动启动仪式。县人大常委会副主任张海平参加启动仪式。

5月15日，县人大常委会组织调研组，在副主任张建平的带领下，步路乡调研文化发展情况。

6月8日，相关人员与县林业局林特站站长联合走访步路乡西炉杨梅基地，并结合后期天气，对农户提出一些针对性较强的农事建议。

6月11日，乡党委、政府邀请县职业中等专业学校的教师沈丹丹，为全乡的梅农们上一堂杨梅“休闲观光服务员”培训课。

7月2日，仙居县“共享阳光•快乐成长”农民工子女暑期公益夏令营开营仪式在步路乡绿地野营基地启动。本次活动由共青团仙居县委员会、县少工委、县关工委主办，县青少年活动中心、县绿地野营旅游开发有限公司承办，免费面向本地农民工子女、留守儿童等弱势困难青少年群体开展。

7月23日，召开“强基惠民村村帮”工程季度点评会。县人大常委会副主任张海平参加点评会。

8月7日，组织团员青年对全乡的118只山塘水库进行全面检查，发现问题及时上报解决，并确定一名青年团员，负责水库平时的巡查和情况上报工作，确保山塘水库汛期安全。

9月25日，组织人员在西炉村的主道路进行路边垃圾和堆放物清障工作。

10月12日，召开首届全民运动会暨乡老年第三届运动会。本届运动会由步路乡人民政府主办，西炉中心小学协办，共有来自全乡各村的10个代表团、700多名运动员参加。

10月18日，浙江圣奥慈善基金会慰问特困老人仪式在步路乡白岩村举行。县人大常委会副主任张海平、副县长李忠民参加仪式。

11月8日，组织全体机关干部在乡会议室认真收看中国共产党第十八次代表大会。同时各村党员干部也在强基惠民村村帮“庆盛会、谋发展”主题活动中由帮扶团成员组织收看十八大开幕式。

11月14日，组织乡工办支部全体党员一起重温十八大胡锦涛总书记所作的工作报告。

12月4日，召开党代表推进重点项目建设专题询问会。现场会还利用“农民信箱”信息平台进行转播，进一步扩大现场会活动的宣传覆盖面，提高党员群众的知晓率和参与度。

2012年仙居县淡竹乡人民政府大事记

1月18日，省国税局局长周广仁，副局长支瑶瑶在省、市相关人员的陪同下，到淡竹乡慰问孤寡老人。县领导林虹、郑旭东陪同慰问。

1月31日，召开今冬明春会议，认真部署今冬明春农机安全生产工作。

2月10日，淡竹乡下叶村召开党员“一句话承诺”座谈会。

3月12日，乡司法所结合社区矫正监管安全年的工作要求，针对全国“两会”期间的安全监管工作，进行重点部署，通过三项措施切实加强本辖区内社区矫正工作。

4月23日，开设“星火燎原微学堂”。通过“微波传”“微活动”“微广播”“微书签”等多种形式，开展丰富多彩、富有成效的主题教育活动。

5月3日，县文联到淡竹乡官坑村、油溪村、辽车村等10余个自然村，进行以淡竹生态和人文文化为创作主题的采风活动。近30位作家、摄影家参加活动。

5月29日，开展计生有奖问答活动。通过现场进行计生知识小测试、送小礼物等方式，将计生知识进行进一步的宣传，吸引不少妇女朋友前来参加。

同日，举行基层服务年志愿服务活动暨村道德医务室启动仪式。县政协副主席潘仲秋参加当天的活动。

6月27日，举办“农家乐”餐饮服务技能培训活动，来自各村50多户经营“农家乐”及有意向经营“农家乐”的农户认真地向来自职业中专的老师杨建忠学习餐饮服务技能。

7月3日，乡党委组织60多名村党员到嘉兴南湖进行一次主题为“基层组织建设年，不忘党的宗旨”的党日活动。

7月24日，邀请县文联主席为乡领导干部、农家乐经营户、村民等上一堂慈孝文化课。

8月17日，开展食用林产品质量安全大整治百日行动。针对食用林产品存在的安全隐患开展集中整治。

8月24日，淡竹乡设立的“党性关爱基金”在下叶村送出第一笔关爱基金。

9月14日，副县长朱志明带领县水利局、交通局、农业局、民政局等有关部门负责人到淡竹乡指导灾后农业生产恢复工作并了解人民群众安全情况。

10月17日，省国税局派驻淡竹乡农村工作指导员、仙居县国税局副局长宋健华、省国土厅派驻上张乡农村工作指导员陈青峰、省测绘局派驻大战乡农村工作指导员余钦墅与中国美院派驻皤滩乡农村工作指导员丁剑锋一起到皤滩乡万竹口村参观。

11月7日，台州市“流动青少年宫”慈孝畅玩仙乡行活动在淡竹乡正式启动。

11月8日，组织干部、群众通过各种方式观看十八大直播。

11月19日，市国税局驻淡竹乡下叶村指导员王伟同志为村送去KTV设备、音响、电视、腰鼓、老年人娱乐设备等，为接下来的十八大精神宣传提前做好准备。

12月8日，乡妇联召开各村妇女代表学习贯彻十八大精神座谈会。由乡妇联主席马俏主讲，共同研讨学习十八大精神，来自全乡各村妇女代表共20余人参加座谈。

12月25日，乡食品安全分管领导带领白塔工商所人员、乡食品安全工作站人员、乡人大代表、党代表对乡内各个食品经销点进行食品质量安全大检查。

2012年仙居县皤滩乡人民政府大事记

3月6日，组织20多名巾帼志愿者到皤滩乡敬老院开展学雷锋活动。志愿者们通过帮助老人们做家务，陪老人们拉家常，解他们的所思所想，并一一帮助解答。

3月7日，乡百名“小雷锋”三八节向妈妈送上最美的礼物。

4月23日，乡党委、政府以“进村入企”大走访活动为契机，以推进乡风文明建设为抓手，深入开展“基层组织建设年”活动。

4月25日，召开乡风文明动员大会，进一步加强农村精神文明建设，加快推进新农村建设进程。

5月10日，召开皤滩乡文学艺术联合会第一次代表大会。大会审议和通过《皤滩乡文学艺术界联合会章程》草案，选举产生皤滩乡文学艺术界联合会第一届委员会，选举产生皤滩乡文学艺术界联合会主席、副主席、秘书长。

6月1日，组织大规模的党代表视察活动，分别对全乡重点工程建设、创先争优和基层党组织建设年活动进行视察检查。

7月1日，举行“讲文明颂党恩”庆七一文艺晚会。

7月11日，组织党员干部进行专题交流、畅谈学习心得，深入开展勤廉教育，树立堂堂正正做人、干干净净做事、清清白白从政的理念。

7月27日，台州市仙居县工商干部和协会会员到皤滩乡后地村，看望慰问年过八旬参加过保卫仙居新生政权英勇战斗的郑小兴老人，并送上大米、食用油等慰问品及慰问金。

8月3日，开展“我们的价值观”大讨论活动，以“父母慈、子女孝”为核心，大力开展慈孝文化建设，着力打造“慈孝皤滩”。

9月6日，乡妇联三举措扎实开展感恩教育活动。

9月28日，组织乡安监人员配合质监、工商部门一起，对古街景区附近的超市、食品店、饭店进行一次食品卫生安全、消防安全设施检查及环境卫生检查。

同日，召开皤滩乡“慈孝皤滩”创建工作现场推进会。县委宣传部副部长杨颖、县文明办主任潘锋在乡党政领导的陪同下参观本届村“两委”班子工作成果汇报展示，并观摩万竹口村首届慈孝之星表彰会，参观村办公大楼。

10月27日，万竹口村81岁义工金冬梅老人获第五届“感动台州”提名人。

11月20日，县慈孝宣讲团到皤滩万竹口村集体备课。

11月30日，由各村支书、各单位负责人牵头，吸纳大学生村官、各村老干部、老教师、老退伍军人等“五老”同志组成宣讲团，召开专题学习。

同日，副县长朱志明到皤滩乡视察农业生产基地建设。

12月4日，举行中国美术学院图书电脑捐赠暨皤滩乡万竹口村图书阅览室揭牌仪式。仪式上，中国美术学院向万竹口村图书阅览室捐赠12台电脑。副县长潘法祥参加仪式，并对中国美院的捐赠表示感谢。

12月10日，乡党委、政府联合乡农村信用社在村级开展阳光信贷，将贷款推荐权下放给各村党支部和村委会，并将贷款利率与各村信用度及申报个人的慈孝表现相挂钩，力争打造“信用皤滩”。

2012年仙居县上张乡人民政府大事记

1月29日，上张乡姚安村党支部被评为“创先争优闪光言行之星”。

2月9日，乡团委联合乡妇联、政法办在乡中心学校和上张乡集市开展法制宣传活动。

2月27日，由乡安监中心牵头，乡妇联、乡团委配合，共组织20余名村级安全员组成消防志愿者对全乡的工艺品厂、出租房、学校、医院和商店等进行消防安全专项检查，主要对灭火器配备情况、电线老化情况和其它火灾隐患进行排查。

3月8日，召集各村妇代会主任及成功女性代表到乡参加座谈会。会上乡党委专职副书记对到会的女同胞转达乡党委、政府的亲切问候，并对女同胞们的社会地位及贡献作充分肯定。

同日，由上张乡妇联、团委、计划生育技术服务站联合开展“践行雷锋精神•巾帼志愿者在行动”活动。

3月12日，县长林虹陪同台州市委组织部长马晓辉赴上张乡开展“进村入企”大走访活动。

4月3日，乡团委组织乡中心校学生100多人，到姚岸村仙居县委旧址开展“联手清明祭英，学习继承先列”扫墓活动。

5月4日，仙居县人民检察院组织团员干警到仙居县委旧址上张乡开展“弘扬五四精神、铭记青春使命”活动。

6月28日，市委常委、组织部长马晓辉到联系村上张乡姚岸村，并慰问优秀党员姚西洪。

7月3日，县委书记单坚到上张乡开展“进村入企”大走访活动，听民意、解难题、谋发展。

7月4日，上张乡创建“红色姚岸•慈孝名村”暨姚岸村慈孝基金成立启动仪式在仙居县委旧址纪念馆隆重举行。市人大常委会副主任王金生、市委宣传部副部长、文明办主任吕振兴、县人大常委会副主任张大伟、县政协副主席杨维平参加启动仪式。

7月6日，浙江法制报社总编辑周丹和副总编辑俞评等一行30多位记者编辑到上张乡姚岸村的仙居县委旧址考察调研。

9月7日，开展“党员牵手留守儿童”主题活动。实行乡、村、校三级联动，乡妇联、团委、教育、关工委等部门齐抓共管工作局面，切实做好对留守儿童的关爱工作。

10月18日，乡妇联联合当地学校开展慈孝教育活动周启动仪式。

10月21日，上张乡肽山村的隧道正式开通。

11月8日，组织上张乡党员干部群众共同收看十八大，共谋村级集体经济壮大对策。

11月25日，乡团委开展“五个一”活动，掀起十八大精神学习宣传热潮。

12月25日，召开上张乡农村指导员工作督查点评会，汇报一年来的工作。

12月28日，开展上张乡第十四届代表大会第二次会议，开展党代表询问活动，乡党委、乡纪委领导班子成员对其进行耐心解答。

12月31日，开展“十八大精神伴我行•乡村论坛”活动。姚岸村支部书记姚西洪发表《说文明话，办文明事，共建文明上张》的讲话，2000多名党员群众参与活动。

2012年仙居县双庙乡人民政府大事记

1月6日，乡团委召开各村团支部书记会议。在会议上，明确“真情六送”活动的重要意义，号召各村团支部整合各村资源，利用各种渠道加强宣传。

2月22日，副县长朱志明到双庙乡督查省级森林城市创建、春耕备耕等工作。

3月5日，乡团委组织广大青年团员开展义务清扫活动，对街道两旁的栏杆、广告牌、人行道等进行清理。

3月21日，副县长郭健跳到双庙乡调研农房改造工作。

3月27日，浙江省第五届油菜花节开游仪式在双庙乡油菜观赏区隆重举行。

4月27日，乡团委组织开展“我们的价值观”大讨论活动座谈会。会后，在全乡范围内搭建宣传平台。

5月10日，在解放村成为双庙乡设立的首个村级孝心基金，当天便募集3万元。理事会共有14位成员，其中1名名誉理事会长、1名理事长、1名秘书长、11名理事，村两委等5人组成执行委员会。

6月19日，省第十三次党代会召开以后，乡团委第一时间召开全乡团员青年以及大学生村官会议，传达学习省第十三届党代会精神。

7月4日，县委书记单坚到双庙乡，深入调研社会主义新农村建设。

7月25日，双庙乡在县招投标中心成功出让原双庙乡中心小学操场31个单元的城镇住宅用地，共拍得价款380万元，创双庙乡土地交易价格记录。

8月2日，双庙乡长岗山村的高山移民住进新房。

9月12日，乡老龄委和共青团共同的组织举办新一期的老年大学，共有30多名老同志参加学习。

10月22日，乡团委组织青年团员积极参与到消防安全大检查。

10月23日，召开双庙乡解放村孝心基金会重阳节暨孝心基金开募仪式。仪式上老人们评选出村民们一致好评的2名好媳妇、1名好儿女、5名好婆婆，颁发荣誉证书，对村里7名生活困难的老人进行慰问。开募仪式共募得孝心基金6200元。

11月6日，开展以技术服务为重点的“计划生育技术集中服务”活动，为已婚育龄妇女提供免费健康检查。

11月19日，召开经济薄弱村发展集体经济工作动员会。

12月21日，召开双庙乡第十四届代表大会第二次会议，县委常委、组织部长王丹，县人大常委会副主任张建平及全乡党员代表和列席人员参加会议。

2012年仙居县溪港乡人民政府大事记

1月16日，县委书记吴凯带领机关党员干部到联系乡镇溪港乡走访慰问。

2月6日，乡妇检工作人员上门服务，深受广大育龄妇女的欢迎。

3月20日，乡团委组织广大团员到下岸水库的源头麻车坑村，在林业站同志的指导下，参与“我为保护水库源头出一份力”植树活动，受到当地群众一致好评。

3月21日，开展“学雷锋服务月”活动。20多名机关团员干部齐唱《学习雷锋好榜样》《接过雷锋的枪》《像雷锋那样》等耳熟能详的革命歌曲，用雷锋精神引领前进的步伐。

3月26日，召开森林防火紧急会议，提前安排布置清明节护林防火工作。

4月19日，溪港乡中心学校组织优秀团员、入团积极分子一行，到溪港乡里湖坑茶园，进行“谷雨茶”的采摘活动。

4月26日，乡团委组织团员青年来到曹老七命烈士纪念碑进行扫墓活动，深切缅怀和祭奠为祖国解放事业而英勇献身的革命先烈。

5月2日，在溪港乡团委的组织与牵线下，浙江广播电台记者到溪港乡采访贫困留守儿童。

5月7日，乡团委组织乡机关青年干部、村团支部书记、大学生村官和各村好青年重温中央庆祝建团90周年大会上胡锦涛总书记重要讲话的视频录像。乡党委副书记项孔星同志对胡总书记的讲话进行概括总结，并解读基层青年如何部署贯彻、落实讲话精神的具体措施。

6月11日，召开岭脚村新农村建设方案评审会。县政协、县统计局、县农办、县财政局、县国土局、县交通局、县环保局、县民政局、县水利局等相关单位及岭脚村代表参加会议。

6月28日，举行溪港乡—浙江理工大学校的合作签约仪式。

7月5日，在仙居县溪港乡团委的组织下，来自浙江理工大学暑期实践队伍的学生们和溪港本地的团员志愿者一起，参与到溪港“农家书屋”的建设中。

8月7日，县委副书记、县长林虹深入一线，到下岸水库，检查指导防台抗台工作。

8月23日，乡团委组织志愿者到一年一度的“清音寺七月七庙会”现场开展低碳生活宣传。

9月10日，党委书记徐森军率领班子及乡团委成员到溪港乡中心校开展教师节慰问活动，向辛勤耕耘在教育教学第一线上的教师们表示慰问并送上浓浓的节日祝福。

10月16日，台州五官科医院眼科专家医疗队到溪港乡，为村民们进行眼病普查。

10月18日，溪港乡中心学校大队部组织全校少先队员开展以“九九重阳节，浓浓敬老情”为主题的“慈孝”教育系列实践活动。

11月8日，组织全体机关干部、群众通过各种方式收看十八大直播。

12月13日，溪港乡17个行政村新一轮农医保保费收缴工作全面完成。这标志着该乡在全县范围内率先完成2013年度新型农村合作医疗保险保费收缴工作。

衢

州

2012年柯城区白云街道办事处大事记

1月18日，市公路管理处书记秦国营与武警支队领导到柯城区白云街道，走访慰问困难群众和伤残退伍军人，并送上大米、食用油和慰问金。

2月14日，市委常委、纪委书记杜康，市委常委、公安局长王建率国土、公安等部门负责人到西区白云街道下访约访，接待来访群众。

3月18日，西区管委会副主任、征迁工作组组长祝仁卿召集管委会下派街道中层干部及街道班子成员，召开西区征迁工作组第一次工作例会。

3月19日，召开征迁工作组全体成员会议。会议由街道办事处主任、西区征迁工作组副组长戚中卫主持。

3月28日，隆重举行白云街道社区卫生服务中心揭牌仪式。

4月5日，召开征迁工作动员大会。西区征迁工作组副组长、白云街道办事处主任戚中卫传达市区征收征用暨“两南”改造百日攻坚推进会和西区管委会“三治三比”暨重点工作推进会精神，部署街道今年征迁任务。

5月2日，召开征迁“百日攻坚”转段总结部署会。西区征迁工作组组长、管委会副主任祝仁卿到会并讲话。

5月22日，西区纪工委书记俞安心与管委会、白云街道“两新”组织工作人员到市经济开发区管委会考察学习，听取市经济开发区“两新”组织党建工作情况汇报，并实地参观浙开公司党员活动室。

6月28日，西区征迁工作组召开白云街道钱家山村征迁集中攻坚部署会，会议对钱家山村集中攻坚作出具体安排。会议由西区征迁工作组副组长、白云街道党工委书记余金木主持，西区征迁工作组组长、管委会副主任祝仁卿到会并讲话。

7月3日，召开白云街道钱家山村征迁工作组召开全体成员会议。会上，各小组组长汇报交流前一阶段工作开展情况。

8月6日，在西区市政公园隆重举行府山街道、白云街道联合举办的“排舞之乡跳出健康”排舞联谊赛，来自两个街道的12支代表队170名选手参加比赛。

9月1日，市委常委、纪委书记杜康率市规划、国土、信访等部门负责人，到市西区白云街道下访接待群众。

10月18日，由西区党工委副书记余永军率白云街道主要负责人及13个行政村书记、会计到江山新塘边、凤林镇学习考察。

10月22日，白云街道党工委组织13个行政村党支部书记及代办员等进行集中业务培训，学习标准化建设要求、代办员须知以及户情、村情档案维护管理等内容。

11月4日，白云街道召开各村（居）书记、主任及全体街道干部会议，重点部署“十八大”期间社会维稳及加快推进“五大重点项目”征迁工作。

11月6日，西区征迁工作组召开会议，对白云街道钱家山城市综合体项目区块交地扫尾工作进行部署和安排。

11月7日，省农业厅厅长史济锡一行到柯城区调研现代农业发展情况。副市长毛建民，区领导祝晓农、施维达陪同调研。史济锡一行首先来到白云街道，实地考察衢州柑橘博览园和新联建农产品配送中心。

11月8日，白云街道组织干部群众观看中国共产党第十八次全国代表大会开幕式现场直播，认真聆听胡锦涛总书记代表中国共产党第十七届中央委员会向大会作的报告。

12月13日，西区管委会邀请中共衢州市委党校副校长李洁芳，为管委会干部职工和白云街道班子成员作题为《盛会盛况盛举博盛赞，民生民主民福赢民心》的党的十八大精神体会学习辅导讲座。

12月18日，为深入开展反腐倡廉教育工作，进一步提高干部职工廉洁自律意识，筑牢拒腐防变思想防线，西区管委会组织中层以上干部、重点岗位人员及白云街道班子成员、纪工委委员共34人，到省十里坪监狱参加警示教育活动。

2012年柯城区府山街道办事处大事记

1月11日，区残联党组成员邵晓云等一行深入府山街道走访慰问特困残疾人，给残疾人带去节日的问候，并送上慰问金和春节物资，让残疾人真真切切感受到党和政府的温暖。

2月6日，街道党工委、办事处组织开展2011年度招商引资工作先进招商组表彰大会。

2月29日，召开社区居家养老服务工作座谈会，进一步推进居家养老服务工作，深化完善社会养老服务建设。

3月20日，社区居民活动日，府山街道居家养老服务中心联合柯城区人民医举办一期主题为肺结核防治知识的讲座。

4月8日，府山街道喜获衢州市“十佳基层文化工作先进单位”殊荣。

4月9日，为进一步打造府山街道文化品牌，形成府山街道标志，提升府山街道形象，塑造府山街道人文精神，增强府山街道凝聚力和向心力，正式向衢州市民广泛征集府山街道徽标。

5月20日，府山街道第三届社区文化节特色团队展示在南湖广场进行。各社区选送的健身秧歌、太极拳、健美操等节目精彩上演，为市民奉上一道文化大餐。

6月9日，“永远跟党走”——2012年衢州市红色经典歌曲合唱大赛在衢州学院举行。此次比赛由市委宣传部主办，区委、区政府、市总工会、市文化广电新闻出版局承办。府山街道合唱团获得银奖。

6月30日，府山街道党工委借纪念建党九十一周年之契机，在市实验学校礼堂举办一场盛大的以“学习党员好榜样”为主题的表彰大会。

7月6日，柯城区食品安全执法检查组第三组在区质监分局副局长肖志祥的带领下到府山街道指导食品安全工作。

7月12日，在市区周宣灵王庙内举行由府山街道主办，市文保所协办，天皇巷社区承办的巧女风采秀暨社区最“women”工作室揭牌仪式。

8月1日，省民政厅党组成员、纪检组长杨援宁在市民政局纪检组长冯德荣、区民政局局长邱艳、府山街道党工委书记王晖等人的陪同下，到街道视察居家养老工作。

8月15日，区委组织部副部长、两新工委书记巫立山一行先后到府山街道社会组织服务中心、两新党建中心进行座谈交流。

8月23日，国家民政部办公厅调研室主任王克强、调研室主任科员闫何清到府山街道检查指导工作，省民政厅办公室主任方金土陪同检查。

9月3日，府山街道2012年干部教育培训班在柯城区委党校正式开班，办事处主任舒素标主持开班仪式，街道党工委书记王晖同志在开班仪式上讲话。街道班子成员和92名街道社区干部参加培训开班典礼。

9月5日，市委组织部副部长、市委两新工委书记郑春弟在区委组织部副部长巫立三、府山街道党工委书记王晖等人的陪同下，到府山街道居家养老服务中心、两新党员服务中心、社会组织服务中心视察工作。

10月16日，柯城区老干部局组织20余名离退休干部在街道党委书记王晖、办事处主任舒素标陪同下到幸福驿站——府山街道社会组织服务中心和两新党建服务中心参观指导。

10月25日，省委副秘书长、省直机关工委书记施利民，副书记鲁维明，办公室主任章子仁在市委副秘书长、市直机关工委书记马燕，区领导胡松、申剑等人陪同下，到幸福驿站——府山街道社会组织服务中心调研。

11月8日，府山街道组织街道广大党员干部集中收看党的十八大开幕式。街道机关干部在会议室集中收看，各村组织其他村两委成员、党员在各村会议室集中收看。

11月10日，在广电中心广场隆重举行府山街道“社区达人秀”专场活动。

11月28日，在居家养老服务中心一楼多功能厅隆重召开府山街道残疾人联合会第六次代表大会。

12月7日，市民政局局长刘石平及各县、区民政局局长一行到幸福驿站——府山街道社会组织服务中心参观指导，府山街道领导王晖、舒素标、方育娟等陪同参观。

12月27日，在府山街道开展“机关效能110、行风效能热线”进社区现场宣传咨询活动，府山街道各社区集中展示特色服务项目。

2012年柯城区荷花街道办事处大事记

2月15日，荷花街道召开“创品牌社区，建幸福荷花”工作务虚会。主任汇报创建方案，进一步完善基层服务功能建和谐、幸福荷花。

2月17日，荷花街道全体机关干部集体收看中共衢州市第六次代表大会开幕式现场直播。

2月28日，为迎接“三八”妇女节，荷花街道清莲里社区举办以“展示女性风采，丰富业余生活”为主题三八妇女节活动。

3月6日，荷花街道妇联组织街道、社区干部参加区庆“三八”跳绳比赛，取得团体二等奖。

3月15日，荷花街道邀请衢州日报一版编辑胡巩民、摄影记者王飞授课，街道干部代表及各社区干部共计40余人参加学习培训。

3月28日，在荷花街道会议室召开2012年人口与计划生育工作会议。区计生局副局长郑桂兰，街道领导班子、辖区内单位代表、全体街居干部参加会议。

4月18日，“双服务”（“服务企业、服务基层”）座谈会在荷花街道举行，区宣传部、区民政局、区委党校等十几个单位代表出席会议。

4月27日，“柯城区推广兰花热线工作室现场会”在荷花街道举行。

5月11日，柯城区召开“干部作风提升年”活动推进会。区领导施维达、余龙华、张晓峰出席会议。荷花街道、区人力资源和社会保障局等在会上作交流发言。

5月23日，荷花街道计生协会联合柯城区人民医院、松园社区在辖区内进行咨询活动，发放生殖健康、优生优育等科普宣传资料，提高广大群众的对计生知识的知晓率。

6月14日，荷花街道正式启动“强堡垒、当先锋、树形象、促和谐建党91周年纪念活动”。

6月26日，荷花街道社区党组织（居委会）主副职人选竞争性选拔演讲大会在荷花街道会议室举行。

6月28日，荷花街道组织街道党员到沟溪乡五十都生态源进行“七一”党员活动。

7月13日，荷花街道第三次妇女代表大会顺利闭幕。大会选举产生街道妇联第三届执委会，明确今后五年妇女工作的目标任务。

7月20日，荷花街道家庭(妇女)创业指导中心“彩织坊”揭牌成立。区妇联主席宣晓君、区人力社保局副局长张建明、区扶贫办主任何国忠、街道党工委书记吴玉珍出席揭牌仪式。

7月22日，荷花街道召开文化专题工作会议，学习贯彻区委全会精神，明确街道文化建设工作思路。

8月6日，区统战部长郑河江到荷花街道指导社区工作。

8月21日，副区长颜雪高一行到荷花街道调研文化与计生工作。荷花街道党工委书记吴玉珍就街道的总体建设、文化和计生工作的开展情况做汇报。

8月25日，举行荷花街道“兰花”三百工程启动仪式暨衢州兰花展，来自全街道各社区的“兰花”义工代表们参加仪式。

9月20日，在荷花街道清莲里社区成立衢州市首个义工家园。

10月25日，由省委宣传部副部长来颖杰带队的文化强省建设工作督查组考察柯城区荷花街道社区文化服务中心、“中国围棋谷”等地。

11月19日，区教育体育局(文化局)、区卫生局、府山街道、荷花街道等部门选送的10个廉政文化情景剧在府山街道居家养老服务中心多功能厅初次亮相，这些节目将在衢州市第四届廉政文化节上正式亮相。

11月22日，召开衢州市委政法委调研联系点工作会。

11月23日，荷花街道残疾人联合会第六次代表大会正式开始，会议选举产生新一届残联主席团成员。

12月11日，省委常委、宣传部长葛慧君在市委书记陈新，市委常委、宣传部长诸葛慧艳，区委书记祝晓农，区委常委、宣传部长鲍继红的陪同下，参观荷花街道的义工家园。

12月24日，柯城区团区委、荷花街道团工委共同举办“贯彻十八大，青春正能量”青年义工圣诞节送温暖活动。

2012年柯城区花园街道办事处大事记

1月11日，区委副书记、代区长徐延山在区府办主任颜雪高和区民政局等领导陪同下，顶着风寒到花园街道夜访慰问困难群众。

1月18日，区委书记祝晓农，区委副书记等一群人带领区安监局、区药监局、柯山消防大队等部门领导来到花园街道检查安全生产工作。

2月7日，花园街道召开全街干部大会，街道干部，村两委成员、各线负责人，全体社区干部，部分企业主及受表彰的先进个人，共计200余人参加。

2月22日，召开全区干部大会后，街道党工委立即召开班子会和全街干部大会，传达会议精神，明确目标任务。

3月8日，副区长颜雪高在区教文体局局长何晓文的陪同下，到花园街道调研指导工作，实地解文化建设硬件设施、运行情况等，并听取有关方面汇报，面对面指导“农家书屋”建设工作。

3月23日，召开由柯城区劳动就业局主办，花园街道协办，花园社区居委会、花园社区工会联合承办的“创先争优促就业，服务企业保民生”为主题的劳务招聘大会。

4月11日，区委书记祝晓农在区委常委、宣传部长鲍继红等领导陪同下，到花园街道调研指导工作。

4月19日，区委常委、纪委书记余龙华，区纪委副书记杨熠等在街道主要领导的陪同下，调研花园街道“阳光三资”1+2监管机制建设试点和村（社区）便民服务中心二轮创建工作。

5月23日，省新闻出版局局长陈昆忠在市委常委、组织部长赵建林，柯城区副区长颜雪高等领导陪同下，到花园街道调研“农家书屋”建设情况。

5月30日，区长徐延山、副区长吴云林带领各级领导到花园街道调研生态环保工作，并在花园街道召开生态环保座谈会。

6月6日，省第十三次党代会召开以后，街道党工委立即召开班子会和全街道各村干部大会，传达会议精神，明确目标任务，扎实推进重点工作建设，努力为街道经济社会发展作出新贡献。

6月7日，区委副书记施维达，区委常委、宣传部长鲍继红，到花园街道调研美丽乡村建设工作，并在花园街道召开美丽乡村建设座谈会。

7月18日，区纪委常委洪顺海带队，到街道开展党风廉政建设责任制半年度检查暨集体廉政谈话。

7月27日，区委七届三次全会召开后，街道党工委立即召开班子会和全体街道干部会议，传达会议精神，为幸福柯城建设提供强大精神动力。

8月3日，在花园街道大礼堂召开党的十八大消防安全保卫战工作培训会，为党的十八大胜利召开创造良好的消防安全环境，确保街道全年消防安全工作目标的顺利完成。

8月19日，区长徐延山在市高新园区党工委委员、柯山公安分局局长姜文龙，以及区信访、规划、国土、交通等相关部门领导的陪同下，到花园街道调研指导工作。

9月25日，市政协农资环委副主任徐飞、市委组织部副处长徐云涛等领导带领督查组，到花园街道督察指导“三民工程”标准化建设。

10月2日，区人武部政委王哲新到卫生院对街道目测初检工作进行检查指导，并就再次深入宣传动员提出要求，确保今年冬季征兵任务圆满完成。

10月23日，花园街道举办喜迎“十八大”重阳节文艺演出。

11月8日，街道党工委组织街道全体工作人员收看党的十八大开幕盛况。

11月15日，十八大会议圆满落下帷幕，习近平总书记发表的“我们一定不负重托不辱使命”讲话，让广大花园街道干部明白，责任重于泰山，事业任重道远。花园街道召开会议进行落实并通过各种形式学习宣传落实十八大精神，把思想贯彻落实到工作中。

11月28日，花园街道残疾人联合会第六次代表大会于在大礼堂隆重召开，本次大会在柯城区残联的指导下，在街道党工委、办事处的大力支持下取得圆满成功。

12月8日，常务副区长张晓峰到花园街道调研指导征地拆迁情况，并与街道领导及村书记、主任进行座谈。

12月25日，花园街道安装社区举办十八大精神宣讲报告会，区委宣传部副部长陈林云应邀进行宣讲。

2012年柯城区双港街道办事处大事记

1月10日，由区委宣传部主办的第二十六期“百姓讲坛”开讲，本期讲坛在双港街道等地举行。

2月27日，区委书记祝晓农、区人大常委会主任胡松、副区长汪土祥、区政协副主席章雨土到双港街道开展接访活动。祝晓农一行认真听取皂角村征地历史遗留问题等情况汇报，详细了解双港街道解决这一历史遗留问题的工作进度。

3月30日，由区委宣传部主办的第二十八期“百姓讲坛”围绕“做最美衢州人——我们的价值观”主题开讲。在双港街道双港社区“百姓讲坛”上，市610办教育处处长郭安民结合反邪教知识进行演说。

4月10日，双港街道进行“进村入企”解民忧的工作。

5月25日，由区委宣传部主办的第三十期“百姓讲坛”开讲。本期讲坛承办单位为双港街道等，内容涉及金融理财、新闻摄影、糖尿病防治等知识。

6月11日，双港街道在区人民医院多功能厅举办纪念计生协会周年庆活动。

6月20日，双港街道召开党纪政纪条规宣传教育工作会议，区纪委常委、党风室主任李建华用生动的例子为各村(居)主职干部和全体街道干部上一堂党纪政纪课。

6月28日，区食品药品监督管理局、卫生局、农业局等部门联合双港街道开展“平安街道药品安全”活动。向辖区居民宣传家庭科学用药、储药方法、药品真伪鉴别、过期药品处理等相关安全知识，并现场回收居民家中过期药品。

7月10日，双港街道组织辖区内区人大代表、区政协委员到辖区方塘水库视察水库除险加固工程建设情况，并听取代表和委员们的意见和建议。

7月27日，由区委宣传部主办的第三十二期“百姓讲坛”开讲。本期讲坛以青少年暑期安全教育为主题，承办单位为新新街道三衢社区、府山街道钟楼社区、荷花街道荷西苑社区、双港街道双港社区、石梁镇政府和航埠镇政府。

8月9日，街道组织干部收看三民工程标准化建设暨第一书记工作法现场推进会。

9月27日，街道召开卫生大排查大整治工作会议，积极部署下步工作会议和卫生工作要求。

10月9日，由衢州电视台主办的“中国移动杯”社区达人秀走进双港街道。经过激烈角逐，来自双港社区的楼欣瑞以独舞《春闺梦》获得双港街道最佳达人奖，将代表街道参加全市的社区达人秀比赛。

10月31日，双港街道党工委组织全体街道干部收看影片《雨中的树》，影片反映全国优秀组织工作干部李林森同志在担任干部期间的点点滴滴，对今后开展工作很有启发，同时非常赞同用影片的方式学习，更生动更有感染力。

11月1日，由市民政局纪委书记冯德荣带队的市委督查组对区“三民工程”标准化建设进行检查。督查组听取工作进展汇报，并实地查看双港街道，督查组充分肯定区“互看互学互比”推进会做法，并就进一步开展好民情沟通和为民服务提出建议。

12月1日，由市疾控发起的艾滋病知识进高校宣传活动在衢州职业技术学院举行。双港街道社区卫生服务中心、白云分院工作人员参与此次活动。

12月20日，区人大常委会主任胡松深入双港街道，向党员干部群众宣讲十八大精神。

2012年柯城区新新街道办事处大事记

1月16日，新新街道在老年大学六楼会议厅举办“迎春晚会”，全街干部、各村(居)干部及大学生村官参加此次活动。

1月18日，柯城区妇联主席宣晓君等一行人到新新街道看望生活困难的群众，并带去党和政府关怀问候。

2月8日，新新街道在市委党校召开全体党员干部大会。大会表彰2011年度街道先进集体和先进个人。

2月10日，省计生委宣教处处长徐文平、宣教中心副主任李丹禾一行到新新街道调研指导“三优”中心工作。

2月17日，新新街道召开“三资”管理工作和便民服务中心建设推进会。

3月6日，新新街道妇联组织街道、社区干部参加区庆“三八”跳绳比赛，荣获团体二等奖。

3月30日，新新街道开展“做最美衢州人——我们的价值观”大讨论的座谈会，市质监局纪委书记吴海良出席活动。

3月31日，省文化厅社文处处长戴言到街道调研区图书馆建设项目。

4月5日，区委常委、统战部长郑河江到新新街道开展“进村入企”大走访活动，解社区基本概况、重大项目攻坚进展和亟待解决的疑难问题。

4月25日，街道的双联领导和联系部门组团为街道发展进行会诊。

4月28日，全区农村集体“阳光三资”1+2监管机制试点工作推进会在新新街道召开。

5月13日，全体街道、社区干部参加街道召开的“新新街道干部作风提升年活动推进会”。

5月15日，市计生委潘光辉处长到新新街道指导“浙江省全员人口和计划生育管理服务综合平台”的工作应用。

6月2日，街道组织召开“社区主副职岗位竞聘上岗和社区干部双向选择工作动员会”。

6月13日，新新街道组织召开社区主副职岗位竞聘上岗和社区干部双向选择工作会议，宣布社区干部调整方案。

6月29日，街道党工委在世纪广场举办“强组织，增活力，创先争优迎十八大”暨庆七一文艺晚会。

7月10日，街道召开2012年上半年工作总结暨下半年工作部署大会，全体街道干部、大学生村官、各村主职、各社区主副职参加会议。各村居主职做上半年工作总结，街道班子做工作部署。

7月23日，新新街道召开社区基层组织换届选举工作动员大会，对社区基层组织换届工作进行全面部署。

8月3日，省人口与计生委宣教中心李丹禾一行三人到新新街道三优指导中心检查指导。

8月27日，市人大常委会副主任王延生带领30余名人大代表视察新新街道城市卫生管理工作，并实地进行检查工作。

9月15日，区矫正科科长毛月铭到新新街道检查十八大安保落实情况。

9月20日，副区长颜雪高，区卫生局副局长黄汝宽、郑慧忠一行到街道卫生服务站进行指导调研工作。

9月27日，街道召开卫生大排查大整治工作会议，积极部署下步工作会议和双节卫生工作要求。

10月18日，街道组织召开“进一步加强城乡环境整治，迎接党的十八大召开”专题会议。

10月31日，区纪委、区组织部联合督查组对街道10个行政村的“三民工程”标准化建设情况进行督查。

11月7日，市文广局文艺处处长陈玉英带队到新新街道开展文化站评估定级验收工作。

11月17日，街道召开贯彻落实十八大精神暨2012年终工作推进会。

11月30日，街道全体干部、各村(居)主职干部近60人参加彩虹社区2012年社科普及周——幸福课堂活动。团市委书记徐建芬受邀主讲如何“树正确人生观，做最美衢州人”。

12月6日，区计生局召开专职计生干部会，新新街道被授予“全省第二批优生优教指导中心省级示范点”的荣誉称号。

12月17日，柯城食品安全委员会到新新街道进行年底食品安全考核。

12月18日，区纪委、组织部、行政服务中心、乡镇街组织委员联合检查组对街道10个村的“三民工程”标准化建设进行全面督查。

2012年柯城区信安街道办事处大事记

1月12日，信安街道在市电大举办农村党员冬季集中培训。全街道五个村的农村党员共计130余人参加本次集中培训。

1月14日，街道召开村（居）主职干部述职会暨两新组织规范化建设动员会。

1月16日，街道在白天鹅大酒店举办“信安街道迎新春联欢会”暨农村党员冬训活动文艺汇演。来自街道、村（社区）干部、企业代表、联系部门领导共160余人参加联欢。

2月6日，信安街道被评为2011年度柯城区新闻宣传先进单位，街道“纪念建党90周年系列活动”被评为2011年度柯城区思想文化工作创新奖。

2月18日，信安街道在区中型会议室召开全体党员干部大会，表彰先进，总结2011年工作，部署2012年工作。

3月9日，市文明理事会上，街道被评为2011年度市级“讲文明树新风”活动先进单位。

3月21日，信安街道在四楼会议室召开“农家书屋”工程建设工作推进会，各村党委书记、主任、文化员和街道主要领导参加会议。

4月20日，信安街道党工委成立由街道组织委员、分管社区领导带队的社区换届考察组，完成对迎和、书院、紫荆、斗潭等四个社区的换届前考察工作。

4月24日，信安街道举办“干部作风提升年”活动动员会，全体街道机关干部、社区干部，以及村两委成员、大学生村官参加会议。

5月21日，柯城区政府、衢江区政府在街道办事处召开市区快速通道工程柯城段征迁工作协调会，会议由柯城区副区长汪土祥主持。

5月30日，区委书记祝晓农在区政协副主席徐小平，区委办主任孙建忠等陪同下到街道调研指导工作。

6月21日，在建党91周年来临之际，区组织部副部长巫立山、组织科科长吴静静，在街道组织委员胡志春及斗潭社区工作人员陪同下走访慰问社区建国前老党员，并送上节日的祝福和生活费。

7月2日，街道召开全体社区干部会议，宣布社区主副职竞聘结果及社区工作人员调整情况。

7月5日，街道召开通讯员培训班，街道宣传骨干、社区干部参加培训。区委宣传部副部长王荣胜为培训班授课。

7月25日，由区委宣传部、区工商联、区消防大防、团区委、街道共同主办的庆“八•一”军民联谊晚会在柯城区消防大防举行。

8月13日，街道代表市、区参加浙江省女子体育节飞镖比赛荣获二、三等奖。

8月31日，街道已全面完成社区基层组织换届选举，此次选举共产生新一届社区居民委员会班子成员31人。

9月19日，市委副秘书长、市直机关党工委书记马燕一行人到信安街道调研指导在职党员进社区工作。

9月25日，信安街道组织村、社区共50多位自愿消防队员，在衢州消防支队柯城大队的操场上开展消防安全知识培训及灭火演练。

10月9日，由区人大常委会副主任朱国华带队一行5人，到街道开展三季度综治维稳责任金考核暨十八大安保督查工作。

10月23日，区委副书记施维达到信安街道开展调研活动。

10月30日，区“三民工程”标准化建设工作督察组对街道各村工作进行督查。

11月10日，省农办社会发展处处长葛永明等一行到信安街道视察指导新农村“美丽乡村”创建工作。

11月16日，区委常委、组织部长姜海洋到信安街道调研指导工作。

11月30日，召开街道总工会成立暨工会第一次代表大会。大会选举产生信安街道总工会第一届委员会和第一届经费审查委员会。

12月18日，信安街道在区国土局会议室召开学习贯彻党的十八大精神暨“先锋行动”“党员冬训”动员会，全体街道机关干部、社区全体干部及下属各支部书记、各村支部委员和村民主任、两新组织书记等参加会议。

2012年柯城区航埠镇人民政府大事记

1月10日，区委副书记、常务副区长施维达，区委常委、宣传部长鲍继红到航埠镇对党员“冬训”活动开展情况进行专项检查。

1月31日，柯城人事劳动社会保障局、航埠镇政府、衢州晚报《城乡对话》栏目联合举办“返乡民工春季用工交流会”。

2月17日，区政协主席郑小瑛，副主席范洁红、章雨土、徐小平一行到航埠镇，专题视察航埠工业功能区发展建设情况。

2月24日，区长徐延山就当前柯城区水利项目建设情况进行专项调研。副区长柴文灯随同调研。徐延山一行先后到航埠镇实地视察常山港航埠段干堤加固项目。

3月29日，区委书记祝晓农在相关部门负责人的陪同下，专程到航埠镇调研重点项目建设工作，并对项目推进中遇到的难题进行现场交办。

4月5日，区长徐延山专程到航埠镇调研工业功能区建设、重点项目推进、集镇建设等工作。徐延山要求，要围绕建设经济强镇、文明集镇、和谐新镇的总体目标，创新理念、突出重点，抓好各项工作的落实。

5月16日，柯城区开展土地资源开发“互看互学”活动，在乡村各地掀起土地开发项目建设的新热潮。活动中，区领导与各乡镇(街道)、相关部门负责人到航埠镇等地进行现场观摩，各乡镇(街道)还相互交流推进土地资源开发的经验与做法。

5月24日，区人口计生局、航埠镇计生办组织区计生指导站和航埠镇社区卫生服务中心的医生，为航埠工业功能区的女职工提供健康检查、政策咨询服务活动。

5月30日，区长徐延山就区生态环保工作进行专题调研。徐延山一行到航埠镇实地察看橘粒沙囊加工情况。

6月29日，创建国家森林城市工作考察组深入柯城区航埠镇等乡镇，现场检查柯城区“创森”工作。市政协副主席王建华，区长徐延山、副区长柴文灯陪同检查。

7月27日，由区委宣传部主办的第三十二期“百姓讲坛”开讲。本期讲坛以青少年暑期安全教育为主题，承办单位为新新街道三衢社区、府山街道钟楼社区、荷花街道荷西苑社区、双港街道双港社区、石梁镇政府和航埠镇政府。、

8月23日，区委书记祝晓农在相关部门负责人的陪同下，到航埠镇调研三产发展等工作。

9月26日，航埠镇召开“三民工程”标准化建设暨农村集体“阳光三资”管理工作动员会，全体镇干部、各村书记主任、社区干部和省市区农村工作指导员参加会议。

9月28日，区长徐延山率队对“两节”期间食品药品安全及百日行动开展情况进行检查。徐区长一行到航埠镇进行实地查看，并组织召开座谈会听取相关工作汇报。

10月10日，柯城区农村妇女健康工程启动仪式在航埠镇举行。副区长颜雪高、区府办、区妇联、区卫生局等相关部门领导，各乡镇（街道）妇联主席，航埠镇各村妇代会主任参加。

10月11日，在航埠镇三楼会议室召开航埠镇“阳光三资”业务培训会，区农经站站长余海山授课。

10月30日，区人大代表到航埠镇视察文化建设工作。副区长颜雪高、区教文体局局长何晓文等陪同视察。

11月8日，航埠镇组织党员干部收看胡锦涛总书记在中国共产党第十八次全国代表大会上所作的报告。

11月9日，航埠镇政务微博、远程教育暨三民工程业务培训班在镇三楼会议室举行，区委组织部电教中心主任张铁群、信息宣传科副科长郑建及镇三民工程领导小组办公室负责人分别授课。

11月13日，阳光明媚，柯城区航埠农贸市场隆重开业。副市长胡仲明，市政府副秘书长占珺，市工商局局长王春中，市财政局副书记吴小聪，区领导朱国华、贵丽青、徐小平等出席，区相关部门单位领导参加开业仪式。

12月18日，省能源局副局长陈海涛带队到航埠镇，检查省重大电力项目衢州普星天然气热电联产项目实施情况。区委常委、常务副区长张晓峰陪同检查。

2012年柯城区石梁镇人民政府大事记

1月10日，石梁镇中心幼儿园在石梁镇政府门前举办“迎新年”幼儿手工画展，吸引上百名群众驻足观看。

1月17日，交警柯城大队邀请市书法家协会在石梁镇、航埠镇开展以“平安出行、和谐春节”为主题的“送春联下乡”交通安全宣传活动。

2月28日，石梁镇召开农业产业化推进动员大会，表彰该镇2011年度土地流转、产业转型、产业提升等工作先进集体，部署推进农业产业化工作。

3月30日，在石梁镇政府承办的“百姓讲坛”上，区委宣传部副部长陈林云围绕如何“践行社会主义核心价值体系，做新农村建设带头人”展开讲解。

4月5日，省防汛督查组对石梁镇筹建防汛视频会商系统工作进行检查指导。

4月10日，石梁镇教育教学奖励行动计划启动仪式在镇政府举行。启动仪式上，出席会议的41位代表全票通过《石梁镇教育教学奖励行动计划实施办法》，石梁镇也成为衢江区首个实行教育教学奖励行动计划的乡镇。

5月10日，区长徐延山一行实地到石梁镇等地的防洪堤坝，实地检查水毁堤防修复工程进展情况。

5月17日，石梁镇首个社区卫生服务站——下村社区卫生服务站正式启用。

6月27日，柯城区建区以来最大的政府性投资项目——石梁至华墅公路开工典礼在石梁镇举行。

6月28日，石梁镇召开专题学习会，认真贯彻落实省第十三次党代会精神。

7月3日，区长徐延山专程到石梁镇调研重点项目建设工作。副区长汪土祥和相关单位负责人随同调研。

7月24日，区委书记祝晓农专程到石梁镇调研石梁下山脱贫小区建设工作。

8月4日，石梁镇举行区域性工资集体协商会议，镇职工代表与企业代表针对集体协议的相关内容展开热烈讨论。

8月20日，区委书记祝晓农对全区“三民工程”建设情况开展调研。并听取石梁镇“三民工程”开展情况和花园街道“三民工程”标准化试点工作汇报。

8月22日，石梁镇统战人士同心之家成立，县委常委、统战部长施亚东出席会议。

9月14日，区人武部政委王哲新、政工科长吴卫军一行到石梁镇调研今年的征兵工作，镇党委书记舒建明，党委副书记、镇长姜益峰等陪同调研。

9月21日，区委副书记施维达到石梁镇开展调研督查活动，重点围绕信访维稳、后进村整转、项目建设等工作展开。

9月28日，石梁镇食品（药品）安全协管站、镇安监站、村协管员对辖区农家乐经营村、学校、企业进行食品安全检查和宣传

10月11日，充分就业村第三季度例会在镇会议室召开，各村联络员参加会议，副镇长陈雪芬到会讲话，对三季度工作作总结，并就下季度充分就业村和养老保险任务作布置。

10月24日，市档案局纪检组长聂益武、监督处处长长赵军红等一行9人组成检查组到石梁镇对市重点建设项目——石梁镇下山脱贫小区项目档案管理进安全专项检查。

11月22日，全区“三民工程”标准化建设现场会在石梁镇召开，区委常委、区委组织部长姜海洋，副部长、两新工委书记巫立山等领导出席现场会。

11月28日，召开衢州市充分就业村创建现场会暨先进集体先进个人表彰会在石梁镇。

11月30日，隆重召开石梁镇残疾人联合会第六次代表大会。

12月1日，石梁镇召开经济强镇统计工作会议，明确经济强镇统计工作的目的、意义及任务要求，并对各行政村统计人员进行业务培训。

12月10日，石梁镇党委、政府组织镇村干部100余人，举行党的十八大精神宣讲暨新农村建设学习会。

12月31日，柯城区基层社会服务管理平台规范化建设现场会在石梁镇召开，市委政法委副书记、维稳办主任汪德荣，区委常委、政法委书记王国强等各有关部门相关人员、乡镇街副书记参加会议。

2012年柯城区华墅乡人民政府大事记

1月9日，区委常委、组织部长申剑到华墅乡走访慰问建国前老党员、贫困党员和困难群众。区委组织部副部长、区直机关党工委书记巫立山，区民政局纪检组长童禅星，华墅乡党委书记张文利，组宣委员姜建铃等陪同走访。

1月10日，召开第十五届人民代表大会第一次会议，本次会议应出席代表51人，实际出席代表49人，列席代表31人。区人大常委会副主任郑晓霞到大会指导。

2月20日，副区长颜雪高到华墅乡开展“进村入企”大走访活动。区府办副主任许捷、华墅乡党委书记张文利等班子成员陪同参加走访活动。

3月30日，华墅乡等6个乡镇街道20余名两新组织党建工作者到双港开发区河海水利和弗莱制冷参观学习两新组织党建规范化建设。

3月31日，华墅乡召开2012年度公路养护工作会议，各村20余名公路养护员参加会议。会议邀请柯城公路段副段长祝建国为养护员培训公路养护知识和要点，并对华墅乡公路养护工作提出建议和意见。

4月16日，区委副书记施维达率区委办副主任龚晓等一行人到华墅乡调研指导工作。施书记一行首先查看华墅乡便民服务中心及文化活动中心建设现场和华墅生态农村科技大观园建设现场，随后与华墅乡班子成员亲切座谈。

4月26日，华墅乡组织召开农村工作指导员见面对接会，区农村工作指导员、“两新”组织党建指导员和派驻村党支部书记、企业党建负责人共十余人参加会议。

4月28日，区农家书屋建设督查组到华墅乡督查农家书屋建设工作开展情况。督查组听取乡宣传委员徐敏芳就目前华墅乡农家书屋建设进度及存在问题，查看相关的文字材料和数据。

5月8日，乡劳保所召开城乡居民养老保险调查摸底工作动员大会。分管领导组织参会的各村劳保员认真学习《华墅乡人民政府关于开展城乡居民养老保险调查摸底工作的通知》，并做具体的工作安排。

5月18日，华墅乡第三次妇女代表大会暨乡妇联换届试点工作会议在乡四楼会议室隆重举行。区妇联主席宣晓君、乡党委书记张文利及乡其他班子成员应邀参加此次大会。

5月28日，区委组织部督查组成员、区两新工委副书记郑小兵一行到华墅乡检查党代表工作室、兰花热线工作室、“两新”组织党建、“分类定级”后进村整转等四项工作进展情况。

6月26日，区委书记祝晓农到华墅乡，走访慰问生活困难党员和群众。

7月7日，为纪念建党91年周年、喜迎党的十八大，华墅乡党委组织全体退休老干部到江山廿八都镇等地开展“红色行”活动，寻找红色足迹，感受红色氛围。

7月13日，华墅乡组织党员干部去到沟溪乡五十都生态园，就推进柑橘产业转型、土地开发建设和现代农业发展等工作进行参观学习。

8月7日，区委书记祝晓农到华墅乡进行调研考察工作。

9月7日，华墅乡举办第三届全民健身排舞比赛，来自该乡11个代表队的农村队员们为观众献上精彩的舞蹈盛会。

10月2日，华墅乡组织开展无偿献血活动。全乡上下干部群众积极参与，纷纷为无偿献血献出自己的一份爱心。

11月2日，区委书记祝晓农到华墅乡进行调研考察工作，实地走访察看村庄环境整治、道路硬化等工作进展情况。区农业局、水利局、华墅乡等相关部门(单位)负责人随同走访。

11月8日，中国共产党第十八次全国代表大会隆重召开，华墅乡组织党员干部和群众在会议室集中收看党的十八大开幕式。

12月20日，区委书记祝晓农到华墅乡，向班子干部及党员代表宣讲十八大精神。

2012年柯城区姜家山乡人民政府大事记

1月6日，姜家山乡人民政府提出关于创建药品安全示范乡的实施意见。

2月3日，姜家山乡召开全乡干部大会。会议表彰2011年度对全乡经济社会发展做出突出贡献的先进集体和个人。

2月15日，召开姜家山乡第十届人民代表大会第一次会议。

2月23日，姜家山乡组织乡卫生院、卫生室、药店、企业等8家涉药单位，召开专题座谈会，研究市级药品安全示范乡创建事宜。

3月7日，姜家山乡召开石华线征地工作培训会，被征迁土地的八个村书记、村民主任和联系各村的乡干部参加会议。

3月10日，姜家山乡召开药品安全知识培训会暨消防安全知识培训会。

3月13日，副区长汪土祥率区国土资源局局长翁国华、区交通分局局长丁景春等领导到姜家山乡调研关于石华线的征迁工作。

4月9日，区委书记祝晓农率调研组到姜家山乡开展“现代农业园区”建设情况调研活动。

4月18日，姜家山乡召开关于加强农村集体“三资”管理工作会，参加会议的有全体乡干部、各村书记、主任、监委会主任、报账员共百余人，会议由组宣委员徐月芳主持。

4月23日，姜家山乡组宣委员徐月芳和妇联主席胡海姣一行到各村考察农家书屋建设各项筹备工作。

5月29日，由姜家山乡计生办举办的计划生育“五期”健康教育培训和“5•29”计生协会“知识竞赛”活动，吸引来自姜家山乡17个村范围的“五期”对象70多人。

5月30日，由乡政府组织的“六一”儿童节慰问活动在吴家幼儿园开展。乡长、副书记、组织委员一行去吴家幼儿园看望儿童，对辛勤工作的老师们表达衷心的感谢。

6月19日，姜家山乡召开全体乡干部会议，部署传达学习贯彻省第十三次党代会精神的有关工作。

6月27日，姜家山乡联合航埠工商所开展一次食品流通领域的食品安全执法检查。

6月29日，区统计局局长任文俊在姜家山乡组宣委员徐月芳的陪同下，到姜家山乡走访慰问部分老党员，为他们送去党的关怀和问候。

7月6日，在姜家山乡政府操场上开展“义务献血”活动，乡亲们的热情也随着温度的升高而不断高涨。此次共有37人参与“义务献血”活动，共献血9900毫升。

8月23日，衢州电力党员服务在姜家山乡，该局150多名党员志愿者，先后组成6支党员服务队，深入乡村和社区，开展形式多样的“党员服务日”活动，真情服务当地群众。

9月27日，第五届衢州孔子文化节主要活动之一、“守望•四省通衢——第九届浙闽赣皖四省四市民间艺术节”在衢州学院大会堂举行，为中外宾客奉献一场视觉盛宴。柯城市姜家山文武学校学生表演的《中国龙》获得热烈反响。

10月23日，姜家山乡走访慰问老干部，姜家山乡组织开展重阳节慰问老干部活动，乡党委书记陈志忠、乡长封荣祥、副书记洪平等一行人到离退休老干部家中，给他们送去慰问品和节日的祝福。

10月31日，姜家山乡开展“决战三十天，打赢保卫战”消防排查行动。

11月29日，姜家山乡会议室现场座无虚席，大家积极收听领导关于十八大宣讲活动。

12月26日，计划总投资15亿元港币的“衢州城市物流综合体项目”确定落户柯城区姜家山乡，将进一步强力拉动柯城区西部板块的经济增长，并辐射全市乃至更远更广。

12月27日，姜家山乡45位党代表在会议室按程序履行自己的权利，选举自己信任的乡党委书记。

2012年柯城区九华乡人民政府大事记

1月10日，九华乡各村在乡党委的领导下，立足本村实际，各村村支部书记和党员举行党员座谈会、远教学习会、村务工作交流会、走访慰问老党员和困难群众等形式多样的“冬训”活动。

1月11日，九华乡组织开展党纪条规“冬训”辅导讲座，乡村两级党员干部130余人聆听区纪委常委、党风室主任李建华作的党纪条规“冬训”专题辅导讲座。

2月4日，柯城区九华乡的梧桐祖殿内外人头攒动，祭春神、鞭春牛、演大戏、抬福游村、尝春咬春都是梧桐祖殿立春祭祀列入国家级非遗项目后举行的首次祭春活动。

3月7日，区长徐延山赶赴九华乡山体滑坡点实地检查指导工作。副区长柴文灯、区人武部部长孙岩随同检查。

4月6日，区委书记祝晓农赴九华乡调研。她要求，坚持规划引领，注重产业培育，大力发展生态旅游和现代农业，不断促进农民增收。

4月17日，省委常委、宣传部长茅临生，省委宣传部副部长来颖杰一行到柯城区九华乡的衢州人文博物馆，调研基层宣传文化及企业文化建设等工作。市领导赵一德、陈新、杜世源、徐旭、诸葛慧艳等陪同调研。

5月10日，区长徐延山就区防汛工作进行专项检查。他指出，提高认识，狠抓落实，扎实做好防汛各项工作，确保人民群众生命财产安全。徐延山一行先后到九华乡桥头鲶鱼湾防洪堤坝等处，实地检查水毁堤防修复工程进展情况。

5月16日，柯城区开展土地资源开发“互看互学”活动，在乡村各地掀起土地开发项目建设的新热潮。区领导祝晓农、徐延山、柴文灯参加活动。参加活动的乡镇(街道)与相关部门负责人，到九华乡等地进行现场观摩。

6月28日，九华乡精心组织开展多种形式的学习活动，深入学习贯彻省第十三次党代会精神，加快推进富裕文明秀美九华建设。

7月3日，区人民法院巡回法庭到九华乡，对一起相邻权纠纷进行开庭审理。

7月25日，区人武部组织民兵森林防火分队骨干在九华乡进行森林灭火集训，以此提高民兵应急分队处置突发事件的能力。

8月8日，市委书记陈新到柯城区调研旅游工作，参观位于九华乡的衢州人文博物馆，并鼓励博物馆继续加大投资，做好发展规划，挖掘文化内涵，充分体现特色。

9月5日，副区长颜雪高到九华乡中心小学慰问全体小学教师。

10月15日，九华乡政府举办形式多样、内容丰富的全民运动会。

11月8日，九华乡组织全乡广大党员干部集中收看党的十八大开幕式。全乡机关干部、各村党支部书记在乡会议室集中收看，各村组织其他村两委成员、党员在各村会议室集中收看。

11月19日，党的十八大闭幕后，九华乡立即召开专题学习会，深入学习贯彻十八大精神。会议要求结合实际，抢抓机遇，促进全乡经济社会全面发展。

12月8日，市委书记陈新到九华乡政府看望正在值班的乡镇干部。详细解财政运行、土地开发、信访维稳等工作情况，并对大家的辛勤工作表示慰问和感谢。

12月27日，为庆祝衢州市第四届赵抃廉政文化节的开幕，九华乡举办信访公开听证观摩等纪检监察走基层活动。

2012年柯城区七里乡人民政府大事记

1月4日，七里乡举行第十五届人民代表大会第一次会议。

2月10日，省委组织部组织二处处长曹锦喜率专题组一行到七里乡调研农村基层组织建设。

2月13日，省委组织部部委杜林德一行到七里乡慰问老党员和结对助学学生，给他们送去慰问金以及新年的祝福。

3月15日，省委组织部干部二处调研员、七里乡第三任省派农村工作指导员熊建森到他曾蹲点的上村村，与村两委座谈。

3月19日，省委组织部公务员管理处处长王恭裕一行到七里乡进行调研工作。

3月31日，省旅游规划处处长张雄文一行到七里乡指导桃源七里国家AAAA级景区创建工作。

4月1日，七里乡召开欢送会，感谢省派农村工作指导员李泽洲，感谢他在新农村建设、“桃源七里”国家AAAA级景区创建中所作的贡献。

4月28日，七里乡各村主职干部及部分农家乐经营户在乡会议室一同讨论和规范散客与团队的接待事宜，以迎接旅游旺季到来。

5月22日，市农办主任赖瑞洪一行到七里乡调研。一行人视察七里农村实用技术人才培训中心、大头村综合服务中心、大头片区综合整治工程。

6月3日，七里乡杭新景高速公路征迁工作正始启动，工作人员放样、定桩、拉线、开沟，以确定征地范围。

6月12日，区委副书记施维达一行到七里乡调研桃源七里景区和“美丽乡村”建设工作。副区长吴云林陪同调研。

6月21日，七里乡召开美丽乡村、桃源七里建设暨食品安全执法检查动员大会。

7月2日，宁波市衢州商会会长段月珍一行到七里乡进行考察。副区长吴云林陪同考察。

7月17日，市委常委、常务副市长江汛波一行到七里乡调研杭新景高速公路七里接线征迁工作。副区长汪土祥陪同调研。

7月27日，省旅游局副局长朱红炜一行人到七里乡调研桃源七里国家AAAA级景区创建工作。市委常委、副市长彭德成、区委书记祝晓农等陪同调研。

8月13日，市交通局副局长姜明才一行到七里乡调研杭新景高速征迁工作。

8月28日，七里乡邀请衢州市消防大队教官傅燕波给全体乡村干部、企业事业单位负责人、农家乐经营户上一堂消防安全知识讲座。

9月20日，区人大副主任、七里乡治岭村第一书记郑晓霞一行到治岭村解村情村况。

9月27日，七里乡召开农家乐规范提升工作推进会促进桃源七里国家AAAA级景区创建。

10月17日，七里乡在会议室召开食品安全大整治百日行动总结大会，参加会议的有全体乡干部、各村组织干部、安全员、农家乐经营户代表、企业主。

10月24日，七里乡举行第三次妇女代表大会。

11月8日，七里乡全体乡干部观看党的十八大开幕盛况，聆听胡锦涛总书记所作的题为《坚定不移沿着中国特色社会主义道路前进为全面建成小康社会而奋斗》的报告。

11月28日，七里乡召开干部任免大会，区委常委、组织部长姜海洋出席会议。

12月18日，七里乡在乡会议室开展农村党员冬训活动的工作会议，邀请市质监局纪委书记吴海良宣讲十八大报告。

12月20日，区委组织部来七里乡验收“三民工程”建设工作，并依据标准化建设考核标准逐一检查，肯定七里的工作，提出完善意见。

12月24日，市农业局农技110办公室一行人到七里乡调研农技110工作并召开座谈会，种养殖大户、企业与合作社负责人代表参加座谈会。

2012年柯城区石室乡人民政府大事记

1月11日，石室乡第十届人民代表大会第一次会议在石室一村三楼楼会议室隆重开幕，来自全乡各村、各企事业单位、各条战线的51名正式代表和31名列席代表出席大会。

1月19日，石室乡展开春节走访慰问活动，给辖区内3户特困群众送去慰问金，保证特困户过上温暖祥和的春节。

2月1日，市委统战部副部长曾越河、办公室主任黄莺，在区委统战部副部长、民族宗教管理局局长叶志龙等陪同下，到石室乡开展“百家单位联百村，共建绿化示范村”活动的前期调研考察。

2月6日，石室乡全体党员干部，乡属有关部门、企业负责人，村民小组长以上干部共350余人齐聚巨化电影院，召开新春干部大会。书记、人大主席吴光湖作重要讲话。

2月29日，区委常委、区委宣传部长鲍继红到石室乡调研信访维稳工作，走访部分农户，与部分信访户进行下访约访。

3月20日，石室乡召开农家书屋建设动员会，会议由乡宣传委员许炳祥主持，各行政村村书记、村民主任参加。

4月11日，在柯城区两新工委的组织下，荷花街道、七里乡、沟溪乡、石室乡的两新工委干部和部分新企业、新社会组织代表到柯城区双港管委会东港园区考察学习两新党建工作。

5月30日，区长徐延山、副区长吴云林带领环保分局、安监、质监分局、柯山公安分局、柯山消防大队、财政、农业、工商等部门领导及石室乡等乡镇领导到花园街道调研生态环保工作。

6月18日，石室乡全体乡干部召开汛期工作部署会。

6月18日，石室乡全体乡干部进行集中学习会，传达贯彻会议精神，部署乡村两级新时期工作。

6月28日，石室乡第三次妇女代表大会在庄严的国歌声中拉开帷幕，来自全乡各条战线的36名妇女代表们欢聚一堂，共商妇女工作，共谋发展大计。

7月4日，区委常委、组织部部长申剑在区委组织部副部长、两新工委书记巫立山及乡党委副书记、乡长张强等领导的陪同下，到石室乡开展后进村整改提高晋位升级工作专题调研。

8月30日，区委书记祝晓农到石室乡进行调研，区委常委、宣传部长鲍继红，区人大副主任张贤友，区委办主任孙建忠，区农办主任周建立，区教文体局局长何晓文等陪同调研。

8月31日，石室乡开展第一届十佳“魅力乡村，最美村姑”评选表彰活动。

9月14日，石室乡党委、政府组织行政村党支部书记、村民主任及全体驻村干部召开“三民工程”标准化建设暨农村集体“阳光三资”管理工作推进会。

10月10日，石室乡入党积极分子培训班正式开班。

10月21日，衢州爱心志愿者群和佢化仁爱天地志愿者到柯城区石室乡敬老院进行看望慰问。

11月6日，区委书记祝晓农，区委常委、宣传部长鲍继红实地调研石室乡村庄改造项目建设情况，并召开座谈会。

11月8日，石室乡组织干部群众观看中国共产党第十八次全国代表大会开幕式现场直播，认真聆听胡锦涛总书记代表中国共产党第十七届中央委员会向大会作的报告。

11月12日，区委常委、宣传部长鲍继红，组织部长姜海洋，会同区相关部门负责人，赴石室乡展开工作调研，并召开“工作推进智囊团”座谈会。

12月6日，衢州市农家乐大篷车艺术团开进石室乡进行文艺演出，宣传党的十八大精神，为美丽乡村增添一抹靓丽。

12月17日，石室乡举行农村党员冬训动员会，区委宣传部长鲍继红到场宣传十八大精神。

2012年柯城区万田乡人民政府大事记

1月30日，万田乡详细排出各行政村今年要开展的各类重点工作和工程，根据时间节点要求，倒排计划，组织实施。

2月23日，柯城区万田乡政府禁毒专职工作人员到乡中心小学，通过毒品样品展示、戒毒动画片播放等形式，提醒学校的孩子远离毒品。

同日，农业局副局长方培林给万田乡全体乡干部和26个村的支部书记、村民主任、村监委会主任开展柑橘知识专题讲座班。

3月31日，柯城区农村集体“阳光三资”1+2监管机制试点启动会议在万田乡召开。区委常委、纪委书记余龙华，副区长柴文灯，区纪委副书记杨熠等相关领导及万田、九华等6个试点单位的党政领导和工作人员参加此次启动仪式。

4月6日，万田乡构建“一访一会一沟通”制度，积级推进“进村入企”大走访。

5月30日，区长徐延山、副区长吴云林带领环保分局、安监、质监分局、柯山公安分局、柯山消防大队、财政、农业、工商等部门领导，以及航埠镇、信安街道、华墅乡、姜家山乡、万田乡、石室乡的领导到花园街道调研生态环保工作。

6月27日，万田乡召开会议，部署接下来万田乡的工作情况，各个行政村的领导干部参加会议。

7月2日，区人大副主任张贤友及区发改局局长王立平到万田乡考察学习先进基层组织的工作经验和做法，积极促进后进村晋位升级。

8月6日，区委常委、组织部长申剑赴万田调研晋位升级工作。申剑认真听取汇报，并分析存在问题。

8月29日，万田乡召开党员会议，第一书记、区政协主席、市执法局局长郭国均，区食药监局局长董高法，市执法局挂职干部姜旻慧，万田乡书记、乡长、组织委员等参加会议。

9月11日，2012年柯城、衢江文化走亲活动第二场走进万田乡进行文艺演出。

9月25日，市人大常委会组织部分在衢州的全国、省、市人大代表专题视察市区农民饮用水供水一体化工程推进情况。参加视察的人大代表来到柯城区万田乡、石梁镇和衢江区浮石街道等共6个行政村检查，对加快推进这项工程发表建设性意见。

10月7日，江山市的优秀村支书汪衍君到柯城区万田乡会议室进行演讲，200余名乡村干部聆听讲座。

10月29日，省委组织部一行人，在衢州市法制办公室主任、党组书记申剑，万田乡党委书记魏光明和万田乡乡长余志华的陪同下，一起到余家山头村进行走访考察，并与村两委开个简短的务虚会。

10月30日，省派农村工作指导员——省委组织部两新组织党建处何斌同志到万田乡进行指导工作，全体乡干部齐聚五楼乡会议室迎接指导员的到来。

11月29日，省委组织部副部长、省人才办主任姚志文来到柯城区万田乡进行基层调研，并向大学生村官代表及当地干部宣讲党的十八大精神。

11月30日，在乡政府五楼会议室召开万田乡残联第六次代表大会。

12月6日，万田乡召开全体乡干部、大学生村官、各村支部书记会议，布置年底各项工作，迎接年底考核。

12月21日，在乡政府五楼会议室隆重举行万田乡“百千万先锋”行动暨农村党员冬训活动动员会。

2012年柯城区沟溪乡人民政府大事记

1月13日，胜利召开柯城区沟溪乡十三届人大一次会议。

2月16日，沟溪乡启动油菜花观赏节筹备工作，邀请区旅游局、各农业基地业主、各村负责人，共同商讨柯城区首届油菜花观赏节活动组织方案和各项工作准备。

3月14日，区委书记祝晓农赴沟溪乡专题调研筹备工作。沟溪乡余东生态农庄、直坞葡萄基地等处的油菜花苗移栽到位，标志着以“观油菜花、游农业园、赏农民画、品农家乐”为主题的柯城区首届油菜花农业旅游文化观光节各项筹备工作已经进入最后冲刺阶段。

3月20日，沟溪乡开展2012年上半年环孕检工作。

4月1日，柯城区首届油菜花文化观光节在沟溪乡洞头畈现代农业园盛大开幕，开幕式分精彩文艺表演、开幕仪式、舞龙赏花等活动。

4月11日，在柯城区两新工委组织下，荷花街道、七里乡、沟溪乡、石室乡的两新工委干部和部分新企业、新社会组织代表到柯城区双港管委会东港园区考察学习两新党建工作。

4月29日，柯城区沟溪乡组织劳模开展“五一”节采摘游，柯城区沟溪乡组织吴银水、吴龙海、余耀树、陈为清、郑建明5位获得过市、区两级劳模荣誉的乡里劳模代表到沟溪乡现代农业园区进行绿色蔬菜瓜果采摘游。

5月25日，柯城区委两新工委副书记郑小兵等一行人到沟溪乡检查两新组织党建工作，乡两新工委书记陪同检查。郑副书记指出现阶段存在的党建弱点，对沟溪乡下步加强两新党建工作提出具体的要求。

6月6日，为庆祝全国第十四个“计划生育协会活动日”，推动乡村文化事业的繁荣与发展，沟溪乡党委、沟溪乡政府联合举办“沟溪乡首届排舞大赛”。

6月28日，沟溪乡组织街道党员到沟五十都生态源进行“七一”党员活动。

7月6日，沟溪乡葡萄节开幕仪式隆重举行。市农业局局长姚小毛、柯城区委常委、宣传部长鲍继红，区人大常委会副主任郑晓霞，副区长柴文灯，区政协副主席章雨土以及来自市区两级各部门、乡镇街道人员，大型商场、超市、农贸市场采购商代表，旅行社老总等300多位嘉宾出席开幕仪式。

7月13日，沟溪乡里组织各农业园区、葡萄基地业主参加区旅游派送活动。

7月19日，衢州晚报20名小记者到沟溪乡五十都生态园开展葡萄采摘采风活动。

8月2日，区委常委、组织部长申剑赴沟溪乡调研后进村晋位升级工作。

9月26日，柯城区沟溪乡五十都生态农博园在轰鸣的礼炮声中顺利开园，同时举行的2012果汇多杯衢州市猕猴桃擂台赛、全国猕猴桃品鉴会、猕猴桃营养与文化论坛也圆满落幕。

9月28日，在浙西南宗圣裔人口最多的聚居地偶区沟溪乡举行一场别具特色滴祭孔活动。

10月20日，沟溪乡开展整治环境卫生义务劳动。全体乡干部拿上扫帚、铁锹、簸箕等劳动工具，兵分两路来到余东村和余西村，和村干部、党员一起整治村庄环境。

11月8日，沟溪乡组织全乡广大党员干部集中收看党的十八大开幕式。全乡机关干部、各村党支部书记在乡会议室集中收看，各村组织其他村两委成员、党员在各村会议室集中收看。

11月29日，市中心血站的献血车开进柯城区沟溪乡政府，沟溪乡开展“无偿献血，温暖冬日”的活动，活动得到乡村两级干部的积极响应。

11月30日，省委组织部副部长、省委人才办主任姚志文到柯城区调研大学生村官工作，并作十八大精神宣讲。来自该区石室乡、七里乡、万田乡、沟溪乡等地的村官在宣讲会上纷纷发言，畅谈交流各自学习十八大精神的体会。

12月21日，沟溪乡党委召开“沟溪乡百千万先锋行动暨农村党员冬训活动动员会”，并对今年以来的先进党支部和村级好搭档进行表彰。

2012年衢江区浮石街道办事处大事记

1月9日，省妇联党组书记、主席厉月姿顶着严寒深入浮石街道，慰问贫困老年妇女，向她们送上慰问金和慰问品。市委副书记李剑飞，区委副书记、代区长鲍秀英，区委常委、组织部长毛胜田陪同慰问。

1月20日，区委书记朱建华率有关部门负责人到浮石街道，带着慰问金和慰问品，与贫困老年妇女亲切握手送新春祝福、欢笑言谈解实际困难。区委常委、公安局长黄忠京陪同慰问。

2月14日，市委副书记、代市长陈新，市委常委、政法委书记傅根友，副市长占跃平，区领导朱建华、鲍秀英、童炜鑫、余金华、吴剑锋、吾东明、毛胜田、费里夫、袁亚平、曾有仙在区会议中心接待樟潭街道等地来访的群众，倾听百姓诉求，现场协调解决矛盾问题，进一步密切党群干群关系。

3月20日，区委副书记、区长鲍秀英在区水利局调研水利工作，副区长季根寿陪同调研。区府办、发改局、规划局、财政局、住建局、人力社保局、交通运输局、浮石街道、高家镇和云溪乡等单位主要负责人参加调研。

5月3日，区委常委、公安局长黄忠京先后深入衢江经济开发区内的岳泰铝业、新月神电动车公司和浮石街道开展“进村入企”大走访活动。

6月28日，区行政服务中心正式开业运行，这标志着区行政审批由各部门分散审批向区一体集中审批的重大转变，浮石街道、周家乡、大洲镇、全旺镇等4个乡镇（街道）中心被评为市级示范中心。

7月2日，浮石街道组织全党员干部，进行街道清理，用实际行动纪念建党91周年。

7月10日，浮石街道成功举办首届农民运动会暨残疾人运动会。区委副书记童炜鑫出席并宣布运动会开幕，副区长袁亚平致贺词。

8月14日，浮石街道办事处组织全体班子成员认真学习贯彻市委六届二次全会和区委十二届二次全会精神，浮石街道党工委书记陶水富要求全体班子成员要紧密结合工作实际和思想实际，进一步统一认识，振奋精神，制定出符合浮石实际情况的工作安排，将两次全会精神贯彻到底

8月21日，市委组织部调研组一行6人到衢江区调研发展壮大村级集体经济工作，调研组到浮石街道进行实地走访。

9月4日，副区长、区红十字会会长袁亚平前往浮石街道看望慰问区第一例、全市第二例人体器官捐献者邵朝龙的家属，并代表区红十字会和民政部门为其家属送上慰问金。

9月29日，由区委宣传部、区体育局、区农办和区体育总会联合举办的全区第一届农民拔河比赛在区行政中心广场上隆重举行。区领导童炜鑫、汪群、袁亚平出席开赛式。浮石街道代表队获得第一名。

9月29日，浮石街道召开关于向邵朝龙家庭学习专题会议，决定在全街道开展学习邵朝龙家庭自愿捐献器官的善举，要求街道各行政村和有关单位认真学习邵朝龙家庭的这种无私奉献和大爱精神。

10月22日，区人大常委会主任耿建新、区政协主席赵建新等分别带着党和政府的深情厚谊，走访浮石街道慰问百岁老人，为他们送去节日的问候，并亲手送上慰问金。

11月8日，街道组织干部群众观看中国共产党第十八次全国代表大会开幕式现场直播，认真聆听胡锦涛总书记代表中国共产党第十七届中央委员会向大会作的报告。

11月13日，省体育创强检查组到区验收、复查省体育强镇创建工作。区委常委、宣传部长汪群，副区长袁亚平出席汇报会。检查组一行听取浮石街道关于创建省级体育强街道的工作汇报，并查看有关档案材料，观看体育创强的视频材料，还实地踏看街道及村级的体育场地、设施。

12月4日，浮石街道在组织机关干部收听党的十八大报告会的基础上，利用晚学习日，召开学习贯彻党的十八大精神报告会。

2012年衢江区樟潭街道办事处大事记

1月10日，团区委书记甘小华与区体育局人员在樟潭街道干部的陪同下到平杨村和大安村实地考察，根据考察情况计划在樟潭范围内制定两套方案建立“共青林”。

1月11日，省妇联主席厉月姿、市委副书记李剑飞、市妇联主席张晓敏、区长鲍秀英、区委组织部部长毛胜田、区妇联主席赖光娟等一行冒着寒风专程到樟潭街道走访慰问困难老人并送去慰问金和慰问品。

1月29日，樟潭街道全体班子、街道干部和村两委干部进行义务植树活动，为改善生态环境、推动生态文明和森林建设挥锄添绿

2月17日，樟潭街道组织全体街道干部收看市第六次党代会开幕式，认真听取赵书记的工作报告。

3月9日，樟潭街道积极开展“百家单位联百村，共建绿化示范村”活动，邀请市人防办、市人寿保险公司、衢江区纪委、区委组织部等市、区十八家联系对接单位参加活动座谈会。

5月30日，市委书记陈新，市委常委、组织部长赵建林等一行人赴衢江调研农村基层党建，调研樟潭街道三民工程建设工作。

6月4日，樟潭街道以“关注人口，幸福家庭”为主题，庆祝“5•29”计划生育协会第十四个会员活动日，区计生协会会长周小平、市人口计生协会秘书长翁九良、区计生局局长卢和邦、樟潭街道党工委书记柴志强等出席活动并作重要讲话。

7月31日，衢江消防大队宣传人员和消防志愿者到樟潭街道为社区主任、村(社区)、消防管理人员、街道消防工作站全体人员开展一场消防知识安全培训。

8月7日，根据区委十二届二次全体(扩大)会议精神，街道召开全体干部学习会。

8月9日，樟潭街道组织开展街道干部远程教育学习，收看在江山市召开的“三民工程”标准化建设暨第一书记工作法现场推进会。

8月31日，樟潭街道会议室开展学习交流会，书记柴志强和街道领导干部出席参加。

9月24日，樟潭街道组织全体街道干部、村两委及社区工作人员，开展健康讲座。区卫生局老师吴志伟和樟潭卫生院院长毛建霞给大家上一堂生动的养生保健课。

10月23日，樟潭街道党工委、办事处组织老干部座谈会，会上不仅带来组织对老干部们的深切慰问，还组织观看街道重点项目、双月攻坚战等近期工作的记录短片，让老干部们解到现在街道的新举措、新风貌、新变化。

10月30日，樟潭街道召开残联第六次代表大会，共有38名残联代表参加会议，其中残疾人代表24名，此次会议选举第六次残联代表大会主席团委员5名、出席上一级代表大会代表4名。

11月8日，党的十八大开幕式在北京隆重举行，樟潭街道组织领导干部认真收看“十八大”开幕式。

11月9日，樟潭街道举办入党积极分子培训班，共有34名入党积极分子参加。区委组织部组织科长周正明向参加培训的入党积极分子讲解党的性质、党的指导思想等党的基础知识。

11月26日，樟潭街道组织开展义务献血活动。街道机关干部、村（社区）干部及广大群众踊跃报名参加。

12月7日，区长鲍秀英到樟潭街道调研工作，区领导余金华及区府办、开发区管委会、交通、国土、综合执法局等单位主要负责人参加调研会议。会上鲍区长听取樟潭街道2012年重点项目征迁推进情况和明年的重点工作安排，并与相关部门一起对重点项目推进过程中的重点、难点问题进行分析研判。

12月14日，“衢江农信联社派驻樟潭街道村级金融指导员活动”启动仪式在樟潭街道会议室举行，副区长童土善、衢江农信联社主任柴俊位等领导出席活动。

2012年衢江区大洲镇人民政府大事记

1月10日，区政协主席廖立生，区委常委、副区长吾东明，副区长费里夫，政协副主席金召卫到大洲镇走访慰问困难群众。

2月8日，区委书记朱建华参加区十四届人大一次会议第二、第四和第六代表团分组讨论，仔细聆听发言交流、认真记下意见建议，共同回顾发展历程、共话美好发展未来。区人大代表、大洲镇镇长朱永平对大洲镇的未来建设发表讲话。

3月24日，衢江区大洲镇第七届畲族“三月三”文化旅游节拉开帷幕。民俗节目、畲家祭祖典礼、大路第二届畲族工艺美术摄影书法作品展览等活动。

4月26日，大洲镇在镇办公楼二楼会议室召开大洲镇2011年度党建工作述职会暨基层组织建设年活动培训会。

5月18日，区政府召开全区国土资源工作会议，研究部署今年国土资源工作。大洲镇和莲花镇分别就农村土地综合整治、土地卫片执法检查作发言。

6月4日，落户在大洲镇的衢州市亨雅竹业有限公司，面临流动资金缺口较大、缺少管理人员的困难。镇里得知情况当晚立即召开班子会，落实任务。第二天邀请相关银行和企业对接，企业获得1300万元的贴息贷款。

7月5日，大洲镇召开创先争优表彰大会，会上对创先争优以来表现突出、成效显著的先进党支部、优秀党支部书记、优秀共产党员等给予表彰，并对受到省、市、区表彰的先进基层党组织、优秀共产党员进行通报表彰。

7月27日，大洲镇二楼会议室隆重召开大洲镇第十四次妇女代表大会，根据大会议程圆满完成换届选举工作，镇党委书记，副书记、区妇联主席出席会议并做重要讲话。

8月7日，大洲镇召开“大干下半年，奋力争先进”动员大会。会上镇长朱永平传达区委十二届二次全委会和区政府十四届一次全委会的会议精神，最后书记郑勇钦围绕集中精力抓项目、全力以赴促稳定、合心合力争先进三个方面作重要讲话。

8月9日，大洲镇组织全体镇干部在镇二楼会议室通过远教平台收看衢州市“三民”工程标准化建设暨第一书记工作法现场推进会。

9月2日，大洲镇召开领导干部班子成员民主生活会，与会同志敞开心扉交流思想，通过思想交流进一步凝聚人心、形成合力，为落实推进各项工作，大干下半年、奋力争先进打下基础。

9月19日，大洲镇召集全镇干部及村书记、主任、报账员和妇女主任在镇二楼会议室召开大洲镇“三民工程”标准化建设推进会。会议上相关领导就各个方面的工作传达上级党组织的文件精神及接下来工作的重点内容。

10月26日，市政协开化委员小组华寿军一行到衢江区视察文化旅游工作。区领导赵建新、毛胜田、曾有仙、金召卫、夏海涛、余渭龙陪同视察。视察组视察大洲镇东岳山佛教旅游文化建设工作。

10月27日，大洲镇首届东岳文化节活动拉开帷幕，活动内容有：东岳大桥通车仪式，大洲镇第二届全民健身运动会，东岳山庙会和大洲镇一年一度的物资交流会。区领导童土善、余渭龙等出席活动。

11月8日，大洲镇组织全镇广大党员干部集中收看党的十八大开幕式。全镇机关干部、各村党支部书记在镇会议室集中收看，各村组织其他村两委成员、党员在各村会议室集中收看。

11月19日，大洲镇组织镇干部、村两委、党员共500余人通过浙江省农村党员干部现代远程教育网收看《信息传输高速路教育培训直通车—全国农村党员干部现代远程教育工作巡礼》专题片。

11月20日，区委书记朱建华到大洲镇进行实地调研工作。

12月7日，大洲号角宣讲演艺团举行“大洲镇深入贯彻十八大精神，全面推进三民工程”的专场活动，并有力地推进大洲镇三民工程的建设。

12月14日，大洲镇组织青年干部收看《浙江省志愿服务工作简介直播课堂》。课堂由团省委宣传部副部长、志愿者工作部副部长张坚主讲。

12月27日，区委考核组到大洲镇考核基层干部党风廉政建设，基层党组织建设、宣传、统战、人武等工作。

2012年衢江区杜泽镇人民政府大事记

1月18日，2012年红十字“博爱送万家”活动在杜泽镇启动，总价值2.4万元的慰问金和大米、食用油、棉被等过冬物资送到杜泽镇30户困难群众手中。副区长袁亚平出席启动仪式。

2月16日，全镇第一次干部大会顺利召开。会上深入学习和解读朱建华书记在全区干部会议上讲话精神，把拉高标杆、追赶跨越的精神传达给基层党员干部，把全镇镇村干部思想统一到该镇新一年的加快农村农业发展、推进项目建设、创新社会管理的工作目标上来。

3月31日，市委常委、常务副市长江汛波赴衢江区杜泽镇开展“进村入企”大走访活动，深入一线倾听百姓呼声，解企业发展情况，现场协调解决难题。

3月28日，在杜泽镇党委、政府带领下，进行由杜泽镇妇联、团委、人武、民兵各线联合24个行政村村干部、共青团、党员、入党积极分子及镇保洁公司组织的以“弘扬雷锋精神，建设美丽乡村，共创和谐文明家园”为主题的环境卫生大清理行动。

4月26日，杜泽镇召开党支部书记履行基层党建工作述职会议，24名村支部书记联系个人思想、制度建设及工作实际，对2011年的党建工作情况作述职报告。镇党委书记针对各村党支部书记的发言进行点评，党政班子成员、区级以上人大代表、政协委员、区级以上党代表对村党支部书记履职情况进行测评。

5月14日，区委书记朱建华一行到杜泽镇，专题调研农业生产。

5月26日，第二届宝山枇杷节在衢江区杜泽镇开幕。

6月28日，杜泽镇召开村干部学习会，全体支部书记及驻村干部准时参加。会议对党员记实档案制度、党员发展程序及组织关系接转业务进行再培训、再学习，与会人员认真听讲，会议效果显著。

7月5日，衢江区委宣传部、双桥乡、文明办、杜泽派出所等领导到杜泽镇看望当地困难群众，并送上慰问金。

8月15日，市委常委、常务副市长江汛波以“第一书记”的身份到杜泽镇进行调研整转工作，并实地察看低丘缓坡开发及水生蔬菜基地。之后召开座谈会，镇、村领导作汇报。会上，江市长重讲述班子团结、精神面貌及发展思路问题。

9月7日，衢江交警大队和银行合作，在衢江交警大队、杜泽中队、沈家中队和廿里中队分别设置一个代收点，有违法记录的车主可直接到这4个点去处理。

10月23日，在杜泽镇文化活动中心成功举办以“创‘最美家庭’、做最美衢州人、喜迎党的十八大”为主题的第五届重阳文化节暨农民“种文化”擂台赛。

10月26日，召开杜泽镇第十五届人民代表大会第二次会议。

11月8日，杜泽镇组织全镇广大党员干部集中收看党的十八大开幕式。全镇机关干部、各村党支部书记在镇会议室集中收看，各村组织其他村两委成员、党员在各村会议室集中收看。

11月28日，召开杜泽镇学习贯彻十八大精神宣讲大会暨十八大安保工作表彰大会，副书记王志林总结十八大安保工作。

11月30日，杜泽镇召开“三民工程”标准化建设工作现场会，会议由支部书记及相关工作人员参加。

12月17日，杜泽镇农贸市场顺利通过省考核验收。

12月30日，中国共产党衢江区杜泽镇第十三届代表大会第二次会议圆满结束。

2012年衢江区高家镇人民政府大事记

1月4日，区领导朱建华、吴剑锋、汪樟华、郑雪龙到高家镇亲切看望慰问困难群众、优抚对象，带着新春的祝福，为他们送上慰问金和慰问品。

2月20日，高家镇在镇会议室召开会议，部署新一年的工作任务。

3月5日，高家镇团委组织镇中心卫生院团员青年10余人开展“学习雷锋精神，争做最美衢州人”活动，把健康送进千家万户。区府办、发改局、衢江经济开发区、经信局、行政服务中心、人力社保局、粮食局、水利局、高家镇等单位主要负责人参加。

3月16日，高家镇团委请农业局专家为高家镇青年创业主体做现代农业培训。

4月26日，衢江地税和衢江文广新局组织的文化大篷车走进高家镇，演艺人员一人多才传播着文明、宣传着法制，给社会主义新农村建设送来"软实力"。

5月18日，衢江区召开组织工作例会，区委组织部相关负责人及全区各乡镇（街道、办事处）党（工）委组织委员参加会议。会前，各乡镇（街道、办事处）党（工）委组织委员来到高家镇等地，考察参观党代表工作室、服务型基层党组织创建、“三民工程”标准化及村组织办公场所建设等情况。

6月14日，市委副书记李剑飞到衢江区廿里镇和高家镇调研经济强镇和中心镇建设工作时强调，各级党委、政府要认真学习贯彻省第十三次党代会精神，结合实际、发挥优势、扬长避短、狠抓落实，为衢州绿色发展、生态富民、科学跨越作出应有的贡献。

6月28日，高家镇为庆祝建党91周年，开展入党积极分子、预备党员培训活动。由镇组织委员上好一堂党课，进行一次党的知识测试，并组织预备党员重温入党誓言。

7月13日，召开高家镇干部学习会，会议邀请区委宣传部副部长陈剑明作学习浙江省十三次党代会精神报告。

7月17日，区人大常委会主任耿建新赴高家镇约访区人大代表，并就履行代表职务等情况进行面对面交流。区人大常委会副主任方平陪同约访。

7月19日，在高家镇举行以“弘扬杨炯文化，擦亮衢江‘金名片’”为主题的2012杨炯文化节。

8月30日，副市长毛建民深入高家镇的田间地头检查衢江区晚稻褐飞虱防控工作。副区长季根寿陪同检查，市、区两级有关部门负责人参加。

9月7日，区政府召开专题会，研究部署衢江航运开发工程等工作。副区长童土善参加会议。区府办、区水利局、区交通运输局、区国土局、高家镇等单位主要负责人参加。

9月13日，衢江区组织党代表视察高家镇乡村办公场所建设情况。

10月18日，中国黄金集团黄金珠宝有限公司将筹集的50万元资金捐给高家镇中心小学，用于修缮教学楼房、改造校园环境、改善学校教学条件。区领导童炜鑫、方平、袁亚平、夏海涛出席仪式。

11月8日，十八大隆重召开之际，高家镇党委组织镇村干部70余人在大会议室观看直播。

12月7日，高家镇召开重点村计生工作分析汇报会议。会上，镇长龚诗龙结合十八大务实精神，强调镇村主职干部要高度重视计划生育工作，确定目标任务，切实提高工作实效性。宣传委员余亚珍对相关工作作具体部署。

2012年衢江区后溪镇人民政府大事记

1月20日，区委书记朱建华和相关部门、乡镇、村两级干部带着区残联等单位负责人，看望后溪镇等部分困难群众，为生活困难党员群众送去慰问金和生活用品，帮助解决农产品销售等发展难题。

3月5日，是第49个“学雷锋活动日”，区委常委、公安局长黄忠京和治安大队、区行政服务中心公安窗口民警冒雨走访慰问后溪镇百岁老人并送上慰问品。

4月9日，后溪镇妇联召开会议进行“做最美衢州人——我们的价值观大讨论”的活动。

5月23日，副区长曾有仙一行人到后溪镇开展“进村入企”大走访活动。曾有仙还听取后溪镇计生的工作汇报，给予针对性的指导。

5月25日，廿里派出所圆满完成后溪镇公铁立交桥通车仪式安保任务。

6月14日，后溪镇迅速行动，组织镇、村两级干部，召开传达贯彻省十三次党代会精神报告会，把精神贯彻到后溪的建设中，狠抓落实。明确提出要加大招商引资力度，深入开展“三企工程”；扎实推进信访维稳、国土管理、计划生育、防汛抗洪、安全生产等社会管理工作；深化基层组织建设活动，转变干部作风。

6月26日，区政府组织安监、教育、交通运输、综合执法、交警等相关部门单位，对衢江区接送学生车辆和暑期防溺水安全管理工作进行大检查。检查组一行到后溪镇中心小学，认真听取学校对接送学生车辆及暑期防溺水安全管理情况汇报。

7月16日，后溪镇召开竞争性选拔领导干部工作动员会议。镇主要领导在会上强调要扎实备考，发挥水平。

8月10日，在镇政府会议室召开2012年后溪镇“打非治违”推进会，参加会议对象有冶金行业、建材业、非煤矿山、建筑业、危化品经营销售业等行业人员。

8月29日，衢江区召开道路交通安全工作专题会议，研究部署当前及下阶段道路交通安全工作。副区长童土善出席。区交通、住建、农业、衢江经济开发区、后溪镇等单位主要负责人参加。

9月28日，副市长胡仲明率相关部门负责人，慰问衢州市异地商会会长家属，为他们送上节日问候与祝福。胡仲明一行到衢江区后溪镇，看望杭州市衢州商会会长郑立的父母，给他们送上月饼等慰问品，并与他们亲切交谈。

10月10日，衢江区人武部部长王小兵到后溪镇察看征兵工作，王部长实地察看征兵工作的宣传、组织情况，到后溪卫生院解目测体检并与适龄应征青年亲切交谈。后溪征兵工作准备充分，宣传到位。

10月19日，区人大常委会主任耿建新、区政协主席赵建新等分别带着党和政府的深情厚谊，前往后溪镇看望百岁老人，向老寿星们送去党和政府的关怀，并送上慰问金。

11月6日，后溪镇政府组织开展无偿献血活动，镇机关干部职工、村干部及广大群众积极参与到无偿献血活动中。

11月8日，后溪镇集中组织全体镇干部在二楼会议室收看中国共产党第十八次全国代表大会开幕式。

12月14日，后溪镇召开各村村务监督委员会规范化建设暨培训会，以全面提高全镇各村监会工作水平，促进农村基层党风廉政建设的深入开展。

12月19日，区委书记朱建华率相关部门负责人到后溪镇参加“民情沟通日”活动，深入项目现场破难解困，助推发展再鼓干劲。

12月28日，在镇党委书记振奋人心的讲话后，一首《后溪欢迎您》拉开后溪镇贯彻落实十八大精神暨第五届农民文化艺术节的帷幕。

2012年衢江区湖南镇人民政府大事记

1月11日，区委常委、宣传部长汪群，区人大常委会副主任张建新到湖南镇走访慰问困难群众，鼓励他们要克服困难，树立生活信心。

2月25日，湖南镇的各个行政区便民服务中心门口，安装LED显示屏，实时发布就业信息，为剩余劳动力解决就业问题。

3月6日，湖南镇组织入党积极分子开展“学雷锋”活动，湖南镇机关支部、镇中学支部、破石村党支部联合组织入党积极分子“学雷锋”义务清洁街道和关爱孤寡老人、促进新农村建设活动。

3月12日，市委书记赵一德先后到市开发区、高新园区和衢江区湖南镇，带头参加“进村入企”大走访活动。

4月20日，湖南镇召开2011年度基层党建述职会，各村党支部书记、部份区、镇党代表、全体镇干部参加会议。九名村党支部书记就2011年度党建工作和2012年计划进行述职。

5月16日，市、区政协联动开展“促进低收入农户增收”重点课题调研。市政协副主席王建华、区政协主席赵建新、副区长季根寿、区政协副主席夏海涛参加调研。调研组一行到湖南镇白坞口村、湖南镇华家食用菌基地开展调研。

5月25日，区政府召开《衢江区廿里镇城镇总体规划》和《衢江区湖南镇城镇总体规划》评审会，副区长何志前出席会议，区相关部门负责人和廿里镇、湖南镇负责人参加会议。

6月5日，第41个世界环境日，为更好地宣传环保理念，区环保局工作人员到湖南镇，举办“6•5”世界环境日环保宣传活动。区人大常委会副主任严曦出席活动。

6月14日，由部分市、区人大代表组成的区人大食品安全“一法两规”执法检查组赴湖南镇，对衢江区餐饮消费环节的食品安全工作进行实地执法检查。

7月1日，湖南镇山召开支部党员大会，回顾总结半年支部工作，对下半年工作作布置，通报基层组织建设年建设开展情况等。

7月10日，区委书记朱建华冒着酷暑深入湖南镇调研后进村帮扶工作，与村党员干部和当地群众亲切交谈，详细询问村班子工作开展情况，现场办公商讨解决该村经济发展难题。

8月7日，市委副书记、市长沈仁康到衢江区湖南镇深入进行调研工作。

9月5日，区委书记朱建华到湖南镇考察基层组织建设、新农村建设、农村土地综合整治，并在笔架山庄召开基层组织建设座谈会。

9月6日，区委副书记童炜鑫、区委组织部部长毛胜田一行到湖南镇进行调研，对基层组织建设、施家土地综合整治工程、余氏宗祠孝文化建设等提出要求和建议。

9月19日，市委常委、组织部长赵建林深入衢江区偏远乡镇和城郊集镇，调研基层组织建设工作。赵建林一行到湖南镇等地进行实地考察。

10月22日，湖南镇召开老干部座谈会，镇长向各位通报湖南镇经济社会发展情况，以及招商引资、重点项目建设、社会维稳工作情况，给每位老干部送上慰问金。

11月8日，湖南镇组织全镇广大党员干部集中收看党的“十八大”开幕式。全镇机关干部、各村党支部书记在镇会议室集中收看，各村组织其他村两委成员、党员在各村会议室集中收看。

11月22曰，湖南镇组织区、镇两级党代表共17名到东阳开展考察活动，考察香榧产业。

12月19日，湖南镇组织部分党代表、人大代表开展视察活动，对2012年蛟垄村土地综合整治工作进行现场观摩。

2012年衢江区莲花镇人民政府大事记

1月13日，由香港粉岭区乡事委员会主席李国凤为团长的香港北区乡事考察浙江省团一行38人到莲花镇九九红玫瑰园参观考察，副区长袁亚平陪同考察。

2月17日，莲花镇组织全体干部认真收看市党代会赵书记报告。

3月22日，衢江区召开全区春耕备耕暨水稻产业提升现场会，总结交流近年来发展粮食生产的做法和经验。区人大常委会副主任严曦、副区长季根寿、区政协副主席夏海涛出席现场会。与会人员实地观摩莲花镇东湖畈省级粮食功能区水稻工厂化育秧中心。

4月26日，莲花镇在镇党校召开党建工作述职会暨基层党组织建设年活动培训会。会议对基层党组织建设年活动进行具体部署安排及培训。

4月28日，衢江区在莲花镇九九红玫瑰园开展“玫瑰红五月”系列活动。

5月25日，市政协组织委员开展“加快农贸市场改造提升，努力推进保障和改善民生工作落到实处”视察活动。市政协副主席陈建良参加视察。在副市长胡仲明的陪同下，政协委员们视察衢江区莲花镇农贸市场、市区松园菜场，并听取情况汇报。

6月8日，莲花镇组织党员干部群众以支部、小组，或者是党代表工作室为单位在现代农业园学习省党代会精神，并围绕实现“物质富裕精神富有”的目标畅谈愿景。

6月13日，区委书记朱建华到莲花镇进行实地调研工作，副区长季根寿陪同调研。区委办、区府办、农业、林业等单位主要负责人参加。

6月25日，镇党委副书记、镇长王立宏冒雨检查村防汛工作，查看铜山溪防洪堤工程建设进度。

7月10日，莲花镇党委组织开展迎接党91周岁生日的活动。

8月10日，莲花镇山外村的党员干部在收看全市“三民工程”标准化建设暨第一书记工作法现场推进会转播实况。

8月28日，莲花镇召开镇村两级干部大会，会上镇长王立宏同志总结点评今年以来的工作并部署下阶段重点工作，镇党委书记郑浩同志提出“四个强化”的要求，强化计划生育，强化国土管理，强化制度建设，强化督查通报。

8月29日，衢州市创业宣讲活动在莲花镇举行，来自各县(市、区)的7位创业宣讲员介绍自己的创业历程和经验，衢州市“乡土党课”宣讲团成员70多人到场听课。

9月13日，区委组织部组织部分省、市、区党代表到莲花镇视察党代表工作室建设情况并召开党建项目情况汇报会。

9月14日，莲花镇召开“三民工程”标准化建设推进会，全体镇干部、各村支部书记、村民主任、报账员参加，会上组织委员叶慧琴对“三民工程”准化建设的内容、建设标准作详细的布置。

9月22日，莲花镇九九红玫瑰园迎来“红色中国行——走进衢江”大型公益活动。

10月16日，区委常委、组织部长毛胜田带队分成三组深入走访莲花镇20个行政村，调研基层组织建设工作，对基层组织建设年各项工作进行督查和指导。

10月29日，莲花镇举办2012年度入党积极分子培训班，对党的基本知识进行学习培训，并且组织委员对入党积极分子提出要求。

11月9日，省委组织部组织副处长阮明江一行到莲花镇检查党代表工作室建设，对莲花镇党代表工作室规范化建设予以充分肯定，并对党代表工作室下步建设提出要求。

11月19日，区委组织部组织全区组织委员到莲花镇交流三民工程标准化建设工作。

11月23日，莲花镇组织全体镇干部、各村书记主任、各村报账员、镇属各支部书记贯彻学习十八大会议精神，会议邀请区委宣传部陈剑明副部长宣讲十八大精神实质。

12月4日，莲花镇党校举行“杨杰同志全国第八届残运会金牌奖金颁奖大会”，副区长石琪琪出席并发表重要讲话，区府办副主任、区咨询委办公室主任姜海泉主持会议，区残联理事长陈华松出席并宣读颁奖词。

12月27日，莲花镇召开“百千万先锋行动”动员会，及时传达区委会议精神，要求广大干部将“百千万先锋行动”作为学习贯彻十八大会议精神的重要载体。

2012年衢江区廿里镇人民政府大事记

1月19日，廿里镇工业园区群众工作综合体正式挂牌运行。

1月29日，廿里镇全体干部进行“爱心衢江”捐资助学活动。此次捐款活动廿里镇有59名干部进行捐款，共筹集善款16400元。

2月1日，在镇白马新村隆重举行由区就业局和廿里镇政府联合举办的“迎新春送岗位”劳务交流大会。

2月3日，廿里镇就召开全镇机关干部大会，会议主题是关于开展以“广泛学先进、提升执行力、加强纪律性、事业向前进”的主题教育活动。

2月14日，省国土厅调控处处长宋迎新一行到廿里镇调研，镇党委何书记和区国土局领导陪同调研。

3月2日，廿里镇组织青年在集镇中心开展“3•5”学雷锋活动。

4月20日，召开廿里镇2011年度党建工作述职会暨基层组织建设年活动培训会，会议由组织委员邱建斌主持，镇长叶雪军作基层党建述职会重要讲话。

4月24日，大篷车税收宣传走进乡村启动仪式在廿里镇举行。

4月28日，廿里镇镇干部和廿里派出所民警共8人到廿里镇敬老院，带着慰问品看望老人，并为老人的住所打扫卫生。

5月9日，区委书记朱建华带队的区委两新工委委员单位和固定列席单位主要负责人组成的调研组对廿里镇进行调研。

5月14日，廿里镇开展禁毒工作专题学习会，邀请衢江区公安局禁毒办大队长徐胜红，为镇干部讲解禁毒宣传知识。

5月27日，在廿里镇召开全区低丘缓坡(低次园地)开发现场会。

6月6日，廿里镇开展以创建土地管理“有序村”，计划生育“示范村”，社会稳定“平安村”为内容的“三村创建”工作动员会。

6月25日，廿里镇团委组织禁毒工作人员在廿里初中开展禁毒宣传活动。

7月2日，邀请区委宣传部副部长陈剑明到镇宣讲省第十三次党代会精神。

7月7日，在廿里镇中心小学隆重召开廿里镇“继往开来、大干快干、再创佳绩”动员大会暨2012年度党员干部千人大会。

7月16日，区委副书记、区长鲍秀英到廿里镇调研，区委常委、统战部长费里夫陪同调研，区府办、区发改委、国土局、规划局、水利局、交通运输局、财政局、电力局、地税局等单位主要负责人一同参加调研。

8月14日，副市长毛建明率市农业局、水利局主要负责人和市公安局、商务局、工商局、食品药品监管局负责人一行，先后来到廿里集中检疫检测报检点和浙江银龙水产养殖有限公司的鲟鱼养殖基地，检查指导病死猪处理问题和水产品中非法添加和滥用添加剂问题。

8月30日，在廿里镇召开全区“活力团组织”创建工作现场推进会暨“商贸兴区，青年先举”主题实践动员会。

9月19日，市委组织部部长赵建林一行到廿里镇调研基层组织建设工作。

9月28日，在镇老三楼会议室召开廿里镇“三民工程”标准化建设工作推进会。

10月11日，2012年廿里镇重点工作“百日攻坚”目标冲刺动员会在镇三楼会议室召开，11位班子成员就自己分管的工作做表态发言。

11月7日，区纪委在廿里镇召开全区村级便民服务中心规范化建设现场会，会议由区行政服务中心主任孙柳青主持，区委常委、纪委书记吴剑锋出席会议并讲话。

11月8日，廿里镇组织全体镇干部集中收看十八大开幕式，21个行政村和工业园区企业也在各自会议室组织广大党员干部观看。

12月31日，廿里镇召开党代会年会，镇领导和各个行政村的党支部干部参加会议。

2012年衢江区全旺镇人民政府大事记

1月17日，市农业系统开展保供增收送服务活动，及早做好春耕备耕工作。市农业局和衢江区农业局联动，在全旺镇开设“农技集市”，现场接受农技咨询、分发资料，并展示有机肥、种籽、种苗样品。

2月18日，在镇四楼会议室召开现代农业业主座谈会，副区长季根寿、区相关部门、金融机构和10余家现代农业业主等20余人参加座谈会。

2月20日，是全旺镇“民情沟通”活动日。区政协主席赵建新率领区水利局、工商联等部门领导到全旺镇解决与民沟通的难题，经过会议讨论，提出对策，为全旺镇民情沟通存在的问题排忧解难。

3月9日，全旺镇在区农业局的组织下召开2012年第一期种粮大户培训班，此次培训班共吸引全旺及高家两镇共123名种粮大户参加培训。

3月19日，全旺镇开展学习座谈会。学习座谈会学习的内容为为中央一号文件、朱书记在全区干部“拉高标杆、创先争优”大会上的讲话、《至加西亚的信》及《干部是干出来的》四大部分的学习心得体会。镇干部在交流座谈会上积极发言，交流学习。

3月27日，在全旺镇隆重举行衢州市春耕生产“五送”服务暨农业科技促进年活动启动仪式，副市长毛建民、副区长季根寿及市、区两级有关部门领导出席启动仪式。

4月16日，区委常委、组织部长毛胜田深入全旺镇调研指导深化“三民工程”建设试点工作。

4月19日，召开衢州市早稻生产现场会在全旺镇粮食功能区。本次现场会的观摩活动得到省、市、区领导高度重视，省农作局局长孙健、市区两级农业局局长和分管副局长及专家到活动现场指导工作并作重要讲话。

5月4日，市委组织部部委、市委两新工委专职副书记姜海洋一行到全旺镇调研指导“三民工程”建设。

5月24日，衢州市县（市、区）“两项工作”和“三项制度”推进现场会在全旺镇召开。各县（市、区）的参会人员在市委常委、纪委书记杜康、衢江区委书记朱建华的带领下，参观全旺镇“三项制度”建设情况。

5月31日，中国气象局副局长于新文率全国粮食稳定增产行动督导组到全旺镇考察中央现代农业生产发展资金水稻产业提升项目、省级粮食生产功能区建设情况，副市长毛建明、副区长季根寿等陪同考察。

6月11日，全旺镇召开半年工作总结暨美丽乡村“四级联创”推进动员会，全体镇干部、村两委主职干部及全旺各部门负责人参加会议。

7月20日，在全旺镇召开衢江区村邮站和信报箱建设现场会。区领导石琪琪、市邮政局领导、区相关部门及区21个乡镇分管领导参加会议。

8月13日，副市长毛建民到全旺镇进行调研工作，毛市长一行察看现代农业发展区、水毁工程修建项目、村级办公场所迁建等现场。

8月22日，全旺镇召开重点项目“百日攻坚”动员会，全镇15个行政村的主职干部，镇属单位主要负责人，全体镇干部参加会议。

9月12日，代市长沈仁康到全旺镇调研现代农业“两区”建设，视察全旺畈省级粮食生产功能区和总面积9.26亩的集农技培训中心、水稻育秧中心、谷物烘干中心、农机维修中心、农资供应中心于一体的“五化”服务中心。

10月6日，省委副秘书长、省农办主任章文彪一行到全旺镇，调研楼山后文化特色。

11月4日，全旺镇人大主席团组织镇人大代表和党代表对现代农业、土地流转等重点项目和镇卫生院进行视察检查。

11月8日，中共第十八次全国代表大会在北京隆重开幕，全旺镇党委积极组织党员干部收看开幕式盛况。为精心组织好收看十八大开幕式，全旺镇在会前安排人员对镇和各村的收看设备进行检查，确保良好的收看效果。

11月14日，区委书记朱建华率区领导童炜鑫、周小平、汪群、袁亚平、曾有仙到全旺镇调研文化旅游工作。

12月17日，镇党委书记余水林主持召开党政班子会议，交流讨论镇近段时间的各项重点工作。

12月20日，区委常委、组织部长毛胜田到全旺镇进行调研工作。

2012年衢江区上方镇人民政府大事记

1月15日，市级机关书法家协会在衢江上方镇开展迎新春送春联活动。

3月14日，衢江区委常委、组织部长毛胜田到上方镇调研座谈听民言，集思广益谋发展，协调帮助解难题。

3月16日，市教育局党委委员、市人民政府教育督导室副主任童建中、衢江区教育局副局长王昌树带领市、区局机关相关处室干部一行4人，专程到衢江区上方镇开展走访活动。

4月2日，区委副书记、区长鲍秀英到上方镇进行调研工作，并强调要正确处理好发展与治理、发展与民生、发展与稳定的问题，加快推动钙产业转型提升。

4月20日，镇党委书记陆洪林和14个行政村支部书记向大会进行双向述职，镇班子成员、区级以上党代表、人民代表、政协委员对述职人员进行书面测评，陆书记对各村述职进行点评。

6月21日，上方镇机关党员支部召开党员大会，会上支部书记郑刚同志布署建党91周年期间机关支部的工作安排和要求。

6月26日，峡川镇组织班子成员、各行政村主职干部30余人到上方镇金牛和立模2个村现场观摩基层组织建设工作。镇党委书记陆洪林和金牛、立模2个村的党支部书记分别作经验介绍。

7月4日，上方镇举行村企结对共建美丽乡村活动签字仪式。区委组织部副部长程佳华、镇班子成员、结对村支书、结对企业负责人参加会议。

7月5日，上方镇各基层党支部组织各种活动庆祝建党91周年。包括郑家新村、依岙新村、龙祥村、金坑村党支部等。

8月9日，上方镇党员干部积极收看全市三民工程标准化暨第一书记工作法现场推进会直播，全镇设分会场15个，全体镇机关干部、各行政村两委干部、各线负责人、在家党员共1200余人参加分会场的收看。

9月20日，上方镇党委为深化提升“三民工程”，全面推进服务型基层党组织建设，召开全体行政村干部、镇机关干部党员参与的“三民工程”标准化建设推进会。会议由镇长张建忠主持。

10月23日，上方镇邀请老党员、退休干部进行交流和沟通。

11月8日，党的十八大开幕式在北京隆重举行，上方镇组织党员干部听取十八大报告，全体镇干部、部分镇党代表、省党代表毛水标参加。

11月9日，上方镇组织部组织学习时间召开上方镇召开创先争优活动工作总结会暨十八大精神贯彻学习会，会上组织委员郑刚同志传达区政府周一召开的“区创先争优活动总结交流会”的会议精神，并对上方镇14个行政村“三民工程”标准化建设督查情况进行通报，并提出整改要求。

11月20日，衢江区委副书记、区长鲍秀英，区委常委、组织部长毛胜田，副区长童土善及区级有关单位负责人到上方镇开展民情沟通、矛盾调处活动。

12月7日，“创业创新·追赶跨越”衢江区纪念建区10周年大合唱比赛落下圆满帷幕，区教育局选送的《在灿烂的阳光下》、区财贸口选送的《春天的故事》荣获一等奖。上方镇政府选送的《走进新时代》拉开大合唱的序幕，演唱者饱满的精神、嘹亮的歌声将这首家喻户晓的歌曲演绎得情真意切，博得现场观众的阵阵掌声。

12月13日，上方镇政府举行隆重的欢送今冬应征青年光荣入伍仪式。

12月26日，区委常委、组织部长毛胜田到上方镇进行调研工作，检查“三民工程”标准化建设情况。

2012年衢江区峡川镇人民政府大事记

1月5日，中国共产党衢江区第十二次代表大会第一代表团对区委工作报告和纪委工作报告开展讨论，毛胜田同志参加讨论。党代表、峡川镇党委书记陶水富作发言表态。

1月30日，区委召开理论学习中心组学习（扩大）会，围绕“广泛学先进、提升执行力，加强纪律性、事业向前进”的主题，区委副书记、代区长鲍秀英简单道明会议的目的意义后，峡川镇党委书记陶水富作发言表态。

2月14日，衢江区委副书记、区长鲍秀英率区府办、水利、财政、交通、住建、规划和部分乡镇负责人到峡川镇段等河道调研水利工作，副区长季根寿随同调研。

3月11日，区委副书记、区长鲍秀英赴峡川镇开展“进村入企”大走访活动。

3月16日，区委常委、组织部长毛胜田来到位于峡川镇工业功能区内的衢州宏泰纤维有限公司调研，实地察看公司党员活动中心建设，解企业发展现状，探讨加强非公企业党建新途径新方法。

4月6日，区妇联以第二个全民学习日为契机，峡川镇召开“做最美衢州人——我们的价值观大讨论”主题座谈会，会议由副主席林水凤主持。各乡镇(街道、办事处)妇联主席围绕主题，从本职工作入手，畅谈各自的体会和想法。

4月7日，在峡川镇举行第四期衢江区“幸福青春导航”周末沙龙。

5月18日，共青团浙江省委下文表彰2011年度省级五四红旗团委、五四红旗团支部，峡川镇中心学校团支部榜上有名，获评2011年度浙江省“五四红旗团支部”。

6月26日，峡川镇组织班子成员、各行政村主职干部30余人到上方镇金牛和立模两个村现场观摩基层组织建设工作。

6月28日，由市妇联、市红十字会主办的“播撒爱心传递温暖”寻找百名贫困留守儿童博爱救助金发放仪式，在衢江区峡川镇中心学校举行。

7月28日，杜泽所教导员与峡川镇的各个行政村会计进行交流，向各村村干部了解目前村里治安管理当中存在的问题，尤其是村里户口的相关问题，与大家进行交流。

8月24日，由遂昌县文化广电新闻出版局和衢江区文化广电新闻出版局共同主办的“五行遂昌，快乐分享”文化走亲演出活动在衢江区峡川镇进行文艺演出。

8月30日，衢江区委书记朱建华到峡川镇工业功能园区内衢州宏泰纤维有限公司和浙江宏成建材有限公司两家企业的发展经营状况进行实地调研。

9月26日，由衢江区食品药品监督局、工商局、商务局、卫生监督所4部门联合组成的检查组，对峡川镇农家乐经营户进行食品安全检查，检查组对各经营户的营业执照、卫生许可证、卫生设施等进行检查，对不规范的地方提出整改意见并限期改进。

10月28日，峡川镇召开镇大学生村官座谈会。会上，每个大学生村官对自己的工作生活等方面做总结汇报，对今后自身发展提出自己的想法。

10月29日，区委常委、组织部长毛胜田来到峡川镇进行实地调研。

11月8日，衢江团区委组织团员青年在峡川镇政府会议室观看十八大开幕式直播，随后，共青团峡川镇第十五次代表大会将在此召开。

11月21日，峡川镇召开全体镇村干部会议。集中对十八大精神及党章进行再学习，并结合十八大精神，对当前的土地综合整治、计划生育、城乡医保等工作作进一步部署。

11月30日，峡川镇组织人大代表通过远程教育平台集中收看如何当好人大代表的会议视频。

12月8日，在峡川镇隆重举行“汉森干红”杯衢江区乡村欢乐游暨第四届东坪登山旅游节比赛。

12月18日，全市首家空白乡镇邮政所在峡川镇开业。副区长石琪琪，市邮政局负责人出席活动并参加揭牌仪式。

2012年衢江区黄坛口乡人民政府大事记

2月24日，在黄坛口乡举行衢江区“森林乡村创建工程”启动仪式。区政协主席赵建新出席仪式，市、区相关部门主要负责人参加。

3月5日，黄坛口乡团委组织团员青年开展“学雷锋日”活动。

3月30日，区委书记朱建华到黄坛口乡开展“进村入户”走访活动，跨田埂、进农家，访农户、解难题，听汇报、助发展。区领导童炜鑫、毛胜田、童土善、季根寿参加汇报会。

4月1日，区委召开党管武装工作暨国动委会议，总结部署党管武装和国动委工作。同时黄坛口乡、岭洋乡、全旺镇党委书记作党管武装工作述职。

4月28日，衢江区委高度重视服务型基层党组织建设工作，在黄坛口乡召开服务型基层党组织建设工作现场推进会。区委书记朱建华出席并作重要讲话。

5月4日，在黄坛口乡中心小学多媒体教室开展以“关爱留守儿童，健康快乐成长”为主题的心理健康讲座。

5月15日，市委常委、组织部长赵建林考察黄坛口乡茶坪村党支部书记、区党代表吕仁刚的党代表个人工作室，现场提出加强工作室建设的期望和要求。

5月18日，召开全区组织工作例会的会议，会上廿里镇、黄坛口乡、全旺镇的组织委员分别就党代表工作室、服务型基层党组织建设、三民工程标准建设等课题进行典型发言。

6月21日，区委副书记、区长鲍秀英在检查国家森林城市创建工作。区人大常委会副主任严曦，副区长季根寿参加检查。鲍秀英一行到黄坛口乡进行实地考察，重点检查茶坪村绿化精品村建设、紫微山国家森林公园（药王山景区）生态科普教育基地建设和药王线沿线绿化建设情况。

7月11日，第23个“世界人口日”，黄坛口乡开展送知识、送爱心、送服务、送政策的“四送服务”活动，迎接“世界人口日”的到来。

7月24日，以市政府副秘书长王盛洪为组长的市新农村建设抽查暗访组到衢江区检查2012年上半年新农村建设情况。区委副书记童炜鑫、副区长季根寿参加汇报会。抽查暗访组一行人到黄坛口乡茶坪村，实地考察并详细解衢江区新农村建设项目的具体情况。

8月10日，衢江消防大队宣传人员和消防志愿者到黄坛口乡，为全体乡干部、中小网格员以及“村两委”负责人共50余人进行消防安全知识培训。

9月11日，黄坛口乡机关党支部召开组织组织生活扩大会，乡干部敞开心扉，展开批评与自我批评，对乡党委、政府提出批评和建议，取得良好效果。

10月19日，区委、区政府召开“一村一品”行动暨来料加工、农家乐工作推进会。区委副书记童炜鑫主持会议，区领导郑雪龙、曾有仙参加。与会人员一行到黄坛口实地考察茶坪村农家乐休闲旅游产业。

10月26日，市政协开化委员小组华寿军一行到衢江区视察文化旅游工作。区领导赵建新、毛胜田、曾有仙、金召卫、夏海涛、余渭龙陪同视察。视察组视察黄坛口乡天脊龙门。

11月12日，黄坛口乡召开专题会议学习“十八大”胡锦涛书记报告。

11月15日，区委朱建华书记查看黄坛口乡太阳岛、水月湾项目建设，并召开专题会议调研旅游发展。

11月19日，衢江区委宣传部文广新局文化馆宣传党的十八大会议精神大篷车来到黄坛口乡进行文艺汇演。

12月14日，“钱江源头，魅力开化”文艺团到衢江黄坛口乡进行文艺表演，奉献丰富精彩的文化大餐。

2012年衢江区灰坪乡人民政府大事记

1月13日，区第十二次党代会召开后，灰坪乡立即召开全体干部会议，学习贯彻党代会精神，并结合本乡工作实际，畅谈工作思路。

2月24日，为深入学习和贯彻全区“拉高标杆、追赶跨越”表彰动员大会精神，灰坪乡组织召开“吐故纳新破僵化，兴利除弊求奋进”座谈会，营造浓厚的学习氛围。

3月20日，衢江区纪委（监察局）与区委党校联合举办乡镇（街道、办事处）纪（工）委书记培训班。全区21个乡镇（街道、办事处）纪（工）委书记和灰坪乡、举村乡、双桥乡、太真乡等4个乡的纪委副书记参加培训。

4月6日，市第二个“全民学习日”，灰坪乡开展“做最美衢江人——我们的价值观”主题活动。

5月11日，省委宣传部副部长鲍洪俊一行到衢江区调研爱国主义教育基地建设情况。市委常委、宣传部长诸葛慧艳，区委常委、宣传部长汪群陪同调研。在灰坪乡中共衢遂寿中心县委第二区委陈列馆，鲍洪俊仔细解爱国主义基地的建设历史，倾听革命先烈光荣而艰辛的动人事迹。

5月14日，省委宣传部副部长鲍洪俊在市委宣传部部长诸葛慧艳、衢江区委宣传部部长汪群的陪同下，指导灰坪乡省级爱国主义教育基地的创建工作。

5月18日，区委书记朱建华在灰坪乡调研时强调，要充分依托红色旅游资源优势，发挥政府主导作用，找准定位、谋划思路，挖掘红色内涵，大力发展红色旅游产业，带动全乡经济社会发展的追赶跨越。

6月6日，灰坪乡党委、政府积极组织各行政村党组织通过电视、网络视频直播，认真观看中国共产党浙江省第十三次代表大会开幕盛况，并展开热烈讨论，表示要创先争优、开拓进取、积极有为，为建设“五个衢江”、打造红色灰坪、和谐灰坪、发展灰坪而奋斗。

6月20日，灰坪乡举行防御小流域山洪灾害抢险演习，严密的演习预案、快速的转移队伍、充足的物资装备、朴实的灾区农户使我们的演习圆满完成。

7月1日，衢江区组织39名新党员到灰坪乡中共衢遂寿中心县委第二区委陈列馆，举行庄严隆重的集体宣誓活动，缅怀革命先烈，接受革命传统教育。

8月9日，灰坪乡组织各村党员干部收看《三民工程标准化建设暨第一书记工作法现场推进会》的远教直播远教直播。

9月5日，灰坪乡美丽乡村“五美家庭”评选活动领导小组，以增收致富生活美、庭院整洁环境美、邻里团结和谐美、尊老爱幼心灵美、热心公益乡风美为目标，展开五美家庭评选活动。

9月19日，灰坪乡召开农村土地综合整治推进会，制定《灰坪乡农村土地综合整治实施办法》和《灰坪乡农村土地综合整治考核办法》。

9月25日，副市长毛建民率相关部门负责人到衢江区部分乡镇，检查森林消防工作。毛建民查看灰坪乡森林消防物资装备情况，并给予充分肯定。

10月22日，副区长季根寿到灰坪乡调研千里岗省级现代林业示范园区建设情况，要求园区建设与生态旅游开发相结合，做强做大林业产业，促进竹农增收。

11月8日，灰坪乡组织全乡广大党员干部集中收看党的十八大开幕式。全乡机关干部、各村党支部书记在乡会议室集中收看，各村组织其他村两委成员、党员在各村会议室集中收看。

12月18日，全市首家空白乡镇邮政所在峡川镇开业。副区长石琪琪，市邮政局负责人出席活动并参加揭牌仪式。衢江区在全市率先完成灰坪乡、峡川镇、莲花镇、全旺镇、太真乡、周家乡、双桥乡、太真乡、岭洋乡、举村乡、黄坛口乡等10个乡镇的邮政所补建工作。

2012年衢江区举村乡人民政府大事记

1月12日，举村乡召开防汛防灾工作会议。

3月20日，衢江区纪委（监察局）与区委党校联合举办乡镇（街道、办事处）纪（工）委书记培训班。全区21个乡镇（街道、办事处）纪（工）委书记和举村乡、灰坪乡、双桥乡、太真乡等4个乡的纪委副书记参加培训。

4月17日，举村乡组织“最美衢州人见义勇为，我们的价值观大讨论”座谈会。

5月19日，衢州市10多位地市级老干部，到举村乡，考察水资源保护管理及有关水利建设发展情况。副市长毛建民陪同考察。

6月13日，举村乡组织全乡干部深入学习省委书记赵洪祝在省党代会上所作的报告。全乡干部一致认为，赵书记的报告实事求是，主题突出，思想深刻，目标明确，措施有力，具有深刻的思想性，很强的操作性，强烈的针对性，鼓舞人心，激奋斗志，催人奋进。

8月9日，举村乡组织乡党员干部收看《三民工程标准化建设暨第一书记工作法现场推进会》的远教直播远教直播。

9月6日，区委书记朱建华，宣传部长汪群率各相关部门负责人到举村乡调研新农村建设及非遗文化保护工作。朱书记强调，加快推进新农村建设，要充分利用文化资源优势，促进农民增收致富。

9月18日，举村乡召开“三民工程”标准化建设推进会，会议强调要深刻认识“三民工程”标准化建设的重要性，指出要以此为契机，结合乡实际，不断探索创新，强化服务群众理念，真正做到让群众满意。

9月29日，衢江区委组织部组织全体干部认真学习省委常委、组织部长蔡齐到衢江区举村乡蹲点调研讲话精神，围绕进一步加强基层组织建设、加强大学生村官工作、做好“第一书记工作法”、服务型基层党组织创建等问题提出深化举措。

10月26日，举村乡召开乡村干部会议，研究部署“十八大”安保维稳工作，与各村签订安保工作责任书，将责任落实到人到村到点，确保“十八大”期间乡的环境安全。

11月4日，市委书记陈新带农办、农业局赴衢州市衢江区最边远乡镇举村乡调研考察，同时勉励身边的干部，要吸取毛主席语录的精髓，并运用到实际工作当中。

11月8日，举村乡组织全乡广大党员干部集中收看党的十八大开幕式。全乡机关干部、各村党支部书记在乡会议室集中收看，各村组织其他村两委成员、党员在各村会议室集中收看。

11月30日，为深入学习贯彻″十八大″精神和蔡奇部长的调研讲话精神，学习推广举村村党支部书记邱锡林同志背着复印机划船上门为群众服务的“老黄牛”工作精神。举村乡根据其面积广、人口散、自然村间距远、交通不便、老年人口多等特点，进一步深化便民服务中心工作。

12月18日，市民政局局长刘石平到衢江区举村乡调研，并宣讲党的十八大精神，市移民办主任许宇昌，衢江区民政局、移民办和举村乡主要负责人等一同参与调研。

2012年衢江区岭洋乡人民政府大事记

1月30日，区委召开理论学习中心组学习会，围绕“广泛学先进、提升执行力，加强纪律性、事业向前进”的主题，畅所欲言、各抒己见。岭洋乡党委书记赖建飞也表态要做到五个坚定不移，谋求五个突破。

2月20日，岭洋乡召开全体乡干部大会，专题传达学习全区“拉高标杆、追赶跨越”表彰动员大会精神，并结合本乡实际，提出坚持“四个立足”，推进岭洋追赶跨越。

3月19日，衢江农信联社岭洋分社正式开业，实现该区农村信用服务乡镇全覆盖。

3月12日，衢江区政府的工作人员到岭洋小学，开展“大爱衢江，春暖2012”贫困助学活动，浓浓的关爱为料峭的寒春带来阵阵暖意。

3月21日，机械工程学院分团委学生会开展“与爱同行，传递希望”衢江区岭洋乡真维斯希望小学爱心行动。分团委学生会组织志愿者来到岭洋乡希望小学，并举行以“爱在游园会”为主题的游园活动，游园会上的游戏丰富多彩。

4月1日，区委召开党管武装工作暨国动委会议，贯彻落实军分区党委扩大会议精神，听取部分乡镇党委书记党管武装工作述职，总结部署区党管武装和国动委工作。岭洋乡党委书记作党管武装工作述职。

4月6日，岭洋乡召开学习会，并组织全体党员干部到忠诚的共产主义战士、前外交部副部长徐以新坟墓前进行扫墓，缅怀先烈革命事迹，并组织大日坂村在家党员干部祭扫红军烈士墓。

5月4日，为纪念中国共产主义青年团成立90周年，弘扬爱国、进步、民主、科学的“五四”精神，展示团员青年朝气蓬勃、奋发进取的精神风貌，激发团员青年立足岗位、创先争优、建功立业的工作热情，在衢州市衢江区岭洋乡政府会议室召开浙西区域纪念建团90周年暨五四运动93周年座谈会。

5月17日，衢江区广播电视台记者走基层：走进衢江区最南端的乡镇岭洋乡。

6月6日，区文广局、新华书店为岭洋乡11个行政村送来11000册图书。

7月23日，乌溪江库区农村户用沼气工程建设任务全面完成。衢江区湖南镇、黄坛口乡和岭洋乡三个乡镇共建成户用沼气894户。

8月28日，岭洋乡2012年刚引进的衢州溪里香茶叶有限公司和衢州强鑫贸易有限责任公司同时举行开业典礼，副区长袁亚平出席。

9月6日，区委书记朱建华一行深入乌溪江库区，进古居看民间民俗特色文化，翻山路看库区山区产业发展。朱建华一行到岭洋乡亲切看望慰问库区干部，区领导童炜鑫、毛胜田、汪群陪同调研。

10月27日，区文广局送戏下乡到岭洋乡进行文艺演出。

11月8日，岭洋乡组织广大党员干部集中收看党的十八大开幕式。全乡机关干部、各村党支部书记在乡会议室集中收看，各村组织其他村两委成员、党员在各村会议室集中收看。

11月9日，区戏协副主席陈圣丽，编剧老师胡哲学，曲谱老师姜泉福一行四人，在建新村委领导的带领下到建新村岭洋乡的原扯进行采风活动。

11月15日，区人大主任一行到岭洋乡进行视察调研工作。

12月18日，全市首家空白乡镇邮政所在峡川镇开业。衢江区在全市率先完成峡川镇、莲花镇、全旺镇、灰坪乡、太真乡、周家乡、双桥乡、太真乡、岭洋乡、举村乡、黄坛口乡等11个乡镇的邮政所补建工作。

2012年衢江区双桥乡人民政府大事记

1月10日，区人大常委会党组书记耿建新，区人大常委会副主任陈志全，区政协副主席严曦、留渭良走访双桥乡慰问困难群众。

2月27日，开展“广泛学先进、提升执行力，加强纪律性、事业向前进”主题教育活动，区委副书记、区长鲍秀英听7个乡镇、9个部门主要负责人的发言，双桥镇的领导提出要“把敬业作为一种习惯，而不是一种负担”的发言。

3月9日，双桥乡认真组织开展第一个“全民学习日”活动，召开全体乡村干部大会，认真学习、深刻领会市第六次党代会、区第十二次党代会、区两会、全区拉高标杆追赶跨越动员大会的会议精神，动员全乡干部群众积极投身"项目建设突破年、社会管理创新落实年和行政效能提升年"活动。

3月21日，市中级人民法院牵头市统计局、市招商局、市电力局等单位的有关人员，认真开展“进千村走万户”专项活动，深化推进“低收入农户奔小康”工程，前往衢江区双桥乡，与乡、村领导座谈，共商发展村级经济和农户奔小康的大计。

5月25日，双桥乡计生办举办“5•29”计生协会活动暨女性健康知识讲座，邀请全国三八妇女生殖健康组委会张教授为辖区内育龄妇女作健康知识讲座，参加此次讲座的对象共有60人。

6月12日，双桥乡举行防汛抗洪演练。全区各相关单位100余名队员组成抗灾抢险队伍。

7月5日，衢江区委宣传部、双桥乡、文明办、杜泽派出所等相关部门领导，到双桥村看望获救的舒元妹。

7月31日，《历史的永恒——浙江革命遗址集锦》电视文献片摄制组在衢江区双桥乡江文焕故居拍摄取景。

8月3日，市委常委、副市长彭德成到衢江区调研旅游发展工作。区委副书记、区长鲍秀英，副区长曾有仙及市、区相关部门负责人陪同调研。彭德成一行实地考察位于双桥乡的黄金海岸休闲养生度假区项目。

8月22日，区委书记朱建华一行赴双桥等乡镇调研，看现场听汇报、解难题促突破。朱建华强调，各级各部门要围绕年初确定的各项奋斗目标，抢抓机遇谋发展、突出重点破难题。

9月5日，市委常委、宣传部部长诸葛慧艳一行赴衢江区调研文化工作，实地察看位于双桥乡的黄金海岸生态休闲养生度假区项目。

9月16日，在河南省西峡县举行全国“亿万农民健身活动”经验交流会，来自全国各地31个乡镇的200多位代表出席会议。双桥乡不仅作为浙江省五个先进乡镇代表之一参会，还代表浙江省唯一乡镇在交流会议上作《农家门口的“奥运会”》经验材料书面交流。

10月10日，双桥乡双桥村召开乡村干部联席会议。会议中讨论本村近期工作和解决矛盾纠纷，同时对后进村整改方案进行完善，明确目标措施、完成时限、责任人员等。

10月26日，双桥乡6个村远教站点的党员干部们聚集在一起通过远教平台收看城乡居民社会养老保险制度专题片，详细解关于养老保险制度方面的政策，如何缴费，如何享受政策等。

11月8日，双桥乡政府组织全体乡干部收看十八大开幕式，学习理论精神，更好开展工作，为群众服务。同时，远教广播站也在第一时间通过电波，让全乡群众解十八大的报告内容。

11月19日，全区组织委员和机关干部来到双桥乡参观指导调研民生工作。

11月30日，双桥乡召开学习党的十八大精神专题会议，乡党委书记作专题辅导。会议要求，双桥乡学习十八大精神需以高度负责的态度周密安排部署，精心组织实施；确定专题、深入讨论，集中时间搞好学习，为全乡学习宣传贯彻工作带好头。

12月7日，乡党委副书记李燕琴来到双桥乡对“三民工程”标准化建设进行调研。

12月19日，在东港学校双桥校区召开双桥乡首届粉干文化节暨第29届农民运动会和第6届残疾人运动会，市残联理事长曹唐林、区委副书记童炜鑫、区委宣传部部长汪群等区领导参加开幕式。

2012年衢江区太真乡人民政府大事记

1月11日，“衢州十大杰出青年”江云锋积极响应区委办组织“一日捐”活动，资助杜泽镇海力敬老院和太真乡敬老院并为他们送去温暖。

2月2日，衢州市衢江区隐士谷度假村将建设在衢江区太真乡，并发布招商项目的文件。

3月16日，区委副书记童炜鑫与区委常委、宣传部长汪群一同看望“最美大学生”徐建龙的父母，代表区委、区政府为他们送去诚挚的问候，并送上鲜花与慰问品。区广电台、太真乡等部门乡镇主要负责人陪同慰问。

3月20日，衢江区纪委（监察局）与区委党校联合举办乡镇（街道、办事处）纪（工）委书记培训班。全区21个乡镇（街道、办事处）纪（工）委书记和举村乡、灰坪乡、双桥乡、太真乡等4个乡的纪委副书记参加培训。

5月15日，市疾控中心联合盐业局、卫生局和柯城、衢江区相关单位深入太真乡、九华乡等偏远山区，送去宣传资料和新国标食用碘盐。

6月22日，区委副书记、区长鲍秀英一行赶赴太真乡，就杭新景高速公路征迁工作进展情况进行调研。副区长童土善、区政协副主席金召卫随同调研。

7月1日，太真乡党委、政府组织人员分批深入辖区6个村，慰问老党员、老干部和特困党员等，向他们传达党和政府的关怀与温暖。

8月22日，区委书记朱建华一行赴太真乡等乡镇调研。朱建华强调，各级各部门要围绕年初确定的各项奋斗目标，抢抓机遇谋发展、突出重点破难题，加快项目建设强力度、开展为民办事求实效、狠抓队伍建设重考核，查漏补缺，全力推进各项工作争先进位。

8月24日，衢州市低收入农户奔小康帮扶工作组在太真乡召开2012年度上半年低收入农户奔小康工程结对帮扶工作汇报会，总结交流上半年市级机关部门结对帮扶工作实施情况和研究部署下半年工作。市人大常委会原副主任周鸿富参加会议。

9月26日，区人大常委会副主任黄民新率部分区人大代表对衢州区学前教育发展情况进行专题调研。调研组到太真乡等幼儿园进行实地走访调研，对全区幼儿园布局规划、基础设施、安全监管、师资素质、经费投入等方面，以及如何加快衢州区学前教育工作进行广泛深入的调研。

9月27日，太真乡召开“三民工程”标准化建设工作推进会。

10月15日，太真乡组织党员干部召开学习会，内容是学习贯彻10月10日召开的区委理论学习中心组(扩大)会议精神，学习领会朱书记在区委理论中心组学习会上的讲话——发展至上、群众至上、创业至上，并传达贯彻省委常委、组织部长蔡奇同志在衢江区蹲点调研讲话精神。

10月22日，区委常委、组织部长毛胜田调研太真乡的几个村级办公场所、居家养老中心。部长毛胜田鼓励他们多方争取支持，抓住杭千高速公路建设经过等机遇抓好发展。

11月20日，太真乡召开各村支书、主任、村监会主任、报帐员以及全体机关干部会议，并部署当前重要工作。

11月27日，太真乡政府在会议室召开杭新景高速公路工作推进会，乡领导班子、涉及村的驻村干部、联系干部、村支部书记、村民主任、村报账员，拆迁公司工作人员参加会议。

12月10日，太真乡召开乡重点项目管理与服务中心联席会议，杭新景高速公路太真段境内的三个标段主要负责人，以及中心领导、工作人员出席会议。

2012年衢江区云溪乡人民政府大事记

1月5日，在云溪村李氏祠堂隆重举行云溪乡政府宣传十七届六中全会精神暨“学习最美老师”文艺演出活动。

2月13日，为贯彻区委、区政府关于在全区开展义务植树活动的要求，云溪乡政府组织全体乡干部、乡属单位及部分村民共计150余人在该乡胡山村、清源村举行“播种绿色新希望、建设美丽新乡村”为主题的植树活动。区政法委、妇联等领导参加此次植树活动。

2月25日，云溪乡政府举办文化大楼落成启用仪式。

2月28日，云溪乡政府在三楼会议室组织开展全乡国土规划工作培训会。

3月7日，省银监局纪委书记曹鸣凤一行深入云溪乡调研乡镇金融服务工作，解乡镇农民群众金融需求情况。

3月8日，云溪乡政府组织召开全乡计划生育工作推进会。

4月1日，云溪小学少先队员与衢州职业技术学院的团员青年到府山公园革命英雄纪念碑，共同开展“红领巾伴我成长烈士遗志永不忘”为主题的爱国主义教育活动，以此来祭奠革命英魂，继承革命传统。

4月2日，云溪乡四结合扎实推进“进村入企”大走访活动。

5月4日，在云溪乡初中隆重举行由共青团衢江区委员会、少先队衢江区工作委员会主办的“青春少年心向党中华文化我弘扬”纪念建团90周年暨五四运动93周年经典诗文诵读比赛。此次活动由云溪乡团委和云溪乡初中承办，云溪小学协办。

6月14日，云溪乡党委迅速召开理论中心组学习会和全乡干部大会，要求全乡上下迅速行动，认真学习省党代会精神，并贯彻到创建“和谐云溪”的各项具体工作中去。

7月2日，云溪乡召开庆祝“七一”建党节暨新党员培训会议。

7月7日，由浙江理工大学科技艺术学院青年志愿者协会与云溪乡团委联合举办的暑期义务支教活动在云溪小学正式开班。

8月6日，云溪乡召开专题会议，认真学习贯彻会议精神，并全面贯彻落实会议的部署要求。乡领导班子及全体乡、村干部参加会议，会议由乡党委书记李志刚主持。

8月17日，云溪乡组织开展第四个全民学习日活动，本次学习活动以学习贯彻市委六届二次全会和区委十二届二次全会精神，深化商贸兴区战略为主题，全体乡干部及村两委主职干部、乡属各部门负责人等参加学习。

8月20日，区委朱书记深入云溪乡调研，通过教育培训、评比考核等形式，进一步抓民风促和谐等有关指示，按照增收致富生活美、庭院整洁环境美、邻里团结和谐美、尊老爱幼心灵美、热心公益乡风美等“五美”目标，扎实开展“五美”家庭评选活动，助推锦桥文明发展。

9月7日，云溪乡多措并举抓安全施筑牢校园“平安墙”。

10月30日，云溪乡召开会议，四抓手认真做好十八大的安保工作。

10月31日，云溪乡组织开展“无偿献血显爱心，我为党旗添光彩”为主题的活动。

11月1日，云溪乡夯实举措全力冲刺全年目标，贯彻落实全区三季度经济形势分析会精神。

11月8日，云溪乡组织全乡广大党员干部集中收看党的十八大开幕式。全乡机关干部、各村党支部书记在乡会议室集中收看，各村组织其他村两委成员、党员在各村会议室集中收看。

12月13日，云溪乡在会议室开展以“学习贯彻十八大精神，助推‘一个中心、两大战役’，推进‘五个衢江’建设”为主题的第五个全民学习日活动。

2012年衢江区周家乡人民政府大事记

1月16日，省农办副主任高启华到衢江区周家乡，走访慰问困难群众，向他们送去党和政府的关怀和温暖。区委副书记童炜鑫陪同慰问。

2月13日，省国土资源厅党组书记、厅长楼小东一行，到衢江区开展“改善发展环境”百组调研活动，并结合调研活动创新开展“进村入企”与基层联创齐争活动和“浙商回归项目服务月”活动。区领导鲍秀英、赵建新、吾东明、童土善陪同调研。楼小东一行到周家乡实地考察低丘缓坡开发项目。

2月24日，周家乡中心学校隆重举行首届“龙教育奖学金”颁奖仪式，发起人、浙江麦浪实业有限公司董事长周子龙先生，在会上以自己坎坷的创业经历现身说法。

3月31日，周家乡开展基层党建工作汇报，通过专题讨论、上台发言、演讲比赛、以会代训等方式，提高党员干部素质。

4月1日，区委召开党管武装工作暨国动委会议，贯彻落实军分区党委扩大会议精神，听取部分乡镇党委书记党管武装工作述职，总结部署区党管武装和国动委工作。周家乡、黄坛口乡、岭洋乡、全旺镇党委书记作党管武装工作述职。

4月10日，团区委组织各片乡镇团干部开展“互看互学”活动，采取片区乡镇交叉观摩学习的方式，赴创业大赛参赛项目实地解情况，实地走访周家乡的麻风树种植项目、正浩照明节能灯组装项目。

5月18日，区政府召开全区国土资源工作会议，研究部署今年国土资源工作。会上，区政府与各乡镇（办事处）签订2012年度耕地保护目标管理责任书。周家乡、大洲镇和莲花镇分别就低丘缓坡（低次园地）开发、农村土地综合整治、土地卫片执法检查作发言。

5月25日，衢江区周家乡首家非公企业党支部(衢江区宏达新型建材厂党支部)挂牌成立。

6月1日,周家乡举办首届农民运动会。区委副书记童炜鑫出席并宣布运动会开幕，区咨询委副主任陈志全出席。

6月15日，鲍秀英以“第一书记”的身份到周家乡宣讲省十三次党代会精神。

7月3日，为庆祝建党91周年，周家乡党委认真组织，精心安排“七一”活动，要求各村党支部围绕基层组织建设年主题开展实践活动，以形式多样、内容丰富的系列活动庆祝党的生日。

7月31日，周家乡召开全体干部会议，认真学习区委十二届二次全体（扩大）会议精神，紧密联系本乡实际，把全乡干部的思想统一到区委的重大决策部署上来，加快集镇建设，发展集镇商贸。

8月29日，区委副书记、区长鲍秀英到周家乡进行调研工作，履行“第一书记”的职责，并到现场察看村庄整治工程实施情况。

9月8日，区委组织部副部长、区机关工委书记程佳华赴周家乡指导三民工程标准化建设。

9月18日，周家乡龙园村党支部组织全村党员开展以“五美家庭”创建活动为主题的党员义务劳动，20多位党员参加这次活动。

10月24日至25日，杭州市结对团组来衢江区开展结对帮扶工作。杭州市副市长戚哮虎，杭州市政协副主席何关新，衢州市副市长毛建民，区领导朱建华、耿建新、赵建新、童炜鑫、严曦、季根寿等分别参加有关活动。杭州市结对团组一行实地考察周家乡双溪村樱桃基地和三源村来料加工创业园。

11月23日，区委宣传部副部长陈剑明到周家乡开展党的十八大精神宣讲，周家乡全体机关干部、村主职干部参加报告会。副部长陈剑明就党的十八大工作报告主题、意义和工作部署等作详细学习辅导。

12月5日，区委常委、组织部长毛胜田到周家乡进行调研工作。

12月10日，衢江区2012年未成年人思想道德建设暨“春泥计划”工作现场会在周家乡召开，省文明办未成年人思想道德建设指导处处长叶彤出席会议并授课，区委常委、宣传部长汪群参加现场会。

12月21日，区委组织召开衢江区学习型党组织建设工作推进会。会上，市级学习型党组织建设单位代表中共衢州市工商行政管理局衢江分局委员会、中共衢州市衢江区周家乡委员会和区级学习型党组织建设先进单位代表中共衢江区交通运输局委员会、中共衢江区云溪乡委员会作经验交流。

2012年江山市虎山街道办事处大事记

1月13日，衢州市侨联检查组在江山市侨办领导和虎山街道统战部领导的陪同下到虎山街道市心社区检查“侨界之家”创建工作。

1月17日，在虎山街道东门社区6楼会议室召开虎山街道2011年度宣传、卫生年终会议。虎山街道宣传委员、文教卫办全体干部以及各村、社区宣传、卫生工作者参加会议。

2月15日，虎山街道市心社区党总支开展学习贯彻市十五届人大一次会议精神，社区党员骨干、居民代表等50多人参加此次会议。

2月28日，副市长叶骏一行在虎山街道郑主任等领导的陪同下，到桐岭社区进行调研并走访居民户，并向社区工作人员解社区工作存在的疑难和急需解决的问题。

3月3日，虎山街道妇联联合清湖镇妇联在桐岭社区举办以“魅力女性快乐巾帼”为活动主题的女村官联谊活动，邀请市妇联副主席何忠仙向女村官们传达市十三次党代会和市“两会”的精神。

3月12日，虎山街道领导联合虎山学区负责人对辖区内部分学校进行校园安全大检查。

3月29日，虎山街道举办查灭螺工作暨业务培训会议，虎山街道分管领导、各村分管干部及查灭螺专业队人员等50多人参加会议。

4月5日，市民政局领导在虎山街道领导的陪同下到桐岭社区调研社区工作。

4月27日，虎山街道残疾人联合会组织居民到江山市博物馆，参观残疾人书画展。

5月16日，虎山街道在三楼会议室召开街道环境卫生整治工作分析会。

5月29日，虎山街道计生办组织举办“关爱家人健康、创建幸福家庭”为主题的座谈交流会推进会。

5月31日，虎山街道联合市委办、市纪委、市信访局、财政局、市农合行等部门领导开展“六一”走访慰问活动。

6月13日，虎山街道联合市质监局举办食品安全生产培训会。对街道辖区内的食品生产企业负责人、小作坊业主，以及村、社区食品安全监管员进行食品安全生产培训。

6月15日，虎山街道举办江山市首届“红十字会应急救护培训会”，各村、社区、企事业单位都组织相关人员参加此次培训。

7月16日，市委副书记张炳福前往虎山街道和凤林、贺村、坛石等镇调研特色畜牧业发展工作。

7月28日，江东社区举办助残联谊会暨爱心驿站揭牌仪式。虎山街道领导、社区干部、辖区组长、辖区残疾人等近100多人参加此次活动。

8月22日，虎山街道安泰社区开展以“毒品知识进千家”为主题的禁毒知识宣传活动。

8月24日，虎山街道召开由各村（社区）书记和主任、企事业单位代表、街道全体机关干部参加的党的十八大安全生产保卫战暨“打非治违”专项行动工作会议，街道党工委书记毛吉泽亲自主持会议。

9月14日，市委常委、纪委书记叶锡祥到联系街道虎山街道开展接访活动。

9月25日，在万隆度假村万隆厅隆重召开虎山街道残疾人联合会第五次代表大会。街道办事处主任郑水根及其他班子成员出席会议，市残联理事长周连根到会致贺。

9月27日，在东门社区举行由市民政局主办、虎山街道承办的社区建设座谈会。

10月16日，虎山街道举办“成坤杯”拔河友谊赛。

10月17日，虎山街道在解放路小学组织召开2012年第二次校园安全工作例会。

11月15日，虎山街道组织全体党员干部与离退休支部老干部集中学习中国共产党第十八次全国代表大会精神。

11月21日，虎山街道召开村邮站信报箱建设工作推进会。街道11个行政村分管邮站建设的干部及各村邮递员到场参加会议。

12月12日，虎山街道联合国土、公安等部门开展集中拆除违法建筑行动。

12月13日，省民政厅副厅长、省老龄办主任苏长聪一行到江山市督查社会养老服务体系建设工作。督查组一行实地走访虎山街道居家养老服务照料中心。

2012年江山市双塔街道办事处大事记

1月13日，双塔街道迎新春老干部座谈会在街道3楼会议室举行。街道党工委书记杨君，办事处主任周克俊与离退休老干部欢聚一堂，喜迎新春佳节。街道党工委组织委员陈小华主持座谈会。

1月19日，双塔街道配合市国土资源局执法大队对杨敦、社后等村进行违章建设强制拆行动，3处违章建设全都拆除到位。

3月15日，双塔街道在街道一楼会议室隆重举行2012年工作大会暨项目征迁动员会。全体街道机关干部、街道各村村两委干部等两百多人参加此次大会。

3月31日，双塔街道办事处召开清明防火形势分析和动员部署会，紧急部署清明期间森林防火工作。

4月26日，双塔街道召开人口和计划生育工作大会。街道党政、人大主要领导、机关干部等100多人参加会议。

4月28日，双塔街道组织机关干部、青年志愿者、爱心服务站义工等前往街道挂联路段和卫生包干区（共建区）开展义务清扫活动。

5月11日，在县前社区活动中心隆重举行由双塔街道总工会、安监站联合组织的以“万名职工找隐患，集思广益金点子”为主题的安全生产知识竞赛。

5月17日，在市体育馆广场隆重举行由双塔街道党工委、办事处主办，乌木山社区、民声社区承办，菜农经济合作社协办的“同创和谐计生、打造首善双塔”为主题的“幸福家庭”文艺演出。

6月20日，双塔街道“百场党课巡讲、万名党员共学”活动专题讲座顺利开课，来自塔东片区6个行政村的256名党员聆听第一堂课。

6月26日，在体育馆举行由双塔街道办事处、市禁毒办主办，民声社区承办的以“依法禁毒、构建和谐”为主题的国际禁毒日宣传教育活动。

7月10日，为迎接第23个“7．11”世界人口日，双塔街道计生协会利用街道妇女集中开展妇检的有利时机。

7月31日，双塔街道县前社区党支部书记姜才美带领社区党员干部，走访慰问社区的退休军转干部，并为他们送上慰问品和节日的祝福。

8月28日，塔街道周家青社区组织开展以“全力以赴抓服务，争创幸福家园”为主题的第三个全民学习活动日。

9月20日，双塔街道周家青社区组织党员、侨属侨眷、辖区居民召开流动人口计生管理工作协调会。

9月27日，双塔街道举办新一期入党积极分子培训班，来自村、社区和两新组织的共50余名入党积极分子参加培训学习。

10月7日，市委副书记张炳福在双塔街道党政领导的陪同下，放弃节假日休息时间深入到挂钩联系点周家青社区开展调研工作，协调解决相关问题，共同商讨社区发展大计。

10月25日，双塔街道组织开展统计业务专题培训。江山市统计局、街道经济发展科以及辖区规上企业统计人员共30余人参加此次会议。

11月26日，市委常委、政法委书记郑朝基前往联系乡镇双塔街道宣讲党的十八大精神。

12月21日，第三次全省老龄工作会议上传来喜讯，江山市双塔街道老龄委获得“全省老龄系统先进集体”的荣誉称号，此次大会共表彰20个先进集体，双塔街道老龄委是衢州市唯一获此殊荣的单位。

12月25日，双塔街道创建助残扶残爱心村（社区）工作交流会在城北社区举行，城北社区、周家青社区、陈村、上耀等7个村（社区）的残疾人专职委员参加交流会。

2012年江山市贺村镇人民政府大事记

1月10日，贺村镇认真开展市镇两级人民代表选举工作，顺利选出人民代表。

1月15日，隆重召开贺村镇第十六届人民代表大会第一次会议。

1月19日，贺村镇召开2011年度村级工作总结表彰大会，参加会议的有镇班子成员、挂钩领导和30个行政村（居）主任。

2月4日，贺村镇召开“小城市培育考核迎检部署会暨淤头并入贺村合并办公干部调整大会”。

2月8日，省小城镇培育试点工作考核组一行5人在市委常委、统战部长王旭等人的陪同下，到贺村镇检查小城镇建设情况，并就基层卫生部分考核现场走访贺村中心卫生院。

2月21日，衢州市经济强镇考核组到对贺村镇进行2011年度的经济强镇考核验收。

3月2日，贺村镇政法办对全镇45个行政村、一个中心社区的治保调解主任进行“公平公正，稳定和谐”的主题培训。

3月8日，在昂扬奋进的音乐声中，贺村镇召开全镇干部“三个年”活动推进会。

3月26日，镇党委、政府联合市国土资源局监察执法大队对敖坪村（中部经济开发区控制区内）一违章建筑进行强制拆除。

4月6日，贺村商会召开会议，商讨贺村商贸综合体建设项目投资事宜。会议由贺村商会会长徐德生主持，各副会长参加会议。

4月21日，市委书记陈锦标主持召开贺村小城市中心区域设计方案会审会，市委副书记、市长王良春等人及有关部门、乡镇负责人参加。

4月24日，市安监局副局长郑学敖带队到贺村镇，对贺村镇第一季度的安全生产工作进行督察指导。

5月15日，衢州市农家乐大篷车艺术团开进贺村镇青塘尾村，为村民们带来一场丰富多彩的文艺演出。

5月17日，在贺村镇政府会议室专题召开两线整治贺村段管道线路改造协调会。

5月21日，贺村镇禁毒办、贺村镇团委，在育仁卫校举办为期一周的“拒绝毒品给力青春”主题宣传活动。

6月14日，市府办副主任、市法制办主任毛阳土在市规划局二楼会议室主持召开贺村小城市镇南商贸片区控制性详细规划会审会，相关单位的领导和专家参加会议。

6月19日，贺村镇青塘尾村迎来市卫生村创建领导小组考核。

7月1日，在贺村镇会议室召开以“纪念建党91周年”为主题的活动。

7月13日，副市长叶骏在市民政局长邵小祥的陪同下，到贺村镇淤头敬老院调研入院老人生活现状和院建设情况。

8月6日，市安监局郑学敖副局长带队，到贺村镇指导企业安全生产标准化建设工作。

8月8日，贺村镇召开以“小城市培育大盘点，大干快干下半年”为主题的机关干部（职工）大会，镇党委书记宁晔主持会议。

8月16日，贺村镇召开全体班子成员会议，专题研究部署安全生产工作，全力打好党的十八大期间全镇安全生产保卫战。

9月11日，市委书记陈锦标、人大副主任徐惠民、副市长徐文、副市长王子平等市领导率领相关部门单位负责人10多人到贺村镇礼贤村平岗山自然村考察指导农房改造工作。

9月13日，市人大农资环工委主任祝朝国、副主任黄诚等一行人到贺村镇调研农房改造工作，并对农房改造建设取得的成果予以高度评价。

9月18日，市人大调研组徐柏民一行在教育局副局长毛根才及职成教科科长叶慧庆的陪同下到贺村中心幼儿园调研。

10月11日，贺村镇在贺村中心小学召开全镇机关干部会议，重点就党的十八大期间安全生产工作作再次部署。

10月25日，贺村镇召开农村集体经济发展工作座谈会，贺村镇党委书记宁晔主持会议。

11月15日，由常山县人民政府牵头，常山县农办、规划建设局、国土局及财政局等部门领导到贺村镇等地参观考察农房改造工作。

12月10日，贺村学区与贺村派出所举行学校及周边治安环境专项整治启动仪式，联合开展校园及周边治安环境专项整治工作。

12月12日，衢州市纪委书记杜康到省小城市培育试点镇贺村镇检查工作，衢州市委副书记、市长王良春，市委常委、纪委书记叶锡祥等陪同。

2012年江山市廿八都镇人民政府大事记

1月15日，廿八都镇召开第十六届人民代表大会第一次会议。来自全镇49名正式代表、28名列席代表及政法委、教育局、团市委等联系单位领导共100余人参加会议。

1月29日，廿八都镇全体机关干部联合教育局、团市委、政法委、供电局等联系部门单位领导共赴林丰村公路义务植树基地与该村村干部和党员干部一起参加义务植树活动。

3月22日，由宁波市委常委、副市长余红艺带队的宁波市政府考察团一行在江山市考察旅游文化工作。余红艺一行到廿八都镇，详细解古镇的历史文化、风土人情以及古镇保护与开发工作。

3月29日，召开“春泥计划”廿八都现场会暨江山市宣传系统三月份学习会。市委宣传部、市文明办相关负责人及各乡镇宣传委员参加会议。

4月23日，市文化广电新闻出版局组织人员到廿八都古镇调查古建筑残损情况。

5月23日，在廿八都镇政府二楼会议室，召开廿八都镇“农家书屋”工程和文化建设推进会，邀请廿八都镇9个行政村的村书记及负责文化的两委干部参加会议。

5月28日，廿八都镇计生协会联合镇卫生院联合举办以“关注人口幸福家庭”为主题的计生宣传活动。

5月31日，廿八都镇隆重举行庆祝“六一”儿童节暨“一十百千万”行动启动仪式。副市长王子平、团市委书记毛方堃、市妇联主席毛光仙、市教育局副局长毛建军、市质监局副局长何水荣出席活动。

6月18日，市文广新局局长赵敏一行在廿八都镇指导文化发展工作，廿八都镇党委书记祝升明作廿八都镇文化情况的介绍，就文化发展的情况及存在的问题与赵敏一行进行细致的交流。

6月21日，在廿八都镇召开江山市首个农家乐工会成立暨第一次会员大会。

6月27日，在廿八都镇文昌宫广场举行“幸福江山连心服务工程”暨“三百双联”行动启动仪式，并完成古镇和谐促进会的授牌仪式。

7月13日，在廿八都镇会议室召开2012年青农线二季度工作例会。参加会议的有团市委书记毛方堃、团市委副书记刘智超、刘炳辉及全市20个乡镇街道的团干。

7月20日，廿八都镇组织镇干部、各行政村统战联系员，在镇会议室开展纪念中国共产党“统一战线”90周年知识竞赛。

8月23日，省作协党组书记赵和平、衢州市作协主席许彤一行深入江山市镇等地就古村落文化开发、古镇文化传承保护及农民业余作家创作等进行调研。市政协副主席、市文联主席姜英陪同调研。

8月24日，廿八都镇邀请江山市消防大队参谋对该镇进行迎十八大消防安全保卫战知识专题培训。

9月10日，廿八都镇党政领导班子成员与廿八都小学30多名教职员工齐聚一堂，共同庆祝第28个教师节。

10月11日，廿八都镇开展学习“最美战士”吴奇龙的干部交流会。会议上介绍吴奇龙烈士生前事迹，观看吴奇龙生前影像视频资料，解吴奇龙烈士的生前事迹，学习“最美战士”的高尚品德。

10月24日，廿八都镇开展“敬老月”活动，旨在弘扬尊老敬老的传统美德，营造“老有所养、老有所依、老有所乐”的氛围。

11月8日，在北京人民大会堂隆重召开中国共产党第十八次全国代表大会。廿八都镇组织全体机关干部、部分村两委代表、辖区部门单位代表共50多人收看开幕式。

11月19日，廿八都镇在二楼会议室召开会议，专题学习党的十八大精神。会上，镇长王坚组织镇村干部学习党的十八大报告要点。

11月20日，省卫生镇考核组在台州市卫生局副局长叶再寿的带领下到廿八都镇检查验收浙江省卫生镇创建工作情况。衢州市及江山市爱卫办领导陪同检查。

12月7日，由衢州市旅游局、衢州市农办领导、专家组成的复核验收组在廿八都镇复核验收浙江省旅游强镇。江山市旅游局、江山市农办领导陪同检查。

2012年江山市长台镇人民政府大事记

1月29日，长台镇开展卫生清理运动，镇、村干部、大学生村官、入党积极分子等齐参与，共计100多人参与此次活动。

2月3日，长台镇召开各村书记、主任、镇机关干部会议，就“市第十三次党代会精神”作贯彻传达，并就“三个年”活动作动员部署，并结合今年工作重点作分解落实，市政协胡韶良副主席作强调。

2月13日，长台镇对综合办、经济发展办、创建办等办公室副主任职务实行竞争上岗，通过自我推荐和资格审查，镇机关共有10名干部参加竞职演讲。

2月17日，市林业局一行在长台镇林业干部的陪同下深入长安、贺新、华峰、朝旭等村检查指导长台镇“3.12”城乡绿化运动开展情况。

3月1日，组织镇机关、卫生院、供电局等部门单位的青年志愿者在敬老院学雷锋。

3月12日，镇利用周一干部学习会，特地开展“做最美长台人——我们的价值观”大讨论活动，让干部之间互相交流学习心得。

3月20日，长台镇举办农村公路养护知识培训，各村主任及农村公路养护员参加培训。

4月1日，长台镇召开专题会议，安排部署森林防火工作。

4月10日，市妇联主席毛光仙等一行深入长台镇实地考察指导贫困妇女创业。

4月23日，长台镇团委举行“合行杯”我们的青春我们的责任争当“最美青年”演讲比赛。

5月11日，市老年书画研究会组织10多名会员在长台镇开展文化采风活动。

5月23日，长台镇举办松材线虫病防控技术培训，镇林业站负责人、各村主任、部门单位负责人及木材相关企业代表参加培训。

6月6日，长台镇举办农家书屋管理员培训班，全镇8个行政村农家书屋管理员参加培训。

6月7日，长台镇林业站组织林业法律法规、政策知识培训班，各村书记和镇木材加工经营企业负责人参加培训。

6月14日，长台镇安监站联合镇工商所，利用“墟日”百姓较集中的机会，共同开展《食品安全法》知识抢答活动。

7月3日，长台环保监管站与镇土管所、乾湖村村两委联合行动，对两处新建生猪养殖场进行强制清拆。

7月27日，在长台镇贺新村召开“春泥计划”长台现场会。市委宣传部、市文明办相关负责人及各乡镇（街道）宣传委员等参加会议。

8月24日，长台镇召开“学标杆”农房改造、土地流转现场会，共有镇党政班子、中层干部、村主职等30余人参加。

8月27日，长台镇面向全镇干部召开“大干下半年、打好攻坚战”工作交流会。

8月31日，根据上级文件精神，为加快推进长台镇各村集体土地确权登记发证的工作顺利进展，长台镇协同国土局召开农村集体土地确权登记工作会议。

9月25日，长台镇召开消防安全大排查大整治活动动员会，全面部署十八大消防安全保卫战。

10月8日，全市生猪养殖污染整治和规范管理工作动员大会后，长台镇及时行动，“四举措”打响生猪养殖污染整治和规范管理的“第一枪”。

10月15日，长台镇召开生猪养殖污染整治和规范管理工作会议，对此项工作进行详细的部署。

11月8日，在北京人民大会堂隆重召开中国共产党第十八次全国代表大会。长台镇组织全体机关干部在会议室收看开幕式。

12月6日，长台镇举办“学习贯彻十八大、建设幸福新长台”全民合唱节暨朝旭村创建“中国幸福乡村”广场文艺汇演。市委常委、宣传部长汪黎云，市政协副主席胡韶良参加。

12月7日，长台镇组织召开班子会议、干部会议。

12月14日，市委副书记张炳福在长台镇实地检查农村饮水安全工程。

2012年江山市大桥镇人民政府大事记

1月18日，副市长陆佩军在市残联领导陪同下到大桥镇，走访慰问4户残疾人困难户。陆佩军都与他们亲切交谈，详细解他们的生产、生活状况，并鼓励他们要树立自信、自强、自立的精神，尽早摆脱贫困。

1月29日，大桥镇按照市委、市政府的统一部署在春节后上班第一天开展“全民植树日活动”，全体机关干部、广大群众都冒雨踊跃参加，大桥镇的招商局、烟草局、中国银行等机关部门也积极响应参与到植树活动中。

2月29号，大桥镇召开贯彻落实全市农村工作会议精神动员会，表彰各项先进，部署新一年重点工作。

3月14日，大桥镇举办农技员、种粮大户培训班。来自各村的50余名农技员、种粮大户参加培训。

3月22日，召开大桥镇机关干部和村两委参加的百人大会，贯彻市防治动物疫病指挥部《关于做好春季重大动物疫病防控工作的通知》精神。

3月26日，大桥镇的镇干部在“做最美江山人——我们的价值观大讨论”活动中，围绕这两个主题，展开辩论赛，现场气氛热烈，营造人人争做“最美江山人”的浓厚氛围。

4月4日，市委书记陈锦标在副市长徐文及相关部门负责人陪同下，在大桥镇检查春耕备耕工作。他要求各级各部门要抓实抓好春耕备耕各项工作，确保粮食生产安全，促进农业持续增效、农民稳定增收。

5月11日，副市长徐文带领农办、国土、财政等部门负责人在坛大桥镇等乡镇，调研农村住房改造建设工作。

5月30日，位于江山市大桥镇的黄石隧道里传出一声巨大爆破声，标志着杭州至长沙高速铁路客运专线浙江段与江西段线路顺利连通。

6月15日起，大桥镇公开招聘工作人员。

7月27日，市委常委、统战部长王旭在大桥镇检查“统一战线日”活动开展情况。

8月7日，市政协副主席周水仙在“四挂五争先”第一书记挂联村大桥镇仕阳村，走访调研该村经济社会发展有关情况。

10月15日，市妇联主席毛光仙在大桥镇走访慰问贫困妇女，为创业贫困妈妈树信心，鼓励来料加工妇女自强自立，给“两癌”贫困妇女送温暖，心系妇女健康成长。

10月26日，大桥小学内高朋满座、鼓乐喧天，以“唱响幸福大桥，构建和谐边界”为主题的大桥镇全民合唱节暨“三山”和谐边界民俗文化节在这里热闹举行。

11月30日，大桥镇卫生院党支部组织医院党员、预备党员、入党积极分子及全体职工开展“学习十八大精神座谈会”，医院党支部书记华秩军传达党十八大会议精神的主要内容。

12月14日，大桥镇中心幼儿园开展公派教师引领示范活动，坛石学区六所幼儿园的园长和教师们参加观摩和研讨，并对此次大桥镇中心幼儿园展示活动给予高度的评价。

12月27日，由江山职教中心主办的大桥镇工程机械操作工培训班在该校的老校区报告厅举行。

2012年江山市凤林镇人民政府大事记

1月19日，在凤林镇桃源村村委会议室内举行江山市“春泥助学”计划启动仪式，虽然天气寒冷，但当地孩子们的心却是暖洋洋的。

2月3日，市委组织部和峡口镇、坛石镇、双溪口乡等10个乡镇在凤林镇召开“三民工程”标准化建设座谈会。

2月8日，衢州市委常委、组织部长赵建林在凤林镇蹲点调研。

2月15日，按照市委、市政府的统一部署，市委常委、组织部长俞根君在凤林镇下访接待群众。

3月7日，凤林镇妇联特邀请衢州市职业技术学院医学院心理学高级讲师兰常林作《婚姻家庭与亲子教育》专题讲座。

3月21日，凤林镇召开春季重点项目工作推进会，对重点项目工作进行再动员、再部署、再推进。

3月24日，凤林镇首届南坞“三月三”民俗文化节在南坞村开幕。衢州军分区政治部主任胡建斌、省军区文工团团长蒋巍，江山市领导徐正洪、汪黎云、俞根君、毛井水、毛正彩等参加开幕式。

4月9日，江山市组织相关部门、乡镇对《凤林镇总体规划》进行论证。

4月20日，在凤林镇召开江山市春耕生产暨农机作业现场会。市委书记陈锦标观摩农机作业现场，副市长徐文到会讲话。

5月9日，衢州市委组织部副部长郑春弟，江山市委常委、组织部长俞根君一行在凤林镇政棠、游溪、凤里、凤溪等4个村检查“三民工程”标准化建设情况。

5月23日，凤林镇举办高致病性猪蓝耳病防疫技术培训。特邀市畜牧兽医局吴松云站长授课。

6月12日，凤林镇政府的十多名干部在卅二都村走访农户，实地考察受灾情况，并讨论灾后自救防疫事项，指导救灾工作。

6月26日，江山市召开凤林镇总体规划会审会。

6月28日，凤林镇举行以“喜迎十八大，同心颂党恩”为主题的全民合唱节

7月9日，农业综合开发办召开2012年连鱼畈中低产田改造项目推进会。2012年农业综合开发项目投资共约1000万元，涉及峡口镇及凤林镇两个乡镇。

7月20日，市委常委、组织部长俞根君在“四挂五争先”联系村凤林镇游溪村走访调研。

7月26日，在市妇联与凤林镇妇联的共同组织下，与凤林镇开展内容丰富、实用的“政策宣传、送服务下乡”活动。

8月8日，凤林镇第二届全民运动会在细雨绵绵中拉开帷幕，来自全镇各行政村、各系统的20支代表队、700多名运动员参加本次开幕式及开幕式上的比赛。

8月31日，凤林镇举行“百日攻坚”工作推进会。

9月8日，凤林镇党委、政府在镇政府召开庆祝第28个教师节暨优秀教师表彰大会，并号召全镇教师向受表彰的优秀教师学习。会议还邀请学校所在村书记和学校领导、优秀教师进行座谈，畅谈凤林镇教育事业的历史轨迹和发展方向。

10月10日，由省残联副理事长陈玉国任组长的省委党校2012年第三期领导干部进修一班在江山市考察，贺村镇党委书记宁晔陪同考察进修班学员到凤林镇白沙村等地考察“中国幸福乡村”建设情况。

10月30日，《江山市志（1988—2007）》评审会的志稿专家在凤林镇白沙村考察。

11月7日，省农业厅厅长史济锡、副厅长叶新才一行在江山市调研。市委副书记、市长王良春，副市长徐文等陪同调研。史济锡一行到凤林镇茅坂村，考察凤林粮食生产综合服务中心。

11月14日，凤林镇组织召开全面推进“三民工程”标准化建设工作会议。

12月13日，凤林镇各村的村民在镇政府门口自发组织锣鼓队欢送新兵入伍。

12月19日，“浙江省农产品产销协会理事会暨江山主导农产品推介会”在江山国际大酒店举行。凤林镇、市养蜂协会等在会上作农产品推介。

12月28日，江山市在凤林镇白沙村召开《白沙村志》（重修本）出版座谈会。会上，有关人员介绍修志基本情况。市委常委、宣传部长汪黎云参加会议。

2012年江山市清湖镇人民政府大事记

1月10日，清湖镇认真开展市镇两级人民代表选举工作，顺利选出人民代表。

1月22日，清湖镇领导带领镇农办干部深入到种粮大户、食用菌大户、蔬菜大户、养猪大户等处进行现场检查指导，引领大户积极做好雨雪冰冻天气防范工作。

2月3日，清湖镇主要领导带领分管工业副镇长郑全荣，在新开发的中小企业孵化基地，协商解决甬启塑胶厂等企业落地建设有关事项。

2月6日，清湖镇组织召开全体机关干部、各村书记、主任，镇属各部门单位负责人、规模以上企业主等人员推进会，对前一段开展“三个年”活动进行一次小结，部署下一步重点主攻工作目标。

3月3日，在桐岭社区文体活动中心举办虎山街道、清湖镇妇联庆“三八”女村官联谊活动。

3月6日，清湖镇主要领导带领分管农业的镇纪委书记、水利员和有关村干部，在大小木勺水库在建工程现场进行检查，实地查看即将完工的工程防汛能力。

3月9日，清湖镇组织召开“两排查一促进”活动动员会，全镇各村50多名治调主任参加会议。

4月5日，清湖镇26名村监会主任参加主任工作例会。

5月18日，清湖镇组织召开第一届注塑行业会员大会，全镇百余名会员企业参加，并成立注塑行业协会，依法选举产生会长、副会长和秘书长。

5月21日，为纪念第十四个“5•29”计生协会会员活动日，让更多群众解、掌握计生知识，清湖镇计生协会在集镇上开展“送宣传送服务”活动。

6月6日，清湖镇商会党总支正式揭牌成立。

6月10日，清湖镇分管农业的纪委书记张江清，带领镇农办干部深入到重点山塘水库、河道堤坝及种粮大户、蔬菜大户等处进行现场检查指导，引领他们积极做好汛期天气抗灾防范工作。

7月23日，浙江电视台《经济时空》栏目记者到清湖镇商会党总支，对商会党建工作进行采风。

8月1日，清湖镇认真传达贯彻市委十三届三次、市政府十五届二次全会精神，要求全体干部要提振精神，大干快干，全面打好土地征收、房屋拆迁、项目建设、工业平台等攻坚战，确保完成全年目标任务。

8月3日，清湖镇注塑行业工会并召开第一次代表大会，共有60多名基层工会代表参加会议。

8月8日，清湖镇注塑行业协会组织会员企业，在清湖集镇上“摆摊设点”开展整治盗取塑料管件宣传活动。

9月20日，清湖镇食品安全监管站工作人员会同花园岗村食品安全协管员，对18家农家乐经营户逐户检查房间卫生、橱房清洁、食品储存等情况，从源头把好食品安全监督关，确保农家乐经营健康、持续发展。

9月24日，清湖镇动物卫生站组织全镇村委主任和镇、村防役员50多人，进行岗前培训及部署开展对犬类狂犬病集中整治活动，及早预防犬类伤人事件发生。

10月11日，省重点建设工程江山至广丰公路清湖段已顺利完成界址勘定、政策落实、边沟清挖等前期工作，即将进入全面清表，为工程无障碍施工打下扎实基础。

10月29日，清湖镇人武部干部会同市公安局城南派出所干警，对初检合格的121名应征青年进行违法乱纪、犯罪行为等方面的初审，为部队输送“双合格”兵员奠下扎实基础。

11月8日，街道党工委组织街道全体工作人员收看党的十八大开幕盛况。

11月12日，48省道延伸工程清湖镇泉家弄村顺利完成公路路基清表工作，为清湖段无障碍施工奠下扎实基础。

12月19日，清湖镇组织集镇办干部和集镇管理人员，对整治街道的活动进行一次回头看，确保集镇环境卫生清洁常态化。

12月26日，清湖镇组织召开全体党员干部、各村书记、主任和非公企业党建负责人动员会，全面布置部署“三比三争”活动。

2012年江山市上余镇人民政府大事记

1月29日，上余镇机关和联系上余镇的市委宣传部、开发区、工商联、市粮食局等部门的近百名机关干部在下山脱贫小区——上余村雁塘小区参加“全面植树日”活动，进行义务植树。

2月8日，上余镇全体机关干部及各村书记、主任近百人济济一堂，参加贯彻落实“三个年”活动暨开展“破解难题攻坚年”活动动员会。

2月14日，上余镇团委、妇联及部分村团支部书记在上余派出所学习“最美民警”英雄事迹，姜方林警官介绍他和高剑平警官浴火救人的故事。

3月16日，由市农业局抽调精干力量，组成专业讲师团，给上余镇广大种粮大户和各村干部传授水稻高产栽培技术及利农惠农政策等方面内容的知识，共计60余人参加学习。

3月29日，上余镇组织镇村干部会同市国土资源局一起依法开展违章建筑集中整治活动，强制拆除一批违章建筑。

3月30日，上余镇启动“法律服务进村”活动，与浙江万盛律师事务所联手为农村送上一道“法律大餐”。

4月11日，镇村两级干部纷纷进村入户，实地排查农户受灾情况，做好灾情防御排查工作。

4月23日，“做最美江山人——我们的价值观”大讨论，上余镇党委、政府举行演讲比赛。

5月29日，上余镇举行以“创建幸福家庭、优化计生服务”为主题的“5•29”计生协会会员日活动，吸引各村妇女主任、计生协会成员、育龄群众代表等120多人参加。活动内容有文艺演出、计生知识抢答等。

5月30日，市委常委、政法委书记郑朝基，副市长叶骏等一行人走访上余镇中心幼儿园，给孩子们送去节日的问候。

5月31日，镇妇联干部走访慰问包括塘岭小学等11所小学、幼儿园，给孩子们送去节日的问候。

6月5日，第41个“6•5”世界环境日，上余镇积极筹划，认真部署，广泛开展系列宣传活动，积极引导广大群众参与环境保护活动。

6月26日，上余镇举办入党积极分子培训班暨党员宣誓仪式。全镇入党积极分子、预备党员共100多人参加培训。

6月29日，在镇政府会议室隆重召开上余镇优秀共产党员表彰大会。全体镇、村干部，企事业单位负责人，受表彰对象共110余人参加大会。

7月2日，市森林病虫害防治检疫站在上余镇举办松材线虫病防范知识讲座，上余镇林业站干部、21个行政村主任、护林主任及木材加工企业负责人等40余人聆听讲座。

7月30日，上余镇、双塔街道、江山中学团委、市公路段团委联合组织社区爱心义工、文艺骨干、留守儿童，冒着酷暑到江山市武警中队，为武警官兵送去消暑饮料和水果，并送上节日的问候。

8月27日，衢州市2012年第三个“全民学习日”，上余镇党委、政府举行座谈讨论会。

9月10日，副市长徐文前往联系乡镇上余镇开展下访接待活动，倾听群众诉求，帮助解决群众信访问题。

10月26日，上余镇在第二会议室举行“四边三化”行动工作动员会暨第四季度工作推进会，镇机关干部、村书记、主任共100余人参加会议。

11月8日，举世瞩目的中国共产党第十八次全国代表大会在北京人民大会堂隆重开幕。上余镇通过各种形式认真收听收看开幕式实况转播。

11月26日，上余镇召开社会抚养费征收专项行动动员会，部署开展专项行动，镇机关干部、村书记、村计生联系员等100多人参加会议，会上还通报上余镇上半年社会抚养费征收情况。

12月14日，市委副书记张炳福一行在上余镇调研农村环境卫生整治工作。

12月15日，上余镇李坪村举行“幸福江山连心服务”工作站启用仪式暨“十佳”表彰会。李坪村积极创建“中国幸福乡村”不断提升村庄品质。

12月18日，上余镇涉碗窑水库库区的生猪养殖场挖掘机机声隆隆，镇整规办会同市整规办对库区内的生猪养殖场进行统一拆除。

2012年江山市石门镇人民政府大事记

1月15日，召开石门镇第十六届人民代表大会第一次会议，选举产生新一届镇人大主席祝秋清、副主席毛天录，选举产生新一届镇政府镇长毛慧卿，副镇长徐雪莲、蓝博、刘海军。

1月29日，石门镇机关干部与联系部门单位领导100余人参加义务植树，经过大家努力，共种下红叶石楠620株，为道路增添一抹绿色。

2月1日，石门镇召开农业开发土地治理项目座谈会，对今、明两年农业开发土地治理项目工作进行早部署、早规划，市农业开发办负责人应邀就农业综合开发土地治理项目前期规划作专题辅导。

2月22日，石门镇会同市食品药品监督管理对农村医疗机构药品使用情况开展集中检查，旨在加强医疗机构药品质量规范化管理，消除农村药品使用环节的安全隐患，确保人民群众用药安全。

3月2日，市体育馆鼓乐喧天，热闹非凡，市“庆三八”女子腰鼓、排舞比赛在此隆重举行。石门镇代表队获得排舞比赛一等奖。

4月17日，江山市召集相关部门、乡镇负责人，就江郎山游客中心及配套设施建设项目有关事项进行协调。江郎山游客中心及配套设施项目是江山市“四大百亿”工程，项目选址于石门镇。

4月23日，石门镇围绕“做最美石门人——我们的价值观大讨论”活动主题，组织全镇干部职工进行集中学习讨论。同时，邀请感动石门人物江郎山村青年农民姜向前作先进事迹报告。

5月4日，在清漾祖祠内隆重举行石门镇“科润杯”毛泽东诗词朗诵赛暨重温入团誓言活动，以这一别开生面的方式纪念“五四”运动93周年。

5月11日，副市长徐文带领农办、国土、财政等部门负责人在石门镇调研农村住房改造建设工作。

5月28日，石门镇计生协在镇初中开展“科普知识宣传进校园”活动，旨在扩大计生宣教的覆盖面和影响力,提升人口计生知识的知晓率和普及率。

6月13日，市食品药品监督局、长台工商所、长台卫生监督所与石门镇携手开展“食品安全进校园”活动，现场回答学生提出的食品安全系列问题。

6月27日，市文化广电新闻出版局与石门镇政府在清漾毛氏祖祠共同举办全民合唱节比赛暨庆祝建党91周年活动。

7月18日，石门镇举行“我爱世遗携手5A”暨情注朝阳春泥行活动，来自浙江师范大学行知学院的志愿者们开展丰富多彩的实践活动，为留守儿童送温暖、献爱心。

7月24日，来自浙师大行知学院志愿者大队“筑梦”暑期实践队大学生与石门镇当地村民共同举办一场别开生面的文艺大联欢。

8月22日，江山市在石门镇召开推进会，推进江郎山游客中心项目土地征迁等工作。

8月29日，石门镇召开农村集体土地所有权确权登记工作培训动员会，至此农村集体土地所有权确权登记工作在全镇全面启动。

8月30日，石门镇召开大干一百天，打好攻坚战誓示活动。

9月7日，市政协主席王水亮等一行人在石门镇进行视察活动。

9月27日，市委书记陈锦标、副市长陈水平带领旅游、国土、交通、石门镇等相关部门乡镇负责人检查推进江郎山游客中心及配套设施建设项目。

10月9日，石门镇组织班子人员认真学习胡锦涛总书记在十八大作的工作报告，切实将十八大精神转化为推动石门经济发展的强大动力。

10月29日，石门镇召开“四边三化”行动暨生猪养殖污染整治和规范动员会，部署推进“四边三化”行动。

11月9日，石门镇举行红十字应急救护培训，来自15个行政村、企事业单位100名救护员参加培训。

11月15日，石门镇组织各医疗机构和涉药人员集中培训，开展药品安全宣传教育，切实加强药品规范化管理，不断提升药品安全保障水平。

12月12日，石门镇人武部组织14名即将奔赴军营的新战士，在金炉村最美战士吴奇龙家，看望吴奇龙父母，学习吴奇龙先进事迹，用英雄烈士先进事迹激励新战士赴艰苦一线去建功立业。

2012年江山市四都镇人民政府大事记

1月12日，副市长、市慈善总会名誉会长徐柏民在四都镇走访慰问当地的农村困难户，给他们送上棉被和慰问金。

1月17日，副市长徐文在民政部门负责人陪同下，在四都镇走访慰问受灾困难户。

1月19日，四都镇组织机关干部、村干部分组进村落实防雨雪灾害工作，对重点路段、危房户和种养殖大棚等开展安全检查，确保群众过一个平安祥和的春节。

2月7日，衢州市外侨办主任朱耀荣一行在四都镇集镇新区生活污水处理项目现场进行实地考察。

2月17日，四都镇联合国土执法人员、镇村干部共80多人，开展“违法用地、违章建设”集中整治行动，对辖区内违法、违章建筑进行强制拆除。

3月28日，四都镇成立一支由机关、学校、卫生院等单位团员青年和集镇所在地村干部组成的卫生宣传志愿者队伍，志愿者到集镇新街开展“美化家园从我做起”环境卫生宣传。

4月23日，“做最美江山人——我们的价值观”大讨论，四都镇党委、政府举行座谈学习会。

5月17日，四都镇党委、政府以农房改造建设工作为截体，贯彻落实“三个年”活动，在全镇范围内形成“互学互促”良好的工作氛围。

5月25日，四都镇举行工业强市建设政策意见解读报告会，邀请市经信局有关人员给全镇机关干部和20多家企业代表介绍工业强市建设政策意见制定的背景。

5月28日，四都镇举行“关注人口健康，创建幸福家庭”知识讲座，60多名计生协会会员和育龄妇女到场听取讲座。讲座重点讲解生殖健康知识和计划生育政策，并发放相关宣传册。

6月15日，四都镇举办入党积极分子培训班暨农村党建干部“七一”党课，该镇40多名入党积极分子及各村党建干部参加党课。

6月18日，四都镇召开学习会，传达贯彻省第十三次党代会精神。

6月28日，四都镇举行创先争优表彰暨“三个年”活动推进会，纪念建党91周年。四都镇以项目建设为抓手，在党员干部中开展“项目比学赶超”竞赛，形成创先争优的良好氛围。

7月24日，四都镇党委、政府领导一行走访慰问大湖山94620部队，向全体官兵致以节日的问候，送去慰问品和慰问金，对部队官兵近几年来积极配合和支持四都经济建设表示感谢。

8月28日，市政府召开会审会，对《四都镇总体规划》进行会审。

同日，四都镇举行以“知识是生命的源泉、生命因运动而精彩的”为主题的春泥计划活动。

9月25日，四都镇举办银企融资对接会，通过面对面解融资需求，零距离对接融资服务，积极为非公有制企业健康发展营造良好环境。

10月12日，四都镇组织召开由各村党建助理、大学生村官参加的“三民工程”标准化建设月度推进会，总结上月各村“三民工程”标准化建设工作情况，研究部署下月的工作任务。

10月26日，市委常委、常务副市长王卫明在四都镇调研工业经济和平台建设工作。

11月7日，四都镇全面开展犬类集中整治行动，进一步规范家犬养殖户的养犬行为，着力做好狂犬病防控工作，切实保障人民群众身体健康和人身安全。

11月8日，四都镇全体镇机关干部、村干部、党员代表在镇政府多功能会议室收看十八大的开幕直播。

11月20日，四都镇举行学习贯彻“十八大”精神全民大合唱活动，以“畅享丰收快乐，唱响幸福四都”为主题，共有来自各行政村、企业、学校的12支合唱队参加。

12月4日，四都镇党政领导班子成员深入各村开展“十八大精神”学习巡讲活动。

12月13日，副市长宁晔在市招商局负责人的陪同下，实地踏勘四都镇机电园区浙江上美输配电有限公司项目施工现场，并听取相关情况汇报。

2012年江山市坛石镇人民政府大事记

1月10日，坛石镇认真开展市镇两级人民代表选举工作，11名市级人民代表，59名镇人民代表高票当选，圆满完成选举任务。

1月14日，召开坛石镇第十六届人民代表大会第一次会议，选举产生新一届镇人大主席毛振荣，副主席戴立明；选举产生新一届镇政府镇长陈红，副镇长周林荣、占松华。

2月7日，坛石镇召开“三个年”活动动员大会，全镇机关干部和镇属部门负责人80余人参加会议。坛石镇党委书记毛振荣细致传达市委书记陈锦标在“主导产业培育年、项目比学赶超年、工作绩效提升年”活动动员大会上的讲话精神。

2月15日，市人民法院院长盛秋明及市体育局、市安监局等部门负责人到坛石镇与该镇党委、政府主要领导及部分行政村主职干部一起，开展市2012年度领导干部三级联动集中下访活动，并开展信访工作调研和督查。

3月1日，坛石镇召开“三个年”活动推进会，对前一阶段开展“三个年”活动进行小结，并部署下一阶段重点主攻工作目标。

3月6日，坛石镇举行的“做最美江山人”大讨论暨“最美农家女”表彰大会。

3月29日，坛石镇13个行政村的村主职干部逐一登上镇组织的“村官晒台”，通过汇报、现场提问等方式，晒出本村本季度的各项工作开展情况。

4月20日，坛石镇“互学互看”推进重点项目建设活动拉开序幕。镇里13个行政村的党支部书记、村委会主任及各村驻村干部实地前往考察。

5月7日，坛石镇召开全体镇村干部会议，总结春季开局工作成绩，部署夏季工作任务。

6月11日，坛石镇专题召开“安全生产月”动员大会，拉开该镇“安全生产月”活动序幕。来自全镇22个企业的负责人、安全员及13个行政村安全员参加此次会议。

6月26日，坛石镇六个行政村的近200名党员干部在镇会议室，参加市委党校组织的“百场党课巡讲万名党员共学”活动。

6月29日，坛石镇召开人口和计划生育业务知识培训会，对镇计生办干部及村计生联系员进行相关内容培训。

7月13日，坛石镇精心组织，周密部署，提前一个月召开各村卫生联络员会议布置工作。

7月27日，坛石镇妇联组织召开来料加工交流会。交流会旨在进一步宣传明确发展来料加工业的重要意义。

8月2日，坛石镇精心组织，周密部署，召开“十八大”消防安全保卫工作动员会。

9月7日，根据市委宣传部有关新“江山精神”提炼活动要求，坛石镇认真组织开展新“江山精神”“江山市歌”筛选活动。

9月29日，为贯彻落实全市文化强市建设大会精神，丰富群众文化生活，推动江山市文化大发展、大繁荣，坛石镇隆重举行全民合唱节暨白银耳鸡文化节活动。

10月6日，坛石镇组织召开第一届白银耳鸡产业化协会会员大会，全镇50余名会员参加，并成立白银耳鸡产业化协会，依法选举产生理事长、副理事长和秘书长，会议通过《江山市白银耳鸡产业化协会章程》。

10月24日，坛石镇举办白银耳鸡产业发展论坛。衢州市畜牧兽医局、衢州市职业技术学院、江山市农业局的专家学者及50多家白银耳鸡规模养殖主体参加本次论坛。

11月8日，坛石镇组织全镇广大党员干部集中收看党的十八大开幕式。全镇机关干部、各村党支部书记在镇会议室集中收看，各村组织其他村两委成员、党员在各村会议室集中收看。

11月19日，坛石镇召开学习贯彻党的十八大精神动员会，全镇机关干部、13个行政村主职干部参加会议。

12月7日，镇党委书记毛振荣在镇会议室专门为全体党员干部宣讲十八大精神。

12月19日，镇党委书记毛振荣、副书记周方平到离集镇偏远的山顶农户家，认真调研异地搬迁工作。

12月26日，坛石镇会同国土等部门开展集中拆除违法建筑行动。

2012年江山市峡口镇人民政府大事记

1月16日，召开峡口镇十六届人民代表大会第一次会议，毛建森同志代表镇第十五届政府作工作报告，会议同时选举产生十六届人大主席和镇第十六届人民政府镇长、副镇长。

1月18日，镇党委、政府召开村（居）主职干部迎新春座谈会，并就明年工作征求意见。镇党委书记毛香水向战斗在农村工作第一线，为峡口经济社会发展作出无私贡献的书记主任带上新春的祝福。

1月30日，市委书记陈锦标在峡口镇调研时强调，全体干部要奋勇争先，走在前列，加快推进集镇建设、生态工业、现代农业等特色发展，着力打造南部中心镇。

2月3日，市人力资源和社会保障局、市妇联、峡口镇政府联合30多家企业在峡口镇举办“为家庭幸福，请回家就业”人才劳务招聘会，将3000多个就业岗位送到农民家门口。

3月7日，市委副书记张炳福带领市农业、林业、经信、消防大队、峡口水库管理局等部门和单位负责人，到联系乡镇——峡口镇调研。

3月12日，峡口镇开展绿化运动推进“森林城镇”创建。

3月29日，省委副秘书长、省信访局局长陶君毅一行在江山市峡口镇开展“进村入企”大走访活动。

4月1日，衢州市委书记赵一德，市委副书记李剑飞，衢州市绿色产业集聚区管委会主任、发改委主任傅炎康一行在峡口镇专题调研小城市培育和中心镇建设工作。

4月22日，省重点水利工程稽察与指导服务工作领导小组到江山，检查峡口镇大峦口片农民饮用水工程的实施进展情况。

5月2日，峡口镇举行“美化家园”行动暨峡新村创建“中国幸福乡村”启动仪式。市委副书记张炳福参加仪式。

5月14日，市规划局在峡口镇举办送规划下乡活动，通过现场咨询、展板挂图、发放宣传资料等途径向群众介绍城乡规划相关知识。

6月13日，峡口镇综治办的人员趁着峡口墟日，开展“不让毒品进我家”、“珍爱生命、远离毒品”为主题的禁毒宣教活动。

6月20日，市国土资源局局长王永华一行到峡口镇调研，由镇领导陪同调研。

7月4日，省防指办领导小组到峡口镇检查指导防汛救灾工作。

7月27日，峡口镇组织召开全镇食品安全工作会议，会议由镇党委副书记林世旭主持召开，镇相关办公室、各村公共安全协管员参加会议。

8月1日，衢州市委副书记李剑飞在“四挂五争先”第一书记挂联村——江山市峡口镇枫石村开展蹲点调研。

8月18日，峡口镇紧急召开全镇晚稻病虫害防治会议，各片区植保服务专业合作社负责人参加会议。

8月20日，峡口镇妇联召开镇属“两新”组织妇女组织建设座谈会，来自“两新”组织的24名妇女代表参加会议。

9月3日，峡口镇结合近段时间开展的“食用林产品质量安全大整治百日活动”部署，组织召开食用林产品质量安全培训会议。

9月5日，峡口镇召开村书记发展论坛暨“一村一品”专题研讨会，来自全镇18个村的党支部书记、主任、联村领导和驻村干部70余人参加本次会议。

9月21日，在峡口镇召开衢州市基层社会管理综合信息系统运用现场推进会暨十八大安保工作督查迎检准备会。

10月10日，省委常委、公安厅长刘力伟一行到峡口镇调研十八大安保和公安建设工作。

10月12日，峡口镇召开生猪养殖污染整治和规范管理工作动员大会，全镇规模养殖户、镇干部、各村书记主任共180多人参加会议。

10月16日，衢州市委副书记李剑飞在“四挂五争先”第一书记挂联村——峡口镇枫石村蹲点调研。

11月23日，市慈善总会峡口镇分会举行成立大会，市委副书记张炳福等出席活动。

11月15日，峡口镇机关干部在各个街道开展党员民生服务日活动，宣传十八大精神。

11月8日，峡口镇组织全镇广大党员干部集中收看党的十八大开幕式。全镇机关干部、各村党支部书记在镇会议室集中收看，各村组织其他村两委成员、党员在各村会议室集中收看。

2012年江山市新塘边镇人民政府大事记

1月14日，新塘边镇召开第十六届人民代表大会，副市长叶骏出席本次会议并发表讲话。

1月19日，在市电信大楼会议厅隆重举行由新塘边镇委员会和新塘边镇政府主办的“幸福新团队活力新塘边”迎新春联欢晚会。

1月29日，新塘边镇组织领导干部开展节后大植树活动。

2月2日，新塘边镇召开镇人大主席团成员会议，参加会议的有镇人大主席团全体成员及省、市人大代表。

2月17日，中国共产党衢州市第六次代表大会正式开幕。新塘边镇组织党员干部在三楼会议室收看开幕式的现场直播。

3月7日，市委常委、公安局长汪名六带领交通运输局、科技局、电信局等部门负责人，到新塘边镇调研经济社会发展情况。

3月29日，衢州市药监局以及江山市药监局领导对新塘边镇创建“衢州市药品安全示范街道”的工作进行考核验收。

4月20日，衢州市计生委主任徐静旋一行在新塘边镇，对镇2012年计生工作进行检查指导。

4月24日，市安监局副局长郑学敖率相关工作人员到新塘边镇检查安全生产工作。

5月19日，新塘边镇召开工业企业家座谈会，贯彻落实全市工业强市大会精神。

5月31日，由省林业厅副厅长亲自带队的省级森林城镇创建预检组对新塘边镇“省级森林城镇”创建工作进行预检。

6月7日，镇二楼会议室气氛轻松活跃，镇党委书记李纯浩与项目办全体成员，以圆桌谈心会的形式开展座谈。

6月25日，市委常委、统战部长王旭到新塘边镇调研统战工作。

7月26日，江山市水利局局长祝继友，副局长、总工程师何雷霆来新塘边镇检查在建水利工程进度情况，我镇党委书记李纯浩、镇长廖勇兴、副镇长姜春兔等陪同检查。

7月30日，市纪委、农业局、民政局组织对新塘边镇三务公开、村监会工作、便民服务中心工作进行督查，督查组一行对新塘边镇在推进阳光村务的做法表示认同。

8月1日，镇计生办召开挂联村两委会议。

8月9日，衢州市委书记陈新在“三民工程”标准化建设暨第一书记工作法现场推进会结束后，到新塘边镇实地考察“三民工程”标准化建设情况。

8月28日，市文广新局副局长祝荣一行到新塘边镇指导综合文化站建设工作，镇宣传委员徐娟芳陪同指导。

9月10日，由交通运输部公路局局长助理王锦河带队的农村公路督导组一行到新塘边镇进行调研。

9月17日，由衢州市林业局副局长王仁东带队的衢州市级绿化示范村验收组到新塘边镇，对毛家仓村的衢州市级绿化示范村和勤俭村的衢州市级森林村庄进行验收。

9月24日，浙江省十八大安保工作督查小组到新塘边镇检查十八安保工作，衢州市政法委领导，市委常委、政法委书记郑朝基，政法委副书记王振德等陪同检查。

10月8日，新塘边镇召开2012年度征兵工作动员会，会议简要回顾去冬征兵工作的基本情况，并对如何做好今冬征兵工作作具体部署。

10月31日，衢州市司法局组织对新塘边镇进行衢州市“民主法治村”验收，江山市司法局副书记严宗军、镇长廖勇兴、镇综治办主任姜小华陪同检查。

11月8日，新塘边镇召开2012年国土资源工作会议。各村书记、主任、国土协管员及乡镇国土资源所负责人参加会议。

11月19日，新塘边镇召开全镇机关干部会议，学习传达贯彻党的十八大精神。

11月29日，衢州市幸福乡村示范乡镇及衢州市美丽乡村精品村考核组一行在江山市农办主任姜善根的陪同下到新塘边镇组织考核验收，考核组一改以往翻查台账的考核方式，更注重实地查看。

12月11日，副市长叶骏、社保局局长一行到新塘边镇检查指导城乡居民医疗保险工作，并召开座谈会。

12月22日，市国土、规划、农办等部门负责人到新塘边镇考核验收2012年度农房改造示范村工作。镇分管领导周金明陪同考核验收。

2012年江山市保安乡人民政府大事记

1月9日，保安乡召开部署市乡两级人民代表选举会议。

1月15日，召开保安乡第十六届人民代表大会第一次会议，选举产生新一届乡人大主席陆天军，副主席严献明；选举产生新一届乡政府乡长刘泽华，副乡长吴孔富、陈刚。

2月2日，保安乡组织召开乡机关年轻干部座谈会。乡党委书记就加强年轻干部队伍建设提出三点要求，服务于保安乡新一年建设。

2月6日，保安乡政府召开“主导产业培育年、项目比学赶超年、工作绩效提升年”活动动员大会，乡全体机关干部、各行政村主职领导和乡属部门负责人参加会议。

3月6日，市国土资源局副局长王振华、土地管理中心何江荣一行到保安乡就土地综合利用和开发事宜进行考察，乡人武部长李玉明、副乡长陈刚陪同考察。

4月1日，在保安乡妇联的陪同下，民声社区妇代会到结对村—保安乡裴家地村，进行走访慰问。

5月2日，保安乡团委组织乡团委委员、各村团支部负责人和团员、青年代表30余人在保安乡二楼会议室内开展“我为保安发展献一策”座谈交流会。

5月31日，在施工现场举行保安乡仙霞关桥工程开工仪式。市人大常委会副主任毛井水、副市长王子平参加开工仪式，并为项目开工奠基培土。

6月15日，在保安乡会议室里组织开展农家书屋管理人员的培训，并发放管理手册和宣传资料。

6月16日，保安乡组织全乡党员举行一次庆祝建党91周年活动。

7月14日，市摄影家协会与保安乡政府联合举办的“聚焦幸福乡村——保安行”活动正式启动，原市政协主席陈幸尔、市政协副主席姜英及保安乡主要领导等参加启动仪式。

7月19日，“我们的价值观”大讨论暨新“江山精神”提炼活动走进第四站——保安乡。座谈会上，与会人员就如何提练新“江山精神”发表自己的看法和意见。

8月14日，市委常委、政法委书记郑朝基在“四挂五争先”联系村保安乡龙溪村走访调研。

8月25日，江山市第一个慈善工作联络站——保安乡裴家地村慈善工作联络站成立。

9月22日，保安乡为迎接十一旅游黄金周的到来，组织乡村干部一同开展老街秩序提升。整治的主要目标是沿街两旁杂物堆放、摊位摆放、卫生。

9月28日，保安乡开展环境卫生大扫除的统一行动。全村党员干部、村民利用秋收的空余时间走上街头，清除卫生死角，迎接双节的到来。

10月19日，以“体验天然氧吧•重访千年古道•探寻红色记忆”主题的首届古道文化旅游节暨全民合唱节在保安乡集镇广场拉开序幕。

10月25日，保安乡开展“百场党课巡讲—万名党员共学暨保安乡党员党性教育”活动，邀请市委党校老师为保安乡100多名党员上一堂别开生面的党课，加深党员对党性的了解。

10月26日，保安乡人武部在保安乡卫生院进行今冬征兵目测初检工作，全乡20余名青年踊跃参加目测初检。

11月3日，保安乡党委、政府在仙霞岭下隆重举行“江山市庆祝第十三个记者节暨‘深化‘走转改’、喜迎十八大”走进保安采访活动。

11月8日，中国共产党第十八次全国代表大会在北京人民大会堂隆重召开。保安乡组织全体机关干部、全体村两委代表共60多人收看开幕式。

11月21日，保安乡召开全体机关干部、全体村两委学习会议。

12月10日，保安乡政府领导，各村书记主任、新兵和新兵家长及代表，参加在乡政府二楼会议室举办的冬季新兵入伍前欢送会。

12月11日，保安乡2013年度城乡居民医疗保险工作动员会在乡三楼会议室召开，全体乡机关干部以及各行政村书记、主任、会计等50多人参加本次会议。

2012年江山市大陈乡人民政府大事记

1月17日，召开大陈乡第十六届人民代表大会第一次会议，选举产生新一届乡人大主席祝应志，副主席余有豪；选举产生新一届乡政府乡长姜小隆，副乡长周华敏、徐敬华。

2月18日，来自福建省浦城县、江西省广丰县，以及江山市、常山县的三省四县市的50余名摄影家到大陈乡，开展“幸福江山•大陈一日摄”活动。

3月1日，省粮食局副局长韩鹤忠率省粮食安全责任制考核组实地走访大陈乡及粮食安全监测点等地。

3月12日，副省长陈加元到江山市大陈乡大陈村，考察大陈古村落保护与开发建设工作。

4月11日，大陈乡召开2012年党建工作会议，对新一年党建工作进行具体部署。

4月25日，衢州市人大常委会原主任金家福、衢州市政协原主席童效武等衢州市老领导一行先后在大陈乡大陈村、廿八都古镇、城规馆、博物馆，实地考察幸福乡村、文化旅游和城乡建设工作。

5月2日，市委书记陈锦标在市委副书记张炳福，市人大常委副主任徐大清，副市长陈水平、徐文的陪同下，检查大陈古村落保护与建设工程。

5月11日，大陈乡大陈村汪氏宗祠广场上鼓乐喧天、人声鼎沸，以“让世界听到中国幸福乡村的声音”为主题的江山市全民合唱节开唱仪式在这里举行。市领导陈锦标、张炳福、汪黎云、徐柏民、毛正彩、徐文、姜英等出席开唱仪式。

6月11日，大陈乡计生办、乡妇联邀请来自“全国三八健康使者万里行”的讲师举办女性健康知识讲座。

6月14日，大陈乡召开创建衢州市级药品安全示范乡镇动员大会暨食品安全知识培训班。

6月21日，大陈乡在旱田坂村生育文化广场上隆重举行全民读书日暨农家书屋开放仪式。市委常委宣传部长汪黎云、副市长毛正彩等人出席此次活动。

7月20日，市委书记陈锦标在“四挂五争先”第一书记挂联村——大陈乡大唐村开展蹲点调研。

8月10日，大陈乡开展丰富多彩的“春泥计划”活动，邀请衢州市传统文化讲坛的老师来给孩子们上一堂青少年传统文化教育课。

8月21日，中国社科院哲学研究所党委书记吴尚民一行在江山考察旅游文化工作和“中国幸福乡村”建设。吴尚民一行到大陈乡大陈村实地考察。

8月23日，省作协党组书记赵和平、衢州市作协主席许彤一行深入江山市大陈乡大陈村、凤林镇白沙村和廿八都镇等地就古村落文化开发、古镇文化传承保护及农民业余作家创作等进行调研。

9月27日，市委召开全市创先争优活动交流总结会。市委常委、宣传部长汪黎云参加会议，市委常委、组织部长俞根君主持会议。虎山街道、峡口镇、行政服务中心、交通运输局、大陈乡大陈村分别作交流发言。

10月18日，市委书记陈锦标在“四挂五争先”第一书记挂联村——大陈乡大唐村蹲点调研。

11月8日，党的十八大在北京人民大会堂隆重开幕。大陈乡精心组织全乡400余名党员干部共同收看十八大开幕式盛况。

11月20日，市委书记陈锦标在“四挂五争先”第一书记挂联村——大陈乡大唐村宣讲十八大精神，与村党员干部、村民代表一道，讲学习十八大精神体会，议农村发展变化，谈今后发展打算。

11月29日，衢州市农办主任赖瑞洪到江山市检查指导美丽乡村“四级联创”工作。赖瑞洪一行在副市长徐文陪同下，到大陈乡进行实地考察。

2012年江山市双溪口乡人民政府大事记

1月13日，衢州市委组织部副部长张学东一行人到双溪口乡走访慰问低收入农户，为他们送去新年的祝福和温暖。

1月14日，召开双溪口乡第十六届人民代表大会第一次会议，选举产生新一届乡人大主席毛剑飞，副主席姜淑娟；选举产生新一届乡政府乡长蒋玉国，副乡长祝兴才、谢小娟。

2月28日，市委副书记张炳福在有关部门领导的陪同下到双溪口乡调研下山搬迁工作。

3月5日，双溪口乡团委开展关爱“空巢老人”志愿者服务活动，志愿者们进村入户，为老人们免费体检及打扫卫生。

4月5日，双溪口乡政府会议室里，一场别开生面的“晒服务业绩，话服务发展”的“幸福江山连心服务”论坛会在这里展开，来自辖区的30名代表就当前连心服务站存在问题和今后发展方向进行讨论。

5月29日，团市委副书记刘智超、刘炳辉一行于到江山市长台小学、塘源口中心小学和张村小学，为上述学校19名在校生送去助学金，启动今年江山市希望工程2011/2012学年第二学期的专项基金结对助学活动。

6月26日，双溪口乡在中共江浦县委办公旧址洪岩顶举行新老党员宣誓活动，并组织学习省第十三次党代会精神，以实际行动纪念建党91周年。活动前，新老党员还祭扫革命先烈肖国标的墓。

6月30日，市委办机关党支部组织全体党员干部到位于双溪口乡洪岩顶的中共江（山）浦（城）县委旧址，开展革命爱国主义教育活动，激发广大党员爱岗奉献、创业创新、服务发展的热情。

7月9日，双溪口乡一村书记通过便民联系卡反映群众问题。运管所相关科室同志与大众公司领导一同到该线进行现场勘察，勘察人员勘察后当即在现场拟定客运班车的安全行车方案，同时建议该乡、村领导协同督促该班线驾驶员认真履行班车的安全行车方案。

8月26日，双溪口乡组织乡村两级干部会议，并认真学习市委十三届三次、市政府十五届二次全会精神。

8月27日，衢州市2012年第三个“全民学习日”，上双溪口乡党委、政府举行集中学习讨论。

8月28日，双溪口乡举行本土“乡村文化课堂”活动，市文化广电新闻出版局的专家为山区干部送上丰盛的“文化大餐”。

10月24日，双溪口乡召开全乡空巢老人帮扶工作推进暨孝亲敬老表彰大会。乡机关全体干部、村两委干部、孝亲敬老模范代表、志愿者队伍等80多人参加会议。市老龄办主任参加会议。

10月31日，江山市人民医院9位医疗专家带着便捷式心电图仪和常用药物，随同双溪口乡连心服务团，为双溪口乡山区留守老人开展送医送药活动。

11月8日，中国共产党第十八次全国代表大会隆重召开，双溪口乡组织农村党员干部群众在会议室集中收看党的十八大开幕式。

12月29日，西子联合控股集团董事长王水福一行到双溪口乡等地考察。市委副书记、市长王良春，市委常委、常务副市长王卫明，副市长宁晔以及农业、旅游、发改、招商等相关部门负责人陪同考察。

2012年江山市塘源口乡人民政府大事记

1月14日，召开塘源口乡第十六届人民代表大会第一次会议，选举产生新一届乡人大主席施建，选举产生新一届乡政府乡长祝君，副乡长杨勇、徐建阳、范希文。

2月3日，塘源口乡党委、政府开展的“干部大走访”活动，要求全体乡、村两级干部深入3600多农户家中。乡、村两级干部到困难户家中了解情况，商讨办理低保事宜。

3月21日，副市长徐文在市财政、农业、水利、林业等部门负责人陪同下，在塘源口乡调研东部省级现代农业综合区建设工作。

3月27日，市委宣传部副部长毛明华一行到塘源口乡塘源村看望朱江月，并带来省委、省政府的亲切关怀，同时给朱江月带来省委书记赵洪祝的新春祝福。

4月8日，市摄影家协会在塘源口乡举行摄影创作基地授牌仪式。塘源口乡成为江山市首个摄影创作基地。

4月27日，塘源口乡举办“传承中华美德，弘扬特色文化”暨“我们的价值观”大讨论广场文化活动。

5月29日，团市委副书记刘智超、刘炳辉一行于在江山市塘源口中心小学、长台小学和张村小学，为上述学校19名在校生送去助学金，启动今年江山市希望工程2011—2012学年第二学期的专项基金结对助学活动。

6月1日，市妇保院的儿童保健专家到塘源口乡中心幼儿园为他们免费体检。

6月11日，塘源口乡第四届参保农民健康体检工作正式启动，城乡居民医疗保险让众多农民受益。

6月13日，塘源口乡召开村庄环境卫生整治“千人行动”动员大会，提出对全乡9个行政村进行一次彻底的环境卫生大整治行动的建议。

7月11日，江山市委副书记张炳福在塘源口乡调研“一村一品”工作。

7月17日，塘源口乡举行年中述职评议暨新农村建设推进会，部署下半年新农村建设各项工作任务，共谋塘源口乡新发展。

8月14日，市委副书记、市长王良春调研生猪养殖规范化管理工作，副市长叶骏、徐文陪同调研。王良春一行实地踏看塘源口乡等地的生猪养殖场，了解生猪排泄物和病死猪处理情况。

8月17日，在仓坂猕猴桃基地举行塘源口乡“一村一品”三年行动启动仪式暨猕猴桃文化节全民合唱比赛。

8月28日，由常山县委副书记方法带队的代表团到江山市考察“一村一品”和新农村建设工作。市委副书记张炳福、副市长徐文陪同考察。代表团先后在塘源口乡仓坂村、廿八都镇浔里村等地考察农家乐发展、猕猴桃种植管理等情况。

9月12日，市政协组织视察江山港流域水环境整治工作。市政协主席王水亮，副主席周水仙、胡韶良、姜迎新、郑顺才，秘书长毛景云等参加视察。视察人员到塘源口乡视察生活污水、工业污水、养殖污水排放治理和采制砂整治工作。

9月28日，塘源口乡举行一场以“赏明月，品仙桃，庆佳节”为主题的徐香猕猴桃品尝会。此次品尝会系衢州旅游周末大派送活动之一，由衢州市旅游局主办，江山市旅游局和塘源口乡党委政府承办。

10月8日，市委、市政府召开全市生猪养殖污染整治和规范管理工作动员大会。塘源口乡负责人作表态发言。

11月8日，党的十八大在北京人民大会堂隆重开幕。塘源口乡组织干部群众通过广播、电视等多种形式积极收看开幕式盛况。

11月16日，塘源口乡政府会同市国土资源局开展联合执法，依法对该乡范围内一处未经批准擅自占用土地建造的房屋进行强制拆除。

11月22日，市委常委、人武部政委徐正洪在联系乡镇塘源口乡宣讲党的“十八大”精神。

12月25日，塘源口乡组织乡村干部走访慰问低保户、困难户，给他们送去党和政府的浓浓关爱。

2012年江山市碗窑乡人民政府大事记

1月16日，在乡政府三楼会议室隆重召开碗窑乡第十六届人民代表大会第一次会议，来自全乡各行各业的53名正式代表、31名列席代表及乡联系部门领导共80余人参加会议。

1月17日，碗窑乡召开乡全体机关干部、村级组织负责人、先进村组干部、优秀共产党员会议，传达贯彻市第十三次党代会精神。

1月31日，碗窑乡召开“三个年”活动暨乡村休闲旅游转型升级恳谈会，市农办、市旅游局、市服务业办公室、市绿业公司等部门企业领导、旅游公司代表、乡村旅游重点发展村党支部书记、部分农家乐经营业主等20余人参加会议。

2月28日，碗窑乡联合市国土资源监察大队、乡村二级干部80余人，开展“违法用地、违章建设”集中整治行动，依法对位于该乡协里村等五个村的违章建筑进行强制拆除。

3月22日，市交通局、财政局、住建局、移民办、气象局和碗窑水库管理局等部门单位到碗窑乡开展结对帮扶工作，并就如何加快推进幸福乡村建设出谋划策。

3月27日，在碗窑小学举行碗窑乡争做“有爱心、有责任心青少年”暨“做最美江山人——我们的价值观”大讨论活动。

4月18日，在碗窑乡三楼会议室，组织召开第一季度“村书记、主任论坛”，参加论坛的有12个行政村的书记、主任及全体乡干部。

4月24日，碗窑乡团委举行“合行杯”我们的青春我们的责任争当“最美青年”演讲比赛碗窑赛区预选赛，碗窑乡政府青年干部、碗窑小学青年教师等共5人参加此次比赛。

5月26日，“醉美碗窑，欢乐农家“摄影赛在碗窑乡隆重开幕，来自三省七地的摄影爱好者齐聚碗窑，用镜头展现碗窑的美景。

5月30日，市人大常委会副主任徐惠民携住建局、碗窑水库管理局等联系部门领导在碗窑乡党委领导的陪同下，到碗窑小学开展走访慰问活动，给孩子们送上节日的祝福。

6月19日，“醉美碗窑•幸福乡村•欢乐农家”碗窑乡首届乡村休闲旅游文化节暨全民合唱节开幕式在碗窑乡日月湖度假村广场举行。市委副书记张炳福致辞并宣布开幕。

6月20日，碗窑乡联合市国土资源监察大队、乡村二级干部60余人，开展“违法用地、违章建设”集中整治行动，依法对乡辖区内违规抢建及搭建在基本农田上的违章建筑进行强制拆除。

7月2日，碗窑乡府前村举行创建“中国幸福乡村”文艺汇演暨庆“七一”表彰先进活动。

7月17日，“我们的价值观”大讨论暨新“江山精神”提炼活动走进第二站——碗窑乡。

8月20日，碗窑乡召开乡村动物防疫员、养猪专业户会议。会议学习市委书记陈锦标在检查生猪污染整治工作时所作的“打好生猪污染整治攻坚战，确保人民群众生命健康安全”重要讲话。

9月14日，市委书记陈锦标在碗窑乡调研农家乐休闲旅游业发展工作，要求进一步明确定位，科学规划，全力推进农家乐休闲旅游业发展。副市长徐文陪同调研。

9月17日，碗窑乡协里村开展以“清洁协里”为主题的卫生清理活动，村干部、党员、入党积极分子、志愿者等50多人参加此次活动。

10月23日，在第25个老年节到来之际，碗窑乡党委政府开展走访慰问活动，对生活困难的老村干部进行走访慰问，为老人们送去党和政府的关怀与温暖。

11月8日，碗窑乡党委政府组织全体乡机关干部在乡二楼会议室集中观看中国共产党第十八次全国代表大会开幕式实况，该乡下辖12个村党支部在同一时间组织广大党员收看党的十八大开幕式。

11月27日，市委常委、纪委书记叶锡祥在基层联系点碗窑乡天井村宣讲党的十八大精神。

12月5日，碗窑乡政府召开学习贯彻党的十八大精神学习会，邀请中共江山市委党校副校长姜荣珍及市委党校高级讲师张小玲做相关宣讲。

12月8日，碗窑乡首届农民运动会在该乡中心小学操场上成功举行。来自全乡12个行政村的176名运动员参加拔河、挑粮食、合家欢乐、举重物、飞镖等五个项目的比赛。

2012年江山市张村乡人民政府大事记

1月11日，在张村乡党委、政府的高度重视和乡人大的精心组织下，张村乡的市乡两级人大代表换届选举工作圆满完成。

2月1日，张村乡双合峰荣膺第五批“衢州市绿化示范村”。

2月27日，张村乡妇联组织乡机关女干部、村两委女干部20余人到乡敬老院进行走访慰问。

3月20日，张村乡民政办召开驻村干部、村书记和民政联络员会议，迅速传达贯彻市民政局城乡低保集中核查工作会议精神。

3月21日，副市长徐文在市财政、农业、水利、林业等部门有关领导的陪同下，前往张村乡调研东部省级现代农业综合区建设工作。

3月31日，市人武部部长王安军、市纪委副书记周吉云，在老干部局、机关事务局等有关部门单位负责人的陪同下，到联系的张村乡调研，并参加该乡山区科学发展试验区部门乡镇谋划会。

4月9日，张村乡妇联和市妇幼保健院、乡卫生院联合开展以“关爱乳腺健康”为主题的妇女乳腺癌免费筛查活动。

4月23日，张村乡党委、政府为深入贯彻落实“三个年”活动，有序推进各项工作，开展全员“亮比评”工作业绩汇报会制度。

5月9日，张村乡政府组织举办“两创”人才厨师培训班，从特色家常菜的备料、刀法及烧制、调味的技术等方面进行课堂讲解与现场操作。

5月10日，市委副书记张炳福到张村乡进行调研工作。

5月24日，市食品药品监管局相关工作人员到张村乡参加2012年科技活动周，宣传食品药品安全知识。

6月7日，浙江省计生协联合陕西三八妇乐公司到张村乡开展“生育关怀——女性生殖健康知识巡回讲座”活动。全乡各村妇女主任、计生联系员、部分育龄妇女等70多人参加活动。

6月29日，市政协组织召开“发展油茶产业，增加农民收入”重点提案督办会议。与会人员到张村乡油茶示范基地，实地考察江山市油茶产业发展情况，并听取提案办理工作情况介绍。

7月22日，江山市张村乡在温州党支部组织党员、入党积极分子学习讨论温支部的建设。

8月2日，张村乡司法所组织由各村支部书记、主任参加的社区矫正志愿者培训会。市司法局副局长祝兴明为社区矫正志愿者上一堂生动的业务课。

8月15日，张村乡为推进群众文化、体育活动的开展，张村乡举办排舞培训班，来自各村的50名文艺骨干参加培训。

9月6日，张村乡召开机关干部、村书记主任和计生联系员工作会议，会上由分管领导作具体的工作部署，布置落实此次出生人口清报各项工作。陈乡长就此项工作作重要指示。

9月14日，江山市江滨幼儿园与张村中心幼儿园第四轮结对提升启动仪式在张村乡中心小学会议室如期举行，标志着两园结对提升工作正式启动。

10月10日，市红十字会工作人员在张村乡开展应急救护员培训活动。参加此次活动的人员有乡机关干部、村民代表等60人。

10月17日，市委组织部在张村乡举办全市村(居)党组织发展党员工作培训班。各乡镇(街道)党(工)委组织员、组织干事，以及所辖村(居)党支部负责发展党员工作专职人员70余人参加培训。

10月25日，市慈善总会张村乡分会正式挂牌成立，这是江山市继保安乡分会之后成立的第二个山区分会。

11月8日，中国共产党第十八次全国代表大会在北京隆重开幕。为及时贯彻落实党的十八大精神，迅速掀起学习十八大精神的热潮，张村乡组织全体党员干部对直播盛况进行全程收听收看。

11月9日，张村乡党委、政府召开全乡犬类集中整治工作会议，各村主职干部、村防疫员、驻村干部参加会议。

11月23日，张村乡召开全体机关干部和村书记、主任会议，深入学习宣传贯彻党的十八大精神，对学习贯彻党的十八大精神作出全面部署。

12月3日，江山市碗窑水库饮用水源保护区生猪养殖场关停转迁推进会在张村乡召开。副市长徐文，财政、农业、环保、国土等相关部门及库区乡镇负责人参加会议。

2012年龙游县东华街道办事处大事记

1月10日，龙游消防大队派出检查组对龙游县乡镇消防安全“网格化”工作进行考核。检查组到东华街道企业服务中心进行检查。

1月12日，省交通运输厅副厅长李良福带领省新农村建设考核组来龙游县开展抽查暗访活动。在县领导徐利水、邵宝成、李建民、雷樟发等陪同下，省新农村建设考核组分组深入东华街道等地进行现场查看。

2月15日，在东华街道举行由县人劳社保局、县总工会和东华街道联合开展的“工业服务月”专场招聘会。

2月21日，省政协主席乔传秀在龙游县深入东华街道等乡镇街道及龙游工业园区、有关企业开展“进村入企”大走访活动。

2月29日，龙游县召开专项工作会议，部署2012年度全县城乡最低生活保障和重度残疾人基本生活保障工作。会议听取罗家乡和东华街道落实相关政策的经验介绍。

3月27日，省农业厅纪检组长马万里一行在龙游县调研农业发展工作，走访东华街道实地查看农业发展状况。

4月11日，东华街道召开“两新”组织党建工作会议，街道“两新”工委成员及街道辖区63家单独组建党组织的“两新”组织党支部书记参加会议。

5月8日，东华街道举办“学习周言松同志，争做‘最美干部’”暨干部应知应会知识学习会。

5月18日，由东华街道主办的“美丽东华”摄影大赛揭晓，摄影爱好者韦尔杉创作的《东华工业城》获此次比赛一等奖。

5月24日，东华街道召开两新组织示范点党建指导员和党组织书记联席会议，13个示范点的党建指导员、党组织书记以及县委两新工委、东华街道相关人员参加会议。

6月29日，在县城荣昌广场举行由县安全生产委员会主办，县委宣传部等部门承办，以“科学发展、安全发展”为主题的县百家企业安全生产诚信承诺暨咨询服务活动。龙游工业园区管委会和东华街道相关负责人作表态发言。

7月30日，县妇联主办的县“儿童之家”授牌仪式暨留守儿童学教活动在东华街道举行。

8月9日，县委副书记、县长刘根宏在东华街道调研重点项目推进情况时指出，要强化克难攻坚，逐个突破难题，切实加快重点项目推进。

8月24日，东华街道召开“东华街道出席县总工会第十次代表大会选举会议”。

9月19日，由省安监局纪检组长、监察专员孙兆友带队的省安全生产检查组一行在龙游县检查安全生产工作。检查组一行到东华街道安监站等地，查看安全生产情况。

9月28日，在龙游县体育馆举行由浙江省体育局主办的浙江省首届女子体育节花式团体操比赛。东华街道作为龙游县代表队参加本次比赛。

10月11日，全县综治工作例会在东华街道召开。会议总结回顾前阶段工作，就深入推进基层社会管理综合信息系统建设和“十八大”期间安保稳定工作进行再动员、再部署。

11月17日，省电力公司农电工作部主任徐方平率“龙游新农村电气化县”目标管理责任制核查组在龙游县，通过深入东华街道等地抽查农村电力设施布局情况，对龙游县新农村电气化建设工作进行系统核查。

11月21日，龙游县在安监站规范化建设试点单位——东华街道组织召开重点乡镇（街道）安监站规范化建设观摩学习会议。副县长姜忠军参加会议。

12月5日，省计生委副主任包保根一行到龙游，就社会管理综合治理和计生工作进行调研指导。包保根一行到东华街道社会服务管理中心实地查看流动人口服务管理建设状况。

12月11日，东华街道张王村“第一书记”、县委副书记徐利水到挂联村实地调研，传达党的十八大精神，并与村“两委”干部和村民深入探讨基层民主建设，共谋发展思路。

12月18日，在槐王村举行由龙游姑蔑书画院、东华街道和联合主办的送文化下乡活动。

2012年龙游县龙洲街道办事处大事记

1月4日，市人大常委会主任居亚平在市、县领导们的陪同下，走访慰问龙游县部分困难群众，给他们送上慰问金和慰问品，并深入龙洲街道敬老院，向老人们送去党与政府的深切关怀与衷心祝愿。

1月9日，龙洲街道召开贯彻县第十次党代会精神老干部座谈会。街道42名离退休老干部参加会议。

1月16日，县委副书记、代县长刘根宏在龙洲街道主持召开2012年《政府工作报告（征求意见稿）》座谈会，听取各乡镇（街道）代表对《政府工作报告》的意见和建议。

2月3日，龙洲街道召开干部大会，会议主题是“加强干部作风建设，加快项目推进”，20个行政村主职干部、5个社区总支书记、社工及街道干部共150多人参加会议。

2月14日，龙洲街道召开全体工作干部及村（社区）书记、主任会议，全面传达县“两会精神”。

3月22日，县水利局与龙洲街道联合举办以“推进科学节水，保障粮食安全”为内容的文艺活动。

3月30日，县党代表工作室暨雷素君党代表工作室在龙洲街道揭牌，这标志着全县各级党代会代表有履行代表职责、联系服务党员群众的新平台。

4月18日，县政协主席黄利荣一行到龙洲街道开展“进村入企”大走访活动，帮助解决发展中遇到的困难与问题，扎实推进关注民生、改善民生工作。

4月21日，县教育局与省人民书店、县电化教育中心、龙洲街道阳光社区体艺队等单位举行“爱心图书”捐赠仪式。

5月10日，龙洲街道11个两新组织示范点党建指导员开展学习交流活动，各自介绍两新组织开展党建工作情况、遇到的困难及工作的经验体会等。

5月28日，龙洲街道召开推进基层组织建设年活动暨社区换届工作大会。

6月6日，由县人大副主任吴金德率领的县食品安全执法检查组一行专程到龙洲街道开展食品安全执法检查工作。

6月19日，衢州市侨联领导一行四人在县侨联的带领下在龙洲街道指导侨联工作。

7月5日，龙洲街道召开重点项目“百日攻坚”活动动员大会。会议通报龙洲街道重点项目的推进情况。

7月17日，龙洲街道主要领导、分管领导和计生办工作人员在县人口计生局领导的带领下，到建德市新安江街道学习考察人口计生工作。

7月20日，龙洲街道召开杭长客运专线项目工作会议。

8月14日，县人大常委会副主任邵宝成、农工委主任姜红坪一行到龙洲街道召开“两区建设和农业综合开发项目实施情况”调研工作座谈会。

8月20日，县委副书记、县长刘根宏带领交通、规划等部门负责人在龙洲街道等地开展调研，实地查看疏港公路、城北入城口主干道改造、商贸物流园区等项目推进情况。

9月29日，龙洲街道办事处举行厨师烹饪培训班开班仪式，该街道的5个社区、部分城中村的140余名学员参加开班仪式。

10月26日，龙洲街道党工委和龙游姑蔑书画院党支部举行“喜迎‘十八大’”送书画活动，邀请省内著名书画家为村民现场创作作品60余幅。

10月31日，龙洲街道“两新”工委组织清廉社区党总支部、龙游姑蔑书画院党支部联合开展“喜迎党的十八大，红色书画进社区”活动。

11月6日，县食药监局局长郭筱丽总结回顾该县食品药品安全示范创建工作开展情况。对上半年龙游县龙洲街道、溪口镇、湖镇镇等六个乡镇（街道）顺利通过验收，获得首批市药品安全示范乡镇称号进行肯定。

11月8日，坛石镇组织全镇广大党员干部集中收看党的十八大开幕式。全镇机关干部、各村党支部书记在镇会议室集中收看，各村组织其他村两委成员、党员在各村会议室集中收看。

11月15日，龙洲街道邀请部分县人大代表对龙洲派出所工作进行评议。

12月10日，来自龙游县龙洲街道辖区的十几名县人大代表听取民警介绍公安警务平台运行情况。

12月14日，龙洲街道召开“一村一品”工作推进会议，街道办事处书记丁俊、主任徐永恒、农办成员，以及“一村一品”企业负责人参加会议。

2012年龙游县横山镇人民政府大事记

2月21日，省政协主席乔传秀到龙游县，先后深入横山镇等乡镇（街道）及龙游工业园区、有关企业开展“进村入企”大走访活动。

3月7日，县文广新局农家书屋工程建设协调小组到横山镇等10个行政村检查农家书屋的创建工作，并针对工作落实中存在的不足提出相关要求和建议。

3月23日，横山镇党委、政府专门邀请10位离退休老干部到该镇参观“美丽乡村”建设工程，为当地发展旅游业、富硒特色产业等建言献策。

3月31日，横山镇组织各村主职干部、工作站站长及驻村干部召开计生工作例会，全面部署2012年计生工作安排。

4月10日，横山镇举行“党员银杏林”认领仪式。县委常委、县委组织部长舒畅参和全体党员一起参加“党员银杏林”认领仪式。

5月21日，县统计局在横山镇举行北片乡镇规上企业统计人员培训。

5月28日，团县委和横山镇在横山中学举办青年干部座谈会。横山镇青年干部、大学生村官等各部门青年工作人员参加座谈会。

6月12日，随着最后一批补缴职工养老保险金的退伍人员缴费完毕，横山镇养老保障相关历史遗留问题政策处理工作（“三个文件”工作）圆满结束。

6月14日，由龙游县委宣传部牵头组织的以“弘扬大爱精神、做最美衢州人”为主题的衢州市农家乐大篷车艺术团到横山镇进行文艺宣传演出。

7月10日，县委常委、县委组织部长舒畅到横山镇进行走访调研。镇党委书记余继民、县委组织部副部长方伟军等陪同调研。

7月18日，建德市大慈岩镇、兰溪市诸葛镇、龙游县横山镇举办第十七届“三界文化联谊会”活动。龙游县的宣传部、县文化广电新闻出版局及横山镇的党政领导参加本次活动。

8月6日，中央电视台《乡约》栏目在横山镇天池村千亩荷花田中现场录制“《乡约》走进富硒宝地——浙江龙游”。

8月10日，县安监局一行到横山镇进行夏季高温安全专项检查。

9月14日，横山镇组织召开市县选派12名“两富”指导员工作座谈会，对“三民工程”标准化建设暨“第一书记”工作法进行再动员、再部署。

9月26日，横山镇政府联合派出所组织全镇重点消防企业进行一次消防安全大演练，共有40余名企业员工参加。

10月8日，县委常委、组织部长、项家村第一书记舒畅同志到横山镇，对“三民工程”标准化建设工作情况进行监督检查。

10月11日，横山镇召开“三民工程”标准化建设推进会，全体镇干部和大学生村官参加会议。

10月23日，县委副书记徐利水、县政协副主席李建民在横山镇和县民政局相关同志的陪同下在横山镇走访慰问高龄老人和敬老院五保人员，给他们送上节日的祝福和慰问金。

11月8日，横山镇组织全镇广大党员干部集中收看党的十八大开幕式。全镇机关干部、各村党支部书记在镇会议室集中收看，各村组织其他村两委成员、党员在各村会议室集中收看。

11月11日，召开的分组实地政审任务分配动员会上，会议强调横山镇参与征兵工作的干部要树立高度的政治责任心和工作责任心，全力以赴做好征兵工作。

11月12日，横山镇人口计生办召开年终计生例会，由各工作站计生专干参加，纪委书记、计生分管领导姜宝银主持会议。

12月4日，县委常委、组织部长舒畅在“第一书记”挂联村——横山镇项家村宣讲党的十八大精神，与村党员干部、村民代表一起畅谈学习体会。

12月15日，龙游文化季演出活动走进横山镇几个村庄进行文艺演出，拉近党群干群关系，丰富群众业余文化生活。

2012年龙游县湖镇镇人民政府大事记

1月13日，县人民法院党组书记、代院长詹黎钟在县民政局相关领导陪同下到湖镇镇等地走访慰问部分特困党员、困难群众，并送上慰问金。

2月2日，全县龙年元宵舞龙大赛举行，大赛由县委宣传部和县文广新局主办，来自湖镇、横山和社阳等乡镇的天地双龙、板凳龙和稻草龙等亮相表演。

2月15日，湖镇镇召开贯彻落实两会精神学习报告会，与会人员结合湖镇实际情况展开热烈讨论。

2月16日，在湖镇镇举行主题为“弘扬湖镇文化，传承民间艺术”的婺剧奏、唱大奖赛。县领导应敏、吴金德、陆寿泉出席观看表演。

3月13日，市政协主席俞流传到龙游县湖镇镇开展“进村入企”走访活动，进农户、访企业，“面对面、心贴心”倾听呼声，掌握实情，帮助解决实际困难。

4月12日，市委常委、纪委书记杜康在龙游县调研纪检监察工作。杜康一行到湖镇镇实地解群众接待站、民生工作室建设情况，并召开座谈会。

4月17日，国家土地督察上海局督察组局到湖镇督查后，湖镇镇高度重视，迅速召开会议部署排查、整改工作，严肃查处违法占用耕地行为。

5月10日，召开湖镇镇两新组织党建工作现场会，组织60余名两新组织党组织书记到党建示范点龙游环达公司党支部、龙游求实职业中专党支部现场学习参观。

5月12日，浙江影视娱乐频道“走基层、送欢乐”活动走进湖镇镇，受到广大干部群众的热烈欢迎。

6月12日，湖镇镇召开“文化强镇”工作座谈会。邀请省、市、县文化届的专家、学者等相关人员参加，会上大家畅所欲言、群策群力，共商该镇“文化强镇”发展大计。

6月13日，副县长陆民到湖镇镇调研人口和计划生育工作。

6月28日，县长刘根宏一行到湖镇镇，对部分老党员进行走访慰问，并送上慰问金。

7月13日，召开全市推进村务监督委员会和村级便民服务中心建设现场会。

7月18日，召开镇、村两级干部大会，对接下来的工作进行部署安排。

7月25日，湖镇镇党委召集各工作站政工副书记，并开展以“党员教育管理模式学习交流”为内容的座谈会，

8月17日，湖镇镇便民服务中心召开会议，组织全体人员学习县行政服务中心半年工作总结的会议精神。

8月21日，市委组织部两新工委专职副书记姜海洋一行到湖镇镇调研两新组织党建标准化建设工作。

8月23日，湖镇镇召开总工会第一届代表大会第二次会议。镇总工会主席毛祥光充分肯定今年工会工作取得的成绩。

9月8日，湖镇镇100多名教师欢聚在会议室，参加第28个教师节庆祝暨先进教师表彰大会，县长刘根宏、县教育局局长李林、镇党委书记张雪昌、镇长吴生祥等领导出席本次会议。

9月25日，湖镇镇召开“三民工程”标准化建设推进会，会议召集各工作站全体人员、“两富”指导员、大学生村官及各行政村文书参加。

10月16日，省人大常委会委员、内司委副主任委员吴桂英一行在衢州市进行调研社会救助工作，实地察看清湖镇花园岗村社区服务中心，并看望部分困难户。

10月30日，市农办副主任蒋国强一行对湖镇镇6个村庄整治村进行考核验收。

11月9日，湖镇镇组织4个工作站站长、分管副站长和39个行政村文书开展“三民工程”标准化建设互看互学互比活动。

11月13日，省财政厅及市、县财政局领导组成的检查组到湖镇镇进行乡镇财政资金监管检查。

11月14日，龙游县组工干部对湖镇镇8个村的“三民工程”标准化建设进行一对一的督查指导，并召开村两委干部会议，检查“三个三”标准的落实情况。

12月7日，龙游县召开来料加工工作推进会，总结、交流今年来料加工工作，共商全县来料加工发展大计，共谋推动农民增收致富之策。湖镇镇代表作典型发言。

2012年龙游县塔石镇人民政府大事记

1月9日，塔石镇人大分三个代表团开展第十六届镇人大代表活动，全镇69位新任人大代表都参加活动。

1月12日，县政协在塔石镇举办“送文化下乡”活动，为当地群众免费赠送对联、书法作品等，深受群众欢迎，为龙年新春的到来增添浓浓的年味。

2月3日，县邮政局邀请省戏曲协会、龙游弘扬越剧团剧组在塔石镇进行丰富多彩的越剧和婺剧表演。

2月21日，塔石镇派出所民警，为学生作法制教育安全讲座。民警绘声绘色、深入浅出的讲课，让大家获益匪浅。

3月28日，塔石镇政府联合县规划、国土等部门对农户违法占用耕地的400多平方米建筑物予以依法强制拆除，维护国土资源法律的尊严和正常土地管理秩序。

4月20日，县委政法委在塔石镇召开社会管理创新落实年活动暨“网格化管理、组团式服务”全覆盖、“五大安全”责任网络构建现场推进会，进一步深化社会管理创新各项工作。

4月27日，龙游县召开美丽乡村“四级联创”推进会，贯彻落实“全市美丽乡村‘四级联创’现场推进会”精神。会上，塔石镇的主要负责人作表态发言。

5月30日，市委常委、县委书记徐旭带领县公安、法院、信访、卫生等部门主要负责人，到塔石镇下访约访，听取群众诉求，帮助解决困难。县领导洪一舟、汪胜，县人民法院院长詹黎钟等参加下访约访活动。

6月9日，龙游县统一开展反假货币宣传活动，除在县体育馆门前举办大型反假货币宣传外，辖区内各商业银行又在龙游湖镇工业园区、溪口镇、横山镇、塔石镇等乡镇同时举行反假货币宣传。

6月10日，是安全生产宣传咨询日。利用塔石集镇市日，组织重点企业进行安全生产知识咨询活动，帮助企业招工。

7月5日，市委副书记李剑飞带领市委办、农办、旅游局、文广局等负责人到龙游县调研历史文化村落保护利用工作。县委副书记徐利水、副县长郑国华及相关乡镇、部门负责人陪同调研。李剑飞一行实地考察塔石镇等地。

7月11日，在塔石中学举行以“体育促进和谐，运动改变生活”为主题的塔石镇全民健身运动会。

8月24日，石塔镇召开“三民工程”标准化建设暨“第一书记”工作法动员会。全体镇干部和全镇26个行政村的主职干部参加会议。

8月31日，在塔石镇政府召开县公安局深化网格化管理暨“双警双联”农村警务机制改革现场会。

9月6日，石塔镇召开“第一书记”、“两富指导员”专题推进部署会，对下一步工作推进实行周密部署，石塔镇9个村“第一书记”、26个村的“两富指导员”全部到位。

9月8日，塔石派出所和横山交警中队在塔石镇集市日，组织民警深入集市面对面地向群众开展法制宣传活动，增强群众的法律意识和防范能力。

9月17日，由中纪委驻工业和信息化部纪检组组长郭炎炎带队的中央信访工作督导组一行到龙游县督导检查信访工作。郭炎炎一行先后深入塔石镇和县信访局进行实地调研。

10月19日，塔石镇组织县、镇党代表20余人开展视察调研活动，视察塔石农民饮用水工程建设进展情况。

10月26日，召开塔石镇残联换届工作，全体领导干部相关人人员参加会议。

11月8日，塔石镇镇组织县、镇人大代表集中收看十八大开幕式盛况，认真聆听胡锦涛总书记的工作报告。

11月30日，市委常委、县委书记徐旭以“第一书记”的身份到塔石镇宣讲党的“十八大”精神，与干部、村民代表一起交流十八大精神学习体会。

12月7日，由县委宣传部、县文广新局共同主办的农信杯“寻访草根明星打造百姓舞台”2012龙游文化季演出活动走进塔石镇进行文艺表演。

12月28日，塔石镇精心组织，程序到位，严肃纪律，圆满完成新一届县、镇两级人民代表的选举工作。

2012年龙游县溪口镇人民政府大事记

1月12日，省交通运输厅副厅长李良福带领省新农村建设考核组在龙游县开展抽查暗访活动。省新农村建设考核组分组深入溪口镇等地进行现场查看。

2月14日，市统计局副局长舒锋一行在溪口镇调研服务业发展情况，认真听取溪口镇服务业发展的基本情况、发展规划，同时就今后服务业发展提出指导性意见。

3月5日，溪口镇妇女代表队在县举办的庆“三八”妇女健身活动展示大会上表现优异，荣获二等奖。

3月6日，省委常委、副省长葛慧君一行到溪口镇调研“美丽乡村”建设情况，并对当前取得的成绩给予高度肯定。

4月12日，市委常委、纪委书记杜康在县委常委、纪委书记毛卓战等的陪同下，到溪口镇实地调研民生工作室建设情况。

5月5日，在翠竹茶厂召开2012年度溪口镇卫生工作会议。县卫生局领导到会指导，溪口卫生院相关领导、各行政村支部书记、公共卫生工作领导小组组长参加此次会议。

5月21日，中国经济体制改革研究会会长、著名经济学家高尚全一行在县长刘根宏陪同下到溪口镇进行实地考察调研。

5月27日，县水利局徐洪涛同志到溪口镇开展水利普查调研工作。

6月1日，市“双服务”工作组组长杨思骏一行5人到溪口镇检查指导“服务企业、服务农村”工作开展情况。

6月21日，县社保局副局长何曙红到溪口镇指导被征地农民基本生活保障（补助）工作。

6月26日，市安监局、消防队、质监局、交通局、交警大队一行在副县长姜忠军带领下到溪口镇听取农村消防工作情况汇报。

7月10日，市委常委、县委书记徐旭一行冒着高温到溪口镇调研重点项目和四大攻坚行动推进情况，副县长郑国华陪同调研。

8月7日，在溪口镇召开龙南片乡镇计生工作会议。县计生局主要领导、县法院执行人员、龙南片乡镇计生专干、分管领导参加此次会议。

8月20日，县卫生监督所来部翔一行到溪口镇检查餐饮单位食品安全情况，监督所一行与辖区餐饮负责人进行约谈并签订承诺书。

8月22日，溪口镇召开总工会代表大会，会议选举产生龙游县总工会第十次代表大会九名代表。会议由溪口镇总工会副主席梁水祥主持，县总工会副主席曹群、溪口镇镇长杨红宁、溪口镇党委副书记总工会主席杨响艳出席本次代表大会。

9月5日，溪口镇腰鼓队喜获佳绩，溪口镇腰鼓队代表龙游县参加浙江省首届女子体育节健身腰鼓比赛，获得强县组规定套路第一名。

9月10日，溪口镇召开庆祝第28个教师节暨优秀教师表彰大会。

9月27日，全面启动溪口镇农民转移就业培训。

10月8日，镇委张书记、杨副等在镇会议室召开三民工程特别指导会议，张书记特别对石角村的民生工作室建设提出宝贵意见，要求以便民惠民为宗旨加快便民服务中心的建立。

10月15日，溪口镇召开三民工程标准化建设推进会议，镇领导班子、村支部书记、驻村干部、大学生村官等参加会议。

11月8日，溪口镇组织全镇广大党员干部集中收看党的十八大开幕式。全镇机关干部、各村党支部书记在镇会议室集中收看，各村组织其他村两委成员、党员在各村会议室集中收看。

11月15日，溪口镇溪口村在全市来料加工现场推进会上荣获市级来料加工优秀专业村。

11月23日，党的十八大代表洪刚到龙游县溪口镇为农村党员群众宣讲十八大精神。

12月2日，县交警大队走进溪口镇，开展“12•2”交通安全日宣传活动。

12月5日，县人大常委会主任周中民以“第一书记”的身份到溪口镇宣讲党的十八大精神，传达学习十八大的主题，并结合基层实际，作深入浅出的解读。

2012年龙游县小南海镇人民政府大事记

1月10日，市委常委、县委书记徐旭带领县法院、信访、民政、卫生等部门主要负责人，到小南海镇下访约访。县领导洪一舟、李建民参加下访约访活动。

2月1日，小南海镇政府组织10多位柑橘贩销专业人士召开座谈会，讨论关于2011年柑橘销售问题，采取措施解决柑橘滞销问题。

2月20日，省司法厅副厅长陈志忠一行到小南海镇调研基层司法行政工作。陈副厅长一行察看镇群众来访接待站、人民调解室、司法所办公室。

2月21日，县委常委、组织部长舒畅在小南海镇主要领导的陪同下，到浙江光明铁道控股有限公司考察调研。

3月5日，小南海镇团石村代表队参加县妇联举办的庆“三八”妇女健身活动展示大会，参赛的节目广场舞《情人桥》荣获三等奖。

3月20日，市纪委常委、监察局副局长张岚与市纪委执法室主任张志清一行深入小南海镇，开展“改善发展环境”百组调研活动。

4月16日，召开小南海镇机关干部、大学生村官会议，对“三民工程”标准化建设进行全面部署。

4月21日，小南海镇在团石农场志义专业合作社大礼堂举办红提葡萄种植技术培训班，特邀请国内知名专家、海盐农科所教授杨培元进行讲课。

5月7日，团县委副书记童舟、青少部部长张兢文一行，到小南海镇学校、企业、农村开展调研走访活动，镇团委书记周泓陪同调研。

5月17日，团省委常委、青农部副部长金进富一行到小南海镇调研团组织格局创新工作，并在小南海镇召开衢州市基层团工作座谈会。

5月30日，小南海镇计生协会为开展“5.29”计生协会活动。在镇政府会议室举办“女性健康培训班”。全镇计生服务员、村妇代会主任及村妇女代表56名妇女参加培训。

6月8日，由龙游县农办、南海镇镇农办人员组成的村庄整治技术指导小组到茶圩里村、安全自然村、黄村自然村3个整治村进行现场指导。

7月2日，小南海镇党委召开全镇干部和村主职干部大会，传达贯彻省第十三次党代会精神。会上，镇党委书记徐建华介绍省第十三次党代会的盛况，并对会议报告进行全面而有重点的解读。

7月20日，小南海镇召开清洁工程专题会议。认真贯彻落实会议精神，主要开展“四个一”活动。

8月15日，在小南海镇召开县“活力团组织”创建工作现场会。

8月30日，镇党委、政府在镇中型会议室召开由小南海镇全体企业负责人参加的工业经济形势分析、安全生产、节能降耗暨银企对接会。

9月6日，小南海镇综治中心召开综治例会，会议由镇党委委员、副镇长翁忠茂主持，综治办、司法所工作人员、各村治保调解主任参加。

9月14日，小南海镇召开“三民工程”标准化建设推进会，驻村干部、联系村干部和大学生村官参加会议。

9月25日，小南海镇召开药品安全信息员培训会议。全镇18个行政村信息员参加会议，县药监局指导组张哲俊一行3人到会指导。

10月26日，小南海镇召开村邮员培训会，邀请县邮政局村邮站负责人童富乐为镇15名村邮员进行业务知识培训。

11月2日，县妇联会同县司法、卫生、计生等部门及小南海镇政府联合在该镇开展“迎接十八大，平安家庭创建”咨询活动。

11月6日，小南海镇举办道路交通安全暨农村消防安全知识培训会，旨在贯彻落实“安全发展、预防为主”的工作方针，增强辖区各村、企业人员安全意识，防止各类事故的发生。

11月8日，中国共产党第十八次全国代表大会在北京隆重开幕，小南海镇党委认真组织广大党员干部群众收看十八大开幕式盛况。

12月8日，由县委宣传部、县文广新局共同主办的农信杯“寻访草根明星打造百姓舞台”2012龙游文化季演出活动走进小南海镇进行文艺演出。

2012年龙游县詹家镇人民政府大事记

2月23日，市公安局副局长胡建明率市督查组到龙游县詹家镇的学校，检查指导学生接送车安全管理及校园安保工作。副县长陆民陪同检查。

3月21日，在詹家镇举行龙游县首届畲族山歌大赛。

4月21日，县机关党工委组织县文广新、农信社、科技、卫生等单位的党员到詹家镇开展党员志愿者服务活动，通过现场咨询、科普宣传和送电影送图书等形式，提高党员干部服务农村、服务群众的能力和水平。

5月15日，县委副书记、县长刘根宏带领水利、交通和河道办等部门负责人，深入詹家镇等地检查防汛工作。

5月21日，县政府组织召开《龙游县詹家镇芝溪家园周边地块详细规划》审查会。

6月21日，龙游县“社会管理创新落实年”项目推进汇报会在詹家镇召开。县领导徐利水、洪一舟、姜忠军参加会议。

6月29日，詹家镇邀请专业人员，举办电脑技术培训班，以提高农民转移就业能力。

7月20日，上虞市副市长徐耘一行到龙游县，开展帮扶结对低收入农户奔小康工作。上虞市政府还分别向龙游县的詹家镇、横山镇和罗家乡各捐赠35万元帮扶资金。

7月24日，副市长毛建民带领市农业、林业和水利部门负责人到龙游县调研农业“两区”建设情况。调研组一行到詹家镇粮食生产功能区实地考察农产品产出情况及农业企业生产规模、效益。

7月28日，计划生育流动服务宣传车开到詹家镇，向村民播放计生政策法规和发放计划生育宣传单，开展各种计生政策咨询。

8月16日，省农业厅副厅长陈利江一行到龙游县詹家镇粮食生产功能区调研项目建设情况。

8月27日，以省民政厅副厅长、巡视员、移民办主任廖卷清为组长的省移民办调研组在龙游县调研水库移民工作。调研组一行深入詹家镇进行实地考察。

9月12日，詹家镇举办消防安全培训班，镇村干部、辖区内企业负责人、安全员等参加培训。省“六进”消防安全教育培训中心教官讲授消防知识。

9月14日，全市农业“两区”现场会在龙游县召开，与会代表考察龙游县詹家镇粮食生产功能区、现代农业综合园区、富硒产业集聚区等。

10月11日，龙游县就业局组织相关人员对詹家镇创建的6个“充分就业村”进行验收。

10月15日，县工商局城西工商所和个协分会党员到詹家镇看望特困群众，为其送去棉被、大米、食用油等慰问品。

10月17日，詹家镇举行“三民工程”标准化建设示范村网格管理员培训班。驻村干部、前游村和姜家村村两委干部、网格管理员共计60余人参与培训。

11月8日，詹家镇组织全镇广大党员干部集中收看党的十八大开幕式。全镇机关干部、各村党支部书记在镇会议室集中收看，各村组织其他村两委成员、党员在各村会议室集中收看。

11月15日，詹家镇在姑蔑生态园启动本镇互学互看活动。会上，詹家镇党委书记、镇长及21个行政村的党支部书记等领导班子结合各村实际交流经验与做法。

11月29日，由县委宣传部、县文广新局共同主办的农信杯“寻访草根明星打造百姓舞台”2012龙游文化季演出活动走进詹家镇进行文艺表演。

12月2日，县交警大队走进詹家镇，开展“12.2”交通安全日宣传活动。

12月7日，龙游县统计局领导班子成员和中层以上干部共10人，到结对帮护的詹家镇深入结对帮扶对象家中，向帮护对象送上个人捐助的慰问金。

2012年龙游县大街乡人民政府大事记

1月11日，举行大街乡第十四届人民代表大会一次会议。

同日，省残联负责人率省检查组一行到龙游县大街乡，就创建省级“扶残助残爱心城市”工作进行考核验收，并召开相关基层创建工作座谈会。

3月15日，市委常委、宣传部长诸葛慧艳深入龙游县大街乡开展“进村入企大走访”活动。

3月20日，以省建设厅副厅长吴雪桦为组长的农房改造建设工作组到龙游县大街乡实地考察考核检查农房改造建设工作，副县长陆寿泉陪同考核。

4月4日，在大街乡贺田村举行由县委宣传部、县农办、县妇联和大街乡联合主办“美丽乡村”创建颁奖晚会。

5月7日，省委组织部老干部考察团到到龙游县大街乡实地考察调研新农村建设工作。

6月15日，龙游县首届微型党课大赛在大街乡圆满收官。从全县各片区初赛中脱颖而出的12名选手的讲课赢得现场评委和观众的热烈掌声。

6月21日，大街乡农家厨师班正式开班，在20多天的时间里，将接受农家菜烹饪和农家礼仪接待等方面的知识培训。

7月7日，浙江大学暑期社会实践小分队在龙游县开展以“红色寻访”为主题的暑期社会实践。队员们到大街乡，看望当地的老党员，重走红军路，并走访相关企业。

7月23日，龙游县召开村邮站信报箱建设工作推进会，全面部署下阶段村邮站信报箱建设工作。大街乡介绍村邮站信报箱试点工作经验。

8月2日，市委常委、宣传部长诸葛慧艳到龙游县，在“四挂五争先”第一书记挂联村大街乡开展走访调研，解村情民情，与当地干部群众共同谋划村庄发展新思路。

8月9日，县委副书记、县长刘根宏带领县水利局等相关负责人深入大街等乡镇调研指导抗台防汛工作，确保人民群众生命财产安全。

9月20日，安徽省广德县委副书记何田率党政代表团到龙游县考察美丽乡村建设。县领导徐利水、应敏、李永平陪同考察。赵建林一行到大街乡贺田村等地，重点解各村的集体经济状况和今后的规划蓝图，与乡村两级党员干部进行探讨交流。

9月24日，市委常委、组织部长赵建林一行到龙游县大街乡进行实地考察，就发展壮大村级集体经济进行专题调研。

10月16日，市农家乐工作领导小组一行来到龙游县，对全县农家乐创星工作进行检查验收。市检查组一行到大街乡等地，对申报省精品特色村、市三星级以上经营户、市特色点的农家乐点（村）进行认定和验收。

10月19日，大街乡召开“三民工程”标准化建设推进会，向村干部、两富指导员和大学生村官发放近千份“三民工程”便民服务手册，动员全乡上下积极参与到推进“三民工程”标准化建设中来。

11月7日，市委宣传部、市记协在大街乡联合开展“喜迎十八大关心百姓事，走进生态乡”主题活动。

11月10日，由衢江区文化广电新闻出版局和县文化广电新闻出版局联合主办的“衢江—龙游文化走亲文艺演出”演出团到大街乡进行文艺表演。

11月22日，市委常委、宣传部长诸葛慧艳到大街乡向基层群众宣讲党的“十八大”精神，用通俗的语言解读党的十八大提出的新思想、新观点和新要求。

12月8日，县人大主任周忠明到大街乡看望人大代表，并指导工作。

12月17日，央视在衢寻找“最美乡村医生”，大街乡卫生院院长徐胜宏被选为最美乡村医生候选人。

12月18日，由县委宣传部、县文广新局共同主办的农信杯“寻访草根明星打造百姓舞台”2012龙游文化季演出活动走进大街乡进行文艺表演。

2012年龙游县罗家乡人民政府大事记

1月12日，县人大常委会主任周中民在罗家乡就龙游县旅游二次创业和美丽乡村创建情况进行蹲点调研，并广泛征求县第十次党代会报告及关于龙游县今后五年发展的意见与建议。

1月27日，县个体劳动者协会党总支组织党员，为罗家乡困难个体工商户送去慰问金、棉被、大米和食用油等生活用品。

2月29日，龙游县召开专项工作会议，部署2012年度全县城乡最低生活保障和重度残疾人基本生活保障工作。会议听取罗家乡和东华街道落实相关政策的经验介绍，县财政局总结去年的相关工作，并安排、部署本年度的工作。

3月2日，在罗家小学举行“学雷锋树新风，做最美龙游人”主题活动启动仪式暨“心手相牵•快乐成长”活动。

4月5日，在乡荷村举行龙游罗家乡首届开茶文化节暨县茶文化研究会罗家分会授牌仪式。罗家乡努力打造“中国田园诗歌实景基地”，积极培育茶叶主导产业。

5月29日，罗家乡卫生院组织6位医务人员，对本乡10个行政村的参加农村合作医疗保险的村民进行健康体检。

6月11日，罗家乡举办历史文化村落普查工作培训班，全乡10个行政村的文书参加培训。

6月13日，罗家乡组织20余名党员自发组织开展义务清扫活动。

6月28日，县纪委副书记、监察局长马巍到罗家乡走访慰问特困党员，并送去慰问金。

7月20日，上虞市副市长徐耘一行到龙游县，开展帮扶结对低收入农户奔小康工作。上虞市政府还分别向龙游县的罗家乡、横山镇和詹家镇各捐赠35万元帮扶资金。

8月15日，省水利厅副厅长许文斌，到罗家乡正在除险加固的红坑塘水库检查工程施工进展情况。

8月31日，县妇联、人劳局、广电总台的“巾帼志愿者”到县罗家乡，进行卫生指导工作。

9月6日，在罗家乡会议室龙游县工商所干部组织全乡50多位经营户聆听食品安全知识培训，并与每位经营户签订食品安全承诺书，向经营户发放《消费维权实用手册》等资料。

9月19日，龙游土管所组织人员在罗家乡为多年来未办理土地证的40多户建房农户逐个进行丈量、登记，按照程序为农户办理土地证前期工作。深入基层为民服务的作风，深受村民一致称好。

10月15日，罗家乡举办“三民工程”标准化建设督查推进培训班，来自全乡各村两委成员，县、乡“两富”指导员，全体乡干部共100余人参加这次培训。

10月23日，县妇联主席与县农办主任带队到罗家乡开展县级美丽家庭现场审核。

11月9日，县委常委、纪委书记毛卓战参加罗家乡党政班子专题民主生活会。

11月27日，罗家乡召开2013年城乡居民合作医疗保险工作动员会，进一步推进城乡居民合作医疗制度持续健康发展，全面部署下步城乡居民合作医疗保险的相关工作。

11月28日，罗家乡组织的乡、村清洁工程检查，通过走村入巷排查及与群众沟通，全乡干部、群众清洁工程意识明显提高，村庄、道路、河道的清洁度普遍较好，也是老百姓文明程度提升的重要标志。

12月4日，由县委宣传部、县文广新局共同主办的农信杯“寻访草根明星打造百姓舞台”2012龙游文化季演出活动走进罗家乡进行文艺表演。

12月22日，罗家乡召开村级后备干部培训班开班，邀请相关领导进行授课。

12月28日，县委常委、纪委书记毛卓战主持召开东片乡镇(罗家乡、社阳乡、湖镇镇)年度工作会议，相关乡镇联系县领导参加。

2012年龙游县庙下乡人民政府大事记

1月13日，县人民法院党组书记、代院长詹黎钟在县民政局相关领导陪同下到庙下乡等地走访慰问部分特困党员、困难群众，并送上慰问金。

1月20日，县癌症康复协会组织人员到庙下乡等地，走访慰问协会的特困会员，送上慰问金及节日的祝福，并鼓励他们战胜疾病。

2月6日，龙游县委宣传部、文广新局主办，举行以“龙灯龙舞闹龙城，龙年龙子兴龙游”为主题的龙游龙年元宵舞龙大赛活动，旨在以活动展示的形式大力弘扬丰富的民间龙文化艺术。庙下乡的《竹衣龙》，优美的舞姿、精彩的表演，引得全场观众掌声、笑声、欢呼声响成一片。

3月5日，副县长金夏萍带领县国土等相关部门龙南山区地质灾害点，对汛情防治工作进行检查指导。金夏萍一行深入庙下乡等农户家，仔细了解地质灾害现状、危害程度和防治措施落实等情况。

4月1日，由龙游县风景旅游管理局和庙下乡政府联合举办的第二届龙游庙下农家乐挖笋游正式启动。

5月4日，庙下乡党委书记与乡林管员一行去各村进行林权主体改革调查研究。

6月15日，溪口派出所联合各乡镇综治办到龙南山区的庙下乡、大街乡、溪口镇、沐尘乡共45个行政村推行法律顾问制度。

7月20日，县旅游、水利、安监、卫生、交通等5部门组成联合检查小组，全面开展漂流安全大检查。检查组一行到庙下乡的六春湖生态漂流进行实地考察。

8月10日，民盟龙游县总支在庙下乡吴刚茶博园召开上半年工作总结学习会，总支主委吴幼平主持会议，全体总支委员、各支部委员、盟员政协委员参加会议。

8月24日，县文保单位——庙下乡回龙桥抢修工程通过县文广新局现场验收。

9月28日，省领导到庙下乡进行指导民生工作，并亲切询问当地群众的生活情况。

10月16日，县粮食系统在庙下乡举行“最美粮食人喜迎十八大”文体竞赛活动。

10月22日，森林执行委员会和市林业局发文命名公布2012年度“衢州市森林村庄”，龙游县有庙下乡浙源里村等6个村榜上有名。

10月23日，县委副书记、县长刘根宏，县人大常委会副主任周耀明一行到庙下乡走访生活困难的党员和群众，详细询问他们生活起居情况，并送上慰问金。

10月30日，省科协博士生科技服务团与龙游县科协举办一村一品果蔬培训班，庙下乡各村科技村长与全乡果蔬种植大户等共65人参加培训。

11月6日，庙下乡召开各村书记，主任会议，对各行政村河道清理工作进行验收。

11月8日，庙下乡组织全乡广大党员干部集中收看党的十八大开幕式。全乡机关干部、各村党支部书记在乡会议室集中收看，各村组织其他村两委成员、党员在各村会议室集中收看。

11月16日，龙游县纪委书记与乡相关领导一行在庙下乡指导民生工作室建设及三民工程工作。

12月5日，庙下乡万民素质工程厨师培训班正式启动开班仪式。

12月19日，由县委宣传部、县文广新局共同主办的农信杯“寻访草根明星打造百姓舞台”2012龙游文化季演出活动走进庙下乡进行文艺表演。

2012年龙游县模环乡人民政府大事记

1月11日，省委政法委副书记刘树枝一行深入结对帮扶点模环乡开展送温暖活动。

2月28日，模环乡联合县规划局、国土局、公安局等有关部门，依法乡内四处违法建筑实施强拆。

3月6日，模环乡召开大学生村官座谈，旨在发挥大学生村官的主观能动性，调动工作积极性，提高办公效率，加速新农村建设进程，乡党委副书记杜前强、组织委员洪振基出席会议，

4月9日，模环乡组织工程技术人员为新建的村道进行测绘，平息纠纷，化解矛盾，全力优化工业园区的发展环境。

5月2日，模环乡党委组织召开以“学习周言松同志先进事迹，争做‘最美干部’座谈会”为主题的会议。

5月16日，省低丘缓坡综合开发利用试点项目龙游区块土地征收动员大会召开后，龙游工业园区、县国土局、林业局等单位和模环乡高度重视，及时部署全力做好清苗清点、拆迁安置等政策处理工作。

6月26日、县政协主席黄利荣带领部分政协委员视察乡村卫生服务一体化管理改革工作。视察组在副县长陆民陪同下，实地察看模环乡卫生室的日常管理运行情况。

6月29日，市农家书屋工程建设协调小组一行到龙游县，就农家书屋工程建设工作完成情况进行验收。市协调小组模环乡实地察看农家书屋建设情况。

7月18日，模环乡组织相关干部到白马村省低丘缓坡开发利用项目龙游区块土地征收现场进行实地考察和指导工作。

7月23日，针对夏季高温季节是生产安全事故的易发、高发时期，模环乡组织开展安全生产大检查活动。

8月3日，模环乡召开省委政法委下派农村指导员工作座谈会，总结交流驻村工作成效和经验，共同探讨村庄发展新思路。

8月9日，县委常委、常务副县长叶浩平以“第一书记”的身份到模环乡实地蹲点开展调研。

8月27日，县委副书记、县长刘根宏带领县教育、卫生和体育等相关部门负责人，实地调研模环乡卫生院等项目建设情况。

9月4日，县政府组织召开龙游工业园区园中村村庄规划论证会。龙游工业园区、模环乡政府、县住建局等相关部门及各村村民代表参加会议。

9月23日，龙游县一代曲艺大师许彩根先生诞辰90周年纪念活动在模环乡隆重举行。此次活动由县文广新局、县非遗办和模环乡文化站联合举办，共同追思这位龙游本土的曲艺大师，弘扬和传承龙游道情文化。

9月27日，龙游县低丘缓坡土地征收工作汇报会在龙游工业园区召开。在汇报会上，各工作小组和模环乡负责人汇报低丘缓坡土地征收工作进展情况，并就下一步工作目标进行深入解析。

10月10日，县委常委、组织部长舒畅一行在模环乡督查指导“三民工程”标准化建设，实地查看“三民工程”标准化建设情况，对模环乡下步工作提出要求。

10月16日，县委常委、纪委书记毛卓战在模环乡调研村民生工作室创建工作。

10月18日，县委组织部副部长方伟军、组织科科长黄志林到模环乡夜访农户。方部长一行走访部分老党员、干部、村民代表，到他们家中解情况，宣传“三民工程”。

11月8日，模环乡组织全乡广大党员干部集中收看党的十八大开幕式。全乡机关干部、各村党支部书记在乡会议室集中收看，各村组织其他村两委成员、党员在各村会议室集中收看。

11月19日，乡政府组织各工作站站长和村清洁工程督导员，对模环乡23个村清洁工程进行第二次交叉检查。

11月27日，模环乡组织全体乡干部和各村村干部开展学习宣传党的十八大精神报告会。

12月4日，由县委宣传部、县文广新局共同主办的农信杯“寻访草根明星打造百姓舞台”2012龙游文化季演出活动走进罗家乡进行文艺表演。

2012年龙游县沐尘乡人民政府大事记

2月6日，龙游县举办全县舞龙大赛，集中展示龙游县民间舞蹈这一非物质文化遗产保护成果。沐尘畲族乡的貔貅钢叉狮舞精彩的表演获得一致好评。

3月20日，以省建设厅副厅长吴雪桦为组长的农房改造建设工作组到龙游县考核检查农房改造建设工作。副县长陆寿泉陪同考核。考核组一行实地察看沐尘乡农房建设项目。

3月27日，沐尘乡召开乡村两级民生工作室规范化建设会议。

3月29日，由县委统战部、县水利局、林业局等单位相关人员组成的“双服务”活动小组到沐尘乡调研。

4月25日，沐尘乡召开“美丽乡村”动员大会，并制订有关实施方案。

4月27日，龙游县召开美丽乡村“四级联创”推进会，贯彻落实“全市美丽乡村‘四级联创’现场推进会”精神，进一步推进龙游县争创省级美丽乡村先进县工作。沐尘乡的相关负责人作表态发言。

5月18日，县委统战部、各民主党派、知联会、工商联等副主委以上代表一行到沐尘畲族乡实地调研“同心基地”建设情况。在召开的座谈会上，对统一战线“同心”基地建设提出意见和建议。

5月24日，沐尘乡班子成员、驻村干部和全乡党员干部共400余人深入各行政村清洁卫生，确保村庄清洁不留死角。

6月3日，沐尘乡召开新农村建设培训会，会议邀请衢州市发改委主任傅炎康做专题培训。参加这次会议的有全体乡干部、大学生村官、部门负责人和各行政村村两委班子。

6月19日，龙游县召开美丽乡村“四级联创”互看互学现场会。与会人员到沐尘乡等美丽乡村，实地互看互学美丽乡村建设项目推进情况和清洁工程实施情况。

6月29日，市农家书屋工程建设协调小组一行到龙游县，就农家书屋工程建设工作完成情况进行验收。市协调小组到沐尘乡实地察看农家书屋建设情况，

7月10日，沐尘乡召开龙游遂昌毗邻单位治安协作工作会议。两县公安局，北界镇、沐尘乡和两地派出所、交警中队等有关单位主要领导，两县交界的马成口、北界、王坞三个村的主职干部共同参加会议。

7月27日，沐尘畲族乡召开“美丽家庭”创建活动推进会，各村书记、主任参加会议。

8月14日，沐尘乡召开乡村两级干部大会，要求各村书记以项目开展的方式汇报1—8月份工作。

8月17日，龙游县沐尘乡召开衢州市共青团年中工作会议，来自团市委全体机关干部、六个县(市、区)的团委班子及高校、开发区团委负责人参加会议。

9月18日，县领导对沐尘畲族乡美丽乡村建设进行验收指导工作。

9月24日，县委组织部调研组到沐尘乡调研“村级集体经济发展”，7个村的书记或主任以及部分乡干部参加座谈。

10月15日，沐尘乡全体乡干部和驻村干部及各村书记召开“三民工程”标准化建设督查推进会，分析当前问题，明确今后工作重点，切实加大“三民工程”标准化推进力度。

10月23日，沐尘乡召开第六届残疾人代表大会。

11月8日，中国共产党第十八次全国代表大会开幕。沐尘畲族乡党委高度重视，通过电话、短信组织全乡党员干部收看。沐尘畲族乡乡机关30余名工作人员在乡小型会议室集中收看，全乡500多名党员、干部和部分老干部在各村会议室集中收看。

11月12日，县组织部严部长在沐尘乡组织委员张小花的陪同下到乡检查指导三民工程，查看农户档案收集情况。

11月29日，在沐尘乡召开龙游县乡镇(街道)档案工作年度汇报会暨档案文化建设现场会。

12月7日，龙游县统计局领导班子成员和中层以上干部共10人，到结对帮护的沐尘乡，分头深入结对帮扶对象家中。

12月18日，由县委宣传部、县文广新局共同主办的农信杯“寻访草根明星打造百姓舞台”2012龙游文化季演出活动走进沐尘乡进行文艺表演。

2012年龙游县社阳乡人民政府大事记

1月4日，省红十字会到龙游县开展2012年“红十字博爱送万家”活动，为龙游县110户困难家庭送来14万余元慰问金及救助物资，并在社阳乡举行款物捐赠仪式。

1月10日，社阳乡党召开乡党政班子和全体机关干部会议，贯彻落实县党代会精神，对全乡各项重点工作进行再安排再部署。

1月12日，市人大副主任赵正良一行在龙游县，走访慰问社阳乡等地的部分困难群众，并给他们带去慰问物资。

2月4日，社阳乡举行传统的灯会，舞起“板凳龙”，用传统的风俗喜迎元宵佳节的到来。祈祷新一年风调雨顺，国泰民安。

3月13日，县委常委、纪委书记毛卓战一行到社阳乡进行实地调研，贴近基层，与村干部们亲切交谈，解基层实际情况。

3月21日，衢州市人大常委会副主任赵正良深入到社阳乡进行调研，开展“进村入企”大走访活动。

3月30日，县人大副主任吴金德到社阳乡，开展“进村入企”大走访活动。

4月21日，县教育局与省人民书店、县电化教育中心、龙洲街道阳光社区体艺队等单位举行“爱心图书”捐赠仪式，社阳乡小学等13所农村小学获赠3000册新图书和18套文柜设备。

5月3日，社阳乡党委、政府开展以“学习先进热爱本职、合力共建生态社阳”为主题的学习周言松先进事迹座谈会。

5月15日，社阳乡举行专题培训会，邀请县委组织部组织科黄志林科长就农村党员发展和组织关系接转等内容进行专题培训。

6月19日，社阳乡4个村级组织活动场所建设完工，已全部通过验收。

6月28日，县纪委副书记、监察局长马巍到社阳乡走访慰问特困党员。

6月29日，为庆祝中国共产党建党91周年，龙游县社阳乡、大街乡及县疾控中心、县改水办的党员和入党积极分子，积极响应龙游县献血办号召，踊跃参加无偿献血。

7月13日，“希望之旅、你我同行”社阳乡“春泥计划”启动仪式在社阳乡大公村举行，为实施“美丽乡村”攻坚行动建设创造良好的文明氛围。

7月26日，县领导周中民、汪军、陆民一行走访慰问武警衢州市支队四大队及部分优抚对象，向他们致以节日的问候和祝福。周中民一行到社阳乡看望建国前复员军人及转业士官，与他们亲切交谈。

8月10日，县人大常委会副主任吴金德到社阳乡的乡村，履行村党支部“第一书记”职责，开展蹲点调研，指导工作。

8月30日，社阳乡召开会议，对三民工程标准化建设进行动员部署。组织委员就民情档案三张单、民情沟通三个一、为民服务三平台等三民工程标准化要求进行讲解。

9月19日，社阳乡由乡书记带队对社阳、凤溪、大公、金龙三民工程建设情况进行督查。

9月22日，在社阳乡召开龙游青年创业协会第七次会议。

10月12日，湖镇派出所举办治保干部业务培训会，对社阳乡和湖镇镇47个行政村的治保会主任进行业务指导和培训。

10月18日，社阳乡召开三民工程标准化建设现场会。

10月23日，社阳乡召开汽车拉力赛工作专项会议，部署赛事期间的安保工作，会议提出，要保畅通、保安全、保秩序，确保赛事顺利进行。

11月8日，社阳乡组织全体干部集中收看十八大开幕式，聆听总书记报告，回顾辉煌历史，展望美好未来。

11月18日，社阳乡组织8个村村支部书记到小南海镇箬塘村、詹家镇前游村考察学习，推进三民工程标准化建设。

11月20日，社阳乡组织30余名机关干部走进十里丰监狱接受警示教育。

12月1日，由县委宣传部、县文广新局共同主办的农信杯“寻访草根明星打造百姓舞台”2012龙游文化季演出活动走进社阳乡进行文艺表演。

12月28日，县委常委、纪委书记毛卓战主持召开东片乡镇(湖镇镇、罗家乡、社阳乡)年度工作会议，相关乡镇联系县领导参加。

2012年龙游县石佛乡人民政府大事记

1月5日，出席县第十次党代会的第六代表团成员齐聚一堂，就徐旭同志代表中共龙游县第九届委员会所作的报告展开热烈讨论。来自石佛乡的代表们发言报告。

1月11日，石佛乡政府、东华街社区、龙游姑蔑书画院联合举办“喜迎龙年送福送春联到石佛乡”活动，为当地百姓送去新春的祝福。

2月15日，在石佛小学的会议室里，正在举行的一堂以“立足本职岗位闪光”为主题的“微型党课”，给全体教职员工送上一道温暖的“心灵鸡汤”。

3月16日，石佛乡农办组织召开屋顶山塘水库大坝巡查员和山区小流域山洪灾害预警员培训会，对全乡53座山塘水库大坝的巡查员和3个山区小流域山洪灾害预警员进行培训。

3月31日，石佛乡举办农家书屋管理员业务培训。乡文化站特邀请县图书馆及文化监察大队领导对如何筹建农家书屋的相关业务、管理和如何分辨真伪图书、光碟进行全面、系统的辅导培训。

4月1日，召开村支部书记、全体乡干部和护林员工作会议，全面部署清明森林消防工作。

4月21日，县教育局与省人民书店、县电化教育中心、龙洲街道阳光社区体艺队等单位举行“爱心图书”捐赠仪式。石佛乡小学等13所农村小学获赠3000册新图书和18套文柜设备。

4月27日，由团市委、市青少年宫主办，市科协、市禁毒办协办，团县委、石佛乡、县青少年活动中心和石佛小学承办的“同在阳光下，你我共成长”流动青少年宫第二站活动走进石佛小学。

5月25日，在乡党校召开石佛乡农村公共卫生工作会议。参加会议的对象有各村书记、主任、妇女主任及驻村干部。

6月15日，来自全市6个县（市、区）的9名宣讲员走进石佛乡，演绎一堂精彩的“乡土党课”示范课程。

7月5日，省委基层组织建设年活动督查组在石佛乡进行工作督查。由省卫生厅副厅长王国敬带队，督查组检查三和村党建工作的标准化建设和创先争优分类立项、评星晋级等台账资料。

8月24日，石佛乡举行来料加工技能大比武，来自全乡各行政村的17名来料加工经纪人和42名选手参加比武。

9月5日，石佛乡政府协同团县委本着对农村孩子的关怀，以“提升农村孩子品位，培养农村孩子良好读书习惯，全面提高农村孩子综合素质”为宗旨，在石佛乡峰塘山村率先创建红领巾读书角。

9月12日，石佛乡联合县药监、工商、卫生、教育、商务等多个部门参与，对全乡各餐饮单位、农家乐及乡政府、学校、重点幼儿园食堂、超市等场所，开展食品安全大检查行动。

10月13日，石佛乡团委于乡党校隆重召开第十四次代表大会。乡党委书记姜建军、乡长严林平、团县委副书记童舟出席会议并作出重要讲话，乡党委副书记徐嘉龙主持会议。

11月8日，中国共产党第十八次全国代表大会在北京人民大会堂隆重开幕，石佛乡党委、政府和各行政村、学校、企事业单位全体党员干部组织收看胡锦涛总书记在大会上的工作报告。

11月13日，县医院的医务人员到石佛乡等街道乡镇看望多名糖尿病患者，并送上慰问金。

12月13日，由县委宣传部、县文广新局共同主办的农信杯“寻访草根明星打造百姓舞台”2012龙游文化季演走进石佛乡进行文艺演出。

2012年常山县天马街道办事处大事记

1月30日，县城市管理综合执法大队会同天马街道、城市规划管理所，依法强制拆除违章建筑。

1月31日，天马街道举办的“祥龙报春•激情天马”第七届社区文化艺术节演出活动，给社区居民送上丰盛的“文化大餐”。

2月14日，天马街道召开全体干部职工大会，明确班子成员分工抓项目。

2月15日，县委宣传部、县文联、天马街道联合开展“学习雷锋精神，争做常山好人”主题活动。

3月27日，县委副书记、县长毛建国调研衢州绿色产业集聚区常山片区土地征用前期工作。县经济技术开发区管委会主任王全陪同调研。毛建国一行到天马街道等涉及土地征用的地块，详细了解土地征用前期进展情况，认真察看产业集聚区规划编制等。

4月9日，县人口和计划生育局与天马镇联合举办计生优生、优育、优教“三优”知识培训班，来自天马街道各社区、妇女及新婚对象认真聆听培训课程。

4月18日，县委副书记、县长毛建国调研城中村、城郊村农居点建设工作。毛建国认真察看天马街道的农居点，详细了解各农居点的村庄规划情况，并召开座谈会。

5月23日，天马街道各社区开展“5•29”计生协会活动，内容包括计生知识讲座、知识抢答、有奖猜谜和趣味小活动等。

6月6日，备受瞩目的中国共产党浙江省第十三次代表大会在杭州隆重开幕。天马街道组织群众通过电视、网络、电台等，收看收听开幕盛况。

6月20日，2012“常电杯”“和谐常山•寻找身边的榜样”之“最美村民”专场评选活动分别在宋畈乡和天马街道举行，全县各乡镇(办事处)的41位村民参加评选。

7月5日，县委常委、常务副县长方庆建到衢州绿色产业集聚区常山天马街道片区各征迁工作组测量现场，看望慰问酷暑高温下奋战在一线的征迁组工作人员，并给他们送上防暑降温用品。

8月28日，常山县人民政府森林消防指挥部公布《关于表彰参加“8•1”森林火灾扑救的森林消防队的通报》的文件，天马街道森林消防队榜上有名。天马街道历来高度重视森林消防队的建设，配齐配强森林消防队员，完善相关工作制度，加强日常教育和训练。

9月12日，天马街道召开“三民工程”标准化建设工作动员会。全街道机关干部、各行政村支书、主任、渔业大队负责人、社区主任、大学生村官及禁毒社工共计207人参加会议，会议由党委副书记何小建主持。

同日，天马街道组织相关人员召开村卫生室实施国家基本药物制度动员会。

9月27日，天马街道召开“两违”巡查制止工作推进会。全体机关干部、各行政村支书、主任、渔业大队负责人、社区主任、巡查制止队伍成员及村级土地协管员共200多人参加会议。县住房和城乡规划建设局党委委员童国庆、国土资源局土地储备中心主任金宏也出席会议，会议由党委副书记何小建主持。

10月9日，全国乡镇实体化“大团委”建设工作电视电话会议召开后，天马街道团委立即向党委主要领导做汇报，并第一时间组织团委委员及成员召开会议，及时传达电视电话会议精神，认真学习团中央书记处第一书记陆昊、团省委书记张彤的重要讲话。

10月15日，县人大常委主任徐建华一行到天马街道开展“代表接待日”活动，与部分市、县人大代表进行座谈，征求人大代表的意见和建议。

11月8日，举世瞩目的中国共产党第十八次全国代表大会隆重开幕，天马街道组织全体机关干部纷纷围坐在电视机、收音机、电脑前，收看收听大会实况，认真聆听胡锦涛总书记所作的报告。

11月20日，天马街道召开2012年度领导班子述职述廉大会。街道领导班子成员、全体镇村（居）干部参加大会。

12月11日，天马街道党委召开党的十八大精神宣讲大会，来自街道的党员机关干部、村两委班子及部分企业代表等人齐聚一室，就十八大精神进行更深更细的学习。

2012年常山县紫港街道办事处大事记

1月13日，紫港街道表彰2011年度社区建设中的各类先进。

2月24日，紫港街道举办“寻找身边‘活雷锋’”主题故事会，6位故事员绘声绘色地讲述发生在身边的好人好事。

2月28日，紫港街道60多位小巷雷锋志愿者为居民提供医疗保健、法律、美容美发、家电维修等10项便民服务。

4月11日，县委书记李华在调研“五城联创”工作时强调，坚定“五城联创”工作目标不动摇，突出重点，整体联动，创新实干，奋发有为地推进创建工作，全面提升城市能级。县领导方法、苏新祥参加调研。李华一行到紫港街道等地察看，详细解创建工作进度，并召开座谈，听取相关情况汇报。

5月14日，党建共建理事团授牌暨合约书签字仪式在县委党校举行，标志着常山县“1十N：组团合约”模式社区区域化党建试点工作全面推开。签约仪式后，各单位来到紫港街道开展绿化植树、气象防灾减灾培训等共建活动。

6月20日，县委组织部副部长傅昌华正为紫港街道党建共建理事团成员单位举行隆重的授旗仪式，拉开社区区域党员“看变化、强服务、争先进”主题活动序幕。

6月26日，紫港街道组织社区志愿者开展以“浓浓粽香、情满社区”为主题的“百家粽送温情”活动。

7月26日，县公安局外港派出所民警走进紫港街道，为社区居民宣讲夏季安防知识。

7月30日，紫港街道举办“我奉献、我快乐”演讲比赛，吸引社区500多名居民观看，来自辖区各共建单位的15名选手参加比赛。

9月20日，第二十四个“全国爱牙日”，宣传主题是“健康口腔，幸福家庭”。天马中心卫生院开展“爱牙日”进社区义诊与宣传咨询活动。活动中，卫生院组织县城紫港街道，向居民宣传爱护牙齿的重要性、免费初步检查口腔疾病、接受咨询，并发放介绍口腔健康标准以及家庭口腔保健基本内容等方面知识的宣传资料。

9月26日，全市村居干部宣讲工作现场会在青石镇召开，来自6个县(市、区)的9位宣讲员演绎一堂别开生面的“乡土党课”。紫港街道居委会主任徐金妹，从夯实群众基础、发扬团队精神、丰富活动载体3个方面谈社区工作的体会。

10月20日，街道举行“和谐邻里幸福紫港”邻居节，老人们当起厨艺赛的评委。

11月1日，根据新一轮《常山县行政区划调整初步方案》，拟撤销天马镇分设为三个街道，三个街道的暂定名分别是天马街道办事处、紫港街道办事处、新都街道办事处。

11月8日，第13个中国记者节。衢州日报社在紫港街道设立的摄影沙龙基地正式挂牌。

11月13日，县公安局消防大队在金佰汇广场举行“119”消防宣传月暨送消防下乡活动启动仪式。消防官兵向紫港街道的市民展示多种灭火和救生器材，各类消防教育和火灾警示展板也吸引众多市民驻足观看。

2012年常山县白石镇人民政府大事记

1月9日，县人大常委会主任徐建华到白石镇慰问特困老党员、生活困难农户。

2月28日，县委副书记方法到白石镇开展“村情民意大调查”活动，详细解村情民意，帮助他们解难题、谋发展。方法一行实地察看小白石村美丽乡村建设情况，充分肯定小白石村在美丽乡村创建中取得的成效。

3月20日，省住房和城乡建设厅副厅长吴雪桦率省农村住房改造建设工作考核组在常山县检查。县领导李华、毛建国、方法、严可兵陪同检查。考核组到白石镇村镇农房改造安置点区等，检查农村住房建设完工项目和在建项目。

4月11日，常山县普降大到暴雨，并伴有大风、雷电和冰雹，导致白石镇、球川镇的十几个村庄不同程度受灾。灾情发生后，各地干部群众立即展开自救，县农业、广电、供电等部门组织人员，在第一时间深入受灾村，了解灾情，组织群众开展生产自救。

4月16日，县人大常委会主任徐建华带领代表与选举任免工委主任等一行到白石镇，与该镇市、县、乡3级人大代表座谈，征求人大代表的意见和建议。

5月15日，县委副书记、县长毛建国慰问白石镇的残障人士，走访县培智学校、县残疾人康复指导中心，听取县残联工作汇报。

6月12日，全县小班化教学试点工作现场会在白石镇中心小学召开，这预示着常山县小班化教学试点工作全面展开。

6月19日，县委书记李华调研基层组织建设工作。县委常委、组织部长夏建军参加调研。李华一行到白石镇实地考察。

7月13日，县政协召开第四十五次主席会议，专题视察协商农村污水治理工作。与会人员视察白石镇农民生活污水处理情况。

8月22日，县人大常委会主任徐建华，县委常委、纪委书记朱素芳在白石镇政府接待室约见三名约访群众。

9月10日，白石镇全面推进“三民工程”标准化建设工作，镇组织各行政村干部召开动员会，详细部署有关具体事项。

10月28日，县第二届残疾人运动会在县体育馆胜利闭幕。市残疾人联合会党组书记、理事长曹唐林宣布闭幕，县委副书记方法致闭幕词，县领导王文达、黄法云出席闭幕式，副县长严可兵主持闭幕式。白石镇获得团体总分第六名。

11月2日，县委副书记、县长毛建国调研农房改造工作。毛建国一行实地察看白石镇等地的农房改造工作情况。

11月8日，白石镇组织干部群众观看中国共产党第十八次全国代表大会开幕式现场直播，认真聆听胡锦涛总书记代表中国共产党第十七届中央委员会向大会作的报告。

11月13日，常山县里组织4个小组，对全县15个乡镇(办事处)进行暗访，发现县农村环境卫生状况不容乐观。抽查地包括白石镇等乡镇。

12月10日，由市农家乐文化艺术团、县文化馆举办的大篷车十八大精神巡回演出在白石镇进行文艺演出。

2012年常山县芳村镇人民政府大事记

1月1日，县委副书记、代县长毛建国检查节日安全生产。县委常委、县公安局局长张少华，副县长甘土木参加调研。毛建国率领安监、开发区、交通、公安、环保等有关部门负责人，对芳村镇长厅岭地段等开展安全大检查。

2月29日，芳村镇里召开村支书、主任大会，各分管领导布置线上的工作，新到任书记余风对芳村镇干部提出热切的期望和具体的要求。真正落实好进村企、访民情、办实事、抓落实的最好效能。

3月20日，召开芳村镇老年大学开班仪式。镇党委书记余风为老年大学党员们讲授第一堂课。

3月28日，副县长严可兵率林业局有关人员一行在芳村镇调研指导“中国•常山”油茶示范园项目建设工作。

4月17日，芳村镇召开违法建筑整治工作动员会，传达学习全县动员大会精神，进一步统一思想认识、明确工作要求、细化考核目标。全体镇机关干部和村主职干部参加会议。

4月19日，县委常委、纪委书记朱素芳一行到芳村镇调研计划生育工作，镇全体班子成员和计生办干部参加调研会。

4月21日，镇全体机关干部职工积极响应县委、县政府“联创日”活动要求，到集镇主街道打扫卫生，并通过张贴宣传标语等形式，在全镇营造“人人参与，共创国家卫生县城”和“集镇建设靠大家”的舆论氛围。

6月8日，召开药品安全示范乡镇创建动员会，布置药品安全示范乡镇创建的工作内容和要求，确定完成的时间。

6月13日，芳村镇召集县人大代表、群众代表、驻镇单位主要负责人召开公检法测评会。与会人员结合自身岗位和自己的所见所闻，对公检法工作畅提意见建议。

6月28日，芳村镇召开创先争优表彰暨村干部半月集中办事日活动动员会，县委常委、组织部长夏建军出席会议并讲话。

7月19日，县委副书记方法到芳村镇走访调研。实地查看大处古建筑群、芳村古街、牛角口养鸽基地后，方副书记听取镇党委、政府工作汇报。

7月24日，市计生委副主任陈春生一行来常山县进行计划生育行政执法检查工作，芳村镇作为乡镇代表接受检查并进行专题工作汇报。

8月9日，芳村镇组织全体机关干部在党委会议室收看市“三民工程标准化建设暨第一书记工作法现场推进会”直播实况。

8月21日，镇党委书记余风到芳村集镇检查“农村清洁工程”，要求集镇卫生管理人员要保持街道卫生不留死角，对照优秀中心镇建设目标，再自我加压，争创一流。

8月30日，芳村镇组织全体镇机关干部收看“树优促后”工作推进电视电话会议。按照县委部署深化此项工作，学习兄弟乡镇先进做法，促进基层党建再上新台阶。

9月12日，芳村镇举行镇中心幼儿园奠基仪式。县委常委、组织部长夏建军，副县长揭正东等领导出席奠基仪式。

9月14日，芳村镇召开“三民工程”标准化建设动员大会。县委组织部副部长傅昌华出席会议并作重要讲话，全体镇、村干部参加会议。

10月24日，省计生委副巡视员郑德芳一行，在市计生委副主任陈春生、副县长严可兵等陪同下，对芳村镇“创国优”工作进行验收。

10月30日，市检查组到芳村镇进行“三民工程”督查，听取县、镇汇报，并实地查看河边山村、桐畈岗村。

11月8日，县委常委、组织部长吴利平到芳村镇调研。在全体班子成员参加的座谈会上，吴部长听取镇党委书记余风的工作汇报。

11月29日，芳村镇农贸市场隆重开业。镇党委书记余风对开业典礼进行致辞，县工商局局长吴建良对农贸市场开业表示祝贺，镇长李德生代表党委、政府对投身于农贸市场建设的广大干部群众表示感谢。

12月13日，由衢州市农家乐文化大篷车与常山县文化大篷车联合举办的十八大主题宣传演出活动在芳村集镇展开。

12月18日，芳村镇邀请县发改局投资科科长李向盛上一堂“项目谋划与包装”课。镇组织委员郑俊毅传达县委“百千万先锋行动实施意见”。

12月28日，在全镇七个片区各举办一场文艺演出的基础上，芳村首届“千年宋镇文化节”总汇演隆重登场。

2012年常山县辉埠镇人民政府大事记

1月31日，县委书记李华走访慰问辉埠镇等乡镇干部和企业家，向他们送上节日的问候。县委常委、政法委书记、辉埠镇党委书记方世忠，县政协副主席黄法云陪同走访慰问。

2月22日，县委书记李华、县委常委、政法委书记、辉埠镇党委书记方世忠到新都办事处，开展下访约访群众活动，面对面倾听群众心声，切实解决广大群众遇到的实际困难。

2月27日，常山县6家招商引资企业在辉埠新区举行集中开工、投产仪式。县委书记李华宣布项目开工、投产，县委副书记、县长毛建国主持仪式，县委常委、常务副县长方庆建介绍开工和投产项目情况，县领导徐建华、方法、方庆建、柴云妹、胡震云，县经济技术开发区管委会主任王全，辉埠镇党委书记何健等出席仪式。

3月26日，县委书记李华调研农业农村工作。县委副书记方法，副县长严可兵陪同调研。李华一行实地考察辉埠镇等地。

4月12日，辉埠镇党委召开党建工作会议，各行政村支部委员、村委主任、非公企业支部负责人等参加会议。

5月10日，辉埠镇召开非公企业党建编组共建工作座谈会。12名组织部选派党建指导员，8家企业支部负责人，镇联系班子成员均到会座谈。

5月17日，辉埠镇第六编组区内非公企业召开党建编组共建会议，会议上传达镇党委关于编组共建相关规定，确定各企业党建工作联系人，并就今后定期开展工作进行座谈并达成共识。

6月28日，县委组织部组织科刘元峰同志在辉埠镇督查基层组织建设年工作，实地走访乡村，并代表县委慰问辉埠镇困难党员，为困难党员带去组织温暖。

7月23日，辉埠镇召开干部学习会，全文学习县委第十二届三次全体扩大会议。会议号召打好攻坚战，建设文化辉埠。

8月9日，辉埠镇组织全镇行政村两委干部及广大党员收看三民工程标准化建设及第一书记工作法现场直播。

8月21日，县委书记李华、县委组织部长夏建军、县委办主任王生智一行到辉埠镇调研三民工程，辉埠镇党委书记何健、镇长黄洁平、组织委员杨志国等陪同调研。

8月27日，辉埠镇启动后进村整转计划，乡村班子集聚一堂为迎接县清洁工程考核组，巩固近段时间来的保洁成果做部署。

9月3日，县委书记李华、常务副县长方庆建、公安局长张少华一行到辉埠镇调研安全生产工作，辉埠镇镇长黄洁平、工业副镇长黄河忠陪同调研。

9月11日，辉埠镇召开“三民工程”标准化建设暨“第一书记”工作法推进会。

9月29日，辉埠镇召开村主职干部、全体干部职工会议，布置两节期间安全生产、信访维稳等各项工作，确保群众过清洁祥和的节日。

10月22日，辉埠镇邀请县检察院副检察长汪卫东作“乡镇预防职务犯罪”讲座。

11月2日，在辉埠镇二楼会议室召开辉埠镇行政区划调整座谈会，辉埠镇各行政村支书主任、县党代表、县人大代表、县政协委员、部分镇人大代表以及驻辉埠镇有关单位负责人参与座谈，与会人员对辉埠镇行政规划调整纷纷发表各自看法，并提出相关意见建议

11月8日，喜迎党的十八大召开，全镇干部分两处认真收看开幕式，回首过去，心怀自豪，展望未来，满怀信心。

11月25日，辉埠镇领导干部带头深入联系村宣讲十八大报告精神在宣讲中强调学习要与工作相结合，特别是着重做好清洁工程、三民工程、强村富民等当前利民工作。

12月7日，在辉埠镇在二楼会议室召开“绿色辉埠创建工作推进会”，各钙产品生产企业代表参加会议。

12月11日，辉埠镇党委召开党的十八大精神宣讲大会，来自辉埠镇的党员机关干部、村两委班子及部分企业代表等200多人齐聚一室，就十八大精神进行更深更细的学习。

12月12日，辉埠镇召开全镇清洁工程现场会，通过现场观摩、学习，督促各村抓好清洁工程，争创最洁净村、最洁净镇。

2012年常山县青石镇人民政府大事记

1月13日，县供销联社、安监、公安、工商、质监等部门联合行动，对烟花爆竹市场进行执法检查。执法人员到青石镇和招贤镇，对烟花爆竹零售店进行专项检查。

2月27日，县委副书记方法就常山县新农村建设和美丽乡村创建工作进行专题调研。方法一行到青石镇等乡镇，实地察看美丽乡村建设进展情况，。

2月29日，县残联邀请部分县政协委员视察残疾人事业发展情况。政协委员们来到位于青石镇敬老院的“残疾人小康•阳光庇护中心”，实地查看残疾人的工疗车间、托养室、康复训练室，详细解残疾人集中托养情况。

3月5日，县委副书记、县长毛建国就做好当前持续阴雨天气应对及防灾工作进行检查指导。副县长严可兵陪同检查。毛建国一行到青石镇地质灾害点等地进行实地察看，详细解有关防汛防灾工作落实情况。

3月26日，县委书记李华调研农业农村工作。县委副书记方法，副县长严可兵陪同调研。李华一行到青石镇进行实地察看。

4月19日，全市美丽乡村“四级联创”现场推进会首站走进常山。市委副书记李剑飞、市人大常委会副主任雷长林、市政协副主席王建华率100多名与会人员考察青石镇砚瓦山村和大塘后村两个“美丽乡村”建设示范点。

5月16日，县委书记李华在县残联理事长李军的陪同下，到青石镇残疾人阳光庇护中心，实地察看工疗车间、托养室、康复训练室等，亲切看望重度残疾的几位残疾人，了解他们的生活情况，并送上慰问金。

6月24日，在卫生局组织下，经疾控中心精心准备，“常山县规范化接种门诊创建现场会”在青石镇中心卫生院和辉埠卫生院顺利举行。

6月26日，在青石镇召开中国观赏石艺术长廊建设推进会，县委副书记方法参加会议，对建设工作进行协调部署。

7月27日，市委常委、组织部长赵建林到他挂联第一书记的后进薄弱村——青石镇湖头村，解村情和组织建设情况。县委书记李华，县委常委、组织部长夏建军参加调研。

8月16日，市人大常委会组织部分市人大代表来常山县开展城乡饮用水一体化工程专题视察。县领导李华、徐建华、王文达、俞宝根、严可兵陪同视察。代表们到青石镇等地，对城乡饮用水一体化工程的建设管理情况进行视察。

8月21日，县人大常委会组织部分县人大代表视察县人民医院和乡镇卫生院建设情况。县人大常委会主任徐建华，副主任王文达、熊雨土、俞宝根、徐柯参加视察。代表们察看青石镇卫生院，并召开座谈会，听取相关情况汇报。

9月5日，全市村居干部宣讲工作现场会在青石镇召开，来自6个县(市、区)的9位宣讲员演绎一堂别开生面的“乡土党课”。

9月18日，部分县人大代表在青石镇实地视察美丽乡村建设情况。县政府办、农办、住建局、农业局、民政局等单位主要负责人陪同。

9月18日，县残联在青石镇免费举办残疾人盆景制作培训班。

10月11日，常山县畜牧兽医局动物卫生监督所副所长方万林为动物防疫员开展防疫知识培训。青石镇动物卫生监督员及各村级防疫员共同参加此次培训活动。

10月28日，县第二届残疾人运动会在县体育馆胜利闭幕。市残疾人联合会党组书记、理事长曹唐林宣布闭幕，县领导王文达、黄法云出席闭幕式，副县长严可兵主持闭幕式。青石镇获得团体总分第三名。

11月26日，县委副书记、县长毛建国到联系村青石镇大塘后村，向镇村干部群众宣讲党的十八大精神。

11月30日，青石镇人民政府就十八大前的信访维稳工作召开镇村干部大会。

12月18日，青石镇召开镇村干部大会，布置“百千万先锋行动”及十八大精神宣讲启动工作。会议强调要以“一镇两品”为一条主线，继续深化，做强特色。

12月31日，青石镇举行石文化艺术节。青石镇村民自发组成的民乐队演奏《大海航行靠舵手》等乐曲，赢得现场观众的阵阵掌声。

2012年常山县球川镇人民政府大事记

1月12日，县老年科技工作者协会到球川镇敬老院，为四十九名孤寡老人带去医疗服务和新春的问候。

1月30日，缙云县委书记孔海龙一行到常山县考察，副县长王文达、县政协副主席黄法云陪同考察。考察团一行实地察看球川镇红旗岗移民安置点，对常山移民安置情况进行详细地了解。

2月14日，球川镇召开全镇机关干部职工座谈会，开展大讨论。与会对象剖析自己工作中的不足，对如何做好整改形成四点共识。

3月15日，市委常委、市纪委书记杜康一行在常山县开展“进村入企”大走访活动，县委书记李华，县委常委、纪委书记朱素芳陪同。杜康一行到球川镇，与镇村干部、部分企业主代表进行座谈。

4月12日，县委副书记方法一行在县妇联领导的陪同下调研常山县来料加工工作。方副书记一行察看球川镇曹宅村的丝袜定型加工点。

4月21日，球川镇举办豆腐美食文化节。

5月8日，县委副书记方法到球川镇残疾人小康阳光庇护中心、红旗岗村贫困残疾人罗周新、残疾人创业自强对象刘堂忠家中走访慰问。

5月11日，常山县卫生系统举行晚会庆祝“5•12”国际护士节，并对奋战在医疗卫生一线的优秀医务工作者进行表彰。县“最美医生”获得者是球川镇中心卫生院张小龙医师

6月19日，县委书记李华专题赴球川镇、白石镇调研非公企业党建、村集体经济发展等基层组织建设年活动开展情况。

7月11日，县委书记李华到球川镇专题调研后进薄弱村整顿转化工作。

7月13日，县动物卫生监督所副所长方万林到球川镇为养猪户开展一堂面对面的养猪培训课，受到当地养猪场户的欢迎和好评。

7月27日，由县委宣传部主办，县文联、县广电总台、县新闻中心协办的“文化常山行”采风活动正式启动。采风团到第一站——球川镇进行参观考察。在球川镇，采风团成员实地考察古建筑三十六天井和大夫第，品味古镇悠久文化。

8月14日，市委常委、市纪委书记杜康到球川镇东坑村，挂任该村党支部“第一书记”，谋划推进基层党组织建设、发展村级集体经济、促进农民增收致富等工作。县委常委、组织部长夏建军，县委常委、县纪委书记朱素芳陪同。

9月6日，球川镇芙蓉村的中心街道热闹非凡，由县委宣传部、县文广新局主办的“信用联社杯——丹心向阳放飞梦想”排舞大赛第一场在球川赛区拉开帷幕，来自球川镇的10支代表队参加角逐。

9月18日，部分县人大代表赴球川镇实地视察常山县美丽乡村建设情况。县政府办、农办、住建局、农业局、民政局等单位主要负责人陪同。

10月21日，县农村清洁工程督查小组前往部分乡镇，对清洁工程开展情况进行督查。督查小组先后到新都办事处、白石镇、球川镇和同弓乡，对四个乡镇14个村庄的卫生情况一一进行检查。

10月28日，县第二届残疾人运动会在县体育馆胜利闭幕。市残疾人联合会党组书记、理事长曹唐林宣布闭幕，县领导王文达、黄法云出席闭幕式，副县长严可兵主持闭幕式。球川镇获得团体总分第四名。

11月8日，球川镇组织全镇广大党员干部集中收看党的十八大开幕式。全镇机关干部、各村党支部书记在镇会议室集中收看，各村组织其他村两委成员、党员在各村会议室集中收看。

11月9日，球川镇组织广大干部职工召开十八大精神专题学习会，大家围绕报告内容，结合球川镇实际，有针对性地开展讨论。

11月29日，省“百乡千村”示范服务中心创建验收组到常山县，对便民服务中心创建工作进行检查验收。检查组对球川镇行政服务中心、球川镇九都村便民服务中心进行实地查看。

12月25日，县委常委、组织部长吴利平到球川镇慰问值守在一线的乡镇干部，解值班夜学情况，倾听乡镇干部的酸甜苦辣，并就驻村干部入户等问题和乡镇干部深入交流意见。

12月29日，球川镇馒头山村村民李蔚洋荣获“2012年浙江省青少年武术散打冬季锦标赛”52公斤级第二名。

2012年常山县招贤镇人民政府大事记

2月17日，招贤镇基层党组织通过电视、广播、网络等形式，对县党代会进行收看收听。

3月20日，招贤镇召开药品安全信息员培训会，镇领特别导强调食品、药品安全使用的重要性。镇食品药品安全员对违法使用药品行为的处罚规定作解释，并与各村卫生室签订责任书。

同日，招贤镇召开镇集体林权制度主体改革工作动员会，各驻村干部，各村支书、主任参加会议。召开全镇会计培训会，就集体林权制度主体改革有关事项进行部署。

3月21日，县卫生局团工委组织15名医疗专家、团员青年赴招贤镇招贤村、箬溪村、浦口村开展进村入户送健康的活动

4月4日，招贤镇全镇干部放弃节假日休息，在镇政府待命，谨防山林火灾的发生。各驻村干部积极向各村做好宣传工作。

4月12日，招贤镇召开依法整治违法建筑工作动员大会。会上，镇长传达电视电话会议的精神，制定工作时间表。

5月3日，“树估县新风，做招贤好人”青年志愿服务活动启动仪式正式开始。

6月1日，招贤镇组织开展“两新”组织党组织进校园、献爱心活动，两位党支部书记为招贤鲲鹏希望小学全体学生送上价值8000多元的学习用品。

6月2日，招贤镇大溪沿村党支部书记张明生周末到村防洪坝修建现场检查施工进度。

6月28日，县政协主席林红汉，县委常委、宣传部长苏新祥一行在招贤镇主要领导的陪同下，慰问贫困党员。县领导亲切与党员进行交流，解生活情况，并送上的慰问金。

7月23日，招贤镇利用夜学时间集中学习十二届三次全体扩大会议。书记姜雪峰结合招贤实际，提出抓项目，抓成绩，抓稳定。并就镇干部在工作、纪律方面作出具体要求。

7月30日，招贤镇召开全镇镇村干部大会，布置近期全镇工作，重点部署饮用水工程项目。

8月9日，招贤镇大溪沿村支部第一书记——县委常委、公安局长张少华到村里开展走访活动。

8月15日，招贤镇的“村干部半月集中办事日”活动中，各村组织党员干部传达学习全县乡镇违法建筑整治工作汇报会和全县党风廉政警示教育会会议精神，布置项目建设“双月攻坚”和农村清洁工程等重点工作，接待办事群众。

9月14日，招贤镇全体机关干部、各村支书、主任、会计、各挂职干部和农村指导员在镇会议室参加“招贤镇‘三民工程’标准化建设暨‘树优促后’动员会”，介绍招贤镇民情沟通三个一工作方式，并强调“三民工程”对基层党建的重要性。

10月24日，常山县招贤派出所与招贤镇政府联合召开“听民声、化纠纷”座谈会，成功化解几起矛盾纠纷。

11月8日，招贤镇组织全镇广大党员干部集中收看党的十八大开幕式。全镇机关干部、各村党支部书记在镇会议室集中收看，各村组织其他村两委成员、党员在各村会议室集中收看。

11月23日，招贤镇召开三民工程标准化建设培训会议，重点对3张单的填写及必存档案选存档案的收集、复印作解说。

11月29日，常山县召开大学生村官座谈会。招贤、东案、青石、大桥头四个乡镇的17名大学生村官集聚一堂，围绕十八大精神，结合村官工作实际纷纷畅所欲言。

12月28日，招贤镇首届古县文化节在常山古县遗址举行隆重的开幕仪式。

2012年常山县大桥头乡人民政府大事记

1月11日，大桥头乡第十六届人民代表大会第一次会议隆重召开，来自全乡各行各业、各条战线的48名人大代表参加会议。

1月12日，常山县明达线业有限公司副总经理李水忠，在大桥头乡宣传委员詹丽青、财政总会计占淑安的陪同下，走访慰问困难群众，给他们送粮、油等生活必需品和慰问金。

2月22日，大桥头乡组织党员干部开展无偿献血活动，献血总量达4000多毫升。

2月27日，常山县交通运输局专门召开党委会和宣传动员会，部署“进村入企”活动。宣传动员会一结束，交通系统9名县管干部全部深入到联系乡镇大桥头乡，开始深入农村、走访农户活动。

3月26日，市委常委、公安局长王建等一行到常山县大桥头乡开展“进村入企”大走访活动，实地查看当地企业生产情况，走访部分老干部和群众，听取企业和群众对公安工作的意见和建议。

4月23日，为进一步做好农村青年信用户评选工作，大桥头乡团委召开村支书主任会议专题布置该工作。

5月28日，县图书馆工作人员到大桥头乡对各村农家书屋管理人员进行图书整理、管理等方面培训，并进行耐心讲解。

5月30日，在乡二楼会议室召开大桥头乡村级气象信息员培训班。县气象局办公室主任余春海为各村信息员详细讲解气象专业知识及气象员的工作内容和职责。

6月18日，大桥头乡全体干部认真学习第十三次党代会精神。

6月27日，大桥头乡党委书记洪永海、乡长樊有卫率全乡14个村支书，到桥坑村参观学习农房改造建设规划及安置区建设阶段性成果。

6月28日，大桥头乡举办首届全民运动节，本次运动节共设拔河、投飞镖、定点投篮、结伴而行、抛绣球、集体跳绳六个比赛项目，广大青年踊跃参与。

7月12日，大桥头乡的“文化夜市”迎来一场精彩的文化演出。

7月23日，大桥头乡多形式学习县委十二届三次全体会议报告。

8月1日，大桥头乡组织召开“重点项目推进会”，乡长樊有卫、农业副乡长郑富强、防洪堤建设沿线各村支书、主任及工程施工方参加会议。此次推进会协调解决大桥头乡防洪堤前期建设过程中遇到的困难和问题，为工程的后续施工奠定扎实基础。

8月8日，浙江省首届女子体育节趣味体育比赛，由大桥头乡和宋畈乡50名妇女组成的常山队在江山体育馆比赛。

8月23日，大桥头乡邀请大桥头乡的县乡人大代表、党代表对各村卫生整治情况进行检查，对检查过程中发现的问题由乡党委进行通报，督促各村将村庄卫生整治抓实、抓细、抓好。

9月21日，市人大的领导和县委书记李华大桥头乡卫生院指导调研工作。

9月25日，常山县大桥头乡组织10名乡干部参加浙江省(浙西片区)全民健身运动会，大桥头乡拿到团体二等奖。

10月10日，大桥头乡召开会议部署“民情沟通日”活动的相关事宜。

11月8日，党的十八大在北京隆重开幕，大桥头乡全体机关干部一起认真聆听总书记题为《坚定不移沿着中国特色社会主义道路前进为全面建成小康社会而奋斗》的报告。

12月1日，大桥头乡卫生院建立健全健康服务团队，为群众提供健康卫生知识，开展“健康服务日”活动，乡村医师郑世龙与卫生院医师为群众开展测量血压、慢病随访、艾滋病宣传等工作。

2012年常山县东案乡人民政府大事记

1月16日，东案乡正式启动党内关爱行动。通过募捐的方式，筹集党内关爱基金，用于帮扶困难党员。

2月22日，东案乡贯彻落实县“两会”精神，壮大农业产业，发展特色旅游，实现绿色崛起。

4月10日，东案乡乡、村两级干部100多人到乡大会议室，收看全县依法整治违法建筑工作动员大会现场直播。

5月3日，东案乡党委、政府充分发挥妇联组织的基础作用，开展“清洁家园从妇女做起”活动，倡导做改善环境的先行者，做改变陋习的带头者，做良好风尚的倡导者，携手打造天更蓝、水更清、地更净的美好家园。

5月17日，东案乡深入实施农村清洁工程建设，倡导广大学生踊跃参与，并号召学生们动员家长参与到行动中来，全面净化乡村环境。金源小学全体学生和部分学生家长举行“小手拉大手”清洁家园活动启动仪式。

6月15日，召开全县农村清洁工程现场推进会。县委副书记方法主持会议，县领导徐柯、陈国珠等出席会议。会前，与会人员到东案乡等地实地考察部分村庄清洁工程实施情况。

6月26日，县妇联在东案乡召开农村“清洁家园，妇女先行”活动推进会。15个乡镇的妇联主席、妇联干部共20多人参加会议。参会人员现场参观学习东案乡卢家村开展“清洁家园、妇女先行”活动成效。

8月9日，东案乡组织乡干部在会议室收看市“三民工程”标准化建设暨第一书记工作法现场推进会直播实况。

8月24日，县妇联与县女企业家协会会员代表一行到东案乡看望贫困留守儿童，为他们送去博爱救助金和书包等学习用品，鼓励他们勇敢面对生活困难，开心迎接新学期的到来。

9月2日，东案乡联村干部走村入户，问家长里短，管“鸡毛蒜皮”。自从该乡启动矛盾纠纷大排查活动，安排全乡联村干部跑农村、问农事、解矛盾，促进农村基层和谐稳定。

10月21日，县委副书记、县长毛建国深入东案乡走访慰问困难群众和老人，为他们送去节日的祝福和美好的祝愿。

10月28日，县第二届残疾人运动会在县体育馆胜利闭幕。市残疾人联合会党组书记、理事长曹唐林宣布闭幕，县委副书记方法致闭幕词，县领导王文达、黄法云出席闭幕式，副县长严可兵主持闭幕式。东案乡获得团体总分第五名。

11月8日，东案乡组织全体机关干部和村主职干部收看党的十八大开幕式。

11月12日，县委书记李华到部分乡镇，就农村清洁工程实施情况开展检查。县委常委、组织部长吴利平陪同检查。李华一行对东案乡等进行实地考察。

11月26日，东案乡党委书记缪小明组织村干部学习十八大精神。

12月18日，东案乡呈村村召开党员、村民代表大会。党员、村民代表一起共同学习十八大精神，并对2012年工作进行总结反思，对2013年工作进行计划布置，为共同创建美好乡村而努力。

12月19日，东案乡第六届“小西瓜”文艺节在东案乡集镇隆重举办，县委宣传部副部长王群峰，县文广新局党组成员、纪检组长李金富观看文艺演出。

12月20日，政协文体组委员视察东案乡美丽乡村创建工作，并进行指导召开会议。

2012年常山县何家乡人民政府大事记

1月12日，2012年“红十字博爱送万家”活动在何家乡文图村举行，衢州市红十字会为这里的困难群众带来款物，送上春节的关爱。

1月13日，县烟草专卖局工作人员到何家乡，走访慰问贫困老党员和困难群众，并为他们送去新春的祝福。

2月17日，何家乡邀请有关部门负责人、部分专家等召开座谈会，为黄冈山景区开发出谋划策。县委常委、统战部部长甘土木，副县长郑金仙参加座谈会。

2月20日，团县委组织青年志愿者到何家乡，开展以“寻雷锋足迹，展多彩青春”为主题的服务活动。

3月12日，何家乡黄冈山万寿寺举办观音法会。

3月13日，何家乡组织开展农技人员“上门”指导农业生产的活动。

4月5日，一场别开生面的厨艺大赛——常山县首届“烟草杯”乡村生态美食“六大碗”评比在何家乡鱼乐农庄展开。

4月7日，省人大常委会副主任程渭山到常山县，就生态公益林建设情况进行调研。市人大常委会副主任雷长林，县领导李华、徐建华、王文达、严可兵陪同调研。程渭山一行到何家乡详细询问村里生态公益林建设的相关情况。

4月14日，何家乡中心卫生院举办“学雷锋”为孤寡老人“送温暖”的活动。

5月2日，何家乡召开全体乡干部工作务虚会议。

5月16日，县妇保院和何家卫生院联合开展以“关爱贫困残疾人”为主题的助残活动，为何家乡6名残疾人送去关怀与温暖。

5月17日，辉埠片农村工作指导员工作例会在全国文明村何家乡文图村召开，县农办副主任洪小峰，县委组织部组织科科长王毓飞参加会议。

6月11日，市民宗局副局长徐海平，市佛教协会副会长、秘书长释定照一行9人到何家乡参加万寿寺规范化建设座谈会。

6月16日，县调研组一行到常山县何家乡进行调研，通过问卷调查，查看档案资料，并召开座谈会，开展调研活动。

6月27日，G205乡村休闲旅游长廊建设推进会在何家乡召开。会议分析当前面临的形势，部署下步工作任务。县委副书记方法出席会议。

7月19日，何家乡组织乡、村党员干部40多人到浙江省第三监狱，开展警示教育活动。干部们参观服刑人员的监舍、劳动改造区，并听取几名职务犯罪服刑人员的现身说法。

7月30日，县农业局组织召开全县再生稻生产现场会，县农业局相关领导和全县60多户种粮大户参加本次会议。与会人员实地参观何家乡等地的再生稻头季高产田畈。

8月7日，县委常委、常务副县长方庆建就常山县村邮站和农村消防安全事故防范创新体系建设情况开展调研。方庆建到何家乡实地询问了解村邮站和农村消防安全事故防范创新体系建设情况。

9月12日，县人大常委会组织部分县人大代表，就《母婴保护法》执法情况开展专项检查，县人大常委会副主任王小平参加检查。代表们先后到何家乡卫生院，县人民医院和县妇幼保健院，对常山县母婴保健的医疗基础设施、医务人员的配备、母婴保健工作的开展等情况进行全面解，并听取有关情况汇报。

10月17日，由县纪委、县委宣传部主办，何家乡党委、政府和县文广新局承办，浙江省千岛湖越剧团编排的大型历史剧《清官樊莹》正式编排完成，并在樊莹故里何家乡樊家村进行首场试演，1000多名樊氏后裔观看演出。

10月20日，县委副书记、县长毛建国深入何家乡走访慰问3位百岁老人，为他们送去节日的祝福和美好的祝愿。

11月8日，中国共产党第十八次全国代表大会在北京开幕，何家乡人民政府组织乡、村两级干部收看大会直播视频。

11月30日，由中共常山县纪委、县委宣传部、县人民检察院主办，何家乡人民政府、县文广新局承办的越剧——《清官樊莹》在青少年活动中心上演。县委常委、纪委书记朱素芳、副县长揭政东观看演出。

2012年常山县宋畈乡人民政府大事记

1月7日，县委副书记、代县长毛建国走访慰问宋畈乡部分农村困难老党员、低保困难户和残疾困难户，给他们送去慰问金和慰问品。

1月16日，县工商部门组织金百汇、世纪联众、华联超市、友好超市等流通领域食品行业信用促进会的成员单位到宋畈乡，走访慰问贫困户，为他们送去新春的祝福。

2月15日，宋畈乡召开乡村干部大会。各村支书、主任和乡机关干部120余人参加会议。会议由乡党委副书记刘忻主持。

3月8日，市行政服务中心主任吴卫国，副主任徐中华、方青松到宋畈乡考察调研。吴卫国一行先考察服务大厅工作情况，然后在宋畈乡会议室，与宋畈乡主要领导、服务中心负责人以及宋畈企业、村代表召开调研会。

3月13日，宋畈乡政府与县药品监管局共同举办“药学服务进农村”宣传咨询活动，接待群众咨询30余人，发放各类药品安全知识宣传资料200多份。

3月14日，宋畈乡第十六次妇女代表大会隆重召开，来自全乡各条战线上的42名妇女代表带着全乡妇女的重托齐聚一堂，共谋宋畈乡妇女工作发展大计。

4月13日，宋畈乡召开依法整治违章建筑工作大会，全体乡干部，各村支书主任参加会议。

4月21日，县“联创行动日”，宋畈乡村两级干部和群众积极参与卫生清洁保洁活动，公路沿线和集镇卫生死角得到整治。宋畈乡将把“联创行动日”活动长久抓下去，农村环境卫生关键在长效机制的建立。

5月22日，宋畈乡进行联创日活动，对乡政府所在地及周边地区卫生进行大扫除，共建美丽乡村。

5月25日，宋畈乡举办三衢山景区农家菜烹饪培训班，30多位农家乐经营者们相互交流烹饪心得，挖掘宋畈的特色菜肴。

6月20日，宋畈乡举办2012“常电杯”“和谐常山•寻找身边榜样”之“最美村民”专场评选活动的首场评选，来自宋畈、芳村、新昌等7个乡镇的22位村民参加评选。

6月29日，宋畈乡乡、村两级党员干部和2011年新入党同志，到三衢山景区，开展入党宣誓和服务AAAA景区创建集体承诺活动。

7月25日，县委十二届三次全委会结束后，宋畈乡组织全乡干部集中学习会议精神。

7月26日，县委常委、组织部长夏建军，各乡镇组织委员和各部门分管领导以及部分县党代表到宋畈乡检查指导“工作效能卡”制度的运行情况。

8月6日，宋畈“先锋论坛”邀请县委宣传部副部长王群峰为宋畈乡干部作专题辅导，对省十三次党代会精神和县委十二届三次会议精神进行解读。

8月9日，宋畈乡组织乡机关干部和村党员群众通过远教平台收看“三民工程”标准化暨第一书记工作法现场推会。

8月20日，县委常委、组织部长夏建军在宋畈乡调研工作，乡党委书记就今年乡党委的各项工作进行汇报，夏部长充分肯定宋畈乡在干部转变作风、工业转型升级所做的工作。

9月11日，宋畈乡组织干部学习贯彻《农村基层干部廉洁廉洁履行职责若干规定（试行）》测试。

10月10日，宋畈乡召开重点项目推进会议，重点就三衢石林景区配套建设、小流域治理和东坑水库灌区整改、“一村一品”行动计划、征兵和社会稳定工作、三民工程标准化建设等工作进行部署。

10月15日，宋畈乡由计生专干余丽仙给乡干部讲解宋畈乡计划生育“创国优”工作的相关知识。

11月6日，市档案局聂益武率检查组，在县档案局局长黄仙寿、副局长陈善祥、业务科长付贵生的陪同下，对宋畈乡机关档案工作省一级达标情况进行实地检查。

11月8日，宋畈乡干部集体收看“十八大”的盛况。

12月14日，宋畈乡召开大会，部署2013年度新型农村合作医疗工作，并将此安排到26个村，以更好的惠及农户。

12月17日，县委常委、宣传部长苏新祥一行到宋畈乡讲解中国共产党“十八大”会议精神。苏部长用平实易懂的语言，剖析国际国内政治形势，联系当前百姓生活和基层工作，并结合十八大重大议题、决意，给在座的乡村干部上一堂鲜明生动的政治课。

2012年常山县同弓乡人民政府大事记

1月8日，县委书记李华带着浓浓的关怀之情，到同弓乡走访慰问。每到一户，李华都详细解他们的生产生活现状，仔细询问脱贫致富、增加收入的打算。

2月20日，同弓乡干部在讨论会上，认真查找个人在思想学习、工作作风、服务意识等方面存在的问题和不足，并就下一步的工作计划进行明确。

3月9日，省林业厅厅长楼国华到常山县进行考察调研。县委副书记方法，副县长严可兵陪同考察。楼国华一行到同弓乡油茶种植基地等地，实地察看常山县的林业资源，详细解林业产业发展情况，并对常山县的苗木种植提出一些建设性的意见。

3月30日，县农机管理站在同弓乡过坑村召开一场别开生面的机耕现场会，通过农业机械现场耕种演示，让农机户和种粮户解农机具的性能和特点。

4月28日，中国•常山首届柚花飘香文化旅游节在太公山胡柚基地拉开帷幕。中国常山（同弓）首届柚花飘香文化旅游节由县旅游局、县农业局、县文广新局、团县委、同弓乡共同主办。

5月22日，“美丽乡村”创建村－同弓乡竹蓬底村开展一场别开生面的培训——农村生活垃圾分类处理培训，吸引众多村民参加。

5月24日，县科协、县老科协及部分农业专家来到同弓乡集镇，开展“科普惠农”活动。

6月8日，同弓乡召开“美丽乡村”创建动员大会。乡干部和村党员、村民代表参加动员大会。会上党员和村民代表积极发言，提出对策支持该村“美丽乡村”创建工作。

6月13日，县广播电视总台网络运维中心的工作人员来到同弓乡，对视频机器进行调试。

6月25日，同弓乡邀请县土管局专家给乡干部讲解农村土地综合整治知识。

7月26日，常山县召开创建国家级计划生育优质服务先进县推进会，就做好下一阶段工作进行再动员、再部署。县委常委、纪委书记朱素芳，副县长严可兵参加会议并讲话。与会人员首先来到同弓乡计划生育服务站、球川镇计划生育中心服务站、县计划生育指导站等5个创国优服务先进示范点进行参观。

8月5日，常山县同弓乡现代农业园区举行提子采摘游启动活动。

8月7日，县委常委、常务副县长方庆建就我县村邮站和农村消防安全事故防范创新体系建设情况开展调研。方庆建先后到同弓乡和何家乡，详细解村邮站和农村消防安全事故防范创新体系建设情况。

9月18日，郑金仙副县长一行到同弓乡同弓山村调研美丽乡村建设工作，郑副县长对同弓山村优美的环境给予赞赏，并对正在施工的场所以及以后的规划提出一系列独特的意见。

9月28日，何家乡举办首届“剥豆子，庆国庆”农事比赛。

10月21日，县作家协会组织会员开展“中国•常山(同弓)首届柚花飘香文化旅游节”征文作品研讨会。

10月30日，常山县同弓乡运用直播到农户的数字电视新农网平台，召开“三民工程”标准化建设工作点评会，通报工作进度，宣传示范典型，指出下步工作重点和方向，为标准化建设工作宣传造势。

11月14日，市政协巨化委员小组来常山县开展跨区视察，解常山县生态农业发展情况。县政协主席林红汉，副主席胡震云陪同视察。视察组一行前往常山县同弓乡生态农业园区实地查看园区建设情况，并听取相关情况汇报。

11月20日，中央电视台7套农业军事频道《生活567》栏目“乡村中国行”走进常山，聚焦常山县胡柚、食用菌、山茶油、贡面等特色产品。拍摄组在同弓乡太公山胡柚基地取景。

11月28日，全县兴农网工程建设工作现场会在同弓乡召开。县委常委、宣传部长苏新祥，副县长揭政东分别讲话。

12月3日，县委常委、宣传部长苏新祥前往同弓乡，向乡、村党员干部群众宣讲党的十八大精神。

12月6日，省人大环资委副主任委员周玉根率队到常山县同弓乡等地调研生态补偿机制。县人大常委会主任徐建华，副主任俞宝根陪同调研。

12月14日，由市县两地大蓬车艺术团联合的十八大主题宣传演出在同弓乡进行文艺表演。

2012年常山县新昌乡人民政府大事记

1月19日，常山县通过多种方式为全县人民献上多姿多彩的文化大餐。县文联、县文广新局联合征集60幅以“美丽乡村”为主题的书画作品，在常山书画院进行迎春书画展出。县三农艺术团威风锣鼓队、新昌乡輶辂村洗马舞队等9支文艺队伍进行踩街巡演。

2月13日，新昌乡组织全体机关干部开展“强执行，提效能”大讨论活动，查找单位和个人自身存在的执行不力、效能不高等问题。

2月23日，全国政协常委、省政协副主席、民革省委会主委冯明光一行到常山县考察调研。县领导林红汉、顾建华、陈国珠陪同。带着对山区群众生产生活的关心与关怀，冯明光一行到新昌乡走访农户。

4月1日，新昌乡召开全体党员、村民代表大会，讨论乡未来的发展情况并部署接下来的工作。

4月13日，新昌乡干部到集镇上，向过往群众发放有关整治违法建筑的宣传资料。

5月23日，县人大常委会组织部分县人大代表，对常山县基层文化建设情况开展专题视察。县人大常委会主任徐建华，副主任王文达、俞宝根、徐柯参加视察，副县长揭政东陪同。代表们先后来到新昌乡和芳村镇，对农村基层文化站建设、非物质文化遗产传承与保护以及农村群众文化活动开展情况等进行视察。

5月24日，县人大常委会组织部分人大代表视察常山县新昌乡综合文化站等地基层文化建设工作。县人大常委会主任徐建华，副主任王文达、俞宝根、徐柯等参加视察，副县长揭政东、县文广新局局长毕建国陪同视察。

6月8日，新昌乡召开会议，深入推进农村清洁工程。

7月10日，浙江理工大学学生到新昌乡开展暑期社会实践活动。

7月13日，新昌乡邀请县旅游局领导指导“乡村旅游特色村”工作。

8月10日，新昌乡召开乡村两级主职干部会。乡长作半年度工作小结与后续工作布置。书记强调未来发展的规划。

9月17日，县食用菌办负责人带领常山万农食用菌专业合作社负责人江小成及其他相关人员，在新昌乡黑木耳基地参观、洽谈。

10月11日，县领导组织开展对新昌乡的2012年度待整治村和中心村项目建设考核验收工作。

11月8日，新昌乡组织全乡广大党员干部集中收看党的十八大开幕式。全乡机关干部、各村党支部书记在乡会议室集中收看，各村组织其他村两委成员、党员在各村会议室集中收看。

11月22日，2012中国•常山油茶文化节在新昌乡隆重举办。省林业厅副厅长吴鸿宣布开幕，省审计厅副厅长陈焕昌，县委书记李华，县委常委、宣传部长苏新祥，县政协副主席陈国珠等领导出席开幕式。

11月28日，十八大代表俞佳友到常山县新昌乡开展十八精神宣讲，与村民共谋乡村发展。

12月6日，在新昌乡召开大学生村官座谈会，来自新桥乡、新昌乡、芳村镇的10名大学生村官代表参加座谈。

12月14日，常山县社科联主席王有军为新昌乡乡村两级干部作十八大精神辅导《坚持科学发展观，走中国特色社会主义道路》。

12月18日，新昌乡郧家村组织村民干部学习、贯彻、落实党的十八大精神，下派到村的挂职干部徐晓华同志主持以“十八大精神为主题”的专题讲座。

2012年开化县城关镇人民政府大事记

1月10日，县领导琚建军、陈宝川、程育全一行走访城关镇慰问困难群众和老干部，为他们送上慰问金和新年祝福。

2月14日，衢州市委副书记李剑飞、副市长毛建民在开化县城关镇开展下访活动。县领导方健忠、谢剑锋、琚建军、汪权龙、余尧正等陪同下访。

2月17日，中国共产党衢州市第六次代表大会隆重开幕，赵一德同志在会上代表中国共产党衢州市第五届委员会作工作报告。城关镇组织组织党员群众认真收听收看。

3月8日，省委防范和处理邪教问题办公室副主任金国华一行人在开化县城关镇开展“进村入企”大走访活动，走访看望镇、村两级干部和群众代表。

3月24日，全国政协常委、副秘书长、中国社区卫生协会会长蒋作君一行4人，在省卫生厅基层卫生处副处长柳利红的陪同下，考察开化城关镇等乡镇的社区卫生服务工作。

4月23日，衢州市“瘦肉精”专项整治督查考评组王政理一行到开化检查“瘦肉精”专项整治工作，县食安办、经贸局、农业局、卫生局等单位相关负责人陪同检查。检查组深入到城关镇、华埠镇生猪定点屠宰场、开化中学、东方大酒店、否滩农贸市场等地进行实地检查。

4月26日，开化县委、县政府召开全县建设“平安开化”工作暨一季度维稳形势分析会。会议由县长谢剑锋主持，县领导琚建军、汪权龙、杨苏萍、余尧正、姜小明、陈玮、周福云等出席会议。城关镇、马金镇、县交通运输局、县林业局作平安综治述职。

5月11日，开化县城关镇党代表工作室的接待日活动，接待代表是镇党委书记胡炳泉和镇组织委员汪志贞。

5月21日，开化县城关镇政府联合县公安局禁毒办和荷花社区，在县城荷花广场举办以“珍爱生命，拒绝毒品”为主题的广场宣传活动。

6月12日，开化县城关镇举行市级药品安全示范镇创建暨安全生产培训大会，全面动员部署全镇市级药品安全示范镇创建工作，由此正式拉开开化县2012年14个市级药品安全示范乡镇创建工作的序幕。

6月27日，省计划生育协会副会长陶竞一行3人到开化县城关镇调研计划生育基层协会工作，县领导陈宝川等陪同调研。

6月29日，城关镇党委、政府召开全体镇、村(居)干部大会，对促进镇域经济发展等方面涌现出的先进集体和优秀个人进行表彰。

7月10日，城关镇召开社区半年工作总结会，镇党委书记胡炳泉，镇长刘福林，社区办，社区主任、副主任以及联居干部等23人参加会议，镇党委副书记胡德门主持会议。会议主要内容是6个社区主任汇报本社区上半年工作的总结和下半年工作计划。

7月13日，城关镇开展美丽乡村“互看、互比、互学”活动，组织全镇20个村书记到山甸、翁村、桃溪等村现场参观学习。

8月9日，开化县就业局的工作人员到城关镇，为城关镇国庆村等13个行政村第二、第三批创建充分就业劳动保障和社会救助站送去13台全新的电脑。

8月29日，县委副书记琚建军、副县长邹燕辉一行实地走访城关镇。在认真听取城关镇的相关汇报后，对社区工作给予充分肯定。

9月18日，第七届中国（衢州）华东旅游交易会暨2012浙江森林旅游节与在开化隆重召开，在县委县、政府的正确领导下，城关镇召开会议部署工作，以主人翁的姿态迎接华东旅交会的召开。

10月23日，城关镇2012年月嫂培训班在开化县求实职校开班。140余名城镇下岗妇女、农村妇女参加培训。

11月8日，全体镇干部齐聚会议室，收看关于十八大开幕式，各村居也自行组织收看，接受党建教育和洗礼。

12月21日，开化县召开基层组织建设工作会议。会议总结今年以来全县基层组织建设工作情况，交流明年工作思路，提出具体工作要求。县委常委、组织部长姜方云出席会议。会前，与会人员实地考察城关镇等地的“三民工程”标准化建设及村级集体经济发展等工作。

12月25日，“贯彻十八大精神，建设幸福新社区”迎元旦广场文艺晚会在县城荷花广场举行。晚会由城关镇党委、政府，荷花社区，县公安局消防大队主办。

2012年开化县华埠镇人民政府大事记

1月16日，随着华埠镇、池淮镇、音坑乡、金村乡四个乡镇新一届人代会第一次会议的结束，标志着开化县18个乡镇第十六届人民代表大会第一次会议圆满完成会议各项议程，顺利闭幕。

2月8日，省委副秘书长、省农办主任章文彪一行到开化县视察特扶项目、生态乡村和特色文化村建设。市委副书记李剑飞，县委副书记琚建军，副县长汪宇祥陪同视察。章文彪一行先后到华埠镇工业功能区、华埠镇华东村、县工业园区、城关东城脱贫小区和北门小学实地视察。

2月14日，省财政厅厅长钱巨炎到开化调研乡镇财政建设工作。市财政局局长吴宝骏，县领导方健忠、谢剑锋、余尧正、赵虹、邹燕辉、汪涌等陪同。调研中，钱巨炎一行华埠镇等地。

3月14日，县长谢剑锋到华埠镇走访调研部分企业，解企业运营情况，帮助企业解决困难。副县长姚宏平陪同调研。

3月25日，开化县华埠镇华严古刹释圣善法师等人先后到开化培智学校、衢州福利院等地，帮扶弱势群体。在培智学校，释圣善法师为残疾儿童送上价值3000余元的生活用品、学习用品。

3月31日，按照开化县委、县政府关于开展“两排查一促进”活动的总体要求，县委副书记琚建军深入华埠镇，就“网格化管理，组团式服务”工作开展情况进行调研。县委常委、政法委书记余尧正参加调研。

4月1日，开化县召开食品药品安全工作会议，对2011年全县食品药品安全工作情况进行总结回顾，对2012年工作进行部署。副县长汪晖等出席会议。华埠镇介绍药品安全示范乡镇创建经验。

4月26日，县政协主席华寿军带领政协机关的有关同志，专程到华埠镇开展“钱江源生态文化休闲旅游度假区”课题调研。

5月3日，县华埠镇人武部组织21名民兵水上应急救援分队成员进行水上抢险救援训练，为汛期可能发生的洪灾做好准备。

5月7日，开化县召开“网格化管理、组团式服务”工作推进会，深入贯彻落实全省推进“网格化管理、组团式服务”工作电视电话会议精神。县领导琚建军、余尧正、陈玮、杨国云、邹燕辉、周福云等参加会议。会上，华埠镇、城关镇作工作经验交流。

5月28日，华埠镇计生协会联合枫树底社区、横街社区、东岸社区计生协会在彩虹桥底隆重举行纪念“5•29会员活动日”暨关爱女孩活动启动仪式。

6月13日，华埠镇中心学校在辖区内开展以“快乐生活健康成长”为主题的学前教育和科学育儿宣传活动。

6月26日，华埠镇开展“学先进颂党恩”庆祝建党91周年活动。会上，全体党员认真学习浙江日报社论“物质富裕精神富有——热烈庆祝省第十三次党代会顺利闭幕”，重温入党宣誓词，并就下半年工作计划进行讨论。

7月6日，华埠镇召开十六届人民代表大会第二次会议，选举方铭为镇长，汪昌红、洪金亮为副镇长。

7月12日，华埠镇横街社区组织近百名志愿者开展夏季清理卫生死角活动，对小区内的建筑垃圾、生活垃圾进行清理。

8月17日，县长谢剑锋在调研华埠镇工作时强调，要系统把握发展方向，找准发展定位，着力重点突破，把华埠打造成具有特色优势的经济强镇。

8月28日，在华埠镇政府市民广场上，以“欢乐家庭、和谐邻里”为主题的第五届邻居节正在举办。

9月28日，华埠镇政府联合镇卫生、工商、质监及居委会消费维权监督员进行突击检查。重点检查餐饮服务许可证、营业执照、健康证的持证情况。

10月17日，华埠镇举行“我的父亲母亲公益行动——给生命两头同等的关爱”活动。

10月22日，常山县委李华书记带领部门和乡镇领导到华埠镇指导工作。

11月8日，华埠镇组织全镇广大党员干部集中收看党的十八大开幕式。全镇机关干部、各村党支部书记在镇会议室集中收看，各村组织其他村两委成员、党员在各村会议室集中收看。

12月26日，华埠镇举办“用我的服务，换您的微笑”志愿者颁奖典礼暨迎元旦联欢活动，7位优秀志愿者受到表彰。

2012年开化县池淮镇人民政府大事记

1月9日，由衢州市委副秘书长、市农办主任赖瑞洪为组长的市考核组到开化，检查考核2011年度开化县池淮镇新农村建设工作。县委副书记琚建军、副县长汪宇祥陪同检查考核。

1月16日，随着华埠镇、池淮镇、音坑乡、金村乡四个乡镇新一届人代会第一次会议的结束，标志着开化县18个乡镇第十六届人民代表大会第一次会议圆满完成会议各项议程，顺利闭幕。

2月26日，开化县召开全县农村工作会议，回顾总结过去一年新农村建设所取得的成绩，分析形势，研究部署2012年全县农业农村工作任务。池淮镇相关负责人作典型发言。

3月8日，省委防范和处理邪教问题办公室副主任金国华一行3人到开化池淮镇开展“进村入企”大走访活动。走访看望镇、村两级干部和群众代表，与他们亲切交谈。

3月30日，市委书记赵一德、市委副书记李剑飞等到开化县池淮镇调研美丽乡村建设。县领导方健忠、谢剑锋、琚建军、汪宇祥陪同调研。

4月6日，池淮镇副镇长程义华召开镇村干部参加的池淮镇农村清洁工作总结提升会，以在全镇范围内推进该项工作。

4月19日，衢州市美丽乡村“四级联创”现场推进会在开化召开。市委书记赵一德强调，美丽乡村“四级联创”是统揽农村工作的龙头，与会人参观池淮镇等地，现场听取创建工作介绍。

4月27日，省政协副主席冯明光带领调研组到开化县池淮镇调研促进低收入群体增收工作。市政协副主席欧阳建华，县委书记方健忠、县政协主席华寿军、县委副书记琚建军、副县长汪宇祥等陪同调研。

5月9日，县政协组织农业农村界别部分委员到池淮镇省级现代农业综合区开展视察活动。县政协主席华寿军，副主席周福云、马建雄及部分农业农村界别委员参加活动。副县长汪宇祥、相关部门主要负责人等应邀参加视察活动。

6月19日，县委书记方健忠调研国土资源管理工作，副县长李华蓉陪同调研。方健忠到池淮镇详细解项目进展情况，听取项目有关情况介绍，随后召开座谈会。

7月4日，杭州电子科技大学“水到衢城”小分队到开化县池淮镇进行支教活动。

8月7日，全县推进村务监督委员会和村级便民服务中心建设现场会在池淮镇召开，总结交流工作经验，明确下一步工作要求，巩固规范提升建设成果。县委常委、纪委书记吴耀光参加现场会并讲话，各乡镇纪委书记、副书记参加会议。

8月29日，开化县召开金融支持农民下山安居创业致富工程推进会，副县长汪晖，县府办、县农办、工业园区、城关、华埠、马金、池淮镇等部门乡镇负责人，县人行、农发行、信用联社、农行、邮储银行等金融机构负责人和信贷部负责人参加会议。

9月4日，开化县委、县政府举行“一村一品”行动推进会，全面启动“一村一品”行动计划。与会人员在池淮镇等地进行实地考察。

10月12日，县人大常委会主任张伟刚深入池淮镇，考察调研新农村建设工作。县农办、交通、农业、水利、林业、国土、民政、体育、文化等部门负责人陪同调研。

11月15日，市级药品安全示范乡镇验收组在开化，采取随机抽取2个乡镇的方式对开化县第二批市级药品安全示范乡镇创建工作进行考核验收。验收组一行听取关于市级药品安全示范乡镇创建工作的情况汇报，查阅创建台账资料，并对城关镇和池淮镇各抽取1个卫生院、1个村卫生室、1家药店和1个行政村进行实地检查验收。

11月27日，衢州各县市区教育专家齐聚开化县池淮镇初中的课堂共商小班化教学试点工作。

12月13日，县人大常委会主任张伟刚到池淮镇宣讲党的十八大精神，池淮镇全体镇村干部参加宣讲会。

2012年开化县村头镇人民政府大事记

1月11日，省农办副巡视员童屏雄、孙飞翔一行专程到开化县村头镇检查指导“特扶”工作，并走访慰问低收入农户与农村特困群众，向他们送上党和政府的关怀与新春祝福。县委副书记琚建军、副县长汪宇祥陪同检查和慰问。

1月16日，村头镇政府联合交通路政、公安交警、工商等部门对城底线村头镇集镇路段进行集中整治。本次重点整治街面违法占用，车辆乱停乱放，商户集中临街下货等现象和问题。

1月20日，村头镇在外创业村民自发捐赠8万元支持新农村建设。

2月13日，开化县新年第一个缝纫技术培训班在村头镇正式开班。此次培训学员主要是村头镇芳林等9个村的留守妇女，以平板机使用的实操训练为主，结合日常机器维护、服装裁剪等一些常识性理论知识学习。

2月15日，中央电视台探索与发现栏目组在衢州市民间文艺家协会主席刘国庆的陪同下，到村头镇探寻“开化纸”的行踪。

2月26日，开化县召开全县农村工作会议，回顾总结过去一年新农村建设所取得的成绩，分析形势，研究部署2012年全县农业农村工作任务。村头镇青山村蔬菜专业合作社的相关负责人作典型发言。

3月23日，省第三地质大队、核工业二六九大队大队党委书记李巧民，总工程师贾锦生带领省地质灾害防治专家组一行10人到开化村头镇等7个地质灾害点，协助开化县国土资源局开展汛前重点地质灾害点的检查。

4月14日，浙江浙耀有限公司总经理潘耀明到开化县村头镇开展捐资助学行动，向村头镇的困难学生捐赠助学款及学习用品。

4月28日，村头镇妇联充分发挥“妇女之家”的阵地作用，组织广大妇女群众和巾帼志愿者开展一次清洁大扫除活动。

5月4日，召开全镇计划生育攻坚推进会，由此拉开该镇全民动员促转型和“争先进位”工作的序幕。

5月30日，开化县利群商贸有限公司一行人到村头镇留守儿童俱乐部，为孩子们送上装有各类学习用品和体育用品的爱心包裹，并与孩子们亲切交谈，鼓励孩子们努力学习全面发展。

6月8日，县委统战部、县民宗局、县委防范和处理邪教问题领导小组办公室、县反邪教协会在村头镇举办宗教政策法规培训班。村头镇领导班子成员、各村负责人参加培训。

7月29日，县水利局到村头镇现场指导，积极推进齐溪水库中型灌区节水配套改造项目。

8月10日，村头镇相继召开镇班子会、全镇干部大会，传达贯彻县委十三届二次全会会议精神，研究部署村头镇如何发展乡村旅游。

8月23日，农历“七夕”，村头镇举行第二届余玠文化节，县委常委、宣传部长杨苏萍，县人大常委会副主任程育全，县政协副主席周福云及相关部门负责人参加活动。

8月27日，县长谢剑锋在村头镇调研。他强调，要坚持加快发展、科学发展不动摇，扎实做好当前各项工作，精心谋划下一步发展思路，凝心聚力谋发展，克难攻坚谱新篇，努力推动经济社会切实转入又快又好发展的轨道。县财政、交通运输、国土等部门负责人陪同调研。

9月9日，村头镇实行半价乘车，全程监控，专车专用，全面推行“学生包车制”。

10月2日，村头镇发生1起较大的森林火灾，引起国家森林防火指挥部和省政府领导的高度关注，国家森林防火指挥部副总指挥杜永胜亲自打电话询问火灾扑救情况。

11月7日，衢州市委常委、市军分区司令员潘方敏到村头镇，履行担任党支部“第一书记”职责，与当地干部群众深入交流，共商发展之策。开化县委书记方健忠，县委常委、人武部长姜小明等陪同。

12月14日，村头镇2012年新发展党员入党积极分子培训会是镇党委继推行“四决两审三公示”规范党员发展程序的又一举措，参加培训共有72人。

12月20日，腾博消防志愿者在村头镇初级中学进行助学考察，对学生的家庭情况进行走访与解。

2012年开化县马金镇人民政府大事记

1月6日，衢州市知识分子联谊会“感恩三老”活动走进开化。他们到马金镇等地看望慰问“老革命”“老党员”“老模范”。市政协原副主席、市知联会副会长祝瑜英，市委统战部副部长曾越河及市知联会部分会员参加活动。

1月29日，开化县水利局主要负责人在参加全县义务植树活动后前往马金镇，与镇干部们一起，实地察看礤商河道河沟治理工作，谋划今年水利景观景点建设。

2月14日，省财政厅厅长钱巨炎到开化调研乡镇财政建设工作。市财政局局长吴宝骏，县领导方健忠、谢剑锋、余尧正、赵虹、邹燕辉、汪涌等陪同。马金镇等乡镇就加强财政建设的必要性及建议措施等内容作汇报交流。

3月2日，开化县禁毒办在马金镇举行《浙江省禁毒条例》暨禁毒业务培训会。

3月19日，马金镇的村干部带领30多位村民手拿扫帚等清洁工具，对沿村主要干道、村委会院子等公共场所进行一次大扫除。

4月26日，开化县委、县政府召开全县建设“平安开化”工作暨一季度维稳形势分析会。城关镇、马金镇、县交通运输局、县林业局作平安综治述职。

5月16日，开化县公安局禁毒大队协同马金镇综治办和派出所民警组成的禁毒宣传小组，通过悬挂横幅、深入班级派发禁毒宣传小册子和《致学生家长的一封信》等方式走进马金中学开展“关爱生命，拒绝毒品”宣传活动，帮助学生从小提高拒毒防毒能力，增强自我保护意识，使全校师生深受教育。

5月17日，开化县禁毒办组织人员到马金镇，会同马金镇人民政府综治办组织开展的普法活动，大张旗鼓地开展禁毒宣传。

6月13日，浙江省首届女子体育节跳绳比赛在衢州一中体育馆举行，马金镇中心学校26位师生代表开化县参加强项甲组8字跳绳、乙组8字跳绳及双人跳绳三个项目的角逐，并获得一个二等奖、三个三等奖、团体三等奖的好成绩。

6月28日，开化县政协召开九届常委会第二次会议。会议由县政协副主席谷声主持，县政协主席华寿军，副主席汪涌、马建雄，离岗在职领导方榴仙，秘书长张叶林和县九届政协常委会组成人员出席会议。副县长赵虹应邀出席会议。政协城关镇、华埠镇、马金镇工委主任等列席会议。

7月5日，马金镇政府召开十六届人民代表第二次会议选举陆永和为镇长，周祖兴为副镇长。

7月13日，马金镇党委在老区委隆重召开马金镇创先争优表彰大会，对创先争优活动开展以来全镇各条战线涌现出的先进基层党组织、优秀共产党员进行表彰。

8月7日，县长谢剑锋深入马金镇开展调研工作。

8月9日，县委十三届二次全体(扩大)会议结束后，马金镇召开镇村干部会，传达学习县委书记方健忠在会上的报告，贯彻落实县委十三届二次全体(扩大)会议精神。

9月11日，马金镇政府会议室里军歌嘹亮，为期5天的马金镇社会管理创新暨民兵应急分队集训活动在此拉开帷幕。

10月8日，开化县委书记方健忠在马金镇调研美丽乡村建设工作。

10月22日，开化县政协组织部分政协委员视察生态乡村（美丽乡村）建设工作。县政协主席华寿军，副主席谷声。委员们先后走访视察马金镇等地，听取县农办及当地镇、村两级负责人关于各地生态乡村建设措施的介绍。

11月8日，马金镇组织农村党员干部群众收看十八大开幕式。

11月21日，马金镇组织镇、村干部通过27个远教平台站点收看蔡奇部长的学习十八大精神报告会。

11月29日，马金镇全体机关干部和26个行政村书记主任聚集机关会议室，认真学习马金镇副书记陆贤相带来的十八大精神解读。

12月24日，开化县马金中学成功举办“唱响青春旋律，舞动2013”元旦文艺晚会。

12月25日，在北京人民大会堂举行的第九届“全国十大见义勇为英雄司机”表彰大会上，开化县马金镇朱德均荣获“全国见义勇为英雄司机”荣誉称号。

2012年开化县齐溪镇人民政府大事记

1月11日，县领导张伟刚、黄志平等走访齐溪镇慰问困难党员，详细询问他们的生活情况，送上慰问金和食用油、棉被等慰问品。

1月12日，齐溪镇第十六届人民代表大会选举产生新一届人大主席汪昌祥，镇长吴根良，副镇长姜厚星、方金菊。

2月20日，齐溪镇全体镇干部驻镇值守，为村民排忧解难，并夜访解村民对于村庄建设、镇村干部队伍建设等方面的意见。

3月5日，齐溪镇召开全镇机关干部大会，部署当前工作，镇长吴根良强调，各驻村干部当前要重点做好地质灾害防治工作，确保人民群众生命财产安全。

3月8日，省委防范和处理邪教问题办公室副主任金国华一行3人到开化齐溪镇开展“进村入企”大走访活动。

3月10日，县旅游局局长汪圣王乐率全体班子成员及干部职工，在齐溪镇开展进村户摸实情活动。

4月26日，由齐溪镇人大主席团、村干部组成的监查组，在镇党委书记程军华和镇长吴根良的带领下，开展农村清洁工程“互学互看互比”活动。

4月27日，县食安办与农业、质监、工商、卫生、经贸等部门联合对齐溪镇开展食品安全联合大检查。

5月1日，浙江推行的林权出资正式施行，帮助齐溪镇解决林权资源缺资本的难题。

6月27日，召集全镇各党支部书记、镇党员干部重点学习省第十三次党代会精神，并分组举行学习讨论，加深理解，深化宣讲效果。

6月28日，齐溪镇获得浙江首届“我心目中最美生态乡镇”称号。

6月29日，为迎接第91个建党节的到来，扎实开展好齐溪镇卫生清洁工作，镇党委在全镇范围内开展迎“清洁家园，喜迎七一”卫生大扫除活动。

7月5日，齐溪镇第十六届人民代表大会第二次会议胜利闭幕，陈葵生同志当选为齐溪镇副镇长。

7月9日，齐溪镇与安徽休宁县龙田乡签订《建立友好乡镇协议》和《社会治安综合治理联防协议》，标志着齐溪镇与龙田乡双方就进一步改进和完善省际联防工作机制，加强相互协作，维护省际的和谐稳定迈上新的高度。

8月10日，县委十三届二次全会召开后，齐溪镇立即召开班子专题会、机关干部学习会、镇村干部部署会，认真部署开展全委会精神学习传达和贯彻落实工作。

9月11日，衢州市人大常委会副主任童建中率市人大教科文卫工委和市旅游局相关负责人来开化专题调研旅游发展工作，县人大常委会副主任杨国云、副县长李华蓉等陪同调研。随后，主持召开座谈会，认真听取开化县旅游局、文广局、齐溪镇、长虹乡、根博园、钱江源森林公园、东方大酒店、花山旅行社等单位负责人对加快旅游发展工作的意见和建议，深入了解开化旅游工作情况。

10月15日，县长谢剑锋到齐溪镇进行调研工作。

10月20日，2012中国开化钱江源国际名校登山节在开化县境内的钱江源国家森林公园隆重举行，来自国内外15所知名高校的85名登山爱好者参加比赛，共同感受“钱江源头、生态开化”的魅力。此次登山大赛由杭州维谦体育活动策划有限公司主办，开化县体育局、旅游局、文广新局、林业局、团县委、齐溪镇人民政府和县林场协办。

10月30日，齐溪镇2013年度森林消防工作动员大会召开，全体镇干部，村主职干部，专兼职护林员80余人参加会议。

11月8日，中国共产党第十八次全国代表大会在北京人民大会堂隆重召开。齐溪镇组织全体机关干部在会议室收看开幕式。

11月26日，齐溪镇召开镇村干部大会传达党的十八大精神。镇长吴根良传达十八大的主要精神，书记程军华就贯彻落实十八大精神提出四个结合观点。

11月30日，齐溪镇召开新农合基金征缴工作会议，通过“四个加强”，有力有序地推进新农合基金的征管工作。

12月3日，齐溪镇2012年警民沟通会在齐溪派出所举行。齐溪派出所向与会人员介绍齐溪派出所一年来的工作及2013年的工作计划，与会人员就加强警民合作，方便群众办事等提出建议。

12月31日，齐溪镇召开党风廉政建设考核暨民主测评、民主推荐会议。

2012年开化县苏庄镇人民政府大事记

1月29日，苏庄镇党委书记方茂盛参加杨家农家乐召开新年发展座谈会，并强调，新的一年里，要进一步繁荣苏庄草龙、保苗风俗等地域文化，利用古田山国家自然保护区的品牌优势，大力推动民俗文化与旅游产业融合，发展生态文化休闲旅游业。

2月14日，省财政厅厅长钱巨炎到开化苏庄镇调研乡镇财政建设工作。市财政局局长吴宝骏，县领导方健忠、谢剑锋、余尧正、赵虹、邹燕辉、汪涌等陪同调研。

3月30日，市委书记赵一德、市委副书记李剑飞等到开化县苏庄镇调研美丽乡村建设。赵一德强调，推进美丽乡村建设，要以规划为龙头，项目为支撑，组织为保障，不断深化“四级联创”，努力建设宜居、宜业、宜游的美丽家园，提高新农村建设和城乡一体化水平。县领导方健忠、谢剑锋、琚建军、汪宇祥陪同调研。

4月10日，省政协副主席陈艳华在省委宣传部常务副部长胡坚的陪同下在开化苏庄镇调研指导生态文化休闲旅游业发展。县领导方健忠、华寿军、杨苏萍、李华蓉等陪同调研。

4月24日，苏庄镇政府组织虹桥工商所、苏庄卫生院相关人员，为杨家农家乐的17位经营户举办一次“农家乐经营户管理工作培训会”，以提高农家乐经营户的服务水平，迎接“五一”小长假的到来。

5月24日，县委书记方健忠深入苏庄镇等乡镇，就基层组织建设工作进行调研。方健忠强调，全县各基层党组织要以创先争优为动力，以基层组织建设年活动为载体，建设好班子，谋划好思路，不断提高服务群众能力。县委常委、组织部长姜方云及相关部门负责人陪同调研。

5月25日，县委书记方健忠到苏庄镇，检查村干部承诺完成任务的实施情况。

6月19日，开化县召开森林资源管理工作会议，回顾总结去年工作，研究部署2012年及今后一个时期全县森林资源管理工作。县领导琚建军、陈宝川、汪宇祥、马建雄出席会议。林山乡、池淮镇、苏庄镇和森林公安分局作交流发言。

7月5日，开化县苏庄镇召开十六届人民代表大会第二次会议，选举产生新任镇长、副镇长。

7月28日，苏庄镇召开平安法会安保工作动员大会，对森林防火、饮食卫生和人员等各类安全防范工作进行安排部署。

7月29日，苏庄镇古田山凌云禅寺举行祈福国泰民安法会，来自附近和外地的香客善信近千人参加法会。

8月17日，由文化部、中央文明办、杭州市政府主办，中央电视台承办的《我们的节日·中秋——中华长歌行》节目组到开化县苏庄镇，对苏庄草龙的制作及表演进行现场录制，这标志着有着悠久历史和厚重底蕴的苏庄草龙将吸引世界目光。

8月29日，开化县委宣传部、县文联组织开化本地摄影、美术、文学、书法等协会近40位文学艺术爱好者到苏庄镇进行采风创作活动。

9月11日，开化县委、县政府召开全县“创三城、破三难、建三网”工作动员会。县住建局、国土局、华埠镇、城关镇、音坑乡、苏庄镇等部门、乡镇作表态发言。

10月30日，开化县工商局、开化消保委邀请维权义工、消保委理事及媒体代表共计20余人，深入苏庄镇古田、杨家等地开展“农家乐”市场调查、消费体验活动。

11月8日，中国共产党第十八次全国代表大会在北京人民大会堂隆重召开。苏庄镇组织全体机关干部在会议室收看开幕式。

11月13日，衢州市林业局森防督查组一行5人在开化县检查指导枯死松树清理工作。督查组一行到苏庄镇、华埠镇、杨林镇等地检查指导工作。

12月3日，开化县委常委、组织部长姜方云到苏庄镇调研指导发展村级集体经济工作。

2012年开化县桐村镇人民政府大事记

1月21日，桐村镇首届春节联欢晚会序幕拉开，主持人浓重的乡音普通话和诙谐幽默的语言顿时引来观众的一片笑声。

3月5日，浙江省委组织部干部综合处一行在调研员费秋萍的带领下，到开化县桐村镇开展蹲点调研活动，开化县委常委、组织部长姜方云等参加活动。

4月27日，桐村镇第十六届人大主席团会议在桐中召开。县人大詹金女、汪礼成等领导参加会议进行指导，会议由桐村镇人大主席汪春风主持。

5月10日，开化县桐村镇中心小学组织开展“保洁护绿爱家园”系列活动。活动包括开展主题班会、发放倡议书、“清剿白色垃圾”等内容。

5月22日，衢州市文明办和开化县文明办一行3人到桐村镇视察指导“乡村学校少年宫”的工作。

5月25日，桐村镇教育工会第十二届一次教代会隆重召开，全镇83名工会会员代表参加会议，县教育局的江成忠副局长和郑一玲主席以及镇组织委员应梨群等领导作为特邀代表参加大会。

6月14日，特大暴雨致使桐村镇内降雨量达到260毫米，降雨量位列全县第2，乡镇干部与广大党员群众立刻召开会议妥善处理洪灾中的各项事情，尽最大可能确保群众的生命财产安全。

8月24日，县农业部门专门安排时间到桐村镇等地开展农技专家下乡活动，为粮油专业合作社、植保专业合作社、种粮大户、农技员“充电”，确保当地粮油连年丰收。

9月3日，桐村镇村党员干部收看远程教育专题片，扎实开展远程教育收看工作。

9月24日，开化籍宗教人士“不一法师”和杭州某集团公司总裁——杨辉先生专程来到桐村镇中心学校奉献爱心，向学校捐款7200元对贫困生进行资助。

10月24日，桐村镇中心学校和杨林镇中心学校教工排球队在桐村镇初中的操场上进行排球友谊赛，准备迎战县教育工会即将举行的第32届教工“健康杯”男子排球（女子气排球）赛。

10月26日,华埠派出所教导员李建军、开化交警华埠中队民警颜朝善、桐村镇综治办副主任张卫国受邀到桐村中心小学,为学校的师生们进行一场生动精彩的交通安全知识和法制讲座。

11月7日，桐村镇妇女第十三次代表大会在镇政府大会堂顺利召开，县妇联领导到会指导。

11月8日，桐村镇组织全镇广大党员干部集中收看党的十八大开幕式。全镇机关干部、各村党支部书记在镇会议室集中收看，各村组织其他村两委成员、党员在各村会议室集中收看。

11月20日，桐村镇组织机关干部党员收看《信息传输高速路教育培训直通车——全国农村党员干部现代远程教育工作巡礼》专题片。

12月9日，开化县新闻中心组织近年来关心支持开化新闻宣传事业的部分通讯员代表，开展桐村基层采风行活动。

12月11日，县长谢剑锋在桐村镇调研乡镇工作，并召开党的十八大精神宣讲大会，深入学习贯彻党的十八大精神。

2012年开化县杨林镇人民政府大事记

1月11日，市人力社保局党委副书记、副局长姜红生一行到结对帮扶的开化县杨林镇走村访户，为那里的82户低收入农户送去春节的问候。

1月12日，杨林镇第十六届人民代表大会第一次会议于在雄壮的国歌声中正式开幕。严颂华同志在热烈的掌声中代表上一届政府作《政府工作报告》。

2月29日，县政协原副主席叶德洪、教育局副局长余永健等一行4人在县委办的牵头下，到杨林镇调研各个学校学生安全乘车问题。

3月13日，县政协主席华寿军在杨林镇开展“进村户摸实情”活动。

4月1日，县教育局安全工作例会在杨林镇中心学校召开，总结交流2011年学校安全工作，研究部署下一阶段学校安全工作任务。教育局副局长余永建、局安全管理科室人员，各县属学校、乡镇中心学校分管安全的副校长、德育安全处主任、安全员参加会议。

5月7日，开化县农机站在杨林农机化专业合作社的水稻育秧中心举行一场水稻机械化育插秧生产现场会。

5月9日，县委常委、纪委书记吴耀光率监察局、织织部、县委督查室、县政府督查室、县发改局等单位对杭新景高速公路（开化段）征迁工作进展情况进行督查。吴耀光一行深入杨林镇平川村、工业园区下茨村征迁现场实地察看并听取有关方面的情况汇报。

5月11日，全市科学技术奖励大会隆重举行。市委书记赵一德在会上讲话，市委副书记、市长陈新主持大会，市领导居亚平、赵建林、罗卫红、马东泉等出席。会上，表彰一批科技创新先进单位和个人、2011年度党政领导科技进步目标责任制考核优秀和先进的县(市、区)。衢州职业技术学院派驻开化县杨林镇科技特派员诸葛毅等先进代表作典型发言。

5月28日，杨林镇开展“5•29”计生活动，关爱女孩的活动。

6月7日，县长谢剑锋调研开化县乡镇公共财政服务平台建设。县财政局、城关镇、杨林镇分别汇报乡镇公共财政服务平台建设的相关情况。

6月21日，县委书记方健忠，县委常委、常务副县长汪权龙一行到杨林镇看望慰问建国前入党的老党员和困难群众。

7月1日，纪念化婺德中心县苏维埃政府暨开化一区苏维埃政府成立80周年活动在杨林镇举行。

7月6日，开化县农机站在杨林召开水稻机械化育插秧生产现场会，参会人员有来自全杨林、马金、池淮等乡镇的农机专业合作社和种粮大户等50余人。县农业局长张金华，杨林镇党委书记严颂华、镇长余永建等领导亲临现场会指导。

8月30日，开化召开全县加强乡镇财政管理暨乡镇公共财政服务平台建设推进会，回顾总结开化县乡镇公共财政服务平台建设试点工作，会议组织参观城关镇乡镇财政公共服务平台建设情况，城关镇、杨林镇作试点工作交流发言。

9月7日，浙江金溪房地产开发有限公司董事长程利军在原县政协主席吴水松的陪同下，到杨林镇开展“情系家乡•爱心助学”活动。

10月18日，杨林镇召开社会经济发展恳谈会，与杨林籍在外创业人员共谋经济新发展的杨林。张伟刚、谷声、姜小明、程水珍等嘉宾与杨林籍在外创业人士共同探讨杨林镇当前和今后的发展方向，鼓励创业人士能够情系家乡、共谋发展，共同打造民富、村美、人和的杨林镇。

11月2日，杨林镇召开森林消防会议，部署7个机制，消防工作迈入机制化轨道。

11月8日，中国共产党第十八次全国代表大会在北京人民大会堂隆重召开。杨林镇组织全体机关干部在会议室收看开幕式。

11月19日，杨林镇政府门前人山人海热闹非凡，由县文化局主办的“喜庆十八大、共建美家园”文艺汇演首场演出在舞蹈《欢聚一堂》中拉开序幕。

12月19日，杨林镇召开消防应急会议，村护林员、消防应急小组、农村志愿消防队等参加会议。

12月25日，县长谢剑峰到杨林镇调研工作。谢县长一行对杨林镇新源村、杨林村、下庄村等进行实地考察。座谈会上，听取镇党委书记严颂华对杨林镇基本情况的汇报。县长肯定杨林镇现行工程和重点工程的工作。

12月28日，副县长邹燕辉带队对杨林镇班子廉政进行民主测评。

2012年开化县长虹乡人民政府大事记

1月29日，长虹乡组织全体乡机关干部开展义务植树活动，共种下杉树3000多株。

2月19日，长虹乡党委、政府邀请开化摄影协会摄影爱好者，对该乡摄影基地建设建言献策。

3月30日，市委书记赵一德、市委副书记李剑飞等到长虹乡参观中共闽浙赣省委旧址调研美丽乡村建设，县领导方健忠、谢剑锋、琚建军、汪宇祥陪同调研。

3月31日，长虹乡在县城荷花广场举办“浙西摄影创作基地欢迎你——长虹风光图片展”的活动。

4月20日，由国家土地督察上海局巡视员李志坚带队的巡视组在市国土资源领导陪同下，在长虹乡就国土资源管理工作进行巡视。县委副书记、县长谢剑锋，县委常委、常务副县长汪权龙等出席汇报会。

4月28日，由县委宣传部、县政协文史委、县文联、县文化局主办，县美协、县文化馆承办的“庆五一”长虹乡余鼎新美术作品展在荷花广场展出，县领导杨苏萍、陈玮、赵虹等出席作品展。

5月10日，省委宣传部副部长鲍洪俊一行专程到长虹乡中共闽浙赣省委机关旧址主展区库坑展区考察省级爱国主义教育基地申报准备工作。县委常委、宣传部长杨苏萍等陪同考察。

5月17日，长虹乡组织全乡10个村的20名村书记、主任到池淮镇滩头村、中村乡树范村、音坑乡下淤村，学习考察3个村的生态乡村建设。这是该乡“互看互学互比、五型争先创优”的第一个系列主题学习活动。

5月20日，市委书记陈新一行到长虹乡调研龙顶茶产业发展情况。

6月14日，县委书记方健忠考察长虹乡乡村休闲旅游调研。副县长李华蓉，县委办、县委政研室、县旅游、文广、农办、农业等部门负责人陪同调研。

6月22日，长虹乡为纪念建党91周年，开展红色革命教育而举行的“迎七一•重走红军路、感悟先烈行”体验活动。

6月26日，开化县直机关近年来发展的新党员和县直机关部分优秀党员代表，在长虹乡库坑中共闽浙赣省委（开婺休中心县委）旧址庄严宣誓，开展一次有意义的党性教育活动。

7月10日，浙江工商大学财务与会计学院读书会暑期社会实践小分队的14名实践队员，在长虹乡开展支教之旅。

7月14日，长虹乡组团到江山、遂昌，学习考察发展乡村休闲旅游的成功经验和做法。长虹乡机关干部，各村党支部书记、主任40人参加学习考察活动。

7月20日，由长虹乡政府、县国土资源局、县新闻中心、县摄影家协会共同举办的“诗画乡村•七彩长虹”摄影展在杭州萧山国际机场展出。

8月12日，衢州市委书记陈新一行到开化县，考察长虹乡的中共闽浙赣省委旧址深切缅怀革命先烈，调研指导旅游业发展工作。市委秘书长李锋，县领导方健忠、谢剑锋、张伟刚、华寿军、琚建军、汪宇祥等陪同调研。

8月13日，长虹乡贯彻县委十三届二次全会精神，农家乐提升工程已全面展开，镇村干部深入一线对项目施工进行督查指导，确保提升工程在2013年元旦前顺利完工。

9月11日，衢州市人大常委会副主任童建中率市人大教科文卫工委和市旅游局相关负责人在开化长虹乡调研旅游发展工作，县人大常委会副主任杨国云、副县长李华蓉等陪同调研。

9月15日，在中国（衢州）第七届华东旅交会来临之际，由开化县长虹乡人民政府主办，开化县国土局、开化县新闻中心、开化县摄影家协会协办的“诗画乡村•七彩长虹”摄影展在开化县荷花广场举行。

10月30日，《回到原点》在开化县长虹乡开机，剧组摆流水席宴客。

11月8日，中国共产党第十八次全国代表大会在北京人民大会堂隆重召开。长虹乡组织全体机关干部在会议室收看开幕式。

11月13日，浙江卫视摄制组一行12人来到开化县长虹乡，对开化县2012年城市宣传片进行取景拍摄。

2012年开化县大溪边乡人民政府大事记

1月5日，省林业厅厅长楼国华、副厅长俞坚率基层党员干部一行50余人到开化大溪边乡开展互助共建活动。

1月18日，省林业厅多功能厅张灯结彩举行一年一度的新春团拜会。大溪边乡农民演出队表演的舞蹈《炒茶歌》获最佳表演奖。

2月14日，中国林科院亚热带林业研究所经济林培育、油茶培育、竹林培育、森林抚育、森林生态等课题组专家一行10人，到开化县大溪边乡结对帮扶指导工作。

3月25日，省第三地质大队、核工业二六九大队大队党委书记李巧民，总工程师贾锦生，带领省地质灾害防治专家组一行10人到开化大溪边乡等地，协助开化县国土资源局开展为期2天的汛前重点地质灾害点的检查。

4月9日，开化县大溪边乡建国希望小学大队部组织少先队员，分别到大桥头村和黄谷村开展“大手牵小手，共建环保新农村”活动。

4月26日，开化县大溪边乡中心小学举行“说普通话、写规范字、做文明人”主题活动启动仪式。

5月4日，开化县大溪边乡党代表工作室成立仪式举行，来自全乡的15名县、乡两级党代表认真学习党代表工作室的制度，并就村级便民服务中心建设和农村清洁工程等展开热烈的讨论。

5月18日，开化县大溪边举行地质灾害避险实战演练。此次演练由副县长李华蓉任县地质灾害防治领导小组总指挥，县政协副主席周福云及省国土厅、省有色金属地勘局、省地勘投资发展有限公司、市国土局等部门相关领导参加现场观摩。

5月28日，开化县大溪边砂石料有限公司举行隆重的开工投产仪式。县人大常委会副主任张春仙参加投产仪式。

6月13日，开化县召开全县农村集体土地所有权确权登记发证暨地质灾害防治工作会议。副县长李华蓉代表县政府与部分乡镇签订责任书，村头镇、大溪边乡分别作确权登记发证试点和地质灾害防治工作经验介绍。

7月24日，农历六月初六，开化县大溪边乡举办“六月六”传统庙会。

7月29日，开化交警“大海捞针”找到肇事车，伤者赠送锦旗表感谢。

8月14日，省林业厅副厅长邢最荣一行到开化县大溪边乡检查指导结对帮扶工作。在听取大溪边乡政府关于近年来低收入农户奔小康及林业三年规划实施情况工作汇报后，邢最荣对大溪边乡的工作给以充分肯定。

9月13日，开化县大溪边乡联合县政法委县司法局县检察院县教育局等部门在大溪边中心学校举办六五普法进校园活动。

9月20日，大溪边乡政府与大溪边乡中心学校举办一场篮球友谊赛。

10月11日，开化县大溪边乡2012年度农民饮用水工程正式开标。

10月18日，开化县油茶王比赛，经现场产量测定，单株共摘下油茶籽186斤，获得油茶王比赛的第一名，开化县大溪边油茶低改改出“油茶王”。

10月31日，大溪边乡政府获悉历时一年多编纂的《和美大溪边》正式出版发行。

11月19日，大溪边乡中级家政服务员技能培训班开班，培训班共吸引全乡140余位的留守妇女参加。

11月22日，县长谢剑锋在大溪边乡调研工作时，实地检查县乡公路两侧绿化、彩化现场。县政协主席华寿军就县城至密赛村河道绿化工作进行实地踏勘。

11月23日，开化县林业局到大溪边乡积极组织劳动力，加快古银杏树根基加固工程施工进度。

12月4日，由开化县司法局、县法治办主办，大溪边乡政府承办，大溪边乡墩南村委会协办的全国法制宣传日暨“法律进宗祠”活动在开化县大溪边乡举行。

12月18日，省林业厅副厅长俞坚一行到开化县调研森林公安、森林消防工作及省林业厅“森林先锋”创先争优结对帮扶开化县大溪边林业发展三年规划（2010—2012）实施情况。

2012年开化县何田乡人民政府大事记

1月29日，何田乡召开会议部署党代会内容，党委书记方忠明要求把贯彻县党代会精神落实到每项具体工作中，时时处处为群众着想，并通过“六个结合”，认真贯彻落实县党代会精神。何田乡“六结合”促进农村经济社会发展。

2月18日，杭州钱塘学友汇会长单勤杰携秘书长童江峰及聚成3期学友会许卫民等到开化县何田乡中心小学和结对小学生、大学生团拜活动并送上生活及学习用品。

3月27日，何田乡积极展开“下村入户摸实情”的活动，深入群众，调查实情，对于群众中存在的问题进行汇总，并针对其中的问题及时联系相关部门，在第一时间发现问题和解决问题。

5月4日，开化县何田乡政府组织各村干部、群众一起走向村镇交通干道、主要河道，集中清理垃圾和白色污染物，以实际行动迎接“5•5”生态日。

5月28日，何田乡浙江体彩希望小学（何田乡中心小学）热闹非凡，迎接来自共青团浙江省委、浙江省青少年发展基金会和浙江省体育彩票管理中心的领导。此次活动，浙江省体彩中心为该校捐赠助学金和一些生活、学习、体育等用品，并援建一所电子阅览室，总价值为41000元。

6月18日，何田乡便民服务中心建设工程施工招标公告。

7月2日，何田乡“庆七一”演讲比赛在乡政府会议室举行。12名来自乡政府、卫生院、中心小学和信用社的参赛选手走上演讲台，用质朴情真、激情豪迈的语言歌颂着自己为之奋斗和奉献的事业，生动呈现各自行业工作点滴，深刻诠释“责任心”这一主题。

8月9日，何田乡便民综合服务中心建设工程破土动工。服务中心结合“三民工程”标准化建设，将根据统一规划、合理布置、高效运转的原则，进一步简化办事程序，提高办事效率，切实做到为群众服务，为百姓分忧。

8月16日，何田乡组织干部群众开展义务献血活动，共有33位干部群众成功献血，献血总量达到8600毫升。

9月10日，龙游大街乡方旦村组团到开化何田乡学习清水鱼养殖技术。

10月19日，开化县供电局配电运检班工作人员到何田乡展开对何田乡电力线路巡检工作，确保电网平稳运行，为即将召开的十八大献礼。

10月30日，何田乡成立高山蔬菜服务组帮扶村民拓销路。

11月1日，县长谢剑锋在何田乡、大溪边乡调研工作，并强调各乡镇党委、政府要把村民增收致富作为开展各项工作的出发点和落脚点，因地制宜，发展特色产业，推动产业化发展，改善人居环境，实现乡镇经济快速发展。县人大常委会副主任徐海廷等陪同调研何田乡工作。

11月8日，何田乡组织干部群众观看中国共产党第十八次全国代表大会开幕式现场直播，认真聆听胡锦涛总书记代表中国共产党第十七届中央委员会向大会作的报告。

11月12日，何田乡国大田畈希望小学徐晓梅老师，启程飞往英国伦敦孔子学院任教。国家汉办为孔子学院选拔汉语教师，徐晓梅凭着自己的努力和加上丰富的知识面，从200多名参加选拔考试的老师中脱颖而出，成为衢州市赴国外孔子学院任教成员中惟一的教师。

12月11日，何田乡党委召开党的十八大精神宣讲大会，来自何田乡的党员机关干部、村两委班子及部分企业代表等人齐聚一室，就十八大精神进行更深更细的学习。

2012年开化县金村乡人民政府大事记

1月16日，华埠镇、池淮镇、音坑乡、金村乡四个乡镇新一届人代会第一次会议的结束，标志着全县18个乡镇第十六届人民代表大会第一次会议圆满完成会议各项议程，顺利闭幕。

2月4日，开化县普农家电有限公司董事长张土香和县红十字会、县个私协会相关人员一行来到金村乡看望慰问遭受火灾的村民，送去3000元慰问金并鼓励他们树立信心重建家园。

4月24日，在县农产品检验检测中心，池淮镇庄埠光兴蔬菜种植园、华埠镇华一村蔬菜专业合作社、金村乡宋村山地蔬菜专业合作社、音坑乡后畈蔬菜专业合作社及城关镇十里铺蔬菜专业合作社等蔬菜基地负责人自发送蔬菜样本检测。

5月27日，开化县金村乡计生协会在乡政府会议室举行“关爱女生”活动。活动中，宣读“关爱女生”倡议书，号召全社会要更多地关爱女生，并邀请乡卫生院妇保员举办青春期生理卫生知识讲座。

6月13日，开化县召开全县农村集体土地所有权确权登记发证暨地质灾害防治工作会议。县领导汪权龙、陈宝川、李华蓉、谷声及相关部门、金村乡乡镇负责人参加会议。

7月12日，开化县委组织部组织部分县拔尖人才，对县域经济发展各领域进行学习考察，拔尖人才代表到金村乡钱江源省级大鲵精品园进行实地考察。

7月28日，开化县诚信商会2012年“7•28”阳光关爱日活动在金村乡敬老院隆重举行，来自商会三组和六组的20余位会员，向金村乡6名贫困学子与18位入园老人捐赠价值12000余元的助学金、敬老金与礼品，并为大家准备一场丰富多彩的文艺演出。

8月8日，金村乡邀请市科技局相关人员，为全体乡村干部举办地震安全知识专题讲座。

8月9日，金村乡卫生院组织职工进行消防安全教育并开展消防演练。通过开展此次演练活动，有力地提高职工的消防安全意识和抗御火灾的自防、自救和火场逃生的能力，保证卫生院的财产及人员的生命安全。

8月16日，开化县茶产业办在金村乡举办红茶加工培训班，邀请福建武夷山的制茶专家现场指导，15企业和全县茶叶生产大户参加培训。

9月17日，衢州市委常委、巨化集团董事长杜世源到金村乡，履行挂任该村党支部“第一书记”的职责。开化县委书记方健忠，县委常委、组织部长姜方云等陪同。

9月25日，开化县人民检察院检察官们走进金村乡中心小学开展“检校携手育新苗”活动，为该校师生上一堂关于预防和应对未成年人犯罪的法制课。

9月28日，市委组织部到金村乡督察“三民工程”建设，认真听取乡、村汇报，就工作成效进行细致解，并就进一步推进金村乡“三民工程”标准化建设，提出意见和建议。

10月8日，县长谢剑锋在金村乡进行调研工作，并要求要理清发展思路，抓住工作重点，进一步改善生态环境，做大做强特色优势产业，切实促进农民增收致富，实现经济社会可持续发展。县人大副主任陈宝川陪同调研。

10月11日，县委书记方健忠到金村乡进行环保工作的调研。

10月23日，县领导走访慰问金村乡部分敬老院老人，给他们送去党和政府的亲切关怀，向老年朋友致以节日问候

11月7日，由衢州市经信委副主任蒋建平为组长的开化县“新农村电气化乡镇”考评验收组到开化县检查验收，塘坞、金村、大溪边和张湾4个乡镇顺利通过本次专项考核验收。

11月8日，中国共产党第十八次全国代表大会在北京人民大会堂隆重召开。金村乡组织全体机关干部在会议室收看开幕式。

11月27日，“喜庆十八大共建美家园”文艺汇演在金村乡举行。

12月4日，在音坑乡政府举办的“学习贯彻十八大，激扬青春献基层”演讲比赛初赛上，金村乡大学生村官刘玲玲、徐佳敏分别获得第二、三名的好成绩。

12月13日，金村乡党委将《中国共产党章程》330余册发放到全乡各党支部。

12月16日，国家卫生部卫生公益性行业基金《慢性呼吸疾病的预防与规范诊治体系建设及适宜技术研究》在金村乡开展。

2012年开化县林山乡人民政府大事记

1月9日，林山乡被国家环境保护部授予“国家级生态乡镇”称号。

2月9日，出席开化县第十五届人民代表大会第一次会议的代表们在各讨论地点开展讨论，大家畅所欲言，建言献策。县人大代表、林山乡禄源村书记徐谷作简短发言。

2月28日，“与爱同行•感恩中国”中国感恩励志教育公益演讲报告团在林山乡进行巡回演讲。

3月1日，林山乡全面完成杭新景高速公路林山段征地丈量工作。

3月17日，衢州市发改委主任傅炎康在林山乡开展进村入户走访活动

4月1日，杭州国芯股份有限公司部门经理张小燕带领该公司旗下的的杭州海信公司高级管理员，到开化县林山乡中心学校，为该校的老师带来以“快乐工作”为主题的班会和专题报告。

5月24日，由省残联党组副书记、副理事长陈玉国带领的省残联调研组一行8人，在开化县开展进村入户调研活动，走访林山乡残疾人家庭，调研当地残疾人生产生活情况和需求以及各项残疾人政策落实情况等。市残联党组书记、理事长曹唐林，县委副书记琚建军，副县长汪宇祥等陪同调研。

6月6日，县委常委、公安局长陈玮和县交通局、林山乡政府的相关人员在杭新景高速公路(林山段)建设施工现场，了解分析建设治安形势，共同商讨建设中遇到的治安问题解决办法。

6月19日，开化县召开森林资源管理工作会议，回顾总结去年工作，研究部署2012年及今后一个时期全县森林资源管理工作。县领导琚建军、陈宝川、汪宇祥、马建雄出席会议。林山乡、池淮镇、苏庄镇和森林公安分局作交流发言。

7月17日，林山乡杭新景高速路搬迁安置点顺利进行公开招标。

8月13日，县政协主席华寿军来到林山乡开展调研，履行“第一书记”职责，帮助该村理清发展思路，解决实际困难。

8月14日，市委副书记李剑飞到开化县林山乡调研“一村一品”。

8月15日，县委十三届二次全体(扩大)会议结束后，全乡广大干部立即召开会议深入学习全会精神，并立足本乡实际，充分挖掘整合旅游资源。

9月3日，县长谢剑锋在林山乡开展调研工作。他强调，林山乡领导班子要理清工作思路，明确发展方向，抓重点、破难点、突亮点，着力推进各项工作，加快经济社会发展步伐，实现社会事业全面进步。

10月22日，为加强农村基层组织建设，进一步深化基层组织建设年活动。林山乡党委针对林山实际，在詹村、菖蒲两村中开展竞技性选拔村党支部委员的活动。在经过前期的宣传发动、组织报名及资格审查，顺利完成村支部委员的竞职面试。

10月23日，县领导分组走访慰问林山乡部分敬老院老人，给他们送去党和政府的亲切关怀，向老年朋友致以节日问候。

10月25日，县老干部局组织离休老干部和实职副处以上的退休老干部，视察林山乡境内的杭新景高速公路开化段建设情况。

11月6日，在县妇联和乡党委政府的指导下，林山乡第十四届妇女代表大会胜利召开。此次会议选出乡妇联第十四届执委会委员5名和参加县第十五次妇代会代表4名，并成功选出林山乡妇联主席。

11月8日，林山乡组织全乡广大党员干部集中收看党的十八大开幕式。全乡机关干部、各村党支部书记在乡会议室集中收看，各村组织其他村两委成员、党员在各村会议室集中收看。

11月21日，衢州市委常委、组织部长赵建林在开化县林山乡调研三民工程建设情况，开化县委常委、组织部长姜方云陪同调研。

12月20日，林山乡举行2012年度的老干部聚会，乡镇领导和老党员干部参加活动会谈。

2012年开化县塘坞乡人民政府大事记

1月17日，衢州市暨开化县红十字会“博爱送万家”首发仪式在塘坞乡会议厅举行。副县长、县红十字会会长李华蓉出席仪式并为塘坞乡25位困难群众发放爱心物资。

1月18日，开化县农村信用合作联社监事长王岳一行3人到塘坞乡，慰问特困老农，特地为老人送上过年物品和慰问金。

3月12日，塘坞乡组织机关干部、村干部、村民近百人，开展义务植树活动，掀起全乡春季植树热。

3月15日，塘坞乡组织女干部进村入户走访调查。

3月29日，塘坞乡干部到植保专业合作社指导检修农机器具保障春耕。

4月9日，塘坞乡召开会议，积极发展来料加工业促进低收入农户增收的工作。

5月7日，塘坞乡实施干部集中办公制推进农村基层创先争优。

5月11日，开化县妇联领导会同县女企业家协会的会长、理事代表一行来到塘坞乡中心小学，看望贫困家庭学生并送上资助金。

6月1日，县公安局组织青年民警来到塘坞乡中心小学，开展“庆六一、献爱心”警校共育主题活动。民警们给孩子送上精心准备的书籍、文具等节日礼物，还和孩子们一道做起游戏，校园内洋溢着节日喜庆氛围。

6月7日，塘坞乡督办组工作人员将一张张《6月份工作督办单》送达各村主要负责人手上。下发督办单，是该乡为转变干部工作作风，加强工作落实，提高执行力而采取的一项创新举措。

7月5日，塘坞乡首届农民运动会在塘坞乡中心小学及部分村同步举行，山底村的胡文武与来自全乡10个行政村的近百名农民参加比赛。

9月30日，音坑乡戴家村草龙协会举办“展风情，结乡情”联欢会，城关镇荷花夕阳红乐园、塘坞乡山底村和本乡对门村的文艺爱好者们也前来助兴，表演排舞队、越剧、黄梅戏、京剧等精彩节目。

10月17日，塘坞乡政府携手衢州万能培训学校，共同举办缝纫培训班，60多名农村留守妇女报名参加为期一个月的缝纫技术学习。

10月25日，塘坞乡召开第十五次妇女代表大会，选举产生新一届乡妇联领导班子。开化县乡镇妇代会换届选举工作由此拉开序幕。

11月7日，由衢州市经信委副主任蒋建平为组长的开化县“新农村电气化乡镇”考评验收组到开化县检查验收，塘坞、金村、大溪边和张湾4个乡镇顺利通过本次专项考核验收，这意味着开化县在衢州市范围内第一个全面完成电气化村和电气化乡镇两个100%创建目标。

11月8日，塘坞乡组织干部群众观看中国共产党第十八次全国代表大会开幕式现场直播，认真聆听胡锦涛总书记代表中国共产党第十七届中央委员会向大会作的报告。

11月14日，日本驻上海总领事馆领事福永茂和、研究员根师梓、项目助理五十里绘美子一行3人，在省、市外侨办领导陪同下，在开化县塘坞乡调研新建敬老院，就争取日本政府“利民工程”小额无偿援助项目，对该项目的规划设计、经营理念、受益人群等具体事宜，进行现场考察。

12月11日，县长谢剑锋在塘坞乡调研乡镇工作。他强调，要深入学习贯彻党的十八大精神，紧密结合当地实际，围绕发展主题，突出农民增收这一重点，加快产业发展，以改革创新精神干事创业，全力推进乡镇经济社会平稳较快发展。

2012年开化县音坑乡人民政府大事记

1月6日，衢州市知识分子联谊会“感恩三老”活动走进开化，到音坑乡、马金镇、中村乡等地看望慰问“老革命”“老党员”“老模范”。

1月16日，随着华埠镇、池淮镇、音坑乡、金村乡4个乡镇新一届人代会第一次会议的结束，标志着开化县18个乡镇第十六届人民代表大会第一次会议圆满完成会议各项议程，顺利闭幕。

2月22日，县委书记方健忠到音坑乡，走访农户，解村情，解决难题。

2月24日，县畜牧兽医局与开化县钱江源之春养蜂专业合作社，在音坑乡有机蜂产品生产基地共同举办“浙江省山区海岛特色畜牧业发展项目养蜂生产技术培训班”，以提高全县蜂农生产技术水平。来自全县各地的35名蜂农参加培训。

3月15日，衢州市交通运输局调研组一行6人到开化县音坑乡开展“进村企摸实情”活动。

3月29日，县委副书记、县农村清洁工程工作领导小组组长琚建军一行先后到音坑乡、中村乡等地，督查农村清洁工程落实情况。

4月24日，在县农产品检验检测中心，音坑乡后畈蔬菜专业合作社及城关镇十里铺蔬菜专业合作社等蔬菜基地负责人自发送蔬菜样本检测。

5月24日，县委书记方健忠深入音坑乡等乡镇，就基层组织建设工作进行调研。县委常委、组织部长姜方云，相关部门负责人陪同调研。

5月31日，开化县召开特扶项目建设工作情况汇报会，县委副书记琚建军在会上强调，县工业园区、县住建局、县教育局、县卫生局、县旅游局、马金镇、池淮镇、音坑乡等部门和乡镇作表态发言。

6月7日，开化县首个村邮站在音坑乡泗洲村建成启用。

6月25日，县长谢剑锋，县委常委、政法委书记余尧正，县委常委、人武部长姜小明一行在音坑乡对建国前入党的老党员和农村困难党员进行走访慰问。

7月4日，开化县第一届残运会举行闭幕式，音坑乡获得体育道德风尚奖。

7月24日，音坑乡司法所工作人员深入村庄、企业宣传法律知识。

7月26日，县委书记方健忠到音坑乡调研“一村一品”工作进展，副县长汪宇祥参加调研。

8月30日，音坑乡食品安全百日大行动领导小组联合派出所、工商所、卫生院等部门，组成食品安全专项检查工作组，深入辖区内食品生产加工企业、商场超市、餐馆饭店等场所，开展集中检查。

9月4日，开化县委、县政府举行“一村一品”行动推进会，全面启动“一村一品”行动计划，与会人员到音坑乡等地进行实地考察工作。

9月11日，开化县委、县政府召开全县“创三城、破三难、建三网”工作动员会。县住建局、国土局、华埠镇、城关镇、音坑乡、苏庄镇等部门、乡镇作表态发言。

10月6号，音坑乡党委就“三民工程”便民服务中心标准化建设召开推进会。

10月11日，县委书记方健忠对音坑乡进行环保工作调研。

10月15日，县长谢剑锋在音坑乡、齐溪镇进行调研工作。县领导程育全、谷声等陪同调研音坑乡工作。

11月8日，音坑乡第十四次妇女代表大会胜利召开。此次大会选举产生音坑乡第十四届妇女代表大会执行委员和出席县第十五次妇女代表大会代表。

11月22日，音坑乡党委召开学习会，组织全体乡干部学习十八大会议精神，乡党委书记郑瑞锋强调，以十八大精神为指导，提高工作效率，增强做好工作的责任感和紧迫感，确保全年各项工作任务圆满完成。

11月28日，浙江电视台“浙江骄傲”节目组的记者一行3人在开化县音坑乡，采访钱江源头“最美一家人”徐萌仙和她的丈夫，为2012年度“浙江骄傲”人物评选候选人拍摄宣传片。

12月4日，由音坑乡党委、政府、团委牵头组织的音坑片大学生村官演讲比赛在音坑乡会议室顺利召开。

2012年开化县张湾乡人民政府大事记

1月16日，张湾乡2012年迎新春拔河比赛正式开赛，乡办公楼前的小广场被村民们围得水泄不通，助威声此起彼伏。

1月19日，张湾乡潭头村荣获全省“民族团结进步小康村”称号。

2月8日，张湾乡党委副书记、乡长张孝萍表示第一次当市党代表，一定要把精神贯彻落实好。从乡镇工作上看，张湾乡要大力完善生态文化、红色文化。

3月5日，张湾乡组织人员开展防汛大检查。主要检查水库山塘水情和堤防、堰坝运行情况，在建工程安全渡汛方案落实情况，及时发现安全隐患和问题，及早研究落实整改措施，确保今年安全渡汛。

3月10日，开化县张湾乡水利站工作人员带着鱼病防治药品和《科学养鱼》刊物来到余田坑渔业养殖示范基地，实地解清水鱼养殖情况。

3月12日，浙江省农科院园艺所3位专家来到开化，就“园艺型流水坑塘生态高效养鱼技术示范”课题进行指导。并在音坑、张湾、长虹等3处示范点现场发放技术资料和指导业主栽培。

4月29日，县张湾乡政府与县作家协会共同举办采风活动。

5月24日，县委书记方健忠深入部分乡镇，就基层组织建设工作进行调研。县委常委、组织部长姜方云，相关部门负责人陪同调研。方健忠一行深入音坑乡等地，通过走访调研、召开座谈会等形式，详细解基层组织建设年活动开展情况。

5月31日，张湾乡举办生殖健康知识讲座，全乡各村近70名育龄妇女参加此次培训。讲座特邀全国妇产科资深专家张薇教授授课。

6月4日，开化县张湾乡防汛指挥部组织人员开展防汛安全大检查。

6月28日，以国务院原参事、中国林科院首席科学家盛炜彤为组长的衢州市创建“国家森林城市”现场查验组，在副市长毛建民的陪同下到开化张湾乡等地进行检查。县领导谢剑锋、程育全、汪宇祥等陪同检查。

7月4日，县运动会在县体育馆举行闭幕式。县领导陈宝川、汪宇祥、汪涌等出席闭幕式。张湾乡等代表队获得本届运动会“优胜奖”。

8月8日，县委十三届二次全会召开后，张湾乡立即召开班子会议和乡村两级干部大会，认真学习贯彻方健忠书记在县委全会上作的报告。

8月9日，张湾乡组织镇村干部收看三民工程标准化建设暨第一书记工作法现场推进会。

9月20日，由开化县农办、农业局、职业中专联合举办的农家乐经营业主培训班正式开班。本次培训主要为开化县新创建的“四村五点”，包括张湾乡潭头村农家乐。

10月10日，开化县农业局土肥站将首批价值15.6万元的280吨高浓度有机肥运往张湾乡。开化农业部门连续4年免费送肥6600吨为7个乡镇培肥地力，为农业丰产奠定基础。

11月20日，张湾乡组织收看《信息传输“高速路”教育培训“直通车”——全国农村党员干部现代远程教育工作巡礼》专题片。

11月23日，“喜庆十八大，共建美家园”文艺汇演在张湾乡的文化健身广场上演。

11月26日，县委组织部副部长郑立华到张湾乡检查三民工程建设情况，并对两个村的建设情况提出宝贵的意见和建议。

12月10日，张湾乡组织委员叶增产同志组织全乡9名年轻干部在办公室学习政务信息内容，再次强调做好宣传的重要性。

12月21日，开化县召开基层组织建设工作会议。县委常委、组织部长姜方云出席会议。会前，与会人员实地考察张湾乡等地的“三民工程”标准化建设及村级集体经济发展等工作。

2012年开化县中村乡人民政府大事记

2月21日，县农业技术推广站的陈星红到中村乡等地，走村入户实地指导油菜种植大户清沟排水，加强油菜田间管理。

3月1日，开化县植保站技术人员来到中村乡，面对面指导农户开展油菜菌核病防治工作。

3月29日，县委副书记、县农村清洁工程工作领导小组组长琚建军一行到中村乡等地，督查农村清洁工程落实情况。

3月30日，市委书记赵一德、市委副书记李剑飞等到开化县中村乡等地调研美丽乡村建设。

4月4日，县人武部组织中村乡30名民兵应急分队队员，到省级爱国主义教育基地——叶长庚将军墓扫墓，接受爱国主义和国防教育。

4月26日，央视七套《生活567》栏目组到开化县中村乡拍摄以“美丽乡村”为主题的旅游节目，树范村民族歌舞队的9名畲族姑娘参与节目录制。采访组对树范村优美的生态环境和淳朴的民风所深深吸引，相约3年后再访树范村。

5月8日，中村乡部署村书记队伍“看比学、强基础、争优秀”活动。9个行政村书记在乡、村干部大会上“晒”承诺，就基层组织建设、农村清洁工程、计生等当前重点工作互相交流学习，并形成书面材料交乡党委备案，作为年度村干部考核重要依据。

5月29日，中村乡开展计生协会“5•29”活动，发放关爱女孩倡议书1000余份，走访慰问困难女孩家庭，与群众面对面宣讲关爱女孩政策。

6月29日，中村乡党代表工作室以“党情面对面，民声零距离”为主题，开展学习研讨、走访慰问、民主恳谈、视察调研等一系列党代表活动。

7月15日，县委副书记琚建军在中村乡指导农村工作，实地查看农村清洁工程、生态乡村建设，并召开乡班子成员座谈会，就精品村建设、农村清洁工程、农业产业化发展、农村社会稳定、班子队伍建设等方面给出指导意见。

8月31日，在县委组织部科学指导下，中村乡各村级党支部书记面试工作圆满完成。

9月19日，县长谢剑锋在中村乡调研。他强调，中村乡党委政府要从建设钱江源旅游度假区的大局出发，做好乡村旅游发展规划，挖掘历史文化资源潜力，打造特色乡镇。县人大常委会副主任杨国云陪同调研。

9月20日，全市统战部长会议在开化召开。会议期间，与会人员到中村乡实地参观县统战帮扶民族村及新农村建设。

10月22日，衢州市生态文明建设现场会在开化召开。与会人员参观中村乡树范村农村环境综合整治等地，并现场听取开化县生态文明建设工作介绍。

10月25日，开化县中村乡中心小学全体师生开展以“做文明的环保使者”为主题的环保宣传活动。

11月15日，副县长赵虹在中村乡调研指导乡财政公共服务平台建设工作，财政局领导陪同调研。

11月22日，“喜庆十八大，共建美家园”文艺汇演在中村乡进行文艺演出。

11月26日，中村乡举行乡干部集中学习会，乡党委安排专题学习《党章》。

12月4日，市委宣传部理论处处长邵子华到中村乡，为全体乡干部、村党员干部专题辅导十八大精神，从7个方面结合生动案例全方位解读十八大报告，使基层党员干部对十八大精神有更深刻的理解和领悟。

12月18日，中村乡召开第十六届人大主席团第三次会议，县人大杨主任到会指导。与会人大代表、政协委员及列席代表纷纷畅所欲言、建言献策。

丽水

2012年莲都区白云街道办事处大事记

1月5日，省残联“创建扶残助残爱心社区”检查组领导余雪青、徐辉、王广飞、吕明等和丽水市残联副理事长谢丽福、康复部部长韩菁在区政府及残联有关领导陪同下到白云社区检查“扶残助残爱心社区”创建工作。

1月8日，召开白云社区全体党员年终会议，会议由社区书记卢君红主持，社区90多名党员参加会议。

1月13日，召开白云社区警民恳谈会暨义务巡逻队年终总结会。

2月17日，为喜迎丽水市第三次党代会，白云街道号召、组织各社区工作人员、共建单位、志愿者、居民群众等参与环境综合大整治，开展一次以“清洁家园，喜迎党代会”为主题的卫生大整治活动。

2月28日，白云街道党工委办事处组织街道全体干部学习领会市党代会的会议精神，传达卢子跃书记的报告。

3月1日，共青团莲都区白云街道工作委员会组织街道和社区（村）团干召开近期工作部署会暨“3•5学雷锋活动”动员会。

3月15日，白云街道党代表工作室成立，区委组织部副部长桑亦球、徐丽民等领导为白云街道党代表工作室揭牌。

3月23日，由莲都区白云街道办事处和莲都区畲族文化研究会共同举办，城西民族村承办的莲都区第十二届畲族“三月三”文化节在城西村隆重举行。

4月13日，在全市服务型基层党组织建设现场推进会上，白云街道党工委书记胡菊萍向与会人员展示一幅特殊的地图——白云街道区域化党建地。

4月26日，白云街道召集各社区、村和街道干部在后庆社区会议室召开推进计生工作暨“走、进、问”计生大走访动员会，分析当前计生工作形势，扎实推进“双创”和“大走访”活动。区计生局局长余宗南到会，并作重要讲话。

5月14日，召开全体街道干部、社区、村支部书记、主任会议，进行街道班子主要领导交接。

5月29日，召开迎接省文明城区创建整改结果检查动员会。

5月31日，召开文明城市复评迎检工作动员会议，街道分管领导、双委班子、辖区楼道长、党员志愿者、居民骨干共计100余人参加会议。

6月1日，白云街道领导下社区检查指导卫生清理工作。

6月16日，街道分管领导带队与村干部上门对南区块生产用房住户进行劝拆。

6月21日，团市委副书记留洁、团市委组宣部副部长邓君妙在区团委副书记徐文杰的陪同下到白云社区检查指导“青春家园•”试点建设工作。

7月1日，白云街道党工委在人民路小学举行庆祝建党91周年大会。

7月4日，为庆祝建党91周年，白云街道组织党员开展系列活动。

7月19日，白云社区召开安全防范暨垃圾分类宣传培训会。

8月2日，召开防汛抗台专题会议，街道全体干部、辖区各村（社区）负责人到会。

8月7日，白云街道办事处召开关于做好今年第11号强热带风暴“海葵”防御工作的专题会议。会议由各社区、村两长和街道全体干部参加。

8月8日，白云街道组织召开计划生育专题工作会议，部署推进计划生育工作。

9月13日，召开消防安全培训会。莲都区消防大队张警官给社区楼道长、社区干部等参与培训。

9月23日，在处州中学田径场举行白云街道第二届体育运动会。

9月28日，组织干部职工进行中秋国庆长假期间的重点工作部署，街道全体干部，下辖社区和村干部参加会议。

11月6日，副区长雷勇军到白云街道灯塔社区检查创卫工作。

11月13日，省卫生厅副厅长叶真等一行的省级卫生城市复查组到白云社区检查巩固省级卫生城市创建成果工作。

11月23日，区老龄委电大辅导员郑法森给社区电大学员上健康养生知识课。

12月14日，举行首届文明市民（群体）评选颁奖晚会。

12月27日，白云街道城西村获“全国民主法治示范村”荣誉称号。

12月31日，白云街道和三岩寺社区服务用房项目顺利进场施工。

2012年莲都区万象街道办事处大事记

1月6日，万象街道考评组一行6人到梅山社区进行2011年度社区工作考核。

1月17日，万象街道检查组一行到凤凰社区，对辖区内的生产经营单位进行安全生产检查。

2月14日，莲都区副区长郭巧燕一行在万象街道王东华主任等领导的陪同下到凤凰社区调研社区工作情况。

3月5日，街道团工委组织青年团干慰问队伍，对街道所辖七个社区、四个村的特困群众、高龄老党员进行“三五”学雷锋心连心慰问。

4月25日，万象街道召开2011年度社区工作先进集体和先进个人表彰大会。

4月27日，凤凰社区对辖区内的食品市场开展专项检查，严厉查处过期食品及无标签、无保质期、无生产日期的预包装食品，切实保护消费者的合法权益。

5月2日，梅山社区召开残疾人协会会议，参加会议的有社区全体干部、残疾人协会会员。

5月29日，万象街道在白云休闲馆举办“5•29”计生协会活动。区计生局局长钟金亮、街道协会理事成员及班子成员、各村（居）干部应邀参加活动。

6月26日，万象街道凤凰社区组织社区党员到浙西南革命根据地纪念馆，“忆英烈、迎七一”，以此迎接党的91华诞。

6月29日，万象街道城南村党员干部参观温州洞头海霞军事主题公园。

7月3日，万象街道部分党员代表陪同区委常委、纪委书记洪起平一行，到厦河门社区、城南村、凤鸣村等地看望唐玉凤、谢云岩、刘成祖三位百岁老人，并送上“长寿匾”和慰问金。

7月26日，万象街道丽阳门社区召集辖区所有居民组长、楼道长20余名，召开“关于开展党的十八大消防安全保卫战工作”会议。

8月6日，区民政局副局长洪万升一行到凤凰社区调研指导工作，与凤凰社区工作人员一起探讨创建和谐社区、创新社区管理等一系列问题。

9月3日，召开非公企业和社区书记会议。

9月25日，丽阳门社区召开“喜迎国庆——暨省卫复查”专题会议。

9月26日，万象街道丽阳门社区举行“双节”座谈茶话会，布置省级卫生复查工作具体细节，辖区上下努力打造一个街面整洁，治安稳定的喜庆佳节。

10月16日，召开村监会会议，各村村监会及村级便民服务中心相关人员参加会议，街道纪工委书记朱明海主持。

10月17日，市委常委、纪委书记朱晨调研万象街道左渠门社区创卫工作，市、区主要部门负责人陪同调研，万象街道、社区相关人员出席座谈会。

10月28日，在城北小学举行万象街道第三届老年运动会。

11月15日，胡侠调研万象街道丽华村、大水门社区。

11月26日，凤凰社区组织党员、楼道长、居民等一起观看《全国农村党员干部现代远程教育工作巡礼》电视专题片。

11月28日，丽阳门社区召开2012年党建共建联席会议，会议由社区党总支书记邵敬屏主持。市建设局等20多个共建单位参加会议。

12月5日，凤凰社区组织志愿者参加“青春奉献丽水、建设美丽家园”创卫青年志愿服务活动启动仪式。

12月10日，区委组织部考核组在万象街道梅山社区检查指导党建工作。

2012年莲都区岩泉街道办事处大事记

1月6日，市委常委、纪委书记朱晨一行来到丽阳社区看望慰问丽阳社区困难居民。

1月9日，区长王小荣携4大领导班子在民政局副局长、岩泉街道书记主任、朝阳社区书记主任的陪同下，走访看望百岁老人范素英。

2月14日，召开春节过后的第一次全体干部大会，街道全体机关干部、村（社区）两长等一百多人参加会议。

2月16日，副区长郭巧燕一行在岩泉街道王伟荣主任等领导的陪同下到丽阳社区调研社区工作情况。

3月13日，岩泉街道办事处禁毒宣传工作人员一行在丽阳、北苑路等社区内组织开展禁毒“流动课堂”宣传教育活动。

3月15日，副区长雷勇军在相关部门的陪同下到岩泉街道调研九里综合菜市场建设。

3月21日，天宁社区邀请专业健康讲师为居民举办一场生动的“四季养生”健康知识讲座。

4月10日，街道召开8个山区片行政村支部书记和联村干部参加的便民服务中心建设会议。

4月12日，岩泉街道召开安全生产工作会议，区安监局、区消防支队等相关部门负责人出席会议，街道分管领导、安监员，各村、社区主任、安全员参加会议。

5月18日，正阳社区组织辖区范围内的残疾人召开残疾人座谈会。

5月20日，天宁社区开展爱心手拉手迎“全国助残日”趣味包饺子活动。

5月31日，在“六一”儿童节到来之际，岩泉街道党工委率团工委负责人组成慰问组，深入天宁小学进行慰问。

6月8日，街道召开老干部座谈会，向离任村干部通报街道2011工作情况和下一步工作打算，征求大家的意见和建议，13名老干部先后发言，街道政法书记、组织委员、宣传委员等相关领导出席座谈会。

6月26日，召开岩泉街道庆祝建党91周年暨创先争优活动总结表彰大会。

7月5日，区工作组主要领导一行人在天宁寺村召开村干部及队长会议。区司法局局长梁永光和街道书记王峰主持本次会议。

8月20日，莲都区民政局副局长洪万升到正阳社区慰问社区干部并指导工作。

8月29日，岩泉街道健康教育学校在北苑路社区成立，社区服务中心的医生给居民们上第一课《老年人高血压防治》。

9月7日，区委书记毛子荣一行到岩泉街道天宁中学走访慰问，送上第28个教师节的问候和祝福。

9月18日，街道召集街道干部及相关村两长召开2012年重点项目推进会，进一步明确今年的重点项目目标、细化任务、落实责任。

9月27日，北苑路社区开展2012年下半年育龄妇女“三查”工作。

10月19日，区委组织部部长张继芳在区民政局和岩泉街道办事处主要领导陪同下到岩泉街道慰问百岁老人梁丽芳。

10月23日，岩泉街道联合城区文化站开展的“欢乐莲城送戏下乡”活动到岩泉街道北苑路社区。

10月26日，街道北苑路社区在温馨园举办老年人趣味运动会，共有百余位社区老人参加此次活动。

11月27日，岩泉、仙度、黄村、双黄等乡镇街道征兵工作联审汇报会在岩泉召开。

12月6日，区宣传部部长宋珍花在莲都区民政局叶志军局长等领导的陪同下，到正阳社区开展调研工作。

12月10日，岩泉街道利用晚上夜学时间，特邀区委党校老师组织全体街道干部职工和街道党代表召开十八大报告专题学习会。

2012年莲都区紫金街道办事处大事记

2月10日，街道召开古城村搬迁推进工作会议。

2月17日，莲都区紫金街道禁毒办、人力资源和社会保障、工会、反邪教办公室、司法所联合在紫金街道东升社区流动人口多、人员集中的火车站举办以“珍爱生命，远离毒品”为主题的禁毒“流动课堂”宣传教育活动。

3月8日，紫金街道“三八”妇女节开展禁毒知识宣传讲座。

3月15日，街道办事处邀请中国人寿工作人员给社区负责人上一堂别开生面的保险知识课。

4月17日，紫金街道召开村级便民服务中心建设推进大会。

4月25日，区政协主席谷江南一行，对紫金街道的下坑村、余庄村进行访农户活动。

5月16日，省、市禁毒办领导在紫金街道检查、调研禁毒工作。

5月24日，缙云、青田县禁毒办领导和禁毒社工一行9人在莲都区禁毒办副主任王文俊、区禁毒大队教导员江会彪的陪同下，到紫金街道观摩、指导禁毒工作。

5月29日，街道召开办事处干部会议，要求各联社区联村干部在6月3日前下到社区和城中村，认真落实整改措施，务必做好文明城区复评整改工作。

6月1日，紫金街道西银苑社区妇联与莲外怡景校区开展庆“六一”活动。

6月26日，西银苑社区党总支开展全体社区党员参加的“七一”活动。

7月12日，市政府副秘书长夏海国一行，对紫金街道的创卫工作进行初查。

7月20日，紫金街道召开迎接省级卫生区初评动员会议。

7月21日，举办丽水市首届体育健康活动进东升。

8月15日，紫金街道全体干部和各社区干部共80人，参加丽水市万人健步走活动。

8月28日，区委组织部副部长徐丽明来东银苑社区调研党员志愿者服务工作。

9月12日，街道召开辖区内城乡居民社会保险工作部署大会。

9月21日，紫金街道执法大队召开全体队员大会，队长季蔚同志主持并传达市局例会精神，并针对中秋、国庆长假节前的城市管理工作进行安排和部署，同时强调队风队纪。

9月26日，东升社区联合莲都油库、东升警务室、东方明珠管理处等多单位开展消防演练活动。

10月18日，东银苑社区及社区老年体协举办“相约南明山，欢度重阳节”的登高健身活动。

10月24日，大洋河社区居委会举行新办公楼的乔迁仪式，街道党工委书记、办事处主任参加揭牌仪式。

10月25日，紫金街道禁毒办联合街道610办和司法所在水东小学举办禁毒宣传教育活动。

11月20日，莲都区慈善总会主席朱祖新等一行人到万丰社区赠送影碟机和碟片。

11月28日，紫金街道万丰社区里热闹非凡，左邻右舍相聚一起欢度“邻里节”，丽水市莲都区紫金街道禁毒办的社工抓住社区举办邻里节的契机，对居民开展以“珍爱生命，远离毒品”为主题的面对面的禁毒宣传。

12月6日，东银苑社区联合行政执法局和工商所在工商所会议室举办“东银苑菜市场经营户培训会”。

12月19日，紫金街道召开迎接省卫生考评工作推进会，布置检查事宜。

12月26日，省禁毒办专职副主任周联盟在市公安局副局长、市禁毒委副主任金珍、市禁毒办专职副主任徐丽娟和区禁毒委副主任吕小平陪同下，到紫金街道禁毒办检查指导禁毒工作。

2012年莲都区碧湖镇人民政府大事记

1月16日，召开全体镇干部会议。全体镇干部、镇属部门负责人以及全体大学生村官参加会议。会议总结过去一年取得的工作成就，并就春节期间的各项工作作部署。

2月6日，举行“新春送岗位，就业在家门”的场招聘会。来自碧湖镇内外6家企业及15位来料加工经纪人参加招聘会。

2月16日，召开第十六届人民代表大会第一次会议。大会选举产生新一届镇政府、人大领导班子。

3月20日，省妇联及省家庭教育杂志社工作组一行到碧湖开展“进村入企”走访活动。副区长郭巧燕陪同走访。

3月27日，碧湖镇赵村举办“喜迎十八大巾帼展风采”文艺演出，莲都区副区长郭巧燕、区妇联主席、碧湖镇班子等领导观看演出。

3月31日，召开全镇动物防疫工作推进暨技术培训会，镇分管领导、动物卫生监督站工作人员及各村防疫员30多人参加会议。

4月9日，庆祝“碧湖镇行口村文化活动中心落成”绿谷风文化大篷车文艺演出。

同日，召开“三沿五区”坟墓整治和生态墓地建设工作促进会，各办事处主任和民政助理员参加会议，镇领导在会议上作重要部署。

4月11日，碧湖镇“天天乐”文体健身点开展会亲活动。

4月12日，碧湖镇实施“一事一议”项目村顺利通过验收。

5月20日，举行第五届乡村文化艺术节开幕式暨全市龙舞大赛。市委常委、宣传部长陈建波，市人大常委会副主任刘国安、市政协副主席何赤峰等领导出席开幕式。

5月22日，召开村级便民服务中心代办员业务培训会，全镇110余名代办员及村负责人参加培训会。

5月29日，碧湖镇副书记唐键带队，各分管领导及镇属各部门负责人等共20人组成的考察团到缙云县壶镇镇考察小城市培育工作。

6月12日，召开全镇干部大会，集中组织学习浙江省第十三次党代会精神。全体镇干部、大学生村官100多人参加本次会议。

6月30日，碧湖镇完成对石牛温泉二期用地的清场工作。

7月6日，碧湖镇政府召开会议，部署全镇党的“十八大”期间消防安全保卫工作。会议下发《莲都区碧湖镇集中开展党的十八大消防安全保卫战工作实施方案》，签订十八大消防安全保卫战目标责任书。

7月30日，通济堰•养生文化园工程正式开工。

7月31日，市重点工程莲都区瓯江大溪碧湖段防洪堤Ⅰ期加固工程顺利完成测量。

8月2日，区委常委、碧湖镇党委书记李见阳在碧湖镇召开班子扩大会议，部署指导防台抗汛工作，全体班子成员和各办事处主任参加会议。

8月8日，碧湖镇在碧湖东海明珠举办以健康、快乐、和谐为主题的天天乐文体团体展示演出。

8月13日，碧湖镇组织城市执法、公安交警、工商、镇村干部近100人对碧湖镇的主要街道开展街道综合整治。区委常委、碧湖镇委书记李见阳亲自带队上街维持街道次序。

9月11日，由碧湖镇妇联举办的巾帼“美容师”培训班开学，来自全镇各界的近百名妇女参加培训。

9月19日，莲都区慈善总会和莲都区人民医院联合在碧湖镇大坑村开展慈善义诊活动，为山村群众进行义诊，并送去疾病预防和健康保养知识。

9月28日，召开碧湖镇第六次残疾人代表大会。会议选举出席莲都区残疾人代表大会和选举产生新一届残联理事会成员。

10月17日，召开碧湖镇重点工程“百日大会战”动员会。会议传达区重点工程百日攻坚动员精神，布置碧湖镇重点工程“百日大行动”实施方案。

11月14日，碧湖镇妇联举办“情系贫困学子爱心义卖会”活动。

11月27日，海宁市发展和改革局（协作办）到镇开展对口帮扶活动。

12月3日，召开碧湖镇新政府大楼方案设计审查会。镇领导班子及专家听取设计方的概念设计。

12月11日，镇党委政府一行到碧湖消防中队慰问消防官兵，并与消防官兵及被救群众一同召开座谈会。

2012年莲都区大港头镇人民政府大事记

1月5日，省农办副主任邵峰、省残联计财部部长陆文龙一行到大港头镇北埠社区调研指导残疾人工作。

1月11日，市区统战部组织工商联、侨界一行8人到大港头镇，对栋村、利山、石玄头嘴、均溪4个村的5户困难老党员、老干部和贫困学生进行慰问。

1月13日，2011年度生态市建设和“811”生态文明建设推进行动考核组到大港头镇考核。

2月7日，召开区人大和“一府两院”工作报告征求意见会。区委常委、副区长谭利章，区人大、法院、检察院负责人及丽云片区部分区人大代表参加此次会议。

2月14日，大港头镇政府会同工商、公安等部门，对镇属17家市政府重点隐患挂牌单位进行消防安全大检查。

2月28日，召开洁净村居创建工作再动员再部署会议，全体镇干部、各村两长、部门负责人参加会议

3月16日，在大港头镇北埠社区内举行雷锋志愿服务队成立暨北埠社区服务中心正式开业仪式。

3月20日，市委常委、区委书记毛子荣带领区农办、区农业局等部门到大港头镇开展调研。

3月31日，区长王小荣到大港头镇开展“进村入企”大走访活动，走访利山村、石侯村。

4月18日，大港头镇组织镇干部、村两长再次召开洁净村居工作总结部署会议。

4月27日，大港头镇邀请区环卫局领导为全镇保洁员、监督员进行业务知识培训。

5月9日，召开村级便民服务中心培训会。各村服务中心负责人、代办员及全体镇干部参加会议。

5月16日，大港头农技站邀请区农业局相关专家对辖区农业科技示范户和村级农业服务站助理员80多名进行培训。

5月22日，区委常委、组织部长张继芳，副部长刘先林等到大港头镇调研。

6月7日，大港头镇组织村两长、住村干部召开坟墓整治和生态公墓建设座谈会。

6月19日，区委常委、纪检书记洪启平一行到大港头镇调研镇村便民服务中心建设工作。

6月27日，大港头镇组织项目建设、政策处理分管领导，住村干部召开项目政策处理问题协调会。

7月6日，市“基层组织建设年”活动督查组到大港头镇检查工作，实地检查六个村支部工作情况。

7月14日，区长王小荣到大港头镇调研古堰画乡文化产业园区项目。

8月2日，组织全体镇干部、村两长、部门负责人召开防台防洪会议。

8月23日，大港头镇对辖区内的专业合作社负责人及种养殖大户等近40人进行农产品质量安全培训。

8月28日，大港头镇文化站迁建工程开工。

9月13日，玉溪村村民代表完成自来水厂地块征地签字工作。

9月21日，市委常委、统战部长廖思红到大港头镇张山、利山畲族村考察。

10月15日，莲都区人民检察院书记赵金明一行人到大港头镇慰问春泥计划结对村北埠村，并赠送“春泥计划”活动经费。

10月17日，镇调解员徐时海被司法部授予“全国人民调解能手”称号。此次全国共有1609人获此殊荣，丽水市有5人入选。

10月24日，大港头菜市场正式投入使用。

11月21日，开展村邮员专业知识培训，全镇22个村的村邮员参加培训。

11月27日，举行“高举伟大的旗帜”党的十八大精神文艺宣传下基层活动启动仪式。

11月28日，莲都区档案局到大港头镇指导河边村、石侯村的村级档案工作。

12月11日，顺利完成本年度莲都区重大项目前期——古堰画乡大花蕙兰基地项目的农转用报批村民代表签字工作。

12月12日，召开生态文明村、“春泥计划”和农村文明户代表座谈会。

2012年莲都区老竹镇人民政府大事记

2月12日，老竹畲族镇召开第十三届人民代表大会第一次会议。区委常委李见阳，东西岩景区管委会主任陈鲁军应邀出席本次大会。

2月14日，省政府副秘书长刘援利任组长的省政府改善发展环境调研组到老竹开展调研活动。区委书记毛子荣、代区长王小荣等陪同调研。

2月21日，老竹镇全体党员干部在镇政府会议室集中收听收看中国共产党丽水市第三次党代会开幕式实况。

3月1日，老竹镇在新屋村、曳岭脚村召开“洁净村居”卫生整治现场会。老竹镇各村主任、支书、各部门负责人及全体镇干部参加现场会。

同日，区委常委、副区长杨国文、区人大副主任张田波到老竹镇，对曳岭工委新当选的10多位区十五届人大代表进行培训。

3月5日，老竹畲族镇中心幼儿园开展雨季交通安全的教育。

3月6日，老竹镇全体干部分片巡查山塘水库，落实防汛减灾工作。

4月5日，召开全镇生态公墓建设暨“三沿五区”坟墓整治动员大会，全镇机关干部、各村书记、主任、会计共120余人参加会议。会议明确各阶段工作目标，部署任务及标准要求。

5月7日，老竹镇中心幼儿园团支部组织青年教师学习胡锦涛书记在纪念中国共产主义青年团成立90周年大会上的讲话精神。

6月24日，老竹镇老竹村的丽水白云山土特产开发有限公司处州白莲基地，工人们开始采摘今年的第一批莲蓬。

7月26日，举办处州白莲节开幕式。

同日老竹镇政府举办处州白莲产业发展讲座，莲农和乡镇街道分管农业领导参加。

8月31日至9月2日，镇安监、综治、派出所、工商、卫生等部门组成联合检查小组，对全镇内学校、幼儿园进行安全隐患大检查。

9月6日，召开各村支部书记、村民主任、会计会议，部署2012年城乡居民医疗保险和养老保险征收工作。

9月27日，召开残疾人联合会第六次代表大会，来自全镇各村、单位的36名代表出席大会。会议选举产生老竹镇残联第六届主席团委员和出席区残联第六次代表大会代表。

10月17日，老竹镇新屋村低保户余林森家由于电线老化，导致房屋发生火灾，受灾面积大约60平方米。

10月31日，“百姓热线•走基层进乡镇”栏目到老竹镇。老竹镇、区农业局、东西岩景区管委会、丽水市六江源处州白莲专业合作社在现场接受直播访谈。

11月11日，举行“喜庆党的十八大胜利召开，实施省‘银龄行动’医疗保健操展示大会”。

11月21日，召开村级便民服务中心代办员业务培训会。

12月13日，召开全镇干部和村两长计划生育工作专题会议。

2012年莲都区峰源乡人民政府大事记

2月9日，峰源乡就“洁净村居”工作组织有关人员，就如何找准创建“洁净村居”工作切入点、加快卫生整治步伐，到遂昌进行学习考察。

2月14日，区环保局综合科科长季立寿、副科长柳华平到峰源技术指导“洁净村居”创建工作。

2月15日，莲都区峰源乡邀请环保干部和丽水学院老师，为公路沿线的庞山、新村、夏庄、西坑共计458名村民上课，推广环保理念。

3月3日，召开“两会”代表座谈会，三名区人大代表、三名政协委员参加座谈会，乡长孙海波、人大主席李海慧出席会议。

3月12日，峰源乡组织广大团员、志愿者开展“洁净乡村、植树护绿”活动。

3月29日，区妇联主席蓝旭君、副主席梁玮珺深入峰源乡开展“进村入企”大走访活动。

4月16日，召开农村工作部署会议，强力部署关于“三沿五区”坟墓整治工作的实施计划，以及对上一季度“洁净村居”工作的总结并对下一步工作进行重点部署。

4月18日，召开全乡干部、各行政村村两长会议，动员部署“三沿五区”坟墓整治和生态墓地建设工作。

4月23日，峰源乡召集全体乡干部、村两长、村计生服务员召开“进百村、入千户、问万人”计划生育大走访活动部署会。

5月16日，召开全区“三沿五区”坟墓整治现场推进会。

5月23日，峰源乡联合区司法局开展村级人民调解员培训会，贯彻落实市、区加强和改进社会管理创新的要求和工作部署，强化基层司法行政各项工作，组建好峰源乡人民调解队伍。

6月1日，峰源乡妇联、团委及青年志愿者一起来到峰源乡中心小学，和全校师生一起共同庆祝“六一”儿童节。

6月10日，峰源乡举办农家乐经营人才管理培训，全体乡干部、乡农技站工作人员以及全乡有意向从事农家乐的村民，共计70余人参加培训。

6月12日，市委常委、区委书记毛子荣到峰源乡调研农村环境整治工作。

7月1日，召开纪念建党91周年暨争先创优表彰大会。

7月6日，副区长俞丽威到峰源乡慰问百岁老人。

8月29日，召开高山蔬菜示范基地建设现场观摩会，进一步推进峰源乡高山蔬菜基地建设。

9月20日，召开峰源乡残疾人联合会第六次代表大会，全乡31名代表及列席人员参加此次会议。区残联理事长李冠武应邀出席并指导会议。

9月30日至10月1日，峰源乡庞山村村民在本村饮用水取水口上游林区大面积喷洒农药除草，造成污染饮用水水源的安全隐患。

10月15日，莲都区人民政府和市农科院在峰源乡尤源村举行现代农业发展合作签约暨共建峰源高山放心菜基地启动仪式。

11月8日，组织全体干部、大学生村官收看收听党的十八大开幕式，并认真学习和聆听胡锦涛总书记的十八报告。

11月14日，峰源乡组织一场山洪灾害防御演练，全乡20个村的村民前来观摩。

12月31日，开展高山放心菜种植技术培训班。

2012年莲都区黄村乡人民政府大事记

2月14日，召开“洁净村居”创建动员大会，19个行政村的村两委干部及相关的乡属部门参加此次会议。

2月24日，黄村全体村民联动，开展乡村“大清扫”，创建“洁净村居”。

3月1日，黄村乡政府组织全体干部职工、黄村小学、黄村卫生院和19个行政村近千名群众参加清洁整治集中活动，重点对村内的道路、河道、卫生死角进行彻底的清扫。

3月22日，举行以“参与健身享受快乐共建和谐”为主题的首届农民运动会暨老年运动会。

同日，组织党代表开展以“问计于民，服务于民”为主题的集中服务接待群众活动。

3月28日，黄村乡组织全乡村两长召开2012年清明节防火联防工作会议，并组织35名扑火队队员开展一场扑灭山火大演练。

4月9日，区委副书记陈元龙、区府办副主任赵建勇等一行人到黄村乡，就农业产业发展等情况进行实地调研。

4月11日，区科技、农业等部门到黄村乡指导农村科技项目建设。

4月16日，副区长雷勇军一行到黄村乡现场调研农村建设科技示范项目，实地察看下陆、李村等村金银花种植基地。

5月22日，区慈善总会会长朱祖新一行，到黄村乡和垟村走访慰问特困家庭和大火受灾户，为他们送去救助金。

6月1日，九三学社丽水市委副主委胡美芳带队到莲都区黄村乡中心小学开展“六一”儿童节慰问助学活动。

7月5日，在黄村乡中心幼儿园修缮工程现场召开设计交底会。到会的有设计单位、监理单位、施工单位、业主及教育局校管站。

7月9日，召开省第十三次党代会精神宣讲报告会，全体乡干部、大学生村官以及村两长参加会议。

8月2日，组织召开村两长会议，就相关防台工作进行部署。

8月17日，海宁市斜桥镇政府官员与企业家一行到莲都区黄村乡，向这里的8名贫困学子捐资助学，帮助他们完成学业。

8月22日，黄村乡举行防火演练集训。本次集训由区武警支队警官带领乡防火队50余人在黄村小学进行，区防火办领导以及乡领导到现场指导。

9月29日，黄村乡黄泥墩村举行岩头水泥路面硬化通车庆典仪式。

10月25日，黄村乡19个村的适龄应征青年在乡卫生院参加2012年冬季征兵目测初检。

11月14日，举行便民服务中心启动仪式，区委常委、纪委书记洪起平、副区长李伟立等领导参加仪式。

12月6日，黄村乡李村村举行山洪灾害防御演练，区水利局、黄村乡各村两长等观摩指导演练，黄村乡政府、乡防汛指挥部、李村防汛工作组、李村低洼地山洪危险区群众等参加演练。

2012年莲都区太平乡人民政府大事记

2月15日，召开太平乡第十四届人民代表大会第一次会议。

2月20日，发动全乡干部群众开展“全民大清扫”活动，拉开建设“洁净村居、美丽乡村”的序幕。

2月21日，太平乡政府组织全体乡干部，大学生村官收看“中国共产党丽水市第三次代表大会”电视实况直播。

4月5日，太平乡就“三沿五区”坟墓整治和生态墓地建设工作召开会议，全体乡干部、大学生村官参加此次会议。

4月16日，太平乡采取防控措施及时处理麻疹事件。

4月18日，召开村级便民服务中心建设部署推进会。全体乡干部、大学生村官及各村两长参加会议。

5月9日，丽水工行莲都分行一行深入太平乡开展“进村入企”大走访活动，先后实地考察竹舟、下土天、城头三个村。

5月18日，2012莲都太平首届白枇杷节在太平乡下土天村开幕。

5月27日，在竹舟村结合“地方戏”开展以“学法知法，守法用法，共创文明和谐家园”为主题的大型食品安全宣传活动。

6月5日，区民政局殡葬管理人员会同太平乡殡葬管理工作人员，对太平村和吾古村的两座坟墓进行拆迁。

6月18日，莲都区建设局质管科与太平乡卫生院联合组织开展“安全生产月”活动。

6月20日，区委副书记陈元龙一行到太平乡调研，走访太平乡小安村、下土天村，并听取太平乡工作汇报。

7月1日，太平乡党委走访慰问困难党员。

7月4日，召开2012年公共机构节能工作大会，全体乡干部、大学生村官参加会议。

7月10日，经乡党委、政府研究决定，聘任陈正同志为太平乡专职司法调解员。

8月2日，召开防台工作部署会议，全体乡干部、大学生村官和村两长参加会议。

8月6日，太平乡召开省第十三次党代会精神宣讲报告会，乡长吴蔚国主持会议，全体乡干部、大学生村官以及村两长参加会议。

8月27日，太平乡竹舟商住地块开发项目清场工作进展顺利。

9月14日，召开太平乡残疾人联合会第六次代表大会。

9月15日至10月10日，开展2012年秋季重大动物疫病集中免疫行动。

10月16日，召开前三季工作表彰总结及第4季工作部署会议，全体乡干部、大学生村官、村两长以及村计生联络员参加会议。

10月24日，联城街道、太平乡召开人大代表工作交流会助推重点项目建设。

10月29日，太平乡卫生院在太平乡竹舟村文化中心举行“健康生活方式，健康血压”、“精神健康伴老龄，安乐幸福享晚年”为主题的宣传活动活动。

11月6日，省人防办副主任季鸣一行到莲都区太平乡调研指导结对帮扶工作。市人防办主任汪帆、莲都区副区长郭晓燕陪同调研。

11月7日，区农业局组织专家到太平乡对新发展枇杷基地集中连片5亩以上的地块开展验收工作。

11月9日，举办第二届农民文化体育节暨老年人运动会。莲都区文化广播电视新闻出版局副局长江建东，区老体协杜大柒等领导出席运动会。

12月5日，太平乡阳光家园正式挂牌成立。

12月6日，乡政府联合太平小学在太平小学竹舟校区开展2012年太平乡消防安全演练活动。区消防大队，区安监局，太平乡政府工作人员，太平小学全体师生，太平乡森林扑火队以及各行政村安全生产协管员参加此次演练。

2012年莲都区仙渡乡人民政府大事记

1月17日，召集全乡义务消防队员进行消防知识培训和防火演练。

2月8日，乡召开全乡团支部书记大会，各村团支部书记参会，乡团委书记吴龙兴主持会议。

2月29日，仙渡乡政府组织全体乡干部、青年志愿者，参加义务劳动，以实际行动支持“洁净村居”活动，迎接“3•5”学雷锋日。

2月13日，召开第十三届人民代表大会第一次会议，区人大、区法院、区纪委、区组织部相关领导及全乡45名正式代表和33名列席代表参加会议。

同日，召开“环境卫生整治暨开展‘洁净村居’活动动员大会”。

3月1日，举办雅溪片区人大代表培训会，区领导陈元龙、兰仁生、雅溪片区人大代表20余人参加。

3月5日，乡妇联组织召开“三八”服务月动员大会，正式启动“三八”服务月活动。

3月27日，乡党委召开“基层组织建设年”暨“进村入企强服务狠抓落实促发展”大走访活动动员大会。全体乡干部、各村两长参会.

4月18日，仙渡乡党委召开村级便民服务中心推进会。全体乡干部、各村两长参加会议。

同日，召开“计划生育大走访”活动动员大会。区计生局、仙渡乡各行政村两长、村计生联络员、乡干部参加动员会。

4月27日，召开全区农村春季统一灭鼠技术培训暨现场会。

4月29日，召开“三沿五区”坟墓整治暨生态墓地推进会，对“三沿五区”坟墓整治工作进行再动员、再部署。

5月3日，举办2012年农业科技示范户、村级农技助理员培训班。

5月16日，举办村级便民服务中心代办员业务培训会。来自全区8个部门的业务骨干为参加培训的各村村支书、村民主任、村级便民服务中心代办员，全体乡干部上一堂内容详实、知识丰富的培训课。

5月31日，仙渡乡团委、妇联在乡党委副书记蓝海霞带领下，先后到仙渡中心小学、仙渡幼儿园开展慰问、帮扶活动。

6月20日，区委常委、纪检书记洪起平到仙渡乡检查调研村级便民服务中心建设工作，组织部副部长桑亦球、区纪委常委陆湘阳、蒋嫕陪同调研。

7月31日，举办2012仙渡仙桃自助采摘游活动。

8月23日，莲都区乡、村两级便民服务中心（村邮站）规范化建设现场会在仙渡乡举行。

8月31日，仙渡乡团委、妇联在学校开学之际开展贫困家庭慰问活动，为贫困学子送上关心与温暖。

9月4日，召开城乡居民社会保险工作会议，专题部署城乡居民社会保险工作。

9月26日，市委基层组织建设年督查组来仙渡乡督查基层组织年建设情况。

10月31日，开展“捍卫女性生命权益，自觉抵制‘两非’行为”的千人承诺签名宣传服务活动。

11月2日，省农家乐提升发展专题调研组在仙渡乡岭头村调研，省、市农办、区委领导及乡班子领导出席座谈会。

11月30日，区委组织一行到仙渡乡慰问老党员，向老党员送去慰问金，并与老党员亲切交流。

12月12日，丽水市直老干部文艺巡回演出团在仙渡乡南源村隆重举行2012年“欢庆十八大，宣传十八大”晚会。

2012年龙泉市剑池街道办事处大事记

2月5日，剑池街道水南村、南秦村、宏山村精心准备“元宵文化大餐”，剑池街道团工委积极组织街道青年志愿者，维持现场秩序，后台调试音响，服务于晚会现场，度过一个温馨而又祥和的元宵佳节。

2月18日，街道帮扶小组利用周末时间，走访浙江创新汽车配件有限公司、浙江国境药业、龙泉振昌青瓷厂、浙江三田滤清有限公司等十余家企业，深入解企业的生产经营、管理方式、发展思路以及面临的发展难题等。

3月5日，街道团工委积极组织街道青年团员、志愿者到大沙小学开展“学雷锋”活动。

3月11日，剑池街道武潭村村两委及村民趁着晴好的天气，在武潭大桥下溪边种下100多株香樟树树苗，为初春的武潭村增添一丝春意。

4月19日，街道宏山村召开2011年标准农田质量提升地力培育工作会议。

5月4日，龙泉市长季柏林、副市长叶学明以及工业园区、剑池街道相关领导干部等在金宏瓷业内为市低丘缓坡开发利用综合试点指挥部成立举行揭牌仪式。

5月31日，县委组织部部长叶晓勇就剑池街道近期村情民情百宝箱的地图绘制等工作开展情况进行实地调研、座谈。

6月7日，街道水南社区联合街道、市环卫处、六村、水南村召开环境卫生整治工作现场会，就金狮小区和梨山区块的垃圾乱堆乱倒、清理难问题进行“会诊”。

6月18日，龙泉市委书记蔡晓春同志在剑池街道办事处视察“五强五网”和便民服务中心工作。

7月6日，由团市委、剑池街道联合主办的“活力青春和谐南秦”文艺晚会在欧冶子公园举行。

7月18日，市林业局山林办工作人员方陈富与低丘缓坡指挥部工作人员等相继走访剑池街道芳野村10多户涉及森林纠纷的农户，解情况，破解纠纷。

8月6日，街道老年人体育协会组织开展“千人健步走”活动，庆祝“全国第四个全民健身日”。

8月7日，水南社区在金沙路绿苑小区和市人民广场组织两场“伸援助之手，涌爱心之泉”。

8月14日，由市水利、发改、财政、剑池街道等单位负责人和项目法人、设计、施工、监理、质监等专家代表组成的验收工作组，对市松溪综合治理工程Ⅰ标段进行完工验收。

9月3日，省委常委、省军区政委王新海少将在剑池街道检查民兵应急装备库。

9月8日，银都花苑举办首届邻居节。

9月21日，“喜迎十八大，携手建和谐”电力杯剑池街道南秦社区共建单位乒乓球赛在市体育馆举行，为社区居民和共建单位职工们提供一个展示个人风采、体现团队合作精神的舞台。

10月11日，丽水市纪检书记夏建成一行在街道考察五强五网工作情况，市委书记蔡晓春等陪同参观，街道书记周光洪对街道五强五网建设情况进行详细介绍。

10月15日，市低丘缓坡开发项目政策处理动员大会在剑池街道召开，市委副书记、市长季柏林作讲话，市委常委、副市长叶学明，市人大常委会副主任陈吉明，市政协副主席徐建新出席会议，丽水生态产业集聚区龙泉片区管委会主任陈惠锋作工作部署。

11月20日，开展十八大代表、市邮政局员工张龙生宣讲十八大报告精神的活动。

12月27日，龙泉市剑池街道党工委副书记蒋伟平一行4人到龙泉四中进行2012年度社会治安综合治理考评。

2012年龙泉市龙渊街道办事处大事记

2月17日，团省委副书记苗伟伦一行在团丽水市委书记陈豪的陪同下到龙渊街道，考察并指导基层活力团组织建设情况。

2月25日，街道桥坑村举办“梅之约”2012桥坑赏梅节，市领导包新华、陶中亮、徐炳东、葛朝华等出席并参加活动。

3月15日，常务副市长包新华、检察长葛朝华一行到龙渊街道村头村、大垅田村深入一线察民情、谋发展，开展“进村入企”大走访活动。

3月30日，成立龙渊街道农民培训转移就业工作领导小组。

4月23日，召开“我们的价值观”大讨论动员大会，广泛开展以建设社会主义核心价值体系为根本，以提高公民文明素质和社会文明程度为目标的“我们价值观”大讨论活动。

5月1日，街道团工委按照团代会的任务部署，结合工作实际，立即组织召开贯彻落实会，进一步明确当前和今后一个时期街道共青团工作的主题。

5月4日，村头村团支部被团浙江省委评为2011年度“五四红旗团支部”，是丽水市唯一获此殊荣的村级团支部。

7月4日，街道团工委全面开展“爱心助学”工作。

7月26日，龙渊派出所举行集中返赃大会，将近期打击侵财性案件中收缴的人民币、电动车、笔记本电脑、数码相机、手机、金银饰品、玉瓷古玩等一批赃款、赃物集中返还给受害群众，价值总计达4万余元。

8月2日，召开全体干部会，贯彻落实市委十三届五次全体（扩大）会议暨十五届政府第一次全体（扩大）会议精神。

8月15日，召开全体街道干部、各村主要干部和会计等120多人参加的“三资”管理和大社保体系建设工作培训会。

9月12日，龙渊街道与上海耀龙置业有限公司正式签订石马大峡谷生态休闲度假区招商引资项目投资合同。

9月27日，街道组织辖区5个社区、23个行政村开展迎国庆爱国卫生活动。

10月24日，街道开展“来料加工进社区”活动，经纪人带来品种丰富的来料加工样品并现场传授技术。

11月8日，组织全体干部职工收看举世瞩目的党的十八大开幕盛况，聆听胡锦涛总书记的报告。

11月12日，街道团工委组织召开街道青年干部会议，全面贯彻学习党的十八大会议精神。

11月14日，在市人大法工委的牵头下，龙渊街道14位市人民代表到市公安局视察公安工作，实地察看派出所和市公安指挥中心视频监控，召开座谈会听取公安工作汇报。

12月12日，社区卫生服务中心业务用房及市卫生监督所、市红十字会办公楼工程破土动工。

12月13日，龙渊街道人大工委组织龙渊街道13位市人民代表紧紧围绕“龙渊发展”开展代表小组活动。

2012年龙泉市查田镇人民政府大事记

1月11日，召开查田镇第十六届人民代表大会第一次会议。会议选举产生新一届中共查田镇人民代表大会主席团主席和副主席、查田镇镇长和副镇长。龙泉市副市长刘赤波，市委组织部副部长、市老干部局局长许伟敏到会指导会议工作。

1月13日，市委宣传部组织的“笔走神龙”——2012年迎新春书法进万家活动到达查田站。

2月2日，召开镇班子扩大会议、镇全体干部会议，认真传达学习市委书记蔡晓春同志在干部会议上的重要讲话。

2月23日，召开“进村入企”动员会，全面部署“进村入企、助推发展、强化服务”大走访活动和“村情民情百宝箱”制度建设蹲点调研活动，并以“实”字当头力求此次活动出成效。

2月24日，市委常委、副市长叶学明带领市府办、经贸局等单位主要负责人到查田镇调研指导工业工作，并与班子全体成员进行座谈。

3月6日，市委副书记蒋世懿、市委常委组织部部长叶晓勇、人大副主任罗永文一行在查田镇开展“进村入企、助推发展、强化服务”大走访活动。

3月9日，召开查田镇第十七次共青团代表大会。会议选举产生镇团委十七届委员会委员，并通过全体会议选举产生镇团委书记和副书记。

3月13日，市委常委、组织部部长叶晓勇率组织部全体组工干部到查田镇深入开展“三走进、兴三风”下基层活动，摸实情、听民意。

4月23日，举行以“树立正确价值观、弘扬团结实干精神”为主题的大讨论活动。

4月28日，镇人大主席团举行2012年第二次会议。并邀请市人大科教文卫工委、教育局、水利局负责人、查田镇市人大代表参加会议，与会人员一行视察查田文汇小学，并在镇会议室召开座谈会。

5月9日，丽水市委常委、宣传部长陈建波在查田镇，深入基层开展“进村入企”走访活动。

6月4日，市纪检书记钟海燕一行到查田镇墩头村、新丰村、上墩村、竹舟村、溪西村5个村级便民服务中心建设情况进行调研指导。

6月7日，召开查田镇第十六届人民代表大会第二次会议。

6月20日，召开人口计生工作“强基础、促发展”活动动员大会。

7月10日，召开镇总工会第一届第一次代表大会，全镇代表共38名出席会议。

7月19日，丽水市安全生产督查组到查田镇检查指导安全生产工作，市委常委、副市长叶学明、市安监局局长沙永龙陪同。

7月31日，查田镇会同市邮政局举办全市首个村邮员培训班，26名村邮员参加培训。

8月2日，查田镇迎来剑池街道组织19个村和3个社区的党支部书记、主任的参观学习，他们学习考察竹舟、溪口等村村级便民服务中心和基层组织建设情况，还参观镇应急指挥中心和龙泉市生物质发电项目。

8月16日，召开包括村两委主要干部、镇属部门和规上企业主要负责人及全镇机关干部在内的干部夜学大会。

8月30日，召开丽水市卫生乡镇创建动员大会，并组织干部发放“创建丽水市卫生镇，共建洁净美丽家园”倡议书，号召全镇上下全面发动、全民参与、全力以赴投入到创卫活动中去。

9月17日，丽水市社会管理创新现场推进会隆重召开。会议期间，丽水市领导卫中强一行实地参观查田镇“五强五网”建设情况。

9月21日，查田镇与中国人寿龙泉分公司就保险服务民生示范镇建设合作项目进行签约，标志着该镇成为龙泉市首个保险服务民生示范镇。

11月10日，季柏林市长到查田对龙浦高速公路建设进行督导。

11月21日，丽水军分区政治处主任何军毅一行到查田镇检查党管武装工作。

12月6日，市委组织部部长叶晓勇、市人大常委会副主任罗永文、市委组织部办公室主任吕俊到查田镇参加民主生活会并对查田镇年终工作进行检查督导。

2012年龙泉市上垟镇人民政府大事记

1月5日至6日，召开第十六届人民代表大会第一次会议。市人大常委会主任钟鸣，联系上垟镇的各单位负责人，镇十六届人大代表出席会议。

2月7日，召开全体干部会议，深入学习贯彻全市干部大会精神，围绕建设“中国青瓷小镇”主线，立足实际，发挥优势，全力推动文化大发展大繁荣。

2月8日，文化大篷车开进上垟镇源底村，源底村村民自编自导一台迎春晚会。

3月2日，镇团委组织镇机关、镇中心校、卫生院和部分社会青年志愿者开展“弘扬雷锋精神，参与志愿服务”主题活动。

3月14日，镇组织林业工作站干部及部分村民在五都楼村东山排地块开展林缘田边可燃物集中烧除。

3月23日，镇组织镇干部及木岱口村干部群众，在木岱口休闲森林公园开展植树活动，种下广玉兰、紫薇、桂花等树苗150多株。

5月2日，由市人口计生局、市文广新局举办的“婚育新风进万家”送戏下乡文艺演出，在上垟镇源底村文化中心进行。

5月9日，市人大常委会主任钟鸣到上垟镇视察披云青瓷山庄项目建设情况。

5月21日至22日，央视西班牙语频道记者一行6人到龙泉，深入大窑枫洞岩窑址、披云龙泉青瓷文化园等地采访，拍摄龙泉青瓷专题纪录片。

6月1日，上垟镇小举行“童心飞扬唱响校园”庆祝六一儿童节合唱比赛。

6月5日，召开第十六届人民代表大会第二次会议，市委组织部副部长、市直机关工委书记李力以及48名镇人大代表出席会议。

6月11日至12日，市组织工作成果巡回展到上垟镇，展出近年来创先争优、干部管理、基础组织建设等方面取得的成果。

7月10日，服务丽水第8批大学生志愿者一行40多人到上垟披云青瓷文化园考察参观，并在青瓷技师的指导下动手拉胚，亲身体验青瓷文化魅力。

7月17日，丽水学院文学院金海鑫等9名学生圆满完成对上垟镇源底村古民居建筑的调研活动。

8月28日，召开“上垟镇气象防灾减灾暨气象信息员培训会”，参加本次会议的有20个行政村的气象信息员。

8月29日，“中国青瓷小镇”考评专家组，通过听取申报汇报、实地考察和认真讨论，认为上垟镇已具备申请中国工艺美术行业特色区域荣誉称号的条件，一致同意向中国工艺美术协会推荐，授予上垟镇“中国青瓷小镇”荣誉称号。市委常委、宣传部长曹新民出席汇报会并致辞，副市长马斌陪同考察。

9月6日，丽水市委常委、宣传部长陈建波在上垟镇五都楼村进行实地走访，了解村庄发展情况及存在问题。市委常委、宣传部长曹新民陪同走访。

10月19日，上垟、竹垟市人大代表小组到市发改局进行定向视察。市人大常委会副主任罗永文参加视察工作。

11月2日，成立上垟镇“龙浦高速公路”建设指挥部，抽调精干人员组成工作项目组，与有关部门相互配合、密切协作，并积极发动相关村两委开展高速公路建设的舆论宣传工作。

11月7日，上垟镇披云青瓷文化园内，青瓷文化广场、青瓷寻踪大舞台、游客集散中心等景点建设施工现场，工作人员正加班加点抢抓进度。

11月8日，木岱口村组织全体党员收看十八大开幕式。

12月4日，举行首批“浙江省工业旅游示范基地”授牌仪式，披云青瓷文化园顺利入围。国家旅游局综合协调司司长张坚钟、省旅游局副局长方敬华、绍兴市人民政府副市长冯建荣等出席仪式。

12月24日，上垟镇顺利通过第二批“中国最美小镇”初选，进入正式评选。

2012年龙泉市兰巨乡人民政府大事记

2月17日，乡团委召开团员大会，组织全乡团员青年学习贯彻市全委会精神，并结合新形势新目标，就如何开展2012年团建工作展开讨论。

2月25日，召开加强全乡干部作风建设大会，并发布《兰巨乡2012年关于加强干部作风建设实施意见》。

2月28日，召开共青团兰巨乡第十七次代表大会。

3月14日，丽水市咨询委张向北等领导到兰巨乡专项调研土地整治工作并召开座谈会。

3月15日，乡团委联合剑湖小学学生在全乡范围内开展“3•15消费者权益日”宣传活动。

4月8日，市委书记蔡晓春，在市领导蒋世懿、包新华、叶新亚和有关部门的陪同下，深入兰巨乡官埔垟村和炉岙村调研农家乐旅游发展。

5月8日，团委联合乡妇联组织开展“我们的价值观”大讨论活动。各村团支部书记、村妇代会主任、计生联系员参加座谈。

5月10日，市送戏下乡演出队来到兰巨乡石玄湖村，举办一场别开生面的“婚育新风进万家”主题晚会。

5月31日，市委书记蔡晓春在市领导蒋世懿、包新华、叶新亚、徐炳东及有关部门负责人陪同下在兰巨乡调研沿线整治工作。

6月19日，市残联到兰巨乡大巨村调研。

6月28日，开展“为党旗添辉、为村庄添彩”七一活动，以实际行动庆祝党员自己的政治生日。

6月29日，市委书记蔡晓春、市长季柏林、市人大常委会主任钟鸣、市委副书记蒋世懿、市公安局局长周光洪、市政协副主席包建平及市直有关部门、各乡镇（街道）主要负责人到兰巨乡检查指导“五强五网”建设工作。

7月10日，丽水市委常委、组织部长胡侠在龙泉市委组织部部长叶晓勇的陪同下，到兰巨乡检查指导基层组织建设年工作。

7月23日，省审计厅党组书记、厅长陈荣高率调研组一行到兰巨乡调研特别扶持项目建设，先后考察兰巨乡竹林机耕路建设项目、现代农业园区项目和金观音庄园农家乐提升项目等处。

8月9日，省委副秘书长、省农办（扶贫办）主任章文彪在丽水以及市有关领导的陪同下到兰巨乡炉岙村调研农家乐发展工作。

8月16日，召开全乡干部大会，组织全体人员学习贯彻市委十三届五次全体（扩大）会议暨十五届政府第一次全体（扩大）会议精神，同时结合新形势新目标，就如何更好地打造“三型兰巨”展开讨论。

9月5日，人大副主任苏一中在卫生局、残联领导以及兰巨乡乡长的陪同下到石玄湖小学进行教师节慰问活动。

9月6日，副市长马斌到兰巨乡考察茶产业。在兰巨乡党委书记刘福明和乡长桂滨的陪同下，先后参观白天鹅和官埔垟茶叶培育基地。

10月18日，市委书记蔡晓春在市领导蒋世懿、叶新亚及有关部门负责人的陪同下到兰巨乡调研沿线整治暨美丽乡村创建工作。

10月22日，乡团委联合乡综治办成员，在全乡范围内开展法制宣传活动。

11月22日，兰巨乡以夜学为契机组织全乡干部认真学习贯彻落实党的十八大精神，同时结合当前工作，围绕会议精神，就如何更好地打造“三型兰巨”展开讨论，切实把党的十八大精神贯彻落实到兰巨各项工作当中。

12月12日，乡团委联合乡民政办召开残疾人座谈会，倾听残疾朋友的心声，为他们送去温暖。

12月28日，乡团委在枫林红叶、风景如画的官埔垟村举行创建“美丽乡村”万人签名活动。

2012年青田县鹤城街道（鹤城镇）大事记

1月4日，召开县第十三次党代会精神专题学习会，全镇机关干部、大学生村官、流动办人员参加学习。

1月10日，召开县十四届人大代表鹤城、机关中心组“三合一”活动座谈会。县人大常委会党组副书记李飞林、副主任徐孝通、代表工委主任季官俊等出席会议，鹤城镇党委书记张雪勇在座谈会上发言。

1月13日，圆满完成县人大代表换届选举工作。

2月10日，县人大常委会副主任、县金丽温铁路扩能改造工程指挥部总指挥高金华一行到鹤城镇，检查指导金丽温高速铁路改造工程政策处理情况。

2月16日，召开城南片重点项目工作站成立暨业务培训会。

2月21日，召开村级计生员培训会。副镇长王国标、各村居计生服务员、流动办人员、计生专干等40多人参加会议。

3月14日，县委副书记、县长戴邦和在鹤城镇开展“进村入企”大走访活动，与村两委干部进行座谈，并深入走访农户，了解农村发展实际情况。

3月22日，召开全镇干部大会，贯彻落实县系列专题工作会议精神，进一步动员全镇上下把思想和行动统一到党委、政府的工作部署上来，全力做好今年的各项工作。

4月9日，召开“优化发展环境年”活动动员大会。镇全体机关干部、各行政村、社区书记和主任、大学生村官、流动办人员。

4月17日，县发改局调研组到鹤城片调研“五年规划、三年计划”项目储备库工作，鹤城片6个乡镇的主要负责人参加调研会。

4月19日，副县长陈铭带领交通局相关负责人到鹤城镇调研交通工程建设进展情况。

5月10日，召开2012年城乡居民社会养老保险工作会议。各驻村居干部、村务员等80多人参加会议。副镇长厉晓伟参加会议。

5月16日，县委副书记、县长戴邦和到鹤城镇调研城市管理工作。

5月29日，举行鹤城街道成立揭牌仪式隆重举行，这标志着青田县鹤城街道正式成立。县委书记徐光文为鹤城街道成立揭牌，县委副书记李邦生主持成立揭牌仪式。

同日，召开第一次全体班子会议。会议就街道的工作机制和班子分工进行专题研究和部署。

6月6日，党工委书记张雪勇、办事处主任孙成岩一行到鹤东村调研A类地质灾害隐患点治理工作。

7月26日，召开社区换届选举专题工作会议，宣布社区换届人事调整方案，并进行相关干部集体谈心、谈话。

7月27日，街道组织人员对49省道青田鹤城段过境公路建设工程丹山门段涉及到的建筑物进行拆迁登记。

7月30日，召开社区组织换届选举工作动员大会，街道所辖10个社区换届选举工作正式启动。

8月8日，圆满完成社区党支部换届选举工作。

8月9日，召开农村公路养护专题会议，总结2012年上半年街道农村公路管理养护工作，部署下半年工作。

8月29日，东门社区采取无记名投票方式选举产生新一届社区居委会成员，标志着鹤城街道新一届社区组织换届选举圆满完成。

9月1日，49省道鹤城过境段改建工程丹山门外区块正式启动施工。

9月24日，召开全体干部会议，贯彻落实全县“优化发展环境年”活动暨“两集中两到位”改革推进会精神。

10月15日，召开计划生育专题工作例会，街道班子成员和中层正职参加会议。

10月17日，召开森林防火动员会议，部署下阶段森林防火工作。

11月6日，召开餐饮示范街创建动员工作大会。

11月7日，召开残疾人联合会换届大会。

11月16日，召开鹤城街道第一次代表大会，来自街道的44名归侨、侨眷代表参加代表大会。县侨联主席叶鲜亚、侨办副主任张汇平等出席会议。

12月3日，召开行政村支部书记座谈会，研究讨论建立便民服务中心街道与村联办机制。

12月11日，召开鹤城片2012年党风廉政责任制考核汇报会。

2012年青田县油竹街道办事处大事记

1月5日，省市县总工会领导在油竹新区检查指导工作。

1月9日，县人大常委会主任刘志伟到油竹新区开展新春慰问活动。

1月12日，召开年终工作会议，油竹新区班子成员、各驻村（居）干部、各村（居）两委主要干部参加会议。

2月2日，副县长陈铭带领县规划建设局、县交通局等部门主要负责人到油竹新区调研县城市组团交通枢纽工程，实地察看项目沿线拟征地情况。

2月7日，县人民法院代院长罗明一行到油竹新区调研，就社会利益格局不断调整下如何处理群众矛盾与油竹新区管委会领导班子成员进行座谈。

同日，油竹新区管委会召开年初工作部署会议，就全面推进2012年重点工作进行动员和部署，油竹新区管委会全体干部参加会议。

3月6日，召开企业安全生产工作会议。

同日，县人民医院志愿者带着听诊器、血压计等诊疗用品及一大箱药品油竹新区油竹上村开展学雷锋“送健康”爱心义诊活动。

3月13日，开展以村容村貌和环境卫生为重点的大清扫大整治活动。

4月17日，召开村务员、规上企业安全生产工作部署和业务培训会。

4月18日，县总工会到油竹新区开展“进村入企”大走访活动，详细解油竹新区企业的生产发展情况。

4月30日，管委会召开政府信息公开工作会议，总结2011年油竹新区政府信息公开工作，研究部署今年政府信息公开工作和任务。

5月10日，县人大常委会办公室主任李秀智一行到油竹新区油竹下村，开展“进村入户”大走访活动。

5月29日，举行油竹街道办事处成立揭牌仪式。

6月19日，举办村企“党员政治生日会”活动。

6月25日，召开油竹街道低丘缓坡开发利用推进大会，会议就加快推进低丘缓坡开发利用试点工作作出具体部署。

6月28日，参加丽水人才科技峰会活动的在沪丽水籍专家到油竹调研经济社会发展，县委常委、组织部长尚勇庆陪同调研。

7月20日，市安全生产督查组陈伟达一行到油竹检查安全生产工作，县安监督局和街道办事处有关领导陪同检查。

7月26日，组织召开油竹街道药品安全协管员培训会议。来自油竹街道10个村（社区）的药品安全协管员参加此次会议。会议由油竹街道宣传委员叶选忠主持，油竹卫生院院长汤松平授课。

8月1日，党工委书记叶灵智对现役军人军属进行“八一”节日慰问。

8月10日，召开辖区社区和重点企事业部门单位安全生产工作会议，30多家企事业单位负责人参加会议。

8月20日，举办贫困生助学金发放仪式，街道办事处主任陈仰武、党工委副书记陈迪标和受资助的学生及部分家长出席仪式。

9月10日，召开机关支部会议，进行机关支部委员增补工作。

9月11日，举行全体机关党员大会，选举产生首届机关支部委员会。

9月28日，举行区域党群综合服务中心揭牌仪式，县委常委、组织部长尚勇庆，县纪委、司法局、邮政局和信用社等部门领导以及街道党政领导参加仪式。

10月25日，召开油竹街道移民安置房“两证”办理工作推进会，会议总结前阶段以来的“两证”办理工作，并对下一阶段的工作作部署和安排。

10月26日，召开首届油竹街道残联选举大会，新选举产生廖瑞雄当任残联理事长，标志着油竹街道残联换届工作取得圆满成功。

11月8日，组织各级党代表及全体干部观看十八大开幕式。

11月13日，在油竹街道区域党群综合服务中心举行青田县人大常委会油竹街道人大工委委员聘任仪式，县人大常委会副主任李飞林应邀参加仪式。

12月24日，市创绿考核组到油竹街道对官塘社区创建绿色社区进行考核评估。

12月27日，县财政局局长周雄、财政局总会计师吴超美、农财科等相关领导组成的乡镇财政队伍建设调研组，到油竹街道检查调研财政所规范化建设。

2012年青田县北山镇人民政府大事记

1月9日，组织全体干部召开会议部署节前安全大检查。

1月11日，召开离退休干部迎春座谈会。镇党委书记徐冠平、部分党政班子成员及离退休老干部欢聚一堂，畅所欲言，共迎新春，共话发展。

1月17日，召开年前安全生产专题会议。

2月2日，副县长、县滩坑指挥部总指挥朱秀雄到北山镇主持召开座谈会，就即将提交县第十五届人民代表大会第一次会议审议的《政府工作报告》（征求意见稿）广泛征求意见。

2月15日，召开第十六届人民代表大会第一次会议，来自全镇各条战线的46名正式代表和29名列席代表参加会议。

3月6日，县千峡湖开发管理处陈超民副处长会同县国土局、北山镇和岭根乡等部门乡镇到千峡湖库区地质灾害隐患联合再排查紧急行动。

3月12日，召开专题会议学习传达全国“两会”、市党代会和县人代会精神。镇党委书记徐冠平主持会议，全体干部参会。

4月1日，省港航局副局长余旭日带领安全检查组成员海事处处长胡伟忠、船检处处长林勇、丽水市海事局副局长刘建标等到千峡湖检查指导2012年清明节水上安保工作。

4月9日，召开镇机关全体干部会议，认真传达省、县多项会议精神，并迅速部署落实各项工作。镇长毛伟光主持会议。

4月25日，县发改局到北山片调研项目推进及项目储备工作。

5月8日，召开人口和计划生育工作例会。

5月24日，召开北山镇综治信访工作例会暨“送法下村”普法宣传专项活动。

5月30日，县农办到北山调研库区新农村建设情况。

6月5日，召开县信访维稳暨推进重大决策社会稳定风险评估工作会议精神学习会。会议由镇党委书记徐冠平主持，镇全体干部参加学习。

同日，召开基层组织建设年工作推进会，全镇领导干部参会。

6月11日，千峡湖水上管理办公室召集全体成员召开贯彻落实“安全生产月”专题会议，会议对库区水上安全的重点方面做梳理和部署。

6月20日，举办红星培育提素养暨入党积极分子培训班。

7月9日，召开共青团青田县北山镇第十六次代表大会。

7月31日，北山镇联合县千峡湖开发管理处、县“两违”办公室、县住房和城乡规划建设局村镇建设办公室以及国土监察大队、泉山派出所等部门对北山镇仁村村违章建筑物实行拆除工作。

8月2日，副县长陈海民带领县国土，安监等相关部门负责人在北山镇督查库区地址灾害防治工作。

8月6日，召开会议传达县委十三届三次全体（扩大）会议暨县政府十五届一次全体会议精神。

8月16日，召开基层党建暨便民服务中心建设推进会，镇班子成员、全体驻村干部、村委书记、村民主任、村监会主任等70余人参加会议。

9月3日，县政法委副书记吕伟杰带县信访维稳网格化工作督导组到北山镇检查指导平安综治、“网格化管理、组团式服务”、三级联动办实事和无邪教创建工作。

9月24日，召开创先争优活动总结大会，回顾创先争优活动历程，动员和激励全镇党员干部持续创先争优，在各项工作中争创新成绩。

9月25日，举办“优化发展环境•喜迎十八大”乡镇文艺汇演暨文化走亲晚会。

10月29日，召开专题会议传达第四届中国•青田石雕文化节暨第八届中国名石雕刻艺术展动员会精神。

10月31日，北山片人大代表中心组围绕庆景青公路滩坑水电站淹没段复建工程（青田段）通车营运问题组织市县两级人大代表联合视察，合力解决群众出行难题。

11月2日，召开第二次残疾人代表大会。

11月30日，召开行政区划调整座谈会。

12月11日，县考核组到北山检查村级便民服务中心、村务监督委员会规范化建设。

12月17日，召开青田精神专题学习会。

12月21日，召开中共北山镇第十三届代表大会第二次会议。

2012年青田县船寮镇人民政府大事记

1月10日，市中心镇建设考核组到船寮镇考核2011年中心镇培育工作。

1月12日，组织各职能科室联合工商所、派出所等相关部门开展一次综合性安全生产大检查，切实排除各种安全隐患，全面做好“春节”节日期间安全生产工作，有效防范和控制各类事故的发生。

1月16日，召开移民工作会议，船寮移民工作站全体干部参加会议，镇党委书记赖军政参加会议并发表重要讲话。

2月1日，副县长叶群力到船寮镇召开《政府工作报告》意见征求座谈会。

2月8日，县纪委、发改等部门的工作人员到船寮镇开展“优环境、促发展”专题调研。

2月15日，召开船寮镇第十六届人民代表大会第一次会议。

3月6日，副县长叶群力到船寮镇调研三溪口水电站政策处理工作。县水利局、三溪口水电站指挥部、船寮镇主要负责人陪同。

3月12日，召开全体干部学习会认真贯彻县“两会”会精神。

3月20日，船寮镇党委书记赖军政到姜岙村，通过召开座谈会、走访农户等形式了解发展现状，倾听干部群众心声，寻找发展难题，寻求解决办法。

4月5日，召开中层以上干部会议，学习贯彻县“优化发展环境年”活动动员大会、全县工业大会、县政府廉政工作会议、县党管武装工作会议、政府机构改革动员大会等系列会议精神。

4月13日，召开全镇工业企业安全生产会议暨“优化企业发展环境推进会”。

4月25日，召开殡葬工作会议专题部署2012年生态公墓建设任务。

5月10日，召开滩坑水电站移民安置房“两证”办理工作动员大会。

5月23日，召开赤岩村老人代表座谈会。

5月31日，党委书记赖军政带领相关工作人员对辖区内幼儿园和小学进行走访慰问。

6月11日，举办“提炼青田精神，优化发展环境”主题演讲。

6月15日，召开民间划龙舟活动协调会，就抓好今年划龙舟工作进行部署协调。

6月28日，召开纪念建党91周年庆祝大会。镇党委书记赖军政作《发扬党的优良传统、凝心聚力推进船寮各项工作再上新台阶》讲话。

同日，召开三溪口电站防洪堤建设政策处理推进会。

7月2日，召开全体干部学习会传达学习县委书记徐光文在全县庆祝中国共产党建党91周年纪念大会上的讲话精神。

7月16日，副县长陈铭到船寮镇专题调研省市县重点项目推进情况。县住房和城乡规划建设局、国土局、船寮、东源、高湖等部门、乡镇主要负责人陪同调研。

7月23日，召开信访维稳形势分析会。

8月2日，召开人口与计划生育工作会议。

8月10日，召开安全生产工作会议，会议传达县政府关于开展安全生产工作的文件精神，布置企业安全生产工作任务。

9月5日，副县长叶群力到船寮镇调研三溪口电站船寮防洪堤建设政策处理推进情况，并召开座谈会。

9月12日，召开三溪口库区护堤政策处理攻坚大会，县三溪口水电站工程建设指挥部工作人员，船寮镇镇领导班子，抽调工作组的全体干部，派出所，涉及村村两委干部共100多人参加会议。

9月24日，召开十八大安保工作暨创先争优活动总结大会，镇党委副书记、镇长王建锋主持会议并作强调讲话，全体干部、移民干部、大学生村官参加会议。

10月16日，召开移民工作三季度例会暨移民“两证”办理工作部署会。

10月24日，退休教师协会组织召开庆祝老人节暨祝寿大会。

10月29日，召开全体干部大会落实“第四届中国•青田石雕文化节暨第八届中国名石雕刻艺术展”安全保卫工作。

11月12日，召开残疾人联合会第二次代表大会。

11月23日，召开全县乡镇财政所（局）建设试点工作现场会。

11月29日，船寮镇工会隆重召开第一次代表大会暨总工会成立大会。

12月3日，召开党委中心组理论学习（扩大）会学习贯彻党的十八大精神。

12月21日，召开2012年党风廉政责任制考核汇报会。

12月28日，召开中国共产党船寮镇十三届代表大会第二次大会。

2012年青田县东源镇人民政府大事记

1月6日，举行2011年青山慈善救助金发放仪式，县慈善总会会长吴忠民、副会长陈建标，青山钢铁经理杨修前、青山钢管经理胡昌贤，东源镇党委书记杨军伟、人武部长洪长标出席爱心活动。

1月10日，县委常委、组织部长尚勇庆到东源镇深入走访慰问困难群众，东源镇主要负责人陪同慰问。

1月11日，召开2011年离退休老干部座谈会。

2月1日，县委常委、常务副县长翁伟荣到东源镇主持召开2012年政府工作报告征求意见会。

2月6日，召开第十六届人民代表大会第一次会议筹备工作会议，镇党委书记杨军伟、镇人大主席朱春伟、第十五届人大主席团成员参加会议，会议由朱春伟主持。

2月10日，召开第十六届人民代表大会第一次会议。

3月7日，组成地质灾害巡查组，深入全镇有地质灾害隐患点的村庄、企业开展地质灾害巡查、检查、督导工作。

3月13日至14日，东源镇党委书记杨军伟到永泰阀门有限公司和平桥村，开展进村入企大走访活动。

3月15日，县生态文明乡镇创建考核组，对东源镇创建生态文明镇工作进行现场检查考核，镇宣传委员和各相关办公室人员参加会议。

4月1日，召开全体干部会议，传达全县相关会议精神，重点传达学习“优化发展环境年”会议精神。

4月10日，召开人大主席团会议，就答复代表建议案落实情况进行督办。

4月24日，县纪委常委邹培仁一行在东源镇检查指导便民服务中心建设情况，镇纪委书记贺荣淼陪同检查。

5月15日，东源镇中心幼儿园正式开工建设。

5月31日，召开第二季度工业经济座谈会。该镇27家规模以上企业负责人参加会议。

6月12日，县委常委、常务副县长翁伟荣到东源镇检查指导工业平台建设工作，并召开现场办公会，听取有关工作进展情况汇报，协调解决工作中存在的实际困难和问题。

6月26日，组织召开庆祝建党91周年纪念大会。

7月10日，召开共青团东源镇第十六次代表大会。

7月16日，镇党委、政府举办“激扬青春展风采、创先争优树一流”的演讲比赛。

8月3日，举行消防安全知识培训，重点企业负责人、部分村两委负责人、企事业单位及场所共计30余人参加此次培训。

8月16日，召开村级便民服务中心代办员业务培训会，全镇13个行政村的代办员及村负责人参加培训会。

8月29日，组织部分镇人大代表，专项视察该镇重点工程陈吾洋道路网工程推进情况，通过找问题、查不足，力求取得新突破。

9月7日，在第28个教师节来临之际，召开庆祝教师节暨“十佳教师”表彰大会。

9月11日，召开创建市级卫生乡镇协调会。

9月13日，召开创先争优工作总结暨计划生育、食品安全工作推进大会。

10月18日，召开东源镇残疾人联合会第二届代表大会在我镇会议室。

10月26日，召开第二次代表大会暨镇总工会成立大会。县总工会主席陈景荣，镇党委副书记、镇长丁传恭，组织委员叶一伟等领导出席会议。

10月30日，由市食品药品监督局组织的药品安全示范镇验收组一行到东源镇考核验收药品安全示范镇创建工作。镇党委书记杨军伟、宣传委员李平陪同。

11月1日，召开十八大期间信访维稳工作部署会。

11月16日，召开村支部书记例会，就如何发展壮大农村集体经济试点工作进行研究、探索和安排部署。

11月26日，举办“优化发展环境、庆祝十八大”文艺汇演。

12月12日，召开2012年度远程教育站点管理员培训会议。各行政村站点管理员参加此次会议。

12月27日，召开中共东源镇第十三届代表大会第二次会议。

12月28日，县委常委、常务副县长翁伟荣到东源片召开2013年政府工作报告征求意见会。

2012年青田县高湖镇人民政府大事记

1月16日，党政领导班子成员召开年终工作务虚会。

1月18日，举行九门寨开发项目签约仪式，县旅游局局长杨广，高湖镇党委书记叶国远，镇党委副书记、政府主要负责人曾邦锋和相关业主出席签约仪式。

1月19日，村镇规划办公室组织人员先后对黄本垟、圩头垟的违法违章建筑进行依法强制拆除，当天共拆除违章建筑面积达500多平方米。

2月3日，县检察院代检察长阙建平一行到高湖镇开展下访活动，并召集高湖镇相关工作分管领导举行座谈会。

2月7日，县纪委副书记、监察局长陈松国携优环境促发展项目调研组一行到高湖镇调研，就如何优化项目建设环境召开座谈会。

同日，召开人大主席团会议，并邀请全镇各村、各部门的其他代表出席会议。

2月10日，召开第十六届人民代表大会第一次会议，51名正式代表和40名列席代表参加会议。

3月23日，在县公安局特警大队、治安大队、高湖镇派出所以及高湖村两委干部、西圩村两委干部等配合下，高湖镇组织全镇干部在高湖镇文化中心建设用地区块，依法强制推进工程建设。

3月29日，镇党委副书记、镇长曾邦锋到内冯、外冯村开展农情民意调查活动。

4月23日，召开工业经济会议暨安全生产工作例会，会议通报2011年工业经济所取得的成绩，分析当前工业形势，确保完成2012年工业经济运行各项指标。

5月10日，召开基层组织建设年暨项目推进年活动动员大会，深入贯彻落实全县基层组织建设年活动的精神和要求。

5月16日，县计生局奖扶对象复核组在镇计生专干的陪同下到高湖镇高湖、西圩、内冯三村，对高湖镇今年上报的4名奖扶对象进行上门走访，详细了解基础信息，认真做好审查复核工作，确保奖扶对象“一个不漏，一个不错”。

6月19日，在县低丘缓坡开发利用试点工作组入驻高湖镇后，在镇党委、政府的统一安排部署下，召开全镇村两委干部和镇项目组成员参加的座谈会，会议由镇党委副书记、镇长曾邦锋主持。

6月26日，著名专家郭永武应邀到高湖镇做主题为“关爱女性，关注健康”的讲座。

6月28日，召开“七一”座谈会。镇党委成员、各村支部书记及村长参加座谈会，共庆七一华诞的到来。

7月4日，召开低丘缓坡工作分析会，镇党委书记叶国远、镇长曾邦锋、工作组组长张小平出席会议，各攻坚小组组长参加会议。

7月6日，“情洒瓯江•大型光明活动”走进高湖。

7月11日，召开共青团高湖镇第16次代表大会。全镇各团支部38名镇团代表出席大会。

8月28日，县委常委、组织部长尚勇庆到高湖镇走访党代表工作室和村级综合服务中心，深入调研基层组织建设年工作，县委组织部副部长王峰等陪同调研。

8月30日，青田县卫生局副局长吴树南一行到高湖镇对卫生应急示范镇创建工作开展检查督导。

9月10日，召开计划生育专题会议，落实全县人口和计生会议精神，全面部署出生人口清查工作。

9月13日，团县委书记黄伟君一行到高湖镇指导团委工作，镇党委副书记李雪华、镇团委干部参加座谈会。

9月20日，举行“优化发展环境，喜迎十八大”文艺汇演。

10月16日，高湖镇冬季征兵初检工作正式启动。

10月30日，召开残疾人联合会第二次代表大会，来自各村、部门的45名代表出席大会。会议选举产生高湖镇残联第二届主席团委员和出席县残联第六次代表大会代表。

11月7日，县统计局总统计师赖碎科一行在高湖检查指导城乡住户调查一体化试记账工作。

11月22日，县委常委、宣传部长邹春平冒雨到高湖镇调研宣传工作，镇党委书记叶国远等陪同调研。

12月19日，成立首个青年读书组织——高湖镇三乐读书会，旨在为青年干部搭建一个资源共享、信息互动的学习、交流平台，努力培养“能说、会写、善破”的新型人才。

2012年青田县海口镇人民政府大事记

1月12日，召开退休老干部座谈会。

1月17日，召开村务员年终座谈会，会议由镇组织委员陈佩素主持，来自全镇十三个行政村的22位村务员参加此次会议。

1月30日，召开班子会议和全体干部会议，对干部进行收假收心，并针对年初各项工作进行部署。

2月3日，移民工作站召开年初会议，党委书记、移民工作站站长金利荣参加会议。

2月9日，召开海口镇第十六届人民代表大会第一次会议。

2月20日，召开全体干部学习例会，集中传达并学习县年初相关工作会议的精神。

3月12日，召集相关职能办公室和行政村负责人，结合上周县省级生态县创建迎检动员大会的会议精神，针对即将开始的迎检工作再作精心部署。

3月20日，东江村召开村两委联席会议，专题研究2012年一季度计划生育工作。

4月1日，召开人大主席团会议，听取今年以来各项工作开展情况以及全年工作计划的汇报。

4月6日，召开全体班子会议，对上周全县七个工作会议的精神进行深入地传达和学习。

4月10日，召开2012年度工作推进大会。

5月21日，召开滩坑水电站移民安置房“两证”办理工作会议，全体移民干部、移民民主管理小组成员及安置村两委主要干部参加会议。

5月30日，海口镇药品安全示范镇创建工作领导小组组织工作及村居药品协管员对镇区范围内的5家药店进行药品安全专项巡查。

5月31日，团委召开青年团员价值观座谈会。

6月4日，召开食品安全示范镇创建工作动员大会，会议由镇组织委员陈佩素主持，宣传委员金秀光部署示范镇创建相关工作。

6月7日，召开共青团海口镇第十六次代表大会。

6月21日，举行“和谐运动、健康运动、快乐运动”海口镇全民运动会。

7月9日，市国民体质监测指导中心到海口镇为村民进行国民体质监测，村民纷纷前来参加。

7月18日，海口镇联合海口卫生院举办以食品中毒、意外伤害急救知识为主题的卫生应急知识培训。

8月2日，泗洲埠村举办第一届泗洲埠籍在青乡贤座谈会，会议由海口镇人大副主席叶英山主持。

8月16日，组织召开安全生产暨消防安全工作会议。

8月27日和28日，召开中心组和全体干部会议，专题学习龙泉最美养护工周林松的先进事迹。

9月6日，2012年十件实事之一的南江村防洪堤二期工程顺利开工建设。

同日，召开农村三片暨移民工作站干部座谈会。

9月14日，县食品药品监督局、县农产品检测中心等部门联合组织的食品药品安全知识现场咨询会到海口，举办食品药品安全现场咨询会。

9月17日，召开“优化发展环境”和“网格化管理、组团式服务”服务大队成立仪式，宣告服务大队正式成立。

10月15日，利用周一例会时间组织全体干部观看教育片《人民好儿女-杜洪英》。

10月17日，召开残疾人联合会第六届代表大会。

10月18日，“优化发展环境，喜迎十八大”文艺巡演走进海口。

11月2日，召开十八大期间信访维稳专题会议。

11月9日，团县委召开“党建带团建”暨青田县乡镇实体化“大团委”建设工作会议。

11月13日，团委召开实体化大团委建设专题会议，镇团委班子成员参加会议。

12月27日，海口镇人大主席团组织专题学习会，深入学习党的十八大精神。

2012年青田县腊口镇人民政府大事记

1月10日，丽水市中心镇建设考核组到腊口镇检查市级中心镇培育工作。

1月12日，召开全体离退休老干部座谈会。腊口镇党委副书记、镇长王绍金、副书记张荣彬、组织员杨海波等领导参加会议。

1月29日，党政主要领导看望慰问部门干部职工。

2月2日，副县长张如一到腊口镇主持召开《县政府工作报告》修改意见征求工作会，县教育局、卫生局以及腊口片各乡镇主要负责人、部分县人大代表和社会人士参加会议。

2月6日，县人大代表腊口中心组在腊口镇召开“三合一”活动座谈会。

2月16日，召开腊口镇第十六届人民代表大会第一次会议。

3月6日，开展腊口片县十五届人大代表第一次活动。

3月29日，召开森林防火及殡葬工作会议。

3月30日，团委召开专题座谈会，推选侨乡“青春榜样”候选人。

4月13日，召开班子会议贯彻落实县委常委扩大会议精神，会议由党委书记杨周平主持，全体班子参加会议。

4月19日，召开村级便民服务中心建设会议。各片片长、副片长和驻村干部参加会议，会议由镇纪委书记主持，党委书记杨周平做重要部署和强调。

5月2日，党委副书记、镇长王绍金深入石塔工业园区企业开展“进村入企”大走访活动。

5月8日，召开城乡居民社会养老保险培训会。

5月9日，召开“基层组织建设年、优化发展环境年”活动动员暨工业与项目推进大会。镇属部门主要负责人、各村居主要干部、镇全体干部参加会议。会议由党委副书记张荣彬主持。

6月4日，召开班子会议和全体干部大会，贯彻落实社会管理暨信访维稳工作会议精神，并对腊口镇下一阶段工作做全面部署。

6月5日，县统战部副部长、工商联党组书记杨俊亮到腊口镇石塔工业园区的几家企业进行调研，镇党委副书记、镇长王绍金及镇工办人员陪同调研。

6月18日，组织学习贯彻省第十三次党代会精神。

7月3日，召开药品安全协管员培训会。

7月6日，组织收看全县党的十八大消防安全保卫战动员部署视频会议。

7月26日，召开安全生产培训会。会议由县安监局工作人员、镇分管领导、相关干部、各企业负责人参加培训会。

8月2日，开展突发公共卫生事件应急处置培训会，来自该镇工商、公安、学校和各行政村村民主任35人参加培训。

8月6日，组织全体班子成员、镇干部、移民工作站干部学习传达县委十三届三次全体会议暨县政府十五届一次全体会议精神。

8月21日，开展食品安全生产检查。

9月13日，召开企业家座谈会。腊口镇11家规上企业负责人、镇派出所、供电所、信用社、工商所等部门负责人齐聚一堂，现场协调解决目前制约企业生产进度的问题。

9月17日，召开周一学习会，传达学习全省组织系统“讲党性、重品行、作表率”活动总结会议精神。

9月18日，开展纪念“九一八”铭记国耻爱中华主题活动。

10月12日，召开腊口镇城镇总体规划评审汇报会，副县长陈铭参加评审会。

10月23日，党委书记杨周平先后到腊口村、坑口村、青竹村和浙江康盛新墙材有限公司，实地了解村级党建工作和非公企业党建工作现况、存在问题和困难。

10月26日，召开2012年征兵工作电视电话会议，对征兵工作进行动员和部署。

11月5日，召开项目建设推进会议，就该镇各项目推进情况进行分析和研究，并就下一步工作进行部署。

11月15日，召开残疾人联合会第二次代表大会。

12月4日，召开班子会议，就当前重点工作进度进行总结与分析，对年终各项考核工作进行全面落实与明确，并对下一步工作进行部署。会议由镇党委书记杨周平主持。

12月6日，举行入伍新兵欢送座谈会。镇党委书记杨周平、人武部长陈斌、部分村两委主要负责人和入伍新兵及家属参加座谈会。

2012年青田县仁庄镇人民政府大事记

1月11日，举行“两代表”民情工作室揭牌仪式。

1月29日，县委常委、统战部长吴飞飞春节后到仁庄镇走访慰问。

1月30日，召开春节假期后的第一次镇全体干部会议，开始新一年的工作征程。

2月6日，召开镇十六届一次人代会筹备会，对本次人代会进行详细安排部署。

2月7日，丽水市文化广电新闻出版局副局长陈建光到镇指导工作，青田县文化广电新闻出版局等部门单位和镇领导陪同。

2月16日，召开第十六届人民代表大会第一次会议。58名人大代表，38名列席代表参加大会。

3月5日，召开县“两会”精神学习暨千名干部“进村入企”大走访活动动员大会。

同日，召开两违整治工作会议，进一步明确“两违”整治工作目标和责任，确保仁庄“两违”整治工作扎实有效、有力有序推进。

4月5日，召开纪委专题学习会，学习县纪委十三届二次全会暨县政府廉政工作会议精神。

4月11日，举行人大主席团举行会议，听取镇政府的工作汇报，并举行镇十六届一次人大的建议议案交办仪式。

4月24日，召开全镇村级便民服务中心建设推进会。会议由镇宣传委员、副镇长叶永华主持，镇全体住村干部和各村居便民服务中心代办员等50多人参加会议。

5月2日，召开防汛专题工作会议。会议总结回顾2011年防汛抗旱工作，对今年防汛抗旱工作进行重要安排和部署。

5月10日，举办“重温入党誓词、过政治生日、书记上党课”主题活动。全镇28名五月份入党的党员参加此次活动。

6月4日，召开县信访维稳暨推进重大决策社会稳定风险评估工作会议精神学习会，镇全体干部参加会议。

6月21日，召开村监会规范化建设推进会暨业务培训会，全镇各村监会主任参加会议。

6月26日至27日，举办由青田县信用联社大力赞助的“农信杯•我是一颗红星”演讲比赛。

7月3日，县纪委督查组一行在县纪委副书记陈松国的带领下到仁庄镇督查纪检监察工作。

7月11日，召开共青团仁庄镇第十六次代表大会。

7月23日，县纪委常委叶征伟到仁庄镇冯垟村指导村监会规范化创建工作。镇纪委书记卢利锋陪同。

8月6日，召开安全生产专题工作会议，重点部署安全生产领域集中开展“打非治违”专项行动等各项工作。

同日，召开县委十三届三次全体会议暨县政府十五届一次全体会议精神学习会。

8月23日，召开安全生产领域“打非治违”工作会议，会议由分管领导卢利锋主持，镇全体干部、各村居两委主要负责人、辖区各企业负责人参加会议，县安监局纪检书记郭小艺应邀参加会议。

9月24日，召开县“优化发展环境年”活动暨“两集中两到位”改革推进会精神学习会，镇全体干部参加会议。

10月19日，举行2012年冬季征兵初检工作。

10月23日，镇主要领导深入村居开展重阳节慰问活动。

10月26日，召开第四届“中国•青田石雕”文化节暨第八届中国名石雕刻艺术展动员会议精神学习会。

11月1日，镇党委召开信访维稳工作专题会议，贯彻落实全县信访维稳工作会议精神，分析全镇社会形势，研究部署党的十八大前后信访维稳工作。

11月15日，丽水市“十小”行业创先示范检查组在青田县质监局等牵头部门的陪同下，到仁庄镇检查“十小”行业创先示范工作，仁庄镇党委书记章隆陪同检查。

12月6日，召开党代会“年会主题、报告内容”意见征求会，镇全体领导班子和镇党代表、部分县人大代表参加会议。

12月17日，共青团仁庄镇委员会举办“学习贯彻落实党的十八大精神”知识竞赛活动，来自仁庄镇机关、镇属部门的7支代表队参加活动。

12月19日，仁庄镇组织党代表、人民代表开展走入基层站所活动到仁庄信用社，并进行“我为仁庄发展献一策”主题意见征求。

2012年青田县山口镇人民政府大事记

1月5日，召开民兵连长会议暨军人家属座谈会。

同日，政府组织下，由设计单位、监理单位和施工单位参加的验收组，对彭山安置新区室外配套设施工程进行检查验收。验收组通过质量评定，认为该项目总体质量合格，一致同意通过验收并交付使用。

1月16日，镇党委、政府主要领导深入各村，开展节前慰问活动。

2月1日，副县长陈铭带领旅游、城建等部门负责人到山口镇，就旅游项目建设情况进行调研。

2月2日，副县长郭明皎主持召开2012年《政府工作报告》征求意见座谈会。山口片各乡镇主要负责人、部分县人大代表和社会人士参加会议。

2月10日，召开2012年第一季度安全生产工作例会。

3月15日，召开青田石雕文化广场设计方案意见征求会，各相关部门负责人及石雕大师们在会上集思广益，各抒己见。会议持续近2个小时，经过热烈讨论，石雕文化广场设计方案初见雏形。

3月28日，召开森林防火工作会议，提高各干部森林防火安全意识。全镇干部、各村两委主要成员、护林员参加会议。镇人武部长林海波主持会议。

4月10日，省法制办主任孙志丹一行到山口村开展“进村入企”大走访活动，市法制办有关领导，县委常委、纪委书记吴郁郁等领导陪同走访。

4月13日，省“信用村、信用镇”验收组一行在山口镇验收省级信用镇创建工作。镇长陈雨、副镇长季子扬、镇信用社主任、信用村村民代表等相关人员参加验收汇报会。

5月9日，召开城乡居民社会养老保险业务培训会，分管领导、片组领导、全体驻村干部参加会议。

5月10日，召开移民“两证”办理工作分析会，进一步落实县滩坑水电站移民安置房“两证”办理工作动员大会会议精神。

6月7日，举办镇、村两级便民服务中心工作人员专题培训大会。

6月28日，县委常委、县纪委书记吴郁郁在县农办主任陈定光的陪同下，先后到山口村和大安村实地调研指导村级便民服务中心建设情况。

7月9日，举办首届全民运动会，镇党委副书记林永波同志致开幕词，4个行政村均派出各自代表队参与比赛，展现风采。

7月25日，召开半年度安全生产工作会议，大会由宣传委员李爱菊主持，副镇长季子扬，镇安监站工作人员、各行政村、镇卫生院、中小学、派出所、各企业负责人参加会议。

8月3日，召开共青团山口镇第十六次代表大会。

8月9日，召开最后一次创建“浙江省规范化社区卫生服务中心”会议，标志着山口中心卫生院创建“浙江省规范化社区卫生服务中心”的工作圆满结束。

9月5日，镇党委副书记林永波、组织委员谢秉言一行深入各村开展“关爱老党员、真情送温暖”活动，走访慰问山口镇建国前入党的生活困难农村老党员。

9月12日，召开全体干部大会，会议由镇长陈雨主持，镇全体干部及各行政村村两委干部参加会议。

9月24日，举办“优化发展环境、喜迎十八大”文艺汇演欢庆中秋国庆。

10月9日，在第四届中国•青田石雕文化节暨第八届中国名石雕刻艺术展即将召开之际，县领导邹春平一行到山口，实地调研石雕文化广场等工程的建设和进展情况。

10月29日，由市食品药品监督局组建的验收组对山口镇创建市级药品安全示范镇工作进行考核验收。

11月15日，召开山口镇残疾人联合会第二次代表大会。

11月23日，召开大安南园区块征地工作座谈会，对前段时期征地工作进行总结，对下阶段工作作部署。

12月13日，县委常委郝胜勇带领县纪委考核组到山口片召开党风廉政建设工作反馈会，会议由县纪委副书记陈松国主持，山口片各乡镇党委书记、纪委书记及纪委工作人员参加会议。

12月19日，举办深入学习贯彻十八大精神宣讲会，大会由镇党委书记季高峰主持，特别邀请市侨联副主席、县十八大精神宣讲团成员陈耀东进行深入解读。

12月26日，副县长陈海民到山口片召开《政府工作报告》征求意见座谈会。山口片各乡镇主要负责人、部分县人大代表和社会人士参加会议。

2012年青田县温溪镇人民政府大事记

1月4日，召开2011年企业新春团拜会，来自全镇重点企业的70多位主要负责人与镇班子成员，镇属部门负责人欢聚一堂，喜迎新春，共谋发展。

1月5日，举行学神村老人协会喜迁新居庆祝大会，市、县老人协会领导，县有关部门领导，镇委副书记邹荣波及各村居两委主要负责人、企业家代表、镇村知名人士应邀参加会议，温溪镇党委副书记邹荣波发表重要讲话。

1月16日，召开离退休干部座谈会。

2月3日，召开2012年移民工作会议，回顾总结2011年移民工作，分析当前面临的形势和问题，部署2012年移民工作。

2月6日，召开县人大代表征求3个报告意见座谈会。

2月21日，召开第十六届人民代表大会第一次会议。

3月5日，组织学习中国共产党丽水市第三次代表大会和青田县第十五届人民代表大会第一次会议精神，温溪镇党委书记叶祥深传达会议精神，并作重要讲话。

3月20日，青田县科技局一行到温溪企业调研指导知识产权工作。

3月21日，人大副主席单国才带领工办相关工作人员开展"进村入企"活动，帮扶企业、解决难题，优化企业发展环境。

4月9日，召开优化发展环境年动员大会暨双向双岗选择工作动员大会。

4月11日，召开大坑水库供水工程协调会。

4月23日，各片组开展"比干劲，见行动，我为温溪做贡献"大讨论活动，深入推进"优化发展环境年"活动，讨论会由各片组长分别主持。

5月8日，召开"村企共建"工作现场会。

5月11日，召开移民安置房"两证"发放工作动员大会。

5月24日，召开工业经济工作会议，会议由镇党委副书记、镇长王海伟主持，全镇88家年产值500万元以上企业主要负责人参加会议。

6月4日，召开社会管理暨信访维稳工作会议，此次会议由温溪镇党委书记叶祥深主持。

6月6日，召开计划生育工作攻坚月活动动员大会。

6月8日，召开共青团温溪镇第十六次代表大会。温溪镇党委副书记王雷达、团县委副书记姚路扬参加会议。

7月11日，浙江青田建信华侨村镇银行温溪支行正式开业。

7月26日，召开专题会议对土地规划修改地块予以最后确认。

8月3日，召开创建省级体育强镇动员大会。

8月6日，召开全体干部大会，贯彻学习县委十三届三次全体会议暨县政府十五届一次全体会议精神，会议由镇党委书记叶祥深主持。

8月24日，开展往届贫困大学生座谈会暨助学金发放活动。

9月13日，举办企业负责人和安全管理人员安全生产管理合格证培训班。

9月18日，组织干部观看"村企共建"专题宣传片。

9月26日，县纪委常委叶玲丽一行到温溪镇检查指导纪检监察案件查办工作，温溪、贵岙、小舟山和吴坑等乡镇的纪委书记、纪委副书记参加会议。

10月19日，举行反邪教分会成立大会暨无邪教乡镇创建工作推进会，镇党委副书记王雷达等领导参加会议。会议由综治办副主任唐崇袍主持。

10月24日，举行温溪镇木兰拳协会成立十周年庆典活动。

10月31日，县委常委、组织部长尚勇庆到位于温溪镇塘里岙村的安特工业园区调研党群服务中心建设。

11月6日，县司法局组织律师、公证员、社区矫正工作人员到温溪镇开展下基层法律服务活动。

11月8日，召开深化殡葬改革暨城乡居民医疗保险动员大会。

11月22日，县委常委、人武部政委责卫红到温溪镇调研征兵工作。

12月13日，县委考核组到温溪镇开展"围绕职责比作风"大评议活动。

12月14日，县委常委、组织部长尚勇庆带领县委考核组在温溪片召开党风廉政建设责任制工作反馈会。

12月24日，由市安监局局长陈子民带队的安全生产考核组到温溪镇检查指导安全生产工作，县安监局、公安局及温溪镇相关领导陪同检查。

2012年青田县方山乡人民政府大事记

1月10日，召开班子成员民主生活会，方山乡班子成员参加会议。

1月16日，召开年终工作会议，方山乡全体干部参加会议。

1月17日，举行以“鱼跃龙门”为主题的2012年新春联欢晚会。

2月10日，召开人代会筹备会议，对即将召开的人代会有关工作进行部署和安排，方山乡全体干部参加会议。

2月16日，召开方山乡第十六届人民代表大会第一次会议。

2月21日，召开安全生产专题研究会，方山乡全体干部参加会议。

3月6日，开展地质隐患大排查活动，乡全体干部、村巡查员对各自负责的区块进行巡查。

3月21日，召开农村工作会议暨基层党组织分类定级工作动员会。

3月26日，召开森林防火工作专题研究会，乡全体干部参加会议。

4月4日，方山籍台湾著名女歌星裘海正携丈夫和姐姐回到家乡探亲，方山乡政府对裘海正一行的到来表示热烈的欢迎。

4月6日，召开扑火队成员会议，方山乡党委书记王俊、乡长徐微、副乡长谢秉言和各村扑火队成员参加会议，会议由徐微主持。

4月16日，召开全体干部会议落实基层组织建设年相关工作。

5月2日，召开党建专题会议，方山乡全体干部参加会议，会议由乡长徐微主持。

5月3日，省国土资源厅土地整理中心朱锦尉工程师到方山乡调研拟立项垦造耕地项目的前期准备工作，方山乡乡长徐微、副乡长季晶磊等陪同调研。

5月17日，召开基层组织年暨“红星争辉”行动推进会。

6月18日，召开乡村两级干部会议推进便民服务中心规范化建设，方山乡全体干部、各行政村支部书记、村民主任和专职代办员参加会议，会议由方山乡党委书记王俊主持。

6月28日，召开县政协港澳台侨委工作会议。

6月30日，在杭州举办的“2012浙江生态日”现场会上，方山乡被命名为“浙江省生态文明教育基地”。

7月19日，县“美丽村居　和谐家园”督查组一行到方山乡督查“美丽村居　和谐家园”工作。

7月25日，丽水日报记者阮春生、县委报道组和青田电视台一行在县纪委带领下，到方山乡龙现村便民服务中心采访。

8月6日，组织学习县委十三届三次全体（扩大）会议暨县政府十五届一次全体会议精神。

8月7日，中央电视台《国宝档案》摄制组一行走进方山，实地拍摄国宝档案明清系列专题。

8月21日，召开全体干部会议落实信访维稳和孕环检工作。

9月6日，召开食品药品安全培训会，方山乡全体干部、各村食品药品监管员参加会议，县食品药品监管局工作人员为参会人员作培训。

9月12日，召开方山乡第十六届人民代表大会第二次会议。

9月28日，成功举办首届田鱼文化节。

10月12日，县农办副主任张利平在乡长徐微、村两委干部的陪同下，深入方山乡石前、裘山和松树下三村开展整治村的检查指导工作。

10月22日，召开全体干部会议落实信访维稳等工作。

10月23日，市气象局纪检组长柳岳清带领考核验收组到方山乡开展气象防灾减灾标准化乡镇的验收工作，县气象局局长吴霞陪同。

11月2日，丽水电视台丽水新闻栏目到方山乡龙现村采访便民服务中心外汇代兑业务。

11月26日，召开全体干部会议，贯彻落实全县领导干部会议精神，学习十八大报告精神，会议由乡人大主席黄春平主持。

11月30日，青田县乡村公路管理办公室考核组一行到方山乡检查考核农村公路管理养护工作。

12月10日，召开全体干部会议，学习青田精神“大气开放，创业天下”，会议由方山乡人大代表黄春平主持。

12月17日，召开党代会“年会主题　报告内容”意见建议征求会，部分县乡党代表出席会议。

12月27日，召开中国共产党方山乡第十三届代表大会第二次会议。

2012年青田县阜山乡人民政府大事记

1月13日，召开阜山乡2011年干部年终工作总结大会。乡班子成员、机关干部及各村村两委主要干部参加会议。

1月29日，召开干部收假会，安排部署近期主要工作。

1月31日，全面启动阜山乡2012年上半年孕环检工作。

2月10日，召开阜山乡第十六届人民代表大会第一次会议。

2月26日，举行“清真禅寺”杯最美乡村阜山摄影大赛作品展。副县长郭明皎应邀出席参观。

2月29日，农历二月初八，为期10天（农历二月初八至十九）的清真禅寺庙会旅游节拉开帷幕。来自四面八方的信众和游人涌入阜山，领略当地独特的宗教文化、深厚的人文历史和优美的自然风光。

3月16日，阜山乡党委书记阮崇春、乡长王锡存、人大主席林加拨一行到周村、双溪、岭峰等村，积极开展“进村入企”大走访活动。

3月22日，丽水市态休闲养生（养老）经济发展规划组一行到阜山乡，调研休闲养生养老基地建设情况。阜山乡乡长王锡存、人大主席林加拨陪同调研。

4月5日，召开全乡干部会议，学习贯彻县“优化发展环境年”活动动员大会、全县工业大会、县政府廉政工作会议、政府机构改革动员大会等10个会议精神。

4月6日，召开乡、村两级工作推进会。乡班子成员、全体驻村干部和各村村两委主要干部参加会议。

4月14日，从2012中国旅游品牌推广（上海）峰会上传来喜讯，阜山乡在全国众多景区中脱颖而出，获得“中国最佳乡村休闲旅游目的地”称号。

5月23日，召开全县水稻机械化插秧现场会。

5月27日，县科技局一行人在党组成员陈海毅的带领下，到乡调研农业科技项目申报工作，乡长王锡存陪同调研。

5月30日，县人大食品安全督查组在县人大常委会副主任叶选君的带领下到阜山乡检查指导。阜山乡乡长王锡存、人大主席林加拨陪同检查。

6月8日，阜山乡乡长王锡存在乡人大主席林加拨、统战委员叶海美的陪同下，深入阜山各个矿山开展安全生产检查工作。

6月13日，召开新区详规研讨会，对阜山乡朱田垟新区详规方案进行评审讨论。

7月18日，由县国土、农业、审计、财政等单位组成的县新增耕地地力培育和耕种管护项目验收组到阜山验收。

7月19日，召开2012年半年度工作总结暨清真禅寺景区外山门建设动员大会。

7月26日，召开全乡干部会议，认真传达贯彻全县人口计生工作会议精神。

8月1日，县计生局督查组到阜山乡检查指导半年度计生工作落实情况。

8月15日，组织班子成员、全体驻村干部认真收看全县平安综治信访维稳工作视频会议。

9月3日，召开阜山乡乡志编纂工作汇报会。乡长王锡存、乡志编纂工作委员会及部分华侨代表参加会议。

9月6日，召开第十六届人民代表大会第二次会议。

9月27日，召开阜山乡残联第二次代表大会。

10月8日，召开全乡干部会议，研究部署第三季度计生工作。

10月16日，召开森林防火工作专题会议，认真部署护林防火工作。

10月30日，县纪委督查组到阜山乡检查指导便民服务中心、村监会建设。乡人大主席林加拨陪同检查。

11月5日，召开全乡干部会议。会议总结分析年初以来各项工作，研究部署下阶段任务，要求全乡干部根据工作安排加快工作落实，顺利实现年初制定的各项工作目标。

11月8日，组织全乡党员干部认真收看十八大开幕式。

11月19日，召开全乡干部会议，专题学习贯彻十八大会议精神。乡班子成员、驻村干部参加会议。

12月4日，开展“12•4”法制宣传日活动。

12月10日，县“两违”工作考核组到阜山乡检查指导。阜山乡乡长王锡存、人大主席林加拨陪同检查。

12月14日，召开中国共产党阜山乡十三届代表大会第二次会议。

2012年青田县高市乡人民政府大事记

1月9日，举办老干部退休欢送会，与三位为高市乡发展做出贡献的老干部们话别，欢送会由乡长主持，全体乡干部参加。

1月28日，举行乡贤新春座谈会。曾在高市工作的领导和来自不同领域、不同岗位的高市籍乡贤共计40余人共聚一堂，共叙乡情乡谊,共商高市发展大计。

1月29日，省旅游局规划发展处处长张雄文到高市乡视察陈诚故居。

2月8日，召开第十六届人民代表大会第一次会议。

2月20日，召开青田生态乐园开工动员会，对2月23日举行的开工典礼进行全面部署，会议由乡长叶永军主持，全体乡干部参加会议。

2月23日，浙江青田生态乐园开工典礼在高市乡高市村隆重举行，这标志着浙江青田生态乐园工作从前期准备阶段正式迈入建设攻坚阶段，拉开石门洞创建国家AAAAA景区建设的序幕。

3月5日，召开两会精神学习贯彻会，传达县两会会议内容，解读会议报告，贯彻会议精神。

3月19日，召开全体干部会议，全面部署“进村入企”大走访活动，会议由高市乡乡长叶永军主持。

3月21日，温州市经济建设规划院到高市调研生态休闲养生（养老）情况。

4月1日，召开森林防火工作节前会议，专题部署清明节期间森林防火工作。

4月18日，召开“基层组织建设年”和“优化发展环境年”活动推进会，全体乡干部及各行政村主要干部、村务员参加，会议由乡长叶永军主持。

4月24日，县纪委副书记尹爱华就高市乡、村两级便民服务中心建设情况开展督察指导。

5月9日，召开基层组织建设年工作推进会。各行政村村委书记、村民主任及村代办员到场开会。

同日，召开城乡居民社会养老保险业务培训会。

5月11日，青田县人民医院院长武良一行到高市乡高市村开展“进村入户”大走访活动。高市乡乡长叶永军陪同调研。

5月29日，开展“亲情牵手，幸福家庭”5.29计生协会活动。

6月11日，召开县“网格化管理、组团式服务”工作电视电话会议，高市乡全体乡干部在高市乡分会场参加会议。

6月28日，县督查组到高市乡就工业经济运行、重点项目推进、土地征收、信访维稳等四方面工作情况进行督查指导，召开座谈会，乡长叶永军、分管领导季蕾、蒋亚慰参加会议。

7月4日，召开共青团高市乡第十六次代表大会，来自乡机关、学校、农村及其它乡属部门的39名团员代表参加会议。

7月13日，县农业局徐向春局长带领有关农业专家及农业科技员一行到高市乡黄镇村，开展“进村入企”大走访活动。

7月17日，高市乡村级便民服务中心规范化建设工作领导小组成员深入各村查看村级便民服务中心日常化运行情况。

8月2日，洞背村举行纪念刘基诞辰701周年活动，旨在弘扬刘基文化，传承中华文明，以表达对先贤刘基的敬仰之情。县政协副主席徐永丽参加此次活动。

8月9日，中央电视台《国宝档案》栏目组一行到高市乡参观陈诚故居，乡领导陈育富陪同参观。

8月22日，团委开展贫困大学生助学金发放工作。

9月8日，由省侨联、浙江电视台联合主办的“流动大舞台”节目组到高市乡洞背村。

9月13日，召开高市乡反邪教分会成立大会暨无邪教乡镇创建工作推进会。乡党委、政府主要领导及村两委主要干部、部门负责人等相关人员参加会议。

9月19日，召开高市乡第十六届人民代表大会第二次会议。

10月11日，由县工商、质检、卫生、农业等部门联合组成的督查组到高市乡检查指导“十小”行业发展建设情况。

10月18日，召开“两违”专项整治工作专题会议。

11月12日，召开乡镇实体化“大团委”建设工作会议。

11月30日，召开学习贯彻党的十八大精神暨年终工作部署会议，乡全体干部、各行政村主要干部和村务员参加会议。

12月11日，召开高市村民国风情村改造（一期）工程动员大会。

12月24日，召开中共高市乡第十三届代表大会第二次会议。

2012年青田县贵岙乡人民政府大事记

1月16日，全乡县乡两级党代表开展县十三次党代会精神学习。

同日，召开村干部迎春团拜会。

2月7日，召开主席团会议，认真研究讨论乡第十六届人代会一次会议准备工作。

2月15日，召开贵岙乡第十六届人民代表大会第一次会议。

2月20日，党委书记刘巧雄召集乡全体计生办工作人员，针对目前贵岙乡严峻的计生工作形势开展一次专题研讨会。

3月7日，举行庆三八妇女主任座谈会，乡党委书记刘巧雄、党委副书记吴春燕、妇联副主席季云莉以及全体妇女干部和各行政村妇女主任参加会议。

3月14日，县人大常委会副主任徐新平带领县农办，扶贫办、县老干部局、县机关党工委领导干部一行10余人到贵岙乡开展进村入企大走访活动。

4月17日，县农办主任陈定光、副主任王旭海等一行到乡开展“进村入企”大服务活动。

4月24日，省建设厅到贵岙乡检查指导工作。

同日，县民政局纪检组长张益军、县殡葬改革执法大队程法胜大队长等一行到贵岙乡督查殡改工作。

5月11日，副县长陈铭到贵岙乡就乡入口环境整治工程进行现场检查指导，并召开座谈会。县城建局、康庄办、旅游局等相关部分负责人陪同检查。

5月23日，省建设厅副厅长赵克一行到贵岙乡结对帮扶调研。

5月29日，开展主题为《传承和谐计生，相伴幸福家庭》——欢庆“5•29”会员活动日宣传活动。

6月1日，召开共青团贵岙乡第十六次代表大会。

6月8日，召开村级便民服务中心提升座谈会，研讨接下来如何提升发展便民服务中心的相关事宜。

6月28日，召开全体党员干部茶话会，共迎中国共产党的91周岁生日。乡人大主席陈永华参加会议。

7月9日，召开党风廉政专题学习会议。

7月23日，召开“全县人口和计划生育工作会议”。

8月24日，举行异地便民服务中心开办仪式。

8月29日，团委召集往届贫困学生发放爱心助学金并召开座谈会。

8月30日，下坑村举行山洪灾害防御演练，为进一步增强群众预案执行能力和应对山洪暴发等突发事件的处理能力。

9月21日，政府组织干部到温溪格瑞斯影城观看影片《钱学森》并交流心得体会，干部对钱学森的崇高精神佩服不已，心灵上受到崇高的洗礼。

9月24日，召开加强三资管理推进会。贵岙乡主要领导、各村两委主要干部以及乡村三资管理工作相关人员出席会议。

9月25日，召开贵岙乡第十六届人民代表大会第二次会议。

10月16日，外来民工子弟学校举行新生入队仪式。

10月24日，丽水市农业局副局长吴建锋一行到贵岙乡，就农村经济发展和村级公益事业“一事一议”财政奖补工作进行指导，县农业局纪检组长陈奉圣、副乡长廖峰伟陪同调研。

11月13日，省计生委领导到贵岙乡调研计划生育便民服务工作。

11月14日，召开2013年城乡居民医疗保险征缴工作培训会，22个村具体收费工作负责人到场参加会议。

11月29日，召开一次以迎接计生年终考核工作为专题的研讨会。乡全体班子成员及计生办干部参加会议。

12月10日，县监察局副局长林伟标带领相关科室人员到贵岙乡进行年终考核、评议等工作，乡长钟锋伟陪同考核。

12月18日，县文明办到贵岙乡验收市级生态文明村创建。

2012年青田县海溪乡人民政府大事记

1月11日，县人大常委会副主任宣长友带领联系单位一行到海溪乡走访慰问贫困户。

2月14日，副县长陈海民在县农办、水利局、环保局、农业局等部门领导的陪同下到海溪乡检查生态县创建工作。

2月16日，召开海溪乡第十六届人民代表大会第一次会议。县人大副主任宣长友到会指导，乡党委书记、人大主席陈永亮主持。

2月24日，县委常委、常务副县长翁伟荣一行在海溪乡调研指导工作。

3月15日，举办2012年入党积极分子培训班。

3月21日，顺利完成海溪乡2012年度村务员招聘考试。

3月29日，召开全乡干部大会暨“进村入户”推进会，表彰2011年度工作先进单位及个人，并部署2012年各项工作，全体乡干部、部门负责人、村两委干部及村务员等80余人参加会议。

同日，召开新一届村务员培训会。

4月9日，县委常委、纪委书记吴郁郁到海溪乡进行调研，指出海溪乡要加快提升行政效能，推进便民服务中心建设，县监察局副局长林伟标陪同，海溪乡党委书记陈永亮作工作汇报。

4月20日，召开“基层组织建设年”和便民服务中心建设推进会，全体乡干部及各村主要干部、村民服务中心代办员参加会议。

4月24日，召开便民服务中心代办员培训会议。

5月7日，召开2012年度养老保险工作征收部署会。会议传达关于2012年度城乡居民社会养老保险工作会议的精神，同时，会议详细讲解城乡居民社会养老保险的新政策。

5月10日，组织召开关于成立鱼灯演艺公司的座谈会。

5月24日，县委常委、人武部政委贲卫红一行到海溪乡，通过听汇报、召开座谈会和查看资料的形式，对于“基层武装部规范化建设”、民兵整组、“三个现地点验”等工作进行全面检查。

6月14日，县水利局纪检书记阮文勇、河道管理所所长谭健一行到海溪乡开展汛期防汛安全检查。

6月18日，县优化发展环境督查组李永军、李维一行到海溪乡就“优化发展环境年”活动相关工作进行督查。

7月5日，召开共青团海溪乡第十六次代表大会。

7月17日，召开中层以上干部务虚会。

7月24日，县农业局就海溪乡7月31日首届提子采摘节开幕式前期工作进行指导。

8月28日，举行饮用水工程复工仪式，海溪乡党委书记陈永亮、乡长高勇，乡班子其他成员、各村两委主要干部等人员参加复工仪式。

8月29日，副县长郭明皎一行到海溪乡调研指导计划生育工作，县计生局副局长陈昌武等人陪同调研。

9月7日，举行“浙江兰航服饰有限公司奖教奖学金”启动仪式。

9月27日，“最美妈妈”阮用芬荣获丽水市 “见义勇为模范”。

9月28日，召开反邪教分会成立大会暨无邪教乡镇创建工作推进会，乡领导班子、各村两委、反邪教信息员等50余人参加会议。

10月16日，省市水利专家督查海溪乡南塘水库除险加固工程。

10月18日，海溪乡政府邀请市农业专家华敦谅、遂昌提子种植专家雷春松对提子种植户进行提子种植培训。

10月22日，县委常委郝胜勇一行到海溪乡调研特色产业发展，海溪乡党委书记陈永亮陪同调研。

11月9日，召开深化殡葬改革暨城乡居民医疗保险征收动员会。

11月27日，县旧村改造验收小组到海溪乡横树岗村进行旧村改造工程验收。海溪乡乡长高勇、分管领导陈春勇等陪同验收。

12月4日，召开支部书记述职暨十八大精神学习会。

12月11日，县纪委考核组到到海溪乡进行“效能大评议”活动，并就党风廉政、村级便民服务中心、村监会、信访等工作进行年终考核。

12月13日，召开农村党员远程教育培训暨十八大精神学习会。

2012年青田县黄垟乡人民政府大事记

1月7日，黄垟乡县乡两级人大代表换届选举工作圆满完成。

1月16日，召开2012年迎春茶话会，副县长陈海民与会指导并作重要讲话。

1月31日，召开2012年工作思路研讨会。会议由乡党委书记叶根长主持，乡班子成员、中层干部参加会议会。

2月8日，召开党员干部大会，动员部署“三创一建设”工作。

2月15日，召开黄垟乡第十六届人民代表大会第一次会议。

2月24日，县人民检察院、代检察长阙建平一行到黄垟乡开展走访调研活动，并与乡班子成员进行座谈。

3月1日，由县安监局、黄垟矿区管委会和尾矿库专家组成的检查组对黄垟矿区所有11座尾矿库进行汛期前的安全大检查。

3月5日，黄垟乡团员开展“学雷锋”志愿服务活动。

4月11日，乡党委书记叶根长、副乡长叶宁、汤宏波以及安监科工作人员对浙江联众钼业有限公司85号矿洞在进行安全生产检查。

4月16日，举行干部学习交流会。黄垟乡全体机关干部参加会议，会议由副乡长汤宏波主持。

4月18日，副县长陈海民带领县安监局、总工会、关工委等11个部门领导到黄垟乡开展“县乡村三级联动办实事”实践活动。

5月3日，召开“打非治违”专项行动会议。会议贯彻落实全国安全生产“打非治违”专项行动电视电话会议精神。

5月14日，召开“青田精神大讨论”活动学习会，凝心聚力，共谋发展。黄垟乡全体机关干部参加会议，会议由乡宣传委员汤宏波主持。

5月18日，市安监局副局长徐荣祖到黄垟矿区调研在用尾矿库安全事故防范创新体系建设试点工作。

6月12日，乡党委组织乡综治办、计生办、民政办、农林水、城建等科室党员志愿者会同黄垟乡派出所在乡政府所在地石平川举办法律咨询服务活动。

6月27日，开展建党91周年庆祝活动。

7月19日，召开入党积极分子培训会，对入党积极分子进行党章、党的基础知识、党的基层组织建设年等内容进行培训。

7月23日，召开2012年度工作考核实施意见专题部署会，全乡干部参加会议。

7月24日，县体育局督查组在石平川村指导创建省级中心村体育休闲公园建设工作。

8月15日，省安监局副局长吴更安带领省安监局矿山处有关人员及市安监局副局长徐荣祖、县安监局局长朱耀忠等到黄垟矿区检查指导尾矿库安全监管工作。

8月23日，乡团委召开贫困大学生感恩教育座谈会暨“爱心助学”助学金发放仪式。

8月30日，县卫生局副局长吴树南带队的考核组到乡检查指导卫生应急工作示范乡镇创建工作，乡长罗悦平以及相关负责人陪同检查。

9月10日，召开全乡干部会议，部署出生人口清查工作。

同日，召开干部作风建设暨领导干部请销假制度专题学习会，全乡干部参加会议。

9月14日，召开反邪教分会成立大会暨无邪教乡镇创建工作推进会。

10月16日，举办以“优化发展环境年，喜迎十八大”为主题的文艺汇演暨文化走亲会。

10月30日，举行“暖冬行动”座谈会。

10月31日，举行十八大期间的信访维稳分析部署会。乡相关领导、相关村两委干部、老人协会会长参加部署会。

11月9日，召开深化殡葬改革暨城乡医疗保险工作动员会，乡领导班子、驻村干部、村两委主要干部、村务员、殡改员参加会议。

11月15日，省督查组到黄垟矿区的浙江鑫鸿钼业有限公司、浙江联众矿业有限公司就矿产资源节约与综合利用作专项检查。

11月30日，召开学习贯彻党的十八大精神会议。

12月25日，县安监局检查组深入黄垟矿区进行安全生产检查工作。乡党委书记叶根长及职能科室有关负责人陪同检查。

2012年青田县季宅乡人民政府大事记

1月29日，组织召开全体干部会议并组织班子领导和驻村干部对村两委干部进行新春走访慰问。

1月31日，乡党委、政府专题研究2012年宣传工作，并结合该乡工作实际，推出三项工作措施，建立宣传网络，完善工作机制，更新宣传设备，助推宣传工作上新台阶。

2月1日，召开年初工作安排暨动员会，总结2011年工作，进一步部署下阶段工作。

同日，召开2012年季宅乡“创先争优”活动动员会，全乡干部以及各总支以及分支支部书记参加会议。

2月16日，召开季宅乡第十六届人民代表大会第一次会议。

3月5日，组织全体乡干部学习青田县十五届人大一次会议和县九届政协一次会议精神。

3月7日，举办庆“三八”文艺晚会，乡各单位领导及来自各村近1000多人到现场观看晚会。

3月20日，召开“进村入企大走访活动”动员会，乡全体机关干部、信用社、社区卫生服务中心负责人、村两委干部及村务员出席会议。

4月4日，由县科技局副局长刘泽群带领的县森林防火指挥督察组在季宅乡进行实地督查。

4月5日，召开季宅乡优化发展环境建设动员大会。

4月19日，县委组织部常务副部长饶钦英一行到季宅乡指导基层组织建设年工作。

5月14日，县科技局局长章秀权一行到季宅乡开展进村大走访活动。

5月15日，开展慈善捐赠活动。班子领导纷纷带头，乡村两级干部踊跃参与。

同日，召开全乡养老保险动员大会。

5月21日，在县宣传科朱恩贤的带领下，中新社、丽水电台新闻综合频道、瓯江报道、青田电台、侨报社三级媒体，来季宅调研报道“季宅模式”。

6月7日，市县水利局领导、水利专家在季宅乡茅章水库现场指导水库抢险工作，乡党委书记杨丰及乡全体干部参加。

6月19日，青田县优化发展环境年活动领导小组到季宅乡督查工作。督查组由县纪委、县委办等工作人员组成。

7月24日，召开党政班子会议，专题研究部署计生工作。会议通报半年度计生工作情况，就下一阶段计生攻坚工作作专题部署。

7月25日，县“美丽村居，和谐家园”工作督查组一行到季宅乡督查指导工作。

7月27日，召开2012年上半年人口与计划生育工作会议。

8月15日，全县综治维稳会议电视电话会议结束后，季宅乡立即组织召开全乡领导干部会议，乡党委书记杨丰主持会议。

8月2日，组织乡全体干部参加县防台工作视频会议。会后，乡党委书记杨丰立即落实会议精神，布置当前防台工作。

8月29日，县卫生应急办领导对乡的卫生应急工作示范乡乡创建工作进行验收并通过。

9月11日，县、乡两级领导率队在季宅乡二三水库现场指导水库抢险工作。

9月24日，召开全体干部会议，贯彻落实全县“优化发展环境年”活动暨“两集中两到位”改革推进会精神。

9月25日，举行“优化发展环境，喜迎十八大”文艺汇演。

10月29日，市交通局副局长季宋平一行到季宅乡针对黄放口至高湖段公路改建工程进行调研，季宅乡党委书记杨丰陪同调研。

10月31日，县党代表法律巡回服务活动走进季宅乡。

11月2日，召开维稳专题会议，部署十八大前夕及十八大召开期间的安全维稳工作。

11月9日，召开以新农合筹资为重点的工作推进会。

11月16日，召开季宅乡残疾人联合会第二次代表大会。

12月5日，召开以年终考核为重点的工作推进会。

12月12日，召开农村党员远程教育管理员培训会，组织委员叶晓雷同志就农村党员干部现代远程教育工作进行专题培训。

12月25日，召开第十六届人民代表大会第二次会议。

2012年青田县巨浦乡人民政府大事记

1月17日，乡党委书记程海华在乡人大主席李建真、组织委员林立斌、民政助理员等陪同下，到巨浦、湖云、西坑等村走访慰问农村老党员、困难党员、重点优扶对象等。

2月14日，巨浦乡人大主席李建真、分管领导吴晓勇一行先后到徐山白坦下、巨浦欠寮验收油茶基地林区道路建设。

2月21日，召开巨浦乡第十六届人民代表大会第一次会议。

3月6日，召开全乡干部会议，传达学习县“两会”会议精神，会议由乡党委书记程海华主持。

3月7日，乡副书记周政权、分管领导吴晓勇一行，先后到徐山、驮垅等村的地质灾害点、康庄路等进行安全大排查。

4月9日，召开乡全体干部会议，认真学习贯彻县“优化发展环境年”活动动员大会、全省改善发展环境电视电话会议、全县工业大会、县政府廉政工作会议、全县农村工作会议、政府机构改革动员大会等系列会议精神。

4月18日，民政部副部长罗平飞在省、市、县有关部门领导的陪同下到巨浦乡湖云村调研避灾中心建设工作。

4月19日，召开便民服务中心建设推进会，各驻村干部、各村书记、村长及便民服务代办员等30余人参加会议，巨浦乡党委副书记、纪委书记周政权出席会议。

5月31日，巨浦乡组织乡全体干部开展慈善募捐活动。

6月27日，县委督查组到巨浦乡就工业经济、重点项目推进、土地征收和信访维稳等4项工作进行督查。

6月29日，周政权副书记带领施工队及村相关人员到徐山、西坑村等多个塌方路段进行实地察看。

7月17日，县“美丽村居、和谐家园”督查组到巨浦乡督查工作。

7月24日，召开全乡干部会议，贯彻落实全县人口和计划生育工作会议精神，专题研究部署计生工作。

8月1日，举行安全生产暨培训消防安全会，该乡全体干部、各行政村两委干部、安监员及该乡相关企业单位参加培训。

8月22日，召开村级便民服务中心规范化建设推进会议。

8月24日，乡团委举行“爱心助学”助学金发放仪式。

9月17日，召开反邪教分会成立大会暨无邪教乡镇创建工作推进会。

同日，组织召开计生工作专题会议，部署安排出生人口清查工作。

9月27日，举行“优化发展环境，喜迎十八大”文艺晚会。

10月8日，副乡长吴晓勇带领乡水利员钟柳宗对徐山村与小西坑村的水利工程项目进行视察。

10月30日，召开残疾人联合会第二次代表大会。

11月8日，组织干部群众收看党的十八大开幕式。

11月15日，召开城乡居民医疗保险工作动员大会，该乡全体干部、各村村两委干部、村务员参加会议。会议由巨浦乡党委副书记周政权主持。

11月19日，召开全乡干部会议，深入学习党的十八大会议精神。会议由乡长季世双主持。

12月3日，市学前达标乡镇验收组到巨浦乡进行学前达标乡验收工作。县教育局陪同验收，一行人实地参观巨浦乡校幼儿部的校舍、教室等各项设施，表示十分满意。

12月25日，县平安综治考核组到巨浦乡检查考评2012年度平安综治工作。巨浦乡乡长季世双，巨浦乡党委副书记、纪委书记周政权参加汇报会。

2012年青田县岭根乡人民政府大事记

1月11日，人武部长王相真一行到韩山、黄驮山等村走访慰问退伍军人和现役军人家属，送上慰问金和新春的祝愿。

2月13日，召开乡第十六届人民代表大会第一次会议的部署会议。

2月16日，举行岭根乡第十六届人民代表大会第一次会议，全乡29名正式代表、14名列席代表参加会议，青田县千峡湖开发管理处副处长陈超民应邀出席会议。会议由乡党委书记华庆主持。

2月21日，召开平安建设工作会议，会议由岭根乡党委书记华庆主持。

3月6日，县千峡湖开发管理处陈超民副处长牵头，组织国土局、北山镇、岭根乡等组成巡查组，专门巡查滩坑库周的地质灾害隐患点。

同日，召开全体干部会议，传达学习县“两会”精神，会议由党委书记华庆主持。

3月13日，各带片领导分别组织各相关干部走访驮田坪、黄驮山、石柱等村，就产业发展情况进行调研。

3月20日，主要领导到驮田坪村开展“进村入企”大走访活动。

4月10日，县千峡湖开发管理处处长舒志勇到岭根乡开展“进村入企”大走访活动。

4月17日，在县科技局局长章秀权的带领下，科技局领导干部到岭根乡徐坑村进行“进行入企大服务”活动。

4月25日，开展村级便民服务中心专项督查活动。

5月8日，县委常委、组织部长尚勇庆一行到岭根乡调研基层组织建设年工作。组织部副部长王峰等陪同调研。

6月4日，召开全体干部会议，传达县信访维稳暨推进重大决策社会稳定风险评估工作会议精神。对岭根乡当前存在主要社会问题进行总结分析，并就下一步维稳工作进行部署。会议由副书记吴金波主持。

6月11日，召开青田县推进“网格化管理、组团式服务”工作电视电话会议，乡全体班子成员、驻村干部在岭根乡分会场参加会议。

6月26日，开展七一前夕慰问老党员活动。

7月18日，充分利用短信平台、公开栏等宣传载体，通过通俗易懂的形式，广泛宣传普及卫生知识和夏季传染病防控知识，倡导农民群众科学、文明、健康的生活方式。

8月2日，青田县召开“抗台防汛”工作电视电话会议，岭根乡全体干部在岭根乡分会场参加会议。

8月15日，组织村级代办员学习县村级便民服务中心规范化建设会议精神。

9月12日，召开创先争优总结表彰大会。

9月18日，乡党委书记华庆检查徐坑村村委办公楼建设，乡党委副书记吴金波陪同。

10月9日，市政法委副书记陈积华到岭根乡调研综治工作，岭根乡党委书记华庆陪同调研。

11月7日，岭根乡聘请的法律顾问王挺峰律师深入各村开展普法宣传。

11月14日，乡长詹上峰率领乡分管干部，进工程建设一线指导工程建设，切实督促各项目单位做好“十八大”期间的项目稳步推进工作，同时做好年底工程项目的收尾关。

12月7日，县农村“135”工程建设领导小组办公室、组织部和文明办等单位工作人员组成的考评工作组，到岭根乡对石柱村的生态文明村创建和驮田坪村的后进村整顿转化工作进行考核验收。

2012年青田县仁宫乡人民政府大事记

1月9日，县民政局局长夏雷在仁宫乡党委书记、乡长等人的陪同下到仁宫村走访慰问困难群众。

1月12日，召开退伍军人及现役军人家属座谈会。

2月15日，召开第十六届人民代表大会第一次会议。乡人大代表、列席代表共60余人参加会议，县政协副主席叶传兴、组织部夏辉出席会议。会议由乡党委书记张爱康主持。

2月20日，组织全体干部学习中组部关于在创先争优活动中开展基层组织建设年的实施意见，并传达县党建工作会议精神。

2月28日，组织全体干部收看县人代会开幕会实况。

3月19日，仁宫乡党委副书记、乡长虞向国一行到浙江金材木塑科技有限公司、青田瑞兴手轮有限公司、青田盛茂阀门有限公司、青田宏得利有限公司、青田隆兴阀门铸造有限公司，开展“进村入企”大走访活动。

4月5日，召开全体干部会议，传达和学习机构改革、优化发展环境年、政府廉政工作等10个会议精神。

4月11日，召开“优化发展环境年”活动工作推进会。各行政村支部书记、村民主任及村务员参加会议，会议由乡长虞向国主持。

4月25日，召开村支部书记培训会，乡党委书记张爱康主持培训。

5月8日，召开2012城乡居民养老保险工作动员会。各行政村村务员参加会议。

5月23日，召开公路养护管理工作会议。县乡村公路管理办公室的相关人员及乡各康庄公路养护员参加会议。

5月29日，举行青田县重要目标警戒三分队“三个现地”整组点验，共有58名民兵参加，县人武部领导到场指导，两乡党委书记也参加点验。

6月15日，开展“安全生产月”宣传活动。

6月18日，全体干部学习贯彻县加强统战试点工作推进会会议精神。

6月19日，召开殡葬改革推进会，全体干部、各村村民主任及村务员参加此次会议。

7月17日，召开第十六届人民代表大会第二次会议。

同日，县督查组到仁宫乡督查“美丽村居、和谐家园”创建工作。

7月30日，由县环保局、发改局、建设局等相关主管和监督部门，及施工、监理等责任单位组成的验收小组，对仁宫乡污水处理工程进行竣工验收。

7月31日，在“八一“建军节来临之际，仁宫乡政府党委书记虞向国、乡长吴浪浪走访慰问在乡退伍老军人，给他们送去党和政府的关怀与问候。

8月2日，县计生局督查小组在蒋成森副局长的带领下对乡半年度计生工作进行检查指导。

8月28日，县扶贫办主任郑晓敏、副主任缪王友一行到密溪村调研农村发展互助会发展情况，乡党委书记虞向国等人陪同调研。

9月2日，仁宫乡副乡长全超华、科技特派员程岩兴及仁宫村草莓种植户一行10人到建德市杨村桥镇调研草莓种植技术。

9月13日，召开便民服务中心规范化建设推进会。

同日，召开反邪教分会成立暨无邪教乡镇创建工作推进会。

9月14日，召开民兵连长会议，11个行政村的民兵连长参加会议。

10月17日，召开残疾人联合会第二次代表大会。

同日，丽水市政协文史委主任周加祥、市航管局副局长刘剑标、县政协副主席钟秋毫等一行到仁宫乡，就钓滩村铁索桥工程情况调研。

10月23日，县委常委、组织部长尚勇庆到仁宫乡调研基层组织建设年活动和村集体经济发展情况。县委组织部副部长王峰陪同调研。

11月1日，省、市、县农业局到仁宫乡调研现代农业园区建设情况。

11月27日，县委常委郝胜勇到仁宫乡调研指导。乡党委书记虞向国、乡长吴浪浪等人陪同调研。

12月3日，市学前教育创建组到仁宫乡对学前教育达标乡创建工作进行检查评估。

12月12日，召开农村党员远程教育管理员培训会。

12月18日，召开专题会议，集中学习贯彻党的十八大精神，会议邀请县委党校马甫韬老师作专题辅导。

2012年青田县石溪乡人民政府大事记

1月1日，组织开展2012年第一次安全生产检查活动，切实加强岁末年初的安全生产工作，为2012年的安全生产工作做好开头，保证年终特别时期的安全生产。

1月10日，县法院党组副书记黄国敏、专职委员王一青等一行人，在石溪乡书记张一阳等人的陪同下，到与其结对的低收入困难户。

2月18日，召开石溪乡十六届人民代表大会第一次会议。

3月6日，召开全乡干部会议，传达学习县第十五届人民代表大会第一次会议和政协青田县九届委员会一次会议精神。

3月7日，开展深入地质灾害隐患、交通、农村危房等安全大检查。

3月31日，县法院院长罗明携党校、民革等领导到石溪乡开展“进村入企”大走访活动。

4月11日，县邮政局一行到石溪乡开展“进村入企”大走访活动。石溪乡书记张一阳、副书记张剑武和村干部等陪同走访。

4月26日，组织工作人员对溪口村金钟垟区块土地进行丈量。

5月14日，创建扶残助残爱心石溪——走访贫困残疾人。

5月17日，举行篮球友谊赛，参加的队伍有石溪乡政府、石溪乡校、石溪乡卫生院和高速石溪隧道所。

5月25日，景宁县举办省全民健身浙南片区“种文化”活动，石溪乡应邀参加全部的比赛项目。

6月5日，石溪乡党委书记张一阳携乡党委副书记张剑武，副乡长林观章和金鑫鑫到吴山村视察便民服务中心规范化的建设情况。

6月6日，召开共青团石溪乡十六次代表大会。

7月10日，市国民监测中心来到石溪乡为村民进行免费体质监测。

7月19日，政府组织入企走访活动，对建设当中的金钟坦工业园区做进一步的调查，了解石溪本地企业单位运作情况和疑难问题的排解，及时掌握各企业单位的动态。

8月7日，举办消防安全知识培训会，参加培训会的有各村村务员及企业代表。

8月26日，市公路局检查验收小组，对石溪乡公路养护县示范站建设进行检查验收。

9月5日，召开领导干部请销假管理制度学习会。会议由书记张一阳主持，全体干部参加此次会议。

9月6日，召开村级便民服务中心代办员培训会，全乡10余名代办员及驻村干部参加培训会。

9月19日，开展2012年兵役登记工作。通过前期的宣传筹备，此次兵役登记工作得到广大青年及其家长的大力支持。

10月18日，第18届郭玉恒、舒素菊育才奖学金颁发仪式在石溪乡校隆重举行。

11月1日，举办2012年石溪乡全民运动会，县体育局局长刘海澄、乡党委书记张一阳等出席开幕式。开幕式由乡宣传委员饶勇飞主持。

11月13日，召开城乡居民基本医疗保险业务培训会。全乡8个行政村的驻村干部及保险经办人员参加此次培训会。

11月16日，丽水市食药监局药品流通处王权协同龙泉市食药监局副局长潘李成到青田县石溪乡进行检查，对该乡药品安全示范乡创建工作进行审查和指导，青田县食药监局副局长朱晓晓等陪同检查。

12月7日，召开2012年度新兵入伍座谈会。乡长舒晓峰、部分村两委负责人和入伍新兵及家属参加座谈会。

12月13日，县纪委常委叶玲丽一行到石溪乡召开“围绕职责比作风”的机关效能评比会议。30位评议代表对我乡党委政府整体工作进行评议。

2012年青田县舒桥乡人民政府大事记

1月12日，召开离退休老干部座谈会，舒桥乡党委书记王春良、乡长张海泉等乡领导参加座谈会。

1月29日，举行干部座谈“收心会”，乡党委书记王春良主持会议，乡长部署工作。

2月2日，召开班子务虚会，中层以上干部例席，乡党委书记王春良主持。

2月13日，举行乡政府工作报告意见征求座谈会，乡党委书记王春良主持，县乡两级人大代表、县政协委员和部份村两委主要干部参会。

2月16日，召开第十六届人民代表大会第一次会议。

3月5日，召开全体干部会议，传达并学习县十五届人大一次会议精神，乡党委书记王春良主持。

3月6日，召开“庆三八、展风采、促和谐”联谊会，乡领导、县女党代表、乡人大女代表、各部门及行政村的女同志们近70人欢聚一堂，互致节日问候，共话舒桥发展。

3月29日，召开清明节期间森林消防暨殡葬改革专题会议，全体乡机关干部、村两委主要干部、村务员参加会议。会上，舒桥乡党委副书记、乡长张海泉部署工作并作重要讲话。

4月5日，召开班子扩大会议，认真学习并传达县“优化发展环境年”各类会议精神，乡党委书记王春良主持会议。

4月25日，举行丽水市广播电视总台进村入企暨《百姓热线》走进舒桥现场直播活动。

5月21日，开展“公务员学法日”活动，全体乡机关干部、大学生村官学习《中华人民共和国行政强制法》等法学知识。乡党委书记王春良主持会议并讲话。

5月23日，召开“三资”工作专题讨论会，乡班子成员、部分乡干部参加此次会议。

6月4日，开展“5.29”计生协会“服务于科学发展，服务于社会和谐稳定，服务于计划生育家庭”的“三服务”活动。

6月7日，共青团舒桥乡召开第十六次团员大会，会议由罗德阳主持，舒桥乡组织委员吴丽芽同志参加。

6月28日，为庆祝中国共产党成立91周年，召开舒桥乡农村党支部书记座谈会。

7月9日，召开药品安全知识培训会，乡分管领导、卫生院相关人员、各村药品协管员等30余人参加培训会。

7月26日，舒桥乡党委书记王春良对辖区内几个村居进行2012年党建重点工作落实情况督查检查。

8月17日，舒桥乡计生分管副乡长陈雅云同志带领乡计生专干分别到海口镇和海溪乡学习计划生育工作。

8月28日，县督导组到舒桥乡对信访维稳、“乡、村两级联动办实事”等工作进展情况进行督查和指导。

9月6日，召开村监会规范化建设推进会暨业务培训会，全乡各村监会主任参加会议。

9月24日，召开县“优化发展环境年”活动暨“两集中两到位”改革推进会精神学习会，乡全体干部参加会议。

9月26日，市卫生乡镇工作考核组在市卫生局疾控妇幼与基层卫生处副处长叶巧勇的带领下到舒桥乡检查指导工作。

10月11日，召开森林防火暨计划生育工作业务培训。

10月24日，召开残疾人联合会第二次代表大会。

11月20日，召开学习贯彻十八大会议精神暨年终工作推进会，各行政村支部书记、村民主任、村务员、大学生村官及乡机关全体干部参加会议。

11月28日，召开领导班子民主生活会，学习贯彻十八大精神，围绕全年工作目标，进一步自找差距，提振精神，自我加压，争先创优。乡党委书记王春良主持会议。

12月12日，县纪委常委徐灵忠率县纪委考核组到舒桥乡开展“围绕职责比作风”效能大评议活动，同时就党风廉政责任制建设、村级便民服务中心规范化建设、村监会、信访等工作进行考核。

12月17日，召开计生工作破难攻坚专题会议。全体领导班子成员、计生办成员参加会议。

12月25日，召开中共舒桥乡第十三届代表大会第二次会议。

2012年青田县汤垟乡人民政府大事记

1月4日，召开全乡干部会议，专题学习县第十三次党代会精神。会议由书记林建利主持。

1月17日，召开年终工作会议，乡机关全体干部及各村村两委主要干部参加会议。

2月2日，县检察院代检察长阙建平到汤垟乡开展调研工作。

2月14日，县安监局一行在局长朱耀忠带领下到汤垟乡检查指导矿山安全生产工作，乡分管领导陪同参加检查。

2月16日，召开第十六届人民代表大会第一次会议。

3月1日，温州市公路管理处一行到汤垟乡考察农村公路管养工作。

3月22日，召开全县交通工作暨农村公路管理养护工作现场会。

3月29日，组织机关党员、各行政村及部门团干部等30余人开展“党团义务植树•还原绿色通道”活动。

4月11日，省物价局调研组到汤垟乡校附属幼儿园调研收费工作。

4月23日，召开专题会议部署落实基层组织建设年活动，乡机关全体干部参加会议。

4月26日，召开基层组织建设年专题培训会，各村党支部书记参加会议。

5月11日，召开“青田精神”讨论会，广泛听取乡各部门对“青田精神”的理解和建议。

5月21日，举行以“建设幸福侨乡，人人参与慈善”为主题的机关慈善月捐赠活动。

5月31日，开展世界无烟日活动。

6月11日，组织学习省第十三次党代会会议精神，重点学习“浙江人共同价值观”,全体干部参加学习会议。

6月15日，省发改委18位离退休老领导及老干部处处长朱瑞清在青田县原政协主席谢齐、县人大常委会副主任徐新平、副县长陈海民、县发改局局长邹浙清等陪同下，到汤垟乡开展“重走帮扶之路、重温帮扶之情”活动。

6月20日，召开村两委换届周年工作“回头看”会议。

7月4日，召开共青团第十六次代表大会。

7月8日，召开2012年第二季度人口计生学校培训班暨村级计生工作汇报会。

7月16日，召开“我为青田发展献计献策” 千人征集意见活动的现场讨论会。

8月3日，副县长郭明皎到汤垟乡检查指导防台抗汛工作，乡党委书记林建利、乡长王刘斌等陪同检查。

8月16日，启动“走访边际百村、追循红色足迹、增强国防观念”活动。

9月6日，组织分管领导、驻村干部、村两委干部召开全乡村级工作部署会议。为节约资源、提高效率，此次会议采取“长会短开、多会合一”的形式。会议由乡党委副书记徐志雄主持。

9月10日，开展面向全乡干部的中层干部竞争上岗的竞职演讲。

9月14日，组织召开村务监督委员会干部业务培训会。

10月8日，组织学习《辩证看务实办》一书第一篇“共建共享促和谐”，学习会由经济发展办主任吴爱萍主讲。这是汤垟乡学习会由“领导讲、干部听”的旧模式变为“干部讲、大家学”的新模式的首次尝试。

10月24日，第二届残联换届选举工作圆满完成。

11月6日，召开森林防火网格化管理工作会议。

11月13日，乡长王刘斌一行人到干坑村“一事一议”项目工地现场督查指导，详细了解工程建设进展，并要求工程队确保安全生产、工程质量和进度。

11月14日，召开实体化“大团委”建设工作动员大会。

12月4日，市学前教育达标乡镇考核小组在汤垟乡进行学前教育达标乡镇评估验收。县教育局领导，汤垟乡党委、政府相关人员陪同参加此次验收活动。

12月20日，召开“听民声，省自身，集智慧，齐心协力促汤垟发展”为主题的“开放式”民主生活会，受邀请参会人员有县党代表和人大代表、村两委主要干部、乡中层干部、乡属部门（包括乡侨联）负责人。

12月28日，召开中共汤垟乡第十三届代表大会第二次会议。

2012年青田县万山乡人民政府大事记

1月16日，乡党委为贯彻落实党代表任期制，健全党代表工作室活动制度，充分发挥党代表在创先争优、联系沟通广大党员群众和促进社会和谐中的重要作用，积极开展党代表工作室集体活动。

2月24日，县检察院代检察长阙建平一行到革命老区万山乡调研指导工作。

3月7日，召开村两委干部会议，重点研究部署包括道路、防洪防汛、危旧房等安全生产工作，会议由乡党委书记郑文虎亲自主持。

3月8日，开展“进村入企”大走访活动，力解难题，争创和谐。

3月27日，召开森林防火工作会议，全乡干部及村两委主要干部、村务员参加此次会议。会议由乡长张伟君主持。

4月9日，召开“优化发展环境年”动员大会，全乡干部及6个行政村的村两委主要干部参加会议，会议由万山乡乡长张伟君主持。

4月11日，县图书馆书记周萍萍等一行人将1300多册价值3万多元的新书和200套音响制品送到万山乡乌泥塘村和孙岸村的图书室，为两个村的老百姓送来精神食粮。

5月4日，降雨导致万山乡平孙至万山段公路k3+100米处发生山体塌方，从山上滚落的土石方量约有120立方，占据长约15米的整幅路面，导致该处公路交通中断。

5月21日，各村召开村民代表会议，对本乡范围内已享受城乡低保待遇的对象进行资格复查民主评议工作。

5月29日，乡计生分管领导、计生专干及驻村干部进村入户开展计生宣传服务活动。

6月5日，全乡干部及村两委主要干部召开主题为“建设幸福侨乡，人人参与慈善”的捐款活动。

同日，召开村两委会议布置下阶段养老保险收缴工作。

6月6日，乡团委积极组织团员收看浙江省第十三次党代会开幕式。

6月29日，开展党员集体过“政治生日”及党委书记上党课活动，全体机关党员、各村党支部书记、非公企业联合党支部成员及全乡预备党员、入党积极分子参加党课，乡组织委员叶晓微主持党课。

7月2日，开展“转作风、比干劲、优服务”为主题的演讲比赛。

7月4日，召开共青团青田县万山乡第十六届代表大会。万山乡组织委员叶晓微出席大会，来自全乡的25名团员代表参加会议。

7月30日，积极开展贫困大学生爱心助学工作。

8月22日，举行万山乡2012年往届生贫困大学生助学金发放仪式，共有8名大学生受助。

9月18日，召开反邪教分会成立大会暨无邪教乡镇创建工作推进会，来自辖区内6个行政村两委主要干部、党代办、人大代办等参加会议。

同日，召开万山乡召开优化发展环境年暨社会稳定、计划生育工作大会。

9月25日，举行“优化发展环境 喜迎十八大”文艺汇演。

9月27日，开展“冬榨一号”栽培技术现场培训会。

10月23日，市气象局气象台长周国华携同验收组到万山乡验收气象防灾减灾标准化乡镇创建工作。县气象局副局长舒仁村陪同验收。

10月24日，县委常委，组织部部长尚勇庆到万山乡，调研指导农村基层党建工作。

11月6日，召开城乡居民合作医疗保险征收工作动员会，全面部署乡2013年医保费用征收工作。

11月21日，乡党委在驻东源党员活动中心举行十八大精神学习会，各村支部书记、驻东源流动党员参加会议。

12月6日，党委组织全乡干部召开作风建设专题干部会议，继续强调干部作风建设的重要性和紧迫性。

12月27日，举行中层干部竞争上岗演讲比赛。

2012年青田县吴坑乡人民政府大事记

1月12日，召开村级组织换届选举动员大会，全乡机关干部、各村支部书记、村民主任、报账员参加会议。县人大副主任徐孝通也应邀出席会议并作重要讲话。

1月17日，平岸村率先圆满完成村支部换届选举工作，进而正式拉开吴坑乡村级组织换届选举序幕。

1月18日，吴坑村召开村支部委员推荐会，并顺利推荐产生新一届支部委员预备人选。

2月14日，召开全体机关干部会议，贯彻落实年初县各会议精神，并就2011年各项工作进行全面部署。

2月24日，县危旧房改造指挥部到吴坑乡检查验收。

3月2日，召开全体干部会议，学习并传达县纪委十二届五次全体扩大会议精神。会议由乡党委书记高永生主持。

3月3日，召开村委换届选情分析会，就当前出现的新问题、新情况进行认真的探讨分析和研究对策，并部署下阶段选举工作任务。

3月28日，组织全体机关干部召开学习俞佳友同志先进事迹座谈会，进一步推进创先争优活动深入开展。

4月20日，召开村干部培训会暨“美丽村居，和谐家园”创建动员大会，全乡机关干部、各村新一届的支部书记、村民主任、村监会主任、村务员参加会议。

4月27日，召开第十五届人民代表大会第六次会议。

同日，召开人大主席团工作会议。

5月11日，组织全体机关干部召开深化“美丽村居、和谐家园”建设工作专题会议，研究部署下步工作任务。

5月18日，召开村级计生服务培训会，全乡各驻村干部、村计生服务员共20余人参加培训。

6月1日，召开计生“活动月”动员大会吴坑乡全体干部以及各村支部书记、村主任、村计生服务员参加会议。

6月9日，县委换届考察组一行在组织部副部长季跃峰的带领下，到吴坑乡召开换届考察动员大会暨述职测评推荐会。

6月28日，召开纪念建党90周年暨创先争优表彰大会，乡全体干部、各村两委党员干部、吴坑乡退休老干部、老党员参加会议，乡长张良波主持会议，乡党委书记高永生发表主题讲话。

7月13日，召开领导班子会议，专题研究分析“美丽村居、和谐家园”创建，并部署下步创建工作。

7月25日，召开专题会议集中学习季欣林同志先进事迹，全体干部参加会议。

8月8日，召开全体干部会议，传达贯彻县委十二届十五次全体（扩大）会议暨县政府十四届十一次全体会议精神。

8月16日，组织全体干部召开省级生态县创建宣传工作专题会议，会议由乡党委书记高永生主持。

8月23日，召开爱心助学座谈会，乡党委副书记陈晓珍出席会议，会议由乡团委书记孙康主持。

9月20日，召开专题会议部署2011乡镇年度考核工作。

9月26日，召开乡镇党委换届工作动员培训会，会议的主要任务是学习传达省、市、县关于乡镇党委换届的主要精神，安排吴坑乡的党委换届工作。

10月19日，县人武部部长胡启强、政工科长高东耀到吴坑乡检查指导人民武装工作。

10月20日，召开中共吴坑乡第十三次代表大会。

10月25日，举办“建设美丽村居、构建和谐家园”文艺晚会。

11月17日，召开计划生育后进转化工作会议，认真分析吴坑乡当前计生工作形势，重点部署后进转化工作。

11月23日，召开县乡两级人大换届选举工作动员会，对县乡两级人大换届选举工作进行全面部署。

11月24日，县委常委、人武部政委贲卫红一行到吴坑乡调研征兵工作，并与2011年度冬季兵适龄预征对象及家长召开座谈会。

12月7日，县人大常委会副主任季王民等一行到吴坑检查指导县乡两级人大换届选举工作。

12月28日，召开全体干部会议学习传达县第十三次党代会的重要精神，并认真学习徐光文书记在县第十三次党代会上所作的工作报告。

2012年青田县小舟山乡人民政府大事记

1月10日，副县长朱秀雄、县人大常委会副主任季王民一行人到小舟山乡走访慰问困难群众。

1月11日，开展“送春联送新年祝福”活动。

1月18日，举行2012新春团拜会，全乡机关干部、离退休干部、大学生村官、各村支部书记、村民主任欢聚一堂，共享硕果盈枝，共商转型发展大计，共庆美好新春佳节。

2月15日，召开第十六届人民代表大会第一次会议。

2月20日，召开全体干部学习例会，传达并学习县年初相关工作会议的精神。

2月22日，县法院院长罗明一行到小舟山乡开展下访活动，并与乡班子成员进行座谈。

3月12日，开展“进村入企”大走访活动。

3月15日，召开村级计生服务员会议，安排部署2012年计生工作任务，会议由乡分管计生工作领导尹昊主持，各村计生服务员及乡计生办全体成员参加会议。

4月9日，召开全体干部会议，对全县“优化发展环境年”活动动员大会、县纪委十三届二次全会暨县政府廉政工作会议、全县农村工作县乡村三级联动办实事动员大会、全县工业大会暨项目推进和金融工作会议等会议精神进行传达落实。

4月25日，省建设厅办公室副主任余路成一行到小舟山乡调研扶贫项目，乡党委书记季苏海、乡长孙一栋等陪同调研。

5月14日，乡干部党员开展重温入党誓词、过政治生日活动。

同日，举办机关慈善捐赠活动，班子领导纷纷带头，机关干部踊跃参与，现场捐赠2600元人民币。

5月18日，开展一次防汛应急实战演练。演练中，全体干部群众互相配合，协作融洽，演练取得很好的效果。

同日，举行民兵三个现地整组点验大会，全体民兵着装整齐，精神饱满。

6月6日，召开共青团小舟山乡委员会第十六次代表大会。

6月7日，召开2012年计划生育攻坚月活动动员大会。

6月26日，召开第十六届人民代表大会第二次会议。

8月2日，领导干部深入各村检查指导台风“苏拉”的防御工作。

8月7日，召开县11号台风“海葵”防御工作视频会议，小舟山乡全体干部在小舟山分会场参加会议，全乡干部认真听取领会县各领导做出的部署工作。

8月30日，县督查组王峰一行到小舟山乡检查指导工作，乡党委书记孙一栋、乡长徐万生、乡党委副书记、分管领导尹昊、乡组织委员刘小建及综治办相关工作人员陪同检查。

9月19日，举办“优化发展环境，喜迎十八大——小舟山乡文艺会演暨乡镇文化走亲”文艺晚会。

10月17日，召开森林防火培训会议，县林业局森林公安局局长詹世利、办公室主任赵雪康，小舟山乡乡长徐万生、人大主席朱旭荣，打火队队员，各村护林员参加会议。

10月23日，副县长朱秀雄到小舟山乡指导工作，首先到刘永如家解今年有机米的收成情况，其后到小舟山村实地查看溪边护栏建设程度。

11月13日，召开小舟山乡2013年城镇居民医疗保险筹资工作会议，各村驻村干部和村务员参加业务培训。

11月14日，召开乡镇实体化“大团委”建设专项工作会议。

11月22日，召开安全生产工作例会，副乡长陈强和十余名企业家出席会议。

12月6日，举行小舟山乡第六十六选区补选县第十五届人民代表大会代表投票选举大会，乡党委书记孙一栋补选为县第十五届人大代表。

12月11日，县监察局副局长林伟标带领相关科室人员到小舟山乡检查指导反腐倡廉建设、党风廉政、乡纪委规范化建设、便民服务中心等工作。

12月27日，召开第十三次代表大会第二次会议。

2012年青田县章村乡人民政府大事记

1月4日，召开市农办、市妇联扶贫结对慰问联谊会。

1月6日，县红十字会、鹤城镇爱心超市、县妇女爱心俱乐部“送温暖、献爱心”活动到章村。

1月12日，召开第十六届人民代表大会第一次会议。

2月15日，召开乡康庄公路养护管理工作会议。来自各村养护路段的公路养护管理负责人参加会议。

3月5日，开展“学习雷锋精神 服务老人志愿”活动。

3月8日，县农业局副局长周培雄带领农业专家组到章村乡检查指导春耕备耕情况，解决当地农民农业技术上存在的一些问题，进一步推进该乡农业产业发展。

3月14日，省家庭教育杂志社社长沈明革、市妇联主席倪延丽一行到章村乡开展“进村入企”大走访活动。

3月29日，党委举办2012年度入党积极分子培训会。培训会由乡党委副书记、纪委书记陈玉中同志主持，各村支部51名入党积极分子参加此次培训。

4月5日，党委、政府召开会议传达学习“县政府机构改革动员大会”有关精神。

4月23日，召开机关“作风大转变、效能大提速、环境大优化”大讨论座谈会。

4月27日，召开“章村乡屠工屠商工作会议”，乡人武部部长、乡生猪定点屠宰管理领导小组副组长项建伟主持会议，全乡26名屠工屠商参加会议。

5月14日，组织全乡机关党员、干部职工开展以“我为慈善做贡献”为主题的2012年度慈善月捐赠活动。

5月23日，开展“5.29”计生协会活动，大力宣传人口和计划生育政策，积极倡导婚育新风，收到良好的宣传效果。

6月18日，召开全乡干部例会传达贯彻6月14日县委常委扩大会议精神，会议由乡长刘丽梅主持。

6月26日，召开纪念建党91周年系列活动暨基层组织建设年推进会。

7月6日，集中收看党的十八大消防安全保卫战动员部署视频会议。

7月10日，召开共青团章村乡第十六代表大会。乡长刘丽梅等乡领导到大会指导，各团支部选举产生的具有广泛代表性的25名乡团代表出席大会。

8月6日，组织全体干部学习贯彻县委十三届三次全体会议精神。

8月17日，召开人大主席团扩大会议，乡党政主要领导、全体人大主席团成员、县人大代表参加会议。

8月27日，召开周林松同志先进事迹专题学习会。

9月5日，召开村务监督委员会规范化创建活动推进会，全乡16个村的村监会主任参加会议。

9月6日，召开乡村联动办实事活动推进会,全乡机关干部和各村两委主要干部参加会议。

9月19日，召开反邪教分会成立大会暨无邪教乡镇创建工作推进会，乡全体干部和各村两委干部等参加会议。

10月15日，举行“优化发展环境，喜迎十八大”文艺汇演。

11月1日，召开班子扩大会议，针对“十八大”期间信访维稳工作进行再分析、再研究、再部署的专题会议，综治办全体人员列席参加。

11月13日，召开残疾人联合会第二次代表大会，全乡各村57名残疾人代表出席大会。会议选举产生章村乡残联第二届主席团委员和出席县残联第六次代表大会代表。

同日，召开学习贯彻党的十八大精神主题会议。乡党政班子成员、全体乡干部、各村两委负责人、乡属部门负责人参加会议。

12月12日，召开2012年度远程教育管理员培训会。

12月13日，章村乡首个驻外便民服务中心在丽水正式成立。乡党委副书记、纪委书记陈玉中和驻丽水党支部书记吴真庭为便民服务中心揭牌。

12月27日，召开村两委主要干部会议。乡机关全体干部和各村两委负责人，共60余人参加会议。会议由乡党委副书记、乡长刘丽梅主持。

2012年青田县章旦乡人民政府大事记

1月9日，市纪委副书记王炎，市纪委常委黄金明、雷春梅，市监察局副局长颜小云一行到章旦乡开展结对慰问，给困难群众送去冬日里的温暖，县纪委领导陪同慰问。

1月13日，组织全乡各村两委主要干部在乡政府会议室召开年终工作会议，乡党政领导班子参加会议，会议由乡党委书记黄鸣君主持。

1月16日，政府组织相关人员和部门在全乡范围内开展食品安全宣传大检查活动。

2月7日，县法院院长罗明一行到章旦乡检查指导工作，并就县法院五年来的工作报告征求部分县、乡人大代表意见和建议。

2月9日，召开2011年度总结表彰大会，总结2011年工作，对2012年工作提出新设想，并表彰奖励一批11年成绩显著的集体和个人。

同日，召开章旦乡第十六届人民代表大会第一次会议。

2月15日，召开乡中层干部推荐会，推荐产生该乡中层干部人选，全体乡干部参加会议。

3月8日，召开庆祝“三八”妇女节座谈会，17名女同志参加会议，乡党委书记黄鸣君到会指导会议。

3月22日，召开党支部和村民代表会议，布置今年主要工作和基层党组织分类定级等工作，村两委干部、党员代表、村民代表参加会议。

4月20日，召开优化发展环境暨基层组织建设推进会，该乡全体干部和各村两委主要干部参加会议。

4月24日，丽水市基层组织建设年活动检查组组长张冠军一行到章旦乡检查基层组织建设年活动开展情况。

5月14日，由县水利局建设规划科、质量监督站和勘查设计所组成的验收组到章旦乡验收自来水管网改造工程前期的清水池及管网基础设施建设工程。

5月24日，县委常委、县人武部政委贲卫红到章旦乡检查指导“三个现地”森林防火演练工作。

6月11日，组织全体干部在乡政府会议室收看全县推进“网格化管理组团式服务”电视电话会议。

6月14日，召开“网格化管理、组团式服务”暨便民服务中心建设工作推进会，传达县网格化管理组团式服务电视电话会议和县便民服务中心建设等会议精神。

6月29日，召开庆祝中国共产党成立91周年大会，乡全体干部、各村两委主要负责人、各支部委员及优秀党员代表等参加会议。

7月5日，召开共青团章旦乡第十六次代表大会。

7月16日，章旦乡人大组织部分乡人大代表对乡政府今年的十件实事工程开展情况进行督查。

8月13日，召开全体干部会议，传达学习全县村级便民服务中心规范化建设现场会的相关内容。

8月28日，举办贫困大学生爱心助学发放仪式。

9月10日，举行章旦乡庆祝第28个教师节暨郑雪生助教基金发放仪式。

9月17日，乡党委书记、乡人大主席黄鸣君携乡人大副主席张伟华及部分乡人大代表深入到兰头水库千库保安工程一线，视察工程建设情况。

9月28日，召开全体干部会议，部署节日期间的森林防火、计划生育、两违巡查、安全生产等工作。

10月15日，章旦乡政府与章中教育集团联合举行的“优化环境发展、喜迎十八大”文艺汇演。

10月26日，召开章旦乡残疾人联合会第二次代表大会。

同日，召开征兵工作电视电话会议，安排部署今冬征兵工作任务。

11月9日，举行农村110便民服务队成立仪式。

11月14日，召开深化殡葬改革暨城乡居民医疗保险筹资工作动员大会。

12月12日，县纪委常委叶玲丽一行到章旦乡召开效能大评比会议，按照“围绕职责比作风”的各项要求对该乡党委、政府开展效能评议。

12月17日，组织召开“大气开放、创业天下”的青田精神专题学习会，乡全体干部参加会议。

12月27日，召开中共章旦乡第十三届代表大会第二次会议。

2012年青田县祯埠乡人民政府大事记

1月4日，正式启动祯埠乡自2010年修改选举法后的第一次县乡换届选举。

1月15日，丽水市、青田县关工委组织，由《都市快报》联系的杭州、宁波等地爱心人士一行到祯埠乡校，在乡政府与学校领导陪同下慰问贫困家庭学生。

1月16日，在传统的小年之日，举行便民服务中心暨食宿楼开工典礼。

2月14日，召开送老迎新主席团座谈会，乡十五届人大主席团全体成员、新一届人大主席团成员参加会议。

2月15日，祯埠乡第十六届人民代表大会一次会议在圆满完成各项议程后胜利闭幕。

3月16日，召开推进创先争优暨优秀表彰会，该乡班子成员、全体干部、村两委主要干部（分支书记）、村务员、大学生村官80余人参加会议。

3月18日，召开祯埠乡企业安全生产会议。

3月30日，在祯埠乡中心学校举办首届中国象棋比赛。

4月11日，祯埠乡就如何做好“三级联动办实事”、结合自身工作做好“优化发展环境年”活动召开中层干部座谈会，该乡全体班子、中层正副职（移民工作站）20余人参加会议。

4月19日，召开村级便民服务中心代办员培训会。

5月2日，召开项目建设协调会。乡城建办，监理公司、便民中心项目部、文化中心项目部、岭下污水处理工程项目部负责人参加协调会。

5月14日，组织机关党员干部利用周一例会学习时间收看《感动中国》专题片，进一步提高党员干部的思想觉悟和政治素养，弘扬无私奉献的精神。

5月18日，举行基干民兵“三个现地”点验大会，25名基干民兵着装整齐，精神饱满参加点验。

6月7日，祯埠村开展党风廉政建设民意调查工作。

6月25日，召开班子会议，传达县委书记徐光文在全县工业经济座谈会上的讲话精神，乡长廖建利主持，乡全体班子成员参加会议。

7月2日，组织全体干部认真学习青纪（2012）26号《关于印发丽水市开展村务监督委员会规范化建设的意见（试行）的通知》。

7月5日，召开共青团祯埠乡第十六次代表大会。

7月6日，祯埠乡组织乡全体干部，村两委干部收看党的十八大消防安全保卫战动员部署视频会议，随后召开安全生产例会，进一步部署消防安全保卫工作，致力打造一个更加良好的消防安全环境。

8月13日，召开企业安全生产工作暨“打非治违”行动推进会，乡企业安全生产相关工作人员参加会议，县消防大队、腊口派出所、该乡政府主要负责人出席会议并讲话。

8月24日，举行首届滩坑移民来料加工技能比赛。来自市、县移民办、县人事局、妇联的领导及各乡镇移民工作站常务副站长出席参加观摩，并为获奖者颁奖。

8月30日，中国礼仪休闲用品工业协会常务副理事长曾会师一行到祯埠乡调研，指导休闲椅产业，共同推动工业产业发展。

9月6日，召开小群村高铁协调会，祯埠乡班子参加会议，小群村村两委及村民代表列席。

9月10日，为贯彻落实县人口和计划生育工作会议精神，祯埠乡召开计生清查工作会议，乡全体干部、大学生村官参加会议。

10月13日，祯埠村举行主题为“优化发展环境，喜迎十八大”乡镇文艺汇演暨文化走亲晚会，喜迎党的十八大胜利召开。

10月25日，召开特种设备安全生产工作会议，乡安监站工作人员、企业代表参加会议。

10月31日，召开残疾人联合会第二次代表大会。

11月8日，市食品安全示范验收组到祯埠乡，对祯埠乡的市级食品安全示范乡镇创建工作进行验收。

11月19日，召开服务企业 送师上门“家门口”的电焊工培训班。

12月12日，召开远程教育管理培训会，祯埠乡各站点的管理员和助理管理员参加会议。

12月30日，投资590万元的祯埠乡便民服务中心暨食宿楼工程顺利结顶，该工程位于祯埠乡岭下村，总建筑面积2998.7平方米。

2012年青田县祯旺乡人民政府大事记

1月10日，副县长张如一到祯旺乡校视察指导工作。

1月13日，召开贯彻县十三次党代会精神暨2011年度干部总结表彰大会，乡全体干部、各村新老支部书记和村民主任参加会议。

1月20日，祯旺乡乡长王志聪节前检查指导工作。

2月15日，召开祯旺乡第十六届人民代表大会第一次会议。

2月20日，全体干部贯彻学习全县党建、平安、计生等工作会议精神，并重点学习县委书记徐光文在党建工作会议上的讲话精神。

2月24日，县委常委、常务副县长翁伟荣到祯旺乡调研指导工作。

3月5日，开展“学雷锋、作表率、党员志愿服务”主题行动。

3月8日，开展“庆三八、增感情”生活会。

3月22日，县工商联书记葛启寅一行到祯旺乡对“光彩事业丽水行”项目开展情况进行现场调研，祯旺乡主要领导参加座谈会。

4月6日，召开中心组理论学习会，深入贯彻学习全县“优化发展环境年”活动动员大会和县纪委十三届二次全会暨县政府廉政工作会议精神。

4月19日，召开班子会专题研究部署基层组织建设年相关工作。

4月20日，首次召开全乡党支部书记培训班会议，乡党政班子成员和乡属各党支部书记参加培训会议。

5月4日，开展“五四青年”党员服务农村活动。

5月10日，召开“支部书记论坛会”会上学习县2012年度城乡居民社会养老保险收缴工作的文件精神，并部署落实全乡城乡居民社会养老保险征收工作。

5月23日，举行2012年基干民兵“三个现地”整组演练启动仪式。

6月1日，召开共青团祯旺乡第十六次代表大会。

6月14日，举办2012年入党积极分子培训。

6月28日，召开“基层组织建设年”工作推进会暨“创先争优”工作表彰大会。

7月4日，市“基层组织建设年”督查组来到祯旺督查相关工作开展情况。

7月30日，组织全乡领导干部学习“关于机关效能建设明查暗访情况的通报”。

8月1日，开展一系列丰富多彩的弘扬老区精神“庆八一、话双拥”活动，隆重纪念中国人民解放军建军85周年。

同日，召开庆“八一”重温老区光荣历史座谈会。

8月6日，召开学习县委十三届三次全体（扩大）会议暨县政府十五届一次全体会议精神，祯旺乡全体干部参加学习会。会议由祯旺乡党委副书记、乡长王志聪主持。

8月22日，团委组织开展贫困助学感恩教育座谈活动。

9月20日，召开计生工作推进会暨第三季计生工作汇报会。

9月24日，台湾大学农业化学博士杨海明一行在祯旺乡指导现代化农业建设。

9月29日，为做好“双节”期间各项工作安排，祯旺乡党委书记组织全体干部召开工作部署会。

10月18日，召开祯旺乡残联第二次代表大会。

10月23日，县委常委郝胜勇到祯旺乡调研经济社会发展情况，县委办副主任陈正彬陪同调研。

同日，举行“勤学”动员大会暨塑胶跑道正式启用仪式。

11月9日，召开2013年度城乡居民医疗保险征缴工作动员会。

11月21日，祯旺乡祯旺村示范型便民服务中心正式投入使用，乡党委书记赵苏娥、乡长王志聪、副书记林王杰和组织委员夏雪民参加投入使用仪式。

11月26日，祯旺乡教育工作分管领导夏雪民深入祯旺乡校及附属幼儿园，全面解“市学前教育达标（示范）乡镇”创建工作的开展情况，并指导做好迎接有关部门的评审工作。

12月21日，召开中共祯旺乡第十三届委员会第二次会议。

12月25日，县平安综治考核组在县维稳办副主任陈尚国和司法局基层科科长刘定华的领导下到祯旺乡，检查考核2012年度平安综治工作。

2012年云和县白龙山街道办事处大事记

1月2日，县长跑登山协会全体会员近60人云集白龙山街道大坪村畲式山庄举行年会活动。

2月21日，成立创建白龙山街道“流动人口计划生育基本公共服务均等化示范县”工作领导小组。

3月2日，成立白龙山街道办事处生态公益林管理委员会。

4月24日，景宁县鹤溪镇考察组一行五人到白龙山街道开展中心镇建设和撤村并居工作交流活动。

4月25日，成立白龙山街道“六五”普法教育依法治理领导小组。

5月8日，成立残疾人基本状况与需求实名制登记工作领导小组。

5月25日，街道工作委员会 、街道办事处经研究决定建立村级便民服务中心规范化建设工作领导小组。

6月29日，街道各党支部和党员干部中开展以“对标思齐、创先争优”为主题的纪念建党91周年系列活动。

7月23日，成立共青团浙江立信工艺品有限公司支部委员会、共青团河上村养蝎子专业合作社支部委员会。

7月24日，在浙江立信工艺品有限公司召开共青团浙江立信工艺品有限公司支部委员会第一次团员大会。

7月25日，街道开启以“读书让假期更美好”为主题的暑期“春泥计划”系列活动。

8月6日，街道党工委、办事处决定，将白龙山街道社会治安综合治理工作中心更名为白龙山街道社会服务管理中心。

9月28日，召开白龙山街道残疾人联合会第一次代表大会，圆满完成各项议程，选举产生白龙山街道残疾人联合会第一届主席团、第一届执行理事会。

11月5日，街道财政办设立白龙山街道农民工工资应急周转金，安排50万元资金专门用于农民工失去生活来源时的应急保障，确保社会稳定。

11月28日，白龙山街道在沙溪村仙母宫举行白龙山街道民间民俗文化艺术月暨宣传贯彻“十八大”精神文艺晚会，

11月29日，社会治安综合治理工作中心更名为社会服务管理中心。

12月20日，街道党工委、办事处决定命名气象局、移动公司2个单位为“平安单位”，黄水碓村等13个村（社区）为 2012年度“平安村（社区）”。

12月21日，街道召开班子学习会学习贯彻十八大精神。

12月26日，县委书记张建明在副县长张峰的陪同下到白龙山街道开展项目进度调研。

2012年云和县凤凰山街道办事处大事记

1月13日，召开计划生育服务员会议，一是回顾总结2011年凤凰山街道计划生育工作和指标完成情况及存在的问题。二是布置春节前后的计划生育工作。三是县计生局政统科科长黄梅娟作政策法规等业务培训。

1月18日，开展春节慰问活动，县领导金雪芬分别到河坑、新岭、贵溪等村走访慰问5户特困家庭。

1月31日，召开班子扩大会议，就全县奋战开局之年动员大会精神进行贯彻落实，并提出未来的发展思路。

2月9日，召开全体干部大会，会上回顾去年街道各项工作成果，表彰街道先进集体及个人，并提出2012年推动街道经济社会发展的工作思路。

同日，召开2011年度农民培训转移就业表彰大会。

3月9日，召开街道社会管理综合治理工作培训会，各村、社区、企业综治调解干部参加培训会。

3月21日，举办新闻（信息）写作辅导讲座，邀请县新闻中心主任夏达旦、县府办信息科科长陈伟飞就“如何提高新闻（信息）写作水平”进行辅导培训。街道、社区20余名干部参加辅导讲座。

3月28日，作风建设演讲比赛”拉开街道“解放思想”大讨论活动序幕。

4月7日，省农业科学院蔬菜研究所高级农艺师何圣米到凤凰山街道巧云村邱时伟的禾丰蔬菜专业合作社，就蔬菜种植基地菜农们提出的蔬菜嫁接技术等问题作出相关技术指导。

4月11日，街道“家政服务”培训班开班。

4月28日，街道解放思想大讨论活动动员大会上，街道党工委、办事处与各村党支部、村委会签订《凤凰山街道2012年度目标管理责任书》。

5月17日，县人大常委会副主任王雨杰等领导与凤凰山街道的县人大代表举行座谈会。会上，就县行政区划调整后，街道工作运行情况展开深入交流。

5月20日，街道巧云祥龙参加在莲都区碧湖镇举行的丽水市第五届文化艺术节开幕式暨全市龙舞大赛，获得银奖。

6月5日，建立云和县凤凰山街道驻温州市异地综合开发联络站。聘王仁荣同志为联络站主任，聘任期3年。

6月27日，建立食品、药品安全示范街道创建工作领导小组。

7月14日，解放社区开展“爱心无限”慰问活动。

7月17日，解放社区邀请全省十佳阳光警察、全市警务技能培训教官、云和县公安局巡特警大队民警陈珩为社区未成年人进行《防溺水安全知识》《交通安全知识》《防火逃生安全知识》讲座，并到游泳池进行现场教育。

7月31日，解放社区开展未成年人走进兵营活动。

8月21日，召开县人大代表建议办理结果征询意见座谈会。

8月28日，县人大常委会副主任蓝斌雄在县人口计划生育局领导的陪同下到凤凰山街道调研计划生育工作。

9月17日，建立违法用地和违法建设专项整治工作领导小组。

10月11日，街道办事处主任王晓燕带队、县劳动力转移办公室及街道相关工作人员组成的慰问团一行到温州云和月服饰有限公司，为凤凰山街道在温州的创业带头人送上虽迟未晚的节日问候。

10月17日，召开残疾人联合会第一次代表大会，选举产生残疾人联合会第一届主席团及执行理事会。

10月31日，街道全体公务员、事业干部、村官、见习生及各行政村、社区主任集中收看电视会议，认真学习县委、县政府《关于全民创业的指导意见》，听取十位创业代表的典型发言及县委书记张建民就全民创业工作的重要讲话。

11月15日，在街道大会堂举办“喜迎十八大、欢歌颂和谐”暨“民间民俗文化艺术月”活动。

11月29日，建立重大动物疫病防控和畜产品安全工作领导小组。

12月13日，建立示范性农业公共服务中心创建工作领导小组。

12月28日，开展副科级领导干部自评及党风廉政建设工作。

2012年云和县浮云街道办事处大事记

2月6日，召开街道全体干部大会，会上街道党工委书记王永春对县委书记张建明讲话及六个专项行动小组组长的发言作梳理，会同全体干部进行深入学习。

2月10日，召开农民培训转移就业工作会议，会议由街道办副主任蓝晓茹同志主持，各行政村、社区、蔬菜股份经济经合作社的主要干部和10多位优秀农村实用人才参加会议。

2月16日，召开非公企业联合党支部座谈会。会上，同济专科医院、联城家电、中青旅社等10家非公企业主还与浮云街道党工委签订同意加入非公联合支部的协议。

3月9日，召开妇联工作座谈会，各行政村、社区妇女主任欢聚一堂，大家畅谈工作、生活和家庭等情况。街道妇联主席邱明菊同志还结合“工商富街、文化兴街、服务优街”思路，对本年度妇联工作开展作具体部署。

3月14日，中山社区组织召开第四届居民代表大会第一次会议，经过无记名投票等程序，顺利选举产生新一届居委会领导班子，拉开县第四届社区居委会换届选举的序幕。

4月13日，街道党工委书记王永春、分管领导蓝晓茹会同县农办、建设局、旅游局专家，溪口村调研特色村庄建设整体规划工作。

4月17日，组织开展入党积极分子遴选考试。

4月10日，街道组织召开社区座谈会，县委常委宣传部长吕晓东，民政局副局长雷长育及各相关部门、街镇负责人、社区代表参加此次会议，会议由街道人大工委主任宋建英主持。

5月3日，在余姚市河姆渡镇召开浮云街道驻余姚异地开发联络处暨科技食用菌示范基地成立大会。

5月29日，为庆“5•29”计生协会会员活动日，以“生育关怀、温暖家庭”为主题，在浮云社区老人活动中心举办“泰隆杯”趣味游园、知识竞猜活动。

6月18日，浮云街道代表队与云和县其它6个单位的参赛代表队，参与角逐全县“安康杯”安全生产知识竞赛总决赛。最终浮云街道代表队以总分250分的成绩，喜获本届云和县“安康杯”安全生产知识竞赛的第二名。

6月28日，为庆祝中国共产党建党91周年，开展庆“七一”“农训杯”健身秧歌比赛暨农民文艺人才培训成果展演。

7月9日，县委书记张建明在县委常委、县委办主任陈建伟的陪同下到浮云街道调研。

7月15日，云章村党支部书记组织党员和入党积极分子，顶着烈日酷暑，义务为村民服务，对该村两个自然村进行“杀虫消毒”，帮村民房前屋后大“清扫”。

8月15日，浮云社区组织辖区内青少年进行气象科普实践活动。

8月22日，早畈地块攻坚组在县委常委、宣传部部长吕晓东的带领下，深入早畈地块现场，详细察看红线范围内面积为33亩地块的青苗类型、附属用房、生产用房、临时建筑等情况，掌握最新第一手资料，扎实推进“百日攻坚”项目。

8月27日，召开浙江云和电子商务培训学校成立暨云和县首期青年电子商务人才培训班（浮云街道培训班）开班仪式，县委常委、组织部部长叶石玄仙同志受邀参加，并为电子商务培训学校授牌。

9月24日，举行县人大代表第二代表团集体约见部门负责人座谈会，围绕人大代表在县第十五届人民代表大会第一次会议上提出的建议意见，约请相关部门负责人现场解答。

9月25日，召开全体村务监督委员会主任培训会议。

10月31日，浮云社区召集100余名处在青春期学生的家长，在云和二中举办一场别开生面的社区晒场。

11月6日，举办“敬老爱老，翰墨传情”和睦邻里科普宣传活动。

11月30日，街道党工委、办事处的大力支持下，开展一次特殊的党课，邀请特级讲师县委党校张宇明老师讲课，街道党工委宣传委员一同参与，村两委干部、党员及村民代表等50多人参加听课。

12月4日，浮云街道代表队喜获全县村级便民服务中心代办员业务知识竞赛冠军。

12月13日，安吉县昌硕街道王卓良书记带领班子成员一行20多人在浮云街道考察工作，街道党工委王永春书记等领导热情接待。

2012年云和县紧水滩镇人民政府大事记

1月27日，全体干部专题学习贯彻县委书记张建明在奋战开局之年动员大会上的讲话，结合紧水滩镇的实际展开热烈的学习讨论。

2月15日，县委副书记、代县长叶旭勇在县府办主任叶时扬的陪同下，利用休息时间走访菖蒲砻村。

2月16日，省委组织部组织二处副处长、调研员叶鹰等一行，专程到紧水滩镇金水坑、梓坊等村开展蹲点调研。

2月20日，组织号召各党支部和广大党员开展创先争优“一句话承诺”活动。

3月12日，召开今年第一次计划生育例会，各村联系领导、驻村干部，以及22个行政村的书记、主任参加此次会议。

3月22日，县林业局卢阳海副局带领镇创建森林城镇工作人员，深入松阳县玉岩镇考察省级森林城镇创建工作。

4月2日，市林业局副局长廖永平一行在县林业局梅小燕局长的陪同下，深入紧水滩镇督察清明期间森林防火工作。

4月18日，在仙宫景区游客接待中心举行“珍贵树种进万村”暨紧水滩镇森林城镇创建绿化行动。省林业厅副厅长俞坚、副县长叶晓伟、县政协副主席胡惠民、省、市、县林业局相关领导以及镇党委班子成员、各行政村支部书记、村委主任一同参加活动。

5月7日，县农路办副主任江林峰，县路政科林伟受邀来到紧水滩镇，对农村公路养护技术人员和业务骨干在作业中存在的问题及如何规范化作业进行专题培训。

5月16日，由市计生委张处长及各县计育专干等相关部门人员组成的暗访检查组到紧水滩镇检查计划生育工作。

同日，召开农村集体土地确权登记发证工作动员会。

5月25日，镇妇联组织召开来料加工经纪人座谈会，镇妇联、工办、计生办、劳动保障办工作人员和部分经纪人参加会议，共同商讨2012年来料加工发展之事。

6月2日，县人力资源和社会保障局人员对紧水滩镇村级社会保障员进行业务培训。

6月8日，紧水滩镇一班干部在镇党委书记潘吉文的带领下，到缙云壶镇招商引资，实地察看丽水市刚正防火装饰板业有限公司。

6月12日，省林业厅王章明副巡视员带队的创建省级森林城镇工作预检组，对紧水滩镇的省级森林城镇创建工作进行预检。

7月2日，召开村级公益事业建设“一事一议”财政奖补项目工作座谈会。

7月12日，召开农民培训班开班典礼，本期培训内容主要是油茶种植培训，邀请县林业局高级工程师陈超俊前来授课。

7月24日，紧水滩中心交通码头开工建设。县交通运输局、旅游局、地方海事处、紧水滩镇代表及建设单位参加码头开工仪式。

8月8日，龙门村中心码头开工建设，这标志着县库区最大规模的码头落户紧水滩镇龙门村。县交通运输局、旅游局、地方海事处、紧水滩镇代表及建设单位参加码头开工仪式。

8月12日，召开纪念建党91周年暨基层组织建设年推进大会，号召全镇各级党组织、广大党员干部进一步深化创先争优活动，增强党的凝聚力和战斗力。

9月26日，召开紧水滩镇残疾人联合会第二次代表大会，选举产生紧水滩镇残疾人联合会第二届主席团、第二届执行理事会。

10月18日，顺利通过农村集体林权制度主体改革工作验收。

11月19日，省园林镇现场考核组到紧水滩镇考核评估园林镇创建工作。

11月30日，成立综合治理性别比计生工作领导小组。

同日，成立全面推进诚信计生工作领导小组。

12月7日，成立紧水滩镇人防志愿者队伍。

12月15日，组织镇属党代表开设党代表“周末课堂”，以党的十八大精神宣讲为重点，结合自身工作实际，开展灵活多样的学习培训活动。

12月27日，举办第七届“民间民俗”文化艺术月汇演。

2012年云和县石塘镇人民政府大事记

1月29日，组织全体党员干部开展义务植树活动，在镇党委书记、镇长的带领下，全镇60多名干部到双坑鸡腰湾现场参加义务植树。

2月20日至3月10日，镇计育办全面开展查环、查孕、查病“三查”活动。

2月29日，石塘镇农训办举办板栗高效栽培管理技术培训班，来自小顺、湖滨、高畲、岭足、滩下、黄庄、横山头等村的100多种植户参加此次培训。

3月17日，召开全镇干部工作会议，部署春季森林防火和防汛防洪工作，针对春耕生产和清明扫墓，提前把防火备汛工作抓早抓实。

3月20日，镇组织召开全镇解放思想大讨论活动动员大会，第一时间贯彻落实县委书记张建明在全县解放思想大讨论活动动员大会上的讲话精神，安排部署工作任务。

4月28日，镇团委组织机关和部分村20多名团员青年开展登山活动。镇党委书记陈伟忠作动员讲话，并一同参加活动。

5月7日，召开人口与计划生育工作专项整治月动员大会，全体镇干部、各村服务员和计育重点村两委干部共计120多人参加会议。

5月8日，镇团委组织全镇20多位团员青年参加信息写作培训会，并特别邀请《今日云和》总编夏达旦为大家授课。

5月29日，县人大常委会副主任蓝斌雄带领县人大科教文卫工委主任徐子平、县文广新局局长邱伟荣等到石塘镇调研文化基础设施建设情况。

6月14日，开展县十五届人大第一次代表小组活动。县原人大主任符香环，人大副主任蓝斌雄，县代表16名，镇人大主席团成员，部分镇代表共32人参加代表小组活动。

6月18日，松阳县板桥畲族乡党委书记邓慧勇带领各村两委成员一行20多人，到高畲村交流考察特色村建设工作。

6月20日，县委书记张建明在县委常委、县委办主任陈建伟、副县长叶晓伟的陪同下到石塘镇调研。

7月2日，石塘镇党员干部远程教育总站在阳光便民服务分中心挂牌成立，县委常委、县委组织部叶石玄仙部长、市委组织部两新处处长陈巍、县两新工委副书记邱德锋出席揭牌启动仪式。

7月13日，全县各武装部长会议在石塘镇召开。

7月16日，组织召开主题为“对标思齐、创先争优”的农村基层组织建设工作推进会议。

8月22日，召开第十三次妇女代表大会，全镇39名妇女代表参加会议。县妇联副主席贺凌、练琼苗出席本次会议，并代表县妇联作重要讲话。

8月24日，全县宣传思想文化工作例会在石塘镇召开。县委常委、宣传部长吕晓东，各乡（镇）、街道宣传委员及宣传干事，县文广新局、县新闻中心、县广播电视台、县文联主要负责人，县委宣传部全体干部参加会议。

8月30日，召开村级便民服务中心代办员暨村监会主任培训会，全镇34个行政村的代办员及村监会主任共70多人参加培训。

9月10日，召开庆祝第28个教师节座谈会，座谈会由镇党委书记陈伟忠主持，县教育局副局长唐毅到会并讲话。镇长谢岩伟、镇分管教育的党委委员魏世荣、镇内两所小学在职教师及退休教师共60余人参加座谈会。

9月24日，省农办（扶贫办）副主任余振波、社会发展处处长葛永明一行在县委副书记、县长叶旭勇、县委副书记王新荣、副县长叶晓伟及县农办负责人的陪同下到桑岭村调研历史文化村落保护利用工作。

9月28日，召开石塘镇残疾人联合会第二次代表大会，全镇39名残疾人代表参加会议。

11月6日，省体育局群体处虞超英、市体育局副局长胡建仁一行9人到石塘镇，对创建省级体育强镇工作进行复查验收。

11月8日，镇团委分别在镇机关和各村远程教育站点组织团员青年收看十八大开幕式的电视直播，认真听取和学习胡锦涛总书记所作的题为《坚定不移沿着中国特色社会主义道路前进，为全面建成小康社会而奋斗》的工作报告。

2012年庆元县濛洲街道办事处大事记

1月14日，召开濛洲街道城市规划区内2012年度农村村民建房审批第二次联席会议。会议由濛洲街道办事处副主任张林军主持。

1月29日，镇机关干部50余人到大毛湾村金钟山山场参加义务植树活动。

2月3日，举行全县政法信访工作会议。濛洲镇被县委、县政府授予2011年度“社会治安综合治理先进集体”“平安乡镇”“信访工作先进集体”三项工作荣誉称号。

3月23日，濛洲街道成立揭牌仪式隆重举行。

3月27日，洋墩社区通过建设人（民）防宣传教育基地，做好人防宣传教育工作。

4月28日，濛洲社区假日支部“爱心帮扶”活动正式启动。县委常委、统战部长吴灌红，县人大常委会副主任韦晓云参加启动仪式。

5月8日，濛洲街道120余名身着迷彩服的民兵迅速集结，光荣地接受县人武部整组点验。

5月14日，玉田社区联合县民政局、气象局开展以“弘扬防灾减灾文化，提高防灾减灾意识”为主题的防灾减灾宣传活动。

6月15日，街道召开全体干部大会，分析撤镇建街的重要意义及街道的发展定位，明确发展思路，并就近期各项工作进行具体部署。

6月21日，庆元县庆元林场党支部到濛洲街道林后村开展以“城乡共建”为主题的“双百互动、先锋共建”活动。

6月28日，街道在辖区范围内开展食用菌生产情况调查。

7月15日，街道人大工委相关负责人，深入屏都街道菊水社区考察学习“两代表一委员”工作室建设。

7月22日，全面开展城区内第三阶段生猪禁养摸底调查工作。

7月25日，街道完成年度土地流转项目验收工作 。

8月15日，街道在辖区内组织开展安全生产大检查活动。

8月28日，街道办事处召开食品安全大检查推进会，街道驻村干部、大学生村官参加会议。

9月6日，召开城乡结合部村庄环境卫生整治上半年工作分析会，会议总结今年前阶段工作，分析现阶段存在问题，研究部署下阶段工作。县委常委、副县长吴青松，县农办、县环保局、创建办等相关单位负责人参加分析会。

9月7日，召开秋季重大动物疫病免疫工作会议，分管领导、各驻村干部、各村动物疫病测报员、各片动物防疫员参加会议。

9月16日，来自县人民医院，社区卫生院和社区居民共50多位听众迎来一场别开生面的健康讲座。这次讲座由县人民医院体检科主任练惠织主讲。

10月19日，街道组织召开调解主任培训会。濛洲街道主要负责人及街道各村、社区调解主任等30余人参加培训会。

10月12日，洋墩社区积极开展第23个国际减灾日主题宣传活动。

10月22日，举行“喜迎十八大，欢庆重阳节”周墩村重阳节文艺晚会，县老年协会、民政局、文广新局、濛洲街道等单位领导和村民共同观看文艺晚会。

10月23日，街道召开离退休支部干部慰问座谈会，共有12名离退休干部参会。

11月4日至11日，街道计生办组织工作人员前往上海、宁波、温州、丽水等地，为广大庆元籍育龄妇女开展“查环、查孕、查病”暨“三查”服务工作。

11月15日，召开濛洲街道第一次妇女代表大会，来自全街道各行各业的60位妇女代表听取、审议并通过濛洲街道妇联所作的工作报告。

11月16日，街道计生办、县计划生育指导中心联合组织开展计生避孕药具知识培训讲座。濛洲街道计生工作人员、4个社区、25个村的计生联络员参加讲座。

12月12日，召开冬季重大动物疫病防控和畜产品安全工作会议，街道农指中心工作人员和村级防疫员参加会议。

12月16日，街道正式启用4F电子财务管理系统，实现社区财务管理电子化。

12月25日，召开2012年“生育关怀行动”总结会，有街道计生专干、各村计生联络员共30余人参加会议。

2012年庆元县黄田镇人民政府大事记

1月5日，市食品药品监督管理局印发文件，公布第一批药品安全示范乡镇名单，黄田镇位列其中。

2月1日，镇农技站从县种子公司调运3250公斤优质高产水稻稻种，为万亩粮食生产功能区做好稻种供应准备。

2月20至21日，县农发办有关技术人员在黄田镇分管领导、农村工作指导中心工作人员陪同下，深入黄田镇上济、双沈、黄坞等村实地考察拟申报的农发项目。

2月24日，召开黄田镇全镇干部大会暨解放思想大讨论动员会，全体镇干部、大学生村官、镇属各单位主要负责人、各村支部书记、村委会主任、计生服务员及受表彰人员120余人参加会议。

3月20日，便民服务中心综合楼工程建设拉开序幕。

3月26日，中国人保庆元支公司举办保险驻村联络员培训会。

3月30日，积极推进小型农田水利灌区改造工程。

4月18日，组织开展春季松材线虫病监测普查工作。

4月24日，完成春季重大动物疫病集中免疫任务。

5月22日，庆元县森防站技术人员深入黄田镇李村村指导林农开展白蚁防治工作。

6月4日，黄田税务分局参加“同心知联 服务社会”科普宣传活动。

6月17日，镇党委、政府召集27个行政村党支部书记召开计生形势专题分析会。

6月28日，全面完成低保对象年度核查工作。

7月3日至4日，镇人武部组织镇应急分队、治安联防队、义务消防队、应急维稳分队“四队合一”，进行综合技能演练。

7月3日，举办百合产业发展现场交流会。县农办、县农业局、县经贸局、县供销社、县信用联社、县科技局、县国资局、县旅游局、县计生局、县公路管理局等部门领导和黄田镇各村干部、周边乡镇领导及群众200余人参加现场交流会。

7月15日，黄田镇社会服务管理中心顺利完工。

8月1日，黄田镇社会服务管理中心正式投入使用。

8月6日，镇社会服务管理中心正式投入使用。

8月20日，竹口、黄田两镇集中举办消防安全“网格化”培训暨乡镇街道、社区、村两委负责人消防安全培训会，特邀县消防大队多名专业技术干部进行全面细致消防安全知识讲解。

9月2日，县“十村示范、百村整治”工作领导小组办公室分别发文，批复同意黄田镇双沈村实施中心村培育和黄坞村实施农家乐特色村建设特扶项目。

10月9日，召开实施山区小流域农业生态工程工作部署会议。

10月25日，黄田农信联社信用村等级评定试点工作顺利完成。

11月27日，镇农村工作指导中心工作人员深入曹岭村、美丘村，对今年进行的危旧房加固修缮和“三沿”建筑外立面改造农房进行初验。

11月28日，召开农民人均纯收入和低收入农户奔小康调查工作部署会，上济、下济、曹岭、美丘、黄坞、姚村、古岭坑、洋垄、仙庄、朱黄、双坞等11个村调查员参加会议。

12月4日，镇东西村生活污水收集管网工程(二期)已全面完工，承建方正加紧收集资料，并查漏补缺，对预验查检出的问题进行整改，以迎接县环保局验收。

12月7日，在县司法局、镇分管领导的陪同下，担任黄田镇乡村法律顾问的浙江百山祖律师务所律师叶光胜到姚村、李村和曹岭村，就法律顾问进村事宜进行对接，在三村率先挂出法律顾问工作室标牌，拉开法律顾问工作室挂牌序幕。

12月20日，市民政局优抚处相关负责人到黄田镇检查指导革命烈士墓维护修缮工作。

2012年庆元县竹口镇人民政府大事记

1月9日，积极推进“清剿火患”工作，镇综治办、工业发展办联合镇派出所，对辖区内的企业、烟花爆竹经营店、副食品批发市场、宾馆、网吧等进行安全大检查。

1月30日，镇人武部开展2012年适龄青年兵役登记工作，发放《关于退役士兵安置改革政策宣传的通知》等宣传材料。

2月9日，召开2012年春耕备耕工作会议，安排各项工作，做到领导到位、责任到位、措施到位、工作到位、服务到位。

2月20日，陈龙溪村召开解放思想大讨论活动动员会。

3月8日，镇党委、政府以三八妇女节活动为契机，开展育龄妇女三查及育龄妇女培训。

3月13日，经丽水市统计局统一组织考核，竹口镇荣获“丽水市2011年度中心镇统计工作考核”一等奖。

3月21日，镇联合工商所开展2012年春季学校周边食品安全专项检查活动。

4月10日，召开全镇干部大会，认真传达全县项目推进工作会议精神。

5月15日，竹口林业工作站邀请专业技术人员对竹口大面积封山育林地进行松褐天牛生物防治作业。

5月30日，召开离任镇、村干部恳谈会，全镇30多名离任镇、村干部参加会议。

6月4日，召开“三资”工作动员会。该镇各村两委、村监会主任、报帐员及全体镇机关干部120多人参加会议。

6月5日，竹口镇就“两违”专项整治工作召开全体干部会议。会议组织学习县政府《关于依法开展违法用地和违法建设行为专项整治行动的通告》，并全面布署“两违”整治工作。

6月7日，召开全镇工业经济发展座谈会暨招商推介会。县委常委、常务副县长胡献如，县人大常委会副主任吴泽民，县政协副主席林昌富出席会议。

7月5日，竹口镇畜牧兽医站技术人员深入各村，指导农户做好夏季山羊、生猪等家禽疫病防控工作。

7月25日，组织召开黄坛小区建设第一次专题会议，镇政府、竹口新农村建设有限公司及黄坛村两委参加会议。

7月26日，召开2012年度工作考核实施意见专题部署会。

8月20日，竹口、黄田两镇集中举办消防安全“网格化”培训暨乡镇街道、社区、村两委负责人消防安全培训会，特邀县消防大队多名专业技术干部进行全面细致消防安全知识讲解。

8月28日，组织相关人员对学校周边的商店、小超市开展食品安全专项整治行动。

8月30日，召开竹口溪中小河流治理工程政策处理工作会议，这标志着竹口溪中小河流治理工程政策处理工作全面启动。

9月10日，竹口卫生院组织医务工作人员，开展“安全用药月”现场咨询宣传活动。

9月15日，开展主题为“热爱人民军队，共筑钢铁长城”的国防教育宣传活动。

9月17日，举行由竹口镇人武部、派出所、司法所联合主办的第12个全县国防教育宣传活动。

10月9日，竹口镇与该镇行政村、部门、企业签订维稳承诺书。

10月11日，竹口溪中小河流治理工程开工仪式在竹口镇平岭岗新村隆重举行。县委副书记、县长叶青，县委副书记徐为民，县委常委、副县长吴青松，县人大常委会副主任吴泽民，县政协副主席吴碧兰出席仪式。

10月18日，竹口镇统计中心获全省统计系统先进集体称号。

11月11日，召开竹口镇私营(民营)协会第三次、个体劳动者协会第五次代表大会。相关个体会员代表、企业会员代表等参加会议。

11月20日，组织相关人员，对辖区内30多家重点企业开展安全生产管理机构设置和管理人员配备情况专项检查。

11月28日，竹口镇将生育关爱行动纳入人口计生工作动态管理，成立生育关爱专项基金。

12月3日，竹口派出所走进中心学校开展禁毒法制教育活动。

12月10日，召开今冬明春产业发展落实会，产业发展重点村负责人、种植大户及在竹口有民间资本投入的企业负责人共30余人参加会议。

12月24日，组织该镇派出所、司法所等单位工作人员，在辖区范围内开展反邪教活动。

2012年庆元县左溪镇人民政府大事记

1月10日，县委常委、公安局长魏丽伟一行到左溪看望慰问困难群众。

1月11日，副县长胡慧红带领有关部门负责人到左溪检查指导安全工作。

1月12日，召开民兵连长工作会议。会议总结2011年度民兵工作取得的成绩，提出2012年民兵工作思路。

2月9日，县委书记杜光旻在副县长吴青松及县委办、县府办、县公安局、县农业局、县农办、县林业局、县公路管理局等部门负责人的陪同下到左溪开展调研。

2月16日，召开解放思想大讨论动员会暨全镇干部大会。全体镇干部、镇属单位负责人、26个行政村村两委、产业带头人、大学生村官等100多人参加会议。副县长叶伟玲出席会议并讲话。

2月22日，副县长叶伟玲带领县府办、农办、国土局、档案局、人民银行、公积金中心、信用社等单位负责人到左溪镇开展联系单位连接镇村工作。

3月5日，完成残疾人就业调查摸底工作。

3月30日，由左溪镇纪委、经济发展服务中心人员组成的工作组，对左溪溪拦砂堰坝和左溪吊瓜专业市场等在建项目进行专项督察。

3月31日，镇召开重点项目推进动员会暨全镇干部大会，会议全面传达县委、县政府全会暨项目集中推进活动动员大会精神。

4月5日，左溪镇左溪村坊蒲洋香菇基地一期工程投产。

4月10日，左溪镇特扶项目相关负责人和具体工作人员在左溪镇岱根村召开吊瓜基地农户搭建瓜棚协议签订会。

4月19日，召开全镇干部大会，对近期重点工作进行总结督查，并对下阶段工作进行详细部署。

5月15日，开展食品药品安全隐患大排查大清理行动。

6月25日，县科协组织全体党员进行重温党史主题学习活动，以实际行动迎接中国共产党成立91周年。

7月3日，乡团委积极开展助残敬老志愿者招募活动。

7月5日，举办首届老年人体育运动会。

8月8日，左溪镇、江根乡、官塘乡政府机关和左溪镇派出所、左溪电站等单位联合开展“全民健身、你我同行”3000米跑步比赛。

8月15日，镇主要领导率该镇“一办三中心”主要负责人到竹口、黄田考察学习社会服务管理中心和村级便民服务站建设工作。

9月5日，开展食品卫生安全大检查，对镇域范围内的食品零售商店和各小吃点进行专项检查。

9月11日，召开下阶段“三资”管理工作部署会议。

9月18日，由左溪水电站发起的篮球邀请赛在左溪水电站举行，本次比赛共有来自左溪镇政府、左溪水电站、左溪派出所、左溪小学4个单位共40余人参加。

10月8日，召开康庄公路养护员工作会议，来自各村的养护管理负责人参加会议。

10月25日，召开村级邮递员培训会，邀请县邮政局相关负责人进行村邮员业务培训，左溪镇、江根乡、官塘乡13名村级邮递员参加会议。

11月1日，镇组织工作人员“进村入户”开展烘菇房安全生产专项大检查。

11月15日，镇妇联在全镇开展创建“平安家庭”促进和谐稳定示范户评选活动。

11月20日，开展2013年新农合保费收缴工作。

12月2日，镇省特别扶持项目工作中心人员到黄岗村、岱上村验收路基修复工程和村道硬化工程完成情况。

12月12日，镇政府、路政、养护等多家单位联合开展抗寒冰雪天气应急演练。

2012年庆元县安南乡人民政府大事记

2月14日，召开解放思想大讨论活动动员会暨全乡干部大会，全体乡干部、各行政村党支部书记、村主任以及乡属部门负责人等60多人参加会议。

3月7日，举行“庆三八”趣味运动会。来自该乡各村妇女主任、村女书记、村女主任、及各机关企事女干部职工等50多人参加比赛。

3月14日，举行来料加工技能大赛。来自该乡14个行政村的45位加工能手参加制作发夹、钉花等项目的角逐。

3月29日，县委副书记徐为民在县委办、县农办等相关负责人的陪同下，到安南、隆宫、淤上等乡镇，就社会发展、工业经济发展、新农村建设、基层组织建设等各项重点工作开展调研。

4月11日，召开形势任务大宣讲暨全乡宣传思想工作会议，邀请县宣讲团成员作《别人能做到的事我们也能做到》和《乡、村干部如何预防职务犯罪》专题宣讲。全体乡干部、各行政村书记、主任、乡属部门负责人共60余人参加活动。

5月4日，召开各村调解治保主任工作会议。

5月16日，浙江电台城市之声“微笑私家车”栏目组记者一行5人到安南乡开展结对助学行动，先后走访安南乡校、小安辅小20名贫困生。

5月26日，在安南乡小安辅小学校举行安南乡首届老年人体育运动会。来自全乡14个行政村的275名运动员参加运动会。

6月8日，“走访边际百村、追循红色足迹、增强国防观念”活动启动仪式在安南乡安溪村举行。县委常委、宣传部长、县国防教育委员会副主任吴积云致欢迎辞，县人武部政委、县国防教育委员会副主任高毅力主持仪式并宣布活动开始。

6月13日，召开中国残联嘉道理慈善基金会社区康复合作项目基线调查培训会。县残联项目办工作人员、该乡项目实施领导小组成员与全体基线调查员参加会议。

6月18日，开展“健康知识进校园”活动，邀请县疾控中心医生到安南乡校、小安辅导小学进行健康知识讲座。

7月21日，浙江电台城市之声“微笑私家车”大型结对帮扶公益行动在安南乡中心小学举行。浙江省青少年发展基金会、安南乡、团县委有关负责同志参与此次活动。

8月2日至12日，组织参合农民参加新一轮健康体检和妇女病普查。

8月15日，县政协副主席吴碧兰带领由农业局、供销社等部门人员组成的专题调研组到安南乡调研竹林便道建设。

8月30日，召开村级便民服务中心工作推进会，各行政村村务监督委员会主任、便民服务中心主要值班人员参加会议。

9月25日，召开“保持党的纯洁性、带头维护发展大局”基层组织建设工作专题推进会。

9月10日，县委常委、常务副县长胡献如率县府办、县国土局、工业园区等单位负责人，到安南乡调研工业园区建设工作。

9月12日，召开项目建设暨优化发展环境大会，乡机关全体干部，各村书记、主任共50多人参加会议。

10月9日，安南乡对安溪村主要道路进行环境大整治活动。

10月22日，组织干部到竹口、黄田参观学习社会管理服务中心建设工作。

10月24日，举行残疾人康复技术培训。该乡14个行政村的康复指导医生、社区康复员、村两委主要干部、残疾人代表参加培训。

11月4日，开工建设全县太阳能微动力污水处理站。

11月20日，召开计划生育工作专题会。全乡14个行政村书记、村主任、村计生服务员、驻村干部共40余人参加会议。

12月12日，安南乡社会服务管理中心揭牌。

2012年庆元县合湖乡人民政府大事记

1月14日，召开全乡护林工作会议，全体乡干部、乡林业工作站及9个行政村的护林员参加会议。

1月16日，乡妇联联合团委、综治办、乡校开展禁毒、春节安全知识宣传活动。

2月21日，县委常委、宣传部长吴积云到合湖乡开展大接访活动。

2月22日，乡组织工作人员开展汛前防汛安全大检查。

3月7日，合湖乡组织工作人员深入村组，解地质灾害防治措施的落实情况，对各灾害点防控工作进行再安排。

3月30日，召开全乡干部会议，全面贯彻落实国家级生态乡镇（街道）申报暨“洁净家园”项目推进会会议精神，并结合本乡实际，明确2012年生态环保工作思路。

3月31日，县委书记杜光旻率县有关部门负责人到合湖，开展“进村入企”大走访活动。

4月1日，“国家级生态乡”创建工作重要组成部分的合湖溪综合治理工程全面完工。

4月12日，县委常委、组织部长诸葛春杰深入合湖乡调研指导后进村整顿工作。

4月26日，合湖乡在丽水市区成立流动党员服务中心，设立便民服务点，由专人负责受理代办事项，定期将代办事项带到乡里，办好后送回去，实行全程代办服务。

5月3日，召开全乡计划生育工作会议，全体乡干部、9个行政村的计生服务员参加会议。

5月4日，召开全乡村级党支部书记加强和创新社会管理培训会，全体乡干部、9个行政村的支部书记参加会议。

同日，县委常委、宣传部长吴积云给乡、村干部作题为“认清形势 提高认识 明确目标 把握机遇 全力推进项目建设”专题讲座。

6月14日，县气象局党支部深入合湖乡三堆村开展城乡共建党员联谊活动。

6月28日，县委常委、宣传部长吴积云在合湖乡负责人陪同下，走访慰问合湖乡黄水村4位贫困党员。

6月29日至7月9日，合湖乡根据有关部门安排，积极开展参合农民健康体检工作，以满足老百姓的健康服务需求。

7月11日，开展农民健康体检及妇女病普查 。

7月17日，召开计划生育工作会议暨“集中行动月”动员大会，全体乡干部、各村党支部书记、村委会主任、计生服务员参加会议。

7月30日，召开上半年工作情况分析会，详细介绍分析上半年各项工作开展情况，总结半年来工作中存在的不足，结合实际提出改进意见，并部署下半年工作任务。

8月2日，县委常委、宣传部长吴积云在计生局负责人陪同下，到合湖乡督查指导计划生育工作。

8月28日，县人大副主任韦晓云率县第十五届人民代表大会第三代表团部分人大代表到合湖乡调研农业农村工作。

8月29日，召开社会管理创新工作推进会。各村支部书记、村主任、村监会主任、调解主任及乡属各单位负责人共40余人参加会议。

9月24日，开展“公民道德宣传日”主题活动。

9月25日，乡组织工作人员，深入各村开展为期一周的“公民道德宣传日”活动。

10月16日，召开前三季度情况分析会。

10月23日，合湖乡积极组织各村积极开展重阳节走访慰问留守老人活动。

11月6日，开展村“两委”干部民主测评活动。

11月7日，乡邮政所及村邮站建设顺利完工，并将于年底前正式投入使用。

11月28日，召开食品药品安全知识现场咨询会。

12月26日，开展生活饮用水水源地专项检查。

2012年庆元县江根乡人民政府大事记

1月14日，开展平安综治双月宣传活动。

2月14日，召开全乡干部大会暨解放思想大讨论活动动员会，全体乡干部、乡属各单位主要负责人及各行政村主要干部40余人参加会议。

2月21日，县食安委、卫生监督所到江根乡开展学校食品、卫生安全专项检查。

3月12日，江根乡秉承2012年“义务植树共建绿色和谐家园，植绿护绿共创省示范文明城市”植树节主题，乡团委协同林业站组织乡村干部群众参加义务植树，共建绿色家园。

5月2日，召开创新社会综合治安管理座谈会，乡政府、左溪派出所、各行政村的村长、书记及综治调解主任参加会议。

5月21日，举行来料加工培训会暨技能比武。会议总结回顾2011年度来料加工工作情况，明确2012年度来料加工工作目标。

5月29日，召开庆元县社区康复合作项目乡镇基线调查培训会。

6月4日，组织全乡干部、村主要干部、村监会主任、报账员等40余人召开农村集体“三资”管理工作动员大会。

6月19日，县社保部门及县邮政局相关工作人员到江根乡开展社保卡指纹采样工作，为全乡30余人发放社保卡并进行指纹采样。

6月26日，开展“走田头•送技能•送服务”活动，变“坐守服务”为“主动服务”，组织干部下田头、送技能、送服务，帮助群众解决生产困难，融洽干群关系，促农业产业有新增收。

7月24日，全面完成2012年度竹腔施肥工作。

7月31日，县人武部、县民政局到江根乡与乡人武部一起走访慰问坝头村79岁吴祥生、上店村82岁吴达福等老军人，送去党和政府的关怀。

同日，召开集体土地所有权确权登记发证工作部署动员会。乡主要领导、分管领导及各村驻村干部参加会议。

8月1日，江根乡组织相关工作人员先后到箬坑、青田、后洋等村开展在建项目防灾检查。

8月9日，在国土局工作人员的指导下，对该乡9个行政村的农村集体土地进行地籍调查和地宗地图行政界线核对。

8月22日，乡计生办协同县计划生育指导站工作人员开展2012年下半年三查工作，并顺利完成“三查”工作。

9月13日，江根乡各行政村的便民服务中心相继挂牌成立。

9月19日，组织乡干部、村两委、学校师生开展“美环境，迎中秋，庆国庆”专项整治活动。

9月28日，开展宗教活动场所安全大检查。

11月12日至13日，江根乡对全乡9个行政村进行计划生育工作督察落实，并通过召集村两委和村计生服务员集体研究，帮助各村分析本村计划生育形式，查找薄弱环节，研究制定有针对性的工作举措。

11月26日，县农办美丽乡村建设项目验收小组对江根乡青田村村庄整治项目进行验收。该项目是江根乡首个采用共建制模式建设的村级项目，也是县首批采用该模式建设的项目之一。

11月28日，县农办美丽乡村建设项目验收小组对江根乡青田村村庄整治项目进行验收。

2012年庆元县举水乡人民政府大事记

2月14日，月山村组织开展以“大团结、大月山、大发展——月山村有理由贫困吗”为主题的解放思想大讨论座谈会，号召全体村民解放思想，真抓实干，努力实现全村经济社会的大发展。

3月20日，庆元县文化下乡活动在丽水文化名村——月山举行，举水乡校全程参与整个文艺汇演。

3月27日，乡妇联、计生办深入各村召开妇女座谈会。

4月10日，月山村召开“解放思想，建设美好月山——‘金点子’”座谈会。

4月24日，全乡范围内开展以“我们的价值观”为主题的大讨论活动。

5月9日，召开民兵整组点验会。全乡20多名基干民兵统一着迷彩服，军容严整，精神振奋，士气高昂。

5月21日，城管、公安、国土等部门的10多名执法人员，对举水乡月山村来凤桥旁边的一处违章建筑予以强制拆除。

6月14日，举办“我运动、我健康、我快乐”首届老年人体育运动会。

6月25日，乡党委、政府根据《浙江省禁毒条例》及县相关文件要求，及时召开会议，全面部署落实禁种铲毒工作。

6月27日，建立健全兵役登记工作领导小组，精心拟制计划安排，及时部署任务，扎实开展兵役登记工作。

7月24日，开展食品安全大整治百日行动。

8月20日，召开市级卫生乡创建工作推进会，全体乡干部及月山、后坑、蔡地等村负责人共20余人参加会议。

8月22日，乡妇联分管领导带队深入各乡属来料加工点开展安全大检查，指导督促各来料加工集中场所落实安全责任、消除安全隐患。

8月28日，召开食品安全大整治百日行动工作推进会暨市级食品药品安全示范乡创建工作推进会。乡主要领导干部、卫生院相关人员、合作社负责人、各村食品药品安全协管员参会。

9月16日，乡计生办联合乡妇联开展计生知识宣传活动，大力宣传计划生育政策。

9月27日，乡计生办、妇联联合乡卫生院开展“关爱外籍新娘、共建幸福家庭”活动，来自县疾控中心的医生们为该乡的外籍新娘进行免费体检和现场健康咨询。

9月28日，乡党委、政府分别到月山村下洋标准化农田建设项目工地和来凤桥至白云桥游步道改造工程工地慰问。

10月9日，市老年体协到举水乡验收“小康型老年体育乡”创建项目。

10月10日，联合乡卫生院开展“关爱外籍新娘、共建幸福家庭”活动，邀请县疾控中心医生为外籍新娘进行免费体检及健康知识咨询。

11月6日，组织人员对该乡人员密集场所进行消防安全大检查。

11月14日，召开第十三次妇女代表大会。全乡16个行政村及2个乡属部门的20余名正式代表参加会议。

11月27日，举水乡月山村老人协会举办第二十五届老人联欢会，全村上百名老人参加。

12月4日，乡计生办在该乡驻庆便民服务中心开展独生子女户办证工作，为该乡村民办理“独生子女光荣证”。

2012年庆元县岭头乡人民政府大事记

1月30日，乡计生办联合妇联组织28个行政村60余名外出育龄妇女进行“三查”。

2月8日，召开解放思想大讨论暨“昨天怎么干，今天怎么想，明天怎么办”专题座谈会，乡班子成员和经发中心全体干部参加座谈。

2月13日，岭头乡组织六个村的村干部和毛竹种植大户一行20人到黄田、隆宫考察学习毛竹培育及深加工技术。

2月15日，召开乡“一办三中心”专题座谈会，乡班子成员和党政办工作人员参加座谈。

3月5日，乡5个项目专项督查组分别对岭头广场、“一溪两岸”绿化、交通综合楼、龙洋菌棒工厂等8个在建或待建项目开展专项督查。

4月5日，开展“文明祭扫、平安清明” 森林防火安全宣传教育活动。

4月22日，乡团委积极开展创业青年信贷工作。

4月24日，为纪念爱国卫生运动开展60周年，结合第24个爱国卫生月“爱国卫生人人参与，健康生活人人享有”的活动主题，组织工作人员到学校、各村开展爱国卫生月活动。

5月11日，岭头乡中心学校召开二届五次教全会，县教育局工会主席吴晓汉、岭头乡副乡长杨秋琴应邀参加此次会议。

6月11日，召开2012年度综治暨信访、计生、三资管理、党建工作会议，该乡全体乡干部、各村两委、村调解委员会主任和村计生服务员参加会议。

6月12日，召开社会管理综合治理暨信访工作会议，各村书记、调委会主任及乡属各部门负责人共60余人参加会议。

6月16日，召开岭头乡2012年度计划生育工作会议。各村党支部书记、村委会主任、计生服务员共80余人参加会议。

7月23日，召开人口和计划生育“集中行动月”动员大会。各村党支部书记、村委会主任、计生服务员、驻村干部共110余人参加会议。

7月25日，举办岭头乡首届全民暨老年人体育运动会，县文广新局、老年体协出席出席运动会开幕式。全乡28支代表队共253名运动员参加比赛，精彩的集体回春操表演拉开运动会序幕。

8月1日，开展残疾人基本情况与社区康复需求调查和全国持证残疾人状况与需求实名制登记调查工作。

8月9日，岭头乡茭白在丽水第二届茭白节上喜获两金一银。

8月28日，召开全乡干部大会，深入贯彻落实县委十三届五次全会精神。

9月12日，召开村级便民服务中心工作推进会暨代办员、村监会主任业务培训会，全乡28个行政村便民服务中心代办员、村监会主任、全体乡干部共90余人参加会议。县纪委效能室等相关业务科室负责人应邀到会指导。

10月16日，后仓坑村高山蔬菜茭白园区道路建设工程进行招标。

10月24日，召开残疾人康复技术培训会，来自各村的残疾人代表及各部门机关残疾人工作者共29人参加培训会。

同日，召开岭头乡残疾人联合会第二届代表大会。

11月26日，开展便民服务中心和村监会建设预验收工作。

12月10日，开展低保人群感知度问卷调查。

12月25日，召开中共岭头乡第十四届代表大会第二次会议、岭头乡第十六届人民代表大会第二次会议，45名党代表、49名人大代表和32名列席代表及特邀代表参加会议。

2012年庆元县龙溪乡人民政府大事记

2月15日，召开全乡干部会，会议的主要内容是乡党委、政府传达相关上级会议精神及布置近期全乡工作。

3月9日，开展水库电站防汛安全检查。

3月12日，组织党员干部进行植树造林活动。

4月1日，乡政府、乡林业工作站成立联合森林消防安全检查组，在辖区内全面开展森林消防安全检查。

4月17日，乡农技推广站制定春季灭鼠方案，组织12个行政村防疫员落实春耕灭鼠工作。

5月12日，召开党员发展工作业务培训会。

6月6日，召开党员发展工作业务培训会。乡全体干部，各村支部书记共20余人参加会议。

6月25日，乡召开会议全面部署落实禁种铲毒工作，并联合公安、民兵、林业部门成立禁种铲毒工作领导小组开展禁种铲毒活动。

6月27日，乡政府组织乡中心学校举行防汛应急疏散演练。

7月6日，乡团委积极开展助残敬老志愿者招募活动。

7月14日，杭州电子科技大学学生深入龙溪乡走访贫困儿童。

8月20日，乡食品安监站、乡林业工作站等部门联合成立食品安全“百日行动”检查小组，对全乡范围内的茶叶、食用菌、锥栗等林产品质量进行全面排查整治。

8月28日，全面开展食用林产品质量安全排查整治“百日行动”。

9月20日，开展乡容环境卫生大整治迎接市级卫生乡创建考核验收。

9月24日，开展乡容环境卫生大整治活动。乡机关、乡属各单位、行政村150余人参加活动。

9月27日，完成县内在乡育龄妇女“三查”工作 。

10月14日，乡党委、乡林业工作站、村两委班子积极开展创建“森林村庄”活动。

10月16日，乡农村集体“三资”管理服务中心根据省、市、县农业部门“万村审计”要求，挑选业务精湛人员成立乡审计小组，对各行政村农村集体财务收支、资产情况进行审计。

10月24日，举行残疾人健康恢复培训会。来自该乡12个行政村的村两委干部和残疾人代表，康复指导员等参加培训。

11月22日，乡纪委通过走访、个别谈话等方式对受到党纪处分的2名违纪党员进行回访教育。

12月10日，召开村级计划生育服务员年终汇报会。

12月14日，集中开展打击非法、违法生产经营建设行为专项行动。

12月26日，县水利工程验收组到龙溪乡对村级饮用水提升工程竣工项目进行验收。

2012年庆元县隆宫乡人民政府大事记

2月16日，召开解放思想大讨论活动动员会暨全乡干部大会。全体乡干部、各行政主要负责人以及乡属各部门、各站所负责人共60余人参加会议。

3月30日，乡党委、政府召开会议，认真贯彻落实大会精神，全体乡干部、各行政行主要干部和乡属相关单位负责人参加会议。

4月10日，由县移民办、县规划测绘设计院、隆宫乡政府组成的移民项目——村庄道路硬化工程检查验收组一行在县民政局相关负责人带领下，分赴隆宫乡连湖村、隆宫村、生水塘村村庄道路硬化工程现场，实地丈量工程项目，检查移民项目实施情况。

5月3日，举办形势任务大宣讲报告会，邀请县委形势任务宣讲团成员开展《解形势、明确任务、干好工作》和《预防职务犯罪》两个专题讲座，全乡干部职工、各村书记、主任聆听报告。

同日，开展“和谐边界、美丽林源”暨林源村五四青年联欢晚会。

5月29日，结合县防汛指挥中心联合电影公司到该乡开展“电影下乡”活动契机，组织隆宫村、中村等地质灾害隐患村近200名群众观看防汛防台知识宣讲视频。

6月1日，隆宫乡荣获浙江省全民健身浙南片区“种文化”——畲乡风情运动会比赛团体第三名。

6月12日，召开上半年计划生育形势分析会，全体乡领导干部、各村委会书记、报账员、服务员共70余人参加会议。

6月21日，召开地质灾害防治及防汛工作培训会。

7月24日，隆宫乡率先完成农村集体经济“万村审计”工作 。

7月25日，举办黑木耳种植培训会。来自隆宫、中村、源尾等黑木耳生产重点村的种植能手参加培训。

7月30日，召开人口和计划生育“集中行动月”推进会，全体乡干部、乡属单位负责人、各村支部书记、村委会主任、村计生联络员等60余人参加会议。

8月1日，隆宫乡各村分别召开退伍军人座谈会，共同庆祝建军85周年。

8月11日，桃园村举行一事一议财政奖补项目——桃园村便民服务中心落成揭牌仪式，县人大常委会副主任王林生、县纪委、财政、农业、水利、供销、国土、教育等部门负责人参加揭牌仪式。

9月5日，安南、隆宫两乡集中开展村邮员培训，县邮政局相关负责人到场指导和培训，两乡分管负责人及村邮员参加会议。

9月18日，召开城乡居民养老保险、2013年度城乡居民医疗保险工作推进会。全乡干部、各行政村书记、村长、村会计共50余人参加会议。

11月1日，召开残疾人康复技术培训会议，全体乡干部、各村主要负责人、乡卫生院康复技术指导员等60余人参加此次培训会议。

12月11日，隆宫乡中小企业孵化基地项目正式施工作业。

12月12日，乡纪委组织对该乡黄坑、源头、桃园等村的旧村改造、中心村建设项目进行监督检查，确保项目顺利通过相关部门的检查验收。

2012年庆元县五大堡乡人民政府大事记

2月9日，召开全乡干部大会暨解放思想大讨论活动动员会，拉开五大堡乡解放思想大讨论活动的序幕。县委常委、纪委书记朱丽军参加会议并讲话。

2月14日，召开中层以上干部解放思想大讨论活动学习会。

2月20日，县人民医院在五大堡乡举行“农民健康促进百名医生驻百村”大行动启动仪式，副县长胡慧红，县卫生局、县人民医院领导班子及20多名医务人员、五大堡乡政府全体工作人员、乡所在地村民共100多人参加仪式。

3月1日，召开“两会”期间信访、综治及维稳工作会议，乡综治、信访、派出所、各行政村主要干部、信访干部共30余人参加会议。

3月5日，开展校园及周边食品安全专项检查。

3月7日，召开妇女工作暨计划生育专题会议，全体乡干部、村计生服务员及部分村两委成员共70多人参加会议。

4月17日，召开全乡干部大会暨“农业产业提升”工作会议，全体乡干部、驻村干部等40余人参会。

4月18日，竹山村农户和县实验林场签订土地承包合同，标志着珍稀苗木培育基地正式落户竹山村。

4月22日，五大堡乡组织相关人员，参照公布涉案的相关关企业产品名录，对辖区范围内的乡卫生院、村卫生室进行核查。

5月3日，乡团委在西洋殿组织开展“保护水源、洁净家园，青年志愿者在行动”活动，80余名志愿者参加活动。

6月6日，乡妇联结合召开计生工作例会的有利时机，通过各村计生服务员将这一惠农政策带到各村各户宣传，并通过手机短信、住村干部进村等形式开展多方位宣传活动。

6月12日，召开农村集体“三资”管理工作动员会，全乡干部、各村党支部书记、村委会主任和报账员共100余人参加会议。

6月22日，举办五大堡乡首届老年人运动会。

7月6日，五大堡乡西川村古村落改造正式拉开帷幕。当天，举行欢迎游客拱门建设工程的开工仪式。

8月16日，乡妇联组织开展来料加工同步车技术培训，杨楼村在家妇女、暑期在家大学生共20余人参加培训。

8月16日，召开2012年上半年人大代表评议计划生育工作会议，乡人大代表，乡党委、政府领导班子及乡计生办工作人员共30余人参加会议。

9月20日，县2012年农业综合开发项目——五大堡乡山区小流域工程项目在县公共资源交易中心公开招标。

9月21日，乡政府与路政大队共同联手，开展“三乱”专项整治活动，重点对五大堡乡公路沿线存在一定安全隐患的木棚、香菇棚等违规搭建进行拆除，并向周边群众宣传《公路安全保护条例》和《行政强制法》，提升村民爱路、护路法律意识，优化乡村公路环境。

9月26日，乡联合辖区派出所组成检查组，对濛淤电站、新后广电站、沁园高山茶叶专业合作社和西洋殿进行安全生产大检查。

10月23日，召开五大堡乡第2届残疾人代表大会。

同日，举办残疾人康复技术培训班，五大堡乡残疾人康复指导医生、社区康复员30多人参加此次培训。

10月24日，市农办副主任江少伟到五大堡乡西洋村、天平马、濛淤村调研美丽乡村建设工作。

11月1日，开展为期1个月的集中检查整治活动，加强全乡食品卫生监管。

11月10日，市总工会党组书记、常务副主席张为社在县总工会、县农办负责人陪同下，到联系的五大堡乡东山村和半溪村开展走访调研活动。

11月23日，召开老干部学习会，乡党委、人大等领导干部以及10余名老干部参加学习会。

12月19日，省外事办副主任虞希华一行到五大堡乡考察“低收入农户奔小康工作”结对帮扶工作成果，并把30万元帮扶资金送到五大堡乡。

2012年庆元县淤上乡人民政府大事记

1月5日，开展“两节”期间宗教活动场所安全稳定工作。

2月2日，组织工作人员做好辖区内大病医疗救助摸底工作。

2月7日，组织工作人员深入各村，对大中型水库移民后期扶持直补人口进行复核。

3月12日，开展茶树病虫害防治工作。

3月21日，乡组织工作人员对辖区内低保家庭、中低收入家庭中的失能、失智老人以及高龄老人进行摸底调查。

4月10日，乡在农村党员中开展以支持农村先进党员创业、提高农村党员“双带”能力为主题的“创业信贷快车”活动。

4月19日，乡全乡干部深入企业、农户，广泛开展矛盾纠纷大排查、大清理、大调处，着力破解维护稳定难题。

5月23日，乡信用社对辖区内近千户2010年度信用户进行年检核查。

5月24日，乡司法所、派出所分别为该乡中心小学、圣雄小学的师生上一堂法制专题讲座。

6月1日，开展“六一”儿童节食品安全专项检查。

6月14日，完成村级公益事业建设一事一议项目申报工作。

6月15日，举办“关爱女性健康知识讲座”，邀请省、市专家为妇女做女性生殖健康知识讲座。

7月4日，开展公共机构能源资源消耗统计工作。

7月5日，落实专职稳定能耗统计人员，开展公共机构能源消耗统计工作。

7月12日，石坝村举行便民服务中心综合楼落成仪式。

8月3日，召开村监会主任、便民服务中心工作人员培训会，邀请县纪委、农业局相关工作人员进行业务知识培训，全乡干部、村两委负责人、村监会主任70余人参加会议。

8月7日，积极开展贫困新生助学金申报工作。

8月14日，“百亩生态农业观光园”建设项目有序开展。

9月12日，县委调研组一行就淤上乡贯彻落实县委十三届五次会议精神进行调研。

9月15日至27日，对全乡12个行政村2012年度参加合作医疗和60岁以下已婚育龄妇女开展免费健康体检活动，并建立健康档案。

9月21日，乡农技站结合秋季动物防疫工作开展能繁母猪保险工作。

10月9日，乡农村工作指导中心工作人员开展村级组织银行账户变更工作，将原以村民委员会名义开设的银行存款账户一律变更为村经济合作社。

10月23日，召开残疾人联合会第二届代表大会。县组织部、县残联相关负责人，全体乡干部、残疾人代表和乡卫生院等30多人参加会议。

10月25日，开展项目建设集中攻坚活动。

11月2日，乡工作人员深入各村宣传高龄老人补贴政策，并对符合申报条件的老人进行调查、登记、审核、造册。

11月6日，乡农业综合服务站对6块精确栽培代表性田块进行实产验收。

11月10日，召开农村“六五”普法调研座谈会，县政协社会法制委员会调研组，淤上、屏都街道、安南3个乡镇（街道）的普法教育相关负责人参加座谈会。

12月6日，召开新兵欢送会，祝贺优秀青年光荣入伍。

12月10日，县建设局对淤上乡农村危旧房改造工作进行全面验收，这标志着全乡100户、452人口的危旧房修缮工作全部完成。

2012年庆元县张村乡人民政府大事记

1月8日，县委书记杜光旻等一行人到张村乡走访调研。

1月29日，召开机关干部会议，乡领导就近期工作进行统筹安排和强调，要求各位干部按照年初的工作计划，从上班的第一天开始抓落实。

2月14日，召开全乡干部大会暨解放思想大讨论活动动员会，各村党支部书记、村委会主任，乡属单位负责人和全体乡干部参加会议。

2月20日，9个行政村的“农家书屋”先后正式挂牌，首批送来的的书籍涵盖政治教育、农技科普知识、儿童读物、法律普及读物、娱乐休闲读物等农村实用书籍。

3月8日，组织全体干部、乡林业站工作人员到东川至高阳康庄公路沿线开展春季义务植树的活动，让广大女同胞度过一个别样的妇女节。

3月26日至27日，张村乡在县城开展为期两天的“查环、查孕、查病”的“三查”活动。

4月22日，乡交通运输综合站项目破土动工。

5月8日，召开消防知识培训会以及基干民兵点验会，该乡南阳、库山两支民兵应急分队参加会议。

5月18日，开展以“学习雷锋、学习郭明义，快乐做好事，快乐做慈善”为主题的“慈善月”捐赠活动，全乡干部踊跃参加捐赠。

5月28日，县残联理事长毛茂丰亲自带队到张村乡就社区康复合作项目乡镇基线调查进行业务培训和讲解，该乡驻村干部认真参加该项培训。

6月4日，开展低保对象年度核查工作。

6月5日，在高阳村举办毛竹高效经营培训会，乡林业站刘应登站长就毛竹高效经营、低产林改造进行详细的技术指导。

7月21日，举办山地首届西瓜节。县委常委、副县长吴青松，副县长范庆伟，县政协副主席任献民，县农业局等县属单位领导、部分乡镇党委政府领导及社会各界群众上千人参加西瓜节。

7月24日，张村乡首台日产菌棒2万棒的菌棒自动化机械在南阳村装机试运行。

8月1日，乡人武部开展庆“八一”系列活动。

8月11日，张村乡首个异地便民服务中心在丽水挂牌成立。县委常委、纪委书纪朱丽军参加揭牌仪式。

8月30日，组织工作人员开展食品安全大检查活动，对该乡所有餐馆和小店进行食品安全专项检查。

9月10日，召开计划生育工作例会暨实数计生专项行动业务培训会，邀请县计生局政统科到场指导培训，张村乡计划生育分管领导、计生办工作人员及各行政村计生服务员参加会议。

9月12日，县委办调研组到张村乡开展调研活动。调研组通过召开乡镇班子、村两委干部、“两代表一委员”座谈会的形式，详细了解张村乡关于县委十三届五次全体（扩大）会议精神落实情况以及现阶段农村基层组织建设、村干部管理、项目建设存在问题和建议。

9月13日，召开锥栗秋季管理采摘培训会，邀请浙江农林大学省级特派指导员朱铨、浙江万成食业有限公司董事长及天堂山锥栗专业合作社理事长李成武指导培训，张村乡锥栗产业分管领导、农技工作人员及各行政村锥栗种植大户参加学习。

10月23日，乡党委副书记叶伙翠等一行，在张村乡走访慰问年满90岁的退休干部，给老人送去慰问品和慰问金，向他们表示节日的问候和祝福。

10月24日，县委常委、组织部长诸葛春杰到张村乡走访调研。

同日，召开共青团张村乡第十八次代表大会。

11月2日，县人大主任刘秋霞带领常委会组成人员、人大机关各委室有关人员组成的调研组到张村乡调研。

11月15日，县民政局下拨1.2万元长寿慰问金到张村乡，给该乡12名90岁以上的老人发放慰问金。

11月21日，正式启动2012年度“村村都有好青年”人才发展计划。

12月11日，县委常委、宣传部长吴积云等一行人到张村乡走访调研。

12月18日，计生办工作人员对辖区流入人口进行入户走访、清查登记，共登记流入人口10人，其中育龄妇女1人，省外流入5人。

2012年缙云县五云街道办事处大事记

1月1日，为庆祝白岩村陈氏新祠堂活动中心修建完工，邀请江山市小百花婺剧团演出婺剧《珍珠塔》。

3月8日，五都村在村活动中心隆重举行喜迎“三八”妇女节联欢晚会。

3月11日，由县农办、五云街道办事处、中国狮子联会浙江祥云服务队和村双委联合开展的“共建美丽乡村”植树活动在古塘下村开展。各级干部、村民共100余人参加此次活动。

4月9日，市委书记卢子跃到五云街道朝晖社区市民戏迷排练点、五云街道官店村等地调研婺剧文化发展情况。

4月10日，街道召开计划生育活动月工作会议，传达贯彻县有关会议精神，部署五云街道“计划生育活动月”相关工作。

4月25日，召开基层组织建设年专题培训会，传达省、市、县基层组织建设年相关精神，通报各支部的工作开展情况和各支部的定级情况，部署下一阶段工作。

5月3日，召开项目业务培训暨新区项目建设房屋征收动员大会，培训项目相关业务，动员部署新区项目建设房屋征收补偿安置工作。

5月11日，召开计划生育活动月进展汇报会。各行政村（社区）主要干部走上主席台逐个汇报本村计生工作情况，五云街道计划生育办公室通报各村（社区）的计划生育指标排名情况。

5月25日，街道召开社区换届动员会。各社区联系干部、全体社区专干参加会议。

6月15日，街道青年企业家协会一行15人在团县委书记丁钧盛、团县委副书记陶敏君的带领下，到壶镇高新机械制造有限公司参观、学习、考察，与高新机械有限公司的管理层们进行深入的交流和探讨。

6月27日，街道对周村村参合农民进行体检，标志着五云街道第四轮参合农民免费健康体检工作正式拉开序幕。

6月28日，召开纪念建党91周年暨贯彻省第十三次党代会精神会议。

7月10日，省妇联主席劳红武等一行在官店调研，丽水市妇联主席倪延丽，县委常委、县委办主任吕唐镇陪同调研。

同日，街道召开半年工作汇报会，总结上半年工作经验、谋划下半年工作计划。

7月11日，召开“创建扶残助残爱心街道、爱心村活动”动员大会，全面部署五云街道“2012年缙云县残疾人生活状况测评普查”工作，各村（社区）书记、主任、助理会计参加本次会议。

7月12日，召开被征地农民基本生活保障工作会议。

8月6日，成立五云街道食品安全大整治百日行动领导小组。

8月10日，全街道基层党支部中开展“对标挂星、晋位争星”活动。

8月22日，成立五云街道气象灾害防御工作领导小组。

9月13日，丽水市计生委党组书记陈福仁一行到五云街道调研出生人口清查情况，对街道的往年出生漏报清查工作予以充分肯定。

9月16日，新城社区邀请县司法局领导，在“新城社区天天青少年服务中心”举办《未成年人保护法》专题讲座。

9月21日，官店村召开村民代表大会，讨论通过中心城区低丘缓坡开发建设官店片土地征收并签订土地征迁协议。

10月12日，街道办事处召开拖拉机驾驶员年度安全教育培训会，共有125名驾驶员参加培训学习。

11月1日，水南社区举办“水南社区成立10周年暨喜迎十八大胜利召开”主题文艺晚会，县人大常委会主任赵导亮出席活动并观看演出。

11月6日，县农业局专家在双龙村大会堂为100多位果农进行梨树冬季栽培管理及病虫害防控技术培训。

11月8日，街道组织各基层党（总）支部广大党员干部收看党的十八大开幕实况。

12月12日，县委常委、纪委书记周和平，副县长邹向阳到新区拆迁工作指挥部调研，指导新区房屋征收工作。

12月27日，召开中心城区低丘缓坡开发建设征收组工作会议，副县长邹向阳参加会议并作重要讲话。

2012年缙云县大源镇人民政府大事记

1月4日，召开全镇干部、各行政村书记、主任、会计会议，会上传达县十三届党代会和县委书记孔海龙的重要讲话精神。

1月18日，召开全镇各行政村书记、主任会议，贯彻县村级卫生室建设动员会议精神，布置村级卫生室建设和基本药物制度普及工作。

2月1日，镇班子参加全县工作会议。会上，大源镇2011年工作综合考核获全县优秀，受到县委、县政府表彰。

2月21日，召开镇第十六届人民代表大会第一次会议，会议顺利选举产生大源镇新一届政府组成人员。

2月26日，县发改局，县交通局等相关领导到大源镇就农村公路客运车费提价问题召开座谈会，镇干部和各行政村代表30多人参加座谈会。

3月7日，召开由村支部书记、村委会主任、村助理会计、大学生村官及镇干部各员参加的大源镇“进村入户”大走访办实事活动动员会。

3月15日，镇党委召开好党员表彰大会。

3月19日，县委常委、纪委书记周和平同志到大源镇指导“进村入户”大走访工作。

4月5日，县委书记孔海龙，县委常委、纪委书记周和平到大源镇调研便民服务中心建设情况，并到大源村、联谊村、吾丰村大丰自然村实地解。

4月24日，大源镇黄泥垄垦造旱地项目在县招投标中心公开投标，丽水市中达有限公司中标。

4月29日，镇党委组织全镇18个支部书记、分管组织支委进行深化基层组织建设年专题培训。

5月25日，全省全民健身浙南片区“种文化”运动会在景宁畲族自治县举行，经过激烈的角逐，大源镇代表队充分发挥团结协作、顽强拼搏的体育精神，勇压团体总分第一名桂冠。

6月27日，召开庆祝中国共产党建党91周年暨“七一”表彰大会。全镇18个党支部成员、县镇两级党代表参加大会。

7月17日，召开农村集体土地确权登记发证工作专题部署会议。全镇14个行政村支部书记、村委会主任、村会计及驻村干部参加会议。县国土资源局有关业务负责人及技术人员到场指导，并着手开展工作。

7月19日，召开2012年度“春泥计划”实施工作专题部署会，大源、稠门等7个实施村“春泥计划”联络员及其农家书屋管理员参加会议，镇分管领导对该项工作进行专项部署。

8月7日，举行戏曲协会交流会。

8月9日，召开各村民兵连长会议，部署灾后生产生活恢复工作，及困难军烈属摸底和今冬征兵适龄青年信息摸底工作。全镇14个行政村民兵连长参加会议。

9月5日，大源镇妇联召开来料加工经纪人会议，传达8.17县妇联会议关于“构建五大平台”和“突出五大建设”深化来料加工工作的有关工作重点。

9月11日，缙云县工商局携玫琳凯公司销售志愿者到大源小学开展献爱心活动。

9月28日，召开大学生村官工作例会，对强化大学生村官管理进行强调和部署。全镇9名大学生村官参加会议。

10月10日，召开镇志编写培训会。全镇14个行政村书记、助理会计和大学生村官参加会议，镇有关负责人就镇志编写章节及具体编写内容向与会人员进行讲解。

10月12日，市体育局副局长胡雪强、县体育局副局长陈炳相在市县两级体育局有关人员的陪同下，到大源镇检查指导体育创强工作。

11月12日，召开共青团大源镇第十八次团员大会。大会选举产生以楼乐媛同志为团委书记的共青团大源镇新一届委员会和4名参加县团代会代表。

11月28日，召开由各村书记、主任、会计参加的专题会议，就全镇2013年度城乡居民社会养老保险、城乡居民基本医疗保险工作进行具体的安排部署。

11月30日，全县乡镇人大主席例会第三次会议在大源镇召开。县人大常委会副主任胡伟忠、卢兆田出席会议。

12月20日，开展大源镇2012年冬季无偿献血活动，来自全镇各村、企事业单位、镇政府近500名志愿者纷纷前来踊跃献血。

2012年缙云县东渡镇人民政府大事记

2月1日，石松村举行龙年养殖科技交流会。

3月1日，建立省级体育强镇创建工作领导小组。

3月31日，县委书记孔海龙到东渡镇调研指导村级便民服务中心工作。

5月20日，东渡镇株树村舞龙队表演的《龙腾飞舞》代表缙云县参加由中共丽水市委宣传部、丽水市文广新局举办的丽水市第五届乡村文化艺术节开幕式暨全市龙舞大赛中获得金奖。

5月29日，举行东渡镇5.29计生协活动日暨廉政文化进农村文艺晚会，东渡镇近千名群众观看本次晚会。

6月1日，由县人大办翁月静副主任带队，县发改局、县检察院、县交通运输局、县人保公司负责人一行到东渡镇开展六一慰问活动。

6月26日，召开争创省级体育强镇动员大会暨指导员培训会议，全面部署创强工作。并对镇首届全民运动会做布置。

7月5日，建立东渡镇创建平安林区工作领导小组。

7月6日，在县职业中专举行以“新农村、新农民、我运动、齐参与”为主题的东渡镇首届综合性农民运动会，来自东渡镇各村20支代表队共300余名运动员参加此次运动会。

7月28日，召开农村住宅使用情况调查总结大会。

8月2日，召开全体干部职工会议，传达省、市、县视屏会议精神，全面部署“抗台”工作。

8月23日，召开东渡镇执行《农村基层干部廉洁履行职责若干规定（试行）》专项检查动员会，镇党委副书记、纪委书记张伟峰主持动员会并就相关工作进行全面部署。

8月26日，“长虹杯”东渡镇首届男子篮球赛，在新落成的东渡镇文化站灯光球场正式开赛。

9月7日，市委常委、组织部长胡侠到桃花岭村指导“美丽乡村”建设。

9月22日，共青团缙云县委组织县青联、青企协成员一行60余人，到东渡镇桃花岭村开展“重走千年古道、追寻先人足迹，缙云县青联青企协成员进村入企中秋走访慰问活动”。

10月19日，东渡镇、县人民医院团委共同组织青年志愿者在东渡镇方川敬老院开展敬老爱老活动。

10月25日，省委宣传部、省文明办农村种文化活动到缙云东渡兆岸村，在兆岸村祠堂对100余名文艺骨干爱好者进行婺剧的讲解培训，增加文艺骨干们对婺剧的解。

11月9日至10日，镇纪委组织各村党组织、村民委员会班子成员和村配套组织成员，近220余名村干部在廉洁履行职责承诺书上签字。

11月15日，召开东渡镇共青团东渡镇第六次代表大会。

11月28日，建立东渡镇农村饮用水规范管理领导小组。

12月5日，镇团委开展志愿服务活动，组织东渡镇大学生村官、青年团员等20余人到东渡村街道进行大扫除。

12月7日，召开入伍新兵欢送会，欢送19位应征入伍的新兵奔赴军营，保卫国家。镇党委副书记张伟峰、人武部长章旭璐等出席欢送会。

12月13日，县委书记孔海龙，在县委常委、县委办主任吕唐镇的陪同下到东渡镇调研指导工作。

2012年缙云县东方镇人民政府大事记

1月22日，召开党员领导干部民主生活会。县政协主席周保龙参加会议并做点评。会议还邀请县纪委、县组织部的几位同志参加。

2月19日，召开东方镇第六届人民代表大会第一次会议。

3月1日，召开镇全体干部会议，对镇班子成员工作进行分工，明确镇机关人员各自的岗位职责。

3月9日，召开东方镇全镇工作会议。大会认真贯彻落实县第十三次党代会、2012年全县工作会议和镇第六次党代会精神。

4月16日，召开全镇蚕桑联系重点户培训会议。会议由副镇长王海丰主持。

4月19日，召开村级便民服务中心工作会议。会议由镇纪委副书记钭国林主持。

4月25日，市委组织部“基层组织建设年”活动督查组在县委组织部的陪同下分2组对东方镇12个行政村支部和5个非公企业党支部的“基层组织建设年”活动开展情况进行一次专项督查。

5月30日，东方镇计生协请今年摸底的33个计生特困户到镇政府开会一起庆祝节日。

6月12日，召开镇集体土地所有权确权登记培训会，邀请县国土资源局土地储备科主任李任明、浙江臻善科技有限公司工程师程春时在会上做培训。

6月28日，组织召开庆祝建党91周年暨“七一”表彰大会，全体镇干部、各行政村党员、大学生村官、部门负责人及受表彰人员等800余人参加会议。会议由镇长洪涛主持。

7月10日，新深渡村邀请一批老党员干部和放暑假回村的大学生在村大会堂进行一次暑期游泳安全知识培训讲座。

7月18日，胪膛村和长兰村村级网站被评为浙江省2012年度万村联网工程新农村示范网站。

7月25日，北大调研组一行到东方镇横塘岸村调研来料加工。

8月2日，召开镇中层以上干部、大学生村官、各行政村主要负责人、防汛相关工作人员防台视频会商会议，认真听取省委、省政府对9号台风“苏拉”的防御工作布置。

8月8日，接到《关于开展“海葵”台风防御督查检查的通知》后，召开班子会，就督查检查工作进行专项部署。

9月12日，召开基层组织建设暨基层党组织“对标挂星、晋位争星”工作推进会。全镇各基层党组织负责人、驻村干部、大学生村官等50余人参加本次推进会。

9月17日，举办东方镇第二届广场舞展演。县人大副主席卢兆田等县领导、镇全体干部和村民一同观看展演。

9月27日，东方镇联合县建设局、公安局、路政、国土局等部门开展专项执法行动。

10月8日，组织镇全体干部及镇属各部门、行政村、企业收听收看大会现场直播，认真倾听总书记胡锦涛同志的讲话。

10月17日，召开全镇冬季征兵工作会议。各管理区干部、行政村书记、主任、民兵连长等五十余人参加本次会议。会议由镇长洪涛主持。

10月30日，县政协五东联络组在东方镇东方中学开展捐资助学捐赠活动。县政协主席周保龙、副主席王大明、秘书长施加余、东方镇党委书记胡涌杰等领导出席本次活动。

11月12日，召开东方镇第五届第一次团员大会。

11月13日，召开东方镇第三次妇女代表大会。通过全体妇女代表的共同努力，圆满完成大会预定的各项工作。

12月10日，县纪委、组织部考察组到我镇验收村级便民服务中心建设工作。

12月13日，举办2012年入党积极分子培训班，全镇12个村、镇属单位、非公企业及机关党组织30多名入党积极分子参加培训。

2012年缙云县壶镇镇人民政府大事记

1月12日，市委副书记沈仁康到联系村——壶镇镇桃源村，走访慰问老党员和困难群众，调研指导村庄发展工作。县委副书记刘旭标，县委常委、壶镇镇党委书记陈骏等陪同。

1月14日，县委副书记、县长吴筱琳冒雨壶镇镇等地调研缙云低丘缓坡开发利用工作。

1月16日，镇党委、政府在金悦大酒店举办2012年迎春团拜会。镇属各行政村双委和基层站所主要负责人、重点企业老总、全体机关工作人员参加团拜会。

2月17日，召开2012年全镇工作暨小城市培育推进大会，认真贯彻落实县第十三次党代会、2012年全县工作会议、县“两会”和镇第十二次党代会精神。

同日，县委书记孔海龙到壶镇镇专题调研小城市培育试点工作，并在壶镇镇2012年全镇工作暨小城市培育推进大会上发表重要讲话。

2月24日，壶镇镇电子商务协会在壶镇行政服务中心正式成立。县委常委、壶镇镇党委书记陈骏出席会议。

3月6日，县委书记孔海龙到东方镇、壶镇镇等地调研低丘缓坡开发利用工作。

3月13日，市委常委、常务副市长陈瑞商带领市国土、林业、发改等相关部门负责人到缙云进行低丘缓坡综合开发利用试点调研。

4月10日，市政协副主席刘秀兰到缙云开展进村入企大走访活动。县委常委、壶镇镇党委书记陈骏，县政协副主席胡锦伟等陪同。

4月13日，从省公共机构节能工作领导小组获悉，在2011年度浙江省公共机构节能工作先进集体和先进个人评比活动中，壶镇镇人民政府被评为先进集体。

同日，召开基层组织建设年暨计划生育活动月动员大会。

4月26日，举办“青春壶镇 志愿之歌”暨创建爱心城市文艺晚会，庆祝中国共青团成立90周年，县委常委、壶镇镇党委书记陈骏与全场观众一起欣赏表演。

5月15日，召开干部职工大会。县委常委、镇党委书记陈骏宣布，从5月20日开始到8月30日，集中一百天时间开展“项目推进百日攻坚”活动，全力推进项目建设。

5月29日，丽水市碧湖镇考察团一行20多人到壶镇镇，对缙云小城市培育试点建设工作进行考察、交流，丽水生态产业集聚区（丽水经济开发区）管理委员会工作委员会副书记、县委副书记芦忠于出席座谈会。

6月18日，副市长陈重在缙云专题调研万客隆商贸有限公司发展模式，县委常委、壶镇镇党委书记陈骏、副县长楼锦游等陪同调研。

6月29日，召开庆祝建党91周年暨“深化作风建设夯实基层组织”推进大会。

7月1日，镇团结村党支部召开以“谨记誓言，发挥党员先进性，加快团结发展步伐”为主题的“七一”庆祝大会，团结村全体党员、村民代表和村务工作人员共130余人参加此次大会。

7月4日，全国政协常委、经济委员会副主任王众孚一行在缙云考察，市政协副主席李江波、县领导周保龙、陈骏、张颖洁、胡锦伟和省、市、县各级工商部门负责人陪同考察。

8月15日，青田县温溪镇考察团一行10人在镇长王海伟带领下，到壶镇镇考察、学习小城市培育试点工作。

9月20日，县人大常委会副主任胡伟忠率人大常委会城建环资工委，新碧街道、仙都街道、壶镇镇、东方镇人大主席和部分人大代表对42省道壶镇至早宅段改建工程进行视察。

10月26日，第十六个环卫工人节，县委常委、镇党委书记陈骏到壶镇镇环境卫生管理所，亲切慰问环卫工人。

11月12日，召开共青团壶镇镇第十九次代表大会。大会选举产生由11人组成的共青团壶镇镇新一届委员会和7名参加县团代会代表。

11月13日，召开县人大代表壶镇第二小组工作座谈会，会议听取住房和城乡建设局一年来的工作汇报、壶镇教育发展现状以及重大项目进展情况。

12月4日、5日，省住房与城乡建设厅总规划师周日良一行到缙云壶镇镇调研小城市培育试点工作开展情况，县领导孔海龙、芦忠于，陈骏、吉涛、邹向阳、丁勇方等陪同调研。

12月21日，一场以“新壶镇、新居民、新梦想”为主题、庆祝壶镇小城市培育试点两周年文艺晚会在壶镇上演。

2012年缙云县新建镇人民政府大事记

1月12日，以市经信委副主任陈健为组长的市中心镇培育考核组对新建镇中心镇培育工作进行检查考核，县发改局、住建局、经信局相关领导陪同，镇长章晓斌作工作汇报。

1月13日，镇党委、政府召开退休干部新春团拜会，48名退休干部及22名遗属围坐一堂，畅享一年来的丰收喜悦，共谋新建明天发展。团拜会由镇人大主席潘如堂同志主持。

2月18日，召开新建镇第十七届人民代表大会第一次会议。

2月24日，成立新建镇专职消防队。

2月29日，召开2012年全镇工作会议，贯彻落实县第十三次党代会、全县工作会议和“两会”精神，研究部署全年工作。

3月19日，县农委主任陈瑞舜在新建镇溪南村开展“进村入户察民情”活动。

4月20日，召开人口和计划生育工作暨计划生育活动月动员大会。

4月25日，新建镇就全镇计划生育工作存在的问题召开专题会议，镇长章晓斌、分管副镇长陈青骞出席会议并讲话。

5月8日，举行县委宣传部、县计生委、县文广新局联合主办，县文化馆承办的缙云县“树婚育新风、建幸福家园”百场文艺巡演活动启动仪式。

5月23日，成立新建镇创建扶残助残爱心乡镇领导小组。

6月5日，召开计划生育工作座谈会，镇计生办主任陈青骞、管理区书记周利强、管理区主任施普震、各驻村干部、各村（居）两委成员、村官助理以及村计划生育服务员等60多人参加会议，会议由管理区书记周利强主持。

6月25日，召开“深化作风建设年”活动学习动员会，贯彻落实全县“深化作风建设年”活动暨百件实事（难事）交办会精神。

7月8日，建立新建镇食品药品安全示范乡镇领导小组。

7月16日，“天欣”杯男子篮球赛在新建中学体艺馆拉开帷幕。副县长赵建铭宣布开幕。县文广新局、新建镇党委政府主要负责人参加开幕式。

7月25日，召开村级便民服务中心规范化建设巩固提升动员会，镇党委书记施继强、县邮政局局长徐育麟、镇纪委书记周利强，各管理区干部、各村党支部书记、村民委员会主任及村监会主任参加本次会议。

8月17日，全县基层组织建设年推进会暨基层党组织“对标挂星、晋位争星”活动现场会在新建镇召开。县委常委、组织部长陈科强出席会议，各部门、乡镇（街道）主要负责人参加会议。

8月21日，全面启动新建镇《农村基层干部廉洁履行职责若干规定（试行）》贯彻落实情况专项检查建设活动。

8月28日，组织村级食品安全监督员进行业务知识培训，镇分管领导、镇农办、工办及村级食品安全监督员共50余人参加培训。

10月12日，召开新建镇残疾人联合会第二次代表大会，县残联书记江来法同志、镇残联，以及来自全镇27各村的60名残疾人代表参加此次会议。

10月15日，召开全县组工例会，县委组织部副部长李汝东、组织科干部以及各乡镇街道组织委员参加此次会议。

10月24日，新建镇洋山村山角塘附近进行山林消防演习，共有5支消防队的100余名森林消防员参加，出动各式风力灭火机30余台。

11月6日，县档案局在新建镇洋山村组织召开行政村规范（示范）档案室创建现场会，档案局局长刘缙饶、分管副局长杜小丹等领导以及壶镇镇、新建镇等相关乡镇参加。

11月9日，召开新建镇第十一次妇女代表大会，来自全镇各条战线的54名妇女代表们欢聚一堂，共商妇女工作，共谋发展大计。县妇联主席蔡桔英指导会议。

11月13日，召开共青团新建镇第五次代表大会，来自全镇各条战线的58名年轻团员代表们欢聚一堂，共商团委工作，共谋发展大计。

12月6日，新建镇和岩西公路指挥部的工作人员正在用大型挖土机成功拆除岩西公路征收建设范围内的建筑物，新建镇岩西公路建设政策处理全部结束。

12月9日，县文广新局会同县民改委、县审计局、县财政局等部门对新建镇西岸吕氏宗祠修缮工程进行验收。

12月25日，缙云县供销社经营服务综合体新建为农服务中心正式揭牌成立。

2012年缙云县方溪乡人民政府大事记

2月2日，乡党委、政府组织全体乡干部和行政村双委干部学习贯彻全县工作会议精神。

2月20日，召开第十六届人民代表大会第一次会议，县人大副主任胡伟忠同志和县政协副主席钭旭彬同志参加会议。

3月6日，乡党委组织全体乡干部、各行政村双委人员和相关单位负责人，召开“进村入企助推发展”大走访办实事活动动员大会。会议由乡党委副书记、纪委书记杨勇勇同志主持。

4月5日，乡党委、政府组织召开全体乡干部和行政村双委干部会议，学习贯彻落实国务院和省政府第五次廉政工作会议及全省改善发展环境电视电话会议精神。

4月9日，由分管领导徐佳佳组织各村计划生育联络员及乡镇卫生院管理员召开“免疫规划工作会议”。

4月11日，乡党委、政府组织全体干部会议，传达学习县委书记孔海龙在方溪调研便民服务中心的讲话精神，布置下步工作。

6月27日，乡党委书记吕建方陪同县人大常委会副主任胡伟忠等一行人，走访慰问25名老党员和困难党员。

6月28日，乡党委组织全体机关干部和村监会主任观看电影《忠诚与背叛》。

6月29日，乡党委组织开展“我们的价值观”大讨论活动，参加“我们的价值观”大讨论活动的有全体机关干部，各村双委代表，方溪乡小学代表等。

7月4日，乡党委组织全体机关工作人员、各行政村村双委干部在乡会议室通过远程教育平台学习收看大型历史文献纪录片《信仰》。

7月12日，召开“村级便民服务中心规范化建设”现场推进会。全乡各村书记、主任、村监会主任、部分代办员及乡机关干部共40余人参加。

8月6日，召开食品安全大整治百日攻坚行动培训会，分管领导以及乡质监站工作人员、村级监督员共10余人参加。

8月16日，召开贯彻落实会议，乡机关全体干部、各行政村双委干部和大学生村官参加。会议由乡党委书记吕建方同志主持。

9月24日，乡党委、政府召开全体干部会议，研究布署国庆、中秋“双节”期间食品安全专项治理工作，出台“双节”期间食品安全专项治理工作方案，成立专项治理领导小组和办公室，并建立由各村和各销售门店为基点的网络体系。

11月8日，乡团委积极响应县团委的号召，组织乡机关、小学和方溪村的团员青年在集体观看中共十八大开幕式。

11月13日，召开共青团方溪乡第十一次团员大会，选举产生新一届团委领导班子，选举产生9名团委委员。

11月29日，县文化馆给方溪乡深坑村带来主题为“扶残助残、爱心创建”的晚会。

12月5日，市委常委、组织部长胡侠，市政协副主席、市残联主席齐育华与县委组织部长陈科强等领导一起到方溪乡调研，并走访慰问重残困难人员。

2012年缙云县七里乡人民政府大事记

1月16日，举行七里乡农村工作总结会议，各行政村主要干部、乡机关全体干部各员参加会议。

2月6日，召开全乡工作会议，乡机关全体干部、各行政村党支部书记、村民主任、助理会计，乡属单位负责人参加会议。

2月22日，召开创建省级体育强乡动员大会暨指导员培训会。各村党支部书记、村委会主任、乡机关全体干部及大学生村官参加此次会议。

3月7日，召开“进村入企”大走访活动动员大会，拉开乡进村入企活动的帷幕。全体乡机关干部、大学生村官40余人参加会议。

3月13日，县委统战部部长叶理强、县府办副主任卢熊俊及乡挂钩单位人口计生局、县电视台等领导到七里乡开展“进村入企”大走访活动。

3月21日，开展庆“三八”趣味运动会，乡机关全体干部、大学生村官，村两委中的女干部、村妇代会主任、乡属各单位、各部门妇委会负责人和七里、天寿村的部分运动员共100多人参加此次比赛。

4月27日，召开省派驻型坑村计划生育农村指导员欢送座谈会，对一年来的辛勤工作和无私奉献表示衷心的感谢和崇高的敬意。省计生委领导、县计生局领导、县农办领导、乡领导班子、型坑村双委参加此次座谈会。

4月29日，举办入党积极分子培训班，全乡28名入党积极分子参加此次培训。

5月15日，乡党委、政府专门召开环境卫生工作座谈会，乡全体干部，各村党支部书记、村民主任参加此次会议。

5月16日至5月18日，乡党委、政府成立专项整治工作领导小组，由乡主要领导亲自挂帅，上门入户与计生重点户面对面，力促各项欠账落实。

5月18日，省委宣传部常务副部长胡坚、省工商联党组副书记及副主席黄正强、市委常委纪委书记朱晨、县委常委宣传部长陈湘钟、县委常委纪委书记周和平等省、市、县领导一行到乡检查指导“进村入企”工作。

6月25日，七里乡金弄村办公大楼落成，举行挂牌仪式，乡党政班子成员、各党组织书记到场祝贺，并在新办公楼召开全乡党支部书记专题培训会。

6月29日，举行庆祝建党91周年党员大会。大会对创先争优活动先进集体和优秀个人进行表彰。

7月12日，全市农办主任在市委副秘书长、市农办主任邢志行带领下，专程到大园村参观指导美丽乡村建设工作，副县长朱金元、乡党委书记林靖东、乡人大主席蒋晓勇陪同。

8月22日，省计生委副主任宋贤能一行到乡调研指导，并送来一名金弄村指导员，市计生局领导、副县长赵建铭以及县计生局、县农办等相关负责人陪同调研。

9月3日，县委书记孔海龙，县委常委副县长严正满、吉涛，副县长朱金元以及县农办、县旅游局主要负责人等陪同下，到乡调研指导经营乡村行动计划落实情况。

9月20日，缙云县杭银村镇银行助学仪式在七里小学举行。乡长厉辉、七里小学校长陈伟、村镇银行领导及员工代表参加助学仪式。

9月27日，召开第六届人民代表大会第二次会议，45名正式代表和列席代表参加会议。

10月24日，省计生委副主任包保根一行到七里乡检查低收入农民致富奔小康帮扶结对情况，同时对人口和计划生育工作进行调研指导并召开座谈会，副县长赵建铭、县人口计生局局长朱素贞、乡党委书记林靖东、乡长厉辉等陪同调研。

11月5日，省马寅初人口福利基金会会长徐爱光、省人口计生委副主任宋贤能一行到七里乡型坑村视察香榧林项目，副县长赵建铭、县人口计生局局长朱素贞、七里乡党委书记林靖东、乡长厉辉等陪同视察。

11月8日，乡政府组织全体干部职工收看十八大开幕盛况。

11月13日，举行七里乡“美好明天”爱心助学基金成立暨捐资助学仪式。

12月10日，乡党委、政府对全乡申报的“平安单位”进行严格的检查。七里村等16个村，信用社等三家单位，八达五金厂在开展平安创建活动中，领导重视，责任落实，措施具体，工作扎实，成绩显著。达到“平安村”、“平安单位”、“平安企业”的标准。为此，乡党委、政府决定予以命名。

2012年缙云县溶江乡人民政府大事记

1月1日，缙云县在溶江乡岩门景区隆重举办2012仙都（溶江）腊月风情节暨首届微博摄影大赛。县领导赵导亮、周保龙、吕唐镇、李汉勤、陈湘钟、王成良出席开幕式。

2月20日，召开溶江乡第十七届人民代表大会第一次会议。县委组织部长李汉勤、溶江乡各级领导及所有溶江乡人民代表出席会议。

3月18日，溶江乡书画协会正式挂牌成立。

3月21日，县残联到溶江乡，对残疾人进行种蚕养桑的技术培训。

4月1日，举行溶江乡书画协会重新成立庆祝大会。县文联主席夏会格、县书法家协会主席应建军等亲自到会祝贺并在大会上作重要讲话

4月12日，召开2012人口与计生工作暨计划生育活动月动员大会。各村党支部书记、村民主任、会计、计生服务员及我乡全体干部出席会议。

5月21日，“生育关怀——育龄群众生殖健康知识讲座”拉开溶江乡计生协“5.29会员活动日”活动序幕。

6月29日，乡党委召集全乡100多名党员代表举行庆祝大会，隆重纪念中国共产党成立91周年。

8月25日至26日，溶江乡开展秋季计划生育“三查”工作。

9月13日，缙云县委常委、组织部长陈科强在部办公室主任王华云、溶江乡党委书记施瑞强、乡人大副主席张尧兴的陪同下，冒雨到溶江乡山坑村进行调研。

9月19日，召开溶江乡2012年第二次大学生村官例会。本次例会的主题是“乐当基层快递员，加强信息宣传工作”。乡有关领导和所有大学生村官参加，会议由乡党委组织宣传委员胡伟华同志主持。

9月27日，溶江乡“向国旗敬礼、做一个有道德的人”网络签名寄语活动在溶溪小学正式启动。

10月10日，召开冬季征兵工作会议。全乡干部以及各行政村党支部书记、村委会主任和民兵连长积极参与本次会议。

10月25日，溶江乡文学艺术界联合会在乡政府举行隆重的成立仪式，并召开第一次代表大会。

11月2日，召开共青团溶江乡换届选举动员大会，乡党委副书记陆向荣，乡团委班子和来自全乡11个行政村、6个非公企业、5个单位的团支部负责人参加此次会议。

11月13日，召开共青团溶江乡第七次团员大会。乡党委书记施瑞强、副书记陆向荣等领导出席大会。

11月28日，田洋村组织农村青年认真学习十八大报告，畅谈收看十八大报告的体会。

12月7日，乡政府召开2012年新兵入伍欢送会，热烈欢送9位新兵奔赴军营，保家卫国。

12月13日，乡团委带领志愿者小分队前往雅江小学，给那里的留守儿童们带去欢乐和温暖。

2012年缙云县三溪乡人民政府大事记

2月15日，市卫生乡镇创建验收组在市爱卫会主任的带领下到三溪乡，指导考核该乡创建市级卫生乡的工作，缙云县爱卫会负责人陪同。

2月16日，市爱卫会主任带队验收组一行七人到三溪乡，对该乡创建卫生乡工作进行考核验收。

2月20日至21日，召开三溪乡第十六届人民代表大会第一次会议。县政协副主席胡锦伟和县人大、纪委、组织部等领导出席会议。

3月5日，三溪前宝唐水库人工排水成功。

3月7日，召开“进村入企助推发展”大走访办实事活动动会议，对活动作具体部署。全体乡机关干部、各行政村双委参加会议。

4月22日，召开三溪乡第十六届人代会。县政协副主席胡锦伟和县人大、纪委、组织部等县领导出席会议。

5月23日，白堃元教授与农业局胡惜丽专家前来三溪乡指导。

6月1日，三溪小学举行庆六一古诗文朗诵大赛。

7月13日，《大学生村官报》第3版报道县首批大学生村官、三溪乡三溪源村村民主任助理陈杰，扎根山区，种植黄茶自主创业，从小村官蜕变成山村“茶博士”的典型事迹。

7月30日，三溪乡举行喜迎“全民运动会”拔河比赛，全乡4个行政村及乡机关5支代表队参加比赛，经过激烈角逐，最终三溪村代表队以四战全胜的超群实力获得一等奖，三溪源村代表队获得二等奖，乡机关、厚仁村、三溪山村获得三等奖 。

8月23日，召开“对标挂星，晋位争星”会议，全体乡镇干部以及各个村长，书记和村监委都参加学习。

8月28日，召开三溪乡第十六届人民代表大会第二次会议，会上李晓锋同志通过选举当选为三溪乡副乡长。

9月13日，缙云县首个乡镇车站“三溪乡准四级车站”正式开工建设。

9月18日，召开关于“农村五项工作”开展情况督查工作会议。乡全体干部和村监会主任参加会议。

9月20日，召开残疾人联合会第二次代表大会。会上残联理事会主席刘长友对多年来三溪乡开展残联工作取得的成绩表示肯定，为各位残疾人解读《残联法》并对今后如何进一步推动残联工作做简要的介绍。

10月11日，建立三溪乡征兵工作宣传领导小组。

10月16日，开展征兵工作会议，各行政村双委和民兵连长参加会议。

11月13日，召开共青团缙云县三溪乡委员会第三次团员大会，大会上选举三溪乡第三届委员会书记赵霞和副书记谢敏燕，以及委员会委员。

11月14日，召开三溪乡第十二次妇女代表大会，通过大会选举乡妇联第十二届执行委员会组成人员候选人和三溪乡出席县第十二次妇代会代表候选人。

11月28日，召开学习十八大精神扩大会议，全体乡干部和村双委参加会议。

12月7日，召开“欢送新兵入伍，欢迎老兵返乡”座谈会。乡党委、退伍老兵、入伍新兵及新兵家长参加座谈会。

12月13日，缙云县文广新局开展的宣传十八大精神暖人心——“送戏下乡”活动到三溪乡。

12月14日，举行中国民主促进会缙云县总支部委员会“送医、送教、送温暖”下乡活动。

2012年缙云县石笕乡人民政府大事记

1月11日，县政协副主席、县委统战部部长叶理强带领缙云县浙江千秋门业有限公司、浙江安泰机械有限公司、缙云县万里阀门铸造有限公司三个企业的老总到石览乡的犁坑村慰问30户贫困户。

1月14日，市委统战部副部长、市工商联党组书记赵国新、市工商联副主席肖荣在县政协副主席、县工商联主席樊汝元等陪同下，到石览乡走访慰问贫困户，为他们送去党和政府的关怀和祝福。

2月20日，召开“乡第十六届人民代表大会第一次会议”，并成功选举产生新一届乡人大、政府领导班子。

2月28日，副县长邹向阳来到联系乡镇石笕乡，开展群众接访活动。邹县长认真听取石笕乡党委书记、人大主席江静同志关于信访工作的汇报，并接待来访群众。

2月29日，乡团委的组织，手拉手希望小学的老师、学生、部分青年志愿者现身石笕村街头，开展以“弘扬雷锋精神，争做最美石笕人”为主题的系列志愿服务活动。

3月4日、5日，石笕乡开展防汛安全检查。

3月14日，县总工会与乡班子领导一起对莲花村进行走访。

4月10日，召开计划生育工作暨活动月动员大会。全体乡干部和村双委干部、村计划生育服务员参加会议。

4月18日，石笕村召集全村党员干部，村民代表召开计划生育活动月动员会。

5月22日，丽水小百花婺剧团带来婺剧演出。

6月4日至5日，缙云文化馆百场文艺下乡巡演在石览乡演出。

6月28日，召开“深化作风建设年”活动动员会，全乡机关干部、大学生村官、村两委主职干部共计28人参加会议。

6月29日，为庆祝中国共产党建党91周年，石笕乡党委组织全乡两百多名党员到村义务清扫街道，清理村里的生活垃圾。

7月10日，石笕乡结合当地实际开展特种设备安全专项检查行动。

7月12日，组织全乡各村书记、主任、村监会主任、部分代办员及乡机关干部共计40多人，集中在石笕村便民服务中心召开“村级便民服务中心规范化建设巩固提升推进月现场推进会”。

7月19日，石笕乡人民政府对石笕乡康庄公路养护、村庄卫生清扫、河道保洁及垃圾清运项目面向社会公开招标，择优选择经营承包人。经过招投标，最终由天堂村的陈子云获得承包权。

8月23日，召开食品安全大整治百日行动工作会议，全面部署乡食品安全大整治百日行动。

9月5日，开展石笕乡2012年第二轮育龄妇女三查（查环、查孕、查病）工作。

9月11日，乡党委书记江静同志为广大干部上“廉洁履职专题党课”。

9月28日，缙云县“天天乐”第二届广场舞大赛石笕乡代表队获得银牌。

10月8日，县委书记孔海龙在县领导严正满、邹向阳的陪同下到石笕乡调研指导经营乡村行动计划。

10月9日，召开石笕乡各村书记主任例会，各位村书记对如何开展好“对标挂星、晋位争星”活动而进行了一次交流。

11月8日，石笕乡对各行政村村两委干部进行一次生动的消防安全知识培训。

12月5日，市委常委、组织部长胡侠在县委常委、组织部长陈科强的陪同下，到石笕乡石笕村调研指导。

2012年遂昌县妙高街道（妙高镇）大事记

1月4日，城南社区工作人员陪同老干部局相关领导走访慰问14位离退休老干部。

1月5日，组织全体镇干部及社区支书、主任召开人大选举工作布置会。

1月31日，举办“微笑遂昌”新春群众文化序列展演社区会演专场。妙高镇七大社区精心编排，将最精彩、最好看的文艺节目献给全县人民。

2月1日，召开全县干部大会，妙高镇认真组织镇机关干部、村（社区）主要干部观看大会现场直播。

2月8日，县委书记杜兴林到妙高镇调研指导工作，陪同调研的还有县委常委、组织部长雷华英，县委常委、县委办主任周立民等。

3月5日，县实事考核组一行到妙高镇政府就2011年度领导班子及班子成员实事完成情况进行考核，镇副科级以上班子成员参加考核。

3月6日，召开省级卫生县城创建迎接验收部署会，县创卫办、疾控中心工作人员，县城七大社区的党总支书记，城中村及城郊结合部村党支部书记参会。

3月28日，召开社区居委会换届选举工作调研座谈会，各社区党总支书记、主任参加会议。

4月19日，县委常委、纪委书记吴松平到妙高街道调研指导村级便民服务中心建设工作。街道党工委书记叶孔贤、主任吴华军陪同调研。

4月26日，举行庆祝“五四”青年节团干部学习交流活动。

4月27日，举行妙高街道成立揭牌仪式。县委书记杜兴林在仪式上致辞。县领导罗运乾、吴松平、周立民、向争鸣、叶照辉、包志华、褚国华等出席揭牌仪式。

5月2日，县委常委、常务副县长罗运乾携妙高、发改、建设、国土等单位相关负责人就二都街区块场地平整工程及相关政策处理工作展开调研。

5月16日，召开妙高街道古院区块低丘缓坡征迁工作布置，全面打响古院区块征迁攻坚战。

6月20日，县低丘缓坡开发征迁指挥部副总指挥、古院区块征迁指挥部联系县领导、副县长叶照辉携民政局相关负责人来到古院区块开发征迁指挥部召开座谈会，指导区块土地征收范围内的坟墓迁移工作。

6月28日，前山社区组织70余名党员来到竹炭博物馆开展“庆七一”党员活动。

7月27日，由团县委组织，在城东社区召开创建“青春家园”文明社区工作会议。

7月31日，举办城乡居保代扣代缴业务培训会，27个行政村和7大社区的社保员参加培训。

8月8日，遂昌矿山配件厂有限公司董事长李君平携公司员工先后到县低丘缓坡开发总指挥部及古院区块、龙板山区块、湖边洋浩区块开发征迁指挥部，为工作在一线的征迁干部送上清凉饮料表示慰问。

8月16日，县委副书记、县长何卫宁到古院区块开发征迁指挥部慰问一线征迁工作人员，就古院区块近期征迁工作进展展开调研指导。

9月24日，召开第四届社区换届选举工作动员会议，部署社区换届工作，社区换届选举工作全面启动。

9月25日，叶坦社区召开党总支换届选举民主测评及新一届总支委员。

10月20日，前山社区举办主题为“微笑邻里,欢乐社区”第五届邻居节暨重阳节老人趣味运动会。

10月22日，开展城东社区第九届老年运动会。

10月24日，市委常委、丽水军分区政委李荣生率党的“十八大”信访维稳工作督查组在妙高街道督查。

11月2日，召开妙高街道残疾人联合会第二次代表大会，27个行政村和7大社区的残疾人工作者、残疾人代表及残疾人亲属代表参加本次会议。

同日，召开十八大期间信访维稳工作会议，布置十八大期间信访维稳相关工作。

11月20日，浙江省级科普示范社区考核组来到妙高街道城中社区检查验收省级科普示范社区创建工作。

12月5日，召开计生工作会议，传达县计生工作会议精神，部署迎接省市计生检查的各项准备工作。

12月10日，举行共青团妙高街道第一次代表大会。

12月11日，举行妙高街道第一次妇女代表大会。

2012年遂昌县云峰街道（云峰镇）大事记

1月12日，召开云峰镇企业界负责人迎新春座谈会。

1月13日，人武部组织召开迎新春拥军优属座谈会。

2月1日，组织全体干部收看全县干部大会电视直播。

2月28日，镇农业推广中心与云峰中心成技校携手举办“茶园管理实用技术培训”。

3月7日，东姑村举行“三八”国际劳动妇女节庆祝活动。

3月14日，省环保厅到云峰镇开展“进村入企”大走访活动。

3月30日，镇联合县人力社保局、国土局、银行等单位在云峰镇洋浩村开展现场办公，为当地被征地农民统一办理养老保险。

4月6日，省直机关团工委开展“三进三服务”大走访活动。

4月11日，街道办事处召开党政主要领导任免工作会议。

4月27日，云峰街道正式揭牌成立。县委书记杜兴林在仪式上致辞。县领导罗运乾、吴松平、周立民、向争鸣、叶照辉、包志华、褚国华等出席揭牌仪式。

5月9日，街道召开自撤镇设街以来的第一次干部大会。

5月17日，召开龙板山区块征迁工作部署会。征迁工作组所有成员和相关的村两委负责人参加此次会议。

5月30日，龙板山区块征迁工作组召开会议，传达贯彻县委杜兴林书记调研龙板山区块征迁工作的讲话精神。

6月11日，街道组织各村驻村干部、村两委干部和应急分队成员召开防汛工作紧急会议。

6月20日，召开残联工作座谈会，就组团参加遂昌县首届残疾人运动会的相关工作进行协商，县残疾人联合会理事长阙绍华，康复科科长李菁华到会指导。

6月26日，举行毛田洋浩区块场地平整工程开工典礼。副市长葛学斌宣布项目开工。

7月2日，开展育龄群众生殖健康知识巡回讲座(服务)活动。

7月4日，街道民政办组织信用社以及街道所属各村社保员召开工作例会，就做好今年城乡居民养老保险代扣代缴工作作出部署。

7月16日，县委常委、纪委书记吴松平一行深入龙板山区块调研指导征迁工作，实地察看工作组的工作和生活环境，并慰问征迁一线干部。

9月24日，组织街道干部和各村党支部书记收看学习全县创先争优活动总结表彰大会暨项目建设百日攻坚、两违专项整治工作视频会议。

10月11日，龙板山区块征迁工作组召开工作例会。

10月23日，办事处组织各行政村正副职干部、村会计、街道属部门负责人以及本街道驻村干部等召开“两违”专项整治工作会议。

10月30日，召开乡镇团委书记、妇联主席人选民主推荐会。

11月2日，召开治保调解主任会议，各村治保调解主任、各部门单位负责人、各驻村干部参加会议。

同日，召开残疾人联合会第二次代表大会。

11月6日，召开计划生育工作专题会议，会议在对前一时期的工作进行总结回顾的同时，对下一阶段的计生工作做重要部署。

11月28日，县安监局党组书记余考红联合县消防队、县农办、县旅游局等多家单位在云峰街道开展公共安全督察工作，街道分管安全工作领导陪同。

12月4日，组织全体干部、各行政村书记、主任于街道分会场室参加县委关于党的十八大精神宣讲报告会电视直播。

12月6日，召开农居点调整专题工作会议。会议由街道副主任华新强主持，国土所、工作组成员及云峰街道17个行政村的书记、主任参加会议，街道办事处主任包炜在会议上作重要讲话。

12月9日，召开云峰街道第一次妇女代表大会。县妇联副主席叶君美、云峰街道党政班子成员以及来自各行各业的44名妇女代表和2名列席代表出席大会。

2012年遂昌县北界镇人民政府大事记

1月13日，召开《政府工作报告》征求意见座谈会。副县长赵文明主持会议，北界、新路湾、应村、高坪四个乡镇主要领导、人大主席和县人大代表参加座谈会。

1月16日，召开老干部座谈会，镇班子成员和在北界离退休干部参加本次座谈会。

1月17日，召开年终总结大会，镇干部各员、镇属16个基层站所负责人、村书记、主任和村会计参加会议。

2月3日，镇文化中心《农家书屋》举办“庆元宵全民读书”活动，前来读书的读者近90人。

2月10日，召开全镇干部大会，镇干部各员、基层站所负责人、村两委干部、大学生村官，以及受表彰的先进个人参加会议。

2月24日，市爱卫办组织相关专家对北界镇就“爱国卫生”工作开展调研。镇党委书记范建文、镇分管卫生的领导陪同调研。

3月7日，县人大常委会副主任高峥在县审计、监察、财政等有关部门负责人陪同下到北界镇开展村级工程建设项目管理调研工作。

3月13日，召开庆“三八”妇女领头人座谈会。副县长鲁子钗、县老促会会长梁青山及全县各条战线、各行各业妇女领头人30多人参加座谈。

3月28日，召开基层党支部书记会议，来自全镇27个基层党支部书记出席会议。

4月19日，召开村级便民服务中心标准化建设推进会。

4月27日，新源牧业有限公司实施的“猪—沼—果（农作物）”生态农业循环示范点项目通过验收。

5月10日，召开最低生活保障专项检查工作动员部署会，全镇干部、各村主要干部、大学生村官参加会议。

6月7日，召开全镇干部大会，对全市公开选拔领导干部进行动员，镇干部各员、大学生村官参加会议。

6月14日，召开村支书、主任、镇干部各员会议，传达学习省第十三次党代会精神，并对全镇学习贯彻党代会精神作出部署。

7月20日，召开全镇干部会议专题商讨第四届红提节举办事宜，镇党委书记范建文主持会议，镇班子成员、干部各员、大学生村官参加会议。

7月24日，县食品药品监督管理局在北界镇举办科普宣传活动。

8月4日，“北界红提”走进浙江省精品水果展销会。

8月16日，召开北界镇人大主席团会议。镇人大主席团成员、镇党政领导班子成员、县人大代表、县党代表等参加会议。

8月26日，召开北界红提标准化管理论坛。参加论坛的有丽水职业技术学院的专家教授、县农业、科技、全省客商代表，果树栽培专家和红提合作社代表共40余人参加论坛会。同日，2012年北界红提节盛大开幕。省委老干部局副局长褚春华宣布开摘。

9月20日，召开基层组织建设年工作推进会，部署基层组织建设年相关工作及学习推广应村“一心五化”工作法。

9月28日，召开节庆期间安全生产会议。全镇干部、村支书主任出席会议。

10月9日，省教育就业部陈晓雁部长一行在副县长叶照辉、县残联理事长阙绍华等人的陪同下对北界镇建明服装制衣厂进行调研。

10月10日，召开违法用地违法建设整治工作动员培训会。

10月26日，召开全镇干部“两违”工作推进专题会议。

11月1日，计生办开始集中开展秋季“走出去”“三查”服务活动。

11月2日，召开北界镇残疾人联合会第二次代表大会。县残联副理事长葛德法和9个行政村的残疾人工作者、残疾人代表参加本次会议。

11月20日，遂昌县珠联畜牧专业合作社在北界镇揭牌正式成立，并召开首次社员大会。

12月4日，举行第十五届团委换届工作。团县委副书记罗根爱出席会议。大会由副镇长姜李强主持。

12月11日，召开北界镇第十二次妇女代表大会。

12月17日，镇人大主席团召开工作例会。北界镇党政班子、人大主席团成员参加会议。

2012年遂昌县大柘镇人民政府大事记

1月12日，召开农村公共安全协管员安全生产会，镇属各相关单位、行政村安全员以及镇安监站成员参加会议。

1月13日，县委常委、副县长罗运乾到大柘镇开展安全生产大检查工作。

2月1日，组织镇干部各员、村支书主任以及村监会主任共70余人在分会场收看全县干部大会电视直播。

2月29日，召开2012年全镇干部大会暨大走访活动动员会，全镇干部、部门单位负责人和村两委成员悉数参加会议。

3月2日，召开白菊米生产技术培训班。

3月13日，召开“走村入户大走访”活动推进会，镇党委副书记傅长贵主持会议。

3月27日，召开持证残疾人状况与需求实名制登记工作部署会，镇残联工作人员、全镇各行政村社保员参加会议。

4月5日，县政协主席尹建中在大柘镇调研指导工作。

4月6日，举行“党代表活动日”活动，市县镇三级党代表集体亮相。

4月10日，县环保局生态科、县建设局城乡设计院来到大柘镇，对大田农家乐环境治理项目进行测绘。

5月10日，县政协副主席包志华等县行政区划调整调研小组一行在大柘开展行政区划调研座谈。

5月11日，以杭州市民进社会服务处处长陈芳祥为组长的民进杭州市委会“三下乡”活动小组到大柘镇举办农村工作相关法律知识讲座。

5月12日，积极围绕“弘扬防灾减灾文化，提高防灾减灾意识”为主题，开展防灾减灾文化宣传活动。

6月6日，组织党员干部收看省第十三次党代会开幕实况。

6月20日，县质量技术监督局特种设备安全监察科科长朱振庭一行到大柘汤沐园温泉开发有限公司，对公司的电梯以及在建的水上乐园活动设施进行检查。

7月5日，镇计生协在县计生协会的联系下，邀请到陕西第三人民医院妇科主任医师郭永武教授来该镇举办一场“生育关怀——育龄群众生殖健康”的知识讲座，共有一百余名育龄妇女到场听讲。

7月25日，和谐新风进农家——柘溪上村开展养老保险代扣代缴手续办理。

8月9日，召开集体“三资”处置工作会议，相关村支书、主任、大学生村官以及驻村干部参加会议。

8月15日，县农办在大柘镇大田村举办农家乐食品安全、消防安全培训班。大柘、石练、焦滩三个乡镇的六十余户农家乐经营户参加培训。

8月22日，召开全镇土地综合整治专项工作会议，12个村的支书、主任，国土所人员等参加会议。会议由分管领导尹根良副镇长主持。

9月5日，镇安监站组织人员深入电站、烟花爆竹店、煤气店、食品加工厂等地进行安全生产检查工作。

9月11日，召开安全生产工作会议，全体安监站成员参加会议。分管领导叶晟主持会议。

9月24日，召开全县创先争优活动总结表彰大会暨项目建设百日攻坚动员会。

10月11日，省农业厅厅长史济锡一行在大柘视察指导工作。

10月16日，召开两违会议，副镇长王成杰，镇土管所所长应步进出席会议并作出重要讲话。

11月1日，召开残疾人联合会第二次代表大会。出席会议的有县残联理事长阙绍华、镇人大主席范桂林，及25名代表参加会议。

11月28日，大柘，石练，垵口三乡镇举办“建设美丽乡村、构建和谐社会” 宣传十八大精神，文化走亲活动。

12月4日，召开2013年医保工作动员大会，参会人员有镇长林延旺、分管领导邹文斌、驻村干部、大学生村官及各村村支书、主任、会计、社保员。

12月7日，召开共青团大柘镇第十六次代表大会，团县委副书记张慧彦、镇党委副书记毛洁同志出席会议并作重要讲话。

12月13日，召开大柘镇第十五次妇女代表大会。县妇联主席张珍，镇党委书记上官利斌，镇长林延旺等领导出席会议，会议由镇妇联主席候选人傅华娟主持。

2012年遂昌县黄沙腰镇人民政府大事记

1月7日，召开黄沙腰镇第十六届人民代表大会第一次会议。县人大常委会副主任包建崇参加会议。

1月10日，市财政局局长何赤峰到黄沙腰镇开展结对慰问，给困难群众送去冬日里的温暖，县财政局领导陪同慰问。

1月12日，召开黄沙腰镇义务兵家属座谈会。全镇义务兵家属代表、民兵连长等25人受邀参加此次座谈会。

2月21日至25日，展开第一次三查活动，免费为辖区内育龄妇女提供查环查孕和生殖健康检查。

2月23日，召开2012年度全镇干部大会暨大走访活动动员会，全体镇干部、各行政村村两委成员近80余人参加会议。

2月29日，县委常委、组织部长雷华英到黄沙腰镇调研，九龙山保护局局长张少啸、组织部副部长周黎平等陪同。

3月7日，县委常委、常务副县长罗运乾，副县长鲁子钗携县国土局、县公安局、县经贸局安监局、县人防办、县公积金管理中心等部门领导到黄沙腰镇开展“进村入企”大走访。

3月8日，镇妇联组织各村妇代会主任、计生服务员召开庆“三八”座谈会。党委副书记章君剑到会并讲话。

3月28日，召开全镇残疾人工作会议暨持证残疾人实名制登记工作动员会。会议由部长罗伟锋主持。

4月19日，召开基层组织建设年工作推进会，镇班子成员、全镇7各村的村支部书记、主任、村监会主任、驻村干部、大学生村官参加会议。

4月27、28日，开展包含安全生产、防汛减灾、消防、食品药品安全（问题胶囊）及旅游景点安全在内的综合安全大检查。

5月3日，召开村级财务培训会。

5月9日，召开“一优化、两提高、两加强”专题会议，镇班子成员及全镇干部参加会议，会议由黄沙腰镇党委副书记章君剑主持。

5月10日，召开专项检查工作专题会。

6月5日，县委常委、宣传部长华治武一行到黄沙腰镇大熟村调研项目建设，解项目建设进展情况，黄沙腰镇镇长孟晓明、人大主席张水明、副镇长柳雄陪同。

6月6日，团委积极组织团员收看“浙江省第十三次党代会开幕”。

7月11日，市交通局一行在纪检组长曹章兴的带领下在黄沙腰镇调研指导工作，并送来新农村指导员。县交通局相关领导陪同调研。

7月17日，党委召集各村村支书、副支书，就“在信息化和新兴媒体蓬勃发展的情况下怎样把握党员教育的主动性和主导权”开展专题调研。

8月1日，举办药品安全示范乡镇创建工作培训会。

9月11日，召开党风廉政建设巡察工作动员会。

9月24日，召开小学党支部换届选举暨党员学习会。

9月27日，黄沙腰村大会堂里载歌载舞、掌声雷动，黄沙腰镇党委、政府主办的“共唱和谐曲、喜迎十八大”文艺晚会在这里隆重举行。

10月10日，黄沙腰镇农民体检暨2012年“新型农村合作医疗”参保农民体检正式拉开序幕。

10月18日，召开违法用地违法建设专项整治工作动员会，镇领导班子、黄沙腰国土所、黄沙腰司法所、各村支书、主任、会计及相关工作人员参加会议。

10月22日，举行食品药品安全示范乡镇创建培训会。

11月8日，召开残疾人联合会第二次代表大会。镇长孟晓明、镇党委副书记杨志崇、副镇长柳雄、妇联主席方丽红以及24名残疾人代表参加会议。

11月22日，召开提拔、调任人员欢送会，镇领导班子成员、镇干部各员参加欢送会。

11月27日，召开农村沼气安全使用培训会，会议特邀请县农业局相关专家指导工作。

12月4日，全体干部、以及各村的支部书记、主任、会计就2013年度新型农村合作医疗参保工作召开会议。

12月5日，召开共青团黄沙腰镇第十五次代表大会。

12月12日，召开黄沙腰镇第十五次妇女代表大会。大会由黄沙腰镇党委副书记、纪委书记杨志崇主持。

2012年遂昌县金竹镇人民政府大事记

1月12日，县政协党组书记尹建中、县委常委、纪委书记吴松平一行到金竹镇，走访慰问金竹村的李文良和王村村的付衍义两位老党员。镇党委书记叶名颉等陪同参加慰问活动。

2月8日，召开中层干部竞聘演讲会，11名符合竞聘条件的干部踊跃参加这次竞聘演讲。

2月10日，召开全镇干部大会。镇属各单位负责人、各村党支部书记、村委会主任、村监会主任、镇干部各员参加会议。

2月19日，召开党政班子成员会议，就“与群众心贴心，与企业面对面”大走访活动进行专题研究部署。

3月14日，召开本年度首次洁净乡村季度例会，镇党委副书记黄梦怡主持会议，洁净办主任、各工作片片长、村驻村干部、村洁净乡村分管领导及大学生村官参加会议。

3月20日，县老促会一行在镇党委书记叶名颉陪同下深入梭溪塘岭村开展进村入户大走访活动。

4月1日，金竹镇县、镇两级党代表，各基层党支部书记、村主任和部门负责人参加基层组织建设年动员大会。会议由镇长徐根明主持，副书记布置相关活动内容，书记叶名颉作重要讲话。

4月27日，成功举办首届老年人运动会。县老年体协主席李洪遥，副主席苏雪尧、张功和、王为贤等领导出席开幕式。全镇16个代表队，共96名运动员参加。

5月17日，市森检总站王明月副站长一行，到金竹镇检查指导板栗病虫害防治工作。

5月22日，召开本年度第二次洁净乡村分管领导例会，镇党委副书记黄梦怡主持会议，镇洁净办主任、各村洁净乡村分管领导及大学生村官参加会议。

5月28日，召开干部会，传达贯彻全县解放思想大讨论报告会精神，并围绕“科学思维、扬长补短、激情创业”这一主题，结合自身工作和金竹实际，深入开展全镇干部解放思想大讨论活动。

6月4日，县委常委、宣传部部长华治武率宣传部、县移办等部门到金竹检查和指导工作。

6月8日，召开全镇干部各员会议。镇党委书记叶名颉主持会议，对全市公开选拔领导干部做动员，并对近期重点和难点工作做梳理。

6月29日，举办“为党旗增辉、为金竹添彩”演讲比赛献礼党的91华诞 。

7月17日，召开小区二期征迁工作会议。与会人员包括镇干部、各村支部书记、主任以及金竹村两委成员和生产队队长。

同日，由县移办和金竹镇政府主办，成技校协办的乌溪江库区移民信息技术培训班正式开班。

8月30日，金竹村、古楼村两个村四位参加过第六次全国人口普查的业务精干参加县统计局召开的浙江省城乡一体化住户调查培训大会。

9月6日，全县街道乡镇的党务副书记和组织干事共60余人到金竹镇金竹村参观指导党建工作。

9月25日，县委组织部副部长周立军一行到金竹检查指导基层组织建设年活动，金竹镇党委书记王坚兵陪同检查。

10月12日，镇妇联会同综治办结合“遂昌县直属机关党员志愿者送服务下乡活动”的良好契机，在镇政府门口大街开展普法宣传活动。

10月18日，召开违法用地违法建设行为专项整治工作会议，镇干部各员、各村干部以及镇属部门负责人参加会议。

10月29日，市食安委组织水利、质监等部门对金竹镇食品安全示范乡镇创建工作进行考核验收。

11月1日，召开十八大期间维稳工作会议，镇干部各员、镇属各部门负责人、村支书、主任参加会议。

11月16日，针对上月中旬由金竹镇镇政府主办，大柘成技校和金竹林业站承办的在苎上村开展的山茶油种植与加工培训理论知识进行测试。

12月7日，召开金竹镇第十四次妇女代表大会，镇党委书记王坚兵、镇长徐根明、县妇联副主席吴素妤等领导出席会议，会议由金竹镇党委副书记黄梦怡主持。

12月24日，遂昌县县委党校、电大副校长毛立华在金竹镇开展十八大精神宣讲。镇干部各员、镇属部门负责人、各村民代表参加报告会。

2012年遂昌县石练镇人民政府大事记

1月3日，石练镇政府、遂昌团县委、遂昌青少年宫、县委少工委、育才小学、淤溪村联合举办的“学农耕、打米粿、乐体验”亲子体验活动顺序落下帷幕。

3月13日，镇团委在石练到上安村康庄路路段积极开展植树绿化活动。

3月29日，遂昌石练主会场举行的遂昌县“勤廉干部“先进事迹报告会”圆满取得成功。

4月9日，为迎接班春劝农活动，遂昌石练镇团委精心组织淤溪村旅游志愿者成立腰鼓队，认真编排舞步，力求展现妇女同胞良好精神风貌。

6月14日，召开“解放思想、抢抓机遇、全力推进中心镇项目建设动员大会”。

6月15日，举行安全生产暨工业经济分析会。县安监局副局长潘家健出席会议。

6月20日，浙江工业大学生物与环境工程学院社会实践团队一行9人到石练镇进行“建团90，绿色行”社会实践活动。

7月1日，召开全镇党员大会，隆重庆祝中国共产党成立91周年。县政协副主席王凤琴参加大会。

7月5日，组织各片片长、驻村干部召开低保户核查分析会。

7月18日，县人武部部长褚国华一行到石练镇观摩指导基层武装规范化建设工作，全县各乡镇专武部长一同参加观摩。

8月11日，召开石练镇人大主席团会议。镇人大主席团成员、镇党政领导班子成员、县人大代表参加会议。

8月23日，镇党委召开全面推进基层组织建设年“百日集中行动”会议，各支部书记参加会议。

8月29日，在副县长黄俊带领下，县经济商务局、县工商局、县消防大队相关负责人到石练镇开展安全生产大检查大整治活动。

9月4日，举行石练镇爱丰村移民建村50周年庆典。

9月13日，镇纪委召开村务监督委员会主任会议。各行政村村监会主任参加会议。

9月28日，市委副秘书长、市政法委副书记王顺发在县政法委、县司法局领导的陪同下，到石练镇检查指导社区矫正工作情况。

10月16日，召开创先争优总结表彰会暨项目建设推进会。镇全体干部，各村支部书记、主任，镇辖部门及企业负责人参加会议。

10月24日，县人大常委会副主任包建崇、向争鸣及县人大常委会委员在石练镇召开县人大常委会评议县民政局工作座谈会。

10月31日，召开十八大期间信访维稳工作会议。全体镇干部参加会议。

11月7日，召开残疾人联合会第三次代表大会。

11月23日，丽水市人民政府纠风办、丽水日报社栏目与县政府相关部门联合开展“百姓热线”走进石练现场活动。

11月26日，组织中层以上干部在石练菊米有限公司召开2012年度乡镇工作考核细则专题会议。

12月4日，召开2013年农村医疗保险参保缴费工作动员大会，各行政村支部书记、村民主任、报账员、驻村干部参加会议。

12月6日，召开共青团遂昌县石练镇第十五次代表代会。团县委副书记刘卫斌到会指导。

12月10日，县委宣讲团下基层首站走进石练镇选讲党的十八大精神报告。县委宣传部副部长孙培莲、镇党委书记吴建华出席报告会，县委宣讲团成员、县委党校副校长潘文华作主讲。

2012年遂昌县王村口镇人民政府大事记

1月9日，召开王村口镇第十六届人民代表大会第一次会议。

1月16日，副县长蓝献民在王村口镇召开王村口镇、龙洋乡两个乡镇的县人大代表座谈会，广泛听取县人大代表对《政府工作报告》（征求意见稿）的意见和建议。

2月20日，召开“与群众心贴心、与企业面对面”大走访活动动员部署会。

2月21日，县委组织部常务副部长胡法连，机关党工委书记、组织部副部长徐成章等一行人到王村口镇，开展以“与群众心贴心、与企业面对面”为主题大走访活动。

2月24日，召开全镇干部大会。会议由镇党委副书记杨婕主持，镇党委书记杨全优作重要讲话，镇长华锋作年度工作报告。

3月14日，举办“保险下乡、服务三农”人保驻村主任培训班，来自全镇13个村的人保驻村主任参加培训。

3月16日，县政协主席尹建中、副县长赵文明等一行在王村口镇调研文化开发与保护工作。

4月18日，县委常委、公安局局长杜云峰到王村口镇开展大走访。

4月23日，王村口万家红色小学组织全体教职工举行“我们的价值观——用心做教育”主题论坛活动。

4月26日，召开会议布置“三资”整理工作，各村报账员参加此次会议。

5月9日，召开小流域治理项目部署会议，各驻村干部、支书主任参加此次会议。

5月21日，召开最低生活保障专项检查工作会议，各村支书、主任、报账员、镇干部各员参加此次会议。

5月22日，开展以“生态文明、幸福明天”为主题的宣传活动。

6月1日，王村口小学举行“红领巾心向党 中华文化我弘扬”庆六一文艺汇演。

6月14日，召开全镇干部各员、各村支书、主任会议，传达学习省第十三次党代会精神。

6月18日，召开全县人口和计划生育工作推进会。

7月12日，召开粮食生产扶持政策落实专题会议，农技推广中心工作人员、各行政村会计参加此次会议。

7月24日，召开王村口镇首届老年人运动会。

7月31日，召开农产品质量安全培训会，县农业局领导、王村口镇专业合作社法人、农资经营户等27人参加此次培训会。

8月1日，召开全镇现役军人家属座谈会，镇党委副书记、镇长华锋、人武部部长江振军及现役军人家属参加此次座谈会。

8月2日，召开干部各员会议，分管领导组织大家认真学习《中共遂昌县委办公室 遂昌县人民政府办公室关于印发〈遂昌县党员干部赌博问题专项整治行动实施方案〉的通知》文件精神，并签订《禁赌承诺书》，专项整治活动正式拉开帷幕。

8月16日，召开食品安全大整治百日行动专题会议。

9月4日，市防汛办领导在王村口镇检查指导防汛工作。

9月20日，镇人武部召开兵役登记工作会议，各村民兵连长参加会议。

10月17日，县交通局副局长阮定豹在王村口镇检查指导“五一”省道重点工程建设工作。

10月18日，召开创先争优总结表彰大会，镇干部各员、镇属单位负责人、各村支书、主任、报账员等参加会议。同日，召开“两违”专项整治工作动员会，镇干部各员、镇属单位负责人、各村支书、主任、报账员参加会议。

10月24日，召开遂昌县人大常委会对民政局工作评议座谈会。

11月8日，召开王村口镇第二届残疾人联合会换届选举大会。

11月20日，召开山区小流域农业生态工程项目动员会暨工程管理培训会。

11月30日，召开团妇换届动员大会，副书记吴樟根主持会议，镇妇联主席、团委书记，各村支书、主任、妇女主任、团支部书记参加会议。

12月7日，召开新兵入伍欢送座谈会。5名被批准入伍的青年及其家长，以及村民兵连长参加座谈。座谈会由镇人武部长主持，镇党委书记杨全优、镇长华锋参加会议。

12月11日，召开共青团王村口镇第十四次代表大会。全镇32名代表参加会议，团县委书记巫惠祥、镇党委书记杨全优、副镇长王晶晶出席会议并发表重要讲话。

2012年遂昌县新路湾镇人民政府大事记

1月11日，召开第十四届人民代表大会第一次会议。县人大常委副主任高峥，副县长赖信强等领导到会指导。

2月1日，召开全县干部大会，新路湾镇认真组织全镇干部职工、村支部书记、村主任和村监会主任80余人观看大会现场直播。

2月20日，召开班子会议，传达关于在全县开展“与群众心贴心、与企业面对面”大走访活动的实施意见，结合本镇实际，经班子讨论，研究出台新路湾镇开展此次活动的具体方案。

2月28日，县委常委、副县长孙善芳、副县长赖信强一行到新路湾镇开展“与群众心贴心、与企业面对面”大走访活动。

3月2日，召开各村社保员会议，会议主要内容是社保员待遇问题、劳动力转移和劳动力培训工作。

3月7日，镇文化站联合大马埠村举办三八趣味运动会。

3月28日，召开各驻村干部、村会计会议，会议的主要内容是持证残疾人状况与需求实名制登记培训。

4月11日，县委书记杜兴林、县纪委书记吴松平、县委办主任周立民等一行在新路湾镇蕉川村进行调研，新路湾镇党委书记罗铁明、镇长李咏及镇班子成员陪同调研。

4月12日，召开竹产业提升培训现场会。

5月11日，新举办毛竹高效经营技术培训会，培训会邀请毛竹专家、高级工程师邱永华为广大农户传授毛竹高效经营技术。

5月24日，新路湾小学举行“感恩让我们飞得更高”大型感恩励志演讲报告会。

6月12日，召集各村社保员和驻村干部召开新路湾镇居保费代扣代缴协议签订工作会议，布置相关事项。

6月20日，召开全镇第二季度综治工作例会，各村党支部书记、调解员、驻村干部、综治办工作人员参加本次会议，会议由新路湾镇党务副书记林伟华主持。

6月26日，开展主题为“珍惜生命　远离毒品”的禁毒宣传活动。

7月17日，县文化局领导到新路湾镇检查农家书屋建设工作。

7月24日，新路湾镇城乡居民社会养老保险代扣代缴委托书签订工作顺利完成。

8月1日，省林学院暑期实践大学生到新路湾镇兽医站学习交流。

8月15日，召开食品安全暨生猪屠宰监管工作培训会。全镇的屠工、屠商和规模养殖户共40余人参加此次会议。

8月21日，召开洁净乡村工作会议，各村支书、主任、会计，驻村干部、大学生村官参加会议。

9月19日，举行由县畜牧兽医局主办，新路湾镇政府承办，遂昌县绿成蛋鸡养殖场协办的“遂昌县2012年度动物防疫技能比武”活动。

9月24日，组织全镇干部及各村支部书记，收看全县创先争优活动总结表彰大会暨项目建设百日攻坚、两违专项整治工作视频会议。县委副书记、政府县长何卫宁主持会议，县委书记杜兴林在会上作重要讲话。

9月26日，组织开展农村公共安全协管员业务培训。

10月16日，召开企业负责人座谈会，会议邀请县安监局领导和十多位企业的主要负责人进行座谈，相关科室的负责人参加会议，会议由副镇长叶富洪主持。

10月18日，召开违法用地违法建设行为专项整治工作会议。

10月24日，市村庄整治项目验收组到新路湾镇对村庄整治及污水处理项目进行现场评估验收。

11月1日，召开乡镇团委书记、妇联主席人选民主推荐会。

11有5日，召开新路湾镇残疾人联合会第二次代表大会，会议由镇党委委员唐凤莲主持，县残联理事长阙绍华参加本次会议，会议共有23名正式代表、2名列席代表参加。

11有7日，开展踩街活动喜迎十八大。

12月7日，召开共青团新路湾镇第十四次代表大会，团县委副书记罗根爱、镇党委副书记林伟华同志出席会议并作重要讲话。

12月12日，召开第十三次妇女代表大会。

12月20日，举行十八大精神宣传讲座，全镇百余名村民代表出席会议，新路湾村大学生村官雷鸣主持本次宣传讲座活动。

2012年遂昌县垵口乡人民政府大事记

1月10日，召开垵口乡第十六届人民代表大会第一次会议。县委宣传部部长华治武、县人大常委会副主任廖为义、县委组织部副部长、机关党工委书记徐成章、县委宣传部副部长刘力宇等领导到会指导。

1月12日，副县长詹巍带队的检查组到垵口乡开展春节前安全大检查。垵口乡乡长周安涛、人武部长肖德富陪同检查。

2月16日，召开全乡保洁员一季度工作例会暨培训会，全乡9个村的近40名保洁员及乡政府相关工作人员参加会议。

2月23日，县老年体协李洪遥主席一行到乡指导小康型老年体育乡创建工作。

2月29日，召开垵口乡党员干部大会，县委常委、宣传部长华治武到会并作重要讲话。

3月6日，浙江省旅游协会常务理事、副秘书长詹世龙一行在垵口调研指导乡村休闲旅游工作。

同日，垵口乡召开三八妇女节座谈会，乡机关全体女干部、各村妇代会主任、女委员、计生服务员以及部门妇女代表参加座谈会。

3月8日，召开乡干部双聘工作会议。

3月28日，召开持证残疾人状况与需求实名制登记培训会。各村村会计作为登记员参加培训会。

4月16日，召开2012年第一季度计生工作汇报会，驻村干部、各村支书、主任、计生服务员参加会议。

4月26日，召开旅游服务建设年工作会议，深入推进乡旅游建设服务年工作，全乡干部、各村支书、主任参加会议。

5月3日，召开“我们的价值观”大讨论暨迎五四座谈会。

5月9日，召开低保专项检查工作会议，各村的支书、主任、社保员、全体乡干部及大学生村官参加会议。

5月17日，垵口小学举行垵口乡生态教育进校园暨奖教奖学计划启动仪式。

6月14日，召开半年工作推进会。认真学习贯彻省第十三次党代会精神，对下半年的重点工作进行集中安排调度。

6月27日，垵口乡党员志愿服务正式启动，各支部授领“1号行动”红旗。

7月25日，召开社会管理综合治理工作培训会。

7月26日至27日，组织村干部及农家乐协会会员共47人的考察团外出考察农家乐，吸取农家乐的成功经验。

8月7日，姜敏副局长带队的遂昌县食品与药品监督管理局一行在垵口乡根竹口村开展“安全用药、健康饮食”宣传咨询活动。

8月9日，县纪委监察局执法检查室领导一行人到大山村、石仓村指导便民服务中心建设工作。

8月30日，县府办副主任蓝关洪带领县交通、交警、安监、旅游、移办等负责人到乡进行安全生产大检查。

9月18日，召开征兵工作部署会，各负责单位、乡民兵连长参加会议，标志着垵口乡今冬征兵工作拉开序幕。

9月26日，市、县两级老体协在垵口乡验收小康型老年体育乡镇创建工作。

10月18日，召开违法用地违法建设专项整治工作动员大会，对违法建设违法用地专项整治工作进行安排部署。

10月24日，召开小岩村土地开发项目会议，汇报该项目的进展情况。

10月31日，分别召开乡班子会议和乡干部各员会议。

11月1日，召开松遂龙毗邻乡镇治调联席会议。

11月6日，召开残疾人联合会第二次代表大会，本次大会共残疾人代表及乡、村干部26人参加，乡人大主席应文军主持会议。

11月9日，开展农家乐提升培训班，并举行开班典礼，30余名农家乐经营者参与培训，乡人大主席应文军参加开班典礼。

12月6日，召开共青团垵口乡第十七次代表大会。

12月11日，召开垵口乡第十五次妇女代表大会，来自全乡各单位、各战线、各基层妇代会的33名妇女代表参加大会。

12月27日，县府办副主任黄新园带领县党风廉政建设考核组一行在垵口考核党风廉政建设工作。

2012年遂昌县蔡源乡人民政府大事记

1月9日，召开蔡源乡第十四届人民代表大会。

1月10日，乡团委联合王村口成技校组织的农民职业技能培训暨中西式面点培训班迎来现场考试。

1月11日，开展春节前安全生产大检查。

2月21日，乡党委、政府组织班子成员、各村负责人召开2012年度工作务虚会，全面落实科学发展观，进一步解放思想，审时度势，理清思路，共同谋划蔡源发展。

2月22日，上海永嘉国际投资集团有限公司总经理张泳文一行十人投资团队，专程商讨“遂昌三墩休闲旅游基地和蔡相翠谷项目”开发意向。

2月23日，召开全乡干部大会。各村两委成员、村报账员、全体党员、乡属各部门负责人、乡干部各员参加会议。

3月6日，蔡和村召开来料加工经纪人座谈会，来料加工经纪人、村两委成员共10余人参加会议。

3月31日，县人大主任毛建华到蔡源乡走访调研新农村建设工作。

4月25日，召开村干部、驻村干部会议，认真落实县洁净乡村工作督查方案。

4月27日，中国茶科所茶叶专家、蔡源乡科技特派员郭华伟研究员来蔡源乡进行茶叶加工情况调研。

5月10日，乡团委积极开展“情满蔡源，活力青春”主题团日活动。

5月21日，大柯村召开第三届“走进大柯”摄影文化节群众动员大会。

5月26日，大柯村第三届“星源杯·走进大柯”摄影文化节隆重开幕。

6月11日，召开学习贯彻省第十三次党代会精神会议。

6月25日，县审计局局长李伟纲、副局长林延彬、纪检组长雷丽平一行在乡党委书记徐春球、乡党委副书记汤建雄陪同下到蔡源开展走访慰问困难党员活动。

7月3日，省国土厅土地整理中心主任罗进荣一行来蔡源调研水毁农田情况。

7月19日，县委副书记、政法委书记上官国明在蔡源调研社会维稳、计划生育等相关工作。

7月24日，国家级生态县验收组在蔡源大柯验收。

8月18日，蔡和村和双溪村联合召开村民代表会议，会议百分百通过该景区旅游接待中心土地征用前期报批相关手续，永嘉国际集团投资有限公司设计规划并投资建设旅游接待中心。

8月22日，洁净办召集各村主要负责人会议，会上通报“县委督查室、县府督查室2012年7月份洁净乡村建设工作督查情况通报”情况。

9月4日，召开黄家坪（大柯——蔡相翠谷）旅游开发政策处理会议。

9月10日，举行土地征用培训，县国土资源局主任郑长辉授课，全乡干部各员参加培训。

9月13日，召开签约阶段工作部署会。全乡干部各员、蔡和村和双溪村两委成员参加会议。

10月6日，县法院院长叶晓生深入蔡源调研十八大期间信访稳定工作开展情况。

10月18日，举行遂昌县王村口信用社蔡源分社营业大楼项目工程开工典礼。

10月26日，召开乡干部会议，乡党委书记徐春球主持，全乡干部各员参加会议。

11月19日，召开集中学习党的十八大报告精神专题会议。

11月28日，乡长龚水伟带领乡安全检查组对蔡源乡的重点场所开展公共安全大检查。

11月29日，县安监局科长杨文煌带队，联合县公安局、卫生局、农办等部门到乡督查指导公共安全管理责任的落实情况。

12月1日，蔡源乡60多名在外工作人员欢聚一堂，参加“情系蔡源谋发展，共绘宏图促跨越”座谈会。县人民法院院长叶晓生参加座谈会。

12月10日，召开共青团遂昌县蔡源乡第十三次团员代表大会。

12月26日，举行遂昌县百亿旅游项目集中开工活动暨蔡源旅游项目开工仪式。

2012年遂昌县高坪乡人民政府大事记

1月10日，召开第十六届人民代表大会第一次会议。42名人大代表和18名列席代表参加会议。县人大副主任梅伟建，组织部组织科科长苏新华参加会议。

1月30日，召开2012年度工作务虚会，积极谋划今年的工作思路。

2月1日，遂昌县委召开全县领导干部大会，高坪乡设分会场，全乡干部、各村党支部书记、村委会主任、村监会主任共40多人参加分会场会议。

2月9日，召开全乡干部大会。全体乡干部、部门负责人、各村党支部书记、村委会主任参加会议。会议由副书记何华根主持。

3月9日，召开各村党支部书记、村委会主任座谈会，副县长赵文明、县政协副主席包志华、县旅游局、县农办、县科协等部门领导以及高坪乡全体乡干部、部门负责人参加座谈会。

3月30日，县人大廖为义副主任、城建环资工委罗仕军主任、凯兴投资集团负责人郭志强一行到高坪乡调研乡村旅游发展情况。

4月6日，召开基层组织建设年活动推进会，全体乡干部、村主要干部、全体乡党代表、部门站所负责人共60余人参加会议。

4月27日，分别召开班子会、全体干部会议，专题贯彻落实县纪委十四届二次全体（扩大）会议暨“惠企助工优服务、转型跨越促发展”服务企业主题活动推进会会议精神。

5月3日，县纪委常委詹建平，主任杨松长等人到高坪乡检查村级便民服务中心的建设情况，乡纪委何书记陪同检查组一起到各村进行检查。

5月8日，“农信杯”避暑休闲、养生高坪暨2012年浙江地市晚报联谊活动启动仪式在高坪乡茶树坪村的黄氏祠堂内隆重举行，来自全省各地市晚报记者齐聚一堂。副县长叶照辉、县政协副主席林成高、县委宣传部相关领导和高坪乡党政领导班子出席启动仪式。

6月19日，《浙江日报》理论部主任谢正法、县宣传部华治武部长一行到高坪乡考察调研。

6月26日，召开全体党员会议，开展“七一”系列活动。

7月9日，县审计局副局长林延彬等一行四人组成的县低保核查组到高坪乡检查指导低保专项检查工作。

8月1日，召开现役军属座谈会。乡人大副主席谢名胜，副乡长郑凯鹏以及乡有关部门负责人与现役军属、各村民兵连长欢聚一堂，畅谈家乡建设，共聚政军民鱼水之情。

8月2日，召开乡干部各员会议，部署防台工作。

同日，召开乡人大十六届主席团第三次会议。

8月17日，由县农办牵头联合公安、消防、卫生部门组织的农家乐安全知识培训在高坪乡文化中心进行，全乡六十多户农家乐经营户起参加此次培训。

9月5日，召开人事调整通报会，县委常委，组织部长雷华英、高坪乡全体乡干部参加会议。

9月12日，举行高坪农家乐开业暨里高生态蔬菜观光园开园典礼。

10月10日，组织全体乡干部、各村党支部书记、村委会主任、大学生村官、北界国土所、北界村镇站等部门举办“两违”专项整治动员及培训会。

10月23日，人武部长吴子峰带领乡重点办、安全办相关工作人员，走访高坪乡各大工程施工现场开展安全作业检查工作。

11月1日，市农办、市发改局到高坪乡对市级农家乐特色村及“丽水市养生乡村”进行验收。

11月7日，召开残疾人联合会第二次代表大会。

11月16日，召开县管后备干部民主推荐会，认真贯彻县委关于加强培养选拔优秀干部工作的有关精神，不断提高后备干部选拔工作的规范化、民主化和透明度。

12月4日，召开新型农村合作医疗动员会。全乡各行政村支部书记、村民主任、会计及乡干部各员参加，高坪乡书记邱根松、乡长舒坚阳、副乡长蔡捷参加会议并作重要讲话。

12月6日，召开共青团高坪乡第十四次代表大会。

12月13日，召开高坪乡第十四次妇女代表大会。

2012年遂昌县湖山乡人民政府大事记

1月11日，召开湖山乡第十六届人民代表大会第一次会议。

1月14日，召开2012年新春座谈会，乡班子成员、18位部门负责人、22名村主要领导齐聚一堂，共同贺祝福、聊发展、展未来。

1月15日，召开老干部座谈会，书记毛水根、乡长周世岳、副书记秦丽君和曾在湖山担任过副职以上的退休干部参加本次座谈会。

2月6日，乡政府举行元宵游园活动。

2月24日，召开全乡干部大会，乡干部各员、各行政村支书主任、各部门负责人参加会议。

2月29日，召开“与群众心贴心，与企业面对面”大走访活动动员部署会，全乡干部各员、大学生村官参加会议。

3月21日，召开由全乡60余名保洁员参加的保洁员表彰会议。

3月22日，召开“与群众心贴心，与企业面对面大走访活动”阶段总结会议。乡干部各员及大学生村官参加会议。

3月29日，组织观看“十佳勤廉干部”先进事迹巡讲。

4月1日，召开基层党组织建设工作支部书记会议。

4月6日，召开大走访活动党代表建言献策座谈会。

4月27日，召开全乡安全生产会议，乡干部各员、各村支书主任、各部门企业和矿山代表、烟花爆竹和液化气经营户、渡工参加会议。

5月10日，召开由全乡60余名保洁员参加的新一轮保洁员上岗培训大会。

5月16日，召开城乡低保专项检查工作会议，驻村干部、各村支书、主任、会计参加会议，会议由人武部长吴华平主持，乡长周世岳做重要讲话。

5月18日，举办首届老年运动会。

6月5日，举行“世界环境日”环保宣传活动。

6月26日，湖山乡安监办联合乡派出所、航管所、卫生院、农机站、计生办等相关部门开展的安全生产月宣传咨询日活动。

6月28日，县委副书记、县长何卫宁，县委常委、组织部长雷华英，县人大副主任梅伟建一行在湖山乡党委副书记、乡长周世岳的陪同下看望老党员和退伍军人。

7月4日，举办涉药单位业务培训会，湖山、金竹的卫生院、药品经营户、个体诊所、村卫生所等涉药人员参加培训。

7月13日，三归村党支部开展“给留守老人送清凉”志愿服务活动。

8月3日，召开计生例会，联系领导、县计生局徐玉芬到会指导。

9月6日，副县长鲁子钗在县交通局、县移办、县交警大队等部门的陪同下检查指导湖山安全工作情况。

9月21日，召开人大主席团会议，乡人大主席团全体成员、乡党政领导班子、县人大代表等参加会议。

9月27日，召开全乡安全生产会议，乡干部各员、各村支书主任参加会议。

10月19日，召开“两违”专项整治动员大会，会议传达县有关会议精神，布置全乡“两违”整治工作。

10月21日，省第二批非物质文化遗产传承教学基地考察评估组对湖山乡中心小学的湖山武十番教学基地进行实地验收评估。

11月2日，召开乡干部各员会议，乡党委书记毛水根、乡长周世岳等领导班子成员参加会议。

11月7日，遂昌县人民政府、水利局、渔业局联合在湖山乡召开规模网箱渔船管理暨渔船培训会。

12月6日，召开共青团湖山乡第十五次代表大会。来自乡机关、乡属部门、学校、农村团支部等36名代表参加会议，团县委副书记刘卫斌，乡党委副书记秦丽君、乡党委委员范依能出席会议并发表重要讲话。

12月13日，召开湖山乡第十五次妇女代表大会。来自全乡农业、教育、卫生、服务等各条战线的代表共33人参加会议。

12月24日，遂昌县百亿旅游项目集中开工活动暨湖山旅游项目开工仪式在湖山乡大溪边村湖山森林公园举行。

2012年遂昌县焦滩乡人民政府大事记

1月4日，市慈善总会会长徐仁俊在县慈善总会会长王炽耀陪同下到焦滩乡慰问困难群众。

1月9日，召开焦滩乡第十四届人民代表大会第一次会议。

1月17日，开展安全生产大检查活动。按照先行制定的安全生产大检查方案，由乡党政班子成员带队，分三组到企业、加油站、商店、工程施工现场等深入开展安全生产大检查。

2月7日，县委副书记、代县长何卫宁来到焦滩乡和乡班子成员、县人大代表进行座谈。

2月22日，县委常委常务副县长罗运乾在焦滩乡调研指导工作。

3月1日，县人大常委会副主任梅伟建在焦滩乡人大副主席朱樟法的陪同下，到遂昌希顺炭业有限公司、遂昌中利木制品有限公司、焦滩乡焦石娄村开展“进村入企”大走访活动。

3月1日，乡党委、政府召开2012年全乡干部会议，县人大常委会副主任梅伟建、乡干部各员、村两委成员及乡属各单位负责人参加会议。

3月15日，县文化广电新闻出版局党组书记、局长张水源到焦滩乡省级文化特色村——独山村调研文物保护与旅游开发工作。

4月13日，召开全乡计生工作专题会议。乡干部各员、各村党支部书记、村民主任和计生服务员参加会议。

4月23日，召开村级农技辅导员会议，布置春季统一灭鼠工作，结合当前春耕备耕，进行灭鼠技术培训，发放技术资料和鼠药。

4月25日，县纪委（监察局）督察组到焦滩乡检查村级便民服务中心工作。乡党委书记汪华成陪同检查。

5月3日，召开焦滩乡低保专项检查工作动员会。乡干部各员，大学生村官以及村支书、主任，村会计参加会议。

5月18日，市移民办副主任林远一行到焦滩乡焦石娄村调研移民后扶项目。

5月31日，美院教授带领德国学者实地考察独山古寨规划设计工作。

6月7日，召开参与丽水市县联合公选动员会。焦滩乡全体乡干部参与会议。

6月14日，县食品药品监督管理局副局长姜敏带领科室干部一行5人深入焦滩乡进行开展“安全用药，健康饮食”宣传咨询活动。

6月19日，召开焦滩乡社会管理综合治理工作例会，各村社会服务管理站成员、调解员参加会议。

7月2日，县文广新（体）局一行到焦滩乡独山村指导灾后文保建筑修复及重建工作。

7月24日，国家级生态县验收组到焦滩乡验收生态县创建工作。

7月25日，召开焦滩乡人大主席团会议，邀请乡班子成员、县人大代表列席会议。

8月16日，举办焦滩乡移民信息技术培训班。

8月22日，乡党委、政府组织人员到各村来料加工点开展安全生产检查活动，确保各村来料加工点安全生产无事故。

9月5日，副县长蓝献民在焦滩乡指导安全生产工作。

9月26日，市农办副主任江少伟一行在县农办主任罗会贤、副主任雷根松的陪同下对焦滩乡独山村古寨开发进行调研。

10月15日，县委常委、县人武部程浙军政委莅临焦滩乡检查指导征兵工作。

10月17日，召开违法用地违法建筑专项整治动员会。

11月6日，召开焦滩乡残疾人联合会第二次代表大会。

11月20日，焦滩、高坪、柘岱口三乡镇创建省体育强乡镇工作汇报会在焦滩乡召开。市体育局副局长胡建仁带领的体育强乡镇检查组到焦滩检查指导工作。

12月4日，召开新型农村合作医疗工作部署会议，布置今年的新农合工作任务，各村书记、主任，会计、各驻村干部参加会议。会议由乡分管领导钟仙琴主持。

12月7日，召开共青团焦滩乡第十三次代表大会。团县委书记巫惠祥、乡党委书记汪华成、乡长郑月娥和来自全乡各条战线上的32名团代表参加本次会议。

12月24日，举行独山国际艺术文化村开工典礼。县人大常委会副主任梅伟建，副县长鲁子钗，旅游局局长徐建林等相关部门领导出席开工典礼。

2012年遂昌县濂竹乡人民政府大事记

2月18日，县第十五届人民代表大会第一次会议胜利闭幕。

2月22日，县质监局副局长何建华带领相关科室负责人在乡长钟月英的陪同下，深入横坑村金银花种植基地开展“与群众心贴心、与企业面对面”大走访活动，现场指导“顶香”金银花茶QS认证工作。

2月24日，召开全乡干部大会暨“与群众心贴心、与企业面对面”大走访活动动员会，乡属各部门负责人、各村两委成员、乡干部各员近80人参加会议。

3月21日，召开农村党员干部现代远程教育各村站点管理员业务知识学习培训会，会议由乡党委副书记陈林军主持。

3月22日，召开全乡“三资”管理工作会，各村书记主任参加会议。会议由乡党委副书记陈林军主持，乡长钟月英作重要讲话。

3月23日，召开保洁员会议。总结2011年各村卫生保洁工作，部署2012年卫生保洁工作。会议在乡洁净办的组织下，分管领导副乡长吴永良参加会议。

4月1日，召开开展基层组织建设年工作推进会，各党支部书记及全体干部各员等40余人参加会议，会议由乡长钟月英主持。

4月6日，召开外片室党代表会议，20余名党代表参加党组织活动。

4月19日，县委组织部副部长、两新工委书记周黎平到濂竹乡检查指导基层党组织建设工作，乡长钟月英、党委副书记陈林军陪同检查。

5月4日，召开全乡低保核查工作会议，各村支书、主任、村监会主任及乡干部各员50余人参加会议，乡党委书记汪金权作重要讲话。

同日，召开基层组织建设年工作推进会。

5月19日，开展基层组织建设年专题讲座正式开课。

6月15日，召开濂竹乡“金矿杯”展党员风采 弘孝亲之风老年运动会。

6月20日，召开社会管理综合治理工作例会及业务培训。

6月29日，县综治委综治半年督查工作组莅临濂竹乡对综治上半年工作进行督查指导。

7月12日，召开整治村提升建设工作布置会。

7月17日，举办城乡居民社会养老保险费代扣代缴的试点工作，组织驻村干部及各村村会计全体参加。

7月26日，县食品药品监督管理局姜敏副局长一行到濂竹乡开展“安全用药、健康饮食”宣传咨询活动，对群众进行科学用药、合理饮食的相关知识宣传。

8月3日，云峰国土资源所到濂竹检查指导地质灾害防御工作。

8月16日，召开乡干部各员会议，传达县委、县政府关于进一步做好厉行节约工作的文件精神。

9月14日，召开直源“黄金谷”漂流项目工作协调会，会议邀请水利、国土、城建、林业、相关行政村及业主等单位负责人出席会议。

9月20日，乡妇联组织在治岭头村举办全乡洁净乡村义务大扫除活动，全体乡机关干部、各村部分妇女代表、治岭头村男女老少共60余人参加活动。

10月17日，遂昌嘉禾果蔬专业合作社社长鲍忠华在云峰成技校教师的陪同下到县教育局，向局长雷伟东汇报濂竹“黑番茄”产业发展的相关情况。

10月23日，召开“两违”专项整治工作会议，各村书记、主任和乡干部40多人参加动员会。

同日，召开创先争优活动总结大会。

11月14日，县民宗局局长蓝一平和县扶贫办科长刘观法到苏旺村，对村中四条生产机耕路建设项目进行检查和初验。

11月14日至18日，濂竹乡20位“农产品经纪人培训班”的学员通过理论学习考证和外出实践考察后“满载而归”。

12月3日，召开2013年度新农医保工作部署会。乡人武部长王玮主持会议，各村主任、书记、会计、社保员以及乡干部各员参加此次会议。

12月10日，召开欢送新兵入伍座谈会，新征入伍的周云飞、周建斌、鲍杨威及其家长应邀参加，乡党委书记、乡长、乡人武部长及相关村干部参加欢迎座谈会。

2012年遂昌县龙洋乡人民政府大事记

1月6日，召开龙洋乡第十六届人民代表大会第一次会议。县人大副主任高峥，县组织部陈忠良应邀出席会议。

1月13日，召开党政领导班子成员民主生活会，九位班子成员按时参加会议。

1月16日，召开乡机关党员、各村主要负责人、远教站点播放员座谈会，采取多种措施安排部署春节期间远程教育学用工作。

2月8日，市、县老年体协领导深入龙洋乡调研第四批小康型老年体育乡镇创建工作。

2月27日，副县长蓝献民在县人力社保局、县审计局、县财政局相关负责人的陪同下，到乡九龙口村、凉潭口村开展“与群众心贴心，与企业面对面”大走访活动。

3月20日，召开“与群众心贴心、与企业面对面”大走访活动阶段性总结会，会议总结前一阶段该乡大走访活动的落实情况，并对今后的工作进行安排部署。

3月29日，召开持证残疾人基本状况与需求实名制登记工作培训会。各驻村干部、村会计参加本次培训。

3月30日，全体乡干部和乡属各部门负责人在分会场观看“县十佳勤廉干部”先进事迹巡回演讲。

5月2日，召开党建工作会议。各片片长、驻村干部、支部书记、大学生村官参加会议。

5月28日，组织乡村干部收看全县解放思想大讨论报告会视频直播。

5月30日，县委组织部副部长周黎平，组织科长章君剑等一行深入乡检查指导基层组织建设工作。

6月5日，召开“回头看，向前看”为主题的党政班子成员自我工作总结会。

6月7日，乡党委、政府召开社会服务管理工作会议，各村支书、主任、部门负责人、乡干部各员参加会议。

6月27日，召开纪念建党91周年系列活动暨基层组织建年相关工作会。全乡干部各员、支部书记、主任、大学生村官参加会议。

7月3日，凉潭口村新老党员汇聚一堂，重温入党誓词，并就当前形势进行面对面座谈。

8月7日，召开重点建设项目再推进会议，会议分析本年度1至7月份重点建设项目计划执行情况，研究部署下一步工作。

8月21日，妇联和乡安监办在分管领导刘卫斌的带领下，对辖区内的来料加工点进行安全生产大检查。

8月22日，县委书记杜兴林在县委常委、组织部长雷华英，县委常委、县委办主任周立民等人的陪同下，深入龙洋调研指导51省道王村口至老虎跳公路改建工程及乌溪江大溪坝水电站两大重点工程建设。

9月4日，副县长叶照辉在国土、建设、交通、水利等相关部门负责人的陪同下深入焦滩、王村口、龙洋调研乌溪江干流大溪坝、蟠龙水电站政策处理工作。

9月17日，召开征兵工作部署会，会议由乡人武部长蔡荣建主持，乡党委书记朱宜根、各村民兵连长参加会议。

9月19日，召开“思想不能松，干劲不能减”为主题的党政班子成员会。

10月17日，市体育局副局长胡建仁一行在县体育局任俊华等领导陪同下，到龙洋乡检查指导体育创强工作。

10月28日，举办“茶园礼树节暨浙西南传统武术联谊会”。

11月2日，开展“十八大”安全生产大检查行动。

11月6日，召开龙洋乡残疾人联合会第二次代表大会。

11月22日，召开十八大精神学习会，学习贯彻十八大会议精神。

12月4日，召开新型农村合作医疗工作布置会议。会议由乡分管领导蔡荣建主持，各村书记、主任，会计及各驻村干部参加。

12月5日，乡妇联召开龙洋乡第十二次妇女代表大会。乡党委书记朱宜根、县妇联副主席叶君美出席本次大会并致辞。

同日，召开共青团龙洋乡第十五届代表大会。

12月27日，由县计生局副局长季琳带队的考核组一行在龙洋乡检查指导计生工作。

2012年遂昌县三仁乡人民政府大事记

1月7日，召开三仁乡第十七届人民代表大会第一次会议。

1月13日，县委副书记、代县长何卫宁来三仁乡慰问老党员。

1月16日，召开离任村干部座谈会。

2月21日，召开全乡干部大会，乡干部各员、乡属部门主要负责人、村两委班子成员、村会计参加会议。

2月28日，县档案局局长雷招珠带队到三仁乡检查指导档案工作。

2月29日，县政协主席尹建中到三仁乡开展大走访活动检查指导档案工作。

3月8日，县环保局领导到三仁乡开展大走访活动。

3月14日，国家出版总署处长仇英义、省新闻出版局处长于晓梅，在副县长赖信强和文体广电局领导陪同下，到三仁畲族乡排前村调研农家书屋建设情况，指出发挥农家书屋作用，助力农村经济发展，服务新农村建设。

3月30日，召开基层组织建设年活动工作部署会。全乡干部各员、大学生村官、乡属各部门负责人50余参加会议。

4月9日，在高碧街村党代表工作室举行“党代表活动日”活动，县、乡两级党代表集体亮相。

4月19日，召开推进基层组织建设年活动阶段部署会，全乡干部、各村支书记主任参加会议。

5月10日，召开最低生活保障专项检查工作会议，全乡干部、村书记、主任、村监会主任、村会计参加会议。

同日，召开邮政普遍服务项目建设和项目工作推进会。

5月29日，乡党委、政府组织全乡计生协会主要成员及各村支书、主任和村计生服务员、驻村干部，召开“5.29会员活动日”专题会议。

6月8日，举办石板桥区块土地征迁政策培训会。

6月9日，召开石板桥区块土地征迁工作动员大会，对石板桥区块开发征迁工作进行动员部署。

6月29日，县委统战部常务副部长蓝善，县委统战部副部长、县民宗局局长蓝一平到联系村坑口村走访慰问4户困难党员，送去慰问金和慰问品。

7月3日，开展“生育关怀－育龄群众生殖健康”知识讲座，县计生局副局长朱晓梅、秘书长张素梅一同出席讲座。

7月4日，乡长蓝波带领乡分管安全生产副乡长廖陈尉及安监站有关成员对全乡企业进行安全大检查，特别是对坑口萤石矿进行重点检查。

7月20日，遂昌县食品药品监督管理局、三仁畲族乡政府联合在高碧街村举行“安全用药 健康饮食”宣传咨询活动。

8月23日，召开全乡各企业负责负责人安全生产工作及“打非治违”专项整治工作推进会。

8月28日，县人大副主任丛鲁浙到三仁畲族乡石板桥区块土地征迁指挥部，慰问全体征迁干部，解征迁推进情况。

8月29日，副县长黄俊带领经济商务局、工商局、消防大队检查组在三仁乡开展安全生产检查指导工作，乡党委副书记、乡长蓝波陪同检查。

9月1日，小忠村党支部组织党员及村民代表群众，参加义务劳动。

10月21日，召开全乡保洁员会议。同日，十三都村两委、老协组织全村老人聚集在十三都村大会堂和凤凰山庄举行庆祝会活动。

10月31日，市气象防灾减灾标准乡镇考核组来到三仁乡，就创建省级气象防灾减灾标准化乡镇做检查指导。

11月1日，召开十八大期间信访维稳工作会议，全乡干部、各村支书、主任参加会议。

11月29日，央视“美丽中国乡村行”走进遂昌，CCTV—7节目摄制组到三仁畲族乡，拍摄录制冬笋采挖及制作冬笋美食节目。

12月4日，组织收听由浙江省委宣传部讲师团成员、浙江省委党的十八大精神宣讲团成员李泽泉博士对党的十八大报告进行专题宣讲和解读的直播视频。全乡干部各员、各村书记、主任参加讲座。

12月8日，召开共青团三仁畲族乡第十八届代表大会。团县委副书记张惠彦，乡党委副书记姜鹏，副科级组织员董美俊参加会议。

12月12日，召开三仁乡第十五次妇女代表大会，来自全乡35名代表参加会议，县妇联相关领导到会祝贺。

2012年遂昌县西畈乡人民政府大事记

2月23日，召开全乡干部大会。会议由乡党委副书记李卫东主持，乡党委书记朱与滨作重要讲话，乡长曹昱作年度工作报告。

2月28日，举办春茶技术管理培训班，邀请县茶叶站专家到渡口村茶园基地，上一堂生动的茶叶种植技术指导课，全乡3家茶厂负责人、茶叶种植大户和茶农共60余人参加学习。

3月7日至8日，县计生局局长郑法鑫、副局长季琳等一行5人在西畈乡开展“与群众心贴心、与企业面对面”大走访活动。

3月29日，召开残疾人工作会议暨持证残疾人实名制登记工作部署动员会。各村残疾人协会会长 、会计、住村干部、残疾人专职委员参加。

3月30日，组织观看“勤廉干部先进事迹报告”视频会。

4月7日，举办科普惠农 科技富农——红提实用技能培训会。

4月26日，市委610办公室主任陈正巧带领检查组一行，到西畈村检查、指导工作并召开座谈会。乡党委书记朱与滨、乡长曹昱陪同调研并做工作汇报。

4月27日，召开人口与计划生育工作专题会。会议通报2011年度计划生育工作情况和存在的问题，全面布置2012年度计生工作目标。

5月9日，召开专项检查工作专题会。会议由乡人大副主席周世辉主持，乡党委书记朱与滨作重要讲话。

5月12日，乡妇联开展妇女防灾减灾宣传活动。

5月15日，县基层组织建设年工作督查组来西畈乡检查指导工作。

6月1日，西小举办“童心飞扬、快乐成长”文娱活动与留守儿童过六一。

6月6日，乡团委积极组织机关青年干部收看省第十三次党代会直播视频，团员青年们通过电视、网络等媒体，认真听取赵洪祝书记向大会作题为《坚持科学发展深化创业创新，为建设物质富裕精神富有的现代化浙江而奋斗》的报告。

6月26日，县安监局杨文煌一行到乡开展安全生产“查证验证”专项检查工作，乡安监办人员陪同检查。

7月12日，举办“农信杯”首届老年人趣味运动会。

7月23日，召开2012年洋溪源小流域农业生态工程开工动员大会。

8月10日，县人大副主任丛鲁浙一行就洋溪源小流域堤防加固工程和库区移民后扶项目的推进情况进行调研。

8月14日，召开乡人大主席团半年例会，乡人大主席团全体成员、乡政府班子成员、县人大代表出席会议。

8月14日至15日，乡妇联、计生办联合组织全乡妇女同胞在卫生院开展为期2天的妇女病普查工作。

9月4日，召开计划生育专题工作会议，全乡驻村干部、村级计生服务员参加会议，人大副主席周世辉主持，乡长曹昱作重要讲话。

9月5日，县水利局安全办主任朱恒华、黄沙腰水管站站长王文杰一行到西畈乡开展安全大检查活动，乡长曹昱陪同。

9月27日，县水利局安全检查组在西畈开展安全大检查。

10月9日，县库区移民办工作组在西畈指导移民村项目建设工作。

10月16日，乡农机站工作人员与黄沙腰派出所携手开展一次车辆安全隐患大检查，为党的十八大胜利召开营造和谐稳定的社会环境。

10月17日，召开违法用地违法建设行为专项整治动员会。

11月4日，召开残疾人联合会第二次代表大会， 7个行政村的残疾人工作者、残疾人代表及残疾人亲属代表参加本次会议。

11月8日，召开吴仁高同志退休座谈会。党委副书记李卫东主持会议并对吴仁高同志的工作进行评价。

11月20日，召开县管后备干部民主推荐会，会议由乡党委副书记翁捷主持，全乡干部参加。

12月6日，召开共青团西畈乡第十二次代表大会，乡党委书记朱与滨，乡长曹昱等领导出席。

12月13日，召开第十六次妇女代表大会。县妇联副主席叶君美、乡党委书记朱与滨、乡长曹昱、党委副书记翁捷、党委委员、人武部长陈志勇、副乡长宁云抗，以及来自农业、教育、卫生等多条战线的26名妇女代表参加此次大会。

12月25日，由县纪委监察局副局长林延忠带队，县党风廉政建设考核组一行5人到西畈乡检查考核党风廉政工作。

2012年遂昌县应村乡人民政府大事记

1月4日，召开县党代会精神学习会，深入贯彻落实县十四届党代会精神，并结合应村实际，就2012年全乡各项工作目标进行分析解读。

1月12日，召开应村乡第十三届人民代表大会第一次会议。

2月22日，举办育龄妇女计划生育知识培训班，育龄妇女、村计划生育服务员、乡计生办全体成员，共计82人参加培训。

2月24日，市爱卫办组织专家到应村乡进行市级卫生乡镇考核验收。

2月29日，党委书记潘光明同志带领乡工办、安监站人员到乡属各企业开展“与企业面对面”及安全生产检查活动。

3月2日，由县委党校常务副校长蓝建民带队的领导干部实事考核组到应村乡进行领导干部实事考核。

3月13日，县旅游局局长徐建林、副局长季国良、发改局副主任毛仁根一行到应村乡田铺自然村考察指导旅游工作。

4月11日，省高级人民法院院长齐奇一行到应村考察调研社会管理创新工作。

4月27日，竹溪村村干部、种植户在应村乡党委书记潘光明和乡长徐土生的带领下，到衢州煌隆堂农业科技有限公司，考察学习生态精品农业发展经验。

5月4日，召开应村“一心五化”工作法推进会，全体乡干部各员和各村支部书记、村民主任参加会议。

5月29日，召开计划生育协会成立32周年座谈会。

5月30日，召开解放思想大讨论暨首届支部书记论坛，会议由乡党委副书记雷奇峰主持，乡干部及村官共40余人参加。

6月11日，召开全乡干部各员会，传达学习浙江省第十三次党代会精神。

6月14日，召开应村乡第二季度社会管理综合治理工作例会，各村社会服务管理站成员、治保主任、调解员、乡干部各员参加会议。

7月10日，召开应村乡计划生育工作推进会。

7月17日，县纪委常委袁琳，党风室副主任谢飞等到应村乡应村村检查村级便民服务中心的建设情况，乡纪委雷书记等陪同检查组一起到村进行检查。

7月24日，人武部组织民兵应急分队在库区周边村开展暑期青少年学生防溺水安全宣传活动。

8月8日，县妇联主席张珍一行到应村乡检查指导来料加工厂房建设及来料加工工作。

8月22日，召开重点村计划生育约谈会议。

8月29日，县常务副县长罗运乾一行到应村乡调研指导工作。

9月19日，举行“美丽乡村项目大家建”动员大会，在全乡范围内部署和推进“美丽乡村项目大家建”工作。全乡干部各员，各村支书、主任、会计参加会议。

9月27日，县农办、县妇联、县财政等部门组成的特扶项目验收组在应村验收来料加工场所建设项目，乡长徐土生等参加验收工作。

10月15日，举行慈善工作室授牌仪式，同时成立应村村关爱老年人基金会。

10月18日，召开创先争优活动总结表彰会，总结经验，表彰先进。乡干部各员、各村支书、主任以及受表彰人员参加会议。

10月19日，市廉政文化“六进”示范点创建工作检查组到应村村开展检查指导工作。

11月1日，召开应村乡残疾人联合会第二次代表大会。

11月14日，举办遂昌县残疾人猕猴桃栽培管理技术培训班。

11月27日，开展信息工作专题会议，应村乡党委副书记雷兴禾主持，全乡20余名年轻干部参加。

12月4日，召开全乡2013年度新农医工作部署会议，乡全体干部、大学生村官及各村的书记、主任、社保员参加会议。

12月5日，召开共青团第十八次代表大会。

12月11日，召开应村乡第九次妇女代表大会，县妇联领导以及乡党委、政府主要领导出席大会。

2012年遂昌县柘岱口乡人民政府大事记

1月10日，召开柘岱口乡第十六届人民代表大会第一次会议。县人大常委会副主任包建崇、副县长叶照辉及相关部门领导莅临指导。

1月16日，召开年终总结大会，乡干部各员、乡属各部门负责人、村支部书记、主任和村会计参加会议。

2月9日，召开综治维稳、计生、安全生产专题会议。乡干部各员、村支部书记、村主任、综治员、计生员、安全员参加会议。综治办主任黄光运、计生局副局长周根旺、安监局总工杨文煌分别为与会人员作专题讲座。

2月20日，召开泥坯房村落摸底调查及综治工作会议。

2月21日，柘岱口村召开党员民主生活会。乡党务副书记及驻村干部等工作人员、40多名在村党员参加会议。

3月7日，召开大走访活动推进会，对前一阶段工作进行小结，强调下步工作重点，深入推进该项活动。

3月30日，组织党员干部收看“十佳勤廉干部”先进事迹巡回演讲视频直播。

4月16日，召开廉政工作会议暨近期工作部署会议。乡主要领导、干部各员参加会议，乡长叶松华主持会议。

4月18日，根据县文明办相关文件精神，在各村、乡属各单位、学校等全面启动丽水市“市树”、“市花”评选投票活动。

4月24日，尹家村召开便民服务中心专题会议。村民代表、全体党员参加会议。

5月10日，召开低保核查专项工作会议，乡干部各员、村支部书记、村民主任、报账员、大学生村官参加会议，人武部长翁锡华主持会议。

5月29日，由县农业局、县农办、县财政局联合组成的项目验收小组对柘岱口乡尹家村村级集体经济发展建设项目进行考察验收。

5月30日，开展水利项目大检查活动。由乡长叶松华、乡人大主席尹小旻、副乡长叶英及相关工作人员组成的检查小组对乡域内水库、水电站等进行安全检查。

6月12日，召开干部各员会，集中学习省第十三次党代会精神，并传达县委关于贯彻会议的相关要求。

6月20日，召开2012年度城乡居民社会养老保险保费代缴代扣工作动员会，各村支部书记、会计、相关工作人员参加会议。

6月28日，乡党委举办党代表“七一”论坛，县、乡党代表在论坛上各展风采。

7月1日，村党支部召开“庆七一”党员大会。

7月6日，召开低保核查联评会议。乡核查领导小组、村低保核查小组成员、相关工作人员参加会议。

8月16日，召开人大主席团会议。乡人大主席团全体成员、乡党政领导班子、县人大代表、县党代表等参加会议。乡人大主席尹小旻主持会议。

8月23日，省小康型老年体育乡镇考核组在柘岱口乡检查指导创建工作。

8月28日，协同黄沙腰土管所召开土地规划编制工作会议。分管领导、各村支部书记、村民主任、驻村干部、相关工作人员参加会议，乡长叶松华主持会议。

9月3日，召开中共遂昌县委关于进一步解放思想推动干事创业的决定专题学习会。

9月18日，召开柘岱口乡2012年征兵工作动员暨部署会议。

9月27日，召开美丽乡村项目大家建动员会。各村支部书记、村民主任、村监会主任、驻村干部参加会议。

同日，召开项目建设推进会，对全乡的项目建设情况进行部署和指导。

10月16日，召开“两违”专项整治工作动员会，乡领导班子、黄沙腰国土所、各村两委主要成员、会计、相关工作人员参加会议。

11月1日，举行柘岱口乡残疾人联合会第二届代表大会。

11月19日，组织干部各员召开十八大学习会，学习大会精神，领会中央政策。

12月4日，召开共青团柘岱口乡第十六届代表大会。

同日，召开新型农村合作医疗参保征缴工作部署推进会。

12月12日，召开柘岱口乡第十五次妇女代表大会，来自全乡各条战线的34名妇女代表参加此次会议，县妇联副主席吴素妤出席会议。

12月28日，县党风廉政建设考核组在柘岱口乡检查考核党风廉政建设工作。

2012年松阳县望松街道（望松乡）大事记

1月9日，举行“我为望松谋发展”座谈会。参加的有离任的乡、村老干部。

2月1日，全乡党员干部和各村党支部书记、村民主任一同收看县委九届二次全会暨全县干部大会电视直播。

2月14日，副县长毛胜法到望松乡开展“进村入企办实事”调研活动，毛胜法一行先后到西河村、吴弄村，还深入到宝丰钢业集团有限公司进行调研。

2月24日，街道按照县残联的统一部署，在借鉴前阶段试点乡镇的经验基础上，结合本乡实际，开展持证残疾人实名制登记工作。

3月18日，浙江卫视《时代先锋》栏目中，播出松阳县“民情地图”促服务专题内容。望松乡结合县委、县政府的“五个第一”活动安排，组织全乡党员干部收看此次专题报道内容。

3月22日，城北民工子弟学校正式开工建设，为确实保障该工程顺利开工建设，作为工程所在乡党委政府，在做好前期征迁过程中政策处理工作外，今后还将切实承担起工程建设过程中的各项保障任务。

3月30日至4月1日，望松乡组织班子成员对各驻村干部“民情地图促服务”工作情况进行督查，在民情地图调研月的关键时期，为广大干部进一步掌握民情，更好地服务百姓奠定基础。

4月10日，成立望松乡兽医站扩建项目工作领导小组。

4月17日，县第九次党代会精神暨先进人物事迹宣讲团来到望松街道，给全体党员干部以及各村两委干部开一个别开生面的大讲堂。

4月27日，举行党建工作培训会。参加此次培训会的有全街道党政班子成员、村企党支部书记。

5月4日，召开丽水生态产业集聚区松阳分区一期项目望松区域征迁工作推进会。五都阳村两委成员、项目各工作组组长及街道办事处班子成员参加会议。

5月9日，成立由街道班子成员组成的禁砂工作领导小组，集中开展全面禁砂治理活动。

6月11日，城北职工子弟学校尾留征迁全部完成。

6月30日，召开全体党员大会，为迎接建党91周年和学习宣传贯彻省第十三次党代会会议精神，提高党组织凝聚力与战斗力。

7月13日，召开药品安全示范街道创建工作动员会，各村书记、主任、卫生院负责人以及全体街道干部参加会议。

7月26日，西河村村组织活动场所开始动工建设，这标志着望松街道新一轮村级组织活动场所建设进入正式施工阶段。

7月28日，召开计生专题工作会议，传达贯彻县计生工作会议精神。

8月21日，组织开展村两委干部创业承诺项目“回头看”活动。

8月22日，望松街道结合基层党员干部举行以项目建设、环境整治为内容的专题培训会。全街道干部成员、各村两委成员参加培训会。

8月30日，召开人大工委扩大会议。县人大常委会副主任汤根木，区域内的县人大代表、县党代表，街道党工委书记、办事处主任等参加会议。

9月5日，召开望松街道食品安全工作会议，街道干部、各村书记、主任、各食品加工业者和经营户、卫生院负责人等共150余人参加会议。

9月10日，在街道大会堂隆重举行第28个教师节庆祝大会。

10月11日，召开全街道残疾人代表大会，街道37位残疾人代表和县残联、街道办负责人参加会议。

10月26日，县养老服务中心工程（一期）进入收官阶段。

10月30日，县人口计生局联合望松街道开展外来人员计生知识宣传活动，通过发放计生用品、计生有奖知识竞答等形式，向外来流动人口宣传计生知识。

11月1日，在王村大会堂举行望松街道第五届农民文化节文艺汇演，整台晚会体现“农民的节日农民参与”的特色。

11月8日，组织街道干部、村两委及党员集中收看十八大开幕式，并认真听取胡锦涛总书记的工作报告。

12月5日，街道人大工委组织部分县人大代表组成调研督察组，对全街道年度十件实事项目进行调研督查。

2012年松阳县西屏街道（西屏镇）大事记

2月1日，“党的十七届六中全会精神文艺小分队”走进西屏镇清路村，为群众送上一场精彩的文艺演出。

2月6日，西屏镇城中社区200余居民欢聚一堂，举办闹元宵活动。

3月14日，召开全镇干部大会全面动员和精心部署“五个第一”主题教育实践活动。

3月27日，举行第五届中国茶商大会•松阳银猴茶叶节暨恢复县制30周年庆祝大会开幕式。

3月29日，召开春季森林防火会议，西屏林业站工作人员、该镇各村护林员、森林扑火队队长和驻村干部共120人参加会议，西屏林业站周关明站长作重要讲话。

4月19日，县委、县政府召开县部分行政区划调整干部大会，宣布西屏、水南、望松三个街道相关机构成立及人事任免决定，部署行政区划调整工作。

4月23日，西屏街道隆重举行中国共产党松阳县西屏街道工作委员会、松阳县人民政府西屏街道办事处和中国共产党松阳县西屏街道纪律检查工作委员会挂牌仪式。

4月25日，城南社区开展“创建省级园林县城共建美好绿色家园”系列活动。

5月16日,召开全体班子成员参加的查控“两违”的专题工作会议。

5月24日，召开党政重点工作点评与推进暨村（社）级组织授印干部大会。同日，街道纪工委组织村主要干部、街道部分干部90余人观看廉政警示电教片《“暗箱操作”的后果》，并参观县看守所。

5月27日，完成县重点工程农贸市场项目征地清表工作。

6月20日，古城社区组织参加 “仙人源杯”感恩邻里欢乐社区端午文化活动。

6月26日，城西社区党总支召开“感恩教育强党性 喜迎党的十八大”党员大会。

6月29日，召开庆祝中国共产党建党91周年纪念大会。党工委书记徐火明作重要讲话，县委组织部副部长、县编办主任董金福受邀上党课，办事处主任陈增伟主持会议。

7月7日，城西社区联合西屏街道戏曲演唱团进行“敬老爱老”慰问演出。

7月11日，市督查组到城西社区督查刑释解教人员安置帮教工作情况。

7月20日，街道人民武装部隆重举行挂牌仪式，街道办事处全体干部参加挂牌仪式。

8月6日，县卫生局召开社区书记和医疗服务队队长对接会议。

8月15日，举办主题为“青春永驻、激情飞扬、微笑邻里、欢乐社区”的第五届邻居节广场文艺晚会。

8月31日，城东社区召开县直机关党员“社区亮身份，评星促服务”临时党支部书记会议。

9月5日，县长王峻主持召开街道两违处置工作调研座谈会。

9月11日，召开农村集体土地确权登记发证工作推进会。

9月14日，召开西屏第二次归侨侨眷代表大会。县委常委、统战部长蒋璟璟出席会议并作重要讲话。

10月23日，召开村级便民服务中心代办员培训会，街道辖区35个村共125名代办员参加培训。会议由街道纪工委书记叶梦梅主持。

10月26日，召开综治维稳工作暨重点工程工作推进会，街道全体干部参加会议，会议由街道党工委书记徐火明主持。

11月15日，“田园松阳”首届妈祖文化旅游节开幕。原县政协主席、县茶文化研究会会长张增礼，县人大常委会副主任汤根木，副县长沈佩玲，县政协副主席叶向东出席开幕式。

11月22日，召开2013年新型农村(居民)合作医疗工作会议，各社区负责人、驻村干部及辖区35个村的报账员共60余人参加会议。

11月23日，街道团工委召开第一次代表大会，这次大会是撤镇设街后第一次共青团代表大会。

12月10日，成立西屏街道大社保体系建设工作领导小组。

12月22日，城西社区举行“共建促和谐 欢乐迎元旦”乒乓球友谊赛。所在辖区21个共建单位共42名队员参加比赛。

2012年松阳县大东坝镇人民政府大事记

1月7日至9日，大东坝镇在全镇32个选区组织选民以无记名投票的方式，顺利完成县乡两级人大代表换届投票选举工作。

1月17日，召开大东坝镇第十二届人民代表大会第一次会议，县人大常委会副主任吴毅等领导及来自全镇各条战线的114名（正式代表51名）代表一同出席本次会议。

2月21日，组织干部职工收看中国共产党丽水市第三次代表大会实况，认真聆听卢子跃同志代表中共丽水市第二届委员会向大会作题为《绿色崛起、科学跨越，为建设“富饶秀美、和谐安康”新丽水而努力奋斗》的报告。

2月23日，积极开展企业安全生产检查工作。

2月27日，大东坝镇喜迎十七届六中全会精神文艺宣传队。

3月1日，开展为期一个月的计生专项活动月工作。

3月23日，县交通局党组副书记、副局长阙祖权到大东坝镇七村进行“进村入户办实事”走访调研。

3月31日，成立卫生监督小组，对所辖的各个行政村进行卫生检查。

4月10日，成立大东坝镇河道禁止采砂领导小组。

4月24日，县委常委、统战部长蒋璟璟到大东坝镇检查指导“五个第一”主题实践活动。

4月25日，县林业局新任局长阙伟亮一行三人到大东坝等乡镇调研走访，深入解林业站的工作开展情况、林业干部工作生活状况，并与乡镇领导共同探讨如何推进林业产业发展。

5月2日，举行“我为计生国策添光彩”演讲比赛。

5月10日，开展“两排查一促进”专项活动及县司法局“大排查大调解”专项活动。

5月14日，召开网络创业联盟成立会议，成为松阳县县第一支乡镇级网络创业联盟。大东坝镇网创青年、木质品生产厂家、代理商等20余人参加会议。

6月6日，大东坝镇辖区内30个村的书记、主任及镇全体干部、大学生村官召开干部大会。

6月13日，召开全镇各村育龄妇女计生形势分析会。

6月18日，召开防汛工作会议，全面部署端午防汛工作，全体干部参加。

7月26日至27日，大东坝镇开展“三查”工作。

8月9日，制定卫生督察机制，成立专门的卫生督察小组，每两个月对大东坝镇30个行政村进行卫生督察。

8月23日，举办村监委主任培训会议。30个村的村监委会主任参加会议。

8月24日，大东坝镇2012年度首个耕地垦造项目正式开工。

9月21日，举行全镇项目推进会，进一步推进各个行政村项目进度，并邀请相关部门负责人指导工作。

9月24日，在丽水市青年网上创业周开幕式上，大东坝镇农村电子商务集聚区被授予丽水市农村电子商务见习基地。

9月28日，召开全镇民兵连长会议，对今年征兵工作新的特点及今后民兵工作任务进行全面部署。镇人武部及全镇民兵连长共33人参加此次会议。

10月9日，县委组织部在大东坝镇召开以开展民情地图、党代表工作室建设、基层组织办公场所建设等内容为主题的基层组织工作座谈会。

10月17日，召开村级便民服务中心代办员培训会，采取统一到镇集中培训及各村留守一名代办员在村坐班的方式，对全镇30个村100多名代办员进行培训。

11月1日，召开环境卫生保洁工作会议。全镇30个行政村的书记、主任及村保洁人员参加会议。

11月2日，石仓片组织以“健康生活、爱护环境”为主题的老年健步走宣传活动，来自石仓4个中心村的190多名老年人参加活动。

11月7日，开展社区矫正人员集中走访活动。

12月4日，大东坝司法所联合辖区派出所和交警中队在人口聚居的石仓片区设立普法宣传点，开展“12•4”法制宣传日活动。

2012年松阳县古市镇人民政府大事记

1月10日，深入学习贯彻县第九次党代会精神，积极推动各项工作快速有序开展。

1月15日，召开古市镇第十六届人民代表大会预备会议，共有53名代表参加会议，62名人员列席会议。

2月1日，召开县干部大会隆重召开，为使大会精神能够及时、准确地传达给全镇干部，古市镇提前安排，及早部署，精心组织镇干部、村主要干部收看大会电视直播。

2月20日，“党的十七届六中全会精神”文艺宣传演出在古市镇湖溪、源口、刘边中心村大会堂隆重举行。松阳县委宣传部常务副部长蓝海、古市镇镇长朱建伟、副书记李红明出席观看演出。

3月7日，镇政府联合组织古市消防队、古市安监站三家单位10余人开展春季安全生产专项大检查活动。

3月13日，举行贯彻第9次党代会精神暨先进人物事迹报告会，来自古市镇机关事业单位负责人、各村两委负责人和全体镇机关干部出席本次会议。

3月20日，召开古市片“农家书屋”图书管理员培训，来自古市镇、新兴乡、樟溪乡、新处乡、谢村乡的“农家书屋”管理员60余人参加此次培训。

4月17日，镇党委、政府召开由镇班子成员、相关部门领导和古市镇各采砂点负责人参加的非法采砂治理工作会议。

4月23日，召开由30个行政村书记、主任和全体机关干部参加的2012年一季度工作汇报会。

4月28日，城管中队执法人员深入到辖区内商铺，开展“大走访”活动。

5月10日，组织班子成员召开特扶项目工作推进会，研究部署2012年特扶项目工作开展、落实。

5月31日，召开城镇文明建设座谈会。古市镇市、县党代表、人大代表、镇人大主席团成员出席本次会议。

6月1日，镇党委书记潘力平、镇长朱建伟到古市幼儿园看望慰问全体小朋友。

6月4日，召开古市镇组织工作问卷调查工作会议，全体镇机关干部、古市镇第九届县党代表共96人参加。会议旨在进一步加强换届风气测评和提高组织工作满意度的知晓程度。

7月1日，召开全镇庆祝中国共产党成立91周年大会，重温入党誓词，由全镇新入党的25位党员进行领誓，镇机关、企业、村两委党员300余人共同宣誓，帮助广大党员提高党性认识。

7月19日，召开城镇文明建设座谈会。古市镇市、县党代表、人大代表、镇人大主席团成员出席本次会议。

8月16日，党委、政府认真组织收看全县上半年重点经济指标点评暨全县农村环境综合保洁党员视频会议，古市镇全体机关干部，各行政村书记、主任共计150多人参加会议。

8月21日，新疆新和县42名县乡村干部考察团到古市镇七都中心村。该考察团先后参观中心村党员活动室、会议室、办公室、图书室、便民服务中心、幼儿园及中心村医务室等处。古市镇党委副书记、镇长朱建伟亲自介绍中心村建设工作。

8月23日，召开第十六届镇人大代表会议。全镇50名镇人大代表应邀参加该会议，镇党委书记、镇长、人大主席、人大副主席等相关领导出席会议。

9月1日至25日，开展“白露节”农村公路养护活动。

9月26日，市级卫生乡镇考核检查组一行对创建市级卫生乡镇工作进行考核验收。

9月28日，镇安监站联合古市镇工商所组织大型的“安全生产及食品安全咨询”宣传活动。

10月11日，为全面贯彻落实中央、省、市、县“十二五”经济发展规划，切实把“民生工程”做好、做实，加快推进农村就业帮扶服务工作。经研究，决定成立湖溪中心村就业帮扶联络站。

11月6日，召开调解干部会议，35个行政调解主任参加会议。

11月30日至12月3日，举办2012年阳光工程蔬菜园艺工培训班。

12月5日，镇人大主席团到象溪镇考察美丽乡村建设。

12月6日，根据县相关文件精神，为进一步加强对消防安全工作的组织领导，经研究，决定成立古市镇消防工作站。

12月17日，开展“进一线寻问题、进一线解问题”活动。

2012年松阳县象溪镇人民政府大事记

1月5日，县代表象溪中心小组在象溪镇人民政府开展精彩纷呈的代表活动，县人大副主任张宏雁参加会议。

2月7日，县人大常委会副主任周廷喜同志一行到坑里村蹲点调研，并在坑里村会议室召开座谈会，村两委成员参加会议。

2月17日，省委组织部组织处领导深入松阳县象溪镇雅溪口村、象溪一村，新兴乡开展基层组织建设蹲点调研活动。

2月28日，召开全镇干部大会暨作风建设年动员大会，深入贯彻落实党的十八大精神和中央、省、市、县委有关文件精神。

3月5日，召集全镇企业负责人召开安全生产工作会议，总结2012年安全生产工作，贯彻县安全生产工作会议精神，安排部署2013年安全生产工作。

3月25日至4月25日，集中开展人口计生工作专项活动。

3月30日，召开镇计生专项活动月动员大会，全镇干部和35个行政村书记、主任、计生员参加大会。

4月10日至11日，象溪镇分别在雅溪、靖居、象溪各片召开行政村书记、主任会议，解各行政村工作开展情况，全面部署当前工作。

4月16日，成立象溪镇松阴溪河道禁止采砂工作领导小组。

4月24日，举办贯彻县第九次党代会精神先进人物事迹报告会，台上镇干部动情地讲述着身边的典型事迹，台下100余名镇干部及村主要干部认真地聆听着。

5月9日，象溪镇松阴溪河道禁砂工作突击小组的成员们兵分10组，分别奔赴全镇所有砂场，全面开展禁砂工作检查。

5月16日，镇民兵应急排组织象溪镇附近18-35周岁的30多名退伍军人在象溪派出所参加军事集训。

6月6日，召开全镇工业经济分析点评暨安全生产工作会议。象溪镇各企业负责人、安监人员参加会议。

6月27日，组织召开全镇法纪宣传教育活动，全镇35个行政村两委主要干部及镇干部参加此次会议。

6月28日，县教育局副局长施海勇、实验小学党总支书记章云松、教育局直属机关党委副书记周香娣和下儿村指导员董剑青等一行人到下儿村慰问受灾群众，为受灾户送去慰问金。

7月18日，为庆祝靖居口村中老年舞蹈队成立1周年，同时号召更多村民参与到业余休闲文化中来，靖居口村两委主办“庆祝中老年舞蹈队成立一周年”文艺晚会。

7月19日，举办女性健康知识讲座。同日，开展50省道改建工程政策处理攻坚活动。

8月20日，象溪镇以镇政府为中心，在镇区周围开展一次集中灭鼠、灭蟑行动。

8月26日，召开全镇民兵连长会议，会议主要对征兵工作、民兵连建设及当前民兵工作任务进行全面部署。镇人武部及全镇民兵连长共37人参加此次会议。

8月30日，组织全镇干部收看全县农村环境综合保洁动员大会。

9月4日，召开全体驻村干部和各村主任会议。对“白露节•养路日”活动进行布置，要求各村本周内组织人员对所辖区域内农村公路进行一次集中管护，明确目标任务和考核办法。

9月18日，丽水高速交警一大队教导员朱耀松带领五位警员到松阳县象溪镇中心学校送爱心。

9月28日，召开象溪镇残疾人联合会第二次代表会。

10月29日，举办村级便民服务中心代办员培训会。

11月1日，经县府办、建设局、国土局、象溪镇政府等有关单位集体现场办公认定，潘弄村等6个村共45户所申请使用的宅基地获得审批。

11月8日，浙江省“民主法治村”对口检查组一行在象溪镇象溪一村检查指导该村民主法治工作，县司法局局长、象溪镇镇长及有关人员陪同检查。

12月6日，松阳县首个乡镇基层商会——象溪镇商会成立。

12月13日，举办蔬菜基地种植技术培训。

12月17日，召开象溪镇共青团第十三次代表大会。

2012年松阳县新兴乡人民政府大事记

1月12日，举办新一届“村官”家属助廉培训会。

1月16日，召开第十六届人民代表大会第一次会议，县人大副主任孔建民出席会议并作重要讲话。全乡共有42名正式代表，出席41人。

2月9日，召开农村集体“三资”管理工作培训会，各村报帐员和乡“三资”管理中心办公室全体工作人员参加会议。

2月10日，召开全体乡干部、各村书记、主任、监委会主任及受表彰对象等近110人参加的全乡干部大会。

2月24日，召开中心村规划会审会议，由县国土局、发改局、旅游局、交通局、松阳县村镇规划建筑设计室等相关人员组成的评审小组、新兴乡党政主要领导和分管领导，新兴乡上安村、端口村、大石村、后周包村的主要干部参加会议。

3月8日，组织各村妇代会主任召开座谈会。新兴乡第十一届妇女联合委员会全体执委参加此次会议。

3月14日，召开贯彻第9次党代会精神暨先进人物事迹报告会。全乡机关干部、各村三委负责人和村委专职女委员参加此次会议。

3月20日，新兴乡后周包村被评为市级绿化示范村。

4月20日，组织召开全体乡干部、各村书记、主任参加2012年度旧村改造工作推进会。

4月24日，召开村级便民服务中心建设落实推进会，各村书记、主任、全体乡干部参加会议。

4月25日，新兴乡在全乡各村书记、主任工作例会上，对2011年度全乡环境管理工作先进集体、先进个人和优秀保洁员进行表彰。

5月2日，组织全乡各村开展对驻村干部、村主要干部、村两委班子、村党员履职承诺情况的民主评议工作。

5月25日，新兴乡入围浙江省“我心中最美生态乡镇”。

5月29日，新兴乡对本乡17个独生子女家庭和计划生育家庭困难户进行慰问，发放生育关怀慰问金共6900元。

6月7日，新兴乡大石村与枫坪乡金竹村进行党建结对，积极践行“五个一”主题教育实践活动，共商发展大计，共促经济发展。

6月29日，召开庆祝建党91周年暨全乡党员大会，全乡共500多名党员参加会议，共庆党的生日。

7月25日，召开防汛抗旱工作培训会，各村水利工作和山塘水库的管理员参加会议。

8月14日，组织全乡干部、各村质量安全员和巡查员对全乡的茶青市场、茶叶加工户、农资经营点等进行新一轮质量安全生产大巡查。

9月4日，新兴乡20个村、乡机关、乡中心小学等，组织各村党员和村民代表、乡机关干部、学校师生等共400多人参加环保活动。

10月12日，新兴乡专门组织成立上安生态产业园区工作组，进驻该区块开始测量面积、召开户主会等工作。

10月16日，举办来料加工技术培训班。

10月24日，开展江南渠道改造边线农作物清理工作。

11月7日，组织江南渠道改造相关村书记主任召开渠道两岸农作物清理工作会议。

11月9日，组织各村开展为民办实事促服务“回头看”活动，促进各村为民办实事项目落实。

2012年松阳县玉岩镇人民政府大事记

1月11日，县领导翁樟明到玉岩镇校看望孤儿——金梦瑶同学。

1月12日至15日，开展为期四天的2012年上半年集中“三查”工作。

2月20日，组织全体镇干部开展《浙江省禁毒条例》专题学习会。

2月21日，召开中国共产党丽水市第三次代表大会第一次全体会议（开幕式），玉岩镇全体镇干部40余人收看直播。

2月22日，开展2012年春季学校开学前后校园及周边食品安全专项检查。

3月20日，副县长雷超在县计生局和卫生局领导陪同下到玉岩镇开展计生卫生调研工作。镇党政班子、计生专干、卫生院负责人等参加调研座谈。

3月21日，组织全体镇干部开展“五个一”主题实践活动大讨论。

3月28日，正式启动全县持证残疾人基本状况与需求调查登记工作。

4月12日，成立玉岩镇禁止河道采砂工作领导小组。

4月17日，松阳县审计局对玉岩镇中心学校教工宿舍、教学楼、综合楼加固维修工程结算进行审计。

4月25日，成立玉岩镇垦造耕地工作领导小组。

5月29日，玉岩镇举行计生公益金首发仪式。

5月31日，举办国家食用菌产业技术体系食用菌技术培训班。

6月14日，县人武部协同文广新局的人员到洋坑村进行一次走访慰问，放映一场爱国主义电影、组织一次新闻宣传等各项活动。

6月19日，召开社区矫正人员结对帮教座谈会。县政法委副书记吴子仁出席会议并讲话，县矫正委成员单位有关负责人、玉岩镇党政班子成员、辖区内的社区矫正人员40多人参加会议。

6月28日，玉岩镇排居口村党支部召开党员大会。会议通过村党支部设立党员关爱资金的决定。

同日，召开庆祝中国共产党建党91周年纪念大会。

7月2日，镇计生办召开计生服务员会议。该镇党委书记王礼军、副镇长马志强、计生办全体成员以及32个行政村的33名计生服务员参加会议。

7月5日，开展民情地图网格化升级操作培训。

同日，举办入党积极分子培训班，共有来自机关、企事业单位、各村党支部的38名入党积极分子参加培训。

7月16日，组织全镇干部在周前例会上深入学习贯彻县委九届三次全会精神。

8月23日，组织全体干部召开全镇农村环境综合保洁工作部署会议。

9月11日，举行“白露节•养路日”活动启动仪式。

9月15日，由县农业局主办、松阳县玉丰百合专业合作社承办的“阳光工程”食用百合培训班在玉岩镇四楼会议室开班。

9月28日，召开残疾人联合会第二次代表大会。来自全镇各行政村的34名残疾人及亲属代表和6名特邀代表参加此次会议。

同日，举行“庆国庆喜迎十八大”老年人健步走活动。

10月12日，省审计厅副厅长王小龙、退休老领导吴永昌先生在市关工委主任潘瑞卿、县委组织部长王军及县关工委、审计局、教育局等负责人陪同下，到玉岩镇中心学校调研学困生就学工作。

10月25日，组织召开村务监督委员会主任培训会，对33名村监会主任进行集中培训。

10月29日，开展《回眸三十载 再创新松阳——看发展 谈变化 感恩情》感恩册学习宣传教育。

11月15日，召开共青团松阳县玉岩镇第十二次代表大会。

11月19日，召开2013年新农合筹资工作动员部署会，这标志着玉岩镇2013年新农合筹资工作拉开帷幕。

11月30日，县委组织部2013年组织工作思路调研组以深入推进“民情地图”促服务、加快服务型基层党组织和创业创新型人才队伍建设为课题赴玉岩开展调研，参加调研的有全体班子成员、县镇党代表、农村工作指导员、部分村干部、大学生村官等。

12月5日，玉岩镇就召开人大代表会议这个契机，对玉岩镇人大代表进行十八大精神宣讲。

12月6日，成立玉岩镇消防工作站。

2012年松阳县安民乡人民政府大事记

1月4日，召开县、乡两级人大代表正式候选人培训会。县、乡两级人大代表正式候选人、各村书记、主任以及全体乡干部参加本次会议。

1月5日，成立安民乡新农村电器化建设协调小组。

2月8日，召开青年干部座谈会。

2月14日，来自乡机关、各村、各乡属部门的党员干部齐集乡镇府所在地大潘坑村会堂参加全乡干部大会，认真贯彻落实县委九届二次全会精神。

2月19日，乡党委、政府组织乡领导班子成员、各村干部先后到新兴、谢村、望松三个乡学习旧村改造、风情特色村建设、产业发展等新农村建设经验。

3月2日，乡政府邀请县农办、发改局、建设局、国土局、交通局、水利局、教育局、旅游局、大东坝镇城建所、国土所及大潘坑村等相关单位，就松阳县村镇规划建筑设计室编制的《松阳县安民乡大潘坑中心村建设规划说明书》进行会审。

3月5日，召开全县质量技术监督工作会议，安民乡人民政府结合本地实际，提出四举措扎实推进质量技术监督工作。

3月7日，召开2012年度总结表彰大会。乡党政班子成员、乡机关全体干部职工、各村委会干部及大学生村官共60余人参加会议。

4月1日，全面完成乌弄口至李坑通景公路放样测量工作。

4月4日，召开乡班子成员会议，讨论加强班子自身建设。

4月9日，建立安民乡农民负担监督管理工作领导小组。

5月8日，召开人大主席团会议，会议由乡人大主席杨金跃主持，参加会议的有乡人大主席团成员、县、乡人大代表、建议案领衔人、各村书记主任以及乡中层以上干部，共计37人。

6月27日，召开庆祝中国共产党建党91周年纪念大会，全乡党员、四套班子成员、乡干部共150余人参加。

6月28日，组织全体乡干部、乡中心小学全体师生及大潘坑村两委干部和全体党员在大潘坑村开展以“庆七一、献厚礼、保环境、爱家园”为主题的卫生清洁活动。

7月9日，乡人大主席团组织主席团成员、县人大代表和部分乡人大代表在箬寮景区管理委员会负责人的陪同下对松阳县箬寮AAAA景区创建工作情况进行视察。

7月19日，召开箬寮AAAA景区创建推进会，全体乡班子成员、县路政大队、李坑村村民代表以上人员、全体党员参加会议。

7月24日，成立安民乡食品安全大整治百日行动领导小组。

同日，举办高速平缝车工培训班。

8月9日，成立安民乡消防网格化管理小组。

9月10日，举办“白露节•养护日”活动，安民乡全体乡干部及各村书记、主任、养护员参加“依托和谐管养、打造精品旅游”暨全民义务养护日活动启动仪式。

9月19日，召开乌弄口至李坑公路工程项目推进会。安民乡、交通局、施工以及监理等单位负责人参加会议。

9月27日，召开村级便民中心代办员业务知识培训会，全乡驻村干部、村代办员50余人参加培训会。

10月31日，针对乌弄口至李坑通景公路曹竹路段政策处理难题召开专题会议，研究难题破解方案。乡党委书记陈新军、曹竹村联系领导、驻村干部，曹竹村书记、主任、乡人大代表、会计、老干部共9人参加会议。

11月12日，召开消防器材捐赠仪式暨消防知识培训会，县消防中队进行现场授课及现场消防演练。

11月13日，开展环境卫生集中大整治活动。由各村联系领导、驻村干部、村两委成员、全体党员、卫生保洁员带头，带领全乡群众积极开展卫生整治。

12月18日，公开安民乡2012年政府工作年度报告。

2012年松阳县枫坪乡人民政府大事记

1月9日，县妇联主席叶丽丽等一行到枫坪乡枫坪村，对该村的7户结对帮扶家庭进行走访慰问。

2月1日，组织收看县委九届二次全会暨全县干部大会。

2月10日，召开2012年全镇干部大会，传达落实县委九届二次全会暨全县干部大会精神。全乡17个行政村的书记、主任、乡属部门负责人及全体乡干部参加此次会议。

2月14日，枫坪村中心村建设项目规划方案顺利通过由建设、发改、国土、农办、交通、环保、教育、供电、水利等部门组成专家组的会审。

3月1日，举行主题为“庆‘三八’，展风姿”的趣味运动会，全体女乡干部、各村女干部、女委员及计生服务员等30余人参加活动。

3月12日，乡政府召开“五个第一”主题教育实践活动宣讲会。

同日，组织镇村干部、林业站等人员在该镇树稍村开展义务植树活动。

4月3日，召开全体乡干部会议。会上，各驻村干部对护林员巡查情况、宣传资料发放情况、清明期间村里对为防火工作采取那些措施进行汇报。

4月23日，丽水市职业技术学院党组书记陈国锋教授一行，到枫坪乡开展结对帮扶活动。

4月27日，组织小吉等5个村庄整治相关村的主要干部到三都乡上庄村和里庄村考察，学习借鉴其经验和做法。

5月15日，成立乡“打非治违”专项行动领导小组。

5月21日，人大组织召开主席团会议，对乡十六届人大会议的代表议案进行交办。枫坪乡主席团成员、部分县乡人大代表、乡班子成员参加会议。

5月28日，成立各村食品安全监督小组。

6月7日，新兴乡大石村与枫坪乡金竹村进行党建结对，积极践行“五个一”主题教育实践活动，共商发展大计，共促经济发展。

6月18日，枫坪乡为深入开展创先争优活动，开展党员亮身份、守承诺、树形象活动。

7月13日，县委九届三次全体（扩大）会议召开之后，枫坪乡迅速召开干部大会，认真传达学习，把学习贯彻全会精神作为重要政治任务，与“全面推进‘两区’建设、全力打造‘田园松阳’”解放思想大讨论和全乡各项社会经济事业建设结合起来。

8月9日，成立枫坪乡消防网格化管理小组。

8月27日至31日，利用育龄妇女返乡送孩子上学的契机，对17个行政村已婚育龄妇女全面开展一次免费“三查”服务。

8月30日，建立农村环境综合保洁工作领导小组。

9月18日，乡民政办及妇联到枫坪乡朱岱儿村叶某家中，为生活困难的叶某送去关怀和温暖。

9月19日，党员干部、公路养护员、普通群众等百余人在洋庄源开展白露节养路活动。

9月21日，召开残疾人联合会第二次代表大会。来自全乡各行政村的20名残疾人及亲属代表和11名特邀代表参加会议。

11月1日，钱余村举办高山蔬菜培训班，本次培训班邀请县农业局专家陈平进行讲课，来参加培训的村民共有40余人。

11月8日，枫坪乡组织20个党支部，330名党员及100多名非党员干部通过电视、党员远程教育平台收看中国共产党第十八次全国代表大会开幕式。

11月19日，成立农村联合调解中心，由乡党委、政府及各村有丰富调解经验的干部和村民担任调解成员。

12月7日，成立枫坪乡消防工作站。

2012年松阳县叶村乡人民政府大事记

1月16日至17日，召开叶村乡第十六届人民代表大会第一次会议，县人大常委会副主席应邀张宏雁列席会议。

2月9日，副县长蓝宁虹到叶村乡包安山、松山两村开展调研，就农村发展思路等提出宝贵意见。

2月15日，召开保洁员工作会议，各行政村21名保洁员参加会议。

同日，在寺岭下村举办叶村乡茶叶质量安全生产培训班。

2月22日，叶村情缘休闲岛举办《叶村乡农家乐餐厅服务员培训班》，来自全乡70多名学员参加，培训期为一周。

3月1日，全面开展春季计划生育行政执法服务月活动，着力打造“阳光计生”。

3月8日，乡党委、政府组织乡、村妇女干部、计生服务员40多人开展 “计生知识问答竞赛”活动。

3月13日，结合残疾人实名登记工作开展困难群众走访活动。

4月18日，组织南岱等5个山村的70多位村民参加香榧抚育管理暨农民素质提升培训会。

4月23日，召开香榧抚育管理暨农民素质提升培训会。

4月28日，乡人大代表第二小组开展小组活动，一行十余人到东坞水库视察饮用水源保护工作。

5月1日，乡人大对和叶村乡春季计划生育行政执法服务月进行行政执法评议。

5月28日，为深入开展安全生产领域“打非治违”专项行动，经乡政府研究决定，成立叶村乡“打非治违”专项行动领导小组。

5月29日，乡计生协开展“送温暖、送服务”惠民行动。

6月19日，建立叶村乡市级卫生乡镇创建工作领导小组。

6月22日，乡人大主席团组织人大代表集中培训学习。

7月10日，乡人大主席宋苏君组织乡人大主席团成员及部分乡代表开展农村道路安全调研活动。代表们通过座谈会，走访解农村道路，尤其山区的通村公路的状况，解农村道路存在的安全问题及安全隐患。

7月13日，乡督查村级便民服务中心开展情况进行督查。

7月17日，县关工委到叶村乡围绕该乡关工委上半年工作情况、青少年暑期文化活动等开展调研活动。

8月3日，召开乡人大主席团会议，县人大常委会副主任吴毅应邀参加会议。

8月9日，成立叶村乡消防网格化管理小组。

8月24日，召开首届全民运动会暨残疾人运动会，来自全乡各村各单位17个代表队170余名运动员和12名残疾人运动员参加比赛，副县长蓝宁虹出席开幕式并致开幕词。

9月3日，乡人大组织乡人大主席团成员，和叶村乡各村书记或主任一起对乡15个村的农村环境卫生整治工作进行督查。

9月11日，召开农村卫生保洁工作会议暨创建市级卫生乡镇推进会，全体乡干部参加会议。

9月13日，召开“创国优”推进会，乡党政领导班子、全体乡干部、各村书记、主任和计生服务员参加会议。

10月19日，松阳县乡镇（街道）团（工）委换届试点工作现场观摩会暨共青团叶村乡第十一次代表大会在叶村乡乡政府召开。乡党委领导、团县委负责人以及团员代表近40余人出席会议。

11月8日，省体育强乡考核组到叶村乡检查验收体育强乡创建工作。

11月30日，县委组织部2013年组织工作思路调研组以深入推进“民情地图”促服务、加快服务型基层党组织和创业创新型人才队伍建设为课题赴玉岩开展调研，参加调研的有全体班子成员、县镇党代表、农村工作指导员、部分村干部、大学生村官等。

12月4日，松阳县叶村乡中心小学开展“洁净乡村”环保公益活动。

12月7日，成立叶村乡统计工作领导小组。

2012年松阳县裕溪乡人民政府大事记

1月11日，县委常委、县委统战部部长蒋璟璟一行到裕溪乡小槎村慰问90岁以上的高龄老人，送上慰问金和慰问品。县委统战部、裕溪乡领导陪同。

1月31日，印制3000张印有裕溪风景、写有“每天一清扫、垃圾不乱倒、生活更美好”标语的精美年画，由乡干部挨家挨户送到每个农户家中。

2月7日，召开全乡干部大会，将干部群众思想统一到全县干部大会精神上来。该乡将坚持走“生态立乡、工业强乡、项目兴乡、产业富民”之路，全力建设“油茶画乡魅力裕溪”。

2月8日，县委常委、公安局长罗孝林，人大副主席孔建民一行到裕溪乡开展进村入企走访调研活动。

2月21日，组织全体干部集中收看市第三次党代会电视直播实况，认真聆听市委书记卢子跃同志的工作报告。

3月22日，全面开展茶叶质量安全宣传月活动。

3月23日，乡党委、政府组织开展深化“民情地图”调研月活动。

3月27日，组织开展森林防火督查活动，乡政府对各村存在的火灾隐患点进行排查。

4月11日，建立“民情地图”促服务干部作风建设督查制度。

4月16日，召开“民情地图”促服务工作例会，着重对便民服务中心巩固提升工作、民情地图信息采集与更新、干部到村走访办事情况、计生工作等进行总结与部署。

4月23日，召开贯彻县第九次党代会精神暨先进人物事迹报告会，全乡共90余人参加会议。

5月14日，开展村集体报账员培训工作，进一步加强农村“三资”管理工作。

5月15日，裕溪乡与莲都区碧湖镇文化站在裕溪乡源底畲族村，联合开展瓯江文化会亲活动，为当地农民奉上一场极富地方特色的“文化大餐”。

5月21日，成立裕溪乡药品安全示范乡创建活动领导小组。

6月18日，开展“五个第一”主题教育实践活动效能排行。

6月27日，乡森林防火指挥部召开护林员会议，各村护林员和林业站护林员等20余人参加会议。

6月28日，召开裕溪乡庆祝建党91周年党员大会，全乡共80余名党员参加本次大会。

7月1日，内陈村党支部围绕“强组织、增活力，创先争优喜迎十八”主题，组织广大党员开展丰富的活动，纪念中国共产党成立91周年。

7月15日，开展洁净村庄星级家庭户评比活动。

7月17日，乡党委、政府会同县两违办，在裕溪乡合溪村黄田圩违法建筑点进行执法，成功拆除一违法建筑，拆除面积达3000余平方米，有效遏制违法建筑行为。

8月9日，根据相关文件精神，经乡政府研究，决定建立裕溪乡就业帮扶服务站。

8月24日，成立裕溪乡农村集体土地所有权登记发证工作领导小组。

9月7日，开展农村公路“白露节•养路日”活动。

9月9日，全体干部进村入户，就围绕如何壮大村集体经济开展调研，重点“问诊”农村集体经济建设存在的问题及措施，与村干部一起探讨农村集体经济建设的发展方向、设想和计划。

9月20日，召开残疾人联合会第二次代表大会。县残联副理事长李发明、裕溪乡党委书记王心阳和乡第二次残疾人代表大会代表30人出席会议。会议圆满选举产生新一届乡残联组织机构。

10月18日，乡妇联和乡就业帮扶站联合举办高速平缝车工培训班，共有52名妇女积极报名参加。

11月6日，举办家政服务培训班，来自该乡各村近百位村民参加培训。

12月6日，开展十八大精神宣讲活动。全乡各村书记、主任、党员、乡干部等80余人参加宣讲活动。

12月8日，裕溪乡农村实用人才培训圆满结束，来自该乡村两委干部、有发展生态休闲养生服务业意向的农户、部分乡干部共50余人参加培训。

2012年松阳县斋坛乡人民政府大事记

1月17日至18日，召开斋坛乡第十三届人民代表大会第一次会议，圆满完成会议各项议程。

2月14日，召开全乡干部大会，传达贯彻落实县委九届二次全会暨全县干部大会精神。全体乡干部、各村书记、主任及重点企业负责人参加会议。

2月17日，乡计生办召开斋坛乡育龄妇女座谈会。

2月22日，召开斋坛中心村村庄规划会审会议。

3月1日，在斋坛乡文化中心，来自该乡14个村的70多位农村妇女欢聚一堂，热热闹闹地开展庆祝“三八”活动。

3月6日，斋坛乡邀请县植保、种子、粮油、农机等方面的专家对叶丰土肥植保专业合作社的核心示范区农户进行一场水稻高产示范培训。

3月16日，召开斋坛乡贯彻第九次党代会精神暨先进人物事迹报告会。全乡机关干部、各村两委成员和部分乡人大代表参加此次会议。

4月2日，斋坛乡计生协会利用外出务工、经商人员返乡祭祖的有利时机，在上垄村召开流动人口座谈会，邀请村协会会长、副会长、专职副会长和秘书长等协会基层干部参加。

4月6日，开展持证残疾人基本状况与需求实名制登记入户调查。

4月18日，召开禁止“两违”、河道禁止采砂暨第一季度工作例会。全体乡干部、14个村的书记、主任参加会议。

5月9日，乡党委、政府召开乡领导班子会议，专题研究运动会有关议程。

5月11日，举办斋坛乡第三届全民运动会暨第五届农民文化节。县体育局副局长徐建军、县老年体育协会主席徐火金等领导出席开幕式并讲话。分管文化、体育副乡长阙仙梅主持开幕式。

6月29日，在小石村会堂举行隆重的全乡党员大会，全乡350名党员参加会议。

7月25日，召开“创卫”工作动员部署会。乡创卫领导小组成员、全体乡干部、乡属各部门负责人及斋坛村两委共30余人参加会议。

7月31日，召开2012年村级文化员第三季度培训会暨第二届排舞培训班。

8月15日，开展农村居民营养与健康状况监测工作。

8月29日，斋坛乡石门圩村的小品《都是亲人》在县第五届农民文化节“田园松阳”农民小品大赛决赛中喜获一等奖、东圩蓬村《将爱进行到底》获三等奖。

8月31日，一场“环境清洁大行动”在斋坛乡14行政村全面铺开。联系部门负责人、乡机关全体干部、各村党员干部参加大整治活动。

9月8日，开展农村公路管理养护年和白露节养护日活动。

9月27日，市级卫生乡镇考核检查组一行到斋坛乡对创建市级卫生乡镇工作进行考核验收。

10月16日，组织建设、国土、乡、村干部对小石村的违法占地违法建设的房屋进行调查摸底，全面打响“两违”处置攻坚战。

11月2日，建立斋坛乡安全生产网格化管理小组。

11月8日，开展党员干部义务保洁喜迎十八大胜利召开活动。

11月18日，成立社区学习中心领导小组。

12月5日，建立就业帮扶服务站。

2012年松阳县竹源乡人民政府大事记

1月5日，乡纪委开展村监会年终民主评议工作。

1月13日，召开竹源乡第十六届人民代表大会第一次会议，县人大副主任吴毅、县政协副主席詹志文出席会议。

1月17日，召开村干部年度交流会，全乡11个行政村的村书记、主任及干部参加会议。

2月14日，县政协副主席詹志文到竹源乡小竹溪村蹲点调研。

2月25日，召开全乡干部大会，贯彻落实县委九届二次全会暨全县干部大会精神。

3月17日，竹源乡邀请县文化馆的专业指导老师、各村优秀的文艺骨干参加全乡的文化踩街活动节目筹备会。

3月25日，建立“社区矫正基层队伍建设年”活动领导小组。

4月1日，县政协副主席詹志文到竹源乡小竹溪村开展“进村入企办实事”走访活动。

4月5日，召开乡“民情地图”促服务工作例会，深入贯彻落实全县政法、信访暨深化“民情地图”促服务工作会议精神。

4月10日，举行“全乡干部解放思想大家谈”活动。

5月2日，召开人口和计划生育工作会议，对第一季度计生工作进行总结，并对下阶段工作进行部署。该乡全体乡干部、各村主要干部及计生员参加会议。

5月7日，乡团委组织乡编外团委副书记、各村团支部书记、乡优秀团员青年等13人召开纪念建团90周年暨学习县委钟昌明书记“致全县团员青年的一封信”座谈会。

5月10日，成立竹源乡控制违法生育专项活动领导小组。

6月11日，党委召开庆祝建党91周年党员大会暨农村党员干部廉政法纪警示教育大会，全乡109名党员参加会议。

7月25日，成立竹源乡农村集体土地所有权确权登记发证工作领导小组。

8月9日，成立竹源乡消防网格化管理小组。

8月13日，竹源乡燕庄村村级活动场所开工建设。

8月14日，竹源乡乡、村干部一行共25人，到德清县学习考察“洋家乐”。

9月11日，竹源乡结合“白露节•养路日”和农村卫生大整治活动，召开各村主要干部会布置“白露节•养路日”活动，发动党员干部群众对乡域内的康庄道路进行义务养护。

9月14日，竹乡人大主席团参加乡残疾人联合会第二次代表大会。会上，乡人大副主席叶金娣就残疾人事业发展与残联民生工程建设提出意见建议。

10月9日，乡人大主席团视察可重旺村垦造耕地项目建设情况。

10月17日，召开森林防火会议，全乡各村护林员、扑火员参加会议。

10月26日，召开村级便民服务中心代办员培训会，全体驻村干部、11个行政村的代办员参加会议。

12月6日，成立竹源乡消防安全委员会。

12月25日，乡老年体协举办以“庆祝十八大顺利召开，注重老年人康乐，提升农村老年人生活质量”为主题的老年人健步走活动。

2012年景宁县渤海镇人民政府大事记

2月3日，召开全体镇干部会议，主要传达全县工作会议精神，研究部署2012年度镇工作内容以及动员开展“进村入企”活动。

2月7日，县委常委、纪委书记陈锡星，纪委副书记付明明等人深入渤海带头开展“进村入企”大走访活动。

3月12日，渤海镇深入落实“镇会村开”制度，召开全体干部会议，渤海镇镇长主持会议，县委组织部副部长梅慧民、县农业局有关科室领导到会指导。

3月20日，公开2011年度渤海镇政府信息报告。

3月28日，渤海镇加大力度做好清明防火工作。

4月1日，召开渤海镇森林安全工作会议，统一向全镇八个行政村发放对讲机，警报器，防火宣传单等森林防火设备和宣传资料。

同日，渤海镇深入学习全省改善发展环境电视电话会议精神。

5月29日，开展以生育关怀行动为重点的“5.29会员活动日”系列活动。

5月30日，渤海镇、郑坑乡、九龙乡开展“我们的价值观——做一个怎样的畲乡人”大讨论系列活动。

同日，举行“我们的价值观——做一个怎样的畲乡人”演讲比赛，17位来自三个乡镇的镇、村优秀青年以及团员干部积极参加比赛。

6月19日，为进一步促进深入学习省十三次党代会精神，渤海镇特别邀请县委常委、纪委书记陈锡星、县人大常委会副主任陈林生，结合《省十三次党代会精神》做专题报告。

6月28日，县委常委、纪委书记陈锡星，纪委副书记、监察局长付明明一行深入渤海镇率先开展“念党情，送温暖”走访慰问老党员、贫困党员活动。

6月29日，省移民办在丽水市移民办陪同下，到渤海镇鲍山头村考察调研渤海库区移民生产生活情况。

7月10日，召开共青团渤海镇第九次代表大会。

7月13日，全县“村务平台”建设推进会召开后，渤海镇第一时间组织全体镇干部以及村两委成员学习贯彻会议精神。

7月19日，县委常委、组织部长潘伟深入渤海镇调研基层党建工作，渤海镇党委书记刘梅玲陪同。

8月3日，县人大常委会副主任陈林生深入渤海监督指导防汛抗台工作。

8月22日，渤海镇召开全体干部大会，主要贯彻落实县委八届二次全体（扩大）会议精神，镇党委书记刘梅玲主持。

9月5日，召开“生育文明，幸福家庭”促进计划活动加温推进会，对计生工作进行再部署再落实。

9月6日，召开后进党组织整转评估会，县纪委、组织部、移民办以及民政局等联系单位，镇两委班子成员、党代表、各村支部书记一同参加会议。

9月17日至27日，计生办、卫生院合作上门开展“三送”服务活动。

10月24日，召开景宁畲族自治县渤海镇东湖村至青田县岭根乡韩山村公路连线项目协调会。

同日，召开维护社会稳定工作会议。

10月30日，召开残疾人联合会第二次代表大会。

11月1日，县委常委、统战部长蓝小明，县委常委、纪委书记陈锡星带领县交通局、县财政局、县文广新局、县民宗局等部门领导到渤海镇调研指导民族特色村工作。

11月8日，渤海镇组织干部群众收看“十八大”开幕式，喜迎盛会。

11月20日，渤海镇党委、政府组织全体干部认真学习领悟十八大相关会议内容和精神。

12月10日，渤海镇展开2013年度新型农村合作医疗保险工作。

12月24日，镇社会服务办主任、村主任、民政专干、驻村干部一行进村入户深入调查2013年低保申请户，以便进一步掌握情况。

2012年景宁县东坑镇人民政府大事记

1月9日，召开村级计生联络员会议。

1月11日，县政协工作人员一行在党组书记严轶华的带领下，走访慰问三个老党员和五个困难党员，把党组织的关怀和温暖送到党员手中。

2月13日，东坑镇召开中层干部竞职演说会议，领导班子、全体干部及部分村党支书参加会议。

2月20日，召开全县乡镇计生分管领导、专职干部会议，杨局在会议上作重要讲话，会议总结2011年计生主要指标完成情况、两次暗访年终考核情况及2011年完成的主要工作。

2月27日，召开全镇计划生育联系员会议。

3月6日，组织和引导各干部职工认真传达学习和贯彻落实县八届人大一次会议和县政协八届一次会议精神，并通过中心组学习、干部自学、村班子会、广播微博等有效途径,在全镇范围内对“两会”精神进行广泛深入地宣传。

3月12日，省委政法委综治协调处处长郑曙鸣带领的省平安综治工作考核组到镇，就2011年度平安建设及社会治安综合治理工作进行检查考核。市委政法委副书记、综治办主任徐永杰一行陪同此次检查指导工作。

3月28日,召开东坑镇2012年全镇工作会议。

4月11日，丽水市“山海协作”中药材产业协会考察团一行70余人到东坑镇深垟村，参观深垟畲药标本馆，针对中医药材，特别是畲族医药材在丽水的发展开展热烈的讨论，有关专家和技术人员还进行中药材生产管理讲座。

4月27日，在东坑镇举行“走访边际百村,追循红色足迹,增强国防观念”活动首发仪式。

5月16日，景宁东坑镇小塑胶操场援建项目竣工揭牌启用仪式在东坑镇中心小学举行。省红十字会专职副会长高翔、中国建设银行浙江省分行公共关系与企业文化部总经理屠耕夫、市红十字会专职副会长项金平，县政协主席严轶华出席揭牌启用仪式。

5月21日，县农业局水稻专家、东坑镇农业干部及驻村干部一行，到深垟村实地查看水稻秧苗病虫害情况，并现场为村民开展一次简单的水稻种植和病虫害防治培训会。

5月23日，副县长雷应江一行人深入东坑各企业进行实地调研。

6月11日，东坑镇全体班子成员到根底岘村，以“镇会村开”为载体模式，通过面对面的交流，破解难题，服务基层。

同日，景宁团县委班子成员到东坑镇根底岘村，走访调研该村2012年“青年示范村”创建工作。

7月3日，召开共青团东坑镇委第九次代表大会。会议选举产生共青团东坑镇第九届委员会，以及出席共青团景宁县第九次代表大会代表。

8月中旬，东坑镇紧锣密鼓地开展2012年度第二次“三查”服务工作。

8月16日，东坑镇党政班子及相关人员迅速组织学习全县生态县建设暨环境保护大会精神。

9月18日，东坑镇召开综治工作会议。

9月20日，在镇卫生院正式展开东坑镇征兵目测初检工作。

10月11日，东坑政协委员工作站召开工作学习会议。县政协吴建强秘书长应邀参加会议并讲话。

10月17日，浙江电视台《流动大舞台》栏目走进东坑镇，为老百姓奉献一场文化盛宴。

11月8日，东坑镇组织全镇机关干部集中收看十八大开幕式盛况直播。

同日，东坑镇班子到方徐村，与村两委成员和村民代表座谈，为该村经济发展出谋划策。

11月19日，浙江电视台民生休闲频道《1818黄金眼》节目组到东坑镇桃源、深垟等村，采访村务平台给村民身边带来的变化。

12月27日，元旦将至，东坑镇早部署，要求全镇中小学校积极开展元旦期间学校安全教育和安全检查，为师生渡过一个平安祥和的元旦佳节把好“安全关”。

2012年景宁县鹤溪街道（鹤溪镇）大事记

1月6日，省工商联党组成员、省工商联副主席、省商会副会长李任治，市委统战部副部长、市工商联党组书记赵国新，景宁世纪鸿宾大酒店有限公司董事长叶华杰等一行人走访慰问鹤溪镇12户老革命、老党员、老模范、贫困户。

1月9日，召开一年一度的干部测评会议。

1月13日，县第八次党代会精神宣讲团成员、县委党校高级讲师柳笑仙到鹤溪镇开展县第八次党代会精神宣讲活动。

2月21日，鹤溪镇组织收看中国共产党丽水市第三次代表大会第一次全体会议（开幕式），认真听取卢子跃书记的工作报告。

2月22日，召开人保集团公司服务三农、保险下乡活动鹤溪镇服务网点建设启动仪式。

3月5日，鹤溪镇民兵应急分队女民兵班开展亲情服务老人活动。

3月7日，召开2012年综合治理暨平安建设工作会议。

3月29日，鹤溪镇人民武装部荣获全省民兵工作先进单位。

4月4日，召开全镇干部会议，贯彻落实全县森林防火紧急视频会议精神。

4月12日，鹤溪镇仙童社区召开由全体干部和各楼院长参加的工作部署会议。

5月8日，鹤溪镇东弄村新水碓建成，10多位丽水市微博达人参加该村的开碓仪式。

5月28日，为迎接6月2日省第七届农民运动会开幕，通过“农民信箱”网站进行火炬传递，如期完成农运火炬网上传递活动。

6月5日，县委副书记、县长蓝伶俐到鹤溪街道调研重点项目建设工作。

6月13日，鹤溪街道在鹤溪村委组织收看感动中国2011年度人物颁奖典礼录像，鹤溪街道班子、中层干部、各村居书记等40余人参加。

6月15日，城南社区党支部召开学习省第十三次党代会精神座谈会。

7月2日，鹤溪街道张村村组织开展“庆七一,喜迎十八”活动。

7月9日，鹤溪街道40余位干部在县职业高中计算机室进行为期半天的电脑操作能力业务培训。

7月23日，召开为期半天的便民服务中心工作人员专题培训会。

8月2日，组织开展“村情民意”大赛。

8月14日，城西社区举办创意水果拼盘比赛。

8月16日，县委“村务平台”督查组到鹤溪街道，就建设“村务平台”的开展情况进行督导检查。

9月7日，各乡镇（街道）到鹤溪街道包凤村考察“村务平台”建设。

9月10日，举办第二轮科技富民强县专业行动茶叶技术培训会。

9月18日，召开2012年秋季重大动物疫病防控工作专题会议。

10月11日至15日，浮丘村村民积极参加城乡居民健康体检。

10月15日，召开县政协民主评议活动鹤溪街道动员会。

10月18日，鹤溪河城南段治理工程正式拉开序幕。

11月8日，鹤溪街道组织全体干部在三楼会议室收看党的十八大开幕式，认真听取胡锦涛同志代表十七届中央委员会向大会作的报告。

11月13日，召开全市人口计生系统反腐倡廉工作会议暨便民服务中心建设现场会。

11月14日，鹤溪街道第六届“大地飞歌”农民文化艺术节暨城南社区计划生育主题晚会在县畲族文化中心露天广场举行。

12月12日，县农办、县旅游局、县卫生监督等部门到东弄村进行县级农家乐特色村（点）的验收工作。

12月18日，举行城西社区第四届居委会换届选举大会。

同日，景宁畲族自治县水利重点项目在鹤溪街道三枝树村金山垟正式举行开工典礼。

2012年景宁县沙湾镇人民政府大事记

1月12日，召开第九届人民代表大会第一次会议。

同日，中国人民财产保险股份有限公司景宁县支公司在沙湾镇开展“服务三农、保险下乡”活动。县人大常委会副主任杨唐珠出席启动仪式。

2月2日，沙湾镇组织全体干部职工收看全县工作会议电视直播，认真学习林康书记在会议上的重要讲话，并在全年工作部署中迅速贯彻落实会议精神。

2月3日，县委副书记、代县长蓝伶俐深入沙湾镇沙湾村和道化村，开展“进村入企”大走访活动。

2月13日，沙湾镇叶桥片组织全体联系领导、片长，驻村干部，深入该镇林坑、叶桥、东堡、李处、何处、陈田、流坑七个行政村，开展全体干部“进村入户、助推发展、强化服务”为主要内容的大走访活动。

3月5日，沙湾镇小少先队举行“继承优良传统，弘扬雷锋精神”主题系列活动。

3月20日，县委组织部组工干部“三走进、兴三风”集中下基层行动活动第二组到沙湾镇毛山头村参加“乡会村开”活动，活动的主题为“农村基础设施建设恳谈会”。

3月27日，沙湾镇团委组织镇干部开展“登山踏春，探访神奇银仓”主题活动。

4月23日，沙湾镇组织全体干部、各党支部书记召开“我们的价值观”大讨论活动动员会。

5月15日，召开基干民兵点验大会，来自辖区各条战线的基干民兵参加点验大会。

5月24日至25日，2012年浙江省全民健身浙南片区“种文化”畲乡风情运动会在景宁县体育馆运动场隆重举行，沙湾镇组织干部积极参加此次运动会。

6月5日，团省委副巡视员、浙江省青少年发展基金会理事长李迪和省体育彩票管理中心相关负责人到景宁县，对浙江体彩沙湾镇希望小学进行回访，并开展捐资助学活动。县委常委、宣传部长潘晓泉出席捐赠仪式。

6月25日，召开党员干部大会，学习传达省第十三次党代会精神。

7月6日，沙湾镇与余姚市黄家埠镇缔结为友好乡镇。

7月11日，市食品药品监督管理局局长孙乐明一行到市药监局定点联系村莲川和叶桥实地走访调研、深入了解基层情况，并慰问两个行政村的老党员代表。

7月12日，召开沙湾镇沙湾村沿防洪堤建筑立面改造方案审查会。

8月3日，县长蓝伶俐到沙湾镇督查指导抗台防汛工作。

8月21日，召开全县工业会议。

8月27日至31日，根据计划生育工作要求，经镇政府研究决定，2012年沙湾镇第二次三查分别在叶桥、沙湾、云和、景宁和丽水设置“三查”服务点。

9月5日，沙湾镇在县村镇规划站会议室召开安置新区规划审查会。

9月25日，丽水市创卫检查验收组一行到沙湾镇检查验收市级卫生镇创建工作。

10月18日，沙湾镇首届综合运动会盛大开幕。

10月20日至22日，第十二届“金海观教育思想研究会”暨浙江省湘湖师范校友会在景宁县城和沙湾镇道化村召开。

10月23日，开展“敬老月”暨第25个老人节活动。

同日，省统计局和市统计局领导和工作人员等组成的粮食生产统计监测组一行到沙湾镇，通过资料检查、实地考察等方式全面检查镇粮食生产监测抽样调查落实情况。

11月8日，召开残疾人联合会第二次代表大会，镇领导班子和来自沙湾镇各村各单位的43名残疾人代表出席大会。

11月21日，沙湾镇迎来省级体育强镇考核验收。

11月26日，沙湾镇召开应征青年入伍前座谈会兼家长座谈会。

2012年景宁县英川镇人民政府大事记

1月9日，英川镇第九届人民代表大会第一次会议在庄严的国歌声中隆重开幕并取得圆满成功。

2月14日，召开英川片区第八届人民代表培训会议，英川镇、鸬鹚乡、葛山乡三个乡镇的主要领导及各乡镇出席县第八届人民代表大会的正式代表参加本次会议。

2月20日，成立英川镇深化三位一体基层农业公共服务体系建设领导小组。

3月4日至7日，英川镇党委政府、妇联、团委、工会共同组织开展“学雷锋，英川志愿者在行动”志愿服务活动。活动主要有三大内容。

3月8日，各村召开2012年庆“三八”国际妇女节座谈会。

3月12日，副县长雷应江调研交叶公路建设，从鸬鹚到英川一路实地查看工程建设情况。

4月2日，英川镇团委组织全镇20多名年轻干部到寨山革命烈士纪念碑，举行以“学雷锋，祭先烈”为主题的清明节祭扫活动。

4月7日，英川镇和王宅村组织片区领导和村两委成员通过实地勘察，并召开会议的方式，为王宅村“美丽乡村•魅力畲寨”建设出谋划策。

5月4日，英川镇根据全县第五个全民慈善捐赠活动月会议精神要求，举行以“学习雷锋、学习郭明义，快乐做好事、快乐做慈善”为主题的捐款活动。

6月12日，召开城镇总体规划方案论证会，会议邀请浙江大学城镇特色规划专家及县建设局、发改局、交通局等部门对该镇城镇特色规划进行论证。

6月16日，英川镇召开镇、村干部大会暨英川产业发展座谈会。

6月19日，英川村召开镇领导谋求英川村新发展听证会，助领导深入掌握英川村史，谋划未来新发展。

7月8日，成立英川镇民用枪支弹药管理集中保管库建设领导小组。

7月11日，召开英川镇共青团第九届代表大会。全镇参加会议代表48人，到会47人，镇党委、政府领导、上一届团委委员出席会议。

7月13日，影城召开全县“村务平台”建设推进会。

8月29日，县农业局副局长吴丽玲带领县食用菌办专家到英川镇隆上村食用菌合作社进行技术指导和调研，专家在现场对合作社食用菌栽培户就食用菌的栽培技术进行细致的指导。

9月20日，举办食用百合培训班。

9月20日，英川镇离退休干部、退休教师座谈会在镇文化站召开，镇政府机关、英川镇校等21位离退休干部、退休教师参加座谈。

10月25日，召开2012年农业产业发展座谈会暨核桃产业发展座谈会。

同日，县委常委、组织部长潘伟到英川督导基层组织工作。

11月8日，成立景宁县第四届运动会英川片领导小组。

11月23日，组织全镇机关干部进行集中学习十八大会议精神。

12月11日，县农办、县环保等部门人员组成村庄整治考核验收工作组，到英川镇验收村庄整治工作。

12月12日至13日，英川镇借县、镇人大代表补选之机宣传医保工作。

12月19日，英川镇党委、政府就英川镇行政区划调整相关事宜组织召开英川镇行政区划调整座谈会。

2012年景宁县澄照乡人民政府大事记

1月13日，景宁县环境卫生管理所与澄照乡张后山村贫困生结对助学。

2月15日，澄照乡召集乡班子成员和村两委成员在金丘村召开“乡会村开”民情恳谈会。

3月4日，省纪委副书记王海超一行莅临澄照乡，开展“进村入企”大走访活动，先后走访奇尔茶叶有限公司、金丘村、东畔村，深入基层，体察民情。

3月5日，澄照乡团委乡组织干部组成的志愿者开展学雷锋志愿服务活动。

3月15日，召开2012年度全乡农村工作会议。

4月24日，开展“我们的价值观”大讨论活动。

5月25日，澄照乡人民政府成立政府信息公开工作领导小组。

5月31日，为坚决消除各类火灾隐患，杜绝重特大火灾事故，确保全乡火灾形势持续平稳，澄照乡深入开展消防安全“打非治违•消除火患”专项行动。

6月6日，乡党委书记杨灶松带领乡安委会成员对乡域内重点生产企业进行安全生产督查。同日，澄照乡新班子成员书记杨灶松、乡长柳康华、常务副乡长林方金在施工方的陪同下一行来到东升蔬菜基地，对蔬菜基地的工程质量及进度进行实地督查。

6月7日，组织召开低丘缓坡“农民创业园”项目土地征迁工作会议，全面启动项目前期工作。

6月29日，农民创业园工程建设指挥部召开农民创业园征迁动员大会。

7月17日，县经济开发区管委会主任季晓伟带领相关科室主任深入澄照乡东升村和东畔村，现场调研指导推进“村务平台”建设工作。

7月24日，澄照乡农民创业园现场丈量工作正式启动。

7月26日，澄照农民创业园指挥部组织经济开发区、县政法委、县发改局、澄照乡等单位专家在景宁经济开发区管委会召开丽水产业集聚区生态产业低丘缓坡开发项目景宁组团（农民创业园）工程社会稳定评估报告评审会。

8月3日，县委常委、统战部长蓝小明到澄照乡调研畲族文化遗产传承。

8月17日，召开澄照乡2012年度工作推进会。

8月28日，丽水市委组织部副部长李官金在县委常委、组织部长潘伟的陪同下，来到澄照乡三石村调研三石村的党建与经济发展情况。

9月14日，举办惠明茶产业培训为茶农“充电”。

9月21日，在澄照乡人武部的统一组织下，20余名澄照乡适龄应征青年在澄照乡卫生院参加2012年冬季征兵目测初检。

9月27日，举行农民创业园房屋征收与安置补偿政策培训交流会。

10月1日，开展“迎中秋、庆十一”文体活动。

10月2日，农民创业园房屋征收丈量试点工作在大赤洋村和东畔村正式启动，这标志着创业园房屋征收工作全面进入实质性阶段。

10月25日，澄照乡积极筹备农民文化艺术节。

11月5日，举行第六届“大地飞歌”农民文化艺术节文艺晚会。同日，蓝伶俐深入澄照乡调研指导农业工作。

11月20日，举行农民创业园房屋征收操作流程培训会。

11月21日，季建标副县长调研澄照乡环刺木山旅游度假区项目。

12月8日至9日，澄照乡根据县政府的统一部署，联合农业局动物防疫工作人员开展狂犬病疫苗免费注射和宣传预防狂犬病知识。

12月15日，农民创业园一期工程土地平整工作全面展开。

12月19日，在澄照乡召开全县基层农业公共服务中心建设现场会。

2012年景宁县大地乡人民政府大事记

2月7日，大地乡组织召开全体干部以及村两委班子会议，深入学习和贯彻落实全县工作会议精神。

2月14日，郑建强副县长一行人来大地乡开展调研农林水工作。

2月20日，大地乡与友邻的鸬鹚乡、景南乡共同举行“和谐共建”党建联谊交流活动。

3月8日，县公安局莅临大地乡调研指导。

3月22日，根据县“进村入企”走访大活动的部署安排，景宁县农村信用社主任毛清芳，沙湾信用社及相关科室负责一行人来到大地乡陈坑村开展走访活动。

3月27日，大地乡召开安全生产工作紧急会议，为进一步贯彻落实景安办（2012）04号文件精神及清明节期间的森林防火工作。

4月3日，召开森林防火专题座谈会。

4月24日，市科技局曾玉亮副局长一行人来到大地乡调研指导工作，决定为大地乡成立乡村网络图书室。

4月27日，开展“五一”节前安全生产大检查。

5月16日，丽水市科技局、丽水职业技术学院、丽水市网络图书馆一行人员来到景宁县大地乡，为丽水市网络图书馆大地乡服务点授牌开通并为大地乡捐赠五千余册图书和一台网络图书馆阅览电脑。

5月28日，举办庆“六一”、凤舞畲山大舞台海选暨第六届大地飞歌农民艺术文艺晚会。

6月5日，大地乡组织该乡老人召开大会，大力宣传新型农村和城镇居民社会养老保险工作。

6月7日，县委副书记、县长蓝伶俐深入大地、家地、大均等乡镇调研。

6月13日，大地乡举行文化活动中心、客货运中心工程主体结构验收会。

7月2日，召开2012年第二季度全县安全生产工作视频会议，晚上大地乡党委政府召开全乡安全生产工作列会。

8月1日，乡党委、政府召开全乡干部会议，落实防御第9号台风“苏拉”工作。

8月21日，召开全县工业大会，吹响产业富县的号角，为农民增收致富奔小康注入强大的动力。

9月4日，大地乡召开全乡民兵连长会议，会议主要对征兵工作、民兵建设及当前民兵工作任务进行全面部署。

9月24日，开展“向国旗敬礼，做一个有道德的人”网上寄语活动。

9月25日，县委常委、县人武部李广运政委与高天河部长一行来大地乡调研人武工作，并召开座谈会。

10月7日，召开“共话中秋谋发展”的乡村两级干部会议。

10月24日，大地乡党委政府举办的“三资”业务培训会。

10月25日，组织召开专题会议，认真传达县党委书记林康同志在大会上题为《知实情、说实话、办实事，为全面振兴景宁教育事业而努力奋斗》讲话精神。

11月8日，大地乡党委政府组织组织全乡干部收看中国共产党第十八次全国代表大会，第一时间解会议动态，仔细聆听胡锦涛主席所做的工作报告。

11月29日，大地村党支部召开全体党员会议，对本村今年入党积极分子进行全体党员推荐。

12月6日，召开乡村两级干部会议，对前阶段的农村集体土地所有权确权登记工作进行总结，并对下一步阶段的工作进行部署。

12月25日，大地乡人大代表的补选进行投票。

12月27日，开展“宣讲十八大、送知识进村”活动，在13个行政村举办十八大精神宣讲班，为广大农村党员干部群众深入浅出地讲解十八大主要精神。

2012年景宁县大漈乡人民政府大事记

1月5日，大漈乡组织召开新一届乡人大代表培训工作会议，各村两委主要干部和新当选的乡人大代表参加本次会议。

1月9日，大漈乡召开第九届人民代表大会第一次会议。

2月7日，召开会议专题传达贯彻全县工作会议精神，研究部署2012年度主要工作任务。

2月13日，市旅游局副局长陈志伟一行在县旅游局负责人陪同下，到云中大漈景区调研指导工作。

2月21日，中国共产党丽水市第三次代表大会隆重开幕，大漈乡全体干部职工集中收看第一次全体会议（开幕式）的电视实况直播，并认真听取市委书记卢子跃的工作报告。

3月8日，大漈乡在茶林村会议室召开“乡会村开”现场会议。

3月23日至24日，举行2012中国畲乡三月三活动。

3月25日，“云中大漈　传奇非遗”主题活动正式拉开序幕，此次主题活动共设“抢猪节”、“绝技绝活展演”、“千年陶艺大漈罐开窑仪式”、“特色小吃展示”、“畲族风情歌舞表演”、“木偶戏展演”、“观看红色革命电影”等丰富的活动。

4月19日，大漈乡召开专题会议学习景组通（2012）8号文件暨全县基层组织建设年活动实施方案，全乡干部及村两委干部参与学习会议。

4月20日，县政协副主席雷香兰一行4人到大漈，就大漈乡的农业产业发展情况进行视察调研。

4月27日，大漈乡对旅游景点进行安全检查。

5月7日，认真开展以“提升防灾减灾意识、加强防灾自救能力”为主题的系列宣传活动。

5月8日，大漈乡认真贯彻落实县委、县政府关于开展第五个全民慈善捐赠月活动的文件精神，积极响应慈善捐赠月活动号召，全体机关干部开展以“学习雷锋、学习郭明义，快乐做好事、快乐做慈善”为主题的捐赠活动。

5月18日，省农办副主任严杰一行在大漈乡调研指导农家乐工作。副县长郑建强和县农办主任毛华庆等陪同调研。

6月1日，鸬鹚乡干部组团到大漈取“致富经”。

6月15日，县委常委、副县长张雄文在大漈调研旅游工作时指出“立足实际　发挥优势　不断推进景区实现又好又快发展”。

6月20日，举行省第十三次党代会精神宣讲会。

7月11日，大漈乡计生办、计生协会在大漈乡举办主题为“世界人口日-让家庭健康和谐”2012年“711”世界人口日计划生育宣传活动。

7月17日，大漈乡共青团召开第十一次代表大会，乡党委、政府领导参加会议。

8月1日，浙江电视台民生休闲频道《休闲江南》栏目摄制组走进大漈，进行为期两天的电视专题拍摄，展现云中大漈独特的旅游风光。

8月21日，召开全县工业大会。

8月22日，大漈乡积极开展计划生育“三查”活动。

9月17日，举办2012“三农杯”第三届云中大漈高山冷水茭白节。

9月28日，大漈乡召开部署会“决战”黄金周。

10月13日，茶林村林启旺入围2012浙江新农村建设带头人“金牛奖”候选人，将在浙江电视公共新农村频道和《浙江之声——浙广早新闻》广播栏目对林启旺的先进个人事迹进行报道。

10月17日，在全乡范围内进行中层干部竞争上岗演讲工作。

10月25日，省级风景名胜区专家组在云中大漈景区指导工作。

11月8日，大漈乡认真组织收看“十八大”开幕盛况。

11月14日，大漈乡政府组织全体乡干部和各村书记、主任学习十八大报告。

12月5日，举行浙江省新农村建设带头人金牛奖巡回投票活动。

同日，隆重举行2012大漈乡“凤舞畲山”大舞台暨第二届农民健身操比赛活动。

12月27日，大漈乡顶严寒扎实开展城乡医保征缴工作。

2012年景宁县景南乡人民政府大事记

1月10日，景南乡第九届人民代表大会第一次会议胜利闭幕。县人大副主任夏培玲出席会议并作重要讲话。

1月16日，南乡党委、政府根据去年年初制订的《景南乡农村工作考核意见》和《景南乡村主要干部考核办法》，并按照“一书、两定、三评、四结合”的考核要求，扎实开展2011年度村级工作和村主要干部考核工作，进一步加强对村级干部的监督和管理。

2月27日，景南乡实施“乡会村开”制度工作方案 。

2月28日，景南乡党委、政府组织部分村干部、农家乐业主和有意向开农家乐的农户到磐安县考察当地的农家乐发展模式，学习先进经验。

3月5日，景宁县景南乡团委组织开展“弘扬雷锋精神、立足岗位奉献”的主题活动。

3月14日，组织乡、村干部开展 “消费与安全”3.15宣传活动。

3月23日，开展“世界水日”和“中国水周”宣传活动。

4月17日，景南乡将计划生育家庭优先享受改革发展的成果作为关注民生的切入点，为奖特扶家庭发放奖助金，全面落实计划生育优先优惠政策。

5月4日，景南乡团委举行 “五四”精神大讨论活动。

6月4日至5日，在景南乡忠溪村和上标北洋区开展“5.29”协会会员活动日宣传活动。

6月14日，景南乡召集班子成员深入渔际村进行现场调研 。

7月6日，召开共青团景南乡第九次代表大会，顺利完成乡第九届团委换届选举工作。

7月14日，嘉兴学院党委副书记吕延勤到景南调研指导嘉兴学院暑期实践队工作。

7月21日，举行景南乡仁孝文化节。

8月16日，景南乡党委、政府召开班子会和全乡干部会议，迅速贯彻落实全县生态建设暨环境保护大会会议精神，深入分析景南乡生态环境拥有的优势。

8月21日，景南乡望东洋接待中心举办主题为“用‘心’打造村务平台，以‘行’服务人民群众”的演讲竞赛。

8月22日、23日，景南乡党委、政府先后在召开班子会议和全乡干部会议，全面贯彻落实县八届（扩大）二次全会精神。

9月11日，在王副县长的带领下，国土局、农业局、林业局等负责人、工作人员一行到景南乡调研国土工作，并召开会议解情况。

9月12日，景南乡组织乡校、卫生院和企业安全负责人，各村安全信息员及驻村干部召开安全知识培训会，并邀请县卫生监督所和药监局工作人员到会进行食品知识讲解。

10月18日至19日，召开共青团景宁畲族自治县第九届代表大会。

10月25日，召开第二届残联代表大会 。

11月1日，景南乡召开全乡干部会议，深入贯彻落实全县十八大信访工作部署会议相关精神。

11月20日，景南乡党委、政府召开村级护林员培训会议。

11月25日，景南乡纪委举行学习十八大学习会，乡党委副书记沈必贵主持学习会并作重点发言。

12月12日，省林科院森林培育研究所杜国坚所长一行深入竹园，为竹农现场指导。

12月19日，景南乡党委、政府组织全乡干部召开专题学习会，再次认真学习党的十八大会议精神，并深入贯彻落实于上周召开的县委务虚会议精神。

12月25日，景南乡文化中心正式落成 。

2012年景宁县九龙乡人民政府大事记

1月4日，九龙乡圆满完成新一届县、乡两级人大代表的换届选举工作。全乡4大选区、31个小选区，共选举产生县人大代表6名，乡人大代表45名。

3月6日，在第49个学习雷锋日来临之际，景宁县九龙乡团委的志愿者们慰问乡内数名孤寡老人和空巢老人。

3月26日，成立乡农村集体土地权证登记工作领导小组，小组成员由村两委主要负责人和乡分管领导及驻村干部组成。

4月20日，苏黎世保险公司上海分公司与景宁县九龙乡校结对赠书活动仪式在景宁九龙乡中心小学举行。

5月28日，九龙乡开展“公务员学法日”活动，全体乡机关干部、大学生村官学习《中华人民共和国行政强制法》等法学知识。

6月28日，九龙乡领导班子成员在该乡徐垟村召开“乡会村开”调研座谈会，同时邀请到千峡湖开发管理处、联系单位景宁县交通局以及公路管理局、兄弟乡镇青田县岭根乡等部门相关领导参加会议。

8月12日，九龙乡政府畜禽、农作、果树等专业干部组成工作组到14个村深入田间地头，指导农民开展自救。

8月23日，九龙乡在岳口村“乡会村开”做好千峡湖高山休闲项目开发前期宣传工作。

9月6日，九龙乡召集各村党支部书记主任及计育联系员参加计划生育“攻坚月”动员大会，县计生局局长杨小兵受邀参加会议并作重要讲话。

9月29日，九龙乡举行中层干部竞聘上岗演讲会，原7个中层干部全部“起立”，11名中青年干部重新公开竞争。

10月9日，召开千峡湖生态旅游区开发项目（岳口段）前期调查工作研讨会。

10月29日，“大爱浙江——帝豪汽车助学行”捐赠仪式在景宁县九龙乡圣雄希望小学举行。

12月19日，县委常委、组织部长潘伟到九龙乡调研基层党建工作。

2012年景宁县毛垟乡人民政府大事记

1月10日，在毛垟乡救助物资储备处，民政干部把今年冬季的救助棉被发放给各村前来领取的困难人员。

1月12日，结合2012年第一次全县综合性安全生产大检查活动，积极部署安排相关人员开展此项活动。

2月7日，毛垟乡团委开展对电站团支部团员青年的慰问。

2月16日，组织乡干部召开工作务虚会，恳谈发展思路、明确发展目标、坚定发展信念。

2月22日，乡团委召开2012年度全乡团干部大会，全体团干部、各行政村团支部书记参加会议。

3月4日，景宁县消防大队到毛垟乡开展“践行雷锋精神,牵手留守儿童”活动，县消防大队指导员、毛垟乡党委书记、乡校全体师生共同参加此次活动。

3月15日，毛垟乡团委开展“我是小小志愿者”服务周活动。

3月28日，杭州全麦电子商务有限公司为景宁毛垟乡校送来20台电脑，设立“爱心机房”，并为全体队员们送来校服。

4月17日，开展药品安全专项检查。

4月20日，毛垟乡三措并举加快干部作风转变。

5月17日，组织开展在建工程安全生产检查工作。

5月21日，毛垟乡团委携手毛垟乡小学举办“青春友谊”定点投篮比赛。

5月29日，毛垟乡联合县纪委、农经站等部门和单位，到炉西村召开三资清查专题会议。

6月1日，在“六一”儿童节到来之际，毛垟乡团委给毛垟乡校的小朋友们送上精美的礼品，并带去节日的祝福。

6月18日，县水利局领导班子一行深入毛垟指导水利工作，指导组现场查看库头村防洪堤和上沙湾防洪堤情况。

6月19日，认真开展“畲乡党代表示范行动”系列活动。

7月4日，召开共青团景宁毛垟乡第九次代表大会，参会的32名团员代表来自各行政村、非公电站、信用社、学校以及机关等十一个单位。

7月16日，召开全乡干部会议，认真贯彻落实全县“村务平台”建设推进会会议精神。

8月3日，召开防汛抗台督查工作会。

8月6日，毛垟乡党、政府召开全乡干部会议。会议分析当前农业产业和综治维稳工作面临的形势，对下一步推动综治维稳工作做出安排。

8月27日，毛垟乡分别召开班子会和全体乡、村干部大会，全面贯彻落实县委八届二次全体（扩大）会议和全县工业大会精神。

9月3日，毛垟乡分管领导、乡团委、驻村干部、大学生村官组队深入炉西的2个自然村开展一次关怀高山留守老人活动。

9月6日，毛垟乡党代表督导评议会在毛垟乡炉西村胜利召开。

9月27日，毛垟乡首届全民运动会暨毛小第八届趣味运动会隆重开幕。

10月10日，召开毛垟乡“四边三化”工作部署会。

10月23日，毛垟乡党政领导班子、毛垟村两委主要干部带着党的关怀和节日的问候，与50余位老年代表召开座谈会。

10月30日，举行毛垟乡残疾人联合会第二次代表大会。

11月12日，县老年大学摄影班一行二十余人到毛垟乡开展“美丽带溪美好生活”为主题的摄影采风活动，喜迎十八大胜利召开。

11月14日，毛垟乡民政办以发放2012年度全乡90至99岁高龄老人一次性奖励金为契机，开展一次有意义的给高龄老人送温暖活动。

12月6日，毛垟乡巧借“大地飞歌”，宣讲十八大精神。

12月13日，副县长郑建强带领县府办、农办、农业局、林业局等部门深入毛垟乡库头村油茶基地、陈坪村吊瓜基地现场调研产业发展情况。

12月20日，顺利完成县第八届人大代表补选工作。

2012年景宁县梅岐乡人民政府大事记

1月5日，圆满完成县、乡人大代表换届选举。

1月9日，召开梅岐乡第九届人民代表大会第一次会议。

2月3日，县人大副主席夏培玲、县财政局局长季晓伟深入梅岐，开展“进村入企”大走访活动，指导把脉梅岐新农村建设和农村企业发展，贴近群众问冷暖，解难题。

2月21日，副县长郑建强深入梅岐乡进行调研。

2月22日，梅岐乡党委、政府召开全乡农村工作会议，传达学习县八次党代会和县农村工作会议精神。

同日，在岳崇村召开“乡会村开”民情恳谈会，进一步贯彻党员干部在深入一线中服务发展、服务基层、服务群众。

3月5日，乡团委积极开展“关爱老人暖心怀、争做梅岐活雷锋”主题活动，在全乡范围内广泛开展学雷锋志愿活动。

3月12日，乡政府组织全体干部参加义务植树活动。

3月31日，举办全县农村工作会议。

4月22日，开展“梅岐有我，我为环保献良策”的主题活动。

4月26日，召开全乡干部大会，传达贯彻县纪委八届二次全体（扩大）会议精神。

同日，乡党委精心组织全体干部开展“我的价值观”大讨论活动。

5月12日，梅岐政府提前部署，积极组织全乡干部开展以“手牵手积极防灾减灾，心连心共建和谐家园”为主题的宣传活动。

5月28日，成立政府信息公开工作领导小组。

6月4日，梅岐乡在乡政府会议室召开会议，安排部署省党代会期间全乡信访维稳工作。

6月5日，召开村庄整治会议，梅岐乡村庄整治工作领导组成员、及梅岐乡各村两委成员参加会议。会上宣布《梅岐乡2012年村庄整治实施方案》。

6月6日，举办省计生协会组织的关爱女性健康知识讲座，讲座邀请陕西第三人民医院院长郭永武教授进行授课，普及女性健康知识，全乡近百名妇女听取讲座。

7月8日，梅岐乡牵手杭州滴水公益组织，开展一滴水公益结对贫困山区儿童“牵手畲乡娃”活动。

7月16日，梅岐乡党委组织全体乡干部集中观看文献纪录片《信仰》。

7月24日，县农办副主任刘月方到梅岐乡检查指导村庄整治工作。

8月2日，“抗台应急服务小组”护航空巢老人。

8月30日，梅岐乡召开基本农田划定工作业务培训会议。

9月12日，县老年体协到梅岐乡视察乡村两级老年人体育协会活动开展情况。

10月23日，召开乡村党员干部会，对全乡作风建设工作做进一步安排和部署，加强党员干部作风建设，强化工作纪律、提升全乡党员干部素质，迎接十八大的胜利召开。

同日，乡政府精心组织的“重阳节老人座谈会”。

10月31日，开展以“喜迎十八大、洁净我家园”为主题的环境卫生整治活动。

11月8日，梅岐乡党员群众喜看十八大直播。

11月13日，梅岐乡大学生村官们在乡党委的部署下，走进田间地头及村民家中，为村民们讲解十八大政策。

11月19日，梅岐乡政府组织全乡干部在小会议室学习十八大精神。

12月3日，梅岐乡完成农村集体土地所有权确权登记发证签字工作 。

12月19日，召开各村联席的十八大精神宣讲暨“乡会村开”会议。

12月25日，召开梅岐乡第九届人民代表大会第二次会议。

2012年景宁县梧桐乡人民政府大事记

1月16日，梧桐乡相关工作人员对各烟花爆竹经营点进行安全检查宣传工作。

1月17日，梧桐乡政府组织相关人员和部门在全乡范围内开展食品安全宣传大检查活动。

1月29日，梧桐乡组织全体干部职工召开学习贯彻县第八次党代会工作部署会。

2月6日，召开全体乡干部会议，系统学习和落实全县工作会议精神。

2月15日，召开中层干部竞聘演讲会，11名符合竞聘条件的干部踊跃参加这次竞聘演讲。

3月1日，县第八次人民代表大会在景宁影城胜利闭幕，梧桐乡党委、政府为让全乡广大干部群众认真学习、深刻领会、贯彻落实县第八次人代会会议精神，多措并举开展学习贯彻落实活动。

3月6日，人大副主席雷震、人武部长陈振仁等领导组织乡、村相关人员到山塘水库、山体滑坡、塌方等灾害点位进行防汛防灾检查巡逻。

4月16日，召开村级便民服务中心规范提升工作会议。

5月18日，县委组织部长潘伟到梧桐乡调研基层组织建设工作。

5月29日，开展便民服务中心网络系统培训。

6月6日，梧桐乡团组织团员青年收看省第十三届党代会直播。

6月20日，梧桐乡组织全体干部观看中央电视台大型专题栏目《远方的家•北纬30度中国行》——“畲乡景宁篇”。

6月24日，召开由梧桐乡梧桐村委主办，梧桐乡政府协办的“梧桐乡亲共谋家乡发展座谈会”。

7月3日，召开村级公益事业“一事一议”财政奖补业务培训会。

7月6日，省纪检委监察厅副厅长谢双成一行到梧桐乡便民服务中心检查指导工作。

7月11日，景宁县梧桐堤小流域堤防加固工程初步设计报告通过审查。

8月1日，组织全体乡干部参加省、县台风防御视频会议。

8月17日，梧桐乡组织召开乡干部各员会议，传达县委、县政府关于进一步做好厉行节约工作的文件精神。

8月20日，县委八届二次全体（扩大）会议后，梧桐乡召开班子会议和全体干部会，认真组织学习林书记所作的工作报告。

9月11日，梧桐乡专题召开“提升群众文化活动座谈会”，致力于打造“一乡一品”特色文艺活动品牌。

9月20日，召开生态环保知识竞赛。

10月8日，召开秋季森林防火工作专题会议。

10月12日，梧桐乡卫生院的工作人员到梧桐乡校对200余名小学生进行全面体检。

11月5日，县防汛办、梧桐乡、梧桐卫生院、沙湾镇派出所等多部门联合在梧桐乡梧桐坑村举行防汛抢险演练。

11月13日，举办生态县建设讲座——生态县建设是生态文明的重要载体和实现形式。

11月27日，梧桐乡小水电自供区移交协议签字仪式在县电力局多功能厅顺利举行。

12月4日，举办2012年生态环保培训班，主讲专题是把生态文明建设放在突出地位——“党的十八大报告新意解读”。

12月18日，举行梧桐乡幼儿园奠基仪式。

2012年景宁县雁溪乡人民政府大事记

1月9日，雁溪乡第九届人民代表大会第一次会议胜利闭幕，会议总结和回顾过去五年的工作，确定今后五年的目标任务和措施，并依法选举产生新一届人大和政府领导班子。

2月1日，县委常委、宣传部部长潘晓泉率县人劳社保局、县药监局、农行景宁县支行等单位负责人，深入雁溪乡的东山、梅坞行政村开展“进村入企”大走访活动，近距离地倾听村民的心声。

2月8日，副县长郑建强一行，深入雁溪乡对雁溪产业发展情况进行调研。

3月7日，雁溪乡妇联组织全乡女干部、各村妇女主任等20余人在乡政府会议室观看《新婚姻法》视频。

3月13日，雁溪乡党委书记吴端满，乡长彭敏一行到大丘田村进行走访，并实地查看金银花基地。

3月15日，召开全乡工作会议，对2012年的工作进行安排部署。

4月3日，雁溪乡发生一场山林大火，烧毁该乡石梯村、大垟田村大约1500亩林木。这场山火是因景宁云雁电力有限公司(以下简称云雁公司)的高压输电线高空掉落引发的。

5月16日，全乡干部职工、各村两委干部齐聚一堂，各抒己见，围绕当下“我们的价值观——做一个怎样的畲乡人”这一主题进行大讨论。

5月31日，雁溪乡领导、乡妇联到雁溪乡校开展慰问活动，捐赠书籍50余册，为孩子们送去节日祝福，并组织乡校少先队开展主题教育活动暨六一儿童节游园活动。

6月12日，雁溪乡组织全乡干部开展夜习会，不断深化“庄式学习法”。

6月14日，县长蓝伶俐一行深入雁溪乡调研指导工作。

6月18日，召开中层干部座谈会。座谈会上，各中层干部结合自身工作实际，紧紧围绕执行力建设和下步工作思路畅谈心得体会。

7月18日，乡党委书记、乡长带领乡计生办负责人、驻村干部深入各村，走访慰问部分重点计生困难家庭，让他们感受到党和政府的温暖。

7月22日，雁溪乡雁溪村村民举行传承浙江省非遗名录“迎神”表演和传承舞龙表演。

8月14日，雁溪乡司法所组织辖区内的社区矫正对象进行集中学习教育。

8月23日，召开全体干部会议，组织学习县委八届二次全体（扩大）会议精神，要求兴起贯彻落实会议精神和推进当前工作两大高潮。

9月4日，举行“雁溪古风”建设暨第六届“金秋摄影节”筹备座谈会。

9月11日，由县委办和县府办组成的年中工作督查组在雁溪乡督查指导工作。

9月12日，雁溪乡邀请澄照乡三石村、金丘村两委干部，以座谈会的形式，和雁溪8个行政村主要干部交流基层组织建设和村级经济发展的工作经验。

同日，召开全乡人口与计划生育工作会议。会议回顾上半年计生工作开展的情况及存在问题。

10月23日，雁溪乡在雁溪上村竹林内召开毛竹产业培训会，培训会邀请到县林业局的徐小平老师进行现场讲解。

11月5日，雁溪乡文化综合楼正式落成。

12月3日，“凤舞畲山”大舞台暨第六届“大地飞歌”农民艺术节在雁溪乡雁溪村文化广场拉开帷幕。

同日，雁溪乡举行古风摄影绘画节，数百名摄友进村摄影采风。

12月18日，雁溪乡召开专题学习会，会议组织学习十八大精神，传达学习全县务虚会精神，并对2012“雁溪古风”摄影节暨谢神节活动工作作具体总结。

2012年景宁县郑坑乡人民政府大事记

1月4日，开展形式多样深入传达学习县第八次党代会议精神，使全乡党员干部群众领会县第八次党代会精神，把握“三县并举”“五个发展”“三个走在前列”和“五个更加”的目标要求。

1月10日，郑坑乡52名畲乡群众聚集在乡文化娱乐活动中心多功能室，聆听中国园艺学会柿分会龚榜初教授讲解高糖强矮柿子种植栽培技术。

2月21日，郑坑乡举行中层干部公开竞聘活动，8名在职行政和事业编制的干部共同角逐党政办、综治办、农业综合办等5个中层干部岗位。

同日，郑坑乡“乡会村开”助推新农村建设步伐。

2月26日，成立郑坑乡政府信息公开工作领导小组。

3月14日，县林业局森检站技术人员深入郑坑乡为古树名木注疫苗、体检，提升树木病毒抵抗能力，为生态保驾护航。

3月20日，郑坑乡开展防汛应急演练提升畲民防灾能力。

3月27日，中央电视台中文国际频道《远方的家》栏目组走进郑坑，深入畲乡郑坑乡校、畲家农家乐等实地，采访拍摄反映郑坑继承弘扬畲族文化专题节目。

4月9日，郑坑乡党委、政府组织召开农村工作专题会议传达学习，结合本乡山区的实际情况，认真分析郑坑乡农村发展中的问题，研究对策措施，并认真抓好落实。

4月12日，郑坑乡组织召开全体干部职工及各村党支部书记会议，传达学习贯彻县纪委第八届二次全体（扩大）会议精神。

5月8日，郑坑乡党政领导深入柳山民族特色村现场调研，并召开民族特色村建设部署会议，探讨谋划畲寨建设新路子，敲定畲寨建设实施方案。

5月30日，景宁县渤海、郑坑、九龙三个库区乡镇在渤海镇举行“我们的价值观——做一个怎样的畲乡人”演讲比赛，17位来自三个乡镇的镇、村优秀青年以及团员干部积极参加比赛。县委常委、宣传部长潘晓泉、县委常委、纪委书记陈锡星、县人大常委会副主任陈林生、罗德伟担任这次比赛的嘉宾。

6月12日至15日，郑坑乡开展食品安全宣传周活动，采取多种方式让食品安全常识走进山区农户生活。

6月14日，郑坑乡在乡校开展夏季安全常识讲座活动，进一步提高广大师生暑假安全意识和自我保护意识。

7月10日，郑坑乡深化便民服务推行“36524”服务制。

同日，召开村一级计生工作人员会议，各村两委主要领导、计划生育联系员参加会议，乡长雷振华主诗会议。

7月17日，郑坑乡组织开展生殖健康服务进村入户活动。

7月24日，组织乡、村干部召开“村务平台”建设工作部署会，分解细化“村务平台”建设责任，以“三个全新”责任感，高标准严要求加快推进村务建设。

8月1日，郑坑乡举办农产品质量（食品药品）安全大整治百日行动培训会。

8月13日，召开“2012年度乡镇文化旅游工作会议”。

8月30日，集中开展安全生产大检查暨打非治违专项行动。

9月5日，依托县“打非治违”大整治、食品安全百日行动大整治、小作坊摸底排查的要求，深入开展特种设备专项隐患排查，确保安全隐患无真空。

9月16日至19日，郑坑乡为参加新型农村合作医疗的农民免费开展进村和入户体检服务，深受广大农民的欢迎。

9月25日，郑坑乡机关党支部荣获“丽水市2010—2012年创先争优先进基层党组织”殊荣。

10月11日，扎实推进食品药品安全示范乡镇创建工作。

11月16日，郑坑乡集中组织乡纪委委员、村纪检干部等学习十八大报告精神，重点突出学习全面提高党的建设科学化水平，坚定不移反对腐败，永葆共产党人清正廉洁的政治本色的主要论述。

11月20日，召开学习宣传贯彻十八大精神动员大会。

12月9日，召开2012年入伍新兵座谈会及送兵仪式。